国家社科基金
GUOJIA SHEKE JIJIN HOUQI ZIZHU XIANGMU
后期资助项目

清華簡《繫年》綜合研究

上册

王紅亮 著

天津出版傳媒集團

天津古籍出版社

圖書在版編目（CIP）數據

清華簡《繫年》綜合研究：上、下册／王紅亮著．
天津：天津古籍出版社，2025. 1. -- ISBN 978-7
-5528-1486-6

Ⅰ．K877.54

中國國家版本館CIP數據核字第2024PK4550號

清華簡《繫年》綜合研究
QINGHUAJIAN 《XINIAN》 ZONGHE YANJIU

王紅亮／著

出　　版	天津古籍出版社
出 版 人	任　潔
地　　址	天津市和平區西康路35號康岳大廈
郵政編碼	300051
郵購電話	（022）23517902

責任編輯	王海燕
封面設計	鞠佳美

印　　刷	北京捷迅佳彩印刷有限公司
經　　銷	全國新華書店
開　　本	710毫米×1000毫米　1/16
印　　張	59
字　　數	929千字
版次印次	2025年1月第1版　2025年1月第1次印刷
定　　價	468.00圓（全二册）

版權所有　侵權必究

圖書如出現印裝質量問題，請致電聯繫調換（022-23517902）

國家社科基金後期資助項目
出版説明

後期資助項目是國家社科基金設立的一類重要項目，旨在鼓勵廣大社科研究者潛心治學，支持基礎研究多出優秀成果。它是經過嚴格評審，從接近完成的科研成果中遴選立項的。爲擴大後期資助項目的影響，更好地推動學術發展，促進成果轉化，全國哲學社會科學工作辦公室按照"統一設計、統一標識、統一版式、形成系列"的總體要求，組織出版國家社科基金後期資助項目成果。

全國哲學社會科學工作辦公室

序

清華簡《繫年》是司馬遷撰寫《史記》時所没有見到的資料，也是晉代汲冢書中未曾出現的資料。地不吝寶，《繫年》越千百年而突現於世，寶歸清華大學，得以科學整理出版，實是當代學人萬分榮倖之事。《繫年》記載西周初到戰國初期的重要史事，其中一些記載不見於傳世文獻，史料價值極高，對於先秦史研究具有重大的學術價值。運用這部重要文獻研究先秦古史，解決長期以來學者聚訟不已的重大歷史問題，已成爲當今學界之新潮流。

清代學者張之洞在《書目答問》末所附《國朝著述諸家姓名略》中説："由小學入經學者，其經學可信；由經學入史學者，其史學可信；由經學、史學入理學者，其理學可信；以經學、史學兼詞章者，其詞章有用；以經學、史學兼經濟者，其經濟成就遠大。"要真正挖掘出《繫年》這部重要文獻的史學價值，首先須從"小學"入手，對簡文逐字逐句進行詳細疏證，以打牢根基；其次緊密結合《春秋》《左傳》等傳世文獻，並瞭解"經學"之源流，觸類旁通；復次將出土文獻與傳世文獻互證，進行史事考證，融會貫通；最後上升到《繫年》文本、思想以及史學史價值的宏觀論述，進行理論升華。祇有經歷這一過程，得出的結論才是可信的、全面的、深入的，才是可用的。

王紅亮《清華簡〈繫年〉綜合研究》這部著作，首先從簡文疏證入手，以整理者的釋文注釋爲基礎，並及時汲取學界最新研究成果，形成資料長編，再進行裁取決斷，以"謹按"的形式簡明扼要地提出自己的見解。然後是史事考證，將傳世文獻與出土文獻進行互證，並結合最新的考古學資料，對先秦史一些長期以來聚訟不已的史學問題，進行了一些新探討，得出一些新觀點。最後上升到《繫年》文本、思想以及在中國史學史上的地位與價值等宏觀認識。從這一過程來看，本書正是遵循從小學入經學、由經學入史學、由史學入思想這一方法，因此得出的結論也是較爲可信的，相信也將成爲學界研究的重要參考資料。

值得注意的是,這部著作雖然分爲簡文疏證、史事考證、綜合研究三部分,但也並非沒有重點。從篇幅來看,史事考證、綜合研究兩部分着墨最多,用力也最深。在史事考證部分,本書對周初衛康叔始封問題、兩周之際歷史變遷問題以及晉文公出亡相關年代與史事等的考察,已在學界引起了一定反響,可爲一家之説。在綜合研究部分,本書從先秦史學發展的大背景入手,詳細考察《繫年》的物質形態、文本形態、思想形態,最後將《繫年》與《春秋》《左傳》《國語》《竹書紀年》以及馬王堆帛書《春秋事語》進行對比,這不僅有助於認識《繫年》本身,也可爲研究其他相關文獻提供幫助,對中國史學史的研究亦具有一定的參考價值。

王紅亮同志本科畢業於東北師範大學歷史文化學院,後在北京師範大學歷史學院攻讀碩士、博士學位,勤奮努力,品學兼優。幸運的是,畢業後又到陝西師範大學歷史文化學院工作,受到良好學術氛圍的薰陶。《清華簡〈繫年〉綜合研究》這部著作,是他在 2014 年提交答辯的博士論文《清華簡〈繫年〉所記史事考證》基礎上,進一步修改完善而成。2011 年 12 月《繫年》甫一公佈,作者即進行跟蹤研究,相關研究成果見諸學術網站。2014 年博士論文答辯通過後,又不斷進行修改。博士論文主要集中於"史事考證",本書新增"簡文疏證"與"綜合研究"兩部分,無論在廣度還是深度上,均進行了進一步擴展。這部著作從開始着手到面世,可謂"十年磨一劍",是一部對清華簡《繫年》全面系統深入研究的學術專著。紅亮攻讀博士學位時,是北京師範大學歷史學院史學研究所前所長易寧教授的及門弟子。易寧兄若在天有靈,肯定會爲紅亮的這部大著面世而感到欣慰。

在此,我謹向學界鄭重推薦《清華簡〈繫年〉綜合研究》,希望得到大家的關注與批評。相信王紅亮同志在本書的基礎上會繼續努力,以後有更多更新更扎實的成果貢獻給先秦史學界。

晁福林
謹識於北京師範大學主樓六層辦公室,時當公元 2022 年暑日,"新冠肺炎"疫情稍戢之時。天佑中華,華夏大地不容瘟神存留。校園裏時見師生排隊檢核酸的場面,浩然之氣不禁油然生焉。

前　言

　　清華簡《繫年》是 2008 年 7 月 15 日由清華大學收藏的一批戰國竹簡,共一百三十八支簡。根據竹簡符號與簡文内容,整理者將其分爲二十三章。這二十三章構成一篇完整的史書。2011 年 12 月,由李學勤主編、清華大學出土文獻研究與保護中心編的《清華大學藏戰國竹簡(貳)》(即學界通稱的"清華簡《繫年》",後文簡稱《繫年》)由上海中西書局出版發行,這標誌着《繫年》的正式公佈。《繫年》簡文是一種前所未見的史書,所記史事上起西周之初,下到戰國前期。這篇史書,原没有篇名,整理者認爲其體例和一些内容近於西晉汲冢發現的《竹書紀年》,故擬題爲"繫年"。《繫年》具有極高的史料價值,對先秦史研究具有重要的學術意義。

　　本書分緒論、上編(疏證與考證)、下編(綜合研究)、結語四大部分。

　　一是"緒論"。這部分簡略介紹《繫年》發現的相關背景、研究狀況,以及本書的研究思路、研究方法等。

　　二是"上編:疏證與考證"。這部分按照《繫年》的順序,以"説明""釋文""疏證""譯文""解題""問題""考證"七部分,對每章内容進行闡釋:

　　"説明""釋文""疏證""譯文"屬於簡文疏證部分,這部分意在疏通文意,也是本研究的基礎。"説明"是對"釋文"中的有爭議處作説明。"釋文"是以整理者所提供的文本爲基礎,並參照學界最新成果所作的釋文。"疏證"從簡文的字、詞、句三個層面,從涵義、史實兩個角度對簡文進行解釋。"譯文"即將簡文用現代漢語作語譯,一般採用直譯。

　　"解題""問題""考證"屬於史事考證部分,本書主要是從歷史學角度研究《繫年》,這部分也是本書的重點突破部分。"解題"就本章的主旨以及簡文所載的主要史事進行概述。"問題"説明下文要討論的主要問題。"考證"是在簡文疏證的基礎上,充分結合傳世文獻和出土文獻,對相關學術史問題進行全面系統地考證。在考證時,注意把《繫年》的相關記載放在學術史中,縷析源流,辨别是非,重新認識所載史事的史料價值。

三是"下編:綜合研究"。這部分意在通過對《繫年》的全面考證,對其作者、成書年代、體例和性質、撰寫主旨與思想,以及與《春秋》、《左傳》、《國語》、《竹書紀年》、馬王堆帛書《春秋事語》等的關繫進行全面系統地考察,最後將《繫年》放入中國史學史的大背景下,對其史學史價值進行評價。

四是結語部分。對本書的核心觀點進行全面歸納,並就本研究之前景作進一步展望。

凡　例

1. 所引古籍，如不特別注明，一般據學界通行本（見書後參考文獻部分）。

2. 所引甲骨文、金文、簡帛材料，一般采用寬式。對於一些爭議不大的常見字詞直接寫出通用字，不再特別説明。本書甲骨文組類的劃分參黄天樹《殷墟王卜辭的分類與斷代》（北京：科學出版社，2007 年）。

3. 所引的《繫年》簡文及釋文，如不特別注明，以整理者的説法爲基礎，同時參考學術界的最新研究成果，並且加入了筆者的一些見解。《繫年》釋文一般采用寬式。

4. 所引古音，如不特別説明，一般依據郭錫良《漢字古音手册（增訂本）》（北京：商務印書館，2010 年）。

5. 簡文中的通假字、古今字、異體字、譌字若需説明，隨釋文括注出本字、今字、正字。其中通假字、古今字、異體字用"（　）"，譌字用"〈　〉"括注。"[　]"裏的字表示原文脱而據文意補字。"{　}"裏的字詞或符號等表示衍文。"【　】"裏的數字表示原簡簡號。"☒"表示斷簡。至於引文符號，所引書各有體例，易與本書所引符號相混，故本書直接引正確文，體例依本書。

6. 引文或正文下劃綫處表示强調。引書名或篇名，在不引起歧義的情況下，按照學界習慣采用簡稱。例如《史記・宋微子世家》《齊太公世家》等分别作《史記・宋世家》《齊世家》等。

7. 由於本書涉及古典文獻以及出土文獻的考證，爲行文便利且忠實原文，采用繁體字，且不避舊形字、異體字。如"卽"爲"即"之舊字形，但簡文中頻繁出現，爲統一文字，論述時亦用"卽"而不用"即"。所用繁體字一般依據王寧主編、商務印書館辭書研究中心編《通用規範漢字字典》（北京：商務印書館，2013 年）。特殊情況下，依學界慣例用字。如"從"字，在討論字形時，依《説文解字》例，使用"从"字形。

8. 書中正文及注釋中的紀年适當括注公元紀年，爲行文簡潔，一般省去"公元""年"等字樣。例如周幽王十一年(前771),括號中注文卽表示公元前771年。

9.本書最後所列"參考文獻",僅爲主要的參考文獻。許多文獻隨文列出,不再列入"參考文獻"。標注文獻作者朝代用"( )",國籍用"〔 〕"。爲免煩瑣,常引文獻僅首次引用時標注完整版本信息,其餘僅標注作者、書/文名及頁碼。

10.本書在引用前賢時修的論著時,爲避免行文煩瑣,在全名後一律不加"先生"等字樣,單稱姓氏時加"先生"等稱謂。若有不敬,懇請諒解。

引書簡稱

簡稱	全稱
《合集》	《甲骨文合集》
《合補》	《甲骨文合集補編》
《集成》	《殷周金文集成》
《銘圖》	《商周青銅器銘文暨圖像集成》
《銘續》	《商周青銅器銘文暨圖像集成續編》
《銘三》	《商周青銅器銘文暨圖像集成三編》
《新收》	《新收殷周青銅器銘文暨器影彙編》
《陝金》	《陝西金文集成》
包山簡	《包山楚簡》
新蔡簡/葛陵簡	《新蔡葛陵楚墓竹簡》
上博簡	《上海博物館藏戰國楚竹書》
郭店簡	《郭店楚墓竹簡》
《十四種》	《楚地出土戰國簡册[十四種]》
清華簡壹	《清華大學藏戰國竹簡(壹)》
清華簡《繫年》	《清華大學藏戰國竹簡(貳)》
清華簡叁	《清華大學藏戰國竹簡(叁)》
清華簡肆	《清華大學藏戰國竹簡(肆)》
清華簡伍	《清華大學藏戰國竹簡(伍)》
清華簡陸	《清華大學藏戰國竹簡(陸)》

（續表）

簡稱	全稱
清華簡柒	《清華大學藏戰國竹簡（柒）》
清華簡捌	《清華大學藏戰國竹簡（捌）》
清華簡玖	《清華大學藏戰國竹簡（玖）》
清華簡拾	《清華大學藏戰國竹簡（拾）》
清華簡拾壹	《清華大學藏戰國竹簡（拾壹）》

目　錄

上　册

緒　論 …………………………………………………………… 1
　一、《繫年》的發現、整理與公佈 ………………………………… 1
　二、《繫年》研究的學術意義 ……………………………………… 2
　三、《繫年》研究概況 ……………………………………………… 3
　四、本研究已取得的成就以及有待繼續深入之處 …………… 12
　五、本書的研究思路與方法 …………………………………… 12

上編：疏證與考證

【第一章】………………………………………………………… 17
　[説明] ………………………………………………………… 17
　[釋文] ………………………………………………………… 18
　[疏證] ………………………………………………………… 18
　[譯文] ………………………………………………………… 33
　[解題] ………………………………………………………… 34
　[問題] ………………………………………………………… 35
　[考證] ………………………………………………………… 35
　　一、"作帝籍"與周王朝興衰 ……………………………… 35
　　二、《繫年》中"歸屬王于彘"與"共和行政"的相關問題探討 …… 50

【第二章】………………………………………………………… 80
　[説明] ………………………………………………………… 80

［釋文］ …… 81

［疏證］ …… 82

［譯文］ …… 104

［解題］ …… 104

［問題］ …… 105

［考證］ …… 105

　一、《繫年》中周平王東遷的相關年代考 …… 105

　二、由《繫年》論兩周之際的歷史變遷 …… 117

【第三章】 …… 136

［說明］ …… 136

［釋文］ …… 139

［疏證］ …… 140

［譯文］ …… 147

［解題］ …… 147

［問題］ …… 148

［考證］ …… 148

　一、彔子耿及其相關史事考 …… 148

　二、對本章關於三監、彔子耿的記載之史料價值之評定 …… 159

　三、秦人西遷問題 …… 160

【第四章】 …… 170

［說明］ …… 170

［釋文］ …… 171

［疏證］ …… 171

［譯文］ …… 180

［解題］ …… 180

［問題］ …… 181

［考證］ …… 182

一、邶、康丘與殷墟——《繫年》與周初史事重構 …………… 182

二、《左傳》"周公弔二叔之不咸"新詁 …………… 220

三、詩史互證:《繫年》與《詩·載馳》新研 …………… 226

【第五章】 …………… 241

　[説明] …………… 241

　[釋文] …………… 243

　[疏證] …………… 244

　[譯文] …………… 252

　[解題] …………… 252

　[問題] …………… 253

　[考證] …………… 253

　　一、關於楚滅息史事《繫年》與傳世文獻記載比較 …………… 253

　　二、楚滅息的相關問題 …………… 256

　　三、由《繫年》"取頓贛陳"論楚文王的"朝陳、蔡"
　　　　以及陳、頓關繫 …………… 259

【第六章】 …………… 264

　[説明] …………… 264

　[釋文] …………… 266

　[疏證] …………… 266

　[譯文] …………… 277

　[解題] …………… 277

　[問題] …………… 278

　[考證] …………… 278

　　一、本章所載史事繫年 …………… 278

　　二、簡 34 之"使君涉河"及其相關問題 …………… 280

　　三、關於晉惠公的卒年及其相關問題 …………… 281

　　四、晉文公重耳出亡繫年及史事考辨 …………… 283

【第七章】 ……………………………………………………………… 311

[説明] ……………………………………………………………… 311

[釋文] ……………………………………………………………… 312

[疏證] ……………………………………………………………… 313

[譯文] ……………………………………………………………… 316

[解題] ……………………………………………………………… 317

[問題] ……………………………………………………………… 317

[考證] ……………………………………………………………… 318

一、關於楚圍宋伐齊問題 ………………………………………… 318

二、城濮之戰的參戰國考 ………………………………………… 321

【第八章】 ……………………………………………………………… 327

[説明] ……………………………………………………………… 327

[釋文] ……………………………………………………………… 327

[疏證] ……………………………………………………………… 328

[譯文] ……………………………………………………………… 334

[解題] ……………………………………………………………… 335

[問題] ……………………………………………………………… 335

[考證] ……………………………………………………………… 336

一、向秦告密者可能是杞子所派使鄭司城繒賀説 …………… 336

二、"與晉執怨，與楚爲好"

——清華簡與殽之戰後春秋爭霸格局變遷考論 …………… 337

【第九、十章】 ………………………………………………………… 358

[説明] ……………………………………………………………… 358

[釋文] ……………………………………………………………… 359

[疏證] ……………………………………………………………… 360

[譯文] ……………………………………………………………… 368

[解題] ……………………………………………………………… 369

[問題] …… 369
[考證] …… 370
　一、令狐之役中先蔑事迹及其相關問題考 …… 370

【第十一章】 …… 383
[説明] …… 383
[釋文] …… 384
[疏證] …… 384
[譯文] …… 390
[解題] …… 390
[問題] …… 391
[考證] …… 391
　一、今本《左傳》"宋公爲右盂,鄭伯爲左盂"當校正爲
　　"宋公爲左盂,鄭伯爲右盂" …… 391

【第十二章】 …… 395
[釋文] …… 395
[疏證] …… 395
[譯文] …… 398
[解題] …… 398
[問題] …… 399
[考證] …… 399
　一、《繫年》所載"屬之役"及相關問題論考 …… 399

【第十三章】 …… 405
[説明] …… 405
[釋文] …… 406
[疏證] …… 406
[譯文] …… 410
[解題] …… 410

[問題] ……………………………………………………………… 411

　　[考證] ……………………………………………………………… 411

　　　一、邲之戰前楚莊王是否主戰考 …………………………… 411

【第十四章】 ………………………………………………………… 414

　　[説明] ……………………………………………………………… 414

　　[釋文] ……………………………………………………………… 414

　　[疏證] ……………………………………………………………… 415

　　[譯文] ……………………………………………………………… 423

　　[解題] ……………………………………………………………… 424

　　[問題] ……………………………………………………………… 425

　　[考證] ……………………………………………………………… 425

　　　一、斷道之盟的時間考 ……………………………………… 425

　　　二、《繫年》所載鞌之戰後齊頃公朝晉事考 ……………… 426

【第十五章】 ………………………………………………………… 434

　　[釋文] ……………………………………………………………… 434

　　[疏證] ……………………………………………………………… 435

　　[譯文] ……………………………………………………………… 451

　　[解題] ……………………………………………………………… 452

　　[問題] ……………………………………………………………… 453

　　[考證] ……………………………………………………………… 453

　　　一、夏姬史事考證 …………………………………………… 453

　　　二、《繫年》"吴人戰于析"考 ……………………………… 461

下　册

【第十六章】 ………………………………………………………… 467

　　[説明] ……………………………………………………………… 467

［釋文］……………………………………………………………… 468

　　［疏證］……………………………………………………………… 469

　　［譯文］……………………………………………………………… 476

　　［解題］……………………………………………………………… 476

　　［問題］……………………………………………………………… 477

　　［考證］……………………………………………………………… 478

　　　　一、《繫年》與《左傳》所載晉、楚結成事對比研究……………… 478

　　　　二、《繫年》與第一次宋之盟考辨 ………………………………… 481

　　　　三、晉、楚鄢陵之戰及第一次宋之盟之破壞考

　　　　　　——兼論《左傳》和《繫年》叙事的立場 ………………… 491

【第十七章】……………………………………………………………… 496

　　［説明］……………………………………………………………… 496

　　［釋文］……………………………………………………………… 497

　　［疏證］……………………………………………………………… 498

　　［譯文］……………………………………………………………… 506

　　［解題］……………………………………………………………… 506

　　［問題］……………………………………………………………… 507

　　［考證］……………………………………………………………… 508

　　　　一、齊高厚逃歸事件辨證……………………………………… 508

　　　　二、許的遷都…………………………………………………… 512

　　　　三、晉、齊平陰之戰……………………………………………… 513

　　　　四、欒盈之亂與朝歌之役……………………………………… 522

【第十八章】……………………………………………………………… 530

　　［説明］……………………………………………………………… 530

　　［釋文］……………………………………………………………… 534

　　［疏證］……………………………………………………………… 534

　　［譯文］……………………………………………………………… 550

[解題] ·· 551

[問題] ·· 551

[考證] ·· 552

一、第二次宋之盟考 ·································· 552

二、宋之盟、虢之會與諸侯爭霸之"兩伯"格局的奠定 ········ 558

三、《繫年》的"聞陳、蔡"與《國語》的"以聞陳、蔡"之"聞"的釋讀 ·································· 559

四、《繫年》之"許公㐌"的身份及相關史事考 ············ 561

五、晉、吳與楚方城之戰及相關史事考 ·················· 570

【第十九章】 ·· 589

[釋文] ·· 589

[疏證] ·· 590

[譯文] ·· 596

[解題] ·· 596

[問題] ·· 596

[考證] ·· 597

一、"陳、蔡、胡反楚,與吳人伐楚"考 ·················· 597

二、"十又一年,蔡昭侯申懼,自歸於吳"抄寫有錯譌說 ······ 599

三、春秋晚期蔡與吳、楚的關繫考 ······················ 604

【第二十章】 ·· 612

[說明] ·· 612

[釋文] ·· 613

[疏證] ·· 614

[譯文] ·· 623

[解題] ·· 624

[問題] ·· 624

[考證] ·· 625

    一、《繫年》與齊長城的相關問題考 ……………………… 625
【第二十一章】 ………………………………………………… 641
    ［説明］ ………………………………………………… 641
    ［釋文］ ………………………………………………… 643
    ［疏證］ ………………………………………………… 643
    ［譯文］ ………………………………………………… 653
    ［解題］ ………………………………………………… 653
    ［問題］ ………………………………………………… 654
    ［考證］ ………………………………………………… 654
    一、宋司城弱公室及戴氏篡宋考 ………………………… 654
    二、長城之戰與魏文始侯新證 …………………………… 664
【第二十二章】 ………………………………………………… 676
    ［説明］ ………………………………………………… 676
    ［釋文］ ………………………………………………… 677
    ［疏證］ ………………………………………………… 678
    ［譯文］ ………………………………………………… 690
    ［解題］ ………………………………………………… 690
    ［問題］ ………………………………………………… 691
    ［考證］ ………………………………………………… 691
    一、本章所載史事繫年 …………………………………… 691
    二、任之會及其相關史事考 ……………………………… 694
    三、越伐齊 ………………………………………………… 701
    四、三晉伐齊與封侯 ……………………………………… 701
    五、衛侯虔的問題 ………………………………………… 707
【第二十三章】 ………………………………………………… 709
    ［説明］ ………………………………………………… 709
    ［釋文］ ………………………………………………… 709

[疏證] ……………………………………………………… 710

　　[譯文] ……………………………………………………… 727

　　[解題] ……………………………………………………… 728

　　[問題] ……………………………………………………… 729

　　[考證] ……………………………………………………… 729

　　　一、戰國初年的國際形勢 ………………………………… 729

　　　二、楚、鄭桂陵之戰 ……………………………………… 730

　　　三、納周王子定事考 ……………………………………… 732

　　　四、楚、鄭蔑之戰與戰國初期鄭國政局之變遷 ………… 732

　　　五、魯陽公史事考 ………………………………………… 737

　　　六、晉、楚之間的長陵之戰和郜之戰 …………………… 740

　　　七、晉、楚武陽之戰 ……………………………………… 741

下編：綜合研究

第一章　引論 ……………………………………………………… 745

　　一、從編年記事到歷史叙事 ………………………………… 745

　　二、從記注體到紀事本末體 ………………………………… 750

　　三、戰國時期紀事本末體的產生 …………………………… 757

　　四、《繫年》——紀事本末體史書成型於戰國時期的直接證據 … 764

　　五、由《繫年》等可知先秦有所謂"史學" ………………… 768

第二章　《繫年》物質形態 ……………………………………… 770

　　一、形制 ……………………………………………………… 771

　　二、排序 ……………………………………………………… 771

　　三、文字 ……………………………………………………… 776

　　四、分章 ……………………………………………………… 778

第三章　《繫年》文本形態 ……………………………………… 780

　　一、文本分章 ………………………………………………… 780

二、抄寫年代 ………………………………………………… 782

三、作者 ……………………………………………………… 787

四、體例與性質 ……………………………………………… 789

五、紀年與歷史敘事：年、世相經，諸事魚貫 …………… 792

六、史料來源 ………………………………………………… 798

第四章 《繫年》思想形態 ……………………………………… 802

一、人本主義與民本主義 …………………………………… 802

二、人文理性精神 …………………………………………… 803

三、反戰傾向 ………………………………………………… 806

四、強化公室傾向 …………………………………………… 807

五、小結 ……………………………………………………… 809

第五章 《繫年》與春秋戰國時期國史以及私家撰述對比研究 … 812

一、《春秋》與《繫年》：國史與私家撰述的對比 ………… 812

二、《繫年》與《左傳》《國語》的對比 …………………… 816

三、《繫年》與《鐸氏微》、《虞氏春秋》、馬王堆帛書《春秋事語》的關繫 …………………………………………………… 827

四、《繫年》與《竹書紀年》的關繫 ………………………… 845

五、從國史到私家撰述 ……………………………………… 862

第六章 《繫年》在中國史學史上的地位 ……………………… 868

一、迄今發現的第一部紀事本末體的史學作品 …………… 868

二、迄今發現的第一部貫通空間與時間的通史作品 ……… 869

結 語 ……………………………………………………………… 873

一、《繫年》的性質——戰國早期微類史書的抄撮類 ……… 873

二、《繫年》的史學價值 ……………………………………… 873

三、回顧 ……………………………………………………… 874

四、展望 ……………………………………………………… 876

附　錄 ·· 877
　一、《繫年》大事年表 ·· 878
　二、《繫年》人名表 ·· 893
　三、《繫年》地名表 ·· 901
參考文獻 ·· 902
　一、傳世文獻類 ·· 902
　二、出土文獻類 ·· 905
　三、考古資料類 ·· 907
　四、今人論著類 ·· 907
　五、今人論文類 ·· 910
後　記 ·· 913

緒　論

一、《繫年》的發現、整理與公佈

據整理者介紹，早在2006年冬即有學者在香港文物市場上見到了清華簡少量樣本，而整理者在北京得知這批簡的存在則遲到2008年。隨後，整理者先請香港中文大學張光裕在當地鑒定，又赴港進行直接觀察，一致認爲這批簡是真非僞。

2008年7月15日，經校友趙偉國捐獻，清華大學收藏了這一批竹簡。這是一批珍貴的戰國文獻。其中最重要的是關於《尚書》及同《尚書》類似的文獻，同時還有一項重要内容，是一種前所未見的史書，所記史事上起西周之初，下到戰國前期。這篇史書，原没有篇名，整理者認爲其體例和一些内容近於西晉汲冢發現的《竹書紀年》，故擬題爲"繫年"。

2008年10月14日，清華大學邀請來自北京大學、復旦大學、吉林大學、武漢大學、中山大學、香港中文大學和國家文物局、中國文化遺產研究院、上海博物館、荆州博物館的十一位學者出席"清華大學所藏竹簡鑒定會"，會議專家組鑒定後確認這批簡的時代爲戰國中晚期。

2008年12月，北京大學加速器質譜實驗室、第四紀年代測定實驗室對這批簡中的無字殘片進行AMS碳十四測定，經樹木年輪校正的數據爲公元前305 ± 30年。清華大學分析中心又對殘片的含水率做了鑒定，結果爲400%。這兩項鑒定證實了專家組的年代鑒定結果，也證明了其不可能是僞品。

2011年3月3日，國家社科基金重大招標項目"清華簡《繫年》與古史新探"開題論證會在清華大學近春園第一會議室舉行。

2011年12月由李學勤主編、清華大學出土文獻研究與保護中心編的《清華大學藏戰國竹簡（貳）》（即《繫年》）由上海中西書局出版發行，隨即帶來了相關的研究熱潮。

《繫年》簡共一百三十八支，簡背原有排序編號，但有一處誤記，後又加以糾正，編號至一百三十七號，最末一支簡無編號。這一百三十八支簡構成了一篇史書，其中有分段符號"└"或"━"，共有二十三個，故整理者將其分爲二十三章。

《繫年》叙述的内容年代從西周初到戰國前期。前四章叙述西周史，説明周王室如何衰落，晉、鄭、楚、秦、衛等諸侯國如何興起。其中一些史事可與傳世文獻及青銅器銘文相互印證。第五章到第二十章叙述春秋史事，多可與《春秋》經傳、《國語》等相互印證，但也有一些差異。第二十一章到第二十三章叙述戰國早期史事，多爲傳世文獻所缺載，可與近年出土的其他楚簡及相關青銅器銘文互證。

二、《繫年》研究的學術意義

清華簡《繫年》是一部重要的歷史著作，從周武王克商開始，一直叙述到戰國早期，所涉及内容囊括了這一時段的一些重要史事。李學勤指出，《繫年》"是一部十分珍貴的史書，也是近現代秦以前史書絶無僅有的重要發現"①。

對於清華簡《繫年》的研究，具有以下學術意義：

第一，對於文字學等相關研究具有重大學術價值。《繫年》是以戰國時期的楚文字撰寫，其中涉及許多新的楚文字字形；更重要的是，有些疑難字有相關文獻可供對照：這無疑爲古文字的考釋及相關研究提供了非常重要的資料。

第二，對於先秦史研究具有重大的學術價值。《繫年》總共二十三章，前四章基本屬於西周史，記述有"共和行政""平王東遷""秦人起源""衛國分封"等重大史事，而傳世文獻的相關記載則頗爲撲朔迷離。《繫年》的相關記載，無疑爲重新考證這些史事提供了非常珍貴的新資料。

《繫年》第五章至第二十章主要記述春秋史事。以往的春秋史研究，學者主要依靠《左傳》《國語》《史記》等傳世文獻。《繫年》的記述，與傳世文獻有同亦有異。因此，通過將《繫年》與傳世文獻進行對比研究，無疑會發現許多新問題，同時也有可能解決一些傳世文獻記載模糊不清的疑難問題。這些，無疑會大大促進春秋史的研究。

《繫年》第二十一章至二十三章記述了戰國早期史事。現存戰國時代的史料，殘缺分散，年代紊亂，真僞混雜，這在很大程度上是由秦始皇"焚

---

① 李學勤：《〈繫年〉出版的重要意義》，《邯鄲學院學報》2011年第4期，第5頁。

書"造成的。《史記·六國年表序》:"秦既得意,燒天下《詩》《書》,諸侯史記尤甚,爲其有所刺譏也。"①正由於諸侯國的"史記"被大量焚毁,所以出現了"史文闕軼,考古者爲之茫昧"②的局面。在這種情況下,清華簡《繫年》現世,其用三章來記述戰國早期的相關史事,而且有許多記載未見於傳世文獻,其中一些可與戰國楚簡、金文等相互印證,無疑爲戰國史研究提供了新的資料,也必將極大地促進戰國史的研究。

第三,對於文獻學研究具有重大的學術價值。《繫年》的有些内容,或與傳世文獻相合,或與傳世文獻相異。這些相合的部分當然可以證實相關的一些説法,相異的部分則爲研究傳世文獻文本的形成與流傳等問題,提供了一個新的視角。另外,由於《繫年》的抄寫年代比較明確——大致在楚肅王時期,這爲考察與之相關的《國語》《左傳》等的成書年代等問題提供了可靠的標尺。總之,《繫年》對於先秦文獻的成書年代、流傳等問題的考察,其意義不容低估。

第四,對於先秦史學史的研究具有重大的學術價值。先秦史學的發展大體沿着三條主要綫索:一是史書記載的内容不斷豐富;二是史書編纂方法不斷進步;三是史家的歷史觀念不斷深化。史書内容和編纂方法的變化,源自史家表述歷史思想的需要。所以,此三者是有密切聯繫的。③ 從體例上看,有學者已指出《繫年》屬於紀事本末體,而傳統上認爲紀事本末體史書始自南宋袁樞的《通鑑紀事本末》。又,《繫年》記事範圍從西周到戰國初年,已具通史體例,而傳統上認爲最早的具有通史性質的史書是《竹書紀年》。可見,《繫年》的公佈,有可能突破傳統先秦史學史的認知框架,對於中國史學史的再認識與再研究均具有重大的學術意義。

三、《繫年》研究概況

在清華簡《繫年》公佈之前,李學勤著文介紹了《繫年》的主要内容,並進行了初步的研究。④ 2011 年 12 月《清華大學藏戰國竹簡(貳)》(《繫年》)由上海中西書局出版發行,隨即引起了學術界的廣泛關注。

---

① 《史記》卷15,北京:中華書局,2014年,第836頁。
② (清)顧炎武著,(清)黄汝成集釋:《日知録集釋》卷13,上海:上海古籍出版社,2006年,第749頁。
③ 參劉家和主編:《中西古代歷史、史學與理論比較研究》,北京:北京師範大學出版社,2013年,第191頁。
④ 李學勤:《清華簡〈繫年〉及有關古史問題》,《文物》2011年第3期,第70~74頁。

(一)綜合研究

1. 命名

整理者說《繫年》簡原無篇題,因篇中多有紀年,體例與若干内容又近似西晉汲冢出土的《竹書紀年》,故擬題爲"繫年"。① 對於該篇的文獻性質,學界存在猜測和爭議,目前尚無定論,"繫年"也是暫用名。② 廖名春提出應該定名爲"古事繫年"或"故事繫年"。③ 朱曉海認爲當命名爲"春秋抄略"。④ 夏含夷指出,"繫年"之名並不妥當,這個文獻更像《國語》的樣子。⑤ 學者對這批簡命名的歧異,實際上乃基於他們對簡文内容、性質判斷的不同。因此,要重新命名,必須要對其内容、性質進行全面、細致地考察,才可能得出較可信的結論。

2. 作者

關於《繫年》的作者,主要整理者李學勤在《繫年》作者是否楚人這一問題上,前後觀點有一個變化的過程。最初,李學勤提出《繫年》簡是用楚文字編成的,但並不能由此直接推論這是楚國人的著作;其作者是站在哪方立場,需要研究;作者卽使確是楚人,他的眼光却是全國的,没有受到狹隘的局限。⑥ 後來,李學勤認爲《繫年》的作者估計是楚國人⑦,其成書的年代估計爲楚肅王時(前380～前370),也就是說比西晉時發現的魏國史書《竹書紀年》還更早一些⑧。朱曉海認爲,此書旣非任何一國紀年之史,也無一處合乎列國史記的體例,純屬戰國中、末葉之際某不知姓名者根據旣有史料重撰的以春秋時期史事爲主體的節錄本。⑨ 陳偉認爲,《繫年》的作者是楚人。⑩

---

① 清華大學出土文獻研究與保護中心編,李學勤主編:《清華大學藏戰國竹簡(貳)》,上海:中西書局,2011年,第135頁。
② 張春海:《清華簡〈繫年〉或有助填補周代研究空白》,《中國社會科學報》2011年12月22日,第2版。
③ 廖名春:《清華簡〈繫年〉管窺》,《深圳大學學報(人文社會科學版)》2012年第3期,第51頁。
④ 朱曉海:《論清華簡所謂〈繫年〉的書籍性質》,《中正漢學研究》2012年第2期,第41頁。
⑤ 參陳偉:《清華大學藏竹書〈繫年〉的文獻學考察》,《史林》2013年第1期,第46頁。
⑥ 李學勤:《清華簡〈繫年〉及有關古史問題》,《文物》2011年第3期,第70頁。
⑦ 李學勤:《解讀清華簡:從〈繫年〉看〈紀年〉》,《光明日報》2012年2月27日,第15版;李學勤:《由清華簡〈繫年〉論〈紀年〉的體例》,《深圳大學學報(人文社會科學版)》2012年第2期,第42頁。
⑧ 李學勤:《清華簡〈繫年〉解答封衛疑謎》,《文史知識》2012年第3期,第13頁。
⑨ 朱曉海:《論清華簡所謂〈繫年〉的書籍性質》,《中正漢學研究》2012年第2期,第40頁。
⑩ 陳偉:《清華大學藏竹書〈繫年〉的文獻學考察》,《史林》2013年第1期,第44～46頁。

關於《繫年》的作者,李學勤逐漸認識到其是楚人。但正如李先生所提出的,既然是楚人,爲何沒有明顯的楚人立場? 這是需要考慮的問題。

3. 體例與性質

關於《繫年》體例,主要有兩種看法:一是編年體史書,李學勤曾持此觀點①;二是紀事本末體史書,廖名春認爲《繫年》"各章記事大體是按照史事始末爲序"②,許兆昌、齊丹丹指出《繫年》"應是一部具有紀事本末體性質的早期史著"③,李學勤後來亦持此觀點④。

關於其性質,學者的觀點可以歸納爲四種:

第一,獨立的史書。宋鎮豪認爲,《繫年》是楚國史官所作、具有紀年大事意義的史書。⑤《繫年》是一部將發生於周及春秋戰國列國重大史事的本末,依憑晉、楚系譜紀年再編纂而成的史鑒,類似於後世的紀事本末體史著。⑥ 美國學者夏含夷認爲,中國上古時期主要有兩種紀年形式的史書,一種是單國的歷史編年;一種是多個國家綜合、比較的編年體,《繫年》屬於後者。⑦ 日本學者淺野裕一認爲《繫年》採用周王、晉公和楚王三者的紀年,底本可能是周王室及晉、楚史書,可能是楚國爲培養那些將來可能承擔國家外交任務的貴族子弟所編纂的歷史素材。⑧ 日本學者藤田勝久認爲,《繫年》以周室東遷爲起點,通過整理排列晉、楚兩國的系譜和紀年資料,將史實和記事大致按照年代先後進行了編集,可以認爲它是一部以晉、楚兩國歷史爲基礎,將周和其他各國史實按照年代順序編集的資料。⑨

第二,相關史料的摘抄。這種觀點認爲《繫年》是相關史料的摘抄,如

---

① 李學勤:《清華簡〈繫年〉及有關古史問題》,《文物》2011 年第 3 期,第 70 頁。
② 廖名春:《清華簡〈繫年〉管窺》,《深圳大學學報(人文社會科學版)》2012 年第 3 期,第 51 頁。
③ 許兆昌、齊丹丹:《試論清華簡〈繫年〉的編纂特點》,《古代文明》2012 年第 2 期,第 60 頁。
④ 李學勤:《清華簡:學術史研究新貢獻》,《中國社會科學報》2012 年 1 月 9 日,第 4 版。
⑤ 轉引自張春海:《清華簡〈繫年〉或有助填補周代研究空白》,《中國社會科學報》2011 年 12 月 22 日,第 2 版。
⑥ 宋鎮豪:《談談清華簡〈繫年〉的編纂體裁》,李守奎主編:《清華簡〈繫年〉與古史新探》,上海:中西書局,2016 年,第 233 頁。
⑦ 轉引自張春海:《清華簡〈繫年〉或有助填補周代研究空白》,《中國社會科學報》2011 年 12 月 22 日,第 2 版。
⑧ 〔日〕淺野裕一:《史書としての清華簡『繫年』の性格》,《出土文獻から見た古史と儒家經典》,東京:汲古書院,2012 年。轉引自宋鎮豪:《談談清華簡〈繫年〉的編纂體裁》,李守奎主編:《清華簡〈繫年〉與古史新探》,第 228 頁。
⑨ 〔日〕藤田勝久:《〈史記〉的年代學與清華簡〈楚居〉、〈繫年〉》,《史林揮麈——紀念方詩銘先生學術論文集》編輯組編:《史林揮麈——紀念方詩銘先生學術論文集》,上海:上海古籍出版社,2015 年,第 33 頁。

此則涉及摘抄之來源、何人摘抄以及摘抄的目的何在等問題。對此,學者主要有以下幾種看法:

(1)摘抄來源是周王室的史官記錄和其他諸侯國的史書,摘抄者是楚國的史官。胡平生認爲《繫年》是楚國從周王室史官或從其他有紀年的史官記錄中將有關楚國或者楚、晉關繫的材料整理、編纂而成的,並非獨立成篇的古書。①

(2)摘抄來源是《左傳》。陳偉②、馮時③認爲其跟《鐸氏微》有關或類似。程浩通過對比《繫年》首章與《左傳》昭公二十六年所載"王子朝告諸侯書",發現二者有許多相似之處。史載周王子朝在爭奪王位失敗後,曾攜帶大批周之典籍入楚。由此,他認同陳、馮二人説法,認爲《繫年》之作者有可能參考了這批典籍。④ 按,《史記·十二諸侯年表序》:"魯君子左丘明懼弟子人人異端,各安其意,失其真,故因孔子史記具論其語,成《左氏春秋》。鐸椒爲楚威王傅,爲王不能盡觀《春秋》,采取成敗,卒四十章,爲《鐸氏微》。"⑤按照此觀點,則《繫年》摘抄自《左傳》。

(3)摘抄的主要來源是《左傳》,但也旁及其他材料。朱曉海認爲,《左傳》可能是重要的參考作品,但《繫年》編撰者顯然還參考了《左傳》之外的不少書籍;不僅如此,《左傳》要藉由行事論是非,講求禮以及處世的明智、爲人的倫理,《繫年》則將這類議論一概刊去,專以戰爭及其勝負爲內容焦點,可謂道地的"相斫書"。⑥

(4)沈建華認爲《繫年》"屬於戰國民間流傳紀年類系的本子","整體來看並不像是一個定本,屬於流行抄本"。⑦

第三,故志類史書。陳民鎮認爲《繫年》很可能正是"志"類文獻,至少是類似於"志"的文獻,可能還具有教材的品格。《繫年》的體例與"志"最爲接近,將其歸入"故志"的大範疇是適宜的。《楚居》可視作一部"邦國之

---

① 張春海:《清華簡〈繫年〉或有助填補周代研究空白》,《中國社會科學報》2011年12月22日,第2版。
② 陳偉:《清華大學藏竹書〈繫年〉的文獻學考察》,《史林》2013年第1期,第48頁。
③ 馮時:《〈鄭子家喪〉與〈鐸氏微〉》,《考古》2012年第2期,第83頁。
④ 程浩:《清華簡零識二則》,教育部人文社會科學重點研究基地、清華大學出土文獻與中國古代文明研究中心、清華大學出土文獻研究與保護中心編:《出土文獻與中國古代文明:李學勤教授八十壽誕紀念論文集》,上海:中西書局,2016年,第371~373頁。
⑤ 《史記》卷14,第648頁。
⑥ 朱曉海:《論清華簡所謂〈繫年〉的書籍性質》,《中正漢學研究》2012年第2期,第40頁。
⑦ 沈建華:《試說清華〈繫年〉楚簡與〈春秋左傳〉成書》,陳致主編:《簡帛·經典·古史》,上海:上海古籍出版社,2013年,第165、169頁。

志",而記載列國史事的《繫年》則有"四方之志"的性質。《繫年》雖非《春秋》類的編年體史書,但其寫作的時代背景,與"詩亡然後《春秋》作"有關。①。

第四,類似於《國語》的諸國史。日本學者小沢賢二認爲《繫年》同《竹書紀年》《春秋》等以年份爲序偏於某一國的編年史不同,類似於《國語》中的諸國史。②

總之,學者的基本意見可以歸納爲兩種:一是獨立的史書;二是相關史料的摘抄本,主要摘自《左傳》。但問題是:現今學界多認爲《左傳》和《繫年》年代相當,而且兩者記載雖然有相同處,但也有不同處。因此,《繫年》爲《左傳》摘抄本這種説法,還需要更多的證據,需要進一步地論證。

4. 年代

李學勤認爲《繫年》的寫作年代大約是楚肅王時(前380～前370,或許再晚一些,在楚宣王時),也就是戰國中期。③ 後來他又指出,《繫年》的作者可能是楚國人,成書的年代估計爲楚肅王時,也就是説比西晉時發現的魏國史書《竹書紀年》還更早一些。④

沈建華認爲《繫年》的寫作年代當在楚肅王時期,這與清華楚簡年代測定數據(前305年±30年)顯然是相合的⑤,與《左傳》成書年代也非常接近⑥。

陳偉認爲《繫年》寫於楚肅王在位期間的可能性比較大。⑦

總之,《繫年》的成書年代,由於有科學鑒定結果,學界意見較一致,即其成書於戰國中期。至於具體是否在楚肅王時期,學界仍未完全確定。

5. 與《左傳》《竹書紀年》的關繫

李學勤認爲《繫年》這種史書的體裁和其中的一些文句,都很像《竹書

---

① 陳民鎮:《〈繫年〉"故志"説——清華簡〈繫年〉性質及撰作背景芻議》,《邯鄲學院學報》2012年第2期,第52～55頁。
② 〔日〕小沢賢二:《中國古代編年資料的繫譜》,《出土文獻から見た古史と儒家経典》,東京:汲古書院,2012年。轉引自宋鎮豪:《談談清華簡〈繫年〉的編纂體裁》,李守奎主編:《清華簡〈繫年〉與古史新探》,上海:中西書局,2016年,第228頁。
③ 李學勤:《清華簡〈繫年〉及有關古史問題》,《文物》2011年第3期,第71頁。
④ 李學勤:《清華簡〈繫年〉解答封衛疑謎》,《文史知識》2012年第3期,第13頁。
⑤ 清華大學出土文獻研究與保護中心編,李學勤主編:《清華大學藏戰國竹簡(壹)》,上海:中西書局,2010年,"前言"第3頁。
⑥ 沈建華:《試説清華〈繫年〉楚簡與〈春秋左傳〉成書》,陳致主編:《簡帛·經典·古史》,第167頁。
⑦ 陳偉:《清華大學藏竹書〈繫年〉的文獻學考察》,《史林》2013年第1期,第44頁。

紀年》。①《繫年》既不像《春秋》那樣本來便是魯國史書,也不像《竹書紀年》那樣於周室東遷後用晉國及後來的魏國紀年,而是對各諸侯國各以其君主紀年②,吟味《紀年》《繫年》這方面的差别,似反映出兩書作者立場的差異③。

與李學勤根據《繫年》説《竹書紀年》原來的體例"不是《春秋》那樣的編年史"不同,夏含夷提出《竹書紀年》墓本確實像傳統説法那樣是編年史,並認爲墓本《竹書紀年》從與晉侯敵對的曲沃桓叔開始使用曲沃君主紀年,今本《竹書紀年》很可能是晉荀勖整理汲冢竹書時候創造的一種副本。④

沈建華認爲,從《繫年》文本性質來説,它與《左傳》既可以相互印證,但也存在明顯的差異,屬於"異本共存"的關繫。雖然二者在史料來源上有共用的地方,但通過比較,可以推測其史料來源屬不同系統。⑤

朱曉海認爲,在《繫年》所根據的那批既有史料中,《左傳》固然是重要的參考作品,但編撰者顯然還參考了《左傳》之外的不少書籍。⑥

陳鴻超認爲,《左傳》與《繫年》屬於兩個體系的史著,但二者在編纂上有着緊密的聯繫,有着共同的史料來源,甚至《繫年》有可能曾參考過《左傳》。⑦

關於《繫年》與《春秋》《左傳》《竹書紀年》等的比較研究,有許兆昌《〈繫年〉、〈春秋〉、〈竹書紀年〉的歷史叙事》(上海:中西書局,2015年)、劉光勝《清華簡〈繫年〉與〈竹書紀年〉比較研究》(上海:中西書局,2015年)、侯文學與李明麗《清華簡〈繫年〉與〈左傳〉叙事比較研究》等著作可參看。

總之,關於《繫年》和《竹書紀年》的關繫,李學勤發現了兩書所持立場的差異,後者的作者是魏國人,前者的作者是楚國人,爲何《繫年》没有明顯的楚國立場呢? 另外,關於《今本竹書紀年》與《古本竹書紀年》的關繫以及原始的墓本《竹書紀年》的體例與内容的研究,《繫年》是否有新的啓

---

① 李學勤:《初識清華簡》,《初識清華簡》,上海:中西書局,2013年,第3頁;李學勤:《清華簡〈繫年〉及有關古史問題》,《文物》2011年第3期,第70頁。
② 李學勤:《清華簡〈繫年〉及有關古史問題》,《文物》2011年第3期,第70頁。
③ 李學勤:《解讀清華簡:從〈繫年〉看〈紀年〉》,《光明日報》2012年2月27日,第15版。
④ 〔美〕夏含夷:《由清華簡〈繫年〉論〈竹書紀年〉墓本和今本的體例》,武漢大學簡帛研究中心主辦:《簡帛》第22輯,上海:上海古籍出版社,2021年,第45頁。
⑤ 沈建華:《試説清華〈繫年〉楚簡與〈春秋左傳〉成書》,陳致主編:《簡帛·經典·古史》,第167頁。
⑥ 朱曉海:《論清華簡所謂〈繫年〉的書籍性質》,《中正漢學研究》2012年第2期,第40頁。
⑦ 陳鴻超:《試論〈左傳〉與清華簡〈繫年〉的文獻關繫》,鄔文玲主編:《簡帛研究二〇一七(秋冬卷)》,桂林:廣西師範大學出版社,2018年,第26頁。

示呢？根據學界的一般判定，《左傳》成書於戰國，《繫年》的成書年代大致與《左傳》相當，並且《繫年》和《左傳》相比較，兩者有些地方所記相同，有些地方則異，那麽如何平衡二者關繫呢？所有這些問題，尚須進一步研究。

(二) 簡文考釋

《繫年》的簡文考釋，主要包括字形隸定、簡文斷句和考釋三個部分。一般來説，簡文考釋部分還有一個簡序排列問題。由於《繫年》每支簡背有序號予以標識(如簡背的"一"表示"第一"，"二"表示"第二"等)，所以對於竹簡的排序，學界尚未有較大爭議。值得注意的是，簡背序號也有訛誤者，如《繫年》簡有兩支序號爲"五十二"，又缺少序號"八十八"，當爲竹簡書手筆誤所致。面對這種情况，整理者在爲簡文排序時要參看簡文連貫與否等因素。①

第一，字形隸定方面。《繫年》簡係用楚文字書寫，整理者在將楚文字隸定爲今字的時候，對於一些無法隸定的字未予隸定。如《繫年》第十一章的"奐"(簡56)，此字在《左傳》相似内容中作"貉"。② 整理者認爲簡文裏也有一些訛字，如第一章的"宋"(簡3)、第二章的"叙"(簡5)、第九章的"而"(簡51)等。但也有學者對整理者的説法提出質疑，例如"叙"，整理者認爲是"取"之訛字，有學者認爲應是"取師"之"取"的專字。③ 這説明，簡文中那些整理者所認定的訛字，是否確係訛字，還需要進一步研究。另外，《繫年》簡的一些字體與通行的楚文字不同，當有不同的來源，主要有兩種情况：一是與商或西周文字相合的存古現象，二是三晉文字的羼入。④ 這也是需要注意的。關於字形隸定的學術專著，可參李守奎《清華簡〈繫年〉文字考釋與構形研究》(上海：中西書局，2015年)及《古文字與古史考：清華簡整理研究》(上海：中西書局，2015年)等書。關於《繫年》的最新釋文可參《清華大學藏戰國竹簡(壹—叁)文字編(修訂本)》⑤，此書的釋文部分汲取了學界的最新研究成果，較整理者所作原釋文略有改動。

---

① 參李均民、趙桂芳：《清華簡文本復原——以〈清華大學藏戰國竹簡〉第一、二輯爲例》，《出土文獻》第3輯，上海：中西書局，2012年，第66~67頁。
② 對該字的諸家研究可參李松儒：《清華簡〈繫年〉集釋》，上海：中西書局，2015年，第174~179頁。
③ 參李松儒：《清華簡〈繫年〉集釋》，第40~41頁。
④ 李守奎、肖攀：《清華簡〈繫年〉文字考釋與構形研究》，上海：中西書局，2015年，第285頁。
⑤ 李學勤主編，沈建華、賈連翔：《清華大學藏戰國竹簡(壹—叁)文字編(修訂本)》，上海：中西書局，2020年，第410~433頁。

第二,簡文斷句方面。整理者已經做了很好的工作,但還是有一些地方頗令人費解。如第十五章"伍員爲吳大宰,是教吳人反楚邦之諸侯,以敗楚師于柏舉,遂入郢",其中"是教吳人反楚邦之諸侯"就難通。筆者以爲,"是教吳人"後當點斷。另外,有學者提出第一章的第二簡"千畝"前有脱文①,筆者以爲恐無這種可能。這在本書每章簡文疏證部分將具體談到,此不贅述。

第三,簡文考釋方面。學界研究成果頗豐,比較集中者有:蘇建洲、吳雯雯、賴怡璇合著《清華二〈繫年〉集解》,此書廣泛搜集關於《繫年》研究成果,集合諸家成果,並以"謹按"的形式提出作者的一些見解,搜集學者成果截至2013年8月②;李松儒《清華簡〈繫年〉集釋》與之類似,但收集學界成果截至2014年12月31日,亦有作者按語;馬楠《清華簡〈繫年〉輯證》將簡文所涉及的傳世文獻列出,並以"謹按"的形式提出作者見解③,亦可參考。國外學者的研究成果有日本京都大學教授吉本道雅的《清華簡繫年考》④、英國學者米歐敏(Olivia Milburn)的《〈繫年〉:清華簡中的古代史書》⑤、以色列學者尤鋭(Yuri Pines)的《周代歷史與歷史學:〈繫年〉導讀》⑥等。

總之,就簡文考釋方面來説,整理者已經做了比較好的工作,這爲學者的進一步研究提供了一個比較好的起點。但是正所謂"前出未密,後出轉精",在《繫年》公佈後,學者對整理者的釋讀提出了不同的看法,其中有些確實較原釋爲優,但也有一些觀點純屬猜測、毫無根據,這是我們在具體研究過程中需要仔細辨別與注意的。

(三)史事考證

第一,西周史部分(前四章)。《繫年》前四章叙述西周史迹,説明周王

---

① 廖名春:《清華簡〈繫年〉管窺》,《深圳大學學報(人文社會科學版)》2012年第3期,第51~52頁。
② 蘇建洲、吳雯雯、賴怡璇:《清華二〈繫年〉集解》,臺北:萬卷樓圖書出版股份有限公司,2013年。
③ 馬楠:《清華簡〈繫年〉輯證》,上海:中西書局,2015年。
④ 〔日〕吉本道雅:《清華簡繫年考》,《京都大學文學部研究紀要》(2013)52:1~94。
⑤ Olivia Milburn, "The Xinian: An Ancient Historical Text from The Qinghua University Collection of Bamboo Books", *Early China* (2016) vol. 39, pp. 53~109. 此文有中文譯本,〔英〕米歐敏:《〈繫年〉:清華簡中的古代史書》,陳鵬宇譯,《出土文獻》2021年第4期,第142~158頁。
⑥ Yuri Pines, "Zhou History and Historiography: Introducing the Bamboo manuscript Xinian," *T'oung Pao* 100~4~5(2014), pp. 287~324.

室如何衰落，晉、鄭、楚、秦、衛等諸侯國如何興起，涉及共和行政、平王東遷、秦人起源、衛國始建等重大歷史事件，而傳世文獻的相關記載比較欠缺且説法不一。因此，《繫年》的相關記載確實彌足珍貴，成爲學界研究的熱點。①

第二，春秋史部分（第五至二十章）。《繫年》第五至二十章主要涉及春秋史事，多可與《春秋》經傳、《國語》、《史記》等相互印證，但也有一些差異。這方面的研究涉及楚滅息的年代②、晉文公出亡相關史事③、夏姬史事④、吳人入郢⑤、伍員與柏舉之戰⑥、《繫年》與《左傳》中記載楚事異同⑦等方面。關於《繫年》春秋史部分研究的專著有孫飛燕《清華簡〈繫年〉初探》（上海：中西書局，2015年）等。

第三，《繫年》末三章涉及戰國早期的史事，多爲傳世文獻所缺載，可與近年出土的其他楚簡及相關青銅器銘文互證。這方面的研究圍繞戰國楚史年代⑧、齊長城⑨等展開，專著有熊賢品《戰國王年問題研究》（北京：中國社會科學出版社，2017年）、楊蒙生《驫羌編鐘銘文與清華簡〈繫年〉》（上海：上海古籍出版社，2020年）等。

另外，關於竹書形制，可參賈連翔《戰國竹書形制及相關問題研究——以清華大學藏戰國竹簡爲中心》（上海：中西書局，2015年）。關於清華簡入藏等信息，可參劉國忠《走近清華簡（增補版）》（北京：清華大學出版社，2020年），同時該書附錄部分收集了截至2019年9月的清華簡研究（包括《繫年》）成果。上文所列學者研究成果頗爲簡要，難免挂一漏萬，有很多

---

① 李學勤：《清華簡〈繫年〉及有關古史問題》，《文物》2011年第3期，第70~74頁；朱鳳瀚：《清華簡〈繫年〉所記西周史事考》，李宗焜主編：《出土材料與新視野》，臺北："中研院"，2013年，第441~459頁；晁福林：《清華簡〈繫年〉與兩周之際史事的重構》，《歷史研究》2013年第6期，第154~161頁；等等。

② 梁立勇：《讀〈繫年〉札記》，《深圳大學學報（人文社會科學版）》2012年第3期，第58~59頁。

③ 王紅亮：《清華簡與晉文公重耳出亡繫年及史事新探》，《史學月刊》2019年第11期，第5~20頁。

④ 程薇：《清華簡〈繫年〉與夏姬身份之謎》，《文史知識》2012年第7期，第45~48頁。

⑤ 李守奎：《清華簡〈繫年〉與吳人入郢新探》，《中國社會科學報》2011年11月24日，第7版。

⑥ 李均明：《伍員與柏舉之戰——從清華戰國簡〈繫年〉談起》，羅運環主編：《楚簡楚文化與先秦歷史文化國際學術研討會論文集》，武漢：湖北教育出版社，2013年，第81~89頁。

⑦ 魏慈德：《〈清華簡·繫年〉與〈左傳〉中的楚史異同》，《東華漢學》第17期，2013年6月，第1~48頁。

⑧ 李鋭：《由清華簡〈繫年〉談戰國初楚史年代的問題》，《史學史研究》2013年第2期，第100~109頁。

⑨ 陳民鎮：《齊長城新研——從清華簡〈繫年〉看齊長城的若干問題》，《中國史研究》2013年第3期，第5~19頁。

在正文中會隨文引注,讀者可詳細參閱《走近清華簡(增補版)》附錄部分。

四、本研究已取得的成就以及有待繼續深入之處

通過上述研究概況可知,學界對於清華簡《繫年》的研究已經取得了相當大的進展,具體概括如下:

第一,綜合研究方面。《繫年》的作者基本上傾向於是楚人,體例是紀事本末體,年代大致確定在楚肅王(至晚在楚威王)時期——在這些方面,學界基本上達成了共識。

第二,簡文考釋方面。整理者的考釋很詳盡,後來學者也對其進行了一些補充。這爲我們進一步研究打下了比較好的基礎。

第三,史事考證方面。學界對於《繫年》前四章與西周史有關內容的史事考證成果較多,分歧也最大。第五章至第二十章有《左傳》《國語》《史記》等可供對照,學者在這方面也有較多成果。第二十一章至第二十三章,由於缺乏傳世文獻可供對照,所以學者的成果不是太多,尚待深入。

但正所謂"前疏未密,後出轉精",以往學者的研究仍有某些薄弱和有待"轉精"之處,主要似在於:

第一,綜合研究方面,主要有:(1)學者雖然認爲《繫年》的作者是楚人,但又指出其在記述時不爲楚掩醜,有時對楚措辭很嚴厲,似沒有明顯的楚人立場,這種矛盾如何調和?(2)對於《繫年》成書的具體年代,還有待繼續深入探討。(3)《繫年》與《左傳》的關繫如何,亦有待深入研究。

第二,簡文考釋方面,主要表現爲對一些關鍵簡文的考釋眾說紛紜、莫衷一是,仍有待深入。同時,在簡文與傳世文獻以及其他出土文獻的對比研究上,仍顯不足。

第三,史事考證方面,主要有:(1)對一些關鍵簡文的理解不同,導致對簡文所載史事的認知也是異說紛呈。比如關於《繫年》第二章的"周亡王九年",學界對於周平王東遷的年代等相關史實的理解眾說紛紜。(2)學者的研究基本上是就簡文說簡文,未能深入學術史并在學術史的大視野下,對簡文所載內容進行"定位"考察。(3)在將簡文與出土的金文、簡帛材料的對比方面,仍顯不足。

五、本書的研究思路與方法

第一,由簡文字詞的考釋入手,來考證簡文所記的史事。《繫年》簡裏的簡文,整理者已經做出了詳細的注釋,這爲我們進一步研究提供了十分

便利的條件。但是,不能否認,簡文的注釋仍有有待商榷之處。因此,在整理者注釋的基礎上對簡文作進一步考證十分必要。本書將以整理者的注釋爲基礎,再綜合學者的相關研究,對簡文進行進一步考釋,並在此基礎上,對其史事進行進一步考證。

第二,將對簡文史事的考證置於學術史上作考察,辨諸家之異同,明其源流,從而在最根本的問題上作討論。《繫年》所載史事,或爲傳世文獻所缺,或爲傳世文獻所載,有同亦有異,這就爲相關的學術史問題的進一步討論帶來了可能,提供了契機。對此,本書的研究,一方面注意相關問題本身是否在傳世文獻記載中有歧義,另一方面還要分析學者對這些歧義的解釋:這就是從學術史入手。再根據《繫年》提供的新材料,尽可能地對以往文獻歧義產生的原因進行探討,對學者理解分歧產生之原因進行分析:這就是回到學術史中去。力求言必有據,不發空論。

第三,對《繫年》的綜合研究,本書不僅立足於《繫年》本身,還將其與其他先秦文獻進行對比研究,以求全面揭示《繫年》的史學價值。本書一方面將《繫年》放在中國史學史發展過程中,從時空兩個維度準確定位,把握其階段性、地區性的特點;另一方面運用比較的方法,將其與《春秋》《左傳》《國語》等傳世文獻,馬王堆帛書《春秋事語》等出土文獻,以及輯佚而成的《古本竹書紀年》等進行對比研究,既揭示其特殊性,也看到其普遍性。同時運用《繫年》提供的新資料,對以上傳世文獻、出土文獻及輯佚文獻作出進一步反思。

上編 疏證與考證

1. 本編依照《繫年》順序,逐章叙述。

2. 本編每章一般分爲七部分,即"説明""釋文""疏證""譯文""解題""問題""考證"。

[説明]對本章"釋文"中有争議處作以説明。如無相關内容,則省略。

[釋文]以整理本爲基礎,參照學界研究成果,作出釋文。

[疏證]針對本章簡文的字詞、史實、義理,在整理者和時賢注釋的基礎上,通過反復比較、疏通、證明,對簡文逐字、逐句進行解釋。筆者意見以"謹按"的形式展現。

[譯文]在疏證的基礎上,將簡文用現代白話文作語譯,主要採用直譯。

[解題]就本章主旨以及簡文所載主要史事進行概述。

[問題]就本章所涉及的史事、文獻等方面需要討論之處作説明,便於讀者瞭解下文所要討論的主要問題。

[考證]在簡文疏證的基礎上,充分結合傳世文獻和出土文獻,對相關學術史問題進行系統全面考證。在考證時,注意把《繫年》的相關記載放在學術史中,縷析源流,辨别是非,重新認識其所載史事的史料價值。

【第一章】

[説明]

（一）"⿱"【一】、"⿱"【一】的隸定與釋讀

【整理者】均隸定爲"帝＝"，讀爲"上帝"。①

【何有祖】簡1"上帝"合文兩見，其寫法有別。後一形，明顯是"上帝"合文，釋文作"帝＝（上帝）"，當是。前一形，合文中沒有"上"的形體出現，在處理上應有不同。②

【郭永秉】前者可釋爲"禘帝"，"禘"爲動詞，"禘帝"習見於古籍，此處"不恭禘帝"即"不恭敬地對帝進行禘祭"；而下文"上帝天神"中的"上帝"，據字形顯然是"土帝"合文，"土帝"與"天神"對文，或指五方帝中的黃帝。③

【李松儒】從文義上看整理者説最穩妥，此乃抄手書寫不規範所致。④

【李零】"帝＝"是"上帝"的合文，不必讀爲"禘帝"。西周金文的"上帝"合文，多以一短横一長横爲上，下面加帝，這裏是以"帝"字本身的一短横一長横爲上。⑤

【陳偉武】前者爲"央帝"合文，後者從郭永秉説，釋爲"土帝"。《繫年》作者爲了避免重複，稱黃帝爲"央帝"，又稱爲"土帝"，所指實同，均可指至高無上的神，猶如"上帝"。⑥

---

① 清華大學出土文獻研究與保護中心編，李學勤主編：《清華大學藏戰國竹簡（貳）》，上海：中西書局，2011年，第136頁。
② 李松儒：《清華簡〈繫年〉集釋》，第17頁。
③ 郭永秉的發言，參邢文：《達慕思——清華"清華簡"國際學術研討會綜述》，《文物》2013年第12期，第88頁。
④ 李松儒：《清華簡〈繫年〉集釋》，第19、23頁。
⑤ 李零：《讀簡筆記：清華楚簡〈繫年〉第一至四章》，《吉林大學社會科學學報》2016年第4期，第169頁。
⑥ 陳偉武：《清華簡〈繫年〉首章"央帝"臆釋》，李守奎主編：《清華簡〈繫年〉與古史新探》，第83頁。

【謹按】李松儒說可從,故暫從整理者說。

(二)"𥸤"【一】的隸定與釋讀

【整理者】隸定爲"𥸤",讀爲"登"。①

【謹按】𥸤,從"登"從"示"。"登"在甲骨文中字形象雙手捧着一種叫作"豆"的盛食器皿,在甲骨卜辭裏"登"有時表示商王對祖先舉行進獻食品的登祭。② 如果登祭的是"米",豆上面就會有"米"③,疏證部分提到的大盂鼎銘的"登祀"之"登"即從"米"。該字不見於字書或古書,文獻中寫作"登"或"烝"。④

[釋文]

昔[1]周武王監觀[2]商王之不龏(恭)帝=(上帝),禋祀不寅(寅),[3]乃乍(作)帝籍(籍),[4]以𥸤(登)祀帝=(上帝)天神,[5]名之曰【一】千畮(畝),[6]以克反商邑,[7]尃(敷)政天下。[8]㞷=(至于)東=王=(厲王,厲王)大瘧(虐)于周,[10]卿李(士)、者(諸)正、萬民弗刃(忍)于氒(厥)心,【二】乃歸東(厲)王于敿(彘)。[11]龏(共)白(伯)和立,十又四年。[12]東(厲)王生洹(宣)王,洹(宣)王卽立(位),[13]龏(共)白(伯)和歸于宋〈宗〉。[14]洹(宣)王【三】是刉(始)弃(棄)帝籍(籍)弗畋(田),立世=(三十)又九年,戎乃大敗(敗)周自(師)于千畮(畝)。【四】[15]

一【一背】 二【二背】 三【三背】 四【四背】

[疏證]

[1]昔

【華東師大讀書會】昔,類《尚書·堯典》"曰若稽古"。古代歷史或傳說,皆由耆老、宿學以口説方式傳給弟子,弟子轉而書之竹帛,故起始標明

---

① 清華大學出土文獻研究與保護中心編,李學勤主編:《清華大學藏戰國竹簡(貳)》,第 136 頁。
② 參陳夢家:《古文字中之商周祭祀》,《陳夢家學術論文集》,北京:中華書局,2016 年,第 11～12 頁;李立新:《甲骨文中所見祭名研究》,博士學位論文,北京:中國社會科學院,2003 年,第 68～73 頁。
③ 相關字形可參李宗焜編著:《甲骨文文字編》,北京:中華書局,2012 年,第 1095～1096 頁。
④ 李守奎、肖攀:《清華簡〈繫年〉文字考釋與構形研究》,第 34 頁。

爲"昔"。亦可以藉此瞭解竹簡《繫年》之屬性,乃一家法或學派師承之古史觀。①

【謹按】昔,字書或作"昝",簡文正作此形,訓爲往也。《廣雅·釋詁》:"昝,始也。"王念孫疏證曰:"昝,或作昔……趙岐注《孟子·離婁篇》云:'昝者,往也。'《玉篇》《廣韻》俱云:'昝,往也。'"②《鬻子·慎誅魯周公》:"昔者,魯周公使康叔往守於殷。"逢行珪注:"此昔者,往日之辭也。"③"昔"是對往事的追憶之辭。

先秦傳世文獻與出土文獻中,在追述往事時用"昔"或"昔者",且有時與"今"對言。《管子·法禁》:"昔者,聖王之治其民也不然,廢上之法制者必負以恥。"④上博簡二《容成氏》簡16:"昔者天地之佐舜";簡49:"昔者文王之佐受也"⑤。上博簡四《曹沫之陳》簡1~2:"昔周之邦魯……今邦彌小而鐘愈大。"⑥

清華簡中追述古事亦多用"昔",且多與"今"對言。如清華簡壹《保訓》載周文王云:"昔前人傳寶,必受之以誦。今朕疾允病……""昔舜舊作小人……昔微假中于河"⑦;《皇門》云:"今我譬小于大。我聞昔在二有國之哲王則丕恭于卹"⑧。清華簡叁《説命下》載王曰:"昔在大戊,克慎五祀。"⑨清華簡拾壹《五紀》首云:"唯昔方有洪。"⑩

此處的"昔",是在追述往事,交代史事發生的背景,這說明《繫年》前四章的內容就是交代背景的。另外,《繫年》第十八章:"至今齊人以不服于晉,晉公以弱。"第二十章:"至今晉、越以爲好。"這兩章出現了"今",與本章的"昔"形成對應關繫。

---

① 黃人二:《戰國楚簡研究》,上海:上海古籍出版社,2012年,第212頁。
② (清)王念孫著,張其昀點校:《廣雅疏證(點校本)》,北京:中華書局,2019年,第10~11頁。
③ 鍾肇鵬:《鬻子校理》卷下,北京:中華書局,2010年,第73頁。
④ 黎翔鳳:《管子校注》卷5,北京:中華書局,2004年,第273頁。
⑤ 馬承源主編:《上海博物館藏戰國楚竹書(二)》,上海:上海古籍出版社,2002年,第262、289頁。
⑥ 馬承源主編:《上海博物館藏戰國楚竹書(四)》,上海:上海古籍出版社,2004年,第243~244頁。
⑦ 清華大學出土文獻研究與保護中心編,李學勤主編:《清華大學藏戰國竹簡(壹)》,第143頁。
⑧ 清華大學出土文獻研究與保護中心編,李學勤主編:《清華大學藏戰國竹簡(壹)》,第164頁。
⑨ 清華大學出土文獻研究與保護中心編,李學勤主編:《清華大學藏戰國竹簡(叁)》,上海:中西書局,2012年,第128頁。
⑩ 清華大學出土文獻研究與保護中心編,黃德寬主編:《清華大學藏戰國竹簡(拾壹)》,上海:中西書局,2021年,第90頁。

［2］監觀

【整理者】監，《詩·節南山》傳："視也。"①

【陳偉】"監觀"見於古書，當爲一詞。監，通"鑒"。《詩·大雅·皇矣》："皇矣上帝，臨下有赫。監觀四方，求民之莫。"《淮南子·泰族訓》："曠然而通，昭然而明；天地之間，無所繫戾。其所以監觀，豈不大哉！"②

【子居】監觀又見於《銀雀山漢簡·陰陽之十二》："帝之司德，監觀於下。"和《詩經·大雅·皇矣》："皇矣上帝，臨下有赫。監觀四方，求民之莫。"③

【羅運環】監觀，是一個詞組，在先秦，分則其義相通，合則其義有別。整理者："監，《詩·節南山》傳：'視也。'"甚是。有的學者引《詩經·大雅·皇矣》"皇矣上帝，臨下有赫。監觀四方，求民之莫"爲訓，反而把問題扯遠了。文本"監觀"的對象不是"四方"，而是"商王"，即商紂王。在這裏，"監觀"用義，應如《論語·爲政》"視其所以，觀其所由"。《大戴禮記·文王觀人》作："考其所爲，觀其所由。"④

【謹按】監，《説文》："監，臨下也。从臥，䘏省聲。"⑤林義光曰："按，血爲䘏省不顯。監即鑑之本字。上世未製銅時，以水爲鑑，故《酒誥》曰：'人無于水監，當于民監。'"⑥張舜徽認同林説："林説是已。監之言見也，謂以盆水自照，可見顔面也。本書(指《説文》——引者按)金部'鑑，大盆也'，目部'瞷，視也'，皆受義於監矣。"⑦季旭昇認爲"監"的釋義是"由上往下監看"，字形上引商承祚説"甲骨文、金文象人俯首於皿而自監"。⑧可見，"監"字本字即"鑑"，會俯身下視水鑑之意，遂以俯身下視曰"監"。由此引申出兩層意思：其一是從照看中發現自己的得失，即借鑒、鑒戒義；其二是照看所視的對象，察看其情況，這就是察看、監視義。⑨

觀，《説文》："觀，諦視也。从見雚聲。"王鳳陽説："[觀]是大角度、大

---

① 清華大學出土文獻研究與保護中心編，李學勤主編：《清華大學藏戰國竹簡(貳)》，第136頁。
② 陳偉：《讀清華簡〈繫年〉札記》，《江漢考古》2012年第3期，第117～118頁。
③ 李松儒：《清華簡〈繫年〉集釋》，第18頁。
④ 羅運環：《清華簡〈繫年〉前四章發微》，《出土文獻》第7輯，上海：中西書局，2015年，第90頁。
⑤ 本書所引《説文》，如不特殊說明，均據(漢)許慎撰，(宋)徐鉉校定：《説文解字》，北京：中華書局，1963年。此書一般不標所引具體頁碼。
⑥ 林義光著，林志強標點：《文源(標點本)》，上海：上海古籍出版社，2017年，第114頁。
⑦ 張舜徽：《説文解字約注》，武漢：華中師範大學出版社，2009年，第2014頁。
⑧ 季旭昇：《説文新證》，福州：福建人民出版社，2010年，第682頁。
⑨ 王鳳陽：《古辭辨》，北京：中華書局，2011年，第646～647頁。

範圍的看,宏觀的看……'觀'除用於宏觀之外還用於微觀,這就是仔細地觀察、觀測義了,所謂'諦視'……"①

在傳世文獻與出土文獻中,"監觀"作爲詞組連用。如《詩·大雅·皇矣》"皇矣上帝,臨下有赫。監觀四方,求民之莫"②,此爲上帝臨視下方之義。銀雀山漢簡《占書》"帝令司德監觀于下,視其吉兇禍福及其兵時"③,此爲帝之屬神司德監觀視察下方之義。

簡文謂周武王"監觀""商王之不恭上帝,禋祀不寅"這種行爲,於是"作帝籍",這裏的"監觀"顯然不是一個詞組。"監"有借鑒、鑒戒之義;"觀"是細心觀察之義,不一定目睹,有可能耳聞。因周武王與殷紂王是同時代人,故有此説。

[3]商王之不龏(恭)帝═(上帝),禋祀不盍(寅),

【整理者】商王不恭上帝,參看《書·牧誓》:"今商王受……昏棄厥肆祀弗答",但後者鄭玄注以爲指祭宗廟。"上帝"合文,原有合文號。盍,讀爲"寅",《爾雅·釋詁》:"敬也。""寅"字的寫法亦見於戰國齊器陳侯因𧊒敦。④

【朱鳳瀚】在卜辭中見不到商王祭祀上帝的辭例,這並非是商人對上帝的怠慢,而是由其宗教觀念所決定的,商人本無祭祀上帝的制度。而從文獻和金文中都反映出周人始終有祭祀上帝的傳統。簡文中之所以認爲商人不敬上帝,一方面是申張自己的宗教觀作爲統治觀念之需要,另一方面則是説明周代商的合理性。⑤

【謹按】盍,見於戰國齊器陳侯因𧊒敦(《集成》4649,戰國晚期):"盍薦吉金。"馬承源注:"盍,卽寅,敬也。"⑥寅,《爾雅·釋詁》:"敬也。"⑦《尚書·多方》:"洪惟圖天之命,弗永寅念于祀。"僞孔傳:"大惟爲王謀天之命,不長敬念于祭祀。"⑧亦釋"寅"爲"敬"。

---

① 王鳳陽:《古辭辨》,第754頁。
② 程俊英、蔣見元:《詩經注析》,北京:中華書局,2018年,第828頁。
③ 銀雀山漢墓竹簡整理小組:《銀雀山漢墓竹簡(貳)》,北京:文物出版社,2010年,第241頁。
④ 清華大學出土文獻研究與保護中心編,李學勤主編:《清華大學藏戰國竹簡(貳)》,第136頁。
⑤ 朱鳳瀚:《清華簡〈繫年〉所記西周史事考》,李宗焜主編:《出土材料與新視野》,第442~444頁。
⑥ 馬承源主編:《商周青銅器銘文選(四)》,北京:文物出版社,1990年,第561頁。
⑦ 本書所引《爾雅》,如不特殊説明,均據(清)郝懿行:《爾雅義疏》,北京:中華書局,2017年。此書一般不標所引具體頁碼。
⑧ 《尚書正義》卷17,《十三經注疏》,第485頁。

龏,《説文·収部》:"龏,慤也。从廾龍聲。"段玉裁注:"心部曰:'慤,謹也。'此與心部'恭'音義同。"又曰:"古以'龏'爲'恭'。"①

"恭""寅"常連用。《尚書·無逸》載周公云昔在殷王中宗"嚴恭寅畏",《史記·魯世家》引作"嚴恭敬畏"。關於"嚴恭寅畏",鄭玄曰:"恭,在貌;敬,在心。"②于省吾説:"恭,本應作龏。秦公鐘'嚴龏夤(寅——引者按)天命',較此少一畏字。"③

"禋祀"見於金文:

(1)義(宜)其禋祀。(史牆盤,西周中期,《集成》10175)

(2)𪓰史殿乍(作)寶壺,用禋祀于茲宗室。(𪓰史壺,西周晚期,《集成》9718)

(3)永用禋祀。(哀成叔鼎,春秋晚期,《集成》2782)

《周禮·大宗伯》:"以禋祀祀昊天上帝。"鄭玄注:"禋之言煙。周人尚臭,煙,氣之臭聞者。"④孫詒讓注:"蓋禋、煙聲類同,故升煙以祭謂之禋祀。"⑤據此,可知禋祀是升煙祭祀上帝天神。又據上引金文可知,從西周到春秋晚期,這種祭祀方式一直沿用。

簡文説商王不恭敬上帝,並不是説不祭祀上帝,這與傳世文獻中所説的商紂王不祭祀上帝還是有所差別的。《書·牧誓》:"今商王受……昏棄厥肆祀弗答。"僞孔傳:"昏,亂。肆,陳。答,當也。亂棄其所陳祭祀,不復當享鬼神。"⑥《逸周書·克殷解》載克殷後,周武王祭天,尹逸筴曰:"殷末孫受,德迷先成湯之明,侮滅神祇不祀,昏暴商邑百姓,其彰顯聞於昊天上帝。"⑦《史記·周本紀》載此事曰:"尹佚策祝曰:'殷之末孫季紂,殄廢先王明德,侮蔑神祇不祀,昏暴商邑百姓,其章顯聞于天皇上帝。'"⑧這裏的"侮蔑神祇不祀"應該就是指《繫年》的"商王之不恭上帝"。

---

① (清)段玉裁:《古文尚書撰異》卷1,《清經解;清經解續編》第4册,上海:上海書店,2014年,第10頁。
② 鄭玄説爲孔穎達疏所引。見《尚書正義》卷17,《十三經注疏》,第470頁。
③ 于省吾:《雙劍誃尚書新證;雙劍誃詩經新證;雙劍誃易經新證》,北京:中華書局,2009年,第211頁。
④ 《周禮注疏》卷18,《十三經注疏》,第1633頁。
⑤ (清)孫詒讓:《周禮正義》,北京:中華書局,1987年,第1299頁。
⑥ 《尚書正義》卷11,《十三經注疏》,第389頁。
⑦ 黄懷信、張懋鎔、田旭東:《逸周書彙校集注(修訂本)》卷4,上海:上海古籍出版社,2007年,第354~355頁。
⑧ 《史記》卷4,第162頁。

[4]乃乍(作)帝𢓜(籍),

【整理者】籍,《國語·周語上》注:"借也,借民力以爲之。"《北堂書鈔》禮儀部十二引賈逵云:"天子躬耕籍田,助民力也。"《周語上》載虢文公述籍田云:"上帝之粢盛於是乎出。"①

【謹按】作,始也。王引之曰:"作,始也。家大人曰:作之言乍也。乍,始也。"②

𢓜,"乍"(崇母鐸部)聲,"籍"是從母鐸部,韻部同,而聲紐同爲齒音,故可通。《淮南子·氾論訓》:"履天子之籍,聽天下之政。"高誘注:"籍,或作阼也。"③上博簡《容成氏》簡36"湯乃尃(溥)爲正(征)夏(籍)。"④中山王方壺(《集成》9735,戰國):"夏(籍)斂中則庶民附。"

帝籍,即用來供奉祭祀上帝以及衆天神的籍田。《禮記·月令》:"是月也,天子乃以元日祈穀于上帝。乃擇元辰,天子親載耒耜,措之于參保介之御間,帥三公、九卿、諸侯、大夫躬耕帝藉。天子三推,三公五推,卿、諸侯九推。"鄭玄注:"帝藉,爲天神借民力所治之田也。"孔疏:

云"帝藉,爲天神借民力所治之田"者,耕藉所以爲帝藉者,舉尊言之,故《祭義》云:"天子爲藉千畝,以共粢盛。"又《國語》云:"宣王即位,不藉千畝。虢文公諫曰:'夫民之大事在農,上帝之粢盛於是乎出。'"是藉田共上帝,故云"爲天神借民力所治之田也"。⑤

又,《吕氏春秋·孟春紀》:"是月也,天子乃以元日祈穀於上帝。乃擇元辰,天子親載耒耜,措之參于保介之御間,率三公、九卿、諸侯、大夫躬耕帝籍田。天子三推,三公五推,卿、諸侯、大夫九推。反,執爵于太寢。三公、九卿、諸侯、大夫皆御,命曰'勞酒'。"高誘注:"躬,親也。天子籍田千畝,以供上帝之粢盛,故曰帝籍。"陳奇猷注:"依高注則田字當衍,《季秋》作'帝籍',無田字亦可證。……又案:籍之爲言阼也。……乍、耤二聲同部通用,故假籍爲阼也。籍田即阼田,天子即位踐阼階祭天以行即位之禮,故天子即位曰踐阼,今天子所耕之田用以供上帝之粢盛,故曰阼田也。"⑥楊寬:"當時祭祀的不僅是個上帝,又爲什麽獨稱'帝籍'呢?《周禮》賈公彦

---

① 清華大學出土文獻研究與保護中心編,李學勤主編:《清華大學藏戰國竹簡(貳)》,第136頁。
② (清)王引之:《經傳釋詞》卷8,上海:上海古籍出版社,2014年,第176頁。
③ 何寧:《淮南子集釋》卷13,北京:中華書局,1998年,第925頁。
④ 馬承源主編:《上海博物館藏戰國楚竹書(二)》,第278頁。
⑤ 《禮記正義》卷14,《十三經注疏》,第2936~2937頁。
⑥ 陳奇猷:《吕氏春秋新校釋》,上海:上海古籍出版社,2002年,第2、13~14頁。

疏説:'籍田之穀,衆神皆用,獨言帝籍者,舉尊言之。'"①卽"籍田"的穀不僅祭祀上帝,衆天神皆可用,稱爲"帝籍",是因爲帝最尊貴。下面簡文曰"帝籍"是祭祀"上帝天神",可互證。

[5]以燅(登)祀帝 ═ (上帝)天神,

【整理者】登,《禮記·月令》:"農乃登黍",注:"進也。"②

【謹按】登祀,見於大盂鼎(《集成》2837,周康王)。銘文"登"字作"䒭"形,上從"米"、下從"廾",中間是"豆",象雙手捧着裝滿米的豆之形③,本章"説明"部分所舉甲骨文字形"登"有字形正如是。

大盂鼎銘開端,周王(康王)追述開國史事:"丕顯文王受天有大命,在武王嗣文作邦,辟厥匿,匍有四方,畯正厥民。在粵御事,叡酒無敢酣,有柴登祀無敢擾,故天異(翼)臨子,法保先王,匍有四方。"這段文字可與簡文互證。

首先,銘文講周武王"有柴登祀無敢擾"。"柴"卽"柴"字。《説文·示部》:"柴,燒柴焚燎以祭天神。从示此聲。"又,《儀禮·覲禮》:"祭天燔柴。"胡培翬正義:"燔柴,郭注《爾雅》云:旣祭,積薪燒之。鄭注《周禮》:'禋祀實柴槱燎'云:三祀皆積柴,實牲體焉。或有玉帛燔燎而生煙,所以報陽也。……則此燔柴祭天,當玉帛牲俱有也。"④據此,則"燔柴祭天"之儀式是:積柴,柴上加放牲體和玉帛而燒之,上帝聞到煙氣,就算享用了。《繫年》講"周武王監觀商王之不恭上帝,禋祀不寅",這裏的"禋祀"也是一種升煙祭祀上帝天神的祭祀。二者相合。

其次,銘文講"故天異(翼)臨"。翼,《詩·大雅·卷阿》:"有馮有翼。"鄭箋:"翼,助也。"⑤按此説則爲動詞。裘錫圭則認爲:"這個'異'字過去多讀爲輔翼的'翼'。現在看來,很可能是我們討論的見於卜辭的'翼'字。'臨子'是'臨而子之'的意思,'子'跟'臨'一樣,也是動詞。""卜辭裏的這種'異'字,應該是語法性質跟'唯''允'很相近的一個虛詞。"⑥此暫從裘先生説。臨,從高視下狀,《詩·大雅·大明》:"上帝臨汝。"⑦銘

---

① 楊寬:《古史新探》,上海:上海古籍出版社,2016年,第227頁。
② 清華大學出土文獻研究與保護中心編,李學勤主編:《清華大學藏戰國竹簡(貳)》,第137頁。
③ 這樣的"豆"形,可對比第1093頁的27221(A11)、27456正(A11)等。見李宗焜編著:《甲骨文文字編》,北京:中華書局,2012年。
④ (清)胡培翬:《儀禮正義》卷20,南京:江蘇古籍出版社,1993年,第1326~1328頁。
⑤ 《毛詩正義》卷17,《十三經注疏》,第1177頁。
⑥ 裘錫圭:《裘錫圭學術文集》第1卷,上海:復旦大學出版社,2012年,第217、216頁。
⑦ 馬承源主編:《商周青銅器銘文選(三)》,北京:文物出版社,1988年,第39頁。

文講上天最終佑助了周，也就是最終選擇了周，幫助周打敗了商紂。《詩·大雅·皇矣》："皇矣上帝，臨下有赫。監觀四方，求民之莫。維此二國，其政不獲。維彼四國，爰究爰度。上帝耆之，憎其式廓。乃眷西顧，此維與宅。"①就是講天帝爲何放棄商而幫助周。《繫年》載周武王之所以能"克反商邑"，是由於武王"監觀商王之不恭上帝，禋祀不寅，乃作帝籍，以登祀上帝天神"，這和大盂鼎銘所謂周武王"有柴登祀無敢擾，故天異臨子"，若合符節。

祭祀上帝一般用禋祀。它同燎祭，就像前引大盂鼎"柴登祀"一樣，是燒柴玉等焚燎，使煙氣上升於天的一種祭祀方式。簡文説"乃作帝籍，以登祀上帝天神"，"帝籍"是用來供奉祭祀上帝的籍田，它與禋祀有何關繫呢？原來，周人是個以農業爲本的民族，傳説從其先祖后稷開始，就有在農業豐收後用農産品祭天的習俗。

《詩·大雅·生民》載有周人的先祖后稷祭祀上帝的史迹："卬盛于豆，于豆于登，其香始升。上帝居歆，胡臭亶時。"②于省吾説："古人祭祀時，設豆于俎几之上，祭者跪拜於神主之前，執燔烈之肉以上盛于豆，故曰'卬盛于豆'。"③這裏的"登"，毛傳曰："木曰豆，瓦曰登。豆，薦菹醢也。登，大羹也。"④據此，則"登"也是一種豆，是瓦豆。鄭箋："我后稷盛菹醢之屬，當于豆者，于登者，其馨香始上行，上帝則安而歆饗之，何芳臭之誠得其時乎？美之也。祀天用瓦豆，陶器質也。"⑤據詩文，盛於豆、登者除了燔肉之外，還應該有收穫的米、黍等粢盛，故《禮記·表記》曰："天子親耕，粢盛秬鬯以事上帝。"《經典釋文》引杜預云："黍稷曰粢，在器曰盛。"⑥古人認爲這些祭品的香氣上升到天上，上帝就可以享用。

由上面的分析可知，"登祀"的"登"應該是一種祭祀的器具。"登祀"即"盛菹醢之屬"於"登"進行祭祀天神上帝的一種方式。所以大盂鼎銘文中的"登"字从"米"，正表示這一層意思。《繫年》裏的"登"屬於戰國時期的一種寫法，其加"示"旁表示祭祀。

另外，大盂鼎銘文中"柴登祀"表示兩種祭法，"柴"是燒柴玉用煙祭

---

① 程俊英、蔣見元：《詩經注析》，第 828 頁。
② 程俊英、蔣見元：《詩經注析》，第 860 頁。
③ 于省吾：《澤螺居詩經新證；澤螺居楚辭新證》，北京：中華書局，2009 年，第 161 頁。
④ 《毛詩正義》卷 17，《十三經注疏》，第 1146 頁。
⑤ 《毛詩正義》卷 17，《十三經注疏》，第 1146 頁。
⑥ （清）朱彬：《禮記訓纂》卷 32，北京：中華書局，1996 年，第 789 頁。

祀,相當於《繫年》所謂的"禋祀";"登祀"即盛粢盛、燔肉於"登",用香氣來祭祀,就是《繫年》所謂的"作帝籍,以登祀上帝天神"。

[6] 名之曰【一】千畮(畝),

【整理者】千畝,《周語上》注:"天子田籍千畝,諸侯百畝。"《北堂書鈔》引賈逵云:"籍田,千畝也。"①

【謹按】祭祀上帝的籍田有千畝之多(非實指),故以"千畝"稱之。後來逐漸以"千畝"稱謂王所籍田,亦逐漸成爲地名,學者指出其具體位置在當時王都近郊。②

[7] 以克反商邑,

【整理者】反,《説文》:"覆也。"③

【李守奎】認同整理者説,並補充説:"反"訓爲及物動詞"顛覆",《樂記》"武王克殷反商",即"克殷覆商"。④

【謹按】以,連詞,表示事情結果。⑤ 克反,與《禮記·樂記》載"武王克殷返商,未及下車而封"之"克返"不同。整理者和李守奎將"反"訓爲顛覆,"以克反商邑"猶言既克覆商邑,可從。商邑,代指商王朝,何尊(《集成》6014,西周成王):"武王既克大邑商。"

[8] 尃(敷)政天下。

【謹按】《詩·商頌·長發》:"敷政優優,百禄是遒。"毛傳:"優優,和也。遒,聚也。"孔疏:"敷陳政教則優優而和美,以此之故,百衆之禄於是聚而歸之。"⑥據此,則"尃(敷)政"即"敷陳政教"之義。又,《左傳》昭公二十年載仲尼引此詩作"布政優優",是"敷政"猶言"布政"。"敷"(滂母魚部)與"布"(幫母魚部)音近可通。《小爾雅·廣詁》:"敷,布也。"胡承珙注:"敷、布……古皆通用。"⑦清華簡叁《説命下》載王對傳説曰:"毋獨乃心,敷之于。"⑧

---

① 清華大學出土文獻研究與保護中心編,李學勤主編:《清華大學藏戰國竹簡(貳)》,第137頁。
② 李松儒:《清華簡〈繫年〉集釋》,第24頁。
③ 清華大學出土文獻研究與保護中心編,李學勤主編:《清華大學藏戰國竹簡(貳)》,第137頁。
④ 李守奎:《據清華簡〈繫年〉"克反邑商"釋讀小臣單觶中的"反"與包山楚簡中的"鈑"》,《古文字與古史考:清華簡整理研究》,第199~200頁。
⑤ 楊伯峻:《古漢語虛詞》,北京:中華書局,1981年,第265頁。
⑥ 《毛詩正義》卷20,《十三經注疏》,第1352頁。
⑦ (清)胡承珙:《小爾雅義證》,合肥:黄山書社,2011年,第3頁。
⑧ 清華大學出土文獻研究與保護中心編,李學勤主編:《清華大學藏戰國竹簡(叁)》,第128頁。

[9] 季=(至于)東(厲)王,

【整理者】厲王,金文作"剌王",見逨盤(《近出殷周金文集録二編》939),"朿"即"剌"字所從。①

【謹按】至于,介詞,當"到"解。②《尚書·多士》:"自成湯至于帝乙,罔不明德恤祀。"《史記·秦始皇本紀》"刺龔公",索隱曰一作"厲共公"。③

[10] 東(厲)王大瘧(虐)于周,

【整理者】瘧,即"瘧"字,從《說文》"虐"字古文,在此即讀爲"虐"。④

【謹按】《國語·周語上》:"厲王虐,國人謗王。"⑤《史記·周本紀》解釋此語曰:"王行暴虐侈敖,國人謗王。"《左傳》昭公二十六年:"至於厲王,王心戾虐,萬民弗忍。"楊伯峻注:"弗忍,不堪其暴虐。"⑥

[11] 卿李(士)、者(諸)正、萬民弗刃(忍)于氒(厥)心,【二】乃歸東(厲)王于敾(彘)。

【整理者】李,即"李"字,古音來母之部,在此假爲"士"字,"士"爲從母,係鄰紐。正,《爾雅·釋詁》:"長也。"《左傳》昭公二十六年:"至於厲王,王心戾虐,萬民弗忍,居王於彘。"歸,《周禮·大宗伯》注:"不反之稱。"敾,即"徹"字,與"彘"字同在月部,聲母相近通假。⑦

【謹按】卿李,當按整理者讀爲"卿士"。《國語·周語上》載周厲王曾任"榮公爲卿士",韋昭注:"卿士,卿之有事者。"⑧《左傳》隱公三年:"鄭武公、莊公爲平王卿士。"杜預注:"卿士,王卿之執政者。"⑨楊伯峻認爲"卿士"有廣義、狹義之分:廣義上的"卿士"似泛指在朝之卿大夫;狹義的卿士指"王卿之執政者"⑩,即具體掌握政權的人,韋昭所說亦就狹義而言。簡文之"卿士"是廣義上的"卿士",泛指在朝之卿大夫。

諸正。《逸周書·嘗麥解》:"欽之哉!諸正,敬功爾頌,審三節,無思民因順,爾臨獄無頗,正刑有掇。"莊述祖注:"諸正,謂司寇之屬。"朱右曾

---

① 清華大學出土文獻研究與保護中心編,李學勤主編:《清華大學藏戰國竹簡(貳)》,第137頁。
② 楊伯峻:《古漢語虛詞》,第360頁。
③ 《史記》卷6,第360~361頁。
④ 清華大學出土文獻研究與保護中心編,李學勤主編:《清華大學藏戰國竹簡(貳)》,第137頁。
⑤ 徐元誥:《國語集解(修訂本)》卷1,北京:中華書局,2002年,第11頁。
⑥ 楊伯峻:《春秋左傳注(修訂本)》,北京:中華書局,1990年,第1476頁。
⑦ 清華大學出土文獻研究與保護中心編,李學勤主編:《清華大學藏戰國竹簡(貳)》,第137頁。
⑧ 徐元誥:《國語集解(修訂本)》卷1,第14頁。
⑨ 《春秋左傳正義》卷3,《十三經注疏》,第3740頁。
⑩ 參楊伯峻:《春秋左傳注(修訂本)》,第26頁。

注:"諸正,司寇之屬官。"①可見《逸周書》里的"諸正"與簡文中所指不同。在《繫年》中,"諸正"出現了三次,另外兩處見簡2"卿士、諸正、萬民弗忍于氒心",簡7"邦君諸正乃立幽王之弟余臣于虢"。值得注意的是,簡8"邦君諸侯焉始不朝于周",李學勤認爲"邦君"是諸侯,"諸正"是朝臣②,這裏就不好解釋。筆者懷疑簡2"卿士諸正"與簡7"邦君諸正"當分別指"卿士諸長"與"邦君諸長"。"正"可訓爲"長",《爾雅·釋詁》:"正,長也。"《逸周書·嘗麥解》的"諸正"也是一個集合的屬官,與此類似。"諸正"在《繫年》中具體指"内諸侯",詳《繫年》第二章疏證部分。

萬民。《左傳》昭公二十六年:"萬民弗忍,居王于彘。"③《國語·周語上》:"厲王虐,國人謗王。……於是國莫敢出言,三年,乃流王於彘。"④童書業説:"《國語》之'國人',即《左傳》之'萬民',謂國都中之居人也。"⑤又説:"'國人'包括國都中的士、工、商(住城内)、農(住近郊)四種人。"⑥簡文的"萬民"就是指這四種人。

弗忍于厥心,指心裏不能忍受厲王之暴虐。《左傳》昭公二十六年:"至於厲王,王心戾虐,萬民弗忍,居王于彘。"隋代劉炫説:"當謂不忍者,不能忍王之虐也。"⑦竹添光鴻也説"不忍"是"不能堪王之虐也"⑧,楊伯峻亦曰"弗忍"指"不堪其暴虐"⑨,同劉炫説。"弗忍"古書又作"不忍",《國語·周語上》:"商王帝辛大惡於民,庶民不忍,欣戴武王,以致戎于商牧。"⑩此處之"不忍"亦指不能忍受商王之暴虐。

乃歸厲王于彘。"歸"當指"諸侯納之",簡文謂以晉爲代表的外諸侯勢力派兵擁護厲王進入彘地。詳見本章史事考證部分。敔,整理者根據傳世文獻讀爲"彘",可從。彘,在今山西霍州。

[12]龍(共)白(伯)和立,十又四年。

【整理者】龍,與"共"通假,下作"龏",通用字。共和十四年,厲王死於

---

① 黄懷信等:《逸周書彙校集注(修訂本)》卷6,第743頁。
② 李學勤:《從〈繫年〉看〈紀年〉》,《光明日報》2012年2月27日,第15版。
③ 楊伯峻:《春秋左傳注(修訂本)》,第1476頁。
④ 徐元誥:《國語集解(修訂本)》卷1,第10~13頁。
⑤ 童書業著,童教英校訂:《春秋左傳研究(校訂本)》,北京:中華書局,2006年,第273頁。
⑥ 童書業:《論"國人暴動"》,《山東大學學報(歷史版)》1962年第2期,第63頁。
⑦ 《春秋左傳正義》卷52,《十三經注疏》,第4591頁。
⑧ 〔日〕竹添光鴻注:《左氏會箋》,成都:巴蜀書社,2008年,第2048頁。
⑨ 楊伯峻:《春秋左傳注(修訂本)》,第1476頁。
⑩ 徐元誥:《國語集解(修訂本)》卷1,第5~6頁。

彘,宣王卽位,與《周本紀》合。此指宣王爲厲王之子,不是此時始生。①

【蘇建洲】"共伯和立",對比《繫年》簡74"楚莊王立"、簡104"楚靈王立",似乎是講共伯和卽天子之位。不過,新王卽位的前提是上一任君王的"卽世"或"卒",而此處是共伯和"歸于宗",並非卽世。因此,簡文是講共伯和攝政。《逸周書·作雒解》:"周公立,相天子。"孔晁注:"立,謂爲宰攝政也。"②

【謹按】龏,爲"龔"之省寫,下文作"龔"可證。龔,前文已言卽"恭"字。實際上,"共伯和"的"共"字,古確實作"恭"。《史記·周本紀》:"召公、周公二相行政,號曰共和。"索隱:"共音恭。"③《衛世家》:"太子共伯餘立爲君。"索隱:"恭伯名餘也。"據此,共伯和的"共"本作"龏",經典作"恭"。

共伯和立。"立"卽攝政行天子之事也,非稱王,蘇建洲所說是,詳本章本章史事考證部分。《左傳》昭公二十六年:"至于厲王,王心戾虐,萬民弗忍,居王于彘。諸侯釋位,以間王室。"④《史記·周本紀》索隱引《汲冢紀年》:"共伯和干王位。"索隱:"共,國;伯,爵;和,其名;干,篡也。言共伯和攝王政,故云'干王位'也。"正義引《魯連子》:"共伯名和,好行仁義,諸侯賢之。周厲王無道,國人作難,王犇于彘,諸侯奉和以行天子事,號曰共和元年。"⑤

十又四年。《史記·周本紀》:"召公、周公二相行政,號曰共和。共和十四年,厲王死于彘。太子靜長於召公家,二相乃共立之爲王,是爲宣王。宣王卽位,二相輔之。"⑥《十二諸侯年表》載共和十四年(前828)"宣王卽位,共和罷"。索隱:"二相還政,宣王稱元年也。"次年爲宣王元年。⑦

簡文所載"共伯和立,十又四年"卽指共伯和在位共十四年。共和十四年當公元前828年,此年周厲王死於彘,周宣王卽位。

[13]柬(厲)王生洹(宣)王,洹(宣)王卽立(位),

【謹按】卽立,謂"卽位"。《古文春秋經》(卽《左傳》古文)"卽位"作"卽立"。《周禮·小宗伯》:"小宗伯之職,掌建國之神位。"鄭玄注:"故書'位'作'立'。鄭司農云:'立讀爲位,古者立、位同字。《古文春秋經》'公

---

① 清華大學出土文獻研究與保護中心編,李學勤主編:《清華大學藏戰國竹簡(貳)》,第137頁。
② 蘇建洲等:《清華二〈繫年〉集解》,第27頁。
③ 《史記》卷4,第182頁。
④ 楊伯峻:《春秋左傳注(修訂本)》,第1476頁。
⑤ 《史記》卷4,第182~183頁。
⑥ 《史記》卷4,第182頁。
⑦ 《史記》卷14,第655頁。

卽位'爲'公卽立'。"①孫詒讓引段玉裁説:"《古文春秋經》者,《漢·藝文志》云'《春秋古經》十二篇'是也,謂《左氏春秋》也。《志》以古經十二篇,别於《公羊》《穀梁》二家經十一卷。《説文》曰:'孔子書六經,左丘明述《春秋傳》,皆以古文。'"②

厲王生宣王,宣王卽位。簡文謂"厲王生宣王",是指宣王是厲王之子。宣王名静(或作"靖")。《國語·周語上》:"彘之亂,宣王在邵公之宫,國人圍之。邵公……乃以其子代宣王,宣王長而立之。"韋昭注:"宣王,厲王之子宣王靖也。"③《史記·周本紀》:"厲王太子静匿召公之家,國人聞之,乃圍之。召公……乃以其子代王太子,太子竟得脱。……共和十四年,厲王死于彘。太子静長於召公家,二相乃共立之爲王,是爲宣王。宣王卽位,二相輔之。"④《十二諸侯年表》載共和十四年"宣王卽位,共和罷"。索隱:"二相還政,宣王稱元年也。"次年爲"宣王元年",校勘記曰别本此下有"厲王子"三字。⑤

[14] 龏(共)白(伯)和歸于宋〈宗〉。

【整理者】共地在衛,共伯和不能是宋人,《周本紀》正義引《魯連子》也説他"歸國於衛"。《經典釋文》引《莊子·讓王》司馬彪注云,共伯和干王位,"十四年,大旱屋焚,卜于太陽,兆曰厲王爲祟,召公乃立宣王,共伯復歸于宗,逍遥得意共山之首"。《讓王》成玄英疏作"共伯退歸,還食本邑"。據此,簡文"宋"係"宗"字之誤,"宗"指其宗國,卽衛。⑥

【小狐】"宋"與"宗"當是通假關繫。⑦

【謹按】《魯連子》:"共伯復歸國於衛也。"⑧《經典釋文·莊子音義》引司馬彪云:"共伯復歸于宗,逍遥得意共山之首。"⑨宋代羅泌《路史》引司馬彪作:"共伯歸還於宗,逍遥得意於共丘之首。"⑩二者引司馬彪説略有不同。無論如何,共伯和最終回到了故國——衛國。

---

① 《周禮注疏》卷13,《十三經注疏》,第1653頁。
② (清)孫詒讓:《周禮正義》卷36,第1424頁。
③ 徐元誥:《國語集解(修訂本)》卷1,第14~153頁。
④ 《史記》卷4,第182頁。
⑤ 《史記》卷14,第655、824~825頁。
⑥ 清華大學出土文獻研究與保護中心編,李學勤主編:《清華大學藏戰國竹簡(貳)》,第137頁。
⑦ 李松儒:《清華簡〈繫年〉集釋》,第34頁。
⑧ 《史記》卷4,第183頁。
⑨ (唐)陸德明:《經典釋文》卷28,上海:上海古籍出版社,2013年,第1564頁。
⑩ (宋)羅泌:《路史》卷2,《先秦史研究文獻三種》第7册,北京:國家圖書館出版社,2013年,第7頁。

歸,《魯連子》與司馬彪均作"復歸",義同。《春秋》僖公二十八年:"六月,衛侯鄭自楚復歸于衛。"同年《穀梁傳》曰:"復者,復中國也。歸者,歸其所也。"①《左傳》成公十八年:"凡去其國,……復其位曰復歸。"②據此,則簡文中的"歸",更準確地講應是"復歸",就是離開某地,經過或長或短的滯留後,再回到故地。

李學勤指出"宋"與"宗"楚文字很近似,據此則可能是形譌。小狐認爲是音近通假。兩說均有可能。

[15]洹(宣)王【三】是㘡(始)弃(棄)帝钦(籍)弗畋(田),立卅╸(三十)又九年,戎乃大敗(敗)周自(師)于千畓(畝)。【四】

【謹按】《國語·周語上》:"宣王即位,不籍千畝。""三十九年,戰於千畝,王師敗績於姜氏之戎。"韋昭注:"籍,借也,借民力以爲之。天子田籍千畝,諸侯百畝。自厲王之流,籍田禮廢,宣王即位,不復遵古也。"③《史記·周本紀》:"宣王不脩籍於千畝,……三十九年,戰于千畝,王師敗績于姜氏之戎。"正義:"應劭云:'古者天子耕籍田千畝,爲天下先。'瓚曰:'籍,蹈籍也。'按:宣王不脩親耕之禮也。"④

宣王是始棄帝籍弗田。據上引韋昭注,籍田禮的廢棄實際上是在厲王被流放之後。宣王即位後袛是没有繼續實行籍田禮而已。簡文所謂"始棄帝籍弗田"即正義"宣王不脩親耕之禮也",指宣王不再示範性地去行親耕之禮。

立三十又九年,戎乃大敗周師于千畝。上引《國語·周語上》:"三十九年,戰於千畝,王師敗績於姜氏之戎"對應簡文中"立三十又九年,戎乃大敗周師于千畝"事,均將戎敗周師於千畝繫於宣王三十九年(前789)。《史記·周本紀》作:"三十九年,戰于千畝,王師敗績于姜氏之戎。"這應該根據的是《國語》一類的書。

又,《史記·十二諸侯年表》載晉穆侯七年(前805,周宣王二十三年):"以伐條生太子仇。"晉穆侯十年(前802,周宣王二十六年):"以千畝戰生仇弟成師。二子名反,君子譏之。後亂。"⑤《晉世家》亦曰:"[穆侯]七年,

---

① (清)鍾文烝:《春秋穀梁經傳補注》卷12,北京:中華書局,2009年,第339頁。
② 楊伯峻:《春秋左傳注(修訂本)》,第911頁。
③ 徐元誥:《國語集解(修訂本)》卷1,第15、21頁。
④ 《史記》卷4,第183頁。
⑤ 《史記》卷14,第662~663頁。

伐條。生太子仇。十年,伐千畝,有功。生少子,名曰成師。"①司馬遷所載事見於《左傳》。《左傳》桓公二年:"初,晉穆侯之夫人姜氏以條之役生大子,命之曰仇。其弟以千畝之戰生,命之曰成師。師服曰:'異哉,君之名子也! 夫名以制義,義以出禮,禮以體政,政以正民,是以政成而民聽。易則生亂。嘉耦曰妃,怨耦曰仇,古之命也。今君命大子曰仇,弟曰成師,始兆亂矣,兄其替乎!'"②可見《左傳》於此事未予繫年,《十二諸侯年表》之年實乃司馬遷所繫,筆者認爲這種繫年是正確的,《後漢書》李賢注所引《竹書紀年》可爲證。《後漢書·西羌傳》:"及宣王立四年,使秦仲伐戎,爲戎所殺,王乃召秦仲子莊公,與兵七千人,伐戎破之,由是少却。後二十七年,王遣兵伐太原戎,不克。後五年,王伐條戎、奔戎,王師敗績。後二年,晉人敗北戎于汾隰,戎人滅姜侯之邑。"李賢注:"並見《竹書紀年》。"③"後五年"(周宣王二十三年)與"後二年"(周宣王二十六年)相差三年,而司馬遷繫年仇與成師的生年也差三年,可見司馬遷所繫絕非空穴來風,是有據可依的,這也從側面證明司馬遷繫年是正確的。

周宣王二十六年晉有千畝之戰,周宣王三十九年(前789)亦有千畝之戰,此二戰絕非同一次戰爭。孔穎達疏引《左傳》"其弟以千畝之戰生,命之曰成師"句曰:"《周本紀》:'宣王三十九年,王與姜戎戰于千畝。'取此戰事以爲子名也。'"④即認爲二戰是同一事。對此,清代學者齊召南反駁道:

> 按,《史記·晉世家》及《年表》穆侯七年伐條生太子仇,周宣王之二十三年也;穆侯十年伐千畝有功,生少子成師,宣王之二十六年也,與王師敗績于千畝事本不同。依《周本紀》宣王三十九年戰于千畝,距晉穆侯戰千畝時又隔十三年,且晉戰而捷,故以成師名子,若王師敗績,晉安得言有功乎? 疏文不據《晉世家》而據《周本紀》,誤牽王室後事爲晉國前事,繆矣!⑤

梁玉繩曰:

> 千畝之戰,《左傳》疏以爲宣王三十九年,王與姜戎戰于千畝,取此戰以名子。考《晉世家》"穆侯十年,伐千畝有功,生少子名成師",乃宣王二十六年事,與《左傳》合。若宣王三十九年之戰,距穆侯戰千

---

① 《史記》卷39,第1979頁。
② 楊伯峻:《春秋左傳注(修訂本)》,第91~92頁。
③ 《後漢書》卷87,北京:中華書局,1965年,第2871~2872頁。
④ 《春秋左傳正義》卷5,《十三經注疏》,第3785頁。
⑤ (清)齊召南:《春秋左傳注疏考證》卷4,《清經解;清經解續編》,第542頁。

畝時十有四年。王及戎戰,與晉無涉,何故取以名子? 且是役也,王師敗績,料民太原,尚何功之足紀哉? 孔仲達誤矣。①

楊伯峻亦曰:

> 千畝之地有二,千畝戰役亦有二。一爲周地,戰役在周宣王之三十九年,《國語·周語》所謂"宣王卽位,不籍千畝。三十九年戰於千畝,王師敗績於姜氏之戎"者是也。一爲晉地,當在今山西省安澤縣北九十里。杜注以千畝在今之介休縣,恐不確。戰役在周宣王之二十六年,《晉世家》所謂"十年,伐千畝,有功,生少子,名曰成師"者是也。此戰役前於周宣王之役十三年,且晉戰而勝,與周宣王之戰而敗者不同,故不可不辨。②

筆者認爲此二戰絕非一事,齊召南、梁玉繩、楊伯峻所辯正是。

另外,晉侯蘇編鐘(《近出》35~50,《新收》870~885)有"唯王三十又三年"晉侯蘇出戰有功的記載,學者或據此重申上引孔穎達將此二戰視同一事的說法。實際上關於銘文中"王"究竟是周厲王還是宣王,晉侯蘇究竟是晉獻侯還是穆侯③,目前仍難以論定,故不可據此來論證二戰爲同一事。

[譯文]

往昔周武王鑒於商王不恭敬於上帝,對上帝祭祀不恭敬,於是就開始創立了籍田,用來祭祀上帝天神,稱之爲千畝,結果克覆了商王朝,施行政教於天下。到了厲王時,厲王在周施行暴虐政策,卿士(指掌權的卿大夫)、諸正(指內諸侯)、萬民(指國人)心裏不能忍受厲王之暴虐,於是[外諸侯]就率軍隊護送厲王到彘地。共伯和卽位,在位十四年。厲王之子是宣王,宣王卽位後,共伯和回歸到了自己的宗國。宣王開始放棄親耕籍田之禮,卽位三十九年,戎在千畝大敗周王朝軍隊。

---

① (清)梁玉繩:《史記志疑》卷8,北京:中華書局,1981年,第306~307頁。
② 楊伯峻:《春秋左傳注(修訂本)》,第92頁。
③ 關於晉侯蘇編鐘銘"王三十三年"所指與晉侯蘇之身份,目前學界有四種主要觀點:一是周厲王三十三年(前846),晉侯蘇是晉獻侯;二是宣王三十三年(前795),晉侯蘇是晉獻侯;三是宣王三十三年(前809),晉侯蘇是晉獻侯;四是宣王三十三年(前795),晉侯蘇是晉穆侯。參吳毅強:《晉銅器銘文研究》,杭州:浙江大學出版社,2018年,第393~394頁。

[解題]

本章主要叙述周王朝的興衰原因,有兩條綫索:

一是"籍田"的興廢。商王不恭上帝,不敬寅祭祀。周武王有鑒於此,作上帝的籍田,以其出産之粢盛祭祀上帝天神,並將其命名爲千畝,在克反商邑後,布施政教於天下。這説明周武王之所以能够克商、取得天下,就是因爲恭敬上帝天神,得其眷顧。這包含着一種天命觀念。周宣王卽位後,由於開始放棄籍田之禮,在宣王三十九年時,戎大敗周室於千畝。

二是厲王的暴虐與共和行政。周厲王時期,施行暴虐的政策,卿士、諸正、萬民不能忍受,於是流放周厲王到了彘。在這種情勢下,共伯和卽位。共伯和卽位十四年,周厲王之子宣王卽位,於是共伯和回到了其宗國——衛。

表面上看,以上兩條綫索並無交集,而實際上並非如此,二者共同服務於本章的主旨。第一條綫索講周武王之所以克商,宣王之所以敗於千畝,都跟"作帝籍"祭祀上帝天神有關。而實際上,籍田是關乎農業生産、民本的大事,籍田禮是關乎治民的重要原則。第二條綫索講周厲王暴虐,也是違背了治民的根本原則。所以,本章講周王朝的興衰,貫穿始終的是治民,這是本章的主旨。①

本章主要涉及以下歷史事件:

第一,周武王克商。周與商王朝的勢力相比,明顯處於劣勢。那麽,周人爲何能通過牧野一戰一舉推翻商王朝呢?對此,簡文説是商王不敬上帝,而周武王則作帝籍,登祀上帝,因此得以成功。

第二,周厲王放逐與共伯和執政。周厲王被流放於彘後,簡文謂"共伯和"執掌政權,這和《竹書紀年》所載同,而與《史記·周本紀》所謂的"召公、周公二相行政,號曰共和"的説法相異。

第三,周宣王三十九年與姜戎的千畝之戰。《繫年》將此次戰爭之失敗,主要歸因於周宣王放棄籍田之禮。

---

① 參李學勤:《試論〈繫年〉第一章的思想内涵》,《夏商周文明研究》,北京:商務印書館,2015年,第258~260頁。

[問題]

第一,"作帝籍"與周人"敬天"思想。主要就"作帝籍"在商周易代以及王朝興衰成敗中的作用進行了探討。

第二,《繫年》中"歸厲王于彘"與"共和行政"的相關問題。關於國人暴動的記載,傳世文獻與《繫年》所載略有不同,主要有兩點:一是關於處置厲王的方式,前者多謂"流"或"居"等,而《繫年》用了"歸"字;二是關於實施這種行為的主體,前者多載是"國人"或"萬民",而後者謂除了"萬民"外,還有"卿士""諸正"。那麼,如何理解這種差異呢?另外,關於"共和行政"和"共伯和"的身份,《繫年》提供了一些新信息,我們據此對相關問題進行了一些探討。

[考證]

一、"作帝籍"與周王朝興衰

清華簡《繫年》第一章:

> 昔周武王監觀商王之不恭上帝,禋祀不寅,乃作帝籍,以登祀上帝天神,名之曰千畝,以克反商邑,敷政天下。……
> 宣王即位,共伯和歸于宋〈宗〉。宣王是始棄帝籍弗田,立三十又九年,戎乃大敗周師于千畝。

此段簡文載商王不恭上帝,不寅敬祭祀,周武王有鑒於此,"作帝籍"以祭祀上帝天神,最終克覆商朝。到了周宣王時期,又因為廢棄"帝籍"而被戎大敗於千畝。這裏需要考慮的是:一是商王到底是不是不恭上帝、不寅敬祭祀?二是周人認為商周易代的主要原因是什麼,是不是像《繫年》所認為的是商王不恭上帝?"作帝籍"到底在商周易代與周王朝興衰中起什麼作用?三是周宣王敗於千畝的主要原因是什麼,是不是"不籍千畝"?下面,我們對這些問題進行討論。

(一)"商王之不恭上帝,禋祀不寅"之考察

簡文載"商王之不恭上帝,禋祀不寅",這裏所講的"商王",據傳世文獻與簡文意蘊當指殷紂。那麼這種說法是否確實呢?換言之,商紂王對上

帝態度如何,是否如簡文所言的不恭敬? 要回答這一問題,需討論以下幾個問題:一是商人觀念中的上帝爲何? 二是對上帝祭祀的情形如何? 三是商紂王對上帝的態度如何? 下面我們對這三個問題進行討論。

1. 商人觀念中的上帝

商人觀念中的上帝是什麼樣的呢? 商王與上帝又是什麼關繫呢? 對此,傳世文獻記載甚少,再加上傳世文獻在流傳過程中經過後人的傳抄,可能摻雜有後世的思想觀念,故難以爲據。而近現代發現的甲骨卜辭,是商代人占卜記錄的真實寫照,因此,研究商人和上帝的關繫,主要依靠甲骨卜辭。學者通過研究甲骨文,發現商人觀念中的上帝有如下兩個特點:

第一,上帝不是商人的"至上神"。這一觀點的形成有一個探索的過程。

1959 年,著名甲骨學家胡厚宣發表《殷卜辭中的上帝和王帝》一文,明確提出上帝是商人"全能""至上神"的觀點。① 這一觀點長期在學術界佔主流地位。但到了 20 世紀 90 年代,開始有學者對此觀點提出異議。

1990 年,晁福林發表了《論殷代神權》一文,認爲:"過去那種以'帝'爲殷代最高神的傳統認識,是錯誤地估價了它在殷人心目中的實際地位。帝祇是殷代諸神之一,而不是諸神之長。居於殷代神權崇拜顯赫地位的是殷人的祖先神,而帝則不過是小心翼翼地偏坐於神靈殿堂的一隅而已。整個有殷一代,並未存在過一個統一的、至高無上的神靈。"②

1993 年,朱鳳瀚發表了《商周時期的天神崇拜》一文,也認爲:"商人的上帝雖在商人的崇拜系統中有崇高地位,但並未與祖先神、自然神形成明確的上下統屬關繫,既非至上神也非商民族的保護神。"③

這些觀點,大大深化了我們對商人與上帝關繫的認識。這些都是正確的,以下兩條甲骨卜辭可以證明:

(1)《合集》1402 正(典賓組):

貞:大甲不賓于帝?

貞:大[甲]賓于帝?

貞:下乙不賓于帝?

貞:下乙[賓]于帝?

---

① 胡厚宣:《殷卜辭中的上帝和王帝(上)》,《歷史研究》1959 年第 9 期,第 24、47 頁;《殷卜辭中的上帝和王帝(下)》,《歷史研究》1959 年第 10 期,第 89、110 頁。
② 晁福林:《論殷代神權》,《中國社會科學》1990 年第 1 期,第 99 頁。
③ 朱鳳瀚:《商周時期的天神崇拜》,《中國社會科學》1993 年第 4 期,第 191 頁。

甲辰卜,㱿貞:下乙賓于[咸]?

貞:下乙不賓于咸?

貞:咸不賓于帝?

貞:咸賓于帝?

貞:大甲賓于咸?

貞:大甲不賓于咸?

甲辰卜,㱿貞:翌乙巳于父乙宰。

(2)《合集》1657(典賓組):

父乙賓于祖乙?

父乙不賓于祖乙?

"賓"是上天朝見的意思。屈原《天問》:"啓棘賓商,《九辯》《九歌》。"王逸注:"棘,陳也。賓,列也。《九辯》《九歌》,啓所作樂也。言啓能修明禹業,陳列宮商之音,備其禮樂也。"①王逸將"賓商"解釋爲"陳列宮商之音",不可從。清人朱駿聲《說文通訓定聲·壯部弟(第)十八》說:"商……爲帝之誤字。《天問》'啓棘賓商',按當作帝,天也。"②可從。"賓商"即"賓帝",賓見、朝見上帝之義。③ 這句話的意思是:啓急急忙忙去朝見上帝,結果取來了《九辯》《九歌》兩種樂曲。《山海經·大荒西經》:"西南海之外,赤水之南,流沙之西,有人珥兩青蛇,乘兩龍,名曰夏后開。開上三嬪於天,得《九辯》與《九歌》以下。此天穆之野,高二千仞。開焉得始歌《九招》。"④"開"指啓,是漢代人爲了避漢景帝劉啓之諱而改。啓"上三嬪于天",也是三次去上天朝見的意思。

上列兩條卜辭中,大甲既可以"賓于帝",也可以"賓于咸(大乙)",咸還可以"賓于帝",這說明咸(大乙)、祖乙等祖先神和帝一樣,地位都是平等的。因此,晁福林認爲這兩條卜辭是"帝爲'至上神'之說的一個有力的否定"。⑤

第二,對帝是否是商人的祖先神,學者有不同看法。

1959 年,李學勤明確指出:"'帝'在王卜辭中是子王稱其已故父王

---

① 黃靈庚:《楚辭章句疏證(增訂本)》,上海:上海古籍出版社,2018 年,第 1200、385 頁。
② (清)朱駿聲:《說文通訓定聲》,北京:中華書局,2016 年,第 907 頁。
③ 參金開誠、董洪利、高路明校注:《屈原集校注》,北京:中華書局,1996 年,第 349 頁。
④ 袁珂校注:《山海經校注》,成都:巴蜀書社,1992 年,第 473 頁。
⑤ 晁福林:《論殷代神權》,《中國社會科學》1990 年第 1 期,第 111 頁。

者。"①實際上早在1957年,李學勤在《論殷代親族制度》中已經指出:"'曲禮':'措之廟,立之主,曰帝。'卜辭中殷王稱帝都是這個意義,如廩辛時的帝甲即指其父祖甲,武乙時的帝丁即指其父康丁,帝辛時的帝乙即指其父帝乙。"②這裏指出了稱先王爲帝的現象。日本學者島邦男也注意到,第一期卜辭中稱父小乙爲"父乙帝",第二期卜辭中稱父武丁爲"帝丁",第三期卜辭中稱父祖甲爲"帝甲",第四期卜辭中稱父康丁爲"帝丁",第五期卜辭中稱父文武丁爲"文武帝",並認爲這跟西周金文稱"帝考"[仲師父鼎(《集成》2743、2744)、窯鼎(《集成》2705)]、"啻考"[買簋(《集成》4129)]性質相同,"帝"是"對父的尊稱"。③ 裘錫圭説,從卜辭看,"商王祇把死去的父王稱爲帝,旁系先王從不稱帝",並舉第三期卜辭中屢見"帝甲"(《合集》27438、27439、27437、41214)之稱,但却從未發現稱祖庚爲"帝庚"爲證。他還認爲卜辭中屢見的"王帝"(《合集》24980、30389)大概指"時王之考"。所以,他認爲商人所謂"上帝"是宗祖神,商王是上帝的嫡系後代。裘先生根據郭沫若説,認爲上帝既是至上神,又是宗祖神。④ 筆者認爲裘先生説上帝是至上神恐不可從,是宗祖神則是合理的。總之,如按照這種思路,商王本來就被大家承認是上帝的嫡系後代,所以後來《尚書·召誥》云"皇天上帝改厥元子,兹大國殷之命"。周王稱天子,也就是天之元子的意思。⑤

但學者也從卜辭、傳世文獻兩方面列舉了上帝不是商王祖先神的證據。

首先是卜辭中的證據。如趙光賢强調解決上帝是不是祖先神,不當求之於晚出的古書,應求之於商人自己的卜辭。從卜辭來看,商王都是向祖先有所祈求,對上帝則祇有恭順聽命,祖先和上帝在商人思想中是大有區别的。⑥ 朱鳳瀚具體舉出了兩點證據:一是卜辭中上帝是可崇敬而不可親近的,是不易被感動的,故而從未見直接向上帝祈求年成、祈求上帝"御

---

① 李學勤:《殷代地理簡論》,北京:科學出版社,1959年,第32頁。
② 李學勤:《論殷代親族制度》,《文史哲》1957年第11期,第35頁。
③ 〔日〕島邦男:《殷墟卜辭研究》,轉引自裘錫圭:《關於商代的宗族組織與貴族和平民兩個階級的初步研究》,《裘錫圭學術文集》第5卷,第122~123頁。
④ 裘錫圭:《關於商代的宗族組織與貴族和平民兩個階級的初步研究》,《裘錫圭學術文集》第5卷,第123~124頁。
⑤ 參裘錫圭:《關於商代的宗族組織與貴族和平民兩個階級的初步研究》,《裘錫圭學術文集》第5卷,第124頁。
⑥ 趙光賢:《商族的上帝與祖先》,《爭鳴》1956年第2期。轉引自戴家祥:《商代的上帝崇拜和祖先崇拜》,《戴家祥學術文集》,上海:上海人民出版社,2012年,第205頁。

年"(卽免除災禍、保佑年成)的卜辭存在。二是卜辭卜問征發敵方的事,常卜問帝是否會"受(授)又(佑)",這説明商人認爲上帝並非必定保佑於己,也存在保佑敵方之可能;但祖先神就不會這樣,卜辭習見卜問祖先神是否會授佑,這顯然是因爲,商人認爲祖先神作爲商王國的保護神在聞知戰事情況後,必定會在冥冥中保佑自己。這樣比較來看,無論如何也不能認爲上帝對於商人有"保佑戰爭的主宰"之身份。① 朱鳳瀚又説:

> 上帝在商人心目中是一種必須對之畢恭畢敬,不敢有絲毫違背的神靈。商王與帝的聯繫方式除上述"帝降"後可能採用的宗教儀式外,主要是占卜,相當多的涉及商的卜辭應是通過龜甲獸骨爲媒介來探尋上帝的旨意,在卜辭中可見部分先王(及舊臣)能"賓于帝",胡厚宣先生因而推測先祖是時王向帝表達企望的中介。可見上帝不能像自然神與任何祖先神靈那樣,通過經常的隨時的祈求祭拜而取悅之,卽可以免於被懲罰而得到福佑。所以將上帝視爲商人的祖先神確是難以成立的。②

按照上述説法,卜辭中的"上帝",商人對其是難以琢磨、"敬而遠之"的,認爲其在戰爭中有保佑敵方之可能;這確實與通常所謂的祖先觀念大不相同。

其次是傳世文獻中的證據。《詩經·大雅·大明》:"明明在下,赫赫在上。天難忱斯,不易維王。天位殷適,使不挾四方。……維此文王,小心翼翼。昭事上帝,聿懷多福。厥德不回,以受方國。"③這段詩句的大義是:文王的明德在人間,而赫赫神靈在天上。天命確實難以相信,王也是不易當的。上天有意讓殷紂當王,却又使他失去了四方。……而這個文王,小心謹慎地侍奉上帝,結果帶來了很多福佑。他的德行真不壞,招致四方人民來歸附。據此詩,可見上帝本來是有意於殷紂王,但是由於文王德行高尚,最後上帝給予文王很多福佑,讓四方之民歸附。又,《詩·大雅·文王》:"穆穆文王,於緝熙敬止。假哉天命,有商孫子。商之孫子,其麗不億。上帝既命,侯于周服。"④這幾句詩是説:文王很恭敬端莊,謹慎光明又善良。上天的意志很偉大,使殷商子孫來歸降。殷商的子孫多達上億,上

---

① 朱鳳瀚:《商周時期的天神崇拜》,《中國社會科學》1993 年第 4 期,第 196 頁。
② 朱鳳瀚:《商人諸神之權能與其類型》,吳榮曾主編:《盡心集——張政烺先生八十壽慶論文集》,北京:中國社會科學出版社,1996 年,第 72 頁。
③ 程俊英、蔣見元:《詩經注析》,第 803~804 頁。
④ 程俊英、蔣見元:《詩經注析》,第 798 頁。

帝已經下命令,讓殷商臣服於周。據此詩可見,上帝竟然讓商人臣服於周人,這很容易讓人想到上帝不是商人的祖先神。因爲假若上帝是商人的祖先神,那麽上帝祇會保佑商人,而不會保佑周人,但上引《文王》詩中反映的上帝形象却不是如此。誠如侯外廬所說:

　　如果上帝是和先祖統一,則帝早爲殷人所有,何以又産生周代的王國呢?又如果上帝和先祖毫不相涉,則殷先祖可以使殷族立國,周先祖也可以使周族立國,又何以使殷人"侯服于周"呢?①

要之,由以上兩首詩可知上帝恐非商人的祖先神。

那麽,上帝究竟是不是商人的祖先神呢?以上列舉了正反兩種意見,且都有自己的證據,究竟孰是孰非,難以論定。因此,對這一問題,目前恐仍存疑爲好。

綜上可見,在商人觀念中,上帝不是至上神,但是否是祖先神仍需討論。上帝雖然擁有主宰氣象(如帝令雨、雷、雹、風、雲等)、支配年成(如帝令雨、足年、足雨,帝降旱,帝蚩年②等)、左右城邑安危、左右商王禍福等權能③,但是,商人觀念中的上帝不食人間煙火,不可捉摸,"殷人祇能戰戰兢兢地揣測着上帝的意志,僅此而已"④。總之,商人觀念中的上帝,帶有一定的神秘性,所以商人實際上與上帝保持着距離。

2. 商王對上帝的祭祀情形之考察

上帝雖然在商人心目中地位崇高,擁有多項權能,但並非商人的至上神。同時甲骨卜辭表明,商人可能不採用祭享祖先與自然神的方式祭祀上帝。⑤ 這可能是因爲,商人認爲上帝不食人間煙火。雖然在甲骨卜辭中很少見直接祭祀上帝的記載,但也有學者注意到有幾條材料可能涉及祭祀上帝的某種禮儀。

(1)甲骨文中祭祀上帝相關内容之辨析

下面幾條卜辭,可能與祭祀上帝的某種宗教儀式有關:

---

① 侯外廬、趙紀彬、杜國庠:《中國思想通史》第1卷,北京:人民出版社,1957年,第83頁。
② 裘錫圭指出"蚩"是傷害的"害"的本字。裘錫圭:《釋"蚩"》,《裘錫圭學術文集》第1卷,第206~211頁。
③ 相關卜辭例證可參常玉芝:《商代宗教祭祀》,北京:中國社會科學出版社,2010年,第28~61頁。
④ 常玉芝:《商代宗教祭祀》,第61頁。
⑤ 胡厚宣:《殷代之天神崇拜》,《甲骨學與商史論叢初集(外一種)》,石家莊:河北教育出版社,2002年,第215頁;陳夢家:《殷虛卜辭綜述》,北京:中華書局,1988年,第577頁;晁福林:《論殷代神權》,《中國社會科學》1990年第1期,第109頁;朱鳳瀚:《商周時期的天神崇拜》,《中國社會科學》1993年第4期,第197頁。

(1)叀五鼓,上帝①若王,有佑。(《合集》30388,何組二類)②
這條卜辭比較難讀,學術界的解讀分歧也比較大。

關於"五鼓",學者主要有兩種解釋:

一說"五鼓"實際上跟祭祀有關。如朱鳳瀚認爲:"鼓在古代常作爲舉行各種儀式時所奏樂器。在卜辭中可見以鼓聲配合祭祀。"③宋鎮豪也認爲:"鼓是商代貴族階層社會生活中最重要的禮樂器之一,祭祀或宴饗等重大場合幾乎都要用到鼓。鼓聲或以數爲節,言……'五鼓'者,用意當在以鼓聲爲號,引導行事禮程,示告行事的時間進度,序次儀式的節奏快慢。如此則既可調動熱烈場面,又能巧妙地把握全場而不致失控。"④

另一說這裏的"鼓"跟計時有關。如黄天樹引《殷虚文字甲編考釋》說"五鼓,蓋謂擊鼓五通",還補充說:"中國古代一夜分爲五更,每更約兩小時。……'五鼓'可能指更鼓,是指夜間計時的單位,以擊鼓的數字來計時。"⑤

"若"之義,饒宗頤說:"按《爾雅·釋言》:'若,順也。'又《釋詁》:'若,善也。'《漢書·禮樂志》:'神若宥之。'注:'若,善也。'殷時習語'若'與'不若'習見。"⑥

根據以上說法,卜辭的含義是:"叀五鼓",上帝善待並保佑王。那麼,這條卜辭是否與祭祀上帝有關呢?朱鳳瀚認爲:"商人上帝不享牲,此條卜辭未必是祭祀,擊五鼓或是爲震動天廷,以將某事詔告於上帝。'上帝若'者,是卜問上帝是否降若,若卽允諾。"⑦

筆者認爲,"五鼓"如表示擊鼓,則應該是一種祭祀的禮儀,這條卜辭很可能有祭祀上帝的意味;如果是表示時間點,則與祭祀無關。可見,由於材料所限,這條卜辭是否涉及祭祀上帝的某種禮儀,及是不是祭祀上帝,還

---

① 關於"上帝",或釋爲"上下帝"。參王暉:《商周文化比較研究》,北京:人民出版社,2000年,第20頁。
② 宋鎮豪、齊航福如上讀。《摹集》與《合釋》以及黄天樹等認爲"又(佑)"前應補"受"字。《摹集》與《合釋》斷句爲:"上帝若,王……又(佑)。"黄天樹讀爲:"[貞]:叀五鼓□,上帝若,王[受]有佑?"但是,從刻辭在卜甲上的位置來看"王""鼓"下不可能有殘字。參宋鎮豪:《殷墟甲骨文中的樂器與音樂歌舞》,李宗焜主編:《古文字與古代史》第2輯,臺北:"中研院"歷史語言研究所,2009年,第41頁;齊航福:《殷墟甲骨文賓語語序研究》,上海:中西書局,2015年,第336~337頁;黄天樹:《殷墟甲骨文所見夜間時稱考》,《黄天樹古文字論集》,北京:學苑出版社,2006年,第190頁。
③ 朱鳳瀚:《商周時期的天神崇拜》,《中國社會科學》1993年第4期,第198頁。
④ 宋鎮豪:《殷墟甲骨文中的樂器與音樂歌舞》,《古文字與古代史》第2輯,第42頁。
⑤ 黄天樹:《殷墟甲骨文所見夜間時稱考》,《黄天樹古文字論集》,第190頁。
⑥ 饒宗頤:《殷代貞卜人物通考》上册,香港:香港大學出版社,1959年,第220頁。
⑦ 朱鳳瀚:《商周時期的天神崇拜》,《中國社會科學》1993年第4期,第198頁。

是難以定論。

　　(2)癸亥卜,翌日辛帝降,其入于獄大敢于窂,在庭。(《合集》30386,無名組)

卜辭含義是:癸亥日占卜,貞問:未來七天以後的辛日,帝會不會降臨,並進入"獄大窂"這種建築的庭院裏?據這條卜辭,上帝會降於人間,而且能進入庭院。但這裏是否與祭祀有關,學者有截然不同的看法:

一説與祭祀有關。如陳絜、馬金霞認爲"窂"是"宾"的異體字,該卜辭詞義似乎都與一種在庭院建築中娛樂神靈的祭祀行爲有關,並指出:"倘若我們的推測不誤,似乎表明卜辭中的上帝也是受祭的。再聯繫商晚期卻其卣銘文中的相關記載,就更能證成上帝也屬商民族的祭祀對象這一觀點。"①

另一説與祭祀無關。如晁福林説:"如果商代真有祭帝之典儀,那麽這條卜辭就應當載有帝降臨之後,采用何種祭典的貞問,然而,這條卜辭却祇言能否降臨的問題。是可推測殷人尚無祭帝之事。"②

可見,這條卜辭究竟與祭祀有關與否,還難以判別。

　　(3)□□卜:其求(禱)禾于帝☐。(《合集》33330+《合集》34147,歷組二類)③

　　(4)戊戌卜,其求(禱)年于帝☐。(《合集》40114,無名組)

胡厚宣曾指出:"殷人求雨求年,都要禱告先祖。而絕不直接向上帝祈求。"④朱鳳瀚也持類似看法。⑤　卜辭(3)爲林宏明對兩條卜辭的綴合,這對傳統説法似形成了挑戰。那麽,這條記載是否與祭祀上帝有關呢?林宏明説:

　　由於學者曾爲文表示殷人不直接祭祀帝,所以本組下方所缺若爲用牲,則此版爲殷人祭祀帝的材料。或以爲帝下所缺爲天干,帝某即先王。165《英》2286(《合》40114)[即上引(4)——引者按]"戊戌卜,其禱年于帝☐"也是在帝下即殘去,看來這個問題還是得靠進一步的

---

① 陳絜、馬金霞:《叔夨鼎的定名與西周歷史上的夨國》,朱鳳瀚、趙伯雄編:《仰止集——王玉哲先生紀念文集》,天津:天津人民出版社,2007 年,第 359 頁。
② 晁福林:《説商代的"天"和"帝"》,《史學集刊》2016 年第 3 期,第 133 頁。
③ 林宏明:《契合集》,臺北:萬卷樓圖書股份有限公司,2013 年,第 149 頁。
④ 胡厚宣:《殷卜辭中的上帝和王帝(下)》,《歷史研究》1959 年第 10 期,第 107 頁。
⑤ 朱鳳瀚:《商人諸神之權能與其類型》,吳榮曾主編:《盡心集——張政烺先生八十壽慶論文集》,第 60 頁。

綴合才能確定。①

關於卜辭(3)(4)究竟是否是殷人直接祭祀帝的資料,林先生最後未敢斷言。

綜上可見,上述幾條卜辭,有學者懷疑跟祭祀上帝有關,但事實上卜辭含義還是不清楚。可以説,截至目前,我們仍然找不到甲骨文中可明顯證明商人祭祀上帝的證據。

(2)商代金文中祭祀上帝的相關資料之分析

關於商人祭祀上帝比較明確的金文材料,當數殷代晚期的帝辛(即殷紂)二祀邲其卣(《集成》5412)銘文。邲其器有三件,分別爲二祀邲其卣(《集成》5412)、四祀邲其卣(《集成》5413)、六祀邲其卣(《集成》5414)。

據介紹,二祀邲其卣1940年在河南安陽出土,爲殘品,後運北京歸陳鑒塘,陳將此卣交張蘭會修配後,又經張沛霖轉手賣予蘇體仁。1949年以後歸章乃器,之後章將卣捐給故宫博物院。② 對於二祀邲其卣,張政烺認爲長銘是僞造的,其主要理由是"二祀、四祀兩卣字體惡劣,文義不通","[二祀邲其卣]銘文筆畫很淺,大約是用鏹水腐蝕而成。文字結構散漫,筆畫軟弱無力。器内、底内皆有'亞獏父乙'四字,是原鑄成,精彩生動,而長銘却漫漶無精神,不能相比"。③ 因此,關於二祀邲其卣銘文到底是真是僞,一直是幾十年來青銅器金文研究中存有爭議的一樁疑案。

20世紀80年代初,故宫組織進行文物鑒定,青銅器專家王文昶曾當面向陳鑒塘詢問二祀邲其卣的情況。據陳講,卣出土時爲殘品,但銘文部分是好的,卣的底部銘文處是完整的。④

爲了辨别卣的真僞,1999年,故宫博物院對二祀邲其卣等進行了X光射綫無損檢測,結果與陳鑒塘所述完全吻合,認爲銘文不僞:"第一,器物確爲殘片修復而成;第二,從整體上看,器物銘文部分與底圈足部分爲一整體,看不到銘文部分與器物底部、圈足銜接處有任何焊接的痕跡","通過對器物X光檢測結果分析,……上述兩卣(指二祀、四祀兩卣——引者按)的底部與圈足是完整的,銘文是在原底上,看不出作僞的痕迹"。⑤ 同年9月,故宫博物院所編《故宫青銅器》一書中,由劉雨、丁孟執筆的"前言"中

---

① 林宏明:《契合集》,第149頁。
② 參王文昶:《銅卣辨僞》,《故宫博物院院刊》1983年第2期,第52頁。
③ 張政烺:《邲其卣的真僞問題》,《故宫博物院院刊》1998年第4期,第1~2頁。
④ 丁孟、建民:《邲其卣的X射綫檢測分析》,《故宫博物院院刊》1999年第1期,第84頁。
⑤ 丁孟、建民:《邲其卣的X射綫檢測分析》,《故宫博物院院刊》1999年第1期,第84~85頁。

說:"曾有的學者懷疑其中二祀、四祀卣爲僞器,我院曾在《故宮博物院院刊》1998 年第 4 期組織'筆談'討論,並在 1999 年第 1 期上公佈了本院所作 X 射綫檢測報告,却除懷疑,肯定了它們的歷史價值。"① 近年來也有學者對此檢測提出了質疑,重申張政烺的說法。② 本書不從,我們還是認同此銘文爲真說。

二祀邲其卣銘文:

丙辰王令邲其兄(貺)𦣞于夆田(甸)□,賓貝五朋。在正月,遘于妣丙彡日,大乙奭,隹王二祀。既𢻱于上帝。

其中一字難以確釋,用"□"代替。"𦣞"字爲李學勤所釋,訓爲福胙,即祭祀所用的肉。③ 上帝,有些學者釋爲"上下帝"。④ 艾蘭認爲,卣銘"帝"之上的那一橫應該是"帝"字的一畫,不是"上下"的合文,故應讀爲"上帝"。⑤ 我們亦認爲應讀爲"上帝"。

對於銘文"既𢻱于上帝",張政烺覺得非常可疑:

《說文》:"𢻱,擊踝也。……讀若踝。"作僞者之意蓋讀爲祼,也就是灌。《論語·八佾》:"子曰:'禘自既灌而往者,吾不欲觀之矣。'"胡厚宣《殷代之天神崇拜》云:"甲骨文大半爲卜祭先祖之辭,其祭帝者絕未之有。蓋以帝之至上獨尊,不受人間之享祭,故不能以事祖先之禮事之也。"僞銘把"𢻱上帝"作爲紀年大事,實可駭異。⑥

如果銘文爲真,則"既𢻱于上帝"說明商人是祭祀上帝的。艾蘭即認爲銘文爲真,並認爲此卣提到的對上帝的獻祭可能是新增禮儀,也可能是感到有必要舉行祭祀以便挽救商那走向末路的政權。⑦ 可爲一說。

(3) 傳世文獻所載的商王祭祀上帝問題

《逸周書·商誓解》記載了周武王克商後,對殷遺民的訓告之辭。此

---

① 故宮博物院編:《故宮青銅器》,北京:紫禁城出版社,1999 年,"前言"第 12 頁。
② 王恩田:《邲其三卣真僞辨》,復旦大學出土文獻與古文字研究中心網,2017 年 5 月 6 日。
③ 李學勤:《金文與西周文獻合證》,北京:清華大學出版社,2023 年,第 82 頁。
④ 中國社會科學院考古研究所編:《殷周金文集成釋文》第 4 册,香港:香港中文大學中國文化研究所,2001 年,第 156 頁;故宮博物院編:《故宮青銅器圖典》,北京:紫禁城出版社,2010 年,第 54 頁。
⑤ 〔美〕艾蘭:《商周時期的上帝、天和天命觀念的起源》,《龜之謎:商代神話、祭祀、藝術和宇宙觀研究》,劉學順譯,北京:商務印書館,2010 年,第 246~247 頁。
⑥ 張政烺:《𠨘其卣的真僞問題》,《故宮博物院院刊》1998 年第 4 期,第 4 頁。
⑦ 〔美〕艾蘭:《商周時期的上帝、天和天命觀念的起源》,《龜之謎:商代神話、祭祀、藝術和宇宙觀研究》,劉學順譯,第 248 頁。

篇是周初之作①,反映了周初時人的思想。《商誓》載武王追述商代先王時說:

  在昔后稷,惟上帝之言,克播百穀,登禹之績。凡在天下之民,罔不維后稷之元穀用蒸享。在商先哲王,明祀上帝,□□□□亦維我后稷之元穀用告和、用胥飲食。肆商先哲王維厥故,斯用顯我西土。

  今在商紂,昏憂天下,弗顯上帝,昏虐百姓,韋②天之命。

  上帝弗顯,乃命朕文考曰:殪商之多罪紂。肆予小子發,不敢忘天命。朕考胥翕稷政,肆上帝曰必伐之。予惟甲子,尅致天之大罰。□帝之來,革紂之□,予亦無敢違天命。③

這段話分爲三部分:

第一部分是講商先王是如何祭祀上帝的。文中說周人祖先后稷,聽從上帝的命令,種成了百穀。凡是天下的民衆,無不用后稷的嘉穀去祭祀。商朝的先哲王也用這些嘉穀去祭祀上帝。

第二部分講商紂王是如何不敬上帝的。文中說如今商紂王狂惑地擾亂天下,所以上帝不保佑商紂。那麼爲何不保佑商紂王呢?其中一個原因是"昏虐百姓",即殘暴地虐待百姓。那麼是不是還有不敬上帝呢?尚未明確。

第三部分講上帝不保佑紂王,而且命令文王、武王討伐紂王。

由上引《商誓》可知,商先哲王是祭祀上帝的,祭祀時用的正是嘉穀。而到了商末紂王時期,"昏憂天下,弗顯上帝,昏虐百姓,韋天之命。上帝弗顯,乃命……"那麼這裏的"弗顯上帝"何解?陳逢衡注:"弗顯上帝,受自絕於天也。"④與前文對照,我們認爲這裏也指紂王(受)不祭祀上帝。《逸周書·克殷解》載周尹逸筴曰:"殷末孫受德,迷先成湯之明,侮滅神祇不祀。"⑤也說紂王不祭祀"神祇",可爲證。

綜上可見,從甲骨文看,商人確實不祭祀上帝。但是,正如學者所指出

---

① 李學勤:《〈商誓〉篇研究》,《古文獻叢論》,上海:上海遠東出版社,1996年,第81頁;裘錫圭:《關於商代的宗族組織與貴族平民兩個階級的初步研究》,《裘錫圭學術文集》第5卷,第129頁。
② 原作"奉"。劉師培曰:"'奉'當作'韋'。《說文》:'韋,相背也。'韋、奉形近而譌。下文'予亦無敢違天命'可證也。"轉引自黃懷信等:《逸周書彙校集注(修訂本)》卷4,第354~355頁。
③ 黃懷信:《逸周書彙校集注(修訂本)》卷5,第452~455頁。
④ 轉引自黃懷信等:《逸周書彙校集注(修訂本)》卷5,第454頁。
⑤ 受德,晉代孔晁說是紂王之字,清人朱右曾說是紂之名。參黃懷信等:《逸周書彙校集注(修訂本)》卷4,第354頁。另外,這段話爲司馬遷所採用,《史記·周本紀》曰:"尹佚筴祝曰:'殷之末孫季紂,殄廢先王明德,侮蔑神祇不祀,昏暴商邑百姓,其章顯聞于天皇上帝。'"《史記》卷4,第162頁。

的,關於商人上帝性質的卜辭缺乏屬於殷墟晚期的資料,所以也不能確定商人上帝觀念在殷末是否發生變化。① 據二祀邲其卣來看,商紂時期是祭祀上帝的。如果此卣銘文爲真,則說明此時商人上帝觀念發生了變化。而從《商誓》來看,周人一再强調商先王祭祀上帝,而祇有到紂王時期才不祭祀上帝。這種説法與二祀邲其卣正相矛盾。

實際上,《商誓》的説法不符合史實。首先,《商誓》説商先王祭祀上帝,而甲骨文證明商王實際上不祭祀上帝。其次,《商誓》又説商紂不祭祀上帝,而二祀邲其卣則證明商紂祭祀上帝。既然如此,《商誓》爲何要如此記載呢? 換句話説,周人如此説的實質是什麽?

(4)周人所謂商先王祭祀上帝、商紂不祀上帝的實質

與商人不祭祀上帝不同,周人祭祀上帝,而且以祖先配上帝。周武王時期的青銅器天亡簋②(《集成》4261,周武王)曰:

[乙]亥,王又(有)大豐,王同三方。王
祀于天室,降,天亡又(尤)。王
衣祀于王不(丕)顯考文王,
事喜上帝,文王□在上。③ 不(丕)
顯王乍眚(省),不(丕)肆王乍庸,不克
乞卒王祀。丁丑,王卿(饗)大宜,王降,
亡助(敗)。爵退。隹(惟)朕(駿)④
又蔑,每揚王休于尊。

簋銘的大致含義是:乙亥日,王舉行了隆重的典禮(指後文的"王同三方"及"祀于天室"等)。王會同三方諸侯(諸侯可能是來助祭)。王在祀天的明堂祭祀,成禮而退,祭祀没有受到譴責(很順利)。王舉行完對文王的祭祀,然後進行對上帝的祭祀。文王之德在上。祭祀時演奏笙、庸樂器。然後王完成了祭祀儀式。丁丑(乙亥後二日),王饗用肴饌,王走下來,没

---

① 朱鳳瀚:《商周時期的天神崇拜》,《中國社會科學》1993年第4期,第197頁。
② 李學勤認爲當稱"退簋"。本書暫依舊名。李學勤:《"天亡"簋試釋及有關推測》,《中國史研究》2009年第4期,第7頁。
③ 缺文字半泐,陳介祺、方濬益、吴大澂、孫詒讓、劉心源、于省吾、楊樹達等均釋作"德"。吴大澂謂"卽《詩》所謂'文王在上,於昭于天'也。"(《愙齋集古録》)郭沫若曰:"字殘闕過甚,不可識,依金文通例,每曰'嚴在上'……然嚴字不从目,此字顯然存目形,恐是'監'之殘文。"(《大豐簋韻讀》)。白川静、孫常叙則釋"臨"。孫稚雛按:"從字形殘泐的情況看,可能是德字。"孫稚雛:《天亡簋銘文匯釋》,《古文字研究》第3輯,北京:中華書局,1980年,第173頁。
④ 于省吾讀爲"駿",訓爲"大"。李學勤從之。李學勤:《"天亡"簋試釋及有關推測》,《中國史研究》2009年第4期,第7頁。

有什麽錯誤(很順利)。賞賜給退一囊貝。有嘉。用尊簋敬揚王的休美。

據此,實際上周武王克商以後要"事喜上帝"。這裏的"喜",有三種讀法。一是讀爲"饎",徐同柏、方濬益即持此說,吳大澂亦曰:"喜即饎之省文。"二是讀爲"糦",陳夢家持此說:"喜應讀作《商頌·玄鳥》'大糦是蒸'之糦,《釋文》引《韓詩》云:'大糦,大祭也。'……喜上帝即祭上帝。"三是讀爲"熹",郭沫若持此說:"喜當是熹省,卜辭'延于丁宗熹',當與祡燎同意。"① 按,雖然學者對"喜"的具體涵義的解釋有分歧,但都承認其是祭祀上帝的一種儀式。

筆者認爲,周人對商人不祭祀上帝的觀念應該不會不瞭解,而對紂王時期祭祀上帝的行爲也不會全然不知。周人如此認爲的實質是對商人的故意曲解,其目的就是爲周克商作輿論宣傳。

(二)周人所認爲的商代周之原因與商王不恭上帝之聯繫

正如上引作於周初的《商誓》所言,周人認爲商之所以滅亡,周之所以能克商,其主要原因之一,就是商人不祭祀上帝或不恭敬上帝,所以上帝拋棄了商,而選擇了周。最後上帝將"天命"降於文王、武王,他們完成了商周易代,這就是周人所謂的天命轉移理論之體現。② 關於商紂王不祭祀上帝導致殷王朝滅亡、周取而代之的記載很多:

(1)《尚書·牧誓》載商紂王"昏棄厥肆祀弗答"。③

(2)《逸周書·商誓解》曰:"在商先哲王,明祀上帝,□□□□亦維我后稷之元穀用告和、用胥飲食。肆商先哲王維厥故,斯用顯我西土。今在商紂,昏憂天下,弗顯上帝,昏虐百姓,奉天之命。上帝弗顯,乃命朕文考曰:殪商之多罪紂。肆予小子發,不敢忘天命。朕考胥翕稷政,肆上帝曰必伐之。予惟甲子,尅致天之大罰。□帝之來,革紂之□,予亦無敢違天命。"④

(3)《墨子·天志中》:"《大明》(《大誓》——引者按)之道之曰:'紂越厥夷居,不肎(肯)事上帝,棄厥先神祇不祀。乃曰:吾有命,無

---

① 以上說法均轉引自孫稚雛:《天亡簋銘文彙釋》,《古文字研究》第3輯,第173頁。
② 對周人天命轉移理論的闡述,可參劉家和:《史學經學與思想:在世界史背景下對於中國古代歷史文化的思考》,北京:北京師範大學出版社,2005年,第51~53頁。
③ (清)孫星衍:《尚書今古文注疏》卷11,北京:中華書局,2004年,第287頁。
④ 黃懷信等:《逸周書彙校集注(修訂本)》卷5,第453~455頁。

廖僇務。天亦縱棄紂而不葆。'察天所以縱棄紂而不葆者,反天之意也。"①

(4)《墨子·非命上》:"於《大誓》曰'紂夷處,不肎(肯)事上帝鬼神,禍厥先神禔不祀。乃曰:吾民有命,無廖排漏。天亦縱之,棄而弗葆。'此言武王所以非紂執有命也。"②

(5)《墨子·非命中》:"先王之書《太誓》之言然,曰:'紂夷之居,而不肎(肯)事上帝,棄闕其先神而不祀也。曰:我民有命,毋廖其務。天不亦棄縱而不葆。'此言紂之執有命也,武王以《太誓》非之。"③

(1)《牧誓》"昏棄厥肆祀弗答",《史記·周本紀》引作"自弃其先祖,肆祀不答",集解引鄭玄曰:"肆,祭名。答,問也。"④昏棄,王引之云:"蔑也,讀曰泯,卽泯棄也。昭二十九年《左傳》云:'若泯棄之。'泯棄,猶蔑棄也。"⑤據此,《牧誓》所言乃商紂不祭祀商先祖。

(2)《商誓》中,商先王祭祀上帝,而"今在商紂,昏憂天下,弗顯上帝,昏虐百姓,奉天之命。上帝弗顯,乃命朕文考曰:殪商之多罪紂"。何謂"弗顯上帝"?或認爲"'弗顯上帝'涉下'上帝弗顯'衍且倒"。⑥按,此説不可從,因爲"弗顯上帝"的主語是商紂,而後者是上帝,且衍文説亦未有任何證據。"顯"者,《爾雅·釋詁》:"顯,光也",又曰"見也",郝懿行云:"顯者,……見之光也。《説文》:'顯,頭明飾也。从㬎聲。''㬎,从日中視絲,古文以爲顯字。'是顯古作㬎,'日中視絲',故訓光,又訓見,皆本古文爲説也","顯者,古文作'㬎'。从日中視絲,是有光明著見之義。故《詩》'天維顯思',傳:'顯,見也。'"⑦"顯"的本義是從日光中看絲之形,表示的是把幽暗的東西照亮,使之顯現於外,能夠爲人看出,所以"顯"有明顯、顯露義,引申有重視的涵義。"弗顯上帝"的主語是商紂,"商紂弗顯上帝"卽商紂不重視上帝,這實際上同於(1)《牧誓》"昏棄厥肆祀弗答",(3)(4)(5)所謂"不肎(肯)事上帝",是商紂不祭祀上帝的另一種表述。值得注意的是,《商誓》"弗顯上帝"跟周人始祖"后稷之元穀"聯繫起來,就有了用嘉穀祭祀上帝的意味。

---

① 吳毓江撰,孫啓治校:《墨子校注》卷7,北京:中華書局,2006年,第300~301頁。
② 吳毓江撰,孫啓治校:《墨子校注》卷9,第396頁。
③ 吳毓江撰,孫啓治校:《墨子校注》卷9,第408頁。
④ 《史記》卷4,第158、160頁。
⑤ (清)王引之:《經義述聞》卷3,南京:江蘇古籍出版社,2000年,第84頁。
⑥ 黃懷信:《逸周書彙校集注譯(修訂本)》,西安:三秦出版社,2006年,第209頁。
⑦ (清)郝懿行:《爾雅義疏》卷1,北京:中華書局,2017年,第90~91、162~163頁。

《墨子》一書對商紂不祭祀上帝事亦有記載,且有兩個突出特點。一是《墨子》之作者對於紂不事上帝的印象很深,並且反復引證此事,如上引(3)(4)(5)中均引據《大誓》[即《太(泰)誓》],以申論上帝拋棄商而保佑周之緣由。《大誓》所謂"不事上帝"也就是不祭祀上帝之義。二是《墨子》一書明確將農事和祭祀上帝鬼神聯繫起來。《墨子·非命上》:"今用執有命者之言,則上不聽治,下不從事。上不聽治,則刑政亂;下不從事,則財用不足。上無以供粢盛酒醴,祭祀上帝鬼神;外無以應待諸侯之賓客,降綏天下賢可之士;內無以食飢衣寒,將養老弱。故命上不利於天,中不利於鬼,下不利於人。而強執此者,此特凶言之所自生,而暴人之道也。"①《墨子·貴義》載墨子曰:"今農夫入其稅於大人,大人爲酒醴粢盛,以祭上帝鬼神。"②事實上,根據學者考察,《墨子》中確實有重視農業的思想。③ 筆者認爲,《繫年》的這種記述與《墨子》一書有重合處,這是因爲二者產生的時代背景大致相當,面臨的時代問題相似,前者可能受到墨家思想的影響,詳本書下編相關內容。

(三)周宣王敗於千畝與"不籍千畝"聯繫之考察

《繫年》第一章載:"宣王即位,共伯和歸于宋〈宗〉。宣王是始棄帝籍弗田,立三十又九年,戎乃大敗周師于千畝。"相似記載見於傳世文獻:

(1)《國語·周語上》:"宣王即位,不籍千畝。虢文公諫曰:'不可。夫民之大事在農,上帝之粢盛於是乎出,民之蕃庶於是乎生,事之供給於是乎在,和協輯睦於是乎興,財用蕃殖於是乎始,敦庬純固於是乎成,是故稷爲天官。……今天子欲修先王之緒,而棄其大功,匱神之祀而困民之財,將何以求福用民?'王不聽。三十九年,戰於千畝,王師敗績於姜氏之戎。"④

(2)《史記·周本紀》:"宣王不脩籍於千畝,虢文公諫曰不可,王弗聽。三十九年,戰于千畝,王師敗績于姜氏之戎。"⑤

上列文獻中,(2)明顯是根據(1)的說法來的。將《國語》與《繫年》對

---

① 吳毓江撰,孫啓治校:《墨子校注》卷9,第396頁。
② 吳毓江撰,孫啓治校:《墨子校注》卷12,第441頁。
③ 黃世瑞:《墨子重農思想考》,《華南師範大學學報(社會科學版)》2006年第3期,第127~129頁。
④ 徐元誥:《國語集解(修訂本)》卷1,第15~21頁。
⑤ 《史記》卷4,第183頁。

比可發現,二者雖然均將周師千畝之戰失敗的原因歸結爲宣王不籍千畝,但措辭不同,這也説明《國語》是《繫年》的抄撮對象之一。關於《繫年》是抄撮《左傳》《國語》等而成這一觀點,我們將在本書下編中詳述,此不贅言。

(四)小結

通過上文的考察可知,簡文所述商紂不恭上帝導致商王朝之覆滅等内容,乃根據《尚書·牧誓》《逸周書·商誓解》等文獻,而戰國時期這種思想又盛行於《墨子》等書中,《繫年》作者或也受此影響。簡文將宣王敗於千畝與不籍千畝事聯繫起來,這種觀念也見於《國語·周語》,這也是《繫年》抄撮《國語》的例證之一。

二、《繫年》中"歸厲王于彘"與"共和行政"的相關問題探討

《繫年》第一章:
> 至于厲王,厲王大虐于周,卿士、諸正、萬民弗忍于厥心,乃歸厲王于彘。共伯和立,十又四年。厲王生宣王,宣王卽位,共伯和歸于宋〈宗〉。

上述簡文主要敘述了以下史事:第一,"歸厲王于彘";第二,共伯和之立與退位;第三,周宣王之立。下面,筆者將把《繫年》的相關記載與傳世文獻作一對比,並對相關問題進行梳理。

(一)《繫年》"歸厲王于彘"考

1. 傳世文獻中厲王"流"於彘與"居"於彘二説辨析

關於周厲王至於彘,傳世文獻有如下記載:

(1)《國語·周語上》:"厲王虐,國人謗王。邵公告曰:'民不堪命矣!'……三年,乃流王於彘。""厲王説榮夷公,芮良夫曰:'王室其將卑乎!……'既,榮公爲卿士,諸侯不享,王流於彘。"①

(2)《荀子·成相》:"上壅蔽,失輔埶,任用讒夫不能制。孰公長父之難,厲王流于彘。"②

(3)《吕氏春秋·用民》:"厲王,天子也,有讎而衆,故流于彘,禍

---

① 徐元誥:《國語集解(修訂本)》卷1,第10~14頁。
② (清)王先謙:《荀子集解》卷18,北京:中華書局,1988年,第466~467頁。

及子孫,微召公虎而絕無後嗣。"①

(4)《左傳》昭公二十六年:"至於厲王,王心戾虐,萬民弗忍,居王于彘。"②

(5)《古本竹書紀年》:"厲王既亡,有共伯和者攝行天子事。"(《晉書·束皙傳》引)③

(6)《魯連子》:"衛州共城縣本周共伯之國也。共伯名和,好行仁義,諸侯賢之。周厲王無道,國人作難,王犇于彘,諸侯奉和以行天子事,號曰共和元年。十四年,厲王死於彘,共伯使諸侯奉王子靖爲宣王,而共伯復歸國于衛也。"(《史記·周本紀》張守節正義引)④

(7)《史記·周本紀》:"王行暴虐侈傲,國人謗王。召公諫……王不聽。於是國莫敢出言,三年,乃相與畔,襲厲王。厲王出奔於彘。"⑤

《齊世家》:"武公九年,周厲王出奔,居彘。"⑥

《魯世家》:"真公十四年,周厲王無道,出奔彘,共和行政。"⑦

《燕世家》:"燕惠侯當周厲王奔彘,共和之時。"⑧

《管蔡世家》:"〔蔡〕武侯之時,周厲王失國,奔彘,共和行政,諸侯多叛周","夷伯二十三年,周厲王奔于彘"。⑨

《陳杞世家》:"幽公十二年,周厲王奔于彘。"⑩

《衛世家》:"釐侯十二年,周厲王出犇于彘,共和行政焉。"⑪

《宋世家》:"釐公十六年,周厲王出奔彘。"⑫

《晉世家》:"靖侯十七年,周厲王迷惑暴虐,國人作亂,厲王出奔于彘,大臣行政,故曰共和。"⑬

《楚世家》:"熊勇六年,而周人作亂,攻厲王,厲王出奔彘。"⑭

---

① 許維遹:《呂氏春秋集釋》卷19,北京:中華書局,2009年,第527頁。
② 楊伯峻:《春秋左傳注(修訂本)》,第1476頁。
③ 方詩銘、王修齡:《古本竹書紀年輯證(修訂本)》,上海:上海古籍出版社,2005年,第58頁。
④ 《史記》卷4,第183頁。
⑤ 《史記》卷4,第180~181頁。
⑥ 《史記》卷32,第1795頁。
⑦ 《史記》卷33,第1846頁。
⑧ 《史記》卷34,第1877頁。
⑨ 《史記》卷35,第1894、1899頁。
⑩ 《史記》卷36,第1906頁。
⑪ 《史記》卷37,第1925頁。
⑫ 《史記》卷38,第1959頁。
⑬ 《史記》卷39,第1978頁。
⑭ 《史記》卷40,第2044頁。

分析上述傳世文獻，我們可得出以下兩條結論：

第一，關於厲王如何入彘，傳世文獻主要有三種説法：一是厲王"流"於彘説，如(1)(2)(3)，後二者應該是承襲前者；二是"居"王於彘説，如(4)；三是厲王"奔（犇）"於彘説，如(6)(7)，至於(5)作"亡"，亦爲逃奔、逃亡之義。

第二，先秦文獻關於厲王入彘主要有兩種説法，一是"流"於彘，二是"居"於彘。戰國文獻《魯連子》以及西漢司馬遷《史記》才發展出厲王"奔"彘説，但後來這種説法流傳甚廣，逐漸成爲主流説法。至於(5)《古本竹書紀年》所謂的"厲王既亡"的記載，僅見於《晉書·束晳傳》所引，其他如《史記·周本紀》索隱、《莊子·讓王》釋文、《史通·雜説上》、《國語補音》卷1、《通鑑外紀》卷3引《古本竹書紀年》均無此語①，蓋《晉書》所論乃受《史記》影響所加，《古本竹書紀年》本無此語。至於(6)《史記·周本紀》張守節正義所引《魯連子》，《漢書·藝文志·諸子略》中"儒家"部分云"《魯仲連子》十四篇"②，《隋書·經籍志》"《魯連子》，五卷，録一卷"本注："魯連，齊人，不仕，稱爲先生。"③張舜徽説："魯仲連，戰國齊人。亦曰魯仲子，亦曰魯連先生。……其書列入儒家。隋、唐、宋史志均有著録，宋以後遂亡。"④可見魯仲連應該是戰國時齊國人，但《魯連子》是否真爲魯連所著，此書何時成書，根據目前資料尚難論定。學界一般認爲此書可能是戰國時期的一種文獻，大致可信。

總之，先秦古書對厲王入彘的主流看法是厲王流於彘説和居於彘説，相較而言，前者影響更大。至於厲王奔彘説，《魯連子》和《史記》蓋是較早提出這一説法者，那麽，此説根據又是什麽呢？爲了弄清楚這個問題，我們首先需對厲王流於彘説和居於彘説進行詳細考證。

首先，厲王流於彘説。何謂"流"？三國韋昭注引(1)《國語》云："流，放也。"⑤東漢末高誘注引(3)《吕氏春秋》："流，放也。"⑥可見學者一般將其解釋爲流放之刑。然而唐代楊倞注引(2)《荀子》曰："言郭公長父奸邪，

---

① 參方詩銘、王修齡：《古本竹書紀年輯證（修訂本）》，第58頁。
② 《漢書》卷30，北京：中華書局，1962年，第1726頁。
③ 姚振宗：《隋書經籍志考證》第3册，王承略、劉心明主編：《二十五史藝文經籍志考補萃編》，北京：清華大學出版社，2014年，第1039頁。
④ 張舜徽：《漢書藝文志通釋》，《廣校讎略；漢書藝文志通釋》，武漢：華中師範大學出版社，2004年，第268頁。
⑤ 徐元誥：《國語集解（修訂本）》卷1，第13頁。
⑥ 許維遹：《吕氏春秋集釋》卷19，第527頁。

遂使難作,厲王流竄于彘。"①此將"流"解釋爲流竄,類似於逃亡、逃奔。這種說法顯然是受《史記》的影響。筆者認爲,厲王流於彘之"流",當解釋爲"流放",這本是一種刑罰。

陳顧遠指出:流刑"最初或係對於國人者,不忍殺而宥之於遠方;或對異族而竄逐之,屏諸中國之外"②。日本學者根本誠也說,流刑源於同族的驅逐。③ 流放罪人蓋起源於氏族社會,是氏族組織對觸犯氏族規則的氏族成員的一種懲罰。《尚書·堯典》曰:"[舜]流共工于幽州,放驩兜于崇山。"④

進入國家時代後,流刑也可以施於君主。據文獻記載,商王大甲(商湯之孫)曾被施以流放之刑。《左傳》襄公二十一年:"伊尹放大甲而相之,卒無怨色。"⑤《孟子·萬章上》:"伊尹相湯以王於天下。湯崩,大丁未立,外丙二年,仲壬四年,大甲顛覆湯之典刑,伊尹放之於桐。三年,大甲悔過,自怨自艾,於桐處仁遷義,三年以聽伊尹之訓己也,復歸于亳。"⑥《史記·殷本紀》載此事曰:"帝太甲既立三年,不明,暴虐,不遵湯法,亂德,於是伊尹放之於桐宮。三年,伊尹攝行政當國,以朝諸侯。"⑦君主爲何被施以流刑?《尚書·堯典》曰:"流宥五刑。"僞孔傳:"宥,寬也。以流放之法寬五刑。"正義曰:"流,謂徙之遠方。放,使生活。以流放之法寬縱五刑也。"正義並引三國王肅云:"謂君不忍刑殺,宥之以遠方。"正義說:"然則知此是據狀合刑,而情差可恕,全赦則太輕,致刑即太重,不忍依例刑殺,故完全其體,宥之遠方。應刑不刑,是寬縱之也。"⑧君主犯錯後不適應於刑殺,又不能赦免,故用此刑。流刑因罪行的輕重,流放的地點也有近遠之別。《史記·五帝本紀》集解引馬融曰:"謂在八議,君不忍刑,宥之以遠。五等之差亦有三等之居:大罪投四裔,次九州之外,次中國之外。"⑨

其次,"居"於彘說。《左傳》昭公二十六年載王子朝曰"居王於彘",此"居"字究竟爲何義呢?《春秋》言周王出"居"者三:

---

① (清)王先謙:《荀子集解》卷18,第467頁。
② 陳顧遠:《中國法制史概要》,北京:商務印書館,2011年,第185頁。
③ 參〔日〕大庭脩:《秦漢法制史研究》,徐世虹譯,上海:中西書局,2017年,第135頁。
④ (清)孫星衍:《尚書今古文注疏》卷1,第56頁。
⑤ 楊伯峻:《春秋左傳注(修訂本)》,第1060~1061頁。
⑥ 楊伯峻譯注:《孟子譯注》,北京:中華書局,2005年,第222頁。
⑦ 《史記》卷3,第128~129頁。
⑧ 《尚書正義》卷3,《十三經注疏》,第270~271頁。
⑨ 《史記》卷1,第48頁。

(1)《春秋》僖公二十四年:"冬,天王出居于鄭。"①

(2)《春秋》昭公二十二年:"王室亂,劉子、單子以王猛居于皇。"②

(3)《春秋》昭公二十三年:"天王居于狄泉。"③

(1)指魯僖公二十四年(前636,周襄王十七年),周襄王的同母弟王子帶發動叛亂,他夥同周大夫頹叔、桃子引狄國軍隊伐周,大敗周王朝軍隊,襄王逃到鄭國,居於汜地(今河南襄城縣南)之事。④ (2)指魯昭公二十二年(前520,周景王二十五年)周景王死後,周大夫劉、單二氏擁立景王子猛,其庶長子王子朝發動叛亂,王子猛受王子朝之逼迫出居於皇(今河南洛陽市東、鞏縣東南)。⑤ 王子朝趕走王子猛後,劉子、單子二氏求救於晉,晉頃公派兵把王子猛送回王都,王子朝又把他殺死。王子猛的同母弟王子匄即位,是爲敬王。晉兵和王師進攻王子朝,王子朝的兵漸敗,晉兵撤回。王子朝又借了大臣尹氏的力量把敬王趕出,敬王出居狄泉,此即(3)所謂"天王居於狄泉",狄泉亦在洛陽。⑥ 值得注意的是,(2)(3)均言"居",而(1)爲何言"出居"呢?《左傳》僖公二十四年解釋説:"天子無出,書曰'天王出居于鄭',辟母弟之難也。"⑦清代方苞曰:"其書'出'何也?去王畿而越在鄭地也,與皇、翟泉異矣。"⑧

實際上,《左傳》不論書"居"還是"出居",均有兩個特點。一是均非自己逃走,而是受反對勢力之驅逐,誠如清代學者顧棟高所說:"襄王出居于鄭,賊在子帶也。王猛居于皇,敬王居于狄泉,賊在子朝也。而《經》止以天王自出、自居爲文,不著子帶、子朝之名氏,體自當如此。若書王子帶出天王居于鄭,王子朝出王猛居于皇,便覺非體。解此則知諸侯被逐,以自奔爲文之義矣。"⑨二是"出居"和"出奔"本質上是一樣的,衹是對諸侯言"出奔",對天子另立別名曰"出居"。唐代孔穎達曰:"出居,實出奔也。出,謂出畿內;居,若移居然。天子以天下爲家,所在皆得安居,故爲天子別立此

---

① 楊伯峻:《春秋左傳注(修訂本)》,第411頁。
② 楊伯峻:《春秋左傳注(修訂本)》,第1431~1432頁。
③ 楊伯峻:《春秋左傳注(修訂本)》,第1440頁。
④ 楊伯峻:《春秋左傳注(修訂本)》,第426頁。
⑤ 楊伯峻:《春秋左傳注(修訂本)》,第1432頁。
⑥ 楊伯峻:《春秋左傳注(修訂本)》,第475~476、1440頁。
⑦ 楊伯峻:《春秋左傳注(修訂本)》,第428頁。
⑧ (清)方苞:《春秋直解》卷5,彭林、嚴佐之主編:《方苞全集》第6册,上海:復旦大學出版社,2018年,第487頁。
⑨ (清)顧棟高:《春秋大事表》卷45,北京:中華書局,1993年,第2516頁。

名。《釋例》曰:'天子以天下爲家,故《傳》曰:"凡自周無出。"今以出居爲名,而不書奔,殊之於別國。'"①

具體到《左傳》昭公二十六年載王子朝曰"居王于氏"事,筆者認爲這裏"居"的用法跟上引(1)(2)(3)中的相同,即厲王是受反對勢力驅逐的,本應説"出居",王子朝説"居",蓋有回護之語氣。另外,"居"與"出奔"同義,衹是所適用對象身份有異,《魯連子》以及司馬遷的"厲王奔氏"説實際上源自《左傳》。

那麽,《魯連子》以及《史記》爲何没有採用《國語》的厲王被"流"於氏的説法呢?關於前者,因文獻不足徵而無法知曉。但對於後者,我們認爲大致有兩方面原因:一方面是司馬遷不相信這種説法;另一方面根據沈家本研究,"秦漢以降,未有流刑"②,這也可能是司馬遷不採用《國語》説之緣由。既然《魯連子》以及《史記》"厲王奔氏"即《左傳》所謂"出居",是受反對勢力所驅逐,那麽到底是何種勢力所爲呢?由《繫年》可知,正是外諸侯勢力(詳後)。

《史記》厲王出奔説源自《左傳》昭公二十六年載王子朝所説"居王于氏",而《國語》謂"王流於氏",那麽何種説法更可信呢?筆者認爲,王子朝之語顯然有回護的意味,後者更得歷史真實。另外,《繫年》曰"乃歸厲王于氏"也類似於《國語》的記載,這也爲《國語》説的可信性增添了新證據。

2.《繫年》"歸厲王于氏"考

關於厲王流氏時的歷史形勢,史籍作如下記載:

(1)《國語·周語上》:"厲王虐,國人謗王。邵公告曰:'民不堪命矣!'……王不聽。於是國莫敢出言,三年,乃流王於氏。"……"氏之亂,宣王在邵公之宫,國人圍之。邵公曰:'昔吾驟諫王,王不從,是以及此難。今殺王子,王其以我爲懟而怒乎?夫事君者,險而不懟,怨而不怒,况事王乎?'乃以其子代宣王,宣王長而立之。"③

(2)《左傳》昭公二十六年:"至于厲王,王心戾虐,萬民弗忍,居王于氏。"④

(3)《魯連子》:"周厲王無道,國人作難,王犇于氏。"(《史記·周

---

① 《春秋左傳正義》卷15,《十三經注疏》,第3942頁。
② (清)沈家本撰,鄧經元、駢宇騫點校:《歷代刑法考·附寄簃文存》,北京:中華書局,1985年,第269頁。
③ 徐元誥:《國語集解(修訂本)》卷1,第10~13、14~15頁。
④ 楊伯峻:《春秋左傳注(修訂本)》,第1476頁。

(4)《史記·周本紀》:"王行暴虐侈傲,國人謗王。召公諫曰……王不聽。於是國莫敢出言,三年,乃相與畔,襲厲王。厲王出奔於彘。厲王太子靜匿召公之家,國人聞之,乃圍之。召公曰:'昔吾驟諫王,王不從,以及此難也。今殺王太子,王其以我爲讎而懟怒乎?夫事君者,險而不讎懟,怨而不怒,况事王乎!'乃以其子代王太子,太子竟得脱。"②

可見,當時周厲王暴虐,國人謗議王政。召公勸厲王改過自新,結果厲王非但不改,還讓衛巫監察國人,使得國人最後都不敢説話,以致第三年時,《國語·周語上》説"流王於彘",《魯連子》説"國人作難",《史記·周本紀》説"乃相與畔,襲厲王,厲王出奔於彘"。綜合三種文獻可知,當時的情形大概是這樣的:國人發動叛亂,進攻厲王所在的王宫。那麽,厲王是被國人抓住了還是逃走了?

值得注意的是,《左傳》"萬民弗忍,居王于彘"杜預注曰:"不忍害王也。厲王之末,周人流王于彘。"③杜預的意思是國人不想加害於周厲王,所以流放厲王到彘。對此,隋代的劉炫反駁道:

《周本紀》民"相與叛,襲厲王。厲王出奔于彘"。《周語》又曰:"彘之亂,宣王在召公之宫,國人圍之。召公知之,乃以其子代宣王。"言代王,則國人謂是宣王。《國語》雖不言殺,必殺之矣。國人相與襲王,王既奔免,得王子而殺之,若得厲王亦應不舍。而杜云"不忍害王",未必然也。當謂不忍者,不能忍王之虐也。④

孔穎達不同意劉炫的駁論,他認同杜注:

今知不然者,下云"居王于彘"。是以禮居處厲王于彘。又云"諸侯釋位,以間王政",是憂念王政,則不忍者,是不忍害王也。若其必欲殺王,應云王奔于彘。劉以爲《周語》云周人欲殺王子,召公以子代之,則周人欲殺王子,何肯不忍害王?以爲不忍者,不堪忍王惡。⑤

這裏很明顯地反映出孔疏對杜注的迷信,正如清代學者所説:

杜注多强經以就傳,孔疏亦多左杜而右劉。(案:劉炫作《規過》

---

① 《史記》卷4,第183頁。
② 《史記》卷4,第180~182頁。
③ 《春秋左傳正義》卷52,《十三經注疏》,第4591頁。
④ 《春秋左傳正義》卷52,《十三經注疏》,第4591頁。
⑤ 《春秋左傳正義》卷52,《十三經注疏》,第4591頁。

以攻杜解,凡所駁正,孔疏皆以爲非。)是皆篤信專門之過,不能不謂之一失。①

清代皮錫瑞説:

> 劉炫謂"不忍者,不能忍王之虐也",其説是也。杜謂"不忍害王",與《周本紀》《周語》不合,正義曲護杜解,謂"若其必欲殺王,應云王奔于彘",不知《本紀》明云"出奔于彘",《周語》明云"流王于彘"。王子朝之云"居王于彘"者,爲先王諱耳。②

今按:劉炫所謂"不忍"是不能忍受王的暴虐的説法是正確的。竹添光鴻説"不忍"是"不能堪王之虐也"③,楊伯峻也説"弗忍"指"不堪其暴虐"④,均認同劉炫説。《繫年》"卿士、諸正、萬民弗忍于厥心"也傾向於劉炫的説法,可爲劉説增添一證。確實,當時國人盛怒難却,聽説厲王的兒子太子静(即後來的宣王)藏匿在召公宫室就去圍攻召公,目的就是斬草除根。最後召公用自己的兒子代替了太子,太子才得以逃脱。可見,當時國人連太子静都要殺,如果真的抓住厲王,厲王亦必難逃一死。

但是,孔穎達所謂"若其必欲殺王,應云王奔於彘",又不無道理:如果國人一定要殺王,不等流放早就殺了,何必曰"流"呢?那麽,問題到底出在哪呢?

對此,有學者認爲《國語》的"流"不當釋爲流放,而應該解釋爲逃跑,其證據來自《戰國策》。《戰國策·楚策四》載楚襄王"專淫逸侈靡,不顧國政",楚大夫勸諫襄王,結果襄王不聽從,於是"莊辛去之趙,留五月,秦果舉鄢、郢、巫、上蔡、陳之地。襄王流揜於城陽"。鮑彪注:"流,謂走。揜,覆也,謂自匿。"⑤所以學者認爲《國語》的"流"也應該是逃跑、逃亡之義。⑥我們認爲,《國語》所載"乃流王於彘"與"王流於彘"二句,前者主語明顯不是"王",句義爲某某流王於彘;後者是被動句,即王被流於彘。而《戰國

---

① (清)永瑢等:《欽定四庫全書總目》卷26,北京:中華書局,1965年,第210頁。
② (清)皮錫瑞:《左傳淺説》卷下,吳仰湘編:《皮錫瑞全集》第5册,北京:中華書局,2015年,第428~429頁。
③ 〔日〕竹添光鴻注:《左氏會箋》,第2048頁。
④ 楊伯峻:《春秋左傳注(修訂本)》,第1476頁。
⑤ 范祥雍:《戰國策箋證》卷17,上海:上海古籍出版社,2006年,第870~871、873頁。按,孫詒讓云:"'揜'與'淹'通,言流徙而淹留於城陽也。《左傳》襄二十六年云:'君淹恤於外。'杜注云:'淹,久也。'即此流揜之義。鮑訓'揜'爲'覆',非其義。"(清)孫詒讓:《札迻》卷3,北京:中華書局,1989年,第72~73頁。
⑥ 荀蘭:《釋"流王於彘"》,《語文學刊》1984年第2期,第63~64頁;陳鈞、宣嘯東:《"流王於彘"辨》,《語文學刊》1985年第2期,第41頁。

策》所謂"襄王流揜於城陽"一句,主語是襄王。可見,《國語》與《戰國策》二者不同,所以《國語》的"流"仍應如韋昭説,是流放之義。

厲王如果被流放,説明厲王被抓住了,而且被施以流刑,那麽他爲何未被殺呢? 對此,《繫年》所載給了我們新的啓示。《繫年》説:"至于厲王,厲王大虐于周,卿士、諸正、萬民弗忍于厥心,乃歸厲王于彘。""歸"字,整理者認爲是"不反之辭",並引《周禮•大宗伯》注"歸"曰:"不反之稱。"按,《周禮•大宗伯》:"以脤膰之禮,親兄弟之國。"鄭玄注:"(《春秋》)魯定公十四年:'天王使石尚來歸脤。'"孔穎達疏:"歸者,不反之稱。"①整理者所注來源於此。而孔穎達之所以如此解釋,是根據杜預注。《春秋》隱公元年:"秋七月,天王使宰咺來歸惠公、仲子之賵。"杜預注:"歸者,不反之辭。"②這個"歸"字,楊伯峻認爲:"同饋,贈送之意。"③鄭玄注所引《春秋》定公十四年"天王使石尚來歸脤","脤"指祭社之肉。贈送的祭肉,孔穎達爲何説"不反"呢? 何休注"歸"字説:"言歸者,與使有之辭也。天地所生,非一家之有,有無當相通。"④原來"不反"的主語是"祭肉",贈送祭肉"不反",就是贈送的祭肉不讓"反還"之意。按照何休注,因爲祭肉不是贈送者所有,是"天地所生",所以贈送給接受者後就像返回原處一樣,故用"歸"字。可見,整理者注有誤。陈立認爲此"歸"有"置"之意⑤;蘇建洲認爲"歸"可釋爲"放",卽去而不反(返)也⑥;李松儒認爲"歸"有"歸往"之義,可引申爲流放⑦。這些解釋或是缺乏的證,或是受整理者所釋影響,概不可從。

《繫年》所謂"乃歸厲王于彘"之"歸"當指"諸侯納之"。《左傳》成公十八年:"凡去其國,國逆而立之,曰入;復其位,曰復歸;諸侯納之,曰歸;以惡曰復入。"⑧可見"歸"特指"諸侯納之",卽不是依靠本國軍隊,而是依靠外部諸侯之强力將其送入本國。那麽,《繫年》謂"乃歸厲王于彘",彘屬晉地而非周土,是否符合《左傳》所謂的"諸侯納之"之稱呢? 筆者認爲是符

---

① 《周禮正義》卷18,《十三經注疏》,第1641頁。
② 《春秋左傳正義》卷2,《十三經注疏》,第3721頁。
③ 楊伯峻:《春秋左傳注(修訂本)》,第8頁。
④ 《春秋公羊傳注疏》卷1,《十三經注疏》,第4772頁。
⑤ 陳立:《清華簡〈繫年〉與〈竹書紀年〉所載相關史料的異同》,復旦大學歷史學系、復旦大學出土文獻與古文字研究中心編:《簡帛文獻與古代史:第二届出土文獻青年學者國際論壇論文集》,上海:中西書局,2015年,第54頁。
⑥ 蘇建洲等:《清華二〈繫年〉集解》,第22頁。
⑦ 李松儒:《清華簡〈繫年〉集釋》,第30頁。
⑧ 楊伯峻:《春秋左傳注(修訂本)》,第911頁。

合的:其一,上引《左傳》之"歸"字,一般言自外國歸於本國,但正如楊伯峻所言,以上"四條《春秋》書法條例,但考之《春秋》全經經文,甚不相合"①,因此我們也不必拘泥;其二,退一步講,厲王時期王權尚未衰微,仍然是"溥天之下,莫非王土"(《詩·小雅·北山》),厲王歸於彘,亦無不可。既然《左傳》明言"歸"指"諸侯納之",杜預《春秋釋例》:"《傳》例稱'諸侯納之曰歸',今檢《經》諸稱納者,皆有興師見納之事,不須例而自明,故但言納而不復言歸也。"②可見"歸""納"之稱有時可以互通,一般指諸侯派軍隊靠強力將某國國君送入國內。但有時由於國內反對勢力過於強大,不能進入首都而祇能安置於別邑,典型者如《春秋》昭公十二年:"齊高偃帥師納北燕伯於陽。"《穀梁傳》曰:"納者,内不受也。"宋代高閌曰:"三年,北燕伯款出奔齊;六年,齊將納之而不果。款播楚在外蓋十年矣,不能自復,而藉齊之力,僅能納之別邑而已。"③楊伯峻注説陽在今河北完縣西、唐縣東北。④想必當時周王畿内國人暴動尚未平息,歸厲王於國内亦不現實,因此祇能歸於晉地。

簡文説"至于厲王,厲王大虐于周,卿士、諸正、萬民弗忍于厥心,乃歸厲王于彘",既然"歸"是"諸侯納之"之義,那麽納厲王於彘者又是何人呢?關於厲王奔彘事,另見於周宣王時期的塱盨(《集成》4469),銘曰:"……有進退,粵邦人、正人、師氏人有辠(罪)有故(辜),迺口倗即,毋迺諕宕(遊蕩),俾復虐逐厥君厥師,迺作余一人咎。"郭沫若曰:"虐逐厥君厥師"明指厲王奔彘事,此必爲宣王世器無疑。⑤ 馬承源説"邦人"指國人⑥,楊樹達説"正人"是長官之部屬,"師氏"乃軍旅之稱,"師氏人"指三軍之徒屬,銘文大義是:"若對於邦人及長官軍旅之部屬有罪有過者寬縱不治,則彼等將益無所畏忌,進而虐逐其君長,於是乃爲余一人之咎過也。"⑦筆者認爲塱盨銘的"邦人"對應於簡文的"萬民",即指國人;"正人"即簡文所謂"卿士、諸正",指周王朝的官員和内諸侯勢力。值得注意的是,塱盨銘還提到"師氏人",這説明當時周王朝軍隊也參與其中。所有這些人必不能納厲

---

① 楊伯峻:《春秋左傳注(修訂本)》,第911頁。
② (晉)杜預:《春秋釋例》卷3,叢書集成初編本,上海:商務印書館,1936年,第64頁。
③ (宋)高閌:《春秋集注》卷32,叢書集成初編本,北京:中華書局,1985年,第376頁。
④ 楊伯峻:《春秋左傳注(修訂本)》,第1330頁。
⑤ 郭沫若:《兩周金文辭大系圖録考釋》,《郭沫若全集·考古編》第8卷,北京:科學出版社,2016年,第299頁。
⑥ 馬承源主編:《商周青銅器銘文選(三)》,第312頁。
⑦ 楊樹達:《積微居金文説》卷5,北京:中華書局,1997年,第122~123頁。

王:首先,這些人由於居於周王畿,深受厲王"專利"、暴虐之苦,恨不得殺厲王而後快,故不得納王;其次,以召公、周公爲代表的內諸侯勢力即便想納王也不可得,正如《國語·周語上》《史記·周本紀》均提到的,召公當時想收留宣王,最後連自己的兒子都犧牲了,可見他們身處於國都,自身難保,也無力納王。

既然周王畿的國人、官員以及內諸侯勢力無法納王,那麼究竟何人納之呢?筆者認爲正是外諸侯勢力。正如上文所述,"歸"字即指諸侯納之,這是靠外力,因此納厲王者必爲外諸侯勢力,晉國應參與其中。彘屬晉國,韋昭注:"彘,晉地,漢爲縣,屬河東,今曰永安。"徐元誥按:"在今山西霍縣。"① 上文已言,周厲王之"專利"損害了"卿士、諸正、萬民"的利益,內諸侯反對他;而厲王之暴政,導致外諸侯也開始不朝王。那麼外諸侯爲何要納王呢?要解答此問題,我們需先瞭解當時的歷史形勢。

3. 厲王歸彘的歷史背景

《詩·大雅·桑柔》一篇,是周厲王、宣王時代芮國諸侯芮良夫所作,孫作雲認爲此詩作的時間具體是大起義(即彘之亂)最激烈時期之後,作者以當時人、當事人記當時事,是最珍貴的一手史料。② 據《桑柔》所載,國人暴亂後,有三個方面值得注意:

一是周王畿已經非常混亂,當時"民之貪亂,寧爲荼毒"(國人作亂,因爲忍受不了暴政),"民之罔極,職涼善背"(人心不正好作亂,主張刻薄紛紛反叛),"民之回遹,職競用力"(人民要走邪僻路,因爲厲王用強硬的暴力)。

二是王畿的暴亂已經波及周邊地區。詩人說:"亂生不夷,靡國不泯。民靡有黎,具禍以燼。於乎有哀,國步斯頻!"大義是:禍亂仍舊未能平息,周邊地區也未能避免。國中沒黎民,都遭災禍成灰燼。嗚呼哀哉,國家的前途非常危險。可見當時各地都在起義,而詩人芮良夫所在的芮國也未能幸免。詩人說:"憂心慇慇,念我土宇。我生不辰,逢天僤怒。自西徂東,靡所定處。多我覯痻(瘖),孔棘我圉。"大義是:我心裏很憂傷心痛,想到我的家鄉也在亂。我生不逢時,正好碰到老天發怒。自從西方到東方,沒有一所安居處。遇到這麼多災難,我的封地也非常危險。孫作雲據此判定:

---

① 徐元誥:《國語集解(修訂本)》卷1,第13頁。
② 孫作雲:《我國歷史上第一次農奴大起義——公元前842—(前)828年周京附近農奴反周厲王鬥爭及其影響、〈詩·大雅·桑柔〉諸詩新解》,《詩經與周代社會研究》,北京:中華書局,1980年,第209頁。

這次暴亂首先在周京爆發,以後蔓延各地,大概擴展到整個的關中地區。①

三是當朝的有識之士雖對國家的前途命運感到擔憂,但也束手無策。詩人說:"國步蔑資,天不我將。靡所止疑,云徂何往?君子實維,秉心無競。誰生厲階?至今爲梗。"大義是:國家的命運不得安定,上天也不輔助。沒有地方可以安身,想走也不知往哪裏去。當時貴族(包括作者)捫心自思,大家也無心思同人爭權奪利。國家困窮,人心不安,禍根在於厲王。

在這種情形下,當朝的官員以及內諸侯勢力根本無力穩定局勢,這就給外諸侯勢力進入提供了機會。

外諸侯爲何要納王?這跟外諸侯勢力之增長與想獲取權力有關。《左傳》昭公二十六年載王子朝曰:"至于厲王,王心戾虐,萬民弗忍,居王于彘。諸侯釋位,以間王政。"杜預注:"間,猶與也。去其位與治王之政事。"②服虔云:"言諸侯釋其私政而佐王室。"③可見厲王奔彘後,外諸侯開始放下私政而參與王朝之政。那麼"以間王政"究竟具體指何事呢?對此,有兩種說法。一是認爲即《史記·周本紀》所謂的周公、召公聯合執政事,以孔穎達爲代表:"《周本紀》云:'彘之亂,宣王在召公之宫。國人圍之,召公以其子代大子,大子竟得脱。周、召二公二相行政,號曰共和元年。'是其釋位與治王政之事也。"④二是認爲當是共伯和執政。日本學者竹添光鴻認爲二說均非,他說:

> "諸侯"者,非一人之辭;則當時間王政者,非一人可知矣。下文又云"則是兄弟之能用力於王室",則此"諸侯"指周室同姓。蓋厲王既死,宣王尚幼,而王室多難。同姓諸侯,分番交代,以間王政,避嫌之道,不得不然。正義據《周本紀》云"周召二公行政,號曰共和"。章昭亦同。然"共和"字不見于經,且周、召皆王室之相,厲王雖出,二公之在相位自若也,不得謂之"釋位"。當厲王在國時,政固巳〈已〉共理之,亦非待流於彘而後得與於王政也。蘇氏《古史》則據《漢書·古今人表》《紀年》《莊子》《吕氏春秋》以此爲共伯和事。若以共伯和當之,謂"釋位"爲去諸侯之位,"間王政"爲干天子之權,則而後"效官"將何解焉?且子朝之爲此言,因晉之納敬王,故述諸侯之忠於王室,以

---

① 孫作雲:《我國歷史上第一次農奴大起義——公元前842—(前)828年周京附近農奴反周厲王鬥爭及其影響,〈詩·大雅·桑柔〉諸詩新解》,《詩經與周代社會研究》,第224頁。
② 《春秋左傳正義》卷52,《十三經注疏》,第4591頁。
③ (清)洪亮吉:《春秋左傳詁》卷18,北京:中華書局,1987年,第777頁。
④ 《春秋左傳正義》卷52,《十三經注疏》,第4591頁。

責晉之不輔巳〈己〉耳,故曰"並建母弟以蕃屏周",曰"諸侯莫不並走其望,以祈王身",曰"攜王奸命,諸侯替之而建王嗣",周、召皆王卿士,不得謂之諸侯以比晉。而共伯和干天子之權,亦非忠於王室者比,皆與前後文義不類。①

竹添氏所言甚是,此諸侯當指外諸侯,且爲周室同姓。童書業説當時外諸侯的領袖卽衛武公(共伯和),而内諸侯——周室大夫——的領袖是周公、召公,且晉無疑也是外諸侯的代表,且晉爲姬姓,與周同姓。② 筆者認爲,所謂"諸侯釋位,以間王政"實指以晉爲代表的外諸侯參與王政之事。具體説來,卽是以周、召二公爲代表的内諸侯想消滅厲王寵倖的虢公長父、榮夷公之流,但由於勢單力薄,所以聯合以晉爲代表的外諸侯,從而給外諸侯參與王政提供了機會(詳見後文)。《繫年》所謂的"乃歸厲王于彘"也是外諸侯參與王政的代表性事件之一。

外諸侯究竟如何進入的呢? 筆者認爲應該是以周、召二公爲首的内諸侯勢力爲對付厲王所寵倖的榮夷公等勢力而引入的。《史記·十二諸侯年表序》曰:"及至厲王,以惡聞其過,公卿懼誅而禍作,厲王遂奔於彘,亂自京師始,而共和行政焉。"據此可知,厲王流彘與共和行政本身卽兩個事件,且二者的導因不同:前者由於厲王"以惡聞其過",索隱認爲卽《國語》所謂的"厲王止謗,道路以目"事③;後者源於"亂自京師始"。這個劃分可以跟《史記·齊世家》對證,《齊世家》:"武公九年,周厲王出奔,居彘。十年,王室亂,大臣行政,號曰共和。"④可見厲王流於彘與共和行政分屬於齊武公九年和齊武公十年,二者確非同一年發生。

何謂"公卿懼誅而禍作"? 趙光賢認爲,從這句話"可見作亂者乃懼誅之公卿,周、召二公首當其衝,不能不令人懷疑,主謀實是二公","厲王被逐是一次宮廷政變"。⑤ 周公、召公二卿發動宮廷政變的目的何在? 筆者認爲應該是消除厲王所寵倖的榮夷公、虢公長父之流。《荀子·成相》:"上壅蔽,失輔埶,任用讒夫不能制。孰〈郭,通虢〉公長父之難,厲王流于

---

① 〔日〕竹添光鴻注:《左氏會箋》,第2048頁。
② 童書業:《論"國人暴動"》,《山東大學學報(歷史版)》1962年第2期,第64頁。
③ 《史記》卷14,第649頁。
④ 《史記》卷32,第1795頁。
⑤ 趙光賢:《武王克商與西周諸王年代考》,《亡尤室文存》,北京:北京師範大學出版社,2001年,第248頁。

彘。"①《吕氏春秋·當染》："周厲王染於虢公長父、榮夷終。"②《墨子·所染》："厲王染於厲〈虢〉公長父、榮夷終。"③虢公長父即虢仲,《後漢書·東夷傳》載"厲王無道,淮夷入寇,王命虢仲征之,不克"④,即此人。"榮夷終"即《國語》中的榮夷公。另外,厲王寵倖這些人也導致外諸侯的反對,《國語·周語上》:"厲王説榮夷公,芮良夫曰:'王室其將卑乎!……'既,榮公爲卿士,諸侯不享,王流於彘。"⑤厲王重用榮夷公導致諸侯不朝,最終導致被流於彘。總之,由於厲王重用榮夷公、虢公長父等人,剥奪了周、召二公的權力,再加上厲王暴虐,二公感到朝不保夕,遂欲驅逐這些寵臣。但是二公勢單力薄,因此需要借助外諸侯的勢力。而正是依靠外諸侯的勢力,周、召二公才得以消滅這些寵臣,此即《荀子·成相》所謂的"執〈郭〉公長父之難,厲王流于彘"。王念孫曰："之者,是也。言難厲王者,是此人也。《楚語》云'秦徵衙實難桓、景','實難'即'是難'。"⑥王注稍嫌迂曲。之,至也。⑦《詩·鄘風·柏舟》："之死矢靡它。"毛傳："之,至也。至己之死信無它心。"⑧虢公長父之難即虢公長父至於難,即在厲王流彘之時,虢公長父死於此難。徐中舒說："彘之亂,榮夷公下落不見於記載。當時國人憤怒,厲王子宣王尚幼,且幾不免,《史》稱邵公(召伯虎)以其子代宣王,始脱宣王於難。以此論之,則榮夷公豈能見容於國人? 我們看東遷以後,榮氏即不見於記載,因此,榮伯生存年代,袛能限於厲王奔彘以前。"⑨由此,榮夷公亦死於此難。

在這次政變中,周、召二公的主要目的是消滅厲王的寵臣,可以説虢公長父、榮夷公等死之後,實際上他們的目的就已經達到,但是形勢的發展却出乎他們的預料。厲王的暴虐引起了多數人的反對,於是宫廷政變演變爲全民暴動,即周王朝的官員和内諸侯勢力、國人以至三軍之從屬發動了暴亂。《吕氏春秋·用民》説"厲王,天子也,有讎而衆",《史記·周本紀》也説"三年,乃相與畔,襲厲王",可見當時的形勢危急,此時厲王如在王畿内

---

① 盧文弨曰："案古'郭''虢'字通,郭公長父即《吕氏春秋·當染篇》之虢公長父也。"(清)王先謙:《荀子集解》卷18,第466頁。
② 許維遹:《吕氏春秋集釋》卷2,第49頁。
③ "厲"爲"虢"之譌。可參吴毓江撰,孫啓治校:《墨子校注》卷1,第16、20~21頁。
④ 《後漢書》卷85,第2808頁。
⑤ 徐元誥:《國語集解(修訂本)》卷1,第13~14頁。
⑥ (清)王念孫:《讀書雜志》卷8,南京:江蘇古籍出版社,2000年,第733頁。
⑦ (清)吴昌瑩:《經傳衍釋》卷9,北京:中華書局,2003年,第171頁。
⑧ 《毛詩正義》卷3,《十三經注疏》,第659頁。
⑨ 徐中舒:《禹鼎的年代及其相關問題》,《考古學報》1959年第3期,第56頁。

勢必被殺死。在這種情況下,內外諸侯聯合起來,採用了流放厲王的辦法,即《國語》所謂的"王流於彘"。具體就是外諸侯勢力納王於彘,即《繫年》所謂的"歸厲王于彘"。

外諸侯納周厲王入彘後,《詩》中稱之爲"汾王"。《詩·大雅·韓奕》:"韓侯取妻,汾王之甥,蹶父之子。"鄭玄箋:"汾王,厲王也。厲王流于彘,彘在汾水之上,故時人因以號之。"① 厲王被驅逐,何以能被稱爲"汾王"? 這應該是以晉國爲代表的外諸侯所爲。

厲王雖然入彘,但周王畿内部已然是一片混亂,《國語·周語上》稱之爲"彘之亂"。國人殺厲王而不得,怒火沖天,他們甚至想殺厲王子宣王而後快。《國語·周語上》載"彘之亂,宣王在邵公之宫,國人圍之。邵公曰:'昔吾驟諫王,王不從,是以及此難。今殺王子,王其以我爲懟而怒乎? 夫事君者,險而不懟,怨而不怒,況事王乎?'乃以其子代宣王。""王其以我爲懟而怒乎"一句,韋昭注:"殺王子,命國人得殺之也。"② 召公的話表明他也是流放厲王的主謀之一。正如上文所提及的,他們的目的是驅逐寵臣,但國人暴動的熊熊烈火越燒越大,以至於厲王被諸侯納於彘,王子靜避難於召公宫室都危在旦夕。

另外,清代崔述認爲《國語》所載召公以子代宣王説實屬子虚,他説:

> 周民之居厲王於彘,苦其暴虐,不得已而出之,使不得肆虐於己耳,非必殄滅之無遺育而後甘心也。使民果欲甘心於王,王何以能安然而居於彘? 果欲甘心於王,王出之後何不更立他人而虚王位者十四年,王崩之後又何以共戴宣王而無異言乎? 蓋古者人情淳樸,上下之間不甚猜疑,故衛出成公以説於晉,及晉許其復國,盟于宛濮,而國人無貳者。況文、武之德未忘於民心,但以身在水火之中,遂冒然不暇顧慮而爲此舉,王出則已,不讎王也,況大子乎! 是以宣王之立,民不畜怨,亦不自危,而宣王亦不復追理前事;是其君臣相待,猶然先代忠厚之遺,安得有如後世所謂斬草除根之頹俗乎! 且召公,賢臣也,於王子固當全之,豈必避懟王之嫌而後如是! 諫王,爲社稷也,免王子,亦爲社稷也;藉令召公未有諫王不從之事,將遂執太子以與國人而聽其殺之乎! 然則謂宣王避亂而奔召公之宫,或有之;若謂國人圍而欲殺之,召公避嫌而後以子代之,則必無之事也。蓋緣春秋、戰國以降,風俗日

---

① 《毛詩正義》卷18,《十三經注疏》,第1232頁。
② 徐元誥:《國語集解(修訂本)》卷1,第14~15頁。

偷,君與民相疾視如仇讐然,故疑此時宣王必不能自免於難,因揣度附之而爲此説耳。①

筆者認爲崔述之説純屬猜測,不可從。首先,不僅《國語》載此事,文獻多見。《吕氏春秋·用民》亦曰:"厲王……流于彘,禍及子孫,微召公虎而絶無後嗣。"《史記·周本紀》也説:"厲王太子静匿召公之家,國人聞之,乃圍之。召公……乃以其子代王太子,太子竟得脱。"可見此説絶非空穴來風。其次,崔述的懷疑主要因爲其不瞭解歷史形勢。正如上文所分析的,當時以周、召二公爲代表的内諸侯以及外諸侯勢力的主要目的是消滅厲王身邊的寵臣,後來厲王入彘,"不得肆虐於己耳",他們的目的就達到了,"非必殄滅之無遺育而後甘心也"。但國人則不同,他們深受厲王暴虐之苦,因此襲擊厲王,衹是由於内外諸侯的聯合,尤其是外諸侯的護送,厲王才得以入彘。國人殺厲王而不得,故遷怒於厲王子,想殺之而後快,亦非不可能之事。而召公身爲國家重臣,犧牲自己的兒子來救宣王,亦爲當時形勢所迫。

周王朝的這種混亂如何結束?這是厲王入彘後周、召二公思考的主要問題。正如上文分析的,周王朝當時一片混亂,而周、召二公又無法穩定局勢,因此出現了以周、召二公爲代表的内諸侯和以共伯和(即衛武公)爲代表的外諸侯聯合執政的情況,此即"共和行政"。

(二)"共和行政"考

周厲王被放逐之後,周王朝到底由何人來執掌?對此,傳世文獻有兩種説法:

第一,召公、周公聯合執政。《史記·周本紀》説:"(厲)王行暴虐侈傲,國人謗王。……三年,乃相與畔,襲厲王。厲王出奔於彘。厲王太子静匿召公之家,國人聞之,乃圍之。召公……乃以其子代王太子,太子竟得脱。召公、周公二相行政,號曰共和。"②《三代世表》:"厲王胡。以惡聞過亂,出奔,遂死于彘。共和,二伯行政。"③《十二諸侯年表序》:"及至厲王,以惡聞其過,公卿懼誅而禍作,厲王遂奔於彘,亂自京師始,而共和行政焉。"《十二諸侯年表》:"共和元年,厲王子居召公宫,是爲宣王。王少,大

---

① (清)崔述撰著,顧頡剛編訂:《崔東壁遺書》,上海:上海古籍出版社,2013年,第236~237頁。
② 《史記》卷4,第180~182頁。
③ 《史記》卷13,第639~640頁。

臣共和行政。"①據此,則"和"爲動詞,"共"爲副詞。"共和行政"意即召公、周公共同聯合執政。

第二,共伯和執政。《晉書·束晢傳》引《竹書紀年》曰:"厲王既亡,有共伯和者攝行天子事。"《莊子·讓王》釋文引《竹書紀年》:"共伯和即干王位。"《通鑑外紀》卷3引《竹書紀年》:"共國之伯名和,行天子政。"②據此,則"共和"爲私名。《繫年》謂"共伯和立",即相當於《竹書紀年》"共伯和即王位",二説同。

對以上二種説法孰是孰非,古代學者的意見主要亦有兩種:

第一,從《史記》説。持此觀點者如韋昭《國語解》③、孔穎達《左傳疏》④、司馬光《稽古錄》⑤、崔述《豐鎬考信錄》⑥等。

第二,從《竹書紀年》説。持此觀點者如酈道元《水經注》⑦、蘇轍《古史》⑧、羅泌《路史·共和辯》⑨、顧炎武《日知錄·共和》⑩、梁玉繩《史記志疑》⑪等。

現當代學者的意見也是難以統一。張政烺認爲二者均有問題,不可偏信,《左傳》上説"諸侯釋位,以間王政",所以祇能説"厲王失位後,由諸侯

---

① 《史記》卷14,第647、650~653頁。
② 方詩銘、王修齡:《古本竹書紀年輯證(修訂本)》,第58頁。
③ 《國語·周語上》:"乃以其子代宣王,宣王長而立之。"韋昭注:"彘之亂,公卿相與共和而修政事,號曰'共和',凡十四年而宣王立。"徐元誥:《國語集解(修訂本)》卷1,第15頁。
④ 《左傳》昭公二十六年:"諸侯釋位,以間王政。宣王有志,而後效官。"孔疏:"共和之年,官之政事皆決於二相,宣王長而有志,堪爲人主,二相乃致其官政於王也。"《春秋左傳正義》卷52,《十三經注疏》,第4591頁。
⑤ 《稽古錄》:"厲王淫昏無道,……民不堪命,作亂,流王於彘。太子靖匿於召公之家,召公以其子代之,乃得免。大臣共和行政。"(宋)司馬光著,〔美〕王亦令點校:《稽古錄點校本》卷9,北京:中國友誼出版社,1987年,第44~45頁。
⑥ (清)崔述撰著,顧頡剛編訂:《崔東壁遺書》,第236~237頁。文繁不具引。
⑦ 《水經注·清水》:"即共和之故國也。共伯既歸帝政,逍遙于共山之上。山在國北,所謂共北山也。"(南北朝·後魏)酈道元注,(清末)楊守敬、熊會貞疏:《水經注疏》卷9,南京:江蘇古籍出版社,1989年,第809~810頁。
⑧ 《古史》:"厲王居彘,諸侯無所適從。共伯和者,時之賢諸侯也,諸侯皆往宗焉。因以名其年,謂之'共和'。凡十四年。案:《汲冢紀年》:'共伯和干王位,故曰共和也。'又《左傳》:'王子朝奔楚,告于諸侯曰:"厲王戾虐,萬民弗忍,流王于彘。諸侯釋位,以間王政。宣王有志,而後效官。"'推是言,則厲、宣之間,諸侯有去其位而代王爲政者矣。《莊子》曰:'共伯得之於共首。'則所謂共和者也。"(宋)蘇轍:《古史》卷5,《先秦史研究文獻三種》第1冊,北京:國家圖書館出版社,2013年,第116頁。
⑨ (宋)羅泌:《路史》卷2,《先秦史研究文獻三種》第7冊,第5~10頁。文繁不具引。
⑩ (清)顧炎武著,(清)黃汝成集釋:《日知錄集釋》卷25,第1409~1410頁。文繁不具引。
⑪ (清)梁玉繩:《史記志疑》卷3,第101~102頁。文繁不具引。

(貴族)會議代行王政"。① 上文已述,所謂"諸侯釋位,以間王政"實指以晉爲代表的外諸侯參與王政之事。厲王流於彘,根據《繫年》可知是以晉爲代表的外諸侯納厲王於彘地。厲王入彘後,周王畿及其周邊仍然一片混亂,於是外諸侯勢力開始放下私政,參與王朝之政,與内諸侯等聯合穩定政局。《繫年》載"乃歸厲王于彘。共伯和立,十又四年。厲王生宣王,宣王即位,共伯和歸于宋〈宗〉",可見厲王入彘後,乃"共伯和"執政。此"共伯和",究竟是何人?

1. "共伯和"身份考

《漢書·古今人表》:"共伯和,在中上。"顏師古注:"共,國名也。伯,爵也。和,共伯之名也。共音恭。而遷《史》以爲周、召二公行政,號曰共和,無所據也。"②可見,共伯和實際上屬於外諸侯。既然如此,他並未參與流放周厲王之行動,那麼他是如何取得執政之位的呢?

《史記·周本紀》索隱引《古本竹書紀年》云:"共伯和干王位。"何謂"干王位"? 索隱:"干,篡也。言共伯和攝王政,故云'干王位'也。"③"攝王政"是攝政行天子之事。這種說法在戰國文獻中習見,如《魯連子》:"共伯名和,好行仁義,諸侯賢之。周厲王無道,國人作難,王犇于彘,諸侯奉和以行天子事,號曰共和元年。"④可見,"干王位"即是攝政行天子之事。

那麼,共伯和是否曾稱王呢?《吕氏春秋·開春論》:

> 王者厚其德,積衆善,而鳳皇聖人皆來至矣。共伯和修其行,好賢仁,而海内皆以來爲稽矣。(高誘注:共,國。伯,爵。夏時諸侯也。以好賢仁而人歸之,皆以來附爲稽遲也。)周厲之難,天子曠絶,(高誘注:難,厲王流于彘也。周無天子十一年,故曰曠絶也。)而天下皆來謂矣。(高誘注:謂天子也。孫鏘鳴曰:謂諸侯皆請共伯爲天子也。《莊子·讓王篇》"共伯得乎共首",注引司馬說本此。)⑤

按,《莊子·讓王》:"共伯得乎共首。"司馬彪注:"共伯名和,脩其行,好賢人,諸侯皆以爲賢。周厲王之難,天子曠絶,諸侯皆請以爲天子,共伯不聽,即干王位。"⑥《吕氏春秋》先説"王者……",又曰"共伯和……",似乎是將

---

① 張政烺:《古史講義》,北京:中華書局,2012年,第83、261頁。
② 《漢書》卷20,第898~899頁。
③ 《史記》卷4,第182~183頁。
④ 轉引自《史記》卷4,第183頁。
⑤ 許維遹:《吕氏春秋集釋》卷21,第581~582頁。
⑥ (清)郭慶藩:《莊子集釋》卷9下,北京:中華書局,2004年,第983頁。

"共伯和"等同於"王",但仍未明確共伯和爲天子;周厲王奔彘後,"天子曠絶,而天下皆來謂矣",孫鏘鳴雖然將其解釋爲請共伯和爲天子,但亦未必不能解釋爲僅僅行天子之事,而非稱王。實際上,對《吕氏春秋》中"王者厚其德,……共伯和修其行,好賢仁,而海内皆以來爲稽矣"之"共伯和"究竟是誰,以及這段文字與"周厲之難,天子曠絶,而天下皆來謂矣"是否講的是一事,學者是有疑問的。陳奇猷認爲:

> 此文"和"字當衍,高誘爲"共""伯"二字作注,而獨不爲"和"字作解,則其所見本無"和"字之明證。此共伯係逍遥於共山之首者,爲夏時之諸侯,與厲王時之共伯和非一人,……《莊子·讓王》、本書《慎人》皆言共伯,不言共伯和,自司馬彪注《莊子》始謂共伯名和,而與厲王時之共伯和混爲一人,後人爲司馬彪之言所誤,遂致一往而不返矣。卽就本篇此文而論,"共伯修其行,好賢仁,而海内皆以來爲稽矣"係一事,"周厲之難,天子曠絶,而天下皆來謂矣"則爲一事,二事並列,不容相混。若混爲一談,在文法上亦不可通。①

可見,《吕氏春秋》上述文字並不能證明共伯和曾稱王。

又,《繫年》第一章載"共伯和立"。劉光勝説:"在《繫年》之中,所有'立'字皆指稱王、在位之義",因此"共伯和立""明顯是指共伯和踐天子之位無疑",這是"共伯和僭居王位的鐵證"。② 誠然,《繫年》中的"立"確實多指稱王、在位之義,但是並非無例外,如《繫年》第三章"武王陟,商邑興反,殺三監而立彔子耿","彔子耿"卽武庚,傳世文獻未有武庚稱王的記載。又,《逸周書·作雒解》:"武王克殷,乃立王子禄父,俾守商祀。"③此處王子禄父(武庚)也是被武王所"立",可見武庚未稱王。另外,《逸周書·作雒解》又曰:"周公立,相天子,三叔及殷東徐、奄及熊、盈以畔。"孔晁注:"立,謂爲宰攝政也。"④此處周公旣然相的是"天子"(成王),則周公未稱王亦可知。所以劉説並不確實。

總之,《古本竹書紀年》"共伯和干王位"實際上就是共伯和攝政行天子之事的意思。《繫年》所謂的"共伯和立"也是指其居於攝政之位,並非稱王。《左傳》昭公二十六年所謂"諸侯釋位,以間王政",亦爲參與王政之義。共伯和是外諸侯,並未參與流放周厲王之行動,他祇是在厲王流彘後

---

① 陳奇猷:《吕氏春秋新校釋》卷21,第1440頁。
② 劉光勝:《清華簡〈繫年〉與共伯和"干王位"考》,《中國史研究》2019年第4期,第8~9頁。
③ 黄懷信等:《逸周書彙校集注(修訂本)》卷5,第510頁。
④ 黄懷信等:《逸周書彙校集注(修訂本)》卷5,第514頁。

攝政,行天子之事。且根據《魯連子》說,共伯和之所以能攝政,主要基於以下兩點原因:第一,共伯和具非凡人格魅力,其人行仁義,而且賢德;第二,外諸侯的支持。這些記述恐非空穴來風,而是有根據的,下文有詳述,此不贅言。

關於共伯和的具體身份,學者主要有以下幾種看法:

第一,認爲共伯和就是周公的後嗣凡伯。清代學者魏源認爲:

> 共地後入於衛,故《魯連》以歸衛爲言。而杜預謂共縣東南有凡城。《郡縣志》:共有泛亭。即《雅》詩凡伯之國。則共地即凡國。古者多以所都名國,故殷與商並稱,康〈唐〉與晉並稱,以及梁、魏、韓、鄭皆然。凡之即共,亦猶是已。凡、蔣、邢、茅、胙、祭,皆周公之胤,而凡伯《板》詩作於厲王時,已稱"老夫灌灌",則其年必長於周、召二公,故二公從民望而推之,以親賢鎮撫海内。其後歸老於凡,並釋侯位不居,而老於共山之首,故天下皆以共伯稱焉。猶厲王終於汾上,謂之汾王,以見其失王位。此稱共伯,則表其並辭侯位也。①

第二,認爲共伯和是衛武公。唐代張守節《史記正義》較早提出這種看法,他說:

> 韋昭云:"厲之亂,公卿相與和而脩政事,號曰共和也。"《魯連子》云:"衛州共城縣本周共伯之國也。共伯名和,好行仁義,諸侯賢之。周厲王無道,國人作難,王犇于彘,諸侯奉和以行天子事,號曰共和元年。十四年,厲王死於彘,共伯使諸侯奉王子靖爲宣王,而共伯復歸國于衛也。"《世家》云:"釐侯十三年,周厲王出犇于彘,共和行政焉。二十八年,周宣王立。四十二年,釐侯卒,太子共伯餘立爲君。共伯弟和襲攻共伯於墓上,共伯入釐侯羨自殺,衛人因葬釐侯旁,諡曰共伯,而立和爲衛侯,是爲武公。"按此文,共伯不得立,而和立爲武公。武公之立在共伯卒後,年歲又不相當,年表亦同,明《紀年》及《魯連子》非也。②

此說受到了顧頡剛等學者的贊同。③

第三,認爲共伯和是金文中的伯龢父。龢,經典作"和"。後文徑作"伯和父"。師獸簋(《集成》4311,西周晚期,夷王)所見人名有"伯龢父"。

---

① (清)魏源:《詩古微》,《魏源全集》第1册,長沙:岳麓書社,2004年,第548頁。
② 《史記》卷4,第183頁。
③ 參顧頡剛:《史林雜識初編》,北京:中華書局,1963年,第203~208頁。

師毀簋(《集成》4324、4325,西周晚期,厲王前後)、元年師兌簋(《集成》4274、4275,西周晚期,厲王元年)、三年師兌簋(《集成》4318、4319,西周晚期,夷王三年)有"師龢父"。師俞簋蓋(《集成》4277,西周晚期,厲王)、師晨鼎(《集成》2817,西周晚期,厲王)、四年㝬盨(《集成》4462、4463,西周晚期,厲王)、諫簋(《集成》4285,西周晚期,厲王)有"司馬共"。① 《博古圖》認爲師獸簋"伯和父者,衛武公也"。② 郭沫若認爲此三人均爲共伯和。③

還有學者認爲"共伯和"是《詩·小雅·六月》中討伐獫狁的主將尹吉甫的前任——共武公。④ 《詩·小雅·六月》:"有嚴有翼,共武之服。共武之服,以定王國。""共武之服",清人王先謙認爲:"即言敬武之事也。"⑤ 據此,則"共武"恐非人名。

以上幾種說法是否成立呢?

第一種,即認爲共伯和就是周公的後嗣凡伯。學者指出雖然此說謂"凡之即共"不爲無據,但卻忽略了一個重要問題,那就是凡伯並不名"和",故而與"共伯和"的記載不能統一。⑥ 因此,此說恐難成立。

第三種,即"共伯和"是否是金文中的"伯和父""師和父"以及"司馬共"呢? 首先,"伯和父""師和父"與"司馬共"恐非一人。楊樹達說:"郭沫若說伯龢父即共伯和,其說甚新而確,惟取證於師毀、師兌二簋之師龢父及師晨鼎諸器之司馬收(即'共'——引者按),不免迂曲。"⑦可見,楊先生認爲伯龢父即共伯和,但與師龢父、司馬共不是一人。我們認同伯和父與師和父、司馬共非一人的說法。學者多認爲伯和父與師和父是同一人。對此,有學者對比二者的身份發現,此二人實非一人。⑧ 那麼,伯和父有無可能是共伯和呢? 我們認爲也不是,對此學者多有探討。譬如陳夢家從銅器時代與"伯和父"稱謂兩個方面斷定"伯和父"與"師和父"非一人:"龢父

---

① 關於以上銅器之斷代,參夏商周斷代工程專家組編著:《夏商周斷代工程1996—2000階段成果報告(簡本)》,北京:世界圖書出版公司,2000年,第30~35頁。
② 轉引自陳夢家:《西周銅器斷代》,北京:中華書局,2004年,第238頁。
③ 郭沫若:《兩周金文辭大系圖錄考釋》,《郭沫若全集·考古編》第8卷,師獸簋第245~246頁,師兌簋(其一)第325~326頁,師兌簋(其二)第328~329頁,師晨鼎第247頁,諫簋第251~252頁,師毀簋第315~316頁。
④ 王雷生:《關於"共和行政"若干歷史問題的再考察》,《人文雜志》1999年第6期,第135~136頁。
⑤ (清)王先謙:《詩三家義集疏》卷15,北京:中華書局,1987年,第609頁。
⑥ 晁福林:《試論"共和行政"及其相關問題》,《中國史研究》1992年第1期,第46頁。
⑦ 楊樹達:《積微居金文說》卷5,第119頁。
⑧ 董喆:《西周金文有關"共和"史料的再討論》,《殷都學刊》2021年第1期,第44頁。

組銅器與共伯和無關,它們的年代應屬于孝而不屬于厲、共和、宣王三世。而且,和是共伯和之名,龢父是另一官職或走馬之人之字,二者不能等同。"①馬承源也從身份與稱謂斷定二者不是一人:"師龢父,舊釋爲共伯和,非是。共伯和是諸侯,師龢父的身份是師氏。又共伯和之和是名,而師龢父是字,兩者有區别。"②也有學者綜合前人説法指出,共伯和爲衛國之君,"共"爲國名,"伯"爲"爵"稱,"和"爲其名;而伯和父又稱師和父,"伯"爲行輩之稱,"和父"爲其字,不好説二者爲同一人。③

學者多認爲第二種説法可信④,並舉出了很多例證,最主要是以下三點:

其一,最重要的一條證據卽是《魯連子》所謂"共伯和復歸於衛",據此則共伯和歸政宣王後退歸其本國——衛國了。

其二,衛君可稱共伯。共是衛國初期的采邑,地在朝歌附近。《左傳》閔公二年載:"衛之遺民男女七百有三十人,益之以共、滕之民爲五千人。"杜注:"共及滕,衛别邑。"⑤共在今河南輝縣。⑥ 衛國君在很長一段時間裏卽稱伯,《史記·衛世家》:"康叔卒,子康伯代立。康伯卒,子考伯立。考伯卒,子嗣伯立。嗣伯卒,子㡕伯立。㡕伯卒,子靖伯立。靖伯卒,子貞伯立。貞伯卒,子頃侯立。頃侯厚賂周夷王,夷王命衛爲侯。頃侯立十二年卒,子釐侯立。"索隱稱:

> 《康誥》稱命爾侯于東土,又云"孟侯,朕其弟,小子封",則康叔初封已爲侯也。比子康伯卽稱伯者,謂方伯之伯耳,非至子卽降爵爲伯也。故孔安國曰"孟,長也。五侯之長,謂方伯"。方伯,州牧也,故五代孫祖恒爲方伯耳。至頃侯德衰,不監諸侯,乃從本爵而稱侯,非是至子卽削爵,及頃侯賂夷王而稱侯也。⑦

可見,衛自康侯以來一直可稱伯,司馬遷謂頃侯時賂周夷王而稱侯,司馬貞已經駁其繆,謂此"伯"乃方伯之伯。實際上,衛釐侯後有太子共伯,《衛世家》:"四十二年,釐侯卒,太子共伯餘立爲君。共伯弟和有寵於釐侯,多予

---

① 陳夢家:《西周銅器斷代》,第 238 頁。
② 馬承源主編:《商周青銅器銘文選(三)》,第 200 頁。
③ 參杜勇、周寶宏:《金文史話》,北京:社會科學文獻出版社,2011 年,第 113 頁。
④ 如顧頡剛、晁福林等。參顧頡剛:《史林雜識初編·共和》,第 203~208 頁;晁福林:《試論"共和行政"及其相關問題》,《中國史研究》1992 年第 1 期,第 46~48 頁。
⑤ 《春秋左傳正義》卷 11,《十三經注疏》,第 3880 頁。
⑥ 楊伯峻:《春秋左傳注(修訂本)》,第 267 頁。
⑦ 《史記》卷 37,第 1924~1925 頁。

之賂;和以其賂賂士,以襲攻共伯於墓上,共伯入釐侯羨自殺。衛人因葬之釐侯旁,謚曰共伯,而立和爲衛侯,是爲武公。"① 據此,共伯餘者,"共伯"是謚號,而"餘"是名。按,《史記》所説恐未必可信,"共伯"之"共"恐爲地名,"伯"則是方伯之伯。顧頡剛認爲"共"是"衛君的離宫别館,固亦可能。既居於共,自可稱爲'共伯'",又説"[衛]武公之兄已曰'共伯',奪其位自可襲其稱號"。② 蒙文通亦云:"《魯連子》以共伯復歸於衛,則共之爲衛,亦猶唐之爲晉爲翼耶!"③徐中舒亦謂:

> 衛之先本稱共伯,……康叔在衛,其地位可能還是繼承武王克殷後所置的三監。……衛卽諸監之一。康叔在衛,一方面是爲王室鎮撫東土的方伯,一方面他依然是王室的官吏,故《左傳》定四年載"康叔爲司寇"(亦見《衛世家》)。康叔出爲方伯,入爲王官,地位雖極尊崇,但他還是要受王室節制,實際上反不如諸侯能自擅一國。《衛世家》載康叔子康伯以下六代皆稱伯,至頃侯始稱侯,《衛世家》於此也特筆叙述云:"頃侯厚賂周夷王,夷王命衛爲侯。"蓋頃侯以前康叔之孫雖世代繼承在衛,其性質仍屬諸監(王官)而非諸侯,共亦僅爲其食邑,這就是頃侯以前六代皆稱伯,而頃侯之孫,釐侯之子仍稱"太子共伯"的原故。衛武公名和,共伯也名和,衛武公之兄爲共伯餘,則衛武公稱共伯又有什麽不可呢?④

按,徐先生懷疑康叔是諸監説或可商,但他認爲共伯非謚號,則與顧頡剛、蒙文通説相同。據此,共伯卽衛伯,衛武公稱"共伯和",以方伯的身份攝政行天子之事。

其三,衛武公名和,正可與共伯和之名相合。《史記·衛世家》載衛武公名和,而共伯和也名和,二者相符。

綜合以上三點,"衛武公"和"共伯和"應是同一人。

關於衛武公,《史記·衛世家》載:

> 釐侯十三年,周厲王出奔于彘,共和行政焉。二十八年,周宣王立。四十二年,釐侯卒,太子共伯餘立爲君。共伯弟和有寵於釐侯,多予之賂,和以其賂賂士,以襲攻共伯於墓上,共伯入釐侯羨自殺。衛人因葬之釐侯旁,謚曰共伯,而立和爲衛侯,是爲武公。武公卽位,修康

---

① 《史記》卷37,第1925頁。
② 顧頡剛:《史林雜識初編·共和》,第207頁。
③ 蒙文通:《古史甄微》,《蒙文通全集(三)》,成都:巴蜀書社,2015年,第118頁。
④ 徐中舒:《禹鼎的年代及其相關問題》,《考古學報》1959年第3期,第57~58頁。

叔之政,百姓和集。四十二年,犬戎殺周幽王,武公將兵往佐周戎,甚有功,周平王命武公爲公。五十五年,卒。①

據上,衛武公的元年應在周宣王十六年(前812),而共和元年在公元前841年,前後相差二十九年。張守節說:"按此文,共伯不得立,而立爲武公。武公之立在共伯卒後,年歲又不相當。"②既然《衛世家》所載的衛武公與我們所說的共伯和年歲有差異,那麼,兩者是否還有可能爲同一人呢?

對此,一說認爲衛武公長壽,共和元年時其已成人,故並不妨礙衛武公爲共伯和,顧頡剛即持此說。《國語·楚語上》載楚左史倚相之言曰:"昔衛武公年數九十有五矣,猶箴儆於國,曰:'自卿以下至於師長士,苟在朝者,無謂我老耄而舍我,必恭恪於朝,朝夕以交戒我……'於是乎作《懿》詩以自儆也。及其殁也,謂之睿聖武公。"韋昭注:"《懿》,《詩·大雅·抑》之篇也。'懿'讀曰'抑'。"③顧頡剛據此認爲,武公長壽,其九十五作《懿》,知其卒必非此年。假如以此年卒(周平王十三年,前758),則共和元年衛武公當二十歲;若享百壽(周平王十七年,前754),則武公當二十五歲,"凡有過人之力才者皆不必待壯歲而後有所表現,武公之釋位間政亦猶是耳"。④

還有一說認爲《史記》之說不可信據⑤,應該將衛武公的即位元年提前,徐中舒等即持此說。徐中舒認爲:

> 《史記》所載衛武公即位之年即當移至厲王奔彘以前。《國語·楚語》稱"昔衛武公年數九十有五矣,猶箴儆於國",武公老壽,其年輩可能上及厲王之世,與榮夷公同時。這對於以武公爲衛武公雖然提供了一個有力的佐證,但衛在頃侯以後已爲諸侯,共伯和代行王政,也是"諸侯釋位"以後之事。⑥

以上二說,第一種說法比較審慎,暫從之。既然共伯和即衛武公,那麼,其是如何被立,又是爲何退位的呢?下面,我們根據相關文獻對此問題進行一些考述。

2. 共伯行政考

上文已述,共伯和之所以能入朝執政,主要有兩方面原因:第一,得到

---

① 《史記》卷37,第1925~1926頁。
② 《史記》卷4,第183頁。
③ 徐元誥:《國語集解(修訂本)》卷17,第500~502頁。
④ 顧頡剛:《史林雜識初編·和》,第207頁。
⑤ 晁福林:《試論"共和行政"及其相關問題》,《中國史研究》1992年第1期,第47頁。
⑥ 徐中舒:《禹鼎的年代及其相關問題》,《考古學報》1959年第3期,第58頁。

了外諸侯的支持;第二,共伯和的個人人格魅力。共和元年時,衛武公雖已經成人,但其年定未滿三十。即便衛武公年輕時就已聲名鵲起,但年歲畢竟也不長。那麼,外諸侯爲何要支持此人入朝主持政局呢? 衛自康侯以來一直可稱伯(方伯),司馬遷謂頃侯時賂周夷王而稱侯,厲王時武公之兄以及武公均可稱"共伯",這說明衛的方伯身份再次被確認。又,童書業說當時外諸侯的領袖是衛武公(共伯和),而內諸侯——周室大夫——的領袖是周公、召公①,因此由衛武公來代表外諸侯執政也在情理之中。

司馬遷作《十二諸侯年表》,其所載乃諸侯史事,即平王東遷後春秋時期的史事。但當我們翻開《年表》,會發現其竟然始於共和行政。司馬遷如此安排的用意何在? 在《十二諸侯年表序》中,司馬遷說道:

> 太史公讀《春秋曆譜諜》,至周厲王,未嘗不廢書而歎也。曰:嗚呼,師摯見之矣!紂爲象箸而箕子唏。周道缺,詩人本之衽席,《關雎》作。仁義陵遲,《鹿鳴》刺焉。及至厲王,以惡聞其過,公卿懼誅而禍作,厲王遂奔于彘,亂自京師始,而共和行政焉。是後或力政,彊乘弱,興師不請天子。然挾王室之義,以討伐爲會盟主,政由五伯,諸侯恣行,淫侈不軌,賊臣篡子滋起矣。②

司馬遷認爲之所以出現春秋時期王權衰落、政由方伯、諸侯越王權而恣意妄爲的局面,其源頭就在於周厲王時期,而共和行政實際上正是這一局面之濫觴。司馬遷這種對歷史局勢的把握是非常深刻且到位的。

我們知道,西周中後期,周王的實力開始逐漸削弱。《禮記·郊特牲》:"覲禮,天子不下堂而見諸侯。下堂而見諸侯,天子之失禮也,由夷王以下。"鄭玄注:"正君臣也。夷王,周康王之玄孫之子也。時微弱,不敢自尊於諸侯。"③

周夷王去世後,其子周厲王胡即位,他是一個很厲害的君王。據《史記·楚世家》記載,"及周厲王之時,暴虐",楚王"熊渠畏其伐楚,亦去其王"。④ 據銅器銘文記載,周厲王時期所面臨的外患很多,主要是西邊的犬戎和南邊的南淮夷。

在西方,戎狄入侵,周厲王派兵攻伐,並未取勝。《史記·秦本紀》:

---

① 童書業:《論"國人暴動"》,《山東大學學報(歷史版)》1962 年第 2 期,第 64 頁。
② 《史記》卷 14,第 647 頁。
③ 《禮記正義》卷 25,《十三經注疏》,第 3135 頁。
④ 《史記》卷 40,第 2043 頁。

"秦仲立三年,周厲王無道,諸侯或叛之。西戎反王室,滅犬丘大駱之族。"①《後漢書·西夷傳》:"厲王無道,戎狄寇掠,乃入犬丘,殺秦仲之族,王命伐戎,不克。"②此事又見於《竹書紀年》。③

在南方,淮夷入侵,周曾與其有多次戰爭。《後漢書·東夷傳》:"厲王無道,淮夷入寇,王命虢仲征之,不克。"④此事又見於金文,虢仲盨蓋(《集成》4435,西周晚期,厲王):"虢中(仲)以王南征,伐南淮夷,才(在)成周。"據厲王時期的敔簋(《集成》4323,西周晚期,厲王)載,南淮夷曾達洛水一帶,這裏也是周王朝的腹地,周王派敔迎擊,取得了勝利。除此之外,翏生盨(《集成》4459,西周晚期,厲王)、鄂侯馭方鼎(《集成》2810,西周晚期,厲王)、伯氒父簋(《銘圖》5276、5277,西周晚期,厲王)、仲偁父鼎(《集成》2734,西周晚期,厲王)、應侯視工簋(《銘圖》5311,西周晚期,厲王)、應侯視工鼎(《銘圖》2436,西周晚期,厲王)、晉侯蘇鐘(《銘圖》15299~15312,西周晚期,厲王)、柞伯鼎(《銘圖》2488,西周晚期,厲王)、禹鼎(《集成》2533,西周晚期,厲王)、㝬鐘(《集成》260,西周晚期,厲王)等,都涉及周厲王時與南方的戰事。

在周厲王與南方的戰事中,值得注意的是與鄂的戰爭。西周晚期的鄂當在漢水流域。⑤ 鄂在西周晚期曾與周王室通婚(鄂侯作王姞簋,3件,《集成》3928~3930),鄂侯馭方鼎(《集成》2810)載周厲王南征,在歸途中曾與鄂侯宴飲,可見鄂、周此時還保持着良好關繫。但不知何時,鄂突然成了反對周人的帶頭人。厲王時期的禹鼎(《集成》2833)載:

> 烏摩哀哉!用天降大喪于下國,亦唯鄂侯馭方率南淮夷、東夷,廣伐南國、東國,至于歷内。王迺命西六師、殷八師曰:"翦伐鄂侯馭方,勿遺壽幼。"肆師彌咠匌匡,弗能伐鄂。肆武公迺遣禹率公戎車百乘、斯(厮)馭二百、徒千,曰:"于將朕肅慕,惠西六師、殷八師,伐鄂侯馭方,勿遺壽幼。"雩禹以武公徒馭至于鄂京伐鄂,休,獲厥君馭方。

鄂侯馭方率領南淮夷、東夷,伐南國、東國,曾深入了西周的"歷內"。歷內,具體地望不詳,學者多認爲當爲西周之腹地。周王先是派周人軍隊的主力西六師、殷八師伐鄂侯馭方,結果周師由於長期未戰鬥而恐懼作戰,未

---

① 《史記》卷5,第229頁。
② 《後漢書》卷87,第2871頁。
③ 方詩銘、王修齡:《古本竹書紀年輯證(修訂本)》,第57頁。
④ 《後漢書》卷85,第2808頁。
⑤ 參李學勤:《論周代的鄂國》,《通向文明之路》,北京:商務印書館,2010年,第186頁。

能取勝。後來"武公"(周厲王時期的重臣,不是衛武公①)率領其徒馭伐鄂,才獲勝,俘獲了鄂君馭方。徐中舒認爲,此銘所載此次戰役也暴露了周王室外強中乾的狀況,軍隊主力已是紀律鬆弛,全無鬥志,僅僅依靠大臣的親軍才勉強取勝。②

綜上可見,從周夷王時期開始,王權逐漸衰弱,而諸侯勢力開始膨脹。至周厲王時期,周王的主力部隊已經失去鬥志,所倚靠者竟是大臣的軍隊。在這種情況下,以朝中的公卿爲代表的内諸侯和朝外的外諸侯都力圖擴張自身勢力。而周厲王時期,國人暴動,厲王流於彘,朝中出現了暫時的權力真空。那麼,由哪種勢力來穩定局勢,來填補這種權力真空呢?

前文已述,厲王任用榮夷公等寵臣,剥奪了内、外諸侯權力,導致了這些諸侯勢力的不滿。於是以周、召二公爲代表的内諸侯,發動宫廷政變,力圖剷除厲王寵臣的勢力。然而厲王的暴虐引起了多數人的反對,宫廷政變演變爲全民暴動。在這種情勢下,爲了穩定政局,内外諸侯聯合起來,採用了流放厲王的辦法,具體就是外諸侯勢力納王於彘。這裏,厲王流放雖然是内、外諸侯合謀所爲,但外諸侯勢力已經佔據上風。厲王流彘後,周王畿内部仍然是一片混亂。周、召二公無法穩定局勢,於是不得不依靠外諸侯勢力,這給外諸侯勢力的擴張提供了千載難逢的機遇。

《漢書·地理志》顏師古注引孟康曰:"共伯入爲三公者也。"③何謂"三公"?古有二説:一説指太師、太傅、太保,另一説指司馬、司徒、司空。這反映了今、古文經學的分歧。④值得注意的是,清華簡壹《祭公》説:祭公"召畢𦤶、井利、毛班,曰:三公……"⑤李學勤據此認爲,"三公"恐怕祇是對三位大臣的合稱。⑥筆者認爲,共伯入爲"三公",蓋指共伯與召公、周公聯合執政,此即所謂"共和行政"。

《史記》所謂"共和行政"之"共",讀爲本字;而"共伯和"之"共",本作"龏",經典作"恭",詳參本章疏證部分。段玉裁指出:"《尚書》《毛詩》《史

---

① 另外,禹鼎等厲王時器中有"武公",有學者認爲是衛武公。徐中舒詳論此説爲非(徐中舒:《禹鼎的年代及其相關問題》,《考古學報》1959 年第 3 期,第 57~59 頁),可從。可參李先登:《禹鼎集釋》,《中國歷史博物館館刊》1984 年總第 6 期,第 110~119 頁。
② 徐中舒:《先秦史論稿》,成都:巴蜀書社,1992 年,第 175 頁。
③ 《漢書》卷 28,第 1544 頁。
④ 可參宫長爲:《西周三公辨析》,《吉林師範學院學報(哲學社會科學版)》1994 年第 4 期,第 63 頁。
⑤ 清華大學出土文獻研究與保護中心編,李學勤主編:《清華大學藏戰國竹簡(壹)》,第 174 頁。
⑥ 李學勤:《清華簡〈祭公〉與師詢簋銘》,《初識清華簡》,第 138 頁。

記》恭敬字皆作恭。不作共。"①實際上,在《繫年》公佈之前,已有學者根據"恭"和"共"用法的不同,認爲"共(恭)伯"與"共和"不同,前者是人名,後者是紀年的名號,是政治制度之稱。②《繫年》的公佈,進一步證實了此説。因此,所謂"共和行政",是聯合執政之義,與共伯和無涉。

共伯和之所以能執政,主要是外諸侯所爲。《路史》引司馬彪云:"共伯和,脩行而好賢。厲王之難,天子曠絶。諸侯知共伯賢,請立爲天子,共伯不聽,弗獲免,遂卽王位。"③如此説可信,則共伯和起初並不願意攝政,後爲外諸侯所迫纔不得不爲之。共伯和當時年未滿三十,讓如此年輕之人之執掌政權,這不能不説外諸侯有自己的打算:外諸侯真心支持共伯和爲假,其真實目的是讓共伯和代表外諸侯,來抗衡以周、召二公爲代表的内諸侯。同時,由於共伯和年輕,其必更易爲外諸侯所控制。

總之,"共和行政"本質上是西周晚期王權衰微、諸侯權力開始膨脹的大背景下,以内、外諸侯爲代表的諸侯勢力試圖擴充勢力,擠佔王權衰落所出現的權力空隙的政治事件。雖然,這個政治事件的結果是以内諸侯和外諸侯的相互妥協而宣告結束,但是,不管是厲王流於彘,還是共和行政,外諸侯勢力實際上都壓過内諸侯,居於主導地位。《古本竹書紀年》云"厲王既亡,有共伯和者攝行天子事",《繫年》謂"共伯和立",均突出了以共伯和爲代表的外諸侯處於權力核心的重要地位,這是符合歷史事實的。至於《史記》所謂"共和行政",司馬遷的意思實際上就是聯合執政,祇是他僅僅舉出了以周、召二公爲代表的内諸侯,而未能點出以共伯和爲代表的外諸侯,這有可能暗示司馬遷有意或是無意地不承認當時真正行天子之事的共伯和的核心地位。

(三)關於共伯和退位與宣王卽位

《左傳》昭公二十六年:"諸侯釋位,以間王政。宣王有志,而後效官。"沈欽韓注:"效官者,致天子之位于宣王也。"④周厲王奔彘後,出現了外諸侯參與王政的情況;宣王年長有識後,外諸侯還政於宣王。可見,以共伯和

---

① (清)段玉裁注,許惟賢整理:《説文解字注》卷3上,南京:鳳凰出版社,2015年,第188頁。
② 日知:《釋共和——共伯〔和〕可以休矣》,《史學理論研究》1993年第1期,第63頁。
③ (宋)羅泌:《路史》卷2,《先秦史研究文獻三種》第7册,第7頁。唐代陸德明《經典釋文·莊子音義》引司馬彪云:"共伯名和,脩其行,好賢人,諸侯皆以爲賢。周厲王之難,天子曠絶,諸侯皆請立以爲天子,共伯不聽,卽干王位。"(唐)陸德明:《經典釋文》卷28,第1564頁。
④ (清)沈欽韓:《春秋左氏傳補注》卷10,(清)焦循、(清)沈欽韓:《春秋左傳補疏;春秋左氏傳補注》,上海:上海古籍出版社,2016年,第351頁。

爲首的外諸侯,是在宣王年長有識後主動讓位的。《國語·周語上》載彘之亂時,召公"乃以其子代宣王,宣王長而立之"。① 可見立宣王者是以召公爲代表的内諸侯。

《史記·周本紀》:"共和十四年,厲王死于彘。太子静長於召公家,二相乃共立之爲王,是爲宣王。宣王即位,二相輔之,脩政,法文、武、成、康之遺風,諸侯復宗周。十二年,魯武公來朝。"正義引《魯連子》云:

> 衛州共城縣本周共伯之國也。共伯名和,好行仁義,諸侯賢之。周厲王無道,國人作難,王犇于彘,諸侯奉和以行天子事,號曰共和元年。十四年,厲王死於彘,共伯使諸侯奉王子靖爲宣王,而共伯復歸國于衛也。②

又,唐代陸德明《經典釋文·莊子音義》引司馬彪云:

> 十四年,大旱,屋焚,卜于太陽,兆曰:"厲王爲祟。"召公乃立宣王,共伯復歸于宗,逍遥得意共山之首。③

上文已述,共伯和執政很可能是爲外諸侯所迫,因此厲王死後,宣王年長有識,共伯和讓位的時機成熟,於是"使諸侯奉王子靖爲宣王",可見他是主動讓位,在情理之中。至於司馬彪所説卜太陽事,不知所據爲何。

《繫年》第一章:"共伯和立。十又四年,厲王生宣王,宣王即位,共伯和歸於宋〈宗〉。"整理者認爲此處的"宋"當爲"宗",可從。這也説明共伯和退位後歸其宗國,應即《魯連子》所載的衛國。《繫年》所載與《魯連子》以及司馬彪説合,但未明確共伯和是否主動讓位。

共伯和退位後,周宣王即位。這表明此時王權雖然日漸削弱,但仍强於諸侯實力。厲王奔彘曾一度導致朝中的權力出現了真空,最終形成了以共伯和爲首的外諸侯,與以周、召二公爲首的内諸侯勢力的聯合執政局面。宣王即位,使得王權最終得以復歸,並一度出現了"宣王中興"的盛世局面。但是,這僅爲表面現象,甚至可以説是回光返照,王權衰落、諸侯勢力崛起的歷史大趨勢已經無法阻擋。宋代葉適云:"厲王流彘,共和行政,天子若家人然,天下不復知有號令矣。"④這種論述是很恰當的。《繫年》載"宣王始棄籍弗田,立三十又九年,戎乃大敗周師于千畝",即表明周王朝

---

① 徐元誥:《國語集解(修訂本)》卷1,第15頁。
② 《史記》卷4,第182~183頁。
③ (唐)陸德明:《經典釋文》卷28,第1564頁。宋代羅泌《路史》引司馬彪云:"一十四年,天下大旱,舍屋焚,卜于太陽,兆曰:'厲王爲祟。'召公乃立宣王,共伯歸還於宗,逍遥得意於共丘之首。"(宋)羅泌:《路史》卷2,《先秦史研究文獻三種》第7册,第7頁。
④ (宋)葉適:《習學記言序目》卷6,北京:中華書局,1977年,第74頁。

的頹勢已經無法逆轉。

西周晚期的歷史有兩大趨勢：一是王權衰微、諸侯勢力崛起；二是外諸侯勢力逐漸超越内諸侯勢力，並在平王東遷之後取代王權，形成了"政由方伯"的局面。無論是厲王流彘，還是共和行政，雖然都是内、外諸侯共同促成的結果，但是在此過程中，外諸侯一直處於主導地位。這表明，外諸侯勢力逐漸壓過了内諸侯，開始迅速佔據王權衰落所讓渡的權力空間。隨着王權的繼續衰落，内、外諸侯争奪權力的鬥争也愈演愈烈。據《繫年》第二章及相關文獻記述，在周幽王死後，出現了内、外諸侯争奪王權的較量：一派主要是内諸侯勢力，支持周幽王之弟攜王；另一派是外諸侯勢力，支持周平王。於是，出現了攜王與周平王對立的局面，《竹書紀年》稱之爲"二王並立"。當時衛武公（共伯和）也是作爲外諸侯的代表，支持周平王。《史記·衛世家》："武公卽位，修康叔之政，百姓和集。四十二年，犬戎殺周幽王，武公將兵往佐周平戎，甚有功，周平王命武公爲公。五十五年，卒。"①衛武公五十五年當周平王十三年（前758），歷史已經進入"政由方伯"的時代。

（四）小結

通過考察《繫年》，並結合相關文獻，我們對周厲王奔彘與共和行政等有一些新認識，歸納如下：

第一，關於厲王如何入彘的問題。傳世文獻中有厲王"流"於彘與"居"於彘二説，《史記》的厲王奔彘説源自後者。將厲王"流"於彘與"居"於彘二説比較，後者有回護意味，前者更加符合史實。根據《繫年》"乃歸厲王於彘"之"歸"當指"諸侯納之"可知，厲王是被外諸侯納入彘地的。

第二，《左傳》所謂"諸侯釋位，以間王政"實指以晉爲代表的外諸侯參與王政之事。具體説來，卽是以周、召二公爲代表的内諸侯想消滅厲王寵倖的虢公長父、榮夷公之流，但由於勢單力薄，遂聯合以晉爲代表的外諸侯，從而給外諸侯參與王政提供了機會。《繫年》所謂的"乃歸厲王于彘"也是外諸侯參與王政的代表性事件之一。

第三，所謂"共和行政"實際上是周、召二公與共伯和的聯合執政，前者代表内諸侯勢力，後者則代表外諸侯勢力。此事件雖然是内、外諸侯聯合的結果，而處於上風和主導地位的是外諸侯勢力，此實爲後來"政由方伯"之濫觴。

---

① 《史記》卷37，第1926頁。

【第二章】

[説明]

(一)"㥯"【五】的隸定與釋讀

【整理者】隸爲"䢼",是"取"的誤字。①

【陳偉】此字爲"師"。"師""妻"音近可通。《春秋》文公十六年:"及齊侯盟于郪丘。"《穀梁傳》"郪"作"師"。簡文此字疑當讀爲"妻",加"又"表示動作,娶妻義。《孟子·萬章上》:"好色,人之所欲也,妻帝之二女,而不足以解憂。"②

【蘇建洲】該字釋爲"取",郭永秉指出爲"取妻"之"取"專用字。③

【謹按】以上三説,雖然説法各異,但多認爲該字應釋爲"取"。蘇建洲説可從,應爲"取"之異體字。

(二)"㠯"【五】的隸定與釋讀

【整理者】隸爲"怠",讀爲"姒"。④

【陳嘉穎】該字下部从"口"不从"心"。⑤

【謹按】陳嘉穎説可從。據此,該字从"口"、"㠯"聲,釋爲"台",讀爲"姒"。金文"姒"字多从"㠯",或作"台"聲⑥,上古"姒""始"不分⑦。《説文·口部》:"台,説也。从口、㠯聲。"

---

① 清華大學出土文獻研究與保護中心編,李學勤主編:《清華大學藏戰國竹簡(貳)》,第138頁。
② 陳偉:《讀清華簡〈繫年〉札記》,《江漢考古》2012年第3期,第118頁。
③ 蘇建洲:《〈清華大學藏戰國竹簡(貳)·繫年〉考釋四則》,《簡帛》第7輯,上海:上海古籍出版社,2012年,第65~68頁。
④ 清華大學出土文獻研究與保護中心編,李學勤主編:《清華大學藏戰國竹簡(貳)》,第138頁。
⑤ 李松儒:《清華簡〈繫年〉集釋》,第42頁。
⑥ 裘錫圭:《説"姻"(提綱)》,《裘錫圭學術文集》第1卷,第524頁。
⑦ 裘錫圭:《甲骨文考釋(續)》,《裘錫圭學術文集》第1卷,第183頁。

(三)"㐭"【九】"㐭"【一〇】的隸定與釋讀

【整理者】隸爲"京"。①

【張世超】此字多見於齊璽、齊陶文字,近年來又於郭店簡《語叢一》中一見,學界多釋爲"亳"。2010 年 10 月,吳振武將此字釋爲"亭"②,結構爲从"宅"、从"亭"省,很好地解答了此字在構型上存在的一些疑惑。據此,《繫年》該字釋爲"亭"。③

【趙平安】《繫年》此字應釋爲"京",至於郭店簡《語叢一》的"亳"(或釋"亭"),據曹方向說亦釋爲"京"。④

【謹按】從整理者說。

[釋文]

周幽王取妻于西繡(申),生坪(平)王=(王,[1]王)或(又)叙(取)孚(褒)人之女,是孚(褒)台(姒),生白(伯)盤。孚(褒)台(姒)辟(嬖)于王=(王,王)【五】與白(伯)盤达(逐)坪(平)=王=(平王,平王)走西繡(申)。[2]幽王起自(師),回(圍)坪(平)王于西繡=(申,申)人弗敃(畀)。曾(繒)人乃降西戎以【六】攻幽=王=(幽王,幽王)及白(伯)盤乃滅,周乃亡。[3]邦君者(諸)正乃立幽王之弟舍(余)臣于鄭(虢),是㩻(攜)惠王,【七】立廿=(二十)又一年,晉文侯戠(仇)乃殺惠王于鄭(虢)。[4]周亡王九年,[5]邦君者(諸)侯女(焉)訇(始)不朝于周,【八】[6]晉文侯乃逆坪(平)王于少鄂,立之于京自(師)。[7]三年,乃東遷(徙),止于成周。[8]晉人女(焉)訇(始)啓【九】于京自(師),奠(鄭)武公亦政(正)東方之者(諸)侯。[9]武公卽殜(世),臧(莊)公卽立(位)。臧(莊)公卽殜(世),卲(昭)公卽立(位),【一〇】[10]亓(其)夫=(大夫)高之巨(渠)爾(彌)殺卲(昭)公而立亓(其)弟子黌(眉)壽。[11]齊襄公會者(諸)侯于首阯(止),殺子

---

① 清華大學出土文獻研究與保護中心編,李學勤主編:《清華大學藏戰國竹簡(貳)》,第 138 頁。
② 吳振武:《談齊"左掌客亭"陶璽——從構型上解釋戰國文字中舊釋爲"亳"的字應是"亭"字》,《中國古文字研究會第十八次年會論文》,北京:北京香山飯店,2010 年 10 月 22~23 日。
③ 張世超:《〈繫年〉中的"京自"及相關問題》,復旦大學出土文獻與古文字研究中心網,2012 年 4 月 23 日。
④ 趙平安:《"京"、"亭"考辨》,《復旦學報(社會科學版)》2013 年第 4 期,第 87~92 頁。

【一一】釁(眉)壽,車䭾(輯)高之巨(渠)爾(彌),改立東(厲)公,奠(鄭)以訋(始)政(正)。[12]楚文〈焚〉王以啓於灘(漢)㫳(陽)。【一二】[13]

五【五背】 六【六背】 七【七背】 八【八背】 九【九背】 十【一〇背】 十一【一一背】 十二【一二背】

[疏證]

[1]周幽王取妻于西繻(申),生坪(平)王。

【整理者】《史記·周本紀》載幽王后爲"申侯女"。《逸周書·王會解》"西申以鳳鳥",何秋濤《王會篇箋釋》據《山海經·西山經》有申山、上申之山、申首之山等地名,推斷西申在今陝西塞北,蒙文通《周秦少數民族研究》之説略同,均以西申爲戎。《秦本紀》云秦先人大駱以申侯之女爲妻,"西戎皆服",在周孝王時。《後漢書·西羌傳》注引《紀年》云周宣王三十九年,"王征申戎,破之"。"申侯""申戎",均有學者以爲即指西申。①

【謹按】西申,《左傳》昭公二十六年孔疏引《汲冢書紀年》云:"平王奔西申。"②西申,姜姓,《周語·國語中》載富辰對周襄王説:"齊、許、申、吕由大姜。"韋昭注:"四國皆姜姓也,四岳之後、大姜之家也。大姜,太王之妃、王季之母也。"③

《逸周書·王會解》載周初成周之會,"西申以鳳鳥"爲貢。④

《史記·秦本紀》載秦人祖先大駱之妻爲申侯之女,生子名成者作爲嫡子。大駱另有庶子——非子,周孝王因爲非子善養馬而想讓非子繼承大駱的嫡子之位。申侯乃言孝王曰:"昔我先酈山之女,爲戎胥軒妻,生中潏,以親故歸周,保西垂,西垂以其故和睦。今我復與大駱妻,生適子成。申駱重婚,西戎皆服,所以爲王。王其圖之。"最後孝王"不廢申侯之女子爲駱適者,以和西戎"⑤,另別祖列宗,從大駱分化出一支作爲秦。此申侯即西申侯,可見申與秦關繫密切,且申是幫助周王安撫西戎、保西垂的重要力量。

---

① 清華大學出土文獻研究與保護中心編,李學勤主編:《清華大學藏戰國竹簡(貳)》,第138~139頁。
② 《春秋左傳正義》卷52,《十三經注疏》,第4591頁。
③ 徐元誥:《國語集解(修訂本)》卷2,第46~47頁。
④ 黃懷信等:《逸周書彙校集注(修訂本)》卷7,第858~859頁。
⑤ 《史記》卷5,第227~228頁。

周宣王時期,爲穩定南土,派其舅申伯(厲王妻申后的兄弟、宣王母舅)在南陽盆地建立申,以穩固南方,此卽南申。《詩·大雅·崧高》:"亹亹申伯,王纘之事。于邑于謝,南國是式。"孔疏:"申伯先封於申,……往作邑於謝者,蓋申伯本國近謝,今命爲州牧,故改邑於謝。"①謝在今河南唐河縣南。1981年在河南南陽出土了兩件銅簋,作器者自稱"南申伯大宰仲禹父"②,可證位於河南南陽的申應該稱"南申"。

總之,申本爲姜姓的一支,在周初就與周人有聯繫,後一直與周人、秦人有婚姻關繫,且爲保衛西垂、安撫西戎的重要力量。至於宣王時分化出的南申一支,被封於南陽盆地。由於有兩支申人,爲區别起見,居於西垂者稱申或西申,居於南陽盆地者稱南申。

關於西申的地理位置,大致應該在南申之西,故稱。具體位置,以往學者多根據《山海經·西山經》"申山""上申之山""申首之山"等地名以及其與秦人、西戎關繫密切等因素進行判斷。清代何秋濤推斷西申在今陝西安塞以北③,蒙文通認爲在陝西"安塞米脂以北、西連中衛,爲申戎之國,所謂西申也"④,李峰認爲在甘肅平涼地區⑤,徐少華認爲在"今甘肅與寧夏交界的平涼至鎮原以北地帶"⑥。

近些年來,隨着考古工作的持續推進,西申的具體位置有可能被確定。在考古上,關於西申的地望,學者多圈定在平涼、鎮原所處的涇河上游地區。學者指出:"從考古遺存來看,申、吕等姜姓人群自商周之際起便活躍於涇河上游地區,且其文明發展程度已與姬姓周人無異。西周中晚期,隨着姬姓周人勢力逐漸退出涇河上游地區,以申、吕爲首的姜姓人群勢力則在這一地區發展起來,申國更是成爲維繫西周政權與西北戎狄關繫穩定的核心力量。"⑦

1972年,在甘肅平涼地區的靈台縣西北十五千米的白草坡西周早期墓M2,出土了"㚛伯"諸器。⑧李守奎認爲,"㚛"字"很可能就是西申之

---

① 《毛詩正義》卷18,第1221頁。
② 崔慶明:《南陽市北郊出土一批申國青銅器》,《中原文物》1984年第4期,第15頁。
③ 黄懷信等:《逸周書彙校集注(修訂本)》卷7,第858頁。
④ 蒙文通:《古族甄微》,《蒙文通全集(四)》,第16頁。
⑤ 〔美〕李峰:《西周的滅亡:中國早期國家的地理和政治危機(增訂本)》,徐峰譯,湯惠生校,上海:上海古籍出版社,2016年,第244~245頁。
⑥ 徐少華:《"平王走(奔)西申"及相關史地考論》,《歷史研究》2015年第2期,第155頁。
⑦ 胡子堯、井中偉:《周代申國考辨及其相關問題》,《考古》2021年第3期,第89頁。
⑧ 甘肅省博物館文物隊:《甘肅靈台白草坡西周墓》,《考古學報》1977年第2期,第99~130頁。

'申'的早期用字",並推測申最初"封在甘肅靈台附近,地近戎,所以又稱西戎"。① 又有隩王尊(《銘圖》11684,西周早期前段),銘文是:"隩王作矢姬寶尊彝。"吳鎮烽説:"隩王,隩國族的首領,其夫人是矢姬,係矢國女子,姬姓,可知隩是一支非姬姓的少數部族,故可稱王。……隩伯與隩王應屬同一部族,從形製、紋飾看時代略晚於隩王尊……隩王尊有可能也出自甘肅靈台縣一帶。"② 按,白草坡 M2,墓主就是隩伯,整理者認爲該墓年代大致屬於康王時(至遲不晚於昭王時)。該墓有腰坑,有殉狗一具,此非姬姓周人的葬俗;另外有兵器二十五件,其中有人頭銎戟、鈴首刀等,學者認爲帶有明顯的北方文化色彩。③ 過去有學者認爲靈台白草坡地即古文獻中的密須國(或稱密國),隩伯可能是密國的貴族,密國爲姬姓。④ 現在據新出隩王尊可知,隩伯顯非姬姓。也有學者認爲,M2"墓主享有軍事指揮權,應是鎮撫一方的軍事首領,其身份可能是周王朝直屬邊防部隊的將領,駐守在密國境内"。⑤

值得注意的是,2009 年 5 月在甘肅省慶陽市合水縣何家畔鄉南硴發現一處西周晚期墓葬,經清理,出土銅甗一件、銅鼎七件,其中一件銅鼎内腹壁有鑄造銘文共六十個字。另外清理出貝幣九枚,骨針七根。⑥ 該墓發掘報告尚未刊佈。帶有銘文的銅鼎爲伯碩父鼎(《銘圖》2438,西周晚期),銘文爲:"隹(惟)王三月初吉辛丑,白(伯)碩父乍(作)尊鼎,用道(導)用行,用考(孝)用言(享),于卿事璧(辟)王、庶弟元兄。我用與辭(司)赤戎、馭方。白(伯)碩父、鸝(申)姜其受萬福無疆,蔑天子光,其子子孫永寶用。"⑦ 申姜,是出自申國的姜姓女子,嫁於伯碩父爲妻,此處的"申"即指西申。據銘文,伯碩父管理赤戎及馭方等少數部族事務。伯碩父鼎證實了西周晚期西申的存在,並對確定其地望提供了重要綫索。有學者指出:"伯碩父鼎出自墓葬,那裏應有一片家族墓地,尚需進一步勘探。墓葬附近有較

---

① 李守奎:《古文字與古代史:清華簡研究整理》,上海:中西書局,2015 年,第 168~169 頁。
② 吳鎮烽:《近年新出現的銅器銘文》,《文博》2008 年第 2 期,第 7 頁。
③ 井中偉、王立新:《夏商周考古學(第 2 版)》,北京:科學出版社,2020 年,第 226~227 頁。
④ 李學勤:《西周時期的諸侯國青銅器》,《中國社會科學院研究生院學報》1985 年第 6 期,第 48 頁。
⑤ 梁雲:《隴山東側商周方國考略》,文化遺產研究與保護技術教育部重點實驗室等編:《西部考古》第 8 輯,北京:科學出版社,2015 年,第 106 頁。
⑥ 劉薛梅:《甘肅省慶陽合水縣發現西周墓葬》,中國新聞網,2009 年 5 月 20 日。
⑦ 關於此銘文,梁雲文有摹本與除鏽照片,對釋讀很有幫助。梁雲:《隴山東側商周方國考略》,文化遺產研究與保護技術教育部重點實驗室等編:《西部考古》第 8 輯,第 113 頁。

大面積的西周遺址,值得詳細調查。南硷墓葬位於馬蓮河西岸,西申距之不遠,當在馬蓮河流域一帶。"①總之,從考古上看,甘肅省慶陽市合水縣一帶位於涇水上游,很可能就是西申的封地。

另外,西申和西戎究竟是什麼關繫,也是學界關注的問題。申戎(亦稱"姜氏之戎")曾經於周宣王時期敗周師於千畝。那麼西申與申戎到底是何關繫? 傳統上認爲二者是一體的。② 最近徐少華研究認爲西申在今甘肅平涼、鎮原以北,申戎分佈在今陝北安塞、米脂一帶,二者是同源異流的關繫。③ 今按,西申和西戎的關繫很複雜。首先,西申在周孝王時一直是安撫西戎的重要力量。其次,西申與西戎關繫密切。《今本竹書紀年》載幽王"九年,申侯聘西戎及鄫"④,學者多認爲《今本竹書紀年》有後人摻加的內容,但假若此記載屬實,則説明西申與西戎在西周末年仍關繫密切。再次,二者是有區別的。《國語·鄭語》載史伯曰:"王室方騷,將以縱欲,不亦難乎? 王欲殺大子以成伯服,必求之申。申人弗畀,必伐之。若伐申,而繒與西戎會以伐周,周不守矣! 繒與西戎方將德申,申、吕方彊,其隩愛大子,亦必可知也。王師若在,其救之亦必然矣。王心怒矣,虢公從矣,凡周存亡,不三稔矣!"⑤這裏將申和西戎分開敘述,可見二者還是有區別的。總之,申本身可能不是西戎,但申和西戎關繫密切。至於西申跟申戎到底是不是一體的,目前還未有明確材料予以明確。

關於周幽王所娶,《史記·周本紀》:"太子(指宜臼,即後來的周平王——引者按)母申侯女,而爲后。"⑥

[2]王或(又)取(取)孚(褒)人之女,是孚(褒)台(姒),生白(伯)盤。孚(褒)台(姒)辟(嬖)于王𠄟(王,王)【五】與白(伯)盤逑(逐)坪(平)𠄟(平王,平王)走西繻(申)。

---

① 梁雲:《隴山東側商周方國考略》,文化遺産研究與保護技術教育部重點實驗室等編:《西部考古》第 8 輯,第 115 頁。
② 雷學淇:《竹書紀年義證》,臺北:藝文印書館,1977 年,第 405 頁;楊寬:《西周史》,上海:上海人民出版社,2003 年,第 574 頁;楊筠如:《姜姓的民族和姜太公的故事》,顧頡剛編著:《古史辨》第 2 册,上海:上海古籍出版社,1982 年,第 117 頁。蒙文通:《古族甄微》,《蒙文通全集(四)》,第 16,22 頁。陳槃:《春秋大事表列國爵姓及存滅表譔異》,上海:上海古籍出版社,2009 年,第 271 頁。
③ 徐少華:《"平王走(奔)西申"及相關史地考論》,《歷史研究》2015 年第 2 期,第 155 頁。
④ 王國維:《今本竹書紀年疏證》卷下,收入方詩銘、王修齡:《古本竹書紀年輯證(修訂本)》,第 262 頁。
⑤ 徐元誥:《國語集解(修訂本)》,第 475 頁。
⑥ 《史記》卷 4,第 186 頁。

【整理者】孚,《國語·晉語一》與《鄭語》《周本紀》等皆作"褒"。"孚""褒"音近相假。伯盤,《晉語一》《鄭語》《周本紀》均作"伯服",《左傳》昭公二十六年正義、《太平御覽》卷 85 引《紀年》作"伯盤"。前人已辨明"服"係誤字。《左傳》昭公二十六年正義引《紀年》:"平王奔西申,而立伯盤以爲大子。"①

【謹按】或,王引之曰:"或,猶又也。……或古讀若域,又古讀若異(說見《唐韻正》),二聲相近,故義相通,而字亦相通。"②

孚台,讀爲"褒姒"。孚(滂母幽部)、褒(幫母幽部),幫、滂均爲唇音,音近可通。"台"從"以"聲,與"姒"音近可通。褒,國名。宋代王應麟《詩地理考》"褒"字條云:

《輿地廣記》:"興元府褒城縣,故褒國,漢置褒中縣。"《括地志》:"褒國故城,在縣東二百步。"《國都城記》:"褒國,姒姓,夏同姓所封。"《水經注》:"石門,在漢中之西,褒中之北。褒水又東南歷褒口,卽褒谷之南口也,北口曰斜。褒水又南逕褒縣故城東。褒中縣也,本褒國。又南流,入于漢。南鄭縣,故褒之附庸。周顯王之世,蜀有褒、漢之地。至六國,楚人兼之。懷王衰弱,秦略取焉。"《晉語》:"周幽王伐有褒。"《鄭語》:"褒人褒姁。"《魯詩》:"閻妻扇方處。"班婕妤《賦》:"哀褒閻之爲郵。"③

褒國在今陝西漢中勉縣東南。孚公杖甗(《集成》918,西周中期):"孚公杖乍(作)旅甗,永寶用。"公父宅匜(《集成》10278,春秋):"唯王正月初吉庚午,浮公之孫公父宅鑄其行匜,其萬年子子孫孫永寶用之。"趙平安據此認爲"孚公""浮公"應爲"褒公"。④

伯盤,《晉語一》《鄭語》《周本紀》均作"伯服"。《竹書紀年》作"伯盤",整理《竹書紀年》的束晳說:"伯服,古文作伯盤。"雷學淇、方詩銘、王修齡等學者均認爲"服"是"般(盤)"之譌。⑤

嬖,《國語·鄭語》載周太史史伯說:"褒人褒姁有獄,而以爲入於王,

---

① 清華大學出土文獻研究與保護中心編,李學勤主編:《清華大學藏戰國竹簡(貳)》,第139頁。
② (清)王引之:《經傳釋詞》卷3,第64~65頁。
③ 張保見:《詩地理考校注》卷3,成都:四川大學出版社,2009年,第151~152頁。
④ 趙平安:《迄今所見最早的褒國青銅器》,《出土文獻》第2輯,上海:中西書局,2011年,第147~151頁。
⑤ (清)雷學淇:《竹書紀年義證》卷27,臺北:藝文印書館,1977年,第418頁;方詩銘、王修齡:《古本竹書紀年輯證(修訂本)》,第62~63頁。

王遂置之,而嬖是女也,使至於爲后,而生伯服。"韋昭注:"以邪辟取愛曰嬖。"①

王與伯盤逐平王。與,連詞,及也,與今語"和"字相當。② 簡7的"王及伯盤乃滅",與此呼應。陳偉斷讀爲"王與伯盤,逐平王",其理由是"逐平王時,伯盤尚幼,不能參加其事",因此懷疑"與"爲親近、親附義。③ 按,此説恐不可從,因爲古書僅見王愛褒姒,而未見愛伯盤説。

《國語·晉語一》:"周幽王伐有褒,有褒人以褒姒女焉,褒姒有寵,生伯服,於是乎與虢石甫比,逐太子宜曰而立伯服。太子出奔申。"④《太平御覽》卷85"皇王部"引《竹書紀年》:"幽王立褒姒之子伯盤,以爲太子。"⑤《史記·周本紀》:"三年,幽王嬖愛褒姒。褒姒生子伯服,幽王欲廢太子。太子母申侯女,而爲后。後幽王得褒姒,愛之,欲廢申后,並去太子宜曰,以褒姒爲后,以伯服爲太子。"⑥

[3] 幽王起自(師),回(圍)坪(平)王于西繻=(申,申)人弗敢(畀)。曾(繒)人乃降西戎以【六】攻幽=王=(幽王,幽王)及白(伯)盤乃滅,周乃亡。

【整理者】《鄭語》:"申、繒、西戎方彊,王室方騷……王欲殺大子以成伯服,必求之申,申人弗畀,必伐之。若伐申,而繒與西戎會以伐周,周不守矣!""求之申"相當簡文"幽王起師,圍平王于西申"之事。⑦

【董珊】歷史上存在出自夏禹、同爲姒姓的三個曾國:第一支爲山東之鄫,《左傳》作"鄫",在今山東境內;第二支爲湖北隨州的曾,傳世文獻又稱爲"隨",隨是曾國都,國都名"隨"逐漸取代舊國名"曾",導致今天傳世文獻祇見後起的新國名"隨";第三支是與西申、犬戎等勢力共同攻滅幽王的繒,是西方之曾。⑧

【吴雯雯】"降"讀爲"共",並引《左傳·哀公二十六年》"六卿三族降

---

① 徐元誥:《國語集解(修訂本)》卷16,第474頁。
② 楊樹達:《詞詮》卷9,北京:中華書局,1978年,第439頁。
③ 陳偉:《清華簡〈繫年〉札記》,《江漢考古》2012年第3期,第118頁。
④ 徐元誥:《國語集解(修訂本)》,第250~251頁。
⑤ 方詩銘、王修齡:《古本竹書紀年輯證(修訂本)》,第62頁。
⑥ 《史記》卷4,第186頁。
⑦ 清華大學出土文獻研究與保護中心編,李學勤主編:《清華大學藏戰國竹簡(貳)》,第139頁。
⑧ 董珊:《從出土文獻談曾分爲三》,《簡帛文獻考釋論叢》,上海:上海古籍出版社,第2014年,第90~92頁。

聽政"以爲説。①

【張新俊】"降"乃"徵"字之譌,"降西戎"當爲"徵西戎",並指出《國語·周語中》"王降狄師以伐鄭"之"降"也是"徵"字之譌。②

【王輝】反對將兩處的"降"都視爲"徵"字之譌的觀點,認爲:"降"與"下"意思相近,古書常用"下師"或"下兵"表示出兵。前者如《戰國策·韓策二》"果下師於殽以救韓";後者如《戰國策·秦策一》"親魏善楚,下兵三川"高誘注:"下兵,出兵也。"《史記·張儀列傳》:"大王不事秦,秦下兵攻河外。"《漢書·高帝紀》:"其以下兵於諸侯,譬猶居高屋之上建瓴水也。""降狄師"及簡文"降西戎"之"降"應如韋昭注所言,意爲下,與"下師""下兵"之"下"意思相當。《繫年》"繒人乃降西戎以攻幽王"意卽繒人於是發西戎之兵進攻周幽王,可見"降"自可通。③

【謹按】降,應同《國語·周語中》"王降狄師以伐鄭"之"降",訓爲"使……下"。《國語·周語中》載由於鄭文公抓了周襄王的大夫遊孫伯,"王怒,將以狄伐鄭",後來果然"降狄師以伐鄭"。韋昭注:"降,下也。"④值得注意的是,在簡文"繒人乃降西戎以攻幽王"與《國語》"王降狄師以伐鄭"中,"降"的賓語均爲處於北方高地的部族。"降"的本義是從高阜下至平地,因西戎、狄等處於北方高地,王、繒讓這些軍隊南下,故用"下"。《漢書·司馬遷傳》載李陵與匈奴作戰,"卬億萬之師"。顔師古注:"卬讀曰仰。漢軍北向,匈奴南下,北方地高,故云然。"⑤可互證。《繫年》簡謂"繒人乃使西戎之軍隊下來進攻幽王"。一説,"降"乃投降之義,雖於文義可通,但恐未必符合簡文原意,也與《國語》説法相悖。另一説,"降"讀爲"共"。⑥按,《左傳》哀公二十六年:"六卿三族降聽政。"杜預注:"降,和同也。"⑦俞樾曰:"杜以'降聽政'有降以相從之義,故以'和同'釋之,其實非也,"他根據古音"降與共聲近",認爲"'降聽政'卽共聽政。……'降聽

---

① 蘇建洲等:《清華二〈繫年〉集解》,第63~64頁。
② 張新俊:《清華簡〈繫年〉"曾人乃降西戎"新詁》,《中國語文》2015年第5期,第460~464頁。
③ 王輝:《也談清華簡〈繫年〉"降西戎"的釋讀》,李守奎主編:《清華簡〈繫年〉與古史新探》,上海:中西書局,2016年,第488~489頁。
④ 徐元誥:《國語集解(修訂本)》卷2,第44~46頁。聞一多據韋昭注謂此"降"是"令",來可泓訓爲"下令"。但恐有增字爲訓之嫌。參聞一多:《聞一多全集》第10册,長沙:湖南人民出版社,1994年,第610頁;來可泓:《國語直解》,上海:復旦大學出版社,2000年,第70頁。
⑤ 《漢書》卷62,第2729、2731頁。
⑥ 萬德良:《清華簡〈繫年〉"繒人乃降西戎"小札》,江林昌、孫進主編:《清華簡與儒家經典國際學術研討會論文集》,上海:上海古籍出版社,2017年,第216頁。
⑦ 《春秋左傳正義》卷60,《十三經注疏》,第4740頁。

政'即是'共政',前用叚(假)字,後用正字耳"。① 何樂士反對俞樾說,根據《說文》"降,下也",認爲此處的"降"不宜與副詞"共"通用,也不必解作"和同",可按"降"的本義引申爲"降心(虚心)"或"降格"。② 清華簡伍《殷高宗問於三壽》有"我寅晨共(降)在九宅"(簡23)③,可見"共"與"降"確實可通假。但是《繫年》此處的"降"還是讀如本字爲佳。

繒,根據董珊研究,在周原甲骨、1976年陝西寶雞竹園溝一號西周墓出土銅泡(《集成》11842)、1985年甘肅崇信于家灣西周早期墓出土銅戈(《集成》10775)均有出現,他據此認爲叛周之繒可能位於寶雞、崇信一帶。④

《國語·鄭語》載史伯曰:"申、繒、西戎方彊,王室方騷……王欲殺大子以成伯服,必求之申(韋昭注:大子時奔申),申人弗畀(韋昭注:畀,予也),必伐之。若伐申,而繒與西戎會以伐周,周不守矣! 繒與西戎方將德,申、呂方彊,其隩愛太子亦必可知也。王師若在(韋昭注:在,在申也),其救之亦必然矣。王心怒矣……,凡周存亡,不三稔矣!"⑤

簡文說"幽王起師,圍平王于西申",《鄭語》說"王欲殺大子以成伯服,必求之申",正說明幽王起師、圍西申的目的就是殺太子宜臼而使伯盤成爲太子。《國語》史伯說幽王"求之申",《繫年》則明確說是"圍平王于西申",史伯的話顯然有迴護的意味。

簡文說"申人弗畀。繒人乃降西戎,以攻幽王",《鄭語》說"申人弗畀,必伐之。若伐申,而繒與西戎會以伐周,周不守矣",可見西申未在幽王的包圍下屈服而交出平王。所以,幽王繼續包圍攻伐,直接導致西申與繒、西戎的聯合並開始反攻,對周幽王非常不利,所以《鄭語》說"周不守矣"。

關於"周乃亡"的標誌,《繫年》曰"幽王及白(伯)盤乃滅,周乃亡",《國語·鄭語》說"幽王八年而桓公爲司徒,九年而王室始騷,十一年而斃"。⑥ 據《史記·十二諸侯年表》,幽王被犬戎所殺在周幽王十一年、晉文

---

① (清)俞樾:《群經平議》卷27,南京:鳳凰出版社,2021年,第964~965頁。
② 何樂士:《左傳語言研究文集》第1分冊《左傳範圍副詞》,長沙:岳麓書社,1994年,第179頁。
③ 清華大學出土文獻研究與保護中心編,李學勤主編:《清華大學藏戰國竹簡(伍)》,上海:中西書局,2015年,第151頁。
④ 董珊:《從出土文獻談曾分爲三》,《簡帛文獻考釋論叢》,第92頁。
⑤ 徐元誥:《國語集解(修訂本)》卷16,第475~476頁。
⑥ 徐元誥:《國語集解(修訂本)》卷16,第477頁。

侯十年(前771)。①《史記·晉世家》:"文侯十年,周幽王無道,犬戎殺幽王。"②這説明《表》與《晉世家》是相符合的,即幽王與伯盤之死在公元前771年,《繫年》認爲這是"周乃亡"的標誌。

[4]邦君者(諸)正乃立幽王之弟舍(余)臣于鄴(虢),是瓥(攜)惠王,【七】立廿=(二十)又一年,晉文侯裁(仇)乃殺惠王于鄴(虢)。

【整理者】邦君,諸侯。正,訓"長"。《左傳》昭公二十六年:"至于幽王,天不弔周,王昏不若,用愆厥位,攜王奸命。"正義引《紀年》云幽王死,虢公翰"立王子余臣於攜"。簡文"虢"當指其時可能已遷至今河南三門峽的西虢。余臣爲幽王弟,前所未見。雷學淇《竹書紀年義證》卷27云:"攜,地名,未詳所在。《新唐書》所載《大衍曆議》謂豐、岐、驪、攜皆鶉首之分,雍州之地,是攜即西京地名矣。""立二十又一年",指攜惠王在位年數。《左傳》昭公二十六年正義引《紀年》:"二十一年,攜王爲晉文公所殺。以本非適,故稱攜王。""二十一年"與簡文一致。王國維《古本竹書紀年輯校》等以爲晉文侯紀年,非是;今本《紀年》及朱右曾《汲冢紀年存真》則較正確。晉文侯殺余臣,結束"二王並立"的局面,故《鄭語》云"晉文侯於是乎定天子"③。

【李學勤】"邦君"是諸侯,"諸正"是朝臣。④

【劉國忠】根據清華簡《繫年》,我們可以知道,余臣原爲幽王之弟,在周代父死子繼的繼承傳統之下,余臣本没有繼承王位的資格。清華簡《繫年》稱:"邦君諸正乃立幽王之弟余臣于虢,是攜惠王。"這裏的"邦君諸正"即是《古本竹書紀年》所説的"虢公翰"等人。根據清華簡我們可以知道,虢公翰等人擁立余臣的地點是在虢,也就是位於河南三門峽一帶的西虢,這就揭開了千百年來關於余臣被擁立地點的謎團。余臣被擁立的地點是在虢,而不是"攜","攜"作爲地名並不存在,該字很可能係因後來的"攜王"之稱謂而致誤。而"攜王"就是清華簡《繫年》中所説的"攜惠王",其中的"惠"字應當是其支持者給他的謚號,至於"攜",應當是後人出於正統觀念對他的稱呼,其含義當爲"貳",係對余臣的一種貶稱,也就是《左傳正

---

① 《史記》卷14,第670頁。
② 《史記》卷39,第1980頁。
③ 清華大學出土文獻研究與保護中心編,李學勤主編:《清華大學藏戰國竹簡(貳)》,第139頁。
④ 李學勤:《從〈繫年〉看〈紀年〉》,《光明日報》2012年2月27日,第15版。

義》所引用的那樣："以本非適,故稱攜王。"這應該最符合"攜王"之稱的原義。①

【晁福林】"邦君"指周友好之邦,"諸正"指任職於周王朝的職官。②

【謹按】"鄉"字之隸定與釋讀,主要依據第十八章簡98,據彼,該字正對應於"虢",詳見第十八章。該字應如整理者所隸釋。

邦君諸正,指内諸侯;邦君諸侯,指外諸侯。詳見本章史實考證部分。

攜惠王,即幽王弟王子余臣。關於"攜"是謚號還是地名,學者有爭論。第一種觀點認爲是地名。根據是《左傳》昭公二十六年正義所引《汲冢書紀年》:"先是,申侯、魯〈繒〉③侯及許文公立平王於申,以本大子,故稱天王。幽王既死,而虢公翰又立王子余臣於攜。周二王並立。"④據此,則"攜"和"申"一樣,應爲國名或地名。第二種觀點認爲是謚號。《左傳》昭公二十六年正義所引《汲冢書紀年》又説:"二十一年,攜王爲晉文公所殺。以本非適,故稱攜王。"⑤據此,則"攜"又爲謚號,如童書業即認爲:"攜王之'攜'或非地名,而爲謚法。《逸周書·謚法解》:'怠政外交曰攜。'謂之外交,或攜王爲叔帶之流,其立殆亦托庇於戎人。"⑥根據《繫年》,余臣所立在虢,至於爲何被稱爲"攜惠王",簡文未予説明。《左傳》昭公二十六年周子朝稱余臣爲"攜王",《竹書紀年》也稱其爲"攜王",而《繫年》稱其爲"攜惠王""惠王"。李學勤認爲這反映出作者立場的差異:《紀年》是三晉之一魏國之人所撰,於東遷以下用晉紀年,實即始於晉文侯,他將"晉文侯定天子"、擁立平王、殺死攜王一事講得更有理據,是可以想象的;《繫年》的作者估計是楚國人,没有必要爲晉文侯説什麽好話,落筆自然有區别了;事實

---

① 劉國忠:《从清華簡〈繫年〉看周平王東遷的相關史實》,陳致主編:《簡帛·經典·古史》,第176頁。
② 晁福林:《清華簡〈繫年〉與兩周之際史事的重構》,《歷史研究》2013年第6期,第158頁。
③ 關於"魯"爲"曾"之譌説,參楊寬:《西周史》,第852頁;董珊:《從出土文獻談曾分爲三》,《簡帛文獻考釋論叢》,第88頁。王玉哲認爲"魯"當爲"奠(鄭)"之譌。參王玉哲:《周平王東遷乃避秦非避犬戎説》,《天津社會科學》1986年第3期,第52頁。筆者認同"魯"爲"曾"之譌説。曾,傳世文獻多作"繒",本書統一作"繒"。
④ 《春秋左傳正義》卷52,《十三經注疏》,第4591~4592頁。
⑤ 《春秋左傳正義》卷52,《十三經注疏》,第4592頁。此處《正義》所引是否正確,我們不得而知。值得注意的是《通鑑外紀》卷3引《汲冢紀年》曰"幽王死,申侯、魯侯、許文公立平王於申,虢公翰立王子余,二王並立"[方詩銘、王修齡:《古本竹書紀年輯證(修訂本)》,第64頁],對余臣所立地點未記。抑或《通鑑外紀》所引有脱文——我們不能排除這種可能,因爲《通鑑外紀》所引攜王稱"余",其後顯然脱了"臣"字。
⑥ 童書業著,童教英校訂:《春秋左傳研究(校訂本)》,第38頁。

上"二王並立",各有擁戴支持的勢力,晉文侯和平王不過是最後的勝利者。① 陳偉認爲,《繫年》所説"是攜惠王"的"是",或指地,或指人,此處或兼有兩層含義,即所立之地爲"攜",所立之人稱"惠王",簡文當斷讀爲"是攜、惠王",虢是大地名,攜應是虢國之内的小地名。② 按,此説恐非。"攜惠"應該是雙謚。據李零研究,"古多字謚的出現並不始於戰國,而是濫觴於商周,盛行於春秋,和單字謚相隨,也有很早的來源"③,而"攜惠"就是余臣的謚號。《古本竹書紀年》稱其爲"攜王",不一定是晉國史書故意貶低余臣,因爲《左傳》昭公二十六年王子朝亦稱余臣爲"攜王",更大的可能是因爲余臣與平王宜臼争位,最後失敗,正所謂歷史是由勝利者所書寫的,故後世多稱余臣爲"攜王"。《繫年》稱余臣爲攜惠王,這説明作者不僅没有偏見,秉筆直書,並且對這段歷史非常熟悉,有很可靠的史料來源。

《繫年》説立幽王弟余臣于虢,《左傳》昭公二十六年正義引《紀年》云幽王死,虢公翰"立王子余臣於攜"。"虢"和"攜"的關繫如何?陳偉認爲《繫年》"是攜惠王"當斷讀爲"是攜、惠王",虢是大地名,攜應是虢國之内的小地名。李學勤説:"攜這個地名難於考定,清雷學淇《竹書紀年義證》引《新唐書》《大衍曆議》説'豐、岐、驪、攜皆鶉首之分、雍州之地',也不能進一步查考。從《繫年》稱立於虢看,攜當係虢國境内的邑名。……當時的虢肯定已經不是在今陝西寶雞的西虢,而是遷到了今河南三門峽(舊陝縣)。"④"攜"應爲虢中邑名,這個地點的得名,很可能就是因爲攜惠王曾立於此,故此邑後稱"攜",《古本竹書紀年》才有"余臣立於攜"的説法。

立廿又一年,晉文侯仇乃殺惠王于虢。《左傳》昭公二十六年正義所引《汲冢書紀年》又説:"二十一年,攜王爲晉文公所殺。以本非適,故稱攜王。"⑤《通鑑外紀》卷3引《汲冢紀年》曰:"余爲晉文侯所殺,是爲攜王。"⑥《左傳》昭公二十六年周王子朝説"攜王奸命,諸侯替之"⑦,即指此事,據此亦可知《左傳》所講的"諸侯"當指外諸侯。

---

① 李學勤:《從〈繫年〉看〈紀年〉》,《光明日報》2012年2月27日,第15版。
② 陳偉:《讀清華簡〈繫年〉札記》,《江漢考古》2012年第3期,第118頁。
③ 李零:《楚景平王與古多字謚——重讀"秦王卑命"鐘銘文》,《傳統文化與現代化》1996年第6期,第23頁。
④ 李學勤:《由清華簡〈繫年〉論〈文侯之命〉》,《揚州大學學報(人文社會科學版)》2013年第2期,第50頁。
⑤ 《春秋左傳正義》卷52,《十三經注疏》,第4592頁。
⑥ 方詩銘、王修齡:《古本竹書紀年輯證(修訂本)》,第71頁。
⑦ 楊伯峻:《春秋左傳注(修訂本)》,第1476頁。

[5]周亡王九年,

【謹按】關於"周亡王九年",學界意見主要有三種。第一,將"亡王"解釋爲"無王","周亡王九年"指幽王之死後第九年(前762)。① 第二,將"亡王"解釋爲"無王","周亡王九年"指攜惠王死後九年間(前749～前741)。② 第三,將"亡王"解釋爲亡國之君,"周亡王"指周幽王,"周亡王九年"即周幽王九年(前773)。③

除這三種看法外,還有兩種看法值得注意。一是將"亡王"解釋爲"無王","周亡王九年"指幽王死後九年間(前770～前762)④。這種說法建立在將"立二十一年"定爲攜惠王二十一年基礎之上,恐不可從。二是將"亡王"解釋爲"已經去世的王","周亡王九年"指周幽王九年(前773)⑤。此說將幽王之死、西周之亡定在周幽王八年,不僅與《史記》《國語·鄭語》相矛盾,也與《古本竹書紀年》所謂"……幽王十年九月,桃杏實"⑥的記載相矛盾。

"亡王"指亡國之君,"周亡王"指周幽王,"周亡王九年"即周幽王九年。詳見本章考證部分。

[6]邦君者(諸)侯亖(焉)訇(始)不朝于周,【八】

【整理者】"邦君"爲諸侯。⑦

【謹按】"邦君諸侯"指外諸侯,詳見本章史實考證部分。

《古本竹書紀年》曰:"幽王八年,立褒姒之子曰伯服,爲太子","平王奔西申,而立伯盤以爲大子"。⑧ 但在幽王八年(前774),周幽王雖廢嫡立庶,但並未導致王室騷亂。按照史書的記述,這場廢嫡立庶所導致的王室騷亂始於周幽王九年。《國語·鄭語》載:"[周幽王]九年而王室始騷。"韋

---

① 清華大學出土文獻研究與保護中心編,李學勤主編:《清華大學藏戰國竹簡(貳)》,第139頁;李學勤:《由清華簡〈繫年〉論〈文侯之命〉》,《揚州大學學報(人文社會科學版)》2013年第2期,第50頁。
② 劉國忠:《從清華簡〈繫年〉看周平王東遷的相關史實》,陳致主編:《簡帛·經典·古史》,第177頁。
③ 王紅亮:《清華簡〈繫年〉中周平王東遷的相關年代考》,《史學史研究》2012年第4期,第102～105頁。
④ 晁福林:《清華簡〈繫年〉與兩周之際史事的重構》,《歷史研究》2013年第6期,第160頁。
⑤ 李零:《讀簡筆記:清華楚簡〈繫年〉第一至四章》,《吉林大學社會科學學報》2016年第4期,第172頁。
⑥ 方詩銘、王修齡:《古本竹書紀年輯證(修訂本)》,第63頁。
⑦ 清華大學出土文獻研究與保護中心編,李學勤主編:《清華大學藏戰國竹簡(貳)》,第139頁。
⑧ 方詩銘、王修齡:《古本竹書紀年輯證(修訂本)》,第62頁。

昭注:"騷,謂嫡庶交争,亂虐滋甚。"①按照韋昭注,嫡庶的正式鬥争應該始於幽王九年;而曰"滋甚"者,應該是指"宜臼稱天王"。《古本竹書紀年》:"先是,申侯、魯〈繒〉侯及許文公立平王於申,以本大子,故稱天王。"②從而正式形成了宜臼與幽王兩大政治勢力,這應該是《國語》所謂的"王室始騷"。與此同時,"邦君諸侯"也分化爲幽王與平王兩派勢力,申侯、繒侯及許文公等屬於平王一派,其自然不朝幽王,此即《繫年》所謂的"邦君諸侯焉始不朝于周"。

[7] 晉文侯乃逆坪(平)王于少鄂,立之于京自(師)。

【整理者】少鄂,地名,疑即《左傳》隱公六年之晉地鄂,在今山西鄉寧。京師,《公羊傳》桓公九年:"京師者何? 天子之居也。"此處當指宗周。③

【董珊】京師指晉都鄂。④

【謹按】少鄂,整理者疑爲晉地鄂。按《左傳》隱公六年:"翼九宗五正頃父之子嘉父逆晉侯于隨,納諸鄂。"杜注:"鄂,晉別邑。"⑤劉文淇疏證:

《世本·居篇》:"唐叔虞居鄂。"宋忠云:"鄂,晉地,今在大夏。"惠棟云:"《釋例》云:'晉、大鹵、大原、大夏、參虛五名。'然則大夏即晉地,故杜以爲晉別邑。"馬宗璉云:"按大夏在晉陽縣,唐叔始封之地。《史記·晉世家》:'晉哀侯九年,曲沃武公伐晉侯,於汾旁虜哀侯。'是鄂地在汾旁之證。計其地去晉故絳都亦不甚遠,故鄂侯之子仍號爲翼侯,亦鄂近翼城之證。"⑥

楊伯峻説:"據《一統志》,鄂侯故壘在今山西省鄉寧縣南一里。"⑦整理者説據此。謝堯亭説:

鄂地在哪裏,傳統的説法在今鄉寧縣,至今鄉寧縣還有鄂河等名稱,但在鄉寧縣並未發現一處西周或晚商時期的遺址和墓葬,而且處於偏僻山區之中,與相關文獻和考古發現的文字資料難以契合,故大多數學者不贊同此説。這個鄂就是後來晉鄂侯被納的鄂,因此,鄂與後來的晉國翼都不在一個地方是非常明確的。目前學者們普遍認爲鄂就在今臨汾盆地,但具體位置尚不確定,我認爲可能在塔兒山以北

---

① 徐元誥:《國語集解(修訂本)》卷16,第477頁。
② 方詩銘、王修齡:《古本竹書紀年輯證(修訂本)》,第63~64頁。
③ 清華大學出土文獻研究與保護中心編,李學勤主編:《清華大學藏戰國竹簡(貳)》,第139頁。
④ 董珊:《讀清華簡〈繫年〉》,《簡帛文獻考釋論叢》,第104~106頁。
⑤ 《春秋左傳正義》卷4,《十三經注疏》,第3759頁。
⑥ (清)劉文淇:《春秋左傳舊注疏證》,北京:科學出版社,1959年,第38頁。
⑦ 楊伯峻:《春秋左傳注(修訂本)》,第49頁。

某地。①

塔兒山位於今山西臨汾市襄汾縣陶寺鄉。少鄂可能就是鄂,雖然學者對其具體位置尚未確定,但其屬於晉邑是確定的。這説明平王此時流亡到晉國境内。筆者認爲,鄂有別於少鄂,後者可能就在山西省鄉寧縣,如上引謝堯亭所言,此地至今有鄂河等名稱。

京師,地名,疑在今陝西韓城。"京師"這個名稱見於西周與春秋金文,李學勤對此研究認爲:

> 周代"京師"一詞本有兩義。公劉居於豳,其所在之野稱爲"京師",這個地區名沿用於西周,見於克鎛、克鐘及多友鼎。同時,京師爲公劉建都之地,此後周王所都也就稱作"京師"。前人解《詩》,如朱右曾的《詩地理徵》,對這一點講得很清楚。……(晉姜鼎銘)所説"京師",指東周王都。至於晉公蠱所説"京師",可能指武王所都鎬京,即宗周。②

李先生所言甚是。清人于鬯曾指出:"王城之稱。本爲通號。非爲專名。但王所都城即曰王城。故王都河南,則河南爲王城。王都洛陽,則洛陽亦即稱王城。與京師之稱實同類矣。"③可見"京師"實際上就是王所都城,後來王所都即稱"京師"。《繫年》謂晉文侯在少鄂迎接到平王,可見平王已經流落到了晉國境内,後立於"京師"。從文意判斷,"京師"離"少鄂"不遠,且"京師"很可能就在晉國境内;另由"三年,乃東徙,止于成周",可證"京師"在成周之西。值得注意的是,2020年5月陝西省考古研究院對陝西韓城陶渠遺址進行發掘,經過兩年多工作,確認該遺址面積約八十萬平方米,有高等級居址區、普通居址區、大型墓葬區、中小型墓葬區等。尤其是發現了八座"甲"字形大墓,顯示出墓主人身份高貴。另,出土銅戈上有"京"字。考古人員初步判定陶渠遺址的性質爲西周晚期至春秋早期的"京"邑,跟《係年》中的"京師"有關。④ 按,從地理位置上看,韓城與山西鄉寧隔黄河相望,與《繫年》描述的情形吻合。又,《繫年》第三章云:"周室既卑,平王東遷,止于成周。秦仲(指秦襄公——引者按)爲東居周地,以守周之墳墓,秦以始大。"平王是從"京師"東遷成周的,此後秦人佔據該

---

① 謝堯亭:《晉國興衰六百年》,太原:三晉出版社,2019年,第220頁。
② 李學勤:《晉公蠱的幾個問題》,文化部文物局古文獻研究室編:《出土文獻研究》,北京:文物出版社,1985年,第136頁。
③ (清)于鬯:《香草校書》卷43,北京:中華書局,2000年,第863頁。
④ 郭青:《這裏可能是"京師"》,《陝西日報》2023年2月24日,第7版。

地,亦與簡文相合。因此,筆者懷疑此"京師"很可能就位於今陝西韓城,當然詳細情形需待正式發掘報告公佈後進一步確證。

[8]三年,乃東遷(徙),止于成周。

【謹按】三年,指三年後,即周平王元年(前770)。

乃東徙,止于成周。向東遷徙,居於成周(考古發現的韓旗成周)。

止,居也。《詩·商頌·玄鳥》:"邦畿千里,維民所止。"鄭玄箋:"止,猶居也。"①《史記·周本紀》:"古公亶父……乃與私屬遂去豳,度漆、沮,踰梁山,止於岐下。"②《史記·貨殖列傳》:"湯止于亳。"③值得注意的是,清華簡壹《楚居》有大量"遷(徙)居"相關的詞句,如簡7"自焚冒畲率自都遷(徙)居焚"等④,可證"止"可訓爲"居"。

東徙,傳世文獻或作"東遷"。《國語·周語中》載周大夫富辰説:"我周之東遷,晉、鄭是依。"⑤《左傳》僖公二十二年:"初,平王之東遷也。"⑥《左傳》襄公十年載周的卿伯輿所屬大夫瑕禽説:"昔平王東遷,吾七姓從王。"⑦皆作"遷"。《史記·周本紀》:"平王立,東遷于雒邑。"⑧張文虎曰:"《黍離》疏引作'東徙雒邑'。《御覽》引作'乃東徙雒邑'。"⑨王叔岷曰:"案:《御覽》引作'乃東徙洛邑,避戎寇也。幽王在位凡一十一年。'《文選》范蔚宗《後漢書皇后紀論注》引'遷'亦作'徙',義同。《左》昭二十六年傳疏引'遷'下有'徙'字(蓋一本'遷'作'徙',傳寫誤合之耳)……'雒邑'字作'洛',後人所改也。(篇末贊:'周乃東徙于洛邑。'亦同此例。)"⑩據此,《周本紀》的"遷"蓋本作"徙"。值得注意的是,《史記》其他篇章多作"徙",如《秦本紀》:"周避犬戎難,東徙雒邑。"《十二諸侯年表》:"平王元年,東徙雒邑。"《封禪書》:"周東徙雒邑。"《匈奴列傳》:"秦襄公救周,於是周平王去酆鄗而東徙雒邑。"⑪關於"遷"和"徙"的區別,王鳳陽説:二者的本義和引申義均相近,區別在於詞源,前者多有升高、上颺義,後者多

---

① 《毛詩正義》卷20,《十三經注疏》,第1344頁。
② 《史記》卷4,第148頁。
③ 《史記》卷129,第3963頁。
④ 清華大學出土文獻研究與保護中心編,李學勤主編:《清華大學藏戰國竹簡(壹)》,第181頁。
⑤ 徐元誥:《國語集解(修訂本)》卷2,第45頁。
⑥ 楊伯峻:《春秋左傳注(修訂本)》,第393頁。
⑦ 楊伯峻:《春秋左傳注(修訂本)》,第983頁。
⑧ 《史記》卷4,第189頁。
⑨ (清)張文虎:《校刊史記集解索隱正義札記》卷1,北京:中華書局,2012年,第48頁。
⑩ 王叔岷:《史記斠證》卷4,北京:中華書局,2007年,第150頁。
⑪ 《史記》卷5、14、28、110,第230、670、1634、3485頁。

與轉移有關。①

關於成周與洛邑的關繫,學者討論很多。張守節《史記正義》曰:洛邑"即王城也。平王以前號東都,至敬王以後及戰國爲西周也"②。《左傳》隱公元年正義:"幽王爲犬戎所殺,平王遷都王城,今河南縣是也。平王四十九年,魯隱公之元年也。敬王又遷成周,今洛陽是也。"③據此,則成周就是洛陽。《國語·鄭語》"當成周者"韋昭注:"成周,雒邑。"陳奂曰:"成周,雒陽,非雒邑也。《漢書·地理志》:'河南郡,雒陽,周公遷殷民,是爲成周。河南,故郟鄏地,周武王遷九鼎,周公致太平,營以爲都,是爲王城,至平王居之。'又云:'雒邑與宗周通封畿,東西長而南北短,短長相覆爲千里。'是王城一曰雒邑,爲漢之河南縣。平王遷於王城,謂之東都。周公營成周,爲漢之雒陽縣。韋注以成周爲雒邑,誤矣。"徐元誥按:"成周在今河南省洛陽縣西北。"④按照陳奂的説法,成周在洛陽,故郟鄏;洛邑又名王城,屬漢代河南縣。周振鶴認爲,漢河南在今河南洛陽市,漢洛陽在今洛陽市東。⑤李民認爲,洛邑在周武王時已有此名,周成王時,洛邑又始稱成周。終西周之世,洛邑、成周二者並名。⑥ 筆者認爲,平王元年所東遷的地點是成周,即考古所發現的韓旗成周。⑦

[9]晉人女(焉)匃(始)啓【九】于京自(師),奠(鄭)武公亦政(正)東方之者(諸)侯。

【謹按】啓,《説文》作"启",《説文·口部》:"启,開也。从户从口。"段玉裁注:"按後人用啓字訓開,乃廢启不行矣。"⑧《小爾雅·廣詁》:"拓、斥、啓、闢,開也。"⑨"啓"本訓爲"開",引申之爲開闢疆土。《國語·鄭語》:"楚蚡冒於是乎始啓濮。"董增齡云:"啓是拓土。《魯頌》曰:'大啓爾宇。'"⑩"始啓"者,應爲剛開始開疆拓土之義。《左傳》僖公二十五年載,晉文公幫助周襄王平定了王子帶的叛亂,周襄王"與之陽樊、温、原、欑茅之

---

① 王鳳陽:《古辭辨》,第733頁。
② 《史記》卷4,第189頁。
③ 《春秋左傳正義》卷2,《十三經注疏》,第3721頁。
④ 陳奂之言轉引自徐元誥:《國語集解(修訂本)》卷16,第461頁。
⑤ 周振鶴:《漢書地理志匯釋》,合肥:安徽教育出版社,2006年,第93、90頁。
⑥ 李民:《洛邑、成周與王城補述》,《中州學刊》1991年第2期,第113頁。
⑦ 詳見王紅亮:《周平王東遷的時與地再探》,《四川大學學報(哲學社會科學版)》2024年第6期,第141頁。
⑧ (清)段玉裁注,許惟賢整理:《説文解字注》卷2上,南京:鳳凰出版社,2015年,第102頁。
⑨ (清)胡承珙:《小爾雅義證》卷1,第23頁。
⑩ (清)董增齡:《國語正義》卷16,成都:巴蜀書社,1985年,第1078頁。

田。晉於是始啓南陽"。楊伯峻注："啓，開也，此開疆闢土之義。"①"南陽"即陽樊、温、攢茅等地。與此類似，《繫年》"晉人焉始啓於京師"的"京師"指晉文侯幫助周所營建的王城洛邑。

政，整理者說"政"與"正"通，訓爲"長"，此云鄭武公爲東方諸侯之長②，可從。《墨子·非命上》："而王天下，政諸侯。"孫詒讓注："政、正通，正猶長也。"③"東方之諸侯"主要指函谷關以東的齊、魯等國。《左傳》成公十六年"郤犨將新軍，且爲公族大夫，以主東諸侯"杜注："主齊魯之屬。"④清華簡陸《鄭文公問太伯（甲、乙）》載"世及吾先君武公，……魯、衛、蓼、蔡來見"（簡6~7）⑤，李學勤指出此即《繫年》所謂"正東方之諸侯"，爲東方各國所尊崇。⑥"鄭武公亦政（正）東之諸侯"即清華簡陸《鄭武公夫人規孺子》"吾君（指鄭武公——引者按）陷於大難之中，處於衛三年，不見其邦，亦不見其室"事，具體指在平王徙居成周後，鄭武公臨危受命，作爲諸侯之長，處於衛國，聯絡東方諸侯。⑦

[10] 武公卽殜（世），戕（莊）公卽立（位）。戕（莊）公卽殜（世），卲（昭）公卽立（位），【一〇】

【整理者】卽世，意爲亡卒，見《左傳》成公十三年、十六年，襄公二十九年，昭公十九年、二十六年等，如成公十三年"穆、襄卽世"杜注："文六年晉、襄，秦穆皆卒。"《左傳》桓公十八年及《鄭世家》記莊公卒後，其子厲公曾一度卽位，簡文不載。⑧

【謹按】卽世，猶言終世、就世，卽今人仍用之"去世"。《國語·越語下》越王句踐追憶說："先人就世，不穀卽位。"韋昭注："就世，終世也。"⑨竹添光鴻說："就、卽同義。就訓爲成，成字有終卒之義，故韋以終世釋

---

① 楊伯峻：《春秋左傳注（修訂本）》，第433~434頁。
② 清華大學出土文獻研究與保護中心編，李學勤主編：《清華大學藏戰國竹簡（貳）》，第140頁。
③ （清）孫詒讓：《墨子閒詁》卷9，北京：中華書局，2001年，第268頁。
④ 《春秋左傳正義》卷28，《十三經注疏》，第4168頁。
⑤ 清華大學出土文獻研究與保護中心編，李學勤主編：《清華大學藏戰國竹簡（陸）》，上海，中西書局，2016年，第119，125頁。
⑥ 李學勤：《有關春秋史事的清華簡五種綜述》，《文物》2016年第3期，第81頁。
⑦ 詳見王紅亮：《周平王東遷的時與地再探》，《四川大學學報（哲學社會科學版）》2024年第6期，第136~137頁。
⑧ 清華大學出土文獻研究與保護中心編，李學勤主編：《清華大學藏戰國竹簡（貳）》，第140頁。
⑨ 徐元誥：《國語集解（修訂本）》卷21，第580頁。

之。"①《左傳》成公十三年晉侯使呂相的絕秦之語曰:"獻公即世。"楊伯峻注:"即世,即《越語下》'先人就世'之就世,漢魏謂之下世,去世也。"②

據《史記·十二諸侯年表》,鄭武公在位二十七年(前770~前744);鄭莊公在位四十三年(前743~前701);鄭厲公在位四年(前700~前697);鄭昭公在位二年(前696~前695);鄭子亹在位一年(前694);鄭子嬰在位十四年(前693~前680);鄭厲公出亡十七年復入鄭,又在位七年(前679~前673)。

《史記·鄭世家》:"武公卒,寤生立,是爲莊公。……四十三年,鄭莊公卒。初,祭仲甚有寵於莊公,莊公使爲卿。公使娶鄧女,生太子忽,故祭仲立之,是爲昭公。……庄公又娶宋雍氏女,生厲公突。……九月丁亥,忽出奔衛。己亥,突至鄭,立,是爲厲公。"③

[11] 亓(其)夫=(大夫)高之巨(渠)爾(彌)殺卲(昭)公而立亓(其)弟子瞢(眉)壽。

【整理者】瞢壽,傳文作"公子亹","瞢""亹"通假。④

【黃人二】整理者隸爲"瞢"有誤,當釋爲"沫"。"子沫"即傳世文獻中的"子亹"。"壽"是衍文。⑤

【謹按】此事在魯桓公十七年(前695)。"子眉壽"即"公子眉壽"之省語。

《左傳》桓公十七年:"初,鄭伯將以高渠彌爲卿,昭公惡之,固諫,不聽。昭公立,懼其殺己也。辛卯(十月二十二日),弒昭公,而立公子亹。"杜注:"公子亹,昭公弟。"⑥

《韓非子·難四》:"鄭伯將以高渠彌爲卿,昭公惡之,固諫,不聽。及昭公即位,懼其殺己也。辛卯,弒昭公,而立子亶。"⑦

瞢(眉)壽,《左傳》作"公子亹",《韓非子》作"子亶"。由於傳世文獻中如《史記·鄭世家》等多作"公子亹",所以清代學者盧文弨曰"亶""疑

---

① 〔日〕竹添光鴻注:《左氏會箋》,第1059頁。
② 楊伯峻:《春秋左傳注(修訂本)》,第861頁。
③ 《史記》卷42,第2124~2126頁。
④ 清華大學出土文獻研究與保護中心編,李學勤主編:《清華大學藏戰國竹簡(貳)》,第140頁。
⑤ 黃人二:《戰國楚簡研究》,第216頁。
⑥ 《春秋左傳正義》卷7,《十三經注疏》,第3818頁。
⑦ (清)王先慎撰,鍾哲點校:《韓非子集解》卷16,北京:中華書局,1998年,第384頁。

因形近而譌"。① 現代學者如楊伯峻等多從此説。② 但實際上,盧文弨所説也是猜測,故用"疑"。《繫年》簡文證明盧説是正確的。

亹,《説文》無此字。"亹"字从"釁"。清代學者馬瑞辰認爲"釁"是"釁"之省:

釁者釁之省,隸變爲亹,或作斖。釁从釁省,从酉,分聲;斖从釁省,从酉,文聲;分、文古音同部,故字同音亦同也。古音微與文通,故《周官》鄭司農注曰:"釁讀爲徽。"徽从微省聲,音近眉,故古鐘鼎文眉壽字多作釁,又作斖。楚史老字子亹,亹卽眉也。③

《國語·楚語七》中有楚申公史老曰"申公子亹"④,王引之曰:

亹讀爲眉。……眉字作斖者,古音微與文通。斖有門音,故轉爲眉,其字卽釁字也。釁从釁省,从酉、分聲;斖从釁省,从酉、文聲;字當爲斖。作斖者,隸之變也。亹、釁同字,故亦同聲。《大雅·鳧鷖篇》:"鳧鷖在亹",《爾雅》:"亹,从艸釁聲。"赤苗皆有門音,借以爲黽勉之勉。《大雅·棫樸篇》:"勉勉我王。"《荀子·富國篇》引作"亹亹"是也。又借以爲眉壽之眉,史老字子亹是也。……是亹、釁爲一字,而與眉通用也。⑤

可見,"亹""釁"與"眉"音近可通。對古文字裏的"釁",或認爲是由"頮(沬)"字演變而來⑥,或釋爲"沬"⑦。

綜上,"釁壽"卽眉壽,"釁"實際上與"亹"是一字。

[12] 齊襄公會者(諸)侯于首𦙫(止),殺子【一一】釁(眉)壽,車鼗(轘)高之巨(渠)爾(彌),改立東(厲)公,奠(鄭)以旬(始)政(正)。

【謹按】此事在魯桓公十八年(前694)。

首止,衛地,近於鄭,今河南省睢縣東南。車轘,以車裂人使之分散之刑。"正"當訓爲"定",《周禮·天官·宰夫》鄭玄注:"正,猶定。"孫詒讓

---

① (清)王先慎撰,鍾哲點校:《韓非子集解》卷16,第384頁。
② 楊伯峻:《春秋左傳注(修訂本)》,第150頁。
③ (清)馬瑞辰:《毛詩傳箋通釋》,北京:中華書局,1989年,第794~795頁。
④ 徐元誥:《國語集解(修訂本)》卷17,第500頁。
⑤ (清)王引之:《經義述聞》卷22,第534~535頁。關於古文字中的"眉"字,參沈培:《釋甲骨文、金文與傳世典籍中跟"眉壽"的"眉"相關的字詞》,復旦大學出土文獻與古文字研究中心編:《出土文獻與傳世典籍的詮釋——紀念譚樸森先生逝世兩周年國際學術研討會》,上海:上海古籍出版社,2010年,第19~45頁。
⑥ 裘錫圭:《史牆盤銘解釋》,《裘錫圭學術文集》第3卷,第12頁。
⑦ 龍宇純:《中國文字學》,臺北:臺灣學生書局,1984年,第162~163頁。

曰:"《説文·正部》云:'正,是也。'事必是而後定,故引申之定亦曰正。"①整理者説在此指鄭公子争位之亂結束②,可從。

《左傳》桓公十八年:"秋,齊侯師于首止,子亹會之,高渠彌相。七月戊戌(三日),齊人殺子亹,而轘高渠彌。祭仲逆鄭子於陳而立之。是行也,祭仲知之,故稱疾不往。"杜注:"鄭子,昭公弟子儀也。"③

《史記·鄭世家》:"子亹元年七月,齊襄公會諸侯於首止,鄭子亹往會,高渠彌相,從,祭仲稱疾不行。所以然者,子亹自齊襄公爲公子之時,嘗會鬥,相仇,及會諸侯,祭仲請子亹無行。子亹曰:'齊彊,而厲公居櫟,即不往,是率諸侯伐我,内厲公。我不如往,往何遽必辱,且又何至是。'卒行。於是祭仲恐齊並殺之,故稱疾。子亹至,不謝齊侯,齊侯怒,遂伏甲而殺子亹。高渠彌亡歸,歸與祭仲謀,召子亹弟公子嬰於陳而立之,是爲鄭子。"④

據《左傳》和《鄭世家》所説,則子亹被殺後所立爲子儀(《史記》作"公子嬰"),《繫年》略之。

又,《春秋啖趙集傳纂例》卷一引《竹書紀年》:"鄭殺其君某。"原釋曰:"是子亹。"⑤此處言鄭君子亹爲鄭所殺,與《繫年》《左傳》均異。

[13] 楚文〈焚〉王以啓於灘(漢)瘍(陽)。【一二】

【整理者】漢陽,指漢水東北地區。《史記·楚世家》云:"文王二年,伐申過鄧……六年,伐蔡……楚强,陵江漢間小國。"《左傳》僖公二十八年:"漢陽諸姬,楚實盡之。"⑥

【謹按】整理者隸爲"文",諸家皆無異説。筆者懷疑"文"蓋"焚"之譌。"焚"即清華簡《楚居》簡 7 的"焚冒"之"焚"。"焚冒"即楚的先王熊眴,或稱蚡冒。

此處簡文作"楚文王以啓於漢陽",這種説法於文獻未有依據。《繫年》第五章載:"[楚]王以北啓,出方城,圾蘪於汝,改遷於陳焉,取頓以恐陳侯。"則楚文王既"啓於灘(漢)陽",又"北啓,出方城,圾蘪於汝",於理不合。

筆者認爲簡文"楚文王"當爲"楚焚王"之譌。"焚"讀爲"蚡",二者上

---

① (清)孫詒讓:《周禮正義》,第210頁。
② 清華大學出土文獻研究與保護中心編,李學勤主編:《清華大學藏戰國竹簡(貳)》,第140頁。
③ 《春秋左傳正義》卷7,第3819頁。
④ 《史記》卷42,第2128頁。
⑤ 方詩銘、王修齡:《古本竹書紀年輯證(修訂本)》,第75頁。
⑥ 清華大學出土文獻研究與保護中心編,李學勤主編:《清華大學藏戰國竹簡(貳)》,第140頁。

古音同屬並母文部。楚焚王卽蚡冒,爲楚的先王熊眴。《史記·楚世家》:"霄敖六年卒,子熊眴立,是爲蚡冒。"①《國語·鄭語》:"及平王末,而秦、晉、齊、楚代興,……楚蚡冒於是乎始啓濮。"②《繫年》簡文"灘陽"當與《鄭語》中的"濮"有關。

關於"濮"的位置,古有異說。杜預認爲在雲南曲靖。《史記·楚世家》"叔堪亡,避難於濮"集解引杜預曰:"建寧郡南有濮夷。"建寧郡在今雲南曲靖。張守節正義引孔安國認爲"濮在漢之南",並曰"孔說是也"。③由於西周末年楚國地域小,難以抵達雲南,所以學者多贊城濮在漢水流域之說。④清代董增齡說:"《爾雅》'南至於濮鈆',《周書》'伊尹爲四方獻令,正南曰百濮',文十八年《傳》'麇人率百濮聚于選',選在今湖北荆州府枝江縣南境,距楚都甚近,濮亦當距選甚近。若晉之建甯郡,在今雲南界內,離楚太遠矣。"⑤現代學者蒙文通認爲"蚡冒於是乎啓濮"之"濮"在楚北:"濮入荆之道,亦在北而不在南,由陸而非由水。楚於春秋之初,日益北上。平王之末,蚡冒於是乎啓濮,武王敗隨於速杞,於是開濮地而有之。是皆楚人之北略入漢,此濮之初居於漢,在楚北也。"⑥石泉認爲,濮在漢水中游以東、隨棗走廊西段兩側的丘陵山地⑦,徐少華認同此說⑧。據此,則"蚡冒於是乎啓濮"之"濮"當在漢水流域。《繫年》稱"漢陽",此於古書有據。《左傳》僖公二十八年晉大夫欒貞子曰:"漢陽諸姬,楚實盡之。"杜注:"水北曰陽。姬姓之國在漢北者,楚盡滅之。"⑨《左傳》桓公六年:"漢東之國,隨爲大。"⑩可知漢陽諸姬,隨爲大。《史記·楚世家》:"[楚武王]三十五年,楚伐隨。……於是始開濮地而有之。"⑪很顯然,蚡冒的"啓濮"實際上爲其後任楚武王的"開濮"奠定了基礎。據此,《繫年》所謂"啓於漢陽"正可對應《國語》的"啓濮"。

---

① 《史記》卷40,第2045頁。
② 徐元誥:《國語集解(修訂本)》卷16,第477頁。
③ 《周本紀》集解引孔安國說及張守節正義。《史記》卷40,第2044~2045頁。
④ 以上兩種說法以外,濮地望還有川東說、川西說等。可參石泉:《春秋"百濮"地望新探》,《古代荆楚地理新探:續集》,武漢:武漢大學出版社,2013年,第28~39頁。
⑤ (清)董增齡:《國語正義》卷16,第1042頁。
⑥ 蒙文通:《古族甄微》,《蒙文通全集(四)》,第40頁。
⑦ 石泉:《春秋"百濮"地望新探》,《古代荆楚地理新探:續集》,第37頁。
⑧ 徐少華:《周代南土歷史地理與文化》,武漢:武漢大學出版社,1994年,第259頁。
⑨ 《春秋左傳正義》卷16,第3961頁。
⑩ 楊伯峻:《春秋左傳注(修訂本)》,第110頁。
⑪ 《史記》卷40,第2045頁。

又,清華簡《楚居》簡7:"至焚(蚡)冒酓(熊)帥(率)自鄀徙居焚。"①關於"焚",陳朝霞認爲可能即《水經注》卷28之"粉水",在今湖北房縣至穀城境内。② 程少軒認爲蚡冒所遷之"焚",當在那處一帶,由杜預注可知,楚地"那處"在漢編縣之南。③ 黄靈庚認爲"焚"即鄂君啓節·車節銘之"酉焚",並據譚其驤説是春秋之世"房國",然非熊摯所居旁岇,在上蔡之西,今河南省遂平縣南也。④ 李家浩懷疑焚冒徙居的"焚"應該讀爲"梗",並引楊樹達説證明兩者可相通。⑤ 牛鵬濤認爲"焚"讀爲"阪",在荆門市南的阪高、漢晉編縣一帶。⑥

今按:鄂君啓節·車節(《集成》12112~12117)中有地名"畐焚"。"畐"或釋爲"酉"。⑦ 實際上,在戰國文字裏,"畐"與"酉"常通用。⑧ 此當釋爲"畐"。商承祚説:"畐可通富。"譚其驤據此説:"富焚疑即春秋時的房國,漢置吳房縣,即今河南遂平縣。"⑨笔者以爲,"畐"應讀爲"匐"。《説文·勹部》:"匐,伏地也。从勹畐聲。"而"匐"通"僰",亦通"濮"。《吕氏春秋·恃君覽》:"僰人、野人。"高誘注:"僰讀如匍匐之匐。"⑩"僰"即"濮"⑪,因此鄂君啓節·車節銘之"畐焚"當讀爲"濮焚"。據上引《楚居》可知,楚焚冒的得名應與其徙之地"焚"有關,"焚"地應爲鄂君啓節的"畐焚","畐"讀爲"濮",其得名可能與蚡冒徙濮有關。

關於鄂君啓節"畐(濮)焚"與清華簡《楚居》的"焚"的地望,學者多有

---

① 清華大學出土文獻研究與保護中心編,李學勤主編:《清華大學藏戰國竹簡(壹)》,第181頁。
② 陳朝霞:《從近出簡文再析鄀國歷史地理》,《江漢考古》2012年第4期,第67頁。
③ 程少軒:《談談〈楚居〉所見古地名"宵"及相關問題》,武漢大學簡帛網,2011年5月31日。
④ 黄靈庚:《清華戰國竹簡〈楚居〉箋疏》,《中華文史論叢》2012年第1輯,第82頁。
⑤ 李家浩:《談清華戰國竹簡〈楚居〉的"夷㝬"及其他》,《出土文獻》第2輯,第57頁。
⑥ 牛鵬濤:《清華簡〈楚居〉與楚國都城研究》,博士學位論文,北京:清華大學,2013年,第29頁。
⑦ 參崔恒昇著,吳孟復審訂:《安徽出土金文訂補》,合肥:黄山書社,1998年,第234頁。
⑧ 李家浩:《戰國官印考釋(六篇)》,《著名中年語言學家自選集·李家浩卷》,合肥:安徽教育出版社,2002年,第145~146頁。
⑨ 商承祚説爲譚文所引。譚其驤:《鄂君啓節銘文釋地》,《中華文史論叢》1963年第2輯,第182頁。
⑩ 許維遹:《吕氏春秋集釋》卷20,第546頁。
⑪ 沈欽韓:《春秋左氏傳地名補注》卷5,叢書集成初編本,上海:商務印書館,1936年,第57頁。顧頡剛認爲"僰"與"濮"祇是音同而非一字,陳奇猷也認爲"僰人"與"百濮"不同,其目的祇在説明"百濮"不在雲南,但在認同濮在漢水流域的説法上則是一致的。(顧頡剛:《牧誓八國》,《史林雜識初編》,北京:中華書局,1963年,第29~32頁;陳奇猷:《吕氏春秋新校釋》,第1338頁)實際上,正如楊伯峻所言,濮人"部族非一,散處甚廣"[楊伯峻:《春秋左傳注(修訂本)》,第617頁],而其又經過多次遷徙,後來可能向西南遷徙。可參黄尚明:《從考古學看先秦時期濮人的遷徙》,《華中師範大學學報(人文社會科學版)》,2008年第1期,第99頁。

猜測①,但均缺乏力證。通過對比《繫年》簡的"漢陽",可證其在漢水北面,至於其具體位置,則待考。

[譯文]

周幽王娶了西申的女子爲妻,生了平王。平王又娶了褒國人的女子,這就是褒姒,生了伯盤。褒姒受幽王寵倖,幽王和伯盤驅逐了平王,平王逃跑到了西申。幽王發動軍隊,包圍了西申,[並要求將平王交出來,]結果西申不交。繒人於是就引來西戎的軍隊進攻幽王,幽王和伯盤死於戰亂,周因此滅亡。内諸侯於是就在虢地擁立幽王的弟弟余臣,這就是攜惠王,在位二十一年,晉文侯在虢地殺死了攜惠王。周亡國之君(周幽王)第九年時,外諸侯開始不來周朝見,晉文侯於是就把平王迎接到了少鄂,並在京師擁立了平王,三年後,遷居到了成周。晉國人開始拓土修建京師,鄭武公也作爲諸侯之長[聯絡]東方諸侯。武公去世,莊公即位;莊公去世,昭公即位。他的大夫高渠彌殺死昭公後立了他的弟弟公子眉壽。齊襄公在首止會合諸侯,殺了公子眉壽,改而立了厲公,鄭國自此安定。楚焚王開始拓土於漢陽。

[解題]

本章主要圍繞西周的滅亡和周平王東遷而展開叙事。

西周滅亡與周平王東遷是兩周之際的大事。關於西周滅亡,簡文載周幽王有兩子,其一是周幽王與西申女所生的宜臼(即後來的周平王),其二是與褒人褒姒所生的伯盤。周幽王寵愛褒姒與伯盤,並且驅逐了宜臼,宜臼於是逃至其舅西申處。幽王發兵圍攻西申,但申人並未交出宜臼。西申的盟友繒於是引來西戎進攻幽王,周幽王與伯盤被殺,周(即西周)因此滅亡。

在周幽王九年,以晉文侯、鄭武公等爲代表的外諸侯(《繫年》稱之爲"邦君諸正")擁立宜臼;周幽王與伯盤被殺後,以虢公翰爲代表的内諸侯

---

① 鄂君啓節的"畐(濮)焚",谭其驤釋爲"富焚",疑即春秋時房國,漢置吳房縣,即今河南遂平縣。姚漢源釋爲"酉焚",認爲是《左傳》宣公九年之柳棼。谭其驤:《鄂君啓節銘文釋地》,《中華文史論叢》1963 年第 2 輯,第 182 頁。姚漢源:《鄂君啓節釋文》,山西省文物局考古研究所編:《古文字研究》第 10 輯,北京:中華書局,1983 年,第 201~202 頁。

(《繫年》稱之爲"邦君諸侯")在虢(位於今河南三門峽)擁立周幽王的弟弟余臣,這就是攜惠王(《左傳》稱"攜王"),這就是歷史上所謂的"二王並立"。攜王立二十一年後才被晉文侯所殺,宣告了"二王並立"的結束。

在西周滅亡與周平王東遷中,始終存在着内諸侯與外諸侯的鬥争。在這一過程中,内諸侯勢力隨着周幽王以及攜惠王的覆滅逐漸削弱,而外諸侯的勢力却逐漸增强。平王東遷後,鄭國、晉國、齊國、楚國等諸侯國勢力進一步擴張,從而開啓了所謂的"政由方伯"時代。

[問題]

第一,關於周平王東遷的相關年代。《繫年》中涉及的周平王被立的時間,與以《史記》爲代表的傳世文獻多有不同,並由此帶來了平王東遷年代推算結果的差别。筆者根據《繫年》《竹書紀年》,並結合其他文獻,對周平王東遷的相關年代進行了考證。

第二,關於兩周之際的歷史變遷。西周滅亡與周平王東遷是兩周之際的大事,筆者根據《繫年》對相關問題進行了討論。

[考證]

一、《繫年》中周平王東遷的相關年代考

《繫年》第二章主要涉及周平王東遷的相關史事,其内容非常重要,尤其是其中的年代問題,引發了學者濃厚的興趣,並提出了很有意義的見解。下面,我們對《繫年》中周平王東遷的相關年代進行進一步的考證。

爲便於討論,列清華簡《繫年》第二章相關簡文如下:

> 周幽王取妻于西申,生平王。王又取褒人之女,是褒姒,生伯盤。褒姒嬖于王,王與伯盤逐平王,平王走西申。幽王起師,圍平王于西申,申人弗畀。繒人乃降西戎以攻幽王,幽王及伯盤乃滅,周乃亡。邦君諸正乃立幽王之弟余臣于虢,是攜惠王,立二十又一年,晉文侯仇乃殺惠王于虢。周亡王九年,邦君諸侯焉始不朝于周,晉文侯乃逆平王于少鄂,立之于京師,三年,乃東徙,止于成周。晉人焉始啓于京師,鄭武公亦正東方之諸侯。

此段簡文中明顯的時間點有四:第一,幽王及伯盤乃滅,周乃亡;第二,

攜惠王立二十又一年,晉文侯仇乃殺惠王于虢;第三,周亡王九年,邦君諸侯焉始不朝于周;第四,晉文侯乃逆平王于少鄂,立之于京師,三年,乃東徙居於成周。下面對這四個時間點分別考述之。

(一)關於"周乃亡"與"攜惠王立二十又一年"

第一,關於"周乃亡"的年代。《繫年》曰:"幽王及伯盤乃滅,周乃亡。"《國語·鄭語》云:"幽王八年而桓公爲司徒,九年而王室始騷,十一年而斃。"韋昭注:"幽王伐申,申、繒召西戎以伐周,殺幽王於驪山戲下,桓公死之。"① 據《史記·十二諸侯年表》載,幽王被犬戎所殺在周幽王十一年,晉文侯十年,即公元前771年。《史記·晉世家》:"文侯十年,周幽王無道,犬戎殺幽王。"② 這說明《表》與《晉世家》的記載是相符的。這一點應該是無疑問的,即幽王與伯盤之死在公元前771年,《繫年》認爲這是"周乃亡"的標誌。

第二,關於"攜惠王立二十又一年"。《繫年》:"邦君諸正乃立幽王之弟余臣於虢,是攜惠王。立二十又一年,晉文侯仇乃殺惠王于虢。"《左傳》昭公二十六年正義引《汲冢書紀年》云:"二十一年,攜王爲晉文公所殺。"③ 這與《繫年》的説法一致,此二十一年爲攜王的在位年。④ 攜王立二十一年爲晉文侯所殺,其時爲公元前750年。

(二)關於"周亡王九年"

關於"周亡王九年",學者爭議較大,就筆者所見,主要有以下兩種説法:

第一,整理者認爲應指幽王滅後九年。⑤

第二,劉國忠認爲,"周亡王九年"是指晉文侯殺攜惠王之後,周曾出現了長達九年的"亡王"狀況。按照這種説法,周幽王於公元前771年被殺後,出現了攜惠王的政權(前770~前750),然後是周亡王九年(前749~前741),再是平王被立(前740),東遷是公元前737年。⑥

---

① 徐元誥:《國語集解(修訂本)》卷16,第477頁。
② 《史記》卷39,第1980頁。
③ 《春秋左傳正義》卷52,《十三經注疏》,第4592頁。
④ 李學勤:《清華簡〈繫年〉及有關古史問題》,《文物》2011年第3期,第71頁。
⑤ 清華大學出土文獻研究與保護中心編,李學勤主編:《清華大學藏戰國竹簡(貳)》,第139頁。
⑥ 劉國忠:《從清華簡〈繫年〉看周平王東遷的相關史實》,陳致主編:《簡帛·經典·古史》,第177頁。

整理者認爲"周亡王九年"是指幽王滅後九年,許多學者對此提出了質疑,其原因何在呢? 其一,《繫年》曰:"周亡王九年,邦君諸侯焉始不朝于周。"關於幽王滅後九年,可以有兩種理解:一是説周幽王滅後第九年,即公元前762年;二是説周幽王滅後的九年,即公元前770～前762年。後來本章的整理者李學勤説:"所謂'周亡王九年'……'九年'是從幽王之死算起,相當晉文侯十九年,公元前762年。"①顯然他認同第一種理解。但無論哪一種理解,其必須跟簡文中"邦君諸侯焉始不朝于周"相聯繫。

《左傳》昭公二十六年孔疏引《汲冢書紀年》云:"平王奔西申,而立伯盤以爲大子,與幽王俱死于戲。先是,申侯、魯〈繒〉侯及許文公立平王於申,以本大子,故稱天王。幽王既死,而虢公翰又立王子余臣於攜,周二王並立。二十一年,攜王爲晉文公所殺。以本非適,故稱攜王。"②按照此説,則整理者所認爲的"周亡王九年"即幽王滅後九年,應該屬於攜惠王政權二十一年中的前九年,當屬"二王並立"時期。如果説是在周幽王滅後第九年,那麽,爲何不在幽王剛死後就不朝,偏偏要等到九年後呢? 如果説是在周幽王滅後的九年中,那麽,其爲何要限制在這一段時間呢? 難道九年後又開始朝周? 可見,無論如何,都使人疑竇重重,此其一。其二,按照傳世文獻的記載,諸侯不朝周應該在周幽王未滅時。《史記·周本紀》載:"當幽王三年,王之後宮,見而愛之,生子伯服,竟廢申后及太子,以褒姒爲后,伯服爲太子。……褒姒不好笑,幽王欲其笑萬方,故不笑。幽王爲熢燧大鼓,有寇至則舉熢火。諸侯悉至,至而無寇,褒姒乃大笑。幽王説之,爲數舉熢火。其後不信,諸侯益亦不至。"③《史記·秦本紀》載:"[秦襄公]七年春,周幽王用褒姒廢太子,立褒姒子爲適,數欺諸侯,諸侯叛之。"④秦襄公七年即周幽王十一年,公元前771年。因此,如果説幽王滅後九年開始不朝周,勢必與傳世文獻相矛盾。

第二種説法首先由劉國忠提出,他同時提到這種説法所面臨的兩個問題。首先,這一年代與許多傳世文獻的記載不合。如果平王即位定在公元前740年前後,東遷在公元前737年左右,那麽秦襄公、衛武公、鄭武公等人就不可能擁立周平王並護送平王東遷。其次,此説法也與《繫年》本身

---

① 李學勤:《由清華簡〈繫年〉論〈文侯之命〉》,《揚州大學學報(人文社會科學版)》2013年第2期,第192頁。
② 《春秋左傳正義》卷52,《十三經注疏》,第4591～4592頁。
③ 《史記》卷4,第186～188頁。
④ 《史記》卷5,第229～230頁。

的內容相矛盾。《繫年》載"晉文侯乃逆平王于少鄂,立之于京師",可見周平王是由晉文侯所立。但是根據《史記·晉世家》,晉文侯十年周東徙,三十五年晉文侯卒。因此晉文侯卒應在公元前746年,如果周平王是在公元前740年左右即位,那麼晉文侯就不可能擁立周平王了。① 可見,這一說法面臨的矛盾更大。

實際上,劉國忠提出以上説法的主要依據是《左傳》中的一段話。《左傳》僖公二十二年:"初,平王之東遷也,辛有適伊川,見被髮而祭于野者,曰:'不及百年,此其戎乎!其禮先亡矣。'秋,秦、晉遷陸渾之戎于伊川。"② 他據此認爲,魯僖公二十二年爲公元前638年。按照《左傳》的這一叙述,周平王東遷的時候,辛有預言不到百年這一地區將爲戎人所有。結果,到了魯僖公二十二年亦即公元前638年的秋天,秦國和晉國把陸渾之戎遷到伊川,這一地區果然爲戎人所有。如果平王東遷確實是在公元前737年左右,正好就應驗了辛有的這個預言。③ 實際上,這一論據並不充分。因爲周亡王九年晉文侯迎平王於少鄂且立之於京師之年,與平王東遷洛邑非一事,二者不可混淆。

那麼,"周亡王九年"到底該如何理解呢?筆者曾不揣鄙陋,提出過兩種說法,並認爲後一種說法可能性較大。④ 因當時未對這種說法予以詳細論證,下面再作一些補充。

筆者以爲,"周亡王"意爲周亡國之君,具體指周幽王,"周亡王九年"即周幽王九年,亦即公元前773年。古人習以亡國之君稱"亡王",如:

《國語·周語下》載周靈王的太子晉勸諫周靈王說:"此一王四伯,豈繁多寵?皆亡王之後也。"韋昭注:"一王,謂禹。四伯,謂四嶽也,爲四嶽

---

① 劉國忠:《從清華簡〈繫年〉看周平王東遷的相關史實》,陳致主編:《簡帛·經典·古史》,第178頁。
② 楊伯峻:《春秋左傳注(修訂本)》,第393~394頁。
③ 劉國忠:《從清華簡〈繫年〉看周平王東遷的相關史實》,陳致主編:《簡帛·經典·古史》,第178頁。
④ 筆者提出的兩種説法,第一種認爲"周亡王九年"是在公元前779年至公元前771年這一時間段。主要依據是《史記·周本紀》載"三年,幽王嬖愛褒姒。褒姒生子伯服,幽王欲廢太子。……周太史伯陽讀史記曰:'周亡矣。'"正義:"諸國皆有史以記事,故曰史記。"可見,當時的史家實際上認爲周幽王三年周已經亡了。這一種說法也能與傳世文獻所記載的在周幽王被滅以前諸侯已開始不朝周相合。但是,這種說法仍然面臨着困難:如果説周幽王三年周已亡,如何理解《繫年》所載的"幽王及伯盤乃滅,周乃亡"?且按照傳世文獻的記載,幽王與伯盤死於幽王十一年,這就與《繫年》本身相矛盾。因此,筆者又提出了第二種說法,即"周亡王"指周幽王,"周亡王九年"即周幽王九年,亦即公元前773年。參王紅亮:《也說〈清華簡·繫年〉的"周亡王九年"》及評論,復旦大學出土文獻與古文字研究中心網,2012年1月12日。

伯,故稱四伯。……言禹與四嶽豈是多寵之人?乃亡王之後。禹,鯀之子,禹郊鯀而追王之也。四嶽,共工從孫,共工侵陵諸侯以自王。皆無道而亡,非伯王所起,明禹、嶽之興非因之也。"①這裏的"亡王"指鯀、共工,此二人"無道而亡",故稱"亡王"。又曰:"觀之《詩》《書》,與民之憲言,則皆亡王之爲也。"②來可泓將此二處之"亡王"皆譯爲"亡國之君"③,這是正確的。

《楚辭·離騷》:"夏桀之常違兮,乃遂焉而逢殃。后辛之菹醢兮,殷宗用而不長。"東漢王逸注:"桀,夏之亡王也。……辛,殷之亡王紂名也。"④又《天問》:"桀伐蒙山,何所得焉?"王逸注:"桀,夏亡王也。"⑤

《韓非子·難三》:"今子思不以過聞,而穆公貴之;厲伯以姦聞,而穆公賤之。人情皆喜貴而惡賤,故季氏之亂成而不上聞,此魯君之所以劫也。且此亡王之俗,取魯之民所以自美,而穆公獨貴之,不亦倒乎!"關於此處之"亡王",顧廣圻曰:"王當作主。"⑥陳奇猷認同此説,其曰:"推顧氏之意,蓋讀亡爲忘。案顧説是也。亡、忘字通,詳《難二篇》。《有度篇》云'忘主外交',亦以'忘主'言可證。此文亡主者,謂下不聞人之過於其主,是忘其主也。"⑦按,《韓非子·有度》:"忘主外交,以進其與,則其下所以爲上者薄矣。"⑧這裏的"忘主"指抛棄主上而結黨營私。《難三》的"亡王"指亡國之君,顧廣圻之所以把"亡王"改爲"亡主",蓋爲魯君是諸侯,不當襲"亡王之俗",而戰國時期稱諸侯國君爲"主"。但這種改動實際上是没有根據的。陳奇猷將"亡王"與"忘主"等同,由上文可知,顯然是不成立的。總之,此處之"亡王"也指亡國之君。

《後漢書·陸康傳》載陸康諫漢靈帝鑄銅人云"末世衰主,窮奢極侈,造作無端,興制非一,勞割自下,以從苟欲",此行爲是"自蹈亡王之法哉"。李賢注:"謂秦始皇鑄銅人十二,卒致滅亡也。"⑨注謂"亡王"指秦始皇,實際上正是末世衰主、亡國之君。

西晉潘嶽《西征賦》:"鑒亡王之驕淫,竄南巢以投命。"李善注:"亡王,

---

① 徐元誥:《國語集解(修訂本)》卷3,第97頁。
② 徐元誥:《國語集解(修訂本)》卷3,第101頁。
③ 來可泓:《國語直解》,上海:復旦大學出版社,2000年,第142、144頁。
④ (宋)洪興祖:《楚辭補注》,北京:中華書局,1983年,第23頁。
⑤ (宋)洪興祖:《楚辭補注》,第103頁。
⑥ 顧廣圻説爲王先慎引。(清)王先慎撰,鍾哲點校:《韓非子集解》卷16,第371頁。
⑦ 陳奇猷校注:《韓非子新校注》,上海:上海古籍出版社,2000年,第898頁。
⑧ (清)王先慎撰,鍾哲點校:《韓非子集解》卷2,第33頁。
⑨ 《後漢書》卷31,北京:中華書局,1965年,第1113～1114頁。

謂桀也。"①

《繫年》作於戰國前期的楚肅王時期(詳參本書下編之"《繫年》文本形態"中"抄寫年代"一節),此時稱周幽王爲"亡王"完全可能。在先秦文獻中,習以夏桀、殷紂、周幽王並稱,作爲亡國之君的代表。如《國語·晉語一》載晉大夫史蘇以夏桀、殷辛(紂)、周幽王作爲"三季之王",晉大夫郭偃説"夫三季王之亡也宜"。另外,史蘇提到,"周幽王伐有褒,有褒人以褒姒女焉,褒姒有寵,生伯服,於是乎與虢石甫比,逐太子宜臼而立伯服。太子出奔申,申人、鄫人召西戎以伐周,周於是乎亡"②,顯然也是以周幽王作爲"周於是乎亡"之亡王。

綜上可見,"周亡王九年"即周幽王九年,亦即公元前773年。那麼,在此時期"邦君諸侯焉始不朝于周",其原因何在呢?

《古本竹書紀年》曰:"幽王八年,立褒姒之子曰伯服,爲太子","平王奔西申,而立伯盤以爲大子"。③ 但在幽王八年,周幽王雖廢嫡立庶,但並未導致王室騷亂。按照史書的記述,這種廢嫡立庶所導致的王室騷亂開始於周幽王九年。《國語·鄭語》載:"[周幽王]九年而王室始騷。"韋昭注:"騷,謂嫡庶交争,亂虐滋甚。"④ 按照韋昭注,嫡庶的正式鬥争始於幽王九年;而曰"滋甚"者,應該是指"宜臼稱天王"。《古本竹書紀年》:"先是,申侯、魯〈繒〉侯及許文公立平王於申,以本大子,故稱天王。"⑤ 從而正式形成了宜臼與幽王兩大政治勢力,這應該是《國語》所謂的"王室始騷"。與此同時,"邦君諸侯"也分化爲幽王與平王兩派勢力,申侯、魯〈繒〉侯及許文公等屬於平王一派,其自然不朝幽王,此即《繫年》所謂的"邦君諸侯焉始不朝于周"。

《繫年》曰:"王與伯盤逐平王,平王走西申。幽王起師,圍平王于西申,申人弗畀。"平王在西申時,周幽王與伯盤曾率軍隊攻西申,但西申没有屈服於周幽王。《國語·鄭語》史伯曰:"王室方騷,將以縱欲,不亦難乎?王欲殺大子以成伯服,必求之申。申人弗畀,必伐之。若伐申,而繒與西戎會以伐周,周不守矣!繒與西戎方將德申,申、呂方彊,其隩愛大子,亦必可

---

① (梁)蕭統編,(唐)李善注:《文選》卷10,北京:中華書局,1977年,第148頁。
② 徐元誥:《國語集解(修訂本)》卷7,第250~251頁。
③ 方詩銘、王修齡:《古本竹書紀年輯證(修訂本)》,第62頁。
④ 徐元誥:《國語集解(修訂本)》卷16,第477頁。
⑤ 方詩銘、王修齡:《古本竹書紀年輯證(修訂本)》,第63~64頁。

知也,王師若在,其救之亦必然矣。王心怒矣,虢公從矣,凡周存亡,不三稔矣!"①聯繫到《竹書紀年》所載的平王在西申稱天王,我們可以理解爲正是這一導火索引發了幽王的攻西申。另外,還反映出,這時雙方力量對比的優勢實際上在幽王與伯盤一方——其是進攻者。幽王與伯盤攻西申在周亡三年前,即周幽王九年,而此年很可能就是宜臼稱天王之年。

總之,如將《繫年》中"周亡王九年"理解爲周幽王九年,亦即公元前773年,不僅可以跟簡文中"邦君諸侯焉始不朝于周"相聯繫,還恰與傳世文獻相契合。

但是,這裏還有兩個問題仍需考慮。第一,若"周亡王九年"指周幽王九年,而前面簡文直接稱爲"周幽王"(簡5)、"幽王"(簡6、7),此處爲何單獨稱其爲"周亡王"呢? 第二,祇要對《繫年》進行研讀,我們就會發現,每章內部基本上是按照年代順序記事,罕有例外②,而"周亡王九年"的記載出現於"幽王及伯盤乃滅,周乃亡。邦君諸正乃立幽王之弟余臣於虢,是攜惠王。立二十又一年,晉文侯仇乃殺惠王于虢"之後。若"周亡王九年"指同幽王九年,是否就與這種按照年代順序記事的體例相矛盾呢?

首先說第一個問題。此處之所以要稱"周幽王"爲"周亡王",無疑是爲了承接前面的簡文"幽王及伯盤乃滅,周乃亡",而"邦君諸正乃立幽王之弟余臣於虢,是攜惠王。立二十又一年,晉文侯仇乃殺惠王于虢"則是插入這兩件事之內③,這應該是插敘手法。這種叙事手法也見於《竹書紀年》,如《左傳》昭公二十六年孔疏引《汲冢書紀年》云:"平王奔西申,而立伯盤以爲大子,與幽王俱死于戲。先是,申侯、魯〈繒〉侯及許文公立平王於申,以本大子,故稱天王。幽王既死,而虢公翰又立王子余臣於攜,周二王並立。二十一年,攜王爲晉文公所殺。以本非適,故稱攜王。"這段叙述中,"先是,申侯、魯〈繒〉侯及許文公立平王於申,以本大子,故稱天王"這句話明顯是追叙内容④,插入其前後兩句之中,而後一句"幽王既死"則承

---

① 徐元誥:《國語集解(修訂本)》卷16,第475頁。
② 李學勤也認爲《繫年》"史事不少記有紀年,前略而後詳,然而全篇叙事罕有在年代倒錯重複的地方"。參李學勤:《由清華簡〈繫年〉論〈紀年〉的體例》,《深圳大學學報(人文社會科學版)》2012年第2期,第43頁。
③ 整理者認爲"周亡王九年"是"幽王滅後九年",實際上就是將"邦君諸正乃立幽王之弟余臣於虢,是攜惠王。立廿二十又一年,晉文侯仇乃殺惠王于虢"作爲插入内容看待。
④ 李學勤也認爲:"這段話和《繫年》在不少地方相似,絶不是孔穎達綜括出來的,它很明顯是成段的叙述。……古本《紀年》這一段中有'先是',是追叙的口吻,特別值得注意。"參李學勤:《由清華簡〈繫年〉論〈紀年〉的體例》,《深圳大學學報(人文社會科學版)》2012年第2期,第43頁。

接前句"與幽王俱死于戲"而述。《繫年》與此非常相似,前文講"周乃亡",後面簡文講"周亡王",正是這種承接關繫的表現。

再説第二個問題。我們注意到,《繫年》所載"周亡王九年,邦君諸侯焉始不朝于周,晉文侯乃逆平王于少鄂,立之于京師,三年,乃東徙,止于成周。晉人焉始啓于京師,鄭武公亦正東方之諸侯",這段簡文是完整叙事,其叙述的重點在於平王東遷。上文已述,"周亡王九年"實際上是承接前文的"周乃亡"的,正因如此,簡文不用"周幽王"而用"周亡王"。所以,此處的"周亡王九年,邦君諸侯焉始不朝于周"雖然本質上是追叙内容,但由於用了"周亡王九年"與前文承接,所以並不違反《繫年》按照年代順序記事的體例。

綜上兩點可知,《繫年》在記事時,已經不是單純記事(即簡單地排年逐月記事),而是系統記事(即以時間爲綱記録史事,既可上溯往事,又可下叙後世,使複雜曲折之事皆能表明其原委)①,其體例已經比較成熟,而與之相似的《竹書紀年》已經採用這種記事方式,所以我們也不必引以爲奇。

(三)關於"三年乃東徙"

關於平王東遷的年代,歷來就有不同説法:

第一,公元前770年爲周平王元年,並於此年東遷洛邑。據《史記·十二諸侯年表》,幽王被犬戎所殺在周幽王十一年,晉文侯十年,即公元前771年。次年,即公元前770年,爲周平王元年、晉文侯十一年,此年平王"東遷雒邑"。《史記·晉世家》:"文侯十年,周幽王無道,犬戎殺幽王,周東徙。"《年表》與《晉世家》是相符的。

第二,平王東遷在魯惠公三年,周平王五年,公元前766年。《春秋啖趙集傳纂例》:"惠公三年,平王東遷。"②北宋沈括曰:"按《史記年表》:'周平王東遷二年,魯惠公方即位。'……唯於《纂例》'隱公'下注八字云:'惠公二年,平王東遷。'……然與《史記》不同,不知啖、趙得於何書?又嘗見士人石端集一紀年書,考論諸家年統,極爲詳密。其叙平王東遷,亦在惠公二年。予得之甚喜,亟問石君,云'出一史傳中,遽檢未得',終未見的。據

---

① 《左傳》已經採用這種系統記事的方式。參王樹民:《中國史學史綱要》,北京:中華書局,1997年,第45頁。

② (唐)陸淳:《春秋啖趙集傳纂例》卷2,叢書集成初編本,北京:中華書局,1985年,第17頁。

《史記年表》注:'東遷在平王元年辛未歲。'《本紀》中都無說,諸侯《世家》言東遷却盡在庚午歲,《史記》亦自差謬,莫知其所的。"①今按:這裏沈括所引《春秋啖趙集傳纂例》的"惠公二年,平王東遷"之"二年"當爲"三年"之誤。

啖助、趙匡"惠公三年,平王東遷"的說法究竟源自何書?《困學紀聞》卷7引《鹽石新論》認爲啖、趙所云出自何休《公羊音訓》,並云"當作'平王東遷三年,惠公立',此休一時記録之誤"。② 宋人王觀國以《春秋啖趙集傳纂例》爲非,"蓋魯孝公二十五年,犬戎殺幽王,是年周平王立而東遷,既東遷三年,魯惠公始立也",以"諸書考之,則周平王東遷三年,魯惠公始立明矣。啖、趙《纂例》云'惠公三年,平王東遷',非也"。③ 這兩種說法都認爲《纂例》爲非。

清人梁玉繩認爲《春秋啖趙集傳纂例》爲是,《史記》的說法乃後人傳寫之譌誤,其曰:

> 依沈括所引《春秋纂例》,疑《史表》"東徙雒邑"四字原本在平王五年,唐以前尚不誤,今本在元年,乃後人傳寫妄移之,未知否?蓋平王初立在申,故《周紀》云諸侯即申侯而立平王。(鄭《王風譜》謂"晉、鄭迎于申而立之",非。)倉促援立,未必即便徙都,亂定而乃至洛耳。《世家》述幽王之禍,連及東遷,此史家順叙之法,並非以東遷在庚午歲也,沈括誤。④

據梁氏之言,《史記·十二諸侯年表》"東徙雒邑"四字原本在平王五年,即東遷在公元前766年;平王元年被諸侯立於申,而《王風譜》"晉、鄭迎于申而立之"之說"非"。可見,梁氏實際上認爲平王東遷確實有一個過程,平王元年與平王東遷不在同一年,這裏就涉及到兩個問題:首先,平王元年是哪一年? 其次,平王東遷是哪一年?

按照梁氏的說法,則平王元年應該在申侯立宜臼年。《左傳》昭公二十六年孔疏引《汲冢書紀年》云:"平王奔西申,而立伯盤以爲大子,與幽王俱死于戲。先是,申侯、魯〈繒〉侯及許文公立平王於申,以本大子,故稱天王。"可見,平王立於西申應該在幽王被殺(十一年)之前,由此,平王元年

---

① 胡道靜著,虞信棠、金良年整理:《夢溪筆談校證》卷14,上海:上海人民出版社,2016年,第382頁。
② (宋)王應麟著,(清)翁元圻輯注:《困學紀聞》卷7,北京:中華書局,2016年,第983頁。
③ (宋)王觀國:《學林》卷4,北京:中華書局,1988年,第113~114頁。
④ (清)梁玉繩:《史記志疑》卷8,第309頁。

即在幽王十一年之前。關於"東遷",梁氏認爲應該在魯惠公三年,周平王五年,即公元前766年。梁氏的説法可備一説。①

總之,大多數學者還是認爲《春秋啖趙集傳纂例》恐難爲據,仍遵循《史記》的説法。梁玉繩的説法雖可備一説,然而也面臨許多問題難以解釋。如按梁氏所言,"東徙雒邑"於《史記·十二諸侯年表》原本在平王五年,即東遷在公元前766年;那麽,平王元年應該是幽王死後的第一年,即公元前770年;但是,梁氏却認爲平王被立申,如此則平王元年在幽王死之前。另外,《王風譜》(即《王城譜》)謂"晉、鄭迎于申而立之",而梁氏認爲此爲"非"。但是,《繫年》明確記載"晉文侯乃逆平王于少鄂,立之于京師",此與《王風譜》所載爲一事(詳後文),可見《王風譜》所記並非孤證。因此,這種説法仍然矛盾重重,難怪梁氏發此論時自己也不確信,多言"未知是否""蓋"等辭。但是,梁氏認爲平王東遷與平王元年不在一年的説法却很具有啓發性。

無論如何,上述三種説法,可以説都有證據,但孰是孰非,確實難以辨别。《繫年》的公佈,使得我們有了重新審視上述説法的可能。

《繫年》:"周亡王九年,邦君諸侯焉始不朝于周,晉文侯乃逆平王于少鄂,立之于京師。三年,乃東徙,止于成周。"可見,正如前文所引梁氏所説,平王東遷確實有一個過程。而且平王在東遷前,實際上已被晉文侯立於京師,三年後才東遷成周。這就提醒我們,平王元年和平王東遷很可能確實不在同一年,《史記》年表將其合而爲一,大概另有隱情。

既然平王東遷有一個過程,那麽,要弄清楚平王元年與平王東遷的年代,首先必須將這一過程梳理清楚。下面,我們就根據現有材料,對這一過程進行考察。

《左傳》昭公二十六年孔疏引《汲冢書紀年》云:"平王奔西申,而立伯盤以爲大子,與幽王俱死于戲。先是,申侯、魯〈繒〉侯及許文公立平王於申,以本大子,故稱天王。幽王既死,而虢公翰又立王子余臣於攜,周二王並立。二十一年,攜王爲晉文公所殺。以本非適,故稱攜王。"②這説明,申侯、曾侯及許文公立平王於申,稱天王,平王始立在周幽王未死之前。《繫

---

① 此外,現代學者對於平王東遷洛邑的年代也提出了新説。王雷生認爲平王東遷於公元前747年。參王雷生:《平王東遷年代新探》,《人文雜志》1997年第3期,第66頁。晁福林認爲是在公元前760年。參晁福林:《論平王東遷》,《歷史研究》1991年第6期,第20頁;《春秋戰國的社會變遷》,北京:商務印書館,2011年,第57~59頁。

② 《春秋左傳正義》卷52,《十三經注疏》,第4591~4592頁。

年》載"王與伯盤逐平王,平王走西申。幽王起師,圍平王于西申,申人弗畀",未說平王在西申被立爲天王之事。《春秋》隱公元年:"秋七月,天王使宰咺來歸惠公仲子之賵。"孔疏:"天王,周平王也。……幽王爲犬戎所殺,平王遷都王城,今河南縣是也。平王四十九年,魯隱公之元年也。敬王又遷成周,今洛陽是也。"①《春秋》隱公三年:"三月庚戌,天王崩。"杜注:"周平王也。"②這說明《春秋》對"周平王"的稱呼就是"天王"。可見,《竹書紀年》的記載應該不誤。因此,平王元年即平王在西申被立之年,此即《史記·周本紀》所謂的"於是諸侯乃即申侯而共立故幽王太子宜臼,是爲平王,以奉周祀"③。但此年雖然平王被立爲天王,然而幽王仍在,平王實際上並未得到所有諸侯國的承認,故平王元年不當從在西申被立爲天王之年算起。

前文已述,平王在西申稱王後,周幽王與伯盤曾率軍隊攻西申,但西申没有屈服於周幽王。《竹書紀年》所載的平王在西申稱天王,引發幽王攻打西申,而此時雙方力量對比的優勢在幽王一方。幽王與伯盤攻西申在周亡三年前,即周幽王九年(前773),而此年很可能就是宜臼稱天王之年。那麽,幽王與伯盤一方爲何會覆滅呢?《繫年》說:"繒人乃降西戎以攻幽王。幽王及伯盤乃滅,周乃亡。"突出了繒和西戎的作用。

宜臼在西申被立爲天王既然是周幽王九年,在此年到周幽王十一年之間,宜臼還去過晉國。《繫年》說:"周亡王九年,邦君諸侯焉始不朝于周,晉文侯乃逆平王于少鄂,立之于京師。三年,乃東徙,止于成周。"可見,在周幽王九年,宜臼被立爲天王後,實際上產生了兩方勢力:一方爲幽王與伯盤,另一方爲平王。"邦君諸侯焉始不朝于周",應該理解爲一部分邦君諸侯開始支持周平王一方。而在幽王與伯盤進攻西申時,周平王很可能輾轉到了晉國,先到了少鄂,後晉文侯迎接其到了京師(疑位於今陝西韓城),三年後,平王才東遷成周。

綜上可見,平王之立是在周幽王九年(前773),先是在西申被申侯等立爲天王,由於遭到周幽王與伯盤之圍,平王離開西申到少鄂,晉文公將其迎接到京師後重新立爲王。

關於周平王東遷,《史記·周本紀》說:"平王立,東遷于雒邑。"④《史

---

① 《春秋左傳正義》卷2,《十三經注疏》,第3721頁。
② 《春秋左傳正義》卷3,《十三經注疏》,第3738頁。
③ 《史記》卷4,第188頁。
④ 《史記》卷4,第189頁。

記·十二諸侯年表》也説,周幽王十一年(前771)"幽王爲犬戎所殺",次年(前770)即"平王元年,東徙雒邑"。① 據此,平王元年與平王東遷實際上是一年,其均在周幽王被殺後。而據清華簡《繫年》,兩者不在同一年。

《繫年》第二章載:"周亡王九年,……晉文侯乃逆平王于少鄂,立之于京師,三年,乃東徙,止于成周。"此處之"三年",或理解爲"三年後",或理解爲"平王三年",究竟何者爲是? 筆者以爲,當以前者爲是,原因有兩方面:一方面,此"三年"前未有"平王"字樣,故應當承接"周亡王九年"而言;另一方面,有《繫年》辭例爲證。《繫年》第十六章:"楚共王立七年,令尹子重伐鄭,爲泝之師。晉景公會諸侯以救鄭,鄭人止隕公儀獻諸景公,景公以歸。一年,景公欲與楚人爲好,乃稅隕公,使歸求成。"這裏的"一年"應相當於"一年後",根據《左傳》,簡文所述事正在楚共王九年。因此,簡文"三年"當指"三年後",即周幽王九年之三年後,當公元前770年。又,上引《史記·十二諸侯年表》載"平王元年,東徙雒邑",可見司馬遷將平王元年定在幽王死後第一年(前770)。上文已述,《古本竹書紀年》載平王立於申爲天王、《繫年》謂平王立於京師均在周幽王九年,如此平王元年當在周幽王九年,但是簡文並未以此年爲平王元年。這説明雖然平王被立,但是幽王仍在,史書仍以幽王紀年,因此平王元年仍當以幽王死後次年(前770)算起。

(四)小結

經過上文的考察,我們對清華簡《繫年》第二章主要涉及的周平王東遷相關史事的四個時間點作一總結:

第一,"幽王及伯盤乃滅,周乃亡",幽王與伯盤之死在公元前771年,《繫年》認爲這是"周乃亡"的標誌。

第二,"立二十又一年,晉文侯仇乃殺惠王于虢",即攜惠王被殺是公元前750年。

第三,"周亡王九年"即周幽王九年,亦即公元前773年。

第四,平王之立是在周幽王九年。平王先是在西申被申侯等立爲天王,由於遭到周幽王與伯盤圍攻,離開西申到少鄂,晉文公將其迎接到京師後重新立爲王。但此時周幽王仍在,故史家仍以幽王紀年,平王元年當在公元前770年,此年東徙成周。

---

① 《史記》卷14,第670頁。

二、由《繫年》論兩周之際的歷史變遷

中國歷史上的周代可分爲西周與東周,周幽王的滅亡標誌着西周的結束,周平王東遷則標誌着東周的開始,本文所謂的"兩周之際"是指西周的滅亡與周平王東遷這一交替的歷史階段。兩周之際是中國歷史上一個非常重大的轉捩點,它不僅是西周與東周的分界點,而且標誌着周王室從此失去了對諸侯的實際統治,開啓了所謂的"政由方伯"的時代。《史記·周本紀》云"平王之時,周室衰微,諸侯彊並弱,齊、楚、秦、晉始大,政由方伯"①,恰如其分地概括了這一"王權"與"霸權"交替時代的特色,而西周滅亡與平王東遷正是這一交替的"質變"期。因此,研究兩周之際的這段歷史,對於理解中國歷史上西周與東周之交替,對於把握中國上古社會之變遷,無疑具有十分重要的意義。但遺憾的是,我們對兩周之際的歷史却知之甚微。這一方面是由於當時的歷史確實錯綜迷離,另一方面則是由於傳世文獻記載的簡略與蕪雜。清代學者崔述説:"西周之亡,《詩》《書》無及言者,於經無可徵矣。然《春秋傳》往往及東遷時事而不言此,至《周語》,述西周事衆矣。而亦未有此,此君臣父子之大變,動心駭目,不應皆無一言紀之,而反旁見於《晉》《鄭》之語,史蘇、史伯追述逆料之言。且所載二人之言,荒繆亦多矣。"②崔述此言基本上道出了傳世文獻對兩周之際歷史的記載狀況。《繫年》對西周的滅亡和平王東遷有比較詳細的記載,這對我們重新探討這段歷史提供了非常寶貴的新材料。因此,筆者以《繫年》爲綫索,通過對傳世文獻與出土文獻的梳理,對這段非常重要且頗爲複雜的歷史進行一些探討。

(一) 傳世文獻所載"西周之亡"之釋疑

一個王朝的覆滅,無疑是各種錯綜複雜的元素交織於一起合力作用之結果,西周的滅亡也不例外。在現有的學術論著中,學者對西周滅亡的諸多原因已有詳細剖析。③ 在此,我們無意於簡單羅列這些論著中所分析得

---

① 《史記》卷4,第189頁。
② 崔述撰,顧頡剛編訂:《崔東壁遺書》,第247頁。下文所引崔述説如不特別注明,均見此書第246~247頁。
③ 如童書業把西周滅亡的原因歸結爲四點:(一)黷武以致國力衰弱;(二)天災的流行;(三)社會動搖和政治腐敗;(四)君主的昏庸。參童書業著,童教英校訂:《春秋史(校訂本)》,第11~12頁。其他學者多有論述,在此不再羅列。

出的關於西周滅亡的種種原因,而是要通過對史籍的考辨來梳理出西周滅亡的一些綫索。在傳世文獻中,《史記》《國語》等對西周滅亡均有記載。

《史記·周本紀》載,周宣王四十六年(前782)崩,其子周幽王卽位,次年(前781)爲幽王元年。

周幽王二年(前780),"西周三川皆震"。周大夫伯陽甫曰:"周將亡矣。……若國亡不過十年,數之紀也。天之所棄,不過其紀。"果然,"是歲也,三川竭,岐山崩"。從周幽王二年到周幽王十一年西周滅亡,正好十年,應驗了伯陽甫的預言。

周幽王三年(前779),"幽王嬖愛襃姒。襃姒生子伯服,幽王欲廢太子。太子母申侯女,而爲后。後幽王得襃姒,愛之,欲廢申后,並去太子宜臼,以襃姒爲后,以伯服爲太子"。此時,"周太史伯陽讀史記曰:'周亡矣。'""當幽王三年,王之後宫,見而愛之,生子伯服,竟廢申后及太子,以襃姒爲后,伯服爲太子。太史伯陽曰:'禍成矣,無可奈何!'"可見,其是把廢嫡立庶作爲周滅亡的直接原因。

周幽王不僅廢嫡立庶,而且還重用一個叫虢石父的奸臣:"幽王以虢石父爲卿,用事,國人皆怨。石父爲人佞巧,善諛好利,王用之"。由於幽王重用奸佞,"又廢申后,去太子也。申侯怒,與繒、西夷犬戎攻幽王。幽王舉烽火徵兵,兵莫至。遂殺幽王驪山下,虜襃姒,盡取周賂而去。於是諸侯乃卽申侯而共立故幽王太子宜臼,是爲平王,以奉周祀"①。西周就此滅亡,而此年卽周幽王十一年(前771)。

《國語》的一些篇章裏也有涉及西周滅亡的記載。

《國語·晉語一》載晉大夫史蘇説:"周幽王伐有襃,襃人以襃姒女焉,襃姒有寵,生伯服,於是乎與虢石甫比,逐太子宜臼而立伯服。太子出奔申,申人、鄫人召西戎以伐周,周於是乎亡。"②

《國語·鄭語》載周太史史伯曰:"王欲殺大子以成伯服,必求之申。申人弗畀,必伐之。若伐申,而繒與西戎會以伐周,周不守矣!繒與西戎方將德申,申、吕方彊,其隩愛大子,亦必可知也,王師若在,其救之亦必然矣。王心怒矣,虢公從矣,凡周存亡,不三稔矣!"③

據上引《史記》《國語》所載可知,西周滅亡的大致經過是這樣的:周幽

---

① 以上均據《史記》卷4,第184~188頁。
② 徐元誥:《國語集解(修訂本)》卷7,第250~251頁。
③ 徐元誥:《國語集解(修訂本)》卷16,第475頁。

王寵愛褒姒,於是廢掉了原來的申后與太子宜臼,而立褒姒爲后、褒姒之子爲太子。褒姒勾結虢石父驅逐了宜臼,宜臼逃往其舅申侯處。幽王爲了殺宜臼而進攻申,申侯在一怒之下聯合繒、西夷犬戎攻周,周幽王被殺死在驪山下,西周就此滅亡。

對以上記載,許多學者持懷疑態度。如清代學者崔述就認爲上述説法不可信:"此事揆諸人情,徵諸時勢,皆不宜有。"爲何不宜有?他舉出了以下理由:第一,申、戎相距遥遠,兩者不可能、也没必要聯合伐周;第二,從幽王與宜臼的父子關繫而言,雙方也不可能兵戎相見;第三,申侯不可能聯合繒、西戎來傾覆周室。崔述認爲《國語》的説法不正確,而"《史記》遂據追述逆料之語而紀之爲實事",這當然也是不足爲據的。對崔述這種將《國語》和《史記》記載全盤否定的論斷,我們當然不能苟同;但對於他所提出的質疑,則是需要直面的。那麽,崔述的上述質疑有無道理呢?

1. 申、戎何以聯合

崔述認爲:"申在周之東南千數百里,而戎在周西北,相距遼越,申侯何緣越周而附於戎! ……王師伐申,豈戎所能救乎!""申與戎相距數千里,而中隔之以周,申安能啓戎;戎之力果能滅周,亦何藉於申之召乎!"

關於申、戎在地理位置上相距遥遠的説法,童書業指出崔氏此處有誤會:"申有西東之别,《左傳正義》引《竹書紀年》云'平王奔西申',蓋申國本支之在西者。《後漢書·西羌傳》云'王征申戎',當即此西申。其邑謝之申,則申人之東遷者,固無與於亡周之事也。"①童先生之説可從。

1981年在河南南陽出土了兩件銅簋,作器者自稱"南申伯大宰仲禹父"②,可證位於河南南陽的申應該稱南申。崔述所講的"申",即指此南申。《古本竹書紀年》稱平王所奔爲西申,《繫年》第二章亦謂"王與伯盤逐平王,平王走西申",此"伯盤"即傳世文獻之"伯服",後者的"服"乃前者的"盤"之譌。據此,平王所奔實乃"西申"。因此,崔述之疑自可冰釋。

2. 身爲父子的幽王與宜臼何以兵戎相見

崔述認爲,從幽王與宜臼的關繫而言,雙方没理由兵戎相見:"宜臼之於王,父子也","宜臼既逐,伯服得立,則亦已矣,幽王何故必欲殺其子而後甘心也?"即幽王在驅逐了宜臼而立伯盤爲太子後,也就没必要再去攻打其子宜臼。

---

① 童書業著,童教英校訂:《春秋史(校訂本)》,第66頁。
② 崔慶明:《南陽市北郊出土一批申國青銅器》,《中原文物》1984年第4期,第15頁。

对于崔述的上述疑问,《竹书纪年》和清华简《繫年》的相关记载为我们解除疑惑提供了一些綫索。《左传》昭公二十六年孔疏引《古本竹书纪年》云:"平王奔西申,而立伯盘以爲大子,与幽王俱死于戏。先是,申侯、鲁〈繒〉侯及许文公立平王于申,以本大子,故称天王。"①这里的"先是"是追叙之词②,表明在幽王死之前平王已经被申、鲁〈繒〉、许等立爲天王。何谓"天王"?顾炎武引赵子说"称天王,以表无二尊是也"③,可见平王称天王即是要压过幽王之势。那麽,平王称天王具体於何时?

《繫年》第二章载:"周亡王九年,……晋文侯乃逆平王于少鄂,立之于京师。三年,乃东徙,止於成周。"又,《王城谱》载:"晋文侯、郑武公迎宜咎(臼)于申而立之,是爲平王。以乱,故徙居东都王城。"④据此,则晋文侯是把周平王从西申迎至少鄂的,此在"周亡王九年",即周幽王九年(前773)。可见,正是由於平王被废而逃奔西申,在一些诸侯的扶持下称天王,才导致幽王不顾父子之情,而欲杀平王而后快。

由於平王称天王而导致其与幽王势同水火,於是幽王起兵围攻西申。《国语·郑语》载:"王欲杀大子以成伯服,必求之申(韦昭注:大子时奔申),申人弗畀,必伐之。"⑤《繫年》第二章云:"幽王起师,围平王于西申,申人弗畀。"平王围西申的目的是杀宜臼,但是申人并未交出宜臼。《国语》史伯说幽王"求之申",《繫年》则明确说是"围平王于西申",史伯的话显然有回护的意味。

因此,通过《竹书纪年》和清华简《繫年》可知,正是由於平王称天王,公然与幽王对抗,惹怒了幽王,幽王纔围攻西申欲杀平王而后快。据此,崔述上述之质疑亦可冰释。

---

① 《春秋左传正义》卷52,《十三经注疏》,第4591~4592页。
② "先是"同"初",是追述往事之辞。如《史记·平准书》:"初,先是往十余岁河决观,……其后番係欲省厎柱漕。"清人刘淇《助字辨略》:"先是,追原之辞也。……初、先是者,重言也。""先是"与"其后"相对,明显是追忆往事。值得注意的是,《汉书·食货志》引述此段话时作"先是十余岁,河决……其后番係欲省厎柱之漕",省略了"初",可见,"初"和"先是"同是追述之辞、同义,故可省。《左传》中记载追述内容时,常书"初"以标誌之,杨伯峻说:"凡记今事而追溯其始事,则云初。"认爲此处之"先是"是孔颖达自己添加的。笔者认爲这种说法未有任何坚实证据,难以信从。《史记》卷30,第1719页;(清)刘淇:《助字辨略》卷2,北京:中华书局,2004年,第67页;《汉书》卷24下,第1161页;杨伯峻:《春秋左传注(修订本)》,第177页;〔美〕李峰:《西周的灭亡:中国早期国家的地理和政治危机(增订本)》,徐峰译,汤惠生校,第235页。
③ (清)顾炎武著,(清)黄汝成集释:《日知录集释》,第196页。
④ 《毛诗正义》卷4,《十三经注疏》,第696~697页。
⑤ 徐元诰:《国语集解(修订本)》卷16,第475页。

3. 西申何以與繒、西戎聯合傾覆周室

崔述認爲,西申不可能聯合繒、西戎來攻伐周室。理由有三:第一,身爲臣子的申侯不可能攻伐周幽王,從幽王與申侯的關繫來看,"申侯之於王,君臣也,王逐宜咎(臼),聽之而已,申侯亦不應必欲助其甥以傾覆王室也"。第二,卽使申侯敢冒天下之大不韙來攻打周幽王,後來平王東遷時其他諸侯國也不會幫助平王。崔述説:"君臣,父子,天下之大綱也。文、武未遠,大義猶當有知之者。況晉文侯、衛武公,當日之賢侯也,而鄭武公、秦襄公亦皆卓卓者,宜曰以子仇父,申侯以臣伐君,卒弑王而滅周,其罪通于天矣。此數賢侯者當聲大義以討之,卽不然,亦當更立幽王他子或宣王他子,何故必就無君之申而共立無父之宜臼哉?"第三,退一步講,就實力而言,申、戎也沒必要聯合。崔述云:"戎之力果能滅周,亦何藉于申之召乎!"① 問題集中到一點,卽西申何以與繒、西戎聯合攻伐幽王?

《史記·周本紀》:"申侯怒,與繒、西夷犬戎攻幽王。"②申侯如何聯合繒、西夷犬戎來攻幽王?《國語·晉語一》載晉大夫史蘇云:"太子出奔申,申人、鄫人召西戎以伐周。"③據此,是申人與繒人招西戎來的。清代學者馬驌卽據此指出:"滅周者西戎,而召戎者申侯也。"④

《繫年》説法與此不同,其謂西戎是繒招來的。《繫年》第二章説"幽王起師,圍平王于西申,申人弗畀,繒人乃降西戎以攻幽王。幽王及伯盤乃滅,周乃亡。"此處之"降"同《國語·周語中》"王降狄師以伐鄭"之"降"。原來,幽王圍攻西申要其交出平王,但西申並未屈服,就在這緊要關頭,繒借助西戎的軍隊來進攻幽王。《國語·鄭語》載周太史史伯曰:"王欲殺大子以成伯服,必求之申。申人弗畀,必伐之。若伐申,而繒與西戎會以伐周,周不守矣!"⑤"繒與西戎會以伐周"與《繫年》簡文若合符節,正説明是繒引領、招致西戎來進攻幽王的。那麼,西申與繒、西戎到底爲何種關繫呢?

據《鄭語》,繒和西戎實際上都是西申的與國。《鄭語》説"若伐申,而繒與西戎會以伐周",這説明西申和繒、西戎關繫密切。爲何密切?《鄭

---

① 對於崔述的上述説法,一些學者表示贊同,認爲西申不可能聯合西戎攻伐幽王。參〔日〕吉本道雅:《周室東遷考》,《東洋學報》第71卷3、4號,1990年,第33~56頁;宋新潮:《驪山之役及平王東遷歷史考述》,《人文雜志》1989年第4期,第77頁。
② 《史記》卷4,第188頁。
③ 徐元誥:《國語集解(修訂本)》卷7,第251頁。
④ (清)馬驌:《繹史》卷30,北京:中華書局,2002年,第886頁。
⑤ 徐元誥:《國語集解(修訂本)》卷16,第475頁。

語》説:"繒與西戎方將德申(韋昭注:申修德於二國,二國亦欲助正,徼其後福),申、吕方彊,其隩愛大子,亦必可知也,王師若在(韋昭注:在,在申也),其救之亦必然矣。"①原來,西申和繒、西戎實際上是一種相互利用的關繫:一方面,西申和二國結交,可能是爲防範幽王而做準備②;另一方面,繒和西戎一是爲報答西申的修德,二是爲扶平王於正位以得到好處。

據上所述,西申在周幽王來進攻之前,已經結交了繒和西戎。西申跟繒可能才是真正的與國,而對西戎有所戒備。在周幽王圍攻西申以至西申抵擋不住的關鍵時候,西申的盟友繒不得不鋌而走險,引西戎來進攻幽王。但此舉實乃飲鴆止渴! 西戎在進入西周境内後,雖然幫助平王殺死了幽王,但隨即又成了平王之勁敵。《史記·周本紀》載:"平王立,東遷于雒邑,辟戎寇。"③那麽,既然西戎是作爲平王與西申的盟友而被繒引來進攻幽王的,其爲何後來又成爲平王東遷所避的對象呢? 對於這一問題的解答,我們得從當時的形勢出發。

我們知道,繒和西戎雖然同爲西申的聯合對象,但兩者實際上是有分别的。西申和繒與周人關繫密切。《國語·周語中》載由於鄭文公抓了周襄王的大夫游孫伯,"王怒,將以狄伐鄭",然後周大夫富辰給周襄王講了一番道理,基本意思是要分清親疏内外,要"内利親親",而繒、申均爲"内利親親"的對象,但狄則不同,"狄,封豕豺狼,不可厭也"④。這正反映出西申和繒實際上是周人團結的對象,而對狄實際上懷有戒備之心。西戎本質上跟狄一樣,都是周人防備的對象。實際上,西戎雖然是應繒之邀來救平王的,但其本有自身的打算。

《國語·鄭語》云:"王師若在(韋昭注:在,在申也),其(指繒與西戎——引者按)救之亦必然矣。"幽王之師在西申,爲何會成爲西戎救西申的"必然"呢? 筆者以爲這正反映出西戎救西申的真正目的就是入侵周都鎬京。《史記·周本紀》載:"西夷犬戎攻幽王。幽王舉烽火徵兵,兵莫至。遂殺幽王驪山下,虜褎姒,盡取周賂而去。"⑤《秦本紀》:"西戎犬戎與申侯

---

① 徐元誥:《國語集解(修訂本)》卷16,第475頁。
② 關於繒修德於繒與西戎,《今本竹書紀年》載幽王"九年,申侯聘西戎及鄫(鄫通繒——引者按)"[王國維:《今本竹書紀年疏證》,方詩銘、王修齡:《古本竹書紀年輯證(修訂本)》,第262頁]。假若此記載屬實,則申侯曾在幽王九年結交繒與西戎,而此年正是幽王與平王爭奪相當激烈之時,申侯此舉可能是爲了提早防範幽王。
③ 《史記》卷4,第189頁。
④ 徐元誥:《國語集解(修訂本)》卷16,第44~49頁。
⑤ 《史記》卷4,第188頁。

伐周，殺幽王酈山下。"①值得注意的是，滅周之戎，司馬遷或謂"西夷犬戎"，或謂"西戎犬戎"。對此，呂思勉說："自驪山之役以前，史皆但曰戎，不曰犬戎；至是役，乃曰西夷犬戎，曰西戎犬戎。蓋前此戎無強部，故自大駱以後能撫綏之，至此而大畢、伯士樹敦之後復強，爲諸戎率，將遂非嬴、趙之族所能馭也。"②可見此時西戎已經空前強大，秦、趙已經無法籠絡，周人亦難以駕馭了。

綜上所述，正是由於幽王圍攻西申，其盟國繒才鋌而走險引來西戎，而西戎表面上看是幫助幽王，實際目的是入侵周室，趁火打劫。原來我們以爲西戎是西申和繒招來的——如此，則西申對西周的滅亡肯定負主要責任；而通過《繫年》，我們知道其是由繒引入的，並且，以往學者所認爲的西申勾結西戎來傾覆周室的說法是不成立的。正由於西申與平王並未勾結西戎來入侵周室，所以平王在後來能得到一些諸侯的支持並東遷。

至於西周的滅亡，是幽王與平王的互相爭鬥才給西戎入侵以可乘之機，其本質是內亂引起的外患。事實上，早在清華簡《繫年》公佈之前，就有學者提出類似的推測③，但苦無證據，而《繫年》則證實了這種說法。另外，將《繫年》與傳世文獻對比，我們發現後者對兩周之際的史事的記載基本上是有依據的，但其中的一些細節顯然有失實之處，而出土金文、簡帛材料尤其是《繫年》正可補其缺、正其誤。下面，我們就綜合傳世文獻、金文資料以及《繫年》等資料，對兩周之際的歷史變遷過程進行縷析。

(二)幽王與伯盤被殺與西周的滅亡

1. 西周滅亡有個較長的歷史過程

關於幽王與伯盤被殺與西周的滅亡，傳世文獻記載頗爲簡略。《國語·晉語一》載晉大夫史蘇對晉獻公說："[周幽王]逐太子宜臼，而立伯服。太子出奔申，申人、鄫人召西戎以伐周，周於是乎亡。"④《鄭語》載周大夫史伯對鄭桓公說："王欲殺太子以成伯服，必求之申，申人弗畀，必伐之。若伐申，而繒與西戎會以伐周，周不守矣！"⑤《史記·周本紀》載："申侯怒，

---

① 《史記》卷5，第230頁。
② 呂思勉：《呂思勉讀史札記》，上海：上海古籍出版社，2020年，第419頁。
③ 如童書業就曾猜測驪山之禍或許是由周室內部發生變亂而招來外寇導致的。參童書業著，童教英校訂：《春秋史(校訂本)》，第12~13頁。
④ 徐元誥：《國語集解(修訂本)》卷7，第251頁。
⑤ 徐元誥：《國語集解(修訂本)》卷16，第475頁。

與繒、西夷犬戎攻幽王。幽王舉烽火徵兵,兵莫至。遂殺幽王驪山下,虜褒姒,盡取周賂而去。"①《匈奴列傳》載:"周幽王用寵姬褒姒之故,與申侯有卻。申侯怒而與犬戎共攻殺周幽王于驪山之下。"②《後漢書·西羌傳》亦載:"時幽王昏虐,四夷交侵,遂廢申后而立褒姒。申侯怒,與戎寇周,殺幽王於酈山。"③據以上所載,申、繒與西戎聯軍攻幽王,幽王被殺,西周就此滅亡。

實際上,絶非僅《國語》《史記》等作如是記載,《繫年》也有類似説法:"幽王起師,圍平王于西申,申人弗畀,繒人乃降西戎以攻幽王。幽王及伯盤乃滅,周乃亡。"簡文"繒人乃降西戎以攻幽王"後緊接"幽王及伯盤乃滅,周乃亡",與上引《國語》《史記》等所載完全一致,説明這種説法確實淵源有自。

但是,西周如此快速滅亡,未免太容易了! 對此,學者早有疑問,比如崔述就説:

> 世皆謂申侯啓戎,戎遂克周,殺幽王驪山下。夫周之王畿號爲千里,有百二山河之險,關東諸侯皆堪徵調;戎雖强大,豈能一旦而遂破之! 蓋其來有漸矣。……然則西戎滅周非一朝一夕之故。④

崔述認爲,西申與西戎等的聯軍之所以不可能旦夕之間滅周,有兩大緣由:一是自然原因,西周地域廣闊,王畿千里,且有大量山河阻隔;二是人爲原因,西周還有關東諸侯可以征調,萬一申、戎來攻,諸侯可阻擋之。我們認爲,崔氏所論極是。實際上,綜合各種資料看,西申、西戎聯軍攻幽王,到幽王滅亡,其間必定有一個較長的歷史過程。

前文已述,周幽王八年(前774),幽王廢嫡立庶,立伯盤爲太子,宜臼逃至其舅申侯處。到了九年,矛盾進一步激化,典型事件就是宜臼稱天王。此舉激怒了幽王,於是他不顧父子之情進攻西申,想逼迫申侯交出宜臼。《繫年》載:"幽王起師,圍平王于西申,申人弗畀。繒人乃降西戎以攻幽王,幽王及伯盤乃滅,周乃亡。"簡文中的"幽王起師",我們認爲在幽王九年,那麼這是否意味着"繒人乃降西戎以攻幽王,幽王及伯盤乃滅,周乃亡"亦在幽王九年,卽幽王有無可能在九年進攻西申時被殺呢? 我們認爲簡文此處並未予具體繫年,幽王之卒年仍當從傳世文獻載的幽王十一年

---

① 《史記》卷4,第188頁。
② 《史記》卷110,第2485頁。
③ 《後漢書》卷87,第2872頁。
④ 崔述撰著,顧頡剛編訂:《崔東壁遺書》,第246~247頁。

（前771）。理由如下：

第一，根據傳世文獻的記載，周幽王被殺在十一年。《國語·鄭語》說：" 幽王八年而桓公爲司徒，九年而王室始騷，十一年而斃。" 韋昭注：" 幽王伐申，申、繒召西戎以伐周，殺幽王於驪山戲下，桓公死之。"①《史記·十二諸侯年表》亦載，幽王被犬戎所殺在周幽王十一年，晉文侯十年。《史記·晉世家》：" 文侯十年，周幽王無道，犬戎殺幽王。"②因此，如果説幽王被殺於九年，時間上就與傳世文獻矛盾。

第二，根據傳世文獻的記載，周幽王被殺的地點在驪山戲下。《國語·魯語上》載 " 幽滅於戲"，徐元誥注：" 戲卽驪山之北，水名，見《路史·國名記》。在今陝西臨潼縣東三十里，尚有古戲亭。"③西晉潘嶽《西征賦》載幽王之死曰：" 軍敗戲水之上，身死驪山之北。"④可證戲大致在驪山之北，此地位於鎬京以東。而據《繫年》，幽王此時應該在包圍西申，西申大致位於鎬京以西（見本章 " 疏證" 部分）。那麽，如果説平王在圍西申時被殺，地點上就與傳世文獻相矛盾。

因此，周幽王九年西申、繒與西戎聯軍攻幽王，而幽王及伯盤被殺、西周滅亡則應遲至周幽王十一年，亦卽此過程大概有三年時間。爲了瞭解這一過程，下面就此進行考索。

2. 西周滅亡的歷史過程考索

其一，周幽王九年，外諸侯開始不朝幽王，轉而支持平王。

幽王九年時，《繫年》説：" 幽王起師，圍平王於西申。"《國語·鄭語》載周大夫史伯云：" 申、繒、西戎方彊，王室方騷，將以縱欲，不亦難乎？" 果然，" 申人弗畀"，於是 " 繒人乃降西戎以攻幽王"。由於西申得到繒、西戎的援助，幽王抵擋不住。平王應該就在此時乘隙逃出西申。西申、繒、西戎聯軍打退幽王圍困西申的軍隊後，幽王蓋退居鎬京，而聯軍並未罷休，繼續向周都進攻。⑤ 可以説，由於西戎的加入，幽王勢力和平王勢力的力量對比發生徹底的反轉，進攻者由幽王轉變爲平王一派的西申聯軍。

幽王退居鎬京後，爲了補充力量，召集諸侯來對付西申聯軍，此卽太室

---

① 徐元誥：《國語集解（修訂本）》卷16，第477頁。
② 《史記》卷39，第1980頁。
③ 徐元誥：《國語集解（修訂本）》卷4，第173頁。
④ （梁）蕭統編，（唐）李善注：《文選》卷10，第153頁。
⑤ 關於此次戰事，李峰推斷説：" 很可能申、鄭及犬戎聯軍在申附近一次較早的交戰中擊敗了王師，隨後向周都進軍，很快周都便被攻陷了。" 筆者認爲這種推斷是合理的。參〔美〕李峰：《西周的滅亡：中國早期國家的地理和政治危機（增訂本）》，徐峰譯，湯惠生校，第234頁。

之盟。《左傳》昭公四年載:"夏桀爲仍之會,有緡叛之。商紂爲黎之蒐,東夷叛之。周幽爲大室之盟,戎狄叛之。皆所以示諸侯汰也,諸侯所由棄命也。"①這裏的"戎狄叛之",應該指西申、繒與西戎聯軍攻幽王。② 關於此盟的目的,蒙文通曰:"岐陽之蒐,塗山之會,太室之盟,其事一同,幽王蓋亦欲以武力服諸侯者。"③此事應在周幽王九年④,此盟的直接目的應是幽王借會盟加强對諸侯的控制以遏制西申聯軍的進攻。但事與願違,結果諸侯不聽幽王之命。

《繫年》第二章載:"邦君諸正乃立幽王之弟余臣於虢,是攜惠王。立二十又一年,晉文侯仇乃殺惠王于虢。周亡王九年,邦君諸侯焉始不朝于周,晉文侯乃逆平王于少鄂,立之于京師。"這裏的"周亡王九年,邦君諸侯焉始不朝于周"即指在幽王九年,"邦君諸侯"開始不朝周幽王。此"邦君諸侯"即指晉文侯等,故簡文後謂晉文侯迎平王。而立余臣者,簡文謂"邦君諸正",亦即《竹書紀年》所說的"虢公翰"等人。聯繫前面我們對《竹書紀年》的分析,筆者以爲《繫年》正是爲了區別兩種政治勢力:即一派是以虢公翰爲代表,其本支持周幽王,幽王死後改擁護攜王,《繫年》稱之爲"邦君諸正";另一派以晉文侯、鄭武公爲代表,其支持周平王,《繫年》稱之爲"邦君諸侯"。那麽,"邦君諸正"與"邦君諸侯"所代表的政治勢力有何區別呢?

《詩·小雅·雨無正》:"周宗既滅,靡所止戾。正大夫離居,莫知我勚。三事大夫,莫肯夙夜。邦君諸侯,莫肯朝夕。"小序曰:"《雨無正》,大夫刺幽王也。雨自上下者也,衆多如雨,而非所以爲政也。"⑤所以這是幽王時期的詩。至於"周宗既滅",因爲"宗周爲天下所宗,有可宗之道,幽王

---

① 楊伯峻:《春秋左傳注(修訂本)》,第1252頁。
② 錢穆說:"此所謂戎狄,自兼指犬戎。犬戎叛周,即指聯申、繒同抗王命而言。"史念海也說:"按《史記·周本紀》於幽王末年也僅載申侯與繒、西夷犬戎攻幽王事。除此以外,別無其他戰事。則《左傳》所謂'戎狄叛之',正是指申人、繒人與犬戎攻周的事情。"參錢穆:《西周戎禍考》,《古史地理論叢》,北京:生活·讀書·新知三聯書店,2014年,第174頁;史念海:《西周與春秋時期華族與非華族的雜居及其地理分佈(上篇)》,《中國歷史地理論叢》1990年第1期,第20頁。
③ 蒙文通:《古史甄微》,《蒙文通全集(三)》,第115頁。
④ "仍之會""黎之蒐"均爲夏桀、商紂末年之事,故太室之盟也應該相類,是幽王末年之事。此事《今本竹書紀年》繫之於周幽王十年,在"王師伐申"之前,《今本竹書紀年》作者蓋以爲太室之盟的主要目的是圍攻西申。據筆者的研究,幽王圍攻西申應在周幽王九年,故太室之盟也應在此年。參王國維:《今本竹書紀年疏證》卷下,方詩銘、王修齡:《古本竹書紀年輯證(修訂本)》,第262頁。
⑤ 《毛詩正義》卷12,《十三經注疏》,第959~960頁。

昏亂,棄其可宗之道,諸侯不朝,謂之既滅。非謂周已滅亡"。① 上博簡《詩論》簡 8 説:"雨亡(無)政(正),……言上之衰也,王公耻之。"②這裏的"上之衰","上"指周幽王,代指周朝;"衰"指衰落。簡文謂宗周開始衰落。確實證明此詩反映的是幽王末年將衰落時期的情形。詩中的"邦君諸侯",清人胡承珙認爲即指"在外諸侯之統稱",而與之相對的"三事大夫"則是"在内卿大夫之統稱"③,即内諸侯。筆者以爲,《繫年》中的"邦君諸正"即指内諸侯,而"邦君諸侯"指外諸侯。詩人說當時出現了"邦君諸侯,莫肯朝夕",可見外諸侯也不來朝王,而由《繫年》得知,此正肇始於周幽王九年。

内諸侯與外諸侯勢力之消長對兩周之際的政權更迭具有重要的影響。《繫年》載周幽王九年,"邦君諸侯"即外諸侯開始不朝周幽王。此年正是宜臼稱"天王"於西申,而幽王圍攻西申之年。外諸侯爲何不朝王呢?

《史記·周本紀》載:"褒姒不好笑,幽王欲其笑萬方,故不笑。幽王爲熢燧大鼓,有寇至則舉熢火。諸侯悉至,至而無寇,褒姒乃大笑。幽王説之,爲數舉熢火。其後不信,諸侯益亦不至。"後來,"西夷犬戎攻幽王。幽王舉熢火徵兵,兵莫至。遂殺幽王驪山下,虜褒姒,盡取周賂而去。於是諸侯乃即申而共立故幽王太子宜臼,是爲平王,以奉周祀"④。《史記》此說採自《吕氏春秋》,頗具傳奇色彩,學者們多指出其不可信⑤;但其反映了一個重要的問題,即在周幽王時期諸侯已經對幽王產生了嚴重的信任危機;而"諸侯乃即申侯而共立故幽王太子宜臼,是爲平王,以奉周祀",則反映出諸侯(應爲外諸侯)開始從支持幽王轉向支持平王,由《繫年》可知此年正爲周幽王九年。

可見,從周幽王九年開始,外諸侯對幽王逐漸産生信任危機,而不來朝王。《詩經》裏的一些篇章就反映出這種情形。《詩序》曰:"《采菽》,刺幽王也。侮慢諸侯,諸侯來朝,不能錫命以禮,數徵會之而無信義。"鄭玄箋:

---

① 程俊英、蔣見元:《詩經注析》,第 622 頁。
② 馬承源主編:《上海博物館藏戰國楚竹書(一)》,上海:上海古籍出版社,2001 年,第 136 頁。
③ (清)胡承珙撰,郭全芝校點:《毛詩後箋》卷 19,合肥:黄山書社,2014 年,第 981 頁。
④ 《史記》卷 4,第 187~188 頁。
⑤ 《吕氏春秋·疑似》曰:"周宅酆、鎬近戎人,與諸侯約,爲高葆禱於王路,置鼓其上,遠近相聞。即戎寇至,傳鼓相告,諸侯之兵皆至,救天子。戎寇當至,幽王擊鼓,諸侯之兵至,褒姒大説喜。幽王欲褒姒之笑也,因數擊鼓,諸侯之兵數至而無寇。至於後戎寇真至,幽王擊鼓,諸侯兵不至。幽王之身乃死於麗山之下,爲天下笑。"參許維遹:《吕氏春秋集釋》卷 22,第 607~608 頁。對比《吕氏春秋》與《史記》的説法,有一點明顯的不同,即前者僅言"鼓",而後者則説"熢燧大鼓"。學者一般認爲烽燧乃戰國秦漢時代防禦匈奴的設施,尚無資料證明西周時已有此設施。

"幽王徵會諸侯爲合義兵,征討有罪。既往而無之,是於義事不信也。君子見其如此,知其後必見攻伐,將無救也。"①可見,幽王時常征會以討伐有罪,而且侮慢諸侯。《詩序》又曰:"《菀柳》,刺幽王也。暴虐無親,而刑罰不中,諸侯皆不欲朝。言王者之不可朝事也。"②胡承珙注:"此爲幽王暴虐,諸侯畏禍,不敢朝王。"③

其二,西申、繒和犬戎攻幽王,周邊部族趁火打劫,周王室危在旦夕。

幽王由於失去了諸侯的支持,在其與西戎的交戰中,日漸處於劣勢。更加恐怖的是,當時的戎可能並非祇有西申、繒和犬戎,周邊的一些戎狄亦加入其中,出現了"四夷交侵"的局面。然而,由於衆叛親離,此時幽王的猜忌之心日甚一日。《詩·大雅·瞻卬》説:"舍爾介狄,維予胥忌。不弔不祥,威儀不類。人之云亡,邦國殄瘁。"④"介狄",披甲的夷狄,指入侵者西戎。陳啓源《毛詩稽古編》:"《小雅·漸漸之石》《苕之華》《何草不黄》三詩叙皆言四夷交侵,下篇亦言'日蹙國百里',此介狄之明證也。幽王不此之懼而反讎視忠臣,可勝嘆哉!"⑤可見,就在西戎進攻時,幽王非但不想辦法阻擋西戎,反而仇視忠臣。而且幽王也沒有個君王的樣子,"不弔不祥,威儀不類","人之云亡,邦國殄瘁",怪不得人們都説西周將要滅亡了。可見,在西戎入侵時,幽王依然我行我素,這也是西周滅亡很重要的一個原因。

正是由於西戎的日漸侵吞,幽王時出現了"今也日蹙國百里"(《詩·大雅·召旻》)的局面,犬戎入侵,諸侯外叛,國土日削。

其三,"幽王及伯盤乃滅,周乃亡。"

由於失去了諸侯的支持,在與西戎的交戰中,幽王徵兵於諸侯而諸侯不至,周也逐漸轉爲劣勢。而且根據《詩經》等所載,當時内憂外患日趨嚴重,而幽王却不思悔改,繼續聽信讒言。《詩·小雅·雨無正》一篇正給我們展現了當時的歷史狀況。

《雨無正》是周幽王末年的詩,作者是侍御周幽王的大夫⑥,上博簡《詩論》認爲是周的"王公"。他雖然諷喻幽王,但還是幽王的堅定支持者,而

---

① 《毛詩正義》卷15,《十三經注疏》,第1049頁。
② 《毛詩正義》卷15,《十三經注疏》,第1056頁。
③ (清)胡承珙撰,郭全芝校點:《毛詩後箋》卷22,第1180頁。
④ 程俊英、蔣見元:《詩經注析》,第984頁。
⑤ (清)陳啓源:《毛詩稽古編》卷22,《清經解;清經解續編》第1册,第416頁。
⑥ 程俊英、蔣見元:《詩經注析》,第622頁。

反對那些隨平王出居王都鎬京的人。此篇載:

  浩浩昊天,不駿其德。降喪饑饉,斬伐四國。昊天疾威,弗慮弗圖。舍彼有罪,既伏其辜。若此無罪,淪胥以鋪。(第一章)

  周宗既滅,靡所止戾。正大夫離居,莫知我勩。三事大夫,莫肯夙夜。邦君諸侯,莫肯朝夕。庶曰式臧,覆出爲惡。(第二章)

  如何昊天,辟言不信。如彼行邁,則靡所臻。凡百君子,各敬爾身。胡不相畏?不畏于天?(第三章)

  戎成不退,饑成不遂。曾我暬御,憯憯日瘁。凡百君子,莫肯用訊。聽言則答,譖言則退。(第四章)

  哀哉不能言,匪舌是出,維躬是瘁。哿矣能言,巧言如流,俾躬處休。(第五章)

  維曰于仕,孔棘且殆。云不可使,得罪于天子。亦云可使,怨及朋友。(第六章)

  謂爾遷于王都,曰予未有室家。鼠思泣血,無言不疾。昔爾出居,誰從作爾室?(第七章)①

  本詩第二章、第三章給我們展現了一幅犬戎進攻鎬京的情景。一是"周宗既滅,靡所止戾",意思是:"宗周爲天下所宗,有可宗之道,幽王昏亂,棄其可宗之道,諸侯不朝,謂之既滅。非謂周已滅亡。"②犬戎來進攻,諸侯不助幽王,犬戎到處燒殺搶掠,周室之人無處安身。二是"戎成不退,饑成不遂",外部犬戎正在進攻鎬京而沒有撤退的迹象,内部又有饑荒灾害。③ 三是"正大夫離居","三事大夫,莫肯夙夜。邦君諸侯,莫肯朝夕",很多上大夫逃離了原來的住處④,内卿大夫和諸侯都開始不早起晚睡盡心王事。四是"凡百君子,莫肯用訊。聽言則答,譖言則退"⑤,在西戎進攻鎬

---

① 程俊英、蔣見元:《詩經注析》,第621～629頁。
② 程俊英、蔣見元:《詩經注析》,第622頁。
③ 馬瑞辰說:"'戎成不退',外患熾而敵勢强也;'饑成不遂',内災起而兵弱也。不退即指敵言,不遂指周民言爲允。"高亨說:"戎,兵也。此句言兵禍已成,尚未退去。作者寫此詩時,大概犬戎還未退出鎬京一帶。遂,亡也。此句言饑荒之災已成,没有消除。"參(清)馬瑞辰:《毛詩傳箋通釋》卷20,第625～626頁;高亨:《詩經今注》,上海:上海古籍出版社,2009年,第287頁。
④ 高亨說:"正大夫,當卽上大夫。離居,離開原來的住處,逃離他方。"高亨:《詩經今注》,第286頁。
⑤ "聽有順從之義,'聽言'對'譖言'言,正謂順從之言。……譖言即諫言也。……言凡百君子所以莫有直諫,蓋以王好順從而惡諫譖,聞順從之言則答而進之,聞譖毁之言則退而不答。聽言言答,則進之可知;譖言言退,則不答可知。……聽言、譖言,皆謂臣之進言於王者;答與退,則在王耳。"(清)馬瑞辰:《毛詩傳箋通釋》卷20,第626頁。

京時,幽王仍未退出鎬京①,至此他仍不愛聽諫言,祇喜歡聽順言。五是第六章"維曰于仕,孔棘且殆。云不可使,得罪于天子。亦云可使,怨及朋友",說明幽王又要任用一些奸佞的人(比如虢石父)。② 該詩作者實際上處於左右爲難的局面:如果我説王要任命的佞臣不可役使,則得罪了天子;如果説他可以役使,則朋友會怨恨我。

詩文末章説:"謂爾遷于王都,曰予未有室家。鼠思泣血,無言不疾。昔爾出居,誰從作爾室?"此句謂平王從王都鎬京遷走,而作者的室家也在西戎聯軍進攻鎬京時被毀壞。作者憂思泣血,説任何話都會遭到遷出王都鎬京者的妒嫉,即便如此,他還是質問他們:"往日你們逃難出居的時候,誰跟着你去造房屋呢?"③而作者之所以不逃離王都,是因爲他還對幽王抱有幻想,仍忠於幽王。④

通過本詩可見,當西申、繒與西戎聯軍進攻鎬京時,周幽王是外有西戎進攻,内有饑荒成災,再加上他不思悔改、仍聽信讒言,使朝内虢石父等奸佞當道。雖然,還有少數像《雨無正》《十月之交》的作者以及鄭桓公那樣堅決支持周幽王的人,但是,由於周幽王已經失去民心,尤其是外諸侯也不願意幫助周幽王,可以説,幽王的毀滅是指日可待的。

---

① 這個不喜直諫愛聽讒言的"王"就是周幽王。因爲不可能是"攜王",攜王是幽王死後被虢公翰立在虢的,於詩文時間地點均不合。也不可能是"平王",因爲本詩第七章説是"爾遷于王都",顯然平王已經遷到東都了;而且據《繫年》等記載,平王逃出西申後到了少鄂、京師,然後到了成周。更不可能是戎王,詩文第六章稱此"王"爲"天子",顯然是周臣對周天子的稱呼。因此,我們認爲此"王"祇能是周幽王,這也與本章《詩序》所謂的"大夫刺幽王"的詩旨一致。

② 《史記·周本紀》:"幽王以虢石父爲卿,用事,國人皆怨。石父爲人佞巧,善諛好利,王用之。""虢石父"又作"虢石甫"。《國語·晉語一》載晉大夫史蘇説:"褒姒有寵,生伯服,於是乎與虢石甫比,逐太子宜臼而立伯服。"《史記》卷4,第188頁;徐元誥:《國語集解(修訂本)》卷7,第250~251頁。

③ 參高亨:《詩經今注》,第287~288頁。

④ 作者雖然看到幽王聽信讒言、任用奸佞,但還是支持幽王,爲何呢?《毛傳》:"賢者不肯遷于王都也。無聲曰泣血,無所言而不見疾也。遭亂世,義不得去。思其友而不肯反者也。"清代胡承珙説:"此篇末章傳云:'思其友而不肯反。'可見二篇實一時之事。此不肯遷于王都之賢者,即上篇之'我友'亦即此篇之'朋友'也。幽王之時,亂形孔亟,群臣離散,鄭桓公尚寄孥虢鄶爲逃死之計。其不去者,必實有義不得去之故。此等傳義,毛公當有師承,斷非望文衍説也。"胡承珙説是正確的。《詩·小雅·十月之交》:"悠悠我里,亦孔之痗。四方有羨,我獨居憂。民莫不逸,我獨不敢休。天命不徹,我不敢傚我友自逸。"此詩的作者也是一位擁護周幽王而反對東遷的貴族,當時如詩人的同僚皇父等人爲了避難,都有東遷的打算,但詩人却不以爲然。程俊英等説:"我友,指皇父等七人。姚際恒《通論》:'我友自逸,皆指七子輩也。'自逸,自求安逸。這章以自己的憂國、勞累和七子的自求安逸作對比,堅持勤勉爲國以應天變。"可見,即便幽王不道,但他還是幽王的堅定支持者。《毛詩正義》卷12,《十三經注疏》,第961頁;(清)胡承珙:《毛詩後箋》卷19,第985頁;程俊英、蔣見元:《詩經注析》,第620~621頁。

果然,終於在周幽王十一年,西申、繒與西戎聯軍攻破鎬京。幽王與伯盤被殺,而這標誌着西周的滅亡,《繫年》載:"幽王及伯盤乃滅,周乃亡。"關於幽王被殺的地點,《史記·周本紀》載"遂殺幽王驪山下,虜褒姒,盡取周賂而去",《國語·魯語上》載"幽滅於戲",《古本竹書紀年》亦謂"(伯盤)與幽王俱死于戲"。徐元誥說:"戲即驪山之北,水名,見《路史·國名記》。在今陝西臨潼縣東三十里,尚有古戲亭。"①西晉潘嶽的《西征賦》載幽王滅之事曰:"軍敗戲水之上,身死驪山之北。"亦可證戲大致在驪山之北,此地位於鎬京以東。

爲何幽王未死於鎬京而被殺於其以東的驪山下呢? 姚鼐說:"幽王之無道,戎之侵軼最甚,日蹙國百里。蓋必幽王未死,而國都先失,徙避漸東,卒不免于驪山之下,然與喪都非一年事矣。"②據此,幽王是逃至驪山下而被殺的,此一說。童書業說:"'遂殺幽王驪山下',驪山蓋爲西申所在之地(《史記·秦本紀》'申侯乃言孝王曰,昔我先酈山之女,爲戎胥軒妻'可證)。"③據此,幽王好像被俘後到了西申老家而被殺,此又一說。但此二說均屬推測,由於我們沒有確切資料,事實終究難以明瞭。無論如何,幽王和伯盤的被殺標誌着西周的滅亡。

實際上,周幽王九年到十一年這三年間,不僅是西周逐漸覆滅的歷史,也是平王東遷的歷史。

(三)平王東遷過程考

關於周平王東遷,過去由於傳世文獻記載甚略,所以我們所知寥寥。《繫年》對這一過程有較詳細的記載,這對我們復原這一段歷史有重大意義。下面,我們就根據《繫年》並綜合傳世文獻對周平王東遷作一考察。

關於周平王東遷,《史記·周本紀》說:"平王立,東遷于雒邑。"④《史記·十二諸侯年表》也說,周幽王十一年(前771),"幽王爲犬戎所殺";次年(前770),"平王元年,東徙雒邑"⑤。據此,平王元年與平王東遷實際上是一年,均在周幽王被殺後。而據清華簡《繫年》,兩者不在同一年。《繫

---

① 徐元誥:《國語集解(修訂本)》卷4,第173頁。
② (清)姚鼐:《惜抱軒九經說》卷7,載(清)徐世昌等編纂:《清儒學案》卷88,北京:中華書局,2008年,第3473頁。
③ 童書業著,童教英校訂:《春秋左傳研究(校訂本)》,第38頁。
④ 《史記》卷4,第189頁。
⑤ 《史記》卷14,第670頁。

年》第二章載:"周亡王九年,……晉文侯乃逆平王于少鄂,立之于京師,三年,乃東徙,止於成周。"此處之"三年"即"三年後"(前770),而周平王即位於周幽王九年(前773),此時幽王仍在,故史家仍用幽王紀年。

《王城譜》:"晉文侯、鄭武公迎宜咎于申而立之,是爲平王。以亂,故徙居東都王城。"①此蓋據與《繫年》類似材料所作的記載。據此,則平王爲晉文侯與鄭武公立於京師。此是一説。

又,《左傳》昭公二十六年孔疏引《竹書紀年》云:"先是,申侯、魯〈繒〉侯及許文公立平王於申,以本大子,故稱天王。"《史記・周本紀》:"於是諸侯乃即申侯而共立故幽王太子宜臼,是爲平王,以奉周祀。"②據此,則平王爲申侯等立於西申。此又一説。那麽,這兩種説法如何協調呢?

李學勤認爲,平王西申之立未得到各方面諸侯的承認,所以楚人所撰《繫年》不言此事。③這種説法是可信的。西申之立蓋未得到諸侯承認,故晉文侯又立平王於京師。

綜上可見,周幽王九年平王乃立,"三年"(三年後)東遷,這説明平王元年與東遷之年絶非同一年,平王東遷實際上有一個過程。

前文已述,周平王先被立於西申。《史記・周本紀》:"於是諸侯乃即申侯而共立故幽王太子宜臼,是爲平王,以奉周祀。"《左傳》昭公二十六年孔疏引《竹書紀年》云:"先是,申侯、魯〈繒〉侯及許文公立平王於申,以本大子,故稱天王。"許與申同爲姜姓,《國語・周語中》:"齊、許、申、吕由大姜。"韋昭注:"四國皆姜姓也,四嶽之後,大姜之家也。大姜,太王之妃,王季之母也。"④《鄭語》:"繒與西戎方將德申,申、吕方彊,其隩愛太子亦必可知也,王師若在,其救之亦必然矣。"申侯、繒侯及許文公立平王於西申爲天王。此舉惹怒了周幽王,其在一怒之下率兵圍攻西申,欲殺平王而後快。就在西申抵擋不住的情況下,西申的盟國繒引來西戎,西戎派兵直逼京師,幽王不得不放棄圍攻西申,掉頭以圖遏制西戎來犯,而平王就在此間隙逃出西申。

平王逃出西申後,由於失去了西申的庇護,遭遇頗爲悲慘。《左傳》襄

---

① 《毛詩正義》卷4,《十三經注疏》,第696~697頁。
② 《史記・周本紀》載諸侯是在犬戎殺死幽王之後,才"即申而共立故幽王太子宜臼"。而根據《古本竹書紀年》及清華簡《繫年》等,平王之立在幽王死之前,《周本紀》之説蓋爲追述。可參本章史事考證部分。
③ 李學勤:《由清華簡〈繫年〉論〈文侯之命〉》,《揚州大學學報(人文社會科學版)》2013年第2期,第51頁。
④ 徐元誥:《國語集解(修訂本)》卷2,第46~47頁。

公十年載周王卿士瑕禽回憶其先祖隨平王東遷的情形時說:"昔平王東遷,吾七姓從王,牲用備具,王賴之,而賜之騂旄之盟,曰:'世世無失職。'若篳門閨竇,其能來東厎乎?且王何賴焉?"①其反映的正是周平王從西申逃離時之情景。當時隨從平王的僅有七姓貴族,其是平王的私屬,並不是參與國政的強宗。② 平王在路上所用牲用備具,也僅依靠這七姓貴族的供應,可見此過程中平王頗受顛沛流離之苦。

平王從西申逃出後,先是到了少鄂。《繫年》第二章載:"周亡王九年,……晉文侯乃逆平王于少鄂,立之于京師,三年乃東徙,止于成周。"少鄂屬於晉,在今山西鄉寧。後晉文侯將平王接到了京師。根據考古發現,京師蓋在陝西韓城。《王城譜》:"晉文侯、鄭武公迎宜咎于申而立之,是爲平王。以亂,故徙居東都王城。"③據此,除晉文侯外,鄭武公也參與此事。《國語·周語中》載周大夫富辰說:"鄭武、莊有大勳力於平、桓;我周之東遷,晉、鄭是依。"④《國語·晉語四》載鄭大夫叔詹回憶說:"吾先君武公,與晉文侯勠力一心,股肱周室,夾輔平王。"⑤說的正是此事。

從周幽王九年(前773)開始,平王先是被申侯、繒侯、許文公在申擁立爲天王,由於遭到幽王進攻而逃出西申,途經少鄂,後在晉文侯、鄭武公的支持下又被立於京師。三年後(前770),平王東遷成周,此即《繫年》"三年,乃東徙,止於成周"。

(四)"周二王並立"與内外諸侯勢力之消長

就在平王東遷洛邑後,一些諸侯又擁立幽王的弟弟余臣爲"攜王",其與周平王對立,故史稱"周二王並立"。《左傳》昭公二十六年孔疏引《竹書紀年》云:"平王奔西申,而立伯盤以爲大子,與幽王俱死于戲。先是,申侯、魯〈繒〉侯及許文公立平王於申,以本大子,故稱天王。幽王既死,而虢公翰又立王子余臣於攜,周二王並立。二十一年,攜王爲晉文公所殺。以本非適,故稱攜王。"之所以出現二王並立的局面,主要是由於諸侯對支持哪個王實際上持不同意見,也就是二王代表了不同的政治勢力。那麽,這兩方政治勢力如何區分呢?

---

① 楊伯峻:《春秋左傳注(修訂本)》,第983頁。
② 參徐中舒:《先秦史論稿》,第185頁。
③ 《毛詩正義》卷4,《十三經注疏》,第696~697頁。
④ 徐元誥:《國語集解(修訂本)》卷2,第45頁。
⑤ 徐元誥:《國語集解(修訂本)》卷10,第330頁。

《繫年》第二章載:"邦君諸正乃立幽王之弟余臣於虢,是攜惠王。立二十又一年,晉文侯仇乃殺惠王于虢。周亡王九年,邦君諸侯焉始不朝于周,晉文侯乃逆平王于少鄂,立之于京師。"這裏,"邦君諸正"即指内諸侯,而"邦君諸侯"指外諸侯。

前文已述,幽王由於失去了諸侯的支持,在其與西戎的交戰中,曾徵兵於諸侯而諸侯不至,所以其遭西戎殺害。可見,正是由於失去了外諸侯的支持,幽王才遭滅頂之災。而據《繫年》,此時平王却在外諸侯的支持下,先是被立於西申,後又被晉文侯立於京師。

幽王死後,一些内諸侯如虢公翰等人立幽王弟余臣爲攜王,顯然是爲了抵制外諸侯所立的平王。因此,所謂的"二王並立"表面上看是攜王與平王的對立,本質上則是内諸侯與外諸侯兩股政治勢力的對立。

《繫年》載:"[攜惠王]立二十又一年,晉文侯仇乃殺惠王于虢。"《左傳》昭公二十六年載:"攜王奸命,諸侯替之,而建王嗣,用遷郟鄏。"① 替,廢也。這裏廢攜王的也是外諸侯。攜王的滅亡標誌着外諸侯對内諸侯的勝利。自此以後,外諸侯勢力得到了迅猛發展。《國語·鄭語》:"[幽王]九年而王室始騷,十一年而斃。及平王之末,而秦、晉、齊、楚代興,秦景、襄於是乎取周土,晉文侯於是乎定天子,齊莊、僖於是乎小伯,楚蚡冒於是乎始啓濮。"②《繫年》第二章也説:"周亡王九年,邦君諸侯焉始不朝于周,晉文侯乃逆平王于少鄂,立之于京師。三年,乃東徙,止于成周,晉人焉始啓于京師,鄭武公亦正東方之諸侯。……齊襄公會諸侯于首止……鄭以始正。楚文〈焚〉王以啓于漢陽。"第三章説:"周室既卑,平王東遷,止于成周,秦仲焉東居周地,以守周之墳墓,秦以始大。"這些記載均反映出這種形勢。《史記·周本紀》説,"平王之時,周室衰微,諸侯彊並弱,齊、楚、秦、晉始大"③,開啓了"政由方伯"的時代。

(五)小結

通過對《繫年》之分析,我們對兩周之際的這段歷史有了一些新的認識,主要有以下幾點:

第一,學者曾猜測西周滅亡的主要原因是嫡庶相争之内亂而引起的西

---

① 楊伯峻:《春秋左傳注(修訂本)》,第1476頁。
② 徐元誥:《國語集解(修訂本)》卷16,第330頁。
③ 《史記》卷4,第189頁。

戎入侵之外患,《繫年》證實了這種猜測。

　　第二,西申、繒與西戎聯軍攻幽王在周幽王九年,而幽王被殺、西周滅亡在十一年,可見西周的滅亡並非一朝一夕之事,而是有個過程。

　　第三,關於平王東遷,平王被立於申與京師雖然均在周幽王九年,但由於幽王仍在,故史家仍用幽王紀年,平王元年在幽王死之次年,此年東遷成周。

　　第四,平王東遷後才開始"周二王並立"之時代,攜王被殺標誌着這一時代的結束,而在此過程中外諸侯勢力逐漸壯大,爲"政由方伯"時代的到來開闢了道路。

　　同時,將《繫年》與傳世文獻對比,我們發現後者對兩周之際的史事的記載基本上是有依據的,但其中的一些細節顯然有失實之處,而出土的金文、簡帛材料尤其是《繫年》正可對其進行補證。

【第三章】

[說明]

(一)"㡭"【一四】的隸定

【整理者】"屎"字見於陳侯因咨敦(《集成》4649),即《説文》"𢼑"字或體"伻"。整理者從容庚說訓爲"繼",是説成王繼武王之後再次伐商。①

【陳劍】"屎"讀爲"踐奄"之"踐",與古書、金文用字習慣若合符節。②

【謹按】陳侯因咨敦(《集成》4649,戰國,齊威王):"紹踵高祖黃帝,屎嗣桓文。""屎"字,容庚釋爲"伻",義當如"繼"。③ 李家浩指出,陳侯因咨敦的"屎"字是甲骨文、金文"屍"字的異體,其下部經歷了由"少"到"米"的譌變,並當讀爲"纂"。《禮記·祭統》引孔悝鼎"纂乃祖服"、《左傳》襄公十四年"纂乃祖考",鄭玄注和杜預注並云:"纂,繼也。"④

逨盤(《銘圖》14543,西周晚期,宣王)"屍朕祖考服",裘錫圭指出也當讀爲訓"繼"的"纂"。⑤

對於《繫年》"屎",宋華强也認爲應該讀爲訓"繼"的"纂","纂伐商邑"就是繼續討伐商邑。《國語·周語上》"纂修其緒","纂"字後接動賓結構,用法與簡文同。⑥ 黃甜甜同意此説,並根據段玉裁《説文解字注》和朱駿聲《説文通訓定聲》認爲訓"繼"的"纂"當爲"續"的假借,"屎伐商邑"當讀爲"續伐商邑"。⑦

可見,學者多認爲"屎"是"屍"的一種異體,前者的"米"由後者的

---

① 清華大學出土文獻研究與保護中心編,李學勤主編:《清華大學藏戰國竹簡(貳)》,第142頁。
② 李松儒:《清華簡〈繫年〉集釋》,第82頁。
③ 容庚:《善齋彝器圖録》,《金文文獻集成》第20冊,北京:綫裝書局;香港:明石文化有限公司,2009年,第484頁。
④ 俞偉超:《中國古代公社組織的考察》,北京:文物出版社,1988年,第11~15頁。
⑤ 裘錫圭:《讀逨器銘文札記三則》,《裘錫圭學術文集》第3卷,第167頁。
⑥ 李松儒:《清華簡〈繫年〉集釋》,第81頁。
⑦ 黃甜甜:《〈繫年〉第三章"成王屎伐商邑"之"屎"字補論》,《深圳大學學報(人文社會科學版)》2012年第2期,第53~54頁。

"少"譌變而來,根據文義推斷應該讀爲訓"繼"的"纂"。但是,讀爲"纂"的前提之一是這個字與《說文》"徙"之古文"屟"是一個字,"徙"(心母歌部)與"纂"(精母元部)讀音相近可通。而《繫年》裏"屟"與"徙"字形同見,判然有別,用法也相異。對此,李守奎傾向於"屟"即屟尿之"屟",幾個小點與"小(沙)"同形,兼具表音作用,與"徙"之古文"屟"音符相同,讀爲"纂",也就是說"屟"也有"沙"的讀音。但這祇是一種假設,還需要從語音上找更充分的證據。至於《說文》"徙"之古文源自"屟",與"屟"沒有直接關繫;《說文》"伖"可能是"屟"的譌變。①

綜上可見,簡文"屟"實際上是"屟"之本字,從"尸"、"少(沙)"聲,根據經傳當讀爲"纂"或"纘",均訓爲"繼"。

(二)"𠀀"【一五】的隸定

【整理者】隸定爲"屈",疑即《說文》的"仚"字,在曉母元部,讀爲匣母元部的"扞",《左傳》桓公十二年杜注"衛也"。②

【謹按】隸爲"昂",從"弓"從"山","弓"形旁下加飾筆。③ 簡文的"弓"形下飾筆與"山"合一。

對於"昂"字,目前主要有以下幾種讀法:

第一,隸定爲"屈",懷疑即《說文》的"仚"字,在曉母元部,讀爲匣母元部的"扞",《左傳》桓公十二年杜注"衛也"。整理者等持此說。④

第二,隸定爲"昂",從"山"、"弓"聲,讀爲"肱"。落葉滿空山、朱鳳瀚等持此說。⑤

第三,隸定爲"仚",認爲"昂"上半部分是"人"之譌,此字即戰國文字與傳抄古文中表人形立於山上的"危"字,"危"讀爲"衛"。鄔可晶等持此說。⑥

第四,隸定爲"岳",從"山"、"勹"聲(勹,幫母幽部;伏,並母職部),讀爲陪臣之"陪"(並母之部)。《廣雅·釋詁一》:"陪,臣也。"《大雅·蕩》:"爾德不明,以無陪無卿。"毛傳:"無陪貳,無卿士也。"《釋文》:"陪,本又

---

① 李守奎:《"屟"與"徙"之古文考》,《古文字與古史考:清華簡整理研究》,第 172~184 頁。
② 清華大學出土文獻研究與保護中心編,李學勤主編:《清華大學藏戰國竹簡(貳)》,第 143 頁。
③ 何琳儀:《戰國古文字典:戰國文字聲系》,北京:中華書局,1998 年,第 137 頁。
④ 清華大學出土文獻研究與保護中心編,李學勤主編:《清華大學藏戰國竹簡(貳)》,第 143 頁。
⑤ 李松儒:《清華簡〈繫年〉集釋》,第 91 頁;朱鳳瀚:《清華簡〈繫年〉所記西周史事考》,李宗焜主編:《出土材料與新視野》,第 446 頁。
⑥ 李松儒:《清華簡〈繫年〉集釋》,第 90 頁。

作培。"《左傳》昭公七年:"逃而舍之,是無陪臺也。"《廣弘明集》卷一一《對傅弈廢佛僧事》引《古本竹書紀年》:"秦無曆數,周世陪臣。""周世陪臣"與"世作周陪"語義相近。董珊等即持此説。①

從字形上看,此字當隸爲"㠯"。第二種説法很直接,但文獻未見"世作周肱"的説法。

第一、三種説法,認爲上從"尸"或"人",二者可通用。如此,則正如鄔可晶所説,"尸"或"人"當與"弓"形相譌混。整理者認爲此字是《説文》的"仚",讀爲"扞",訓爲"衛"。

第三種説法直接認爲此字是"危"字異體。出土戰國文字和傳抄古文有"仚"字,寫作" "(《璽彙》122~125)、" "(《璽彙》117~121)、" "(郭店《六德》簡17)、" "(《古文四聲韻》引《古孝經》)等形。"仚(厃)"爲"厃"字異體。《類篇》卷9中"厃,虞爲切,在高而懼也,從人在山",即危高之"危"的專字。② 根據字形來説,"㠯"上的"弓"可能是"人"的譌變,此字可能釋爲"厃"。但值得注意的是,"危"字在清華簡中也出現過,作" "(清華簡陸《子產》簡3)形,與此處不同。

第四種説法於字形有較大差距。

綜上可見,該字當隸定爲"㠯",其上半部分"弓"是"人"或"尸"形之譌,涵義應該是陪臣、附庸之類。

《史記·秦本紀》載周孝王封非子曰:"今其後世亦爲朕息馬,朕其分土爲附庸。"③《秦詩譜》曰:"周孝王使其末孫非子養馬於汧渭之間。孝王爲伯翳能知禽獸之言,子孫不絶,故封非子爲附庸,邑之於秦谷。"④《禮記·王制》:"天子之田方千里,公侯田方百里,伯七十里,子男五十里。不能五十里者,不合於天子,附於諸侯,曰附庸。"⑤《詩·秦風·車鄰》毛傳:"《車鄰》,美秦仲也。秦仲始大。"孔穎達正義:"言秦仲始大者,秦自非子以來,世爲附庸,其國仍小。至今秦仲而國土大矣。由國始大,而得有此車馬禮樂,故言'始大'以冠之。"⑥

---

① 李松儒:《清華簡〈繫年〉集釋》,第90頁。
② 周波:《中山器銘文補釋》,劉釗主編:《出土文獻與古文字研究》第3輯,上海:復旦大學出版社,2010年,第203頁。
③ 《史記》卷5,第228頁。
④ 《毛詩正義》卷6,《十三經注疏》,第782頁。
⑤ (清)孫希旦:《禮記集解》卷12,北京:中華書局,1989年,第310頁。
⑥ 《毛詩正義》卷6,《十三經注疏》,第783頁。

《廣弘明集》卷11《對傅奕廢佛僧事》引《古本竹書紀年》:"秦無曆數,周世陪臣。"①其中,"陪臣"也是附庸的意思。

上引有學者釋爲股肱,於簡義恐不適宜。

但是怎麼把字形和附庸、陪臣聯繫起來,恐怕還需進一步考慮。

(三)"先＝"【一五】的解讀

【整理者】將"先＝"合文解爲"先人"。②

【陳劍】"是秦先＝"當讀爲"是秦之先",而非"是秦先人"。③

【謹按】從合文角度來說,簡文此字實際上屬於"合文借用形體"的範疇④,其既可借用上面的"止"(讀爲"之"),也可以借用下面的"人",兩種說法均有依據。但按照"先＝"合文的例子來看,一般讀爲"之先"或"先之",如郭店楚簡《尊德義》簡16"先＝以德"讀爲"先之以德"。

另外,"秦之先"的説法於古書常見。《荀子·成相》:"世之災,妬賢能,飛廉知政任惡來。"唐代楊倞注:"惡來,飛廉之子,秦之先也。"⑤《史記·秦本紀》:"秦之先,帝顓頊之苗裔。""太史公曰:秦之先爲嬴姓。"⑥

綜合以上兩點,我們認同陳劍的説法。

[釋文]

周武王既克叡(殷),乃埶(設)三監于殷。[1]武王陟,商邑興反,殺三監而立彔(彔)子耿。[2]成【一三】王屖伐商邑,殺彔(彔)子耿,飛厤(廉)東逃于商盍(蓋)氏。[3]成王伐商盍(蓋),殺飛厤(廉)。[4]西罨(遷)商【一四】盍(蓋)之民于邾(朱)虘(吾、圉),以御奴虘之戎,是秦之先＝(之先),殜(世)乍(作)周昌。[5]周室卽(既)䧹(卑),坪(平)王東罨(遷),止于成【一五】周。[6]秦中(仲)女(焉)東居周地,以戬(守)周之於(墳)墓(墓),秦以訋(始)大。【一六】[7]

---

① 方詩銘、王修齡:《古本竹書紀年輯證(修訂本)》,第58頁。
② 清華大學出土文獻研究與保護中心編,李學勤主編:《清華大學藏戰國竹簡(貳)》,第141頁。
③ 李松儒:《清華簡〈繫年〉集釋》,第88頁。
④ 關於"合文借用形體"的概念及例子,可參何琳儀:《戰國文字通論(訂補)》,上海:上海古籍出版社,2017年,第262~263頁。
⑤ (清)王先謙:《荀子集解》卷18,第458頁。
⑥ 《史記》卷5,第223、277頁。

一三【一三背】　一四【一四背】　一五【一五背】　一六【一六背】

[疏證]

[1]周武王既克殷(殷),乃埶(設)三監于殷。

【朱鳳瀚】殷的地望當在商後期王國之王畿區域内。監是軍事職務,不完全等於封君,所以管叔、蔡叔等在殷地爲監,並不等於在此區域有封地。①

【謹按】"埶"(祭部)與"設"(月部)古音陰入對轉,可通用。②"設"有置、立等義。古書中説到置立官職爵位或任人以職等事時,往往用"設"字。《禮記·文王世子》:"設四輔及三公。"《韓非子·難二》:"設官職,陳爵禄。"《韓非子·詭使》:"設爵位。"

關於"三監",《禮記·王制》:"天子使其大夫爲三監,監於方伯之國,國三人。"③

簡文"殷"相當於《逸周書》的"殷""東"、《漢書·地理志》的"邶""鄘""衛",都是指商王畿,同簡文後面的"商邑"。

《逸周書·作雒解》:"武王克殷,乃立王子禄父,俾守商祀。建管叔于東,建蔡叔、霍叔于殷,俾監殷臣。"④

《漢書·地理志》:"周既滅殷,分其畿内爲三國,《詩·風》邶、庸、衛國是也。邶,以封紂子武庚;庸,管叔尹之;衛,蔡叔尹之:以監殷民,謂之三監。"⑤

據簡文,"三監"指管叔、蔡叔、霍叔。

[2]武王陟,商邑興反,殺三監而立彔(彔)子耿。

【整理者】陟,《韓昌黎集·黃陵廟碑》:"《竹書紀年》帝王之没皆曰陟。"興,《爾雅·釋言》:"起也。"彔子耿,即大保簋(《集成》4140)所載"彔子䎽"。"耿"爲見母耕部,"䎽"爲書母耕部,與"聖"同音的"聲"所從的"殸"爲溪母,故《説文》引杜林説以爲"耿"字"从火,聖省聲",並引白川静

---

① 朱鳳瀚:《清華簡〈繫年〉所記西周史事考》,李宗焜主編:《出土材料與新視野》,第444~445頁。
② 裘錫圭:《裘錫圭學術文集》第1卷,第174頁。
③ (清)孫希旦:《禮記集解》卷12,第321頁。
④ 黃懷信等:《逸周書彙校集注(修訂本)》卷5,第510~511頁。
⑤ 《漢書》卷28下,第1647頁。

説"彔子耵"即紂子武庚禄父。①

【李學勤】"商邑"見《詩·殷武》"商邑翼翼,四方之極",指商王朝直接統治的區域,殷墟卜辭稱之爲"大邑商",因而也作爲商王朝的代名詞。《繫年》第一章講周武王"克反商邑",即顛覆商王朝的政權。第三章説"武王陟,商邑興反",即武王卒後,武庚在商的故地反周。此處銘文稱"王來伐商邑",對照簡文第三章"成王屎(粦)伐商邑","王"確指成王。有學者誤以爲"王"是"攝政稱王"的周公。②

禄父是商紂之子,《逸周書·作雒解》:"武王克殷,乃立王子禄父,俾守商祀",同書《克殷解》稱之爲"王子武庚",《史記·殷本紀》等稱之爲"紂子武庚禄父","禄父"爲其名,"武庚"係其廟號。"彔子耵"可能是名、字聯稱,即名禄字子耵。③

【王輝】提出了三點看法:

其一,《繫年》裏的"彔子耿"即《大保簋》中的"彔子耵",這是正確的。

其二,對"彔子耵"是"武庚禄父"的認定,他認爲理由不充分。他舉出了關於"耵"的其他三件青銅器:

(1)王子耵觚:王(或釋天)子耵乍(作)父丁彝。(《集成》7296)

(2)王子耵鼎:王子耵。④

(3)耵簋(或稱遷簋):辛巳王飠(飲)多亞,耵享京邐,易(賜)貝二朋,用乍(作)大子丁。耴須(族徽)(《集成》3975)

以上三器均爲商周之際器,據此王輝認爲:"耵"的身份是"王子";"耵"的父親的身份是"大(太)子",廟號是"丁"。

按照白川静所説,"彔子耵"是武庚禄父,其身份是王子,則與(1)相合。但其父廟號是"丁",而商紂廟號是"辛",與(2)不合。商紂的身份是王,不排除即位前是太子,但作器時祭祀對象是亡父,已有廟號,則作器時稱爲"大子"就不合適。

因此,他認爲根據目前材料,祇能肯定"彔子耵"是商王宗族(唐蘭最先提出此説),而無法肯定其與武庚爲同一人。

---

① 清華大學出土文獻研究與保護中心編,李學勤主編:《清華大學藏戰國竹簡(貳)》,第141~142頁。

② 李學勤:《由清華簡〈繫年〉重釋沬司徒疑簋》,《中國高校社會科學》2013年第3期,第84頁。

③ 李學勤:《紂子武庚禄父與大保簋》,宋鎮豪主編:《甲骨文與殷商史》新2輯,上海:上海古籍出版社,2011年,第3頁。

④ 劉雨、汪濤:《流散歐美殷周有銘青銅器集録》,上海:上海辭書出版社,2007年,第54頁。

其三,"彔子聖"與"武庚禄父"非同一人。"伐彔子聖"的是大保召公,而"伐誅"武庚的是周公。他懷疑周成王先命周公伐誅武庚,又命召公伐彔子聖,二者本非一事。《繫年》誤認爲伐滅三監後才封立"彔子聖",其實"彔"作爲商的宗邑或封國,早已存在。①

【羅運環】"王子禄父"與"寨子耿"是兩個人,而不是一個人。"寨子耿"是"禄父"的子輩,以其父的名字爲氏,故可稱"寨子耿"。②

【謹按】武王陟,《竹書紀年存真》作"王陟,年五十四",《古本竹書紀年輯校》作"武王年五十四"。③

商邑,指商王直接統治的王畿範圍。《詩·商頌·殷武》"商邑翼翼,四方之極。"朱熹注:"商邑,王都也。"④《白虎通·京師》:"夏曰夏邑,商曰商邑,周曰京師。"⑤可見"商邑"實際上就是殷都,這説明三監就設在商王畿。

興反。《説文·舁部》:"興,起也。"《爾雅·釋言》:"興,起也。"《史記·魯世家》:"伯禽即位之後,有管、蔡等反也,淮夷、徐戎亦並興反。"集解引孔安國曰:"淮浦之夷,徐州之戎,並起爲寇。"⑥亦訓"興"爲"起"。

關於"商邑興反",《尚書·多士》載成王對殷舊臣説:"惟爾洪無度,我不爾動,自乃邑。"江聲音疏:"惟爾武庚大無法度,我本不女(汝)動也。難發自女(汝)邑,自取滅亡也。"⑦此即指武庚在商邑發動叛亂。

"殺三監而立寨(彔)子耿",這裏既出現了"三監",又出現了"寨(彔)子耿"(武庚),學者多據此認爲"三監"中不包括武庚。⑧ 值得注意的是,《尚書大傳·金縢》"武王死,……然後禄父及三監叛也"⑨,也同時出現

---

① 王輝:《一粟居讀簡記(三)》,陳致主編:《簡帛·經典·古史》,第67~70頁。
② 羅運環:《清華簡〈繫年〉前四章發微》,《出土文獻》第7輯,第96頁。
③ 參方詩銘、王修齡:《古本竹書紀年輯證(修訂本)》,第44頁。
④ (宋)朱熹:《詩集傳》卷20,上海:上海古籍出版社,1980年,第247頁。
⑤ (清)陳立:《白虎通疏證》卷4,北京:中華書局,1994年,第161頁。
⑥ 《史記》卷33,第1844頁。
⑦ 顧頡剛、劉起釪:《尚書校釋譯論》,北京:中華書局,2005年,第1517~1518頁。
⑧ 李學勤:《清華簡〈繫年〉及有關古史問題》,《文物》2011年第3期,第72頁。朱鳳瀚:《清華簡〈繫年〉所記西周史事考》,李宗焜主編:《出土材料與新視野》,第445頁。
⑨ (漢)伏勝撰,(漢)鄭玄注,(清)陳壽祺輯校:《尚書大傳》卷2,北京:中華書局,1985年,第83頁。

"三監"和"禄父"。清人王引之認爲《大傳》之"三"乃"二"之譌①,現在看來是不正確的。"㝨(彔)子耿"即大保簋中的"彔子𦔻","𦔻"即"聖"之異體。②

[3]成【一三】王屖伐商邑,殺㝨(彔)子耿,飛曆(廉)東逃于商盍(蓋)氏。

【謹按】成王屖伐商邑,即指第二次周成王伐商,相對於第一次周武王伐紂而言。小臣單觶(《集成》6512,西周早期,周成王):"王後坂(反)克商。"這裏的"後反克商"也是講第二次伐商。③ 簡文作"屖"伐商,也是爲了區別於第一次伐商。

飛曆,《孟子》作"飛廉",《史記·秦本紀》作"蜚廉"。"飛""蜚"古通用,"曆""廉"同屬談部,亦可通。《史記·秦本紀》:"[中潏]生蜚廉。蜚廉生惡來。惡來有力,蜚廉善走,父子俱以材力事殷紂。周武王之伐紂,並殺惡來。是時蜚廉爲紂石北方,還,無所報,爲壇霍太山而報,得石棺,銘曰'帝令處父不與殷亂,賜爾石棺以華氏'。死,遂葬於霍太山。"④《史記·趙世家》:"蜚廉有子二人,而命其一子曰惡來,事紂,爲周所殺,其後爲秦。"⑤《潛夫論·志氏姓》:"飛廉……皆嬴姓也。"⑥飛廉是秦和趙的直系祖先。

商盍(蓋)氏,"商蓋"也作"商奄"。"蓋""奄"聲近通用,《説文·疒部》:"䦤,跛病也。从疒盍聲。讀若脅,又讀若掩。"《史記·大宛列傳》"奄蔡"正義引《漢書解詁》云:"奄蔡即闔蘇也。"⑦《後漢書·東夷列傳》"掩淲水"李賢注:"今高麗中有蓋斯水,疑此水是也。"⑧均爲其證。王念孫説:"商蓋當爲商奄,蓋字古與盍通,盍、奄草書相似,故奄譌作盍,又譌作蓋。"⑨今按,"商奄"之"奄",金文、簡帛就作"蓋",可見王説不可從。

---

① (清)王引之:《經義述聞》卷3,第91頁。顧頡剛認同此説,參顧頡剛:《周公東征史事考證——三監人物及其疆域》,《顧頡剛古史論文集》卷10下,北京:中華書局,2010年,第621頁。他認爲改"三"爲"二"者是東漢中葉以後人。參顧頡剛:《周公東征史事考證——三監及東方諸國的反周軍事行動和周公的對策》,《顧頡剛古史論文集》卷10下,第689頁。

② 裘錫圭認爲"聖""𦔻"爲一字。參裘錫圭:《裘錫圭學術文集》第1卷,第157頁。

③ 可參陳夢家:《西周銅器斷代》,第10頁;李學勤:《讀〈繫年〉第三章及相關銘文札記》,《出土文獻》第4輯,上海:中西書局,2013年,第57頁。

④ 《史記》卷5,第225頁。

⑤ 《史記》卷43,第2147頁。

⑥ (漢)王符著,(清)汪繼培箋,彭鐸校正:《潛夫論箋校正》卷9,北京:中華書局,1985年,第422頁。

⑦ 《史記》卷123,第3838頁。

⑧ 《後漢書》卷85,第2811頁。

⑨ (清)王念孫:《讀書雜志》卷7,第604頁。

"盇",金文作"𢍜"(禽簋,《集成》4041,西周早期,周成王)。唐蘭説:"𢍜即葢字。甲骨文从艸之字多變从林。……去字下从口,或从凵,乃器形,與皿同義,所以去與葢通,隸書葢字卽从去作盇。"①《墨子·耕柱》②、《韓非子·説林上》③作"商蓋"。《左傳》④作"商奄"。杜注:"商奄,國名也。"馬宗璉云:"《説文》:'郹國在魯。'《括地志》:'曲阜縣奄裏卽奄國之地。'奄本是殷諸侯,故曰'商奄'。"楊伯峻注:商奄"在今山東曲阜縣東"⑤。顧頡剛説:"奄爲商王南庚、陽甲的都城,盤庚以後雖不復都,依然爲商的重鎮,所以稱爲'商奄',其君稱爲'奄侯';東土反周時,它助武庚最力;周公平定它時也最曠日持久;從這些地方看來,他應是商王的同族。"商王姓子,而商奄姓嬴,可能是後來分化的結果。⑥

周成王第二次伐商,當在成王二年,《尚書大傳·洛誥》:"周公居攝……二年克殷。"⑦簡文謂殺彔子耿。據《逸周書》,彔子耿實際上向北逃跑。飛廉和彔子耿當時身在殷,逃奔商蓋,故曰"東逃"。

[4]成王伐商盇(蓋),殺飛曆(廉)。

【謹按】成王伐商蓋在三年。《尚書大傳》:"周公居攝……三年踐奄。"⑧《書序》:"成王東伐淮夷,遂踐奄,作《成王征》。"⑨禽簋(《集成》4041,西周早期,周成王):"王伐𢍜(蓋)侯,周公某禽祝,禽又(有)胲祝。王易金百孚。禽用乍寶彝。"剌劫尊(《集成》5977,西周早期,周成王):"王征𢍜(蓋)侯,易剌劫貝朋,用乍囗莘且缶(寶)尊彝。"

關於成王伐商蓋進而殺飛廉,《孟子·滕文公下》曰:"周公相武王誅紂;伐奄,三年討其君,驅飛廉於海隅而戮之。"楊伯峻注:"崔述《論語餘説》云:'周公相武王誅紂'一句,'伐奄三年討其君'一句;'伐奄'乃成王

---

① 唐蘭:《西周青銅器銘文分代史徵》,上海:上海古籍出版社,2016年,第37頁。
② 《墨子·耕柱》:"古者周公旦非關叔,辭三公,東處於商蓋。"吳毓江撰,孫啓治校:《墨子校注》卷11,第644頁。
③ 《韓非子·説林上》:"周公旦已勝殷,將攻商蓋,辛公甲曰:'大難攻,小易服,不如服衆小以劫大。'乃攻九夷而商蓋服矣。"(清)王先慎撰,鍾哲點校:《韓非子集解》卷7,第180頁。
④ 《左傳》昭公二年:"蒲姑、商奄,吾東土也。"《左傳》定公四年:"因商奄之民。"楊伯峻:《春秋左傳注(修訂本)》,第1308、1537頁。
⑤ 杜注與馬説均轉引自楊伯峻:《春秋左傳注(修訂本)》,第1308、1537頁。
⑥ 顧頡剛:《鳥夷族的圖騰崇拜及其氏族集團的興亡》,《顧頡剛古史論文集》卷10下,第934頁。
⑦ (漢)伏勝撰,(漢)鄭玄注,(清)陳壽祺輯校:《尚書大傳》卷2,第101頁。
⑧ (漢)伏勝撰,(漢)鄭玄注,(清)陳壽祺輯校:《尚書大傳》卷2,第101頁。
⑨ (清)孫星衍:《尚書今古文注疏》卷30,第603~604頁。

事,不得上承'相武王'言之。朱琦《小萬卷齋文稿》說同。"①

[5]西遷(遷)商【一四】盍(蓋)之民于邾(朱)虞(吾、圉),以御奴虘之戎,是秦之先=(之先),殜(世)乍(作)周㝢。

【謹按】邾虞,清代的閻若璩和胡渭主張朱圉祇是一處不大的山;李學勤根據《繫年》認爲周成王把商奄之民遷徙到朱圉,抵禦戎人,其應該是以朱圉山爲中心的一片地帶。甘肅甘谷縣盤安鄉毛家坪遺址②,與《繫年》簡文相呼應③。

奴虘之戎,李學勤認爲,其應是商代甲骨文中所提到的"叡方",本在今甘肅東北涇水上游,後退至今甘肅中部渭水源頭一帶,故成王遷來秦的先人在朱圉防禦④。王偉認爲"奴虘"對應秦封泥中的"奴廬";關於後者,學界有官署名、地名、管理俘虜的機構三說⑤。劉樂賢認爲,秦封泥的"奴廬"不一定與《繫年》中的"奴虘"有關;後者本身不易考定,而前者他認爲是官署⑥。

關於秦人祖先出自商奄說,《戰國縱橫家書·蘇秦謂燕王章》載蘇秦對燕王說:"自復而足,楚將不出雎(沮)章(漳),秦將不出商閹(奄)。"郭永秉注:"'商奄'與上句的'沮漳'對文,分別是秦人與楚人最初的發祥地。"⑦可與簡文互證。

[6]周室既(既)卑(卑),坪(平)王東遷(遷),止于成【一五】周。

【整理者】卑,《國語·晉語八》韋昭注:"卑,微也。"⑧

【謹按】《史記·秦本紀》:"[秦襄公]七年春,周幽王用褒姒廢太子,立褒姒子爲適,數欺諸侯,諸侯叛之。西戎犬戎與申侯伐周,殺幽王酈山下。而秦襄公將兵救周,戰甚力,有功。周避犬戎難,東徙雒邑,襄公以兵

---

① 楊伯峻譯注:《孟子譯注》,第155、158頁。
② 甘肅省文物工作隊、北京大學考古學系:《甘肅甘谷毛家坪遺址發掘報告》,《考古學報》1987年第3期,第359~395頁。
③ 李學勤:《談秦人初居"邾虞"的地理位置》,《出土文獻》第2輯,第3頁。
④ 李學勤:《清華簡〈繫年〉"奴叡之戎"試考》,《社會科學戰綫》2011年第12期,第27頁。
⑤ 王偉:《清華簡〈繫年〉"奴虘之戎"再考》,《出土文獻》第3輯,第35~40頁。
⑥ 劉樂賢:《談秦封泥中的"奴廬"》,教育部人文社會科學重點研究基地、清華大學出土文獻與中國古代文明研究中心、清華大學出土文獻研究與保護中心編:《出土文獻與中國古代文明:李學勤先生八十壽誕紀念論文集》,第459~463頁。
⑦ 湖南省博物館、復旦大學出土文獻與古文字研究中心編纂,裘錫圭主編:《長沙馬王堆漢墓簡帛集成(叁)》,北京:中華書局,2014年,第210~211頁。
⑧ 清華大學出土文獻研究與保護中心編,李學勤主編:《清華大學藏戰國竹簡(貳)》,第143頁。

送周平王。"①

[7]秦中(仲)女(焉)東居周地,以戰(守)周之墳(墳)蓋(墓),秦以旬(始)大。【一六】

【整理者】秦仲,卽秦襄公。②

【謹按】焉,連詞,於是。

秦仲,據傳世文獻當爲周厲王、宣王時人。《史記·秦本紀》:"公伯立三年,卒。生秦仲。秦仲立三年,周厲王無道,諸侯或叛之。西戎反王室,滅犬丘大駱之族。周宣王卽位,乃以秦仲爲大夫,誅西戎。西戎殺秦仲。秦仲立二十三年,死於戎。"③據《十二諸侯年表》,共和元年(前841)爲秦仲四年,其卒於周宣王六年(前822),在位二十三年。④

簡文所謂"秦仲"當指秦襄公,襄公是秦仲之次子。襄公於周幽王五年(前777)卽位,而周平王東遷成周當周平王元年(前770),當秦襄公八年,故秦仲當指秦襄公。

簡文以"秦仲"稱秦襄公,蓋謂秦仲後人。《國語·鄭語》載,周幽王九年(前773),當秦襄公五年,司徒鄭桓公曾問史伯:"姜、嬴其孰興?"史伯對曰:"夫國大而有德者近興,秦仲、齊侯,姜、嬴之儁也,且大,其將興乎!"⑤孔穎達曰:"案:《年表》秦仲以宣王六年卒,計桓公問史伯之時,乃在幽王九年。所以仍言秦仲者,秦仲之後遂爲大國,以秦仲有德,故繫而言之。"⑥此時秦仲已死,當爲襄公之時,簡文"秦仲"實際上指秦仲之後,卽秦襄公。另外,秦襄公稱"秦仲",也有可能是秦自秦仲後,有世代稱"秦仲"的現象。《左傳》文公元年:"晉人以難故,欲立長君,趙孟曰:……"楊伯峻曰:"趙孟卽趙盾,自趙盾以後,趙氏世稱趙孟。文公《傳》之趙孟皆趙盾;襄公以及昭公元年《傳》之趙孟皆趙武;昭二十九年以後迄哀十年《傳》之趙孟,皆趙鞅;哀二十年《傳》以後之趙孟則趙無恤。"⑦據此,秦國蓋亦有世代稱"秦仲"之現象。

簡文説"秦仲"時"秦以始大",此於傳世文獻有徵。《詩·秦風·車鄰》毛傳:"《車鄰》,美秦仲也。秦仲始大。"孔穎達正義:"言秦仲始大者,

---

① 《史記》卷5,第229~230頁。
② 清華大學出土文獻研究與保護中心編,李學勤主編:《清華大學藏戰國竹簡(貳)》,第143頁。
③ 《史記》卷5,第229頁。
④ 《史記》卷14,第650、657頁。
⑤ 徐元誥:《國語集解(修訂本)》卷16,第476頁。
⑥ 《毛詩正義》卷6,《十三經注疏》,第782頁。
⑦ 楊伯峻:《春秋左傳注(修訂本)》,第550頁。

秦自非子以來,世爲附庸,其國仍小。至今秦仲而國土大矣。由國始大,而得有此車馬禮樂,故言'始大'以冠之。"①簡文所謂"秦以始大",具體指平王東遷後,秦襄公佔據了周人地盤,疆域擴大,勢力壯大。

關於簡文"秦仲焉東居周地,以守周之墳墓",《國語·鄭語》載:"及平王之末,而秦、晉、齊、楚代興,秦景(韋昭認爲是莊)、襄於是乎取周土。"②《史記·秦本紀》:"平王封襄公爲諸侯,賜之岐以西之地。曰:'戎無道,侵奪我岐、豐之地,秦能攻逐戎,即有其地。'與誓,封爵之。襄公於是始國。……十二年,伐戎而至岐,卒。生文公。……[文公]十六年,文公以兵伐戎,戎敗走。於是文公遂收周餘民有之,地至岐,岐以東獻之周。"③經過秦襄公、文公的伐戎,秦人真正佔據了周地。

[譯文]

周武王在攻克殷商後,於是就在商王畿設立了三監。武王死了以後,商王畿內發生了反叛,殺死了三監而後立了彔子耿。成王繼而攻伐商王畿,殺死彔子耿,飛廉向東逃到了商奄部族。西遷商奄之民到了朱圉,來抵禦奴虖之戎,這就是秦的祖先,世世代代作爲周的陪臣。周王室衰微後,平王東遷,居於成周。秦仲[後代]於是東遷,居於周的故地,來守衛周的墳墓。秦因此開始壯大。

[解題]

本章主要圍繞"秦以始大"這一主題而展開歷史敘事。

簡文首先追述了秦人祖先。秦人祖先來源於周初東遷的商蓋之民。周武王克商以後,在殷(指商王畿內,即後文之"商邑")設立了三監。武王死後,三監所在的商邑之民反叛,殺死了三監並立彔子耿。周成王繼伐商邑,殺彔子耿。秦人的先祖飛廉是彔子耿的黨羽,在周成王伐商邑時乘機東逃到了商蓋(今山東曲阜東)。於是周成王伐商蓋,殺死飛廉,把商蓋之民遷到朱圉(今甘肅甘谷朱圉山),讓其抵擋奴虖之戎。這就是秦人的

---

① 《毛詩正義》卷6,《十三經注疏》,第783頁。
② 徐元誥:《國語集解(修訂本)》卷16,第477頁。
③ 《史記》卷5,第230頁。

祖先。

其次,簡文介紹了一下秦人何時開始强大的。西周滅亡,周室卑微,周平王東遷到了成周。秦仲(實際上指秦襄公)於是東遷至周人原來所居地,守護周人的墳墓,秦國也因此壯大。

[問題]

本章考證圍繞三個問題進行。

第一,彔子耿及其相關史事。主要就武庚、禄父、彔子𦀚、彔子耿是否是同一人,以及相關史事進行探討。

第二,本章關於三監、彔子耿的記載之史料價值評定問題。本章關於三監、彔子耿史事的記載,與傳世文獻差距很大。這裏主要就如何看待這種差距以及差距産生原因進行了探討。

第三,關於秦人西遷的問題。關於秦人起源,學界基本上有"西來説"和"東來説"兩種。這部分主要就簡文所載的飛廉之死、商蓋之民的西遷,以及成王時期秦人西遷進行評析,對考古發現的一些秦人西遷的材料與《繫年》所載的對應問題進行探討。

[考證]

一、彔子耿及其相關史事考

簡文載彔子耿是武王死後由反叛的商人所立、後來成王平叛,殺了彔子耿。那麽,簡文所謂的"彔子耿"是誰? 有學者認爲是武庚,有學者認爲是商王族的其他人。據傳世文獻所載,武庚是周武王所立,後來在三監叛亂中,被周成王所殺(一説向北逃跑了)。如果彔子耿與武庚是同一人,究竟如何理解簡文與傳世文獻所載之歧異?

(一)傳世文獻所見的"武庚"與"禄父"

"武庚"與"禄父"都出現於傳世文獻中,關於二者的關繫,學者們或認爲是同一人,或認爲是前後相繼的兩個人,那麽孰是孰非呢? 下面,我們結合文獻對二者的身份進行分析。

1.《逸周書》中的"王子武庚"與"王子禄父"

記載"武庚"與"禄父"較早的傳世文獻當數《逸周書》：

(1)《逸周書·克殷解》："[周武王]立王子武庚,命管叔相。"①

(2)《逸周書·作雒解》："武王克殷,乃立王子禄父,俾守商祀。建管叔于東,建蔡叔、霍叔于殷,俾監殷臣。武王既歸,成歲十二月崩鎬,殯予岐周。周公立,相天子,三叔及殷東徐奄及熊盈以略。周公、召公内弭父兄,外撫諸侯。九年夏六月,葬武王於畢。二年,又作師旅,臨衛政殷,殷大震潰。降辟三叔,王子禄父北奔,管叔經而卒,乃囚蔡叔于郭凌。"②

《逸周書》既出現了"王子武庚",又出現了"王子禄父",而且兩者均爲"王子",同是周武王所立,這是二者的相同點。但(1)謂"王子武庚"是管叔所相,(2)謂"王子禄父"是"守商祀",有所不同。

周武王死後,周成王即位,三叔發生叛亂,然後"王子禄父"向北逃跑。這裏祇出現"王子禄父"而未出現"王子武庚",或許是後人認爲二者非同一人的原因。要之,如認爲二者非同一人,應爲"武庚"在周武王時期,"禄父"在周武王和周成王時期,而且後者參與了三叔叛亂。

2.《左傳》定公四年的"商"

《左傳》定公四年："管蔡啓商,惎間王室。王於是乎殺管叔而蔡蔡叔,以車七乘、徒七十人。其子蔡仲改行帥德,周公舉之,以爲己卿士。"③杜預注："惎,毒也。周公攝政,管叔、蔡叔開道紂子禄父以毒亂王室。"④這裏的"商"可以理解爲紂子禄父,與《逸周書》所言合。

3.《書序》裏的"武庚"

《書序》説：

武王勝殷,殺受,立武庚,以箕子歸,作《洪範》。……武王崩,三監及淮夷叛,周公相成王,將黜殷,作《大誥》。成王既黜殷命,殺武庚,命微子啓代殷後,作《微子之命》。⑤

據《書序》,武庚是周武王克殷後所立。後來三監叛亂,周成王平叛並殺了武庚。據上引《逸周書·作雒解》,王子禄父是"北奔",這一點與《書

---

① 黄懷信等：《逸周書彙校集注(修訂本)》卷4,第356頁。
② 黄懷信等：《逸周書彙校集注(修訂本)》卷5,第510~517頁。
③ 楊伯峻：《春秋左傳注(修訂本)》,第1540頁。
④ 《春秋左傳正義》卷54,《十三經注疏》,第4637頁。
⑤ (清)孫星衍：《尚書今古文注疏》卷30,第595~599頁。

序》所載有差異。如果說《書序》是參考《逸周書》的話,那麼它的作者認爲"王子祿父"實際上就是武庚。至於武庚的結局,《書序》與《逸周書》所載不同。這裏可能的一種解釋是:武庚北逃後被殺。

4.《尚書大傳》中的"武庚"與"公子祿父"

《尚書大傳》中出現了"武庚"與"公子祿父":

(1)《詩·邶鄘衛譜》孔疏引《書傳》:"武王殺紂,立武庚,繼公子祿父。使管叔、蔡叔監祿父,祿父及三監叛。"①

(2)《尚書·洪範》孔疏引《書傳》:"武王勝殷,繼公子祿父。"②

(3)《左傳》定公四年孔疏引《書傳》:"武王殺以繼公子祿父。及管、蔡流言,奄君謂祿父曰:'武王死,成王幼,周公疑。此百世之時,請舉事。'然後祿父及三監叛。"③

(4)《詩·豳風·破斧》孔疏引《書傳》:"武王殺紂,繼公子祿父。及管、蔡流言,奄君、蒲姑謂祿父曰:'武王已死,成王幼,周公見疑矣。此百世之時也,請舉事。'然後祿父及三監叛。"④

上引(1)說"武王殺紂,立武庚,而繼公子祿父",而(2)(3)(4)所引內容在"繼公子祿父"前均無"立武庚"三字。對此,顧頡剛說:"《洪範》疏引伏生《尚書傳》……和《詩》疏所引的不同,所以我們決不能說《詩》疏所引的《大傳》必爲定本。即使《大傳》文字確實如此,那也不過是漢人隨便說話,前後抵牾的常例。"⑤王玉哲更是明確地說:"按《尚書大傳》久已佚,各書所引,多有歧異。《太平御覽》卷六百四十七刑法部十三所引,作'武王殺紂,而繼公子祿父',沒有'立武庚'三字。衹有《毛詩譜正義》所引有此三字。很可能這三字是後人給'繼公子祿父'一句作的注解,原來寫在這句話的旁邊,被抄寫者誤抄入正文所造成的錯誤。"⑥這些說法都認爲"立武庚"有譌誤。筆者不認同這種說法。

東漢王充《論衡·恢國》:"周誅管、蔡,違斯遠矣!……管、蔡滅嗣,二王立後,恩已褒矣。……立武庚之義,繼祿父之恩,方斯贏矣。"黃暉注:

《尚書大傳》曰:"武王殺紂,立武庚而繼公子祿父。"(據《詩·邶

---

① 《毛詩正義》卷2,《十三經注疏》,第622頁。
② 《尚書正義》卷12,《十三經注疏》,第397頁。
③ 《春秋左傳正義》卷54,《十三經注疏》,第4635頁。
④ 《毛詩正義》卷8,《十三經注疏》,第850頁。
⑤ 顧頡剛:《三監人物及其疆地》,《顧頡剛古史論文集》卷10下,第611頁。
⑥ 王玉哲:《周初的三監及其地望問題》,《古史集林》,北京:中華書局,2002年,第246頁。

鄘衞譜》疏引。《豳風·破斧》疏、《左》定四年傳疏引,皆無"立武庚"三字。乃後人不知武庚、祿父爲二人而誤删之。)此以武庚、祿父爲兩人,用《大傳》之說。《大傳·周傳·洪範篇》鄭注:"武庚字祿父,紂子也。"鄭古文說,故不同。《白虎通·姓名篇》:"祿甫元名武庚。"亦以爲一人。皮錫瑞曰:班氏蓋用夏侯說,與仲任用歐陽義不同。①

黄暉認爲"《豳風·破斧》疏、《左》定四年傳疏引,皆無'立武庚'三字。乃後人不知武庚、祿父爲二人而誤删之",而《論衡》所謂"立武庚之義,繼祿父之恩",是"用《大傳》之說",這都是很正確的看法。可見,《尚書大傳》的"立武庚"没有譌誤。

我們注意到,在先秦文獻裏,"武庚"和"祿父"不會同時出現。《逸周書》裏雖然出現了二者,但不在同一篇中,而《逸周書》各篇成書年代並不同。二者同時出現當數《尚書大傳》,其曰"立武庚,而繼公子祿父",清代學者皮錫瑞據此認爲"武庚"與"祿父"是兩個人:

> <u>據《大傳》,則武庚、祿父當是兩人。</u>《論衡·恢國篇》曰:"隱彊,異姓也。尊重父祖,復存其祀。立武庚之義,繼祿父之恩,方斯羸矣。"王仲任以武庚、祿父爲兩人,正用伏生《大傳》之說。《白虎通·姓名篇》:"《春秋》譏二名何?所以譏者,乃謂其無常者也,若乍爲名祿甫,元名武庚。"<u>則以武庚、祿父爲一人二名。蓋班氏用夏侯說,與仲任用歐陽義不同。</u>其所言譏二名,亦與《公羊》之義不合。《詩·豳風·破斧》疏、《左》定四年傳疏引《大傳》,皆無"立武庚"三字,乃後人不知武庚、祿父爲二人,而誤删之。當以《邶鄘衞譜》疏引爲正。②

顧頡剛不同意皮錫瑞的説法:"皮氏據《大傳》文,確定地把武庚、祿父分作二人:武庚是監殷民的,祿父是繼殷後而爲管、蔡們所監的。可是,事實上却不允許這麼做。"他提出的理由是:皮氏所論出今文家,但司馬遷也是今文,却認爲二者是同一人,而且《殷本紀》説紂子武庚祿父繼殷後,祿父監殷民,這與皮氏之説恰恰相反。③ 筆者認爲,司馬遷本來就認爲二者是同一人,所以顧頡剛這樣反駁恐難成立。

事實上,根據《尚書大傳》來看,武庚和祿父確實是兩個人。綜合《尚書大傳》的説法,武庚是周武王所立,但結局未明;公子祿父繼立——至於

---

① 黄暉:《論衡校釋》卷19,北京:中華書局,1990年,第833~834頁。
② (清)皮錫瑞:《今文尚書考證》卷13,北京:中華書局,1989年,第295頁。
③ 顧頡剛:《三監人物及其疆地》,《顧頡剛古史論文集》卷10下,第610頁。

被誰所立則未知。周武王死後,周公執政,管蔡譖周公,禄父和三監發動叛亂,他們都是叛亂的主力。

總之,與《逸周書》《左傳》等相比較,《尚書大傳》認爲"武庚"和"公子禄父"不是同一人,二者是前後相繼承的關繫,這是一個很大的區别。

5.《史記》中的"武庚禄父"

《史記·殷本紀》:"[周武王]封紂子武庚禄父,以續殷祀,令修行盤庚之政。殷民大説。於是周武王爲天子。其後世貶帝號,號爲王。而封殷後爲諸侯,屬周。"正義:"卽武庚禄父也。"①《周本紀》:"[武王]封商紂子禄父殷之餘民。武王爲殷初定未集,乃使其弟管叔鮮、蔡叔度相禄父治殷。……成王少,周初定天下,周公恐諸侯畔周,公乃攝行政當國。管叔、蔡叔群弟疑周公,與武庚作亂,畔周。周公奉成王命,伐誅武庚、管叔,放蔡叔。"②

按《周本紀》"商紂子禄父",司馬遷認爲禄父是商紂子,這是司馬遷對禄父身份的補充。"禄父"是不是紂子?《逸周書·作雒解》:"武王克殷,乃立王子禄父。"③"禄父"是"王子",應該是紂王之子,這是可以推斷的。另外,"商紂子禄父"是周武王所立,這與《逸周書》也是一致的。以上兩點,《史記》與《逸周書》完全符合。

武王死而成王卽位,管叔與蔡叔聯合武庚叛亂。《史記》這裏出現了"武庚",上舉《逸周書》是"王子禄父",司馬遷認爲二者是同一人。

綜合《史記》的説法,可得出以下認識:第一,司馬遷認爲武庚與禄父是同一人;第二,武庚與管、蔡都是發動叛亂的罪魁。

6. 小結:傳世文獻裏的"武庚"與"禄父"

綜合傳世文獻裏的説法,我們可以得出以下結論:

在《逸周書》裏,"武庚"與"禄父"的身份都是"王子",而且均爲周武王克商後所立,祇是二者的職責不同:"武庚"是被管叔所"相";而"禄父"是"守商祀",並且受管叔、蔡叔、霍叔所"監"。武王死後,成王卽位,三叔叛亂,這時候周成王平叛,而禄父北奔。這是較早的説法。《左傳》説"管蔡啓商",如果這種説法是參考《逸周書》的話,那麽"商"可以如杜預所理解的是"禄父"。

---

① 《史記》卷3,第139~140頁。
② 《史記》卷4,第163~169頁。
③ 黄懷信等:《逸周書彙校集注(修訂本)》卷5,第510頁。

最晚至西漢,對"武庚"與"禄父"的認識已呈兩綫發展:一是以《書序》《史記》等爲代表,認爲武庚與禄父是同一人,區别在於《書序》祇出現"武庚",而《史記》則直接稱爲"武庚禄父";二是以《尚書大傳》爲代表,認爲武庚與禄父是前後承繼的兩個人。

(二)《繫年》裏的"彔子耿"與大保簋的"彔子聖"

1. 大保簋的"彔子聖"

大保簋(《集成》4140,西周早期,周成王),據傳爲道光咸豐年間發現的"梁山七器"之一,出土於今山東梁山。① 學者根據書法、紋飾推斷其屬於西周初期(到成王早期)器。② 銘文曰:

王伐彔子聖,𢾊年(厥)反,王
降征令(命)于大保,大保克
苟(敬),亡譴,王𢓊(侃),大保易(錫)休
余(集)土,用兹彝對令(命)。

銘文的大義是:周成王伐彔子,現在已經反叛,王下命令於大保(即召公),大保敬於王命,没有失誤,王很高興,大保受王賞賜了集土這塊土地,鑄造這個彝器來答謝王命。

對這裏的"彔子聖",主要有兩種看法:

第一,指公子禄父。日本學者白川静認爲:"彔子聖無疑是封以殷餘民的'王子禄父'。"③貝塚茂樹也説"禄父正是大保簋中的彔子聖,禄父的封地在於大保簋的出土地梁山一帶",並認爲禄父與武庚不是一個人。④ 徐中舒説:"武庚又稱禄父(金文有彔伯戎簋,西周時彔尚爲國名),武庚繼紂爲王改殷爲彔,故舊史稱之爲禄父,聖武庚名,殷人以日爲名,故又稱之爲武庚。"⑤李學勤亦持類似看法。⑥

第二,指商王宗族,但跟公子禄父關繫很近。唐蘭説:"彔子之國當在今河北省平鄉縣一帶,……在殷虚以北,約一百餘公里,王子禄父北奔,當即至此。彔子聖應是商王宗族。銅器有天子觚,天子即大子(太子),在

---

① 陳夢家:《西周銅器斷代》,第45頁。
② 李學勤:《紂子武庚禄父與大保簋》,《甲骨文與殷商史》新2輯,第1~2頁。
③ 〔日〕白川静:《金文通釋》卷1上,神户:白鶴美術館,1964年,第60頁。
④ 〔日〕貝塚茂樹:《關於殷末周初的東方經略》,劉俊文主編:《日本學者研究中國史論著選譯》第3卷,黄金山、孔繁敏等譯,北京:中華書局,1993年,第91~92頁。
⑤ 徐中舒:《西周史論述(上)》,《四川大學學報(哲學社會科學版)》1979年第3期,第95頁。
⑥ 李學勤:《紂子武庚禄父與大保簋》,《甲骨文與殷商史》新2輯,第3頁。

商王族地位極高。此時禄父當已死,祭以庚日,所以稱爲武庚,成王伐耳,當是鞏固其北疆。"①

2.《繫年》裏的"彔子耿"

《繫年》第三章:"周武王既克殷,乃設三監于殷。武王陟,商邑興反,殺三監而立彔子耿。成王屎伐商邑,殺彔子耿,飛廉東逃于商蓋氏,成王伐商蓋,殺飛廉。"

關於這裏的"彔子耿",學界主要有以下看法:

第一,指武庚禄父。整理者認爲:

> 彔子耿,即大保簋(《集成》4140)所載的"彔子㯷"。"耿"字古音爲見母耕部,从"㯷"之"聖"字爲書母耕部,而與"聖"同音的"聲"所從的"殸"爲溪母,故《說文》引杜林説以爲"耿"字"从火,聖省聲"。……白川静……已指出彔子㯷即紂子武庚禄父。②

李學勤後來補充説:

> 禄父是商紂之子,《逸周書・作雒解》:"武王克殷,乃立王子禄父,俾守商祀",同書《克殷》稱之爲"王子武庚",《史記・殷本紀》等稱之爲"紂子武庚禄父","禄父"爲其名,武庚係其廟號。"彔子㯷"可能是名、字聯稱,即名禄字子㯷。③

第二,彔子耿與武庚禄父不是一個人,但前者亦屬商王宗族。王輝即持這種看法,詳見本章疏證部分。

第三,彔子耿指公子禄父之子。羅運環認爲,"王子禄父"與"彔子耿"是兩個人,"彔子耿"是"禄父"的子輩,以其父的名字爲氏,故可稱"彔子耿"。④

以上三種說法雖然有差異,但有一點是共同的,即都認爲《繫年》裏的"彔子耿"與大保簋中的"彔子㯷"是同一人。筆者同意這種說法。關於彔子耿與公子禄父的關繫,學者們有不同看法,筆者認爲二者是同一人,理由如下:

《繫年》説"成王屎伐商邑,殺彔子耿,飛廉東逃于商蓋氏,成王伐商蓋,殺飛廉",可見"殺彔子耿"與"成王伐商蓋"存在前後相繼的邏輯關繫,而聯繫這個關繫的就是飛廉——此人應該是彔子耿的黨羽,故飛廉逃到商奄。《尚書大傳》説:"然後禄父及三監叛也。周公以成王之命殺禄父,遂

---

① 唐蘭:《西周青銅器銘文分代史徵》,第74頁。
② 清華大學出土文獻研究與保護中心編,李學勤主編:《清華大學藏戰國竹簡(貳)》,第142頁。
③ 李學勤:《紂子武庚禄父與大保簋》,《甲骨文與殷商史》新2輯,第3頁。
④ 羅運環:《清華簡〈繫年〉前四章發微》,《出土文獻》第7輯,第96頁。

踐奄。"①杜預說:"遂,兩事之辭。"孔穎達疏曰:"此云'兩事之辭',謂既有上事,復爲下事,不以本謀有心無心爲異也。"②這裏的"遂"字説明"殺祿父"也與"踐奄"有前後相繼的邏輯關繫。如果我們聯繫上引《繫年》所説的飛廉,會發現《繫年》與《尚書大傳》正可互證,《繫年》"殺彔子耿"即《尚書大傳》所説"殺祿父",而且"彔子耿"與"祿父"都與飛廉有關,故有"伐商蓋""踐奄"之舉,如此,"彔子耿"與"祿父"必爲同一人。

實際上,學者之所以反對"彔子耿"與祿父不是同一人説,主要出於以下顧慮:

第一,認爲這種説法與關於"䣄"的其他三件青銅器銘文不符。這三件青銅器是:

(1)王子䣄觚:王(或釋天)子䣄乍(作)父丁彝。(《集成》7296)

(2)王子䣄鼎:王子䣄。③

(3)䣄簋(或稱遘簋):辛巳王酓(飲)多亞,䣄享京遘,易(賜)貝二朋,用乍(作)大子丁。䣄須(族徽)(《集成》3975)

以上三器的年代均爲商周之際,王輝據此三件銅器銘文認爲:一是"䣄"的身份是"王子";二是"䣄"的父親的身份是"大子",廟號是"丁"。如果按照白川静所説,"彔子䣄"是武庚祿父,其身份是王子,則與(1)相合。但其父廟號是"丁",而商紂廟號是"辛",與(2)不合。商紂的身份是王,不排除即位前是太子,但作器時祭祀對象是亡父,已有廟號,則作器時稱爲"太子"就不合適。因此,他認爲根據目前材料,衹能肯定"彔子䣄"是商王宗族(唐蘭最先提出此説),而無法肯定其與武庚爲同一人。

對此,李學勤認爲,(1)王子䣄觚中出現了"父丁",而"紂的廟號是'帝辛',有没有一個弟兄稱'丁',也不可知";上列(3)䣄簋是商末器,用來祭祀"大子丁",又有特殊族氏,應與(1)王子䣄觚無關。④ 可見,李學勤似認爲此䣄所做器與大保簋的"彔子䣄"無關。我們認爲,䣄所做器表明,其可能是"天子"即王子。唐蘭説"銅器有天子䣄觚,天子即大子(太子),在商王族地位極高"⑤,而且其父輩的廟號有"丁"。《吕氏春秋·當務》:"紂之

---

① (漢)伏勝撰,(漢)鄭玄注,(清)陳壽祺輯校:《尚書大傳》卷2,第83頁。
② 《春秋左傳正義》卷12,《十三經注疏》,第3890頁。
③ 劉雨、汪濤:《流散歐美殷周有銘青銅器集録》,上海:上海辭書出版社,2007年,第54頁。
④ 李學勤:《紂子武庚禄父與大保簋》,《甲骨文與殷商史》新2輯,第3頁。
⑤ 唐蘭:《西周青銅器銘文分代史徵》,第74頁。

同母三人,其長曰微子啓,其次曰中衍,其次曰受德。受德乃紂也,甚少矣。"① 據此,䘌器可能與大保簋的"彔子䘌"無關。

第二,認爲"伐彔子"的是大保召公,而"伐誅"武庚的是周公,所以二者不是同一人。② 筆者不同意此說。事實上,周公、召公同參加平三監叛亂、踐奄,史書有明文。《史記·周本紀》:"召公爲保,周公爲師,東伐淮夷,殘奄,遷其君薄姑。"③《史記·太史公自序》:"武王克紂,天下未協而崩。成王既幼,管蔡疑之,淮夷叛之,於是召公率德,安集王室,以寧東土。"④ 筆者認爲周成王三年的踐奄行動,兵分兩路:召公率軍向北追擊武庚,成王與周公追擊東逃的飛廉。⑤

另外,有學者提出彔子耿與禄父不是一個人,而是後者的子輩,主要理由有如下兩點:

第一,稱謂上的綫索。如羅運環說:"可以稱'受子禄父''王子禄父';不可以把'子'放到'禄父'後邊,倒過來稱呼。'彔子耿'是'禄父'的子輩,以其父的名字爲氏,故可稱'彔子耿',但也不可倒過來稱呼。"⑥

實際上,關於禄父爲何稱爲"彔子耿(或彔子䘌)",徐中舒說:"武庚又稱禄父(金文有彔伯䘌簋,西周時彔尚爲國名),武庚繼紂爲王改殷爲彔,故舊史稱之爲禄父,䘌武庚名,殷人以日爲名,故又稱之爲武庚。"⑦ 李學勤說:"'禄父'爲其名,武庚係其廟號。'彔子䘌'可能是名、字聯稱,即名禄字子䘌。"⑧ 如按照徐中舒說,彔是國名,䘌是名,武庚是日名;按照李學勤說,則禄父是名,子䘌是字,武庚是廟號。

筆者同意徐中舒的看法,"彔子耿"本作"彔子䘌"。徐中舒認爲"彔"是國名,這是正確的。"彔子"之稱如同"微子""箕子"的稱謂。關於"微""箕",東漢馬融說:"微、箕,二國名。"⑨ 鄭玄也說:"微與箕,俱在圻內。"⑩ 因此,"彔"也是國名。唐蘭說:"彔子之國當在今河北省平鄉縣一帶,……

---

① 許維遹:《吕氏春秋集釋》卷11,第252頁。
② 參王輝:《一粟居讀簡記(三)》,陳致主編:《簡帛·經典·古史》,第69頁。
③ 《史記》卷4,第170頁。
④ 《史記》卷130,第4014頁。
⑤ 詳參本書上編第四章考證部分。
⑥ 羅運環:《清華簡〈繫年〉前四章發微》,《出土文獻》第7輯,第96頁。
⑦ 徐中舒:《西周史論述(上)》,《四川大學學報(哲學社會科學版)》1979年第3期,第95頁。
⑧ 李學勤:《紂子武庚禄父與大保簋》,《甲骨文與殷商史》新2輯,第3頁。
⑨ 馬融說爲邢昺疏引。參《論語正義》卷18,《十三經注疏》,第5494頁。
⑩ 鄭注爲孔穎達疏引。參《尚書正義》卷10,《十三經注疏》,第375頁。

在殷虛以北,約一百餘公里,王子祿父北奔,當卽至此。"①當是。耶應該是名,而武庚則是日名(或廟號)。

第二,出於對《繫年》記述的考慮。《繫年》第三章説:"周武王旣克殷,乃設三監于殷。武王陟,商邑興反,殺三監而立彔子耿。成王屎伐商邑,殺彔子耿,飛廉東逃于商蓋氏,成王伐商蓋,殺飛廉。"羅運環據此認爲:"當周公東征,殺管叔、殺武庚時,周公與武王伐紂遇到同樣的難題,卽這些殷遺民如何處置的問題。從簡文及大保簋來看周公采用了武王伐紂時的老辦法,立武庚子輩彔子耿來以商人治理商人,用以維穩。因爲是周公所立,彔子耿才得以北奔。因爲又有'奄人、徐人及淮夷入於邶以叛'(《今本竹書紀年》),彔子耿又像武庚祿父一樣被推到了反叛領袖的位置,故又'導致成王屎伐商邑,殺彔子耿'的軍事行動。"②

按照此説,則有兩次叛亂,一次是武庚之亂,另一次是彔子耿之亂,前一次由周公平叛,後一次由召公平叛。筆者認爲,這種説法不僅於文獻缺乏依據,而且於情理亦不合。周武王當初立武庚,是因爲周人剛建國,立足未穩,再加上商人的主體力量仍然存在,所以是不得已而爲之的措施。並且,武王爲防不測,還讓管叔、蔡叔等監之。到了周公平叛以後,如果説周公不汲取武庚叛亂之教訓,反立武庚子輩繼續統治商人,從而又引發第二次彔子耿叛亂,這恐怕既不符合周公作爲一個偉大政治家的行爲邏輯,也於情理難合。

綜上,筆者認爲彔子耿就是祿父。那麽,彔子耿(或祿父)到底是不是武庚呢?對此前文已述,從《逸周書》到《左傳》一脈相承,最晚至漢代則呈兩綫發展:一是以《書序》《史記》等爲代表,認爲武庚與祿父是同一人;二是以《尚書大傳》爲代表,認爲武庚與祿父是前後承繼的兩個人。

那麽,我們要問,《尚書大傳》中的説法是否有更早的源頭? 由上文的論證可知,《尚書大傳》的源頭可能是《繫年》一類的史書,因爲《繫年》所載的"彔子耿"在"武王陟"之後。

據簡文所載,周武王克殷後,在商王畿立了三監,此"三監"不包括彔子耿。周武王死後,商邑興反,此時商人已有領袖,但此領袖絕對不是彔子耿——因爲他是殺三監以後所立。那麽,商邑興反的商人領袖是誰? 聯繫《逸周書》與《尚書大傳》,很可能是武庚。由此,我們再看《尚書大傳》所説

---

① 唐蘭:《西周青銅器銘文分代史徵》,第74頁。
② 羅運環:《清華簡〈繫年〉前四章發微》,《出土文獻》第7輯,第96頁。

的"立武庚,而繼公子祿父"的説法,它與《繫年》實際上存在内在的邏輯關繫,更明確地説,《尚書大傳》的這種説法實際上來源於與《繫年》相類似的材料。二者的區別在於:《繫年》所載的彔子耿與三監是對立的,所以説是"殺三監而立彔子耿";而《尚書大傳》所載二者是同一的,所以説是"祿父及三監叛"。二者的共同點在於,周武王克商後立了武庚,而祿父或彔子耿是繼武庚而立的,而且後者與三監叛亂有關。如果我們非要給《尚書大傳》所言的武庚、祿父是前後相繼的兩個人的説法找到一個源頭的話,那麽這個源頭很可能就是《繫年》。爲明確起見,我們列表一進行對比:

表一:傳世文獻與《繫年》對於武庚、祿父之記載的關繫

	武庚之立	祿父之立及其與三監的關繫	殺祿父與踐奄
《尚書大傳》	武王殺紂,立武庚。	而繼公子祿父。使管叔、蔡叔監祿父,祿父及三監叛	周公以成王之命殺祿父,遂踐奄。
《繫年》	周武王既克殷,乃設三監于殷。	武王陟,商邑興反,殺三監而立彔子耿	成王屎伐商邑,殺彔子耿,飛廉東逃于商蓋氏,成王伐商蓋,殺飛廉。
簡評	相同。《繫年》雖未説立武庚,但由後商人興反可推斷,商人必有領袖,很可能就是武庚。如此,説明武庚之立應該在周武王克商以後。	有同有異。同者:祿父、彔子耿都是後來立的;二者均與三監之亂有關。異者:祿父與三監是同謀,而彔子耿則與三監對立。	相同。

根據《繫年》所載,戰國時期可能確實存在着一種武庚與祿父是兩個人的説法。相關文獻關繫如下所示:

```
              ↗《左傳》→《書序》→《史記》
《逸周書》
              ↘《繫年》→《尚書大傳》
```

二、對本章關於三監、录子耿的記載之史料價值之評定

《繫年》第三章說:"周武王既克殷,乃設三監于殷。武王陟,商邑興反,殺三監而立录子耿。成王屎伐商邑,殺录子耿,飛廉東逃于商蓋氏,成王伐商蓋,殺飛廉。"前面我們已經考證,簡文的後半段"成王屎伐商邑,殺录子耿,飛廉東逃于商蓋氏,成王伐商蓋,殺飛廉",實際上就是《尚書大傳》的"然後祿父及三監叛。周公以成王之命殺祿父,遂踐奄",以及《韓非子·說林》的"周公旦已勝殷,將攻商蓋"。但簡文中的"武王陟,商邑興反,殺三監而立录子耿",則表明录子耿是周武王死後所立,而傳世文獻中均謂武庚(或祿父)是周武王克商後所立,這是《繫年》與傳世文獻的巨大矛盾,也是學者之所以認爲二者不爲同一人的主要原因。那麼,簡文後半段的這些文字究竟如何理解呢?

《繫年》之所以如此記述,有兩種可能:

第一種可能是抄錯了,原本"而立录子庚"應該在"周武王既克殷"後:

《繫年》原本:周武王既克殷,而立录子耿,乃設三監于殷。武王陟,商邑興反,殺三監。成王屎伐商邑,殺录子耿,飛廉東逃于商蓋氏,成王伐商蓋,殺飛廉。

《繫年》今本:周武王既克殷,乃設三監于殷。武王陟,商邑興反,殺三監而立录子耿。成王屎伐商邑,殺录子耿,飛廉東逃于商蓋氏,成王伐商蓋,殺飛廉。

又,《逸周書·作雒解》:

武王克殷,乃立王子祿父,俾守商祀。建管叔于東,建蔡叔、霍叔于殷,俾監商臣。武王既歸,成歲十二月崩鎬,肂予岐周。周公立,相天子,三叔及殷東徐、奄及熊盈以略。周公、召公内弭父兄,外撫諸侯。九年夏六月,葬武王於畢。二年,又作師旅,臨衛政殷。殷大震潰,降辟三叔。王子祿父北奔,管叔經而卒,乃囚蔡叔于郭凌。凡所征熊盈族十有七國,俘維九邑。①

以上記載史事順序與我們所推斷的《繫年》原本相合。

第二種可能是戰國時期就已經出現的另一種說法。這種說法的立足點認爲武庚與祿父不是一個人,武庚在前,祿父後繼。後來這種說法被《尚書大傳》所繼承:

---

① 黄懷信等:《逸周書彙校集注(修訂本)》卷5,第510~518頁。

《繫年》:周武王既克殷,乃設三監于殷。武王陟,商邑興反,殺三監而立彔子耿。成王屎伐商邑,殺彔子耿,飛廉東逃于商蓋氏,成王伐商蓋,殺飛廉。

《尚書大傳》:武王殺紂,立武庚,而繼公子祿父。使管叔、蔡叔監祿父,祿父及三監叛。周公以成王之命殺祿父,遂踐奄。(《詩·邶鄘衛譜》孔疏引)

《尚書大傳》說"武王殺紂,立武庚,而繼公子祿父",這裏立武庚的是周武王,至於繼立的公子祿父爲何、如何繼武庚,以及武庚的結局,都沒有說明。據《繫年》,則祿父是在武王死後所立,而且是商人所立。但是《尚書大傳》又採納了《逸周書·作雒解》"武王克殷,乃立王子祿父,俾守商祀。建管叔于東,建蔡叔、霍叔于殷,俾監殷臣"的說法,謂祿父是周武王克殷後所立。所以,《大傳》本身又是矛盾的。

那麼,以上兩種可能究竟孰是孰非呢?根據現有資料確實難以決斷。但我們可以得出以下結論:

首先,從《繫年》與《尚書大傳》的對比來看,二者都可推出武庚與祿父(彔子耿)是兩個人的說法。也就是說,至晚在戰國時期可能存在一種說法,即認爲武庚與祿父是兩個人,這以《繫年》爲代表。《尚書大傳》繼承了這種說法,而且又雜採了《逸周書》等其他說法。如果我們上述的推斷不誤,那麼《尚書大傳》所謂的"立武庚,而繼公子祿父"的說法實際上來源於《繫年》一類的資料。

其次,《繫年》之"彔子耿"正是《尚書大傳》之"公子祿父"。《繫年》所謂的"武王陟,商邑興反,殺三監而立彔子耿"與傳世文獻記載不符,因此我們認爲《繫年》的這種記述有誤(或像上文推測的可能是抄寫譌誤),而《尚書大傳》沿襲了這種說法,也是不正確的。

總之,我們綜合各種文獻來看,武庚、祿父以及彔子耿應是同一個人。

三、秦人西遷問題

《繫年》第三章載在周成王征伐商邑、殺武庚時,秦的先人飛廉(蜚廉)逃到了商蓋。周成王伐商蓋時殺了飛廉,同時西遷商蓋之民到了朱圉,用來禦擋奴虘之戎,世代作爲周的附庸,這就是秦的先人。這裏,涉及幾個很重要的問題。

首先,秦人的祖先飛廉的問題。據《史記·秦本紀》記載,飛廉是秦、趙的直系祖先,此人生在殷紂時期,與其子惡來並事紂。周武王伐紂後,飛廉被葬在霍泰山。《孟子》載周公踐奄,並殺飛廉。這裏值得注意的是飛廉和商人、商奄的關繫。據《繫年》,秦人的祖先是被遷的商奄之民,這些人又與飛廉有何關繫?

其次,秦人西遷的問題。《繫年》記載秦人的祖先是周成王踐奄之後的商奄之民。關於秦人西遷,傳世文獻中也有很多説法,那麽二者的關繫如何呢?

再次,《繫年》謂秦人祖先商奄之民在周成王時期被遷到朱圉(今甘肅甘谷),學者將其與毛家坪遺址、李崖遺址等相聯繫,那麽《繫年》的這種説法到底能否得到考古學上的支持呢?

下面,我們對以上三個問題進行討論。

(一)秦之先祖飛廉史迹考

1. 關於飛廉之死的歧説

根據《史記·秦本紀》的記載,秦的祖先中衍在商代,"遂世有功,以佐殷國,故嬴姓多顯,遂爲諸侯"①。在殷紂時期,秦的祖先飛廉和其子惡來並事紂王。關於飛廉之死,史書有兩種不同的記載:

一説爲殷人殉死。《史記·秦本紀》載周武王伐紂,並殺惡來,"是時蜚廉爲紂石北方,還,無所報,爲壇霍太山而報,得石棺,銘曰'帝令處父不與殷亂,賜爾石棺以華氏'。死,遂葬於霍太山。"集解引徐廣曰:"皇甫謐云作石椁於北方。"索隱:"'石'下無字,則不成文,意亦無所見,必是《史記》本脱。皇甫謐尚得其説。徐雖引之,而竟不云是脱何字,專質之甚也。"正義:"劉伯莊云:'霍太山,紂都之北也。霍太山在晉州霍邑縣。'按:在衛州朝歌之西方也。"②梁玉繩曰:"余考《水經注》六述此事言'飛廉先爲紂使北方',《御覽》五百五十一卷引《史記》亦曰'時飛廉爲紂使北方','使'字甚確,當因傳寫譌'使'爲'石',非字有脱,皇甫説不足據,因下有'石棺'而妄言之,徐廣引之以著異同,元非以補《史》缺,而亦不知其誤也。至《御覽》四十卷引《史》又言'蜚廉先爲紂作石槨',必兼采徐注以臆增改耳。《古史》於'石'下加'棺'字,亦非。"③據此,則周武王伐紂時,惡來與紂並在朝歌,故被殺;而飛廉則被周任命出使北方,後殉殷而死。

---

① 《史記》卷5,第224頁。
② 《史記》卷5,第225~226頁。
③ (清)梁玉繩:《史記志疑》卷4,第120頁。

另一說是爲周成王東征伐奄時所殺。《孟子·滕文公下》:"周公相武王誅紂;伐奄,三年討其君,驅飛廉於海隅而戮之,滅國者五十,驅虎、豹、犀、象而遠之,天下大悦。"①本章疏證部分已言,"伐奄,三年討其君,驅飛廉於海隅而戮之"是成王時事。據此,則飛廉是周公相成王東征時所殺。

對於以上兩種説法,學者多認爲《史記》的説法非事實。唐代司馬貞《史記索隱》:"言處父至忠,國滅君死而不忘臣節,故天賜石棺,以光華其族。事蓋非實,譙周深所不信。"②司馬貞的推斷很可能是正確的。司馬遷作《秦本紀》,他作爲漢皇朝的史官,得覽秦國史官留下的《秦記》。此書無疑是記載秦歷史的第一手資料,能夠補充、糾正其所謂的"考信"標準——"六蓺"對秦史記載的缺失和妄説,這是司馬遷的絕大功績。但另一方面,《秦記》並非没有缺陷,尤其是其中有回護秦的記載。上述《史記》的説法也可能出於秦人的杜撰。梁玉繩説:"《孟子》言'飛廉戮于海隅',而此言天賜石棺以葬於霍太山,妄也。"③崔述也説:"武王既已克殷,蜚廉何由至霍?果還,至霍安能逃於武王之誅而得從容以終天年?且蜚廉助紂爲虐者,何以帝反嘉之而賜之石棺乎?此事至爲荒謬,蓋秦、趙之人諱其戮而妄造此説以欺人者,是以譙周《古史考》深所不信,而司馬氏《索隱》亦以爲非實也。當從《孟子》爲正。"④這些説法是正確的。

《繫年》第三章説:"成王屎伐商邑,殺彔子耿,飛廉東逃于商蓋氏。"成王伐商邑時,飛廉和彔子耿俱在殷(或邶)。上引《史記·秦本紀》説武王伐紂時,"蜚廉爲紂石(使)北方",這裏的"北方"很可能就是邶。武王克商後,武庚在邶,所以飛廉就輔佐武庚。周成王平三監叛亂,武庚北奔,而飛廉向東逃跑,到了商奄。直到周成王與周公踐奄,才殺死了飛廉。

2. 飛廉與商奄的關繫考

下面,我們對飛廉、商奄、秦人祖先三者的關繫進行一些探討。

第一,秦人跟商奄的關繫密切。《繫年》第三章載成王伐商邑,"飛廉東逃于商蓋氏。成王伐商蓋,殺飛廉。西遷商蓋之民于朱圉,以御奴虘之戎,是秦之先"。也就是説秦人的祖先實際上就是西遷的商奄之民。類似説法又見於《戰國縱橫家書·蘇秦謂燕王章》,其載蘇秦對燕王説:"自復而足,楚將不出雎(沮)章(漳),秦將不出商閹(奄)。"郭永秉注:"'商奄'

---

① 楊伯峻譯注:《孟子譯注》,第155頁。
② 《史記》卷5,第226頁。
③ (清)梁玉繩:《史記志疑》卷4,第120頁。
④ (清)崔述撰著,顧頡剛編訂:《崔東壁遺書》,第207頁。

與上句的'沮漳'對文,分別是秦人與楚人最初的發祥地。"①

第二,飛廉是秦人的直系祖先。《史記·趙世家》:"趙氏之先,與秦共祖。至中衍,爲帝大戊御。其後世蜚廉有子二人,而命其一子曰惡來,事紂,爲周所殺,其後爲秦。惡來弟曰季勝,其後爲趙。"②據此,則秦的直系祖先是飛廉之子惡來。根據《秦本紀》,惡來到非子的世系是:飛廉(蜚廉)—惡來革(惡來?③)—女防—旁皋—太几—大駱—非子。

關於非子,《秦本紀》説其居犬丘,爲周孝王養馬,有功,孝王分土爲附庸,"邑之秦,使復續嬴氏祀,號曰秦嬴"。④

第三,飛廉跟商奄也關繫密切。《繫年》載周成王伐商邑時,"飛廉東逃於商蓋氏,成王伐商蓋"。飛廉在武王克商後應該在殷輔佐武庚,所以周成王伐武庚時,他向東逃跑到了商奄。

綜合以上三點,我們懷疑商奄很可能就是秦人祖先的始居地。

據《古本竹書紀年》載,奄曾是商王南庚、陽甲的都城,到盤庚時期才遷到殷:

《紀年》曰:"南庚更自庇遷於奄。"(《太平御覽》卷83"皇王部"引)

《紀年》曰:"陽甲即位,居奄。"(《太平御覽》卷83"皇王部"引)

《紀年》曰:"盤庚旬自奄遷于北蒙,曰殷。"(《太平御覽》卷83"皇王部"引)⑤

盤庚遷都後,奄仍未廢棄,依然是商的重鎮,所以稱爲"商奄"。奄是嬴姓,《左傳》昭公元年:"周有徐、奄。"杜預注:"二國皆嬴姓。"孔穎達疏:"'二國皆嬴姓',《世本》文也。"⑥顧頡剛認爲,盤庚遷殷以後,奄作爲舊都應該封給殷的王族,所以武庚反周,奄爲之助力,奄似當子姓而不當爲嬴姓。⑦

---

① 湖南省博物館、復旦大學出土文獻與古文字研究中心編纂,裘錫圭主編:《長沙馬王堆漢墓簡帛集成(叁)》,第210~211頁。
② 《史記》卷43,第2147頁。
③ "惡來革"是否即"惡來"? 瀧川資言引余有丁曰:"惡來革者,豈即惡來耶? 但不宜復曰蜚廉子;既爲武王誅死,又不宜曰早死。"(漢)司馬遷撰,〔日〕瀧川資言考證,〔日〕水澤利忠校補:《史記會注考證附校補》,上海:上海古籍出版社,1986年,第121頁。又有"來革"(《楚辭·惜誓》)之稱。另可參顧頡剛:《鳥夷族的圖騰崇拜及其氏族集團的興亡》,《顧頡剛古史論文集》卷10下,第950頁。待考。
④ 《史記》卷5,第225~228頁。
⑤ 方詩銘、王修齡:《古本竹書紀年輯證(修訂本)》,第29頁。
⑥ 《春秋左傳正義》卷41,《十三經注疏》,第4388頁。
⑦ 顧頡剛:《鳥夷族的圖騰崇拜及其氏族集團的興亡》,《顧頡剛古史論文集》卷10下,第775頁。

筆者以爲,盤庚遷殷以後,奄可能被封給了飛廉的祖先。根據《史記·秦本紀》的記載,秦的祖先在商代,"自太戊以下,中衍之後,遂世有功,以佐殷國,故嬴姓多顯,遂爲諸侯"①。

如此看來,飛廉實際上與商奄同族,而商奄是飛廉祖先的封地,所以飛廉在成王平叛後逃到了商奄。周成王爲了追擊飛廉,所以來伐商奄。《繫年》說"殺飛廉"後西遷其民,這就是對秦人祖先——商奄之民的懲罰。但我們要注意的是,商奄之國地域較廣闊,以飛廉爲先祖的商奄之民——即後來秦人的祖先——祇是其中一支。

(二)周成王伐商蓋與商蓋之民的西遷

周成王時期伐商蓋事,在西周金文中即有記載:

(1)禽簋:王伐䇞侯,周公某禽祝,禽又(有)䞭祝。王易金百乎。禽用乍寶彝。(《集成》4041,西周早期,周成王)

(2)剛劫尊:王征䇞侯,易剛劫貝朋,用乍囗蔫且呂(寶)尊彝。(《集成》5977,西周早期,周成王)

"䇞"即"蓋"字。"䇞侯"即蓋侯,亦即奄侯。(1)(2)兩銘文所記即周成王伐奄事。周成王伐商蓋後,對其民做了怎樣的處置?對此,古書記載如下:

(3)《書序》:"成王東伐淮夷,遂踐奄,作《成王征》。成王既踐奄,將遷其君于蒲姑,周公告召公,作《將蒲姑》。"②僞孔傳:"已滅奄而徙其君及人臣之惡者於蒲姑。蒲姑,齊地,近中國,教化之。言將徙奄新立之君於蒲姑,告召公,使此册書告令之。"③

(4)《尚書大傳》:"殺禄父,遂踐奄。踐之云者,謂殺其身,執其家,潴其宫。"(《毛詩·豳風·破斧》正義、《經典釋文·成王政序下》引)④

據(3),周成王是把奄侯遷到蒲姑,李學勤認爲"估計是看管起來"⑤,僞孔傳說被遷的可能還包括一部分奄侯手下的臣子,這是有可能的。據(4),周公攻克奄後,把敵方的人殺了,把宫室毁了,在原基地上挖了一個池塘,這是很嚴重的懲罰。

---

① 《史記》卷5,第224頁。
② (清)孫星衍:《尚書今古文注疏》卷30,第603~605頁。
③ 《尚書正義》卷17,《十三經注疏》,第484頁。
④ (漢)伏勝撰,(漢)鄭玄注,(清)陳壽祺輯校:《尚書大傳》卷2,第83頁。
⑤ 李學勤:《清華簡關於秦人始源的重要發現》,《光明日報》2011年9月8日,第11版。

總之,根據我們上面的分析可見,周成王踐奄後,實際上把城毀了,把商奄之民遷走了。至於遷的地方,主要有三處:

第一,遷到了蒲姑,包括商奄的首領——奄侯以及一些高級貴族。

第二,把飛廉直系部族的一部分西遷,最後到了朱圉。

第三,把其餘一部分分給了魯侯。此即《左傳》定公四年衛國祝佗所謂周公分封是"因商奄之民,命以《伯禽》而封於少皞之虛"①。

(三)考古發現的一些秦人西遷資料與清華簡《繫年》所載的對應

1. 甘肅甘谷毛家坪遺址

此遺址發現於1947年,1956年考古工作者進行過調查,1982～1983年甘肅省文物工作隊和北京大學考古學系進行過兩次集中發掘。根據發掘報告,毛家坪遺址主要有三種文化遺存,即以彩陶爲特徵的石嶺下類型遺存,以繩紋灰陶爲代表的A組遺存,以夾砂紅褐陶爲特徵的B組遺存。其中"A組遺存"與西周文化和東周秦文化相似或相同。②

A組遺存分爲前後兩段。前段包括一、二期土坑墓和居址一、二期,爲西周時期。其中一、二期墓的年代約當西周後期。居址一期的年代可早至西周前期。此段在文化屬性上比較複雜,"雖有西周文化的因素,但有些特點又不見於西周文化而與東周秦文化有某些聯繫"。後段包括三、四、五期土坑墓和居址三、四期,爲東周時期,陶器形態或是葬制習俗,都與東周秦文化相同,應當是東周秦文化遺存。A組遺存前、後段之間有較強的連續性。③

B組遺存是東周時期出現的一種新的古文化遺存。④

滕銘予通過對比20世紀80年代中期以後發現的,位於關中偏西部地區的扶風壹家堡、武功鄭家坡等商代遺存,認爲毛家坪遺址可早到商代晚期。⑤

---

① 楊伯峻:《春秋左傳注(修訂本)》,第1537頁。
② 甘肅省文物工作隊、北京大學考古學系:《甘肅甘谷毛家坪遺址發掘報告》,《考古學報》1987年第3期,第360、388頁。
③ 甘肅省文物工作隊、北京大學考古學系:《甘肅甘谷毛家坪遺址發掘報告》,《考古學報》1987年第3期,第388～389頁。
④ 甘肅省文物工作隊、北京大學考古學系:《甘肅甘谷毛家坪遺址發掘報告》,《考古學報》1987年第3期,第392、395頁。
⑤ 滕銘予:《秦文化起源及相關問題再探討》,張忠培、許倬雲主編:《中國考古學跨世紀的回顧與前瞻(1999年西陵國際學術研討會文集)》,北京:科學出版社,2000年,第292頁;滕銘予:《秦文化:從封國到帝國的考古學觀察》,北京:學苑出版社,2003年,第4、14、48～49頁。

2012年早期秦文化聯合考古隊開始對毛家坪遺址進行發掘，當年發掘地點共三處，即A、B、C點。A、C點位於溝西居址區，共發掘灰坑二百一十餘個，多數屬東周時期，有西周時期遺存；B點位於溝東墓葬區，發掘墓葬二十一座、車馬坑兩座，墓葬分洞室墓、豎穴土坑墓兩類，年代從春秋早期延續到戰國中晚期。2013年發掘地點共六處，即D、E、F、G、H、I點，發掘面積近兩千七百平方米，發掘墓葬、房址、陶窰、竈址、灰坑、灰溝等各類遺跡七百三十五處，其中墓葬一百五十三座，出土銅器、陶器、玉石器、骨角器、鐵器等各類遺物一千餘件。兩年的勘探發掘工作顯示，毛家坪遺址應與古文獻記載的某處歷史名城或縣邑對應，可能是古冀縣的縣治。發掘的周代秦文化遺存，為研究早期秦文化及其編年、秦人的遷徙路綫、秦與西戎的關繫、秦人車馬形制等提供了重要資料。①

  根據新發掘的資料，梁雲通過禮縣西山坪和毛家坪兩處秦文化居址陶器系統的分組、分期，並與關中地區西周遺址材料比較，認為毛家坪居址一期的年代應到西周晚期偏早（或西周中晚期之交）。②

2. 甘肅清水縣李崖遺址

  李崖遺址位於今清水縣城北側樊河和牛頭河交匯處樊河西岸的臺地上。遺址總面積約一百萬平方米。

  2010年發現了四座土坑豎穴墓，其中M5、M6、M7陶器組合為鬲、簋、盆、罐，年代均為西周時期，部分陶器具有明顯的商式風格；M8無葬品。2011年發掘的十五座豎穴土坑墓，有十座與2010年發掘的四座墓相同，即東西方向（西偏北）、頭向西、有腰坑殉狗，隨葬陶器多為鬲、簋、盆、罐組合，部分陶鬲、陶簋具有顯著的商式風格。③

  考古學家認為，這些豎穴土坑墓很可能是早期秦人嬴姓宗族的遺存，年代初步判斷大多集中於西周中期，個別可能為西周早期偏晚或西周晚期偏早，是迄今所見年代最早的一批秦族墓葬。值得特別關注的是，隨葬品

---

① 侯紅偉（甘肅省文物考古研究所）：《甘肅：甘谷毛家坪遺址考古發掘獲得重大發現》，中華人民共和國國家文物局網，2013年12月12日。

② 梁雲：《論嬴秦西遷及甘肅東部秦文化的年代》，《北京大學震旦古代文明研究通訊》總第49期，2011年；《嬴秦西遷三説平議》，《中國史研究》2017年第3期，第39頁。梁雲說："2012—2013年再次發掘該遺址，獲得的此類標本與西周晚期淺盤豆共出，可知其年代在西周晚期。80年代所獲標本較少，資料不夠豐富，致使年代判斷上有偏差。"梁雲：《論早期秦文化的兩類遺存》，《西部考古》第7輯，2013年，第216頁。

③ 早期秦文化聯合考古隊（趙化成、梁雲、侯紅偉、游富祥、王小榮）：《甘肅清水李崖遺址考古發掘獲重大突破》，《中國文物報》2012年1月20日，第8版。

中有相當一部分陶器具有顯著的商式風格,如方唇分襠鬲、帶三角紋的陶簋等,再加上腰坑殉狗的葬俗,表明早期秦文化與商文化有着某種淵源關繫。學者認爲該遺址是非子所封"秦邑"。①

梁雲認爲,李崖遺址的發掘,從考古學上證實了秦人"東來説"。② 嬴秦屬於廣義上的殷遺民,李崖秦文化其實是一支殷遺民文化。③ 這是可信的。

3. 考古遺址與《繫年》所載對應問題

李學勤認爲:"毛家坪遺址的發掘表明,在朱圄一帶確實有早到西周前期的遺存,看來在那裏尋找秦先人的居地大有希望。"④朱鳳瀚認爲甘肅清水縣李崖遺址可能與《繫年》所謂的"朱圄"有關:"蜚廉、惡來族屬雖爲嬴姓,但與商人關繫密切,其文化必多有商文化的特徵。清水縣在簡文所述朱虖即今甘谷之東不遠,……在此地區探尋西周早期有商文化因素的遺存,自然是今後早期秦文化探索的重點工作。"⑤

趙化成認爲,李崖西周秦墓屬於秦人嬴姓家族即貴族階層的墓葬,而毛家坪遺址可能是秦人一般成員或是不同支系人員的墓葬。對於《繫年》的記載,他提出了幾點疑問:第一,《繫年》的記載爲何與《史記》的記載明顯不同? 第二,毛家坪遺址在甘谷境内,但還看不出與商文化有何聯繫。第三,李崖遺址甲一期秦墓確實有濃厚商文化遺風,但距離甘谷朱圄山有二百多千米的路程。他認爲問題的最後解決還需要從考古學文化層面找到依據。秦族、秦文化東來可以肯定,但要找到渭河上游早期秦文化的直接來源——或關中、或山西、或山東,還需要做大量的考古工作和深入的比較研究。⑥

梁雲也認爲,毛家坪遺址遺存的年代上限爲中晚期之交,並且遺存中不見殷商文化因素,出土的陶器已經基本周式化,死者葬式爲甘青地區古文化流行的曲肢葬,更與商人無關。李崖遺址的秦文化面貌雖然帶有濃厚

---

① 早期秦文化聯合考古隊(趙化成、梁雲、侯紅偉、游富祥、王小榮):《甘肅清水李崖遺址考古發掘獲重大突破》,《中國文物報》2012年1月20日,第8版。
② 梁雲:《關於早期秦文化的考古收穫及相關認識》,《中國史研究動態》2017年第4期,第41頁。
③ 梁雲:《論早期秦文化的來源與形成》,《考古學報》2017年第2期,第173頁。
④ 李學勤:《談秦人初居"邾虖"的地理位置》,《初識清華簡》,第151頁。
⑤ 朱鳳瀚:《清華簡〈繫年〉所記西周史事考》,李宗焜主編:《出土材料與新視野》,第445~448頁。
⑥ 趙化成:《秦人從哪裏來 尋踪早期秦文化》,《中國文化遺產》2013年第2期,第46~47頁。

的殷商遺風,在特點上也與商奄之民相似,但地理範圍已經超出了朱圍山,年代也早不到成王時期。①

(四)對《繫年》所載成王時期秦人西遷的評析

關於秦人的族源,傳統上有"西來説"和"東來説"兩種,隨着研究的逐漸深入,後者逐漸佔據主流。這一方面由於"東來説"在文獻上的依據比較充分;另一方面在考古學上,"東來説"也有大量證據,尤其是秦人墓葬的一些特徵(諸如腰坑、殉狗、殉人的習俗,與周人不同的車馬殉葬以及近年出土的商式風格的陶器等),均呈現出秦人來自東方的特點。

秦人既然來自東方,那麽何時西遷這一問題就顯得非常重要。關於秦人西遷的時間,主要有三種説法,即商代晚期自關中西遷説、西周早期自山東西遷説、西周中期自山西西遷説。學者已經對這三種説法的是非曲折作了評析②,這裏不再重複。下面,我們主要根據文獻和考古學成果,並結合《繫年》的記述,對秦人西遷的史事及《繫年》記述的可信性等問題進行考察。

據《史記》,秦人的祖先中潏在商代晚期到了"西垂"。《史記·秦本紀》曰:"中潏,在西戎,保西垂。生蜚廉。蜚廉生惡來。惡來有力,蜚廉善走,父子俱以材力事殷紂。"後來中潏的後代大駱娶了申侯女,申侯對周孝王曰:"昔我先酈山之女,爲戎胥軒妻,生中潏,以親故歸周,保西垂,西垂以其故和睦。"這都説明中潏已經到了"西垂",而且據申侯所言,實際上是"以親故歸周,保西垂"。那麽,這一記載是否可信呢?③ 我們認爲是可信的。《秦本紀》:"其玄孫曰費昌,子孫或在中國,或在夷狄。費昌當夏桀之時,去夏歸商。"這説明在商代早期,秦人的祖先遷徙範圍甚廣,可能一部分在東方中原地區,而一部分可能已經到了夷狄處,所以上引中潏"在西戎、

---

① 梁雲:《嬴秦西遷三説平議》,《中國史研究》2017 年第 3 期,第 37 頁。
② 梁雲:《嬴秦西遷三説平議》,《中國史研究》2017 年第 3 期,第 31~41 頁。
③ 顧頡剛經過考證認爲:"這如果不是司馬遷的錯記,就應該是秦人西遷之後,爲了掩蓋他們被迫移徙的恥辱,進一步表示自己和西戎的歷史淵源,是由於誇耀門第的需要而杜撰出來的故事。"其舉出了兩個理由:第一,當時和商紂交戰的對象衹有東夷,在經典和金文中,紂並没有跟西戎作過交涉;而且當時周人已非常强大,不會允許商王朝在西戎拓土。第二,中潏子飛廉和孫惡來都留在紂的身邊,所以都被周人殺死在了東方,和西戎無毫末關繫。參顧頡剛:《周公東征史事考證——鳥夷族的圖騰崇拜及其氏族集團的興亡》,《顧頡剛古史論文集》卷 10 下,第 1016 頁。林劍鳴認爲:"這完全是申侯爲討好周孝王而故意混淆事實的説法。……所以申侯對周孝王説的話是不能完全相信的。"參林劍鳴:《秦史稿》,上海:上海人民出版社,1981 年,第 23~24 頁。

保西垂"正是"或在夷狄"者。① 可見,中潏在西戎,而且與周人關繫密切;飛廉在中原,與其子惡來事奉殷紂。這二者並不矛盾。

由上文論述可知,秦人的祖先飛廉和其子惡來並事殷紂。周武王克商,由於惡來在朝歌,被周武王殺死;而飛廉當時在殷王畿之北方,逃過一劫。周武王克商後,武庚與飛廉俱在邶。周成王平定三監叛亂,飛廉東逃至商奄。成王繼續追擊至商奄,最後殺死了飛廉,而且把商奄的城毁了。商奄之民中飛廉直系的一支向西遷到了朱圉。李學勤認爲,正是由於中潏"在西戎,保西垂"的經歷,並且跟戎人有一定的姻親關繫,所以周朝命令商奄之民遠赴西方禦戎。② 這是可信的。

關於商奄之民遷到朱圉的時間,《繫年》説是周成王踐奄後。但在考古上,我們在朱圉山周圍尚未發現早到周成王時期的遺跡,那麽這是否意味着《繫年》所載失實呢? 我們認爲不是的。

實際上,《繫年》提供了一個非常重要的信息,即秦之先人出自商奄之民,而這點可以跟前引《戰國縱横家書》所載"秦將不出商閹(奄)"的説法互證。這説明一個很重要的問題,即至少在戰國時期,當時人認爲秦人的祖先是商奄之民、發祥地在商奄,而商奄之民的西遷,確實是在周成王踐奄之後事。這是目前所見關於秦人族源與西遷的最早的記載,這一點不容否認。

至於秦人西遷在成王踐奄以後的什麽時候,《繫年》説的不是很明確。《繫年》所載史事,實際上代表了一種戰國時期人的看法,而且,其中也不乏失實之處,比如《繫年》第三章關於"殺三監而立彔子耿"的記述,與其他文獻相左,顯然難以憑信。因此,我們認爲,《繫年》所載周成王踐奄後所遷商奄之民是秦人祖先的説法,應該是可信的。至於這些商奄之民何時到達朱圉,還需要繼續研究,也有待考古學方面提供更多證據。

---

① 馬非百:《秦集史》,北京:中華書局,1982 年,第 4 頁。
② 李學勤:《清華簡關於秦人始源的重要發現》,《光明日報》2011 年 9 月 8 日,第 11 版。

【第四章】

[説明]

(一)"⿱"【一七】的隸定

【整理者】隸爲"厚"。①

【謹按】《説文·𠂤部》:"厚,山陵之厚也。从𠂤从厂。垕,古文厚从后土。"根據古文字,"厚"所从"厂"即"石"字。"厂"本是"石"之初文,殷墟甲骨文"石"字或从"石"之偏旁多作"厂"。"𠂤"字,《説文·𠂤部》:"𠂤,厚也。从反亯。"但學者對於此種説法存在意見分歧,或以"𠂤"爲器物,或以爲"高"字之省,等等。"𠂤"在戰國文字裏多譌變成"毛""主""干"等形。②

簡文該字从"石"从"丰",即"厚"字。又,《繫年》簡91作"⿱(厚)"。

(二)"⿱"【一七】、"⿱"【一八】的隸定

【整理者】隸爲"殷"。③

【謹按】實際上此字上从"殷"、下从"土",當隸爲"壑"。在清華簡《祭公》簡10有字作"⿱",整理者隸爲"壑"④,與《繫年》此字同。《繫年》簡13作"⿱(殷)",不从"土"。

(三)"⿱"【一八】的隸定

【整理者】隸爲"庚"。⑤

---

① 清華大學出土文獻研究與保護中心編,李學勤主編:《清華大學藏戰國竹簡(貳)》,第144頁。
② 參彭裕商:《釋"厚"》,《出土文獻》第2輯,第141頁。
③ 清華大學出土文獻研究與保護中心編,李學勤主編:《清華大學藏戰國竹簡(貳)》,第144頁。
④ 清華大學出土文獻研究與保護中心編,李學勤主編:《清華大學藏戰國竹簡(壹)》,第147頁(釋文),第236頁(字表)。
⑤ 清華大學出土文獻研究與保護中心編,李學勤主編:《清華大學藏戰國竹簡(貳)》,第144頁。

【謹按】康,从"水"、"庚"聲,在戰國文字裏中央豎必加水點爲飾。①庚,在戰國文字裏中央豎筆有加短横爲飾者。② 簡文正作此形,故該字應隸爲"庚"。

[釋文]

周成王、周公旣罿(遷)殹(殷)民于洛邑,[1]乃甾(追)念顗(夏)商之亡由,[2]方(旁)埶(設)出宗子,[3]以乍(作)周厚【一七】啈(屏),[4]乃先建坒(衛)弔(叔)坒(封)于庚(康)丘,以侯殹(殷)之燹(餘)民。[5]坒(衛)人自庚(康)丘罿(遷)于沂(淇)坒(衛)。[6]周惠王立十【一八】又七年,赤鄱(翟)王峊凥(起)甾(師)伐坒(衛),大敗(敗)坒(衛)甾(師)於禺,幽侯滅女(焉)。[7]翟述(遂)居坒＝(衛,衛)人乃東涉【一九】河,罿(遷)于曹,[女(焉)]立惪(戴)公申,[8]公子啓方奔齊。[9]惪(戴)公翠(卒),齊赶(桓)公會者(諸)侯以成(城)楚丘,邦【二〇】公子啓方女(焉),是文＝公＝(文公,文公)即殜(世),[10]文公即殜(世),成公即立(位),翟人或(又)涉河伐衛于楚丘。衛人自楚丘【二一】罿(遷)于帝丘。【二二】[11]

十七【一七背】 十八【一八背】 十九【一九背】 廿【二〇背】
廿一【二一背】 廿二【二二背】

[疏證]

[1]周成王、周公旣罿(遷)殹(殷)民于洛邑,

【整理者】《書序》:"成周旣成,遷殷頑民。"《史記·周本紀》略同。③

【謹按】指成王二年至三年將殷民從邶、鄘之地遷到九里再到洛邑附近之事,詳參本章史事考證部分。

[2]乃甾(追)念顗(夏)商之亡由,

【整理者】由,《漢書·魏相傳》注:"因也。"亡由,滅亡的原因。④

【陳偉】"由"疑讀爲"胄"。《國語·周語上》襄王"十六年,而晉人殺

---

① 何琳儀:《戰國古文字典:戰國文字聲系》,第642頁。
② 何琳儀:《戰國古文字典:戰國文字聲系》,第641頁。
③ 清華大學出土文獻研究與保護中心編,李學勤主編:《清華大學藏戰國竹簡(貳)》,第144頁。
④ 清華大學出土文獻研究與保護中心編,李學勤主編:《清華大學藏戰國竹簡(貳)》,第144頁。

懷公。無胄",韋昭注:"胄,後也。"夏商子孫在西周尚多,這裏實際所指似應是王位不保①。

【易泉】楚簡中"由""古"有時形近混用,"亡由"應釋爲"亡古(故)",指滅亡的原因。《吕氏春秋·慎大》:"武王乃恐懼,太息流涕,命周公旦進殷之遺老,而問殷之亡故。"②

【謹按】追念,追思也。《説文·心部》:"念,常思也。从心,今聲。"《爾雅·釋詁》:"念,思也。"《左傳》成公十三年:"吾與女同好棄惡,復修舊德,以追念前勳。"③《禮記·祭統》:"昔者周公旦有勳勞於天下,周公既没,成王、康王追念周公之所以勳勞者,而欲尊魯,故賜之以重祭。"④

亡由,滅亡的緣由。《吕氏春秋·慎大》:"武王乃恐懼,太息流涕,命周公旦進殷之遺老,而問殷之亡故。"⑤簡文的"亡由"類似於"亡故"。由,整理者解釋爲"因",可從。

簡文此處是講周封建之原因,對此,傳世文獻也有類似記載。《左傳》僖公二十四年載周大夫富辰説:"昔周公弔二叔之不咸,故封建親戚以蕃屏周。""二叔"指夏、商。"咸",杜注訓"同",孔疏:"咸訓爲皆,故爲同也。"楊樹達根據金文訓"咸"爲"終"⑥,楊伯峻從之⑦。據此,則所謂"二叔之不咸"指夏商之不終,亦滅亡義。詳參本章史事考證部分之"《左傳》'周公弔二叔之不咸'新詁"。《逸周書·祭公解》:"維我後嗣,旁建宗子,丕惟周之始并。嗚呼!天子、三公:監于夏商之既敗,丕則無遺後難,至于萬億年,守序終之。"⑧

[3]方(旁)埶(設)出宗子,

【整理者】方,通"旁",《廣雅·釋詁二》:"廣也。"設,《戰國策·秦策一》注:"置也。"出宗子,當指支子而言,即《左傳》昭公九年、二十六年"建母弟以蕃屏周"的"母弟"。⑨

【朱鳳瀚】"出宗子"或指由本宗分出另立宗氏而自爲其宗子者,即各

---

① 陳偉:《讀清華簡〈繫年〉札記(一)》,武漢大學簡帛網,2011年12月20日;《讀清華簡〈繫年〉札記》,《江漢考古》2012年第3期,第118頁。
② 易泉:《説〈繫年〉的"無由"》,武漢大學簡帛網,2011年12月21日。
③ 楊伯峻:《春秋左傳注(修訂本)》,第864頁。
④ (清)孫希旦:《禮記集解》卷47,第1253頁。
⑤ 許維遹:《吕氏春秋集釋》卷15,第357頁。
⑥ 楊樹達:《積微居小學述林》,北京:中華書局,1983年,第223頁。
⑦ 楊伯峻:《春秋左傳注(修訂本)》,第420頁。
⑧ 黄懷信:《逸周書彙校集注(修訂本)》卷8,第934~935頁。
⑨ 清華大學出土文獻研究與保護中心編,李學勤主編:《清華大學藏戰國竹簡(貳)》,第144頁。

同姓諸侯國之始封君。①

【謹按】清華簡《祭公之顧命》簡13："惟我後嗣,方建宗子,丕惟周之厚屏。"②《逸周書·祭公解》："維我後嗣,旁建宗子,丕維周之始并。""方"今本作"旁"。孔晁云："旁建宗子,立爲諸侯。"莊述祖云："方(旁)猶並。建,立。宗子,適子。"陳逢衡云："旁建,分封也。"③

出宗子,是《禮記》中所謂的"別子"、清華簡拾《四告》之"出分子"。《逸周書·祭公解》："維我後嗣,旁建宗子,丕維周之始并(莊校作'屏')。"孔晁注："旁建宗子,立爲諸侯。言皆始并(莊校作'屏')天子故也。"魏源《書古微》卷12曰："孔注:天子爲大宗,旁建宗子則諸侯也。"④《禮記·大傳》："別子爲祖,繼別爲宗。"《白虎通義·宗族》："別子者,自爲其子孫爲('爲'據盧校當删)祖。"卽凡是別起一支而成爲本支後世之祖者,就是別子。⑤ 清華簡拾《四告》載周成王時"乃建侯設衛、甸,出分子"⑥,這裏的"出分子"卽《繫年》之"出宗子"。《穀梁傳》莊公三十年："燕,周之分子也。"范甯注："燕,周大保召康公之後,成王所封。分子,謂周之別子孫也。"⑦

[4]以乍(作)周厚【一七】啊(屏),

【謹按】厚屏,指强大的蕃衛。《國語·晉語三》："無損於怨而厚於寇。"韋昭注："厚,猶彊也。"⑧《尚書·康王之誥》："乃命建侯樹屏。"朱駿聲注："屏,猶蔽衛也。"⑨

[5]乃先建埊(衛)弔(叔)坒(封)于庚(康)丘,以侯壑(殷)之夋(餘)民。

【整理者】衛叔封卽康叔。《左傳》定公四年叙其受封,"命以《康誥》

---

① 朱鳳瀚:《清華簡〈繫年〉所記西周史事考》,李宗焜主編:《出土材料與新視野》,第8頁。
② 清華大學出土文獻研究與保護中心編,李學勤主編:《清華大學藏戰國竹簡(壹)》,第174頁。
③ 黃懷信等:《逸周書彙校集注(修訂本)》卷8,第935頁。
④ (清)魏源:《魏源全集》,長沙:岳麓書社,2010年,第2册,第370頁。
⑤ 關於"別子"的解釋,鄭玄説:"別子,謂公子若始來在此國者,後世以爲祖也。"(《禮記正義》卷34,《十三經注疏》,第3268頁)《白虎通義》與鄭玄的解釋不同,當依前者。參劉家和:《宗法辨疑》,《古代中國與世界》,北京:北京師範大學出版社,2010年,第172～173頁。
⑥ 清華大學出土文獻研究與保護中心編,黃德寬主編:《清華大學藏戰國竹簡(拾)》,上海:中西書局,2020年,第117頁。
⑦ 《春秋穀梁傳注疏》卷6,《十三經注疏》,第5184頁。
⑧ 徐元誥:《國語集解(修訂本)》卷9,第308頁。
⑨ 朱駿聲撰,葉正勃點校:《尚書古注便讀》卷4下,新北:花木蘭文化出版社,2013年,第192頁。

而封於殷虛",《康誥》今存於《尚書》。傳世有逘簋(《集成》4059),銘云:"王來伐商邑,祉令康侯啚(鄙)于衛";又有康侯方鼎(《集成》2153),銘云:"康侯丰作寶隣。""丰"與簡文"坒"均與"封"通。"庚丘"即"康丘",其地應在殷故地邶、鄘、衛之衛地範圍内,故康叔可稱衛叔封。殷之餘民,指《左傳》定公四年所述殷民七族。①

【李學勤】殷商故土分爲邶、鄘、衛,康一定是在衛,所以叔封也稱爲衛叔封。衛國建立以後,衛人才"自庚(康)丘遷於淇衛",淇衛自然就是淇水之濱的朝歌,又稱妹或沫。至於衛國的遷都是在叔封在世之時,還是其子康伯之世,還有待進一步研究。② 武王克商之後,將商王朝故地分割爲邶、鄘、衛三地,設立三監。《毛詩正義》引鄭玄《詩譜》云:"乃三分其地,置三監。……自紂地而北謂之邶,南謂之鄘,東謂之衛。"康侯之所以稱康,是因爲都於康丘。這個康丘便於"侯殷之餘民",自係商朝故地,推想當在邶、鄘、衛三地中的衛地境内,因此,康叔在簡文裏又稱作衛叔封。"衛"是大名,"康丘"是其中作爲都邑的地點。③

【朱鳳瀚】侯,此作動詞,當讀爲"候"。簡文"以侯殷之餘民",即用以檢查、監視、防守殷餘民。④

【董珊】簡文的意思是:"先封建(後來所稱的)衛叔封在康丘,來統治殷餘民,(後來的)衛人是從康丘遷到淇水衛邑的。"叔封最初受封在康丘時,並没有"衛叔"這個名號。"徙衛"在周成王之時;而"徙封衛"、封爲衛侯則在周夷王時。⑤

【李天虹】此處的"先建"不是始建之義。疑"先"(心母文部)讀爲"選"(心母元部),"先建"即"選建"。⑥

【謹按】建,當讀爲《左傳》隱公八年"天子建德"之"建",杜注:"立有德以爲諸侯。"⑦"建"乃立諸侯之義。"先建"康叔於"庚(康)丘"者,當爲先立康叔於康丘爲諸侯之義。這裏的"先",相對於簡文"周成王、周公既

---

① 清華大學出土文獻研究與保護中心編,李學勤主編:《清華大學藏戰國竹簡(貳)》,第145頁。
② 李學勤:《清華簡〈繫年〉解答封衛疑謎》,《文史知識》2012年第3期,第15頁。
③ 李學勤:《由清華簡〈繫年〉重釋沫司徒疑簋》,《中國高校社會科學》2013年第3期,第84頁。
④ 朱鳳瀚:《清華簡〈繫年〉所記西周史事考》,李宗焜主編:《出土材料與新視野》,第449頁。
⑤ 董珊:《清華簡〈繫年〉所見的"衛叔封"》,《簡帛文獻考釋論叢》,第84頁。
⑥ 李天虹:《小議〈繫年〉"先建"》,教育部人文社會科學重點研究基地、清華大學出土文獻與中國古代文明研究中心、清華大學出土文獻研究保護中心編:《出土文獻與中國古代文明:李學勤先生八十壽誕紀念論文集》,第264~266頁。
⑦ 《春秋左傳正義》卷4,《十三經注疏》,第3764頁。

遷殷民於洛邑"而言,故"建衛叔封于康丘"是周成王三年之前事。

關於"衛叔封",整理者和李學勤認爲康丘在衛,這意味着封於康丘與封衛是同一事。朱鳳瀚認爲康丘不在衛,所以兩者不能等同。

"侯"與"候"本一字分化,漢代人普遍把"侯"訓爲"候"。《白虎通·爵稱》:"侯者,候也。"蔡邕《獨斷》:"侯者,候也。"①宜侯矢簋:"王令虞侯矢曰:遷侯于宜。"(《集成》4320,西周早期,周康王)。倪公簋:"王命易(唐)伯侯于晉。"②後者有學者對其真偽提出質疑③。清華伍《封許之命》載"命汝侯于許"④。這三條資料中侯都是"於某地作侯"之義。簡文與此不同,侯後面直接帶賓語,"侯"當作"候",動詞。《呂氏春秋·貴因》:"武王使人候殷。"高誘注:"候,視也。"⑤簡文此處不僅有監視的意思,還有監管、管理的意味。

康丘,在殷(或邶),今河南安陽殷墟。簡文謂將康叔封在康丘,來監視、管理邶地未遷走之殷餘民。詳參本章史事考證部分。

[6]衛(衛)人自庚(康)丘遷(遷)于沂(淇)衛(衛)。

【整理者】淇衛,即在淇水流域的朝歌,今河南淇縣。⑥

【謹按】此是周成王四年事,康叔到周王朝做司寇,衛人從康丘遷到淇衛。

[7]周惠王立十【一八】又七年,赤鄧(翟)王峀唘记(起)肖(師)伐衛(衛),大敗(敗)衛(衛)肖(師)於囂,幽侯滅女(焉)。

【謹按】周惠王立十又七年當衛懿公九年(前660,魯閔公二年)。

赤翟王,《春秋》經傳皆作"狄",唯《春秋經傳集解後序》引《紀年》作"赤翟"⑦,與《繫年》同。

---

① 參勞榦:《"侯"與"射侯"後記》,中華書局編輯部編:《"中研院"歷史語言研究所集刊論文類編·歷史編·先秦卷》,北京:中華書局,2009年,第127頁。
② 朱鳳瀚:《倪公簋與唐伯侯于晉》,《考古》2007年第3期,第64~69頁。
③ 林澐:《倪公簋質疑》,復旦大學出土文獻與古文字研究中心網,2008年1月29日。
④ 清華大學出土文獻研究與保護中心編,李學勤主編:《清華大學藏戰國竹簡(伍)》,第118頁。
⑤ 許維遹:《呂氏春秋集釋》卷15,第386頁。
⑥ 清華大學出土文獻研究與保護中心編,李學勤主編:《清華大學藏戰國竹簡(貳)》,第145頁。
⑦ 《春秋左傳正義》卷60,《十三經注疏》,第4751頁。

峁啓,有學者讀爲《春秋》之“留吁”①,兩者雖可通②,恐未必相同③。

睘,《左傳》作“熒澤”。《春秋經傳集解後序》引《紀年》:“衛懿公及赤翟戰于洞澤。”杜預“疑洞當爲泂,即《左傳》所谓‘熒澤’也”④。《集韻》:“泂,音熒。泂澤,地名,通作熒。”“泂”“熒”古音匣母耕部,“睘”古音群母耕部,匣母屬喉音,群母屬牙音,可通。關於“熒澤”,杜預説:“此熒澤當在河北。”⑤楊伯峻也説在黄河之北。⑥

幽侯,《左傳》和《竹書紀年》作“衛懿公”,《論衡·儒增》稱“衛哀侯”。《逸周書·謚法解》曰:“動祭亂常曰幽。”潘振曰:“幽者,謂其不明禮也。”⑦

《春秋》閔公二年:“十有二月,狄入衛。”杜注:“書入,不能有其地。例在襄十三年。”《左傳》閔公二年:“冬十二月,狄人伐衛。……及狄人戰于熒澤,衛師敗績。遂滅衛。衛侯不去其旗,是以甚敗。……夜與國人出。狄入衛,遂從之,又敗諸河。”杜注:“衛將東走渡河,狄復逐而敗之。”⑧

《春秋經傳集解後序》引《古本竹書紀年》:“衛懿公及赤翟戰于洞澤。”⑨

《史記·衛世家》:“[衛懿公]九年,翟伐衛,衛懿公欲發兵,兵或畔。……翟於是遂入,殺懿公。”⑩

簡文謂“幽侯滅焉”,君死於位曰“滅”。上引《左傳》謂:“遂滅衛。”關於後者之“滅衛”,有兩説。一是指滅衛國,以晉代杜預和今人楊伯峻爲代表。杜預曰:“君死國散,經不書滅者,狄不能赴。衛之君臣皆盡,無復文告。齊桓爲之告諸侯,言狄已去,言衛之存,故但以入爲文。”⑪楊伯峻亦曰:“此滅字仍是滅亡之滅。下傳云‘衛國忘亡’可證。經不書滅而書入

---

① 黄人二:《戰國楚簡研究》,第220頁。

② 峁,从“山”、“卯”声。留,《説文·田部》:“畱,止也。从田丣聲。”“丣”即古文“酉”,《説文·酉部》:“酉……丣,古文酉。从卯。”“吁”與“啓”,古音曉母魚部。

③ “留吁”見於《春秋》宣公十六年:“晉人滅赤狄甲氏及留吁。”杜注:“甲氏、留吁,赤狄别種。”楊伯峻注:“留吁,晉滅之後,改爲純留,……在今山西省屯留南十里。”楊伯峻:《春秋左傳注(修訂本)》,第767頁。

④ 《春秋左傳正義》卷60,《十三經注疏》,第4751頁。

⑤ 《春秋左傳正義》卷11,《十三經注疏》,第3880頁。

⑥ 楊伯峻:《春秋左傳注(修訂本)》,第265頁。

⑦ 黄懷信等:《逸周書彙校集注(修訂本)》卷6,第685頁。

⑧ 《春秋左傳正義》卷11,《十三經注疏》,第3878～3880頁。

⑨ 方詩銘、王修齡:《古本竹書紀年輯證(修訂本)》,第77頁。

⑩ 《史記》卷37,第1928頁。

⑪ 《春秋左傳正義》卷11,《十三經注疏》,第3880頁。

者,以亡而復存也。"①二是指滅衛懿公,以鄭玄、孔穎達、劉文淇等爲代表。《詩·鄘風·載馳序》云:"衛懿公爲狄人所滅。"鄭箋云:"滅者,懿公死也。君死於位曰滅。"孔穎達疏曰:

> "君死於位曰滅",《公羊傳》文也。《春秋》之例,滅有二義。若國被兵寇,敵人入而有之,其君雖存而出奔,國家多喪滅,則謂之滅。故《左傳》曰:"凡勝國曰滅。"齊滅譚,譚子奔莒;狄滅溫,溫子奔衛之類是也。若本國雖存,君與敵戰而死,亦謂之滅。故云"君死於位曰滅",即昭二十三年胡子髡、沈子逞滅之類是也。②

劉文淇曰:

> 杜注謂:"經不書滅者,狄不能赴。衛之君臣皆盡,無復文告。齊桓爲之告諸侯。"是以此滅爲滅國。《載馳序》:"衛懿公爲狄人所滅。"鄭箋云:"滅者,懿公死也。君死於位曰滅。"鄭箋用《公羊》説。《衛世家》:"衛懿公欲發兵,兵或畔。大臣言曰:'君好鶴,鶴可令擊翟。'翟於是遂入,殺懿公。"依《世家》説,則懿公先死,故鄭以滅衛爲衛公死。③

筆者以爲,楊伯峻所説實際上並不能作爲證據,第二種説法更可信。正如劉文淇所説,《衛世家》可以作爲證據,今據《繫年》可進一步確證。

[8]翟述(遂)居堊〓(衛,衛)人乃東涉【一九】河,罨(遷)于曹,[女(焉)]立惠(戴)公申,

【謹按】曹,衛邑,在今河南省滑縣西南之白馬故城。④

《左傳》閔公二年載衛國史官華龍滑與禮孔"夜與國人出。狄入衛,遂從之。又敗諸河","及敗,宋桓公逆諸河,宵濟。衛之遺民男女七百有三十人,益之以共、滕之民爲五千人。立戴公以廬于曹"。杜注:"曹,衛下邑。戴公名申,立一年卒,而立文公。"孔疏:"'戴公名申',《世本》《世家》文。"⑤

[9]公子啓方奔齊。

【整理者】即《管子·大匡》等所見之公子開方,齊桓公臣,詳見梁玉繩

---

① 楊伯峻:《春秋左傳注(修訂本)》,第265頁。
② 《毛詩正義》卷3,《十三經注疏》,第674~675頁。
③ (清)劉文淇:《春秋左氏傳舊注疏證》,第231頁。
④ 楊伯峻:《春秋左傳注(修訂本)》,第267頁。
⑤ 《春秋左傳正義》卷11,《十三經注疏》,第3880頁。

《古今人表考》卷7。①

【謹按】公子啓方，卽衛文公。《左傳》僖公十八年衛文公自稱"燬"。《韓非子·外儲説右下》《新書·審微》作"辟疆"，《管子·大匡》作"開方"（當本作"啓方"，後人爲避漢景帝劉啓諱所改），《吕氏春秋·知接》作"衛公子啓方"。梁玉繩《古今人表考》卷7曰："衛公子開方始見《管子·大匡》。又作啓方。（《吕覽·知接》）"②《韓非子·外儲説右下》："衛君入朝於周，周行人問其號。對曰：'諸侯辟疆。'周行人却之曰：'諸侯不得與天子同號。'衛君乃自更曰'諸侯燬'而後内之。"③賈誼《新書·審微》："昔者，衛侯朝於周，周行人問其名，曰：'衛侯辟疆。'周行人還之曰：'啓疆、辟疆，天子之號也，諸侯弗得用。'衛侯更其名曰'燬'，然後受之。"④

公子啓方奔齊，此事當魯僖公元年（前659），具體時間在許穆夫人賦《載馳》後，齊桓公派公子無虧出兵前。此次公子啓奔齊的目的就是請求齊桓公出兵。《左傳》閔公二年："初，惠公之卽位也少，齊人使昭伯烝於宣姜，不可，强之。生齊子、戴公、文公、宋桓夫人、許穆夫人。文公爲衛之多患也，先適齊。"何謂"文公爲衛之多患也"？竹添光鴻箋曰："多患應鶴乘軒。"⑤楊伯峻注："《衛世家》云：'懿公卽位好鶴，淫樂奢侈。'又云：'懿公之立也，百姓大臣皆不服。'"⑥據此則文公因爲衛懿公好鶴且百姓大臣不服，故先奔齊，如此則文公奔齊在衛懿公時。簡文謂公子啓方奔齊在衛懿公死、戴公立之後，故可知此事與上引《左傳》時間不同。詳見本章史事考證部分。

［10］惠（戴）公卒（卒），齊起（桓）公會者（諸）侯以成（城）楚丘，邦【二〇】公子啓方女（焉），是文公。

【謹按】戴公之卒當在魯僖公元年春夏之後，詳見本章史事考證部分。

"齊桓公會諸侯以城楚丘，邦公子啓方焉，是文公"，此當魯僖公元年，乃齊桓公開始城楚丘並且擁立公子啓方爲衛君事。"邦"原簡字形漫漶不清，學者有補爲"立""衛""居""歸"諸説⑦，但均無確切依據。賈連翔後據

---

① 清華大學出土文獻研究與保護中心編，李學勤主編：《清華大學藏戰國竹簡（貳）》，第145頁。
② （清）梁玉繩等：《史記漢書諸表訂補十種》，北京：中華書局，1982年，第827頁。
③ 陳奇猷校注：《韓非子新校注》，第829頁。
④ （漢）賈誼撰，閻振益、鍾夏校注：《新書校注》卷2，北京：中華書局，2000年，第74頁。
⑤ 〔日〕竹添光鴻注：《左氏會箋》，第368頁。
⑥ 楊伯峻：《春秋左傳注（修訂本）》，第266頁。
⑦ 蘇建洲等：《清華二〈繫年〉集解》，第252~253頁；李松儒：《清華簡〈繫年〉集釋》，第106頁。

殘留字形補爲"邦"①,可信。"邦公子啓方焉"類似於《繫年》第十九章"景平王即位,改邦陳蔡之君"。此處的"邦"之義爲"封",二者乃同源詞。②簡文"邦公子啓方焉,是文公"類似於傳世文獻中的"封衛"。關於"封衛",《漢書·地理志》:"[衛]懿公亡道,爲狄所滅。齊桓公帥諸侯伐狄,而更封衛於河南曹、楚丘,是爲文公。"③據此可知文公初立於曹,後來楚丘建成後正式復國於楚丘,前者在魯僖公元年,後者在魯僖公二年。關於前者,《史記·衛世家》:"戴公申元年卒。齊桓公以衛數亂,乃率諸侯伐翟,爲衛築楚丘。立戴公弟燬爲衛君,是爲文公。文公以亂故犇齊,齊人入之。"④關於後者,《左傳》閔公二年:"[僖之]二年,封衛于楚丘。"⑤《春秋》僖公二年:"二年春王正月,城楚丘。"《左傳》僖公二年:"二年春,諸侯城楚丘而封衛焉。"⑥《穀梁傳》僖公二年:"楚丘者何?衛邑也。國而曰城,此邑也。其曰城,何也?封衛也。則其不言城衛,何也?衛未遷也。其不言衛之遷焉,何也?不與齊侯專封也。其言城之者,專辭也。"鍾文烝注:"傳言'封衛',以見上入爲滅也。……衛已滅,城以封之。"⑦簡文所載當爲魯僖公元年事。因爲根據文例考慮,簡文"邦公子啓方焉"之前記載了戴公之立與卒,後又記載了文公之卒與成公之立,故可斷定此處當爲齊桓公擁立公子啓方即位事。楚丘,衛地,在今河南省滑縣東。⑧ 文公之立在何年?衛戴公之卒在魯僖公元年春夏間之後,此後文公即位,文公即位在魯僖公元年十二月之前。如果逾年改元,衛文公元年當魯僖公二年;如果當年改元,則文公元年當魯僖公元年。以《史記·十二諸侯年表》相較,筆者傾向於後者,即衛文公元年當魯僖公元年。詳見本章史事考證部分之"三、詩史互證:清華簡《繫年》與《詩·載馳》新研"。

[11]文公即殜(世),成公即立(位),翟人或(又)涉河伐衛于楚丘。衛人自楚丘【二一】㟴(遷)于帝丘。【二二】

【謹按】衛文公卒於魯僖公二十五年(前635,衛文公二十五年)。《春

---

① 賈連翔:《從清華簡〈繫年〉再看齊桓公邦衛》,鄔文玲、戴衛紅主編:《簡帛研究二〇二〇(春夏卷)》,桂林:廣西師範大學出版社,2020年,第31頁。
② 王力:《同源字典》,北京:中華書局,2014年,第407~408頁。
③ 《漢書》卷28下,第1647頁。
④ 《史記》卷37,第1929頁。
⑤ 楊伯峻:《春秋左傳注(修訂本)》,第273頁。
⑥ 楊伯峻:《春秋左傳注(修訂本)》,第279、281頁。
⑦ (清)鍾文烝:《春秋穀梁經傳補注》卷9,第250~251頁。
⑧ 楊伯峻:《春秋左傳注(修訂本)》,第273頁。

秋》僖公二十五年:"夏,四月癸酉(十九日),衛侯燬卒。……秋……葬衛文公。"①《史記·衛世家》:"二十五年,文公卒,子成公鄭立。"②

"翟人或涉河伐衛于楚丘,衛人自楚丘遷于帝丘",此事當魯僖公三十一年(前629,衛成公六年)。《春秋》僖公三十一年:"狄圍衛。十有二月,衛遷于帝丘。"《左傳》僖公三十一年:"冬,狄圍衛,衛遷于帝丘。卜曰三百年。"③《史記·衛世家》集解引《世本》曰:"成公徙濮陽。"宋忠曰:"濮陽,帝丘,地名。"④帝丘在今河南濮陽西南。

[譯文]

周成王、周公將殷民遷至洛邑後,汲取夏、商滅亡的教訓,分封別子(即別起一支而成爲本支後世之祖者)爲諸侯,用來作爲周王朝強大的蕃衛。[在大規模分封之前,]首先將衛叔封(即康叔)封在康丘,讓他來監視、管理殷餘民。衛人後來從康丘遷徙到了淇水流域的衛地。周惠王十七年,赤翟(狄)王峎嘼率領軍隊攻伐衛國,在睘地大敗衛國軍隊,衛幽侯戰死。翟(狄)人於是佔據衛地,衛國人東渡黃河,遷徙到了曹地,並在此立了戴公申。[之前]公子啟方出奔齊國,戴公死,齊桓公會合諸侯修築楚丘,在此立了公子啟方,這就是文公。文公去世,成公即位,翟(狄)人渡過河在楚丘攻伐衛人。衛人從楚丘又遷到了帝丘。

[解題]

本章主要圍繞衛的分封和遷都爲中心而展開敘事,目的是引出春秋霸主——齊桓公。

周成王二年平定武庚的叛亂,武庚北奔,成王把一部分殷民遷到洛邑,餘下的一部分殷民(即簡文所謂"殷之餘民",具體指邶地之民)讓衛康叔管轄,康叔也是在此時被分封在康丘(今河南安陽)。成王四年,衛人從康丘遷徙到了淇衛(今河南浚縣)。周惠王十七年(前660,魯閔公二年,衛懿公九年),赤狄伐衛,大敗衛國軍隊於睘地(《左傳》作"熒澤",大致位置在

---

① 楊伯峻:《春秋左傳注(修訂本)》,第429~430頁。
② 《史記》卷37,第1930頁。
③ 楊伯峻:《春秋左傳注(修訂本)》,第485、487頁。
④ 《史記》卷37,第1931頁。

黃河以北某地），衛幽侯（即《左傳》所謂"衛懿侯"）被殺。狄人搶佔了衛居住地，所以衛人遷到曹（今河南省滑縣西南之白馬故城）。周惠王十九年（前658，魯僖公二年，衛文公二年），齊桓公率諸侯城楚丘（今河南滑縣東），遷衛於楚丘。周襄王二十四年（前629，魯僖公三十一年，衛成公六年），狄人渡河伐衛，衛人又從楚丘遷到帝丘（今河南濮陽西南）。

[問題]

第一，邶、康丘與殷墟——《繫年》與周初史事重構。史載周武王克商後，設三監來管理商王畿地區。但何謂"三監"，如何管理，史書記載卻頗爲紛雜。《逸周書·作雒解》說讓武庚守商先王之祭祀，又將商王畿劃爲"東""殷"兩部分，讓管叔、蔡叔、霍叔管轄。《漢書·地理志》與鄭玄《詩·邶鄘衛譜》均說將商王畿分爲邶、鄘、衛三部分，讓武庚與三監來管轄。但對於"三監"，二書記載又有不同。

又，武王死後，武庚與三監發動叛亂，周成王平叛後，讓康叔管理商王畿。但何年分封、如何分封，出土文獻與史書記載亦多歧異。周初的沬司徒疑簋曰"令康侯啚（鄙）于衛"；《逸周書·作雒解》說成王讓康叔管理"殷"，其子中旄父管理"東"；《左傳》定公四年說封康叔於"殷虛"；《尚書大傳》說"四年建侯衛"；《漢書·地理志》說"盡以其地封弟康叔"；而《繫年》則謂"先建康叔于康丘，以侯殷之餘民。衛人自康丘遷于淇衛"。

對於這些問題，從漢代至今，衆說紛紜，莫衷一是。

筆者通過考證清華簡《繫年》，認爲《繫年》所謂"先建康叔于康丘"指康叔分封在成王四年普遍分封諸侯之"先"，具體在成王二年；又結合《漢書·地理志》等考證出康丘是康叔在邶建立都邑的地點，而邶即在殷墟。周武王在克商之後立武庚、設三監，主要是鑒於當時商人勢力仍很強大。三監具有軍監性質，駐軍地點是邶、鄘、衛三地。周成王二年"克殷"之後，將邶、鄘之民中的大部分遷到九里囚禁，後又遷到洛邑。未遷走之殷民分爲兩部分：邶地之民分給康叔；鄘地之民分給微子啓，不久被遷到宋國。邶、鄘之民被遷後，成王將整個商王畿分給康叔管轄，具體分封的地點是康丘。由於地域遼闊，康叔與其子中旄父分別管轄"殷（邶、鄘）"與"東（衛）"。成王三年踐奄之後，康叔到周王朝任司寇，其所轄之民又從康丘遷到衛。殷墟的形成主要有兩方面原因：一方面是由於周人的破壞，另一方面則是殷民的外遷。形成時間亦在周成王二年克殷之後。

第二,《左傳》"周公弔二叔之不咸"新詁。《左傳》"周公弔二叔之不咸"的"二叔",東漢馬融認爲爲"夏、殷叔世",東漢學者鄭眾、賈逵皆以"二叔"爲管叔、蔡叔。筆者據清華簡《繫年》提供的新證據,對這兩種說法進行了新的論證。

第三,詩史互證:《繫年》與《詩·載馳》新研。《載馳》是《詩經》中一首著名的叙事詩,但對於詩的歷史背景、本事以及主旨等問題,古今學者爭論很大。清華簡《繫年》涉及《載馳》創作歷史背景的相關內容,這對釐清以往學者的分歧十分重要。結合《繫年》可知,《載馳》創作的時間在魯僖公元年春夏間,當時的衛國國君仍爲衛戴公。該詩反映了衛國被狄攻滅後,衛人臨時居住於曹邑,許穆夫人驅車趕赴曹邑,申述自己聯合大國尤其是齊國的主張,並駁斥了以衛戴公爲首的一派勢力的反對意見。

[考證]

一、邶、康丘與殷墟——《繫年》與周初史事重構

商周王朝的交替是中國先秦時代非常重要的一段歷史,然而周王朝的建立和鞏固並非一帆風順。周武王通過牧野一戰雖然在名義上完成了商周交替,歷史也進入史家所謂的西周時代。但是,從地理空間上講,當時的商王畿仍然盤踞着以武庚爲首的殷遺民,而且在商王畿以東,仍有徐、奄等與武庚關繫非常密切之國。對這些地區的佔領,實際上直到周成王時期才得以完成。成王通過"克殷""踐奄",佔領商王畿以及徐、奄等地,又把盤踞於此的商遺民分而治之,一部分遷到洛邑集中管理,另外一部分則分給衛、宋等國。通過這些措施,成王才制伏了殘餘的殷商勢力,鞏固了周王朝。因此,《左傳》定公四年說"昔武王克商,成王定之",這是非常準確的。

實際上,關於成王如何鞏固周王朝,傳世文獻與金文資料雖有較多記載,但不僅簡略,在地理空間上也很含糊,導致史家對這一段重要歷史的敘述頗爲混亂。譬如,周武王克商以後,立紂王之子武庚祿父,讓他守商先王之祭祀。《逸周書·作雒解》說將商王畿劃爲"殷"與"東"兩部分,而《漢書·地理志》與鄭玄《詩·邶鄘衛譜》均說分爲邶、鄘、衛三部分。那麼,邶、鄘、衛與"殷"、"東"有何關繫,具體地望在何處呢?

又,周成王平定三監叛亂後,《逸周書·作雒解》說成王讓康叔管理"殷",其子中旄父管理"東"。《左傳》定公四年說封康叔於"殷虛"。周初

青銅器沫司徒疑簋(《集成》4059,西周早期,周成王)曰:"令康侯啚(鄙)于衛。"《漢書·地理志》說:"盡以其地封弟康叔。"那麼,殷、東、衛與殷虛的關繫如何,康叔分封的具體情形又如何,這些記載之間又是什麼關繫呢?

對於以上很多問題,自漢代至今,學者爭論不休,莫衷一是。① 在這種情形下,祇能寄希望於新材料的發現。值得慶倖的是,《繫年》亦有相關記載,給我們研究相關問題提供了新的契機。

據《繫年》,周成王平叛後,把殷民遷到洛邑,然後開始分封諸侯。在此之前,他先把康叔封在"康丘"監管殷餘民,後來康叔所封之民從康丘遷徙到了淇衛。這是關於康叔分封較具體且特別重要的記載。關於衛始封的時間,《左傳》等傳世文獻均載在周成王時期,宋代興起了改經疑經之風,認爲康叔分封在武王時期。② 由《繫年》來看,武王封衛說是不可信的。③ 又,《尚書大傳》曰"四年建侯衛",學者據此認爲是周成王四年封衛。實際上,這裏的"侯衛"即《尚書·酒誥》所載的"越在外服,侯、甸、男、衛、邦伯"之"侯""衛",是諸侯的名稱。因此,《尚書大傳》"四年建侯衛"是指四年普遍分封諸侯(後文有詳述)。而且《繫年》明確記載是"先建"康叔,即康叔受封在普遍分封諸侯之"先"。那麼,具體在何時呢? 另外,《繫年》說康叔受封的地點在"康丘",其具體位置又在何處? 清華簡伍《湯處於湯丘》有"湯丘"之名,有學者認爲即康丘。那麼,此湯丘、康丘與上引邶、鄘、衛和殷、東以及殷虛有何關繫呢? 對這些問題,學者也是見仁見智,爭論頗多。④

---

① 這方面學者的成果頗豐,現當代比較重要的有:顧頡剛《周公東征史事考證》之《甲 三監人物及其疆地》《丙 三監及東方諸國的反周軍事行動和周公的對策》《丁 周公東征的勝利和東方各族大遷徙》《戊 東土的新封國》,《顧頡剛古史論文集》卷10下,第607~637、687~704、704~1031、1031~1070頁;劉起釪:《周初的"三監"與邶、鄘、衛三國及衛康叔封地問題》,《古史續辨》,北京:中國社會科學出版社,1991年,第514~543頁;王玉哲:《周初的三監及其地望問題》,《古史集林》,第245~255頁;陳恩林:《魯、齊、燕的始封及燕與邶的關繫》,《歷史研究》1996年第4期,第15~23頁;等等。
② 此問題可參蔣善國:《尚書綜述》,上海:上海古籍出版社,1988年,第237~240頁。
③ 李學勤:《清華簡〈繫年〉解答封衛疑謎》,《文史知識》2012年第3期,第15頁。
④ 這方面的代表性成果有李學勤:《清華簡〈繫年〉及有關古史問題》,《文物》2011年第3期,第70~74頁;《清華簡〈繫年〉解答封衛疑謎》,《文史知識》2012年第3期,第13~15頁;《由清華簡〈繫年〉重釋沫司徒疑簋》,《中國高校社會科學》2013年第3期,第83~85頁;董珊:《清華簡〈繫年〉所見的"衛叔封"》,《簡帛文獻考釋論叢》,第83~87頁;朱鳳瀚:《清華簡〈繫年〉所記西周史事考》,李宗焜主編:《出土材料與新視野》,第441~460頁;熊賢品:《〈清華簡(伍)〉"湯丘"即〈繫年〉"康丘"說》,《歷史地理》第34輯(2017年),第49~58頁;魏棟:《論清華簡"湯丘"及其與商湯伐葛前之亳的關繫》,《中華文史論叢》2017年第1期,第333~354頁。

實際上,關於邶、鄘、衛、"殷"、"東"、康丘、湯丘等地名的辨析,不僅是關於當時歷史地理的考證,也關涉周初一些重大歷史問題的釐清,比如周武王如何設三監,周成王如何平叛,平叛之後如何處置殷遺民、如何分封衛國,等等。下面,筆者結合清華簡等資料,通過對上述地名的考證,希冀對周初一些重大歷史問題的研究有所裨益。

(一) 周武王封武庚與設三監

《荀子·儒效》曰:周武王於甲子日早晨發動牧野之戰,"鼓之而紂卒易鄉(向),遂乘殷人而誅紂。蓋殺者非周人,因殷人也。故無首虜之獲,無蹈難之賞"①。商紂之所以失敗,很大程度上是由於商人"紂卒易鄉(向)",《史記·周本紀》亦載商兵"倒兵以戰",也就是說周人滅商實際上沒費多大氣力,這也產生了兩方面後果:

一方面,商人的主要勢力,尤其是其主力——"三百六十夫"——仍然存在,而這也成為周武王滅商後的心腹大患,令他夜不能寐。對此,《逸周書·度邑解》曰:

> 王至于周,自□至于丘中,具明不寢。……叔旦亟奔即王。曰:"久憂勞,問周(曷)不寢?"……[王]曰:"……維天建殷,厥徵天民名三百六十夫。弗顧,亦不賓成,用戾於今。……我來所定天保,何寢能欲?"②

對此,《史記·周本紀》作:"其登名民三百六十夫,不顯亦不賓滅,以至今。"這"三百六十夫",就是殷人的主力。③"用戾於今""以至今",說明克商之後,殷人的主力仍在。

另一方面,牧野之戰後,周人實際控制範圍尚未能深入殷舊境,尤其是東方地區。

《左傳》成公十一年:"昔周克商,使諸侯撫封(鄭玄《禮記》注:撫猶有也),蘇忿生以溫為司寇,與檀伯達封于河。"溫即今河南溫縣,檀在河南濟源市,二者均在黃河北,且近於河,故曰"封于河"。④ 這說明周人控制了黃

---

① (清) 王先謙:《荀子集解》卷4,第136頁。
② 《史記·周本紀》載:"武王至于周,自夜不寐。周公旦即王所,曰:'曷為不寐?'王曰:'……維天建殷,其登名民三百六十夫,不顯亦不賓滅,以至于今。我未定天保,何暇寐!'"司馬遷所述就是依據《逸周書·度邑解》而來。黃懷信等:《逸周書彙校集注(修訂本)》卷5,第467~471頁。
③ 徐中舒:《西周史論述(上)》,《四川大學學報(哲學社會科學版)》1979年第3期,第94頁。
④ 楊伯峻:《春秋左傳注(修訂本)》,第854頁。

河北岸太行山東南的"河内"地區。

《左傳》昭公九年載周景王使詹桓伯辭於晉曰:"我自夏以后稷,魏、駘、芮、岐、畢,吾西土也。及武王克商,蒲姑、商奄,吾東土也;巴、濮、楚、鄧,吾南土也;肅慎、燕、亳,吾北土也。"①實際上,武王克商後,蒲姑(今山東博興縣東南十五里)、商奄(今山東曲阜市東)等地仍盤踞着殷人勢力,周人實際控制的範圍根本未達到如此廣闊之區域。

王國維説:"武王克紂之後,立武庚置三監而去,未能撫有東土也。逮武庚之亂,始以兵力平定東方。"②吕思勉説得更具體,他説武王克商後,"周之兵力,實未踰殷之舊境。《史記》述周初封國(指《史記》所載封周公於魯等事——引者按),蓋雜後來之事言之,非當時實録也。……蓋管爲東方重鎮,周初兵力所極。紂地既未能有,仍以封其子武庚;淮夷、徐戎等,又爲力所未及;則武王時,周之王業,所成者亦僅矣。故殷、周之興亡,實至武庚敗亡而後定"③。這種論斷是非常正確的。也就是説,牧野之戰後,周人控制的實際範圍最東部應該就在管地(今河南鄭州市西北管城),而其以東、以北區域實際上仍爲商人所控制。

總之,在牧野之戰後,商人的主力所謂"三百六十夫"仍然存在,其舊地的大部分區域仍然盤踞着商人勢力,尤其是殷貴族基層士一級的人數衆多,很難統治。④ 面對這種局面,周武王採取了兩方面措施:

一方面,不得不對殷遺民加以安撫籠絡,封紂王之子武庚作爲殷後以續祭祀。《逸周書·作雒解》曰:"武王克殷,乃立王子禄父,俾守商祀。"孔晁注:"封以鄁,祭成湯。"⑤《史記·殷本紀》曰:"[周武王]封紂子武庚禄父,以續殷祀,令修行盤庚之政。殷民大説。"《史記·衛世家》説:"復以殷餘民封紂子武庚禄父,比諸侯,以奉其先祀勿絶。"可見,周武王立武庚的主要目的表面上是讓其繼續祭祀殷先王,實際上是籠絡人心。

另一方面,武王又對以武庚爲首的殷遺民心存疑慮,所以不得不對其採取防範措施,讓管叔、蔡叔、霍叔監之。《史記·周本紀》載當時的情形

---

① 楊伯峻:《春秋左傳注(修訂本)》,第 1307～1308 頁。
② 王國維:《殷周制度論》,《觀堂集林》卷 10,北京:中華書局,1959 年,第 452 頁。
③ 吕思勉:《先秦史》,上海:上海古籍出版社,2020 年,第 123 頁。
④ 《尚書·多士》中載周成王平叛後,還對殷遺民訓話説:"爾殷遺多士! 弗弔旻天,大降喪于殷。"
⑤ "鄁"元刊本作"鄘",餘諸本作"鄭",陳逢衡、陳星垣、孫詒讓等認爲應是"鄁"之誤。參黃懷信等:《逸周書彙校集注(修訂本)》卷 5,第 510 頁。

是"武王爲殷初定未集,乃使其弟管叔鮮、蔡叔度相禄父治殷"①。《史記·衛世家》説的更明確:"武王已克殷紂,復以殷餘民封紂子武庚禄父,比諸侯,以奉其先祀勿絶。爲武庚未集,恐其有賊心。"②也就是説,周武王克商後,以武庚爲首的殷遺民集團"初定未集",武王"恐其有賊心"。既然"恐",爲何還要立武庚?根本原因是周武王克商後,殷商殘餘勢力依然非常強大。蒙文通説:"以三監鎮殷墟,……《王制》言:'天子使其大夫爲三監,監於方伯之國。'豈彼時殷勢尚盛,故以武庚爲方伯耶。"③所言極是。

《尚書·大誥》中周人自稱爲"小邦周",而在《召誥》《顧命》中稱殷爲"大邦殷"。周人能夠通過牧野一戰取得小國對於大國的勝利,已屬不易;而以小國統治大國,就更加不易。因此,面對周人一時還不能鎮服的以武庚爲首的殷遺民,以及無法全面直接統治的殷王畿舊地,周武王採取了封武庚、設三監的措施。

《漢書·地理志》:"河内本殷之舊都,周既滅殷,分其畿内爲三國,……鄁,以封紂子武庚;庸,管叔尹之;衛,蔡叔尹之:以監殷民,謂之三監。"④

鄭玄《詩·邶鄘衛譜》:"邶、鄘、衛者,商紂畿内方千里之地。……周武王伐紂,以其京師封紂子武庚爲殷後。庶殷頑民,被紂化日久,未可以建諸侯,乃三分其地,置三監,使管叔、蔡叔、霍叔尹而教之。自紂城而北謂之邶,南謂之鄘,東謂之衛。"⑤

以上兩種説法有差異:班固説三監指武庚、管叔、蔡叔,而鄭玄説是管叔、蔡叔、霍叔。對此,清代學者陳啓源説:

> 三監是管、蔡、霍,武庚不在三監之中。《漢記》三監有武庚無霍叔,則管、蔡所監亦不足據信。故鄭不指言之,斯言良是!然源謂《漢記》非誤,但述之未詳耳!

> 宋章氏《山堂考索》論武王之封武庚,知其必叛,故立三監使治其國,而納其貢税,一如舜之封象。此雖臆説,而事勢或有然。殷既三分三叔,當分治之。《漢記》既言管、蔡監衛、鄘,則霍叔監邶不言可知;又與武庚同國,故略而弗著,非謂武庚亦一監也。《史記正義》引《帝王世紀》以爲管叔監衛、蔡叔監鄘、霍叔監邶,此言管、蔡所監,雖與

---

① 《史記》卷4,第163頁。
② 《史記》卷37,第1923頁。
③ 蒙文通:《古史甄微》,《蒙文通全集(三)》,第105頁。
④ 《漢書》卷28下,第1647頁。
⑤ 《毛詩正義》卷2,《十三經注疏》,第622頁。

《漢記》異,而言霍之監邶,足補《漢記》之未及也。《周書·作雒解》孔晁注云:"霍叔相祿父。"言"相"則必立於其朝,其監邶信矣! 蓋二叔監之於外,以戢其羽翼;霍叔監之於內,以定其腹心。當日制殷方略,想應如此。

厥後周公誅三監,霍叔罪獨輕者,良以謀叛之事,武庚主之,霍叔與之同居,意雖不欲,勢難立異。非若二叔在外,可以進退惟我也。原設監之意,本使之制殷。但武庚故君之子,又據舊都,臣民所心附。觀其慫恿周室,俾骨肉相鬨,易於反掌,爲人必多智數。霍叔才非其敵,墮其術中,遂反爲所制耳! 故《周書·多士》止數管、蔡、商、奄爲四國,《破斧》詩四國毛亦以爲管、蔡、商、奄,皆不及霍,則霍叔與武庚同在邶,固無可疑者。①

陳啓源認爲三監指管叔、蔡叔、霍叔,武庚則是被監之對象。武庚與霍叔同在邶,霍叔立於武庚朝中,監視武庚;而管叔、蔡叔在衛、鄘,從外部監視武庚。這些看法是正確的。需要補充的是,武庚實際所封是整個商王畿,領有邶、鄘、衛三地,而具體居地在邶。那麼,邶、鄘、衛的性質又是怎樣的呢?

上文已述,周武王時根本沒有能力把武庚所盤踞的商王畿劃分爲三國,正如鄭玄所說,當時"庶殷頑民,被紂化日久,未可以建諸侯",於是三分其地成邶、鄘、衛,分別讓霍叔、蔡叔、管叔"尹而教之"。《說文·又部》:"尹,治也。从又丿,握事者也。"段注:"又爲握,丿爲事。"②故主管其事曰"尹"。這說明三監實際上是一種主管事的官職之名稱,並非諸侯,故邶、鄘、衛也就不是諸侯國。

清代學者朱鶴齡說:"武王既克殷,其封武庚必以大國。又慮武庚不靖,乃使三叔爲之監。監者,監而治之,蓋以殷之畿内漸紂化日久,未可建國,且使三人爲之監領。"③"監領"者,監督主管的一種官職。孫作雲認爲,所謂邶、鄘、衛實際上不是國名,而是駐軍地點名,三監就是三個駐軍地點的軍監。④ 李民也說,周人將商王畿及其周圍分成三片,類似後世的三個軍分區,即邶、鄘、衛,其地都駐有周人的軍隊,當時周人兵力不足以遍佈各

---

① (清)陳啓源:《毛詩稽古編》卷3,《清經解;清經解續編》第1册,第353頁。
② (清)段玉裁注,許惟賢整理:《說文解字注》卷3下,第207頁。
③ (清)朱鶴齡:《愚菴小集》卷12,上海:華東師範大學出版社,2010年,第237頁。
④ 孫作雲:《說邶在西周時代爲北方軍事重鎮——兼論軍監》,《河南師範大學學報(社會科學版)》1983年第1期,第41頁。

地,而藉其駐軍點以管轄所"監"之地。① 筆者同意上述説法。

邶、鄘、衛是三個駐軍點,由這三個駐軍點所輻射的面就是所監之地。由於駐紮軍隊、人員衆多,故此三個駐軍點又具有都邑的性質。②《説文·邑部》:"邶,故商邑,自河内朝歌以北是也。"③據此,則邶是邑名。又清華簡《繫年》第三章曰:"周武王既克殷,乃設三監於殷。武王陟,商邑興反。"④筆者認爲"商邑"具體即指三監所轄之地,故邶、鄘、衛亦均爲邑名。因此,邶、鄘、衛既是周人的駐軍點,又具有邑的性質。

邶、鄘、衛是三監駐軍的三個都邑名稱。周人於此駐軍,對盤踞於此的殷人衹起到一種震懾作用,以三監爲代表的周人勢力仍未深入商王畿内部。周人既然選擇邶、鄘、衛駐軍,此必爲戰略要地。邶爲武庚所居,《逸周書·作雒解》説武庚是"守商祀",此地必爲商人宗廟所在。周人派霍叔駐軍於此,處於武庚腹心,此監於内者。衛地爲管叔所監,位於商王畿以東,直接扼守商王畿與東方的交通要道。《逸周書·大匡解》第三十七:"惟十有三祀,王在管,管叔自作殷之監。東隅之侯咸受賜於王,王乃旅之,以上東隅。"⑤鄘地爲蔡叔所監,與管叔所監之衛形成犄角之勢。⑥

綜上可見,周武王克商以後,實際上把整個殷王畿封給了武庚,但名義上的目的是讓其繼續商先王之祭祀,居於商王宗廟所在之邶。周武王爲了防範他,又選擇了商王畿的三個重要地點駐軍:邶爲武庚居地,派霍叔監之;衛爲商王畿通往東方的門户,管叔監之;鄘則蔡叔監之,與衛形成了犄角之勢。那麽,邶、鄘、衛的具體地望在何處? 又,《逸周書·作雒解》載武王將商王畿分爲"殷""東",讓蔡叔、霍叔管理"殷",讓管叔管理"東"。

---

① 李民:《蔡國始封與蔡姓始祖溯源》,《中國古代文明的起源與進程》,北京:綫裝書局,2008年,第206頁。
② 先秦時期,軍隊駐紮點往往容易形成都市。如西周銅器兮甲盤(《集成》10174)載:"淮夷舊我帛晦人,毋敢不出其帛、其積、其進人、其賈,毋敢不卽次卽市。""卽次卽市",李零認爲即指在軍隊駐地附近所設軍市。《孫子兵法·作戰》:"近師者貴賣。"李零説這裏的"近師""指軍旅駐紮地附近。案古代往往在軍隊駐地附近設軍市"。李零:《吴孫子發微》,北京:中華書局,1997年,第42~43頁。
③ (漢)許慎撰,(宋)徐鉉校訂:《説文解字》,第133頁。
④ 清華大學出土文獻研究與保護中心編,李學勤主編:《清華大學藏戰國竹簡(貳)》,第141頁。
⑤ 黄懷信等:《逸周書彙校集注(修訂本)》卷4,第361~362頁。
⑥ 西周金文中有"應監""鄂監""諸侯諸監"等,學者據此對西周監國制度多有討論。可參田率:《新見鄂監簋與西周監國制度》,《江漢考古》2015年第1期,第68~75頁;黄錦前:《葉家山M107所出濮監簋及相關問題》,《四川文物》2017年第2期,第71~75頁。任偉根據金文認爲,周初的三監是監於外,具有軍事據點性質的,可從。任偉:《從"應監"諸器銘文看西周的監國制度》,《社會科學輯刊》2002年第5期,第103頁。

"殷""東"與邶、鄘、衛的關繫又如何？下面對此考述之。

(二)"殷""東"與邶、鄘、衛的關繫及其地望

對"殷""東"與邶、鄘、衛的區分與方位，古籍記載如下：

(1)《逸周書·作雒解》："武王克殷，乃立王子祿父，俾守商祀。建管叔于東，建蔡叔、霍叔于殷，俾監殷臣。"孔晁注："封以鄘，祭成湯。'東'謂衛，'殷'，鄘。"孫詒讓說："孔意蓋以武庚所封者爲邶，管叔所治者爲衛，蔡叔所治者爲鄘，故云東謂衛，殷鄘。不及'邶'者，上注已以'封鄘'釋'俾守商祀'句，故不復舉也。又別釋之云霍叔相祿父者，明正文雖以霍叔與蔡叔同建於殷，而治鄘者實止蔡叔一人，霍叔自與武庚同居邶，邶亦得爲殷也。此孔分別詁釋之意。"①
據此，則"殷"包括邶、鄘，而"東"則指衛，曰"東"者，說明在"殷"之東。

(2)《漢書·地理志》："河內本殷之舊都，周既滅殷，分其畿內爲三國，《詩·風》邶、庸、衛國是也。邶，以封紂子武庚；庸，管叔尹之；衛，蔡叔尹之：以監殷民，謂之三監。"顏師古注："自紂城而北謂之邶，南謂之庸，東謂之衛。"②

(3)鄭玄《詩·邶鄘衛譜》："邶、鄘、衛者，商紂畿內方千里之地。……周武王伐紂，以其京師封紂子武庚爲殷後。庶殷頑民被紂化日久，未可以建諸侯，乃三分其地，置三監，使管叔、蔡叔、霍叔尹而教之。自紂城而北謂之邶，南謂之鄘，東謂之衛。"孔穎達疏："……在紂都朝歌……"③
可知鄭玄所謂的"紂城"指朝歌。

(4)皇甫謐《帝王世紀》："自殷都以東爲衛，管叔監之；殷都以西爲鄘，蔡叔監之；殷都以北爲邶，霍叔監之：是爲三監。"(《史記·周本紀》正義引)④

要弄清"殷""東"與邶、鄘、衛的關繫及其地望，首先須確認兩個問題：第一，邶、鄘、衛是三監的軍事據點，而非三個封國；第二，邶、鄘、衛以及"殷""東"方位的確定，是以朝歌爲中心點區分，還是一種相對的位置。第一個問題前面已經說明，以下着重談第二個問題。

---

① 黄懷信等：《逸周書彙校集注(修訂本)》卷5，第510、512頁。
② 《漢書》卷28下，第1647~1648頁。
③ 《毛詩正義》卷2，《十三經注疏》，第622頁。
④ 《史記》卷4，第163頁。

根據上引文獻來看,"邶""東"之稱應該是因在北、在東而得名。那麼,這個方位確定的參照物是什麼?根據較早的文獻《逸周書·作雒解》《漢書·地理志》來看,這些方位可能是指一種相對位置,比如邶、東應是因位於商王畿以北、以東而得名。但東漢鄭玄另立新説,他將武庚安置在"京師""紂城"——實際上就是朝歌,然後以朝歌爲中心點,區分北、南、東。這種看法影響了西晉皇甫謐、唐代顔師古以及後代很多學者。實際上,鄭玄的這種説法是不正確的。

鄭玄之所以以朝歌爲中心點,根據有二:一是認爲朝歌是"紂城""京師";二是認爲武庚即封在朝歌。但是,這兩個根據都不能成立。首先,朝歌不是紂都"京師",《古本竹書紀年》載:"自盤庚徙殷,至紂之滅,七百七十三年,更不徙都。紂時稍大其邑,南距朝歌,北據邯鄲及沙丘,皆爲離宫别館。"(《史記·殷本紀》正義轉引《括地志》)①可見,朝歌祇是紂的"離宫别館",真正的都城在"殷",即今安陽殷墟。其次,武庚封在邶而不在朝歌。《逸周書·作雒解》未明確武庚所封地,班固《漢書·地理志》説武庚封在邶,後代學者多從班固之説。清人陳奐説:"邶,商邑名,在商都之北。武王封武庚爲商後,其國不襲紂之故都,而徙於國北之邶邑。朝歌,紂故都也。"②顧頡剛説:"[鄭玄説]武庚祇封於紂都,在這京都的城圈子以外完全没有他的地方:這和《史記》《漢書》之説均大不合,……鄭玄獨謂武庚僅封紂城,不合事實。"③

筆者認爲,"邶""東"等方位,不是以朝歌爲中心點確定的,而是一種相對位置,也就是"邶"是因爲在商王畿北部,"東"則是由於在其東部。

明確以上兩點,下面再來考察邶、鄘、衛的地望。

關於邶、鄘、衛三地,古代學者多認爲在商畿内。《漢書·地理志》:"河内本殷之舊都,周既滅殷,分其畿内爲三國,《詩·風》邶、庸、衛國是也。"鄭玄《詩·邶鄘衛譜》曰:"邶、鄘、衛者,殷紂畿内地名,屬古冀州。自紂城而北曰邶,南曰鄘,東曰衛。"以上説法均認爲邶、鄘、衛在商畿内,這種觀點也爲後世學者所遵循。

1890年,河北淶水張家窪曾發現邶伯器,王國維據此另闢新説,認爲邶即是燕,其曰:

---

① 《史記》卷3,第163頁;方詩銘、王修齡:《古本竹書紀年輯證(修訂本)》,第31頁。
② (清)陳奐:《詩毛氏傳疏》卷3,《清經解·清經解續編》第10册,第1064頁。
③ 顧頡剛:《周公東征史事考證——三監人物及其疆地》,《顧頡剛古史論文集》卷10上,第621~636頁。

彝器中多北伯、北子器,不知出於何所。光緒庚寅直隸淶水縣張家窪又出北伯器數種,余所見拓本有鼎一、卣一。鼎文云"北伯作鼎",卣文云"北伯作寶尊彝",北蓋古之邶國也。自來說邶國者,雖以爲在殷之北,然皆於朝歌左右求之。今則殷之故虛得於洹水,大且、大父、大兄三戈出於易州,則邶之故地自不得不更於其北求之。余謂邶卽燕、鄘卽魯也。邶之爲燕,可以北伯諸器出土之地證之。邶旣遠在殷北,則鄘亦不當求諸殷之境內,余謂鄘與奄聲相近,……奄地在魯。①

淶水實際上屬於燕,所以王氏認爲邶卽是燕。同樣,他認爲"鄘"也不在商畿內,其與"奄"音近,應爲魯。實際上在王氏之前,清代學者許印林、方濬益早有此說。②陳夢家也說邶國在今易水、淶水流域。③

但是,後來發現,邶伯器不僅發現於河北淶水,1961年在湖北江陵發現一批西周早期銅器,其中七件有銘文,曰:"北子……"(北子鼎,《集成》1719),"翏作北子柞簋……"(翏簋,《集成》3993)等④。郭沫若認爲此"北子"卽邶、鄘、衛之邶。北子器爲何在湖北江陵出現?郭沫若認爲其過程可能較曲折,或爲楚國所俘獲。⑤雖然學者對北子之器是否屬於邶國有不同看法⑥,但從中可以看到,純粹以出土地點來認定邶在河北淶水實際上是不可靠的。況且,光緒年間河北淶水的北伯器並非經由科學發掘出土,不能證明這些銅器卽出土於北伯墓中,還有可能是遠距離遷徙所致。⑦

如此看來,河北淶水的北伯器是否真的就反映出周初邶國之所在,這是非常值得懷疑的。所以,傳統學者所認爲的邶、鄘、衛在商畿內的說法,尚無足夠的理由予以推翻。

---

① 王國維:《北伯鼎跋》,《觀堂集林》卷18,第885頁。
② 許印林說見吳式芬《攈古錄金文》引;方濬益說見《綴遺齋彝器款識考釋》。轉引自陳夢家:《西周銅器斷代》(上),北京:中華書局,2004年,第77頁。
③ 陳夢家:《西周銅器斷代》(上),第358頁。
④ 王毓彤報道說銅器出土於1962年12月5日,李健訂正當爲1961年12月5日在萬城出土。王毓彤:《江陵發現西周銅器》,《文物》1963年第2期,第53頁;李健:《湖北江陵萬城出土西周銅器》,《考古》1963年第4期,第225頁。
⑤ 郭沫若:《跋江陵與壽縣出土銅器群》,《考古》1963年第4期,第181頁。
⑥ 如陳夢家指出:"北子器出江陵,與邶伯之北不同,北子器應屬西周初楚之與國之器。"陳夢家:《西周銅器斷代》,第78頁。劉彬徽也認爲此"北子"與中原邶國不同。劉彬徽:《湖北出土兩周金文國別年代考述》,《古文字研究》第13輯,北京:中華書局,1986年,第242頁。李學勤也指出,將"北子"與邶、鄘、衛之邶聯繫,從歷史地理知識角度考慮是有困難的,"北子"之"北"當釋爲"別"。李學勤:《長子、中子和別子》,《故宮博物院院刊》2001年第6期,第2~3頁。
⑦ 楊寬:《西周史》,第131頁。

《繫年》第三章説:"周武王既克殷,乃設三監於殷。武王陟,商邑興反,殺三監而立彔子耿。成王屎伐商邑,殺彔子耿。"①可見三監之設確實在殷。後來三監反,《繫年》説"商邑"反。何謂"商邑"?《詩·商頌·殷武》:"商邑翼翼,四方之極。"朱熹注:"商邑,王都也。"②《白虎通·京師》:"夏曰夏邑,殷曰商邑,周曰京師。"③可見"商邑"實際上就是殷都,這説明三監之設就在商王畿内。

既然邶、鄘、衛在商畿之内,其地望就應在商畿内尋找。

1. 邶的地望

關於邶,文獻作如下記載:

(1)《説文·邑部》:"邶,故商邑,自河内朝歌以北是也。"④

(2)鄭玄《詩·邶鄘衛譜》:"自紂城而北謂之邶。"⑤

(3)皇甫謐《帝王世紀》:"殷都以北爲邶。"(《史記·周本紀》正義引)

(4)《後漢書·郡國志》:河内郡朝歌,"北有邶國"。⑥

可見,"邶"從"北",因在北得名。皇甫謐説其地在"殷都"以北,實際上他是把朝歌作爲"殷都",但這是有問題的,邶的得名是由於在商王畿北部。

既然邶在商王畿北部,那麽其具體位置在何處呢?對此,主要有以下幾種説法:

一是認爲在今河北南部,如于省吾認爲邶指殷都(今安陽)以北,在今河北南部。⑦

二是認爲"邶"即"庇",在今河北南部以至北部一帶。楊筠如曰:"疑'庇'即邶、鄘、衛之'邶',吉金文止作'北'。"⑧顧頡剛、楊寬以此爲據,認爲"邶"即"庇",顧氏認爲在今河北南部到河北北部⑨,楊氏認爲在今河北

---

① 清華大學出土文獻研究與保護中心編,李學勤主編:《清華大學藏戰國竹簡(貳)》,第141頁。
② (宋)朱熹:《詩集傳》卷20,第247頁。
③ (清)陳立:《白虎通疏證》卷4,第161頁。
④ (漢)許慎撰,(宋)徐鉉校訂:《説文解字》,第133頁。
⑤ 《毛詩正義》卷2,《十三經注疏》,第622頁。
⑥ 《後漢書》志第十九,第3395頁。
⑦ 于省吾説:"鄙意以爲'邶',金文作'北',以其在殷都安陽之北,故以爲名。邶之爲國,當在燕之南與殷之北,即今河北省南端。"于省吾説爲顧頡剛引:《周公東征史事考證——"三監"人物及其疆地》,《顧頡剛古史論文集》卷10上,第631頁。
⑧ 楊筠如:《尚書覈詁》卷2,第142頁。
⑨ 顧頡剛:《周公東征史事考證——"三監"人物及其疆地》,《顧頡剛古史論文集》卷10上,第631~632頁。

邢臺①。

三是以"邶"作"鄁"爲據,認爲邶因背朝黄河得名,在今河南湯陰以南、浚縣、滑縣和淇縣一帶。②

四是以後世的"北城""鄁水"等推斷在紂城(今淇縣)東北、殷都(今安陽)東南。③

五是認爲在今安陽殷墟一帶。清人雷學淇說:"經傳凡言武庚之國皆謂之殷,則武庚實封於鄴南之殷可知。此時商之宗廟在殷,故《周書》曰'俾守商祀'。"④韋心瀅也以武庚守商祀以及考古上發現商後期的宗廟在安陽小屯爲據,認爲邶的範圍應在安陽及其周圍區域,最北或可達漳河流域。⑤

筆者認爲最後一種說法近是,且邶就在殷墟,今河南安陽一帶。此地可能就是武庚的駐紮地,霍叔的駐軍點也在此。

根據考古發現,殷墟遺址群分佈於河南安陽西北郊的洹河兩岸,總面積約三十平方千米。其中有兩個中心點:洹河南以小屯、花園莊爲中心的宫殿宗廟區和洹河北以侯家莊、武官村爲中心的王陵區,兩處地勢較高。在洹河兩岸,分佈着其他的居住址及手工業作坊,族墓地分佈在居住區附近及周邊地區。

筆者之所以認爲邶在今殷墟,主要基於以下理由:

第一,時代相符。殷墟文化的分期,一般分爲四期,其中第四期傳統上普遍認爲相當於帝乙、帝辛時期。⑥後來考古學家通過對殷墟文化第四期最末階段(IV5)⑦遺存的分析,發現這些遺存儘管文化屬性可歸於商文化,但其年代已進入西周初年。典型者如殷墟西區 M1713,考古工作者認爲該

---

① 楊寬:《西周史》,第 132~133 頁。
② 晁福林:《詩經學史上的一段公案——兼論消隱在歷史記憶中的邶、鄘兩國》,《歷史文獻研究》總第 27 輯,上海:華東師範大學出版社,2008 年,第 49 頁。
③ 陳槃:《春秋大事表列國爵姓及存滅表譔異續編(二)》,《"中研院"歷史語言研究所集刊》1960 年第 31 本,第 28~29 頁。
④ (清)雷學淇:《介庵經說》卷 3,北京:中華書局,1985 年,第 97 頁。
⑤ 韋心瀅:《殷代商王國政治地理結構研究》,上海:上海古籍出版社,2013 年,第 163 頁。
⑥ 鄭振香:《論殷墟文化分期及其相關問題》,"中國考古學研究"編委會編:《中國考古學研究:夏鼐先生考古五十年紀念論文集》,北京:文物出版社,1986 年,第 126~127 頁;中國社會科學院考古研究所編著:《殷墟的發現與研究》,北京:科學出版社,1994 年,第 37~39 頁。
⑦ 1979 年安陽考古隊將殷墟第四期墓葬分爲五小段,20 世紀 80 年代以後考古工作者認爲將第四期墓葬分爲五小段是可以成立的,這五小段分别以 IV1、IV2、IV3、IV4、IV5 稱之。唐際根、汪濤:《殷墟第四期文化年代辨微》,《考古學集刊(15)》,北京:文物出版社,2004 年,第 36~50 頁。

墓的下葬年代在帝辛七年至周公東征勝利之前,可能葬於"武庚監國"時期。①

第二,地域相符。文獻記載邶在商王畿北部,朝歌以北,與殷墟位置正合。武庚封在朝歌以北的殷墟,而邶是霍叔的軍事據點,也在殷墟。

第三,與武庚祿父"俾守商祀"的記載相合。傳世文獻記載,武王封祿父在邶,其中一個目的即是"俾守商祀"。《逸周書・作雒解》:"武王克殷,乃立王子祿父,俾守商祀。"《史記・衛世家》:"武王已克殷紂,復以殷餘民封紂子武庚祿父,比諸侯,以奉其先祀勿絶。"《史記・宋世家》:"武王封紂子武庚祿父以續殷祀。"既然武庚封於此是"守商祀",此地必有宗廟等祭祀場所或遺跡,而這些在殷墟正好都有發現。

殷墟遺址洹河南岸的小屯東北地是殷王朝的宫殿宗廟區。其中乙組基址的乙七、乙八可能就是宗廟性建築;丙組基址的丙三、丙四、丙五、丙六可能爲祭壇一類的建築,與乙組宗廟遺址有密切關繫。② 在宗廟宫殿區分佈着很多祭祀遺存,其中祭祀遺存最豐富的是乙七基址,東西長約四十四米,南北寬二十五米以上,其南部的葬坑有一百三十四座。③ 學者推斷乙七基址爲晚商時期較早階段的宗廟,其祭祀對象爲商王的列祖列宗。④ 丙二大概爲住宅,但分佈於其周圍的小葬坑,有可能是祭祀宗廟中先公先王時所留之遺存。⑤ 1989 年發掘的丁組基址,主殿前面有祭祀坑,埋葬人牲,考古學家推斷大概是用於祭祀的宗廟性建築。⑥

在洹河以北的王陵區,迄今共發掘大墓十四座,祭祀坑近一千五百座。在安陽西北郊的武官村侯家莊北,大墓分東西兩區,西區有四條墓道的大墓七座(HPKM1001、M1002、M1003、M1004、M1217、M1500、M1550),一條墓道的大墓一座(78AHBM1),以及未完成的大墓一座(HPKM1567);東區有四條墓道的大墓一座(HPKM1400)。楊錫璋認爲,M1001、M1550、M1400屬於殷墟二期,M1004、M1002、M1500、M1217 屬於殷墟三期,M1003 屬於

---

① 唐際根、汪濤:《殷墟第四期文化年代辨微》,第 44 頁。
② 中國社會科學院考古研究所編著:《殷墟的發現與研究》,北京:科學出版社,1994 年,第 58、66 頁。
③ 石璋如:《小屯・北組墓葬》,臺北:"中研院"歷史語言研究所,1970 年;石璋如:《小屯・中組墓葬》,臺北:"中研院"歷史語言研究所,1972 年。轉引自楊錫璋、高煒主編,中國社會科學院考古研究所編著:《中國考古學・夏商卷》,北京:中國社會科學出版社,2003 年,第 353 頁。
④ 楊錫璋、高煒主編,中國社會科學院考古研究所編著:《中國考古學・夏商卷》,第 355 頁。
⑤ 中國社會科學院考古研究所編著:《殷墟的發現與研究》,第 66 頁。
⑥ 鄭振香:《安陽殷墟大型宫殿基址的發掘》,《文物天地》1990 年第 2 期;中國社會科學院考古研究所安陽工作隊:《河南安陽殷墟大型建築基址的發掘》,《考古》2001 年第 5 期,第 25～26 頁。

殷墟四期，它們是從武丁到帝乙八位商王的陵墓。① 因爲殷墟第四期相當於帝乙帝辛時期，M1003 是帝乙的陵墓，而 M1567 晚於 M1003，所以學者推斷 M1567 可能是爲帝辛而造的陵墓。②

在王陵區的東區大墓旁，分佈着大量的祭祀坑，總數在兩千五百座以上，至 1994 年已清理一千四百八十七座（該統計數字包括少數陪葬墓），主要集中在王陵區東區的西、南和西南部。③ 學者認爲，王陵東區是商王室祭祀其先祖的一個公共祭祀場地。④

尤其值得注意的是，位於殷墟東南部、高樓莊村北後崗南坡的殷代圓形墓葬坑（59AHGH10），其口徑二百二十釐米，底徑二百三十釐米，深二百八十釐米，坑內共埋葬約屬七十三個個體的人骨（大多爲青壯年），隨葬銅器十件、陶器三十二件、玉器五件、獸骨象牙器十三件、貝七百一十八枚，另有穀物、絲麻紡織品等。葬坑所出銅器中，禮器有鼎、卣、爵各一件，工具和武器有刀（一件）、戈（兩件）、鏃（一件），另還有裝飾品銅鈴和銅泡各一件，璜形器一件。⑤ 葬坑所出戍嗣子鼎（《集成》2708，商代晚期）曰："丙午，王賞戍嗣子貝廿朋，在闌宗，用作父癸寶鼎。惟王饌闌大室，在九月。犬魚。"

關於此葬坑的性質，以前有祭祀坑和殉葬坑兩種說法。後來，杜金鵬從坑形、葬品等各方面否定了這兩種說法。他認爲，此葬坑雖可歸入墓葬之列，但非正常墓葬，而是特殊的埋葬遺存，其年代大約爲殷末或殷周之際。他結合牧野之戰這一背景，認爲這些死者是牧野之戰的殉國者，是"非正常埋葬"，因爲死者是殷商高級官員"得以享受較多隨葬品；情況緊急不容全禮，因而匆匆埋葬，致使墓穴簡陋，無有棺槨，尸骨凌亂"。⑥ 我們認同此説法。但埋藏這些殉國者的人是誰？爲何如此"匆匆埋葬"？杜先生所言不詳，或可補充如下：埋藏死者之人應是以盤庚爲首的殷遺民；又因這些死者是牧野之戰死的，作爲牧野之戰的失敗者，他們不能明目張膽地用全禮埋葬這些死難者，所以祇能匆匆埋葬。關於這些死難者的身份，裘錫圭

---

① 楊錫璋：《安陽殷墟西北岡大墓的分期及有關問題》，《中原文物》1981 年第 3 期，第 52 頁；楊錫璋：《商代的墓地制度》，《考古》1983 年第 10 期，第 930 頁；楊錫璋：《關於殷墟初期王陵問題》，《華夏考古》1988 年第 1 期，第 86～94 頁。

② 楊錫璋：《商代的墓地制度》，《考古》1983 年第 10 期，第 930 頁；井中偉：《殷墟王陵區早期盜掘坑的發生年代與背景》，《考古》2010 年第 2 期，第 78～79 頁。

③ 中國社會科學院考古研究所編著：《殷墟的發現與研究》，北京：科學出版社，1994 年，第 120 頁。

④ 楊錫璋、楊寶成：《從商代祭祀坑看商代奴隸社會的人牲》，《考古》1977 年第 1 期，第 15 頁。

⑤ 中國社會科學院考古研究所編著：《殷墟發掘報告（1958—1961）》，第 265～279 頁。

⑥ 杜金鵬：《安陽後崗殷代圓形葬坑及其相關問題》，《考古》2007 年第 6 期，第 76～89 頁。

認爲"戍"是殷王朝的一種官職,葬坑裏的青年男子就是銅鼎的所有者戍嗣子所統領的一隊戍卒。① 結合葬坑中的出土兵器以及牧野之戰的背景,裘說可從。這些死難者可能是牧野之戰中商人的一支戍守軍隊,其長官正是戍嗣子。

總之,根據各項資料分析,邶地就在殷墟,在今河南安陽。

2. 衛的地望

關於衛的地望,傳世文獻主要有如下說法:

第一,衛在朝歌之東。如東漢鄭玄《詩·邶鄘衛譜》:"[紂城之]東謂之衛。"晉代孔晁《逸周書注》:"東謂衛。"晉代皇甫謐《帝王世紀》:"殷都以東爲衛,管叔監之。"唐代顏師古《漢書注》:"[自紂城而]東謂之衛。"

第二,衛在朝歌之南。如清代魏源《詩古微·邶鄘衛義例篇上》:"自都城而南謂之衛。"②

第三,衛即朝歌。如清代陳奐《詩毛氏傳疏》:"衛即朝歌。"③

以上三種說法中,第二種說法沒有根據,學者甚少從之。以下主要分析第一種和第三種說法。

衛在商末已經存在,唐蘭認爲其爲接近商都的一個國。④《逸周書·世俘解》載周武王克殷後,立即攻佔商的其他城邑,其中一個就叫"衛"。《逸周書·世俘解》:"甲申,百弇以虎賁誓,命伐衛,告以馘俘。"潘振曰:"衛,邑名,在朝歌之東。"陳逢衡曰:"以虎賁者,衛强於諸邑也。"⑤可見,衛實際上是朝歌以東的一個比較重要的邑,守衛力量非常强,所以周武王以虎賁之士攻伐。《逸周書·作雒解》載周成王平定武庚叛亂,"臨衛政(征)殷"。"殷"與"東"相對,所以"衛"就是"東",其得名是由於在商王畿之東部。這說明第一種說法是有根據的,但問題在於,紂都不在朝歌而在安陽殷墟,因此准確地說,衛應在商王畿東部。

又,《尚書·酒誥》載康叔封於妹邦:"王若曰:'明大命于妹邦。'"僞孔傳:"妹,地名,紂所都朝歌以北是。"⑥"妹"地又稱"妹土"(《酒誥》)、"沫之鄉"(《詩·鄘風·桑中》)。"妹"地又見於金文。周初青銅器沫司徒疑

---

① 裘錫圭(署名趙佩馨):《安陽後崗圓形葬坑性質的討論》,《考古》1960年第6期,第35頁。
② (清)魏源:《詩古微》上編之三《邶鄘衛義例篇上》,(清)魏源:《魏源全集》,長沙:岳麓書社,2004年,第215頁。
③ (清)陳奐:《詩毛氏傳疏》卷3,《清經解;清經解續編》第10冊,第1064頁。
④ 唐蘭:《西周青銅器銘文分代史徵》,第22頁。
⑤ 黃懷信等:《逸周書彙校集注(修訂本)》卷4,第421頁。
⑥ 《尚書正義》卷14,《十三經注疏》,第436頁。

簋(《集成》4059)載"王來伐商邑,誕令康侯啚(鄙)于衛,沬司徒疑眔啚(鄙),作厥考尊彝"。沬,即上引《酒誥》的"妹邦"。眔,張桂光證諸卜辭認爲當取一起、參與之義。① 成王令康侯(即康叔)"鄙于衛",而妹司徒也一起參與,這説明妹屬於衛。《繫年》第四章:"衛人自康丘遷于淇衛。"整理者注:"即在淇水流域的朝歌,今河南淇縣。"②以上文獻都證明朝歌屬於衛。可見,第三種説法也是有根據的。

筆者認爲,衛就在商王畿東部,也包括朝歌。衛雖然是管叔駐軍之處,但在商末就存在,這説明衛不僅僅是一個駐軍點,實際上包括一個較大的地理範圍。那麼其地望在何處呢?

有學者認爲衛可能是後世的衛縣。《括地志》:"紂都朝歌在衛州東北七十三里朝歌故城是也。""朝歌故城在衛縣西二十三里,衛州東北七十二里,謂之殷虛。"③《元和郡縣圖志·河北道》"衛州"條下:"衛縣,本漢朝歌縣,屬河內郡。……大業三年,改朝歌爲衛縣,屬汲郡。"但又説該縣有"朝歌故城,在[衛]縣西二十一里。殷之故都也"④。高士奇《春秋地名考略》卷7引杜佑曰:"衛縣西二十五里有古朝歌城。"又引劉昫曰:"紂所都朝歌在[衛]縣西。"⑤《大清一統志·河南衛輝府》"古跡"條曰:"衛縣故城在濬縣西南五十里,……今爲衛縣集。"⑥衛縣集今又稱衛賢集,位於今河南省濬縣西南約二十五千米,西據朝歌鎮即今淇縣約十千米。⑦ 1932~1933年,中央研究院歷史語言研究所考古組和地方聯合組成的河南古跡研究會在位於河南濬縣西南隅的辛村進行發掘,整理者認爲大致是西周時代到東周初年衛國貴族的埋葬地,在墓中出土的甲泡有銘曰"衛自易",證明其確實是衛國墓地。⑧ 孫華認爲辛村墓地很可能開始於西周早期的衛國始封以後。⑨ 2016年3月至10月,考古工作者又在河南淇縣楊晉莊發現西周

---

① 張桂光:《沬司徒疑簋及其相關問題》,《古文字研究》第22輯,北京:中華書局,2000年,第68~69頁。
② 清華大學出土文獻研究與保護中心編,李學勤主編:《清華大學藏戰國竹簡(貳)》,第145頁。
③ (唐)李泰等著,賀次君輯校:《括地志輯校》,北京:中華書局,1980年,第87、89頁。
④ (唐)李吉甫:《元和郡縣圖志》,北京:中華書局,1983年,第460、461頁。
⑤ (清)高士奇:《春秋地名考略》,賈貴榮、宋志英輯:《春秋戰國史研究文獻叢刊》(3),北京:國家圖書館出版社,2009年,第301頁。
⑥ 《嘉慶重修一統志》卷201,北京:中華書局,1986年,第9824頁。
⑦ 鄭傑祥:《商代地理概論》,鄭州:中州古籍出版社,1994年,第30頁。
⑧ 郭寶鈞:《濬縣辛村》,北京:科學出版社,1964年,第72頁。
⑨ 孫華:《周代前期的周人墓地》,《遠望集——陝西省考古研究所華誕四十周年紀念文集》,西安:陝西人民美術出版社,1998年,第277頁。

衛國墓群,墓葬時代最早可至西周早期偏早。① 考古遺址進一步證實了衛應在今河南浚縣、淇縣。可見,衛實際上包括今河南浚縣、淇縣等地域,由於大致位於商王畿東南部,故《逸周書·作雒解》又稱"東"。

3. 鄘的地望

關於鄘的地望,有紂城西、南、東三説。持西説者如西晉時皇甫謐《帝王世紀》:"殷都以西爲鄘,蔡叔監之"(《史記·周本紀》正義引);東漢服虔、三國王肅也説鄘在"紂都之西"(《詩·邶鄘衛譜》正義引)②。持南説者如顏師古《漢書注》:"[自紂城而]南爲庸。"持東説者如陳奐《詩毛氏傳疏》:"庸,在朝歌東……管叔尹。"③劉師培把《漢書》與《逸周書》的三監之説作比較,認爲武庚別封在邶,蔡叔封於衛,管叔所封的鄘即是《逸周書》所説的"東",而《逸周書》所説的"殷"應包括邶和衛。④

除以上諸説外,王國維在《北伯鼎跋》中説:"鄘即奄,後爲魯,封伯禽。"上文分析了邶、鄘、衛實際上都在商畿之内,而王説主要依據聲韻通假之理,別無其他堅實依據,不可從。衛在東説有考古遺跡可證。所以鄘的地望祇可能在商王畿西部或南部。《通典》"衛州新鄉縣"條曰:"西南三十二里有鄘城,即鄘國。"⑤《太平寰宇記》亦曰:汲縣有"鄘城,在今縣東北十三里"⑥。古鄘城大概在今河南新鄉、汲縣一帶,應在商王畿西南部。

總之,周武王克商後把商王畿分給武庚,劃分"殷"與"東",前者包括邶與鄘,後者即衛。邶在商王畿北(今河南安陽殷墟),爲霍叔所監;衛在商王畿東(今河南浚縣、淇縣),爲管叔所監;鄘大概在商王畿的西南部,爲蔡叔所監。武庚雖然封有整個商王畿,但爲了"守商祀"的需要,居在王畿北部的殷墟,與霍叔駐守邶地的地望相合,所以《漢書·地理志》認爲武庚是封在邶地。這種局面直到周成王平叛後才打破。

---

① 韓朝會、高振龍:《河南淇縣楊晉莊發現西周衛國墓群》,《中國文物報》2017年6月30日,第8版。
② 《毛詩正義》卷2,《十三經注疏》,第622頁。
③ (清)陳奐:《詩毛氏傳疏》卷3,《清經解·清經解續編》第10册,第1064頁。
④ 劉師培:《周書補正》卷3,《劉申叔遺書》,南京:鳳凰出版社,1997年,第747~749頁。
⑤ (唐)杜佑:《通典》卷178,北京:中華書局,1988年,第4695頁。
⑥ (宋)樂史:《太平寰宇記》卷56,北京:中華書局,2007年,第1153頁。

(三)周成王平叛

周武王克商二年而亡①,周成王即位,周公輔政。《尚書大傳》說:"周公攝政:一年救亂,二年克殷,三年踐奄,四年建侯衛。"②這裏的"攝政",實際上是周公輔佐成王執政。③ 據西周銅器銘文,周公輔佐成王時期,一直用成王紀年,如扶風莊白村出土之牆盤(《集成》10175,西周晚期)與眉縣楊家村出土之逨盤銘文④,確實未將周公計入王系⑤;2009年公佈的西周早期銅器何簋中周公的紀年仍稱"公"⑥;上博簡八《成王既邦》簡1曰"成王既邦,周公二年",即指成王繼承了王位,周公輔佐成王的第二年⑦,亦即成王二年:均可證周公紀年附屬於成王紀年。因此這裏的"二年克殷""三年踐奄"均就成王紀年而言。

《逸周書·作雒解》:"[武王]成歲十二月崩鎬,肂予岐周。周公立,相天子,三叔及殷東徐奄及熊盈以略。周公、召公内弭父兄,外撫諸侯。九年夏六月,葬武王於畢。"⑧周公被任命為輔政之臣而遭到了管叔等的猜忌,《尚書·金縢》:"武王既喪,管叔及其群弟乃流言于國,曰:'公將不利于孺子。'周公乃告二公曰:'我之弗辟,我無以告我先王。'"⑨管、蔡流言,目的是發動叛亂。於是,三叔聯合武庚以及商奄等發動叛亂。

周成王二年,成王開始平叛。平叛分兩個階段:

第一階段是周成王二年的"克殷",即鎮壓三監,平定的商王畿,統帥

---

① 關於周武王克商後的享年,歷來說法不一,有二年、三年、六年、七年、八年諸說。根據《尚書·多方》,六年以上諸說均不可信。清華簡《周武王有疾周公所自以代王之志》(相當於今本《金縢》)載"武王既克殷三年,王不豫有遲",與今本《尚書·金縢》"既克商二年,王有疾,弗豫"說法相異。彭裕商認為,簡本說法與《多方》等諸多文獻相矛盾,因此當以傳世本為優。筆者認為彭說可從,二年說可信。參唐蘭:《西周青銅器銘文分代史徵》,第3~4頁;清華大學出土文獻研究與保護中心編,李學勤主編:《清華大學藏戰國竹簡(壹)》,第158頁;彭裕商:《〈尚書·金縢〉新研》,《歷史研究》2012年第6期,第157~158頁。
② (漢)伏勝撰,(漢)鄭玄注,(清)陳壽祺輯校:《尚書大傳》卷2,第101頁。
③ 朱鳳瀚:《〈召誥〉、〈洛誥〉、何尊與成周》,《歷史研究》2006年第1期,第13頁。
④ 陝西省文物局、中華世紀壇藝術館:《盛世吉金——陝西寶雞眉縣青銅器窖藏》,北京:北京出版社,2003年,第30~35頁。
⑤ 〔美〕夏含夷:《周公居東新說——兼論〈召誥〉、〈君奭〉著作背景和意旨》,《古史異觀》,上海:上海古籍出版社,第307頁。
⑥ 張光裕:《何簋銘文與西周史事新證》,《文物》2009年第2期,第53~56頁。
⑦ 參曲冰:《從戰國楚簡看"周公攝政無紀年"——兼談上博八〈成王既邦〉簡1釋讀》,《學術交流》2013年第11期,第117頁。
⑧ 黃懷信等:《逸周書彙校集注(修訂本)》卷5,第514~516頁。
⑨ (清)孫星衍:《尚書今古文注疏》卷13,第330~331頁。

爲周成王。《尚書大傳》"二年克殷",鄭玄注:"誅管、蔡及祿父等也。"①《逸周書·作雒解》:"二年,又作師旅,臨衛政(征)殷,殷大震潰。降辟三叔,王子禄父北奔,管叔經而卒,乃囚蔡叔于郭凌。""臨衛政(征)殷","衛"即"東"爲管叔所監,這説明衛已經被攻下。管叔蓋逃入"殷"(即邶、鄘之地),故周軍又據衛攻殷,結果王子禄父率領殷國的殘餘軍隊突圍北奔,殷城於是崩潰而降,三叔就落入周軍手裏了。此次平叛的統帥是周成王,《繫年》第三章:"成王屎伐商邑,殺彔子耿,飛廉東逃於商蓋氏。"三監失敗,武庚北奔,武庚親信飛廉也東逃商奄,平叛進入第二個階段。

第二個階段是成王三年的"踐奄",此次兵分兩路:召公率軍向北追擊武庚;成王與周公追擊東逃的飛廉。"踐奄"者,主要是要平定商王畿以東地區。《逸周書·作雒解》:"征熊盈族十有七國。""盈"通"嬴"。②《繫年》第三章曰"飛廉東逃於商蓋氏。成王伐商蓋,殺飛廉","商蓋"即"商奄"。簡文載飛廉逃入商奄,周公平叛後將一部分商奄之民西遷,而這些人正是秦人祖先。筆者認爲,《逸周書》所謂"征熊盈族十有七國"中即有秦人祖先飛廉族。又,《孟子·滕文公下》:"周公相武王誅紂;伐奄,三年討其君,驅飛廉於海隅而戮之。"此處的"三年",應指周成王三年。③ 此事即《尚書大傳》所謂的"三年踐奄"。此次平叛召公也參與了,故《史記·周本紀》曰:"召公爲保,周公爲師,東伐淮夷,殘奄,遷其君薄姑。"召公追擊北奔的武庚,周成王時期的大保簋(《集成》4140)曰:"王伐彔子耴,叔厥反,王降征命于大保,大保克敬,亡譴,王侃,大保錫休集土,用茲彝對命。"這裏的"彔子耴"即《繫年》中的"彔子耿",指武庚。

成王平叛以後,開始建諸侯。《尚書大傳》說"四年建侯衛",意即成王

---

① (漢)伏勝撰,(漢)鄭玄注,(清)陳壽祺輯校:《尚書大傳》卷2,第101頁。
② 盈、嬴古通,如《左傳》楚蒍賈字伯嬴,《吕氏春秋》作"盈"。黃懷信等:《逸周書彙校集注(修訂本)》卷5,第515頁。
③ 此"三年"所指,古今學者爭論很大,具體可參焦循《孟子正義》、楊伯峻《孟子譯注》。今人金景芳認爲應指"周公東征三年"。由《繫年》可知金氏説成立,周公東征仍爲成王紀年,故應爲周成王三年。(清)焦循:《孟子正義》卷13,北京:中華書局,1987年,第449~451頁;楊伯峻譯注:《孟子譯注》,第158頁;金景芳:《中國奴隸社會史》,上海:上海人民出版社,1983年,第118頁。

四年普遍封諸侯。① 而且,據《繫年》可知,在普遍分封之前,周成王、周公"乃先建衛叔封于康丘",這説明康叔的分封在此之前。那麽,究竟在何時? 分封的地點——康丘——又在何處呢? 下面,我們對這兩個問題分別考述之。

(四) 康叔分封的年代與地點考

關於康叔的分封,傳世文獻所載語焉不詳且多有歧義,而《繫年》正可補傳世文獻之不足。

《繫年》第四章:"周成王、周公既遷殷民于洛邑,乃追念夏商之亡由,旁設出宗子,以作周厚屏;乃先建衛叔封于康丘,以侯殷之餘民。衛人自康丘遷于淇衛。"簡文的"乃追念夏商之亡由,旁設出宗子,以作周厚屏"即《尚書大傳》之"建侯衛",意爲開始普遍分封諸侯。但在此之前,簡文説"先建衛叔封于康丘",可見康叔所封在大規模分封之前。之所以要先封康叔,是爲了"以侯殷之餘民"。所稱"餘民",是"周成王、周公既遷殷民于洛邑"後所餘之民。因此,康叔分封的時間在"周成王、周公既遷殷民于洛邑"之後。

1. "周成王、周公既遷殷民于洛邑"的年代

《逸周書·作雒解》載:周成王"二年,又作師旅,臨衛政(征)殷,殷大震潰。降辟三叔,王子禄父北奔,管叔經而卒,乃囚蔡叔于郭淩。凡所征熊盈族十有七國,俘維九邑。俘殷獻民,遷于九里。俾康叔宇于殷,俾中旄父宇于東。"這裏周征伐了"熊盈族十有七國",爲何所"俘"僅爲"九邑"? 孔晁注:"俘因爲奴十七國之九邑,罪重,故囚之。"②可見"九邑"之民"罪重,故囚之"。那麽,這"九邑"之民到底是哪些人? 金兆梓推測説這些人正是

---

① 清代學者陳喬樅説:"據韋昭解'侯衛'引《康誥》云云,則知《大傳》所云'四年建侯衛'即此經'侯、甸、男、邦、采、衛'。'侯衛'者,總侯圻至衛圻包五服而言也。五服之人,即事於周者,公皆勉勞之也。"(清)陳喬樅:《今文尚書經説考》卷75,《清經解·清經解續編》第11册,第1091頁。金景芳也説"建侯衛""主要内容是封宋、封衛、封魯、封齊、封燕",就是普遍分封。見金景芳:《中國奴隸社會史》,第118頁。或將"建侯衛"理解爲分封衛康叔,根據《繫年》可知這是不對的。《繫年》第四章:"周成王、周公既遷殷民于洛邑,乃追念夏商之亡由,旁設出宗子,以作周厚屏;乃先建衛叔封于康丘";《左傳》僖公二十四年載周大夫富辰勸諫周襄王説:"昔周公弔二叔之不咸,故封建親戚,以蕃屏周。"東漢馬融、晉代杜預均認爲"二叔"指"夏、殷叔世",故二者可互證。前者"周成王、周公既遷殷民於洛邑,乃追念夏商之亡由,旁設出宗子,以作周厚屏"正對應於後者的"封建親戚,以蕃屏周",即普遍分封諸侯之義。因此,封康叔在普遍分封諸侯之"先",且據筆者考證,封康叔實際上在周成王二年(詳後文)。

② 黄懷信等:《逸周書彙校集注(修訂本)》卷5,第518頁。

當初附從武庚之亂,與周邦討伐軍作戰的那些殷頑民、多士。① 筆者以爲這種推測是正確的。根據後文考證可知,這"九邑"之民先被遷到九里,後又被遷至洛邑。

又,東漢賈逵《左傳解詁》曰:"遷邶、庸之民於成周。"②《漢書·地理志》亦曰:"遷邶、庸之民于雒邑。"③《帝王世紀》:"[周公營成周,]居邶〈邶〉鄘之衆。"④據此可知,這些所遷之殷頑民原本處於邶、鄘之地。那麼,所遷者爲何僅爲邶、鄘之民呢?上文已言衛卽"東"爲霍叔所轄,衛地之民應該早已降於周軍,故周人能以衛作爲根據地"征殷",而"殷"正是邶、鄘之地。也就是説,二年"克殷",主要是要征服邶、鄘之民,而且這些殷人也最頑固,所以"克殷"之後,周人就將邶、鄘之民俘獲囚禁之,此卽"俘殷獻民"。⑤

這些所俘之"殷獻民",隨後被遷於九里。孔晁注:"獻民,士大夫也。

---

① 金兆梓:《尚書詮譯》,北京:中華書局,2010 年,第 308~309 頁。武庚,原誤爲"武康"。
② 賈逵説見孔穎達《尚書正義·多士》篇引,《尚書正義》卷 16,《十三經注疏》,第 466 頁。
③ 《漢書·地理志》卷 28,第 1647 頁。
④ 《帝王世紀》説爲《史記·劉敬傳》正義轉引自《括地志》:"《尚書[序]》曰:'成周既成,遷殷頑民。'《帝王世紀》云:'居邶鄘之衆。'"校勘記曰"疑邶當作邶",證據是:"邶,彭本、《會注》本作邶。黄本作"鄘",同邶。"筆者認爲此校勘無疑是正確的:一者有版本依據;二者除此作"邶鄘"外,其他文獻均作"邶鄘"或"鄘鄘",且"邶""邶"形近易譌,此處應爲形譌。但校勘記又曰"疑鄘下脱邶字",所列出證據爲《史記·周本紀》張守節正義云:"《尚書·洛誥》云:'我卜瀍水東,亦惟洛食。'以居邶鄘衛之衆。"筆者以爲,此處校勘似是而實非。第一,張守節所引文,前半部分"我卜瀍水東,亦惟洛食"見於今本《尚書·洛誥》,作"我又卜瀍水東,亦惟洛食";而後半部分"以居邶、鄘、衛之衆"純爲張氏個人説法。表面上看正義"居邶、鄘、衛之衆"與《帝王世紀》"居邶鄘之衆"近似,其實二者絶不同,因爲前者是張守節個人的説法,後者是《帝王世紀》之文,而前者絶非後者之版本依據。第二,退一步説,假若張守節正義所説爲是,那麼證據何在呢?張守節説:"武王滅殷國爲邶、鄘、衛,三監尹之。武庚作亂,周公滅之,徙三監之民於成周,頗收其餘衆,以封康叔爲衛侯,卽今衛州是也。"可見,張氏認爲周公平叛後,將邶、鄘、衛三監之民遷到成周,但據東漢賈逵《左傳解詁》與班固《漢書·地理志》,所遷民僅爲邶、鄘之民而無衛衆,故張守節所説不成立。總之,校勘記謂《帝王世紀》"居邶鄘之衆"應作"居邶鄘之衆"無疑是正確的,但説"鄘"後脱"衛"實乃蛇足。需要指出的是,校勘記所謂"疑鄘下脱邶字"的説法實乃根據賀次君之説。賀次君《括地志輯校》作"《帝王世紀》云'居邶鄘[衛]之衆'",云"《帝王世紀》本《尚書·洛誥》,脱'衛'字,今據《尚書》補"。按,賀氏所謂《帝王世紀》本《尚書·洛誥》是錯誤的,前文已述"以居邶、鄘、衛之衆"並非《尚書·洛誥》文而實爲張守節之語,故賀次君所補亦非。又,徐宗元輯《帝王世紀輯存》作"[周公營成周,]居邶鄘之衆",這是正確的。《史記》,第 3291、3302、170 頁;(唐)李泰等著,賀次君輯校:《括地志輯校》卷 3,第 169 頁;徐宗元:《帝王世紀輯存》,北京:中華書局,1964 年,第 91 頁。
⑤ 關於所遷者爲何僅爲邶、鄘之民,清代學者王鳴盛解釋説:"邶既紂子武庚所封,鄘乃首倡逆亂、連結武庚之管叔所封,蔡叔但從之而已,故周公殺管叔,放蔡叔,其罪大有輕重。想邶、鄘民皆從亂,卽所謂'殷頑民'也,是以遷之于雒,而虛其地,衛民則不遷。康叔盡得三國地,而民則但得衛一國民,其情形如此。"王氏認爲遷邶、鄘之民,是因邶、鄘地分別爲武庚、管叔所轄,其民罪重,故遷之。王氏之説乃根據班固的説法,《漢書·地理志》曰:"鄘,以封紂子武庚;庸,管叔尹之;衛,蔡叔尹之:以監殷民。"而由筆者考證,管叔所監之地在衛,班固之説實不可信。(清)王鳴盛:《蛾術編》卷 2,上海:上海書店出版社,2012 年,第 42 頁。

九里,成周之地,近王化也。"①實際上,"殷獻民"即殷遺民、殷頑民。② 九里,清代學者于鬯考證是周之監獄,後來演變成爲地名③,在今河南鞏義南④。

那麽,"俘殷獻民,遷于九里"發生於何年?"征熊盈族十有七國"是成王三年踐奄事,所俘者既然爲武庚之民,而武庚在成王二年既已北奔,則"俘殷獻民,遷于九里"可能發生於成王二年或三年。又,"俾康叔宇于殷,俾中旄父宇于東"發生在成王二年(詳後文)。因此,這些殷民開始遷徙應在成王二年。可見,周成王二年克殷後,周成王把武庚所轄殷墟之民遷到九里囚禁之。

之後不久,周人爲了營建洛邑的需要,又將這些殷遺民從九里遷到洛邑。⑤據《尚書·多方》載,成王三年五月這些殷遺民已經到了洛邑附近。《尚書·多方》:"惟五月丁亥,王來自奄,至于宗周。周公曰:'王若曰:猷告爾四國多方惟爾殷侯尹民,我惟大降爾命……'""王曰:'嗚呼!猷告爾有方多士,暨殷多士:今爾奔走臣我監五祀,……克閲于乃邑謀介爾,乃自

---

① 黄懷信等:《逸周書彙校集注(修訂本)》卷5,第520頁。
② 章太炎《小學答問》曰:"獻音古近糵,音當作牛建切,與虜同音,入聲爲糵。……子孫謂之由糵,……其以民言,亦謂之庶,亦謂之糵。……元在寒部,與獻同音。字或爲頑。……殷獻民者,殷糵民……餘民,故謂之糵民……《多士序》:'成周既成,遷殷頑民。'殷頑民,即殷獻民,皆糵民也。故其書曰:'爾殷遺多士。'遷殷頑民於成周,與遷殷獻民於九里,其事相因。孫詒讓據《戰國策》《韓非子》謂九里亦作曰里,地在孟津,爲東周畿内地。蓋雒邑未成以前,遷之畿内;既成以後,乃遷成周。足知獻民、頑民非二。"章太炎:《小學答問》,上海人民出版社編:《章太炎全集》第7卷,上海:上海人民出版社,2014年,第494~495頁。周厲王的胡簋云:"肆余以……士獻民。"張政烺認爲:"獻民即儀民,乃殷之故家世族也。"張政烺:《周厲王胡簋釋文》,《古文字研究》第3輯,北京:中華書局,1980年,第108頁。
③ 于鬯説:"殷之獄稱里,故文王所囚曰'牖里'。'九里'與'牖里',論音亦近,固不必附會,而九里者儻亦本是獄名,因爲地名者與?《公羊》昭二十一年傳云:'宋南里者何? 若曰因諸者然。'何休解詁云:'因諸者,齊故刑人之地。'公羊齊人,故以齊喻。徐彦解引《博物志》云:'周曰囹圄,齊曰因諸,然則南里亦獄名矣。'宋殷後,猶名獄爲'里',此又殷獄名'里'之一證也。……然則《國策》言'九里'者,固爲地名之稱;《周書》言'九里'者,本其獄名之稱。又同中之異。"(清)于鬯:《香草校書》卷9,第187頁。
④ 别本作"九畢",王念孫據《玉海》認爲後者當爲前者之譌,當作"九里"。《戰國策·韓策》:"魏王爲九里之盟。"又作"曰里",故《韓非子·説林》作:"魏惠王爲曰里之盟。""九""曰"古音很近,相通。楊寬認爲九里在今河南鞏縣南七十里的九山下。參黄懷信等:《逸周書彙校集注(修訂本)》卷5,第518~519頁;楊寬:《西周史》,第541頁。
⑤ 于鬯説:"'俘殷獻民遷于九里',其殆《書·多士序》所稱'遷殷頑民'者,'頑民'而謂之'獻民',即《洛誥》云'其大惇典殷獻民',亦安見其非即頑民邪? 蓋《周書》本無頑民之稱,序《書》者言之,著其實而已。《大誥》云:'民獻有十夫。'伏生《大傳》'獻'作'儀'。'儀'之言'義'也,然則獻民即義民矣。在周爲頑,即在殷爲義也。要非頑民,何以俘之遷之? 既俘之,遷之而禁錮之,此固事勢之必然者矣。"(清)于鬯:《香草校書》卷9,第187頁。

時洛邑,尚永力畋爾田。'"①這裏的"監五祀"是周武王二年加成王三年,亦即第五年爲成王三年。"王來自奄",説明是踐奄之後。"克閲于乃邑謀介爾,乃自時洛邑,尚永力畋爾田",意思是衹要你們能安於居邑,當設法相助你們,你們在洛邑這地方住下來,長期用力於田畝。可見,周成王三年五月丁亥,殷人已經到了洛邑附近。據此,成王三年已經利用殷遺民建設成周了。

周成王五年,成周建成。②《尚書·多士序》:"成周旣成,遷殷頑民。周公以王命誥,作《多士》。"③這些頑民、遺民多數即爲在邶、鄘之地附於武庚參加叛亂之兵士,故常稱呼爲"多士"。成周的修建,主要是爲了讓殷遺民居住,《多士序》此句的含義是"成周城建好後,讓殷遺民由城外遷入成周"。

這裏有必要説明成周與洛邑的關繫。根據最近的考古發現來看,西周時期周公所營建的"洛邑""成周""新邑"名相異而實同,地點在今河南洛陽的瀍河兩岸。④ 遷至洛邑的殷遺民,主要是邶地與商王畿西南部的鄘地之民,這部分人於成王二年從邶、鄘遷至九里進行囚禁。後又因營建成周的需要,三年遷到洛邑,開始營建成周。成王五年,這些殷遺民遷到成周城內。也就是説,這些遷到洛邑的殷民正是武庚所封殷墟之民,考古發現證實了這種説法。

考古發現證明,周公所營建的成周,具體位置在今史家溝以東、焦枝鐵路以西、北窑村以南、洛陽老城南關以北的瀍河兩岸,東西約三千米、南北約兩千米。⑤ 洛陽老城北北窑村西的瀍河兩岸集中分佈有周人墓葬。在瀍河以東,集中分佈着殷遺民墓。大概有一百多座。⑥ 其中1952年考古工作者在瀍河以東下瑤村西區發掘的第159號殷人墓,爲長方形豎穴墓,

---

① (清)孫星衍:《尚書今古文注疏》卷23,第459~460、466~467頁。
② 關於成周開始營建與建成的時間,關涉到《尚書》中的《多士》《召誥》《洛誥》的製作年代以及1963年出土何尊的年代,長期以來學者對此存在意見分歧。根據現有資料,筆者認爲成王三年就開始營建成周了。至於成王五年三月召公才開始所卜、營建之宅,唐蘭、朱鳳瀚等學者認爲是周成王的居住宫室,十二月,成周的大規模建築已經完工。參唐蘭:《西周青銅器銘文分代史徵》,第18頁。朱鳳瀚:《〈召誥〉、〈洛誥〉、何尊與成周》,第5頁。段渝:《〈多方〉〈多士〉的製作年代及誥令對象》,《四川大學學報(哲學社會科學版)》1986年第1期,第96頁;楊寬:《西周史》,第531~534頁;彭裕商:《西周青銅器年代綜合研究》,成都,巴蜀書社,2003年,第36頁。
③ 《尚書正義》卷16,《十三經注疏》,第466頁。
④ 徐昭峰:《成周與王城考略》,《考古》2007年第11期,第69頁。
⑤ 葉萬松、張劍、李德方:《西周洛邑城址考》,《華夏考古》1991年第2期,第74頁。
⑥ 張劍:《洛陽兩周考古概述》,葉萬松主編,洛陽文物考古隊編:《洛陽考古四十年——1992年洛陽考古學術研討會論文集》,北京:科學出版社,1996年,第16~17頁。

墓底中部是長方形槨室,正中有腰坑,槨室四邊有夯土二層臺,這種做法與安陽殷墟附近的殷代小墓做法完全相同;而且,墓葬中出土的銅鏟(第65號),形制與安陽大司空村第3號殷墓出土的銅鏟完全相同。考古學家推斷這可能是殷遺民的墓葬。① 另外,在洛陽老城北瀍河的西岸西周王室鑄銅作坊遺址發現了近百座殷遺民墓。② 在西周貴族墓南面,洛陽瀍河西岸二級臺地上,發現了一處面積十萬平方米以上的鑄銅作坊遺址,其中第一期遺址屬於西周早期(約相當於西周初至成王、康王時期)。③ 從發掘的結果看,該遺址所反映的鑄銅技術與殷墟苗圃北地鑄銅遺址所反映的技術一脈相承,因此學者認爲,該鑄銅作坊可能是周初由殷墟遷入洛陽的,當年作坊內的生產者應是安陽遷入洛陽的殷人。④ 筆者認爲,這些殷人很可能是武庚所轄殷墟之地的殷遺民,因此所遷殷遺民除了"多士"外,還有一些手工業者。

綜上可見,周成王二年克殷後,開始將殷遺民大量地從殷都遷往九里,到成王三年五月,這些殷遺民已經到了洛邑。成王五年,"新邑"建成以後,殷遺民再從洛邑城外遷入城中,此即《多士序》所謂的"成周旣成,遷殷頑民"。簡文説"周成王、周公旣遷殷民于洛邑",實際上是指成王二年至三年將殷民從邶、鄘之地遷到九里再到洛邑附近之事。

2. 從"乃先建衛叔封于康丘"看康叔的分封年代與地點

關於康叔分封的主要記載有几種。爲便於説明,我們按照文獻的時代順序列舉如下,並作考證。

(1)沬司徒疑簋:"王來伐商邑,誕令康侯啚(鄙)于衛,沬司徒疑眔啚(鄙),作厥考尊彝。𢍵。"(《集成》4059,西周早期,周成王)

銘文的"王"指周成王,"王來伐商邑",對應於《繫年》第三章的"成王屎伐商邑",是指周成王二年平叛三監之亂。"啚于衛",唐蘭説:"啚,邊境。《左傳》昭公十六年'公子皆啚'注:'邊邑也。'"⑤李學勤説:"銘中的

---

① 郭寶鈞、林壽晉:《一九五二年秋季洛陽東郊發掘報告》,《考古學報》第9册(1955年第1期),第96~97、103頁。
② 張劍:《洛陽兩周考古概述》,第16~17頁。
③ 洛陽博物館:《洛陽北窯村西周遺址1974年度發掘簡報》,《文物》1981年第7期,第52~64頁;洛陽市文物工作隊:《1975~1979年洛陽北窯西周鑄銅遺址的發掘》,《考古》1983年第5期,第431~441頁。
④ 洛陽文物工作隊:《洛陽西周考古概述》,《西周史研究》,西安:人文雜志編輯部,1984年,第355~358頁;唐際根、汪濤:《殷墟第四期文化年代辨微》,第41頁。
⑤ 唐蘭:《西周青銅器銘文分代史徵》,第22頁。

'啚'讀爲'鄙',應該解釋爲劃定國土的邊境地區。王在征伐商邑,平定叛亂之後,分封康侯,確定其邊鄙自然是必要的步驟。"①按,"鄙"一方面有劃定邊境之義;另一方面也有邊邑之義,如《左傳》僖公三十年鄭大夫燭之武對秦伯說"越國以鄙遠",杜預注"設得鄭以爲秦邊邑"②可證。銘文說"令康侯鄙于衛",説明未封在衛。據(2)《逸周書·作雒解》"俾康叔宇于殷,俾中旄父宇于東","宇"是權力所及的疆域③,與"鄙"義同。據此,康叔雖封在"殷",但"東"也是康叔所轄之邊邑,祇是讓其子中旄父管理,此即"令康侯鄙于衛"。

(2)《逸周書·作雒解》:"二年,又作師旅,臨衛政(征)殷,殷大震潰。降辟三叔,王子祿父北奔,管叔經而卒,乃囚蔡叔于郭淩。凡所征熊盈族十有七國,俘維九邑。俘殷獻民,遷于九里。俾康叔宇于殷,俾中旄父宇于東。"

"俾康叔宇于殷,俾中旄父宇于東"即(1)中"令康侯啚(鄙)于衛",在周成王二年克殷之後。"中旄父"即康叔子康伯④,"東"即衛。由此可見,周成王是讓康叔父子來管理殷(包括邶、鄘)與東(即衛),實際上東地也盡封給了康叔,因爲父子一體,受命不封子。《白虎通·封公侯》說:"受命不封子者,父子手足無分離異財之義"⑤,可證。據此,武庚與三監平定後,周成王將殷(邶、鄘)與東(衛)都封給了康叔,祇是由於地域遼闊,成王又讓康叔之子中旄父去管理。

(3)《左傳》定公四年:"昔武王克商,成王定之,選建明德,以蕃屏周。故周公相王室,以尹天下,於周爲睦。……分康叔以大路、少帛、綪茷、旃旌、大呂,殷民七族,陶氏、施氏、繁氏、錡氏、樊氏、饑氏、終葵氏;封畛土略,自武父以南及圃田之北竟,取於有閻之土以共王職;取於相土之東都以會王之東蒐。聃季授土,陶叔授民,命以《康誥》而封

---

① 李學勤:《由清華簡〈繫年〉重釋沬司徒疑簋》,《中國高校社會科學》2013年第3期,第84頁。
② 《春秋左傳正義》卷17,《十三經注疏》,第3974頁。
③ 《左傳》昭公四年:"或無難以喪其國,失其守宇。"孔疏:"宇謂屋簷也。於屋則簷邊爲宇也,於國則四垂爲宇也。四垂謂四竟邊垂。"《春秋左傳正義》卷42,《十三經注疏》,第4415頁。
④ 孫詒讓從"聲類求之,乃知其即康叔之子康伯也",其引《世本》曰康伯名"髦"(今本作"髡",梁玉繩據杜預《春秋釋例·世族譜》校正),東漢末的宋忠認爲即《左傳》昭公十二年的王孫牟,司馬貞也說"牟""髦"聲相近。孫詒讓認爲"旄"與"髦"是同聲假借字,中旄父即王孫牟。(清)孫詒讓:《籀廎述林》卷1,北京:中華書局,2010年,第10頁。劉師培也認爲:"以中旄父爲康伯,其說至確。"(清)劉師培:《周書補正》卷3,《劉申叔遺書》,第748頁。
⑤ (清)陳立:《白虎通疏證》卷4,第143頁。

於殷虛。皆啓以商政,疆以周索。"杜預注:"殷虛,朝歌也。"①

康叔分封在周成王時期,且此時周公相王室。與(4)《繫年》簡文對照,二者相合。又,《左傳》說康叔被封的地點是"殷虛",杜預說"殷虛"指朝歌,實際上"殷虛"實即今安陽洹水兩岸之殷墟。

另外,分給康叔的"殷民七族",郭寶鈞認爲,陶氏即陶工,施氏即旌旗之工,繁氏即馬纓之工,錡氏即銼刀工或釜工,樊氏籬笆工,終葵氏是錐工。② 實際上,在殷墟範圍內發現了多處手工業作坊,如苗圃北地、孝民屯西、薛家莊和小屯東北地、大司空村發現鑄銅作坊五處,大司空村、北辛莊發現製骨器作坊兩處,另外還發現了一些製作玉器、骨器、陶器等作坊的綫索。從作坊的分佈分析,其可能屬於居住在殷墟的各個族邑。③ 筆者認爲,分給康叔的這些人正是殷墟之手工業者。

(4)《繫年》第四章:"周成王、周公既遷殷民于洛邑,乃追念夏商之亡由,旁設出宗子,以作周厚屏;乃先建衛叔封于康丘,以侯殷之餘民。衛人自康丘遷于淇衛。"

關於康叔被封的時間,核諸文獻,應該在周成王二年克殷之後,理由有如下兩點:

第一,(1)沬司徒疑簋"誕令康侯啚(鄙)于衛"在成王二年克殷之後,而"誕令康侯啚(鄙)于衛"對應於(2)《逸周書·作雒解》之"俾中旄父宇于東",故"俾康叔宇于殷"也在成王二年。"俾康叔宇于殷"正是簡文的"先建衛叔封于康丘"事,說明後者也發生於成王二年。

第二,簡文"周成王、周公既遷殷民于洛邑"指周成王二年開始將邶、鄘之民遷往九里,不久遷往洛邑之事。何謂"先建"?"建"當讀爲《左傳》隱公八年"天子建德"之"建",杜注:"立有德以爲諸侯。"④即"建"乃立諸侯之義。"先建"康叔於"康丘"者,當爲先立康叔於康丘爲諸侯之義。這裏的"先",相對於簡文"乃追念夏商之亡由,旁設出宗子,以作周厚屏"所

---

① 《春秋左傳正義》卷54,《十三經注疏》,第4636頁。
② 郭寶鈞:《中國青銅時代》,北京:生活·讀書·新知三聯書店,1963年,第45頁。
③ 中國社會科學院考古研究所編著:《殷墟的發現與研究》,第78~92、407~409頁;劉慶柱主編:《中國考古發現與研究(1949—2009)》,北京:人民出版社,2010年,第242~243頁。
④ 《春秋左傳正義》卷4,《十三經注疏》,第3764頁。

言的普遍分封諸侯之事,"先建"説明康叔的始封在此之前。① 據(1)(2)可知是成王二年克殷後之事。

綜上可見,周成王二年克殷之後,將邶、鄘之民外遷,隨後就封康叔於康丘。因此,康叔的分封在周成王二年。②

至於康叔被封的地點——康丘的地望,李學勤"推想當在邶、鄘、衛三地中的衛地境内,……'衛'是大名,'康丘'是其中作爲都邑的地點"③。朱鳳瀚不同意康丘屬於衛説:"簡文下繼言'衛人自康丘遷于淇衛',則是言康侯受命將其族屬、部衆由康丘遷入衛地之内,卽進入原商王畿區域。可見康丘不會在衛地範圍内,而是在衛地之外,但既要監督殷餘民必亦不會距衛地太遠,應在衛之臨近地。"④筆者認爲這種反駁是正確的。路懿菡説:"衛祝陀所説的'殷虚'指的應是安陽殷都故地。《繫年》簡文所載的'康丘'之地很可能卽位於此區域内。"⑤康丘在殷墟是正確的。但正如前文所言,邶亦在殷墟,故邶應是大名,而康丘則是其中作爲都邑的地點。下面我們對此説進行論證。

(5)《史記·衛世家》:"周公旦以成王命興師伐殷,殺武庚禄父、管叔,放蔡叔,以武庚殷餘民封康叔爲衛君,居河、淇間故商墟。周公旦懼康叔齒少,乃申告康叔曰:'必求殷之賢人君子長者,問其先殷所以興,所以亡,而務愛民。'告以紂所以亡者以淫於酒,酒之失,婦人是

---

① 有學者認爲"先"當讀爲"選",以《左傳》定公四年"昔武王克商,成王定之,選建明德,以蕃屏周"相比附。李天虹:《小議〈繫年〉"先建"》,教育部人文社會科學重點研究基地、清華大學出土文獻與中國古代文明研究中心、清華大學出土文獻研究保護中心編:《出土文獻與中國古代文明:李學勤先生八十壽誕紀念論文集》,第264~266頁。《説文·辵部》:"一曰選,擇也。"《左傳》之"選建明德"强調從衆多的人中按照明德的標準選出好的來,而《繫年》之"先建"顯然表示先後之義,兩者不可混同。

② 值得注意的是,《今本竹書紀年》曰:"[成王]三年,王師滅殷,殺武庚禄父,遷殷民于衛。"王國維考證此處今本作者乃本於《逸周書·作雒解》:"二年,又作師旅,臨衛政殷,殷大震潰。降辟三叔,王子禄父北奔。"黄凡認爲,今本所謂"滅殷"及"遷殷民於衛"其實是成王二年事,今本誤置於三年。黄説主要依據今本《紀年》,而學界多認爲今本乃後人僞託,但其中有些説法可能來源較早,故黄説雖無堅實根據,但觀點卻歪打正着。王國維:《今本竹書紀年疏證》,方詩銘、王修齡:《古本竹書紀年輯證(修訂本)》,第244頁。黄凡:《〈竹書紀年〉——利用〈周易〉辨誤》,邵東方、倪德衛主編:《今本竹書紀年論集》,臺北:唐山出版社,2002年,第353頁。原載黄凡:《周易——商周之交史事録》,汕頭:汕頭大學出版社,1995年,第360頁。

③ 李學勤:《由清華簡〈繫年〉重釋洝司徒疑簋》,《中國高校社會科學》2013年第3期,第84頁。此觀點又見李學勤《清華簡〈繫年〉及有關古史問題》、《清華簡〈繫年〉解答封衛疑謎》兩文。後二者與前文相比語氣有微小變化,但基本觀點一致。

④ 朱鳳瀚:《清華簡〈繫年〉所記西周史事考》,李宗焜主編:《出土材料與新視野》,第449頁。

⑤ 路懿菡:《從清華簡〈繫年〉看康叔的始封》,《西北大學學報(哲學社會科學版)》2013年第4期,第139頁;路懿菡:《清華簡與西周史研究》,西安:三秦出版社,2018年,第152頁。

用,故紂之亂自此始。爲《梓材》,示君子可法則。故謂之《康誥》《酒誥》《梓材》以命之。"

首先,將《繫年》與(3)(5)相對照,不難發現"康丘"卽指"殷虛"和"商墟",爲同一地。關於"殷虛",(3)杜預注認爲指朝歌,這一說法長期以來佔有統治地位,鮮有異議。① 值得注意的是,"殷虛"也指安陽洹水之殷墟。《史記·項羽本紀》:"項羽乃與期洹水南殷虛上。"裴駰集解:

> 應劭曰:"洹水在湯陰界。殷墟,故殷都也。"瓚曰:"洹水在今安陽縣北,去朝歌殷都一百五十里。然則此殷虛非朝歌也。《汲冢古文》曰:'盤庚遷于此。'《汲冢》曰:'殷虛南去鄴三十里。'是舊殷虛,然則朝歌非盤庚所遷者。"

唐司馬貞索隱引《竹書紀年》曰:"盤庚自奄遷于北蒙,曰殷虛。南去鄴州三十里。"②據此可見,今河南安陽洹水兩岸也有"殷虛"。裴駰集解引瓚說"此殷虛非朝歌也",如此則說明"殷虛"在朝歌與安陽均有。又,簡文說"衛人自康丘遷於淇衛",說明"康丘"不在"淇衛",李學勤認爲是"濱於淇水的朝歌"③。如此,則"康丘"所在之"殷虛"必是位於安陽洹水兩岸之殷墟。

其次,(5)說"以武庚殷餘民封康叔爲衛君,居河、淇間故商墟",可見康叔所封之"殷餘民"原本爲武庚所轄,而武庚所轄之殷餘民就在安陽之殷墟。如此,說明康丘就在武庚故地,亦卽安陽之殷墟。

再次,顧頡剛說:"古者建都必擇丘陵,故齊爲營丘、魯爲曲阜、燕爲薊丘、蔡有蔡岡、成周有郟鄏。"④康丘與此類似,正是康叔在邶地建立都邑之地點,且此處地勢應該較高。

總之,康丘在安陽之殷墟,這是可以確定的。

所謂"侯殷之餘民"者,"侯"通"候",就是監視、監管之義。"餘民"對應(6)"以殷餘民封康叔"之"餘民",指周成王二年開始將殷民遷走後所餘

---

① 比如清代學者顧棟高說:"[康叔封]國于朝歌,今河南衛輝府淇縣東北有朝歌城。"(清)顧棟高:《春秋大事表》卷5,第564頁。
② 《史記》卷7,第396頁。
③ 李學勤:《由清華簡〈繫年〉重釋沬司徒疑簋》,《中國高校社會科學》2013年第3期,第85頁。朱歧祥認爲"淇衛"二字乃連用,而古書罕見水名與地名並連的,進而懷疑《繫年》之真實性。對此,黃澤鈞已指出《繫年》簡83的"柏舉"是柏舉與舉洲的並連,而"柏舉"古書常見,所以朱氏的懷疑並不成立。朱歧祥:《談清華簡(貳)〈繫年〉的"衛叔封于康丘"句及相關問題》,《東海中文學報》第29期,2015年6月,第176頁。黃澤鈞:《清華簡〈繫年〉地名構詞研究》,發表於第十八屆中區文字學學術研討會,臺中:東海大學,2016.05.21~22。
④ 顧頡剛:《顧頡剛讀書筆記》卷7,北京:中華書局,2011年,第151~152頁。

之民。《史記·管蔡世家》載平定武庚及三監叛亂後,"而分殷餘民爲二:其一封微子啓於宋,以續殷祀;其一封康叔爲衛君,是爲衛康叔"。據此,則周成王將所餘之殷民分爲兩部分,一部分封給微子,另一部分封給康叔。分給康叔的殷餘民,《史記·衛世家》説"以武庚殷餘民封康叔",正是邶地之民,亦即(3)的"殷民七族"。這些殷餘民主要是武庚所在邶地(殷墟)的手工業者,那麽,分給微子啓的很可能就是鄘地之餘民。《史記·宋世家》:"周公既承成王命誅武庚,殺管叔,放蔡叔,乃命微子開(啓)代殷後,奉其先祀,作《微子之命》以申之,國于宋。微子故能仁賢,乃代武庚,故殷之餘民甚戴愛之。"①這個"宋"在今河南商丘,也就是説成王二年克殷後,封微子,然後把鄘地之殷餘民分給宋,所以這些人也遷到了宋國。

《史記·三王世家》説:"康叔後扞禄父之難。"②《後漢書·蘇竟傳》載蘇竟《與劉龔書》説:"夫周公之善康叔,以不從管、蔡之亂也。"③清代學者皮錫瑞説:"管、蔡流言作亂之時,京師亦必有從亂者,惟康叔不從亂;周公東征禄父,康叔當有協贊之功,故公深知其能,使監殷民於衛。"④皮氏所説基本正確,惟"使監殷民於衛"當作"監民於康"。

簡文説"衛人自康丘遷于淇衛",這應該在康叔爲司寇之後。周成王三年踐奄之後,就把康叔調到周王朝擔任司寇,爲了集中管理殷遺民,出現了《繫年》所謂的"衛人自康丘遷于淇衛",具體在成王四年。⑤

(5)中,司馬遷説封康叔之封在"殺武庚禄父、管叔,放蔡叔"之後,即二年克殷後。實際上,武庚未被殺死,而是北奔。此後,周人將大部分殷民遷走,所餘之殷民封給康叔。司馬遷説"封康叔爲衛君","居河、淇間故商墟","河、淇間"——既謂"河、淇間故商墟",則與(2)中所謂安陽之殷墟不同——即《繫年》所謂的"淇衛"在今河南淇縣,爲與邶、鄘並稱之衛,而此事在成王三年後。那麽,具體在何年呢? 司馬遷又曰將康叔封爲"衛君"時,周公申告康叔以《康誥》《酒誥》《梓材》。我們知道,周初金文稱叔封就是"康侯",如康侯方鼎(《集成》2153,西周早期)銘云"康侯丰作寶尊"等;其子稱"康伯",見於康伯簋蓋(《集成》3721,西周早期)、康伯簋(《集成》3720,西周早期)等。至於始稱"衛君",確定的時間點應是周公申告康叔

---

① 《史記》卷38,第1958頁。
② 《史記》卷60,第2565頁。
③ 《後漢書》卷30上,第1046頁。
④ (清)皮錫瑞:《今文尚書考證》卷14,第319頁。
⑤ 詳參王紅亮:《清華簡〈繫年〉與〈尚書·康誥〉諸問題平議》,待刊。

以《康誥》《酒誥》《梓材》之際,而據筆者研究,此三篇製作於成王四年①,故稱"衛君"在成王四年②。

(6)《書序》:"成王既伐管叔、蔡叔,以殷餘民封康叔,作《康誥》《酒誥》《梓材》。"③

《書序》也説成王封康叔在"伐管叔、蔡叔",即成王二年克殷之後。"餘民"者,清代學者陳啟源説:"成王既黜殷,遷頑民於洛邑,遷之未盡者則以授康叔,使爲之君而教之。《書序》謂'以殷餘民封康叔'者,此實録也。"④所言甚是。

(7)《漢書·地理志》:"故《書序》曰'武王崩,三監畔',周公誅之,盡以其地封弟康叔,號曰孟侯,以夾輔周室;遷邶、庸之民于雒邑,故邶、庸、衛三國之詩相與同風。"⑤

班固説康叔的分封也是在成王二年克殷之後,且整個邶、鄘、衛之地被全分給康叔,亦即(2)所謂的"俾康叔宇于殷,俾中旄父宇于東"。班固又説"遷邶、庸之民于雒邑",據此可知衛地之民未遷。因此,所謂的殷之餘民祇能是未遷走的邶、鄘之民,據(4)可知,邶地之餘民分給了康叔,鄘地之餘民分給了微子。周成王四年康叔爲司寇後,封給康叔的邶地之民也遷到衛國,所以"邶、庸、衛三國之詩相與同風"。對此,孫詒讓説:"蓋周公以武庚故地封康叔,實盡得三衛全境,以其地閎廣難治,故依其舊壞,仍區殷、東爲二,以其子弟別治之。……是中旄宇東,雖專治其邑,而仍屬於其父,則與三監分屬微異。逮康叔卒,康伯嗣立,而東遂不復置君,故采《詩》者,於三衛不復析別。是三衛始則三監鼎峙;中則殷、東雖分二宇,而實統於一屬;終乃夷東爲邑,而與殷並合爲一:其事可推跡而得也。"⑥孫氏謂康叔時已佔有殷(邶、鄘)、東(衛)全境,這是正確的;但謂康叔死後,康伯時殷、東合而爲一,"東遂不復置君",由(4)(5)(6)(7)可知並不準確。真實的情

---

① 此處的《康誥》即今文《尚書·康誥》,是周成王四年衛人遷徙時,周公代成王命康叔的誥辭;而前引《左傳》定公四年所謂的《康誥》,乃成王二年封康叔於康丘的命書。
② 《史記·衛世家》載衛頃侯前六代皆稱"伯",頃侯時"厚賂周夷王,夷王命衛爲侯"。董珊據此認爲遲至衛頃侯時康侯始稱"衛侯"。參董珊:《清華簡〈繫年〉所見的"衛叔封"》,《簡帛文獻考釋論叢》,第84頁。《史記》此處所載謂衛由"伯"變成"侯",非由"康"變成"衛",二者不同。董先生此說實乃曲解《史記》文,不可從。事實上,由金文可見,早在康叔時期已經稱"侯",故《史記》此說蓋亦不可信。
③ (清)孫星衍:《尚書今古文注疏》卷30,第601頁。
④ (清)陳啟源:《毛詩稽古編》卷3,《清經解;清經解續編》第1冊,第353頁。
⑤ 《漢書》卷28下,第1647頁。
⑥ (清)孫詒讓:《籀庼述林》卷1,第10頁。

況應是,成王四年衛人由康丘遷到衛,殷(邶、鄘)遂不復置君。

綜上可見,周成王二年平定武庚與三監叛亂後,武庚北奔,周成王將殷遺民從殷墟遷到九里囚禁,然後將所餘之民——包括《左傳》中的"殷民七族"——分給康叔,讓其監管。康叔分封的地點——康丘——就在殷墟。由於商王畿地域遼闊,成王又命康叔管理殷,讓其子中旄父管理東。成王三年踐奄,四年康叔到周王朝任司寇,康叔所轄之民也就遷到衛,康叔得稱"衛君",此後康伯及其後代亦可稱"衛君"了。

(五)邶、康丘、湯丘與殷墟的關繫

邶、康丘都在今安陽之殷墟,那麼這三者的關繫如何呢?殷墟又是如何形成的呢?這實際上牽涉到周初的歷史,下面對此進行說明。

殷墟在商王畿之北,武庚居於此以祭祀商先王;而霍叔也在此駐軍,所以《漢書·地理志》認爲武庚是封在邶地。周成王克殷之後,將此地封予康叔,康丘是其中作爲都邑的地點。邶是殷墟的一個邑,地域應該較大。康丘與殷墟的關繫是小地名與大地名的關繫。

康丘因何得名?筆者認爲應跟湯丘有關。有學者認爲湯丘即康丘①,這是可能的。

清華伍《湯處於湯丘》曰:"湯處於湯丘。"②"湯"與"康"古音很近,楚文字中也有很多通假的例子。③"丘"者,《說文·丘部》:"丘,土之高也。"本指土高之名,衹有小地名用"丘"。"丘"也指墟,《楚辭·哀郢》:"曾不知夏之爲丘兮。"注:"丘,墟也。"④稱"湯丘"者,是因爲此地是商王湯舊居之地。

《史記·殷本紀》:"湯始居亳","帝盤庚之時,殷已都河北,盤庚渡河南,復居成湯之故居,迺五遷,無定處。殷民咨胥皆怨,不欲徙。盤庚乃告諭諸侯大臣曰:'昔高后成湯與爾之先祖俱定天下,法則可修。舍而弗勉,

---

① 熊賢品:《〈清華簡(伍)〉"湯丘"即〈繫年〉"康丘"說》,第49~58頁;魏棟:《論清華簡"湯丘"及其與商湯伐葛前之亳的關繫》,第339頁。
② 清華大學出土文獻與保護中心編,李學勤主編:《清華大學藏戰國竹簡(伍)》,第135頁。
③ 如郭店簡《緇衣》簡5"惟伊尹及湯",上博簡《緇衣》"湯"作"康";上博簡四《曹沫之陣》簡65"亦唯聞夫禹、康、桀、紂","康"讀爲"湯";上博簡九《史蒥問於夫子》簡3"則能貴於禹漮則舉","漮"讀爲"湯"。白於藍:《戰國秦漢簡帛古書通假字彙纂》,福州:福建人民出版社,2012年,第671、705頁;馬承源主編:《上海博物館藏戰國楚竹書(九)》,上海:上海古籍出版社,2012年,第275頁。
④ 黃靈庚:《楚辭章句疏證(增訂本)》卷5,第1582頁。

何以成德！'乃遂涉河南,治亳,行湯之政,然後百姓由寧,殷道復興",周武王克商後,"封紂子武庚祿父,以續殷祀,令修行盤庚之政"。① 司馬遷此處根據的是《呂氏春秋‧慎大》。② 據《史記》,盤庚居成湯之地是"行成湯之政",紂子武庚祿父"修行盤庚之政"很可能就是復居成湯之故居。正如清代學者姚鼐所說:"殷賢君多矣！ 獨行盤庚之政者,正以其始遷居殷故也。正義引《竹書紀年》:'自盤庚徙殷至紂之滅……更不徙都,紂時稍大其邑。'按《竹書》……更不徙都之説不謬。"③這表明從戰國以至秦漢都流傳着武庚所居之地是商湯、盤庚舊居之説法。康叔所封之地康丘是武庚舊地,這説明"康丘"的得名很可能源於"湯丘"。

根據考古發現,商早期的都城主要有兩座:一是位於河南鄭州市區的鄭州商城,二是位於河南偃師市西南的偃師商城。有學者指出鄭州商城是商前期的主都,而偃師商城則是陪都。④ 跟"湯丘"有關的考古學文化,目前主要有下七垣文化漳河型的安陽孝民屯遺址⑤、"梅園莊一期"⑥和小屯西地遺址⑦。劉一曼認爲,屬於殷墟"梅園莊一期"文化遺存的安陽孝民屯遺址、梅園莊遺址,較殷墟一期早,時間跨度較大,持續時間較長,早段是先商晚期,晚段進入了商代早期;小屯西地遺址大體上屬於先商時期。⑧ 1997~1998 年考古學家通過對洹河流域的調查,發現下七垣文化階段及早商階段,洹河流域的居民點分佈尚未出現規模顯赫的邑聚,可能先商時期商人的政治中心不在安陽地區。⑨ 這些文化有可能就是商湯暫時居於

---

① 《史記》卷3,第121、131~132、139頁。
② 《呂氏春秋‧慎大》:"武王乃恐懼,太息流涕,命周公旦進殷之遺老,而問殷之亡故,又問衆之所説,民之所欲。殷之遺老對曰:'欲復盤庚之政。'武王於是復盤庚之政。"許維遹:《呂氏春秋集釋》卷15,第357頁。
③ (清)姚鼐:《惜抱軒筆記》卷4,《惜抱軒全集》,北京:中國書店,1991年,第558~559頁。
④ 潘明娟:《從鄭州商城和偃師商城的關繫看早商的主都和陪都》,《考古》2008年第2期,第55~63頁。
⑤ 中國社會科學院考古研究所:《殷墟發掘報告(1958—1961)》,第61~64頁。
⑥ 中國社會科學院考古研究所:《殷墟發掘報告(1958—1961)》,第64~69頁。
⑦ 劉一曼:《安陽小屯西地的先商文化遺存——兼論"梅園莊一期"文化的時代》,《三代文明研究(一)——1998年河北邢臺中國商周文明國際研討會論文集》,北京:科學出版社,1999年,第148~161頁。
⑧ 劉一曼:《安陽小屯西地的先商文化遺存——兼論"梅園莊一期"文化的時代》,第148~161頁。
⑨ 中美洹河流域考古隊(中國社會科學院考古研究所、美國明尼蘇達大學科技考古實驗室):《洹河流域區域考古研究初步報告》,《考古》1998年第10期,第21頁。

湯丘時的文化遺存。無論如何，湯丘在殷墟是有考古學證據的。①

湯丘是商湯之舊居，所以周成王把康叔封在此一個很重要的目的，就是讓他繼承殷王商湯之政，來統治殷餘民。《左傳》定公四年載康叔分封時，"命以《康誥》而封於殷虚。皆啓以商政，疆以周索"。由《繫年》可知，此"殷虚"就是康丘，也是成湯之舊居地——湯丘。這裏的"啓以商政"，如果聯繫盤庚"行成湯之政"，紂子武庚"修行盤庚之政"，就不難看出，康叔所"啓"之"商政"正是"成湯之政"。《尚書·康誥》："往敷求于殷先哲王，用保乂民。汝丕遠，惟商耇成人，宅心知訓。"清代學者朱駿聲曰："殷先哲王，湯、太甲、太戊、祖乙、盤庚、小乙、武丁也。"②也是講以成湯爲代表的殷先王。如此看來，成王封康叔於康丘——湯丘，實際上就是爲了讓他繼承以商湯爲代表的商先王政策，這就是《左傳》所謂的"啓以商政"。

由上述分析可見，康叔被封之前，此地即名"湯丘"。但是，叔封稱"康叔"，分封時的命辭也稱爲"康誥"，説明康叔被分封時此地已經稱"康丘"了。那麽，"湯丘"到底是從什麼時候變成"康丘"的呢？

筆者認爲"湯丘"改稱"康丘"的時間就在康叔被封時。之所以如此改，有兩方面原因。一方面，康叔被封在此，又不能稱"湯叔"——"湯"是商先王名號，所以將此地命名爲與之同音的"康"，稱爲"康丘"，叔封也才被稱爲"康叔"。又，"湯"與"康"可互作，如上博簡《曹沫之陣》簡65"亦唯聞夫禹、康（湯）、桀、紂"，就直接以"康"作"湯"了。另一方面，"康"也是一種美稱，這種改動實際上也代表成王對叔封的期望。成王四年對康叔的誥辭《康誥》中，有很多"康"字，如"用康保民""用康乂民""迪吉康""康乃心"，代表成王對康叔的一種期許，誠如清代學者皮錫瑞説：《康誥》之所以以"康"字"名篇者，疑康叔生即以康爲號，……史公分别《康誥》《酒誥》《梓材》之義，以務愛民屬之《康誥》，則'康'當取愛民爲義。《康誥》一篇，云……'康'字甚多，疑康叔之康，即以此爲號。"③

《史記·衛世家》："衛康叔名封，周武王同母少弟也。"據此可知，衛康叔是周武王的同母弟，名爲"封"，"叔"爲其字。④ 關於叔封何以稱"康"，

---

① 這裏我們需要明確指出的是，清華簡雖然説湯丘是商王成湯舊居地，在殷墟也發現了先商和商早期的文化遺存，但不可否認的是，清華簡祇是戰國時期的一種記載，成湯是否真居於此，根據現有材料還難以考定。唯一可以確定的是，戰國時期確實流傳着這種説法。
② （清）朱駿聲：《尚書古注便讀》卷4中，第125頁。
③ （清）皮錫瑞：《今文尚書考證》卷14，第306頁。
④ 《尚書·康誥》僞孔傳："封，康叔名"，"叔，封字"。《尚書正義》卷14，《十三經注疏》，第430～431頁。

古有兩說。一認爲是國名。東漢古文家馬融曰："康，圻內國名。"①"圻內"即"畿內"。三國時期王肅的《康誥注》云："康，國名，在千里之畿內。既滅管、蔡，更封爲衛侯。"②僞孔傳："康，圻內國名。"③二認爲是諡號，鄭玄持此說。④ 對這兩種說法，從漢代以來學者爭論不休。從《繫年》來看，叔封稱"康"就是由"康丘"而來，因此"康"是國名說顯然是正確的。

總之，邶是霍叔的駐軍點。湯丘在今河南安陽之殷墟，湯曾經居處於此，故名；周成王二年康叔封於此，將其改稱"康丘"。康丘就是湯丘，與戰國至秦漢流傳的武庚所居之地是商湯、盤庚舊居這種說法相符。

(六) 殷墟的形成與周初的歷史變遷

邶、康丘在今安陽之殷墟，那麼殷墟又是如何形成的呢？

殷墟古稱"殷虛"，最早見於《左傳》定公四年："分康叔……殷民七族……命以《康誥》而封於殷虛。"從文獻上看，殷墟作爲王都是從盤庚開始的，《尚書·盤庚》："盤庚遷于殷。"《史記·殷本紀》正義引《古本竹書紀年》："自盤庚徙殷至紂之滅……更不徙都，紂時稍大其邑，南距朝歌，北據邯鄲及沙丘，皆爲離宮別館。"但根據考古發現，殷墟主體遺址的年代是從武丁開始的。1999年發現的洹北商城，與小屯晚商宗廟宮殿區相距僅一千米多。學者多認爲盤庚所遷之"殷"在洹北商城，在經歷盤庚、小辛、小乙後，武丁將宮殿區由洹北商城移到洹河南岸的小屯一帶。⑤

關於殷墟作爲都城的時代，《古本竹書紀年》說是從盤庚一直持續到帝辛時期，這是一說。另一說是帝乙遷都到朝歌，一直到帝辛時期。如《史記·周本紀》正義引《帝王世紀》："帝乙復濟河北，徙朝歌，其子紂仍都焉。"又引《括地志》曰："紂都朝歌在衛州東北七十三里朝歌故城是也。本妹邑，殷王武丁始都之。"王國維以殷墟卜辭所祭祀商王一直到康祖丁（康丁）、武祖乙（武乙）、文祖丁（文丁），認爲"帝乙之世尚宅殷虛，《史記正義》引《竹書(紀年)》獨得其實"。⑥ 所以學者多認同《古本竹書紀年》的說法。在考古上，唐際根認爲，殷墟一期早段文化面貌過於個性化，而一期晚

---

① 馬融說爲孔穎達正義引，《尚書正義》卷14，《十三經注疏》，第430頁。
② 王肅說見孔穎達所引，《毛詩正義》卷2，《十三經注疏》，第623頁。
③ 《尚書正義》卷14，《十三經注疏》，第430頁。
④ 孔穎達說："惟鄭玄以康爲諡號。"《尚書正義》卷14，《十三經注疏》，第430頁。
⑤ 楊錫璋、商煒主編，中國社會科學院考古研究所編著：《中國考古學·夏商卷》，第294～295頁；何毓靈、岳洪彬：《洹北商城十年之回顧》，《中國國家博物館館刊》2011年第12期，第15頁。
⑥ 王國維：《說殷》，《觀堂集林》卷12，第525頁。

段文化則表現出與殷墟二、三、四期文化之間強烈的共性與自然連續性。①殷墟第四期(帝乙、帝辛)文化並未衰落。② 殷墟文化第四期最末階段(Ⅳ5)的文化屬性可歸於商文化,但其年代已進入西周初年,説明殷墟文化一直持續到西周初年。那麼,殷墟文化廢止於何時呢? 從文獻角度來説,就是殷何時成爲"墟"?

《史記·宋世家》曰:

> 於是武王乃封箕子於朝鮮而不臣也。其後箕子朝周,過故殷虚,感宫室毁壞,生禾黍,箕子傷之,欲哭則不可,欲泣爲其近婦人,乃作《麥秀之詩》以歌詠之。其詩曰:"麥秀漸漸兮,禾黍油油。彼狡僮兮,不與我好兮!"所謂狡童者,紂也。殷民聞之,皆爲流涕。③

《宋世家》説武王時期箕子朝周經過"殷虚",當時已經"宫室毁壞",這是否意味着武王時期殷已經成爲"墟"了? 實際上,《宋世家》的上述記載是有問題的。清代學者簡朝亮早就注意到這個問題,他説:

> 史遷……言箕子朝周者,非也。《大傳》固以其詩爲微子將往朝周而作矣。夫微子以客而朝周,可也;箕子以臣而朝周,不可也。《史記》云"所謂狡童者,紂也",亦非也,……此蓋謂紂子武庚也。殷所以爲虚,武庚之叛也。④

據簡氏所言,《宋世家》裏的"箕子"當作"微子",而"狡童"實際上指的是紂子武庚,殷成爲墟,"宫室毁壞,生禾黍",實際上是武庚叛亂之後事。

又,《宋世家》這段話也見於《尚書大傳》,祇是把"箕子"改作"微子"。《尚書大傳·微子之命》:

> 微子將往朝周,過殷之故墟。見麥秀之蘄蘄。曰:"此父母之國,宗廟社稷之所立也。"志動心悲,欲哭、則爲朝周,俯泣、則近婦人,推而廣之,作《雅》聲。歌曰:"麥秀蘄蘄兮,禾黍晞晞,彼狡童兮,不在好兮。"⑤

清代學者王闓運補注:"《序》云:'克殷殺武庚。'殷,謂禄父也,禄父武庚蓋於戰死,故改制收殷故地,別封微子爲上公,……壯佼而如童子,謂禄父武

---

① 唐際根:《殷墟一期文化及其相關問題》,《考古》1993年第10期,第933頁。
② 中國社會科學院考古研究所編著:《殷墟的發現與研究》,第50頁。
③ 《史記》卷38,第1958頁。
④ 簡朝亮:《尚書集注述疏》卷12,《尚書類聚初集(4)》,臺北:新文豐出版股份有限公司,1984年,第71頁。
⑤ (漢)伏勝撰,(漢)鄭玄注,(清)陳壽祺輯校:《尚書大傳》卷1,第54頁。

庚。"①王氏認爲微子朝周過殷墟也在成王克殷殺武庚之後。

筆者認爲,簡朝亮、王闓運之言是正確的。正如前文所論,牧野之戰商人倒戈,所以未對宮室造成毁壞。武王克商後,又將整個商王畿分給武庚,商人自然也不會自毁宮室。因此,殷成爲墟衹能是武庚叛亂之後事。

周成王二年克殷,武庚北奔,親信飛廉也東逃,武庚所盤踞之殷地也落入周人之手。此時,殷之所以成爲"墟",有兩個原因:

第一,周人的大規模破壞。《吕氏春秋·古樂》:"成王立,殷民反,王命周公踐伐之。"②《淮南子·齊俗》:"武王旣没,殷民叛之,周公……克殷殘商。"③銀雀山漢簡《孫臏兵法·見威王》:"帝奄反,故周公淺之。"④"殘""踐""淺"音近可通,卽古書常見的"翦",甲骨金文形作"戈",後來演變爲形聲字"戬",爲誅滅之義,"殘""踐""淺"均爲借字。⑤ 所謂"踐",《尚書大傳》説:"遂踐奄。踐之云者,謂殺其身,執其家,瀦其宫。"⑥《説文·水部》:"瀦,水所亭也。""瀦其宫"是説不僅把宫室毁了,而且在原地基上挖掘出一個池塘,這是最嚴重的懲罰。《尚書大傳》所説雖然針對奄國,但筆者懷疑實際上周人對武庚所盤踞之殷地也進行過大規模的毁壞行爲。事實上,古人對於反叛之國的懲治是非常嚴厲的。《漢書·王莽傳》載"竦因爲嘉作奏曰":"臣聞古者畔逆之國,旣以誅討,而〈則〉豬其宫室以爲汙池,納垢濁焉,名曰'凶虚',雖生菜茹,而人不食。四牆其社,覆上棧下,示不得通。"⑦周初青銅器何簋載:"惟八月公夷殷年,公賜何貝十朋,乃令何司三族,爲何室。"⑧李學勤認爲,"夷"有夷滅的意思,"夷殷"卽"墟殷國",《古本竹書紀年》稱盤庚遷殷以至於紂,朝歌爲紂所居處的"離宫别館",這樣看來被夷滅的殷主要是指今安陽洹上的殷墟。⑨ 今按,"夷"確有破壞、夷平之義。《國語·周語下》:"是以人夷其宗廟,而火焚其彝器。"⑩

---

① (清)王闓運補注:《尚書大傳補注》卷5,北京:中華書局,1991年,第37頁。
② 許維遹:《吕氏春秋集釋》卷5,第128頁。
③ 何寧:《淮南子集釋》卷11,第815~816頁。
④ 山東博物館、中國文化遺産研究院編:《銀雀山漢墓簡牘集成(貳)》,北京:文物出版社,2021年,第8頁。
⑤ 陳劍:《甲骨金文"戈"字補釋》,《甲骨金文考釋論集》,北京:綫裝書局,2007年,第99~106頁。
⑥ (漢)伏勝撰,(漢)鄭玄注,(清)陳壽祺輯校:《尚書大傳》卷2,第83頁。
⑦ 《漢書》卷99上,第4084頁。
⑧ 張光裕:《柯簋銘文與西周史事新證》,《文物》2009年第2期,第53~56頁。
⑨ 李學勤:《何簋與何尊的關繫》,《出土文獻研究》第9輯,北京:中華書局,2010年,第2頁。
⑩ 徐元誥:《國語集解(修訂本)》卷3,第101頁。

《史記·項羽本紀》載項羽"遂北燒夷齊城郭室屋"。① 據何篤,周人在平定武庚叛亂後,夷平了武庚所居的宮殿,這件事影響很大,所以周人以此紀年。

實際上,周人破壞殷墟在考古上也有證據。位於安陽西北郊武官村和侯家莊北的西北崗是殷代王陵區,王陵區的十四座大墓均遭到多次盜擾,其中以早期盜掘坑最爲嚴重,墓室內的隨葬品幾乎被洗劫一空,所剩物極少。這些盜墓行爲具有明顯的共時性特徵,而且是由一定規模的人有組織、有預謀地在光天化日下明目張膽進行的,發生在西周早期。據這些特徵,學者推斷實施這些盜掘行爲的正是周人的政府,時間就在平定武庚叛亂之後。② 另外,在 1933 年 10 月至 12 月對殷墟小屯村北的發掘中,考古學家石璋如發現了豎房屋柱的銅礎,有的銅礎周圍有許多如豌豆大小的銅珠(他推斷這是銅礎被火焚鎔後入土凝結而成的),而且在墊銅礎的石卵上還有層紅燒土,摻雜着木炭等。根據這些現象,他推斷殷墟宮殿的摧毀和都城的廢棄,當含有火燒的因素。③ 筆者以爲這些都是周人平定武庚叛亂後毀壞殷墟宮殿的證據。

第二,周人將殷墟的殷遺民遷徙所致。《荀子·儒效》:"武王崩,成王幼,周公屏成王而及武王以屬天下,惡天下之倍周也。……殺管叔,虛殷國。"楊倞注:"虛,讀爲墟。……墟殷國,謂殺武庚,遷殷頑民於洛邑,朝歌爲墟也。"④實際上,"殷國"指的是今安陽之殷墟,但楊氏認爲遷殷民導致安陽殷都成爲墟是對的。

周成王二年,周人將邶、鄘之民遷於九里進行囚禁,把所餘之未遷殷民分爲兩部分:一部分邶地之民分給康叔,另一部分鄘地之民則分給微子。成王四年,將康叔之民又遷到"淇衛",如此則邶、鄘之地就沒有殷民了,正如清代學者陳啓源所說:"成王作洛之後,殷頑民盡徙下都(指洛邑——引者按)。封伯禽又以殷民六族,賜之留處故土者殆無幾。……封康叔時,民得留者多在衛,其邶鄘兩國已成曠土。"⑤

由上可見,殷之成爲墟發生在周成王二年克殷之後。筆者認爲殷墟文

---

① 《史記》卷 7,第 409 頁。
② 井中偉:《殷墟王陵區早期盜掘坑的發生年代與背景》,第 78~90 頁。
③ 石璋如:《殷墟最近之重要發現附論小屯地層》,《中國考古學報》1947 年第 2 期,第 14~15 頁。
④ (清)王先謙:《荀子集解》卷 4,第 114 頁。
⑤ (清)陳啓源:《毛詩稽古編》卷 3,《清經解;清經解續編》第 1 册,第 353 頁。

化的結束應在此時,這種看法與考古發現是吻合的。

(七)小結

以上所論涉及史家多有異議之周初重要史事及歷史地理,現將主要觀點歸納如下:

其一,"三監"的性質。周武王克殷之後,周人實力還不足以實現對商王畿的完全統治,因此所設之"三監"(即管叔、蔡叔、霍叔)主要是軍事性質的,"三監"所駐守的邶、鄘、衛不是"三監"之封國,而是軍事據點。

其二,"殷""東"與邶、鄘、衛的關繫及其地望。周武王克商後把商王畿分給武庚,劃分爲"殷"與"東",前者包括邶、鄘,後者即衛。邶位於商王畿北部,今河南安陽殷墟,爲霍叔所監;衛在商王畿東部(今河南浚縣、淇縣,大致位於安陽東南部),爲管叔所監;鄘大概在商王畿的西南部,爲蔡叔所監。武庚雖然封有整個商王畿,但爲了"守商祀"的需要,居於王畿北部的殷墟,與霍叔駐守之邶地地望相合,所以《漢書·地理志》認爲武庚封在邶地。這種局面直到周成王平叛後才被打破。

其三,周成王平叛的過程及其年代。周成王平叛總體上分爲兩個階段:第一階段是成王二年克殷,第二階段是成王三年踐奄。二年克殷後,成王將邶、鄘之民中的大部分遷到九里囚禁,後又因營建成周的需要將之從九里遷到洛邑。未遷走之殷民分爲兩部分:邶地之民分給康叔;鄘地之民分給微子啓,不久被遷到宋國。

其四,衛分封的年代與地點。康叔的分封並非以往學者所謂的武王時期或者成王四年等,而在周成王二年。邶、鄘之民被遷後,成王將整個商王畿分給康叔管轄,具體分封的地點是康丘,所封民即殷墟之民。由於地域遼闊,康叔與其子中旄父分而治之,前者管理的地方是"殷",後者是"東"。成王三年踐奄,四年康叔到周王朝任司寇,其所轄之民又從康丘遷到衛。

其五,殷墟形成的時間與原因。邶、康丘就在今河南安陽之殷墟。殷墟之所以形成,主要有兩方面原因:一是克殷之後周人爲了報復,對殷實行了大規模的破壞行動;二是殷墟之民絕大部分遷到了洛邑,所餘部分開始分給康叔,不久由於殷之破壞、康叔到周王朝擔任司寇,所餘之殷遺民又遷到衛,最終導致殷地逐漸荒蕪,成爲墟。殷之成爲墟發生在周成王二年克殷之後。

二、《左傳》"周公弔二叔之不咸"新詁

(一)問題的提出:"二叔"何指

《左傳》僖公二十四年載周大夫富辰勸諫周襄王説:"昔周公弔二叔之不咸,故封建親戚以蕃屏周。管、蔡、郕、霍、魯、衛、毛、聃、郜、雍、曹、滕、畢、原、酆、郇,文之昭也。邘、晉、應、韓,武之穆也。凡、蔣、邢、茅、胙、祭,周公之胤也。召穆公思周德之不類,故糾合宗族於成周而作詩,曰:'常棣之華,鄂不韡韡①。凡今之人,莫如兄弟。'其四章曰:'兄弟鬩於牆,外禦其侮。'如是,則兄弟雖有小忿,不廢懿親。"②據此,周公封建親戚的一個緣由即是周公"弔二叔之不咸",所封建的有文王之子、武王之子、周公的繼承者,其中文王之子分封的就有管、蔡兩國。後來,周厲王時的召穆公(召公虎)爲了團結宗族,作了《常棣》之詩。那麽,這裏的"二叔"到底指誰?漢代經學家對此有兩種不同看法。

(二)舊説的檢討

東漢古文家馬融認爲"二叔"爲"夏、殷叔世";同爲古文家的東漢學者鄭衆、賈逵"皆以二叔爲管叔、蔡叔,傷其不和睦而流言作亂,故封建親戚"。鄭玄《詩·小雅·常棣》箋也持此説。晉代杜預則認同馬融説,其曰:"弔,傷也。咸,同也。周公傷夏殷之叔世,疏其親戚以至滅亡,故廣封其兄弟。"③這兩種説法的依據何在?據現存文獻,我們已不得而知。但後來唐人以至清人的注疏對這兩種説法都提出了論證,舉出了各種證據,下面我們對這些論證逐一進行分析。

1. 二説之論據

首先説第一種説法。馬融認爲"二叔"爲"夏、殷之叔世"。馬融的依據我們已不得而知,但根據後來學者的論述,持這種觀點的主要證據是《左傳》中有"叔世"的説法,學者認爲其與"二叔"相類,都是指"末世"而言。

《左傳》昭公六年鄭人鑄刑鼎,晉國的叔向向子產寫信説:"夏有亂政,而作《禹刑》;商有亂政,而作《湯刑》;周有亂政,而作《九刑》:三辟之興,皆

---

① 《左傳》本作"韠",今本《詩經》作"韡"。爲排印方便,後文統一作"韡"。
② 楊伯峻:《春秋左傳注(修訂本)》,第 420~424 頁。
③ 以上諸説均見《春秋左傳正義》僖公二十四年杜注及孔疏引。《春秋左傳正義》卷15,《十三經注疏》,第 3944~3945 頁。

叔世也。"東漢時期的張逸說:"……周仲文以《左氏》論之,三辟之興,皆在叔世,謂三代之末,卽二叔宜爲夏殷末也。"①此"周仲文",孔穎達說"故言有周仲文,蓋漢世儒者也"②,可見漢時人已有此論據。

其次說第二種說法。東漢時期鄭衆、賈逵、鄭玄認爲"二叔"指管、蔡。鄭衆、賈逵二人的根據我們不得而知,鄭玄的論據是前引《左傳》富辰所引的詩——《常棣》。富辰曰:"召穆公思周德之不類,故糾合宗族於成周而作詩,曰:'常棣之華,鄂不韡韡,凡今之人,莫如兄弟。'其四章曰:'兄弟鬩於牆,外禦其侮。'"這幾句詩見於今本《詩·小雅·常棣》,此篇序曰:"《常棣》,燕兄弟也。閔管、蔡之失道,故作《常棣》焉。"但這裏還看不出"二叔"指管、蔡,將兩者明確聯繫起來的是鄭玄。鄭玄注:"周公弔二叔之不咸,而使兄弟之恩疏。召公爲作此詩,而歌之以親之。"《詩·小雅·常棣》孔疏說:

> 故《鄭志》:張逸問:"此箋云周仲文以《左氏》論之,'三辟之興,皆在叔世',謂三代之末,卽'二叔'宜爲夏、殷末也。"答曰:"此注《左氏》者亦云管、蔡耳。又此序子夏所爲,親受聖人,足自明矣。"……鄭答:注《左氏》者亦云管、蔡,謂鄭、賈之說也。又《左傳》論周公弔二叔之不咸,而作《常棣》;此序言閔管、蔡之失道,故作《常棣》之意,則此云管、蔡,卽《傳》云二叔可知。③

據此可知,鄭玄認爲《詩序》是孔子的弟子子夏所爲,可能就是孔子的意思,應該遵循,所以他認爲《左傳》的"二叔"也應該是管、蔡。

綜上可見,《左傳》中的"二叔",從漢代就開始有兩種說法並有相應的論據:持夏、殷叔世說者之論據是《左傳》之"叔世"說,持管、蔡說者的論據是《毛詩序》。那麼,這些論據是否成立?

2. 二說論據之檢討

持夏、殷叔世說者以《左傳》之"叔世"爲論據。漢代儒者周仲文可能較早地提出了這種意見,唐代學者孔穎達對這一論據進行了進一步的補充,其曰:

> 彼叔世爲三代之末世,知此"二叔"亦二代之末世也。二代之末,疏其親戚,以至滅亡。周公創其如此,故制禮設法,親其所親,廣封兄

---

① 楊伯峻:《春秋左傳注(修訂本)》,第 1275 頁。
② 張逸說見孔疏《毛詩正義》。《毛詩正義》卷9,《十三經注疏》,第 870 頁。
③ 《毛詩正義》卷9,《十三經注疏》,第 870~871 頁。

弟,以自蕃衛也。蕃屏者,分地以建諸侯,使與京師作蕃籬屏扞也。鄭衆、賈逵皆以"二叔"爲管叔、蔡叔,傷其不和睦而流言作亂,故封建親戚。鄭玄《詩箋》亦然。案其封建之中,方有管、蔡,豈傷其作亂始封建之? 馬融以爲夏、殷叔世,故杜同之。①

孔穎達的這段論證是從正反兩方面進行的。正面證據主要是《左傳》有"叔世"的說法,孔穎達認爲此"叔世"是指"三代之末世",以此類推則"二叔亦二代之末世"。從反面來說,如認爲"二叔"爲管、蔡二叔,則是由於管、蔡二叔不和睦,但《左傳》後文明言周公分封的諸侯國就有管、蔡二國,這豈不與前文管、蔡二叔之"不咸"(不和睦)相矛盾? 孔穎達的這種論證是否成立,學者有不同看法。

孔穎達認爲"叔世"是指"三代之末世",以此類推則"二叔亦二代之末世"。顧炎武也認爲:"昭六年'三辟之興,皆叔世也',古人以末世謂之叔季。《國語》史蘇以桀紂及幽王爲三季之王。"②即其認爲"叔""季"可以稱末世。但問題是,《左傳》昭公六年的"叔世"連言,而《左傳》僖公二十四年的僅有"二叔",而非"二叔世",兩者能否等同呢? 這點,學者早已注意到了。

清代學者李貽德就認爲"雖有'三辟皆叔世'之文爲據,然'叔世'必連文,去'世'字則不辭矣"。③ 清代學者王引之也明確指出:"'叔世'二字,相連爲義,不得去'世'而稱'叔'。昭六年《傳》'三辟之興,皆叔世也',如去'世'字而云'皆叔也',則所謂叔者,何所指乎?"對於顧炎武所舉《國語》的說法,王引之也認爲不能爲據:"《周語》曰:'今周德若二代季矣!'《晉語》曰:'雖當三季之王,不亦可乎?'又曰:'夫三季之亡也宜。'如去'代'字,而云若'二季矣',去'王'字而云'雖當三季''三季之亡',則文義不明。以是推之,不得但稱爲'二叔'明矣! 而云'二叔''二代之末世',其不可通一也。傷夏殷之叔世疏其親戚,則當云'弔二叔世之親戚不咸',其義乃著。今不明言親戚而但曰'不咸',則所不咸者何人何事乎? 二十二年《傳》'吾兄弟不協,焉能怨諸侯之不睦',如去'兄弟'二字,而但云'吾之不協',其可曉乎? 其不可通者二也。"可見,王引之的看法較李貽德更進一步,其不僅看到了"二叔"缺一"世"字,而且注意到了《左傳》僖公二十

---

① 《春秋左傳正義》卷15,《十三經注疏》,第3945頁。
② (清)顧炎武:《左傳杜解補正》(與《五經同異》《九經誤字》合刊)卷上.上海:上海古籍出版社,2012年,第32頁。
③ (清)李貽德:《春秋左傳賈服注輯述》卷7,《清經解;清經解續編》第10冊,第977頁。

四年"周公弔二叔之不咸"之"二叔"後應有"親戚"意義才明確。因此,王引之認爲"馬、杜二家之説,未爲允當。當以鄭、賈之義爲長"。①

對於孔穎達提出的反證,李貽德反駁説:"孔氏謂封建之中方有管、蔡,豈傷其作亂始封建之? 其斥賈説亦有理。不知封建實在群叔流言之後、反東攝政之初也,……既攝政之後,公傷同氣不諒其志,於是首行封建親戚,明其無私欲,以啓牖二叔之衷,弭人倫之變,故傳言'弔二叔之不咸',管、蔡得列國焉。《東山序》箋云:'周公歸攝政,三監及淮夷叛,周公乃東伐之。'是管、蔡得建國,怙終不悛,反……而致叛,周公乃不得已征之。鄭氏《詩》《書》二注參之,此傳以'二叔'爲管、蔡,足以征周公之心矣。"②可見,孔穎達所認爲的受封管、蔡的是管叔、蔡叔,而李貽德則認爲所分封者是管叔、蔡叔的後代,其分封的時間當在三叔叛亂、周公平叛之後。

王引之也認爲:"二叔卽管蔡,而下文封建有管蔡者,二叔雖誅而其國不除,仍封建其後嗣。(《正義》謂管蔡是武王封,以武王克殷,周公爲輔,故歸之周公。非也。)定四年《傳》:'管蔡啓商,惎間王室。王於是乎殺管叔而蔡蔡叔,其子蔡仲改行帥德,周公舉之以爲己卿士,見諸王而命之以蔡,'是也。管叔之後復封,雖無明文,而管、蔡並在周公封建之列,則不除其國可知。《史記·管蔡世家》曰'管叔誅死無後',非也。管、蔡始封在武王時,至作亂被誅,仍封建其後,親親之道也。上云'二叔',下云'管蔡',意義本不相礙,何須訓爲'二代之叔世'乎?"③可見,王引之説得更明確,其認爲管、蔡的分封實際上在武王時——這一點和李貽德不同,後來管、蔡叛亂,其二人雖被誅殺,但其後嗣仍被封建。

由於孔穎達所舉出的正面證據被推翻,反面證據又經李貽德、王引之反駁,所以"二叔"似當解爲管、蔡二叔。但李、王二人所論仍有可商榷處。如王引之所引《國語·周語》"三季之王"、《晉語》之"二代季"之"季",因其分别有"王""代"作爲提示,可理解爲"代"。《漢書·叙傳》曰"三季之後,厥事放紛"雖無提示,但顔師古注曰:"三季,三代之末也。"《後漢書·班彪傳附子固傳》:"俾其承三季之荒末。"李賢注:"三季,三王之季也。"西晉潘嶽《藉田賦》:"三季之衰,皆此物也。"李善注:"《國語》郭偃曰:'夫三季王之亡,宜也。'韋昭曰:'季,末也。'三季王,桀、紂、幽王也。"④西漢董仲

---

① (清)王引之:《經義述聞》卷17,第410~411頁。
② (清)李貽德:《春秋左傳賈服注輯述》卷7,《清經解;清經解續編》第10册,第977頁。
③ (清)王引之:《經義述聞》卷17,第411頁。
④ (梁)蕭統編,(唐)李善注:《文選》卷7,第118頁。

舒《士不遇賦》曰:"生不丁三代之盛隆兮,丁三季之末俗。"①皆爲反例。②另外,李貽德和王引之在反駁孔穎達所舉的反證時還認爲,管、蔡叛亂後,其二人被誅殺,《左傳》僖公二十四年所云"管、蔡……文之昭也"爲管、蔡之後嗣。這種觀點也是值得商榷的。清代學者簡朝亮就認爲:"所謂蔡者,蔡叔也,文之昭也,非蔡叔之子蔡仲也。不可以蔡仲之命言也。況管不再封乎?"③因此,李、王所謂"二叔"缺"世"字則不能稱爲"夏殷二代"的説法,恐不能成立。

　　前文已述,持"二叔"爲管、蔡二叔説的根據實際上是鄭玄對《詩序》之發揮。那麽,《詩序》的説法是否正確?鄭玄的這種聯繫有無道理?

　　上引《詩序》乃《毛詩序》,《韓詩序》云:"夫栘,燕兄弟也,閔管、蔡之失道也。"清人王先謙認爲《夫栘》即《常棣》,《韓序》與《毛序》義同。④ 這説明,此序所言可能保留了先秦的古説。⑤ 關於《常棣》的作者,《左傳》《國語》的記載有差異。《左傳》説是周厲王時的召穆公(召公虎)所作。但是,《國語·周語中》富辰引此詩時却説是"周文公之詩",韋昭注:"文公之詩者,周公旦之所作《棠棣》之詩是也。"⑥《棠棣》即《常棣》。《常棣序》鄭玄注:"周公弔二叔之不咸,而使兄弟之恩疏。召公爲作此詩,而歌之以親之。"可見,其將召穆公(召公虎)换成了周公時期的召公奭,此乃彌縫之説。楊樹達認爲《國語》之説不可從,當從《左傳》説即《常棣》作於周厲王時。⑦ 既然《常棣》之詩並非周公所作,則其與周公封建時代明顯不對應。

　　另外,就《常棣》此詩的内容來講,其與管、蔡事也不相類。《常棣》曰:"凡今之人,莫如兄弟。"但《左傳》昭公元年曰"周公殺管叔而蔡蔡叔",如按鄭玄所説,"召公爲作此詩,而歌之以親之",豈非召公以此詩責罵周公?此於情理不可通。⑧ 清人李光地指出:"反覆篇中言兄弟急難禦務,發乎天性,正與管、蔡相反。如謂詭辭以哀之,則又無復勸戒之意,"所以,"所謂

---

① 南北朝劉孝標《廣絶交論》李善注引。(梁)蕭統編,(唐)李善注:《文選》卷55,第756頁。
② 清儒朱大韶謂此"皆後人割裂語,不足以難",也是推測語,恐難置信。(清)朱大韶:《實事求是齋經義》卷1,《清經解;清經解續編》第10册,第833頁。
③ (清)簡朝亮:《尚書集注述疏》卷15,《尚書類聚初集(4)》,第139頁。
④ (清)王先謙:《詩三家義集疏》,第562頁。
⑤ 夏傳才認爲:"古文《毛詩》與今文三家在漢代水火不容,而其序説有一部分相同、相近,可證其來源同一,均爲荀子所傳先秦舊説。"夏傳才:《詩經學四大公案的現代進展》,《河北學刊》1998年第1期,第66頁。
⑥ 徐元誥:《國語集解(修訂本)》,第45頁。
⑦ 楊樹達:《積微居金文説》,第248~249頁。
⑧ 楊樹達:《積微居金文説》,第248頁。

弔二叔之不咸,漢儒或指夏商之末,其説近是"。①

綜上可見,持"二叔"爲夏殷叔世説與"二叔"爲管、蔡二叔説的證據都不是太充分。當我們考察這兩説的時候,就會發現古代學者多從後説,尤其是擅長考據的清代學者,通過繁瑣的考證,對後一種説法進行了詳細的論證②,而現代學者多從清人説,以至於後説漸有成定論之勢③。但是,《繫年》對這一説法形成了挑戰。

(三)《繫年》的新證據

《繫年》第四章:"周成王、周公既遷殷民於洛邑,乃追念夏商之亡由,旁設出宗子,以作周厚屏。"這實際上跟《左傳》僖公二十四年載周大夫富辰追憶周初分封時所説"昔周公弔二叔之不咸,故封建親戚以蕃屏周"同爲一事。而《繫年》明確指出是追念"夏商之亡由",正對應馬融和杜預解"二叔"爲夏、殷之叔世的説法。"亡由",滅亡的緣由。

如此看來,馬、杜所言實際上淵源有自。鄭玄提出"二叔"爲管、蔡説後,漢儒周仲文就引《左傳》之説反駁,孔穎達見此敏鋭地覺察到:"蓋漢世儒者也,以爲二叔宜爲夏、殷之末,不得爲管、蔡,故問之。"④可見,漢代學者的主流觀點是"二叔"爲夏殷之末説。

另外,《繫年》第四章説:"乃先建衛叔封於庚(康)丘,以侯殷之餘民。衛人自庚(康)丘遷於淇衛。"實際上,清代學者簡朝亮早已據《尚書·康誥》認爲:"衛在十六國中,非成王封之而何?……則衛從可知也。其曰二叔者,杜氏謂夏殷之叔世,《左傳》疏謂與馬融義同,蓋古義也。"⑤簡氏此説正可與《繫年》互證。

---

① (清)李光地:《詩所》卷3,《景印文淵閣四庫全書·經部·詩類》第86册,臺北:臺灣商務印書館,1986年,第64頁。
② 如清代學者洪亮吉、李貽德、王引之、張聰咸、朱大韶、劉文淇等皆以"二叔"指管、蔡二叔。(清)洪亮吉:《春秋左傳詁》,第317~318頁;(清)李貽德:《春秋左傳賈服注輯述》卷7,《清經解;清經解續編》第10册,第977頁;(清)王引之:《經義述聞》卷17,第410~411頁;(清)張聰咸:《左傳杜注辨證》卷2,劉世珩輯:《聚學軒叢書》,揚州:廣陵書社,2009年,第322頁;(清)朱大韶:《實事求是齋經義》卷1,《清經解;清經解續編》第10册;(清)劉文淇:《春秋左傳舊注疏證》,第378頁。
③ 如楊伯峻、竹添光鴻等均從其説,參楊伯峻:《春秋左傳注(修訂本)》,第420頁;〔日〕竹添光鴻注:《左氏會箋》,第547~578頁。
④ 《毛詩正義》卷9,《十三經注疏》,第870~871頁。
⑤ (清)簡朝亮:《尚書集注述疏》卷15,《尚書類聚初集(4)》,第139頁。

（四）小結

綜上可見，馬融、杜預所認爲《左傳》之"二叔"爲夏、殷之叔世的看法，與戰國中期的《繫年》相合，説明馬、杜説淵源有自。對《左傳》中的"二叔"，到底是指管、蔡二叔，還是指夏殷之叔世，我們還没有絕對把握持此廢彼，但從《繫年》所提供的信息來看，夏殷之叔世説可能比較接近原始説法。

三、詩史互證:《繫年》與《詩·載馳》新研

《詩·鄘風·載馳》是一首著名的叙事詩，也是具有强烈愛國精神的名篇，在中國古代文學史上佔有重要地位，曾被多部文學史教材選錄。關於此詩的作者，《左傳》和《詩序》都説是春秋前期的許穆公夫人（古書稱之爲"許穆夫人"）。但關於詩的歷史背景，《左傳》並未記述清楚，亦與《詩序》所載有差異，使得後世學者對該詩本事的解釋也是衆説紛紜、莫衷一是①，以致影響到對詩的思想意義和藝術成就之評價②。古人雖然講"《詩》無達詁"（董仲舒《春秋繁露·精華》），但這不能成爲隨意解詩之託辭，尤其是《載馳》作爲一首叙事詩，更應將其放入具體的歷史背景、時空框架之中，才有可能較準確地理解。那麽，如何做到這點呢？筆者認爲，古今學者對該詩的解釋之所以出現如此大的分歧，問題的癥結即是文獻不足徵也：由於大家都没有堅實的依據，僅憑自己的理解對詩作出解釋，自不能免於争執。

譬如關於《載馳》的創作時代，即有衛戴公與衛文公兩種説法，而這種

---

① 比如關於《載馳》的本事所反映的矛盾衝突，據張樹波歸納，即有五種觀點：第一種觀點是此詩寫的是許穆夫人歸唁還是守禮的内心思想鬥争，此觀點以《詩序》爲代表；第二種認爲此詩既寫了許穆夫人的内心矛盾，也寫了和反對歸唁的許人的現實矛盾，以宋代朱熹《詩集傳》爲代表；第三種認爲此詩寫的是許穆夫人堅持歸唁和許人反對歸唁的矛盾，鬥争的結果是夫人勝利，歸唁計畫實現，以余冠英《詩經選譯》爲代表；第四種認爲此詩既寫了許穆夫人和許國執政者的矛盾，又寫了許穆夫人和衛國執政者的矛盾，以清代學者王先謙《詩三家義集疏》爲代表；第五種認爲此詩寫的是許穆夫人輩自立更生返回沫邑和衛執政者向大國求援兩種救國主張的矛盾，以王錫榮《〈鄘風·載馳〉正解》爲代表。張樹波：《〈詩經·載馳〉矛盾辨析》，《河北學刊》1983 年第 4 期，第 84～89 頁。

② 關於此詩的注釋研究甚多，重要的專題性論文如：王錫榮：《〈鄘風·載馳〉正解》，《楚辭新論及其他》，長春：吉林文史出版社，2013 年，第 117～123 頁；張樹波：《〈詩經·載馳〉矛盾辨析》；翟相君：《〈詩·鄘風·載馳〉原始》，《西北大學學報（哲學社會科學版）》1985 年第 3 期，第 60～63，90 頁；等等。

分歧產生的根本原因即是《左傳》對於戴公之卒的年月未予明確。《左傳》雖然記載了戴公之立在魯閔公二年(前660)冬十二月,但是並未明確戴公之卒在何年何月。後世學者如東漢服虔、西晉杜預、唐代孔穎達以及現當代學者均認爲戴公之卒在魯閔公二年冬十二月,而這種説法又是根據西漢司馬遷《史記》推導出來的。那麽,這種推導是否成立? 由於戴公之卒的具體年月不明,而《載馳》所反映的物候,學者多認爲在春夏之間(當夏曆二、三月之間,周曆五、六月之間),故學者多主張《載馳》創作於魯僖公元年(前659)衛文公時期。由於時代不明,學者對詩的具體理解也是仁智互見、爭執頗多。在這種情況下,祇能希冀於新資料的出現。值得慶倖的是,《繫年》涉及了《載馳》的創作背景尤其是戴公卒的相關年代,這也是現今所見先秦文獻(包括傳世與出土文獻)中關於戴公卒的首次明確記載,這對釐清以往學者的分歧十分重要。下面,筆者根據《繫年》提供的新資料,結合《左傳》等傳世文獻,力圖考證清楚《載馳》創作的時代背景,並就詩本事作以探討,以求對此詩的正確理解有所裨益。

(一)《繫年》與《載馳》創作背景的再解讀

關於《載馳》的創作背景,一方面可以通過《左傳》的相關記載予以説明,另一方面也可以從《載馳》的小序及本事所透露的信息加以明確。

《左傳》閔公二年曰:

> 冬十二月,狄人伐衛。……及狄人戰于熒澤。衛師敗績,遂滅衛。衛侯不去其旗,是以甚敗。……夜與國人出。狄入衛,遂從之,又敗諸河。……文公爲衛之多患也,先適齊。及敗,宋桓公逆諸河,宵濟。衛之遺民男女七百有三十人,益之以共、滕之民爲五千人。立戴公以廬于曹。許穆夫人賦《載馳》。齊侯使公子無虧帥車三百乘、甲士三千人以戍曹。歸公乘馬,祭服五稱,牛、羊、豕、雞、狗皆三百與門材。歸夫人魚軒,重錦三十兩。①

魯閔公二年十二月狄人滅衛,衛懿公死於戰爭。其後衛戴公立於衛國曹邑,許穆夫人於此時賦《載馳》,後齊桓公派公子無虧(即武孟②)出兵戍曹。可見《載馳》的創作應在衛戴公立於曹後,齊桓公派公子無虧出兵戍曹之

---

① 楊伯峻:《春秋左傳注(修訂本)》,第265~268頁。
② 據《左傳》閔公二年,昭伯(衛宣公之子、急子之弟公子頑,一説是急子之兄)烝於衛宣公夫人生齊子、戴公、文公、宋桓夫人、許穆夫人,齊子後嫁於齊桓公生武孟(即公子無虧),可見齊桓所派公子無虧乃戴公、許穆夫人之外甥。參楊伯峻:《春秋左傳注(修訂本)》,第266~267頁。

前,但具體時間爲何,還得依據《載馳》之序及本事予以明確。

《詩·載馳序》曰:

《載馳》,許穆夫人作也。閔其宗國顛覆,自傷不能救也。衛懿公爲狄人所滅,國人分散,露於漕邑。許穆夫人閔衛之亡,傷許之小,力不能救,思歸唁其兄,又義不得,故賦是詩也。①

據此,衛懿公死之後,衛人被臨時安置在衛國漕(曹)邑,這一點與上引《左傳》所載同。《詩序》僅言許穆夫人"思歸唁其兄",但戴公與文公均爲其兄,那麽此"兄"是誰?《載馳》第一章曰"載馳載驅,歸唁衛侯",可見許穆夫人此去目的是"歸唁衛侯",此"衛侯"又爲誰呢?對此,有以下兩種説法:

第一種認爲是衛戴公,東漢鄭玄首創此説,後世許多學者從之。詩中"歸唁衛侯"鄭玄箋:"衛侯,戴公也。"《詩序》將"歸唁衛侯"解釋爲"思歸唁其兄",鄭玄亦注:"戴公與許穆夫人俱公子頑烝於宣姜所生也,男子先生曰兄。"②可見鄭玄認爲此時衛國君主即爲戴公。

第二種認爲是衛文公,清代學者胡承珙創此新説,此後亦有很多學者信從。胡承珙曰:

戴公未立以前,不容有唁,況狄滅衛在二年冬,亦非麥蓲之候。考《定之方中》,文公營室詩也,在夏之十月,爲周之十二月,此蓋魯僖公元年之十二月。至僖二年,諸侯乃城楚邱而封衛焉。則當僖元年春夏之間,戴公已卒,文公雖立而尚無寧居,許穆夫人所爲賦《載馳》以弔失國歟?揆之情事,"衛侯"似指文公爲近。③

胡承珙認爲,詩中載"陟彼阿丘,言采其蝱"(第二章)、"我行其野,芃芃其麥"(第三章)應是春夏間之物候,故應在次年即魯僖公元年(前659)之春夏間。傳統上認爲衛戴公之卒在魯閔公二年十二月,此時衛戴公已死,當時國君應是衛文公。又據《定之方中》所載衛文公營建宫室應在魯僖公元年十二月,亦可確定魯僖公元年衛文公已即位。總之,他認爲《載馳》創作的時間應在魯僖公元年春夏之間,戴公卒後,文公在位時。

那麽,以上兩種説法孰是孰非呢?從詩中所反映的物候看,確實當魯僖公元年春夏之間,那麽是否就此可以斷定"衛侯"是衛文公呢?恐不盡

---

① 《毛詩正義》卷3,《十三經注疏》,第674~675頁。
② 《毛詩正義》卷3,《十三經注疏》,第675頁。
③ (清)胡承珙:《毛詩後箋》卷4,第271頁。

然。要弄清楚這一問題,有兩個問題需要解決:一是確定衛戴公之卒與文公之即位的年月;二是《左傳》閔公二年既然說"許穆夫人賦《載馳》"後,"齊侯使公子無虧帥車三百乘、甲士三千人以戍曹",那麽後者之年月亦需確定。下面分别考述之。

1.《繫年》與衛戴公之卒與文公之立的年月考

關於衛戴公的即位年,《左傳》閔公二年明確記載在魯閔公十二月,但關於他之卒年,《左傳》文未載。那麼戴公,究竟卒於何時呢?東漢鄭玄說:"戴公立一年而卒。"① 唐代孔穎達正義曰:

> 傳唯言戴公之立,不言其卒,而《世家》云:"戴公申元年卒,復立其弟文公。二十五年,文公卒。"案:《經》僖二十五年,"衛侯燬卒",則戴公之立,其年即卒,故云一年。然則狄以十二月入衛,懿公死,其月戴公立而卒,又文公立。故閔二年《傳》說衛文公衣"大布之衣、大帛之冠",服虔云"戴公卒在於此年",杜預云"衛文公以此年冬立",是也。戴公立未踰年而成君稱謚者,以衛既滅而立,不繫於先君,故臣子成其喪而爲之謚。而爲之謚者,與繫世者異也。②

孔穎達又曰:"經傳皆云十二月狄入衛,衛人東徙渡河收集離散乃立戴公,此年之末文公即位,計戴公爲君不過十數日耳。"③ 按,鄭玄說衛戴公即位一年而卒,但並未明確具體時月。《史記·衛世家》:"懿公即位,好鶴,淫樂奢侈。九年,翟(狄)伐衛,……殺懿公","更立黔牟之弟昭伯頑之子申爲君,是爲戴公。戴公申元年卒","齊桓公以衛數亂,乃率諸侯伐翟(狄),爲衛築楚丘,立戴公弟燬爲衛君,是爲文公","二十五年,文公卒"。④ 據此,衛懿公在位九年卒,戴公即位;戴公元年卒,後文公即位;文公在位二十五年。又,《十二諸侯年表》載衛懿公卒於周惠王十七年(前660,衛懿公九年,魯閔公二年),此年亦爲戴公元年;次年(前659,魯僖公元年)是衛文公元年。周惠王十九年(前658,衛文公二年,魯僖公二年)"齊桓公率諸侯爲我城楚丘",周襄王十七年(前635,衛文公二十五年),衛文公卒。⑤ 孔穎達據《史記》認爲,衛戴公被立與卒均在魯閔公二年,而《左傳》又載衛懿公卒於魯閔公二年十二月,所以衛戴公在位不足一月。《左傳》未載戴公之

---

① 《毛詩正義》卷3,《十三經注疏》,第664頁。
② 《毛詩正義》卷3,《十三經注疏》,第664~665頁。
③ 《春秋左傳正義》卷11,《十三經注疏》,第3880頁。
④ 《史記》卷37,第1928~1930頁。
⑤ 《史記》卷14,第718~720、732頁。

卒,而《史記》則明確戴公卒於十二月。那麽,孔穎達的説法是否成立呢?

筆者認爲不能成立。因爲《史記》將衛戴公元年、文公之立定在魯閔公二年冬十二月,完全是司馬遷對《左傳》的誤讀,不可爲據。《左傳》等未明確戴公之卒的年月,司馬遷究竟依據何種資料得知的呢? 如果從現有的傳世文獻分析,《史記》的依據很可能來源於《左傳》的記載。《左傳》閔公二年曰:

> 冬十二月,狄人伐衛。……及狄人戰于熒澤。衛師敗績,遂滅衛。衛侯不去其旗,是以甚敗。……及敗,宋桓公逆諸河,宵濟。……立戴公以廬于曹。許穆夫人賦《載馳》。齊侯使公子無虧帥車三百乘、甲士三千人以戍曹。①

> 僖之元年,齊桓公遷邢于夷儀。二年,封衛于楚丘。邢遷如歸,衛國忘亡。衛文公大布之衣、大帛之冠,務材、訓農、通商、惠工、敬教、勸學,授方、任能。元年,革車三十乘;季年,乃三百乘。②

據此,衛懿公死、戴公立以及衛文公元年均載於魯閔公二年,這很容易讓人認爲這三件事均爲此年十二月發生。東漢服虔就説:"戴公卒在於此年。"③晉代杜預據此也説:"衛文公以此年冬立。"④但是,這種推斷不無問題,因爲冬十二月這一個月内,先後有狄人滅衛、戴公立及卒、齊桓派公子無虧戍曹、衛文公立等大事發生,如此多大事集中於一月,於情於理難以説通。清人王先謙説:衛戴公卒後,"縱許夫人聞變即行,已不及閔二年戴公在位之日"。⑤盧文弨也説:"齊之去衛,與許之去衛更遠矣。聞戴公之在漕邑,命公子無虧帥車三百乘、甲士三千人以戍漕,更非旦夕可辦之事。"⑥因此,我們不能排除另外一種可能,即這些大事並非集中於魯閔公二年十二月發生,衹是《左傳》記載於此而已,《繫年》爲這種説法提供了力證。

《繫年》第四章:

> 周惠王立十又七年,赤翟(狄)王峉啓起師伐衛,大敗衛師於睘,幽侯滅焉。翟(狄)遂居衛,衛人乃東涉河,遷于曹,[焉]立戴公申,公

---

① 楊伯峻:《春秋左傳注(修訂本)》,第265~267頁。
② 楊伯峻:《春秋左傳注(修訂本)》,第273頁。
③ 《毛詩正義》卷3,《十三經注疏》,第665頁。
④ 《春秋左傳正義》卷11,《十三經注疏》,第3883頁。
⑤ (清)王先謙:《詩三家義集疏》卷3,第262頁。
⑥ (清)盧文弨:《鍾山札記》(與《龍城札記》《讀史札記》合刊)卷4,北京:中華書局,2010年,第92頁。

子啓方奔齊,戴公卒,齊桓公會諸侯以城楚丘,邦公子啓方焉,是文公。①

"邦"者,封也,"邦公子啓方"即"封公子啓方",是擁立公子啓方爲文公之義,在魯僖公元年。其與《左傳》閔公二年"[魯僖公]二年,封衛於楚丘"、《春秋》僖公二年"二年春王正月,城楚丘"非一事,乃魯僖公二年重新封衛、衛國得以復國事,詳本章簡文疏證部分。將簡文與傳世文獻相對照,有兩點值得注意:

一是簡文將懿公之死、戴公之立與卒、齊桓公城楚丘、文公立四事共同記載,且前面祇有一個紀年——周惠王十七年,此與《左傳》將懿公死、戴公立以及文公元年均載於魯閔公二年很類似,這是《繫年》抄撮《左傳》例證之一。② 但簡文如此記載並不意味着此四件事均發生在同一年,最明顯的即齊桓公城楚丘而邦公子啓方事。據《春秋》《左傳》可知,此事發生在魯僖公二年(前658,周惠王十九年),這也進一步證明上引《左傳》閔公二年所載事絕不局限於是年十二月。

二是明確了衛戴公卒在文公出奔齊之後,這也是現在能看到的傳世文獻與出土文獻中關於戴公卒之具體時間的最早記載。那麼這種說法是否可信呢? 回答是肯定的。爲了說明這一問題,我們首先需考證清楚簡文所載文公出奔齊的時間。《左傳》閔公二年:"初,惠公之即位也少,齊人使昭伯烝於宣姜,不可,强之。生齊子、戴公、文公、宋桓夫人、許穆夫人。文公爲衛之多患也,先適齊。"③ 何謂"文公爲衛之多患也"? 竹添光鴻箋曰:"多患應鶴乘軒。"④ 楊伯峻注:"《衛世家》云:'懿公即位好鶴,淫樂奢侈。'又云:'懿公之立也,百姓大臣皆不服。'"⑤ 據此則文公因爲衛懿公好鶴且百姓大臣不服,故先奔齊,如此則文公奔齊在衛懿公時。簡文謂公子啓方奔齊在衛懿公死、戴公立之後,與《左傳》時間不同。可見,公子啓方在衛懿公時已奔齊,衛亡國、懿公卒後蓋歸衛。公子啓方在懿公卒後歸衛,《左傳》文即可爲證。《左傳》閔公二年:"文公爲衛之多患也,先適齊。及敗,宋桓公逆諸河。"⑥ 盧文弨曰:"夫逆之爲言,不可施於卑賤之徒衆,蓋此所

---

① 清華大學出土文獻保護與研究中心編,李學勤主編:《清華大學藏戰國竹簡(貳)》,第144頁。
② 關於《繫年》是抄撮《左傳》而成的,將在本書下編中詳述,此不贅言。
③ 楊伯峻:《春秋左傳注(修訂本)》,第266頁。
④ [日]竹添光鴻注:《左氏會箋》,第368頁。
⑤ 楊伯峻:《春秋左傳注(修訂本)》,第266頁。
⑥ 楊伯峻:《春秋左傳注(修訂本)》,第266頁。

逆者即文公也。夫許穆夫人以一女子尚知閔宗國之顛覆,欲馳驅以歸唁;曾謂文公賢者,反安坐於齊,不亟奔赴於新君之所以共紓國難乎?即以《左氏》文義求之,上云'爲衛之多難',下云'及敗',語意正相承接。"①據此可知文公在懿公卒後歸衛。至衛後,與戴公俱在衛國曹邑,衛戴公也於此時立於曹。《左傳》閔公二年載戴公立後許穆夫人賦《載馳》,簡文載文公奔齊應在此之後,他此行之目的正是請求齊桓公出兵(詳見後文),故《左傳》後文載齊桓公派公子無虧出兵戍曹。我們知道,戴公之立在魯閔公二年冬十二月,而《載馳》所載之物候又在魯僖公元年之春夏間,故文公奔齊應在魯僖公元年春夏間之後,戴公之卒更在其後。

綜上可見,《左傳》將衛戴公之即位與文公事均記在魯閔公二年,實際上乃"史終言之"的筆法,不是說此二者均在同一年。《史記》誤認爲戴公卒與衛文公立均在一年,以至後來的服虔、杜預、孔穎達等循此誤説,將衛戴公卒的時間定在魯閔公二年十二月,這都是不可信的。總之,結合《繫年》可知,衛戴公之卒應在魯僖公元年春夏間之後。

那麼,文公之即位又在何時呢?《左傳》閔公二年雖然有"[衛文公]元年,革車三十乘;季年,乃三百乘"之語,但正如上文所述,不可據此斷定衛文公元年在魯閔公二年。又,據《史記》所載,衛文公是繼戴公而即位的:《史記·衛世家》:"戴公申元年卒。齊桓公以衛數亂,乃率諸侯伐翟(狄),爲衛築楚丘,立戴公弟燬爲衛君,是爲文公。文公以亂故奔齊,齊人入之。""戴公卒,復立其弟燬爲文公"。衛戴公之卒在魯僖公元年春夏間之後,那麼文公之立亦必在此之後。

又,《詩·鄘風·定之方中序》曰:"《定之方中》,美衛文公也。衛爲狄所滅,東徙渡河,野處漕邑,齊桓公攘戎狄而封之。文公徙居楚丘,始建城市而營宮室,得其時制,百姓說之,國家殷富焉。"②盧文弨説:

夫《定之方中》,美衛文公作也,其次章曰:"升彼虛矣,以望楚矣。望楚與堂,景山與京。降觀于桑,卜云其吉,終然允臧。"皆文公即位後之事也。毛傳云:"虛,漕虛也。"明文公初立亦在漕也。其自齊而至漕也,《左氏》有明文矣。由其立於魯閔二年之冬,故凡相地、卜吉,告於齊,齊爲之合諸侯,俱於魯僖元年中得以次第爲之。《春秋》於僖二年之正月即書"城楚丘",《傳》以魯後往,故云"不書所會,後也"。然

---

① (清)盧文弨:《鍾山札記》卷4,第92~93頁。
② 《毛詩正義》卷3,《十三經注疏》,第664頁。

則諸侯之會而城也,更在二年正月之前矣。夫城必計徒庸、慮財用,非一二日而可集,若以文公立在僖元年之冬,其能神速如此乎? 鄭箋云:"定星昏而正,謂小雪時。"然則楚宮、楚室之作,與城必同時而俱舉。有宮室始可遷,二年遷於楚丘,則所謂"定之方中"者,必在於元年之冬明甚。①

盧文弨説衛文公初立在魯閔公二年,前文我們已經考證出戴公卒於魯僖公元年春夏間之後,故此説不正確。但他謂衛文公之初立在曹,所謂"定之方中"以及楚丘之謀劃始建在魯僖公元年,頗爲可信。戴公卒於魯僖公春夏間之後,《定之方中》言衛文公在十二月已經開始營建楚丘,故文公之立當在此二者之間。

總之,衛戴公之卒在魯僖公元年春夏間之後,此後文公即位,當在魯僖公元年十二月之前。如果逾年改元,衛文公元年當魯僖公二年;如果當年改元,則文公元年當魯僖公元年。以《史記·十二諸侯年表》相較,筆者傾向於後者,卽衛文公元年當魯僖公元年。

2. 齊侯使公子無虧出兵的年月考

關於齊侯使公子無虧出兵的年月,《左傳》雖然記載在魯閔公二年十二月,但這是"史終言之"的寫法,實際在魯僖公元年。王先謙就説:"箋以詩衛侯爲戴公,蓋偶有不照,且丘蕸、野麥,皆春深時物也,夫人行野賦詩,其夏正之二三月,而魯僖元年四五月間事,與《左傳》言齊侯使無虧戍曹,亦必在僖元年。其與許穆夫人賦《載馳》同載於閔二年者,以終經'狄入衛'後事也。當夫人歸唁時,齊國尚未遣戍,傳叙'戍曹'於'賦詩'後,是其明證,故下言'控于大邦'云云,若齊已遣戍,夫人不爲是言矣。"②盧文弨也説:"〔齊桓公〕聞戴公之在漕邑,命公子無虧帥車三百乘、甲士三千人以戍漕,……亦必在魯僖之元年。然亦不可據是以爲戴公尚在也。"③他們均主張此事當在魯僖公元年,具體在許穆夫人賦《載馳》後,但此時的衛戴公已卒,此時的衛侯當爲文公。實際上,王先謙、盧文弨之所以主張此事發生時衛侯爲戴公,是因爲他們都信從戴公卒在魯閔公二年十二月的舊説,由《繫年》可證這是錯誤的。但他們説齊桓派公子無虧出兵在魯僖公元年則是可信的。上文已述,戴公卒於魯僖公元年春夏間之後,此後文公即位;那麽齊

---

① (清)盧文弨:《鍾山札記》卷4,第94頁。
② (清)王先謙:《詩三家義集疏》卷3,第262~263頁。
③ (清)盧文弨:《鍾山札記》卷4,第92頁。

桓出兵時究竟是戴公還是文公在位呢？

《史記·衛世家》："戴公申元年卒。齊桓公以衛數亂，乃率諸侯伐翟（狄），爲衛築楚丘，立戴公弟燬爲衛君，是衛爲文公。文公以亂故奔齊，齊人入之"，"文公初立，輕賦平罪，身自勞，與百姓同苦，以收衛民"。① 梁玉繩曰："《左傳》及《年表》，城楚邱在衛文二年，故《春秋》書於僖二年，此在衛文初立之年，誤。"② 城楚丘事，《春秋》載於僖公二年春正月。《左傳》僖公二年曰："二年春，諸侯城楚丘而封衛焉。"《穀梁傳》僖公二年："楚丘者何？衛邑也。國而曰城，此邑也。其曰城何也？封衛也。則其不言城衛何也？衛未遷也。其不言衛之遷焉何也？不與齊侯專封也。其言城之者，專辭也。"鍾文烝曰："言'封衛'，以見上入爲滅也。……衛已滅，城以封之。"③ 可見，此年正月城楚丘並且封衛，這裏的"封衛"實乃衛國被狄所滅後復國之義。但城楚丘是一項大工程，必非一月內能夠完成，因此前引盧文弨根據《定之方中》斷定此工程開始於魯僖公元年。

按，《定之方中》第一章"定之方中，作於楚宮"，鄭玄箋："楚宮，謂宗廟也。定星昏中而正，於是可以營制宮室，故謂之營室。定昏中而正，謂小雪時其體與東壁連，正四方。"孔疏："鄭以爲文公於定星之昏正四方而中之時，謂夏之十月，以此時而作爲楚丘之宮廟。"④ 據此，則衛文公營建楚丘之宮室在魯僖公元年十月（夏曆，當周曆十二月）。因此，《史記》"戴公申元年卒。齊桓公以衛數亂，乃率諸侯伐翟（狄），爲衛築楚丘"事必在魯僖公元年。此年衛文公初立，營建宮室時文公親自操勞，即《史記》所謂的"文公初立，輕賦平罪，身自勞，與百姓同苦，以收衛民"。由此，"文公以亂故奔齊，齊人入之"亦當在魯僖公元年。魯僖公元年春夏間之後，衛戴公已卒，齊桓公派兵護送文公入衛，並且立了文公。《繫年》載"公子啓方奔齊，戴公卒，齊桓公會諸侯以城楚丘，邦公子啓方焉，是文公"，此事亦當在魯僖公元年，亦指立公子啓方爲文公之事。至於《左傳》閔公二年"歸公乘馬，祭服五稱，牛、羊、豕、雞、狗皆三百，與門材。歸夫人魚軒，重錦三十兩"，"公"指的是衛文公，"夫人"即許穆夫人。⑤

---

① 《史記》卷37，第1929頁。
② （清）梁玉繩：《史記志疑》卷20，第938頁。
③ （清）鍾文烝：《春秋穀梁經傳補注》卷9，第250頁。
④ 《毛詩正義》卷3，《十三經注疏》，第665頁。
⑤ 《左傳》此處之"夫人"指許穆夫人。可參朱東潤主編：《中國歷代文學作品選》上編第1册，上海：上海古籍出版社，2002年，第8頁。

總之,通過分析《左傳》《史記》,並結合《繫年》,可以對《載馳》創作的歷史背景敘述如下:魯閔公二年冬十二月狄人滅衛,衛懿公死於戰爭,戴公、文公以及衛遺民渡過黃河到達衛國曹邑,戴公亦於此月立於曹,衛人臨時居於此。消息傳至許國,許穆夫人知道後,趕赴曹邑,賦《載馳》,此當在魯僖公元年春夏間。後公子啓方奔齊,戴公卒。齊桓公派公子無虧帥軍戍守曹,此事亦當在魯僖公元年春夏間之後。至遲在魯僖公元年周曆十二月(夏曆十月),齊人已經幫助衛國修築楚丘。魯僖公二年,齊桓公又會合諸侯城楚丘,衛國得以復國。又,《載馳》詩未反映出許穆夫人知道此事,誠如盧文弨所說,此詩作時許穆夫人"但聞戴公之立,不聞戴公之卒"①。因此,此詩所作的具體時間應在魯僖公元年春夏之間、衛戴公死之前。

(二)《載馳》的本事與主旨

《載馳序》曰:"《載馳》,許穆夫人作也。閔其宗國顛覆,自傷不能救也。衛懿公為狄人所滅,國人分散,露於漕邑。許穆夫人閔衛之亡,傷許之小,力不能救,思歸唁其兄,又義不得,故賦是詩也。"②《載馳序》說許穆夫人傷閔宗國衛之覆亡,而自己所在的許又國小力微,想弔唁她的兄長"又義不得",因此賦此詩。所謂"又義不得",孔穎達疏:"但在禮,諸侯夫人父母終,唯得使大夫問於兄弟,有義不得歸,是以許人尤之,故賦《載馳》之詩而見己志也。"③可見,《載馳序》謂許穆夫人不得歸是受到禮的約束,故許人阻撓她前往。

《左傳》並未有許穆夫人受到禮的約束以及受到許人阻撓之記載。《左傳》閔公二年:"立戴公以廬于曹。許穆夫人賦《載馳》。齊侯使公子無虧帥車三百乘、甲士三千人以戍曹。"④將《左傳》與《詩序》相比較,有以下兩點需要探討:

一是許穆夫人是否到達曹邑?據《詩序》她受到了阻撓而最終未能到曹;據《左傳》衛戴公立於曹時,許穆夫人賦詩,後來公子無虧戍曹時還送衛國君主以及許穆夫人禮物,如此則許穆夫人已在曹。究竟孰是孰非?

二是《載馳》的主旨為何?據《詩序》許穆夫人賦詩是針對阻撓她的反對派的;而《左傳》並未說是有人阻撓她回宗國。那麼,本詩的主旨又為

---

① (清)盧文弨:《鍾山札記》卷4,第92頁。
② 《毛詩正義》卷3,《十三經注疏》,第674~675頁。
③ 《毛詩正義》卷3,《十三經注疏》,第675頁。
④ 楊伯峻:《春秋左傳注(修訂本)》,第267頁。

何呢?

下面,我們結合《載馳》的內容,對這兩個問題作以討論。爲方便論述,將《載馳》內容抄錄如下:

> 載馳載驅,歸唁衛侯。驅馬悠悠,言至于漕。大夫跋涉,我心則憂。(第一章)
>
> 既不我嘉,不能旋反。視爾不臧,我思不遠。既不我嘉,不能旋濟。視爾不臧,我思不閟。(第二章)
>
> 陟彼阿丘,言采其蝱。女子善懷,亦各有行。許人尤之,衆穉且狂。(第三章)
>
> 我行其野,芃芃其麥。控于大邦,誰因誰極! (第四章)
>
> 大夫君子,無我有尤。百爾所思,不如我所之。(第五章)①

《載馳》第一章載許穆夫人驅車到達衛國,慰問兄長"衛侯"——衛戴公。許穆夫人驅車歸衛,當時戴公已經被立於曹邑。那麽許穆夫人是否到達了曹呢? 服虔認爲許穆夫人已至曹,他説:"言我遂往,無我有尤也。"② 王先謙據服氏説推定"是夫人竟往衛矣",並進一步申論道:"或疑夫人以義不果往而作詩,今案'驅馬悠悠''我行其野',非設想之詞,服説是也。如夫人未往,涉念即止,烏有舉國非尤之事。"③可見,許穆夫人確實到了衛國曹邑。

既然許穆夫人賦《載馳》是戴公立於曹後,故賦詩的對象應是衛戴公,誠如朱自清所言:"《載馳》篇要歌給戴公聽。"④ 又,賦詩後齊桓公派兵救衛,可見賦詩的目的就是説服戴公同意齊桓公出兵,故戴公實際上對齊桓公出兵持保留意見。筆者認爲,衹有從這一角度出發才能正確理解本詩。

值得注意的是,《左傳》謂許穆夫人賦詩後,齊桓公派公子無虧出兵援衛,二者必然存在因果關繫,誠如學者所説:"齊桓方圖霸,初未能救衛。迨戴公已居漕,乃'使公子無虧(即武孟)帥車三百乘,甲士三千人,以戍曹。歸公乘馬,祭服五稱,牛羊豕雞狗皆三百,與門材。歸夫人魚軒,重錦三十兩'(《左傳》)。同時,狄滅邢。桓公遷邢于夷儀。營楚丘以遷衛。齊桓初亦不救邢。由管仲請之,乃出師(《左傳》閔公元年)。則其使無虧救衛,蓋

---

① 程俊英、蔣見元:《詩經注析》,第 161~167 頁。
② 《毛詩正義》卷 3,《十三經注疏》,第 675 頁。
③ (清)王先謙:《詩三家義集疏》卷 3,第 263 頁。
④ 朱自清:《詩言志辨》,上海:華東師範大學出版社,1996 年,第 12 頁。

亦曾有衛姬姊妹敦促之力,爲必然,故用武孟率師往之晚也。"①齊桓公使公子無虧救衛既然是許穆夫人敦促之力,那麽齊桓公是如何得知衛國之難的呢？聯繫到《繫年》所載,筆者認爲正是文公求助之結果,也就是説《繫年》所載"公子啓方奔齊"即指受許穆夫人之敦促、公子啓方(文公)前往齊國求助之事,而此正是本詩所謂的"大夫跋涉,我心則憂"。

"大夫跋涉,我心則憂"一句之"大夫",鄭玄箋："跋涉者,衛大夫來告難於許時。"②即他認爲是衛大夫。或認爲是許大夫,比如朱熹就説："宣姜之女爲許穆公夫人,閔衛之亡,馳驅而歸,將以唁衛侯於漕邑。未至,而許之大夫,有奔走跋涉而來者。夫人知其必將以不可歸之義來告,故心以爲憂也。既而終不果歸,乃作此詩以自言其意爾。"③王先謙對此反駁説："首章承衛侯言,此'大夫'是衛大夫。末章承許人尤之言,而云'無我有尤',則'大夫'是許大夫,文義顯然,不得以先後異解爲疑。"④可見此"大夫"應即衛大夫,故朱熹所謂的許人阻撓許穆夫人歸衛説自不攻而破。筆者認爲,此衛大夫代指文公。文公奔齊求救於齊桓公,許穆夫人不能確定能否成功,故心裏擔憂。

第二章是對以衛戴公爲首的反對勢力説的：一方面,以衛戴公爲首的反對勢力不認同許穆夫人的主張；另一方面,文公出發尋求齊桓公的救助是否成功也未確知,這就是她所憂的主要原因。上文已述,許穆夫人最終到達了曹邑,既如此,那麽她出行時是否受到禮的約束或別人阻撓呢？對此,孔穎達説："'又義不得',二章以下是也。"⑤"不能旋反""不能旋濟"者,鄭玄箋："既,盡。嘉,善也。言許人盡不善,我欲歸唁兄。"⑥筆者以爲,詩中第二章及後幾章並未反映出許人阻撓她。

也有學者主張本章是許穆夫人針對衛國執政者説的,比如王先謙説："夫人既言跋涉心憂,追念前請於衛君事,云我所以請嫁於齊者,爲欲繫援大國,我之謀至嘉美也,既不我嘉,衛果遁逃而不能旋返其舊都,當日已視爾衛國不臧善也,我之思慮豈不深遠乎？"⑦王氏此説實際上根據的是《列女傳》。《列女傳·仁智》："許穆夫人者,衛懿公之女,許穆公之夫人也。

---

① 任乃强：《周詩新詮》,成都：巴蜀書社,2015年,第103頁。
② 《毛詩正義》卷3,《十三經注疏》,第675頁。
③ (宋)朱熹：《詩集傳》卷3,第33頁。
④ (清)王先謙：《詩三家義集疏》卷3,第259頁。
⑤ 《毛詩正義》卷3,《十三經注疏》,第675頁。
⑥ 《毛詩正義》卷3,《十三經注疏》,第675頁。
⑦ (清)王先謙：《詩三家義集疏》卷3,第260頁。

初,許求之,齊亦求之。懿公將與許,女因其傅母而言曰:'……言今者許小而遠,齊大而近。若今之世,強者爲雄。如使邊境有寇戎之事,維是四方之故,赴告大國,妾在,不猶愈乎?'……衛侯不聽,而嫁之於許。"①對此,張樹波認爲,王氏"這種說《詩》方法本身也是不足爲訓的。因爲劉向的《列女傳》並非說《詩》的書,……往往是斷章取義"。② 而且,《列女傳》載反對許穆夫人嫁齊者是衛懿公,而此時衛君是戴公。因此,王氏所說不能成立。筆者認爲,本章是針對當時衛國的執政者——衛戴公說的。文公久居齊,且得到齊桓公支持,所以戴公對文公求援於齊是不支持的。而事實證明齊桓公確實是支持文公的,典型的事件即齊桓公在戴公卒後才派無虧出兵。《毛詩正義》引《樂緯稽耀嘉》云:"狄人與衛戰,桓公不救。於其敗也,然後救之。"宋均注云:"救謂使公子無虧戍之。"③齊桓公出兵在衛文公時,那麼此前懿公與狄戰、戴公廬曹之時,齊桓公爲何不救呢? 王先謙猜測道:"蓋齊桓不救者,懷失婦之私嫌;敗然後救者,存霸主之公義。向使女果適齊侯,衛可不至破滅,則許夫人之事關繫至重。"④王氏之猜測不可信。假若說齊桓公不出兵是心懷失去許穆夫人之舊怨,但這是衛懿公時事,當戴公時他應該出兵。而事實是,直到戴公卒他才出兵,這祇能歸因於齊桓公本身就不支持懿公、戴公,而支持文公並扶持其爲衛君,故《史記·衛世家》說戴公卒後,"齊人入之('之'代指文公——引者按)",《繫年》也說"戴公卒,齊桓公會諸侯以城楚丘,邦公子啓方焉,是文公"。由此看來,戴公之所擔心齊桓公不支持他,以及文公求助於齊國會威脅到自己君位之顧慮不無道理。許穆夫人則從衛國存亡的大義出發,堅決反對戴公這種祇顧個人私利而不顧國家安危的短視行爲。

"旋",立即⑤;"反",同返;"濟",渡也⑥:均是承接第一章"大夫跋涉,我則心憂"的。本章大義:你們都說我的主張不好,而文公到底也不能立即返回;比起你們不高明的主張,我的眼光難道不長遠? 你們都說我的主張不好,而文公也不能立即渡河到達齊國;比起你們不高明的主張,我的考慮難道不謹慎?

---

① 張濤:《列女傳譯注》,北京:人民出版社,2017年,第109頁。
② 張樹波:《〈詩經·載馳〉矛盾辨析》,第87頁。
③ 《毛詩正義》卷3,《十三經注疏》,第665頁。
④ (清)王先謙:《詩三家義集疏》卷3,第259頁。
⑤ 林庚、馮沅君主編:《中國歷代詩歌選》上編(一),北京:人民出版社,1964年,第11頁。
⑥ 程俊英、蔣見元:《詩經注析》,第164~165頁。

第三章是許穆夫人訓斥許國隨從的,因爲他們也反對許穆夫人的主張。本章大義是:爬上阿丘高高的山坡,在山坡上采些貝母。婦人家縱然多愁善感,誰都有她自己的道路。許國人對我埋怨不休,這些人真是驕横狂徒。

許穆夫人的主張不僅遭到了衛國統治者的非難,而且遭到了隨行許人的反對。因爲這些人是許穆夫人的下屬,所以她敢於訓斥他們既無禮又狂妄。

第四章表達了許穆夫人對於不知依靠何國以及齊國是否出兵的憂慮。本章大義:我走在祖國的郊原,緑油油好一片麥田。向大國尋求幫助,大國誰能力助? 誰又可以致討狄人呢?

關於"控于大邦,誰因誰極",馬瑞辰説:

> 《春秋》隱十年《公羊傳》:"宋人、蔡人、衛人伐戴,鄭伯伐取之。其言伐取之,易也。其易奈何? 因其力也。因誰之力? 因宋人、蔡人、衛人之力也。"是因謂因人之力。此詩言知大國誰能力助之,故言"誰因"。或訓因爲親,失之。極當讀爲誅極之極。《爾雅》:"殛,誅也。"字通作極,訓至。極至謂致討於敵,即《左傳》所云"耆昧"也。詩言誰爲之致討也。①

據此可見,許穆夫人主張向大國求救,但究竟哪個大國會出兵,哪個大國會討伐狄人,她自己心裏也没底。這就是當時文公雖然是去求救於齊桓公,但是許穆夫人還是憂心忡忡,即第一章"大夫跋涉,我心則憂"之緣由。

第五章是直接對以衛戴公爲首的反對勢力説的,再一次重申自己的主張是正確的。本章大義:諸位大夫、高貴的官長,不要盡埋怨説我荒唐;你們就是有千百個主意,不如我思之篤厚。雖然許穆夫人没有説是向哪個大國求救,但是她還是認爲自己的主張是最周全的。

綜上可見,通過《左傳》《繫年》及《載馳》本詩的叙事綜合分析,《詩序》所謂"思歸唁其兄,又義不得,故賦是詩也"之説是不能成立的,後世學者由此引申出許穆夫人未能歸唁是因爲許國人以禮約束她的説法也是站不住腳的。筆者認爲,該詩的内容就是許穆夫人申其求助大國尤其是齊國解救衛國於危難的主張,即第四章所謂的"控于大邦,誰因誰極"②;賦詩的主要目的是反駁以衛戴公爲首的反對勢力。魯閔公二年十二月衛懿公死

---

① (清)馬瑞辰:《毛詩傳箋通釋》,第192頁。
② 程俊英、蔣見元:《詩經注析》,第162頁。

於狄難,隨後衛戴公被立於曹邑。魯僖公元年春夏之間,許穆夫人亦至衛曹邑。由於曹邑是臨時避難之所,對衛國如何復國,各家主張不同。許穆夫人主張聯合大國尤其是齊國來助衛抗狄、光復衛國,文公由於早居齊國亦擁護這一主張。但這一主張受到了以戴公爲首的衛國上層勢力的反對,因爲如果齊國出兵,勢必壯大文公勢力,對戴公的君位構成威脅。於是許穆夫人賦《載馳》給以衛戴公爲代表的反對勢力聽,這就是本詩的主旨。

(三)小結

以上結合清華簡《繫年》的新資料,所論涉及前賢時修多有異議之《載馳》的歷史背景、本事、主旨以及關鍵詩句之解釋,現將主要觀點歸納如下:

第一,詩中第一章"大夫跋涉,我心則憂"之"大夫"應卽衛大夫,代指文公。"大夫跋涉"指《繫年》所載的衛戴公立於曹時"公子啓方奔齊"事,卽文公奔齊求救兵於齊桓公事。

第二,該詩所作的具體時間是魯僖公元年春夏之間,此時衛戴公臨時卽位於曹邑,且衛戴公尚未卒。

第三,詩的本事是:衛國被狄所滅,臨時寄居於衛國曹邑。衛國統治者內部對於國家如何抗狄、如何復國意見不統一。對此,以許穆夫人、文公爲代表的一派提出了聯合大國尤其是齊國的主張,但遭到了以衛戴公爲代表的反對勢力之阻礙,故許穆夫人賦詩來申明自己的主張、駁斥反對派的意見。

第四,詩的主旨是"控于大邦,誰因誰極",賦詩的主要目的是反駁以衛戴公爲首的一派勢力,申述自己所主張的聯合大國尤其是齊國的主張。戴公作爲當時衛國的執政者,爲了一己私利而反對求助齊國。對此,許穆夫人從大局出發、審時度勢,勇於闡述自己的主張,堅決駁斥以戴公爲首的反對勢力,顯示出一位有膽有識、智勇雙全的女愛國者的光輝形象。

【第五章】

[説明]

（一）"▨"【二三】的隷定與釋讀

【整理者】隷定爲"陳"。①

【李守奎】《繫年》中的"陳"有兩種寫法："▨"（用"A"代替，凡 19 例）、"▨"（用"B"代替，簡 104，凡 1 例）。以往學者分析"陳"的字形從"阜"從"東"，對"東"表意還是表音，學者有歧義。楚文字裏的"陳"所從聲旁不爲"東"。李守奎認爲 B 字從"土"從"蚰"，隷定爲"壐"，爲"蚓"之本字。"陳"以"壐"爲聲符。②

（二）"▨"【二六】的隷定

【整理者】隷爲"新"，讀爲"莘"。③

【謹按】對比簡 47 的"▨（新）"④，可知該字如嚴格隷定當爲"榭"，讀爲"莘"。

（三）"▨"【二六】的隷定

【整理者】隷爲"腠"，讀爲"獲"。⑤

【謹按】華東師大讀書會隷定爲"隻"；蘇建洲同；李松儒也認同，並認爲，該字左旁爲羨符，不從"丹"。⑥ 今按，應隷定爲"隻"。

---

① 清華大學出土文獻研究與保護中心編，李學勤主編：《清華大學藏戰國竹簡（貳）》，第 147 頁。
② 李守奎：《清華簡〈繫年〉中的▨字與陳氏》，《古文字與古史考：清華簡整理研究》，第 146～154 頁。
③ 清華大學出土文獻研究與保護中心編，李學勤主編：《清華大學藏戰國竹簡（貳）》，第 147 頁。
④ 李學勤主編，沈建華、賈連翔編：《清華大學藏戰國竹簡（壹—叁）文字編（修訂本）》，第 333 頁。
⑤ 清華大學出土文獻研究與保護中心編，李學勤主編：《清華大學藏戰國竹簡（貳）》，第 147 頁。
⑥ 均見李松儒：《清華簡〈繫年〉集釋》，第 114 頁。

（四）"晶"【二八】的隸定

【整理者】隸爲"晶"，讀爲"明"。認爲"晶"是"盟（盟）"字之省變。①

【謹按】簡文可隸爲"晶"，但實乃"盟"，即"盟"字。《說文·明部》："《周禮》曰：'國有疑則盟。'……从囧从血。……盟，古文从明。"②"晶"即《說文·皿部》的"盟"，兩者不同。

禤健聰考察了楚簡的"晶"字，發現主要用於記寫"明"，而不用作表示"盟"。如"德則甚晶（明）"（上博二《子羔》簡2）、"晶〓（明日）將戰"（上博四《曹沫之陣》簡31）、"晶（明）王"（上博二《子羔》簡7）等。他懷疑楚簡讀爲"明"的"晶"，並非"盟"的異體字，而是从"日"、"皿"聲的新造字，或是由"盟"字有意改造的形聲字。③

總之，楚簡的"晶"字主要用於記寫"明"，而不用作表示"盟"，這一現象值得注意。

（五）"虤"【二九】的隸定和釋讀

【整理者】隸爲"虤"。"虤"从"艸"、从虤，虤今本作"肆"（質部心母），與"畛"（真部章母）通，所以"圾虤於汝"讀爲"封畛於汝"，同於《左傳》哀公十七年"封畛於汝"。④

【清華大學讀書會】指出"虤"字从"艸"从二"彪"，見於包山楚簡，爲人名。⑤

【羅運環】分析該字字形爲：艸、虎、彡、虎、彡。隸定爲"虤"，从"艸"，"虤"聲，基本音符爲"彪"。《說文解字》："彪，虎文也，从虎，彡象其形也。""彪"與"表"古音均爲宵部幫紐，故相通。據此，將該字讀爲"表"，本義爲樹立界標，此指開拓疆域。⑥

---

① 清華大學出土文獻研究與保護中心編，李學勤主編：《清華大學藏戰國竹簡（貳）》，第147、149頁。
② （漢）許慎撰，（宋）徐鉉校定：《說文解字》，第142頁。
③ 禤健聰：《戰國楚系簡帛用字習慣研究》，北京：科學出版社，2017年，第220~221頁。
④ 清華大學出土文獻研究與保護中心編，李學勤主編：《清華大學藏戰國竹簡（貳）》，第147、149頁。
⑤ 李松儒：《清華簡〈繫年〉集釋》，第118頁。
⑥ 羅運環：《清華簡〈繫年〉楚文王史事考論》，教育部人文社會科學重點研究基地、清華大學出土文獻與中國古代文明研究中心、清華大學出土文獻研究保護中心編：《出土文獻與中國古代文明：李學勤先生八十壽誕紀念論文集》，第225~226頁。

【李松儒】該字明顯不從兩"帚"而從兩"彪"。①

【謹按】包山楚簡簡 35 有字整理者隸爲"罷"。② 白於藍認爲此字從"网"、"彪"聲,即《説文》"罼"字異構。③ 羅運環認爲此字亦從"彪"聲。筆者認爲,將《繫年》此字與包山楚簡對照可見,《繫年》該字應如清華讀書會所分析的從"艸"從二"彪","彪"是聲符。綜上,此字亦可隸定爲"蘿"。

(六)"🀄"【三〇】的隸定

【整理者】隸爲"贛",讀爲"恐"。④

【謹按】嚴格隸定當爲"贅",直接隸爲"贛"亦可,此字形可對比上博二《魯邦大旱》簡 3 的"贛"字。⑤

[釋文]

郘(蔡)哀侯取(娶)妻於陳,賽(息)〈═〉侯亦取(娶)妻於陳,是賽═爲═(息嬀。[1]息嬀)酒(將)歸于賽(息),迡(過)郘═(蔡,蔡)哀侯命止═(止之),【二三】曰:"以同生之古(故),必内(入)。"[2]賽(息)爲(嬀)乃内(入)于郘═(蔡,蔡)哀侯妻之。賽(息)侯弗訓(順),乃史(使)人于楚文王【二四】曰:"君埜(來)伐我═(我,我)酒(將)求救於郘(蔡),君女(焉)敗(敗)之。"[3]文王起(起)肯(師)伐賽═(息,息)侯求救於郘═(蔡,蔡)哀侯衛(率)帀(師)【二五】以救賽(息),文王敗(敗)之於櫨(莘),隻(獲)哀侯以歸。[4]文王爲客於賽(息),郘(蔡)侯與從。賽(息)侯以文【二六】王歡═(歡酒),郘(蔡)侯智(知)賽(息)侯之誘吝(己)也,亦告文王曰:"賽(息)侯之妻甚婉(媺),君必命見之。"文【二七】王命見之,賽(息)侯訝(辭),王固命見之。既見之,還。呈(明)哉(歲),起肯(師)伐賽(息),克之,殺賽(息)侯,取(娶)【二八】賽(息)爲(嬀)以歸,是生皇(堵)嚚(敖)及成王。[5]文王以北啓,出方成(城),[6]圾蘿於汝,[7]改遞

---

① 李松儒:《清華簡〈繫年〉集釋》,第 119 頁。
② 湖北省荆沙鐵路考古隊編著:《包山楚簡》,北京:文物出版社,1991 年,第 19 頁。
③ 白於藍:《〈包山楚簡文字編〉校訂》,《中國文字》新 25 期,臺北:藝文印書館,1999 年 12 月,第 91 頁。李守奎、賈連翔、馬楠編著:《包山楚墓文字全編》,上海:上海古籍出版社,2012 年,第 331 頁。
④ 清華大學出土文獻研究與保護中心編,李學勤主編:《清華大學藏戰國竹簡(貳)》,第 147 頁。
⑤ 馬承源主編:《上海博物館藏戰國楚竹書(二)》,第 207 頁。

（旅）於陳女（焉），【二九】取䣙（頓）以贛（恐）陳侯。【三〇】[8]

廿三【二三背】　廿四【二四背】　廿五【二五背】　廿六【二六背】
廿七【二七背】　廿八【二八背】　廿九【二九背】　卅【三〇背】

［疏證］

［1］䣙（蔡）哀侯取（娶）妻於陳，賽（息）={=}侯亦取（娶）妻於陳，是賽（息）爲（媯）。

【整理者】賽，通"息"……"賽=侯"之"賽"下誤衍重文號。①

【謹按】賽，與"息"音近（同爲心母職部）義通。② 有學者認爲，簡文"賽=侯"對應"蔡哀侯"，則"息"或也是謚號，爲"息息侯"。③ 筆者認同整理者説，此重文號爲誤衍。

《左傳》莊公十年："蔡哀侯娶于陳，息侯亦娶焉。"竹添光鴻箋曰："蔡侯娶，昔日也；息侯娶，今日也。將嫁而過蔡也。"④魯莊公十年當周莊王十三年（前684）。

［2］賽（息）爲（媯）牆（將）歸于賽（息），迖（過）䣙={=}（蔡，蔡）哀侯命㞢={=}（止之），【二三】曰："以同生之古（故），必内（入）。"

【整理者】息和蔡都是姬姓國，故蔡哀侯曰"以同生（姓）之故"。⑤

【謹按】將，時間副詞，即將。

歸，出嫁。《公羊傳》隱公二年："婦人謂嫁曰歸。"陳立曰："是嫁曰歸，歸宗亦曰歸，明有二歸矣。"⑥簡文謂出嫁。

同生，即"同出"，謂俱嫁事一夫也。《爾雅·釋親》："妻之姊妹同出爲姨。"郭璞注："同出，謂俱已嫁。《詩》曰：'邢侯之姨。'"⑦何謂"同出"？《釋親》下文曰："女子同出，謂先生爲姒，後生爲娣。"郭璞注："同出，謂俱嫁事一夫。《公羊傳》曰：'諸侯娶一國，二國往媵之，以姪娣從。娣者何？

---

① 清華大學出土文獻研究與保護中心編，李學勤主編：《清華大學藏戰國竹簡（貳）》，第147～148頁。
② 參于豪亮：《論息國和樊國的青銅器》，《江漢考古》1980年第2期，第7頁。
③ 郭濤：《清華簡〈繫年〉讀札之"息息侯"》，復旦大學出土文獻與古文字研究網，2012年3月22日；李松儒：《清華簡〈繫年〉集釋》，第110頁。
④ 〔日〕竹添光鴻注：《左氏會箋》，第266頁。
⑤ 清華大學出土文獻研究與保護中心編，李學勤主編：《清華大學藏戰國竹簡（貳）》，第148頁。
⑥ （清）陳立：《公羊義疏》卷4，北京：中華書局，2017年，第162～163頁。
⑦ 《爾雅注疏》卷4，《十三經注疏》，第5640頁。

弟也。'此卽其義也。"①這裏，郭璞對"同出"的解釋前後不一：前者謂"同出謂俱已嫁"，後者謂"同出謂俱嫁事一夫"。這是因爲郭璞意識到《詩經》中所謂的邢侯之妻與衛侯之妻分明非俱嫁一夫，不得已而曲爲之說。實際上，郭璞所説本之於孫炎，《左傳》莊公十年孔疏引孫炎曰"同出，俱已嫁也"②，《左傳》成公十一年孔疏又引孫炎曰"同出，謂俱嫁事一夫也"③。據此，則孫炎、郭璞認爲"同出"的真正含義卽是俱嫁事一夫。邵晉涵曰："是姊妹各事一夫，互稱爲姨，非相從爲媵者也。"④郝懿行曰：

> 姨者，《左氏》莊十年傳："蔡侯曰：'吾姨也。'"據蔡侯、息侯同娶陳，是夫於妻之姊妹互相謂姨也。《釋名》云："妻之姊妹曰姨。姨，弟也，言與己妻相長弟也。"《説文》云："妻之女弟同出爲姨。"變姊妹爲女弟者，蓋古之媵女，取於姪娣，姊爲妻，則娣爲妾，同事一夫，是謂同出。《詩·碩人》及《左傳》正義並引孫炎曰："同出，俱已嫁也。"然則此有二義：據《詩》《左傳》，同出謂各自行嫁；據《説文》《釋名》，同出謂共事一夫。二義俱通，《詩》及《左氏》於義爲長。⑤

俞樾曰：

> [《爾雅》]下文："女子同出，謂先生爲姒，後生爲娣。"注曰："同出，謂俱嫁一夫。"然則，此經言"同出"，亦當與下文同，而必異爲之説者，正以莊姜爲衛侯之妻，邢侯之姨，不得言俱嫁一夫耳。然《碩人》篇毛傳但曰"妻之姊妹曰姨"，而此經則有"同出"二字，自與毛傳不同。竊意姨者，本是妻之姊妹同出之稱，姨猶娣也，從夷、從弟，古音相同。《周易·渙》"六四：匪夷所思"，《釋文》曰："夷，荀本作弟。"又《明夷》"六二：夷于左股"，《釋文》曰："夷，子夏本作睇，又作眱。"竝其例矣。與妻俱來者，皆其姪娣，姪則但謂之姪，而娣則亦謂之姨，蓋聲近而義通。經兼姊妹言之，乃因妹而連言姊，古經自有此例。《禮記·喪服小記》曰："生不及祖父母、諸父、昆弟，而父稅喪，己則否。"正義引王云："計己之生，不及此親之存，則不稅。"夫己之生所不及者，何得言弟？蓋因昆而連言之耳。猶《雜記》篇"爲妻，父母在，不杖，不稽顙"，正義亦謂因父而連言母也。説詳《禮記》。此經"姊妹"

---

① 《爾雅注疏》卷4，《十三經注疏》，第5640頁。
② 《春秋左傳正義》卷8，《十三經注疏》，第3836頁。
③ 《春秋左傳正義》卷27，《十三經注疏》，第4145頁。
④ （清）邵晉涵：《爾雅正義》卷5，北京：中華書局，2017年，第326～327頁。
⑤ （清）郝懿行：《爾雅義疏》卷4，第461頁。

猶彼經"昆弟"矣。《說文·女部》"妻之女弟同出爲姨",即本《爾雅》,而改"姊妹"爲"女弟",則其義更明,此許君之善於説經也。莊十年《左傳》:"蔡哀侯娶於陳,息侯亦娶焉。息嬀將歸,過蔡,蔡侯曰:'吾姨也。'"此語即有輕之之意,蓋謂爲本吾娣媵之屬耳,所以止而見之,而弗賓也。此姨字之本義,亦禮經之正名。自後相承,凡妻之姊妹通謂之姨,故詩人以莊姜爲邢侯之姨,此與《爾雅》之義有別。不然,毛公釋《詩》,何不即用《爾雅》全文,而必去其"同出"二字乎? 襄二十三年《左傳》:"穆姜之姨子也。"杜注:"穆姜,姨母之子。"正義曰:"據父言之謂之姨,據子言之當謂之從母,但子效父言,亦呼謂姨。"《釋名·釋親屬》曰:"母之姊妹曰姨。"則又因妻之姊妹而推之于母之姊妹,其去古義更遠矣!①

邵晉涵、郝懿行之説,俞樾已經有所批駁,不能成立。據俞樾所説,《爾雅·釋親》所謂"妻之姊妹同出爲姨"即保留了"姨"字本義,"同出"即指俱嫁事一夫,而《左傳》莊公十年蔡侯所謂"吾姨也"亦用本義,即指俱嫁事一夫,故蔡侯要強留息嬀。《繫年》"以同生之故",此"同生"即"同出"。于鬯曰:"生、出一也。《廣雅·釋詁》云:'生,出也。'《莊子·庚桑楚篇》陸釋云:'出,生也。'"②"同出"又可作"同生",《國語·晉語四》:"獻公伐驪戎,……獲驪姬以歸,立以爲夫人,生奚齊。其娣生卓子。"韋昭注:"女子同生,謂後生爲娣。"③

《左傳》莊公十年:"息嬀將歸,過蔡。蔡侯曰:'吾姨也。'止而見之。"杜注:"妻之姊妹曰姨。"孔疏:"《釋親》云:'妻之姊妹同出爲姨。'孫炎云:'同出,俱已嫁也。'"④

[3] 賽(息)爲(嬀)乃内(入)于鄗=(蔡,蔡)哀侯妻之。賽(息)侯弗訓(順),乃史(使)人于楚文王【二四】曰:"君坙(來)伐我=(我,我)牉(將)求救於鄗(蔡),君女(焉)敗(敗)之。"

【整理者】《左傳》莊公十年説蔡侯對息嬀"弗賓",杜注:"不禮敬也。"《管蔡世家》説"蔡侯不敬",意思相仿佛,都是説有輕佻的行爲。簡文言"蔡哀侯妻之",與《左傳》《史記》不同。⑤

---

① (清)俞樾:《群經平議》卷34,第1201~1202頁。
② (清)于鬯:《香草校書》卷55,第1111頁。
③ 徐元誥:《國語集解(修訂本)》卷7,第254頁。
④ 《春秋左傳正義》卷8,《十三經注疏》,第3836頁。
⑤ 清華大學出土文獻研究與保護中心編,李學勤主編:《清華大學藏戰國竹簡(貳)》,第148頁。

【陳偉】"妻"有污辱義。《後漢書·董卓傳》:"又姦亂公主,妻略宫人。"《通鑑·漢紀四十五》"妻略婦女",胡三省注:"妻者,私他人之婦女,若己妻然。不以道妻之曰略。"在這個意義上,"妻之"可以説是極端的"弗賓""不敬"。①

【謹按】《左傳》莊公十年蔡哀侯見到息嬀後,"弗賓。息侯聞之,怒,使謂楚文王曰:'伐我,吾求救於蔡而伐之。'楚子從之。"竹添光鴻曰:"許多輕藝,只'弗賓'二字盡之。"②陳偉所舉例子,按照胡三省的解釋,實際上將"妻"意動化了。陳説或可從。另,簡文所述與《左傳》《史記》不同,或當為傳説之異。

息侯弗訓,"訓"讀爲"順"。《尚書·立政》:"不訓于德,是罔顯在厥世。"楊筠如注:"訓,《廣雅》:'順也。'"③

使人於楚文王曰,與《吕氏春秋·精諭》"晉襄公使人於周曰"④句式相同,意謂派人告訴楚文王説。此句,《左傳》莊公十年作:"使謂楚文王曰。"⑤

[4]文王记(起)旨(師)伐賽〓(息,息)侯求救於鄁〓(蔡,蔡)哀侯銜(率)帀(師)【二五】以救賽(息),文王敗(敗)之於楙(莘),隻(獲)哀侯以歸。

【謹按】《春秋》莊公十年:"秋九月,荆敗蔡師于莘。以蔡侯獻舞歸。"杜注:"獻舞,祭季。"⑥"蔡侯"即蔡哀侯。《左傳》莊公十年:"秋九月,楚敗蔡師于莘,以蔡侯獻舞歸。"莘,蔡地,當在今河南省汝南縣境。⑦《史記·管蔡世家》:"楚文王從之,虜蔡哀侯以歸。哀侯留九歲,死於楚。凡立二十年卒。"⑧

[5]文王爲客於賽(息),鄁(蔡)侯與從。賽(息)侯以文【二六】王猷〓(飲酒),鄁(蔡)侯智(知)賽(息)侯之誘吕(己)也,亦告文王曰:"賽(息)侯之妻甚娡(媺),君必命見之。"文【二七】王命見之,賽(息)侯訂(辭),王固命見之。既見之,還。显(明)歲(歲),起旨(師)伐賽(息),克

---

① 陳偉:《讀清華簡〈繫年〉札記》,《江漢考古》2012年第3期,第118頁。
② 〔日〕竹添光鴻注:《左氏會箋》,第266頁。
③ 楊筠如:《尚書覈詁》卷4,第406頁。
④ 許維遹:《吕氏春秋集釋》卷18,第485頁。
⑤ 楊伯峻:《春秋左傳注(修訂本)》,第184頁。
⑥ 《春秋左傳正義》卷8,《十三經注疏》,第3835頁。
⑦ 楊伯峻:《春秋左傳注(修訂本)》,第181~182頁。
⑧ 《史記》卷35,第1895頁。

之,殺賽(息)侯,取(娶)【二八】賽(息)爲(嬀)以歸,是生堵(堵)嚻(敖)及成王。

【整理者】簡文"以"義同"與"。《儀禮·鄉射禮》:"各以其耦進。"鄭注:"今文'以'爲'與'。"①

【謹按】以,王引之曰:"《廣雅》曰:'以,與也。'""以"訓"與"的例證可參《經傳釋詞》等。②

嬂,古"美"字。《周禮·地官·大司徒》:"一曰嬂宫室。"鄭玄注:"美,善也。"③將"嬂"作"美"。《廣韻·紙旨》云:"美、嬂同。"④《周禮·地官·師氏》:"掌以嬂詔王。"《釋文》:"嬂,音美。"賈公彥疏:"嬂,美也。"⑤此字不見於《說文》。錢大昕云:

　　《師氏》:"掌以嬂詔王。"嬂,古美字,此字不見《說文》,非漏落也。古文微與尾通:《堯典》"鳥尾",《史記》作"字微";《論語》"微生畝",《漢書》作"尾生畝"。嬂从微,當與娓通。《詩》"誰侜予美",《韓詩》"美"作"娓"。《說文·女部》有娓字,則該乎嬂矣。⑥

克之,"克"的這種用法,在《左傳》中多用"滅"字。如《繫年》第十八章:"靈王先起兵會諸侯于申,……克賴、朱邡方。"《春秋》昭公四年:"秋七月,楚子、蔡侯、陳侯、許男、頓子、胡子、沈子、淮夷伐吳,執齊慶封,殺之。遂滅賴。"同年《左傳》:"秋七月,楚子以諸侯伐吳,……使屈申圍朱方,八月甲申,克之,執齊慶封而盡滅其族。……王使速殺之。遂以諸侯滅賴。"⑦《繫年》第十九章:"昭王既復邦,焉克胡、圍蔡。"《春秋》定公十五年:"二月辛丑,楚子滅胡,以胡子豹歸。"同年《左傳》:"吳人入楚,胡子盡俘楚邑之近胡者。楚既定,胡子豹又不事楚,……二月,楚滅胡。"⑧何謂"滅"?"滅"有二義。一爲"用大師",《左傳》襄公十三年:"凡書取,言易也;用大師焉曰滅。"⑨二爲"絕其社稷,有其土地",《左傳》文公十五年:"凡勝國,曰滅之。"杜注:"勝國,絕其社稷,有其土地。"⑩楊伯峻注:"此勝

---

① 清華大學出土文獻研究與保護中心編,李學勤主編:《清華大學藏戰國竹簡(貳)》,第148頁。
② (清)王引之:《經傳釋詞》卷1,第6~7頁。
③ 《周禮注疏》卷10,第1521~1522頁。
④ 周祖謨:《廣韻校本:附廣韻四聲韻字今音表》卷3,北京:中華書局,2011年,第520頁。
⑤ 《周禮注疏》卷14,第1573頁。
⑥ (清)錢大昕:《十駕齋養新錄》卷2,上海:上海書店出版社,2011年,第24頁。
⑦ 楊伯峻:《春秋左傳注(修訂本)》,第1245、1253頁。
⑧ 楊伯峻:《春秋左傳注(修訂本)》,第1599、1601頁。
⑨ 楊伯峻:《春秋左傳注(修訂本)》,第998~999頁。
⑩ 《春秋左傳正義》卷8,《十三經注疏》,第4028頁。

國曰'滅',乃杜注所云'絕其社稷,有其土地'之謂也。"①簡文"克之"意爲"絕其社稷,有其土地"。

《春秋》莊公十四年:"秋七月,荆入蔡。"《左傳》莊公十四年:"蔡哀侯爲莘故,繩息嬀以語楚子。楚子如息,以食入享,遂滅息,以息嬀歸。生堵敖及成王焉,未言。楚子問之,對曰:'吾一婦人,而事二夫,縱弗能死,其又奚言?'楚子以蔡侯滅息,遂伐蔡。秋七月,楚入蔡。君子曰:'《商書》所謂"惡之易也,如火之燎于原,不可鄉邇,其猶可撲滅"者,其如蔡哀侯乎!'"②

此處《左傳》的内容顯然較《繫年》爲晚。第一,《左傳》言:"蔡哀侯爲莘故,繩息嬀以語楚子。"《繫年》詳載其事:"文王爲客於息,蔡侯與從,息侯以文王飲酒,蔡侯知息侯之誘己也,亦告文王曰:'息侯之妻甚美,君必命見之。'"第二,《左傳》言:"楚子如息,以食入享,遂滅息,以息嬀歸。"楊伯峻注:"此當是前數年之事,此年息嬀則已生二子矣。"③《繫年》言:"明歲,起師伐息,克之,殺息侯,娶息嬀以歸。"後者突出了個"明歲",而《左傳》實際上將兩件事合而爲一。楚文王爲客於息在魯莊公十年(前684),而滅息在十一年,詳見本章史事考證部分。

[6]文王以北啓,出方成(城),

【整理者】以,乃。啓,開拓。"方城"之名見於《左傳》僖公四年:"楚國方城以爲城,漢水以爲池。"杜注:"方城山在南陽葉縣南,以言竟土之遠。"亦見於安徽壽縣出土的鄂君啓節(《集成》12110)。④

【羅運環】此句傳遞出兩條信息:其一,楚文王開拓漢陽、掌控方城要塞,打開北進中原的門户;其二,指明了楚文王北進中原的路綫。據《左傳》及《史記》等,楚文王基本掌握方城要塞及其以内的漢陽地區共用了四年時間。⑤

【謹按】以,猶"乃"也。裴學海認爲:"以""乃"爲之部疊韻字,故"以"訓"乃","乃"亦訓"以"。《左傳》襄公九年:"會於沙隨之歲,寡君以生。"

---

① 楊伯峻:《春秋左傳注(修訂本)》,第613頁。
② 楊伯峻:《春秋左傳注(修訂本)》,第195、198~199頁。
③ 楊伯峻:《春秋左傳注(修訂本)》,第198頁。
④ 關於楚方城的位置及性質,古今學者意見頗有分歧。可參看楊伯峻《春秋左傳注》(第292~293頁)、王振中《方城考》(《北京師範大學學報》2007年第6期)以及蔣波、朱戰威《三十年來楚方城研究述要》(《高校社科動態》2010年第1期)等。清華大學出土文獻研究與保護中心編,李學勤主編:《清華大學藏戰國竹簡(貳)》,第149頁。
⑤ 羅運環:《清華簡〈繫年〉楚文王史事考論》,教育部人文社會科學重點研究基地、清華大學出土文獻與中國古代文明研究中心、清華大學出土文獻研究保護中心編:《出土文獻與中國古代文明:李學勤先生八十壽誕紀念論文集》,第224頁。

《大戴禮記·保傅》"太子乃生"句例同此。① 整理者訓"以"爲"乃",蓋本此。

文王以北啓,就是向北開疆拓土之義。具體而言,就是佔領了申、息兩國。楚文王二年(前688,當魯莊公六年)滅申。《左傳》莊公六年:"楚文王伐申。"②八年(前682,當魯莊公十二年)滅息。《左傳》哀公十七年載楚大師子穀回憶說:"彭仲爽,申俘也,文王以爲令尹,實縣申、息……"杜注:"楚文王滅申、息以爲縣。"③

"方城"應指方城山,在楚之北境,約當今河南葉縣以南之地。方城要塞爲楚北通中原齊、魯、陳、鄭、許、宋的重要關口。④

[7]圾蘱於汝,

【整理者】疑"圾"乃"封"之譌……"圾蘱於汝"讀爲"封畛於汝",同於《左傳》哀公十七年"封畛於汝"。⑤

【清華大學讀書會】"蘱"字見於包山楚簡,爲人名。⑥

【羅運環】"及"訓爲"至"。將"蘱"隸定爲"蘱",從"彪"聲,讀爲"表"("彪"與"表"古音均爲宵部幫紐,故相通),本義爲樹立界標,此指開拓疆域。"圾表於汝"與《左傳》"封汝"同義,指"啓疆北至汝水"。⑦

【謹按】圾,《玉篇·土部》:"圾,土圾也。"

《左傳》昭公七年楚芋尹無宇說:"吾先君文王,作僕區之法,……所以封汝也。"杜注:"行善法,故能啓疆,北至汝水。"孔疏:"是文王啓疆至汝水。"⑧

《左傳》哀公十七年:"彭仲爽,申俘也,文王以爲令尹,實縣申、息,朝陳、蔡,封畛於汝。"杜注:"開封畛比至汝水。"⑨顧棟高曰:"申國在南陽府治南陽縣,呂國在府治西三十里。《國語》史伯曰:當成周者,南有申、呂。自楚滅申營方城,因裕州方城山爲固,起南陽葉縣至唐縣,連接數百里。封

---

① 裴學海:《古書虛字集釋》,北京:中華書局,2004年,第19~20頁。
② 楊伯峻:《春秋左傳注(修訂本)》,第169頁。
③ 《春秋左傳正義》卷60,《十三經注疏》,第4733頁。
④ 張維華:《楚方城》,《中國長城建置考(上編)》,北京:中華書局,1979年,第31、38~39頁。
⑤ 清華大學出土文獻研究與保護中心,李學勤主編:《清華大學藏戰國竹簡(貳)》,第149頁。
⑥ 李松儒:《清華簡〈繫年〉集釋》,第118頁。
⑦ 羅運環:《清華簡〈繫年〉楚文王史事考論》,教育部人文社會科學重點研究基地、清華大學出土文獻與中國古代文明研究中心、清華大學出土文獻研究保護中心編:《出土文獻與中國古代文明:李學勤先生八十壽誕紀念論文集》,第225~226頁。
⑧ 《春秋左傳正義》卷44,《十三經注疏》,第4447頁。
⑨ 《春秋左傳正義》卷60,《十三經注疏》,第4733頁。

畛于汝，直至汝水之南，與汝州伊陽縣接界，與王城逼近，自是遂觀兵周疆矣。"①

[8]改遬（旅）於陳玄（焉），【二九】取邨（頓）以贛（恐）陳侯。【三〇】

【整理者】"遬"爲"旅"之異體。《爾雅·釋詁一》："旅，陳也。"邢昺疏："旅者，謂佈陳也。"《左傳》僖公二十三年："秋，楚成得臣帥師伐陳，討其貳於宋也。遂取焦、夷，城頓而還。"杜注："頓國，今汝陰南頓縣。"贛，讀爲"恐"，《說文》："懼也。"一說讀爲"陷"，《孫子兵法·地形》"吏強兵弱，曰陷"李筌注："陷，敗也。"②

【梁立勇】"改"字釋"改"，小徐本《說文》認爲"改"從"㠯"聲，讀爲"治"。"治旅於陳"猶言治兵於陳。③

【魏宜輝】贛，賞賜之義。"取頓以贛陳侯"，是說作爲對陳的回報，楚奪取了頓，並把頓賞賜給陳侯。④

【謹按】"改"字从"巳"聲，古音"改""巳"同部⑤，故簡文此字當釋爲"改"。改，《說文·攴部》："改，更也。"旅，《左傳》隱公五年"三年而治兵，入而振旅"杜預注："旅，衆也。"⑥"改旅"即改更軍隊進攻方向。"贛"應依整理者讀爲"恐"，此於傳世文獻習見，如《史記·楚世家》："十一年，伐徐以恐吳。"⑦

魯莊公六年楚文王伐申，次年伐鄭。莊公十年，楚始見於《春秋》經，童書業認爲此時楚國勢力始漸強而北進。⑧

《左傳》哀公十七年載楚大師子穀回憶說："彭仲爽，申俘也，文王以爲令尹，實縣申、息，朝陳、蔡，封畛於汝。"⑨

陳侯，當指陳宣公。關於"取頓以恐陳侯"，詳參本章史事考證部分。

---

① （清）顧棟高：《春秋大事表》卷4，第497~498頁。
② 清華大學出土文獻研究與保護中心編，李學勤主編：《清華大學藏戰國竹簡（貳）》，第149頁。
③ 梁立勇：《讀〈繫年〉札記》，《深圳大學學報（人文社會科學版）》2012年第3期，第59頁。
④ 魏宜輝：《清華簡〈繫年〉篇研讀四題》，《出土文獻語言研究》第2輯，廣州：暨南大學出版社，第169頁。
⑤ 參裘錫圭：《卜辭"異"字和詩、書裏的"式"字》，《裘錫圭學術文集》第1卷，第229頁。李學勤認爲"改"是从"巳"聲。參李學勤：《釋"改"》，《中國古代文明研究》，第17頁。
⑥ 《春秋左傳正義》卷3，《十三經注疏》，第3748頁。
⑦ 《史記》卷40，第2057頁。
⑧ 童書業著，童教英校訂：《春秋左傳研究（校訂本）》，第45頁。
⑨ 《春秋左傳正義》卷60，《十三經注疏》，第4733頁。

[譯文]

蔡哀侯在陳國娶妻,息侯也在陳國娶妻,[後者]即是息嬀。息嬀即將嫁到息國的時候,經過蔡國,蔡哀侯下命令阻擋住息嬀,説:"因爲你跟你姐姐本應同時嫁給我,因此你必須來。"息嬀就進入蔡國,蔡哀侯輕褻了她。息侯心裏不順,於是就派人告訴楚文王説:"請您[假裝]攻打我,我向蔡國求救,您就可以攻打蔡國。"文王發動軍隊攻伐息國,息侯向蔡國求救,蔡哀侯率領軍隊前來救息國。文王在莘地打敗了蔡國,俘獲並帶着蔡哀侯回到楚國。文王在息國作客,蔡哀侯也參與隨從。息侯與文王飲酒,蔡哀侯知道息侯當初誘騙他,也向文王説:"息侯之妻很美,您一定要下命令[給息侯讓其將妻子帶出來]見一見。"文王下令要見息侯妻,息侯推辭,王堅持要見她。見了以後,文王回到楚國。第二年,發動軍隊攻伐息國,攻克,殺死息侯,娶了息嬀帶回楚國,於是生了堵敖和成王。文王向北開拓疆土,越過方城,拓土到了汝水南岸,變更進軍方向,對準陳國,奪取頓國,對陳侯形成震懾。

[解題]

本章主要圍繞楚文王伐息而挺進中原展開敘事,主題是"楚亦始大"(《史記·楚世家》語)。

楚國在春秋初期本爲小國,經過楚武王(前740~前690年在位)和楚文王(前689~前679年在位)時期的發展,楚國不斷進行對外戰爭,從而邁出了從蕞爾小國到南方大國的第一步。①

《左傳》昭公二十三年:"無亦監乎若敖、蚡冒至于武、文,土不過同。"杜注:"方百里爲一同,言未滿一圻。"②"土不過同"蓋指本邦之土,而不計服屬之地;然旣云如此,則説明其勢力仍弱小。到楚文王時,經過二年(前688)之伐申,六年(前684)之伐蔡,七年(前683)之伐息,"楚彊,陵江漢間小國,小國皆畏之",至楚文王十一年(前679),"齊桓公始霸,楚亦始大"。③

簡文載息侯由於妻子遭到蔡哀侯的輕褻,所以請求楚文王伐蔡。於是

---

① 劉家和:《楚邦的發生和發展》,《古代中國與世界》,第217頁。
② 《春秋左傳正義》卷50,《十三經注疏》,第4568頁。
③ 《史記》卷40,第2047頁。

楚文王伐蔡,並且抓獲了蔡哀侯。但蔡哀侯又給楚文王説息嬀如何之美,導致楚文王又伐息,取息嬀而歸楚國,並且生了堵敖和成王。

楚文王滅息,打開了通向中原的重要通道,而息也成爲楚人北伐中原的兩個重要出發點之一(另一個是申)。① 簡文載楚文王於是北出方城,"圾蘺於汝,改旅於陳焉,取頓以恐陳侯",描述的正是此種形勢。

[問題]

第一,《繫年》與傳世文獻的記載比較。《繫年》本章的記載見於《左傳》《史記》等,我們通過列表的形式,對相關記載進行對比,以求對《繫年》的撰述方式進行一些探討。

第二,關於楚滅息,主要討論兩個問題:一是關於楚滅息的原因,《繫年》與《左傳》記述有些不同,我們對此進行了討論;二是關於楚滅息的年代,傳世文獻記載模糊,而《繫年》記載相對明確,我們對此進行了一些探討。

第三,《繫年》所載楚文王時"取頓贛陳"不見於傳世文獻記載,爲新史料,我們結合傳世文獻對相關問題進行了考證。

[考證]

一、關於楚滅息史事《繫年》與傳世文獻記載比較

爲便於比較,特列表二:

表二:《繫年》與傳世文獻對於楚滅息記載之對照

《繫年》	《左傳》	《史記》	《吕氏春秋》	備注
蔡哀侯取妻於陳,息侯亦取妻於陳,是息嬀。	蔡哀侯娶于陳,息侯亦娶焉。	哀侯娶陳,息侯亦娶陳。	同。但《繫年》詳。	
息嬀將歸於息,過蔡。	息嬀將歸,過蔡。	息夫人將歸,過蔡。		同。但《繫年》詳。

---

① 參劉家和:《楚邦的發生和發展》,《古代中國與世界》,第219頁。

(續表)

《繫年》	《左傳》	《史記》	《吕氏春秋》	備注
蔡哀侯命止之,曰:"以同姓之故,必入。"	蔡侯曰:"吾姨也。"止而見之。			同。蔡侯讓息嬀入蔡的託辭:《繫年》是"以同姓之故",而《左傳》是"吾姨也"二者同。
息嬀乃入於蔡,蔡哀侯妻之。	弗賓。	蔡侯不敬。		異。《繫年》説"妻之",《左傳》説"弗賓"。
息侯弗順。	息侯聞之,怒。	息侯怒。		同。
乃使人於楚文王曰:"君來伐我,我將求救於蔡,君焉敗之。"	使謂楚文王曰:"伐我,吾求救於蔡而伐之。"	請楚文王:"來伐我,我求救於蔡,蔡必來,楚因擊之,可以有功。"	楚王欲取息與蔡,乃先佯善蔡侯,而與之謀曰:"吾欲得息,奈何?"蔡侯曰:"息夫人,吾妻之姨也。吾請爲饗息侯與其妻者,而與王俱,因而襲之。"	同。但《繫年》詳。
文王起師伐息。	楚子從之。	楚文王從之。	楚王曰:"諾。"	同。
息侯求救於蔡,蔡哀侯率師以救息。				《繫年》詳述息侯之謀實踐之過程。而《左傳》顯然省略言之。
文王敗之於莘,獲哀侯以歸。	秋九月,楚敗蔡師于莘,以蔡侯獻舞歸。	虜蔡哀侯以歸。		《左傳》明確楚伐息的時間在秋九月,蔡哀侯之名是"獻舞",而《繫年》未載。

(續表)

《繫年》	《左傳》	《史記》	《呂氏春秋》	備注
文王爲客於息，蔡侯與從，息侯以文王歆酒，蔡侯知息侯之誘己也，亦告文王曰："息侯之妻甚美，君必命見之。"	蔡哀侯爲莘故，繩息嬀以語楚子。楚子如息，以食入享。		於是與蔡侯以饗禮入於息，因與俱。	《繫年》詳述蔡侯如何稱贊息嬀之美以引楚這股禍水入息。《左傳》以"繩息嬀以語楚子"概括之。
息侯辭，王固命見之。既見之，還。				
明歲，起師伐息，克之。	遂滅息。		遂取息。	《繫年》明確記載楚滅息的時間是第二年。其他傳世文獻未載。
殺息侯，取息嬀以歸。	以息嬀歸。			
是生堵敖及成王。	生堵敖及成王焉。			

資料來源：《繫年》第五章；《左傳》莊公十、十四年，楊伯峻：《春秋左傳注（修訂本）》，第184、198頁；《史記·管蔡世家》，《史記》卷35，第1895頁；《呂氏春秋·孝行覽·長攻》，許維遹：《呂氏春秋集釋》卷14，第333頁。

由上表可以得出以下幾點認識：

第一，《左傳》是傳《春秋》的。關於楚文王敗蔡哀侯，《左傳》莊公十年曰："秋九月，楚敗蔡師於莘，以蔡侯獻舞歸。"《左傳》明確楚伐息的時間在秋九月，以及蔡哀侯之名是"獻舞"，而《繫年》未載。《左傳》所載顯然是爲了解釋《春秋》莊公十年所說的"秋九月，荆敗蔡師於莘。以蔡侯獻舞歸"。

第二，《左傳》較《繫年》記述簡潔，前者可能經過修飾。如《繫年》詳述了息侯之謀實踐之過程，而《左傳》等顯然省略言之，而後者之省略顯然是必要的，因這樣於文意無害，且使行文簡潔。又如《繫年》詳述蔡侯如何稱贊息嬀之美以引楚這股禍水入息，而《左傳》以"繩息嬀以語楚子"概括之。

第三，《史記》的說法基本上本於《左傳》。

二、楚滅息的相關問題

（一）楚滅息的原因

《繫年》第五章："蔡哀侯取妻於陳，息侯亦取妻於陳，是息嬀，息嬀將歸於息，過蔡，蔡哀侯命止之，曰：'以同姓之故，必入。'息嬀乃入於蔡，蔡哀侯妻之。"類似記載亦見於《左傳》。

《左傳》莊公十年："蔡哀侯娶於陳，息侯亦娶焉。息嬀將歸，過蔡。蔡侯曰：'吾姨也。'止而見之。"杜注："妻之姊妹曰姨。"孔疏："《釋親》云：'妻之姊妹同出爲姨。'孫炎云：'同出，俱已嫁也。'"①據此，則蔡侯之所以要"止而見"息嬀，是因爲其夫人與息嬀是姊妹，這與前文"蔡哀侯娶於陳，息侯亦娶焉"相互照應。

《左傳》記楚滅息是息嬀之故。對此，古人多認爲這是由於《左傳》好談女德，而把楚滅息的真正原因歸結爲當時的政治形勢。明代學者姜寶曰："荆以蔡侯歸，爲欲服蔡也。而北杏之會，蔡人從齊，是以荆入之。《左氏》好記異聞，喜談女德，故以蔡禍盡委之於息嬀耳。"顧棟高認爲："是時齊桓之力未盛，方得魯而旋失宋，是以委蔡於不問，而蔡一折而入於楚，不復與齊之會盟矣。其後凡二十六年始侵蔡伐楚，爲召陵之師，而卒不能革蔡從楚之心，終齊桓之世，不能得蔡。"②實際上，這種認識早可追溯到先秦時期。如《呂氏春秋·長攻》載楚滅息的原因是"楚王欲取息與蔡"。如果從後來歷史的發展來說，這種看法無疑是正確的。但如果說"這是由於《左氏》好記異聞，喜談女德，故以蔡禍盡委之於息嬀耳"，顯然也不公平。因爲至少從《繫年》來看，《左傳》所記絶非向壁空造，而是當時史實。

（二）楚滅息的時間

《左傳》隱公十一年："鄭、息有違言，息侯伐鄭。鄭伯與戰于竟（境），息師大敗而還。君子是以知息之將亡也。"孔穎達疏："莊十四年《傳》：楚文王滅息。"③楊伯峻注："莊十四年《傳》述楚文王以息亡之故伐蔡，則息之亡在莊公十四年以前數年，距此時不過二三十年。"④

---

① 《春秋左傳正義》卷8，《十三經注疏》，第3836頁。
② 姜寶説爲顧棟高所引。（清）顧棟高：《春秋大事表》卷26，第1953～1954頁。
③ 《春秋左傳正義》卷4，《十三經注疏》，第3771頁。
④ 楊伯峻：《春秋左傳注（修訂本）》，第78頁。

《左傳》莊公十四年:"蔡哀侯爲莘故,繩息嬀以語楚子。楚子如息,以食入享,遂滅息。以息嬀歸,生堵敖及成王焉,未言。楚子問之,對曰:'吾一婦人而事二夫,縱弗能死,其又奚言?'楚子以蔡侯滅息,遂伐蔡。"楊伯峻注:"此當是前數年之事,此年息嬀則已生二子矣。"①清代學者張宗泰説:

> 楚子以息嬀一婦人而事二夫不能死之,言"遂伐蔡"。經書:"秋七月,荆入蔡。"實爲莊十四年。若滅息亦是年,即使在春,必不能數月而生堵敖及成王。考楚敗蔡師於莘、以蔡侯獻舞歸在莊十年。楚子因蔡侯之繩息嬀而遂滅息,必在十一二年,去莘役不遠,方於生二子有合。正義未考十四年之傳爲追叙,率以爲是年滅息。非。②

《繫年》第五章載:"文王敗之於莘,獲哀侯以歸。文王爲客於息,……還。明歲,起師伐息,克之,殺息侯,取息嬀以歸,是生堵敖及成王。"按,楚文王敗蔡獲哀侯在魯莊公十年(前 684)秋九月,所以這裏的"明歲"當在十一年,即公元前 683 年。據此,楚滅息在魯莊公十一年,當文王七年。

(三)楚滅息的意義

楚文王七年(前 683)所滅之息,與二年所滅之申,對楚國以後的發展意義重大。

楚文王二年伐申,《左傳》莊公六年:"楚文王伐申。"③清代學者高士奇説:"申之滅不見於經,然城濮之戰,傳稱楚子入居於申;及敗,王使謂'大夫若入,其若申、息之老何',則申之淪於楚縣明甚。"④楚文王七年滅息。《左傳》哀公十七年載楚大師子穀回憶説:"彭仲爽,申俘也,文王以爲令尹,實縣申、息……"杜注:"楚文王滅申、息以爲縣。"⑤但從考古發現和文獻來看,文王並非伐申而滅之。徐少華推測,楚文王取申,並於故地置縣後,東遷申人於淮域,在今河南南陽一帶安置,作爲附庸存於楚境。⑥

楚伐申、滅息,並將其設置爲縣,對楚國發展意義重大。

一方面,申、息的戰略位置非常重要。申處於楚之正北,息處於東北,

---

① 楊伯峻:《春秋左傳注(修訂本)》,第 198 頁。
② (清)張宗泰:《質疑删存》(與《識小録》與《讀書雜記》合刊)卷上,北京:中華書局,1988 年,第 15 頁。
③ 楊伯峻:《春秋左傳注(修訂本)》,第 169 頁。
④ (清)高士奇:《左傳紀事本末》卷 45,北京:中華書局,2015 年,第 660 頁。
⑤ 《春秋左傳正義》卷 60,《十三經注疏》,第 4733 頁。
⑥ 徐少華:《從叔姜簠析古申國歷史文化的有關問題》,《文物》2005 年第 3 期,第 68 頁。

形如犄角,是楚北進之門户,故縣申、息對楚國發展意義巨大。高士奇説:

> 夫先世帶礪之國,棋布星羅,南桿荆蠻,而北爲中原之蔽者,最大陳、蔡,其次申、息。①

清代學者顧棟高也説:

> 余讀《春秋》至莊六年楚文王滅申,未嘗不廢書而歎也。曰:"天下之勢盡在楚矣。"……至滅申,遂北向以抗衡中夏。……自後滅吕、滅息、滅鄧,南陽、汝寧之地悉爲楚有。如河决魚爛,不可底止,遂平步以窺周疆矣。故楚出師則申、息爲之先驅,守禦則申、吕爲之藩蔽。②

顧棟高所謂"楚出師則申、息爲之先驅"之論斷,是非常正確的。申、息無疑是楚北進中原的兩大軍事基地。沿漢水北上,集師於申,可直接威脅周王室、晉等國;如若東進,息地處淮水中上游,也是一個很重要的跳板。楚國日後的發展證明事實確實如此。楚莊王三年(前611,當魯文公十六年),"楚大饑",周邊部族乘火打劫。《左傳》曰:"戎伐其西南","庸人帥群蠻以叛楚,麇人率百濮聚於選,將伐楚。於是申、息之北門不啓"。孔穎達疏:"申、息北接中國,有寇比從北來,故二邑北門不敢開也。"③楊伯峻注:"申、息爲楚北境防中原諸國之要鎮,其北門不敢開,所以備中原諸侯也。"④

另一方面,申、息的軍隊,也是楚國經營中原的常用之師。楊伯峻指出:"楚國經營中國,常用申、息之師。"⑤楚成王三十七年(前635,當魯僖公二十五年),楚以申、息之師抵禦秦、晉聯合伐鄀,《左傳》曰:"秋,秦、晉伐鄀。楚鬭克、屈禦寇以申、息之師戍商密。"⑥楚成王四十年,城濮之戰失敗後,《左傳》載成王謂楚令尹子玉曰:"大夫若入,其若申、息之老何?"⑦因此戰中,子玉所率領的軍隊中申、息之子弟甚多。楚共王六年(前585,當魯成公六年),晉師侵蔡,"楚公子申、公子成以申、息之師救蔡,禦諸桑隧"⑧,才成功地抵禦了晉之侵。

---

① (清)高士奇:《左傳紀事本末》卷45,第660頁。
② (清)顧棟高:《春秋大事表》卷4,第525頁。
③ 《春秋左傳正義》卷20,《十三經注疏》,第4036頁。
④ 楊伯峻:《春秋左傳注(修訂本)》,第617頁。
⑤ 楊伯峻:《春秋左傳注(修訂本)》,第434頁。
⑥ 楊伯峻:《春秋左傳注(修訂本)》,第434頁。
⑦ 楊伯峻:《春秋左傳注(修訂本)》,第468頁。
⑧ 楊伯峻:《春秋左傳注(修訂本)》,第830頁。

三、由《繫年》"取頓贛陳"論楚文王的"朝陳、蔡"以及陳、頓關繫

《繫年》載:"文王以北啓,出方城,圾蘮於汝,改旅於陳焉,取頓以恐陳侯。"簡文可與《左傳》對照。《左傳》哀公十七年載楚大師子穀回憶說:"彭仲爽,申俘也,文王以爲令尹,實縣申、息,朝陳、蔡,封畛於汝。"①

簡文載"文王以北啓,出方城,圾蘮於汝",是指楚文王向北拓展疆土,實際上指的就是《左傳》所謂的"縣申、息"。然後楚北出方城,將疆域拓展到汝水流域。

所謂"改旅於陳焉,取頓以恐陳侯"實際上就是《左傳》所謂的"朝陳蔡"。汝水流域之國中,最重要的當數蔡國。汝水以北是潁水,潁水流域有頓國。頓國東北是陳國。"朝陳、蔡"即"使陳、蔡朝楚","朝蔡"見於傳世文獻記載。

(一)楚文王時的"朝陳、蔡"

楚文王六年(前684,當魯莊公十年),楚文王把蔡哀侯抓到楚國。《春秋》莊公十年載:"秋九月,荊敗蔡師于莘。以蔡侯獻舞歸。"《左傳》莊公十年載:"秋九月,楚敗蔡師于莘,以蔡侯獻舞歸。"②

楚文王九年(前681,當魯莊公十三年),蔡哀侯又參加齊桓公在齊地北杏的會盟。《春秋》莊公十三年:"十有三年,春,齊侯、宋人、陳人、蔡人、邾人會于北杏。"③

楚文王十年(前680,當魯莊公十四年),楚文王伐蔡。《春秋》莊公十四年:"秋七月,荊入蔡。"④明代學者姜寶曰:"荊以蔡侯歸,爲欲服蔡也。而北杏之會,蔡人從齊,是以荊入之。"顧棟高認爲:"是時齊桓之力未盛,方得魯而旋失宋,是以委蔡於不問,而蔡一折而入於楚,不復與齊之會盟矣。其後凡二十六年始侵蔡伐楚,爲召陵之師,而卒不能革蔡從楚之心,終齊桓之世不能得蔡。"⑤齊桓公在位四十三年(前685~前643),楚文王在

---

① 《春秋左傳正義》卷60,《十三經注疏》,第4733頁。
② 楊伯峻:《春秋左傳注(修訂本)》,第181~182、184頁。
③ 楊伯峻:《春秋左傳注(修訂本)》,第193頁。
④ 楊伯峻:《春秋左傳注(修訂本)》,第195頁。
⑤ 姜寶說爲顧棟高所引。(清)顧棟高:《春秋大事表》,第1953~1954頁。

位十五年(前689~前675)①,楚文王十五年當齊桓公十一年。

綜上可見,楚文王確實做到了使蔡服楚,此蓋《左傳》所謂楚文王使蔡朝楚。

但《左傳》所謂的"朝陳(使陳朝楚)",不見於其他傳世古書的記載。

楚文王九年,陳宣侯參加齊桓公在齊地北杏的會盟,可見陳侯不服楚。

楚文王十一年(前679,當魯莊公十五年),《春秋》曰:"春,齊侯、宋公、陳侯、衛侯、鄭伯會于鄄。"同年《左傳》曰:"十五年春,復會焉,齊始霸也。"②齊桓公始爲霸主而陳侯參加却不見蔡侯,可見其時蔡已服楚,而陳侯仍未服楚。

齊桓公始霸,而楚國的勢力也漸強,兩國開始爭霸,而鄭國是兩者爭奪的前沿陣地。楚文王十二年(前678,當魯莊公十六年),《春秋》曰:"秋,荆伐鄭。"③宋代學者王葆說:"齊方圖霸,楚亦浸強,北侵不已,陳、蔡、鄭、許適當其衝,鄭之要害,尤在所先,中國得鄭則可以拒楚,楚得鄭則可以窺中國。故鄭者,齊、楚必爭之地也。"④《春秋》又曰:"冬十有二月,會齊侯、宋公、陳侯、衛侯、鄭伯、許男、滑伯、滕子同盟于幽。"⑤陳侯仍未服於楚。

總之,陳侯在楚文王世一直從齊,未服於楚。清代學者顧棟高說:"楚在莊公之世首先圖蔡,其次爭鄭,其次爭許,然折而入於楚者,僅蔡而已,鄭、許猶堅從中國,陳則於齊桓無役不從。逮晉文,當日四國皆從楚圍宋,然城濮一勝,陳、蔡、鄭俱翕然來歸,獨許後服耳。至晉悼之世,乃曰有陳非吾事,蔡、許則病不敢問,三駕而僅得一鄭,觀四國之向背,可以知世變矣。"⑥可見,由於齊、楚爭霸日熾,陳國成爲兩者爭奪的對象,於是在魯莊公十六年盟會時齊桓公爲了籠絡陳,特把陳的座次排到衛的前面,《春秋》莊公十六年:"冬十有二月,會齊侯、宋公、陳侯、衛侯、鄭伯、許男、滑伯、滕子,同盟于幽。"杜注:"陳國小,每盟會皆在衛下,齊桓始霸,楚亦始彊,陳侯介於二大國之間,而爲三恪之客,故齊桓因而進之,遂班在衛上,終於《春秋》。"孔疏:"自此以前,陳在衛下,今在上,知齊桓始進之。《釋例·班序

---

① 《史記·楚世家》載楚文王在位十三年,而《左傳》莊公十九年載楚文王於是年夏六月卒,在位十五年。楊伯峻說:"楚文王在位十五年,《史記·楚世家》及《年表》謂十三年,恐誤。"楊伯峻:《春秋左傳注(修訂本)》,第211頁。
② 楊伯峻:《春秋左傳注(修訂本)》,第199~200頁。
③ 楊伯峻:《春秋左傳注(修訂本)》,第201頁。
④ 王葆說爲顧棟高所引。(清)顧棟高:《春秋大事表》,第1954頁。
⑤ 楊伯峻:《春秋左傳注(修訂本)》,第201頁。
⑥ (清)顧棟高:《春秋大事表》,第1954~1955頁。

譜》：自隱至莊十四年四十三歲，衛與陳凡四會，衛在陳上；自莊十五年盡僖十七年三十五歲，凡八會，陳在衛上。故知是齊桓進之，遂班在衛上，終於《春秋》也。"①

綜上可見，《左傳》所謂的"朝陳、蔡"，實際上蔡國的確服於楚，但陳國則一直未服。

（二）由《繫年》"取頓陳"論楚文王的"朝陳、蔡"以及陳、頓關繫

簡文"改旅於陳焉，取頓以恐陳侯"，根據文義判斷，楚文王的目的就是讓陳服從於楚，而其中頓國應該是個很重要的角色。

頓國始見於《左傳》僖公二十三年。《左傳》載此年楚宋泓之戰後，"秋，楚成得臣帥師伐陳，討其貳於宋也。遂取焦、夷，城頓而還。"杜注："頓國，今汝陰南頓縣。"②楊伯峻注："頓，國名，姬姓，即今河南省項城縣稍西之南頓故城。顧棟高《大事表》引或曰：'頓國本在今縣北三十里，頓子迫於陳而奔楚，自頓南徙'，未審確否。"③魯僖公二十三年當楚成王三十五年（前637）。

又，《春秋》僖公二十五年："秋，楚人圍陳，納頓子于頓。"④魯僖公二十五年當楚成王三十七年（前635）。楚人圍陳的目的就是納頓子，但為何不直接納而先須圍陳呢？這衹能説明頓與陳關繫密切。二國到底是何關繫呢？對此，學者認爲頓國國君頓子當時是受到陳國的逼迫才出奔，所以楚圍陳以納頓子。杜預曰："頓[子]迫於陳而出奔楚，故楚圍陳以納頓子。"孔穎達疏："圍陳而納頓子，明頓子迫於陳而出奔也。楚人納之知其出奔楚也。"⑤那麽，楚圍陳後如何納頓子？對此，有兩種解釋：

一是認爲楚圍陳然後楚人納頓子。《左傳》僖公二十五年："楚令尹子玉追秦師，弗及。遂圍陳，納頓子于頓。"杜預注："爲頓圍陳。"⑥清代學者劉文淇引殿本注："頓子時爲陳所迫，出奔在楚，故楚人圍陳而納之。"⑦《左傳》義蓋是楚人納頓子。

二是認爲楚圍陳然後讓陳納頓子。《穀梁傳》僖公二十五年："秋，楚

---

① 《春秋左傳正義》卷9，《十三經注疏》，第3846頁。
② 《春秋左傳正義》卷15，《十三經注疏》，第3939頁。
③ 楊伯峻：《春秋左傳注（修訂本）》，第402頁。
④ 楊伯峻：《春秋左傳注（修訂本）》，第429頁。
⑤ 《春秋左傳正義》卷16，《十三經注疏》，第3951頁。
⑥ 《春秋左傳正義》卷16，《十三經注疏》，第3952頁。
⑦ （清）劉文淇：《春秋左傳舊注疏證》，第395頁。

人圍陳,納頓子于頓。納者,内弗受也。圍,一事也。納,一事也。而遂言之,蓋納頓子者陳也。"晉代范甯注:"圍陳,使納頓子。"唐代楊士勛疏:

> 案《廢疾》(何休作——引者按)云:"休以爲卽陳納之當舉陳,何以不言陳?"鄭君釋之曰:"納頓子固宜爲楚也。穀梁子見《經》云'楚人圍陳,納頓子于頓',有似'晉陽處父伐楚救江'之文,故云蓋陳也。"
> 是鄭意亦同范説,圍陳使納頓子也。①

據此,鄭玄實際上也認爲納頓子者陳也。

那麽,以上兩種説法孰是孰非?清代學者俞樾認爲第一種説法是,他説:

> 楚欲納頓子,自可以兵納之,何必圍陳而使納乎?杜預注《左傳》曰:"頓迫於陳而出奔楚,故楚圍陳以納頓子。"此説得當時之實。疑此《傳》本云:"蓋出頓子者陳也。"明頓子出奔由於陳,則楚人圍陳納頓是一事矣!因涉經文誤作:"納頓子者陳也。"義不可通。②

按照俞樾説,上引《穀梁傳》"蓋納頓子者陳也"當作"蓋出頓子者陳也"。但俞樾此處是改字,而且僅爲猜測之辭,未有任何證據。

清代學者廖平説:

> 此如齊、魯平莒之事。陳爲方伯,頓,所屬卒正也。頓子有罪,陳侯出之。楚子求諸侯自託於伯禮,故伐陳納頓,以陳治頓,又以楚治陳也。頓,陳屬國。……據哀〈襄〉四年陳人圍頓也。頓,陳屬國。納君之權,陳實主之,故楚伐陳以求納。圍陳納頓,與伐楚救江同。一説:納當爲出,謂頓子之出由陳也,故伐以納之。③

按,所謂"齊、魯平莒之事",《春秋》宣公四年:"四年春王正月,公及齊侯平莒及郯。莒人不肯。公伐莒,取向。"《左傳》宣公四年:"四年春,公及齊侯平莒及郯,莒人不肯。公伐莒,取向,非禮也。平國以禮,不以亂。伐而不治,亂也。以亂平亂,何治之有?無治,何以行禮?"④所謂"伐楚救江",《春秋》文公三年:"秋,楚人救江。"《左傳》文公三年:"楚師圍江,晉先僕伐楚以救江。冬,晉以江故告於周,王叔桓公、晉陽處父伐楚以救江。"⑤廖平認爲頓是陳的屬國,所以頓子之出由陳也,其入亦由陳也。楚王(時爲楚成

---

① 《春秋穀梁傳注疏》卷9,《十三經注疏》,第5211頁。
② (清)俞樾:《茶香室經説》卷13,南京:鳳凰出版社,2021年,第347頁。
③ (清)廖平:《穀梁古義疏》卷4,北京:中華書局,2012年,第288頁。
④ 楊伯峻:《春秋左傳注(修訂本)》,第676~677頁。
⑤ 楊伯峻:《春秋左傳注(修訂本)》,第573頁。

王)爲了服諸侯,實際上自己扮演了方伯的角色,伐陳,讓陳納頓國。這種説法是成立的。

　　回到簡文。簡文説楚文王時,"改旅於陳焉,取頓以贛陳侯"。"贛",整理者讀爲"恐"。簡文意卽將軍事重點轉向陳,取頓以迫使陳來服從楚。按照《左傳》的説法就是"朝陳",使陳國臣服。這時候楚國實際上利用了頓國。因爲頓是陳的屬國,頓子又受陳的逼迫出奔於楚。楚國乘機圍陳,讓其納頓子,主要目的是讓陳服從楚國。但是從《春秋》《左傳》看,楚文王時一直未能使陳國臣服。又,《左傳》文公九年:"夏,楚侵陳,克壺丘,以其服於晉也。秋,楚公子朱自東夷伐陳。陳人敗之,獲公子茷。陳懼,乃及楚平。"[1]魯文公九年(前618)當楚穆王八年,蓋此時陳始懼楚服楚。

---

[1]　楊伯峻:《春秋左傳注(修訂本)》,第573頁。

【第六章】

[説明]

(一)"𢒽"【三一】的隸定

【謹按】此字左從"奚"。右部所從,整理者未予隸定,李守奎等説構形不明①。對該字右部部件,現今學界主要有三説:

一是"介"。海天指出其與上博四《内禮》簡8"冠不朮"②第三字相近。"朮",張新俊釋爲"介——紒"("紒"是"結"的異體字)。李松儒認爲"介"(見母月部)與"奚"(匣母支部)有通假的條件。③ 如此,"𢒽"字則是一個雙聲符字。

二是"人"字變體。宋華强認爲是"人"旁變體。④ 清華大學讀書會説姑且認爲是"人"旁在這個人名中的特殊寫法。⑤

三是"勾"。孟蓬生認爲右所從爲"勾",隸定作"𢒽",該字是雙聲符字。⑥

本書暫從第一種説法,隸爲"𢒽"。

(二)"𢧵"【三五】的隸定與釋讀

【整理者】隸定爲"𢧵",從百、從戈,之聲,讀爲"止",義同"獲"。⑦

【張世超】覈以楚文字字形,該字除去所從之百,其上部所從之"戈"唯見於

---

① 李守奎、肖攀:《清華簡〈繫年〉文字考釋與構形研究》,第35頁。
② 馬承源主編:《上海博物館藏戰國楚竹書(四)》,上海:上海古籍出版社,2004年,第226頁。
③ 李松儒:《清華簡〈繫年〉集釋》,第125頁。
④ 李松儒:《清華簡〈繫年〉集釋》,第124頁。
⑤ 清華大學出土文獻讀書會:《〈清華大學藏戰國竹簡〉(貳)研讀劄記(一)》,清華大學出土文獻與保護中心網,2011年12月22日。
⑥ 孟蓬生:《釋"𢒽"——歌支通轉例説之一》,李守奎主編:《清華簡〈繫年〉與古史新探》,第421頁。
⑦ 清華大學出土文獻研究與保護中心編,李學勤主編:《清華大學藏戰國竹簡(貳)》,第150、152頁。

"歲"字。"𢦏"字从"歲"省,从百以會斬獲之意,是楚人爲"斬獲"所造的專字。當然,在使用中,其意義已擴大,兼指斬獲和俘獲了。可以直接把它釋爲"獲"。①

【陳劍】分析爲从首、戈聲,"戈"是由"戈"變來的。此字是"捷獲"之"捷"的異體、繁體。②

【陳美蘭】"𢦏"字仍以釋"止"最好。③

【謹按】整理者隸定爲"𢦏",从百、从戈,之聲,讀爲"止",義同"獲"。在《國語》中,與此類似的内容相應字就作"止"。《國語·晉語三》:"梁由靡御韓簡,輅秦公,將止之,慶鄭曰:'釋來救君!'亦不克救,遂止於秦。"韋昭注:"止,獲也。爲秦所獲。"④亦謂晉惠公被"止"。因此,從傳世文獻對讀來看,此字從整理者釋爲"止"較優。

(三)"●"【三八】的隸定與釋讀

【謹按】整理者隸爲"袞",讀爲"襲"。此字又見於《繫年》第 111 簡,上博簡三《恒先》簡 3 正"袞生袞",以及《甲骨文合集》27959、34683。⑤《禮記·内則》:"寒不敢襲。"鄭玄注:"襲謂重衣。"⑥

(四)"●"【三八】的隸定與釋讀

【謹按】整理者隸定爲"窘"。⑦ 蘇建洲據《孔子詩論》簡 28 作"●",認爲《繫年》簡文該字的"必"旁誤爲"戈"。⑧ 此説可從,清華簡壹《耆夜》簡 7 的"宓"字,簡文作"●"。⑨

---

① 李松儒:《清華簡〈繫年〉集釋》,第 132 頁。
② 陳劍:《簡談〈繫年〉的"𢦏"和楚簡部分"𧻚"字當釋讀爲"捷"》,《安徽大學學報(哲學社會科學版)》2013 年第 6 期,第 68~69 頁。
③ 陳美蘭:《〈清華簡(貳)·繫年〉札記兩則》,季旭昇主編:《孔壁遺文論集》,臺北:藝文印書館,2013 年,第 47~68 頁。
④ 徐元誥:《國語集解(修訂本)》卷 9,第 311 頁。
⑤ 李宗焜:《甲骨文字編》,北京:中華書局,2012 年,第 733 頁。
⑥ 《禮記正義》卷 27,《十三經注疏》,第 3168 頁。
⑦ 清華大學出土文獻研究與保護中心編,李學勤主編:《清華大學藏戰國竹簡(貳)》,第 150 頁。
⑧ 蘇建洲等:《清華二〈繫年〉集解》,第 353 頁。
⑨ 李學勤主編,沈建華、賈連翔編:《清華大學藏戰國竹簡(壹—叁)文字編(修訂本)》,第 204 頁。

[釋文]

晉獻公之嬖(嬖)妾曰驪姬,欲其子奚(奚)齊(齊)之爲君也,乃讒(讒)大子龍(共)君而殺之,或讒(讒)【三一】惠公及文=公=(文公。文公)奔翟(狄),惠公奔于梁。[1] 獻公卒(卒),乃立奚(奚)齊(齊),亓(其)夫=(大夫)里之克乃殺奚(奚)齊(齊),【三二】而立亓(其)弟悼子。里之克或(又)殺悼子。[2] 秦穆公乃内(納)惠公于晉,惠公賂秦公曰:"我【三三】句(苟)果内(入),囟(使)君涉河,至于梁城。"惠公既内(入),乃偝(背)秦公弗攴(與)。[3] 立六年,秦公銜(率)自(師)与(與)【三四】惠公戰(戰)于韓(韓),戠(止)惠公以歸。[4] 惠公女(焉)以亓(其)子襄(懷)公爲執(質)于秦=(秦,秦)穆公以亓(其)子妻之。【三五】[5] 文公十又二年居翟=(狄,狄)甚善之,而弗能内(納);[6] 乃遱(適)齊=(齊,齊)人善之;[7] 遱(適)宋=(宋,宋)人善之,亦莫【三六】之能内(納);[8] 乃遱(適)堊(衛,衛)人弗善;[9] 遱(適)奠=(鄭,鄭)人弗善;[10] 乃遱(適)楚。[11] 襄(懷)公自秦逃歸,秦穆公乃訶(召)【三七】文公於楚,囟(使)衮(襲)襄(懷)公之室。晉惠公卒(卒),襄(懷)公卽立(位),秦人起(起)自(師)以内(納)文公于晉=(晉,晉)人殺【三八】襄(懷)公而立文公。[12] 秦晉女(焉)訋(始)會好,[13] 穆(勠)力同心,[14] 二邦伐緒(鄀),[15] 遷(徙)之审(中)城。[16] 回(圍)商蓉(密),戠(止)【三九】繡(申)公子義(儀)以歸。【四〇】[17]

卅一【三一背】　卅二【三二背】　卅三【三三背】　卅四【三四背】
卅五【三五背】　卅六【三六背】　卅七【三七背】　卅八【三八背】　卅九【三九背】　卌【四〇背】

[疏證]

[1] 晉獻公之嬖(嬖)妾曰驪姬,欲其子奚(奚)齊(齊)之爲君也,乃讒(讒)大子龍(共)君而殺之,或讒(讒)【三一】惠公及文=公=(文公。文公)奔翟(狄),惠公奔于梁。

【謹按】嬖妾,陳劍讀爲"嬖妾"。① 可從。指地位低賤受寵幸的女子。"婢"爲並母支部、"嬖"爲幫母錫部,並母、幫母都是唇音,支部、錫部對轉,故可通。《馬王堆帛書·稱》:"立正妻者,不使婢妾疑焉。"②《慎子·德立》作:"立正妻者,不使嬖妾疑焉。"③《一切經音義》引《釋名·釋親屬》:"嬖,卑賤婢妾,媚以色事人得幸者也。"④《左傳》隱公三年:"公子州吁,嬖人之子也。"杜注:"嬖,親幸也。"陸德明釋文:"賤而得幸曰嬖。"⑤《左傳》莊公二十八年:"驪姬嬖。"⑥

龏,即"龏","共"與"龏"古音同屬見母東部,可通。"龏君"即"共君",又稱"恭君"⑦、"恭世子"⑧,爲晉獻公太子,齊姜所生。《國語·晉語一》:"驪姬請使申生主曲沃以速縣。"韋昭注:"獻公太子恭君也。獻公娶於賈,無子;烝於齊姜,生申生。"⑨《國語·晉語二》載申生自殺,"是以諡爲共君"。韋昭注:"《諡法》:既過能改曰共。國人告公以此諡也。"徐元誥曰:

汪遠孫曰:"外王父云:《禮記·檀弓》正義引《諡法》:'敬順事上曰恭。'(元誥按:共,平聲,同恭。)申生之諡,蓋惠公改葬時加之。獻公、驪姬方被以惡名,決無錫諡之典。郭偃曰:'君改葬共君以爲榮也。'足知是惠公所加矣。韋説恐未必然。即有私諡,獻公安肯用之?"⑩

文公,晉文公重耳;惠公,晉惠公夷吾。此二人是晉獻公娶二戎女所生,大戎狐姬生重耳,小戎子生夷吾。

簡文所載事在晉獻公二十一年(前656,當魯僖公四年,此爲夏正),或

---

① 李松儒:《清華簡〈繫年〉集釋》,第123頁。
② 湖南省博物館、復旦大學出土文獻與古文字研究中心編纂,裘錫圭主編:《馬王堆帛書集成》第4册,北京:中華書局,2014年,第178頁。
③ 許富宏:《慎子集校集注》,北京:中華書局,2013年,第47~48頁。
④ (漢)劉熙撰,(清)畢沅疏證,(清)王先謙補:《釋名疏證補》,北京:中華書局,2012年,第308頁。
⑤ 《春秋左傳正義》卷3,《十三經注疏》,第3742頁。
⑥ 楊伯峻:《春秋左傳注(修訂本)》,第239頁。
⑦ (清)秦嘉謨輯《世本·氏姓》:"晉太子申生號恭君。"秦嘉謨云:"案《毛詩·韓奕》箋云:'古之恭字或作共。'故《左傳》恭、共二字通用。"(漢)宋衷注,(清)秦嘉謨等輯:《世本八種》,北京:中華書局,2008年,第225頁。
⑧ 《禮記·檀弓上》:"是以爲恭世子也。"陸德明釋文:"共音恭,本亦作恭。"《禮記正義》卷6,《十三經注疏》,第2765頁。
⑨ 徐元誥:《國語集解(修訂本)》卷7,第254頁。
⑩ 徐元誥:《國語集解(修訂本)》卷8,第281頁。

晉獻公二十二年(前655,當魯僖公五年,此爲周正)。《左傳》莊公二十八年:"晉獻公娶於賈,無子。烝於齊姜,生秦穆夫人及大子申生。又娶二女於戎,大戎狐姬生重耳,小戎子生夷吾。晉伐驪戎,驪戎男女以驪姬,歸,生奚齊,其娣生卓子。驪姬嬖,欲立其子,……二五卒與驪姬譖群公子而立奚齊。"①魯莊公二十八年(前666)當晉獻公十一年。《左傳》僖公四年:"十二月戊申,縊于新城。姬遂譖二公子曰:'皆知之。'重耳奔蒲,夷吾奔屈。"楊伯峻云:"晉用夏正,據周正推之,當爲周正明年二月之二十七日。"《春秋》僖公五年:"五年春,晉侯殺其世子申生。"②晉用夏正,而魯用周正,故不同年。

《國語》對此事記載頗詳,從獻公如何獲驪姬並立爲夫人,如何一步步進讒言陷害申生並迫使申生自殺,如何陷害夷吾與重耳並迫使他們出奔,均有詳細叙述。《晉語一》:"獻公伐驪戎,克之,滅驪子,獲驪姬以歸,立以爲夫人,生奚齊。其娣生卓子。驪姬請使申生主曲沃以速縣,重耳處蒲城,夷吾處屈,奚齊處絳,以儆無辱之故。公許之。……驪姬果作難,殺大子以逐二子。"又曰:"驪姬生奚齊,其娣生卓子。公將黜大子申生黜,而立奚齊。……公稱疾不與,使奚齊蒞事。"韋昭注:"蒞,臨也。稱疾不自祭,而使奚齊者,欲風群臣使知己意也。"③《晉語二》:"申生乃雉經於新城之廟。……是以諡爲共君。驪姬既殺太子申生,又譖二公子曰:'重耳、夷吾與知共君之事。'公令閹楚刺重耳,重耳逃於狄;令賈華刺夷吾,夷吾逃於梁。"徐元誥引沈鎔説:"梁,今陝西韓城縣南二十二里有少梁城,卽古梁國。"④《左傳》僖公四年則載"重耳奔蒲,夷吾奔屈"。關於重耳與夷吾逃往的地點,《繫年》所述與《國語》同。

[2]獻公卒(卒),乃立駅(奚)脓(齊),丌(其)夫=(大夫)里之克乃殺駅(奚)脓(齊),【三二】而立丌(其)弟悼子。里之克或(又)殺悼子。

【謹按】此事在晉獻公二十六年(前651,魯僖公九年)。

《春秋》僖公九年:"[九月]甲子,晉侯佹諸卒。……冬,晉里克殺其君之子奚齊。"杜注:"獻公未葬,奚齊未成君,故稱'君之子奚齊'。"⑤竹添光

---

① 楊伯峻:《春秋左傳注(修訂本)》,第238~241頁。
② 楊伯峻:《春秋左傳注(修訂本)》,第299~300頁。
③ 徐元誥:《國語集解(修訂本)》卷7,第254~257頁。
④ 徐元誥:《國語集解(修訂本)》卷8,第281頁。
⑤ 《春秋左傳正義》卷13,《十三經注疏》,第3907頁。

鴻箋:"未卽位不稱君,未成君也。先君薨年不卽位,一年不可二君也。"①同年《左傳》:"九月,晉獻公卒。……冬十月,里克殺奚齊于次。書曰'殺其君之子',未葬也。荀息將死之,人曰:'不如立卓子而輔之。'荀息立公子卓以葬。十一月,里克殺公子卓于朝,荀息死之。"②

《國語·晉語二》:"二十六年,獻公卒。里克將殺奚齊,……旣殺奚齊,荀息將死之,人曰:'不如立其弟而輔之。'荀息立公子卓。里克又殺公子卓,荀息死之。"③

《史記·晉世家》載,晉獻公臨危之時,"於是遂屬奚齊於荀息。荀息爲相,主國政。秋九月,獻公卒。里克、邳鄭欲內重耳,以三公子之徒作亂,……十月,里克殺奚齊於喪次,獻公未葬也。荀息將死之,或曰不如立奚齊弟悼子而傅之,荀息立悼子而葬獻公。十一月,里克弑悼子於朝,荀息死之"。《史記·十二諸侯年表》:"[晉獻公]二十六年卒,立奚齊,里克殺之及卓子。立夷吾。"④

里之克,卽晉大夫里克。

悼子,是驪姬妹妹所生子。《左傳》《竹書紀年》等均稱"卓子",惟《史記·晉世家》稱"悼子"。"卓""悼"古通。清人梁玉繩認爲《晉世家》中"悼子"之"悼"誤⑤,王叔岷認爲其不誤,兩字古通⑥。由清華簡《繫年》看,《晉世家》說自有所本,梁氏所疑非是,王說可從。

[3]秦穆公乃內(納)惠公于晉,惠公畧秦公曰:"我【三三】句(苟)果內(入),囟(使)君涉河,至于梁城。"惠公旣內(入),乃偈(背)秦公弗变(與)。

【謹按】秦穆公納晉惠公于晉,事在魯僖公九年(前 651),惠公背秦約在次年(前 650)。

內,讀爲"納"。《穀梁傳》昭公十二年:"納者,內不受也。"所謂"納",指送某人進入都邑而立爲君,這一過程每每是強力的。後面簡文"內"讀"納"者同。《左傳》僖公九年:"齊隰朋帥師會秦師納晉惠公。"杜注:"隰朋,齊大夫。惠公,夷吾。"⑦

句,整理者讀爲"後",未說理由。劉釗、陳劍讀爲"苟"。陳劍還說

---

① [日]竹添光鴻注:《左氏會箋》,第 437 頁。
② 楊伯峻:《春秋左傳注(修訂本)》,第 328~329 頁。
③ 徐元誥:《國語集解(修訂本)》卷 8,第 289 頁。
④ 《史記》卷 39、14,第 1992、723~724 頁。
⑤ (清)梁玉繩:《史記志疑》卷 9,第 979 頁。
⑥ 王叔岷:《史記斠證》,第 1458~1459 頁。
⑦ 《春秋左傳正義》卷 13,《十三經注疏》,第 3909 頁。

"果"字是成就、實現一類義,非假設連詞。① 按,後說可從,"苟"從"句"聲,故可通。《左傳》襄公二十六年載出奔的衛獻公要復入衛國,與甯喜言曰:"苟反,政由甯氏,祭則寡人。"《經傳釋詞》卷5:"苟,猶若也。"②乃假若之義。

果入,《戰國策·韓策二》:"太子弗聽,齊師果入,太子出走。"③《史記·晉世家》:"不果入魯君。"④

對"俖",整理者提出了兩種釋法。一,隸爲"俖",很可能是在商至西周"𰵀"之類寫法的基礎上演變來的,象一人負子之形,讀爲"背"。"保",幽部幫母,"背",職部幫母,二字音近可通。二,隸爲"隻",從"仔"聲,之部精母,讀爲"背"。⑤ 顏世鉉認爲是"保"的異體,其加"爻"聲,讀爲"負",爲背棄之意⑥。"保"(幫母幽部)、"爻"(匣母宵部),古音相近。今按,《左傳》此字作"背","保""負""背"往往相通。

夋,整理者認爲從"又"、"余"聲,"余""予"聲、韻相同,讀爲"予"。按,《左傳》僖公九年作"旣而不與","余""與"聲、韻亦同,當讀爲"與"。

梁城,整理者認爲即《左傳》之"解梁城",杜預注:"解梁城,即今河東解縣也。"認爲楊伯峻説即今山西永濟之解城。⑦

《左傳》僖公九年:"晉郤芮使夷吾重賂秦以求入,曰:'人實有國,我何愛焉? 入而能民,土於何有?'從之。齊隰朋帥師會秦師納晉惠公。"⑧《左傳》僖公十一年載晉大夫丕鄭之子丕豹奔秦,對秦穆公説:"晉侯背大主而

---

① 復旦大學出土文獻與古文字研究中心讀書會:《〈清華簡(貳)〉討論記録》,復旦大學出土文獻與古文字研究中心網,2011年12月23日。關於"我句果内"之"句",2011年11月19日清華大學出土文獻座談會上,劉釗指出當讀爲"苟"。清華讀書會認爲,"苟入""果入"表假設都是很通順的,但是兩個表假設的副詞連用似乎不是很好,仍從整理者讀"句"爲"後"。[清華大學出土文獻讀書會:《〈清華大學藏戰國竹簡〉(貳)研讀劄記(一)》,清華大學出土文獻與保護中心網,2011年12月22日]今按:陳劍和劉釗均認爲"句"當讀爲"苟",清華讀書會認爲"果""苟"兩個假設連詞不當連用。但陳劍已認爲"果"表已然意,非假設連詞,清華讀書會的反駁意見自然不能成立。實際上,"苟"(見母職部)與"果"(見母歌部)可通。《詩·唐風·采苓》:"苟亦無然。"毛傳:"苟,誠也。"馬其昶引陳曰:"苟謂之誠,猶果謂之誠也。苟、果一聲之轉。"馬其昶:《詩毛氏學》卷10,民國七年(1918)本。
② (清)王引之:《經傳釋詞》卷5,第117頁。
③ 范祥雍:《戰國策箋證》卷27,第1562頁。
④ 《史記》卷39,第2030頁。
⑤ 清華大學出土文獻研究與保護中心編,李學勤主編:《清華大學藏戰國竹簡(貳)》,第151頁。
⑥ 顏世鉉:《清華簡〈繫年〉札記二則》,《簡帛》第7輯,第59~63頁。
⑦ 清華大學出土文獻研究與保護中心編,李學勤主編:《清華大學藏戰國竹簡(貳)》,第151頁。
⑧ 楊伯峻:《春秋左傳注(修訂本)》,第330頁。

忌小怨,民弗與也。"楊伯峻注:"大主指秦,惠公之入,秦爲其主。"①據此則晉惠王一入晉就背棄了秦國。《左傳》僖公十五年:"[晉侯]賂秦伯以河外列城五,東盡虢略,南及華山,内及解梁城,既而不與。"②

《國語·晉語二》載晉公子夷吾使梁由靡告於秦穆公曰:"……君若惠顧社稷,不忘先君之好,辱收其逋遷裔胄而建立之,以主其祭祀,且鎮撫其國家及其民人,雖四鄰諸侯之聞之也,其孰不儆懼於君之威,而欣喜於君之德?終君之重愛,受君之重貺,而羣臣受其大德,晉國其誰非君之羣隸臣也?"③《晉語二》又載惠公夷吾此請得到秦穆公許諾後,私下對秦使者公子縶曰:"中大夫里克與我矣,吾命之以汾陽之田百萬。丕鄭與我矣,吾命之以負蔡之田七十萬。君苟輔我,蔑天命矣,吾必遂矣!亡人苟入,掃宗廟,定社稷,亡人何國之與有,君實有郡縣,且入河外列城五。豈謂君無有,亦爲君之東遊津梁之上,無有難急也。亡人之所懷挾纓纕以望君之塵垢者,黄金四十鎰,白玉之珩六雙,不敢當公子,請納之左右……公子縶反,致命穆公。……是故先置公子夷吾,是爲惠公。"④《晉語三》:"惠公入而背外内之賂。"⑤

《史記·秦本紀》:"夷吾使人請秦,求入晉。於是繆公許之,使百里傒將兵送夷吾。夷吾謂曰:'誠得立,請割晉之河西八城與秦。'及至,已立,而使丕鄭謝秦,背約不與河西城。"⑥《晉世家》:"里克使迎夷吾於梁。夷吾欲往,……乃使郤芮厚賂秦,約曰:'即得入,請以晉河西之地與秦。'……秦繆公乃發兵送夷吾於晉。齊桓公聞晉内亂,亦率諸侯如晉。秦兵與夷吾亦至晉,齊乃使隰朋會秦俱入夷吾,立爲晉君,是爲惠公。齊桓公至晉之高梁而還歸。惠公夷吾元年,使邳鄭謝秦曰:'始夷吾以河西地許君,今幸得入立。大臣曰:"地者先君之地,君亡在外,何以得擅許秦者?"寡人争之弗能得,故謝秦。'"⑦《十二諸侯年表》載秦穆公九年(前651)夷吾"求入",晉惠公元年(前650)"誅里克,倍秦約"。⑧ 據此,背秦約在惠公元年。

[4]立六年,秦公衔(率)自(師)与(與)【三四】惠公戬(戰)于靲

---

① 楊伯峻:《春秋左傳注(修訂本)》,第336頁。
② 楊伯峻:《春秋左傳注(修訂本)》,第352頁。
③ 徐元誥:《國語集解(修訂本)》卷8,第293~294頁。
④ 徐元誥:《國語集解(修訂本)》卷8,第295~297頁。
⑤ 徐元誥:《國語集解(修訂本)》卷9,第303頁。
⑥ 《史記》卷5,第239頁。
⑦ 《史記》卷39,第1993~1994頁。
⑧ 《史記》卷14,第723~724頁。

(韓),戡(止)惠公以歸。

【謹按】關於韓之地望,有三説:其一,舊説在今陝西韓城市西南;其二,在今山西省芮城縣之韓亭(《讀史方輿紀要》);其三,在今河津市和萬榮縣之間(江永《春秋地理考實》)。《左傳》載此戰曰"涉河,侯車敗","晉侯曰寇深矣",楊伯峻據此認爲其不在黄河之西,可知第一種説法實際上不能成立。①

晉惠公六年當魯僖公十五年(前645)。《國語·晉語三》:"[晉惠公]六年,秦歲定,率師侵晉,至於韓。……遂止於秦。"②《春秋》僖公十五年:"十有一月壬戌,晉侯及秦伯戰于韓。獲晉侯。"《左傳》僖公十五年:"晉饑,秦輸之粟(杜注:在十三年);秦饑,晉閉之糴(杜注:在十四年),故秦伯伐晉。"③《太平御覽》引《史記》:"晉惠公……至六年,秦穆公涉河伐晉。"④《史通·惑經》引《古本竹書紀年》:"惠公見獲。"⑤晉惠公在秦國被扣押三個月,詳後文。

[5]惠公女(焉)以亓(其)子褱(懷)公爲執(質)于秦=(秦,秦)穆公以亓(其)子妻之。【三五】

【謹按】此事在魯僖公十七年(前643),當晉惠公八年。

"執"(章母緝部)從"幸"聲,"質"(端母質部)從"所"聲,古書中有通假的例子,如從"執"之"贄""摯"與"質"可通。⑥ 上博七《鄭子家喪(甲、乙)》簡5"鄭人命以子良爲執",《左傳》宣公十二年作"子良出質",陳偉據此讀簡文之"執"爲"質"。⑦

《左傳》僖公十七年:"夏,晉大子圉爲質於秦,秦歸河東而妻之。"⑧《國語·晉語三》:"是故歸惠公而質子圉。秦始知河東之政。公在秦三月。"韋昭注:"《内傳》:'惠公以九月獲,十一月歸。'"⑨

[6]文公十又二年居翟=(狄,狄)甚善之,而弗能内(納);

---

① 參楊伯峻:《春秋左傳注(修訂本)》,第350~351頁。
② 徐元誥:《國語集解(修訂本)》卷9,第308~311頁。
③ 《春秋左傳正義》卷14,《十三經注疏》,第3919頁。
④ (宋)李昉等:《太平御覽》卷877,北京:中華書局,1960年,第3898頁。
⑤ 方詩銘、王修齡:《古本竹書紀年輯證(修訂本)》,第80~81頁。
⑥ 參高亨:《古字通假會典》,濟南:齊魯書社,1989年,第569頁。
⑦ 陳偉:《新出簡牘研讀》,武漢:武漢大學出版社,2010年,第308頁;《讀清華簡〈繫年〉札記》,《江漢考古》2012年第3期,第118~119頁。
⑧ 楊伯峻:《春秋左傳注(修訂本)》,第372頁。
⑨ 徐元誥:《國語集解(修訂本)》卷9,第312~313頁。

【謹按】《左傳》僖公二十三年:"[重耳]處狄十二年而行。"楊伯峻注:"重耳居狄凡十二年,重耳於魯僖之五年至狄,十六年而行。"①《國語·晉語四》:"文公在狄十二年。"②

[7]乃迋(蹠)齊═(齊,齊)人善之;

【謹按】迋,《左傳》作"及",可訓爲"至"。《國語·周語中》"及陳"韋昭注:"及,至也。"③《國語》作"適",可訓爲"之"或"往"。《説文·辵部》:"適,之也。"《詩·小雅·巷伯》:"誰適與謀。"鄭玄箋:"適,往也。"④該字從"辵"、"石"聲,整理者讀爲"適";陳美蘭讀爲"蹠";李松儒讀爲"之",並認爲古文獻中表示去、往義的"之""適""迋""蹠"四字語音相關,大概是一字之分化。⑤

從"辵"與從"足"可通,疑"迋"是"蹠"之異體。又,"蹠"與"跖"也是異體字。《廣韻·昔韻》"蹠"字重文作"跖"⑥;《史記·伯夷列傳》"盗蹠日殺不辜"索隱:"'蹠'及注作'跖',並音之石反。"⑦"迋""蹠"從石聲,"蹠"從"庶"聲,而"庶"本從"石"聲,故"石""庶"作爲聲旁可通用。簡文之"蹠",訓爲"適"。《淮南子·原道》:"出生入死,自無蹠有,自有蹠無,而以衰賤矣。"高誘注:"蹠,適也。"⑧

《左傳》僖公二十三年:"及齊,齊桓公妻之,有馬二十乘。公子安之。"⑨《國語·晉語四》:"遂適齊。齊侯妻之,甚善焉。有馬二十乘,將死於齊而已矣。"韋昭注:"桓公以女妻之,遇之甚善。四匹爲乘,八十匹也。"徐元誥引僖二十三年《左傳》林注曰:"以宗女姜氏妻重耳。"⑩重耳至齊在魯僖公十六年(前644),居齊五年,於魯僖公二十年(前640)離開齊。

[8]迋(蹠)宋═(宋,宋)人善之,亦莫【三六】之能内(納);

【謹按】《左傳》僖公二十三年:"及宋,宋襄公贈之以馬二十乘。"⑪《國語·晉語四》:"公子過宋,與司馬公孫固相善。……[宋]襄公從之,贈以

---

① 楊伯峻:《春秋左傳注(修訂本)》,第405頁。
② 徐元誥:《國語集解(修訂本)》卷10,第321頁。
③ 徐元誥:《國語集解(修訂本)》卷2,第63頁。
④ 《毛詩正義》卷12,《十三經注疏》,第978頁。
⑤ 李松儒:《清華簡〈繫年〉集釋》,第135~136頁。
⑥ 周祖謨:《廣韻校本:附廣韻四聲韻字今音表》卷5,第520頁。
⑦ 《史記》卷61,第2586頁。
⑧ 何寧:《淮南子集釋》卷1,第57頁。
⑨ 楊伯峻:《春秋左傳注(修訂本)》,第406頁。
⑩ 徐元誥:《國語集解(修訂本)》卷10,第323頁。
⑪ 楊伯峻:《春秋左傳注(修訂本)》,第408頁。

馬二十乘。"①重耳可能在魯僖公二十年(前640)或二十一年(前639)至宋,離開宋至晚當在二十一年。

[9]乃迡(遆)韋(衛,衛)人弗善;

【謹按】《左傳》僖公二十三年:"過衛,衛文公不禮焉。出於五鹿,乞食於野人,野人與之塊。"②重耳過衛在從狄至齊之間。

《國語・晉語四》載文公出狄後,"過五鹿,乞食於野人,野人舉塊與之",然後至齊,後"過衛,衛文公有邢、狄之虞,不能禮焉"。③

《繫年》所載適衛在過宋後,與傳世文獻不同。重耳從狄至齊,經過衛地五鹿,在魯僖公十六年;離開齊後,又經過衛國,衛文公不禮,此在魯僖公二十年。

[10]迡(遆)奠═(鄭,鄭)人弗善;

【謹按】《左傳》僖公二十三年:"及鄭,鄭文公亦不禮焉。"④《國語・晉語四》:"公子過鄭,鄭文公亦不禮焉。"⑤此在魯僖公二十一年。

[11]乃迡(遆)楚。

【謹按】《左傳》僖公二十三年:"及楚,楚子享之。"⑥《國語・晉語四》載重耳"遂如楚,楚成王以君禮享之,九獻,庭實旅百"。⑦ 至楚當在魯僖公二十二年(前638),居楚數月,離開楚亦當在二十二年。

[12]褱(懷)公自秦逃歸,秦穆公乃訋(召)【三七】文公於楚,囟(使)袭(襲)褱(懷)公之室。晉惠公卒(卒),褱(懷)公卽立(位),秦人记(起)𠂤(師)以内(納)文公于晉═(晉。晉)人殺【三八】褱(懷)公而立文公。

【謹按】訋,讀爲"召",从"言"、"勺"聲。古音"勺"屬禪母藥部,中古開口三等;"召"章母宵部,中古開口三等。禪、章母屬舌上,宵、藥陰入對轉,故兩者古音極近。楚文字"訋"多讀爲"召"。⑧ 此處"召"同於《左傳》桓公十七年"蔡桓侯卒。蔡人召蔡季于陳"之"召"。《國語・晉語四》"秦乃召重耳於楚而納之"一句正作"召"。

---

① 徐元誥:《國語集解(修訂本)》卷10,第329~330頁。
② 楊伯峻:《春秋左傳注(修訂本)》,第406頁。
③ 徐元誥:《國語集解(修訂本)》卷10,第322、326頁。
④ 楊伯峻:《春秋左傳注(修訂本)》,第408頁。
⑤ 徐元誥:《國語集解(修訂本)》卷10,第330頁。
⑥ 楊伯峻:《春秋左傳注(修訂本)》,第408頁。
⑦ 徐元誥:《國語集解(修訂本)》卷10,第331頁。
⑧ 可參單育辰:《〈曹沫之陳〉文本集釋及相關問題研究》,碩士學位論文,長春:吉林大學,2007年,第52~53頁。

懷公自秦逃歸事,《左傳》僖公二十二年曰:"晉大子圉爲質於秦,將逃歸,……遂逃歸。"①魯僖公二十二年即晉惠公十三年(前638)。

秦穆公乃召文公於楚,使襲懷公之室,即《左傳》僖公二十三年所載重耳由楚入秦後,"秦伯納女五人,懷嬴與焉"事。杜注:"懷嬴,子圉妻。子圉諡懷公,故號爲懷嬴。"②據此,晉文公所襲懷公之室實指文公娶了晉懷公之妻懷嬴。

晉惠公卒,懷公卽位。此當在魯僖公二十三年(前637)。《左傳》僖公二十三年:"九月,晉惠公卒。懷公立。"③

秦人起師以納文公于晉,《國語·晉語四》:"十五年,惠公卒,懷公立。秦乃召重耳於楚而納之。晉人殺懷公於高梁,而授重耳,實爲文公。"韋昭注:"懷公,子圉也。魯僖二十二年自秦逃歸。"④晉惠公十五年(前636)當魯僖公二十四年。《左傳》僖公二十四年:"二十四年春王正月,秦伯納之。"⑤

晉人殺懷公而立文公,《左傳》僖公二十四年:"[二月]戊申,使殺懷公于高梁。"⑥

根據《繫年》,"懷公自秦逃歸,秦穆公乃召文公於楚,使襲懷公之室"在晉惠公死之前;"秦人起師以内文公於晉。晉人殺懷公而立文公"則在其後。而《國語》説"秦乃召重耳於楚而納之"明顯是把兩者合而爲一,均繫於晉惠公卒之後。《左傳》僖公二十三年載"九月,晉惠公卒,懷公立",其後載楚成王乃送重耳至秦,顯然將重耳襲懷公之室繫於此後。可見,《繫年》的説法同於《國語》而與《左傳》相異。

[13] 秦晉女(焉)匄(始)會好,

【謹按】會,嘉好之事。《春秋》隱公九年:"冬,公會齊侯於防。"莊存與注:"嘉好之事曰會。"⑦《左傳》定公四年亦載"嘉好之事",杜注:"謂朝會。"⑧可見嘉好之事可以稱爲"會"。"會好"即事先約定會見結好。此次

---

① 楊伯峻:《春秋左傳注(修訂本)》,第394頁。
② 《春秋左傳正義》卷15,《十三經注疏》,第3941頁。
③ 楊伯峻:《春秋左傳注(修訂本)》,第402頁。
④ 徐元誥:《國語集解(修訂本)》卷9,第317頁。
⑤ 楊伯峻:《春秋左傳注(修訂本)》,第412頁。
⑥ 楊伯峻:《春秋左傳注(修訂本)》,第414頁。
⑦ (清)莊存與:《春秋正辭》(與孔廣森《春秋公羊經傳通義》合刊)卷4,上海:上海古籍出版社,2014年,第96頁。
⑧ 《春秋左傳正義》卷54,《十三經注疏》,第4634頁。

秦晉會好,據後文可知是爲了"伐鄀"。

[14]穆(勠)力同心,

【謹按】"穆"从"㣇"聲(古音明母覺部,中古合口三等),與从"翏"聲(古音來母覺部,中古音合口三等)的"勠"音近相通,古書"穆公"也作"繆公"可證。勠力,並力也,古書或作"戮力",而"勠"爲本字。①

[15]二邦伐緒(鄀),

【謹按】《左傳》僖公二十五年:"秋,秦、晉伐鄀。"楊伯峻注:"鄀音若,秦、楚界上的小國,此時猶都商密,其地在河南省淅川縣之西南。其後遷都,則在湖北省宜城縣東南九十里。"②

[16]遷(徙)之审(中)城。

【整理者】"中城"不見於史載,疑與《曾侯乙墓竹簡》簡156"审城子騮爲左騙"之"审城"有關。③

【郭濤】簡文"中城"當在古析邑,即今老灌河北岸、西峽縣治西。④

【謹按】《曾侯乙墓竹簡》簡156"城子騮爲左"之"中城",整理者認爲即《春秋》成公九年之"城中城",杜預注:"魯邑也,在東海廩丘縣西南。"並懷疑簡文之"审城"即此"中城"。⑤ 楊伯峻注引江永説認爲《春秋》之"中城"在今江蘇怵陽縣境。⑥

[17]回(圍)商窑(密),截(止)【三九】繙(申)公子義(儀)以歸。【四〇】

【謹按】《左傳》僖公二十五年:"楚鬭克、屈禦寇以申、息之師戍商密。秦人過析,隈入而係輿人,以圍商密,昏而傅焉。……乃降秦師。秦師囚申公子儀、息公子邊以歸。"楊伯峻注:"鬭克,字子儀,時爲楚之申公;屈禦寇字子邊,時爲楚之息公。楚之地方長官皆稱公。楚國經營中國,常用申、息之師。"⑦據《左傳》文公十四年、《繫年》第八章、清華陸《子儀》,殽之戰後子儀被秦穆公放歸以求成於楚。

---

① 可參張以仁:《〈國語〉舊注輯校・晉語四》,《張以仁先秦史論集》,上海:上海古籍出版社,2010年,第271~272頁。
② 楊伯峻:《春秋左傳注(修訂本)》,第434頁。
③ 清華大學出土文獻研究與保護中心編,李學勤主編:《清華大學藏戰國竹簡(貳)》,第152頁。
④ 李松儒:《清華簡〈繫年〉集釋》,第139頁。
⑤ 參湖北省博物館編:《曾侯乙墓》上册,北京:文物出版社,1989年,第527頁。
⑥ 楊伯峻:《春秋左傳注(修訂本)》,第842頁。
⑦ 楊伯峻:《春秋左傳注(修訂本)》,第434頁。

[譯文]

晉獻公寵倖的妾名曰驪姬,想讓她的兒子奚齊繼承君位,於是就進讒言誣陷太子共君並最終殺了他,又進讒言誣陷惠公和文公。文公逃奔到了狄,惠公逃奔到了梁。獻公死後,就立了奚齊爲君,晉公大夫里克殺了奚齊,又立他(奚齊)之弟悼子爲君。里克又殺了悼子。秦穆公於是就率軍隊護送惠公進入晉國,惠公賄賂秦穆公説:"假若我能夠回到晉國,您可跨越黃河,一直可至梁城。"惠公回國後,就違背了諾言而不給秦土地。即位六年後,秦穆公率領軍隊和惠公在韓地交戰,俘獲了惠公帶歸秦國。惠公於是讓他的兒子懷公在秦國做人質,秦穆公把他的女兒嫁給了懷公。文公留居狄達十二年,狄人善待他,但没有能力護送他回國;於是就到了齊國,齊國人善待他;到了宋國,宋國人善待他,也没有能力護送他回國;於是到了衛國,衛國人不善待他;到了鄭國,鄭國人也没有善待他;於是到了楚國。懷公從秦國逃跑回到晉國,秦穆公於是就把文公從楚國招來,並且讓他娶了懷公的妻子。晉惠公死後,懷公繼位,秦國人就率領軍隊護送文公進入晉國。晉國人殺了懷公,立文公爲君。秦、晉兩國於是開始會見結好,同心協力。兩個國家攻伐都,將其遷到中城。包圍商密,俘獲帶回了申公子儀。

[解題]

本章主要圍繞晉文公的即位和秦、晉關繫開始合好而展開叙事。
簡文所載史事主要有:

第一,驪姬事迹。簡文載晉獻公的嬖妾叫驪姬。此人爲了讓其兒子奚齊繼位,進讒言殺了晉獻公之太子共君(謚號,卽申生),又進讒言迫使惠公和文公分別逃奔梁和狄。於是晉獻公死後,奚齊繼位。

第二,晉、秦韓之戰。奚齊繼位不久就被大夫里克所殺,繼位者奚齊之弟悼子亦被里克所殺。當時晉惠公尚在秦,爲了讓秦穆公送他入晉即位,許下了諾言而不兑現。晉惠公六年(前645,魯僖公十五年),秦、晉發生了韓之戰,秦國俘獲了晉惠公。

第三,晉文公之立。晉惠公死後,其子懷公即位。晉文公此前一直在外逃亡,先後經過了狄、齊、宋、衛、鄭、楚等,最後到了秦國。懷公即位後,秦穆公派軍隊送晉文公入晉即位,晉懷公也被晉人所殺。

第四,秦、晉關繫開始合好。秦穆公通過幫助晉文公即位,兩國關繫開始合好,並且兩國聯合攻伐秦、楚界上的小國——鄀。結果楚申縣公子儀被秦俘獲。此爲下章秦釋放申公子儀以加强秦、楚關繫,埋下了伏筆。

[問題]

第一,本章所載史事繫年。本章所述史事錯綜複雜,爲了簡明起見,我們將其繫之於具體的年代。

第二,簡 34 之"使君涉河"與其相關問題。簡文所載此四字,不見於相關傳世文獻的記載,但其牽涉到相關歷史問題,我們對此進行了考證。

第三,關於晉惠公的卒年及其相關問題。傳世文獻對於晉惠公卒年的記載有歧異:一説卒於魯僖公二十四年(以《春秋》《國語》等爲代表),另一説卒於魯僖公二十三年(以《左傳》爲代表)。《繫年》的説法同於《國語》而與《左傳》相異。我們根據《繫年》對相關問題進行了討論。

第四,晉文公的逃亡路綫。關於晉文公的逃亡路綫,傳世文獻所載即有差異,《繫年》所載與傳世文獻亦有不同處。對此,我們就相關問題進行了一些探討。

[考證]

一、本章所載史事繫年

對本章所載史事予以繫年,見表三:

表三　《繫年》第六章所載史事及年代

公元紀年	魯紀元		晉紀元		事件	簡文
	年	月（周正）	年	月（夏正）		
前655	魯僖公五年	二月	晉獻公二十一年	十二月	申生(共君)被殺	晉獻公之嬖妾曰驪姬,欲其子奚齊之爲君也,乃譖大子共君而殺之。
					惠公、文公逃奔	或譖惠公及文公。文公奔翟,惠公奔于梁。

(續表)

公元紀年	魯紀元		晉紀元		事件	簡文	
	年	月（周正）	年	月（夏正）			
前651	魯僖公九年	十一月		九月	奚齊立	獻公卒,乃立奚齊。	文公十又二年居狄,狄甚善之,而弗能納;乃蹠齊,齊人善之;蹠宋,宋人善之,亦莫之能納;乃蹠衛,衛人弗善;蹠鄭,鄭人弗善;乃蹠楚。
		十二月		十月	里克殺奚齊	其大夫里之克乃殺奚齊,而立其弟悼子。	
前650	魯僖公十年	一月	晉獻公二十六年	十一月	里克殺悼子	里之克或殺悼子。	
					秦納晉惠公入晉	秦穆公乃納惠公于晉,惠公賂秦公曰:"我苟果入,使君涉河,至于梁城。"惠公既入,乃背秦公弗與。	
			晉惠公元年		晉惠公立		
前645	魯僖公十五年	十一月	晉惠公六年	九月	韓之戰	立六年,秦公率師與惠公戰于韓,止惠公以歸。	
前643	魯僖公十七年①		晉惠公八年	夏	懷公爲質	惠公焉以其子懷公爲質于秦,秦穆公以其子妻之。	
前638	魯僖公二十二年		晉惠公十三年	秋	懷公逃歸晉	懷公自秦逃歸。	
					文公入秦	秦穆公乃召文公於楚,使襲懷公之室。	

---

① 晉懷公爲質於秦事,《左傳》僖公十七年、《史記·晉世家》俱謂在魯僖公十七年,王玉哲則認爲在魯僖公十六年一月。王玉哲:《子圉質秦在晉惠公七年非魯僖公十七年辨》,《古史集林》,第476~477頁。

(續表)

公元紀年	魯紀元		晉紀元		事件	簡文
	年	月（周正）	年	月（夏正）		
前637	魯僖公二十三年	十一月	晉惠公十四年①	九月	晉惠公卒與懷公立	晉惠公卒，懷公即位。
前636	魯僖公二十四年	三月	晉文公元年	正月	秦穆公納晉文公	秦人起師以納文公于晉。
		五月		三月②	懷公之被殺	晉人殺懷公。
					重耳立	而立文公。
前635	魯僖公二十五年			秋	二邦伐鄀	秦晉焉始會好，勠力同心，二邦伐鄀，徙之中城。圍商密，止申公子儀以歸。

二、簡34之"使君涉河"及其相關問題

《繫年》載夷吾（晉惠公）要入晉，賂秦穆公曰："我苟果入，使君涉河，至于梁城。"關於夷吾賂秦穆公的言語，傳世文獻有以下幾種記載：

《左傳》僖公九年："晉郤芮使夷吾重賂秦以求入，曰：'人實有國，我何愛焉？入而能民，土於何有？'從之。"③《左傳》僖公十五年："［晉侯］賂秦伯以河外列城五，東盡虢略，南及華山，內及解梁城，既而不與。"④

《國語·晉語二》載晉公子夷吾使梁由靡告於秦穆公曰："……君若惠顧社稷，不忘先君之好，辱收其逋遷裔胄而建立之，以主其祭祀，且鎮撫其國家及其民人，雖四鄰諸侯之聞之也，其孰不儆懼於君之威，而欣喜於君之德？終君之重愛，受君之重貺，而群臣受其大德，晉國其誰非君之群隸臣

---

① 詳參本章史事考證部分之"三、關於晉惠公的卒年及其相關問題"。
② 三月，原誤作"二月"。
③ 楊伯峻：《春秋左傳注（修訂本）》，第330頁。
④ 楊伯峻：《春秋左傳注（修訂本）》，第352頁。

也?"①《國語·晉語三》:"惠公入而背外內之賂。"②

《史記·秦本紀》載夷吾之言曰:"誠得立,請割晉之河西八城與秦。"③

兩相比較,最明顯的區別是《繫年》有"使君涉河"四字而傳世文獻無。實際上,這四字非常關鍵。

《左傳》僖公十五年:"晉饑,秦輸之粟;(杜注:在十三年。)秦饑,晉閉之糴,(杜注:在十四年。)故秦伯伐晉。卜徒父筮之,吉:'涉河,侯車敗。'詰之。對曰:'乃大吉也,三敗必獲晉君。'"④《太平御覽》引《史記》:"晉惠公……至六年,秦穆公涉河伐晉。"⑤上引《繫年》的説法可與《左傳》《史記》互證。

《左傳》記載晉惠公入晉背秦賂,韓之戰晉敗於秦,於是秦晉和好。魯僖公十五年(前645),晉又出現饑荒,秦穆公接濟晉粟,"於是秦始征晉河東"。《史記·十二諸侯年表》列此事於明年(前644):秦"爲河東置官司"。⑥ 楊伯峻認爲《傳》蓋終言之⑦,所謂"河東","是黃河之東,即《傳》所謂'東盡虢略,南及華山,内及解梁城'者"。⑧ 也就是說,至此晉惠公才兌現了其賂秦穆公土地之承諾。

三、關於晉惠公的卒年及其相關問題

關於晉惠公的在位年以及卒年,古書有兩種記載:

第一,卒於晉惠公十五年,當魯僖公二十四年(前636),以《春秋》《國語》《古本竹書紀年》爲代表。《春秋》僖公二十四年:冬,"晉侯夷吾卒"。⑨夷吾乃晉惠公之名。《國語·晉語三》:"十五年,惠公卒,懷公立。秦乃召重耳於楚而納之。晉人殺懷公於高梁,而授重耳,實爲文公。"韋昭注:"懷公,子圉也。魯僖二十二年自秦逃歸。"徐元誥按:"惠公卒於十五年七月,時魯僖二十三年九月也。"⑩徐說是錯誤的,因據《史記·十二諸侯年表》,

---

① 徐元誥:《國語集解(修訂本)》卷8,第294頁。
② 徐元誥:《國語集解(修訂本)》卷9,第303頁。
③ 《史記》卷5,第239頁。
④ 《春秋左傳正義》卷14,《十三經注疏》,第3919頁。
⑤ (宋)李昉等:《太平御覽》卷877,第3898頁。
⑥ 《史記》卷14,第727~728頁。
⑦ 楊伯峻:《春秋左傳注(修訂本)》,第367頁。
⑧ 楊伯峻:《春秋左傳注(修訂本)》,第367頁。
⑨ 楊伯峻:《春秋左傳注(修訂本)》,第412頁。
⑩ 徐元誥:《國語集解(修訂本)》卷9,第317頁。

魯僖公二十三年卽公元前637年,此年乃晉惠公十四年。①《國語》所謂的晉惠公十五年,應是魯僖公二十四年(前636)。《水經·河水注》引《古本竹書紀年》曰:"晉惠公十五年,秦穆公率師送公子重耳,涉自河曲。"此句,《水經·涑水注》引作:"晉惠公十有五年,秦穆公率師送公子重耳,圍令狐、桑泉、臼衰,皆降于秦師。狐毛與先軫禦秦,至於廬柳,乃謂秦穆公使公子縶來與師言,退舍,次於郇,盟於軍。"②可見,《竹書紀年》亦載晉惠公有十五年,並謂此年秦穆公送重耳入晉。綜以上三書,晉惠公實際上卒於十五年卽魯僖公二十四年,秦穆公於此年送重耳入晉。

第二,卒於魯僖公二十三年(前637),以《左傳》《史記》爲代表。《左傳》僖公二十三年:"九月,晉惠公卒,懷公立。"③其謂晉惠公卒於魯僖公二十三年(前637),當晉惠公十四年。《史記》同《左傳》說。《史記·十二諸侯年表》將晉懷公立定爲前637年,文公元年定爲前636年④。如此,則晉惠公卒亦在十四年。《史記·晉世家》:"十四年九月,惠公卒,太子圉立,是爲懷公。"⑤

那麼,以上兩種說法孰是孰非呢?

《左傳》謂晉惠公卒於魯僖公二十三年九月,而《春秋》則謂卒於魯僖公二十四年冬。顧炎武認爲後者有錯簡,他說:"疑此錯簡,當在二十三年之冬。《傳》曰:'九月,晉惠公卒。'晉之九月,周之冬也。"⑥也就是說晉惠公卒於魯僖公二十三年冬。這種看法得到了衛聚賢和楊伯峻的進一步發展。衛聚賢說:

> 按晉侯夷吾卒,列在冬十有一月之後,是夷吾卒於十一月,《經》以周正言也。《傳》云:"九月惠公卒。"《傳》以夏正言也。蓋晉用夏正,《左傳》多仍其文。夏之九月,卽周之十一月,是晉惠公卒於魯僖公二十三年,周正十一月。《春秋》列在僖二十四年者,因簡脫誤也。⑦

楊伯峻也持類似看法,其曰:

> 據《傳》,晉惠公卒於去年九月,而《經》記於此年"冬"者,杜注謂"文公定位而後告",此說實無理,顧棟高《大事表》已駁之。顧炎武云

---

① 《史記》卷14,第730頁。
② 方詩銘、王修齡:《古本竹書紀年輯證(修訂本)》,第80~81頁。
③ 楊伯峻:《春秋左傳注(修訂本)》,第402頁。
④ 《史記》卷14,第730~731頁。
⑤ 《史記》卷39,第1999頁。
⑥ (清)顧炎武:《左傳杜解補正》卷上,第31頁。
⑦ 衛聚賢:《晉惠公卒年考》,《國學月報:述學社刊物之一》1927年第2卷第2期,第69~73頁。

"疑此錯簡,當在二十三年之冬",是也。①
我們認爲顧炎武的説法是正確的,晉惠公卒於魯僖公二十三年九月(夏正),周正爲十一月,即《春秋》所謂的"冬"。

既然晉惠公卒於魯僖公二十三年九月,那麽,他到底在位多少年呢?
《史記·晉世家》:"十四年九月,惠公卒,太子圉立,是爲懷公。"這"十四年"正是惠公的紀年。如此,晉惠公在位十四年。又,《國語·晉語四》:"十五年,惠公卒,懷公立。秦乃召重耳於楚而納之。晉人殺懷公於高梁,而授重耳,實爲文公。"②這段話首先叙述十五年惠公卒而懷公立,然後説"秦乃召重耳於楚而納之";但是後者實際上在前者之先,當在魯僖公二十二年(詳參後文)。《繫年》第六章曰:"懷公自秦逃歸,秦穆公乃召文公於楚,使襲懷公之室。晉惠公卒,懷公即位。"明確説明秦穆公召文公於楚在晉懷公卒之前。我們認爲,晉惠公死後懷公即位,蓋當年並未改元,仍用晉惠公紀年,《晉語四》的"晉惠公十五年"實際上指的是重耳立爲文公之年。《古本竹書紀年》正如是載。《水經·河水注》引《古本竹書紀年》曰:"晉惠公十五年,秦穆公率師送公子重耳,涉自河曲。"此句,《水經·涑水注》引作:"晉惠公十有五年,秦穆公率師送公子重耳,圍令狐、桑泉、臼衰,皆降于秦師。狐毛與先軫禦秦,至於廬柳,乃謂秦穆公使公子縶來與師言,退舍,次於郇,盟於軍。"③這裏的晉惠公十五年即魯僖公二十四年,此年正是秦納重耳、重耳即位之年。

綜上可見,晉惠公卒於魯僖公二十三年九月,在位十四年。之後懷公即位,但懷公並未改元,繼續用惠公紀年,所以有晉惠公十五年之説。

四、晉文公重耳出亡繫年及史事考辨

晉文公重耳是春秋時期著名的"五霸"之一,其與齊桓公齊名,史籍並稱"齊桓、晉文"。"齊桓、晉文"之事,是春秋歷史最重要的組成部分,所以孟子説:"王者之迹熄而《詩》亡,《詩》亡然後《春秋》作。晉之《乘》,楚之《檮杌》,魯之《春秋》,一也:其事則齊桓、晉文,其文則史。"④可見,春秋時記録歷史的各國史書,主要記載的就是"齊桓、晉文"之事。

關於晉文公重耳,《國語》《左傳》等史籍記載頗詳。據史籍所載,重耳

---

① 楊伯峻:《春秋左傳注(修訂本)》,第412頁。
② 徐元誥:《國語集解(修訂本)》卷9,第317頁。
③ 方詩銘、王修齡:《古本竹書紀年輯證(修訂本)》,第80~81頁。
④ 楊伯峻譯注:《孟子譯注》,第192頁。

由於遭罹驪姬之禍而出逃,先後經過狄、齊、衛、曹、宋、鄭、楚、秦八國,前後歷十九年。關於這段經歷,與重耳同時的《左傳》僖公二十八年載楚成王説:"晉侯在外,十九年矣,而果得晉國。險阻艱難,備嘗之矣;民之情僞,盡知之矣。"①《左傳》昭公十三年載晉大夫叔向也説:"我先君文公……亡十九年,守志彌篤。"②可以説,這十九年流亡經歷,磨煉了重耳的意志,對其日後圖霸,起了非常重要的作用。

實際上,關於重耳出亡十九年歷經八國之事,史家最關心處,莫過於何年過何國,經歷此國時又發生了何事。然而,史書對此之記載,或語焉不詳,或相互抵牾。前賢時修雖進行了艱辛的探索,比如王玉哲《晉文公重耳考》③,李隆獻《晉文公復國圖霸考》之《流亡時地考》等專門探討了相關問題④,但是由於史料缺乏,仍衆説紛紜,莫衷一是。如李隆獻在考訂晉文公流亡各國年代後説:"本節所述,由於史料不多,且多有參差,多難以確言,有待進一步研究。"⑤

近年來公佈的子犯編鐘、清華簡《繫年》、清華簡柒《子犯子餘》等新資料,有助於我們釐清相關年代及史事,尤其是《子犯子餘》中的重耳"居秦三年"説,跟學界普遍認爲重耳居秦不過一年的説法大相徑庭。

先秦史事之年代向來難考。過去錢穆考索先秦諸子年代,認爲要避免三病:一爲"各治一家,未能通貫";二爲"詳其著顯,略其晦沉";三爲"依據史籍,不加細勘"。錢先生又説:"夫事之不詳,何論其年?故考年者必先尋實事。實事有證,而其年自定。"⑥這些論述雖爲考證諸子年代而發,但對我們考辨重耳出亡年代,也具有重要的指導意義。因此,筆者對重耳出亡繫年及其相關史事的考證,亦本此四原則:一爲講求通貫,將重耳歷經各國的具體年代全盤考慮;二爲鉤沉略顯,主要考證爭議大、分歧多之處;三爲細勘史籍,辨其真僞是非,並明其所以真、所以僞、所以是、所以非;四爲以事繫年,以年考事,將年代與史事結合起來考論。

(一)重耳逃亡路綫

關於晉文公重耳出亡的路綫,傳世文獻記載即有差異,如下所示:

---

① 楊伯峻:《春秋左傳注(修訂本)》,第 456 頁。
② 楊伯峻:《春秋左傳注(修訂本)》,第 1352~1353 頁。
③ 王玉哲:《晉文公重耳考》,《古史集林》,第 459~479 頁。
④ 李隆獻:《晉文公復國定霸考》,臺北:臺灣大學出版委員會,1988 年,第 134~155 頁。
⑤ 李隆獻:《晉文公復國定霸考》,第 155 頁。
⑥ 錢穆:《先秦諸子繫年》,北京:商務印書館,2005 年,"自序"第 21、22 頁。

《左傳·僖公二十三年》:狄—衛—五鹿—齊—曹—宋—鄭—楚—秦。
《史記·晉世家》:狄—衛—五鹿—齊—曹—宋—鄭—楚—秦。
《呂氏春秋·上德》:翟(狄)—衛—五鹿—齊—曹—宋—鄭—楚—秦。
《國語·晉語四》:狄—五鹿—齊—衛—曹—宋—鄭—楚—秦。
《繫年》:狄—齊—宋—衛—鄭—楚—秦。

在《繫年》公佈之前,傳世文獻對重耳流亡路綫的記載祇有《國語》與其他相異,因爲其提到了兩次過衛。對此,楊伯峻認爲《國語》所載有誤,應該去掉後一次過衛,這樣傳世文獻中的説法就達成了一致。他説:

> 《晉語四》於及曹之前,尚有過衛一事,又分五鹿乞食與衛文公不禮爲兩年事,乞食五鹿在適齊前,衛文公不禮在去齊後。《史記》于《衛世家》既用《左傳》列衛文公無禮於十六年;復于《年表》魯僖公之二十三年,亦卽衛文之二十三年云"重耳從齊過,無禮",亦因《晉語》之故。不知重耳由齊及曹,並不過衛。《國語》不可信。①

筆者以爲,從地理上説,楊説確實有道理。但是,他持此説時明顯具有一個既定前提——重耳離開齊後的目的地一定是曹。實際上,翻檢古籍,楊説的這個既定前提是没有資料予以支撑的,而僅僅是他的一種推測。而且,根據我們考證,"五鹿乞食"和"衛文公不禮"根本不在一年(詳見後文),所以楊説不可信,上引《左傳》《吕氏春秋·上德》《史記·晉世家》所載雖然一致,但後二者無疑是依據前者而來的。因此,我們還是相信《國語》的記載。

《繫年》跟《國語》《左傳》等的傳統説法不相同,其中最大的區别有三點:第一,衛在宋前;第二,無過曹;第三,無過五鹿。對此,有學者認爲,除上述第二點有誤(卽認爲有過曹事)外,《繫年》其他記載都是正確的,並在此基礎上,提出了一種新的、"大致合理"的路綫,卽狄—衛(五鹿)—齊—衛(?)—宋—曹—衛—鄭—楚—秦。②

我們認爲,《繫年》所記載的出亡路綫是有問題的,其之所以如此記載,純粹是爲了叙述的便利。我們且看《繫年》第六章的相關記載:

> 文公十又二年居狄,狄甚善之,而弗能納;乃適齊,齊人善之;適宋,宋人善之,亦莫之能納;乃適衛,衛人弗善;適鄭,鄭人弗善;乃適楚。……秦穆公乃召文公於楚,使襲懷公之室。……秦人起師以納文

---

① 楊伯峻:《春秋左傳注(修訂本)》,第407頁。
② 劉麗:《重耳流亡路綫考》,《深圳大學學報(人文社會科學版)》2012年第2期,第63頁。

公于晉。

"蹠"訓爲"適"。原來,重耳居狄、適齊、適宋均"善之",而適衛、適鄭均"弗善",《繫年》的作者爲了叙述便利,遂將其放在一起記述。這點提醒我們,《繫年》在歷史叙事時,其手法是靈活多樣的。

總之,關於重耳出亡的路綫,我們認同《國語》的順序,即:狄—五鹿(衛)—齊—衛—曹—宋—鄭—楚—秦。這種順序與史書所載年代相合,這將在後文對重耳經過各國進行繫年時進一步地論證。

(二)重耳逃亡經歷各國繫年

關於重耳逃亡經歷各國之年代,見於《左傳》《國語》《史記》等,但未明確具體年代,所以學者有很多推測。而最近公佈的子犯編鐘、清華簡《繫年》、清華簡柒《子犯子餘》等資料,對重耳逃亡經歷各國之年代也有涉及,這有助於我們釐清重耳經過各國之具體年代,從而更好地考辨相關史事。

據史籍記載,重耳因驪姬之禍而出奔晉國,先後經過狄、五鹿(衛)、齊、衛、曹、宋、鄭、楚、秦等國(地),最後在秦穆公的幫助下返回晉國繼承君位,這一過程前後達十九年。《左傳》僖公二十八年載楚成王説:"晉侯在外十九年矣,而果得晉國。"《左傳》昭公十三年載晉大夫叔向曰:"我先君文公……亡十九年,守志彌篤。"也就是説,這一總年數是無疑問的。但是,對於經過各個國家的具體時間,由於古籍記載之歧異甚多,學者意見也是衆説紛紜。

關於重耳逃亡經歷各國年代之記載,首先見於《國語》,但語焉不詳。《左傳》此處採用紀事本末體,列諸事於魯僖公二十三年,未明年代。《史記·晉世家》主要根據《左傳》,但亦有相異處,比如載居齊年數凡五年,過宋時發生了泓之戰等。另外,《史記》的《十二諸侯年表》於《左傳》《國語》間用,如前引楊伯峻説:"《史記》于《衛世家》既用《左傳》列衛文公無禮於十六年;復于《年表》魯僖公之二十三年,亦即衛文之二十三年云'重耳從齊過,無禮',亦因《晉語》之故。"[①]至於《吕氏春秋·上德》則完全根據《左傳》。爲便於比較,特列表四:

---

① 楊伯峻:《春秋左傳注(修訂本)》,第407頁。

表四　重耳逃亡經歷各地繫年（採用魯僖公紀年）

所經地	《國語·晉語四》	《左傳》僖公二十三年	《史記·晉世家》	《呂氏春秋·上德》	繫年
狄	文公在狄十二年。……乃行。	晉公子重耳之及於難也，……遂奔狄。……處狄十二年而行。	獻公二十二年，……重耳遂奔狄。……重耳居狄凡十二年而去。	公子重耳自蒲奔翟。	五至十六年
五鹿（衛）	過五鹿，乞食於野人。……遂適齊。	過衛，衛文公不禮焉。出於五鹿，乞食於野人。	過衛，衛文公不禮。去，過五鹿，飢而從野人乞食。	去翟過衛，衛文公無禮焉。過五鹿如齊。	十六年
齊	齊侯妻之，甚善焉。……桓公卒，孝公即位。諸侯叛齊。子犯知齊之不可以動，……欲行，……遂行。	及齊，齊桓公妻之，有馬二十乘。	至齊，齊桓公厚禮，……重耳至齊二歲而桓公卒，……齊孝公之立，諸侯兵數至。留齊凡五歲。	［如齊］，齊桓公死。去齊之曹。	十六至二十年
衛	過衛，衛文公有邢、狄之虞，不能禮焉。				二十年
曹	自衛過曹，曹共公亦不禮焉。	及曹，曹共公聞其駢脅，欲觀其裸。浴，薄而觀之。	過曹，曹共公不禮。	［之曹］，曹共公視其駢脅，使袒而捕池魚。	二十年
宋	公子過宋，……襄公從之，贈以馬二十乘。	及宋，宋襄公贈之以馬二十乘。	去，過宋。宋襄公新困兵於楚，傷於泓，聞重耳賢，乃以國禮禮於重耳。	去曹過宋，宋襄公加禮焉。	二十年或二十一年
鄭	公子過鄭，鄭文公亦不禮焉。	及鄭，鄭文公亦不禮焉。	過鄭，鄭文公弗禮。	之鄭，鄭文公不敬。	二十一年

(續表)

所經地	《國語·晉語四》	《左傳》僖公二十三年	《史記·晉世家》	《呂氏春秋·上德》	繫年
楚	遂如楚,楚成王以君禮享之。……於是懷公自秦逃歸。秦伯召公子於楚,楚子厚幣以送公子於秦。	及楚,楚子饗之。……乃送諸秦。	重耳去之楚,楚成王以適諸侯禮待之。	去鄭之荆,荆成王慢焉。	二十二年
秦	秦伯歸女五人,懷嬴與焉。十月,惠公卒。十二月,秦伯納公子。	秦伯納女五人,懷嬴與焉。二十四年春王正月,秦伯納之。	重耳至秦,繆公以宗女五人妻重耳。是時晉惠公十四年秋。惠公以九月卒,子圉立。十一月,葬惠公。十二月,晉國大夫欒、郤等聞重耳在秦,皆陰來勸重耳、趙衰等反國,爲内應甚衆。於是秦繆公乃發兵與重耳歸晉。晉聞秦兵來,亦發兵拒之。然皆陰知公子重耳入也。唯惠公之故貴臣呂、郤之屬不欲立重耳。重耳出亡凡十九歲而得入……晉人多附焉。	去荆之秦,秦繆公入之。	二十二至二十四年

(續表)

所經地	《國語·晉語四》	《左傳》僖公二十三年	《史記·晉世家》	《呂氏春秋·上德》	繫年
秦	公子濟河,召令狐、臼衰、桑泉,皆降。晉人懼,懷公奔高梁。呂甥、冀芮帥師。	濟河,圍令狐,入桑泉,取臼衰。			二十二至二十四年
	甲午,軍於廬柳。秦伯使公子縶如師,師退,次於郇。	二月甲午,晉師軍于廬柳。			
	辛丑,狐偃及秦、晉大夫盟於郇。	辛丑,狐偃及秦、晉之大夫盟于郇。			
	壬寅,公入於晉師。	壬寅,公子入于晉師。			
	甲辰,秦伯還。				
	丙午,入於曲沃。	丙午,入于曲沃。			
	丁未,入絳,即位於武宮。	丁未,朝于武宮。			
	戊申,刺懷公於高梁。	戊申,使殺懷公于高梁。			

資料來源:徐元誥:《國語集解(修訂本)》卷10,第342~346頁;楊伯峻:《春秋左傳注(修訂本)》,第404~410、412~414頁;《史記》卷39,第2000~2004頁;許維遹:《呂氏春秋集釋》卷19,第519~521頁。

通過分析表四,我們得出了一些認識,也產生了以下疑問:

第一,"五鹿乞食"與"衛文公不禮"是否在同一年?"在狄十二年"與"五鹿乞食"在魯僖公十六年,由於各書記載明確,諸家沒有異議。但關於"衛文公不禮"事,《國語》將其與"五鹿乞食"分開,不在一年;而《左傳》《史記》《呂氏春秋》將其繫於一年。究竟孰是孰非?不可不辨。

第二,居齊究竟幾年?對此,《國語》僅提供了個綫索——此年桓公卒而孝公立。《史記》則進一步說重耳至齊兩年後桓公卒而孝公立,又載重耳居齊凡五年。後者究竟有無依據？不可不辨。

第三，過宋與泓之戰究竟有無關繫？據《國語》《左傳》，二者無關，而《史記》却將二者聯繫。關於泓之戰的年代，史籍記載明確。那麽，《史記》的這種繫聯到底有無證據？不可不辨。

第四，居秦究竟幾年？關於居秦的年代，學者向來無異議，認爲不超過一年。但實際上，《韓非子》裏有"入秦三年"的記載，由於是孤證，過去很少引起學者重視。然而清華簡柒《子犯子餘》亦有"居秦三年"的記載，這使得我們必須重新考慮居秦之年代，甚至將帶來傳統上關於重耳經歷各國的整個年代序列之變動。因此，居秦究竟幾年？三年說是否合理？亦不可不辨。

下面，我們圍繞這四個問題，對重耳逃亡經歷各國之年代進行考辨。

1."五鹿乞食"當在魯僖公十六年辨

重耳在魯僖公五年(前655)自蒲奔狄，此於《左傳》有證。《左傳》僖公二十三年："晉公子重耳之及於難也，晉人伐諸蒲城。……遂奔狄。"杜注："事在五年。"①此"五年"指魯僖公五年。

重耳在狄生活了十二年，於魯僖公十六年(前644)離開了狄。《左傳》僖公二十三年："處狄十二年而行。"楊伯峻注："此句謂重耳居狄凡十二年，重耳於魯僖之五年至狄，十六年而行。"②《國語·晉語四》："文公在狄十二年。"韋昭注："文公，晉獻公庶子重耳，避驪姬之難，魯僖五年，歲在大火，自蒲奔狄，至十六年，歲在壽星，故在狄十二年。"③《左傳》與《國語》記載相合，這是没有問題的。

重耳離開狄後，本來打算去齊國，經過五鹿應該在魯僖公十六年。《國語·晉語四》："乃行。過五鹿，乞食於野人。……子犯曰：'……十有二年，必獲此土……歲在壽星及鶉尾，其有此土乎……'"韋昭注："魯僖十六年後十二年歲在鶉尾，必有此五鹿地。魯僖二十七年歲在鶉尾。二十八年，歲復在壽星，晉文公伐衛，正月六日戊申取五鹿。周正月，夏十一月也，正天時以夏數，故歲在鶉尾也。"④從二十八年倒推十二年，正得十六年。

上引《國語》所載重耳適齊過五鹿事，《左傳》僖公二十三年曰："過衛，衛文公不禮焉。出於五鹿，乞食於野人，野人與之塊。公子怒，欲鞭之。子

---

① 《春秋左傳正義》卷15,《十三經注疏》,第3939頁。
② 楊伯峻：《春秋左傳注(修訂本)》,第405頁。
③ 徐元誥：《國語集解(修訂本)》卷10,第321頁。
④ 徐元誥：《國語集解(修訂本)》卷10,第322頁。

犯曰:'天賜也。'稽首受而載之。"①《史記·衛康叔世家》載衛文公"十六年,晉公子重耳過,無禮"。衛文公十六年即魯僖公十六年。楊伯峻曰:"亦即重耳去狄之年。"②因此,重耳"五鹿乞食"事在魯僖公十六年,而"衛文公不禮事"實際上不在此年(詳後文)。

2. "在齊"當在魯僖公十六年至二十年考

重耳由五鹿至齊在魯僖公十六年。《國語·晉語四》:"[重耳]遂適齊。齊侯妻之,甚善焉。"③《左傳》僖公二十三年:"[重耳]及齊,齊桓公妻之,有馬二十乘。"楊伯峻曰:"其事在惠公七年,即魯僖公十六年。"④《史記·齊世家》:"[齊桓公]四十二年,……是歲,晉公子重耳來。"⑤齊桓公四十二年當魯僖公十六年。可見,重耳至齊在魯僖公十六年,諸書記載同。

那麽,重耳到底居齊幾年,是何時離開齊的呢?《國語》未言,祇提供了一條信息,《國語·晉語四》:"桓公卒,孝公即位,諸侯叛齊。子犯知齊之不可以動,……遂行。"⑥即重耳居齊之時(魯僖公十七年),齊桓公卒,次年(魯僖公十八年)齊孝公即位。《春秋》僖公十七年:"冬十有二月乙亥,齊侯小白卒。"《左傳》僖公十七年:"冬十月乙亥,齊桓公卒。……十二月乙亥,赴。"楊伯峻曰:"實卒於十月乙亥,赴以十二月,書從赴。"⑦魯僖公十七年即公元前643年。《左傳》僖公十八年:"夏五月,宋敗齊師于甗,立孝公而還。"因此,重耳去齊肯定在齊孝公即位以後,即魯僖公十八年或以後。那麽,重耳去齊究竟是魯僖公十八年還是其他時間,到底居齊幾年?對此,古今學者有如下説法:

第一,居三年說,在魯僖公十八年離開齊。此說以韋昭爲代表。《國語·晉語四》:"桓公卒,孝公即位,諸侯叛齊。子犯知齊之不可以動,……遂行。"韋昭注:"在齊一年而桓公卒。孝公,桓公子昭,即位在魯僖十八年。"⑧《國語·晉語四》:"姜與子犯謀,醉而載之以行……遂行。"如按韋昭說,則重耳至齊在魯僖公十六年,離開齊在魯僖公十八年,居齊三年。

第二,居五年說,在魯僖公二十年離開齊。此說的根據是《史記·晉世

---

① 楊伯峻:《春秋左傳注(修訂本)》,第406頁。
② 楊伯峻:《春秋左傳注(修訂本)》,第406頁。
③ 徐元誥:《國語集解(修訂本)》卷10,第323頁。
④ 楊伯峻:《春秋左傳注(修訂本)》,第406頁。
⑤ 《史記》卷32,第1807頁。
⑥ 徐元誥:《國語集解(修訂本)》卷10,第323、326頁。
⑦ 楊伯峻:《春秋左傳注(修訂本)》,第372頁。
⑧ 徐元誥:《國語集解(修訂本)》卷10,第323頁。

家》之"留齊凡五歲"。《史記·晉世家》:

> 至齊,齊桓公厚禮,而以宗女妻之,有馬二十乘,重耳安之。重耳至齊二歲而桓公卒,會豎刀等爲內亂,齊孝公之立,諸侯兵數至。留齊凡五歲。①

那麽,以上説法孰是孰非?學者有不同看法。

梁玉繩認同第一説,他認爲今本《史記》所謂的"留齊凡五歲"是傳寫之譌誤:

> 案:"五"乃"三"之誤。重耳以齊桓四十二年如齊,明年桓公卒,又明年爲齊孝公元年,遂適衛,爲衛文公十八年,有邢、狄之難,故有不禮重耳之事。②

梁玉繩之所以如此認爲,乃是爲了配合他的"衛文公不禮"在魯僖公十八年之説,而此説實不可信(詳後文)。梁氏爲此不惜改《史記》原文,而這種改動未有任何版本依據,不可從。《史記》言重耳"留齊凡五歲",如此明確,想必司馬遷有史料依據,在未有確鑿證據之前我們没有理由予以推翻。

既然重耳於魯僖公十六年至齊,"留齊凡五歲",那麽,他離開齊國當在魯僖公二十年。此於史書有徵。《國語·晉語四》載重耳之所以離開齊的原因是:"桓公卒,孝公即位,諸侯叛齊,子犯知齊之不可以動。"韋昭注:"動,謂求反國。"③也就是説重耳離開齊國時,諸侯開始叛齊。考齊桓卒於魯僖公十七年,《左傳》僖公十九年載甯莊子雖有當時"諸侯無伯"的感歎,但直至此年諸侯仍未叛齊。《春秋》僖公十九年:"冬,會陳人、蔡人、楚人、鄭人盟于齊。"同年《左傳》曰:"冬,盟于齊,脩桓公之好也。"杜預注:"宋襄暴虐,故思齊桓。"④均可爲證。原來,齊桓死後,宋襄公開始爭奪霸主地位,但直至此年諸侯仍然懷念齊桓,並未叛齊。諸侯叛齊蓋始於魯僖公二十年。此年宋襄公開始乘齊國衰落之勢,加緊爭取諸侯,力圖奪齊霸主之位。《左傳》僖公二十年"宋襄公欲合諸侯"⑤正是對這種情勢之描述。

因此,我們認爲將重耳離開齊國的時間定在魯僖公二十年是合理的。此年重耳見借齊國幫助返國的想法徹底破滅了,所以不得已離開了齊國。王玉哲也説:"重耳於魯僖十六年至齊,留五歲即魯僖二十年,去齊時當在

---

① 《史記》卷39,第2001~2002頁。
② (清)梁玉繩:《史記志疑》卷21,第984頁。
③ 徐元誥:《國語集解(修訂本)》卷10,第323頁。
④ 《春秋左傳正義》卷14,《十三經注疏》,第3929頁。
⑤ 楊伯峻:《春秋左傳注(修訂本)》,第387頁。

秋季,因有'謀於桑下,蠶妾在焉'(《晉語》)之文也。"①按,王說可從。《左傳》僖公二十年:"秋,齊、狄盟于邢,爲邢謀衛難也。"②此時諸侯不盟,祇能盟狄,可見諸侯確實叛齊。而且,齊國此時忙於救邢,無力顧及重耳,重耳於此時離開齊國也是合理的。

可見,重耳在齊是從魯僖公十六年至魯僖公二十年,居齊凡五年。

3."衛文公不禮"事當在魯僖公二十年考

按照《國語》的記載,重耳離開齊後,又經過衛國。關於過衛到底是哪一年,《國語》未言,僅提供了一條信息,《國語·晉語四》:"過衛,衛文公有邢、狄之虞,不能禮焉。"也就是過衛那年,當時衛國面臨"邢、狄之虞"。③

何謂"虞"? 對此,有兩種說法:

第一,三國時期的韋昭說:"虞,備也。""備"什麼? 韋昭說是"備"邢人、狄人來伐,具體指的是菟圃之役。韋注:"虞,備也。是歲,魯僖十八年,冬,邢人、狄人伐衛,圍菟圃,文公師於訾婁以退之,故不能禮焉。"④

第二,清代學者王念孫曰:"虞者,憂也。韋注失之。"⑤"憂"什麼? 汪遠孫曰:"虞者,憂也,憂其來伐,不必是圍菟圃之歲。"徐元誥按:邢、狄圍衛之菟圃在魯僖十八年。⑥

我們認爲第二種說法可從。《左傳》僖公三十年:"春,晉人侵鄭,以觀其可攻與否。狄間晉之有鄭虞也。夏,狄侵齊。"此年春晉國侵鄭的目的是試探鄭國可否攻伐;既侵鄭國,晉國也就面臨鄭國的攻伐之"虞";故此年夏狄乘機侵晉的同盟國——齊國。楊伯峻注曰"虞,憂也"⑦。可見"虞",就是憂其來伐之義。

那麼,"邢、狄之虞",所"虞"者到底是何年何事? 主要有以下三種說法:

第一,所"虞"指魯僖十八年邢、狄圍衛之菟圃之事,韋昭即持此說。梁玉繩進一步申論韋昭說,他說:

> 考《春秋》僖十八年,"邢人、狄人伐衛",魯僖十八卽衛文十八,則重耳過衛當在衛文十八年也。更有一確證,韋昭《晉語》注云"魯僖十

---

① 王玉哲:《晉文公重耳考》,《古史集林》,第 468~469 頁。
② 楊伯峻:《春秋左傳注(修訂本)》,第 387 頁。
③ 徐元誥:《國語集解(修訂本)》卷 10,第 326 頁。
④ 徐元誥:《國語集解(修訂本)》卷 10,第 326 頁。
⑤ (清)王引之:《經義述聞》卷 19,第 451 頁。
⑥ 徐元誥:《國語集解(修訂本)》卷 10,第 326 頁。
⑦ 楊伯峻:《春秋左傳注(修訂本)》,第 478 頁。

八年冬,邢、狄伐衛文公,故不能禮",則重耳過衛非衛文十六與二十三等年可知。①

第二,所"虞"指魯僖二十三年事,主要根據是《左傳》《史記·十二諸侯年表》。《史記·十二諸侯年表》載衛文公二十三年"重耳從齊過,無禮",衛文公二十三年即魯僖公二十三年(前637)。清代學者周生、汪遠孫也認同此說。周生說:

> 自衛至秦,雖經歷多國,而道途元非遠隔,入秦在二十三年,則過衛亦在二十三年,《史·表》所書非誤。若謂僖十八年過衛,則自十八年至二十三年此六年中,文公淹留何國乎?②

汪遠孫也說:

> 文公自去齊後,衛、曹、鄭既不見禮,宋襄公止乘馬之贈,未嘗假館,居楚亦僅數月。(見《史記·晉世家》。)自齊至秦,雖經歷多國,道途原非遼遠,入秦在二十三,則過衛在二十三年明矣。③

第三,所"虞"指魯僖公二十年事,其根據是《左傳》僖公二十年所載"秋,齊狄盟於邢,爲邢謀衛難也,於是衛方病邢"。今人王玉哲即持此觀點,他說:

> 考《春秋左氏傳》僖二十年:"秋,齊狄盟於邢,爲邢謀衛難也,於是衛方病邢。"文公過衛蓋在此年也。④

那麼以上三種說法孰是孰非?我們分別考述之。

第一種說法有兩個問題。一是"衛文公有邢、狄之虞"與魯僖十八年邢、狄圍衛之菟圃事二者不能對應。前文已述,所謂"衛文公有邢、狄之虞"是指衛文公擔憂邢、狄來攻伐,這與事實上受到攻伐不同;而魯僖公十八年所載是事實上的邢、狄伐衛,《春秋》僖公十八年云"冬,邢人、狄人伐衛",同年《左傳》亦載"邢人、狄人伐衛,圍菟圃"⑤,均可爲證。因此,二者不能對應。清人周生也說:"《國語》言衛文公有邢、狄之虞,不必定是見伐,特虞其來伐耳。若方當見伐,則當曰'有邢、狄之變'矣。韋昭注以僖十八年'邢人、狄人伐衛'爲文公過衛之歲,殊非。"⑥二是假若把"衛文公有

---

① (清)梁玉繩:《史記志疑》卷8,第336頁。
② (清)梁玉繩:《瞥記》卷3,清嘉慶刻清白士集本。
③ 徐元誥:《國語集解(修訂本)》卷10,第326頁。
④ 王玉哲:《晉文公重耳考》,《古史集林》,第469頁。
⑤ 楊伯峻:《春秋左傳注(修訂本)》,第377~378頁。
⑥ (清)梁玉繩:《瞥記》卷3,清嘉慶刻清白士集本。

邢、狄之虞"定在魯僖公十八年,而重耳入秦在魯僖公二十三年,那麼這其中的六年時間無法安排,誠如上引周生、汪遠孫所說。因此,這種說法實不可從。

第二種說法也面臨兩個問題:其一,魯僖公二十三年未見衛國面臨"邢、狄之虞";其二,與《史記·晉世家》所謂"留齊凡五年"說矛盾。前文已述,重耳居齊是在魯僖公十六年至二十年,如定到二十三年,則居齊是八年,勢必與其他文獻相矛盾。實際上,這種說法的根據雖說是《左傳》將之繫於僖公二十三年,但這是追述,沒有明確在此年;而《十二諸侯年表》是根據《左傳》而來,亦未可據。可見,這種說法也不可信。

我們認爲第三種說法可信。其一,此年確實見"衛文公有邢、狄之虞",即衛文公擔憂邢、狄來攻伐。據《春秋》《左傳》等,魯僖公十八年邢、狄伐衛,圍菟圃。十九年,衛爲了報復,加之邢國國君當時無道,所以衛伐邢,楊伯峻注:"不伐狄而伐邢者,以邢方無道。"①《左傳》僖公二十年:"秋,齊狄盟於邢,爲邢謀衛難也,於是衛方病邢。""病"者,憂也。《禮記·樂記》:"病不得其衆也。"鄭玄注:"病,猶憂也。"②"齊狄盟於邢"者,清代學者劉文淇注:"上年衛人伐邢,齊蓋合狄、邢之交以伐衛也。"③可見,僖公二十年齊國聯合了邢、狄,目的就是伐衛,而此正是衛文公所擔憂的。《國語》謂之曰"衛文公有邢、狄之虞",恰如其分。果然,《春秋》僖公二十一年:"春,狄侵衛。"其二,這種說法也與《史記·晉世家》"留齊凡五年"說密合。重耳居齊是從魯僖公十六年至二十年,於二十年秋離開齊至衛,此年秋齊正聯合邢、狄預謀伐衛,此時衛文公自顧不及,故不禮重耳。

總之,我們認爲重耳過衛在魯僖公二十年秋季。

4."及曹"亦當在魯僖公二十年説

關於重耳由衛至曹的時間,《左傳》《國語》均無記載。《左傳》僖公二十三年:

> 及曹,曹共公聞其駢脅,欲觀其裸。浴,薄而觀之。僖負羈之妻曰:"吾觀晉公子之從者,皆足以相國。若以相,夫子必反其國。反其國,必得志於諸侯。得志於諸侯,而誅無禮,曹其首也。子盍蚤自貳焉!"乃饋盤飧,置璧焉。公子受飧反璧。④

---

① 楊伯峻:《春秋左傳注(修訂本)》,第383頁。
② 《禮記正義》卷39,《十三經注疏》,第3342頁。
③ (清)劉文淇:《春秋左傳舊注疏證》,第345頁。
④ 楊伯峻:《春秋左傳注(修訂本)》,第407頁。

《國語·晉語四》：

> 自衛過曹,曹共公亦不禮焉,聞其骿脅,欲觀其狀,止其舍,謀其將浴,設微薄而觀之。僖負羈之妻言於負羈曰:"吾觀晉公子,賢人也,其從者皆國相也,以相,必得晉國。得晉國而討無禮,曹其首誅也。子盍蚤自貳焉?"僖負羈饋飧,寘璧焉。公子受飧反璧。①

而《史記》則提供了一些信息。《史記·晉世家》：

> 過曹,曹共公不禮,欲觀重耳骿脅。曹大夫釐負羈曰:"晉公子賢,又同姓,窮來過我,奈何不禮!"共公不從其謀。負羈乃私遺重耳食,置璧其下。重耳受其食,還其璧。②

《史記·管蔡世家》：

> [曹]共公十六年,初,晉公子重耳其亡過曹,曹君無禮,欲觀其骿脅。釐負羈諫,不聽,私善於重耳。③

按,曹共公十六年(前637)當魯僖公二十三年。值得注意的是,《管蔡世家》於此有一"初"字,説明"及曹"應該在此之前。上文已述,梁玉繩主張過衛在魯僖公十八年時,故過曹也當在此年,他説:

> 重耳過曹,《左傳》在魯僖二十三年,此書於曹共公十六年,與《傳》無違。然《傳》實追叙前事,不定在是年。《世家》雖亦書於共公十六年,而加一"初"字,甚合。④

但是楊伯峻推測當在魯僖公二十二年,他説:

> 《曹世家》既著此事於共公之十六年,又著一"初"字,似重耳之過曹在共公十六年之前,然《年表》仍列此事於十六年,即魯僖二十三年。以重耳過宋之年推之,當在魯僖之二十二年。⑤

筆者不認同這兩種説法。根據前面的考證,過衛在魯僖公二十年,故過曹也當在魯僖公二十年。

5. "及宋"仍當在魯僖公二十年説

關於重耳過宋的時間,古書記載如下：

《國語·晉語四》：

---

① 徐元誥:《國語集解(修訂本)》卷10,第327~328頁。
② 《史記》卷39,第2002頁。
③ 《史記》卷35,第1900頁。
④ (清)梁玉繩:《史記志疑》卷8,第336頁。
⑤ 楊伯峻:《春秋左傳注(修訂本)》,第407~408頁。

公子過宋,與司馬公孫固相善。……[宋]襄公從之,贈以馬二十乘。①

《左傳》僖公二十三年:

[重耳]及宋,宋襄公贈之以馬二十乘。②

《史記·宋世家》載宋襄公十三年(即魯僖公二十二年):

晉公子重耳過宋,襄公以傷於楚,欲得晉援,厚禮重耳以馬二十乘。③

《史記·晉世家》:

過宋。宋襄公新困兵於楚,傷於泓,聞重耳賢,乃以國禮禮於重耳。宋司馬公孫固善於咎犯,曰:"宋小國新困,不足以求入,更之大國。"乃去。④

按,觀《國語》與《左傳》,重耳過宋,宋襄公僅贈重耳馬二十乘。而《史記》在此基礎上增加了兩方面內容:一方面是把重耳過宋與泓之戰聯繫了起來,記載了重耳過宋的時間——在宋楚泓之戰後;另一方面則是認爲宋襄公待重耳以國禮,按徐元誥説法,即"似已設館,不僅贈馬也"⑤。由此引發以下幾個問題:第一,《史記》説法是否可靠?司馬遷是否別有所據?第二,如"設館"說正確,那麼重耳肯定不僅僅是路過,而是有所滯留,那麼滯留多長時間呢?要解答以上兩個問題,我們首先得把泓之戰的相關事情弄清楚。

關於泓之戰,古籍有如下記載:

《春秋》僖公二十二年:

冬十有一月己巳朔,宋公及楚人戰于泓,宋師敗績。⑥

《左傳》僖公二十二年:

楚人伐宋以救鄭。宋公將戰,大司馬固諫曰:"天之棄商久矣,君將興之,弗可赦也已。"弗聽。冬十一月己巳朔,宋公及楚人戰于泓。⑦

《韓非子·外儲説左上》:

---

① 徐元誥:《國語集解(修訂本)》卷10,第329~330頁。
② 楊伯峻:《春秋左傳注(修訂本)》,第408頁。
③ 《史記》卷38,第1965頁。
④ 《史記》卷39,第2003頁。
⑤ 徐元誥:《國語集解(修訂本)》卷10,第330頁。
⑥ 楊伯峻:《春秋左傳注(修訂本)》,第393頁。
⑦ 楊伯峻:《春秋左傳注(修訂本)》,第396~397頁。

宋襄公與楚人戰於涿谷上,……宋人大敗,公傷股,三日而死。①

《史記·宋世家》:

十三年夏,宋伐鄭。子魚曰:"禍在此矣。"秋,楚伐宋以救鄭。襄公將戰,子魚諫曰:"天之棄商久矣,不可。"冬十一月,襄公與楚成王戰于泓。……是年,晉公子重耳過,宋襄公以傷於楚,欲得晉援,厚禮重耳以馬二十乘。十四年夏,襄公病傷於泓而竟卒,子成公王臣立。②

《史記·晉世家》:

過宋。宋襄公新困兵於楚,傷於泓,聞重耳賢,乃以國禮禮於重耳。宋司馬公孫固善於咎犯,曰:"宋小國新困,不足以求入,更之大國。"乃去。③

綜上可見,關於泓之戰的時間,《春秋》《左傳》等俱載在魯僖公二十二年冬十一月己巳朔(一日),這是毫無疑問的。而《春秋》《左傳》《韓非子》等先秦典籍均不認爲重耳過宋與泓之戰有關聯,惟有《史記》將二者相聯繫,那麼這種聯繫到底有無道理呢? 對此,學者有如下看法:

第一,認爲《史記》的這種聯繫是不成立的。如司馬貞、梁玉繩等皆持此看法。司馬貞《史記索隱》説:

《春秋》戰于泓在僖二十三年(實際上是魯僖公二十二年冬十一月初一——引者按),重耳過宋及襄公卒在二十四年(應爲魯僖公二十三年——引者按)。今此文以重耳過與傷泓共歲,故云"是年"。又重耳過與宋襄公卒共是一歲,則不合更云"十四年"(宋襄公十四年即魯僖公二十三年——引者按)。是進退俱不合於《左氏》,蓋太史公之疏耳。④

梁玉繩曰:

《左傳》重耳歷游諸國,惟自鄭至楚及楚送諸秦,當在魯僖二十三年。過衛在僖十八年,餘皆追叙,莫定在何歲。此及《晉世家》書過宋於宋襄公十三年傷泓之後(當魯僖二十二),謂因敗禮重耳,未確也。《左通》曰:"晉文公在外十九年,不知於何年過宋,《史》特因上年傷泓而爲此説,安知過宋不竟在泓戰之前?"(索隱亦言史公之疏,而年數

---

① (清)王先慎撰,鍾哲點校:《韓非子集解》卷11,第283頁。
② 《史記》卷38,第1963~1965頁。
③ 《史記》卷39,第2002頁。
④ 《史記》卷38,第1965頁。

多誤,語亦欠明,故不錄。)①

司馬貞認爲,泓之戰在魯僖公二十二年,而《左傳》載重耳過宋則在二十三年,二者不合,故不取。總之,雖然司馬貞認爲過宋在泓之戰後,而梁玉繩則認爲過宋在泓之戰前,但是二人都認爲過宋與泓之戰無關,根本原因是二者年代不合。

第二,認爲《史記》的說法成立。沈家本說:

> 《左傳》總叙重耳出亡之事於僖二十三年,爲次年秦納重耳張本,非謂皆一年之事。重耳居狄十二年,留齊五年,凡十七年,當宋襄之十二年(宋襄公十二年當魯僖公二十一年,公元前639年——引者按)。自是由齊至曹,由曹過宋則在襄之十三年(即魯僖公二十二年——引者按)。重耳去宋,過鄭,又去之楚,居楚數月,而晉太子圉亡秦,圉亡秦亦宋襄十三年,此其證也。然則《史》文並未誤,乃小司馬(指上引司馬貞《史記索隱》——引者按)之疏耳。又《春秋》戰泓在僖二十二年,襄公卒在僖二十三年,此誤"二"爲"三",誤"三"爲"四",當是傳寫之譌,非小司馬之謬也。②

據沈家本所說,泓之戰與重耳過宋的時間是相合的,所以他認同《史記》將二者聯繫之說。

第三,認爲《史記》的說法有對也有錯。王玉哲說:

> 衛曹皆不禮,去宋在當年或在翌年(僖二十一年)也。而《晉世家》云:"宋襄公新困兵於楚,傷於泓,聞重耳賢,乃以國禮禮重耳。"按泓之戰在魯僖二十二年冬,文公必不能至魯僖二十二年冬始來宋,因中途逗留何處,梁氏《志疑》亦疑之(且如依《韓非子·外儲說左上》云:宋人大敗,宋襄公傷股,三日而死,則更不及禮重耳)。《晉世家》所載雖不可靠,然亦必非全然無據。其下文又云:"宋司馬公孫固善於咎犯,曰:'宋小國新困,不足以求入,更之大國。'"以臆度之,文公必是在僖二十或二十一年去宋,遂留之以求宋助其入國。至魯僖公二十二年冬,有泓之戰,楚敗宋,宋司馬公孫固始言:"宋小國,新困不足以求入。"宋襄公始贈之以馬二十乘,去鄭,鄭文公不禮而如楚,至楚當在魯僖公二十二或二十三兩年中。③

---

① (清)梁玉繩:《史記志疑》卷20,第960頁。
② 沈家本:《諸史瑣言》卷2,徐世虹主編:《沈家本全集》第6卷,北京:中國政法大學出版社,2010年,第41頁。
③ 王玉哲:《晉文公重耳考》,《古史集林》,第469頁。

按照王先生所説,重耳過宋與泓之戰是有聯繫的,這一點與《史記》相同。不同者有兩點:一是重耳過宋的時間,《史記》説在泓之戰當年,而王先生認爲應在此之前;二是王先生認爲《史記》所説宋禮重耳説不可靠。據王先生所言,重耳應該在魯僖公二十或二十一年來宋,中間有泓之戰(二十二年冬),離開當在泓之戰後(二十二或二十三年)。

總之,因爲泓之戰在魯僖公二十二年冬十一月初一這一時間點是固定的,所以,學者分歧的關鍵點集中在重耳過宋的時間是否可以確定在泓之戰前後:如果確定就合理,反之則否。這實際上反映出一個問題,就是學者在考證泓之戰與重耳過宋的聯繫時,都有個解釋學家加達默爾所説之"前見"(Vorurteil/prejudice)①——對後者之年代的固有推斷。不管泓之戰的年代符合還是不符合這一推斷,考證者都會再找出一些論據佐證這一論斷。因此,爲了分析以上三種説法究竟孰是孰非,我們需要暫時擱置這種"前見",而對這些佐證的論據——亦即認爲重耳過宋在魯僖公二十二年冬十一月泓之戰前後的論據——進行進一步的分析。

首先,對上述第二種説法的論據進行分析。上引沈家本認爲重耳過宋在魯僖公二十二年,他提出的一個證據是:"重耳去宋,過鄭,又去之楚,居楚數月,而晉太子圉亡秦,圉亡秦亦宋襄十三年,此其證也。"②沈家本認爲,公子圉(即後來的晉懷公)逃亡出秦國在宋襄公十三年(魯僖公二十二年),而重耳去宋應在此之前,所以重耳過宋應該是在魯僖公二十二年;又,泓之戰在魯僖公二十二年:重耳過宋與泓之戰在同一年。

筆者認爲,沈氏所持的論據不可信。《左傳》僖公二十二年:"晉大子圉爲質於秦,……遂逃歸。"③《國語·晉語四》:"於是懷公自秦逃歸。(韋昭注:懷公,子圉。爲質於秦,魯僖二十二年逃歸。)秦伯召公子於楚,(韋昭注:秦伯,穆公。)楚子厚幣以送公子於秦。"④清華簡《繫年》第六章:"懷公自秦逃歸,秦穆公乃召文公於楚,使襲懷公之室。晉惠公卒,懷公即位。

---

① 所謂"前見",指理解過程中,人無法根據某種純粹客觀的立場,超越歷史的時空去理解文本。加達默爾十分强調理解的歷史性,他認爲人是有限的、歷史的,總是從歷史中某個相對的地點和時間解釋文本,因此,前見是不可避免的。但是前見並不是一概有害,要把促進理解的前見和歪曲理解的前見區分開來。促進理解的前見是"合法的前見",它爲解釋者提供了視界,使過去和現在交織在一起。它是進行理解的前提和出發點。然而,前見必須在理解的過程中不斷地受到檢驗、修正,也就是要經歷一個"過濾"的過程,從而成爲評價文本真實性的依據。參夏基松主編:《現代西方哲學辭典》,合肥:安徽人民出版社,1987年,第402頁。
② 沈家本:《諸史瑣言》卷2,《沈家本全集》第6卷,第41頁。
③ 楊伯峻:《春秋左傳注(修訂本)》,第394頁。
④ 徐元誥:《國語集解(修訂本)》卷10,第333頁。

秦人起師以納文公于晉。"此處的"乃"字表明,懷公逃歸與秦穆公召文公於楚有前後承接關繫,而重耳去宋應在魯僖公二十二年晉太子圉亡秦之前,因此重耳過宋應該在魯僖公二十二年或之前。但我們還沒有理由認爲重耳過宋必在魯僖公二十二年,且必然與泓之戰有關,所以第二種説法也是不成立的。

其次,我們對第三種説法進行分析。上引第三種説法中,王玉哲也認爲重耳過宋應在泓之戰前,他提出了一個反例:如果重耳遲至魯僖公二十二年冬十一月初一泓之戰時過宋,重耳必無處逗留。他還引用了《韓非子·外儲説左上》"宋人大敗,宋襄公傷股,三日而死,則更不及禮重耳"之説。實際上,泓之戰在魯僖公二十二年十一月,宋襄公卒在魯僖公二十三年夏五月庚寅(二十五日),所以《韓非子》之説顯然不可信,王先生的上述證據實際上也不是很堅實的。因此,王先生才假設("以臆度之")"文公必是在僖二十或二十一年去宋,遂留之以求宋助其入國"。王先生又認爲重耳在泓之戰後發現宋國無法幫助其歸國才離開,其證據是《史記·晉世家》:"宋司馬公孫固善於咎犯,曰:'宋小國新困,不足以求入,更之大國。'乃去。"王先生顯然將此處的"新困"理解爲了泓之戰後的困境。我們認爲,這裏的"新困"固然可理解爲泓之戰後的困境,因爲《史記》就已經將重耳過宋與泓之戰相聯繫。但是,從《國語》來看,司馬遷此處爲了將二者聯繫,實際上修改了《國語》原文,而《國語》根本未提及任何所謂"新困"的內容。根據《國語·晉語四》,宋司馬公孫固與公子重耳"相善",所以公孫固讓宋襄公善待重耳;而《史記》將其修改成公孫固與子犯"相善",所以勸説子犯讓重耳再投奔大國,並且新增"新困"這一説法。關於這點,早在清代就被學者梁玉繩所揭示,他説:"《晉語》公子與固善,固言於襄公而禮之,非固善於犯使更之大國也。"①因此,所謂"新困"的內容實際上出於司馬遷的修改,而且這種修改與《國語》相悖,故不可從。王玉哲以此爲據,亦不可信。

總之,上述第二種和第三種説法都是缺乏證據的,因此,我們認爲《史記》把重耳過宋與泓之戰聯繫起來,至少從先秦文獻看,是沒有依據的。那麼,司馬遷爲何將此二者聯繫起來呢? 誠如梁玉繩引《左通》曰:"晉文公在外十九年,不知於何年過宋,《史》特因上年傷泓而爲此説,安知過宋不

---

① (清)梁玉繩:《史記志疑》卷21,第984頁。

竟在泓戰之前？"①司馬遷因魯僖公二十二年宋襄公在泓之戰中受傷而將二者相聯繫，但這種聯繫顯然是司馬遷的一種推測，而且這種推測是不成立的。

正如前文所論及的，重耳去宋應在魯僖公二十二年晉太子圉亡秦之前。關於晉太子圉亡秦，史書雖然沒有明確說明時間，但也透露出一點信息。《左傳》僖公二十二年載：

　　二十二年春，伐邾，取須句。……三月，鄭伯如楚。夏，宋公伐鄭。……秋，秦、晉遷陸渾之戎于伊川。晉太子圉爲質於秦，將逃歸，……遂逃歸。……邾人以須句故出師。……八月丁未，公及邾師戰于升陘。……冬十一月己巳朔，宋公及楚人戰于泓。②

觀《左傳》所載，晉太子圉從秦逃歸雖然沒有明確時間，但按照《左傳》一般按照時間敘述的體例推測，其確是在泓之戰前。又，重耳去宋在晉太子圉從秦逃歸前。所以，重耳去宋應在泓之戰前。

既然重耳過宋在泓之戰前，也就是在魯僖公二十二年冬十一月之前，那麼，重耳到底何時至宋？重耳在魯僖公二十年去齊，途經衛、曹，因此，重耳可能在魯僖公二十年或二十一年至宋，而去宋至晚也當在二十一年。

6. 及鄭當在魯僖公二十一年考

《國語·晉語四》："公子過鄭，鄭文公亦不禮焉。"③《左傳》僖公二十三年："［重耳］及鄭，鄭文公亦不禮焉。"④《史記·鄭世家》："［鄭文公］三十六年，晉公子重耳過，文公弗禮。"⑤鄭文公三十六年即魯僖公二十三年，楊伯峻認爲重耳在此年過鄭可信。⑥

王玉哲說：

　　以臆度之，文公必是在僖二十或二十一年去宋，遂留之以求宋助其入國。至魯僖公二十二年冬，有泓之戰，楚敗宋，宋司馬公孫固始言："宋小國，新困不足以求人。"宋襄公始贈之以馬二十乘，去鄭，鄭文公不禮而如楚，至楚當在魯僖公二十二或二十三兩年中。⑦

按照王先生推測，重耳離開宋國是在魯僖公二十二年十一月泓之戰後，而

---

① （清）梁玉繩：《史記志疑》卷20，第960頁。
② 楊伯峻：《春秋左傳注（修訂本）》，第393～397頁。
③ 徐元誥：《國語集解（修訂本）》卷10，第330頁。
④ 楊伯峻：《春秋左傳注（修訂本）》，第408頁。
⑤ 《史記》卷42，第2130頁。
⑥ 楊伯峻：《春秋左傳注（修訂本）》，第408頁。
⑦ 王玉哲：《晉文公重耳考》，《古史集林》，第469頁。

至楚則在魯僖公二十二或二十三年兩年中,因此及鄭當在兩者之間。與王説不同,前面我們已經考證了去宋當在魯僖公二十一年,因此及鄭當在魯僖公二十一年。

7. 去楚當在魯僖公二十二年説

重耳及鄭當在魯僖公二十一年,然後就到了楚國。關於重耳至楚的年代,《左傳》將其連同諸事列於魯僖公二十三年,因此處是追記,難明年代。《國語》亦未言年代,但提供了一個非常關鍵的信息,即重耳在楚期間,在秦國作人質的晉公子子圉(即後來的晉懷公)逃歸。《史記》記載雖有年代,但互相抵牾。下面,我們對重耳居楚的年代進行進一步考述。

《國語》説重耳居楚期間,先是晉懷公自秦逃回晉國,然後秦穆公召重耳,最後楚成王送重耳至秦。那麽,晉懷公自秦逃歸晉國在哪一年?《國語・晉語四》:"[重耳]如楚,楚成王以周〈君〉禮享之,九獻,庭實旅百。……於是懷公自秦逃歸。(韋昭注:懷公,子圉。爲質於秦,魯僖二十二年逃歸。)秦伯召公子於楚,(韋昭注:秦伯,穆公。)楚子厚幣以送公子於秦。"①據韋昭注,懷公逃歸在魯僖公二十二年。這裏韋昭根據的是《左傳》。《左傳》僖公二十二年:"晉大子圉爲質於秦,將逃歸,……遂逃歸。"由前文"'及宋'仍當在魯僖公二十年説"部分所考,我們認爲晉懷公逃歸應在魯僖公二十二年秋季。因此,我們可以確定重耳至楚在魯僖公二十二年,但何時離開楚,《國語》未詳,《史記》雖有記述,但相互抵牾。

《史記》對重耳過楚的年代有兩種不同的記載:

第一是《晉世家》的説法,認爲重耳入楚在魯僖公二十二年,居楚數月之後離開楚至秦。《晉世家》:"十三年,晉惠公病……子圉遂亡歸晉。十四年九月,惠公卒,太子圉立,是爲懷公。"②據此,晉惠公十三年(當魯僖公二十二年,前638)晉太子圉由秦逃歸晉國,十四年惠公卒而懷公即位。另外,《晉世家》又曰:"重耳去之楚,楚成王以適諸侯禮待之,……居楚數月,而晉太子圉亡秦,秦怨之;聞重耳在楚,乃召之。成王曰:'楚遠,更數國乃至晉。秦晉接境,秦君賢,子其勉行!'厚送重耳。"③據此,重耳至楚應在魯僖公二十二年,蓋在夏"居楚數月"後,晉太子圉自秦逃歸晉國(據前文在魯僖公二十二年秋),然後秦穆公才召重耳於楚,後楚成王送重耳入秦,因

---

① 徐元誥:《國語集解(修訂本)》卷10,第331~333頁。
② 《史記》卷39,第1999頁。
③ 《史記》卷39,第2003頁。

此離開楚蓋亦在二十二年。

第二是《秦本紀》《楚世家》《十二諸侯年表》等的説法，認爲重耳入楚在魯僖公二十三年。《秦本紀》曰："[秦穆公]二十二年，晉公子圉聞晉君病，……子圉乃亡歸晉。二十三年，晉惠公卒，子圉立爲君。秦怨圉亡去，乃迎晉公子重耳於楚。"①秦穆公二十三年當魯僖公二十三年（前637），重耳於此年由楚至秦。《楚世家》曰："[楚成王]三十五年，晉公子重耳過，成王以諸侯客禮饗，而厚送之於秦。"②楚成王三十五年當魯僖公二十三年。《十二諸侯年表》亦載楚成王三十五年"重耳過，厚禮之"。③

那麽，以上兩種説法孰是孰非呢？我們已經根據《國語》所載，確認了重耳入楚當在魯僖公二十二年，故第一種説法可信。實際上，《晉世家》此處主要根據《國語》，但新增了一項信息，即重耳"居楚數月"，而且將其置於晉懷公逃歸之前，這些信息司馬遷蓋別有所據。至於第二種説法，司馬遷是根據《左傳》，但正如前文所述，《左傳》於此處是追述，未明年代，實難爲據。

重耳至楚在魯僖公二十二年夏，又"居楚數月"，那麽，他是何時離開楚的呢？對此，學者多傾向於魯僖公二十三年離開楚國至秦國説，其根據是前引《秦本紀》《楚世家》《十二諸侯年表》等。如楊伯峻注《左傳》僖公二十三年楚成王"乃送諸秦"曰："《晉語四》及《楚世家》述此互有同異。《楚世家》及《年表》俱載此事於楚成王三十五年，即此年。"④楚成王三十五年即魯僖公二十三年。但《秦本紀》等所載實際上根據的是《左傳》，不能爲據。我們認爲，重耳至楚在魯僖公二十二年夏，"居楚數月"，此年秋晉懷公由秦國逃歸晉國，然後不久重耳應秦穆公之召而去楚至秦，時間也當在魯僖公二十二年。

《國語·晉語四》曰："[重耳]如楚，楚成王以君禮享之，……於是懷公自秦逃歸。（韋昭注：魯僖二十二年逃歸。）秦伯召公子於楚，楚子厚幣以送公子於秦。"⑤《繫年》第六章亦載："[重耳]乃適楚。懷公自秦逃歸，秦穆公乃召文公於楚，使襲懷公之室。"這兩條材料俱載懷公於魯僖公二十二年秋逃歸後，秦穆公就召重耳於楚，可見此後重耳也未在楚國逗留，不久即

---

① 《史記》卷5，第242頁。
② 《史記》卷40，第2048頁。
③ 《史記》卷14，第730~731頁。
④ 楊伯峻：《春秋左傳注（修訂本）》，第408頁。
⑤ 徐元誥：《國語集解（修訂本）》卷10，第331~333頁。

至秦。

8. 居秦三年説

重耳離開楚在魯僖公二十二年,那麽,重耳在秦居住了幾年,又於何時離開秦國呢? 對此,古書有如下記載:

(1)《國語·晉語三》:"十五年,惠公卒,懷公立,秦乃召重耳於楚而納之。晉人殺懷公於高梁,而授重耳,實爲文公。"韋昭注:"懷公,子圉也。魯僖二十二年自秦逃歸。"①

(2)《左傳》僖公二十三年:"[楚成王]乃送諸秦。秦伯納女五人,懷嬴與焉。"《左傳》僖公二十四年:"二十四年春王正月,秦伯納之。"②

(3)《繫年》第六章:"[文公]乃蹠楚。懷公自秦逃歸,秦穆公乃召文公於楚,使襲懷公之室。晉惠公卒,懷公即位。秦人起師以納文公于晉。晉人殺懷公而立文公。"

(4)清華簡柒《子犯子餘》:"□□□耳自楚蹠秦,<u>居焉三歲</u>。"③

(5)《韓非子·十過》:"昔者晉公子重耳出亡,過於曹。……公子自曹入楚,自楚入秦,<u>入秦三年</u>。秦穆公召群臣而謀曰:'……吾欲輔重耳而入之晉。何如?'群臣皆曰:'善。'公因起卒,革車五百乘,疇騎二千,步卒五萬,輔重耳入之于晉,立爲晉君。"④

(6)《史記·晉世家》:"居楚數月,而晉太子圉亡秦,秦怨之;聞重耳在楚,乃召之。成王曰:'楚遠,更數國乃至晉。秦晉接境,秦君賢,子其勉行!'厚送重耳。重耳至秦,繆公以宗女五人妻重耳,故子圉妻與往。……是時晉惠公十四年秋。惠公以九月卒,子圉立。十一月,葬惠公。十二月,晉國大夫欒、郤等聞重耳在秦,皆陰來勸重耳、趙衰等反國,爲内應甚衆。於是秦繆公乃發兵與重耳歸晉。……文公元年春,秦送重耳至河。"⑤

(7)《史記·秦本紀》:"[秦穆公]二十二年,晉公子圉聞晉君病,……子圉乃亡歸晉。二十三年,晉惠公卒,子圉立爲君。秦怨圉亡

---

① 徐元誥:《國語集解(修訂本)》卷10,第317頁。
② 楊伯峻:《春秋左傳注(修訂本)》,第409~410、412頁。
③ 清華大學出土文獻研究與保護中心編,李學勤主編:《清華大學藏戰國竹簡(柒)》,上海:中西書局,2017年,第92頁。
④ (清)王先慎撰,鍾哲點校:《韓非子集解》卷3,第76頁。
⑤ 《史記》卷39,第2003~2004頁。

去,乃迎晉公子重耳於楚,而妻以故子圉妻。重耳初謝,後乃受。繆公益禮厚遇之。二十四年春,秦使人告晉大臣,欲入重耳。晉許之,於是使人送重耳。二月,重耳立爲晉君,是爲文公。文公使人殺子圉。子圉是爲懷公。"①

據(1)可見,秦穆公納重耳入晉在晉惠公卒、晉懷公立爲君以後,這裏的"晉惠公十五年",即魯僖公二十四年(前636)。② 據(2),秦穆公納重耳於晉也在魯僖公二十四年,(7)亦同。

關於重耳離開楚之年代,前面我們推定在魯僖公二十二年。又,(5)《韓非子·十過》有"入秦三年"之記載,(4)清華柒《子犯子餘》也說"居秦三年",這說明"入秦三年"應該是可信的。如此,則重耳離開秦至少在魯僖公二十四或二十五年。

那麼,重耳到底是何時由秦進入晉國的呢? 相關情形,古書記載如下:

(8)《左傳》僖公二十四年:"二十四年春王正月,秦伯納之,不書,不告入也。……濟河,圍令狐,入桑泉,取白衰。二月甲午,晉師軍于廬柳。秦伯使公子縶如晉師,師退,軍于郇。辛丑,狐偃及秦、晉之大夫盟于郇。壬寅,公子入于晉師。丙午,入于曲沃。<u>丁未,朝于武宮</u>。戊申,使殺懷公于高梁。不書,亦不告也。"③

(9)《國語·晉語四》:"十一月,秦伯納公子。……公子濟河,召令狐、白衰、桑泉,皆降。晉人懼,懷公奔高梁。呂甥、冀芮帥師,甲午,軍於廬柳。秦伯使公子縶如師,師退,次於郇。辛丑,狐偃及秦、晉大夫盟於郇。壬寅,公入於晉師。甲辰,秦伯還。丙午,入於曲沃。<u>丁未,入絳,即位於武宮</u>。戊申,刺懷公於高梁。"④

(10)《史記·晉世家》:"十二月,……於是秦繆公乃發兵與重耳歸晉。……文公元年春,秦送重耳至河。……渡河。秦兵圍令狐,晉軍于廬柳。二月辛丑,咎犯與秦晉大夫盟于郇。壬寅,重耳入于晉師。丙午,入於曲沃。<u>丁未,朝于武宮,即位爲晉君,是爲文公</u>。群臣皆往。懷公圉奔高梁。戊申,使人殺懷公。"⑤

---

① 《史記》卷5,第242頁。
② 晉惠公卒於魯僖公二十三年九月,在位十四年。然後懷公即位,但懷公並未改元,繼續用惠公紀年,所以有晉惠公十五年之説。
③ 楊伯峻:《春秋左傳注(修訂本)》,第412~414頁。
④ 徐元誥:《國語集解(修訂本)》卷10,第342~346頁。
⑤ 《史記》卷39,第2004~2005頁。

上引《左傳》《國語》對於重耳返國的曆日記載得如此清楚,想必參照了當時的晉史。而《史記》的相關記載則主要參考《左傳》《國語》而來,比如《史記》所謂的"二月"參考了《左傳》,而"丁未……卽位爲晉君,是爲文公"則參考了《國語》的"丁未……卽位於武宫"。卽使僅就《左傳》與《國語》來看,二者也有很大不同,值得注意的有以下三點:

第一,干支不同。《國語》較《左傳》多一個干支——"甲辰",而《左傳》在"甲午"前多了一個"二月"。

第二,重耳正式卽位的日期相異。《左傳》未言具體日期;《國語》說是"丁未"日。

第三,個別用詞不同。《左傳》說"丁未,朝于武宫";而《國語》則說"丁未,入絳,卽位於武宫",多了"入絳"二字。

那麽,如何理解以上區別?

先説第一點。《左傳》在"甲午"前多了一個"二月",於曆法不合。楊伯峻曰:"二月無甲午,此及以下六個干支紀日,據王韜推算,並差一月。王韜且云:'晉用夏正,《傳》書日月或有誤耳。'"①按,王韜說:

《傳》:"二月甲午,晉師軍於廬柳。"二月無甲午。以下竝差一月。前年之閏應移於此年歲終則合矣。然連年置閏,旣無此曆法,而不閏又失二十六年正月之己未。故寧違《傳》以從《經》。且晉用夏正,《傳》書日月或有誤耳。②

魯僖公二十四年卽公元前636年,晉用夏正,查《中國先秦史曆表》,一月庚寅朔,三月己丑朔③,以上《左傳》和《國語》所載的曆日均能排進去,故這兩個月均有可能。但是,據1994年臺北故宫博物院收藏的子犯編鐘(《近出》10~25)所載,祇能是後一種。子犯編鐘第一鐘銘曰:

惟王五月初吉丁未,子犯佑晉公左右,來復其邦。

這裏的"復其邦",是返回自己的邦國之義。《詩·小雅·黄鳥》:"言旋言歸,復我邦族。"鄭玄箋:"復,反也。"④因此,鐘銘是說重耳返國在"惟王五月初吉丁未",馮時考證認爲,這是魯僖公二十四年五月十八日(據筆者核對,當爲十九日),而上引《左傳》之"二月",當爲"三月"之譌。⑤ 這是正確

---

① 楊伯峻:《春秋左傳注(修訂本)》,第413頁。
② 王韜:《春秋朔閏日至考》,《春秋曆學三種》,北京:中華書局,1959年,第33頁。
③ 張培瑜:《中國先秦史曆表》,濟南:齊魯書社,1987年,第137頁。
④ 《毛詩正義》卷11,《十三經注疏》,第929頁。
⑤ 馮時:《春秋子犯編鐘紀年研究——晉重耳歸國考》,《文物季刊》1997年第4期,第64頁。

的。據鐘銘可見,重耳正式返國卽位應該在二十四年三月(夏正)。重耳離開楚在魯僖公二十二年,至魯僖公二十四年,正合"居秦三年"說。這說明與《左傳》相比,《國語》更可信。

再說第二點。關於重耳卽位日期,《左傳》未言,《國語》說是"丁未"日,上引子犯編鐘也說丁未日重耳"來復其邦",證明當時的人卽將重耳卽位作爲返國的標誌,這說明《國語》的記載是可信的。

最後說第三點。《國語·晉語四》載:"丁未,入絳,卽位於武宮",而《左傳》則載:"丁未,朝于武宮。"楊伯峻認爲:"傳不言'入於絳'者,當本之於當時晉史,晉史以當時人記當時事,不言可知。"①對此,有個疑問:既然《左傳》本之晉史,爲何"甲午"前面的"二月"有誤呢?或認爲,此誤是後來傳寫之譌誤。那爲何《國語》"甲午"前沒有月份呢?這裏,就要提到《左傳》與《國語》的關繫問題。關於這一問題,前人論述甚詳,可參張以仁《論〈國語〉與〈左傳〉的關繫》一文列舉的諸家觀點。② 張以仁認爲二書不可能是一人所作,這是現在許多人的看法。而僅就重耳返晉年代的記載來看,《國語》顯然更可信,如果是本之晉史,可能《國語》較《左傳》更真實。

總之,重耳居秦的時間,始於魯僖公二十二年,至魯僖二十四年爲止,正合"居秦三年"說。

(三)小結

通過考證,我們對以上主要論點進行歸納:

第一,關於重耳出亡的路綫。我們認同《國語》的順序,卽:狄—五鹿(衛)—齊—衛—曹—宋—鄭—楚—秦。這種順序與史籍所載史事年代的順序相合。

第二,關於經歷各國之年代。在狄十二年,從魯僖公五年至十六年;"五鹿乞食",在魯僖公十六年;至齊,從魯僖公十六年至二十年,凡五年;至衛、過曹、及宋,均在魯僖公二十年;及鄭在魯僖公二十一年;"居楚數月",在魯僖公二十一年至二十二年之間;"居秦三年",從魯僖公二十二年至二十四年三月。重耳逃亡凡十九年。

第三,關於重耳"居秦三年"的記載,《韓非子》有"入秦三年"之說,但長期以來作爲孤證,很少引起學者的重視,清華簡柒《子犯子餘》則爲此說

---

① 楊伯峻:《春秋左傳注(修訂本)》,第414頁。
② 張以仁:《論〈國語〉與〈左傳〉的關繫》,《張以仁先秦史論集》,第1~72頁。

更添一力證。這些都證明清華簡、子犯編鐘等資料對於春秋史研究之重要的價值。

(四)餘論:記載重耳逃亡諸國之諸書的史料價值之反思

首先說《國語》和《左傳》的史料價值。關於重耳逃亡諸國之記載,《國語》《左傳》無疑是最可信的資料,尤其是二者對於重耳由秦入晉之記載,干支如此明確,如非有當時的紀錄參照,如何爲之?但是,對比二者,《國語》顯然更可信。第一,關於"五鹿乞食"和"衛文公不禮"事,《國語》將二者分開;而《左傳》爲了叙述的方便將其合二爲一。第二,《國語》載重耳返國的"甲午"干支前没有月份,《左傳》却增加了個"二月",而子犯編鐘證明此"二月"實際上是錯的。第三,關於重耳卽位日期,《左傳》未言,《國語》說是"丁未"日,司馬遷一向信《左傳》,但於此處則採用《國語》的說法。子犯編鐘也說丁未日重耳"來復其邦",證明《國語》《史記》完全正確。

這裏,我們有必要談一下《國語》與《左傳》的關繫。從理論上説,二者無非三種關繫:一是《國語》本於《左傳》;二是《左傳》本於《國語》;三是二者本於晉史原始記録。但由以上論證可知,第一種可能是不存在的。假設《國語》本於《左傳》,就很有可能沿襲後者的"二月",如同《史記》,但是《國語》並没有"二月"。再說後兩種可能。假如《國語》《左傳》二者乃本於晉史,則晉史原貌可能更接近《國語》。《左傳》是編年體史書,所以加了"二月";也爲了叙述的方便,將"五鹿乞食"和"衛文公不禮"合而爲一。但是,關於重耳正式卽位的日期,《左傳》未言,《國語》說是"丁未"日,而子犯編鐘證明後者是可信的。假如《左傳》乃本於《國語》,爲何没明確這一點呢?所以第二種可能性有疑問。最有可能的是第三種,因此此處《國語》可能參考了其他資料,而《左傳》則未看到。

總之,關於重耳逃亡年代的記載,《國語》《左傳》均根據晉史原始紀録而來,祇是前者比較原始,後者爲了編年體史書之叙事需要,有很多改編,而這種改編有些是錯誤的。

其次,談一下《史記》對此事件的紀録。司馬遷於《國語》《左傳》間用,有些甚至彼此互相抵牾,但他仍將其載入《史記》,這反映出司馬遷"疑則傳疑"的審慎態度。比如關於重耳過楚的年代,《秦本紀》《楚世家》《十二諸侯年表》均採用《左傳》的說法,但《晉世家》却採用《國語》的記載,並雜採其他書"居楚數月"的說法,而這兩種說法事實上是矛盾的。司馬遷將各種說法均載入《史記》,讓讀者自己判斷。另外,司馬遷在撰寫《史記》

時,不僅依據了先秦古書,他還有自己的分析推斷,但這些推斷對錯互參。比如,關於重耳過宋的年代,司馬遷將其與泓之戰相聯繫,這是他的推斷,但這種推斷實際上是不成立的。司馬遷關於重耳"居齊五年"的記載,不見於其他史書,其别有所據,而且經過我們考證是正確的。總之,司馬遷自稱撰《史記》時"紬史記石室金匱之書"(《漢書·司馬遷傳》),這提醒我們不可輕信《史記》,也不可輕易判斷《史記》所載有誤,而必須建立在嚴密的考證基礎之上審慎地作判斷。

最後,談一下清華簡《繫年》《子犯子餘》以及《韓非子》的記載。《繫年》對重耳逃亡路綫的記載,爲叙述的方便而有所改變。《韓非子》有"入秦三年"的記載,這在先秦傳世文獻中爲僅見,是孤證,再加上出自諸子書,一直作爲"死"材料,或無人問津,或認爲是流傳之錯訛。近年公佈的《子犯子餘》有"居秦三年"的記載,實際上"救活"了《韓非子》這條史料。錢穆曾言:"昔人治史,率不信諸子。夫諸子托古,其言黄帝羲農,則信可疑矣。至於管仲晏嬰相問答,莊周魯哀相唯諾,寓言無實,亦有然者。至其述當世之事,記近古之變,目所睹,身所歷,無意於托古,無取於寓言,率口而出,隨心而道,片言隻語,轉多可珍。"①信矣!《韓非子》晚於清華簡《子犯子餘》,説明可能是本於與後者相類似的資料。

---

① 錢穆:《先秦諸子繫年》,"自序"第43頁。

【第七章】

[説明]

(一) "戎"【四一】、"戎"【四二】的隸定與釋讀

【整理者】簡文原作"戍",是"成"的變體,本象人負戈之形,後在橫筆上加一橫,遂與"寇"字下部混同。"戍"表示駐紮的意思。①

【謹按】《説文·戈部》:"戍,守邊也。从人持戈。"這是會意字。《説文·宀部》:"寇,暴也。从攴从完。"金文"寇"字从"宀"、从"元"、从"攴",會意字,"攴"是棍棒之類的東西,會在室内以棍棒之類擊打人首之意。② 竹簡該字當然可以既分析爲从"元"、从"戈",也可以分析爲从"人"、从"戈",而整理者之所以以前者爲是,是因爲第八章簡45、46 的兩個"戍"字皆作"戎",顯然係从"元"、从"戈"。但是正如蘇建洲所説,第八章簡45、46 的這兩個"戍"字,是譌變爲从"元"、从"戈",演變過程是先在"戍"的"戈"旁加一橫筆;"戍"字可作簡41、42 形,其後"戈"旁斷裂便成了簡45、46 的"戍"形。③ 這是可信的。故此字應分析爲从"戈"、从"人"會意,至於第八章簡45、46 的"戈"實際上是斷裂了橫筆所致。值得注意的是,清華簡柒《越公其事》簡57"戍"字作"戎"形④,看來具不斷裂的"戈"形的"戍"應是更常見的形體,這也證明該字確實是从"戈"而非从"元"。現今學者多直接隸定爲"戍"⑤,是可信的。總之,該字應直接隸定並釋爲"戍"。

---

① 清華大學出土文獻研究與保護中心編,李學勤主編:《清華大學藏戰國竹簡(貳)》,第153頁。
② 參何琳儀:《戰國古文字典:戰國文字聲系》,第347頁;裘錫圭:《文字學概要(修訂本)》,北京:商務印書館,2013年,第127頁。
③ 蘇建洲等:《清華二〈繫年〉集解》,第395頁。
④ 李學勤主編,賈連翔、沈建華編:《清華大學藏戰國竹簡(柒—玖)文字編》,上海:中西書局,2020年,第347頁。
⑤ 蘇建洲等:《清華二〈繫年〉集解》,第358~359頁;李松儒:《清華簡〈繫年〉集釋》,第142頁;李學勤主編,沈建華、賈連翔編:《清華大學藏戰國竹簡(壹—叁)文字編(修訂本)》,第302頁。

(二)"𪓐"【四一】的釋讀

【整理者】提出了兩種釋法:一是隸定爲"鏞",認爲可能是"鉏"的異體字,《左傳》哀公十一年有"城鉏",高士奇《春秋地名考略》謂即襄公四年傳"后羿自鉏"之"鉏","本宋邑,在今河南滑縣東十五里";二是一説隸爲"鏝"。① 清華讀書會上説:"整理者整理時發現鏞字上實從民,不從虎,應讀爲文聲。考慮到《左傳》哀公十一年'城鉏'地理相近,姑釋爲鏝。"②

【孫飛燕】此字即《春秋》和《左傳》的"緡",《穀梁傳》作"閔"。楊伯峻注:"緡,本古國名,昭四年《傳》'有緡叛之'是也。在今山東省金鄉縣東北二十五里,舊名緡城阜。"③

【李松儒】從孫飛燕釋讀,但是孫氏隸定不確,這裏隸爲"鏝"。④

【謹按】從字形上講,整理者提出此字實從"民",不從"虎",應讀爲"文"聲,這是正確的。《繫年》"虎"頭和"鹿"頭涇渭分明,且簡文此字本從"鹿"頭。這裏的"鹿"頭,實乃石經古文的"民"字⑤,故此字應從整理者所提出的第二種隸定爲"鏝",即爲《左傳》中之"緡"。

[釋文]

晉文公立四年,楚成王衒(率)者(諸)侯以回(圍)宋伐齊,戍穀(穀)居鏝(緡)。[1]晉文公囟(思)齊及宋之【四一】悳(德),乃及秦自(師)回(圍)曹及五廘(鹿),伐壄(衛)以敓(脱)齊之戍(戍)及宋之回(圍)。楚王豫(舍)回(圍),歸,居方城。【四二】[2]命(令)尹子玉述(遂)衒(率)奠(鄭)、壄(衛)、陳、鄦(蔡)及群蠻昆(夷)之自(師)以交文=公=(文公。文公)衒(率)秦、齊、宋及群戎【四三】之自(師)以敓(敗)楚自(師)於城僕(濮),述(遂)朝周襄王于衡澭(雍),獻楚俘馘,禜(盟)者(諸)侯於坫(踐)土。【四四】[3]

---

① 清華大學出土文獻研究與保護中心編,李學勤主編:《清華大學藏戰國竹簡(貳)》,第153~154頁。
② 清華大學出土文獻讀書會:《〈清華大學藏戰國竹簡〉(貳)研讀劄記(一)》,清華大學出土文獻與保護中心網,2011年12月22日。
③ 孫飛燕:《清華簡〈繫年〉初探》,第19~20頁。
④ 李松儒:《清華簡〈繫年〉集釋》,第143頁。
⑤ 參李天虹:《郭店楚簡〈性自命出〉研究》,武漢:湖北教育出版社,2002年,第14~22頁。

卅一【四一背】 卅二【四二背】 卅三【四三背】 卅四【四四背】

[疏證]

[1]晉文公立四年,楚成王銜(率)者(諸)侯以回(圍)宋伐齊,戍穀(穀)居緍(緡)。

【謹按】《國語·晉語四》:"文公立四年,楚成王伐宋。"韋昭注:"四年,魯僖二十七年冬。宋背楚事晉,故楚伐之。"①晉文公四年當魯僖公二十七年(前633),楚成王三十九年。

《春秋》僖公二十六年:"公子遂如楚乞師。""冬,楚人伐宋,圍緡。公以楚師伐齊,取穀。"《春秋》僖公二十七年:"冬,楚人、陳侯、蔡侯、鄭伯、許男圍宋。"《左傳》僖公二十七年:"冬,楚子及諸侯圍宋。"②據此,楚成王圍宋在魯僖公二十七年;伐齊在二十六年(前634),當晉文公三年、楚成王三十八年。

穀,楊伯峻於《春秋》莊公七年注:"穀,齊地,今山東省東阿縣舊治東阿鎮。"③

緡爲宋邑,楊伯峻云:"在今山東金鄉縣東北二十五里,舊名緡城阜。闞駰《十三州志》云:'鄒衍曰:余登緡城,以望宋都。'故二十六年楚人伐宋,亦圍緡邑。"④

《左傳》僖公二十六年:"宋以其善於晉侯也,叛楚即晉。冬,楚令尹子玉、司馬子西帥師伐宋,圍緡。公以楚師伐齊,取穀。……置桓公子雍於穀,易牙奉之以爲魯援。楚申公叔侯戍之。"⑤

《史記·楚世家》:"[楚成王]三十九年,魯僖公來請兵以伐齊,楚使申侯將兵伐齊,取穀,置齊桓公子雍焉。""夏,伐宋,宋告急於晉,晉救宋,成王罷歸。"⑥

此年圍宋是宋友善於晉文公而叛楚親晉之緣故,伐齊是由於魯國因屢遭齊國侵犯而求救於楚。

---

① 徐元誥:《國語集解(修訂本)》卷10,第354頁。
② 楊伯峻:《春秋左傳注(修訂本)》,第438、443、445頁。
③ 楊伯峻:《春秋左傳注(修訂本)》,第171頁。
④ 楊伯峻:《春秋左傳注(修訂本)》,第401、438頁。
⑤ 楊伯峻:《春秋左傳注(修訂本)》,第441~442頁。
⑥ 《史記》卷40,第2049頁。

［2］晉文公囟（思）齊及宋之【四一】惪（德），乃及秦自（師）回（圍）曹及五麋（鹿），伐躗（衛）以敓（脱）齊之戎（戍）及宋之回（圍）。楚王豫（舍）回（圍），歸，居方城。【四二】

【謹按】此事在魯僖公二十八年（前632），當晉文公五年、楚成王四十年。

敓，整理者讀爲“脱”[①]，可從。敓，古“奪”字，此爲“脱”之假借字。《左傳》莊公九年：“管仲請囚，鮑叔牙受之，及堂阜而税之。”竹添光鴻注“税，解也”，古又通假作“説”“脱”，“税，猶脱也。是脱，本字；税，借字；説，古通字。”[②]《説文・肉部》：“脱，消肉臞也。从肉兑聲。”張舜徽曰：“謂其肉自有而無，若有所消失也。引申爲一切脱除之稱。”[③]王鳳陽説，皮肉分離叫“脱”，身體的一部分與身體分離也可以叫“脱”，引而申之從某種處所、情況、處境、事物中掙脱或擺脱出來也可以叫“脱”。[④] 簡文曰：“晉文公……伐衛以脱齊之戍及宋之圍。”《左傳》僖公二十七年謂：“出穀戍，釋宋圍。”[⑤]《國語・晉語四》：“子玉釋宋圍，從晉師。”[⑥]簡文的“敓”對應於傳世文獻的“釋”，義同“脱”。

所謂“宋、齊之德”，即指在晉文公逃亡時，齊、宋對文公的厚遇。《左傳》僖公二十三年：“及齊，齊桓公妻之，有馬二十乘。……及宋，宋襄公贈之以馬二十乘。”[⑦]《左傳》僖公二十七年載晉大夫先軫説：“報施，救患，取成、定霸，於是乎在矣。”楊伯峻曰：“宋襄公贈馬於晉文，所謂施也。今宋被圍，患也。”[⑧]

乃及秦師圍曹及五鹿，伐衛以脱齊之戍及宋之圍。《左傳》僖公二十八年曰：“春，晉侯將伐曹，假道于衛。衛人弗許。還，自河南濟。侵曹、伐衛。正月戊申，取五鹿。”[⑨]但此次衹有晉師，未見秦師，《繫年》概言之，當從《左傳》。晉文公伐衛以脱齊戍與宋圍，是晉文公用狐偃之謀。《左傳》僖公二十七年楚成王伐宋，宋人告急於晉，狐偃主張“楚始得曹，而新昏

---

① 清華大學出土文獻研究與保護中心編，李學勤主編：《清華大學藏戰國竹簡（貳）》，第153頁。
② 〔日〕竹添光鴻注：《左氏會箋》，第261頁。
③ 張舜徽：《説文解字約注》，武漢：華中師範大學出版社，2009年，第1018頁。
④ 參王鳳陽：《古辭辨》，第569頁。
⑤ 楊伯峻：《春秋左傳注（修訂本）》，第447頁。
⑥ 徐元誥：《國語集解（修訂本）》卷10，第355頁。
⑦ 楊伯峻：《春秋左傳注（修訂本）》，第406～408頁。
⑧ 楊伯峻：《春秋左傳注（修訂本）》，第445頁。
⑨ 楊伯峻：《春秋左傳注（修訂本）》，第451頁。

(婚)於衛,若伐曹、衛,楚必救之,則齊、宋免矣"①。

楚王舍圍,歸,居方城。《左傳》僖公二十八年曰:"楚子入居于申,(杜注:申在方城內,故曰入。)使申叔去穀,(杜注:二十六年申叔戍穀。)使子玉去宋。"②《國語·晉語四》:"子玉釋宋圍,從晉師。"③

[3]命(令)尹子玉述(遂)銜(率)奠(鄭)、壄(衛)、陳、䣙(蔡)及群䜌(蠻)尸(夷)之𠂤(師)以交𢾛=公=(文公。文公)銜(率)秦、齊、宋及群戎【四三】之𠂤(師)以敗(敗)楚𠂤(師)於城儠(濮),述(遂)朝周襄王于衡澭(雍),獻楚俘馘,禜(盟)者(諸)侯於瑃(踐)土。【四四】

【整理者】交,訓爲"會",在此指會戰。④

【李松儒】交,陳劍讀爲"邀"或"徼",訓爲阻截、攔截,苦行僧同;華東師大讀"要",通"邀",訓邀約會戰之時間;子居認爲"交"是指兩軍對壘;魚游春水讀爲"校",對抗之意;大澤龍蛇訓"交"爲"夾",卽夾攻。按,陳劍讀"邀"是,邀擊也。⑤

【謹按】此事在魯僖公二十八年(前632),當晉文公五年、楚成王四十年。

交,簡文當爲交兵之義。《左傳》成公九年:"兵交,使在其間可也。"沈玉成譯文:"兩國交兵,使者可以來往兩者之間。"⑥又,陳劍讀"邀"或"徼",訓爲阻截、攔截,亦通。清華簡柒《越公其事》簡5:"君如爲惠,交(徼)天地之福。"整理者注:"交,讀爲'徼',求取。《國語·吳語》:'弗使血食。吾欲與之徼天之衷。'"⑦《左傳》僖公二十八年載城濮之戰前,楚成王要子玉"無從楚師",竹添光鴻注:"無從晉師而與之爭戰。"⑧但後來在城濮之戰時,"子玉怒,從晉師。晉師退",楊伯峻注:"從晉師者,撤宋之圍而從晉師也。"⑨竹添光鴻注:"果然墮入術中,……從晉師應成王無從晉師語。"⑩晉實際上就是要誘敵深入,"從"應該是跟從之義,結果子玉上了當。

---

① 楊伯峻:《春秋左傳注(修訂本)》,第445頁。
② 《春秋左傳正義》卷16,《十三經注疏》,第3960頁。
③ 徐元誥:《國語集解(修訂本)》卷10,第355頁。
④ 清華大學出土文獻研究與保護中心編,李學勤主編:《清華大學藏戰國竹簡(貳)》,第154頁。
⑤ 李松儒:《清華簡〈繫年〉集釋》,第147頁。
⑥ 沈玉成:《左傳譯文》,北京:中華書局,1981年,第223頁。
⑦ 清華大學出土文獻研究與保護中心編,李學勤主編:《清華大學藏戰國竹簡(柒)》,第114、116頁。
⑧ 〔日〕竹添光鴻注:《左氏會箋》,第598頁。
⑨ 楊伯峻:《春秋左傳注(修訂本)》,第458頁。
⑩ 〔日〕竹添光鴻注:《左氏會箋》,第601頁。

城濮,衛地,今山東省濮阳市有臨濮城,即古城濮地。①

俘馘,"俘"指生囚,"馘"指死囚。《左傳》僖公二十二年:"楚子使師縉示之俘馘。"杜注:"俘,所得囚。馘,所截耳。"孔疏:"《釋詁》云:'俘,取也。馘,獲也。'李巡云:'囚敵曰俘,代執之曰取。'郭璞云:'今以獲賊耳爲馘。'毛詩傳曰:'殺而獻其耳曰馘。'鄭箋云:'馘所格者,左耳也。'然則俘者,生執囚之;馘者,殺其人,截取其左耳,欲以計功也。"②楊伯峻注:"俘,所獲生囚也。馘……此指死獲。古代戰爭於其所殺之敵,割其左耳以爲證,曰馘,字本作聝,經傳多作馘。"③

踐土,楊伯峻曰:"鄭地,在今河南省原陽縣西南、武陟縣東南。"④

衡雍,楊伯峻曰:"杜注云鄭地。以宣十二年《傳》邲之戰楚次于衡雍證之,杜注可信。……其地當今河南原陽縣西,踐土東北。"⑤

《春秋》僖公二十八年:"夏四月己巳,晉侯、齊師、宋師、秦師及楚人戰于城濮,楚師敗績。楚殺其大夫得臣。衛侯出奔楚。五月癸丑,公會晉侯、齊侯、宋公、蔡侯、鄭伯、衛子、莒子,盟於踐土。"⑥

《左傳》僖公二十八年:"[晉文]公説。乃拘宛春於衛,且私許復曹、衛。曹、衛告絶於楚。子玉怒,從晉師。晉師退。……夏四月戊辰,晉侯、宋公、齊國歸父、崔夭、秦小子憖次于城濮。……己巳,晉師陳于莘北,胥臣以下軍之佐當陳、蔡。子玉以若敖之六卒將中軍,……子西將左,子上將右。胥臣蒙馬以虎皮,先犯陳、蔡。陳、蔡奔,楚右師潰。狐毛設二旆而退之。欒枝使輿曳柴而僞遁,楚師馳之。原軫、郤溱以中軍公族橫擊之。狐毛、狐偃以上軍夾攻子西,楚左師潰。楚師敗績。子玉收其卒而止,故不敗。晉師三日館、穀,及癸酉而還。甲午,至于衡雍,作王宮于踐土。……五月丙午,晉侯及鄭伯盟于衡雍。丁未,獻楚俘于王。"⑦

[譯文]

晉文公四年,楚成王率領諸侯包圍宋國、征伐齊國,戍守穀地、居於緡

---

① 參楊伯峻:《春秋左傳注(修訂本)》,第 235 頁。
② 《春秋左傳正義》卷 15,《十三經注疏》,第 3938 頁。
③ 楊伯峻:《春秋左傳注(修訂本)》,第 449 頁。
④ 楊伯峻:《春秋左傳注(修訂本)》,第 458 頁。
⑤ 楊伯峻:《春秋左傳注(修訂本)》,第 462 頁。
⑥ 楊伯峻:《春秋左傳注(修訂本)》,第 448 ~ 449 頁。
⑦ 楊伯峻:《春秋左傳注(修訂本)》,第 458 ~ 463 頁。

邑。晉文公追念齊國以及宋國對他善待之恩德,於是就與秦師包圍了曹國和五鹿,攻伐衛國,來迫使楚解脫對齊的戍守與對宋國的包圍。楚王放棄了包圍,回到楚國,居處於方城内。令尹子玉於是就率領鄭國、衛國、陳國、蔡國以及群蠻夷的軍隊與文公交戰。文公率領秦國、齊國、宋國以及群戎的軍隊在城濮打敗了楚國軍隊,於是在衡雍朝見周襄王,獻上了楚國的生囚死獲,在踐土與諸侯結盟。

[解題]

本章主要圍繞晉楚城濮之戰而展開敘事。

城濮之戰是春秋前期的一次較大規模的戰爭,這次戰爭關繫着當時中原的政治格局。此次戰爭前,南方的楚國與北邊的狄兵肆虐中原:在南方,楚國的勢力全面侵入中原地區,黃河中下游的大國如齊、宋都被楚所侵略,魯、衛、鄭、陳、蔡等國均已投降了楚人;狄兵也曾攻入王畿。這種情勢,真可謂"南夷與北狄交,中國不絶若綫"(《公羊傳》僖公四年)。城濮之戰正是在這種歷史形勢下發生的。

簡文載晉文公四年(前633,魯僖公二十七年,楚成王三十九年),由於宋國叛楚即晉,所以楚成王率領諸侯之師伐宋,圍攻宋邑緡。同時,由於齊孝公伐魯國的北鄙,所以魯求救於楚,楚人也伐齊,取得了齊國穀邑,並戍守之。這是城濮之戰的導火綫。

晉文公由於在逃亡時受到了齊、宋之恩德,所以舉兵聯合秦師圍曹國和衛國的五鹿之邑,從而解除了楚國對齊國與宋國的威脅。在這種情況下,楚成王退師,入居方城之内。這表明,楚成王實際上不打算再與晉國作戰。

楚成王雖然不主張與晉交戰,但楚令尹子玉却非要與晉一決高下。簡文載令尹子玉率鄭、衛、陳、蔡以及群蠻的軍隊尾隨晉師,與晉文公軍隊交兵。晉文公率秦、齊、宋及群戎的軍隊,在城濮大敗令尹子玉。隨後在衡雍朝見周襄王,獻上了楚國的俘虜,在踐土與諸侯結盟。

[問題]

第一,關於城濮之戰前楚圍宋伐齊,我們主要探討三個問題。其一,楚圍宋伐齊的年代。據《春秋》《左傳》等所載,楚成王於三十八年(前634)

有一次伐齊之舉;而據《史記·楚世家》,楚成王三十九年才伐齊。兩者年代相異。清華簡《繫年》亦載此戰之年代,我們據以對此問題進行了進一步探討。其二,楚圍宋奪取了宋國緡邑,楚成王居此,並於是年在此與諸侯會盟,此爲《繫年》所提供的新史料。其三,此次戰事中伐宋者爲楚成王,傳世文獻對此記載頗爲模糊,學者曾據文義對此進行過推測,而《繫年》證實了相關推測。

第二,關於城濮之戰的參戰國家。城濮之戰中,關於晉、楚雙方的參戰國家,《春秋》與《左傳》的記載就有歧異,我們據《繫年》對此進行了進一步探討。

[考證]

一、關於楚圍宋伐齊問題

(一)楚圍宋伐齊的年代

1. 傳世文獻記載之歧異

根據傳世文獻的記載,楚有兩次伐宋。而對於伐齊,傳世文獻記載有矛盾:一說楚伐齊是公元前634年(楚成王三十八年,魯僖公二十六年,晉文公三年,宋成公三年),一說是公元前633年。

根據《春秋》和《左傳》,楚成王三十八年(前634年),由於魯國與衛、莒結盟,齊人不滿,齊國軍隊於此年春侵魯國西鄙之地,夏又伐魯北鄙。鑒於齊的侵逼,魯國派大夫遂(東門襄仲)和臧文仲去楚國請兵伐齊。就在此時,宋國也背楚投晉。於是,楚令尹子玉、司馬子西帥師先伐宋,圍宋緡邑。魯國也引楚國軍隊伐齊,奪取了齊國的穀邑,把齊桓公的兒子公子雍安置在那裏,讓易牙輔佐以作爲魯國的援助,並由楚國大夫申公叔侯帶兵駐守。《春秋》僖公二十六年:"公子遂如楚乞師。……冬,楚人伐宋,圍緡。公以楚師伐齊,取穀。"① 關於穀,楊伯峻於《春秋》莊公七年注:"穀,齊地,今山東省東阿縣舊治東阿鎮。"② 《左傳》僖公二十六年:"宋以其善於晉侯也,叛楚即晉。冬,楚令尹子玉、司馬子西帥師伐宋,圍緡。公以楚師伐

---

① 楊伯峻:《春秋左傳注(修訂本)》,第438頁。
② 楊伯峻:《春秋左傳注(修訂本)》,第171頁。

齊,取穀。凡師,能左右之曰以。置桓公子雍於穀,易牙奉之以爲魯援。楚申公叔侯成之。"①

楚成王三十九年(前633)冬,楚成王親征,帶領陳國、蔡國、鄭國、許國的軍隊圍宋,魯國也來與諸侯在宋地會盟。宋國派公孫固到晉國告急。這是《春秋》《左傳》的説法。而據《史記》,楚國不僅於是年伐宋,還伐齊。《春秋》僖公二十七年:"冬,楚人、陳侯、蔡侯、鄭伯、許男圍宋。十有二月甲戌,公會諸侯,盟于宋。"《左傳》僖公二十七年:"秋,……楚子將圍宋,使子文治兵於睽,……冬,楚子及諸侯圍宋,宋公孫固如晉告急。"②《國語・晉語四》:"文公立四年,楚成王伐宋。"韋昭注:"四年,魯僖二十七年冬,宋背楚事晉,故楚伐之。"③《史記・楚世家》:"[楚成王]三十九年,魯僖公來請兵以伐齊,楚使申侯將兵伐齊,取穀,置齊桓公子雍焉。……夏,伐宋,宋告急於晉,晉救宋,成王罷歸。"④《史記・宋世家》:"[宋成公]四年,楚成王伐宋,宋告急於晉。"⑤《史記・十二諸侯年表》載楚伐宋、晉救宋於楚成王三十九年。⑥

比較以上史料,最明顯的歧異是楚伐齊到底是楚成王三十八年還是三十九年？楊伯峻認爲"史公序列此事,恐遲誤一年"⑦,即《史記》的説法不可信,當從《左傳》。那麽,楊伯峻這種看法是否可信？

2.《繫年》的説法

《繫年》第七章:"晉文公立四年,楚成王諸侯以圍宋伐齊,戍穀居緐。"晉文公四年即公元前633年,這與上文所列的第二種説法相同。如此看來,楊伯峻認爲"史公序列此事,恐遲誤一年"説法可能有問題,很可能這是由於先秦文獻對此次戰事年代之記載本有歧異,而司馬遷的説法恐不可輕廢。

---

① 楊伯峻:《春秋左傳注(修訂本)》,第441~442頁。
② 楊伯峻:《春秋左傳注(修訂本)》,第443~445頁。
③ 徐元誥:《國語集解(修訂本)》卷10,第354頁。
④ 《史記》卷40,第2049頁。
⑤ 《史記》卷38,第1965頁。
⑥ 《史記》卷13,第733頁。
⑦ 楊伯峻:《春秋左傳注(修訂本)》,第442頁。

(二)楚圍宋奪取了宋國緡邑,楚成王居此,並於是年在此與諸侯會盟,此爲《繫年》所提供的新史料

《左傳》僖公二十六年:"冬,楚令尹子玉、司馬子西帥師伐宋,圍緡。"① 楚是否奪取宋國緡邑,經傳未載。但從後來楚成王與諸侯在宋地會盟來看,可能其取得了此地。

《春秋》僖公二十七年:"冬,楚人、陳侯、蔡侯、鄭伯、許男圍宋。十有二月甲戌,公會諸侯,盟于宋。"楊伯峻注:"諸侯者,楚子、陳侯、蔡侯、鄭伯、許男也。"《左傳》同年載:"冬,楚子及諸侯圍宋。"楊伯峻據《傳》認爲楚成王實際上參加了圍宋:"《傳》云:'楚子及諸侯圍宋。'二十八年又云:'使子玉去宋。'似此,楚成嘗主圍宋,並與于諸侯之盟,不久即離去,而由子玉主兵,故《年表》云'[成王]三十九年使子玉伐宋'。此楚人或即指楚成,不曰楚子而曰楚人者,當時書法如此。"②《春秋》載楚成王與諸侯之師圍宋,並於此年十二月甲戌(五日)會盟於宋;此於《左傳》未載。這裏值得注意的是,楚成王與諸侯之師此時方圍宋,何以在宋會盟?杜預注:"宋方見圍,無嫌於與盟,故直以宋地。"孔疏:"凡盟會以國爲地者,必國主與其盟會。此時宋方見圍,無嫌與盟,故直以宋地也。"③這就說明,《春秋》所謂"盟於宋"並非與宋結盟,而是在宋地會盟。那麼,具體會盟的宋地是哪裏?筆者以爲正是楚於魯僖公二十六年(前634)所奪取的宋緡邑。《繫年》第七章載"楚成王率諸侯以圍宋伐齊,戍縠居緡",可見楚成王圍宋後,實際上就居於宋之緡邑。

(三)楚伐宋中的楚成王

楚於魯僖公二十六年伐宋,按照《左傳》僖公二十六年所載,主帥是令尹子玉、司馬子西,且楚在此次伐宋中圍宋國緡邑。

次年,即魯僖公二十七年(前633),《春秋》曰:"冬,楚人、陳侯、蔡侯、鄭伯、許男圍宋。"《左傳》曰:"冬,楚子及諸侯圍宋。"楊伯峻注:"《傳》云:'楚子及諸侯圍宋。'二十八年又云:'使子玉去宋。'似此,楚成嘗主圍宋,並與於諸侯之盟,不久即離去,而由子玉主兵,故《年表》云'[成王]三十九

---

① 楊伯峻:《春秋左傳注(修訂本)》,第442頁。
② 楊伯峻:《春秋左傳注(修訂本)》,第443、445頁。
③ 《春秋左傳正義》卷16,《十三經注疏》,第3955頁。

年使子玉伐宋。'此楚人或卽指楚成,不曰楚子而曰楚人者,當時書法如此。"①楊說雖爲推測之辭,但爲《繫年》簡文所證實。

《繫年》第七章載"楚成王率諸侯以圍宋伐齊,戍穀居縉",與楊說若合符節。

二、城濮之戰的參戰國考

城濮之戰是春秋時期晉楚爭霸中的一次重要戰爭。此次戰爭以晉勝楚敗宣告結束,晉國正是通過這場勝利,奠定了晉文公的霸業。晉國爲何能打敗楚國?雙方的力量對比究竟如何?對此,《春秋》《左傳》所載卽有差異,導致學者的意見有分歧。例如童書業研究認爲,《左傳》所載爲是,此戰是晉寡楚衆。②錢宗範也持類似看法。③值得注意的是,《繫年》亦有關於城濮之戰參戰國的相關記載,筆者據此對這一問題作一探討。

(一)晉方的齊、宋、秦等國家派軍隊參加了城濮之戰

《春秋》僖公二十八年:"夏四月己巳,晉侯、齊師、宋師、秦師及楚人戰于城濮,楚師敗績。"④同年《左傳》云:

夏四月戊辰,晉侯、宋公、齊國歸父、崔夭、秦小子憖次于城濮。楚師背酅而舍,……子玉使鬬勃請戰,……晉車七百乘,韅、靷、鞅、靽。晉侯登有莘之虛以觀師,曰:"少長有禮,其可用也。"遂伐其木,以益其兵。

己巳,晉師陳于莘北⑤,胥臣以下軍之佐當陳、蔡。子玉以若敖之六卒將中軍,曰:"今日必無晉矣。"子西將左,子上將右。……楚師敗績,子玉收其卒而止,故不敗。⑥

杜預注:"宋公、齊國歸父、秦小人憖旣次城濮,以師屬晉,不與戰也。子玉及陳、蔡之師不書,楚人恥敗,告文略也。大崩曰敗績。"孔疏:

《傳》云:"宋公、齊國歸父、秦小子憖次于城濮。"及其交戰,唯言晉師陳于莘,此說晉之將帥與楚相敵,都不言齊、宋公卿,知其旣次城

---

① 楊伯峻:《春秋左傳注(修訂本)》,第443頁。
② 童書業著,童教英校訂:《春秋左傳研究(校訂本)》,第52頁。
③ 錢宗範:《關於城濮之戰的晉楚兵數》,《中國古代史論叢》1981年第1輯,福州:福建人民出版社,1981年,第376~384頁。
④ 楊伯峻:《春秋左傳注(修訂本)》,第448頁。
⑤ 楊伯峻注:莘北,當卽城濮。
⑥ 楊伯峻:《春秋左傳注(修訂本)》,第458~462頁。

濮,以師屬晉,不與戰也。沈氏云:定四年"戰于柏舉",《傳》稱"蔡侯、吳子、唐侯伐楚",杜云:"唐侯不書,兵屬於吳、蔡。"今宋、齊、秦屬晉,而書之者,彼柏舉之戰,唐師共屬吳、蔡,與之同陳,故不書。此齊、宋師等雖屬晉,猶異陳,故得書之。《傳》稱"子玉及陳、蔡之師皆在於陳",而不書者,楚人恥敗,告辭略,故史不得書之。劉炫《規過》以爲晉人告略。今知不然者,但於此戰時,魯猶屬楚,凡禍福相告,必同好之國,故知楚人來告也。楚人來告,不言陳、蔡者,恥其諸國皆在不能敵晉,故略言楚人而已。若其晉告,則應矜其勝事,以少敗多,何肯略其陳、蔡而不告也？劉以爲晉人來告,而規杜氏,非也。①

按,杜預注意到四月一日駐軍城濮時雖然有晉侯、宋公、齊國歸父、崔夭以及秦小子憖,但在二日(即城濮之戰當日)僅言"晉師陳于莘北",不言宋、齊、秦國軍隊,所以他認爲這是三國將軍隊交予晉國,編入晉師,而這些將領並未參戰。孔穎達同意這種看法。

現代學者童書業在杜預基礎上,進一步指出非但宋、齊、秦將帥未參戰,而且此三國軍隊亦未參戰:

> 參加城濮之戰之國家,左氏《經》《傳》有矛盾。據《經》,晉方有晉、齊、宋、秦四國,而楚祇一國,則楚師之敗無足異。據《傳》,則晉方祇晉一國,而楚方則有楚、陳、蔡三國,以方興之晉國,敗久強之楚國聯軍,是足異矣。……陳、蔡之衆亦當有數百乘,合之楚軍當在千乘左右,晉軍僅七百乘,故曰"楚衆我寡"也。《左氏》載"晉侯、宋公、齊國歸父、崔夭、秦小子憖次于城濮",然則宋、齊、秦之軍不過爲晉聲援,未必參戰。從楚四國之鄭、許二國,亦當爲楚聲援而未參戰。參戰者,晉軍七百乘,楚申、息、陳、蔡五邑之師,必衆於晉無疑,……總結上文所考,城濮之戰晉以自力七百乘獨當楚(包括申、息)、陳、蔡三國聯軍,以寡勝衆,晉方之宋、齊、秦,楚方之鄭、許,皆未參戰也。②

童先生認爲城濮之戰中晉國僅靠自己一國軍隊,宋、齊、秦三國軍隊僅爲聲援,實際未參戰。錢宗範也持類似看法,並認爲:"如果三國軍隊'屬晉'參加了城濮之戰,就應包括在'晉車七百乘'之中,這四個大國祇有七百乘兵車參戰,是很難相信的。《左傳》的記載則三國軍隊沒有參戰,我們認爲

---

① 《春秋左傳正義》卷16,《十三經注疏》,第3957頁。
② 童書業著,童教英校訂:《春秋左傳研究(校訂本)》,第52~53頁。

《左傳》的記載是正確的。"他也認爲其他三國衹是作壁上觀而已。①

日本學者竹添光鴻不同意杜預說,他認爲:

> 此晉楚之戰也,故稱晉侯、楚人,他皆稱師,在楚亦不書陳、蔡。杜云"三國不與戰",臆說也。果不與戰,何書戰乎?晉爲兵主,奮戰以敗楚,三國從之者也,故總稱師。……不書陳、蔡,亦略之也。杜云'楚人恥敗告文略',誤,子玉所將卽楚師,陳、蔡以偏卒屬,故總言楚耳。夫楚能恥敗,獨不誇勝乎?②

從邏輯上說,以上三種說法均有可能,但事實衹有一個,那麽究竟爲何呢?在這種情況下,衹能依據新資料。幸運的是,《繫年》亦有相關記載,這對判斷以上說法之是非提供了寶貴資料。

《繫年》第七章載:"令尹子玉遂率鄭、衛、陳、蔡及群蠻夷之師以交文公。文公率秦、齊、宋及群戎之師以敗楚師於城濮。"據此,晉文公確實率領了秦、齊、宋國軍隊參與戰爭,至於三國的將帥是否參戰仍未可知,故杜預說與竹添光鴻說可並存,但其他說法恐難以成立。

另外,《韓非子·難一》曰:"晉文公將與楚人戰,召舅犯問之,曰:'吾將與楚人戰,彼衆我寡,爲之奈何?'"③《吕氏春秋·義賞》曰:"昔晉文公將與楚人戰於城濮,召咎犯而問曰:'楚衆我寡,奈何而可?'"④童書業將這兩條資料作爲晉寡楚衆的根據,以證成他所主張的城濮之戰中宋、秦、齊軍隊未參戰的觀點。⑤這些記載是否可靠難以確知,退一步講,卽便當時雙方兵力對比確實是楚衆晉寡,也並不能因此否定齊、秦、宋三國軍隊參戰的可能。

另外,《繫年》又載晉國一方還有群戎的軍隊參戰,這是有可能的,但《春秋》《左傳》未載,這或許是因群戎軍隊比較少,或許是本着華夏優越的觀念而故意略去了這些外族軍隊。楚國的群蠻之師之未載亦當作如是觀。另外,楚國一方除了楚、陳、蔡外,還有鄭、衛與群蠻之師,那麽鄭、衛有無可能參與此戰呢?

---

① 錢宗範:《關於城濮之戰的晉楚兵數》,《中國古代史論叢》1981年第1輯,第380~381頁。
② 〔日〕竹添光鴻注:《左氏會箋》,第608頁。
③ (清)王先慎撰,鍾哲點校:《韓非子集解》卷15,第347頁。
④ 許維遹:《吕氏春秋集釋》卷14,第329頁。
⑤ 童書業著,童教英校訂:《春秋左傳研究(校訂本)》,第52~53頁。

(二) 楚一方的鄭國參加了城濮之戰

《左傳》僖公十八年記載城濮之戰後,有一段追述鄭的内容,其曰:"鄉役之三月,鄭伯如楚致其師,爲楚師既敗而懼。使子人九行成于晉。晉欒枝入盟鄭伯。五月丙午,晉侯及鄭伯盟於衡雍。"城濮之戰在魯僖公二十八年(前632)四月,楊伯峻注:"城濮戰役前故曰鄉役。三月義有二,若爲三個月之義,城濮之役爲四月,則此爲一月或二月;若非三個月之義,則爲役之前月,三月也。"①"鄉役之三月"在三月,詳見後文。

關於鄭文公"如楚致其師",孔穎達疏:"致其師者,致其鄭國之師,許以佐楚也。戰時雖無鄭師,要本心佐楚,故既敗而懼。"②孔穎達認爲鄭伯所致之師是鄭國之師,但《左傳》未載戰争中有鄭師,爲了彌合這種矛盾,孔穎達釋爲鄭雖然無事實之佐助楚,但有此心,故懼。明代學者陸粲反對孔氏此說,其曰:"致其師者,致楚師也,據戰時無鄭師可知。何煩曲說!"③竹添光鴻也認爲:"致是致戎之致,鄭伯致楚師於子玉也。正義云'致其鄭國之師,許以佐楚也',然城濮無鄭師,且子玉在宋,鄭伯何故去宋如楚而致之邪?蓋楚子聞晉師出而去宋,比楚人救衛不克,乃入居於申,使子玉去宋,於是子玉使伯棼請戰,鄭伯亦自宋如楚,請師致之也。此與上文'王怒,少與之師'相應,倘無鄭伯之請,王怒必不與師也。"④

竹添光鴻反駁孔穎達的意見是正確的。前文已述,楚成王在魯僖公二十七年(前633)在宋地會盟並居於宋之緡邑。在魯僖公二十八年三月之後,"楚子入居于申",《繫年》第七章謂:"楚王舍圍,歸,居方城。"如此,"鄭伯如楚致師"應該在三月之後。那麼,竹添光鴻的鄭伯所致之師不是鄭國之師而是請求楚成王致師於子玉的說法是否正確呢?

據《史記》所載,鄭好像出兵參與了助楚。《史記·晉世家》:"初,鄭助楚,楚敗,懼,使人請盟晉侯。"⑤《鄭世家》:"[鄭文公]四十一年,助楚擊晉。自晉文公之過無禮,故背晉助楚。"⑥楊伯峻據此認爲:"此俱以鄭助楚且以擊晉爲言,則太史公似以爲鄭實出兵。"⑦這種推斷有無依據?《史

---

① 楊伯峻:《春秋左傳注(修訂本)》,第462頁。
② 《春秋左傳正義》卷16,《十三經注疏》,第3962頁。
③ (明)陸粲:《左傳附注》卷4,清文淵閣四庫全書本。
④ 〔日〕竹添光鴻注:《左氏會箋》,第608頁。
⑤ 《史記》卷39,第2011頁。
⑥ 《史記》卷42,第2131頁。
⑦ 楊伯峻:《春秋左傳注(修訂本)》,第462頁。

記·晉世家》載晉文公七年,"晉文公、秦繆公共圍鄭,以其無禮於文公亡過時,及城濮時鄭助楚也。圍鄭"。① 城濮之戰時鄭助楚,這説明鄭確實是出兵了。

《繫年》載伐楚者有鄭師,顯然於《史記》與楊伯峻的説法有利。

(三)城濮之戰中衛實未參戰,從楚者是衛成公

《繫年》第七章:"令尹子玉遂率鄭、衛、陳、蔡及群蠻夷之師以交文公,文公率秦齊宋及群戎之師以敗楚師於城濮。"據此,衛也參加了城濮之戰,但此種説法與傳世文獻相悖。

《左傳》僖公二十七年載楚成王圍宋,宋向晉告急。晉文公之大臣狐偃曰:"楚始得曹,而新昏(婚)於衛,若伐曹、衛,楚必救之,則齊、宋免矣。"②晉文公從其計,於次年伐衛。

《左傳》僖公二十八年載,是年春,晉文侯伐曹而向衛借道,衛不答應,於是晉伐衛,並於此年五月九日奪取了衛邑五鹿。衛成公懼怕晉,於是請求與晉結盟,晉人不答應;衛成公又想投向楚,但衛國人不答應,於是國人爲討好晉,把衛成公出居於國都而至衛地襄牛。自此,衛國人與成公分道揚鑣,前者傾向於晉,後者傾向於從楚。

1. 衛國人自城濮之戰前即從晉

宋向楚告急,晉文公用狐偃之謀,分曹、衛之田給宋。楚令尹子玉以楚釋宋圍爲交換條件讓成守在衛的楚大夫宛春請晉師讓衛侯歸國都。但晉文公用先軫之謀,《左傳》僖公二十八年:"乃拘宛春於衛,且私許復曹、衛。曹、衛告絕於楚。"③子玉聽聞此事大怒,於是"從晉師"而最終與晉於是年四月初一戰於城濮。

2. 衛成公自城濮之戰前從楚

《左傳》僖公二十八年載城濮之戰後,"衛侯聞楚師敗,懼,出奔楚,遂適陳,使元咺奉叔武以受盟"。④《史記·衛世家》:

> [衛]成公三年,晉欲假道於衛救宋,成公不許。晉更從南河度,救宋。徵師於衛,衛大夫欲許,成公不肯。大夫元咺攻成公,成公出犇。(索隱:犇楚。)晉文公重耳伐衛,分其地予宋,討前過無禮及不救

---

① 《史記》卷39,第2014頁。
② 楊伯峻:《春秋左傳注(修訂本)》,第445頁。
③ 楊伯峻:《春秋左傳注(修訂本)》,第458頁。
④ 楊伯峻:《春秋左傳注(修訂本)》,第466頁。

宋患也。衛成公遂出奔陳。(索隱:按,《左傳》"衛侯聞楚師敗,懼,出奔楚,遂適陳"是。)①

上引《左傳》與《衛康叔世家》的說法相異。《左傳》認爲衛成公奔楚、奔陳是由於其聞楚師之敗。而《衛世家》則以爲成公奔楚乃被大夫元咺所攻,奔陳乃因晉文公伐衛,據此則衛成公奔楚、奔陳應該在城濮之戰之前。也就是說,衛成公在城濮之戰前一直從楚。

衛人在城濮之戰前夕已經告絕於楚而從晉。《說苑・權謀》載城濮之戰前,咎犯對文公說:"吾以宋、衛爲主,齊、秦輔我。……獨以人事,固將勝之矣。"②亦可爲證。故清華簡《繫年》所謂城濮之戰中從楚子玉之衛師可能是衛成公的軍隊。

(四)小結

綜上可見,城濮之戰中,楚國一方參戰軍隊應該是楚、陳、蔡、鄭、衛以及群蠻的軍隊,而晉國一方則是晉、秦、齊、宋與群戎的軍隊,當時參戰的軍隊比較複雜。至於《韓非子》《呂氏春秋》所載楚衆晉寡的記載,是否可信未可知;即便可信,也不能否定秦、齊、宋三國軍隊參戰的可能。

---

① 《史記》卷37,第1930頁。
② (漢)劉向撰,向宗魯校證:《說苑校證》,北京:中華書局,1987年,第331頁。

【第八章】

[說明]

(一)"𠃌"【四九】的隸定與釋讀

【整理者】隸爲"与",釋爲"與"。①

【謹按】有學者認爲該字是"牙"字,因與"与"字形相似而致混。牙,古音疑母、魚部;與,余母、魚部。可通。②《説文·舁部》:"與,黨與也。从舁从与。舁,古文與。"段注:"从舁、与,會意。共舉而与之也。舁、与皆亦聲。"③又,《説文·勺部》:"与,賜予也。一勺爲与。此与、與同。"整理者所釋蓋本於此。何琳儀説:"牙,分化爲与。"④李守奎、肖攀説:"与借牙音。"⑤該字應爲"与"。"牙""与"音近、形近似,"与"的這種字形可能就是从"牙"分化而來的。

[釋文]

晉文公立七年,秦、晉回(圍)奠=(鄭,鄭)降秦不降晉=(晉,晉)人以不懟。[1]秦人豫(舍)戍於奠=(鄭。[2]鄭)人或(屬)北門之䈷(管)於秦=之=【四五】戍=人=(秦之戍人,秦之戍人)史(使)人歸(歸)告曰:"我既旻(得)奠(鄭)之門䈷(管)已(已),棶(來)富(襲)之。"[3]秦自(師)㭊(將)東富(襲)奠=(鄭,鄭)之賈人㠯(弦)高㭊(將)西【四六】市,遇之,乃以奠(鄭)君之命䘏(勞)秦三䘙(帥),秦肯(師)乃返(復),伐䫊(滑)(滑),取之。[4]晉文公䘏(卒),未圂(葬),壤(襄)公新(親)【四七】䘙(帥)

---

① 清華大學出土文獻研究與保護中心編,李學勤主編:《清華大學藏戰國竹簡(貳)》,第115頁。
② 李松儒:《清華簡〈繫年〉集釋》,第158頁。
③ (清)段玉裁注,許惟賢整理:《説文解字注》卷3上,第188頁。
④ 何琳儀:《戰國古文字典:戰國文字聲系》,第511頁。
⑤ 李守奎、肖攀:《清華簡〈繫年〉文字考釋與構形研究》,第335頁。

自(師)御(禦)秦自(師)于崤(殽),大敗之。[5]秦穆公欲與楚人爲好,女(焉)繁(脫)繡(申)公義(儀)囟(使)歸求成。秦女(焉)【四八】訇(始)與晉敹(執)衛(怨),与(與)楚爲好。【四九】[6]

卅五【四五背】　卅六【四六背】　卅七【四七背】　卅八【四九背】

[疏證]

[1]晉文公立七年,秦、晉回(圍)奠=(鄭,鄭)降秦不降晉=(晉,晉)人以不慭。

【謹按】晉文公立七年,當魯僖公三十年(前630),秦穆公三十年,楚成王四十二年。

以,介詞,因也。表動作之所因。①

不慭,整理者:"不悦,《説文》:'慭……一曰:説(悦)也。'"②按,"慭"當釋爲願也、肯也。《左傳》文公十二年"兩君之士皆未慭也",楊伯峻注:"慭,肯也,願也。……兩國之士皆未快意。"③"不慭"即不願、不肯。鄭降秦不降晉,晉人因此心中不快。

《春秋》僖公三十年:"晉人、秦人圍鄭。"《左傳》僖公三十年:"九月甲午,晉侯、秦伯圍鄭,以其無禮於晉,且貳於楚也。晉軍函陵,秦軍氾南。……秦伯説,與鄭人盟。使杞子、逢孫、楊孫戍之,乃還。"④

《左傳》成公十三年吕相絶秦之語載此事曰:"我文公帥諸侯及秦圍鄭。秦大夫不詢于我寡君,擅及鄭盟。諸侯疾之,將致命于秦。文公恐懼,綏静諸侯。秦師克還無害,則是我有大造于西也。"⑤

[2]秦人豫(舍)戍於奠(鄭)。

【謹按】豫,有兩種讀法。其一,如整理者讀爲本字⑥,則其爲預先謀劃之義。《禮記·學記》:"禁於未發之謂豫。"《中庸》:"凡事豫則立。"朱熹注:"素定也。"《玉篇》:"豫,或作預。"如此,則秦攻鄭好像是蓄謀已久之

---

① 參楊樹達:《詞詮》,第351~352頁。
② 清華大學出土文獻研究與保護中心編,李學勤主編:《清華大學藏戰國竹簡(貳)》,第115頁。
③ 楊伯峻:《春秋左傳注(修訂本)》,第592頁。關於"慭"字,林素清總結了傳世文獻和出土文獻中的各種説法,可以參看。林素清:《説慭》,陳昭容主編:《古文字與古代史》第1輯,臺北:"中研院"歷史語言研究所,2007年,第511~528頁。
④ 楊伯峻:《春秋左傳注(修訂本)》,第478~481頁。
⑤ 楊伯峻:《春秋左傳注(修訂本)》,第862頁。
⑥ 清華大學出土文獻研究與保護中心編,李學勤主編:《清華大學藏戰國竹簡(貳)》,第114頁。

舉。其二,"豫"讀爲"舍",置也。①《左傳》襄公十四年戎子駒支對范宣子追述殽之戰的起因時説:"昔文公與秦伐鄭,秦人竊與鄭盟,而舍戍焉,於是乎有殽之師。"楊伯峻注:"舍,置也。即僖三十年《傳》'秦伯説,與鄭人盟,使杞子、逢孫、楊孫戍之'之事。"②據《左傳》,當從後説。

[3] 奠(鄭)人戍(屬)北門之筭(管)於秦＝之＝【四五】戍＝人＝(秦之戍人,秦之戍人)叓(使)人歸(歸)告曰:"我既叚(得)奠(鄭)之門筭(管)巳(已),坙(來)竈(襲)之。"

【謹按】筭,整理者認爲通"管"。《左傳》僖公三十二年:"管,籥也。"即鑰匙。③ 上博五《季庚子問於孔子》簡4"筭中"即齊人"管仲"④,可證"筭"確是"管"字。楊伯峻認爲:"管,今人之鑰匙也。《周禮·地官·司門》'掌授管鍵',《禮記·月令》'修鍵閉,慎管籥',皆可證其義。"⑤竹添光鴻認爲:"管,鎖筒也;籥,鎖鑰也。不可相混。"⑥

巳,整理者讀爲"也"。⑦ 2011年12月19日下午在《清華大學藏戰國竹簡(貳)》學術座談會上,劉釗指出所釋不確,改釋爲"巳";陳劍也説"巳"誤釋爲"也"。⑧ 此字確實與《繫年》其他的"也"不同⑨,而與楚簡的"巳"字形相同⑩。此字實際上爲"巳"亦即"已"⑪,在此作爲虚詞。

竈,唐蘭、李家浩讀爲"襲"。⑫ 潛師曰襲。《左傳》僖公二十八年:"杞子自鄭使告於秦,曰:'鄭人使我掌其北門之管,若潛師以來,國可得也。'

---

① 孫飛燕:《清華簡〈繫年〉初探》,第21~22頁。
② 楊伯峻:《春秋左傳注(修訂本)》,第1006頁。
③ 清華大學出土文獻研究與保護中心編,李學勤主編:《清華大學藏戰國竹簡(貳)》,第155~156頁。
④ 李守奎、曲冰、孫偉龍:《上海博物館藏戰國楚竹書(一—五)文字編》,北京:作家出版社,2007年,第234頁。
⑤ 楊伯峻:《春秋左傳注(修訂本)》,第489頁。
⑥ 〔日〕竹添光鴻注:《左氏會箋》,第642頁。
⑦ 清華大學出土文獻研究與保護中心編,李學勤主編:《清華大學藏戰國竹簡(貳)》,第155頁。
⑧ 李松儒:《清華簡〈繫年〉集釋》,第153頁。
⑨ 清華大學出土文獻研究與保護中心編,李學勤主編:《清華大學藏戰國竹簡(貳)》,第257頁。
⑩ 可參相關楚文字編,如李守奎等:《上海博物館藏戰國楚竹書(一—五)文字編》,第560~567頁。
⑪ 在古文字裏,"已"和"巳"的形體完全相同,還没有分化爲兩個字。參馮勝君:《郭店簡與上博簡對比研究》,北京:綫裝書局,2007年,第128頁。
⑫ 唐蘭:《驫羌鐘考釋》,《唐蘭論文集(一)》,上海:上海古籍出版社,2018年,第269頁;李家浩:《釋上博戰國竹簡〈緇衣〉兹臣中的合文》,中山大學古文字研究所編:《康樂集:曾憲通教授七十壽慶論文集》,廣州:中山大學出版社,2006年,第24頁。

穆公訪諸蹇叔,蹇叔曰:'勞師以襲遠,非所聞也。'"①

《左傳》僖公三十二年:"杞子自鄭使告于秦曰:'鄭人使我掌其北門之管,若潛師以來,國可得也。'"關於"杞子",《左傳》僖公三十年:"秦伯説,與鄭人盟。使杞子、逢孫、楊孫戍之,乃還。"杜注:"三子,秦大夫,反爲鄭守。"②據此,可知向秦告密實際上是戍守鄭之秦大夫杞子使人所爲。

[4] 秦𠂤(師)牂(將)東䆻(襲)奠═(鄭,鄭)之賈人㢸(弦)高牂(將)西【四六】市,遇之,乃以奠(鄭)君之命裠(勞)秦三衔(帥),秦𠂤(師)乃遝(復),伐顝(滑),取之。

【謹按】㢸,上博五《三德》簡1"弦"字與簡文字形相同。③

弦高將西市,遇之:《左傳》僖公三十三年載秦國軍隊"及滑,鄭商人弦高將市於周"。④周在鄭西,故曰"西市"。另由《左傳》可知,弦高與三帥相遇的地點在滑國。

三帥:指孟明、西乞、白乙丙。《左傳》僖公三十三年載殽之戰中,晉師"獲百里孟明視、西乞術、白乙丙以歸"。"文嬴請三帥",楊伯峻注:"三帥,孟明、西乞、白乙丙。"⑤

復,《爾雅·釋言》:"返也。"秦師東襲鄭而鄭有備,故返回。《左傳》襄公十四年戎子駒支説殽之戰的結果是"秦師不復"。⑥《公羊傳》僖公三十三年:"匹馬隻輪無反者。"⑦同年《穀梁傳》:"匹馬倚輪無反者。"⑧"復"亦是反(返)之義。

伐滑,取之:滑,國名,姬姓,國於費,故城在今河南省偃師縣之緱氏鎮,近鄭國。⑨《春秋》僖公三十三年:"三十有三年春王二月,秦人入滑。"《左傳》僖公三十三年:"滅滑而還。"⑩《經》言"入"而《傳》言"滅",可見兩者不同。杜注:"'滅'而書'入',不能有其地。"⑪《左傳》襄公十三年:"凡書

---

① 楊伯峻:《春秋左傳注(修訂本)》,第489~490頁。
② 《春秋左傳正義》卷17,《十三經注疏》,第3974頁。
③ 李守奎等:《上海博物館藏戰國楚竹書(一——五)文字編》,第582頁。
④ 楊伯峻:《春秋左傳注(修訂本)》,第495頁。
⑤ 楊伯峻:《春秋左傳注(修訂本)》,第498頁。
⑥ 楊伯峻:《春秋左傳注(修訂本)》,第1006頁。
⑦ (清)陳立:《公羊義疏》卷37,第1396頁。
⑧ (清)鍾文烝:《春秋穀梁經傳補注》卷12,第355頁。
⑨ (清)顧棟高:《春秋大事表》卷7,第888頁;楊伯峻:《春秋左傳注(修訂本)》,第201、387頁。
⑩ 楊伯峻:《春秋左傳注(修訂本)》,第492、496頁。
⑪ 《春秋左傳正義》卷17,《十三經注疏》,第3977頁。

取,言易也;用大師焉曰滅;弗地曰入。"①杜注據此。可見秦雖然滅了(滅即包含了取其地)滑,但後來又失去其地,故《春秋》認爲未取其地,書"入"。也就是説,《春秋》《左傳》的説法實際上都是正確的。事實上,滑被秦滅後即被納入了晉,《左傳》襄公二十九年:"虞、虢、焦、滑、霍、揚、韓、魏,皆姬姓也,晉是以大。若非侵小,將何所取?"《左傳》成公十三年吕相絶秦之語曰"伐我保城,滅我費滑",其拔而取之可知。② 也就是説,"蓋秦人去而滑不守,晉取之也"。③ 總之,實際上這次戰役秦確實是取了滑。而《繫年》第八章"伐滑",後又加"取之",明顯是解釋《左傳》書"滅"之書法。又,《史記·秦本紀》載秦國軍隊"滅滑。滑,晉之邊邑也"④,而《穀梁傳》僖公三十三年載"滑,國也"⑤,清人梁玉繩曰:"考《春秋》莊十六年滑伯始見于《經》,至此爲秦所滅,故《經》書'秦人入滑'。其後成十三年晉使吕相絶秦,所謂'殄滅我費滑'者,邊邑云乎哉?"⑥

《左傳》僖公三十二年載秦穆公不聽從蹇叔的建議,決然襲鄭,"秦師遂東"。⑦《左傳》僖公三十三年載此年春秦師經過周,"及滑,鄭商人弦高將市於周,遇之,以乘韋先,牛十二犒師,曰:'寡君聞吾子將步師出於敝邑,敢犒從者。不腆敝邑,爲從者之淹,居則具一日之積,行則備一夕之衛。'且使遽告于鄭。"然後,"孟明曰:'鄭有備矣,不可冀也。攻之不克,圍之不繼,吾其還也。'滅滑而還"。⑧《史記·晉世家》亦曰:"秦繆公發兵往襲鄭。十二月,秦兵過我郊。襄公元年春,秦師過周……兵至滑,鄭賈人弦高將市于周,遇之,以十二牛勞秦師。秦師驚而還,滅滑而去。"⑨《秦本紀》:"三十三年春,秦兵遂東,更晉地,過周北門,……兵至滑,鄭販賣賈人弦高持十二牛將賣之周,見秦兵,恐死虜,因獻其牛,曰:'聞大國將誅鄭,鄭君謹修守禦備,使臣以牛十二勞軍士。'秦三將軍相謂曰:'將襲鄭,鄭今已覺

---

① 楊伯峻:《春秋左傳注(修訂本)》,第998~999頁。
② 〔日〕竹添光鴻注:《左氏會箋》,第646頁。
③ 〔日〕竹添光鴻注:《左氏會箋》,第646頁。
④ 《史記》卷5,第243頁。
⑤ (清)鍾文烝:《春秋穀梁經傳補注》卷12,第353頁。
⑥ (清)梁玉繩:《史記志疑》卷4,第128頁。
⑦ 楊伯峻:《春秋左傳注(修訂本)》,第491頁。
⑧ 竹添光鴻曰:"孟明此語,得十二牛而言之也。此遥接法。杞子奔齊,當在此語之後數日。"楊伯峻也曰:"此乃遥接弦高犒師之語。"〔日〕竹添光鴻注:《左氏會箋》,第651頁;楊伯峻:《春秋左傳注(修訂本)》,第494~496頁。
⑨ 《史記》卷39,第2014頁。

之,往無及已。'滅滑。"①《史記》據《左傳》而書。

上引《左傳》與《繫年》還是有一些區別:據《左傳》,秦師與弦高相遇的地點在滑國,秦師得知鄭有備而未前進,僅順勢滅滑,然後返還,《史記》同;而據《繫年》,秦師越過滑,可能到達了鄭邊境,見鄭有備,"乃復"。

[5]晉文公卒(卒),未國(葬),壞(襄)公新(親)【四七】衘(帥)自(師)御(禦)秦自(師)于嶚(殽),大敗之。

【謹按】晉文公卒,未葬,《春秋》僖公三十二年:"冬十有二月己卯,晉侯重耳卒。"同年《左傳》曰:"冬,晉文公卒。庚辰,將殯于曲沃。出絳,柩有聲如牛。卜偃使大夫拜,曰:'君命大事:將有西師過軼我,擊之,必大捷焉。'"《春秋》僖公三十三年:"夏四月辛巳,晉人及姜戎敗秦師于殽。癸巳,葬晉文公。"據此,晉文公卒于魯僖公三十二年(前628)十二月己卯(九日),庚辰(十日)將殯(停棺待葬),因柩有異常才作罷。直到殽之戰(魯僖公三十三年四月十三日)後,才於四月癸巳(二十五日)葬文公。

新,讀爲"親",通。《左傳》僖公三十二年:"晉新得諸侯。"《唐石經》:"新作親。"《尚書·金縢》:"惟朕小子其新逆。"疏:"新逆,馬本作親迎。"清華簡壹《金縢》作"䢷(親)逆"。《詩·東山》箋:"成王既得金縢之書,親迎周公。"均"新"與"親"通假之證。出土文獻中,"親"常作"新",如壽夢之子劍(《銘圖》18077,春秋):"余新(親——親)逆攻之。"中山王鼎(《集成》2840,戰國晚期):"今吾老賙䢷(親)率三軍之眾。"

嶚,清華簡陸《子儀》簡1作"䏌",傳世文獻作"殽"或"崤"。杜注:"殽在弘農澠池縣西。"楊伯峻注:"殽或作崤,崤山在今河南省洛寧縣西北六十里,西接陝縣界,東接澠池縣界。"②《尚書·秦誓》孔疏:"崤山險阨,是晉之要道關塞也。從秦嚮鄭,路經晉之南境,於南河之南、崤關而東適鄭。禮,征伐朝聘,過人之國,必遣使假道。晉以秦不假道,故伐之。"③

禦秦師于崤,《呂氏春秋·悔過》:"遏秦師於殽而擊之。"《公羊傳》僖公三十三年:"要之殽而擊之。"同年《穀梁傳》:"晉人與姜戎要而擊之殽。"《史記·秦本紀》:"遮秦兵於殽而擊之。"《左傳》僖公三十三年:"敗秦師于殽。"楊伯峻注:"此蓋乘秦師途徑殽而截擊之。"④

大敗之,《春秋》僖公三十三年:"夏四月辛巳,晉人及姜戎敗秦師于

---

① 《史記》卷5,第243頁。
② 楊伯峻:《春秋左傳注(修訂本)》,第491頁。
③ 《尚書正義》卷20,《十三經注疏》,第544頁。
④ 楊伯峻:《春秋左傳注(修訂本)》,第498頁。

殽。"《左傳》僖公三十三年："遂發命，遽興姜戎。……夏四月辛巳，敗秦師于殽，獲百里孟明視、西乞術、白乙丙以歸。"同年《公羊傳》："要之殽而擊之，匹馬隻輪無反者。"同年《穀梁傳》："晉人與姜戎要而擊之殽，匹馬倚輪無反者。"

[6]秦穆公欲與楚人爲好，玄（焉）繁（脱）繥（申）公義（儀）囟（使）歸求成。秦玄（焉）【四八】訽（始）與晉敫（執）衞（怨），与（與）楚爲好。【四九】

【整理者】《左傳》文公十四年："初，鬬克囚于秦，秦有殽之敗，而使歸求成。"鬬克即申公子儀。簡文"敫"見於甲骨金文，爲"𤔲"所從，一般認爲是古"抽"字①。亦見於包山簡，用爲"執"。此處用法與包山簡同。衞，從"行"、"𩂖"聲，讀爲"亂"。"執亂"與"爲好"相對，義當近於"執讎"，韋注："執，猶結也。"《魯語上》："亂在前矣。"注："亂，惡也。"是"執亂"猶云結惡。②

【謹按】繁，"敚"之異體字，讀爲"脱"，同《繫年》第七章簡42之"伐衞以敚（脱）齊之戍"之"敚"，詳彼注。簡文從"系"，表示脱繩索之意。

申公儀，《國語·楚語上》又作"申公子儀父"，韋昭注："儀父，申公鬬班之子大司馬鬬克也。"③《左傳》僖公二十五年："秋，秦、晉伐鄀。……楚鬬克、屈禦寇以申、息之師戍商密。……秦師囚申公子儀、息公子邊以歸。"楊伯峻注："鬬克，字子儀，時爲楚申公。"④

秦穆公欲與楚人爲好，焉脱申公儀使歸求成。申公子儀被秦所囚在魯僖公二十四年（前635），僖公三十三年（前627）秦、晉殽之戰後被放歸。《左傳》文公十四年追述鬬克爲何叛亂時載："初，鬬克囚于秦，秦有殽之敗，而使歸求成。"劉文淇疏證："求成於楚也。殽役之後，秦與楚成，經傳不具。"⑤李學勤根據《左傳》成公十三年吕相絕秦之語與秦惠文王時的詛楚文認爲與秦結盟者應是楚成王，並進而推定子儀歸楚的時間祇能在秦穆公三十三年（前627）四月殽之戰到三十四年（前626）十月楚成王被殺之間。⑥李説可從，詳見後文考證部分。

敫衞，整理者讀爲"執亂"，義當近於"執讎"，韋注："執，猶結也。"《魯

---

① 何琳儀：《戰國古文字典：戰國文字聲系》，第189頁。
② 清華大學出土文獻研究與保護中心編，李學勤主編：《清華大學藏戰國竹簡（貳）》，第156頁。
③ 徐元誥：《國語集解（修訂本）》卷17，第490頁。
④ 楊伯峻：《春秋左傳注（修訂本）》，第434頁。
⑤ （清）劉文淇：《春秋左傳舊注疏證》，第565頁。
⑥ 李學勤：《有關春秋史事的清華簡五種綜述》，《文物》2016年第3期，第83頁。

語上》:"亂在前矣。"注:"亂,惡也。"是"執亂"猶云結惡。① 清華大學出土文獻讀書會讀爲"執怨"。② 孟蓬生同意後說,他認爲"曷"聲、"夗"聲相通,"執衍"猶言"執讎""結怨""結讎"。③ 筆者認爲,"衍"當讀爲"怨","曷"是影母元部,"夗"是來母元部,同韻,故可通假。《說苑·敬慎》載殽之戰後,晉"大結怨構禍於秦。接刃流血,伏尸暴骸,糜爛國家,十有餘年,卒喪其師衆,禍及大夫,憂累後世"。④ 此處的"結怨"可與簡文的"執亂"相發明。

秦焉始與晉執亂,《穀梁傳》文公五年徐彥疏引鄭玄曰:"秦自敗于殽之後,與晉爲仇,兵無休時。"⑤上引《說苑·敬慎》亦可證。

《左傳》成公十三年呂相絶秦之語曰:"殄死我君,寡我襄公,迭我殽地,奸絶我好,伐我保城,殄滅我費滑,傾覆我國家。我襄公未忘君之舊勳,而懼社稷之隕,是以有殽之師。猶願赦罪於穆公。穆公弗聽,而即楚謀我。天誘其衷,成王隕命,穆公是以不克逞志于我。"⑥

秦惠文王詛楚文曰:"昔我先君穆公及楚成王,是勠力同心,兩邦若壹,絆以婚姻,衿以齋盟,曰:世萬子孫,毋相爲不利,親仰大沈厥湫而質焉。"⑦

[譯文]

晉文公即位第七年,秦、晉聯合包圍鄭國,鄭國向秦國投降而不向晉國投降,晉國人心裏不快。秦人於是設置守衛戍守鄭國。鄭國人把北城門的鑰匙交給了秦國戍守之人,秦國戍守之人就派人回到秦國報告說:"我已經拿到了鄭國城門的鑰匙,快來偷襲鄭國。"秦國軍隊即將東進偷襲鄭國,鄭國的商人弦高正準備去西邊做生意,遇到了秦國軍隊,於是就[假裝]他是受鄭國國君之命來犒勞秦三位統帥的,秦國軍隊[知道鄭國已有防備]於是就返回,順便攻伐滑國,攻取了滑國。晉文公卒,尚未下葬,襄公親自率領軍隊在崤抵禦秦國軍隊,大敗秦軍。秦穆公想和楚人結好,於是就釋放申公儀讓他返楚以促成兩國之好。秦國於是開始與晉國結怨,與楚國

---

① 清華大學出土文獻研究與保護中心編,李學勤主編:《清華大學藏戰國竹簡(貳)》,第156頁。
② 李松儒:《清華簡〈繫年〉集釋》,第158頁。
③ 孟蓬生:《說"令"》,《古文字研究》第29輯,北京:中華書局,2012年,第705~706頁。
④ (漢)劉向撰,向宗魯校證:《說苑校證》卷10,第257頁。
⑤ 《春秋穀梁傳注疏》卷10,《十三經注疏》,第5221頁。
⑥ 《春秋左傳正義》卷27,《十三經注疏》,第4151頁。
⑦ 郭沫若:《郭沫若全集·考古編》第9卷,第296頁。

結好。

[解題]

本章主要圍繞秦、晉、楚三國的關繫變化而展開敘事,即"秦焉始與晉執怨,與楚爲好",而這一轉變的關鍵點即是秦、晉殽(或作"崤")之戰。

簡文所載主要有以下史事:

第一,殽之戰的起因。晉文公立七年(前630,魯僖公三十年),秦、晉聯合圍鄭,但鄭人最後衹降秦而不降晉,晉人對秦人不滿。秦國人安排了戍守鄭國的兵力,秦、晉之間開始產生裂痕,也爲殽之戰的發生埋下了伏筆。《左傳》襄公十四年戎子駒支對范宣子追述殽之戰的起因時説:"昔文公與秦伐鄭,秦人竊與鄭盟而舍戍焉,於是乎有殽之師。"簡文的邏輯是殽之戰的發生是出於晉對秦的不滿,動因在晉;而《左傳》戎子駒支之語將戰爭起因歸結於秦。這是由於前者持楚人的立場,後者則站在晉國的角度。

第二,秦人伐鄭未果而滅滑。魯僖公三十二年(前628)戍守鄭國的秦大夫杞子得到了鄭國城門的鑰匙,派使者通知秦國來偷襲鄭國。魯僖公三十三年,秦國軍隊從西往東前往鄭國,恰好遇上了正前往西邊做買賣的鄭國商賈弦高,弦高假借鄭君之命犒勞秦國三位將帥。秦師誤認爲鄭國有准備,於是班師回秦,在途中順便伐滑國,並於此年二月滅滑。

第三,殽之戰。秦人滅滑而班師,途經晉國要關殽。由於未向晉國借道,四月辛巳(十三日)晉人乘機截擊了秦師,結果秦國大敗。

第四,殽之戰的影響。殽之戰後,秦、晉同盟破裂,秦國主動向楚示好,放歸楚俘申叔儀,讓其回楚求成。秦國開始與楚國結好。

[問題]

第一,向秦告密者可能是杞子所派使鄭司城繒賀。秦國所派的戍守鄭國的大夫杞子得到鄭國城門的鑰匙後,曾派人去向秦國告密讓其來偷襲鄭國。關於所派之人爲誰,《左傳》説是秦大夫杞子,《史記》説是鄭人司城繒賀。清華簡《繫年》亦載此事,我們對此進行了探討。

第二,殽之戰後的爭霸格局。殽之戰是影響春秋爭霸格局的一次著名戰爭。過去由於資料所限,我們對此次戰爭究竟如何影響當時爭霸格局,以及這種爭霸格局又是如何變遷等問題,或是知之甚少,或是猜測居多。

近年公佈的清華簡《繫年》、清華陸《子儀》正可補充資料之不足,亦可糾正過去學者猜測之失。據《繫年》,殽之戰後正式形成了秦"與晉執怨,與楚爲好"的局面,而這一歷程的實現是頗曲折的:殽之戰後秦穆公與晉關繫徹底破裂,於是放歸楚俘子儀求成於楚,並達成同盟,此即第一次秦楚同盟之建立;但由於楚成王被弒,此種同盟關繫未能持續,於是卽位的秦康公又與子儀會面,讓其促成第二次秦楚結盟,《子儀》篇載此事在"取及七年",這次結盟一直持續到戰國時期的楚懷王時期。

[考證]

一、向秦告密者可能是杞子所派使鄭司城繒賀説

《左傳》僖公三十二年:"杞子自鄭使告於秦曰:'鄭人使我掌其北門之管,若潛師以來,國可得也。'"①《左傳》僖公三十年:"九月甲午,晉侯、秦伯圍鄭,以其無禮於晉,且貳於楚也。晉軍函陵,秦軍氾南。……秦伯説,與鄭人盟。使杞子、逢孫、楊孫戍之,乃還。"杜注:"三子,秦大夫,反爲鄭守。"②據此,可知向秦告密者實際上是秦大夫杞子,其戍守鄭。

《史記》説告密者爲鄭人。《史記・秦本紀》:"鄭人有賣鄭於秦曰:'我主其城門,鄭可襲也。'繆公問蹇叔、百里傒,對曰:'徑數國千里而襲人,稀有得利者。且人賣鄭,庸知我國人不有以我情告鄭者乎? 不可。'繆公曰:'子不知也,吾已決矣。'"③《鄭世家》:"鄭司城繒賀以鄭情賣之。"④《晉世家》:"鄭人或賣其國於秦。"⑤據此,則賣鄭者是鄭人司城繒賀。

對於《左傳》與《史記》記載之歧異,梁玉繩曰:"賣鄭者卽戍鄭之秦大夫杞子也,而此與《晉世家》以爲鄭人,何歟? 據《鄭世家》,或者鄭司城繒賀與杞子比而賣鄭乎?"⑥"史或別有據?"⑦據梁氏説,其懷疑這種歧異産生的原因有二:一種可能是鄭司城繒賀與杞子合謀而賣鄭;另一種可能是司馬遷另有其他依據。楊伯峻認爲:"[《史記》]云鄭人,則非杞子可知。

---

① 楊伯峻:《春秋左傳注(修訂本)》,第489頁。
② 《春秋左傳正義》卷17,《十三經注疏》,第3974頁。
③ 《史記》卷5,第243頁。
④ 《史記》卷42,第2132頁。
⑤ 《史記》卷39,第2014頁。
⑥ (清)梁玉繩:《史記志疑》卷4,第128頁。
⑦ (清)梁玉繩:《史記志疑》卷23,第1042頁。

與《傳》異。"①

《繫年》第八章曰:"秦人舍戍於鄭,鄭人屬北門之管於秦之戍人,秦之戍人使人歸告曰:'我既得鄭之門管已,來襲之。'"將《繫年》與《左傳》相較,其中有一點值得注意:即《左傳》載"杞子自鄭使告於秦曰",而《繫年》載"秦之戍人使人歸告曰"。據後者,則是秦戍人杞子派人去告秦的。那麼,此所派之人有無可能是鄭司城繒賀?如此說成立,則實際上是鄭司城繒賀與杞子合謀後,杞子使鄭司城繒賀告密於秦。

二、"與晉執怨,與楚爲好"
——清華簡與殽之戰後春秋争霸格局變遷考論

春秋時期的主要特徵是諸侯争霸,而對當時争霸格局影響最大的其實主要有三個國家,即晉、楚、秦。清代學者顧棟高說:"春秋之大患在楚,堪敵之者惟晉,然必晉與秦合而後可制楚。"②正說明晉、楚、秦三角微妙關繫是影響春秋争霸格局的關鍵所在。整個春秋時期,這種三角關繫在不斷變化,而發生於春秋中期的殽之戰,對這種變化影響巨大。

關於殽之戰對春秋争霸格局影響的研究,學者的關注點主要有兩處:一是殽之戰後,與此戰關繫最密切的晉、楚、秦三角關繫是如何變化的,是何時發生變化的;二是這種三角關繫之變化對春秋整個争霸格局都有哪些影響。這兩個問題中,尤其以第一個問題備受關注,但由於文獻不足徵之故,學者的争議也最大。

過去學者主要根據《春秋》三傳等傳世文獻與北宋時發現的詛楚文等資料立論。譬如《左傳》成公十三年吕相絕秦之語載殽之戰後秦開始聯合楚國以算計晉國,但最終由於楚成王被弒而未能得逞。但這次聯合究竟是通過何種方式達成的,則未言。《左傳》文公十四年載殽之戰後秦穆公放歸楚俘子儀求成,晉代杜預據此認爲上述聯合是通過秦穆公放歸子儀得以實現的。對於杜預的這種解釋,學者多無異議。實際上,關於秦楚結盟的結果,詛楚文有不同記述,其載秦穆公與楚成王已經結成同盟。可見,這些

---

① 楊伯峻:《春秋左傳注(修訂本)》,第489頁。
② (清)顧棟高:《讀春秋偶筆》,《春秋大事表》,第33頁。

文獻記述或是語焉不詳,或是相互抵牾,導致學者得出的結論差異也很大。①

值得慶倖的是,清華簡對此有重要記載,使得我們對這一問題的重新探討得以可能。

《繫年》明確指出,殽之戰後,"秦穆公欲與楚人爲好,焉脱申公儀使歸求成。秦焉始與晉執怨,與楚爲好",可見殽之戰後,秦晉關繫破裂,而秦穆公放歸子儀,促成了秦楚聯盟。《繫年》記載之重要作用有二:一是似乎印證了前引杜預的説法②,即秦楚結盟是通過秦穆公放歸子儀實現的;二是似乎印證了上述詛楚文的説法,即殽之戰後秦、楚、晉三角關繫確實發生了重大變化③。但是這裏仍有一大疑問,即如何理解《左傳》成公十三年呂相絶秦之語所載秦楚聯盟因楚成王被弑未能實現的記述呢?對此,學者鮮有探討。另外值得注意的是,《繫年》未交代秦穆公放歸子儀與秦楚結盟的具體時間。有學者根據《左傳》推定此事在魯僖公三十三年(前 627,秦穆公三十三年)至文公四年(前 623,秦穆公三十七年)之間,並認爲放歸子儀與秦楚結盟是同一事。④ 但此説多屬推測,具體情形也無法知曉。也有學者考察《春秋》經傳所載秦、楚、晉三國史迹,認爲殽之戰後秦晉仍在接觸,代表性事件即是秦康公即位送公子雍一事,並認爲秦晉關繫破裂應在秦康公時期;而秦楚結盟在楚穆王時期未能持續,真正結盟應在楚莊王三年(前 611,秦康公十年)。⑤ 但是,此説仍有很多問題:一是既然如此,爲何《繫年》等將殽之戰作爲秦、楚、晉三角關繫變化的界點呢?二是秦楚結盟是否

---

① 對此主要有三種看法:一是認爲殽之戰後秦、楚聯盟已經建立,持此觀點者有林劍鳴、羅運環、郭淑珍、李玉潔等;二是認爲由於楚成王被弑未能建立同盟,張正明即持此觀點;三是認爲殽之戰後秦穆公放歸子儀求成,秦楚結盟取得了成功,但其後不久由於成王被弑,而新即位的穆王背離了秦楚聯盟,代表性事件是楚穆王四年(秦穆公三十八年)秦人入鄀(楚附庸),此表明二國關繫又破裂,持此觀點者有宋公文等。林劍鳴:《秦史稿》,第 117 頁;羅運環:《楚國八百年》,武漢:武漢大學出版社,1992 年,第 163 頁;郭淑珍:《試論春秋時期秦國的外交策略》,秦始皇兵馬俑博物館《論叢》編委會編:《秦文化論叢》第 7 輯,西安:三秦出版社,1999 年,第 254 頁;李玉潔:《楚國史》,開封:河南大學出版社,2001 年,第 144 頁;張正明:《秦與楚》,武漢:華中師範大學出版社,2007 年,第 84~85 頁;宋公文:《楚史新探》,開封:河南大學出版社,1988 年,第 262~263 頁。
② 這裏之所以稱"似乎",是因爲根據後文這種印證是不成立的。
③ 學者也據此對秦、晉、楚關繫進行了探討,如胡凱、陳民鎮:《從清華簡〈繫年〉看晉國的邦交——以晉楚、晉秦關繫爲中心》,《邯鄲學院學報》2012 年第 2 期,第 64 頁;王淑芳、李充:《秦晉殽之戰相關問題再研究》,《檔案》2016 年第 11 期,第 52~55 頁;等等。
④ 蘇建洲等:《清華二〈繫年〉集解》,第 404~405 頁。
⑤ 李姸娟:《與晉執亂,與楚爲好——春秋中期秦國邦交歷程考》,"商周文明研究"學術論壇論文,北京:北京師範大學,2017 年 11 月 4~5 日。

一定意味着他們之間沒有矛盾、沒有對抗，秦晉關繫破裂是否一定意味着雙方沒有任何接觸了呢？事實上，外交政策和政治實踐是可以分離的。無論如何，《繫年》的公佈雖然給我們提供了新資料，但如何解釋簡文所謂的"秦焉始與晉執怨，與楚爲好"，以及秦晉關繫破裂與秦楚結盟究竟發生在何時等問題，仍有很大困難，而對相關問題的探討也有待進一步深入。

清華簡陸《子儀》則披露了殽之戰所導致三角關繫變化之細節，尤爲重要的是，簡文明確交代秦穆公與子儀會面並讓其前往楚國求成是在殽之戰後"取①及七年"。這種說法一方面爲解決秦楚結盟的具體時間問題帶來了可能，但另一方面又給我們帶來了新的疑難。因爲這種說法與學界以往的推斷大相徑庭——以往學者多認爲秦穆公放歸子儀在殽之戰後。由此引發了新問題：《子儀》所述秦穆公與子儀在殽之戰後"取及七年"相會，與殽之戰後秦穆公放歸子儀事，二者是否爲同一事？如果二者不是同一事，那麼哪次才促成了秦楚聯盟呢？如果是同一事，又如何解釋《子儀》所謂的"取及七年"呢？

對此，整理者趙平安認爲此"七年"是指殽之戰後的第七年（前621，秦穆公三十九年）②，但爲了彌合《繫年》的記載，他又認爲秦楚結盟與放歸子儀不在同一時期③，這跟前引杜預注的說法相異。李學勤爲了彌合秦楚結盟在楚成王世的記載，認爲"七年"是秦穆公"自殽之戰後的最後七年"。④還有學者認爲不是一時之事，《子儀》篇所載是殽之戰七年後秦穆公招待隨會與子儀之事。⑤可見，《子儀》篇雖然提供了時間，但所述是否與《繫年》所載爲同一事，以及簡文"七年"之所指，學界仍然爭論甚大。⑥

綜上可見，學術界對於殽之戰後秦、晉、楚三角關繫的變化情況仍然分

---

① 楊樹達說："取，副詞，纔也，僅也。"楊樹達：《詞詮》，第320頁。
② 清華大學出土文獻研究與保護中心編，李學勤主編：《清華大學藏戰國竹簡（陸）》，上海：中西書局，2016年，第131頁。
③ 趙平安：《秦穆公放歸子儀考》，《新出簡帛與古文字研究續集》，北京：商務印書館，2018年，第300、304頁。
④ 李學勤：《有關春秋史事的清華簡五種綜述》，《文物》2016年第3期，第82頁。王淑芳認同李說。見王淑芳：《清華簡（陸）〈子儀〉篇與殽之戰後秦晉楚關繫演變》，《甘肅社會科學》2019年第3期。
⑤ 子居：《清華簡〈子儀〉解析》，中國先秦史網站，2016年5月11日。
⑥ 王淑芳認同上引李說而不同意趙平安說。見王淑芳：《清華簡（陸）〈子儀〉篇與殽之戰後秦晉楚關繫演變》，《甘肅社會科學》2019年第3期，第166頁。張淑一《〈左傳〉與〈清華簡〉"申公子儀""鄎公鐘儀"事迹辨疑》（《東嶽論叢》2019年第3期，第145～149頁）一文認爲《左傳》將申公子儀的事迹淆亂到了鄎公鐘儀身上。但此說缺乏堅實證據，恐不可信。

歧甚多,尤其是對秦楚結盟的時間、方式,以及秦晉關繫破裂的時間等都存有疑問。清華簡雖然爲相關問題的研究提供了新資料,但如何解釋簡文,如何釐清新資料與傳統記載的關繫,學者仍是見仁見智、莫衷一是。我們認爲,要解決上述問題,其中最核心的兩點須先考證清楚:一是秦楚結盟與放歸子儀是否是同一年事;二是《子儀》的性質爲何,其所載與《繫年》所載是否是同一事,以及簡文"取及七年"的釋讀問題。筆者首先以考辯以上兩個問題爲突破口,然後將其放入整個諸侯争霸的大背景下綜合考慮,最後就殽之戰對春秋争霸格局的影響作以評析。

(一)放歸子儀與秦楚結盟時間考

放歸子儀和秦楚結盟事,見於以下記載:

(1)《左傳》成公十三年吕相絶秦之語曰:"蔑死我君,寡我襄公,迭我殽地,奸絶我好,伐我保城,殄滅我費滑,傾覆我國家。我襄公未忘君之舊勛,而懼社稷之隕,是以有殽之師。猶願赦罪於穆公。穆公弗聽,而即楚謀我。天誘其衷,成王隕命,(杜注:秦使鬭克歸楚。求成事見文十四年。文元年,楚弑成王。)穆公是以不克逞志于我。"①

(2)《左傳》文公十四年:"初,鬭克囚于秦。秦有殽之敗,而使歸求成,成而不得志。(杜預注:無賞報也。)公子燮求令尹而不得,故二子作亂。"②

(3)戰國秦惠文王的詛楚文曰:"昔我先君穆公及楚成王,是僇力同心,兩邦若壹,絆以婚姻,袗以齋盟,曰:世萬子孫,毋相爲不利,親仰大沈厥湫而質焉。"③

(4)《繫年》第八章:"[晉]襄公親帥師禦秦師于殽,大敗之。秦穆公欲與楚人爲好,焉説申公儀使歸求成。秦焉始與晉執怨,與楚爲好。"

根據以上四條材料,我們可以討論以下三個問題:

第一,關於秦穆公放歸子儀的時間的上限。據(2),秦穆公放歸鬭克(子儀)在殽之戰後。按,殽之戰在秦穆公三十三年(前627)夏四月辛巳,《春秋》僖公三十三年:"夏四月辛巳,晉人及姜戎敗秦師于殽。"同年《左

---

① 《春秋左傳正義》卷27,《十三經注疏》,第4151頁。
② 《春秋左傳正義》卷19,《十三經注疏》,第4024~4025頁。
③ 郭沫若:《郭沫若全集·考古編》第9卷,第296頁。

傳》所載亦同。據此,則秦穆公放歸子儀應在三十三年夏四月之後。

第二,關於放歸子儀時間的下限和求成的結果。秦穆公此次放歸子儀的目的,是促成秦楚聯盟,即(1)所謂的"即楚謀我",(2)所謂的"使歸求成"。至於結果,前者謂"成王隕命,穆公是以不克逞志于我",即由於成王被弑最終未能促成聯盟,所以秦穆公未能得逞;而後者謂"成而不得志",究竟何解? 對此有二說。一說如杜預注曰"無賞報也",沈玉成譯文曰:"秦國在殽地戰敗,派他(指子儀——引者按)回國求和。媾和以後,子儀的願望没有得到滿足。"①即認爲成功了但是子儀没有得到賞賜。另一說則截然相反,此說聯繫前引(1)吕相絶秦之說法,認爲由於楚成王之死而未能實現秦楚聯盟。清代學者惠士奇說:"秦、晉搆兵,而秦合于楚共謀晉,實自殽之戰始。成十三年晉厲公使吕相絶秦曰:'穆公即楚謀我,天誘其衷,成王隕命。'然則鬬克求成,穆公使之,楚成被弑故謀不成。"②張正明也說:"晉敗秦於殽之後,秦謀聯楚制晉,未果。《左傳》文公十四年:'初,鬬克囚于秦,秦有殽之敗,而使歸求成,成而不得志。'鬬克原爲申公,在公元前635年的秦楚商密之戰中被秦師俘獲,到公元前627年秦晉殽之戰時,已在秦國過了八年難挨的階下囚生涯。他的求成使命之所以没有完成,是因爲楚成王死於非命。"③那麽,這兩種說法孰是孰非呢?

要解答此問題,首先要弄清楚(1)(2)所述是否爲同一事。楊伯峻雖認爲是同一事,但他又認爲二者有區别,他說:"但此[指上引(2)——引者按]云秦、楚合謀之不得逞,乃由於楚王(疑應爲楚國——引者按)有人作梗,鬬克且因是爲亂,而吕相之辭僅謂由於楚成之死,蓋外交辭令使然。"④我們認爲楊氏對後者的解釋可信,對前者的解釋則頗模糊;但他發現二者之區别還是有一定的啓發意義。從邏輯上說,同一件事不可能出現兩種結果。而在事實上,我們也認爲此二者實非一事,而是兩件事情,不可混爲一談:

第一次子儀求成事在楚成王世,時間在殽之戰後,即上引(1)(3)所反映的内容。據(1)載,此次秦楚結盟由於楚成王被弑未能成功,而(3)載結盟已經成功,二者是否矛盾呢? 實際上不矛盾。因爲(3)載秦穆公與楚成王確實達成了同盟,而(1)載同盟破裂是因爲楚成王被弑,即破裂的時間

---

① 沈玉成:《左傳譯文》,第154頁。
② 惠士奇:《春秋說》卷6,《清經解;清經解續編》第2册,第145頁。
③ 張正明:《秦與楚》,第84頁。
④ 楊伯峻:《春秋左傳注(修訂本)》,第605頁。

在楚成王之後，前後有時間差，故二者相合。又，此次結盟由於楚成王被弒未能持續，這反映出此事的時間下限是楚成王被弒。按楚成王被弒於秦穆公三十四年（前626）冬十月，《春秋》文公元年："冬十月丁未，楚世子商臣弒其君頵。"商臣就是後來的楚穆王，而"頵"乃楚成王之名。同年《左傳》亦曰："冬十月，以宮甲圍成王。……丁未，王縊。"①因此，第一次秦楚結盟應該發生在穆公三十三年四月殽之戰到三十四年十月之間。

第二次子儀求成事應在楚穆王世，此次子儀求成獲得了成功，事見於上引（2）和清華簡陸《子儀》。據（2）載，此次子儀求成成功，但未能得到"賞報"，故發動叛亂。上引杜預等學者的看法是正確的。關於此事的年代，清代學者劉文淇說："文公十四年《傳》'鬭克囚于秦。秦有殽之敗，而使歸求成。'所述非當年事，蓋即在秦敗於殽之後也。"②即認爲此應與前引（1）所謂殽之戰後子儀求成事爲同一事。前文已述，此二者非同一年事，故劉氏所言不成立。此次求成應在楚穆王世，主要有兩點理由。其一，此次子儀聯合公子燮叛亂在楚莊王元年（前613），其共同原因都是穆王（莊王之父）對他們不公。公子燮之所以作亂，是因爲"求令尹而不得"，此應該在楚穆王世；與此同類，子儀叛亂在楚莊王元年，其若得賞報，也應該由穆王賜予，如果是定在殽之戰（前628，楚成王四十四年）後，時爲楚成王，相差未免太遠。其二，清華簡陸《子儀》謂秦康公二年（前619，楚穆王七年）子儀與秦穆公會面，且穆公讓其求成（詳後文）。此次求成，成而"無賞報也"，故六年後發動叛亂較合情理。

總之，筆者認爲有兩次子儀求成：前者在楚成王世，時間應在穆公三十三年四月殽之戰到三十四年十月楚成王被弒之間，由於楚成王被弒，此次秦楚聯盟關繫而未能持續；後者在楚穆王世，根據清華簡陸《子儀》可知在楚穆王七年。

第三，關於子儀兩次求成與秦楚關繫的發展。上引（3）載殽之戰後"秦焉始與晉執怨，與楚爲好"，這是概而言之的一種說法，且這種說法在戰國時期可能比較流行。誠然，殽之戰確實是導致秦穆公時期秦晉關繫破裂的標誌性事件，除了上引（4）所謂殽之戰後"秦焉始與晉執怨"外，其他文獻亦有記述。譬如《說苑・敬慎》載殽之戰後，晉"大結怨構禍於秦。接

---

① 楊伯峻：《春秋左傳注（修訂本）》，第509、515頁。
② （清）劉文淇：《春秋左傳舊注疏證》，第889頁。

刃流血，伏尸暴骸，糜爛國家，十有餘年，卒喪其師衆，禍及大夫，憂累後世"①，《穀梁傳》文公五年徐彦疏引鄭玄云"秦自敗於殽之後，與晉爲仇，兵無休時"②，均可佐證此説。

秦楚同盟建立於楚成王時，但由於他被弑，同盟未能持續。有學者認爲，殽之戰後秦穆公放歸子儀求成，秦楚結盟取得了成功；但其後不久成王被弑，新即位的穆王背離了秦楚聯盟。③ 我們認爲這種説法是可信的，最明顯的例子有二：

一是楚穆王三年（前623，秦穆公三十七年）楚滅江事。《左傳》文公四年載此事曰："秋，晉侯伐秦，圍邧、新城，以報王官之役。楚人滅江，秦伯爲之降服，出次，不舉，過數。大夫諫。公曰：'同盟滅，雖不能救，敢不矜乎？吾自懼也。'"④ 按，江與秦同爲嬴姓，在今河南息縣西南，秦穆公稱之"同盟"，想必是秦之盟國。此時秦、晉正在交戰，楚國此時滅秦的同盟國，無疑是乘火打劫。假如此時子儀求成成功，這種事情絶不會發生。

二是楚穆王四年（前622，秦穆公三十八年）秦人入鄀事。《左傳》文公五年："初，鄀叛楚即秦，又貳於楚。夏，秦人入鄀。"⑤ 馬非百認爲這是秦人南進戰略，其事始於秦穆公"二十五年之與晉伐鄀，而終於三十八年之秦師入鄀"。⑥ 秦人南進，面臨的主要對手是楚國。此次入鄀，證明二者仍是敵對關繫。

根據上述二事可以斷定，秦楚同盟在楚穆王即位初未能持續。正因爲如此，才有秦康公二年（前619，楚穆王七年）子儀與秦康公之會面。此次的聯盟建立，持續時間很長。詛楚文載："昔我先君穆公及楚成王，是僇力同心，兩邦若壹，絆以婚姻，妎以齋盟，曰：世萬子孫，毋相爲不利，親仰大沈厥湫而質焉。今楚王熊相……倍十八世之盟詛。"⑦ 羅運環據此認爲，殽之戰後秦楚間雖有小的軍事衝突，但總體如詛楚文所云，兩國結盟相好，直到楚懷王時這種聯盟關繫才被改變。⑧ 此説可信。

---

① （漢）劉向撰，向宗魯校證：《説苑校證》卷10，第257頁。
② 《春秋穀梁傳注疏》卷10，《十三經注疏》，第5221頁。
③ 宋公文：《楚史新探》，第262~263頁。
④ 楊伯峻：《春秋左傳注（修訂本）》，第534頁。
⑤ 楊伯峻：《春秋左傳注（修訂本）》，第539頁。
⑥ 馬非百：《秦集史》，第22頁。
⑦ 郭沫若：《郭沫若全集·考古編》第9卷，第296~297頁。
⑧ 羅運環：《楚國八百年》，第163頁。

(二)《子儀》篇"取及七年"與該篇性質考

清華簡陸《子儀》曰:

> 旣敗於殽,恐民之大病移易,故職欲民所安。其旦不平,公益及三謀輔之;靡土不飭,耄幼謀慶而賞之;乃券冊秦邦之賢餘,自蠶月至於秋窒備焉。取及七年,車逸於舊數三百,徒逸于舊典六百。以視楚子儀於杏會。①

此段簡文大致叙述了殽之戰後,秦經過一段時間的休養生息,"取及七年",即僅及七年,秦的國力尤其是軍事勢力較以前更加强大,此時秦公與子儀在杏會會面,促成秦楚聯盟。據此,簡文"取及七年"關涉秦楚聯盟的具體時間,這對我們瞭解殽之戰後秦楚關繫的變化至關重要。對此"七年"何指,學術界主要有以下兩種看法:

一是認爲"七年"是指殽之戰後的第七年,即秦穆公三十九年(前621),整理者趙平安即持此説。②

二是認爲"七年"是秦穆公自殽之戰後的"最後七年",即秦穆公三十三年(前627)至三十九年間,李學勤等即持此説。③

下面對這兩種説法作以分析。

首先説第一種説法。整理者趙平安認爲此"七年"是指殽之戰後的第七年,即秦穆公三十九年,如此則秦穆公見子儀於杏會、放歸子儀應該在此時;但趙平安又認爲"七年云云爲後追記,非視子儀時已有七年"。④ 那麽,他爲何有這種模棱兩可之説呢?

筆者以爲,他之所以如此遲疑,主要是受到兩方面的影響:一是《繫年》明確指出殽之戰後,"秦穆公欲與楚人爲好,爲脱申公儀使歸求成。秦焉始與晉執怨,與楚爲好",據此,秦穆公放歸子儀、秦楚聯盟的建立應在殽之戰後;二是《左傳》成公十三年所載的吕相絶秦書與詛楚文均載秦楚結盟是在楚成王在世時,而楚成王死於秦穆公三十四年(前626)。

後來,趙平安也意識到此説有自相矛盾之嫌,所以又著文明確指出,秦

---

① 清華大學出土文獻研究與保護中心編,李學勤主編:《清華大學藏戰國竹簡(陸)》,第128頁。
② 清華大學出土文獻研究與保護中心編,李學勤主編:《清華大學藏戰國竹簡(陸)》,第131頁。
③ 李學勤:《有關春秋史事的清華簡五種綜述》,《文物》2016年第3期,第82頁。王淑芳認同李説,見《清華簡(陸)〈子儀〉篇與殽之戰後秦晉楚關繫演變》,《甘肅社會科學》2019年第3期,第166頁。
④ 清華大學出土文獻研究與保護中心編,李學勤主編:《清華大學藏戰國竹簡(陸)》,第127、131頁。

穆公放歸子儀在三十九年。但爲彌縫上引兩條證據，他又作了補充，即認爲秦楚結盟與放歸子儀是兩件事，且不在同一年：秦楚結盟在殽之戰後，而放歸子儀則在殽之戰後"七年"，即秦穆公三十九年。我們認爲，這種補充能解釋上引第二條證據，即上引呂相絕秦書與詛楚文提到秦楚結盟在楚成王世的記載；但無法解釋第一條證據，即《繫年》的記載。因爲《繫年》明確指出，放歸子儀與秦楚聯盟是前後相繼的，而且二者存在明顯的因果關繫。此又有《左傳》爲證，《左傳》文公十四年："初，鬭克因于秦。秦有殽之敗，而使歸求成。"①故這種説法恐不可信。

其次説第二種説法。李學勤認爲僅及"七年"是秦穆公自殽之戰後的"最後七年"，如此則應該是秦穆公三十三年到三十九年之間。那麽，秦穆公放歸子儀的時間在何時呢？李先生根據上引呂相絕秦書與詛楚文提到秦楚結盟在楚成王世的記載，認爲秦楚結盟與放歸子儀同年，應該發生在楚成王在世時，即穆公三十三年四月殽之戰到三十四年十月之間。② 筆者以爲，此説主要是着眼呂相絕秦書和詛楚文，而對《子儀》本身的解釋力不夠。因爲根據《子儀》，時間點是很明確的："既敗於殽"，秦施行惠民政策，僅及"七年"，秦國的軍事等力量得到了巨大發展。這兩個時間點明顯是前後相繼的。因此，李説亦不可信。

要正確地解讀簡文"取及七年"，一方面要能夠解釋《子儀》本身，另一方面也要與上引諸多文獻相切合，即清儒王引之所謂的"揆之本文而協，驗之他卷而通"③。筆者以爲，上述兩種説法之所以都不能完全解釋這兩方面，其根本原因就在於他們對《子儀》性質的誤判。《繫年》等所載的是殽之戰後秦穆公放歸子儀求成事，《子儀》所載是殽之戰僅及"七年"後秦康公又一次與子儀相會事，二者非一年，非一事。關於後者，有學者略有提及，譬如網友子居説《子儀》所載乃殽之戰七年後秦穆公招待隨會與子儀之事。④ 子居將《子儀》與《繫年》等記載相區別，這是正確的；但他對《子儀》性質和僅及"七年"的判斷和解釋是不正確的。筆者以爲，僅及"七年"實乃殽之戰結束、施行惠民政策後的第七年，《子儀》所述是在該年秦康公與子儀相會，讓其勸説楚穆王結盟之事，證據如下：

第一，《子儀》載："既敗於殽，恐民之大病移易，故職欲民所安。其旦

---

① 楊伯峻：《春秋左傳注(修訂本)》，第605頁。
② 李學勤：《有關春秋史事的清華簡五種綜述》，《文物》2016年第3期，第82頁。
③ (清)王引之：《經傳釋詞》，"自序"第5頁。
④ 子居：《清華簡〈子儀〉解析》，中國先秦史網站，2016年5月11日。

不平,公益及三謀輔之;靡土不飭,耄幼謀慶而賞之;乃券册秦邦之賢餘,自蠹月至於秋窜備焉。取及七年,車逸於舊數三百,徒逸於舊典六百。以視楚子儀於杏會。"這段簡文,李學勤認爲是記述秦穆公在"國内施行惠民政策,激勵大衆"①,此説至確。因此,僅及"七年"不能從殽之戰爲算起,而應以施行這種政策爲起點。那麽,秦國何時施行這種政策呢？

據《左傳》記載,僖公三十三年(前 627,秦穆公三十三年),夏四月辛巳(十三日),晉"敗秦師于殽,獲百里孟明視、西乞術、白乙丙以歸",由於晉文公夫人文嬴請放三人,三人逃歸秦國,秦穆公"不替孟明"。②《左傳》文公二年(前 625,秦穆公三十五年)"春,秦孟明視帥師伐晉,以報殽之役。二月,晉侯禦之,……甲子,及秦師戰於彭衙,秦師敗績"③。據此,秦穆公此時仍未施行惠民政策,真正施行這一政策是彭衙之戰後。《左傳》文公二年載此戰後"秦伯猶用孟明。孟明增修國政,重施於民"④,簡文所載正是此事。又,簡文謂"其旦不平,公益及三謀輔之",這應該指穆公執法公平。《尸子》:"秦穆公明於聽獄,斷刑之日,揖士大夫曰:'寡人不敏,教不至,使民入於刑,寡人與有戾焉。二三子各據爾官,無使民困於刑。'"⑤也是講秦穆公時執法公平,上引《子儀》簡文所述正是此事。⑥ 據此,簡文所載事應在秦穆公三十五年二月甲子之後。

第二,簡文又載"取(僅)及七年,車逸於舊數三百,徒逸於舊典六百。以視楚子儀於杏會"。這裏的"取(僅)及七年"有兩種可能:一是指秦穆公三十五年後的第七年,即秦康公二年(前 619);二是指殽之戰後第七年,即秦穆公三十九年(前 621)。從邏輯上看,第一種可能性較大,而且這種可能性也得到史實的證明。

---

① 李學勤:《有關春秋史事的清華簡五種綜述》,《文物》2016 年第 3 期,第 82 頁。
② 《左傳》文公元年:"殽之役,晉人既歸秦帥,……[秦穆公]復使[孟明]爲政。"楊伯峻注:"其實秦伯復孟明之位,已在僖三十三年,非文元年事也。"楊伯峻:《春秋左傳注(修訂本)》,第 517 頁。
③ 楊伯峻:《春秋左傳注(修訂本)》,第 519 頁。
④ 楊伯峻:《春秋左傳注(修訂本)》,第 521 頁。
⑤ (清)汪繼培輯,魏代富疏證:《尸子疏證》卷下,南京:鳳凰出版社,2018 年,第 131 頁。
⑥ 上引《尸子》之佚文,學者多不明年代。宋代王應麟《困學紀聞》載:"邵子曰:'修夫聖者,秦穆之謂也。'蓋取其悔過自誓。胡文定謂:'文四年,見伐不報,始能踐自誓之言矣。'《尸子》稱:'穆公明於聽獄,斷刑之日,揖士大夫曰"寡人不敏,使民入於刑,寡人與有戾焉。二三子各據爾官,無使民困於刑。"'"可見王應麟將《尸子》之語置於"悔過自誓"之後,而翁元圻注此段文字是"秦穆公恤民諸語"。我們認爲此應在魯文公二年(當秦穆公三十五年)之後。(宋)王應麟著,(清)翁元圻輯注:《困學紀聞注》卷 6,第 924 頁。

首先，此次會面中，晉國的隨會也在其中。《子儀》載，秦公"乃張大侯於東奇之外，禮子儀，無禮隨貨以贛"。整理者注："貨，或讀爲會。"①趙平安進一步説：隨貨就是晉國的隨會。② 贛，恐懼之義。③ "禮子儀，無禮隨貨以贛"是指秦康公對楚使者以禮相待，而對晉人隨會不施禮以讓其恐懼。康公此舉是做出一些架勢來給子儀看，目的是向子儀表明秦聯楚抗晉之決心。又，關於隨會在晉的時間，傳世文獻記載明確，卽在秦穆公去世後，秦康公元年至七年之間。④ 這告訴我們一點非常重要的信息，卽此時的"秦公"祇能是秦康公，而此次會面祇能在秦康公世。

其次，從秦、晉關繫的發展來看，秦康公會見子儀亦應在令狐之役之後。秦康公初卽位，對晉國仍存有幻想，這主要是因爲秦康公的身份：秦康公，秦穆公太子罃也；其母穆姬，晉獻公之女，晉文公、晉襄公之異母姊。秦康公對晉抱有一定幻想，突出表現在送公子雍於晉一事上。《左傳》文公七年（前620，秦康公元年）："秦康公送公子雍于晉，""戊子，（晉）敗秦師于令狐，至于刳首。"⑤令狐之役導致秦晉關繫的完全破裂，此後秦晉連年

---

① 清華大學出土文獻研究與保護中心編，李學勤主編：《清華大學藏戰國竹簡（陸）》，第131頁。
② 趙平安：《秦穆公放歸子儀考》，《新出簡帛與古文字研究續集》，第300頁。隨會又稱"士會""范會"。參楊伯峻：《春秋左傳注（修訂本）》，第471頁。
③ 整理者讀"贛"爲"戁"，並引《説文·夊部》："戁，繇也，舞也。樂有章。从章，从夅，从夊。《詩》曰：戁戁舞我。"筆者認爲應讀爲本字。《繫年》第五章載楚文王"取頓以贛陳侯"，整理者注："贛，讀爲恐，《説文》：懼也。"清華大學出土文獻研究與保護中心編，李學勤主編：《清華大學藏戰國竹簡（陸）》，第131頁；清華大學出土文獻研究與保護中心編，李學勤主編：《清華大學藏戰國竹簡（貳）》，第149頁。
④ 趙平安説"秦穆公三十九年八月以後，隨會就已經到了秦國迎接公子雍。那時候，秦穆公還在世，但秦穆公沒有對隨會以禮相待，相反却爲子儀舉行了隆重的禮儀"，並認爲隨會入秦應在秦穆公死之前，其根據是《史記·晉世家》："七年八月，襄公卒。太子夷皋少。晉人以難故，欲立長君。……使士會如秦迎公子雍。……是歲，秦繆公亦卒。"筆者認爲，此處他誤讀了《史記》。《晉世家》此處根據的是《左傳》，據後者，秦穆公在此年夏已卒，然後襄公卒，後隨會入秦。《左傳》文公九年載秦穆公三十九年："夏，……秦伯任好（穆公名任好——引者按）卒。……八月乙亥，晉襄公卒。靈公少，晉人以難故，欲立長君。……使先蔑、士會如秦，逆公子雍。"可見，秦穆公死於此年夏，緊接着晉襄公亦死，而隨會入秦應在秦穆公死之後。次年（秦康公元年，前620），秦康公送公子雍入晉，結果晉"乃背先蔑而立靈公，以禦秦師"，"乙丑，先蔑奔秦，士會從之"。秦康公六年（前615），秦晉河曲之戰中，士會爲秦軍謀士，還爲秦康公出謀劃策。（《左傳》文公十二年："秦人欲戰，秦伯謂士會曰。"楊伯峻注："晉之士會七年奔秦，此時爲秦軍謀士。"）《左傳》文公十三年（前614，秦康公七年），"晉人患秦之用士會也"，設計使隨會入晉。所以隨會居秦在秦康公元年至七年之間。隨會入秦時穆公已死，此時的秦公應該是秦康公。還有一個證據，卽《左傳》成公十三年載呂相絕秦語："穆、襄卽世，康、靈卽位。"也是將穆公死在襄公之前。因此，趙平安説不可信。趙平安：《秦穆公放歸子儀考》，《新出簡帛與古文字研究續集》，第300頁；楊伯峻：《春秋左傳注（修訂本）》，第590頁。
⑤ 楊伯峻：《春秋左傳注（修訂本）》，第558、560頁。

征伐不已。《史記·秦本紀》載："[康公]二年,秦伐晉,取武城,報令狐之役。四年,晉伐秦,取少梁。六年,秦伐晉,取羈馬。戰於河曲,大敗晉軍。"①誠如吕思勉所説,令狐之役後"晉自是與秦連兵"。② 另外,《左傳》成公十三年所載吕相絶秦之語説："康公,我之自出,又欲闕翦我公室,傾覆我社稷,帥我螽賊,以來蕩摇我邊疆,我是以有令狐之役。康猶不悛,入我河曲,伐我涷川,俘我王官,翦我羈馬,我是以有河曲之戰。東道之不通,則是康公絶我好也。"③此亦可證令狐之役後秦康公與晉徹底反目,因此康公會見子儀必在令狐之役後。

綜合以上兩點可知,《子儀》的僅及"七年"應即秦康公二年(前619)。秦康公於二年會見子儀,這是我們以往所未知的。這可以解釋一個長期困擾學術界的問題,即根據文獻記載,殽之戰後秦放歸子儀求成,但這次由於楚成王的被弑未能實現,但後來秦楚確實結盟了,那麽二國從何時開始聯合的呢? 根據《子儀》可知正是秦康公二年實現的。這爲我們瞭解殽之戰後的春秋爭霸格局提供了新的資料。

(三)"與晉執怨,與楚爲好":殽之戰後秦、楚、晉三角關繫變遷考

過去學者根據《左傳》等資料,已經論及殽之戰對春秋爭霸格局之重大影響。譬如宋代學者吕祖謙就指出:"蓋當時天下强國四:晉、楚、齊、秦,互相角立。自殽之役後,齊却與晉爲一,秦却與楚爲一,雖其間自有曲折不同,然至春秋末,大勢分而爲二,却自此始。"④吕氏所言確實高屋建瓴。如果放眼於整個春秋中後時期,晉、楚二强的爭奪無疑主導了當時政治格局。但由於晉、楚二國均是當時一等一的强國,勢均力敵,因此其他國家——尤其是像齊、秦這樣的大國——對它們的依附,無疑會左右這種政治的平衡。對此,清代學者顧棟高就精闢地論述道:"春秋之大患在楚,堪敵之者惟晉,然必晉與秦合而後可制楚。"⑤顧氏之言確實道出了秦在晉、楚二强爭霸中舉足輕重的地位。同樣,研究秦國的對外戰略之演變,是洞悉當時政治格局變化的關鍵所在。縱觀殽之戰後至春秋末期秦國的對外政策,總體態勢

---

① 《史記》卷5,第248頁。
② 吕思勉:《先秦史》,第168頁。
③ 楊伯峻:《春秋左傳注(修訂本)》,第863頁。
④ (宋)吕祖謙:《左氏傳續説》卷6,《吕祖謙全集》第7册,杭州:浙江古籍出版社,2008年,第138頁。
⑤ (清)顧棟高:《讀春秋偶筆》,(清)顧棟高:《春秋大事表》,第33頁。

如果用一句話來概括,最恰切的莫如《繫年》第八章所謂的"與晉執怨,與楚爲好"。這一政策的形成主要在秦穆公和康公時期,下面我們對這一過程的形成進行梳理。

1. 秦穆公時期的對外策略與秦、晉關繫之演變

秦穆公的爭雄戰略,馬非百認爲有三,分別爲東進、西進、南進:"其始也,致全力於東進政策之推行。及東進受挫於晉,則改而從事於西進。西進既成,又轉而南進,而穆公已衰老矣"。① 馬氏對秦穆公戰略之概括頗具有啓發意義,但他認爲這三種戰略是前後相繼,恐不確切。因爲殽之戰後這三種戰略是同時展開的:殽之戰標誌着東進戰略的失敗,但穆公並未就此放棄,而是在東進的同時,積極尋求西進與南進。

首先説東進戰略。秦穆公東進的目的何在?顧棟高説:"考春秋之世,秦、晉七十年之戰伐,以爭崤、函。而秦之終不能得逞者,以不得崤、函。"② 馬非百也説道:"夫秦當春秋時,壤地褊小,非特隔於函關之外,爲晉所限閡而不得出也。"③可以説,整個春秋時期,秦的主要目標就是突破函谷關,挺進中原,以圖霸業。秦穆公五年(前655),晉獻公滅了虢、虞二國,由於二者所處之方位"正是秦國東向的出口:虞扼茅津,虢據函殽,皆在咽喉之地,也是秦國出關的重要孔道"④,所以,自此以後,晉國死死地扼守住了秦國東進的出口。而殽之戰,可以説是秦東進戰略的一次非常重要的實踐,所以宋代學者家鉉翁説:"晉文死而秦伯襲鄭,蓋乘晉之喪,其志將以得諸侯,非直爲鄭、滑而已。使稍不自彊,秦將觀兵中原,遂其欲霸之心。"⑤可以説,殽之戰本質上是秦、晉爭霸之戰,也是秦東進的必然之戰。此戰以秦人失敗告終,即便如此,秦穆公還是未放棄其東進戰略。

《左傳》載,殽之戰後二年(前625,秦穆公三十五年,魯文公二年),"春,秦孟明視帥師伐晉,以報殽之役。……[二月]甲子,及秦師戰於彭衙,秦師敗績"。⑥ 彭衙之戰秦師大敗後,秦穆公大力整頓内政,施惠於民,發展國力,事即《左傳》文公二年所載"秦伯猶用孟明。孟明增修國政,重施於民",亦即前引清華陸《子儀》所謂"其旦不平,公益及三謀輔之;靡土

---

① 馬非百:《秦集史》,第21頁。
② (清)顧棟高:《春秋大事表》卷31,第2039頁。
③ 馬非百:《秦集史》,第21頁。
④ 林劍鳴:《秦史稿》,第117頁。
⑤ (清)顧棟高:《春秋大事表》,第2043~2044頁。
⑥ 楊伯峻:《春秋左傳注(修訂本)》,第519頁。

不飾,耄幼謀慶而賞之;乃券册秦邦之賢餘,自韰月至於秋窣備焉"。當然,這些内修國政的政策最終是爲東進戰略服務的。《左傳》文公三年:"秦伯伐晉,……取王官及郊,……遂自茅津濟,封殽師而還。"①《左傳》文公四年載,楚滅江,秦穆公爲江舉哀,"降服,出次,不舉,過數。大夫諫。公曰:'同盟滅,雖不能救,敢不矜乎?吾自懼也。'"②穆公爲何如此興師動衆且"自懼"呢?馬非百敏鋭地指出:"江者,……即今河南省正陽縣地,與秦相去數百里。蓋亦穆公東進政策中之東道主也。江滅而内應無人,東進政策之實現益感無望。自懼云云,豈真無病呻吟者哉!"③可以説,正是這一年,秦穆公的東進策略受到了嚴重打擊。兩年後(前 621,魯文公六年,秦穆公三十九年),秦穆公卒,《左傳》作者發出了"君子是以知秦之不復東征也"的感歎。至此,秦穆公東征策略徹底破産。

其次説西進。秦穆公在東進的同時,不失時機地尋求西進。《史記·秦本紀》載:秦穆公"三十七年,秦用由余謀伐戎王,益國十二,開地千里,遂霸西戎。天子使召公過賀繆公以金鼓"④。馬非百説:"秦之西界,遂至今西寧、敦煌等地。天子賀以金鼓,國際地位爲之增高。是穆公雖不能得志於東方,而尚能逞意於西土也。然而穆公之雄心,實並不以此爲足。西戎既服,後顧無憂,於是又轉而爲南進政策之試探。"⑤可見,西進主要爲穩固後方,而穆公的雄心則是稱霸中原。

再次説南進。馬非百説:"[秦穆公之]南進者,以直接出函谷關既不能得,遂欲另出武關,以間接向東發展。"據此可見南進是爲東進服務的。馬先生又説,南進"始於二十五年之與晉伐鄀,而終於三十八年之秦師入鄀"⑥。馬先生將秦穆公南進追溯於秦穆公二十五年,確屬卓識。但根據《繫年》等的記載,秦穆公的南進還有一個策略——即聯楚制晉。聯楚是手段,制晉是目的,正如清代學者惠士奇所説:"蓋自殽之戰,秦穆之毒晉尤深,思天下可以敵晉者惟楚,于是遣楚囚鬭克歸楚求成,共謀伐晉。"⑦聯楚制晉這一戰略何時開展?根據清華簡與傳世文獻合證可知,秦穆公的南進戰略實際上在殽之戰後立即展開,具體時間在穆公三十三年四月殽之戰後

---

① 楊伯峻:《春秋左傳注(修訂本)》,第 529 頁。
② 楊伯峻:《春秋左傳注(修訂本)》,第 534 頁。
③ 馬非百:《秦集史》,第 23 頁。
④ 《史記》卷 5,第 247 頁。
⑤ 馬非百:《秦集史》,第 22 頁。
⑥ 馬非百:《秦集史》,第 22 頁。
⑦ (清)惠士奇:《春秋説》卷 6,《清經解;清經解續編》第 2 册,第 146 頁。

到三十四年十月楚成王被弒之間。他放歸子儀求成於楚，但此次聯盟由於楚成王被弒而未能持續。

綜上可見，秦穆公時期爲了突破崤、函的限制，挺進中原，成就霸業，曾有東進、西進、南進三方面戰略，而三者之中以東進最爲核心，後二者都是爲前者服務的。這三者以東進爲最早，但是西進、南進在配合東進政策上是同步推進的。殽之戰是秦施行東進策略的重要舉措，結果以失敗告終，但秦穆公並未就此放棄。殽之戰兩年後，秦發動了彭衙之戰，結果仍以失敗告終。這迫使秦穆公整頓内政，增強實力。後又於穆公三十六年，發動了王官之役等，但仍然收效甚微。穆公三十七年，楚滅了秦東進策略的東道主，也是秦的同盟國——江，秦穆公東進政策至此受到了重大挫折。

同時，秦的戰略政策影響着秦、晉、楚的三角關繫之演變。首先說秦晉關繫。秦在整個春秋時期之國勢，以穆公時期爲最強①；因此秦要實現對殽、函之突破，最有希望的也在此時。秦穆公統治時期較長，經歷了晉獻公（秦穆公元年至九年）、惠公（十年至二十三年）、文公（二十四年至三十二年）、襄公（三十三年至三十九年）四位晉公。在對外政策上，秦穆公在各個時期又有所不同。《左傳》成公十三年載呂相絕秦之語曰：

>昔逮我獻公及穆公相好，勠力同心，申之以盟誓，重之以昏（婚）姻。……獻公即世。穆公不忘舊德，俾我惠公用能奉祀于晉。又不能成大勳，而爲韓之師。亦悔于厥心，用集我文公，是穆之成也。文公躬擐甲冑，跋履山川，踰越險阻，征東之諸侯，虞、夏、商、周之胤而朝諸秦，則亦既報舊德矣。鄭人怒君之疆場，我文公帥諸侯及秦圍鄭。秦大夫不詢于我寡君，擅及鄭盟。諸侯疾之，將致命于秦。文公恐懼，綏靜諸侯。秦師克還無害，則是我有大造于西也。無祿，文公即世，穆爲不弔，蔑我死君，寡我襄公，迭我殽地，奸絕我好，伐我保城，殄滅我費滑，散離我兄弟，撓亂我同盟，傾覆我國家。我襄公未忘君之舊勳，而懼社稷之隕，是以有殽之師。猶願赦罪於穆公，穆公弗聽，而即楚謀我。②

據此，則秦晉相好始於秦穆公與晉獻公相好，經歷惠公、文公，其間雖有波折，但總體來說是友好的；但殽之戰影響頗大，標誌着秦晉關繫的徹底破裂，晉人認爲是"奸絕我好，伐我保城，殄滅我費滑，散離我兄弟，撓亂我同

---

① 童書業著，童教英校訂：《春秋左傳研究（校訂本）》，第 240~241 頁。
② 楊伯峻：《春秋左傳注（修訂本）》，第 861~863 頁。

盟,傾覆我國家",戰後"穆公……卽楚謀我",秦楚靠近。《繫年》所載與此略有不同:

  秦人起師以納文公于晉。晉人殺懷公而立文公。秦晉焉始會好,勠力同心,二邦伐鄀,徙之中城。圍商密,止申公子儀以歸。(第六章)

  襄公親率師禦秦師于殽,大敗之。秦穆公欲與楚人爲好,焉脫申公儀使歸求成。秦焉始與晉執怨,與楚爲好。(第八章)

據此,則秦晉之好開始於秦穆公擁立晉文公,標誌性事件是秦穆公二十五年(前635)秦、晉聯合伐鄀;秦晉關繫破裂、秦楚聯合則在殽之戰後。

  將《左傳》與《繫年》相較可知,二者對秦晉關繫開始友好的時間記載不同。我們認爲《繫年》的說法更符合史實。晉獻公時期,雖然與秦形成了同盟關繫,但未有實際行動;相反隨後衝突不斷,其中最具代表性的是秦穆公十五年(前645,晉惠公六年)的韓之戰。可以說,秦晉真正同盟確實如《繫年》所載,始於秦穆公擁立晉文公卽位;而秦穆二十五年的秦、晉聯合伐鄀確實具有重要意義,此是秦人南進的標誌。可見,晉文公初期秦晉關繫中,秦人佔據主導地位。但是隨着晉文公政權的穩固,晉開始擺脫秦的控制,最後秦反而爲晉文公所利用,誠如林劍鳴所說:"在晉文公統治以前,秦穆公力圖控制晉國。晉文公統治晉國時期,晉國勢日強並稱霸中原,秦不能操縱晉,反而爲晉所利用。"①晉文公去世後,秦穆公發動殽之戰,實際上就是要在秦、晉關繫中重新佔據主導地位,然而此戰以失敗告終。這一失敗迫使秦穆公重新定位秦晉關繫,並且逐漸認識到:一方面,秦國要挺進中原,晉國是最大對手;另一方面,秦國自身實力又不足以抗衡晉國,因此需要聯合其他國家共同對付晉國。於是,秦穆公放歸楚俘子儀,讓其歸國求成,促成秦楚聯盟,共同對付晉國,這就是《繫年》所謂的"秦焉始與晉執怨,與楚爲好"。可以說,殽之戰爲秦晉關繫破裂、秦楚結好之標誌。但是,子儀此次求成雖然促成了秦楚聯盟,然而由於楚成王被弑,這種友好關繫未能持續。卽便如此,秦楚聯盟的趨勢已經形成:對秦國來說,秦穆公的這種連楚抗晉的政策,是秦國突破晉國限制、挺進中原的必由之路;而對楚國來說,晉國一直是楚國宿敵,聯合秦國對付晉國,也是有百利而無一害。由此,秦楚聯盟對雙方而言都是非常有利的,已經是歷史發展之必然。因此,殽之戰後秦穆公放歸子儀求成所促成的秦楚聯盟關繫雖然未能持續,但爲後來兩國正式結盟奠定了基礎。

---

 ① 林劍鳴:《秦史稿》,第129頁。

2. 秦康公時期的對外策略與秦、晉、楚的三角關繫

前文已述,秦康公初卽位,秦晉關繫尚未破裂,這主要是因爲秦康公之母穆姬乃晉獻公之女,是晉文公、晉襄公之異母姊。但隨後,秦康公元年(前620)的令狐之役導致秦晉關繫的完全破裂,《左傳》成公十三年載吕相絶秦之語曰:"康公,我之自出,又欲闕翦我公室,傾覆我社稷,帥我螯賊,以來蕩摇我邊疆,我是以有令狐之役。康猶不悛,入我河曲,伐我涑川,俘我王官,翦我羈馬,我是以有河曲之戰。東道之不通,則是康公絶我好也。"按秦晉河曲之戰在秦康公六年(前615)。《左傳》文公十三年:"春,晉侯使詹嘉處瑕,以守桃林之塞。"文公十三年當秦康公七年。桃林之塞在今河南靈寶縣閿鄉以西,西接陝西潼關,就是後來歸屬秦國的函谷關。唐人孔穎達説:"從秦適周,乃由此路。使詹嘉守此塞者,以秦與東方諸侯遠結恩好。及西乞聘魯,亦應更交餘國,慮其要結外援,東西圖已,故使守此阨塞,欲斷其來往也。"① 今人童書業也説,晉人此舉是要塞住秦人的出路,這是"春秋時秦所以始終不能東征得志的主要原因"。② 至此,春秋時期秦人東進的戰略徹底破産。

與晉關繫惡化的同時,秦加緊與楚結好。殽之戰後秦穆公放子儀歸楚求成,但由於楚成王被弑未能持續聯盟關繫;而秦楚再結成聯盟,據清華簡陸《子儀》可知在秦康公時期。

秦康公卽位以後,與晉關繫日益緊張,尤其是令狐之役後秦康公已經徹底放棄了對晉所僅存的幻想。據《子儀》顯示,僅及"七年"(卽前619,秦康公二年),秦康公在杏會隆重地接見子儀,並讓其前往楚國求成。事實證明,此次求成獲得了成功,其中最重要的標誌性事件是秦康公十年秦楚聯合伐庸。

《春秋》文公十六年(前611,秦康公十年):"楚人、秦人、巴人滅庸。"同年《左傳》曰:"秦人、巴人從楚師,……遂滅庸。"庸在今湖北省竹山縣東二十千米的上庸古城,是古庸國地③,具有重要的戰略意義。一方面,對楚國而言,處於心腹,且靠近周、晉,故滅之不僅能增益土地、去除心腹之患,又能佔據進攻周、晉與問鼎中原的前沿哨所。清人顧棟高説:"庸與麇俱爲今鄖陽府境,界連秦隴,楚得其地則勢益西北,逼近周、晉。且滅庸而楚之

---

① 《春秋左傳正義》卷19,《十三經注疏》,第4021頁。
② 童書業著,童教英校訂:《春秋史(校訂本)》,第199頁。
③ 楊伯峻:《春秋左傳注(修訂本)》,第616頁。

內難夷矣,連巴、秦而楚之外援固矣。滅庸以塞晉之前,結秦以撓晉之後,斯不待陸渾興師而早知其有窺覦周鼎之志矣。"①另一方面,對秦而言,亦是南制楚、東攻周的戰略要地。另外,庸也絕非等閒之輩,楚要滅之,必得借助秦、巴等國之力方可。顧棟高説:"且夫庸非小弱也,周武時曾佐伐紂,立國已數百年。晉欒武子嘗稱楚自克庸以來,無日不討國人而申儆之,蓋亦重大其事。其所屬魚邑實爲今夔州府奉節縣,地跨兩省,居秦、楚、巴三國之界。故不結巴、秦則不得滅庸,庸滅而秦、楚合勢,中國之藩籬撤矣。"②總之,庸實乃秦、楚爭霸中原、制服對手的戰略要地,對秦、楚兩國均具有極其重要的戰略地位,可以説兩國都想佔爲己有,而楚國對此尤爲迫切。但當時的形勢是,楚要滅庸必須要借助秦之力,可見當時的主動權實際上在秦手中——秦助楚則楚可滅庸,反之未必然。這一事件説明,秦在促成秦楚結盟關繫時,是不遺餘力且積極主動的,甚至爲了兩國友好同盟,可以捨棄自身的一些利益。

另外,在這裏我們看到了秦對楚戰略的重大調整。一方面,秦已經將晉作爲最大對手,爲此不惜任何代價來對付之。對此,王夫之曾精闢地分析道:

> 庸者,秦楚之爭地也。秦得庸,則蹋楚之背;楚得庸,則窺秦之腹。秦得庸,則卷商析以臨周;楚得庸,則通武關以間晉。楚方病,秦人扶之,西屬之通巴,南爲之距戎,俾楚獲安足矣。得庸不有而授之楚,秦之親楚何其至也。秦楚之相親,晉故焉耳。秦戒晉,而楚撓其南,則晉掣。楚爭晉,而秦捷其西,則晉疾視楚而不敢爭,故秦之謀此甚深也。③

另一方面,秦對楚已經消除戒心,楚秦聯盟已經穩固。王夫之曰:

> 抑秦唯委庸於楚,而後楚無忌於秦。楚無忌於秦,則益東爭陳、鄭而棄西略。棄西略,則西鄙之戍守已墮,庸且爲甌脱之壤,若有所亡,飽繫于楚,而唯秦之取舍矣。于是楚之與秦,無離心而有合勢。無離心,晉之所以重累也;有合勢,則秦楚相并以合,自此始矣。④

總之,到秦康公時,最終促成並推行了秦穆公所主張的連楚抗晉這一

---

① (清)顧棟高:《春秋大事表》卷28,第2023頁。
② (清)顧棟高:《春秋大事表》卷28,第2023頁。
③ (清)王夫之:《春秋世論》卷2,《船山全書》之五《春秋稗疏;春秋家説;春秋世論;續春秋左氏傳博議》,長沙:岳麓書社,2010年,第443頁。
④ (清)王夫之:《春秋世論》卷2,《船山全書》之五,第443頁。

戰略。這一時期，秦、晉矛盾已經無法彌合，秦爲了對付晉主動向楚靠近，秦、楚聯盟關繫已基本穩固，秦、楚聯合抗衡晉國的戰略格局正式形成。

（四）由清華簡論殽之戰對春秋争霸格局的影響

通過以上分析可見，殽之戰確實是秦、楚、晉三角關繫變化的關鍵節點。實際上，殽之戰的影響不僅於此，它對整個春秋争霸格局具有重要影響。具體而言，主要有以下幾個方面：

首先，對交戰雙方影響甚大。就晉國而言，此戰是挽救國家於危難之中；而就秦國而言，東進被阻，不得不向西發展。殽之戰是晉主動出兵截擊秦人，關於晉是否應該主動出兵，學者們持不同看法：

一派以高士奇爲代表。他認爲不應該出兵，理由有二：一是晉襄公祗懂得標榜武力且不合禮法，"襄公繼伯，……矜威恃力，舉動多不中禮。而敗殽之役爲尤甚"；二是襄公不念舊恩、見利忘義："夫秦穆手挈文公而歸之，晉德最深，襄又秦之自出。秦伯勞師襲遠，雖有利可乘，而大惠未泯，何至興墨縗之戈，矯牛鳴之命，忍死先君，而快心於一擊？以父言之，則不孝；以甥舅之戚言之，則不義；以報施言之，則不恕；以在喪不與兵革之事言之，則不懷；邀人於險阻，則不仁。"①

另一派以家鉉翁爲代表。他從春秋争霸格局出發，認爲晉襄公出兵很正確，且此舉挽救晉國於危難之中。他説：

> 晉文死而秦伯襲鄭，蓋乘晉之喪，其志將以得諸侯。……使稍不自彊，秦將觀兵中原，遂其欲霸之心。幸而文公有子，發兵扼而北之，秦亦疲敝，庶幾幹父承考。而論者必責其忘親背惠，是使晉襄不爲忘親事楚之齊孝，則爲束手就執之宋襄矣。論者又以墨縗從戎爲非禮，然使晉襄身不親，則師必敗，楚攻其南，秦撓其西，晉之衰可立而待，豈小小利害之比哉！②

我們認爲第一種説法不顧當時的争霸形勢，實屬迂腐之見！面對當時複雜的政治局勢，不能簡單地以君主個人品德作爲評價的標準，而應結合當時的争霸形勢來判斷。第二種説法正是着眼於秦晉争霸的實質，也看到了晉襄公的遠見卓識，這種説法符合當時的争霸格局。秦穆公實際上是想乘晉文公之死，通過襲鄭來挺進中原，承接晉之霸業，但殽之戰則迫使秦穆

---

① （清）高士奇：《左傳紀事本末》卷 25，第 321 頁。
② （清）顧棟高：《春秋大事表》，第 2043～2044 頁。

公放棄了這個計畫,而不得不向西發展,故《左傳》文公六年曰:"君子是以知秦之不復東征也。"①

其次,奠定了《繫年》所謂秦"與晉執怨,與楚爲好"的政治格局,這種格局一直持續到春秋末期。殽之戰導致秦晉二百年之仇不解,對此清代學者顧棟高説:"一自殽之師起,而秦、晉之仇不解,楚且乘間以合于秦,使晉力疲于西,不得復致力于東,楚得日霸東諸侯而無忌,……殽師扼之而秦患不至,而晉勢孤力分,不能抗楚,而楚禍方深,厥後秦、晉之仇二百年不解。"②秦開始向楚靠近,並成就了楚莊王的霸業,誠如王應麟所説:"秦自殽之敗卽楚,見吕相絶秦,故《穀梁》曰:'秦之爲狄,自殽之戰始。'(僖三十三年)止齋(陳氏傅良)曰:'楚之伯,秦之力也。自滅庸以後,秦爲楚役。'"③可見,殽之戰促使秦、晉關繫破裂,秦轉而與楚爲好,使得晉失去了重要的援手來抵抗楚的北進,從而引起了春秋整個"國際"格局的巨大變動。春秋在齊桓、晉文之後,進入了一個晉、楚二强南北長期對峙的爭霸局面,④而這一局面的奠定就是在殽之役後。吕祖謙説:"蓋當時天下强國四:晉、楚、齊、秦,互相角立,自殽之役後,齊却與晉爲一,秦却與楚爲一,雖其間自有曲折不同,然至春秋末,大勢分而爲二,却自此始。"⑤這種看法是符合實際的。

再次,對處於晉、楚之間的小國影響甚大,它們處境更加困難,逐漸淪爲晉、楚爭霸過程中之犧牲品。譬如處於晉、楚之間的鄭國,"一自殽之師起,而秦、晉之仇不解,楚且乘間以合于秦,使晉力疲于西,不得復致力于東,楚得日霸東諸侯而無忌,鄭且駸駸日逼矣。……厥後秦、晉之仇二百年不解,而鄭國晉、楚之禍亦二百年不息,犧牲玉帛待于二竟(境)猶不得免"。⑥ 城濮之戰(前632),晉國戰勝了强楚,此後長期成爲北方霸主;而楚國雖然戰敗,但未傷元氣,依然是南方大國。此後,形成了南北二强的格局,但晉國實力總體上在楚國之上。殽之戰(前627)後,秦與楚的聯合,無疑爲楚國補充了實力。然而,由於晉、楚均爲一等一的强國,雙方都知道無法把對方完全征服,所以都把主要精力放在爭奪兩國之間的小國上。可以

---

① 楊伯峻:《春秋左傳注(修訂本)》,第594頁。
② (清)顧棟高:《春秋大事表》卷49,第2622~2623頁。
③ (宋)王應麟著,(清)翁元圻輯注:《困學紀聞注》卷7,第1002頁。
④ 金景芳:《中國奴隸社會史》,第224頁;顧頡剛:《春秋三傳及國語之綜合研究》,《顧頡剛古史論文集》卷11,第560頁。
⑤ (宋)吕祖謙:《左氏傳續説》卷6,《吕祖謙全集》第7册,第138頁。
⑥ (清)顧棟高:《春秋大事表》卷49,第2622~2623頁。

説,殽之戰實際上加劇了南北對峙,而二强對周邊小國的争奪,加重了小國的災難。

(五)小結

通過對清華簡等資料的考證,我們對殽之戰後春秋争霸格局變遷問題得出了一些新認識,主要有以下幾點:

第一,殽之戰確實是秦、晉、楚三者關繫變化的關節點,此即《繫年》概括的秦"與晉執怨,與楚爲好"。殽之戰後,秦穆公與晉徹底决裂,並放歸子儀,以促成秦楚聯盟。但是這一轉變的實現並非一帆風順的,而是有一些曲折在其中。關於這點,清華簡陸《子儀》有所披露。

第二,殽之戰後秦、晉、楚三者關繫變化之曲折細節。據《繫年》等可知,秦楚聯盟的建立實際上是通過兩次事件得以實現的。第一次在楚成王與秦穆公世,具體時間在秦穆公三十三年四月殽之戰到三十四年十月楚成王被弑之間。殽之戰後秦穆公放歸楚俘子儀求成,並達成同盟關繫;但次年成王被弑,導致同盟關繫未能持續。第二次在楚穆王與秦康公世。楚成王死後,繼位的楚穆王背離了秦楚聯盟的政策。幾年後,秦穆公死,秦康公繼位,其起初還對晉存有幻想,但自令狐之役後康公徹底與晉决裂,於是重新開啓秦楚聯盟。根據《子儀》可知,秦康公會見子儀、重啓秦楚聯盟在"取(僅)及七年",即秦康公二年(前619)。這是前人所未知的。此次秦楚結盟一直持續到戰國時期的楚懷王時期。

第三,殽之戰對春秋争霸格局的影響。首先對秦、晉、楚三國有重大影響,即保存了晉國,阻擋了秦的東進,迫使秦不得不向西發展,並形成了秦"與晉執怨,與楚爲好"的戰略格局。另外,殽之戰對晉、楚之間的小國(譬如鄭國、陳國等)影響甚大,此後這些小國處境更加困難,逐漸淪爲晉、楚争霸過程中之犧牲品。

【第九、十章】

[説明]

（一）"㐭"【五一】的隸定與釋讀

【整理者】隸爲"而",認爲是"夫"之譌。①

【黃人二】從簡文的字形看,當隸定爲"天",是"夫"之譌。襄夫人,《左傳》稱"穆嬴",《史記》稱"辰嬴""繆嬴"。②

【謹按】李守奎等認爲,《繫年》該字形,在甲書手是"天",在乙書手是"而",字形一樣,在楚文字範圍内彼此混譌,但在每個書手各自的區别系統中分别清晰。③"而"和"天"形近。從字形看,此字確實更似"天",但值得注意的是,《繫年》簡 117 的"而"亦作此形,與簡文相似,故此字也可以是"而"。本書隸定爲"而"。

（二）"㐭"【五二】的隸定與釋讀

【整理者】隸爲"寊",釋爲"實"。《左傳》文公七年:"曰:'先君何罪? 其嗣亦何罪? 舍適嗣不立,而外求君,將焉寊此?'"簡文"寊"即"實"字。實,《説文》新附云:"从宀,真聲。"詛楚文與之相合,簡文疑係省作。④

【蘇建洲】郭店《老子甲》簡 19"賓"與簡文該字同形,"賓"（幫紐真部,三等開口）讀爲"寊"（章紐真部,三等開口）。⑤

【謹按】對照傳世文獻,此字當讀爲"寊",字形尚存疑。

（三）"㐭"【五二】的隸定與釋讀

【整理者】隸定爲"悇",即"悗",从"免"聲,讀爲音近的"閔",《爾雅·

---

① 清華大學出土文獻研究與保護中心編,李學勤主編:《清華大學藏戰國竹簡(貳)》,第 157 頁。
② 黃人二:《戰國楚簡研究》,第 235 頁。
③ 李守奎、肖攀:《清華簡〈繫年〉文字考釋與構形研究》,第 23 頁。
④ 清華大學出土文獻研究與保護中心編,李學勤主編:《清華大學藏戰國竹簡(貳)》,第 158 頁。
⑤ 蘇建洲:《〈清華大學戰國楚簡(貳)·繫年〉考釋四則》,武漢大學簡帛研究中心:《簡帛》第 7 輯,第 74~78 頁。

釋詁》:"病也。"①

【黄人二】此字从"心",从楚文字"㑊"字,可讀爲"憫"。郭店簡《緇衣》"民有免心",趙平安認爲此字"心"以外的部分就是從甲骨文"㑊"字一脉相承下來的字形。其説可從。②

【謹按】"悸"字,當讀爲郭店楚簡"夅心"之"夅",即"免",訓爲"脱",謂諸大夫思脱於罪之義。整理者所釋似嫌迂曲。

郭店楚簡《緇衣》簡24:"教之以政,齊之以刑,則民有夅心。"③其中"夅心"二字,今本《禮記·緇衣》作"遯心"。朱彬《禮記訓纂》説:"民有遯心"即"孔子所謂的'免而無恥'者也"。④ 按,朱彬所引孔子語見《論語·爲政》:"道之以政,齊之以刑,民免而無恥。"劉寶楠《論語正義》引《緇衣》鄭玄注"遯,逃也"後説:"彼言遯,此言免,義同,《廣雅·釋詁》:'免,脱也。'謂民思脱避於罪也。"⑤李家浩據此認爲簡本《緇衣》的"夅"當從《論語》讀爲"免"。⑥

[釋文]

第九章

晉壤(襄)公采(卒),霝(靈)公高幼。[1]夫=(大夫)聚昏(謀)曰:"君幼,未可奉承也,母(毋)乃不能邦,猷求弪(强)君。"[2]乃命【五〇】右(左)行瘃(蔑)与(與)陵(隨)會卲(召)壤(襄)公之弟癰(雍)也于秦。[3]襄而〈夫〉人䎽(聞)之,乃佁(抱)霝(靈)公以唬(號)于廷,[4]曰:"死人可(何)辠(罪)?【五一】生人可(何)鈷(辜)?豫(舍)亓(其)君之子弗立,而卲(召)人于外,而女(焉)䊓(將)寘(實)此子也?"[5]夫=(大夫)悸(悗),[6]乃廬(皆)北(背)之,曰:"我莫命卲(召)【五二】之。"[7]乃立霝(靈)公,女(焉)圝(葬)襄公。【五三】[8]

卒=【五〇背】 五十一【五一背】 五十二【五二背】 五十二【五三背】

---

① 清華大學出土文獻研究與保護中心編,李學勤主編:《清華大學藏戰國竹簡(貳)》,第158頁。
② 黄人二:《戰國楚簡研究》,第235頁。
③ 荆門市博物館編:《郭店楚墓竹簡》,第130頁。
④ (清)朱彬:《禮記訓纂》卷33,第803頁。
⑤ (清)劉寶楠:《論語正義》,第42頁。
⑥ 湖北省文物考古研究所、北京大學中文系編:《九店楚簡》,北京:中華書局,2000年,第146頁。

第十章

秦康公銜(率)自(師)以遣(送)廱(雍)子,[9]晉人記(起)自(師)敗之于瀻(堇)舀(陰)。[10]右(左)行瘦(蔑)、陜(隨)會不敢歸(歸),述(遂)【五四】奔秦。[11]需(靈)公高立六年,秦公以戰(戰)于瀻(堇)舀(陰)之古(故)銜(率)自(師)爲河凸(曲)之戰(戰)。【五五】[12]

五十三【五四背】　五十四【五五背】

[疏證]

[1]晉壞(襄)公卒(卒),需(靈)公高幼。

【謹按】晉襄公七年卒,當魯文公六年(前621)。《春秋》文公六年:"八月乙亥,晉侯驩卒。"①晉襄公名驩,《公羊傳》作"讙"。《國語·周語下》"三而畀驩之孫"作"驪",與簡文同。《史記·晉世家》作"歡"。

晉靈公,晉襄公之子,母穆嬴。《春秋》宣公二年云其名"夷皋",《左傳》《穀梁傳》同,《公羊傳》作"夷獔"。"獔""皋""高"通假。②

幼,《禮記·曲禮上》:"人生十年曰幼,學。"鄭玄注:"名曰幼,時始可學也。"孔穎達疏:"幼者,自始生至十九時,故《檀弓》云:'幼名者,三月爲名稱幼。'《冠禮》云:'棄爾幼志。'是十九以前爲幼。"③據《左傳》載,當時靈公尚在襁褓中。簡文此"幼"對應於下文的"强君"。

[2]夫=(大夫)聚啓(謀)曰:"君幼,未可奉承也,母(毋)乃不能邦,獻求巠(强)君。"

【謹按】聚謀,《左傳》襄公三十年:"大夫聚謀。"④

君幼,未可奉承也。未可,不可也。奉承,整理者注:"此處指奉之爲君。"⑤蘇建洲同意整理者此說,但又提出一种新說:"簡文此處的'未可奉承'是否可理解爲'未可奉承祭事',指不能繼承國君之位。"⑥今案,此二說恐不確切。《左傳》裏的"奉承"有兩種用法:一爲奉承君命,如《左傳》昭公

---

① 楊伯峻:《春秋左傳注(修訂本)》,第543頁。
② 高亨:《古字通假會典》,第710~711頁。
③ 《禮記正義》卷1,《十三經注疏》,第2665~2666頁。
④ 楊伯峻:《春秋左傳注(修訂本)》,第1175頁。
⑤ 清華大學出土文獻研究與保護中心編,李學勤主編:《清華大學藏戰國竹簡(貳)》,第157頁。
⑥ 蘇建洲:《〈清華大學藏戰國竹簡(貳)·繫年〉考釋七則》,《中國文字研究》第19輯,鄭州:大象出版社,2014年,第72頁。

三十二年晉大夫伯音對周天子使者説"天子有命,敢不奉承以奔告於諸侯"①;二爲《左傳》昭公十三年"奉承齊犧"之"奉承",王鳴盛曰:"古謂奉牲幣而薦之曰承。承,薦也。"②簡文此處應爲奉承君命之義。《左傳》文公七年載穆嬴曰抱太子對趙宣子曰:"先君奉此子也而屬諸子,曰:'此子也才,吾受子之賜;不才,吾惟子之怨。'今君雖終,言猶在耳,而棄之,若何?"③據此則晉襄公有遺命於趙盾等諸大夫,現在他們想要求强君,故不能奉承襄公之命也。

毋乃不能邦,猷求强君。整理者注認爲"毋乃"即"無乃",《公羊傳》宣公十二年注:"無乃猶得無。"④《經傳釋詞》:"無乃,猶'得無'也。(宣十二年《公羊傳注》)《周語》曰:'其無乃廢先王之訓而王幾頓乎?'隱三年《左傳》曰:'無乃不可乎?'"⑤"毋乃"也可作"無乃",表示根據某些情況,用比較委婉的語氣,對動作行爲或事物的存在作出大概的推斷。⑥也表反詰語气,如《晏子春秋·景公從畋十八日不返國晏子諫》:"國人皆以君爲安野而不安國,好獸而惡民,毋乃不可乎?"⑦簡文的"毋乃"屬於前者。

"不能邦"有二義。第一,不能使邦國長存之義。《左傳》文公十二年載魯卿襄仲曰:"不有君子,其能國乎?國無陋矣。"劉文淇疏證:"《吕覽·謹聽篇》:'名不徒立,功不自成;國不虛存,必有賢者。'高誘注:'惟賢者然後立名成功,而存其國。《傳》曰:不有君子,其能國乎?''名不徒立'四語,當是《左氏》舊説,故高氏引此傳證之。"⑧第二,不能爲邦君之義。"國"可表示邦君,《文選·賈誼〈弔屈原文〉》:"國其莫我知兮。"唐代吕延濟注:"國,謂君也。"⑨"邦""國"同。簡文中以上二義均可通。

强君,與上文的"幼"相對。《禮記·曲禮上》:"人生十年曰幼,學。二十曰弱,冠。三十曰壯,有室。四十曰强,而仕。"孔穎達疏:"三十九以前通曰壯,壯久則强,故'四十曰强'。强有二義,一則四十不惑,是智慮强;

---

① 楊伯峻:《春秋左傳注(修訂本)》,第1518頁。
② (清)王鳴盛:《尚書後案》卷2,《清經解;清經解續編》第3册,第26頁。
③ 楊伯峻:《春秋左傳注(修訂本)》,第559頁。
④ 清華大學出土文獻研究與保護中心編,李學勤主編:《清華大學藏戰國竹簡(貳)》,第157頁。
⑤ (清)王引之:《經傳釋詞》卷10,第230頁。
⑥ 參孫玉文:《説"無(毋)乃"》,《中學語文》2002年第2期,第8頁。
⑦ 吴則虞編著,吴受琚、俞震校補:《晏子春秋集釋》卷1,北京:國家圖書館出版社,2011年,第66頁。
⑧ (清)劉文淇:《春秋左傳舊注疏證》,第548頁。
⑨ 劉躍進:《文選舊注輯存》第19册,南京:鳳凰出版社,2017年,第11949~11950頁。

二則氣力強也。"①此處的"強",當指在氣力和智慮上足以承擔國家之重任。簡文"強君"對應於《左傳》之"長君"。

《左傳》文公六年:"晉人以難故,欲立長君。"顧炎武曰:"謂連年有秦、狄之師,楚伐與國。"②可見,當時晉國面臨的國際形勢比較嚴峻,所以欲立"強君"。

[3]乃命【五〇】右(左)行瘱(蔑)与(與)敠(隨)會卲(召)壞(襄)公之弟癰(雍)也于秦。

【謹按】左行蔑,即先蔑。《左傳》僖公二十八年:"晉侯作三行以禦狄,荀林父將中行,屠擊將右行,先蔑將左行。"③"先蔑",《公羊傳》文公七年作"先昧"。"昧"與"蔑"古音同聲(明母)同部(月部)。此處稱"先蔑"爲"左行蔑","左行"後以官名爲氏。《廣韻》:"晉先蔑爲左行,其後爲氏。"④這種情況常見,如上引荀林父,《左傳》文公十三年稱"中行桓子",杜注:"中行桓子,荀林父也。僖二十八年始將中行,故以爲氏。"⑤而他的子孫也以"中行"爲氏。⑥

隨會,《左傳》等又稱"士會""范會",食采於隨、范,故稱。⑦

雍也,整理者認爲"也"字係"子",因形近而誤。雍子即當時爲秦亞卿的公子雍,襄公庶弟,乃杜祁所生。《左傳》文公六年:"師先蔑、士會如秦,逆公子雍。"⑧黄人二認爲簡文此處之"雍也",可從整理者之説,亦可認爲是"子雍"二字的誤摹,姑且從整理者之説。⑨今按,"雍也"對應於傳世文獻的晉襄公之弟公子雍。此"也"或爲人名後綴的虛詞。《繫年》第十五章簡77的"黑要也",對應於傳世文獻的"黑要",也屬於這種情況。《左傳》文公六年:"八月乙亥,晉襄公卒。靈公少,晉人以難故,欲立長君。""使先蔑、士會如秦逆公子雍。賈季亦使召公子樂于陳,趙孟使殺諸郫。"⑩

[4]襄而〈夫〉人瓣(聞)之,乃俖(抱)霝(靈)公以唬(號)于廷,

---

① 《禮記正義》卷1,《十三經注疏》,第2665～2666頁。
② (清)顧炎武:《左傳杜解補正》卷中,第42頁。
③ 楊伯峻:《春秋左傳注(修訂本)》,第1518頁。
④ 周祖謨:《廣韻校本:附廣韻四聲韻字今音表》,第307頁。
⑤ 《春秋左傳正義》卷19下,《十三經注疏》,第4021頁。
⑥ 參郭沫若:《〈周易〉之製作時代》,《郭沫若全集·歷史編》第1卷,北京:人民出版社,1982年,第383頁。
⑦ 楊伯峻:《春秋左傳注(修訂本)》,第471頁。
⑧ 清華大學出土文獻研究與保護中心編,李學勤主編:《清華大學藏戰國竹簡(貳)》,第158頁。
⑨ 黄人二:《戰國楚簡研究》,第234頁。
⑩ 楊伯峻:《春秋左傳注(修訂本)》,第550、552頁。

【謹按】𪊨,整理者隸定作"宭"①,修訂本《文字編》隸定作"𪊨"②,後者可從。

襄而〈夫〉人,整理者説《左傳》稱"穆嬴"。③ 黃人二説:

> 整理者作"襄而人",不妥。按,從簡文的字形看,當隸定爲"襄天人","天"是"夫"之譌。襄夫人,《左傳》稱"穆嬴",《史記》稱"辰嬴""繆嬴"。④

今按,《左傳》襄公十三年:"天子求后於諸侯,諸侯對曰:'夫婦所生若而人。妾婦之子若而人。'無女而有姊妹及姑姊妹,則曰:'先守某公之遺女若而人。'"杜注:"不敢譽,亦不敢毀,故曰若如人。"⑤顧炎武曰:"若而人猶言某某。"阮芝生曰:"若而人猶云若干人也。"梁履繩曰:"《疑參》云:若而人,猶今所謂若干人也。"王錫曰:"乃設爲對詞,不可實以某某,若曰若而人。"⑥疑簡文的"襄而人"或不誤,此"而人"相當於《左傳》中之"而人"。

乃佴(抱)霝(靈)公以唬(號)于廷,《左傳》文公七年:"穆嬴日抱大子以啼于朝。"《史記·晉世家》:"太子母繆嬴日夜抱太子以號泣於朝。"楊伯峻注:司馬遷"以號泣二字解啼字"。⑦ 唬,整理者讀爲"號",乃本於《史記》;華東師大讀書會上有學者讀爲"呼",李松儒認爲整理者説最佳⑧;禤健聰也讀爲"號"⑨。廷,《左傳》《史記》作"朝"。《説文·廴部》:"廷,朝中也。"

[5]曰:"死人可(何)辠(罪)?【五一】生人可(何)䛐(辜)?豫(舍)亓(其)君之子弗立,而卲(召)人于外,而女(焉)牁(將)寘(寘)此子也。"

【謹按】《左傳》文公七年:"曰:'先君何罪? 其嗣亦何罪? 舍適嗣不立而外求君,將焉置此?'"⑩《史記·晉世家》:"曰:'先君何罪? 其嗣亦何罪? 舍適而外求君,將安置此?'"集解引服虔曰:"此,太子。"⑪

---

① 清華大學出土文獻研究與保護中心編,李學勤主編:《清華大學藏戰國竹簡(貳)》,第157頁。
② 李學勤主編,沈建華、賈連翔編:《清華大學藏戰國竹簡(壹—叁)文字編(修訂本)》,第418頁。
③ 楊伯峻:《春秋左傳注(修訂本)》,第558頁。
④ 黃人二:《戰國楚簡研究》,第235頁。
⑤ 《春秋左傳正義》卷31,《十三經注疏》,第4236~4237頁。
⑥ 參吳靜安:《春秋左氏傳舊注疏證續》,長春:東北師範大學出版社,2004年,第143頁。
⑦ 楊伯峻:《春秋左傳注(修訂本)》,第558頁。
⑧ 李松儒:《清華簡〈繫年〉集釋》,第165頁。
⑨ 禤健聰:《戰國楚系簡帛用字習慣研究》,第134~135頁。
⑩ 清華大學出土文獻研究與保護中心編,李學勤主編:《清華大學藏戰國竹簡(貳)》,第158頁。
⑪ 《史記》卷39,第2017頁。

[6]夫═（大夫）悗（悗），

【整理者】悗，卽"悗"字，从免聲，讀爲音近的"閔"，《爾雅·釋詁》："病也。"①

【謹按】閔，《説文·門部》："閔，弔者在門也。从門，文聲。"段玉裁注："引申爲凡痛惜之辭。"②整理者據《左傳》（詳下文）訓爲"病"。簡中當爲痛惜之義，指諸大夫傷痛於穆嬴之言。

《左傳》文公七年："宣子與諸大夫皆患穆嬴，且畏偪，乃背先蔑而立靈公，以禦秦師。"③諸大夫所"畏偪"者爲何？主要有以下幾種看法：

第一，所畏者是"義"。關於"義"也有兩説：一爲嫡長子繼承君位之大義。杜注："畏國人以大義來偪已。"④嫡長子繼承制乃春秋時期君位繼承之成法，時爲貴族所遵守和重視⑤，違此卽爲違背大義。一説爲《公羊傳》文公十四年所説之"大夫之義，不得專廢置君也"⑥。

第二，所畏者是穆嬴。顧炎武認爲："〔杜注〕解曰：'畏國人以大義來偪已。'非也。畏穆嬴之偪也，以君夫人之尊故。"⑦君夫人之尊强調了晉靈公的嫡子地位，也就强調了嫡長子繼承制。

第三，所畏者是穆嬴之黨的進攻。《史記·晉世家》："趙盾與諸大夫皆患繆嬴，且畏誅，乃背所迎而立太子夷皋，是爲靈公。"⑧楊伯峻認爲《晉世家》是以"誅"釋《左傳》之"偪"。⑨《史記·趙世家》曰："趙盾患之，恐其宗與大夫襲誅之。"⑩楊伯峻引此後曰："則所畏者穆嬴之黨也。"⑪

第四，所畏者是其他庶子如公子樂等人，如廢嫡立庶，則其他公子亦必争之。《太平御覽》卷146引服虔注曰："畏他公子徒來相迫也。"李貽德輯述曰："他公子謂公子樂輩也。"⑫按，公子樂爲公子雍之弟。⑬

---

① 清華大學出土文獻研究與保護中心編，李學勤主編：《清華大學藏戰國竹簡（貳）》，第158頁。
② （清）段玉裁注，許惟賢整理：《説文解字注》卷12上，第1026頁。
③ 楊伯峻：《春秋左傳注（修訂本）》，第559頁。
④ 《春秋左傳正義》卷31，《十三經注疏》，第4236～4237頁。
⑤ 楊寬引此《左傳》文及杜注以作爲春秋時期貴族重視嫡長子繼承制的證據。可參楊寬：《西周史》，第440頁。
⑥ 《春秋公羊傳注疏》卷14，《十三經注疏》，第4936頁。
⑦ （清）顧炎武著，（清）黄汝成集釋：《日知録集釋》，第1503頁。
⑧ 《史記》卷39，第2017頁。
⑨ 楊伯峻：《春秋左傳注（修訂本）》，第559頁。
⑩ 《史記》卷43，第2150頁。
⑪ 楊伯峻：《春秋左傳注（修訂本）》，第559頁。
⑫ 李貽德：《左傳賈服注輯述》卷8，《清經解；清經解續編》第10册，第982頁。
⑬ 參楊伯峻：《春秋左傳注（修訂本）》，第551頁。

第五，所畏者是公子雍。清人王懋竑説："文七年'宣子與諸大夫患穆嬴、且畏偪'，杜云：'畏國人以大義偪己。'顧云：'畏穆嬴之偪，以君夫人之尊故。'皆非是。按：文公之入也，吕却畏偪；而康公之送公子雍也，多與之徒衛，則宣子與諸大夫畏雍之入來偪己耳，正與吕却意同。"①

第六，所畏者是送公子雍之秦師。清人張尚瑗《三傳折諸》之《左傳折諸》説："注'畏國人以大義來偪己'，愚謂不然。偪卽秦偪也。惠、懷皆立於秦，秦復能廢之。文公亦秦所立，雖成霸業而竊與鄭盟而舍戍焉，晉人亦以爲秦罪。此皆偪也。《傳》言宣子與諸大夫皆畏偪，諸大夫同心，則不畏國人矣。但盾先言秦大而近足以爲援矣，倚其大而近以爲援，復畏其大而近以爲偪，築室道謀皆盾之誤國耳。"②

第七，折中杜預與顧炎武的説法。清人陸繼輅説："'且畏偪'言諸大夫旣嚴憚君夫人，夫人亦實能以大義相詰責。注云'畏國人以大義來偪己'，《御覽》引服虔'畏他公子相偪迫'，皆非當日情事。"③

[7] 乃虐（皆）北（背）之，曰："我莫命卲（召）【五二】之。"

【整理者】莫，義爲無人。④

【謹按】"之"指許諾立公子雍之事。《左傳》僖公十五年載晉惠公爲從秦返晉，"許賂中大夫，旣而皆背之"。⑤ 此"之"亦指晉惠公許諾賂中大夫之事，可與簡文對照。《左傳》文公七年曰"乃背先蔑"⑥，《史記·晉世家》作"乃背所迎"，楊伯峻據此認爲《左傳》之"背先蔑"乃"實背所迎公子雍也，先蔑爲迎立之正使，終又以奔秦，故云'背先蔑'"⑦。楊説不可從，詳本章史實考證部分。

[8] 乃立需（靈）公，女（焉）國（葬）襄公。【五三】

【謹按】《春秋》文公六年："八月乙亥，晉侯驩卒。冬十月，公子遂如晉。葬晉襄公。"同年《左傳》載"八月乙亥，晉襄公卒"，"冬十月，襄仲如晉葬襄公"。《左傳》文公七年："乃背先蔑而立靈公。"⑧

魯文公六年（前621）晉襄公卒，晉靈公立，次年（前620）爲晉靈公

---

① （清）王懋竑：《讀書記疑》卷4，清同治十一年（1872）福建撫署刻本。
② （清）張尚瑗：《左傳折諸》卷4，《三傳折諸》，清文淵閣四庫全書本。
③ （清）陸繼輅：《合肥學舍札記》卷7，清光緒四年（1878）興國州署刻本。
④ 清華大學出土文獻研究與保護中心編，李學勤主編：《清華大學藏戰國竹簡（貳）》，第158頁。
⑤ 楊伯峻：《春秋左傳注（修訂本）》，第352頁。
⑥ 楊伯峻：《春秋左傳注（修訂本）》，第559頁。
⑦ 楊伯峻：《春秋左傳注（修訂本）》，第559頁。
⑧ 楊伯峻：《春秋左傳注（修訂本）》，第543、550、552、559頁。

元年。

[9]秦康公衒(率)自(師)以遺(送)癰(雍)子，

【整理者】秦康公，名罃。"遺"字從"叢"聲，古音屬從母東部，與屬心母的"送"字通假。①

【謹按】秦康公，秦穆公太子罃也。此秦康公元年事，當魯文公七年（前620）。

《左傳》文公七年："秦康公送公子雍于晉，曰：'文公之入也無衛，故有呂、郤之難。'乃多與之徒衛。"服虔注："衛，徒兵也。"劉文淇疏證："《說文》：'衛，宿衛也。''宮伯掌王宮、王宮之士庶子'，鄭司農注：'宿衛之官。'蓋居則曰宿衛，行則曰徒衛。服以徒兵爲說，兼居、行之衛言。"②據此，則"徒衛"指秦康公之守衛王宮的親兵。楊伯峻注："步卒曰徒，徒衛者，步卒而爲護衛。此非作戰，故不用車兵。"③據此，則"徒衛"指步兵。《繫年》說"秦康公率師以送雍子"，似指秦康公親自率師送公子雍。據《左傳》，秦康公祇是多與公子雍以徒衛而並未親自率師相送。兩者相異。《史記·晉世家》："靈公元年四月，秦康公曰：'昔文公之入也無衛，故有呂、郤之患。'乃多與公子雍衛。"④《秦本紀》："秦以兵送至令狐。"⑤《史記》乃本於《左傳》。

[10]晉人记(起)自(師)敗之于獵(堇)酓(陰)。

【整理者】起師，《左傳》昭公二十六年"王起師于滑"杜預注："起，發也。"獵酓，地名。《左傳》文公七年作"堇陰"，係晉地。"獵"字從㬎聲，簡文下或從"耳"，疑母緝部，與見母文部的"堇"通轉。"酓"字從"今"聲，匣母文部，而"陰"從"金"聲，影母侵部，可以通轉。楊伯峻《春秋左傳注》云堇陰在今山西臨猗東。《左傳》記此戰役較詳，云敗秦師實在令狐，今臨猗西。⑥

【謹按】《春秋》文公七年："戊子，晉人及秦人戰於令狐。"《左傳》文公七年："[晉師]及堇陰。……訓卒，利兵，秣馬，蓐食，潛師夜起。戊子，敗

---

① 清華大學出土文獻研究與保護中心編，李學勤主編：《清華大學藏戰國竹簡（貳）》，第159頁。
② （清）劉文淇：《春秋左傳舊注疏證》，第519頁。按：《周禮·天官·宮伯》："宮伯掌王宮之士庶子，凡在版者。"鄭司農注："庶子，宿衛之官。"孫詒讓曰："謂公卿大夫之子宿衛王宮者。"（清）孫詒讓：《周禮正義》，第229頁。
③ 楊伯峻：《春秋左傳注（修訂本）》，第558頁。
④ 《史記》卷39，第2017頁。
⑤ 《史記》卷5，第248頁。
⑥ 清華大學出土文獻研究與保護中心編，李學勤主編：《清華大學藏戰國竹簡（貳）》，第159頁。

秦師于令狐,至于刳首。"①《史記·晉世家》:"[晉]發兵以距秦送公子雍者。趙盾爲將,往擊秦,敗之令狐。"②菫陰、令狐、刳首均在河東且屬晉,詳本章史事考證部分。

[11]右(左)行蔑(蔑)、瞂(隨)會不敢歸(歸),述(遂)【五四】奔秦。

【謹按】《繫年》裏的"蔑"字有兩用:一是作爲人名,寫作"蔑",如本簡;二是作爲地名,寫作"蔑"(第二十三章,簡131)或"鄭"(第二十三章,簡131)。

魯僖公二十八年(前632),晉文公在原來步卒二行的基礎上增加一行爲三行,先蔑將左行。魯僖公三十一年改三行步卒爲車兵三軍,並增加新的上軍和下軍。魯文公六年,晉舍新上、下軍而恢復三軍之制,先蔑將下軍。此處稱先蔑爲"左行蔑","左行"應是以官名爲氏。

《左傳》文公七年:"己丑,先蔑奔秦,士會從之。"③先蔑、隨會往迎公子雍,隨護送之秦師前往晉,但由於受到晉師抵禦,秦師大敗,二人不敢歸晉,故奔秦。詳本章史事考證部分。

[12]需(靈)公高立六年,秦公以戰(戰)于臨(菫)舀(陰)之古(故)銜(率)白(師)爲河凵(曲)之戰(戰)。【五五】

【謹按】晉靈公六年(前615),當魯文公十二年,秦康公六年。

《春秋》文公十二年:"冬十有二月戊午,晉人、秦人戰于河曲。"《左傳》文公十二年:"秦爲令狐之役故,冬,秦伯伐晉,取羈馬。晉人禦之。趙盾將中軍,荀林父佐之。郤缺將上軍,臾駢佐之。欒盾將下軍,胥甲佐之。范無恤御戎,以從秦師于河曲。"④

《左傳》文公八年載:"先克奪蒯得田於菫陰。"杜注:"七年晉禦秦師於菫陰,以軍事奪其田也。"⑤吕祖謙説:"至於菫陰之役,以軍事奪蒯得之田。"⑥楊伯峻注:"先克時爲中軍佐,七年令狐之役,晉師先在菫陰,故杜注以爲'以軍事奪蒯得之田',恐亦衹是推測之辭。"⑦楊氏説杜注是推測之辭,也乏依據;然其説此"菫陰"指令狐之役,説明魯文公七年的令狐之役可能也被稱爲菫陰之役。《左傳》文公七年稱晉敗秦的地點在"令狐",文

---

① 楊伯峻:《春秋左傳注(修訂本)》,第554、560頁。
② 《史記》卷39,第2017頁。
③ 楊伯峻:《春秋左傳注(修訂本)》,第561頁。
④ 楊伯峻:《春秋左傳注(修訂本)》,第586、589~590頁。
⑤ 《春秋左傳正義》卷19上,《十三經注疏》,第4009頁。
⑥ (宋)呂祖謙:《左氏博議》卷19,《呂祖謙全集》第6冊,第443頁。
⑦ 楊伯峻:《春秋左傳注(修訂本)》,第568頁。

公十二年亦提到令狐之役,这些"令狐",在清華簡《繫年》中均被稱爲"菫陰"。這與《左傳》文公八年"先克奪蒯得田於菫陰"杜注"七年晉禦秦師於菫陰,以軍事奪其田也"相合。

那麼,爲何《左傳》稱令狐之役,而清華簡《繫年》稱菫陰之役呢?《左傳》文公七年:"[晉師]及菫陰。……訓卒,利兵,秣馬,蓐食,潛師夜起。戊子,敗秦師於令狐,至於刳首。己丑,先蔑奔秦,士會從之。"菫陰在今山西省臨猗縣東①,令狐屬晉,在今山西省臨猗縣西②,兩者相距不遠。《左傳》稱此役爲令狐之役,可能一方面受到了《春秋》的影響,如《春秋》文公七年曰"戊子,晉人及秦人戰於令狐";另一方面,《左傳》成公十三年所載吕相絶秦之語中亦稱此戰爲"令狐之役",可能春秋時人即稱此次戰爭爲"令狐之役"。

[譯文]

第九章

晉襄公去世,靈公高還年幼。大夫們聚集到一起謀劃説:"國君年幼,咱們不能奉承[襄公之命立之爲君],[否則]恐怕不能夠安定國家,[應當]謀求尋找年長者爲國君。"於是就命左行蔑和隨會召回了尚在秦國的襄公弟弟雍也。襄公夫人聽聞此事,於是就抱着靈公在朝廷號哭,説:"死去的人有何罪過?生的人又有何罪?捨棄君的兒子不立,反而從外邊召人,那麽將怎樣處理這個兒子?"大夫們爲了免脱於罪責,於是都背棄前言,説:"我們都没有命令召外人。"於是就立了靈公,葬了襄公。

第十章

秦康公率領軍隊送雍子,晉國人於是發動軍隊在菫陰打敗了秦國軍隊。左行蔑、隨會不敢回到晉國,於是逃奔秦。靈公高即位第六年,秦公因爲在菫陰戰敗的緣故率領軍隊發動了河曲之戰。

---

① 楊伯峻:《春秋左傳注(修訂本)》,第560頁。
② 楊伯峻:《春秋左傳注(修訂本)》,第413頁。

[解題]

第九章

第九章主要圍繞晉靈公之立而展開敘事。

晉襄公於七年(前621,魯文公六年)卒,晉國卿大夫謀立新君。

當時太子靈公尚在襁褓當中,晉國大夫謀說:"君主(指靈公)年幼,[我們]不能奉之爲君,否則恐怕不能使得國家得以長治久安,還是謀求能足以承擔重任的國君吧。"於是就命左行先蔑與隨會去秦國召回襄公之弟公子雍。

晉襄公的夫人聽聞此事,在朝廷中哭號,說:"死人(指襄公)有什麼罪?生人(指靈公)又有什麼錯?把君主之子舍而不立,而在外邊召個人來,那麼你們將如何安置君主之子呢?"諸大夫傷痛穆嬴之言,於是都背棄了立公子雍之許諾,說:"我們沒有人命從外邊召人。"於是就立靈公,葬了襄公。

第十章

第十章主要圍繞晉秦堇陰之戰(即《春秋》《左傳》所謂的令狐之戰)與河曲之戰而展開敘事。

魯文公七年(前620),秦康公率師送公子雍回秦繼位。簡文所載正乃此事。當時晉靈公的母親穆嬴反對此事,再加上其有一定勢力的支持,所以晉國卿大夫放棄了迎立公子雍的計劃。而此時秦師已經送公子雍將至於晉。在這種情況下,晉人被迫起師阻擋秦師,雙方交戰,晉在堇陰(今山西臨猗東)打敗秦師。先蔑和隨會不敢歸晉國,逃往秦國。

晉靈公六年(前615,魯文公十二年),秦康公因報堇陰之敗,率師與晉在河曲作戰。

[問題]

令狐之役中先蔑事迹及其相關問題考。《左傳》在記載令狐之役中先蔑有關事迹時是有矛盾的,這點古今學者早已看出,並做出了很多論證。學者的這些論證雖有諸多創見,但由於材料缺乏,仍未能有堅實的證據予以支撐,難以使人信服。我們根據《繫年》第九章及第十章的相關記載,對這一問題進行進一步的探討。

[考證]

一、令狐之役中先蔑事迹及其相關問題考

令狐之役是春秋時期秦、晉間的一次著名戰爭。對於此次戰争，《春秋》及三傳有記載，但其中不乏相互矛盾之處。尤其是晉大夫先蔑的事迹，頗令人費解，其中最重要的有兩點：一是《左傳》所載先蔑史事本身是否矛盾的問題；二是《左傳》所載與《公羊傳》《穀梁傳》如何協調的問題。對這兩個問題，古今學者有很多爭論，但究竟孰是孰非，難以辨别。

近年來公佈的清華簡《繫年》對此有記載，學者據此對相關問題進行了探討。譬如清華大學出土文獻讀書會據《繫年》簡文，認爲："晉人背公子雍，先蔑、隨會在秦不敢歸，卽奔秦。《繫年》是。"①胡凱等同意此説，並認爲據《繫年》可解决《左傳》之矛盾。② 馬楠也認爲《繫年》説較合情理。③ 可見，當今學者均認同《繫年》之説。

既然《繫年》之説爲是，那麽《繫年》爲何是、何處是，《左傳》等傳世文獻爲何非、何處非呢？對此，鮮有學者進行深入探討，此其一。其二，先蔑奔秦史事除《左傳》有載外，《公羊傳》《穀梁傳》亦有記載，那麽《繫年》所載是否與此二傳相合呢？對此，學者罕有涉及。

《繫年》的記載無疑對相關問題之探討提供了非常寶貴的資料，具有非常重要的學術價值；但是，這種價值之發揮，必須得全面搜集相關文獻，並結合《繫年》所提供的新資料，對前修及時賢説進行綜合分析，才有可能得出較客觀的結論。筆者正是循着這一思路，力圖對該問題進行進一步探討。

（一）《左傳》所載先蔑史事是否有矛盾

爲便於討論，列相關文獻如下：

(1)《春秋》文公六年："八月乙亥，晉侯驩卒。"
(2)《左傳》文公六年："八月乙亥，晉襄公卒。靈公少，晉人以難

---

① 李松儒：《清華簡〈繫年〉集釋》，第171~172頁。
② 胡凱、陳民鎮：《從清華簡〈繫年〉看晉國的邦交——以晉楚、晉秦關繫爲中心》，《邯鄲學院學報》2012年第2期，第65頁。
③ 馬楠：《清華簡〈繫年〉輯證》，上海：中西書局，第171頁。

故,欲立長君。……使先蔑、士會如秦逆公子雍。"杜注:"先蔑,士伯也。士會,隨季也。"①

(3)《春秋》文公七年:"戊子,晉人及秦人戰於令狐。晉先蔑奔秦。"

(4)《左傳》文公七年:"宣子與諸大夫皆患穆嬴,且畏偪,乃背先蔑而立靈公,以禦秦師。箕鄭居守。趙盾將中軍,先克佐之;荀林父佐上軍;先蔑將下軍,先都佐之。步招禦戎,戎津爲右。及堇陰。"(杜注:先蔑、士會逆公子雍前還晉,晉人始以逆雍出軍。卒然變計,立靈公,故車右戎御猶在職。堇陰,晉地。)"戊子,敗秦人戰於令狐,至於刳首。己丑,先蔑奔秦,士會從之。"(杜注:從刳首去也。令狐在河東,當與刳首相接。)②

據《左傳》載,晉襄公卒,繼承人靈公幼,晉人想立長君,於是以執政趙盾爲首的晉國卿大夫派先蔑等如秦迎公子雍即位。由於靈公之母穆嬴的反對,趙盾與諸大夫"背先蔑"而立靈公。但秦人派人送公子雍將至,晉人要阻擋公子雍入晉,於是双方發動大戰,此即令狐之役。尤爲值得注意的是,在此次戰役中,晉"先蔑將下軍",即作爲晉國下軍的統帥。從唐代開始,就有學者認爲《左傳》此處記載有矛盾:既然背先蔑,而先蔑此時作爲迎公子雍者,其在令狐之役中必然是晉人所伐的對象;而《左傳》下文竟言在令狐之役中先蔑作爲晉軍的下軍將領。又,先蔑在令狐之役(戊子,四月朔日)中作爲晉軍下軍將領伐秦,戰後次日(乙丑,四月初二)奔秦;如此,其豈不自投羅網?歸結起來即是:《左傳》所載"乃背先蔑""先蔑將下軍""先蔑奔秦"這三者難以協調。那麼這是否意味着《左傳》記載有矛盾呢?對於《左傳》之記載,學者或認爲其有矛盾,或認爲其無矛盾。下面我們對持這兩種觀點之理據進行分析。

1. 持有矛盾說者觀點之分析

唐代啖助指出:"上言背先蔑立靈公,明蔑在秦也;次言先蔑將下軍,則是在晉也。何其自相背?"③啖助注意到了《左傳》對先蔑到底在秦還是在晉的記載上有矛盾。

北宋趙鵬飛也說:"《左氏》初言先蔑如秦,則蔑在秦;次言先蔑將下

---

① 《春秋左傳正義》卷19上,《十三經注疏》,第4004頁。
② 《春秋左傳正義》卷19上,《十三經注疏》,第4006、4007頁。
③ (唐)陸淳:《春秋集傳辯疑》卷7,叢書集成初編本,北京:中華書局,1985年,第76頁。

軍,則蔑在晉。初既逆雍于秦,則末必不肯將兵拒秦矣!首尾自矛盾,固不足據。而先蔑苟背秦約,將兵據秦,則豈容復奔秦邪?理無可通者,皆失之誣也。"①姚際恒同意此說,認爲趙鵬飛說足證《左氏》之誣。② 按,趙鵬飛說實際上觸及問題的實質,即"乃背先蔑""先蔑將下軍""先蔑奔秦"這三者難以協調,而姚際恒則明確指出《左傳》記載有問題。

今人傅隸樸更是進一步指出《左傳》所載有四大疑點:

> 如先蔑士會均已在六年秋受趙盾之使往秦迎公子雍,如其回晉,自當與公子雍同行,但趙盾因畏穆嬴之偪,背先蔑而立靈公,以禦秦送公子雍回晉之師,而戰地令狐又是秦國土地,很明顯地,公子雍並未入晉,則迎駕的先蔑自不會有先期返晉之理,乃趙盾禦秦之師却說"先蔑將下軍",好像先蔑奔秦,是臨陣棄師似的,此可疑者一。先蔑有軍職,棄師奔秦,尚有可說。士會並無軍職,也不在軍,怎云"先蔑奔秦,士會從之"?此其可疑者二。先蔑奔秦最大的原因,應該是恨趙盾背己,拒秦送公子雍之師,果爾,他應該在戰前棄職出奔,以示對趙盾的抗議,何以於戊子敗秦師之後,於己丑奔秦?此其可疑者三。如果先蔑曾在令狐之役擊敗秦師,他又怎敢奔秦?而不怕秦人的報復呢?此其可疑者四。③

據上,第一,先蔑迎立公子雍,這說明先蔑與公子雍一同返晉(而不可能先期返晉);此與先蔑將下軍相矛盾。第二,先蔑將下軍,其可能奔秦,而士會不在師,如何奔秦?第三,《左傳》載先蔑在令狐之役後奔秦,這不合理,應在此前奔秦。第四,先蔑擊敗秦而後逃歸秦,豈不自投羅網?傅隸樸在指出"乃背先蔑""先蔑將下軍""先蔑奔秦"的三點矛盾之處外,還注意到了士會奔秦與先蔑在令狐之役後奔秦有問題,而此兩點實際上是三點之引申。

那麼,以上對《左傳》說法的懷疑是否有道理呢?我們暫不評論,因爲還有一些學者認爲《左傳》所載並無矛盾,其正針對以上說法。

2. 持無矛盾說者的觀點及其平議

在唐代之前,學者們未指出《左傳》所載有矛盾,但已經注意到"乃背

---

① (宋)趙鵬飛:《春秋經筌》卷8,(清)納蘭性德輯:《通志堂經解》第9册,揚州:江蘇廣陵古籍刻印社,1996年,第77頁。
② (清)姚際恒:《春秋通論》卷7,林慶彰主編:《姚際恒著作集》第4册,臺北:"中研院"中國文哲研究所,2004年,第191頁。
③ 傅隸樸:《春秋三傳比義》,臺北:臺灣商務印書館,1983年,第473頁。

"先蔑""先蔑將下軍""先蔑奔秦"難以協調之關繫,爲此他們提出了解釋的辦法。

前引杜預注《左傳》說"先蔑、士會逆公子雍前還晉,晉人始以逆雍出軍。卒然變計,立靈公,故車右戎御猶在職",則先蔑去秦迎接公子雍後,提前返晉,故在令狐之役中先蔑作爲晉下軍之主帥。很明顯,杜説實際上認爲《左傳》無矛盾,且在此努力彌縫其説。那麼這種彌縫是否成功呢?實際上,杜説也有漏洞,因爲如果先蔑提前歸晉,《左傳》就不會説"乃背先蔑而立靈公,以禦秦師"了,後者明顯反映出先蔑不在晉。

對於杜預的上述説法,楊伯峻作了進一步的補充和論證,主要有以下兩個方面:

一方面,針對"乃背先蔑"和"先蔑將下軍"的矛盾,進一步補充杜說曰:

《晉世家》云:"乃背所迎而立太子夷皋,是爲靈公。發兵以距秦送公子雍者。"則《傳》云"背先蔑"者,實背所迎之公子雍也,先蔑爲迎立之正使,終又以此奔秦,故云"背先蔑"。此時先蔑已先歸,故能爲下軍將。昔人曾懷疑此句"背先蔑"與下文"先蔑將下軍"矛盾,其實不然。①

此處的補充有二:一是先蔑雖然迎公子雍,但其先於公子雍而歸晉,故可領下軍,這是重申杜預説;二是"背先蔑"不能如傳統學者所理解的背先蔑,而是背公子雍,如此,就與後面的令狐之役中先蔑作爲晉國下軍之將領以禦秦師沒有矛盾了。

另一方面,針對"先蔑將下軍""先蔑奔秦"的矛盾,楊伯峻也作以論證。他先解釋"先蔑將下軍"説:

先蔑此時(指令狐之役)已先還晉,故將下軍。其將下軍者,迫不得已耳,故令狐之役之明日即奔秦,雖將下軍,或未嘗與秦戰。

又解釋"先蔑奔秦"説:

杜注:"從刳首去也。"此亦足證先蔑本在軍中,秦師既敗而奔,而未嘗禦秦可知。②

按,此處楊伯峻意爲,先蔑雖爲秦下軍,但並未參與禦秦,所以後來可以奔秦。那麼,以上所説是否成立呢?筆者認爲,其説恐難成立。

---

① 楊伯峻:《春秋左傳注(修訂本)》,第559頁。
② 楊伯峻:《春秋左傳注(修訂本)》,第559、561頁。

首先我們考察一下楊伯峻所言的第一方面。楊伯峻據《史記》認爲，《左傳》云"背先蔑"者，"實背所迎之公子雍也，先蔑爲迎立之正使，終又以此奔秦"，故云"背先蔑"。①《左傳》文公七年："宣子與諸大夫皆患穆嬴，且畏偪，乃背先蔑而立靈公，以禦秦師。箕鄭居守。趙盾將中軍，先克佐之；荀林父佐上軍；先蔑將下軍，先都佐之。步招禦戎，戎津爲右。及堇陰。"②《史記·晉世家》："趙盾與諸大夫皆患繆嬴，且畏誅，乃背所迎而立太子夷皋，是爲靈公。發兵以距秦送公子雍者。趙盾爲將，往擊秦，敗之令狐。先蔑、隨會亡奔秦。"③

可見，《史記》的説法實際上是本於《左傳》。因此，"乃背所迎"本之《左傳》當解爲"乃背所迎之先蔑"，而楊先生則認爲"是乃背所迎之公子雍"，這種説法難以服人。

其次我們考察一下楊伯峻所言的第二方面。楊先生説在令狐之役中先蔑未嘗禦秦——這説明他也認爲如果先蔑禦秦，則其没辦法奔秦；但爲了調和《左傳》的説法，他又承認先蔑在晉。先蔑既然將晉下軍，怎能不禦秦？楊先生説"或未嘗與秦戰"，用"或"字即表明楊先生此説純屬猜測；楊先生又説"秦師既敗而奔，則先蔑未嘗禦秦可知"，這顯然是循環論證，亦不可信。總之，楊先生所猜測先蔑在令狐之役中未嘗禦秦的説法是不能成立的。

綜上可見，認爲《左傳》所載無矛盾的説法，實際上並未舉出有力的證據，所以難以使人信服。因此，《左傳》所載令狐之役中先蔑史事確實有矛盾之處。不僅如此，《左傳》所載與《公羊傳》《穀梁傳》所載亦有齟齬之處。

(二)《左傳》所載與《公羊》《穀梁》二傳所載難以協調

《春秋》載令狐之戰後"晉先蔑奔秦"，對這句話，三傳的解釋頗具疑問。

《左傳》載"先蔑將下軍，先都佐之。步招禦戎，戎津爲右。及堇陰。……戊子，敗秦人戰於令狐，至於刳首。己丑，先蔑奔秦，士會從之"，如此則先蔑奔秦的地點無非是堇陰、令狐或刳首。

又，《春秋》言先蔑是"奔"秦，而非"出奔"，這是《春秋》筆法。對此，《穀梁傳》與《公羊傳》均有解釋：

---

① 楊伯峻：《春秋左傳注（修訂本）》，第559頁。
② 楊伯峻：《春秋左傳注（修訂本）》，第559～560頁。
③ 《史記》卷39，第2017頁。

《穀梁傳》文公七年:"晉先蔑奔秦。不言出,在外也。輟戰而奔秦,以是爲逃軍也。"范甯注:"輟,止也。爲將而獨奔,故曰逃軍。"①

《公羊傳》文公七年:"戊子,晉人及秦人戰于令狐。晉先眛以師奔秦。此偏戰也,何以不言師敗績?敵也。(何休注:俱無勝負。)此晉先眛也,其稱人何?(何休注:據奔無出文,知先眛也。)貶。曷爲貶?外也。其外奈何?以師外也。(何休注:懷持二心,有功欲還,無功便持師出奔,故於戰貶之,起其以師外也。本所以懷持二心者,其咎亦由晉侯要以無功當誅也。不起者,敵而外事可知也。)何以不言出?遂在外也。"《釋文》:"眛,音篾,《左氏》作蔑。"②

《穀梁傳》認爲此處之所以不言"出奔"而僅言"奔",是因爲先蔑"在外"的緣故。何謂"在外"?傳文未言。《公羊傳》首先解釋了《春秋》的"晉人",認爲此指先蔑,並認爲將先蔑稱"晉人"是貶先蔑。爲何貶?是因爲先蔑"外也"。《經》文不言"奔"也是因爲先蔑"在外"的緣故。那麼《穀梁》《公羊》二傳所謂的先蔑"在外"何指?何休注:"起其生事成於竟(境)外,從竟(境)外去。"③何休認爲此"外"應解釋爲境外,如此則先蔑應該是從秦國逃奔,亦即上引《左傳》所提到地點堇陰、令狐或是刳首必有一處屬秦,且此地爲先蔑所逃奔地。下面,我們對此三地的歸屬進行考察。

關於堇陰,杜預注:"晉地。"④楊伯峻亦曰:"堇陰,晉地。當在山西省臨猗縣東,與令狐相距不遠。"⑤可見堇陰屬於晉地無疑。

關於令狐,主要有三說:

一是晉地說。杜預說:"令狐在河東。"孔穎達疏:"令狐猶是晉地,知堇陰亦是晉地也。"⑥此說的根據是《左傳》僖公二十四年載秦穆公護送晉文公重耳入晉時的"濟河,圍令狐"語。楊伯峻曰:"令狐在今山西省臨猗縣西。"⑦《左傳》成公十一年載:"秦、晉爲成,將會于令狐。晉侯先至焉。秦伯不肯涉河,……使史顆盟晉侯于河東。"⑧據此可知令狐屬晉,在河東。

二是秦地說。晉代范甯明確指出:"令狐,秦地。"唐人徐彥也認爲令

---

① 《春秋穀梁傳注疏》卷10,《十三經注疏》,第5223頁。
② 《春秋公羊傳注疏》卷13,《十三經注疏》,第4926頁。
③ 《春秋公羊傳注疏》卷13,《十三經注疏》,第4926頁。
④ 《春秋左傳正義》卷19上,《十三經注疏》,第4006頁。
⑤ 楊伯峻:《春秋左傳注(修訂本)》,第560頁。
⑥ 《春秋左傳正義》卷19上,《十三經注疏》,第4006~4007頁。
⑦ 楊伯峻:《春秋左傳注(修訂本)》,第413頁。
⑧ 楊伯峻:《春秋左傳注(修訂本)》,第875頁。

狐非晉地。① 此説的主要根據是《公羊》《穀梁》二者均載先蔑是從外逃奔。

三是調和二説，懷疑令狐一地兩屬，爲晉、秦共有。如清代學者鍾文烝説：

> 今臆測之，或令狐一地而兩屬，如閻爲晉地，而周亦得有閻田之比。其屬秦者，别名刳首，蓋又如温之有鄇。鄇者，杜預以爲温别邑，温已屬晉，而鄇田猶屬周，正與刳首相類。周、晉爭鄇，皆以温爲言。《説文》解"鄇"字曰："晉之温地。"是鄇亦通稱温，正猶經之通稱令狐矣。②

筆者認爲，根據《左傳》記述，令狐在河東且屬晉無疑。持秦地説的證據實際上並不確鑿，因爲持此説的既定前提是先蔑從令狐逃奔，而這是無法確定的。清代學者陳立也説："以《左傳》僖二十四年'圍令狐'考之，則令狐當晉地，且春秋秦地不及河東也。"③至於第三説，純屬猜測，更無任何直接證據。

關於刳首，杜預認爲先蔑"從刳首去也"，又把"刳首"列入秦地名中。④但刳首屬秦還是晉，杜預的意見還是不明確。後世學者對刳首的歸屬持兩種看法：一是認爲刳首屬晉，持這種看法者如清代學者趙銘、日本學者竹添光鴻、今人楊伯峻等⑤；二是認爲屬秦，持此説者如清代學者顧炎武、沈欽韓、顧棟高、今人平心等。⑥

持晉地説者以楊伯峻論述最爲周詳，其曰：

> 《水經·涑水注》引闞駰曰："令狐即猗氏也。刳首在西三十里。"則刳首仍當在河東晉地，當今臨猗縣西四十五里臨晉縣廢治處。《清一統志》謂在今陝西省合陽縣東南者，恐非。晉師恐未嘗渡河追擊秦師。且後漢《衛敬侯碑》陰文云："城惟解梁，地即郇首。山對靈足，谷當狩口。"郇首即此刳首，必不在合陽。⑦

---

① 《春秋公羊傳注疏》卷13，《十三經注疏》，第4926頁。
② （清）鍾文烝：《春秋穀梁經傳補注》卷13，北京：中華書局，1996年，第382～383頁。
③ （清）陳立：《公羊義疏》卷40，第1502頁。
④ （晉）杜預：《春秋釋例》卷6，第216頁。
⑤ 趙銘《左傳質疑》主張"刳首之屬晉非屬秦"。轉引自（清）劉慈銘：《趙新又同年左傳質疑序》，（清）徐世昌等：《清儒學案》卷185，第7161頁；〔日〕竹添光鴻注：《左氏會箋》，第725頁。
⑥ （清）顧炎武：《左傳杜解補正》卷中，第43頁；（清）沈欽韓：《春秋左氏傳地名補注》卷4，《清經解·清經解續編》第10册，第85頁；（清）顧棟高：《春秋大事表》卷6，第645頁。平心：《關於周易的性質歷史内容和製作年代》，黄壽祺、張善文編：《周易研究論文集》，北京：北京師範大學出版社，1987年，第336～337頁。
⑦ 楊伯峻：《春秋左傳注（修訂本）》，第560～561頁。

我們認爲，楊先生所説是正確的。首先，令狐在今山西省臨猗縣西，如刳首在其西三十里，楊先生認爲其亦在河東，屬晉地，這是有可能的。其次，楊先生所引東漢《衛敬侯碑》可證解梁與刳首很近。《後漢書·郡國志》載河東郡"有解城"，李賢注："《左傳》僖十五年晉侯賂秦，内及解梁城。"①《太平寰宇記》載："解縣（舊四鄉，今二鄉），本漢舊縣也，屬河東郡。後漢及晉不改。後魏改解縣爲北解縣，屬綏化郡，周省。按此前解縣在今臨晉縣界。"②據此，解梁城即東漢河東郡的解城，楊先生謂在"臨晉縣廢治處"，這都是有道理的。解梁城本屬晉，《左傳》僖公十五年載晉惠公賂秦穆公求入，許諾與秦解梁城等，但即位後却不兑現承諾。晉出現饑荒，秦穆公接濟晉粟，"於是秦始征晉河東"。《史記·十二諸侯年表》列此事於明年（前644，秦穆公十六年），秦"爲河東置官司"。楊伯峻認爲："《傳》蓋終言之。"③所謂"河東"，楊伯峻認爲："河東是黄河之東，即《傳》所謂'東盡虢略，南及華山，内及解梁城'者。"④也就是說，至此晉惠公才兑現了其賂秦穆公土地之承諾。但是魯僖公十七年（前643年，秦穆公十七年），"夏，晉大子圉爲質于秦，秦歸河東而妻之"，可見，此時解梁在河東且屬晉，刳首臨近，故亦在河東且屬晉。

綜上可見，菫陰、令狐、刳首均在河東且屬晉。上文已言，何休將"外"解釋爲境外，如此則先蔑應從秦國逃歸，但我們對先蔑逃奔的所有可能的地點考察的結果是均屬晉，這説明《左傳》所載確實與《公羊》《穀梁》二者所載難以協調，問題究竟出在何處呢？

(三)《春秋》三傳所載先蔑史事矛盾解決之嘗試

由上文分析可知，關於令狐之役中先蔑史事，不僅《左傳》所載自身有矛盾，而且其與《公羊傳》《穀梁傳》二者也有矛盾。這種現象在《春秋》三傳紀事中是不常見的，以至於晚清學者廖平發問道："三傳大事無不相同，此亦大事也，何以獨異？"⑤

《左傳》之說，杜預、楊伯峻等學者注意到了其中之齟齬，且都試圖通

---

① 《後漢書》卷19，第3398~3399頁。
② （宋）樂史：《太平寰宇記》卷46，北京：中華書局，2007年，第964頁。
③ 楊伯峻：《春秋左傳注（修訂本）》，第367頁。
④ 楊伯峻：《春秋左傳注（修訂本）》，第367頁。
⑤ （清）廖平：《公羊春秋經傳驗推補證》卷5，舒大剛、楊世文主編：《廖平全集》第7册，上海：上海古籍出版社，第1102頁。

過對文義重新作以解釋的方法來消除齟齬,但從結果來看,這種辦法並不成功。所以,有些學者認爲《左傳》記載有誤,並以辨誤來解决《左傳》之矛盾。清代學者于鬯就是其中一位。

于鬯認爲此"將下軍"者是先僕而非先蔑,其曰:

> 此先蔑必誤。前人亦有疑及之者。據上年《傳》云:"使先蔑、士會如秦逆公子雍",上文云"乃背先蔑而立靈公以禦秦師",下文云"先蔑奔秦",將下軍者卽是禦秦師之軍也。<u>使先蔑將此,則是旣從立靈公矣,何云背先蔑乎?蔑且背秦矣,又何敢奔秦乎?</u>杜解謂先蔑、士會逆公子雍前還晉,晉人始以逆雍出軍,卒然變計立靈公。曲說支離,必不可信。而佞杜者乃欲爲强辨之,不亦泥乎?<u>蓋是時先蔑、士會如秦逆公子雍,雖還晉,僅至令狐。</u>觀下文敗秦師於令狐,可見蔑實未還晉都,軍自都中出,則蔑安有將下軍之理?三年《傳》云"楚師圍江。晉先僕伐楚以救江",恐此將下軍者實先僕,非先蔑也。先僕將下軍卽於上下文義悉無害,蓋卽由上下文言先蔑,故僕誤爲蔑耳。《穀梁傳》云"輒戰而奔秦,以是爲逃軍也。"《公羊》經"先眛奔秦",中間衍"以師"二字。則先蔑之將下軍,頗若可信。然《左傳》與《穀梁》《公羊》謂不可强同。《左傳》必據事實,而《穀》《公》雅多推測之辭。卽如《公羊》以此役爲晉師敗績,實以定四年《經》楚囊瓦出奔鄭上有楚師敗績而推測之,詎不與《左》刺謬乎?①

于鬯之說的要點有三:其一,先蔑逆公子雍未還晉都;其二,將晉下軍者實乃先僕,《左傳》載"先蔑"乃錯譌;其三,後一點面臨的主要問題是《穀梁傳》《公羊傳》二者的説法,因爲據此二者"先蔑之將下軍,頗若可信",所以此處二者屬於推測,不可信。總之,于鬯的思路是,如果令狐之役中先蔑未作爲晉下軍之將以禦秦師,矛盾卽可化解。

楊伯峻認爲于鬯説不可從,他説:

> 先蔑此時已先還晉,故將下軍。其將下軍者,迫不得已耳,故令狐之役之明日卽奔秦,雖將下軍,或未嘗與秦戰。《穀梁傳》云:"輒戰而奔秦,以是爲逃軍也。"《公羊傳》云:"此晉先眛也。其稱人何?貶。曷爲貶?外也。其外奈何?以師外也。"則二傳亦以先蔑將軍爲説。于鬯《香草校書》謂"恐此將下軍者實先僕,非先蔑也。卽由上下文言

---

① (清)于鬯:《香草校書》,第778頁。

先蔑,故'僕'誤爲'蔑'耳",證之二傳,足以知其不然。①
楊伯峻一是認爲先蔑已經在令狐之役前歸晉,二是認爲《公羊》《穀梁》二傳無誤。

不難看出,上述兩説爭論的核心有二:一是先蔑是否在令狐之役前已經歸晉? 二是《公羊》《穀梁》二傳能否證明先蔑將下軍,如能,此二者所載是否可信? 下面對這兩個問題進行討論。

第一,關於先蔑是否在令狐之役前已經歸晉的問題。先蔑在令狐之役前還晉之説,爲杜預首先提出,他説:"先蔑、士會逆公子雍前還晉。"②楊伯峻也認同此説。不難看出杜預的結論是由後文"先蔑將下軍"逆推而出的,除此之外無任何證據。我們認爲"先蔑將下軍"本身都存在疑問,由此逆推亦不可信。

第二,關於《穀梁》《公羊》二傳能否證明先蔑將下軍的問題。《穀梁傳》文公七年:"晉先蔑奔秦。不言出,在外也。輟戰而奔秦,以是爲逃軍也。"范甯注:"輟,止也。爲將而獨奔,故曰逃軍。"③《傳》文可證明先蔑確實在軍中,但到底是在秦軍中還是晉軍中未可知。范甯説停止"爲將"作戰而逃奔敵國,這裏的"爲將"明顯受到"先蔑將下軍"的影響。廖平的解釋則不同,他説:"奔在戰後,不歸,乃奔敵國。"④據此,先蔑在秦師奔逃。至於于鬯認爲是先僕,則無據。

《公羊傳》文公七年:"晉先眛以師奔秦。此偏戰也,何以不言師敗績? 敵也。此晉先眛也,其稱人何? 貶。曷爲貶? 外也。其外奈何? 以師外也。何以不言出? 遂在外也。"⑤"先眛"即"先蔑"。從傳文中也難以看出先蔑必在晉師中。又,此戰中明顯是先蔑而非先僕,故于鬯之説不可從。

因此,《穀梁》《公羊》二傳確實反映出先蔑參與此戰,則于鬯所謂的此"先蔑"是"先僕"之譌確實缺乏理據,故楊伯峻所駁甚是。但先蔑究竟在晉師中還是秦師中,仍不能確定。對此,廖平考證認爲,先蔑應在秦師中。他説:

晉先蔑奔秦。不言出者,時逆公子雍,本在秦也。有軍位,乃在秦軍不反,故以"奔"言之。蔑雖爲盾所誤,不可輕去國也。疏:《晉世

---

① 楊伯峻:《春秋左傳注(修訂本)》,第559頁。
② 《春秋左傳正義》卷19上,《十三經注疏》,第4006頁。
③ 《春秋穀梁傳注疏》卷10,《十三經注疏》,第5223頁。
④ (清)廖平:《穀梁古義疏》卷5,第336頁。
⑤ (清)陳立:《公羊義疏》卷40,第1500~1502頁。

家》:"先蔑、士會出奔秦。"本在秦也,無所謂奔。已戰而晉勝,國已有君,當反國。今怨趙盾,不入,使如在軍中而逃。①

廖平指出先蔑在秦師而不在晉師,此説實乃幫助我們走出迷霧之路徑也。正因爲先蔑在秦師,所以《左傳》載趙盾等"乃背先蔑";也正由於先蔑在秦師中,秦師敗績,所以先蔑不得不逃奔秦國。

另外,《春秋》言"先蔑奔秦"而不言"出奔",《穀梁傳》謂先蔑"在外也",《公羊傳》謂"遂在外也"。"外",何休將其解釋爲境外,但我們考察的結果是先蔑逃奔的地點在晉境,何説明顯不可從。對此廖平解釋説:"先蔑先受命使秦也。"②又説:"至于《公》《穀》皆云不言出在外,則與《左傳》迎公子雍于秦之説相同,非謂從師而奔不言出也。"③廖氏言先蔑在外求公子雍,故言"外"。筆者以爲,先蔑逃奔雖然是自晉地剄首,但由於在秦師中,故亦可言"外"。

那麼,《左傳》所謂的"先蔑將下軍"如何解釋呢? 上引廖平説先蔑雖不在晉師,但"有軍位"。何謂"有軍位"? 廖平進一步解釋説:

> 《史記》以上古書皆同《左傳》,則《左傳》事不誤可知。考《左傳》,先蔑奉使于秦,乃起師禦秦則序先蔑將下軍,是先蔑雖不在師,其佐貳實從師、當戰事。雖潛師事起倉卒,然敗後先蔑當歸晉。《穀梁》以逃軍譏之,《公羊》以稱人爲先蔑,皆從《左傳》先蔑將下軍之文而起。至於《公》《穀》皆不言出在外,則與《左傳》迎公子雍於秦之説相同,非謂從師而奔不言出也。如使先蔑身爲主將而出奔秦,則秦以前古書無是説。《公羊》後師不主事實,時有誤者。至於先師,當不如此。④

可見,所謂的"有軍位",實際上是指先蔑雖在秦師中,但身爲晉人,故在令狐之役中被任命爲下軍將——這也就是《左傳》所謂的"先蔑將下軍"。但先蔑既然在秦師,如何可能將晉下軍? 廖平的解釋殊嫌迂曲,恐不可從。

總之,于鬯和廖平等學者對《左傳》之"先蔑將下軍"的解釋雖有不同,

---

① (清)廖平:《穀梁古義疏》卷5,第336頁。
② (清)廖平:《穀梁古義疏》卷5,第336頁。
③ (清)廖平:《公羊春秋經傳驗推補證》卷5,舒大剛、楊世文主編:《廖平全集》第7册,第1103頁。
④ (清)廖平:《公羊春秋經傳驗推補證》卷5,舒大剛、楊世文主編:《廖平全集》第7册,第1102~1103頁。

但都認爲《左傳》此處有問題。① 筆者以爲,《左傳》之"先蔑將下軍"大有疑問,前引廖平已經注意到此,但却以"《史記》以上古書皆同《左傳》,則《左傳》事不誤可知"爲由維護《左傳》。我們雖然贊成這種審慎態度,但也不能過於拘泥。如果說《左傳》之"先蔑將下軍"有問題,我們還需要其他證據,而清華簡《繫年》正可補證之。

(四)《繫年》與《春秋》三傳矛盾解決之再嘗試

《繫年》第九章載:

> 晉襄公卒,靈公高幼。大夫聚謀曰:"君幼,未可奉承也,毋乃不能邦,獻求強君。"乃命左行蔑與隨會召襄公之弟雍也于秦。襄而〈夫〉人聞之,乃抱靈公以號于廷,曰:"死人何罪?生人何辜?舍其君之子弗立,而召人於外,而焉將寘此子也?"大夫悗,乃皆背之,曰:"我莫命召之。"乃立靈公,焉葬襄公。

《繫年》第十章載:

> 秦康公率師以送雍子,晉人起師敗之于菫陰。左行蔑、隨會不敢歸,遂奔秦。

將《左傳》與上述簡文對照,有三點值得注意:第一,《左傳》之"乃背先蔑",簡文作"乃皆背之","之"指許諾立公子雍之事;第二,《左傳》載"先蔑將下軍",簡文未載;第三,《左傳》載"戊子,敗秦人戰於令狐,至於刳首。己丑,先蔑奔秦,士會從之",簡文作"晉人起師敗之於菫陰,左行蔑、隨會不敢歸,遂奔秦"。這三點,對我們解決問題至關重要,尤其是第三點《繫年》之"不敢歸"三字頗具啓發意義。

前文已述,在令狐之戰(即簡文所謂的菫陰之戰)中,先蔑到底是在秦師還是在晉師,這是矛盾的關鍵點之一。廖平認爲先蔑應在秦師中。《繫年》説:"晉人起師敗之於菫陰,左行蔑、隨會不敢歸,遂奔秦。"假如在晉師,此次晉師大敗秦師,作爲下軍將領的先蔑自可載勝而歸,其何言"不敢歸"?因此,此時先蔑必在秦師中。先蔑、隨會作爲護送公子雍者,隨秦師前往晉,遭晉師抵禦。如秦師戰勝,其自可至晉,擁公子雍爲晉君;而秦師敗,則其何敢歸?因此,據《繫年》,先蔑在令狐之役中在秦師,《左傳》所謂

---

① 傅隸樸説:"秦送公子雍回晉,先蔑隨行,晉人變計拒秦送公子雍之師,先蔑憤趙盾之出賣他,便回頭奔秦,不回晉國了。"可見他也不信《左傳》"先蔑將下軍"之説。傅隸樸:《春秋三傳比義》,第473~474頁。

的在令狐之役中"先蔑將下軍"大有疑問。

論述至此,我們不由得回想起前引清人于鬯之説,其已經看出此處"先蔑將下軍"之"先蔑"是有問題的,祇是其認爲"先蔑"爲"先僕"之譌,這點難以成立。至於《左傳》之"乃背先蔑",應該如前人所解爲背先蔑而非背公子雍;而《繫年》之"乃皆背之"意即背許諾立公子雍之事。兩者意思相近。

過去學者由於誤信《左傳》"先蔑將下軍"的記載,所以得出了很多結論,實屬治絲益棼。譬如廖平就指出:"雖潛師事起倉卒,然敗後則先蔑當歸晉,《穀梁》以逃軍譏之,《公羊》以稱人爲先蔑,皆從《左傳》先蔑將下軍之文而起。"①又如何休等據此將《穀梁》《公羊》二者的"外"解釋爲境外,從而導致在令狐、刳首究竟屬秦還是屬晉這一問題上的不斷爭論。所有這些,都是誤信了《左傳》之結果。既然《左傳》有誤,這些説法皆可破除矣!

(五)小結

綜上可知,根據前人説法及《繫年》,《左傳》謂先蔑在令狐之役中"將下軍"説實誤,而由此導致的《左傳》自身之矛盾,以及《左傳》與《公羊》《穀梁》二者之歧義亦可破除。

根據上文所述,我們對令狐之役中的先蔑的相關史事簡述如下:先蔑和隨會受晉卿趙盾等委託,去秦迎立晉襄公之弟公子雍繼位。但後來趙盾等背棄其言,改立襄公之子靈公。與此同時,秦康公等率師已經護送公子雍即將至晉,先蔑等在秦師中。趙盾等率晉師起兵抵禦秦師,秦師大敗,先蔑與隨會也不敢歸晉,遂逃奔秦國。

---

① (清)廖平:《公羊春秋經傳驗推補證》卷5,舒大剛、楊世文主編:《廖平全集》第7册,第1102~1103頁。

【第十一章】

[説明]

一、"**夿**""**㹠**"【五六】的隸定與釋讀

【整理者】第一字隸爲"夿",釋爲"厥";第二字未作隸定。①

【黃錫全】第一個字,疑讀爲"犬"好一些。第二個字釋爲"貁",卽"貉"。②

【李松儒】第一字"夿"可通"厥""屈"。第二字不知爲何字。③

【謹按】《説文·犬部》:"夿,走犬皃。从犬而丿之。曳其足則剌夿也。""夿"古音並母月部,中古音合口一等。《説文·犬部》:"犬,狗之有縣蹄者也。象形。""犬"古音溪母元部,中古音合口四等。"厥"古音並母月部,中古音合口三等;"屈",古音見母月部,中古音合口三等。簡文"夿"究竟是"夿"還是"犬",還需進一步研究。

簡文的"㹠"字,小狐認爲是"貁"字的象形初文、經典中"貁""貉"可通。《説文》:"貁,似狐,善睡獸。从豸、舟聲。《論語》曰:'狐貁之厚以居。'"段注:"凡狐貉連文者,皆當作此貁字。今字乃皆假貉爲貁,造貂爲貉矣。……其字舟聲,則古音在三部。《邠》詩貁、貍、裘爲韻,一部三部合音也。"④黃錫全認同小狐的説法,對此進行了進一步申論。關於此字,仍需進一步研究。

---

① 清華大學出土文獻研究與保護中心編,李學勤主編:《清華大學藏戰國竹簡(貳)》,第160頁。
② 黃錫全:《清華簡〈繫年〉"厥貉"字形補議》,教育部人文社會科學重點研究基地、清華大學出土文獻與中國古代文明研究中心、清華大學出土文獻研究保護中心編:《出土文獻與中國古代文明:李學勤先生八十壽誕紀念論文集》,第99~101頁。
③ 李松儒:《清華簡〈繫年〉集釋》,第178頁。
④ 李松儒:《清華簡〈繫年〉集釋》,第175~176頁。

[釋文]

楚穆王立八年,王會者(諸)侯于丕(厥)夤(貉),牆(將)以伐宋═(宋)。[1]宋右帀(師)芋(華)孫兀(元)欲褮(勞)楚帀(師),乃行,【五六】[2]穆王思(使)毆(驅)黌(孟)者(諸)之麋,毚(徙)之徒菑。[3]宋公爲右(左)芋(孟),奠(鄭)白(伯)爲右芋(孟)。繡(申)公甶(叔)侯智(知)之,宋【五七】公之車夢(暮)𦩻(駕),用梡(抶)宋公之駁(御)。[4]穆王卽殜(世),臧(莊)王卽立(位),[5]吏(使)孫(申)白(伯)亡(無)愄(畏)聘(聘)于齊,叚(假)迻(路)【五八】於宋═(宋,宋)人是古(故)殺孫(申)白(伯)亡(無)愄(畏),貤(奪)亓(其)玉帛。[6]臧(莊)王衒(率)自(師)回(圍)宋九月,[7]宋人女(焉)爲成,以女子【五九】與兵車百鼜(乘),以芋(華)孫兀(元)爲敪(質)。【六〇】[8]

五十五【五六背】　五十六【五七背】　五十七【五八背】

五十八【五九背】　五十九【六〇背】

[疏證]

[1]楚穆王立八年,王會者(諸)侯于丕(厥)夤(貉),牆(將)以伐宋。

【整理者】楚穆王,成王之子,名商臣。①

【孫飛燕】據《春秋》經傳,厥貉之會在魯文公十年。簡文"楚穆王立八年"當改爲"楚穆王立九年"。②

【謹按】楚穆王八年(前618),當魯文公九年,宋昭公二年。據《春秋》《左傳》,此事在魯文公十年,當楚穆王九年。《繫年》"楚穆王八年"應爲"楚穆王九年"之譌。

《春秋》文公十年:"楚子、蔡侯次於厥貉。"《左傳》文公十年:"陳侯、鄭伯會楚子于息。冬,遂及蔡侯次于厥貉,將以伐宋。"

《春秋》文公十年:"楚子、蔡侯次於厥貉。"杜注:"厥貉,地名,闕。將伐宋而未行,故書'次'。"③竹添光鴻箋曰:"稱楚子書於諸侯上,此經爲始。

---

① 清華大學出土文獻研究與保護中心編,李學勤主編:《清華大學藏戰國竹簡(貳)》,第160頁。
② 孫飛燕:《清華簡〈繫年〉初探》,第119~120頁。
③ 《春秋左傳正義》卷19上,《十三經注疏》,第4011頁。

孟之會上有宋公,僖二十七年圍宋則稱楚人,至宣十一年盟於辰陵,楚莊王始書於二諸侯之上,至襄二十四年。"①"厥貉雖無明據,意必在蔡之西北,宋之東南界,楚欲窺中原,必至之地也。"②劉文淇疏證:"厥,《公羊》曰屈,《釋文》、二傳作厥貉。惠棟曰:'《公羊》厥字皆作屈。'杜注:'厥貉,地名,闕。'《匯纂》:當在陳州項城縣。江永云:'今按:項城今屬陳州府。'"③楊伯峻認同《匯纂》的説法,謂在今河南項城市境。④

[2] 宋右帀(師)芋(華)孫兀(元)欲裝(勞)楚帀(師),乃行,【五六】

【整理者】華孫元,即華元,出於宋戴公之後華氏。其父華御事,《左傳》文公十六年疏引《世本》稱"華孫御事"。華元爲右師,見《左傳》文公十六年,在簡文所記事之後。對勘《左傳》文公十年"宋華御事……逆楚子,勞且聽命",簡文"華元"應爲"華御事"之譌。乃行,意爲方行⑤。

【謹按】華孫元,對應於《左傳》之"華元"。《左傳》文公十年:"宋華御事曰:'楚欲弱我也,先爲之弱乎?何必使誘我?我實不能,民何罪?'乃逆楚子,勞且聽命。遂道以田孟諸。"杜注:"御事,華元父。"⑥據此,則簡文之"華元"實應爲其父華御事。

芋爲匣母魚部,中古合口三等;華爲匣母魚部,中古合口二等。傳世文獻中"紆"與"華","汙"與"華"可通假。⑦ 上博簡裏的"芋"多讀爲"華"。⑧

簡文"欲勞楚師"顯然對應《左傳》的"勞且聽命";而"乃行"則對應"乃逆楚子"。"乃"當訓爲於是、就。

[3] 穆王思(使)毆(驅)罘(孟)者(諸)之麋,垈(徙)之徒苗。

【整理者】孟諸,宋藪澤名,文獻或作"孟豬""明都""盟諸""望諸"等,在今河南省商丘市東北,虞城縣西北。"孟諸之麋"見《左傳》僖公二十八年,杜注云"水草之交曰麋",蓋讀爲"湄"字。據簡文,"麋"實指麋鹿。"徒苗"之"苗"字,從"向"聲,疑讀爲"林",西周金文林鐘之"林"即多從"向"。徒林,田獵地名,但與《國語·晉語八》唐叔射兕的"徒林"非

---

① 〔日〕竹添光鴻注:《左氏會箋》,第739頁。
② 〔日〕竹添光鴻注:《左氏會箋》,第739~740頁。
③ (清)劉文淇:《春秋左傳舊注疏證》,第535頁。
④ 楊伯峻:《春秋左傳注(修訂本)》,第575頁。
⑤ 清華大學出土文獻研究與保護中心編,李學勤主編:《清華大學藏戰國竹簡(貳)》,第161頁。
⑥ 《春秋左傳正義》卷19上,《十三經注疏》,第4012頁。
⑦ 參高亨:《古字通假會典》,第826、827頁。
⑧ 參李守奎等:《上海博物館藏戰國楚竹書(一—五)文字編》,第28頁。李守奎懷疑是楚之"華"字,與秦系"芋"同形,但《繫年》裏的"芋"又讀爲"孟"(簡57)。

一地。①

【袁金平】《繫年》的"徒林"即先秦楚藪雲夢,其與《國語·晉語八》唐叔射兕的"徒林"是一地。②

【謹按】簡文謂楚穆王使華元驅孟諸之麋,遷至徒林。

《左傳》文公十年:"宋華御事……乃逆楚子,勞且聽命。遂道以田孟諸。"杜注:"時楚欲誘呼宋共戰。御事,華元父。"關於孟諸,杜注:"孟諸,宋大藪也。在梁國睢陽縣東北。"③楊伯峻注:"孟諸即僖二十八年《傳》之孟諸之麋。"④《左傳》"遂道以田孟諸"者,楊伯峻注云"引導之往孟諸田獵"⑤,意謂華元引導楚穆王到孟諸田獵。據簡文,華元驅孟諸之麋,遷至徒林,與《左傳》所述亦相異。

關於簡文"孟諸之麋"。《左傳》僖公二十八年:城濮之戰前,楚令尹子玉夢河神謂己曰:"畀余! 余賜女孟諸之麋。"杜注:"孟諸,宋藪澤。水草之交曰麋。"孔疏:"《釋水》云:'水草交爲湄。'李巡曰:'水中有草木交會曰湄。'古字皆得通用,故此作麋耳。"⑥劉文淇注:"湄,彼何人斯作'麋',毛傳:'水草交謂之麋。'麋、湄古字通。"⑦楊伯峻曰:"孟諸,宋之藪澤,即《尚書·禹貢》之孟豬、《周禮·夏官·職方氏》之望諸,在今河南省商丘縣東北,接虞城縣界,以屢被黃河衝決,早已無存。"⑧

徒菻,以簡文文義推斷,當在宋國境内,且距孟諸不遠。

[4] 宋公爲右(左)芌(盂),奠(鄭)白(伯)爲右芌(盂)。繡(申)公弔(叔)侯智(知)之,宋【五七】公之車夢(暮)騂(駕),用㧱(抶)宋公之馭(御)。

【整理者】《左傳》文公十年記此事云"宋公爲右盂,鄭伯爲左盂",與簡文相反。杜預注:"盂,田獵陳(陣)名。"知,《吕氏春秋·長見》注"猶爲也",意即主管有關事務。申公叔侯見《左傳》僖公二十六年,二十八年稱申叔。申無畏即申之無畏,又稱申舟,與申公叔侯並非同族,詳見鄭樵《通志·氏族略》。據本章下文,此處申公侯乃是譌誤。夢,即"暮"字。《左

---

① 清華大學出土文獻研究與保護中心編,李學勤主編:《清華大學藏戰國竹簡(貳)》,第161頁。
② 袁金平:《清華簡〈繫年〉"徒林"考》,《深圳大學學報(人文社會科學版)》2013年第1期,第72~75頁。
③ 《春秋左傳正義》卷19上,《十三經注疏》,第4012頁。
④ 楊伯峻:《春秋左傳注(修訂本)》,第577頁。
⑤ 楊伯峻:《春秋左傳注(修訂本)》,第577頁。
⑥ 《春秋左傳正義》卷16,《十三經注疏》,第3963頁。
⑦ (清)劉文淇:《春秋左傳舊注疏證》,第428頁。
⑧ 楊伯峻:《春秋左傳注(修訂本)》,第467頁。

傳》文公十年"子朱及文之無畏爲左司馬,命夙駕載燧",楊伯峻注:"夙駕,早駕也,"則暮駕意爲晚駕、遲駕。佚,即正始石經"逸"字古文,此處讀爲"抶"。《說文》:"抶,笞擊也。"《左傳》文公十年:"宋公違命,無畏抶其僕以徇。"①

【謹按】簡文謂:[楚穆王]讓宋公作爲右盂,鄭伯作爲左盂。申公叔侯(《左傳》稱文之無畏,時任楚左司馬)主管此事。[由於申公叔侯要求宋公的車早駕,]結果宋公之車來晚了,申公叔侯鞭笞宋公的御僕。

佚,《正始石經》"逸"之古文。②"逸"(開口三等)與"抶"(開口三等)古通,今本《尚書·多士》"誕淫厥泆"之"泆",《史記·魯世家》作"逸",魏石經作"佚"。③簡文此字從《左傳》讀爲"抶",笞擊也。

《左傳》文公十年:"宋公爲右盂,鄭伯爲左盂。期思公復遂爲右司馬,子朱及文之無畏爲左司馬,命夙駕載燧。宋公違命,無畏抶其僕以徇。"楊伯峻注:"抶音秩,笞擊也";"徇,⋯⋯遍示眾人也"。④

簡文"宋公爲左盂,鄭伯爲右盂",與今本《左傳》相反,後者乃傳譌,當從前者正之,詳本章考證部分。

簡文"申公叔",《左傳》稱"文之無畏",前者誤,參整理者說。"文之無畏",又稱"申舟"(《左傳》宣公十四年),"文無畏"(《吕氏春秋·行論》《淮南子·主術》)。清人梁履繩曰:"楚申氏,羋姓也。楚大夫申無畏者,又氏文氏(《潛夫論·志氏姓》)、申舟(見宣十四),稱文之無畏,疑是文族楚文王之後也。文,蓋以謚爲氏。申,其食邑。舟,字也。之,語辭。"⑤楊伯峻認爲無畏是其名。⑥文之無畏當時爲楚左司馬。

簡文"宋公之車暮駕",《左傳》稱"子朱及文之無畏爲左司馬,命夙駕載燧。宋公違命,無畏抶其僕以徇。用抶宋公之御"。據《左傳》,文之無畏之所以在眾人面前抶宋公之僕,是因爲宋公違"夙駕"之命,簡文"暮駕"正對應於此。

---

① 清華大學出土文獻研究與保護中心編,李學勤主編:《清華大學藏戰國竹簡(貳)》,第161頁。
② 參商承祚編著:《石刻篆文編》,北京:中華書局,1996年,第471頁、"附錄"第40頁。趙立偉:《魏三體石經古文輯證》,北京:社會科學文獻出版社,2007年,第258~260頁。
③ 參于省吾:《尚書新證》卷3,《雙劍誃易經新證;雙劍誃尚書新證;雙劍誃詩經新證》,第202頁。
④ 楊伯峻:《春秋左傳注(修訂本)》,第578頁。
⑤ 梁履繩:《左傳補釋》卷9,《清經解;清經解續編》第9冊,第60頁。
⑥ 楊伯峻:《春秋左傳注(修訂本)》,第578頁。

簡文"宋公之御",《左傳》稱爲"僕",楊伯峻注:"僕,宋公之御。"①

[5]穆王卽殜(世),戚(莊)王卽立(位),

【謹按】楚穆王十二年(前614)卒,當魯文公十三年。次年爲楚莊王旅元年。《左傳》文公十四年"楚莊王立"杜注:"穆王子也。"②《史記·楚世家》:"[穆王]十二年卒。子莊王侶立。"《十二諸侯年表》載周頃王五年(前614)爲楚穆王十二年,次年即周頃王六年(前613,魯文公十四年)爲"楚莊王侶元年"。梁玉繩曰:"莊王之名,《左氏》及《公羊春秋》作'旅',此與《世家》作'侶',音相近也。《穀梁》又作'呂'。《說文》'呂''膂'本一字,'旅'即'膂'之省文。"③

[6]史(使)孫(申)白(伯)亡(無)愄(畏)嬰(聘)于齊,叚(假)逄(路)【五八】於宋▪(宋,宋)人是古(故)殺孫(申)白(伯)亡(無)愄(畏),貤(奪)亓(其)玉帛。

【整理者】孫,通讀爲"申",音近通假。或說申氏出於楚文王,故稱"孫"。④

【謹按】此楚莊王十九年(前595)事,當宋文公十六年,魯宣公十四年。《左傳》宣公十四年:"楚子使申舟聘于齊,曰:'無假道于宋。'亦使公子馮聘于晉,不假道于鄭。申舟以孟諸之役惡宋,曰:'鄭昭、宋聾,晉使不害,我則必死。'王曰:'殺女,我伐之。'見犀而行。及宋,宋人止之。華元曰:'過我而不假道,鄙我也。鄙我,亡也。殺其使者,必伐我。伐我,亦亡也。亡一也。'乃殺之。"⑤

《呂氏春秋·行論》:"楚莊王使文無畏於齊,過於宋,不先假道。還反,華元言於宋昭公曰:'往不假道,來不假道,是以宋爲野鄙也。楚之會田也,故鞭君之僕於孟諸。請誅之。'乃殺文無畏於揚梁之隄。"⑥

據《左傳》和《呂氏春秋》,宋人之所以殺文之無畏,是因爲其過宋而不假道;而簡文則言文之無畏假路於宋。有學者認爲簡文蓋誤⑦,筆者認爲也不能排除兩者爲傳說之異的可能。

---

① 楊伯峻:《春秋左傳注(修訂本)》,第578頁。
② 《春秋左傳正義》卷19下,《十三經注疏》,第4024頁。
③ (清)梁玉繩:《史記志疑》卷8,第343頁。
④ 清華大學出土文獻研究與保護中心編,李學勤主編:《清華大學藏戰國竹簡(貳)》,第161頁。
⑤ 楊伯峻:《春秋左傳注(修訂本)》,第755頁。
⑥ 陳奇猷:《呂氏春秋新校釋》,第1400頁。
⑦ 孫飛燕:《清華簡〈繫年〉初探》,第120~121頁。

據《左傳》和《吕氏春秋》,宋人殺文之無畏;而據簡文,宋人殺文之無畏並奪其玉帛。按"玉帛"爲諸侯間聘問禮品,《左傳》莊公二十四年載魯大夫御孫説:"男贄,大者玉帛。"杜注:"公、侯、伯、子、男執玉,諸侯、世子、附庸、孤卿執帛。"①《左傳》桓公九年:"楚子使道朔將巴客以聘於鄧,鄧南鄙鄾人攻而奪之幣,殺道朔及巴行人。"楊伯峻注:"幣指聘問禮品。"②"幣"即玉帛。《左傳》桓公六年:"不以器幣。"杜注:"幣,玉帛。"③

《史記·宋世家》:"[宋文公]十六年,楚使過宋,宋有前仇,執楚使。"《楚世家》:"以殺楚使也。"《十二諸侯年表》:"殺楚使者","爲殺使者"。④蓋謂先執後殺之。

[7]戓(莊)王衔(率)自(師)回(圍)宋九月,

【謹按】《春秋》宣公十四年:"秋九月,楚子圍宋。"傳同。簡文則言楚圍宋歷九月之久。《春秋》宣公十五年:"夏五月,宋人及楚人平。"自上年九月至此五月,恰共九月。《吕氏春秋·行論》:"莊王……興師圍宋九月。"陳奇猷注:"考《左氏》經傳宣公十四年秋九月楚子圍宋,十五年夏五月宋人及楚人平,故此云圍宋九月。"⑤

《史記·宋世家》:"[宋文公]十七年,楚以圍宋五月不解。"《楚世家》:"[楚莊王]二十年,圍宋,以殺楚使也。圍宋五月。"《十二諸侯年表》亦謂"圍宋五月"。梁玉繩曰:"《春秋》宣十四年九月楚子圍宋,十五年五月宋及楚平,故杜注云'在宋積九月'。《吕氏春秋》《慎勢》《行論》兩篇述此事,亦謂莊王圍宋九月也。《表》與宋、楚二《世家》作'五月',蓋因春秋有'五月'之文而誤耳。"⑥王叔岷曰:"《淮南子·人間篇》:'楚攻宋,圍其城。'許慎注:'楚莊王時,圍宋九月。'(清楚逮吉本'九月'誤'八月'。)亦可證作'五月'之誤。"⑦據此可知,《史記》"五月"乃"九月"之譌。

[8]宋人女(焉)爲成,以女子【五九】與兵車百韏(乘),以芋(華)孫兀(元)爲敓(質)。【六〇】

【整理者】女子,疑當乙爲"子女"。《左傳》僖公二十三年:"子女玉帛,則君有之。"《國語·晉語四》同。敓,與"執"字異體,章母緝部,與

---

① 《春秋左傳正義》卷10,《十三經注疏》,第3861頁。
② 楊伯峻:《春秋左傳注(修訂本)》,第125頁。
③ 《春秋左傳正義》卷6,《十三經注疏》,第3802頁。
④ 《史記》卷38、40、14,第1967、2054、756頁。
⑤ 陳奇猷:《吕氏春秋新校釋》,第1410頁。
⑥ (清)梁玉繩:《史記志疑》卷8,第348頁。
⑦ 王叔岷:《史記斠證》卷14,第550頁。

"質"字通假,"摯""鷙""贄"等字都在質部。《左傳》宣公十五年:"宋及楚平,華元爲質。"①

【謹按】《左傳》宣公十五年:"夏五月,楚師將去宋。申犀稽首於王之馬前,曰:'毋畏知死而不敢廢王命,王弃言焉。'王不能答。申叔時僕,曰:'築室,反耕者,宋必聽命。'從之。宋人懼,使華元夜入楚師,登子反之牀,起之,曰:'寡君使元以病告,曰:"敝邑易子而食,析骸以爨。雖然,城下之盟,有以國斃,不能從也。去我三十里,惟命是聽。"'子反懼,與之盟,而告王。退三十里。宋及楚平。華元爲質,盟曰:'我無爾詐,爾無我虞。'"②

《吕氏春秋·行論》:"[楚莊王]興師圍宋九月。宋人易子而食之,析骨而爨之。宋公肉袒執犧,委服告病,曰:'大國若宥圖之,唯命是聽。'莊王曰:'情矣宋公之言也。'乃爲却四十里,而舍於盧門之闔,所以爲成而歸也。"③

[譯文]

楚穆王即位第八年,王與諸侯在厥貉會見,打算來攻伐宋國。宋國右師華孫元想[主動]慰勞楚國軍隊,於是就前去。穆王派遣[華元]驅趕孟諸的麋,遷到徒林。[楚穆王]讓宋公作爲右盂,鄭伯作爲左盂。申公叔侯(《左傳》稱文之無畏,時任楚左司馬)主管此事。[由於申公叔侯要求宋公的車早駕,]宋公之車來晚了,申公叔侯鞭笞宋公的御僕。穆王去世,莊王即位,派遣申伯無畏聘問齊國,向宋國借路通過,宋人因此殺申伯無畏,搶奪了他所帶的玉帛。莊王率領軍隊包圍宋國持續九月,宋人於是就與[楚國]結好,宋國以年輕女子和百乘兵車[送給楚國],並且讓華孫元作爲人質[以作爲求和條件]。

[解題]

本章主要圍繞楚莊王十九年(前595)楚伐宋事而展開叙述。《左傳》文公九年載楚大夫范山言於楚子曰:"晉君少,不在諸侯,北方可圖也。"魯

---

① 清華大學出土文獻研究與保護中心編,李學勤主編:《清華大學藏戰國竹簡(貳)》,第161頁。
② 楊伯峻:《春秋左傳注(修訂本)》,第761頁。
③ 陳奇猷:《吕氏春秋新校釋》,第1400頁。

文公九年（前618）當楚穆王八年、晉靈公三年，當時的政治形勢是："晉靈公少，趙盾專政，秦、晉日戰，楚反休息，盾也弗能和輯國家，務爲殺戮，處父、姑射之倫，相繼死亡焉，晉之不在諸侯也，夫人而知之矣。荆蠻伺隙，誰其禦之？厥貉之會，宋人望風而服，固其宜也。"①

簡文載楚穆王八年，據《左傳》等實爲楚穆王九年，即公元前617年，魯文公十年，宋昭公二年），楚穆王在厥貉（今河南項城縣境內）會見諸侯，其目的是謀伐宋國。宋國的右師主動向楚靠攏。楚穆王使華元驅孟諸之麋，遷至徒林。又讓宋昭公爲左盂（先秦時代的一種圍獵陣法），鄭穆公爲右盂。申公叔侯（文之無畏）主管此事。由於申公叔侯要求宋公的車早駕，結果宋公之車來晚了，申公叔侯鞭笞宋公的御僕。

魯文公十三年（前614，楚穆王十二年）楚穆王卒，次年楚莊王旅即位。

魯宣公十四年（前595，楚莊王十九年），楚莊王讓申伯無畏聘於齊國，向宋國借路以經過。宋人因此殺了申伯無畏，並奪取了其所携帶作爲聘禮的玉帛。楚莊王發怒，親自率師圍宋達九月之久，宋人求成，讓華元作爲人質。

[問題]

本章簡文所記史事，大致與《左傳》所載相同，但其中有一相異處值得注意，即今本《左傳》之"宋公爲右盂，鄭伯爲左盂"，《繫年》謂"宋公爲左盂，鄭伯爲右盂"。兩者孰是孰非？我們就此問題作以探討。

[考證]

一、今本《左傳》"宋公爲右盂，鄭伯爲左盂"當校正爲"宋公爲左盂，鄭伯爲右盂"

楚穆王九年（前617，魯文公十年），楚將攻伐宋國。宋司寇華御事知道楚國勢力太大，無法抵禦，於是迎接楚王，想通過順從來換取楚王寬恕。楚穆王於是就讓宋國國君助他田獵。《左傳》文公十年：

> 宋公爲右盂，鄭伯爲左盂。期思公復遂爲右司馬，子朱及文之無

---

① （清）馬驌：《繹史》卷57，第1358頁。

畏爲左司馬,命凤駕載燧。宋公違命,無畏抶其僕以徇。或謂子舟曰:"國君不可戮也。"子舟曰:"當官而行,何彊之有?……"①

按理説,宋公爲右盂,卽使違命,當由右司馬期思公復遂施行懲罰,但《左傳》却説是左司馬文之無畏施行懲罰;而且子舟(杜注:無畏字)曰"當官而行",可見此乃其職責之內。故《左傳》記載實際上有矛盾。這點古代學者已經注意到了。杜預注曰:"將獵,張兩甄,故置二左司馬,然則右司馬一人當中央。"②杜預爲何認爲有兩左司馬?唐代學者孔穎達疏曰:"宋公爲右盂,無畏爲左司馬而誅宋公之僕,自謂'當官而行',明無畏當右,子朱當左,是其張兩甄,故置二左司馬,使各掌一甄,自然右司馬一人當中央也。"③據孔穎達對杜預注的理解,文之無畏自稱"當官而行",説明其抶宋公之僕在其職責範圍內;故孔氏推論文之無畏當"右"。但《左傳》明確説其是"左司馬",杜預爲了彌合這種矛盾,硬讓左司馬文之無畏"當右",而讓本來是右司馬的期思公復遂"當中央"。

可見,杜注彌合《左傳》之矛盾的説法,實爲曲説;而孔穎達"疏不破注",硬説"無畏當右",亦難以自圓其説。因此,《左傳》矛盾實未解決。直到清代學者俞樾,才明確指出今本《左傳》所載有誤,反對杜預與孔穎達之曲説,其曰:

> 此《傳》必有誤。如杜注,則當中央者反謂之右司馬,而左司馬二人分當左右,以當右者而得左名,名實之不稱甚矣!疑《傳》文本作"期思公復遂爲司馬,子朱及文之無畏爲左、右司馬",蓋宋鄭旣分左右,其中央必楚子也。期思公復遂爲司馬,不言左右,可知其在中矣。子朱及文之無畏爲左右司馬,則子朱左、而文之無畏右,故下文宋公違命,無畏得抶其僕,自謂"當官而行",以右司馬宜治右盂也。傳寫者以上文分言左盂、右盂,遂亦分而言之曰左司馬、右司馬,致成此誤。杜氏不能訂正,而曲爲之説,非也。④

俞樾注意到了杜注和孔疏的最大毛病在於名實不符,但他並未質疑杜、孔二人的思路。他爲了解決《左傳》所載之矛盾,沿着杜注與孔疏的思路,認爲《左傳》文本當作"期思公復遂爲司馬,子朱及文之無畏爲左、右司馬",這樣,"文之無畏"爲右司馬,《左傳》文就可以講通。但這裏俞樾明顯是改

---

① 楊伯峻:《春秋左傳注(修訂本)》,第577~578頁。
② 《春秋左傳正義》卷19上,《十三經注疏》,第4012頁。
③ 《春秋左傳正義》卷19上,《十三經注疏》,第4012頁。
④ (清)俞樾:《茶香室經説》卷14,第374~375頁。

字,並且這種改字沒有校勘學上的任何證據,故此説實難成立。但俞樾説《左傳》文本有誤,這個大膽的看法確實對我們很具有啓發意義。

值得注意的是,上引《左傳》的内容,《北堂書鈔》提供了一條非常重要的異文,其卷 37 載《春秋左傳》云:"楚子田孟諸,宋公爲左盂,子朱及文之無畏爲左司馬,令夙駕載燧,宋公違命云云,以徇,或謂子舟曰:'國君不可戮也。'子舟曰:'當官而行,何彊之有? 敢愛死以亂官乎?'"① 我們知道,《北堂書鈔》是唐人虞世南所撰,其引書之版本多爲"隋以前古佚書""六朝以前古籍"②,版本價值非常高。那麼,《北堂書鈔》所引《左傳》"宋公爲左盂"的説法是否正確呢? 現存最早的屬於六朝時期金澤文庫本《左傳》亦作"宋公爲右盂"③;而且根據晉代杜注,可知杜預看到的本子與今本《左傳》同。由於我們不能確定《北堂書鈔》所引的《左傳》版本與杜預及金澤文庫本孰早孰晚,所以我們也無法判定《左傳》原本到底是作"宋公爲左盂",還是"宋公爲右盂"。但《北堂書鈔》所引異文給我們提供了一個可能性,即今本《左傳》"宋公爲右盂"有可能本作"宋公爲左盂"。因此,如果能找到更早的版本依據,就會爲我們判定上述説法提供可能。值得慶倖的是,近年公佈的清華簡《繫年》即有類似內容。

《繫年》第十一章:"楚穆王立八年,王會諸侯於厥貉,將以伐宋。宋右師華孫元欲勞楚師,乃行,穆王使驅孟諸之麋,徙之徒林。宋公爲左盂,鄭伯爲右盂。申公叔侯知之。宋公之車暮駕,用抶宋公之御。"整理者注:"《左傳》文公十年記此事云'宋公爲右盂,鄭伯爲左盂',與簡文相反。"④《繫年》此段材料與上引《左傳》内容所記的是同一事,尤爲重要的是,其明確記載"宋公爲左盂",同於《北堂書鈔》所引版本,這説明後者所引並非空穴來風。這説明,《左傳》非常有可能本作"宋公爲左盂"。

根據《繫年》所載,宋公實爲左盂,故左司馬文之無畏抶其僕,與其自謂"當官而行"正可對應。又,《繫年》載:"申公叔侯知之,宋公之車暮駕,

---

① 孫星衍、嚴可均按:"《左氏》文十年《傳》及陳、俞本'左盂'作'右盂'。"董治安主編:《唐代四大類書》第 1 卷《北堂書鈔》,北京:清華大學出版社,2003 年,第 131 頁。此本是清代光緒十四年南海孔廣陶所刻的宋本,在孫星衍、嚴可均、王引之等人的基礎進一步校勘而成。孫、嚴所謂的"陳、俞"指明人陳禹謨、俞安期等人的校勘本,其"增删太勇,不免以今易古"(清人林國庚《北堂書鈔·凡例》語,董治安:《唐代四大類書》第 1 卷《北堂書鈔》,第 14 頁)。
② 見清人林國庚《北堂書鈔·凡例》第 14 頁以及董治安、王承略前言第 6 頁。董治安主編:《唐代四大類書》第 1 卷《北堂書鈔》。
③ 〔日〕竹添光鴻注:《左氏會箋》,第 742 頁。
④ 清華大學出土文獻研究與保護中心編,李學勤主編:《清華大學藏戰國竹簡(貳)》,第 160~161 頁。

用抶宋公之御",也謂"申公叔侯"(應爲"申之無畏"之誤)抶宋公之御,亦與《左傳》所載對應。由此可見,根據《繫年》所載,《左傳》之矛盾自可冰釋。

綜上可見,今本《左傳》所記"宋公爲右盂,鄭伯爲左盂"實誤,當從《繫年》正之。

【第十二章】

[釋文]

楚臧(莊)王立十又四年,王會者(諸)侯于䕯(厲),奠(鄭)成公自䕯(厲)逃歸,[1]臧(莊)王述(遂)加奠(鄭)䚮(亂)。[2]晉成【六一】公會者(諸)侯以救(救)奠(鄭),楚𠂤(師)未還,晉成公䇒(卒)于扈。【六二】[3]

六十【六一背】 六十一【六二背】

[疏證]

[1]楚臧(莊)王立十又四年,王會者(諸)侯于䕯(厲),奠(鄭)成公自䕯(厲)逃歸,

【整理者】厲,國名,在今湖北隨州東北,或作"賴"。王夫之《春秋稗疏》則以爲在今河南鹿邑東。楚莊王十四年會諸侯於厲一事,《春秋》宣公九年未能明記,以致後代學者多有誤會①。

【謹按】楚莊王十四年(前600)當魯宣公九年,鄭襄公五年,晉成公七年。"䕯",整理者認爲即"厲",或作"賴",在今湖北隨州東北,並引王夫之《春秋稗疏》説在今河南鹿邑東。楊伯峻認爲賴應在今湖北隨州東北厲山店,河南商城縣南説不可信。②

王會諸侯于厲,鄭成公自厲逃歸。《左傳》宣公十一年:"厲之役,鄭伯逃歸,自是楚未得志焉。"③據此,《左傳》所謂的"厲之役"即楚王會諸侯於厲,在厲會上,鄭伯逃歸。簡文之"鄭成公",據《左傳》和《史記·十二諸侯年表》,應爲"鄭襄公",整理者懷疑其因下涉"晉成公"而譌。

[2]臧(莊)王述(遂)加奠(鄭)䚮(亂)。

【整理者】據《史記·十二諸侯年表》,當時鄭君爲襄公,簡文作"成

---

① 清華大學出土文獻研究與保護中心編,李學勤主編:《清華大學藏戰國竹簡(貳)》,第163頁。
② 楊伯峻:《春秋左傳注(修訂本)》,第137頁。
③ 楊伯峻:《春秋左傳注(修訂本)》,第716頁。

公",疑因下涉"晉成公"而誤。加,《左傳》襄公十三年注"陵也,"意卽欺凌。鄭國其時方有"討幽公之亂"之事,見宣公十年傳。①

【暮四郎】首先,從語法上看,"加鄭亂"似當理解爲"以亂(戰亂)加於鄭",卽侵鄭之意。其次,簡61~62 叙述的事在宣公九年,整理者以《左傳》宣公十年之事來注解,顯然是不對的。宣公九年,鄭國國内並無"亂"。②

【子居】此處之"加",爲加諸其上之意,鄭彼時本無亂,而楚以鄭襄公逃歸爲由伐鄭,是以亂加諸鄭邦,故《繫年》有此語。③

【謹按】暮四郎的看法不無道理,整理者的注解似嫌迂曲。《左傳》襄公十五年:"君子稱其功以加小人,小人伐其技以馮君子。"杜注:"加,陵也。馮,亦陵也。"④整理者引此句義與簡文並不契合。

"加……亂"是一種見於《左傳》的典型句式,當整體來理解。《左傳》哀公十五年:"吴人加敝邑以亂。"這裏的"吴人加敝邑以亂"與《繫年》"莊王遂加鄭亂"句式相同,衹是省略了"以"字,兩者没什麽區别。⑤ 那麽,"吴人加敝邑以亂"的"加"何義? 沈玉成將其譯爲"吴人把動亂加於敝邑"⑥,李宗侗譯爲"吴人同魯國争亂"⑦。這兩種譯法哪種於文義較契合呢?《左傳》哀公十五年"吴人加敝邑以亂"的背景是這樣的:齊陳成子(陳桓)對魯卿景伯説齊國對待魯君如同對待衛君一樣好。景伯使子贛答對。子贛對齊陳成子説昔日晉國攻打衛,齊國爲了衛國,伐晉的一個叫冠氏的地方,且損失了五百車,並且給衛許多土地。但是,"吴人加敝邑以亂,(杜注:在八年。)齊因其病,取讙與闡。(杜注:亦在八年。)寡君是以寒心。若得視衛君之事君也,則固所願也。"⑧按照杜預注,"吴人加敝邑以亂"之亂在魯哀公八年(前487)。《左傳》哀公八年:"吴爲邾故,將伐魯,問於叔孫輒。"杜注:"問可伐不。"孔疏:"定十二年叔孫輒與公山不狃帥費人以襲魯。兵敗,奔于齊。後自齊奔吴。吴子令問之。"⑨可見,所謂"吴人加敝邑以亂"卽是動亂加於魯國,從而給齊國造成了可乘之機,侵佔了魯國土地。因此,

---

① 清華大學出土文獻研究與保護中心編,李學勤主編:《清華大學藏戰國竹簡(貳)》,第163頁。
② 李松儒:《清華簡〈繫年〉集釋》,第190頁。
③ 李松儒:《清華簡〈繫年〉集釋》,第190頁。
④ 《春秋左傳正義》卷32,《十三經注疏》,第4243頁。
⑤ 介詞"以"構成的介詞結構作補語,其通常可以省略。詳見郝文成:《介詞"以"的省略》,《河北大學學報(哲學社會科學版)》1982年第1期,第192頁。
⑥ 沈玉成:《左傳譯文》,第581頁。
⑦ 李宗侗:《春秋左傳今注今譯》,臺北:臺灣商務印書館,1982年,第1481頁。
⑧ 《春秋左傳正義》卷59,《十三經注疏》,第4723~4724頁。
⑨ 《春秋左傳正義》卷58,《十三經注疏》,第4699頁。

"加……(以)亂"實際上就是"以亂加於……"這裏的"加",也可以理解爲"加兵"①,意即由于加兵造成了亂。

何謂"遂"?《春秋》桓公八年:"祭公來,遂逆王后于紀。"《公羊傳》桓公八年曰:"遂者何? 生事也。"何休注:"生猶造也。專事之辭。"②《穀梁傳》桓公八年曰:"遂,繼事之辭也。"《春秋》僖公四年:"四年春王正月,公會齊侯、宋公、陳侯、衛侯、鄭伯、許男、曹伯侵蔡。蔡潰,遂伐楚,次于陘。"杜注:"遂,兩事之辭。"孔穎達疏曰:

> 此云"兩事之辭",謂既有上事,復爲下事,不以本謀有心無心爲異也。此齊侯先有伐楚之心,因行而侵蔡耳。三十年襄仲將聘于周,遂初聘于晉;桓十八年公將有行,遂與姜氏如齊:如此之類,本謀爲二事也。六年諸侯伐鄭,楚人圍許,諸侯遂救許;莊十九年公子結媵陳人之婦于鄄,遂及齊侯、宋公盟:如此之類,本無謀而因事便行也。但是兩事,皆稱爲"遂",故曰"兩事之辭",不別本謀與否。③

據孔穎達疏,我們知道"遂"聯接甲、乙兩件事,先有甲事,後有乙事,但甲、乙並不以事前是否謀劃爲別。回到簡文,甲、乙兩事分別爲"諸侯于厲,鄭成公自厲逃歸"與"加鄭亂",兩句話的主語均爲楚王。根據文義,楚王本先在厲地會諸侯,但由於鄭成公逃歸,于是楚加兵于鄭而造成鄭亂。也就是說,楚事先本不想進軍鄭。

[3] 晉成【六一】公會者(諸)侯以救(救)奠(鄭),楚㠯(師)未還,晉成公卒(卒)于扈。【六二】

【整理者】《春秋》宣公九年:"楚子伐鄭,晉郤缺帥師救鄭。"《傳》云:"楚子爲厲之役故,伐鄭。晉郤缺救鄭。鄭伯敗楚師於柳棼。"《晉世家》則云晉使中行桓子(即荀林父)救鄭。扈,鄭地,今河南原陽西。《春秋》宣公九年記:"九月,晉侯、宋公、衛侯、鄭伯、曹伯會於扈。"《傳》云:"會於扈,討不睦也。陳侯不會。晉荀林父以諸侯之師伐陳,晉侯卒於扈,乃還。"其下始記楚伐鄭事,與簡文顯有差異。④

【謹按】扈屬鄭地,在今河南原陽西約六十里。⑤

---

① 《左傳》隱公三年"小加大"杜注:"小國而加兵於大國,如息侯伐鄭之比。"《左傳》定公九年"三加,必取之"杜注:"三加兵於魯。"《春秋左傳正義》卷3、55,《十三經注疏》,第3743、4656頁。
② 《春秋公羊傳正義》卷5,《十三經注疏》,第4817頁。
③ 《春秋左傳正義》卷12,《十三經注疏》,第3890頁。
④ 清華大學出土文獻研究與保護中心編,李學勤主編:《清華大學藏戰國竹簡(貳)》,第163~164頁。
⑤ 楊伯峻:《春秋左傳注(修訂本)》,第555頁。

此年楚有兩次伐鄭,分別在晉成公卒之前和之後,此爲第一次,在晉成公之前的伐鄭。關於此事,《史記》有記載。

鄭襄公在厲之會上逃歸而參加晉的盟會,所以楚莊王伐鄭,晉于是伐楚救鄭。《春秋》宣公九年:"晉荀林父帥師伐陳。"《左傳》曰:"晉荀林父以諸侯之師伐陳。"《春秋》經傳祇謂伐陳而不及"伐楚救鄭"事。但《史記·十二諸侯年表》云:晉成公七年(前600),"使桓子(即荀林父)伐楚。以諸侯師伐陳救鄭。"①可知,此年晉確有"伐楚救鄭"之舉。《繫年》:"楚莊王立十又四年,王會諸侯于厲,鄭成公自厲逃歸,莊王遂加鄭亂。晉成公會諸侯以救鄭。"兩者正可互相印證。

《繫年》所謂"晉成公會諸侯以救鄭",並不是說晉成公率領諸侯之師救鄭,因爲根據簡文"楚師未還,晉成公卒于扈",晉成公仍留守扈地,率諸侯之師救鄭的應如《左傳》所言爲荀林父。但就在晉及諸侯師救鄭之時,晉成公卒于扈地。成公卒後,晉軍就撤還晉國,故《左傳》宣公九年云"晉侯卒于扈,乃還"。

[譯文]

楚莊王即位第十四年,王在厲地會見諸侯,鄭成公從厲地逃走回國,於是楚加兵於鄭國而造成了兵亂。晉成公會合諸侯來救鄭國,楚國的軍隊尚未歸國,晉成公死於扈地。

[解題]

本章主要圍繞"厲之役"而展開叙事。

城濮之戰(前632年)後,形成了楚晉二强南北對立的局面。楚莊王即位(前613)後,楚晉雙方推行的政策基本上是尽量避免武力爭鬥,把力量集中於爭奪中間勢力上,而鄭國即是雙方爭奪的戰略重點之一。當時的鄭國,"介居於二大國之間"(《左傳》襄公九年),處境頗爲窘迫,以至于萌生了"犧牲玉帛,待於二竟,以待彊者……"(《左傳》襄公八年)的念頭,這不能不說是迫於時勢的無奈之舉。

簡文載,楚莊王十四年(前600),楚莊王在厲地會見諸侯,鄭成公(據

---

① 《史記》卷14,第754頁。

《左傳》應爲鄭襄公)未參加盟會而從厲地逃歸鄭國。原來,當時晉國正在厲(屬鄭地,今河南原陽縣西約六十里)會盟,鄭伯逃歸正是爲了參加厲之盟會。

鄭伯從厲逃歸之事惹怒了楚莊王,於是楚伐鄭,卽簡文所謂的"莊王遂加鄭亂"。晉國的荀林父率領軍隊救鄭。就在此時,晉成公在扈地去世。

晉成公去世後,晉軍就撤還晉國。由於楚在此次伐鄭之役未佔到便宜,於是就有了第二次楚伐鄭,此次戰役未見於簡文。

《左傳》中的"厲之役"實際上旣包含了楚莊王十四年在厲地會諸侯事,又包含了鄭伯從此盟會逃歸所導致的楚伐鄭事。

[問題]

本章簡文所記史事,整理者認爲與《春秋》《左傳》有差異。那麽,我們究竟如何理解這種差異呢?下文力圖在學者考釋的基礎上,對本章所載史事作進一步考證。

[考證]

一、《繫年》所載"厲之役"及相關問題論考

(一)簡文所載史事與傳世文獻之差異

爲方便敘述,列《繫年》第十二章簡文如下:

> 楚莊王立十又四年,王會諸侯于厲,鄭成公自厲逃歸,莊王遂加鄭亂。晉成公會諸侯以救鄭,楚師未還,晉成公卒于扈。

簡文説,楚莊王十四年,楚王在厲地會見諸侯,鄭成公(應爲鄭襄公)從厲地逃歸,所以楚莊王加兵亂於鄭(卽伐鄭)。晉成公會諸侯之師救鄭,楚國軍隊還没有歸還,晉成公就在扈地死了。

《繫年》所載的上述史事,與《春秋》經傳、《史記》等相比勘,所言有一些差異。比如《春秋》宣公九年:"九月,晉侯、宋公、衛侯、鄭伯、曹伯會于扈。晉荀林父帥師伐陳。"①《史記·十二諸侯年表》:"使桓子(卽荀林父)

---

① 楊伯峻:《春秋左傳注(修訂本)》,第700頁。

伐楚。以諸侯師伐陳救鄭。"① 楊伯峻引此《年表》文後曰："伐楚事不見《經》《傳》。救鄭者爲郤缺,亦非荀林父。不知司馬遷何據。"② 可見,《史記》所載即與《春秋》有差異,而《繫年》與傳世文獻亦有差異。那麼,如何理解這些差異呢？爲便於比較,特列表五：

表五　諸書與《繫年》第十二章所載異同對照表

前 600 年			《春秋》宣公九年	《左傳》宣公九年	《史記·十二諸侯年表》	《繫年》第十二章
春						楚莊王立十又四年,王會諸侯于厲,鄭成公自厲逃歸,莊王遂加鄭亂。晉成公會諸侯以救鄭,楚師未還。
夏						
秋	九月		晉侯、宋公、衛侯、鄭伯、曹伯會于扈。	會於扈,討不睦也。		
			晉荀林父帥師伐陳。	陳侯不會。晉荀林父以諸侯之師伐陳。	使桓子(即荀林父)伐楚。以諸侯師伐陳救鄭。	
		辛酉③	晉侯黑臀卒于扈。	晉侯卒于扈,乃還。	[晉]成公薨。	晉成公卒于扈。
冬	十月	癸酉(十五日)	衛侯鄭卒。			
			楚子伐鄭。	楚子爲厲之役故,伐鄭。	楚莊王十四年,伐鄭。	
			晉郤缺帥師救鄭。	晉郤缺救鄭。鄭伯敗楚師于柳棼。	晉郤缺救鄭,敗我(即楚)。	

資料來源：楊伯峻：《春秋左傳注(修訂本)》,第 700~701、703 頁；《史記》卷 14,第 754 頁。

---

① 《史記》卷 14,第 754 頁。
② 楊伯峻：《春秋左傳注(修訂本)》,第 700 頁。
③ 楊伯峻注："九月無辛酉,杜注謂'日誤'。"楊伯峻：《春秋左傳注(修訂本)》,第 700 頁。

分析上表,我們會發現相關記述存在以下差異:

第一,《春秋》經傳言九月晉成公在扈地與諸侯盟會,但由於陳侯不參加,於是晉荀林父率領諸侯之師伐陳;而《十二諸侯年表》則曰荀林父伐楚,以諸侯之師伐陳救鄭。那麼,此年九月除了伐陳,是否還有伐楚救鄭之事呢?

第二,根據《左傳》,由於"厲之役",此年十月楚伐鄭(在晉成公卒之後),而且《春秋》經傳與《史記》均言救鄭者爲郤缺;而據《繫年》,楚莊王由於鄭伯逃歸而伐鄭發生在晉成公卒之前(即九月辛酉之前),而且救鄭者是晉成公會諸侯之師。那麼,此年楚伐鄭到底在晉成公卒之前還是之後?救鄭者到底是郤缺還是晉成公與諸侯之師?抑或此年有兩次楚伐鄭之事呢?

第三,楚莊王在厲地會諸侯,鄭伯自厲地逃歸,遂導致楚伐鄭,《繫年》所載此次伐鄭在晉成公卒之前;而按照《左傳》所載,"厲之役"導致的楚伐鄭却在晉成公卒之後。那麼,《繫年》所謂的"王會諸侯於厲"是否就是《左傳》之"厲之役"? 如是,爲何兩者所記楚伐鄭的時間不同呢?

筆者認爲,此年確實有兩次楚伐鄭之事,第一次發生在晉成公卒之前,第二次在晉成公卒後。

第一次楚伐鄭,應如《繫年》所載爲楚莊王所加鄭之亂:"楚莊王立十又四年,王會諸侯於厲,鄭成公自厲逃歸,莊王遂加鄭亂。"此次伐鄭,是由於鄭成公在厲之會上逃歸,這就是《左傳》所謂的"厲之役"。《左傳》宣公十一年:"厲之役,鄭伯逃歸,自是楚未得志焉。"如此,則説明"厲之役"中楚、鄭相會於厲,並且楚實際上"得志"。何謂"得志"? 楊伯峻曰:"得志謂得逞其志。"①此處意即在"厲之役"上,楚使鄭服於楚。既如此,爲何鄭伯要逃歸呢? 竹添光鴻説:"此役楚取成於鄭,欲盟鄭伯而逃歸不盟。"②鄭伯逃歸不盟楚,筆者以爲是爲了參加晉之盟會。《春秋》宣公九年:"九月,晉侯、宋公、衛侯、鄭伯、曹伯會於扈。"同年《左傳》曰:"會於扈,討不睦也。"楊伯峻注:"七年黑壤之盟,所以謀不睦;此則會於扈,欲以討不睦。蓋此時晉、楚爭彊,諸侯之從楚者,即不睦於晉,故晉爲扈之會以討之。"③此時楚在厲地會盟諸侯,所以晉也在扈地會盟諸侯。《史記·晉世家》載晉成公

---

① 楊伯峻:《春秋左傳注(修訂本)》,第110頁。
② 〔日〕竹添光鴻注:《左氏會箋》,第849頁。
③ 楊伯峻:《春秋左傳注(修訂本)》,第701頁。

七年(前600,楚莊王十四年),"成公與楚莊王爭彊,會諸侯於扈",正反映了這種情勢。扈屬鄭地,晉在鄭伯參加楚扈地會盟之際於鄭地召開盟會,説明晉可能已經侵入鄭,故鄭伯不得不從扈地逃歸。

鄭襄公在扈之會上逃歸而參加晉的盟會,所以楚莊王伐鄭,晉於是伐楚救鄭。《春秋》宣公九年"晉荀林父帥師伐陳",《左傳》曰"晉荀林父以諸侯之師伐陳",《春秋》經傳祇謂伐陳而不及伐楚救鄭事。《史記·十二諸侯年表》:晉成公七年,"使桓子(即荀林父)伐楚。以諸侯師伐陳救鄭。"據此,則此年晉確有伐楚救鄭之舉。《繫年》載:"楚莊王立十又四年,王會諸侯於扈,鄭成公自扈逃歸,莊王遂加鄭亂。晉成公會諸侯以救鄭。"兩者正可互相印證。《繫年》所謂"晉成公會諸侯以救鄭",並不是説晉成公率領諸侯之師救鄭,其時晉成公仍留守扈地,率諸侯之師救鄭者乃荀林父。但在晉及諸侯師救鄭之時,晉成公卒於扈地。成公卒後,晉軍就撤還晉國,《左傳》宣公九年謂"晉侯卒于扈,乃還"。可能由於這次伐鄭之役未佔到便宜,所以楚才又有第二次伐鄭之舉。

是年冬,楚因"扈之役"故,再次伐鄭。《左傳》宣公九年:"晉郤缺救鄭。鄭伯敗楚師于柳棼。"柳棼,杜注:"鄭地。"① 可見敗楚者是鄭。《史記·十二諸侯年表》:"晉郤缺救鄭,敗我。""我"指楚,則敗楚者是晉。兩者相異。

(二)"扈之役"考

有學者考證《左傳》"扈之役"之"役"應該理解爲會盟,《左傳》中的扈之役就是《繫年》楚莊王十四年楚王會諸侯於扈之事。② 這種説法可備一説。《左傳》宣公十一年追述稱:"扈之役,鄭伯逃歸,自是楚未得志焉。鄭既受盟于辰陵,又徼事于晉。"③《繫年》:"楚莊王立十又四年,王會諸侯于扈,鄭成公自扈逃歸。"據此我們知道《左傳》所謂的鄭伯逃歸的"扈之役"實際上就是楚莊王會諸侯於扈。

前文已述,據《繫年》,楚莊王在扈地會諸侯,鄭伯自扈地逃歸,遂導致楚伐鄭,但此次伐鄭在晉成公卒之前;而按照《左傳》所載,"扈之役"導致的楚伐鄭卻在晉成公卒之後。如果《繫年》所謂的"王會諸侯於扈"就是

---

① 《春秋左傳正義》卷22,《十三經注疏》,第4070頁。
② 孫飛燕:《釋〈左傳〉的"扈之役"》,《深圳大學學報(人文社會科學版)》2012年第2期,第58頁;孫飛燕:《清華簡〈繫年〉初探》,第96頁。
③ 楊伯峻:《春秋左傳注(修訂本)》,第716頁。

《左傳》之"厲之役",那麼爲何兩者所導致的楚伐鄭的時間不同呢?

《繫年》所謂"楚莊王立十又四年,王會諸侯于厲,鄭成公自厲逃歸",此乃楚莊王在厲地會盟,我們姑且稱作"厲之會"。在此會上,"鄭伯逃歸","莊王遂加鄭亂",這才是《左傳》所謂的"厲之役"。籠統而言,"厲之會"也可稱作"厲之役",所以《左傳》宣公十一年説:"厲之役,鄭伯逃歸。"這種"某某役"既指某某會又指某某役的情況於《左傳》非孤例。如《左傳》成公二年:"楚師……侵我師于蜀。……以請盟。楚人許平。"①此次楚侵魯之蜀,又與魯盟於蜀。《左傳》宣公十八年稱此次戰役爲"蜀之役":"楚莊王卒,楚師不出。既而用晉師,楚於是乎有蜀之役。"②此"蜀之役"當指楚侵魯。然而"蜀之役"又可指"蜀之盟"。《左傳》昭公七年楚大宰薳啓彊對魯昭公説:"今君若步玉趾,辱見寡君,寵靈楚國,以信蜀之役……"③此"蜀之役"實際上就指楚、魯在蜀會盟。事實上,在戰役之後常有盟會,所以文獻中常有"某某役",亦稱爲"某某盟(會)",此不足爲奇。但如據此認爲"役"有會盟之義,將兩者等同,恐失偏頗。④ 因此,《左傳》中的"厲之役"實際上既包含了楚莊王十四年在厲地會諸侯,又包含了在此盟會鄭伯逃歸所導致的楚伐鄭。

楚莊王在楚國厲地會諸侯,在此次盟會上,楚成功地迫使鄭臣服了,即楚實際上"得志於鄭"。就在楚、鄭等在厲地會盟時,晉進入鄭地扈會盟,鄭伯聞訊,於厲地逃歸,所以《左傳》宣公十一年載:"厲之役,鄭伯逃歸,自是楚未得志焉。"

鄭伯從厲之會逃歸是爲了參加晉的扈地會盟,此舉惹怒了楚莊王,導致楚伐鄭(此即是年第一次楚伐鄭),於是晉侯派荀林父率諸侯之師救鄭。但就在此時,晉成公卒於扈,晉國軍隊也歸返晉國。但此次伐鄭,楚實際上沒有佔到什麼便宜,於是才有第二次伐鄭。

此年冬,楚莊王再次伐鄭,此即《左傳》宣公九年所謂的"楚子爲厲之役故,伐鄭"。

在"厲之役"後,《左傳》説"自是楚未得志焉",杜預據此推測"厲之

---

① 楊伯峻:《春秋左傳注(修訂本)》,第807頁。
② 楊伯峻:《春秋左傳注(修訂本)》,第778頁。
③ 楊伯峻:《春秋左傳注(修訂本)》,第1286頁。
④ 《左傳》襄公三年:"晉侯以魏絳爲能以刑佐民矣,反役,與之禮食,使佐新軍。""反役",楊伯峻注:"自盟會之事返國。"可見"役"指盟會之事,而非盟會。何謂"盟會之事"? 竹添光鴻曰:"有軍行則一軍之士民爲之使役。"楊伯峻:《春秋左傳注(修訂本)》,第930頁;[日]竹添光鴻注:《左氏會箋》,第1159頁。

役"蓋指《左傳》宣公六年的"楚人伐鄭,取成而還"。清人齊召南云:"此《傳》既曰'取成而還',鄭伯又何至於逃歸乎?杜注前後皆言'蓋',蓋者,疑辭也。"①根據《繫年》,我們知道《左傳》所謂的"厲之役"確實不在魯宣公六年(前603),而在九年(前600)。

(三)小結

根據《史記》和清華簡《繫年》,我們發現楚莊王十四年實際上有兩次楚伐鄭,《春秋》經傳與《史記》《繫年》的記載實際上可以互相補充,互相印證。《繫年》第十二章所謂"楚莊王立十又四年,王會諸侯于厲,鄭成公自厲逃歸"實際上是指楚莊王在厲地會盟事;而《左傳》之"厲之役"實際上指由於在會盟時鄭伯逃歸,楚莊王此年第一次伐鄭事,其在晉成公卒之前(此僅見於《繫年》《史記》)。晉成公卒後,又有一次楚伐鄭(此見於《春秋》經傳和《史記》)。

---

① (清)齊召南:《春秋左傳注疏考證》卷22,《清經解;清經解續編》第2冊,第545頁。

【第十三章】

[説明]

（一）"🀰"【六四】的隸定與釋讀

【整理者】隸爲"邟"，讀爲"趙"。①

【謹按】《繫年》裏"趙"字作如下形：（1）從邑、勺聲，見簡64、96；（2）從邑、少聲，見簡97；（3）從少、勺，爲雙聲符，見簡111、112、115、116、119。

在侯馬盟書裏，亦出現"趙"字，作如下形：（1）從走、肖聲，見（156：4）、（156：1）、（200：10）、（152：2）、（195：1）、（98：11）；（2）作"肖"，讀爲"趙"，見（98：11）、（156：19）、（195：8）、（16：36）；（3）從邑、肖聲，見（88：1）。②

《説文·走部》："趙，趯趙也。從走肖聲。"又《説文·肉部》："肖，骨肉相似也。從肉、小聲。"侯馬盟書"趙"從"走"、"肖"聲與《説文》説密合。清華簡《繫年》所從邑、少、勺，少、勺爲雙聲符。"趙"，古音定母宵部，中古開口三等；"少"，古音書母宵部，中古開口三等；"勺"，古音禪母藥部，中古開口三等。三字可通：書母、禪母屬舌上音，定母是舌頭音，同爲舌音；宵部和藥部陰、入對轉；中古等呼同。

（二）"🀰"【六四】的隸定與釋讀

【整理者】隸爲"䠶"，疑爲"射"的表意字，在此讀爲"席"。《左傳》云："趙旃夜至於楚軍，席於軍門之外，使其徒入之。"③

【清華大學出土文獻讀書會】應讀爲"射"的本字。整理者指出"䠶"即"射"字，是。但其引《左傳》宣十二年"趙旃夜至於楚軍，席於軍門之外，使其徒入之"，破"䠶"爲席乃牽合。④

---

① 清華大學出土文獻研究與保護中心編，李學勤主編：《清華大學藏戰國竹簡（貳）》，第165頁。
② 參張頷、張守中、陶正剛：《侯馬盟書》，太原：三晉出版社，2016年，"字形表"第460頁。
③ 清華大學出土文獻研究與保護中心編，李學勤主編：《清華大學藏戰國竹簡（貳）》，第166頁。
④ 清華大學出土文獻讀書會：《〈清華大學藏戰國竹簡〉（貳）研讀劄記（二）》，復旦大學出土文獻與古文字研究中心網站，2011年12月31日。

【顔世鉉】《繫年》"射于楚軍之門"的"射"和《左傳》"夜至於楚軍,席於軍門之外"的"席"是音近相通的異文,而這兩個字都應當讀爲"舍"。①

【謹按】《集韻·入聲上·十六屑》:"夬、抉,所以闉弦者,《詩》'夬拾既次',或从弓,通作決。"②簡文"弢"字應爲从弓从夬。關於古文字裏从"夬"之字,可參趙平安《夬的形義和它在楚簡中的用法——兼釋其他古文字資料中的夬字》③。

[釋文]

……[臧(莊)]王回(圍)奠(鄭)三月,奠(鄭)人爲成。[1]晉中行林父衎(率)自(師)救(救)奠(鄭),臧(莊)王述(遂)北【六三】……[2][楚]人明(盟)。[3]邲(趙)甹(旃)不欲成,弗邵(召),弢于楚軍之門,[4]楚人【六四】被輩(駕)以自(追)之,述(遂)敗晉自(師)于河……【六五】[5]

六十二【六三背】　六十三【六四背】

[疏證]

[1]……[臧(莊)]王回(圍)奠(鄭)三月,奠(鄭)人爲成。

【謹按】竹簡首殘段,據《繫年》格式及文義,"王"字前可補"楚莊王立十又七年"八字。

此事在楚莊王十七年(前597),當魯宣公十二年,鄭襄公八年。

關於楚莊王圍鄭三月,《春秋》宣公十二年云:"楚子圍鄭。"《左傳》宣公十二年云:"十二年春,楚子圍鄭,旬有七日,鄭人卜行成,不吉;卜臨于大宮,且巷出車,吉。國人大臨,守陴者皆哭。楚子退師。鄭人修城。進復圍之,三月,克之。"杜注:"哀其窮哭,故爲退師,而猶不服,故復圍之九十日。"④孔疏:

杜以"三月克之",謂圍經三月方始克之,故云"九十日"也。知非

---

① 顔世鉉:《清華竹書〈繫年〉札記二則》,《簡帛》第7輯,第56~59頁。
② (宋)丁度等:《集韻》卷9,上海:上海古籍出版社,2017年,第705頁。
③ 趙平安:《夬的形義和它在楚簡中的用法——兼釋其他古文字資料中的夬字》,《新出簡帛與古文字古文獻研究》,北京:商務印書館,2009年,第332~338頁。
④ 《太平御覽》三百十七引注:"哀其窮,故退師,尚不服,故復圍九十日。"劉文淇懷疑此注是賈逵注,杜預所說實本賈注。(清)劉文淇:《春秋左傳舊注疏證》,第679頁。

季春克之者,下云"六月晉師救鄭,及河,聞鄭旣及楚平,桓子欲還"。是將欲至河,鄭猶未敗,至河聞敗,猶欲還師;在國聞敗,師必不發。若是季春克之,不應比至六月而晉人不聞,以此知"三月"非季春也。《經》《傳》皆言"春圍鄭",不知圍以何月爲始。圍經旬有七日,爲之退師,聞其修城,乃復更進,圍三月方始克之。則從初以至於克,凡經一百二十許日,蓋以三月始圍至六月乃克也。①

但也有認爲此"三月"爲季春三月者。《史記·楚世家》:"[楚莊王]十七年春,楚莊王圍鄭,三月克之。"②《鄭世家》:"[鄭襄公]八年,楚莊王以鄭與晉盟,來伐,圍鄭三月,鄭以城降楚。"③劉文淇據此認爲"史公以三月爲季春"④。

簡文是持三月說的,整理者指出:"孔疏指出三月非季春之月,而是圍鄭至克共經三月,由簡文知其正確。"⑤另外,上博七《鄭子家喪》載楚莊王"乃起師,圍鄭三月"(甲三、乙三)⑥,與《繫年》同,這說明先秦文獻還是傾向於圍鄭三個月說的,杜預注以及孔穎達疏的解釋無疑是正確的。至於《史記》的說法,或是對《左傳》之誤解,或是根據其他資料。

關於"鄭人爲成",《左傳》宣公十二年云:"鄭伯肉袒牽羊以逆,曰:'孤不天,不能事君,使君懷怒以及敝邑,孤之罪也,敢不惟命是聽?其俘諸江南,以實海濱,亦惟命;其翦以賜諸侯,使臣妾之,亦惟命。若惠顧前好,徼福於厲、宣、桓、武,不泯其社稷,使改事君,夷於九縣,君之惠也,孤之願也,非所敢望也。敢布腹心,君實圖之。'左右曰:'不可許也,得國無赦。'王曰:'其君能下人,必能信用其民矣,庸可幾乎!'退三十里而許之平。潘尪入盟,子良出質。"⑦

[2]晉中行林父衍(率)自(師)戏(救)奠(鄭),戕(莊)王述(遂)北【六三】……

【謹按】晉荀林父率師救鄭,"楚莊王遂北……","遂"字表明楚莊王準備迎戰晉國。此與《左傳》說楚莊王不欲與晉戰相異,而與《公羊傳》《韓詩

---

① 《春秋左傳正義》卷23,《十三經注疏》,第4077頁。
② 《史記》卷40,第2053頁。
③ 《史記》卷42,第2133頁。
④ (清)劉文淇:《春秋左傳舊注疏證》,第679頁。
⑤ 清華大學出土文獻研究與保護中心編,李學勤主編:《清華大學藏戰國竹簡(貳)》,第165頁。
⑥ 馬承源主編:《上海博物館藏戰國楚竹書(七)》,上海:上海古籍出版社,2008年,第175、181頁。
⑦ 楊伯峻:《春秋左傳注(修訂本)》,第719~721頁。

外傳》《新序》等載莊王欲戰説相似。詳見考證部分。

《春秋》宣公十二年:"夏六月乙卯,晉荀林父帥師及楚子戰于邲,晉師敗績。"①

《左傳》宣公十二年:"夏六月,晉師救鄭。荀林父將中軍,……及河,聞鄭既及楚平,桓子欲還。"桓子,荀林父之謚。中軍荀林父由於聽到鄭與楚平成,所以打算還師。但主戰派中軍佐彘子(即先縠)反對,於是"以中軍佐濟",先縠所率領的軍隊渡過了河。由於先縠之師孤軍深入,晉軍不得不全都過河,"師遂濟"。而此時,"楚子北師次於郔。……將飲馬於河而歸。聞晉師既濟,王欲還,嬖人伍參欲戰",就在伍參的一再堅持下,楚莊王"病之,告令尹改乘轅而北之,次于管以待之"。②"楚子北師次於郔"即指楚王北上,軍隊駐紮在郔地。因此,簡文"莊王遂北……"應對應《左傳》之"告令尹改乘轅而北之","北"義當爲北上而非敗北。

[3][楚]人明(盟)。

【整理者】簡上部殘失,約缺十一字或十二字。《左傳》宣公十二年:"楚子又使求成于晉,晉人許之,盟有日矣。"③

【謹按】此時楚莊王率領軍隊北上,駐紮在管地。據《左傳》宣公十二年載,當時"晉師在敖、鄗之間"。正在這時,鄭國使者皇戌到了晉師,力勸晉師與楚師開戰。晉國將領聽了鄭國使者的話,爲開戰與否爭論不休。而楚國先後兩次派使者到晉軍議和:先是"楚少宰如晉師"議和,結果主戰派彘子堅決主張跟楚人一戰;於是,"楚子又使求成于晉,晉人許之,盟有日矣",約定了結盟的日期。④

[4]邲(趙)嬰(旃)不欲成,弗卲(召),奂于楚軍之門,

【整理者】嬰,即"單"字,禪母元部,與章母元部之"旃"通假。趙旃,趙穿之子,見《左傳》宣公十二年杜注。《左傳》云:"趙旃求卿未得,且怒於失楚之致師者。請挑戰,弗許。請召盟,許之。與魏錡皆命而往。"簡文"弗召"指不執行召盟的使命。⑤

【謹按】《左傳》宣公十二年:

晉魏錡求公族未得,而怒,欲敗晉師。請致師,弗許。請使,許之。

---

① 楊伯峻:《春秋左傳注(修訂本)》,第717頁。
② 楊伯峻:《春秋左傳注(修訂本)》,第721~722、726、728~730頁。
③ 清華大學出土文獻研究與保護中心編,李學勤主編:《清華大學藏戰國竹簡(貳)》,第165頁。
④ 楊伯峻:《春秋左傳注(修訂本)》,第730~734頁。
⑤ 清華大學出土文獻研究與保護中心編,李學勤主編:《清華大學藏戰國竹簡(貳)》,第165頁。

遂往,請戰而還。楚潘黨逐之,及熒澤,見六麋,射一麋以顧獻,……叔黨命去之。(杜注:叔黨,潘黨,潘尫之子。)趙旃求卿未得,(杜注:旃,趙穿子。)且怒於失楚之致師者。請挑戰,弗許。<u>請召盟,許之</u>。與魏錡皆命而往。……潘黨既逐魏錡,(杜注:言魏錡見逐而退。)趙旃夜至於楚軍,(杜注:二人雖俱受命,而行不相隨,趙旃在後至。)<u>席於軍門之外,使其徒入之</u>。(杜注:布席坐,示無所畏也。)①

據《左傳》,則趙旃請求"召盟",劉文淇注:"召楚而爲盟也。"②關於"席於軍門之外,使其徒入之",劉文淇按:"旃使其人入楚軍,達召盟之命。"③據此,趙旃實際上履行了召盟的使命。

簡文的"弗召"爲不召盟之義,整理者正如是解。如此,則簡文顯然與《左傳》不同。

[5]楚人【六四】被犛(駕)以𠂤(追)之,述(遂)敗晉𠂤(師)于河……【六五】

【整理者】被駕,被甲駕車。《左傳》云:"楚子爲乘廣三十乘,分爲左右。右廣雞鳴而駕,日中而説。……許偃御右廣,養由基爲右。彭名御左廣,屈蕩爲右。乙卯,王乘左廣以逐趙旃。趙旃棄車而走林,屈蕩搏之,得其甲裳。"簡下部殘失。《十二諸侯年表》晉景公三年:"救鄭,爲楚所敗河上。"疑簡文"河"下應補"上"字。④

【謹按】晉景公三年即楚莊王七年(前579),整理者以兩者對比,顯然不合。但其疑"河"後當補"上",不排除這種可能。

《春秋》宣公十二年:"楚子圍鄭。夏六月乙卯,晉荀林父帥師及楚子戰于邲,晉師敗績。"⑤關於"邲",《公羊傳》何休注曰"邲水"⑥,《淮南子》

---

① 《春秋左傳正義》卷23,《十三經注疏》,第4084頁。
② (清)劉文淇:《春秋左傳舊注疏證》,第704頁。
③ (清)劉文淇:《春秋左傳舊注疏證》,第706頁。
④ 清華大學出土文獻研究與保護中心編,李學勤主編:《清華大學藏戰國竹簡(貳)》,第166頁。
⑤ 楊伯峻:《春秋左傳注(修訂本)》,第717頁。
⑥ 《公羊傳》宣公十二年:"莊王鼓之,晉師大敗。晉衆之走者,舟中之指可掬矣。"何休注:"時晉乘舟度邲水戰,兵敗,反走,欲急去,先人舟者斬後扳舟者指,指墮舟中,身墮邲水中而死。"《春秋公羊傳注疏》卷16,《十三經注疏》,第4961~4962頁。

謂爲"河雍之間"①,《呂氏春秋》②、上博七《鄭子家喪》③、上博九《陳公治兵》④等謂爲"兩棠"。值得注意的是,《史記·楚世家》載楚莊王十七年,"夏六月,晉救鄭,與楚戰,大敗晉師河上,遂至衡雍而歸"。⑤據此,則"河"後當補"上"字。另,"河"後或當補"雍之間"等;又,《繫年》第十五章謂"連尹止於河灘",據此則"河"下當補"灘"字,詳第十五章"疏證"部分。

所以,簡文"遂敗晉師于河[灘]……"即指敗晉師於邲。邲本爲水名(疑本作"泌"),乃鄭地,在今鄭州市之西北,滎陽縣之東北。⑥

[譯文]

……[楚莊]王圍困鄭國長達三月之久,鄭國人求和。晉中行荀林父率領軍隊救鄭國,莊王於是北上……[楚]人想結盟講和。趙旃不想講和,不執行召盟的使命,破了楚軍的城門,楚人於是被甲駕車追擊,於是就在河灘……打敗了晉國軍隊。

[解題]

本章主要圍繞魯宣公十二年(前597,晉景公三年,楚莊王十七年)的晉、楚邲之戰而展開敘事。楚莊王通過邲之戰,成就了霸業。

正如上章所述,楚莊王時期,晉、楚雙方實際上都在爭奪鄭國等中間地

---

① 《淮南子·人間訓》:"昔者楚莊王既勝晉於河、雍之間。"高誘注:"莊王敗晉荀林父之師於邲。邲,河、雍地也。"楊樹達說:"注'河、雍地',文不可通,當作'河、雍間地'。"何寧:《淮南子集釋》,第1241頁。

② 《呂氏春秋·至忠》:"荆興師,戰於兩棠,大勝晉。"(陳奇猷:《呂氏春秋新校釋》,第589頁。)《說苑·立節》:"邲之戰,楚大勝晉。"向宗魯注:"'邲',《呂》(指《呂氏春秋》——引者按)作'兩棠'。"[(漢)劉向撰,向宗魯校證:《說苑校證》,第93頁]《新書·先醒》:"[楚莊王]乃與晉人戰於兩棠,大克晉人。"閻振益、鍾夏注引孫人和注:"兩棠,即泌也。"[(漢)賈誼撰,閻振益、鍾夏校注:《新書校注》卷7,第261~262、265頁]"兩棠"又作"兩堂",古通。《說苑·立節》:"又有士曰上解于。王將殺之,出亡走晉,晉人用之,是爲兩堂之戰。"[(漢)劉向撰,向宗魯校證:《說苑校證》,第185頁]

③ 上博七《鄭子家喪》:"王焉還軍以起師,與之戰於兩棠,大敗晉師焉。"(簡甲7、乙7)馬承源主編:《上海博物館藏戰國楚竹書(七)》,第178、184頁。

④ 上博九《陳公治兵》:"或與晉人戰於兩棠,師不絕。"(簡4)馬承源主編:《上海博物館藏戰國楚竹書(九)》,上海:上海古籍出版社,2012年,第173頁。

⑤ 《史記》卷40,第2054頁。

⑥ 參楊伯峻:《春秋左傳注(修訂本)》,第717頁。孫人和:《左宦漫錄·兩棠考》,《文史》第2輯,北京:中華書局,1963年,第45頁。

帶,本章所載的邲之戰正是雙方在爭奪鄭國時的遭遇戰。

《左傳》宣公十一年:"厲之役,鄭伯逃歸,自是楚未得志焉。鄭既受盟于辰陵,又徼事于晉。"也就是說在"厲之役"後晉、楚兩國爭奪鄭國,鄭國採取的態度是楚强則服楚,晉强則服晉,所以,"自是楚未得"服鄭之志也。於是,楚爲了徹底使鄭服從於楚,決定對鄭實行更大的一次打擊。

楚莊王十七年(前597,魯宣公十二年),楚伐鄭,圍攻鄭達三月之久,鄭國抵禦不住而求和。晉國對此事當然不能置若罔聞,於是晉中行林父率領軍隊援救鄭國,楚莊王北上。由於簡文殘斷,後面所載事不詳。

簡文所載楚在河(後當補"上"或"雍之間")大敗晉師,此即邲之戰。後面簡文又殘斷,詳情不知。

[問題]

對邲之戰前楚莊王是否主戰的問題,下文以清華簡《繫年》爲綫索,結合相關文獻,進行一些探討。

[考證]

一、邲之戰前楚莊王是否主戰考

邲之戰前,楚莊王圍鄭而鄭投降。晉荀林父率師救鄭。關於此時楚莊王是否迎戰晉師,傳世文獻有兩種說法:一說楚莊王不欲與晉戰,其在主戰派的鼓動下才出戰;另一說則是楚莊王主張出戰。前者以《左傳》爲代表,後者以《公羊傳》《韓詩外傳》《新序》等爲代表。清華簡《繫年》亦有類似之記載,我們結合《繫年》及傳世文獻對相關問題進行一些梳理。

(一)楚莊王不欲戰說

《春秋》宣公十二年:"楚子圍鄭。夏六月乙卯,晉荀林父帥師及楚子戰於邲,晉師敗績。"①

《左傳》宣公十二年:"夏六月,晉師救鄭。荀林父將中軍……及河,聞鄭既及楚平,桓子欲還。"中軍荀林父由於聽到鄭與楚平成,所以打算還師。

---

① 楊伯峻:《春秋左傳注(修訂本)》,第717頁。

但主戰派中軍佐彘子(即先縠)反對,於是"以中軍佐濟",先縠所率領的軍隊渡過了河。由於先縠之師孤軍深入,於是晉軍不得不全都過河,"師遂濟"。而此時"楚子北師次於郔。……將飲馬於河而歸。聞晉師既濟,王欲還,嬖人伍參欲戰",就在伍參的一再堅持下,楚莊王"病之,告令尹改乘轅而北之,次於管以待之"。①

關於"楚子北師次於郔"之"北",有二說。一說是敗北之義。李宗侗將"楚子北師次於郔"斷爲"楚子北師,次於郔",譯爲"楚子打敗仗,就把軍隊駐在郔這個地方"。② 顯然將"北"理解爲"敗北";另一說爲北上之義,楊伯峻未斷開原句③,沈玉成將之譯爲"楚子北上,軍隊駐紮在郔地。"④實際上,當從第二種說法。因爲此時楚、晉雙方尚未展開戰鬥,何來敗北? 楊伯峻與沈玉成的斷句及譯文是正確的。

楚師先是北上駐紮在"郔"(在今河南鄭州市北),後在主戰派伍參的鼓動下駐紮在管(在今河南鄭州市⑤),讓原本已準備歸楚的令尹調轉車轅向北。

(二)楚莊王欲戰説

《公羊傳》宣公十一年:"既則晉師之救鄭者至,曰:'請戰。'(何休注:荀林父請戰。)莊王許諾。將軍子重諫曰:'晉,大國也。王師淹病矣,君請勿許也。'莊王曰:'弱者吾威之,彊者吾辟之,是以使寡人無以立乎天下!'令之還師而逆晉寇。"⑥

《韓詩外傳》第十八章:"楚莊王伐鄭。……既,晉之救鄭者至,曰:'請戰。'莊王許之。將軍子重進諫曰:'晉,強國也,道近兵銳,楚師奄罷,君其勿許。'莊王曰:'不可。強者我避之,弱者我威之,是寡人無以立乎天下也。'乃遂還師以逆晉寇。莊王援枹而鼓之,晉師大敗。"⑦

《新序·雜事》:"楚莊王伐鄭,克之。……既而晉人之救鄭者至,請戰,莊王許之。將軍子重進諫曰:'晉彊國也,道近力新,楚師疲勞,君請勿許。'莊王曰:'不可。彊者我避之,弱者我威之,是寡人無以立乎天下也。'

---

① 楊伯峻:《春秋左傳注(修訂本)》,第721~722、728頁。
② 王雲五主編,李宗侗註譯,葉慶炳校訂:《春秋左傳今註今譯》,第754、770頁。
③ 楊伯峻:《春秋左傳注(修訂本)》,第728頁。
④ 沈玉成:《左傳譯文》,第185頁。
⑤ 楊伯峻:《春秋左傳注(修訂本)》,第730頁。
⑥ (清)陳立:《公羊義疏》卷47,第1807~1809頁。
⑦ (漢)韓嬰撰,許維遹校釋:《韓詩外傳集釋》卷6,北京:中華書局,1980年,第221~223頁。

遂還師以逆晉寇,莊王援枹而鼓之,晉師大敗。"①

關於"遂還師以逆晉寇",石光瑛校釋:"案《左傳》曰:'楚子北師次於郔。沈尹將中軍,子重將左,子反將右,將飲馬於河而歸。聞晉師既濟,王欲還,嬖人伍參欲戰。令尹孫叔敖弗欲。……伍參言於王曰:晉之從政者新,未能行令。其佐先縠剛愎不仁,未肯用命。其三帥者,專行不獲。聽而無上,眾誰適從,此行也,晉師必敗。且君而逃臣,若社稷何?王病之,告令尹改乘轅而北之,次於管以待之。'是逆晉師之事也。"②

(三)《繫年》的説法

《繫年》第十三章載:"……[莊]王圍鄭三月,鄭人爲成。晉中行林父率師救鄭,莊王遂北……[楚]人盟。"

簡文謂晉荀林父率師救鄭之時,楚莊王遂北。此簡雖殘斷,但據上引《左傳》的内容推測,此指楚莊王北上。

另,簡文用"遂"字,"遂"連接甲、乙兩件事,先有甲事後有乙事,但甲、乙並不以事前是否謀劃爲别,此兩件事實際上是有承接關繫的。③ 回到簡文,晉救鄭與楚王北上實際上是承接關繫,可見此北上實際上應爲迎擊晉師之故。聯繫前引《新序》之"遂還師以逆晉寇"及石光瑛校釋,不難知兩者若合符契。

綜上可見,《繫年》的説法實際上支持楚莊王欲戰説。

---

① (漢)劉向編著,石光瑛校釋,陳新整理:《新序校釋》,北京:中華書局,2009 年,第 513、531~532 頁。
② (漢)劉向編著,石光瑛校釋,陳新整理:《新序校釋》,第 532 頁。
③ 詳見上編第十二章疏證部分。

【第十四章】

[説明]

(一)""【六八】的隸定與釋讀

【整理者】隸爲"頄",釋爲"詢",卽《説文》"詬"字或體,云:"謑詬,恥也。"①

【伊强】將"頄"讀爲"詢",從古音上説没有問題,且"詢"古書有訓"恥""辱"的例子,但上古文獻未見"復詢"一類的説法。因此,我們懷疑"退頄"似卽古書中的"復仇"。古文字資料中有"九"聲與"句"聲字相同的例子,如著名的越王句踐劍,"句"或作"欿",②"欿"从"㕤"得聲,而"㕤"又以"九"爲聲。古書也有二者相通的例子,如《淮南子·墬形》"句嬰民",高誘注:"句嬰讀作九嬰。"因此,"欿"讀爲"仇"從讀音上説是可以講通的。"復仇"一詞常見於古書,如《後漢書·趙熹傳》:"乃挾兵結客,後遂往復仇。"③

【謹按】釋爲"仇"可從。

[釋文]

晉競(景)公立八年,陖(隨)會衒(率)自(師),會者(諸)侯于𢇍(斷)道。[1]公命邰(駒)之克先啰(聘)于齊,虘(且)卲(召)高之固曰:【六六】"今萅(春)其會者(諸)侯,子亓(其)與臨之。"[2]齊同(頃)公使其女子自房审(中)觀邰＝之＝克＝(駒之克,駒之克)𨠭(將)受齊侯【六七】㡀(幣),女子芺(笑)于房审(中),邰(駒)之克墜(降)堂而折(誓)曰:"所不退(復)頄(仇)於齊,母(毋)能涉白水。"[3]乃先【六八】皈(歸),逗(須)者

① 清華大學出土文獻研究與保護中心編,李學勤主編:《清華大學藏戰國竹簡(貳)》,第168頁。
② 何琳儀:《戰國古文字典:戰國文字聲系》,第165頁。
③ 李松儒:《清華簡〈繫年〉集釋》,第204頁。

(諸)侯于匥(斷)衟(道)。[4]高之固至莆池,乃逃歸(歸)。齊三辟(嬖)夫= (大夫)南鄝(郭)子、鄭(蔡)子、安(晏)子銜(率)自(師)以【六九】會于匥(斷)衟(道)。既會者(諸)侯,郇(郤)之克乃敦(執)南鄝(郭)子、鄭(蔡)子、安(晏)子以歸(歸)。[5]齊回(頃)公回(圍)魯=(魯,魯)㥷(臧)孫晉(許)迈(躇)【七〇】晉求敎(援)。郇(郤)之克銜(率)自(師)救(救)魯,敗齊自(師)于㮚(靡)幵(笄)。[6]齊人爲成,以韄骼玉笒(爵)與臺于之【七一】田。[7]朙(明)戙(歲),齊回(頃)公朝于晉競(景)公,郇(郤)之克走,敎(援)齊侯之繡(帶),獻之競(景)公,曰:"齊侯之坒(來)也,【七二】老夫之力也。"【七三】[8]

六十五【六六背】 六十六【六七背】 六十七【六八背】

六十八【六九背】 六十九【七〇背】 卡=【七一背】

卡一【七二背】 卡二【七三背】

[疏證]

[1]晉競(景)公立八年,叞(隨)會銜(率)自(師),會者(諸)侯于匥(斷)道。

【整理者】《春秋》宣公十七年:"公會晉侯、衛侯、曹伯、邾子,同盟于斷道。"杜注:"斷道,晉地。"同年《左傳》云:"盟于卷楚。"注以斷道、卷楚爲同地,楊伯峻《春秋左傳注》推論其地在今河南濟源西南。①

【謹按】晉景公八年(前592),當魯宣公十七年,齊頃公七年,楚莊王二十二年。

隨會,晉卿。《左傳》文公十三年孔疏及《史記·趙世家》索隱引《世本》謂:"蔿生成伯缺,缺生武子會。"則士會是士蔿之孫,成伯之子。因食采於隨、范,所以稱"隨會"(《左傳》文公十三年)、"范會"(《左傳》昭公二十年),字季,謚武子。②

斷道,杜預注:"晉地。"③楊伯峻認爲在今濟源西南一帶。④

《春秋》宣公十七年:"己未,公會晉侯、衛侯、曹伯、邾子,同盟于斷

---

① 清華大學出土文獻研究與保護中心編,李學勤主編:《清華大學藏戰國竹簡(貳)》,第168頁。
② 楊伯峻:《春秋左傳注(修訂本)》,第471頁。
③ 《春秋左傳正義》卷24,《十三經注疏》,第4100頁。
④ 楊伯峻:《春秋左傳注(修訂本)》,第771頁。

道。"楊伯峻注:己未,六月十五日。①《左傳》宣公十七年:"夏,會于斷道,討貳也。盟于卷楚。"杜注:"卷楚即斷道。"②卷楚與斷道的關繫詳參本章疏證[5]。

簡文的"隨會率師",可與《左傳》互證。《左傳》宣公十七年載斷道之會後"秋八月,晉師還",惠棟補注引惠士奇説:"晉未嘗出師,而云'晉師還'者,豈斷道討貳之師歟?似有闕文。"楊伯峻不同意此説,曰:"然考定四年《傳》'君行師從,卿行旅從',則會盟可隨師旅。此或盟會之師旅還晉。"③簡文的"隨會率師"可證楊伯峻的猜測是正確的。

[2]公命郤(駒)之克先聘(聘)于齊,具(且)卲(召)高之固曰:【六六】"今萅(春)其會者(諸)侯,子亓(其)與臨之。"

【整理者】郤之克即郤克、郤獻子,《左傳》宣公十二年或稱"駒伯"。其子郤錡,成公十七年《傳》也稱"駒伯"。"郤"即"駒",當爲其封邑。聘齊事見《左傳》宣公十七年:"十七年春,晉侯使郤克徵會于齊。"高之固,即齊卿高固(高宣子)。與臨,參與、蒞臨。④

【謹按】《左傳》宣公十七年:"十七年春,晉侯使郤克徵會于齊。"杜注:"徵,召也。欲爲斷道會。"⑤

《左傳》未載郤克對高固的對話,但載此年斷道之會,齊頃公派高固等與會則與簡文一致。簡文謂斷道之會期在"今春",則與《春秋》《左傳》相異。《春秋》載此會在是年"己未",學者推斷在六月十五日⑥。《左傳》載:"夏,會于斷道。"則《春秋》《左傳》俱謂此會於是年"夏"。

公命駒之克先聘於齊:先,乃追述之辭。因郤克聘齊在斷道之會前。

今春其會諸侯,"其"乃時間副詞,將也。⑦ 子其與臨之,整理者將"與臨"連讀,認爲是參與、蒞臨之義。筆者認爲所釋未安,因古書罕見"與臨"如此用者。"與"此處是語氣詞,無意義。⑧ "子其與臨之"等同於"子其臨

---

① 楊伯峻:《春秋左傳注(修訂本)》,第771頁。
② 《春秋左傳正義》卷24,《十三經注疏》,第4100頁。
③ 楊伯峻:《春秋左傳注(修訂本)》,第774頁。
④ 清華大學出土文獻研究與保護中心編,李學勤主編:《清華大學藏戰國竹簡(貳)》,第168頁。
⑤ 《春秋左傳正義》卷24,《十三經注疏》,第4100頁。
⑥ 王韜推算在八月十六日,《春秋長曆考正校注》則認爲在六月十五日。楊伯峻認爲後者可從。楊伯峻:《春秋左傳注(修訂本)》,第771頁。
⑦ 具體例證可參楊樹達:《詞詮》卷4,第160~161頁。
⑧ "與"可用爲語氣詞,無意義,尤其是"其與"連用時。具體例證可參(清)王引之:《經傳釋詞》卷1,第4~5頁。

之",這裏的"其"也是語氣詞,表期望語氣。①

[3]齊同(頃)公使其女子自房审(中)觀郤▄之▄克▄(駒之克,駒之克)牺(將)受齊侯【六七】肯(幣),女子芺(笑)于房审(中),郤(駒)之克墜(降)堂而折(誓)曰:"所不遐(復)頵(仇)於齊,母(毋)能涉白水。"

【整理者】白水,指河。《左傳》僖公二十四年:公子曰:"所不與舅氏同心者,有如白水。"也是指河。簡文郤克則係以不能涉河歸晉爲誓。《左傳》宣公十七年:獻子怒,出而誓曰:"所不此報,無能涉河!"意同簡文。②

【謹按】幣,指玉帛。③

《左傳》宣公十七年:"齊頃公帷婦人使觀之。郤子登,婦人笑於房。獻子怒,出而誓曰:'所不此報,無能涉河!'"④將簡文與《左傳》相較,兩者很相似。

簡文謂"駒之克將受齊侯幣",《左傳》謂"郤子登"。兩者可互證,疑《左傳》之"登"正乃郤克"受齊侯幣"之舉。

簡文謂"駒之克降堂而誓",《左傳》謂"獻子怒,出而誓"。關於後者之"出",司馬遷謂"出"乃出齊境,故《晉世家》曰:"歸至河上,曰:'不報齊者,河伯視之。'"謂其誓於所謂河神也。⑤據簡文,司馬遷的理解蓋有誤,此"出"正對應簡文之"降堂"。《説文·户部》:"房,室在旁也。"段注:"凡堂之内,中爲正室,左右爲房,所謂東房西房也。"⑥據此,則郤克入堂在正室受幣,女子在房中笑。然後郤克"降堂",即《左傳》所謂"出"。另外,簡文的"降"正對應《左傳》之"登"。

簡文謂笑郤克者是"女子",而《左傳》謂是"婦人"。關於此婦人之身份,古有二説。一説是齊頃公母蕭同叔(侄)子。《左傳》成公二年載鞌之戰後,郤克"必以蕭同叔子爲質",齊人對曰:"蕭同叔子非他,寡君之母也。"⑦杜注:同叔,蕭君之字,齊侯外祖父。子,女也。難斥言其母,故遠言之。《公羊傳》成公二年:"前此者,晉郤克與臧孫許同時而聘于齊。蕭同侄子者,齊君之母也。"何休注:"蕭同,國名。侄子者,蕭同君侄娣之子嫁

---

① "其"表示期望語氣。可參裴學海:《古書虛詞集釋》卷5,北京:中華書局,2004年,第413頁。
② 清華大學出土文獻研究與保護中心編,李學勤主編:《清華大學藏戰國竹簡(貳)》,第168頁。
③ 錢玄、錢興奇:《三禮辭典》,南京:鳳凰出版社,2014年,第721頁。
④ 楊伯峻:《春秋左傳注(修訂本)》,第772頁。
⑤ 楊伯峻:《春秋左傳注(修訂本)》,第772頁。
⑥ (清)段玉裁注,許惟賢整理:《説文解字注》卷12上,第1019頁。
⑦ 《春秋左傳正義》卷25,《十三經注疏》,第4114頁。

於齊,生頃公。"①《穀梁傳》成公二年:"蕭同侄子處臺上而笑之。"范寧注:"蕭,國也。同,姓也。侄子,字也。其母更嫁齊惠公,生頃公。"②《史記·晉世家》:"[晉景公]八年,使郤克於齊,齊頃公母從樓上觀而笑之。"③另一説是齊頃公夫人。《史記·齊世家》:"[齊頃公]六年春,晉使郤克於齊,其使婦人帷而觀之。郤克上,夫人笑之。"④劉文淇曰:"以婦人爲頃公夫人。史公蓋采雜説,其作齊頃公六年,亦誤。"⑤

簡文謂"所不復仇於齊,毋能涉白水",《左傳》謂"所不此報,無能涉河"。《左傳》僖公二十四年載晉文公重耳由秦返晉,"及河,子犯以璧授公子曰:'臣負羈紲從君巡於天下,臣之罪甚多矣。臣猶知之,而況君乎! 請由此亡。'公子曰:'所不與舅氏同心者,有如白水。'"杜注:"子犯,重耳舅也,言與舅氏同心之明,如此白水,猶《詩》言'謂予不信,有如曒日'。"孔疏:"諸言'有如',皆是誓辭。有如日,有如河,有如曒日,有如白水,皆取明白之義。言心之明白如日、如水也。有如上帝、有如先君,言上帝先君明見其心,意亦同也。"⑥據此,則"白水"猶言"河"。

[4] 乃先【六八】歸(歸),遉(須)者(諸)侯于𣃘(斷)𨒡(道)。

【謹按】《左傳》宣公十七年:"獻子先歸,使欒京廬待命于齊,曰:'不得齊事,無復命矣。'郤子至,請伐齊,晉侯弗許。請以其私屬,又弗許。""郤子至",楊伯峻注:"至于晉國","夏,會于斷道,討貳也。盟于卷楚,辭齊人。"楊伯峻注:"郤克未完成使命而返國,故云'先歸'。"⑦

簡文謂"先歸"乃亦就郤克未完成使命而返國言。《左傳》謂郤克先歸晉請求伐齊,然後會於斷道,簡文不載此事。

[5] 高之固至莆池,乃逃歸(歸)。齊三辟(嬖)夫 = (大夫)南臯(郭)子、鄵(蔡)子、安(晏)子銜(率)自(師)以【六九】會于𣃘(斷)𨒡(道)。既會者(諸)侯,郤(駒)之克乃敕(執)南臯(郭)子、鄵(蔡)子、安(晏)子以歸(歸)。

【整理者】《左傳》宣公十七年:"齊侯使高固、晏弱、蔡朝、南郭偃會。及斂盂,高固逃歸。夏,會于斷道,討貳也。盟于卷楚。"斂盂,衛地,今河南

---

① 《春秋公羊傳注疏》卷17,《十三經注疏》,第4973頁。
② 《春秋穀梁傳注疏》卷13,《十三經注疏》,第5249頁。
③ 《史記》卷39,第2023頁。
④ 《史記》卷32,第1811頁。
⑤ (清)劉文淇:《春秋左傳舊注疏證》,第751頁。
⑥ 《春秋左傳正義》卷15,《十三經注疏》,第3942頁。
⑦ 楊伯峻:《春秋左傳注(修訂本)》,第772頁。

濮陽東南,簡文之"莆池"疑在此地。嬖大夫,《國語·吳語》韋昭注:"下大夫也。"鄀,從戔聲,元部字,與月部"蔡"字對轉。①

【謹按】《繫年》裏的"蔡"有兩種寫法:一是作爲國名或地名,通常加"邑"旁,寫作"䢜";二是作爲姓氏,寫作"鄀"。②

《左傳》宣公十七年:"齊侯使高固、晏弱、蔡朝、南郭偃會。及斂盂,高固逃歸。夏,會于斷道,討貳也。盟于卷楚,辭齊人。晉人執晏弱于野王,執蔡朝于原,執南郭偃于溫。"③"晉人"執晏弱、蔡朝、南郭偃,此"晉人"何指?竹添光鴻推測是郤克,他説:"蓋郤克欲致齊侯於斷道以辱之,此行必從晉侯而會矣,虐執三子,當是郤克之爲。"④由簡文可知此推測是正確的。另外,司馬遷説郤克執並且殺了齊使者,《史記·齊世家》:"齊使至晉,郤克執齊使者四人河内,殺之。"⑤梁玉繩曰:"宣十七年《左傳》,晉徵會于齊,使高固、晏弱、蔡朝、南郭偃會,高固先逃歸,晉執三子,及苗賁皇言于晉侯,以緩得先後逸去。何嘗有殺四人于河内之事?《史通》已糾其謬矣。"⑥

關於三子被郤克所執之時間,《左傳》謂"夏,會于斷道,討貳也",則斷道之會時三子可能參加,而卷楚之盟時"辭齊人",則被執當在斷道之會前後。⑦ 簡文謂"既會諸侯",則是在斷道之會後。另外,據此可知"斷道"與"卷楚"不同地,但相距不遠。關於"斷道"和"卷楚",杜預注:"卷楚即斷道。"⑧竹添光鴻箋曰:"[卷楚]蓋斷道中小名也。"楊伯峻注:"沈欽韓《補注》則以斷道與《傳》之'卷楚'爲一地,而以在今河南省原陽縣西漢之卷縣當之,亦未必可據。"⑨陳立曰:"如《左傳》文,上云'會于斷道,討貳也,盟于卷楚,辭齊人',似斷道與卷楚二地。"⑩楊伯峻曰:"縱是二地,亦當相距不遠。"⑪陳立與楊伯峻説可合而觀之。

關於高固逃歸的地點,《左傳》謂在"斂盂",楊伯峻注:"斂盂,衛地,在

---

① 清華大學出土文獻研究與保護中心編,李學勤主編:《清華大學藏戰國竹簡(貳)》,第168頁。
② 李松儒:《試析〈繫年〉中一詞多形現象》,李守奎:《清華簡〈繫年〉與古史新探》,第479~480頁。
③ 楊伯峻:《春秋左傳注(修訂本)》,第772~773頁。
④ 〔日〕竹添光鴻注:《左氏會箋》,第939頁。
⑤ 《史記》卷32,第1811頁。
⑥ (清)梁玉繩:《史記志疑》卷17,第859頁。
⑦ 楊伯峻注:"拒絶齊人參與。"楊伯峻:《春秋左傳注(修訂本)》,第773頁。
⑧ 《春秋左傳正義》卷24,《十三經注疏》,第4100頁。
⑨ 楊伯峻:《春秋左傳注(修訂本)》,第771頁。
⑩ (清)陳立:《公羊義疏》卷49,第1891頁。
⑪ 楊伯峻:《春秋左傳注(修訂本)》,第773頁。

今河南省濮陽縣東南。"①簡文謂在"莆池",其與"斂盂"蓋一地二名,或大小地名之關繫。

簡文謂晏弱、蔡朝、南郭偃會爲"三嬖大夫"。杜預注:"執三子,不書,非卿。"②"嬖大夫",簡文指下大夫。"嬖大夫"有二義。一指下大夫,如《左傳》昭公七年載鄭亞大夫罕朔逃至晉國,按照當時的禮儀應該降一等,晉卿韓宣子讓其"使從嬖大夫"。杜注:"爲子產故,使降等,不以罪降。"孔疏:"子產數遊楚云:'子晳,上大夫;女,嬖大夫,不尊貴也。'則晉之嬖大夫,亦是下大夫。子產云:朔,亞大夫也。今晉侯使朔爲下大夫,故杜云:'爲子產故,使降一等,不以罪降。'"③《左傳》昭公元年:"子晳,上大夫;女,嬖大夫,而弗下之,不尊貴也。"楊伯峻注:"晉、鄭、吳謂下大夫爲嬖大夫。"④《左傳》哀公五年:"鄭駟秦富而侈,嬖大夫也。"楊伯峻注:"嬖大夫即下大夫。"⑤據簡文,齊、楚也有"嬖大夫"之稱。二指受寵倖之大夫,如《左傳》昭公二十年載齊景公有大夫曰梁丘據與裔款,杜注:"二子,齊嬖大夫。"⑥楊伯峻注:"據杜注,皆景公所寵倖之大夫。"⑦《左傳》定公六年載:"衛侯怒,使彌子瑕追之。"杜注:"彌子瑕,衛嬖大夫。"⑧楊伯峻注:"彌子瑕,衛靈公寵倖之臣。"⑨

高固蓋爲出使晉的正使。《左傳》宣公十七年:"晉人執晏弱于野王,執蔡朝于原,執南郭偃于溫。"劉文淇疏證:"按四子皆齊大夫。"⑩據此,則高固也爲大夫。又,《左傳》宣公十七年:"齊侯使高固、晏弱、蔡朝、南郭偃會。及斂盂,高固逃歸。夏,會于斷道,討貳也。辭齊人。盟于卷楚。"劉文淇疏證引《讀本》:"晉以正使逃,辭齊不與會。"⑪據此,則高固爲正使。

[6]齊同(頃)公回(圍)魯═(魯,魯)臤(臧)孫訐(許)迈(遯)【七〇】晉求敚(援)。郤(郤)之克衛(率)自(師)救(救)魯,敗齊自(師)于桒(靡)开(笄)。

---

① 楊伯峻:《春秋左傳注(修訂本)》,第452頁。
② 《春秋左傳正義》卷24,《十三經注疏》,第4100頁。
③ 《春秋左傳正義》卷44,《十三經注疏》,第4453頁。
④ 楊伯峻:《春秋左傳注(修訂本)》,第1213頁。
⑤ 楊伯峻:《春秋左傳注(修訂本)》,第1631頁。
⑥ 《春秋左傳正義》卷49,《十三經注疏》,第4544頁。
⑦ 楊伯峻:《春秋左傳注(修訂本)》,第1415頁。
⑧ 《春秋左傳正義》卷55,《十三經注疏》,第4648頁。
⑨ 楊伯峻:《春秋左傳注(修訂本)》,第1556頁。
⑩ (清)劉文淇:《春秋左傳舊注疏證》,第752頁。
⑪ (清)劉文淇:《春秋左傳舊注疏證》,第752頁。

【整理者】《春秋》成公二年僅云:"二年,春,齊侯伐我北鄙。"《左傳》記有齊"圍龍。……三日,取龍,遂南侵及巢丘"等情節。臧孫許卽臧宣叔。如晉乞師、主郤獻子(卽郤克)等事,詳見《左傳》成公二年。《左傳》成公二年:"郤克將中軍,士燮將上軍,欒書將下軍,韓厥爲司馬,……臧宣叔逆晉師,且道(導)之。季文子帥師會之。……六月壬申,師至於靡笄之下。"杜注:"靡笄,山名。"並詳述次日鞌之戰敗齊經過。簡文"𣯳"下從"林",《説文》"麻"字云"與林同",故"𣯳"卽"磨"字,與"靡"通讀。靡笄,山名,楊伯峻《春秋左傳注》以爲卽今山東濟南千佛山。①

【謹按】簡文所載事發生於晉景公十一年(前589),當魯成公二年,齊頃公十年。

靡笄,《釋文》:"靡……又音摩。"② 马瑞辰曰:"靡、摩古通用。《左傳》'師次于靡笄之山',靡笄卽摩笄也。《廣雅》:'靡,爲也。'靡從䃺省,卽摩字假借。"③ 按,"䃺"卽"磨"本字,整理者謂簡文"𣯳"卽"磨"字,二者相合。

齊頃公圍魯。《春秋》成公二年:"二年春,齊侯伐我北鄙。"同年《左傳》載:"二年春,齊侯伐我北鄙,圍龍。……三日,取龍。遂南侵,及巢丘。"據《左傳》,簡文所謂"圍魯"具體是指圍魯之龍邑。楊伯峻注:"龍,在今山東泰安縣東南。"④

魯臧孫許躧晉求援。《左傳》成公二年:"臧宣叔亦如晉乞師。皆主郤獻子。"杜注:"宣十七年,郤克至齊,爲婦人所笑,遂怒。故魯、衛因之。孫桓子、臧宣叔皆不以國命,各自詣郤克,故不書。"⑤

駒之克率師救魯,敗齊師于靡笄。《春秋》成公二年:"六月癸酉,季孫行父、臧孫許、叔孫僑如、公孫嬰齊帥師會晉郤克、衛孫良夫、曹公子首及齊侯戰于鞌,齊師敗績。"⑥《左傳》成公二年:"郤克將中軍,士燮佐上軍,欒書將下軍,韓厥爲司馬,以救魯、衛。臧宣叔逆晉師,且道之。季文子帥師會之。……師從齊師于莘。六月壬申,師至于靡笄之下。……癸酉,師陳于鞌。邴夏御齊侯,逢丑父爲右。晉解張御郤克,鄭丘緩爲右。……齊師敗績。"《左傳》認爲晉敗齊在鞌,而簡文則認爲在靡笄。靡笄蓋在今山東省

---

① 清華大學出土文獻研究與保護中心編,李學勤主編:《清華大學藏戰國竹簡(貳)》,第168~169頁。
② 《春秋左傳正義》卷25,《十三經注疏》,第4112頁。
③ (清)馬瑞辰:《毛詩傳箋通釋》卷26,第951頁。
④ 楊伯峻:《春秋左傳注(修訂本)》,第786頁。
⑤ 《春秋左傳正義》卷25,《十三經注疏》,第4111頁。
⑥ 楊伯峻:《春秋左傳注(修訂本)》,第785、789~792頁。

濟南市千佛山;"鞌"同"鞍",卽歷下,在今濟南市西偏。①

[7]齊人爲成,以輶骼玉竽(爵)與鼂于之【七一】田。

【整理者】此句疑應乙爲:"骼(賂)以輶(獻)、玉竽與鼂于之田。""輶"字,匣母元部,與金文多作"獻"(曉母元部)的"甗"通讀。"竽"字見戰國青銅器郘大府量(《集成》10370),筒形器。一説爲"篍",樂器,《説文》云爲"小管"。淳于,齊地名,在今山東省安丘東北。《左傳》成公二年云:"齊侯使賓媚人(卽國佐)賂以紀甗、玉磬與地。"杜預《春秋經傳集解後序》引《紀年》云"齊國佐來獻玉磬、紀公之甗",與傳文合。②

【謹按】"竽"字,暮四郎讀爲"爵",李松儒從之③,修訂版《文字編》從之④,可信。

齊人爲成,以輶骼玉爵與鼂于之田。《左傳》成公二年:"齊侯使賓媚人(卽國佐)賂以紀甗、玉磬與地。"杜預《春秋經傳集解後序》引《竹書紀年》云"齊國佐來獻玉磬、紀公之甗",楊伯峻據此推斷紀甗、玉磬是齊頃公賂郤克的⑤,土地是歸還魯、衛兩國的⑥。《春秋》《左傳》謂歸還魯地之田爲"汶陽之田",簡文謂此地是"鼂于之田",田地之名相異,二者關繫待考。

鼂,整理者讀爲"淳",⑦不確。淳于屬於杞國都邑,與簡文不能對應。《春秋》隱公四年:"四年春王二月,莒人伐杞,取牟婁。"杜注:"杞國本都陳留雍丘縣。推尋事跡,桓六年,淳于公亡國,杞似並之,遷都淳于;僖十四年,又遷緣陵;襄二十九年,晉人城杞之淳于,杞又遷都淳于。"⑧據此,淳于爲杞都。淳于,今山東安丘東北三十里之杞城。⑨

據《春秋》《左傳》,鞌之戰後齊歸還魯地之田爲"汶陽之田"。《左傳》成公二年:"秋七月,晉師及齊國佐盟於爰婁。使齊人歸我汶陽之田。"《左傳》成公三年:"夏,公如晉,拜汶陽之田。"《左傳》成公八年載魯大夫季文子對晉侯使者韓穿曰:"汶陽之田,敝邑之舊也,而用師於齊,使歸諸敝

---

① 楊伯峻:《春秋左傳注(修訂本)》,第970、971頁。
② 清華大學出土文獻研究與保護中心編,李學勤主編:《清華大學藏戰國竹簡(貳)》,第169頁。
③ 李松儒:《清華簡〈繫年〉集釋》,第210~211頁。
④ 李學勤主編,沈建華、賈連翔編:《清華大學藏戰國竹簡(壹—叁)文字編(修訂本)》,第423頁。
⑤ 國佐賂晉紀甗、玉磬與地後,《左傳》成公二年載"晉人不可,曰:必以蕭同叔子爲質",言此者正是郤克。楊伯峻:《春秋左傳注(修訂本)》,第797頁。
⑥ 楊伯峻:《春秋左傳注(修訂本)》,第797頁。
⑦ 清華大學出土文獻研究與保護中心編,李學勤主編:《清華大學藏戰國竹簡(貳)》,第167頁。
⑧ 《春秋左傳正義》卷3,《十三經注疏》,第3743頁。
⑨ 楊伯峻:《春秋左傳注(修訂本)》,第837頁。

邑。"楊伯峻注:"用師指鞌之戰。汶陽之田因鞌之戰逼齊還魯。"①

[8]昷(明)戠(歲),齊同(頃)公朝于晉竟(景)公,郘(駒)之克走,歕(援)齊侯之縛(帶),獻之竟(景)公,曰:"齊侯之坒(來)也,【七二】老夫之力也。"【七三】

【整理者】援,《説文》:"引也。"《左傳》成公三年記"齊侯朝于晉",云:"齊侯朝于晉,將授玉。郤克趨進曰:'此行也,君爲婦人之笑辱也,寡君未之敢任。'"與簡文異。②

【謹按】明歲,即魯成公三年(前588,晉景公十二年,齊頃公十一年)。關於此次齊頃公朝晉,《左傳》與《國語》所載不同,簡文略似《國語》。《左傳》成公三年:"齊侯朝于晉,將授玉。郤克趨進曰:'此行也,君爲婦人之笑辱也,寡君未之敢任。'"《國語·晉語五》:

> 靡笄之役也,郤獻子伐齊。齊侯來,(韋昭注:"齊侯以靡笄之役故服而朝晉,在魯成三年。"徐元誥按:"齊侯,齊頃公也。來,來朝也。《內傳》云:'齊侯朝於晉。'")獻之以得殞命之禮,曰:"寡君使克也,不腆敝邑之禮,爲君之辱,敢歸諸下執政,以憖御人。"苗棼皇曰:"郤子勇而不知禮,矜其伐而恥國君,其與幾何?"③

簡文"駒之克走"之"走"與《左傳》"郤克趨進"之"趨"同,《説文·走部》:"趨,走也。"

簡文所謂"援齊侯之帶,獻之景公",蓋即《國語》所謂"獻之以得殞命之禮",詳參本章考證部分之"《繫年》所載鞌之戰後齊頃公朝晉事考"。

老夫,蓋是年齡較大的大夫之自稱,但於國君前自稱確有傲慢之意,詳參本章考證部分之"《繫年》所載鞌之戰後齊頃公朝晉事考"。

力,功也。《國語·晉語五》:"靡笄之役,郤獻子見,公曰:'子之力也夫!'"韋昭注:"力,功也。"④

[譯文]

晉景公即位第八年,隨會率領軍隊,在斷道會合諸侯。在此會之前,晉公命駒之克聘問齊國,並且讓高之固前來,説:"今年春天將要會合諸侯,請

---

① 楊伯峻:《春秋左傳注(修訂本)》,第34、1201頁。
② 清華大學出土文獻研究與保護中心編,李學勤主編:《清華大學藏戰國竹簡(貳)》,第169頁。
③ 徐元誥:《國語集解(修訂本)》卷11,第383頁。
④ 徐元誥:《國語集解(修訂本)》卷11,第383頁。

您到時蒞臨。"齊頃公讓女子在房中觀看駒之克,駒之克在打算接受齊侯給的玉帛時,聽到房中有女子發出笑聲,駒之克從正室出來後發誓説:"如果不能向齊國報仇,就不能渡過黃河。"於是就先回國,在斷道等候諸侯。高之固到了莆池,又逃跑回到齊國。齊國的三位下大夫郭子、蔡子、晏子率領軍隊來斷道會盟。在諸侯盟會之後,駒之克就扣押了郭子、蔡子、晏子並帶回晉國。齊頃公圍攻魯國,魯國大夫臧孫許到了晉國尋求援助。駒之克率領軍隊援救魯國,在靡笄打敗了齊國軍隊。齊國人求和,送來了鞍骼、玉爵和臺于之田。第二年,齊頃公朝見晉景公,駒之克小步走向前,牽着齊侯的衣帶,將齊頃公交給景公,説:"齊侯之所以能來晉國,都是老夫的功勞。"

[解題]

本章主要圍繞晉卿郤克被齊頃公之母(一説是夫人)嘲笑引發晉、齊鞌之戰而展開敘事。

齊國在城濮之戰後,經常保持中立,未參與晉、楚的爭霸,但此絶非爲齊所情願,鞌之戰正是齊試圖與晉分庭抗禮之嘗試。而結果,齊國在鞌之戰中慘遭失敗,受到了重創,因此祇能充當服從於稱霸國家的次一等的諸侯國。

簡文所載主要有以下史事:

第一,鞌之戰的導火綫——晉卿郤克(簡文稱"駒之克")被嘲笑事。簡文載晉景公八年(前592,魯宣公十七年),晉卿隨會率師在晉地斷道(今河南濟源西南)會見諸侯。在此之前,晉景公曾派郤克聘於齊,並對齊國的卿高固説:"今年春天將要會合諸侯,請您到時蒞臨。"齊頃公使女子從房中偷窺。由於郤克是跛子,其在上台階接受齊頃公之幣時,此女子在房中笑出聲來。郤克受完幣下堂,發誓曰:"如果不能向齊報仇,就不能渡過黃河。"於是先歸晉國,在斷道等待諸侯參會。齊卿高固得知此事後,在前往斷道之會途中的莆池就逃歸齊國。斷道之會後,郤克抓獲了齊國的三位孽大夫,帶歸晉國。

第二,鞌之戰,簡文稱爲"靡笄"之戰。魯成公二年(前589,晉景公十一年)齊頃公圍魯,魯大夫臧孫許至晉求援。郤克率師救魯,並在靡笄大敗齊師。齊人與晉求和,其條件是把鞍骼玉爵與淳于之田給晉國。

第三,鞌之戰後齊頃公朝晉。明年(前588,魯成公三年,晉景公十二年,齊頃公十一年),齊頃公朝見晉景公。郤克説:"齊侯之所以能來,這是老夫的功勞。"

[問題]

第一，斷道之盟的時間。《左傳》謂在魯宣公十七年"夏"，而《繫年》却謂在"春"。我們對二者的差異及其原因進行了討論。

第二，《繫年》所載鞌之戰後齊頃公朝晉事。鞌之戰後齊頃公朝見晉景公事，《左傳》《國語》記載卽有不同，而且後者記述在此次朝見中，郤克讓齊頃公行"隕命之禮"，但關於此禮之記載却頗含糊。《繫年》簡文與傳世文獻的記載又有很大差異。我們結合簡文對"隕命之禮"進行了探討，並對簡文與傳世文獻進行了對比分析。

[考證]

一、斷道之盟的時間考

《春秋》宣公十七年："己未，公會晉侯、衛侯、曹伯、邾子，同盟于斷道。"杜注："斷道，晉地。"楊伯峻注：己未，六月十五日①。

《左傳》宣公十七年："夏，會于斷道，討貳也。盟于卷楚。"杜注："卷楚卽斷道。"②

據上引《春秋》《左傳》文，則斷道之盟應在夏，具體在己未日。但是《繫年》所載不同，其曰在此年春。

《繫年》第十四章載："晉景公立八年，隨會率師，會諸侯于斷道。公命駒之克先聘于齊，且召高之固曰：今春其會諸侯，子其與臨之。"這裏的"今春其會諸侯"卽今年春天將會諸侯，指斷道之會。可見，關於斷道之盟的時間，二者記述有歧異。這種歧異的出現，可能有兩個原因：

一爲正式的盟會應該在夏，但高固作爲正使得提前到，時間應在此年春。此說於《左傳》有證。《左傳》宣公十七年："齊侯使高固、晏弱、蔡朝、南郭偃會，及斂盂，高固逃歸。夏，會于斷道。"據此則簡文與《左傳》無異。

二是可能《左傳》與《繫年》所用的建正不同。斷道之會的具體時日，

---

① 楊伯峻：《春秋左傳注（修訂本）》，第771頁。
② 《春秋左傳正義》卷24，《十三經注疏》，第4100頁。

上引《春秋》僅謂在"己未",王韜推得爲八月十六日,楊伯俊認爲當爲六月十五日。此年爲建丑①,簡文謂在"春",而楚建正應爲卯、辰、巳,但具體未知。

二、《繫年》所載鞌之戰後齊頃公朝晉事考

鞌之戰次年,作爲戰敗國君主的齊頃公朝見晉景公。關於齊頃公朝見時的禮儀與郤克和齊頃公的對話,傳世文獻記載有較大差異。《繫年》對此亦有相關記載,這有助於我們揭示造成這種差異之緣由,並借此釐清其源流。

(一)《左傳》與《史記》所載的對比

(1)《左傳》成公三年:"齊侯朝于晉,將授玉。郤克趨進曰:'此行也,君爲婦人之笑辱也,寡君未之敢任。'"②

(2)《史記·齊世家》:"[齊頃公]十一年,……齊頃公朝晉,欲尊王晉景公,晉景公不敢受,乃歸。"③

(3)《史記·晉世家》:"[晉景公]十二年冬,齊頃公如晉,欲上尊晉景公爲王,景公讓不敢。"④

上述記載相互差距較大,但還是有一些綫索可以得出。(2)(3)中,司馬遷謂齊頃公想尊晉景公"爲王"。對此,學者一般認爲司馬遷此觀點是根據《左傳》而來的,其錯誤地將"玉"解釋爲"王",例如楊伯峻就說:

> 古代諸侯相見,有"授玉""受玉"之禮,六年《傳》云"鄭伯如晉拜成,授玉於東楹之東",定十五年《傳》云"邾隱公來朝,邾子執玉高,公受玉卑",均可以爲證。……司馬遷解"授玉"爲"尊爲王",或是認"玉"字爲"王"字之故。說詳孔疏、惠棟補注、齊召南考證、沈欽韓補注。⑤

我們認同楊說。

---

① 王韜說乃據楊伯峻所引。楊伯峻:《春秋左傳注(修訂本)》,第771頁。
② 楊伯峻:《春秋左傳注(修訂本)》,第815~816頁。
③ 《史記》卷32,第1813頁。
④ 《史記》卷39,第2024頁。
⑤ 楊伯峻:《春秋左傳注(修訂本)》,第815頁。

(二)《左傳》《國語》《繫年》的對比

(4)《國語·晉語五》：靡笄之役也，郤獻子伐齊。齊侯來，(韋昭注："齊侯以靡笄之役故服而朝晉，在魯成三年。"徐元誥按："齊侯，齊頃公也。來，來朝也。《內傳》云：'齊侯朝於晉。'")獻之以得殞命之禮，曰："寡君使克也，不腆敝邑之禮，爲君之辱，敢歸諸下執政，以慜御人。"苗棼皇曰："郤子勇而不知禮，衿其伐而恥國君，其與幾何？"①

(5)《繫年》第十四章：明歲，齊頃公朝于晉景公，駒之克走，援齊侯之帶，獻之景公，曰："齊侯之來也，老夫之力也。"

將(1)(4)(5)相對比，我們可以看到以下相異處：

第一，(1)言"齊侯朝于晉"，(4)言"齊侯來"，(5)言"齊頃公朝于晉景公"。今按，(5)中"齊頃公朝于晉景公"，同於(1)中"齊侯朝于晉"，且後者簡明扼要。(4)謂"齊侯來"，表意不明確，後省"晉"字，因此爲《晉語》，當然以"晉"爲主，故亦恰當。值得注意的是，(1)(5)均謂齊頃公朝見晉景公，故二者應行朝聘禮，(1)中所謂的"授玉"等禮儀可證；而(4)中言"齊侯來"，是否朝聘則未知，僅謂"獻之以得殞命之禮"。

所謂"獻之以得殞命之禮"，韋昭注謂："獻，致饗也。獻籩豆之數，如征伐所獲國君之獻禮。以得，言不得也。伐國獲君，若秦獲晉惠，是爲殞命。今齊雖敗，頃公不見得，非殞命也。"②據韋注，則所獻的是"籩豆之數，如征伐所獲國君之獻禮"，這顯然不是朝聘禮。

第二，(5)中"駒之克走"，同於(1)"郤克趨進"。簡文"駒之克走"之"走"與《左傳》"郤克趨進"之"趨"同，《說文·走部》："趨，走也。"關於"郤克趨進"，楊伯峻注："郤克時爲上擯(主人方面行禮時首席輔助人員)，在中庭，而兩君在堂上。欲乘授玉之際進言，必須抵阼階(東階)之西。由中庭進至阼階西，相距較遠，故必須趨進，否則難及。同時又以趨進示恭敬。"③

第三，(4)言郤克對齊頃公行殞命之禮，而(1)未言。但(4)中所謂的"殞命之禮"的具體儀式如何，文中未詳細說明。值得注意的是(5)言"駒之克走，援齊侯之帶，獻之景公"，這是何種禮儀，簡文亦未言。那麼，(4)

---

① 徐元誥：《國語集解(修訂本)》卷11，第383頁。
② 徐元誥：《國語集解(修訂本)》卷11，第383頁。
③ 楊伯峻：《春秋左傳注(修訂本)》，第815頁。

中所謂的"殞命之禮"究竟與(5)中所載是何種關繫呢?

第四,(1)(4)(5)中郤克所言亦不同。(1)謂"此行也,君爲婦人之笑辱也,寡君未之敢任",(4)言"君使克也,不腆敝邑之禮,爲君之辱,敢歸諸下執政,以懲御人",此二者均爲郤克對齊頃公所言。(5)言"齊侯之來也,老夫之力也",此爲郤克對晉景公所言。

但是(4)(5)亦有相同處,即二者均顯示出郤克炫耀自己功勞與不知禮。(4)中苗棼皇明言"郤子勇而不知禮,矜其伐而恥國君,其與幾何",而(5)中郤克之語亦明顯有驕矜之意。這裏需要考慮的是(4)中苗棼皇所言"郤子勇而不知禮,矜其伐而恥國君,其與幾何"這句話之所指。

何謂"郤子勇而不知禮"? 清人李鍇曰:"言齊雖敗,頃公不見得非隕命也。"①亦即郤克對齊頃公行殞命之禮,故郤克不知禮。那麼何謂"殞命之禮",爲何郤克對齊頃公行此禮被認爲不知禮?

何謂"矜其伐而恥國君"? "恥國君"或可解釋爲對齊頃公行了殞命之禮,"矜其伐"在(4)中反映不出來,但是在(5)中却能顯示出來。我們認爲,(4)(5)分則兩傷,合則俱美。(4)中所謂的"殞命之禮"即(5)中所謂的"援齊侯之帶,獻之景公",而(4)中所謂的"矜其伐"亦可對應於(5)中所謂的"齊侯之來也,老夫之力也"。下面我們對這一説法進行進一步論證。

(三)《國語》中所謂"殞命之禮"即《繫年》之"援齊侯之帶,獻之景公"

《國語》載晉、齊靡笄之戰後,作爲戰敗國國君的齊頃公朝見晉景公,齊頃公被"獻之以得殞命之禮"。"獻之以得殞命之禮",韋昭注:

獻,致饗也。獻籩豆之數,如征伐所獲國君之獻禮。以得,言不得也。伐國獲君,若秦獲晉惠,是爲殞命。今齊雖敗,頃公不見得,非殞命也。故苗棼皇以郤克不知禮。《司馬法》曰:"其有殞命,行禮如會所,爭義不爭利。"②

《國語》此處雖出現了"殞命之禮"的名稱,但究竟儀式如何,《國語》未載。對此,韋昭注引《司馬法》以釋"殞命"。值得注意的是,"殞命之禮"又見於唐代孔穎達(引服虔)所引《司馬法》,但二人所引却相異。

---

① (清)李鍇:《尚史》卷43,清文淵閣四庫全書本。
② 徐元誥:《國語集解(修訂本)》卷11,第383頁。

《左傳》成公二年載鞌之戰中俘獲了齊頃公(實爲逢丑父假扮,晉人信以爲真),"韓厥執縶馬前,再拜稽首,奉觴加璧以進"。孔疏曰:

> 襄二十五年"鄭公孫舍之帥師入陳"傳曰:"陳侯免,擁社","子展執縶而見,再拜稽首,承飲而進獻。"事與此同,唯無璧耳。蓋古者有此禮。彼雖敗績,猶是國君,故戰勝之將,示之以臣禮事之,不忍卽加屈辱,所以申貴賤之義。《晉語》云:"靡笄之役,却獻子伐齊。齊侯來,獻之以得殞命之禮也。"服虔引《司馬法》:"其有殞命以行禮,如會所用儀也。若殞命,則左結旗,司馬授飲,右持苞壺,左承飲以進。"杜不引之者,蓋彼此不甚相當故也。①

按,韋昭與孔穎達所引的《司馬法》相異,對此有兩種可能:其一,他們所根據的材料不同;其二,他們所引皆爲《司馬法》原文,衹是所引的片段不同。對此,學者多傾向於第二種可能。田旭東卽持此說。② 陳建樑說的更具體,他說:"韋氏所引《司馬法》之文,顯然比較服注所引爲簡略,且二者偏重,又各有不同:服注所引一條,在說明禮節的儀式,韋氏所引則在說明其禮的精神所在。觀乎兩漢以來諸家及文集所引用《司馬法》的佚文,可見其書條文與釋意兼有,故服、韋所引或皆《司馬法》的原文,衹是二者引援的片段不同,而並非各自根據不同的材料。"③我們亦持此種看法。

但是我們也注意到,《司馬法》所講的"殞命之禮",與上引《國語》《左傳》之語境還是有不合處,主要有二:

其一,三者的儀式不同。如孔穎達所引的《司馬法》的儀式有"左結旗,司馬授飲,右持苞壺,左承飲以進";而《左傳》成公二年韓厥所行禮是"執縶馬前,再拜稽首,奉觴加璧以進",襄公二十五年子展所行禮是"執縶而見,再拜稽首,承飲而進獻"。這點孔穎達已經看出,故他說"杜不引之者,蓋彼此不甚相當故也"。至於韋昭所言"獻籩豆之數,如征伐所獲國君之獻禮",清代學者皮錫瑞說:"但如韋注,則殞命之禮謂籩豆禮數,亦非軍中所有,疏引證亦不盡合。"④

其二,二者的意義不同。韋昭所引《司馬法》是"其有殞命,行禮如會

---

① 《春秋左傳正義》卷25,《十三經注疏》,第4113頁。
② 田旭東:《關於〈司馬法〉的幾個問題》,《西北大學學報(哲學社會科學版)》1987年第4期,第109~110頁。
③ 陳建樑:《先秦"殞命之禮"考辨》,錢伯誠主編:《中華文史論叢》第54輯,上海:上海古籍出版社,1995年,第116頁。
④ (清)皮錫瑞:《師伏堂經說》,吳仰湘編:《皮錫瑞全集》第5冊,第39頁。

所,争義不争利",誠如孔穎達説,行殞命之禮是"彼雖敗績,猶是國君,故戰勝之將,示之以臣禮事之,不忍即加屈辱,所以申貴賤之義",這無疑是合於禮的;而《國語》載郤克行此禮,苗棼皇却認爲"郤子勇而不知禮,矜其伐而恥國君":這二者顯然是矛盾的。

韋昭已經意識到這種矛盾,故他委曲説"以得,言不得也。伐國獲君,若秦獲晉惠,是爲殞命。今齊雖敗,頃公不見得,非殞命也。故苗棼皇以郤克不知禮",即郤克未能讓齊頃公行殞命之禮。實際上,韋昭此解不可從,吳曾祺曰:"作'以得'不誤,注改作'不得',於義反晦。"①

清代學者董增齡力圖解釋《司馬法》與《國語》之矛盾,他説:"案:服注所引謂在戰地所用之禮,非朝而相饗之禮。今頃公來朝,而郤子追用戰時之禮以屈之;况頃公未被獲,而待之以俘獲,挫辱太甚,故苗棼皇云'不知禮'。"②陳國樑認同董説,評價道:

> 董氏於此,清楚區分出服注所引《司馬法》"殞命"之儀,實爲行於戰地者,是對於《左傳》服注及《國語》韋注所言殞命之儀而言,董增齡《國語正義》可説是"離而兩美";……而董氏"戰地禮""朝禮"之區分,雖未必具有實據或明文,然而合乎史例及情理,遠勝於孔疏與劉氏疏證的臆測。③

筆者以爲,董增齡所言誠如陳國樑所説"未必具有實據或明文",亦即猜測之語,但並非如陳國樑所謂的"合乎史例及情理"。因爲,若如董氏所言,郤克於其時行所謂的"殞命之禮",而他又説殞命之禮當在戰場實行;但當時的場合不在戰場,所以也無法實行《左傳》所言"執縶"等。

我們認爲,簡文"援齊侯之帶,獻之景公",蓋即《國語》所謂的"獻之以得殞命之禮"。筆者以爲,根據簡文,《國語》的"獻之"應該指獻齊頃公。"獻之以得殞命之禮","以"是目的連詞④,指將齊頃公獻給晉景公,目的是讓其行"殞命之禮"。這裏的"獻之"即《繫年》所謂的"援齊侯之帶,獻之景公",後者亦即《國語》所謂的"殞命之禮"。因爲郤克所行的這種"殞命之禮",既不符合殞命之禮的具體儀式,又不符合齊頃公當時朝拜晉的具體場合,故苗棼皇説郤克"不知禮"。

---

① 吳曾祺補正,朱元善校訂:《國語韋解補正》卷11,上海:商務印書館,1933年,第37頁。
② 董增齡:《國語正義》卷11,成都:巴蜀書社,1985年,第868~869頁。
③ 陳建樑:《先秦"殞命之禮"考辨》,錢伯誠主編:《中華文史論叢》第54輯,第124頁。
④ 楊伯峻:《古漢語虛詞》,第265頁。

(四)《國語》所謂"衿其伐"亦可對應《繫年》之"齊侯之來也,老夫之力也"

《繫年》第十四章載:

> 明歲,齊頃公朝于晉景公,駒之克走,援齊侯之帶,獻之景公,曰:"齊侯之來也,老夫之力也。"

按,關於郤克對齊景公所說的"齊侯之來也,老夫之力也"這句話,有兩點需要討論:

第一,郤克對晉景公是否可以自稱"老夫"。《禮記·曲禮上》:"大夫七十而致事。若不得謝,則必賜之几杖,行役以婦人,適四方,乘安車,自稱曰'老夫',於其國則稱名。"鄭玄注:"老夫,老人稱也。亦明君貪賢。《春秋傳》曰:'老夫耄矣。'"孔疏:"'自稱曰老夫'者,若此老臣行役及適四方,應與人語,其自稱爲老夫,言已是老大夫也。必稱老者,明君貪賢之故,而臣老猶在其朝也。"① 據此,則自稱"老夫"有以下條件:一爲大夫七十以上;二是去他國可自稱,於己國則稱名。但是,根據《左傳》《公羊傳》來看,這兩個條件也不確然。

《左傳》裏自稱"老夫"者出現了五次,分別爲:①《左傳》隱公四年載衛國大夫石碏派人向陳國傳話時自稱"老夫";②《左傳》襄公十年載晉卿知罃對晉卿荀偃、士匄等自稱"老夫";③《左傳》襄公十七年載宋國左師向戌對賊自稱"老夫";④《左傳》昭公元年載晉卿趙孟對周王室大夫劉定公自稱"老夫";⑤《左傳》昭公二十四年載鄭大夫子大叔(游吉)對晉卿范獻子自稱"老夫"。通過分析《左傳》與《公羊傳》所載,可得出以下認識:首先,《左傳》《公羊傳》裏自稱"老夫"者多在五十歲以上,但也有未達五十的。據楊伯峻推算,②之知罃、⑤之游吉均在五十以上②,祇有④之趙孟未年滿五十③。《公羊傳》成公十五年載魯大夫叔孫惠伯對公子遂自稱"老夫",其年齡未可確知。其次,大夫對他國自稱者僅有①④⑤,大夫對本國大夫自稱者是②③。《公羊傳》亦是大夫自稱於本國。因此,根據《左傳》《公羊傳》的記載,卿大夫自稱"老夫"者雖説是年齡較大者,多在五十以上,而未必符合《禮記》所説的七十以上,卽《禮記》的第一條原則。另外,卿大夫既

---

① 《禮記正義》卷1,《十三經注疏》,第2666~2667頁。
② 楊伯峻:《春秋左傳注(修訂本)》,第976、1451頁。
③ 楊伯峻:《春秋左傳注(修訂本)》,第1210頁。

可以對本國人(比如其他卿大夫或賊人等)自稱"老夫",也可以向他國人自稱,此亦不符合《禮記》的第二條原則。

那麽,如何解釋《左傳》《公羊傳》與《禮記》所載之歧異呢?學者提出了不少説法。孔廣森曰:

> 禮,大夫七十已上稱於異邦曰老夫,若衛石碏使告于陳曰"老夫耄矣"是也,於其國猶當稱名。今惠伯自稱曰老夫者,蓋藐慢遂之辭。①

陳立曰:"意老夫亦非卿大夫正稱。"②方苞《禮記析疑》:

> 藍田呂氏謂石碏告陳自稱老夫,得禮。荀罃對荀偃、士匄自稱老夫,失禮,非也。叔彭生對仲遂:吾子相之,老夫抱之,彭生賢者必無越禮之稱。蓋對他國君大夫皆得自稱。己國則於君名,於大夫得稱耳。③

以上説法均屬猜測,究竟是否正確不得而知。值得注意的是,今《繫年》中晉大夫郤克對本國國君卿大夫自稱"老夫",肯定不符合《禮記》所謂的"於其國則稱名"的原則,也不符合方苞"己國則於君名"的推論。筆者以爲,綜合《左傳》《公羊傳》《繫年》的記載,"老夫"蓋是年齡較大者的士大夫之自稱,但於國君前自稱確有傲慢之意。

第二,如何理解郤克在鞌之戰後說此戰非己之功,而《繫年》載齊頃公朝見晉時郤克又説此戰是"老夫之力"?《國語·晉語五》載:

> 靡笄之役,郤獻子見,公曰:"子之力也夫!"對曰:"克也以君命命三軍之士,三軍之士用命,克也何力之有焉?"④

《左傳》成公二年載鞌之戰後:

> 晉師歸,范文子後入。……郤伯見,公曰:"子之力也夫。"對曰:"君之訓也,二三子之力也,臣何力之有焉?"⑤

據上引《國語》《左傳》,晉景公慰勞郤克説"這是你的功勞",結果郤克説"這是衆人之功";而《繫年》却載郤克對齊景公表説這是自己的功勞。這是否矛盾呢?

我們注意到,上引《國語》載苗棼皇曰"郤子勇而不知禮,矜其伐而恥

---

① (清)孔廣森:《春秋公羊經傳通義》(與莊存與《春秋正辭》合刊)卷7,上海:上海古籍出版社,2014年,第573頁。
② (清)陳立:《公羊義疏》卷54,第2039~2040頁。
③ (清)方苞:《禮記析疑》卷1,清文淵閣四庫全書本。
④ 徐元誥:《國語集解(修訂本)》卷11,第383頁。
⑤ 楊伯峻:《春秋左傳注(修訂本)》,第806頁。

國君",而《左傳》中却未載郤克"不知禮"事。苗棼皇之所以有郤克不知禮之評,就是針對齊頃公朝見晉景公事所發,那麽當時郤克究竟有何行爲與言語,以致苗棼皇發此論呢?我們從郤克之言、行兩方面對其進行考察:

一方面,從言考察,《左傳》載當時郤克僅説"此行也,君爲婦人之笑辱也,寡君未之敢任",《國語》載"寡君使克也,不腆敝邑之禮,爲君之辱,敢歸諸下執政,以慙御人",此二書所載大致相同,確實有"衿其伐而恥國君"的意味,但恐難與"不知禮"掛鉤。

另一方面,就行考察,《左傳》所載郤克"趨進"合乎禮儀,而《國語》載郤克行"殞命之禮"。根據上文的考察,所謂"殞命之禮"即《繫年》之"援齊侯之帶,獻之景公",故苗棼皇説郤克"不知禮""恥國君"。

總之,《左傳》裏能反映出郤克"衿其伐而恥國君",但反映不出郤克"不知禮";而《國語》能將二者均表現出。那麽,具體到《繫年》來看,"援齊侯之帶,獻之景公"即"不知禮""恥國君"之表現,而郤克對齊景公所言"齊侯之來也,老夫之力也"正是"衿其伐"之表現。如此看來,《繫年》此處所載確實與《國語》關繫密切,而與《左傳》關聯較少。

【第十五章】

[釋文]

楚臧(莊)王立,吳人服于楚。[1]陳公子謹(徵)郘(舒)取(娶)妻于奠(鄭)穆公,是少孔。[2]臧(莊)王立十又五年,【七四】陳公子謹(徵)余(舒)殺元(其)君需(靈)公。[3]臧(莊)王衒(率)自(師)回(圍)陳,[4]王命繡(申)公屈晉(巫)迈(適)秦求自(師),旻(得)自(師)以【七五】坴(來)。[5]王內(入)陳,殺望(徵)余(舒),[6]取元(其)室以夌(予)繡(申)公,[7]連尹襄老與之爭,斂之少孔。[8]連尹戠(止)於河【七六】澭(灉),元(其)子墨(黑)要也或(又)室少孔。[9]臧(莊)王卽殜(世),龏(共)王卽立(位)。墨(黑)要也死,司馬子反與繡(申)【七七】公爭少孔,繡(申)公曰:"氏(是)余受妻也。"取(娶)以爲妻。司馬不訓(順)繡(申)公。[10]王命繡(申)公鴫(聘)於齊,繡(申)【七八】公竊(竊)載少孔以行,自齊述(遂)逃迈(適)晉。[11]自晉迈(適)吳,夊(焉)訇(始)迵(通)吳、晉之逧(路),教吳人反(叛)楚。【七九】[12]以至需=王=(靈王,靈王)伐吳,爲南澭(懷)之行,執吳王子鰔(蹶)鯀(由),吳人夊(焉)或(又)服於楚。[13]需(靈)王卽殜(世),【八〇】競(景)坪(平)王卽立(位),少帀(師)亡(無)期(極)譖(讒)連尹𩒹(奢)而殺之,元(其)子五(伍)員與五(伍)之雞逃歸(歸)吳。[14]五(伍)雞𨒪(將)【八一】吳人以回(圍)州坴(來),爲長澈(壑)而堊(洇)之,以敗楚自(師),是雞父之堊(洇)。[15]競(景)坪(平)王卽殜(世),卲(昭)王卽【八二】立(位),五(伍)員爲吳大宰(宰),是教吳人,反楚邦之者(諸)侯,以敓(敗)楚自(師)于白(柏)罍(舉),述(遂)內(入)郢。[16]卲(昭)王歸(歸)【八三】鬢(隨),與吳人戰(戰)于析。吳王子唇(晨)涊(將)起(起)褐(禍)於吳=(吳,吳)王盍(闔)雱(廬)乃歸(歸),卲(昭)王夊(焉)返(復)邦。【八四】[17]

キ三【七四背】 キ四【七五背】 キ五【七六背】 キ六【七七背】

キ=七【七八背】 キ=八【七九背】 キ=九【八〇背】

仐=【八一背】 仐=一【八二背】 仐=二【八三背】

伞 ═ 三【八四背】

[疏證]

[1]楚戕(莊)王立,吳人服于楚。

【整理者】《左傳》文公十四年:"楚莊王立。"莊王,穆王子,名旅,或作侶。①

【謹按】《春秋》宣公八年:"楚人滅舒蓼。"《左傳》宣公八年:"楚爲衆舒叛,故伐舒蓼,滅之。楚子疆之。及滑汭,盟吳、越而還。"杜注:"傳言楚疆,吳、越服從。"②顧棟高説:"楚莊欲爭伯中國,首先滅庸,庸滅而楚北之患息矣。次盟吳、越,吳、越就盟而楚東南之隙彌矣。根本既固,然後與強晉爭鋒,此孫叔敖之謀也。"③清人何焯曰:"吳、越盟而莊王得以入陳、鄭,圍宋,敗晉,諸戎和而悼公得以三駕爭鄭,未有邊鄙多故可以圖伯者也。反而行之,則夫差方敗齊長晉而句踐已入吳矣。"④吳、越至此始服於楚。⑤

魯宣公八年(前601)當楚莊王十三年,簡文所謂的吳人服於楚蓋《左傳》楚莊王十三年楚、吳結盟之事。

[2]陳公子謹(徵)郐(舒)取(娶)妻于奠(鄭)穆公,是少孔。

【整理者】謹郐,即夏徵舒。《國語·楚語上》:"昔陳公子夏爲御叔娶於鄭穆公,生子南。"韋注:"公子夏,陳宣公之子、御叔之父也,爲御叔娶鄭穆公少妃姚子之女夏姬也。……子南,夏徵舒之字。"《左傳》與之相合。簡文則云公子徵舒娶鄭穆公女,與《左傳》《國語》不同。少孔,即《左傳》《國語》等所載的夏姬。《左傳》宣公十一年稱夏徵舒爲"少西氏",杜注:"少西,徵舒之祖子夏之名。""少孔"之"少"疑爲"少西氏"之省稱,而"孔"是夏姬之名。⑥

【謹按】《國語·楚語上》:"昔陳公子夏爲御叔娶於鄭穆公,生子南。子南之母亂陳而亡之,使子南戮於諸侯。"

陳公子夏,韋昭注:"公子夏,陳宣公之子、御叔之父也。爲御叔娶鄭穆

---

① 清華大學出土文獻研究與保護中心編,李學勤主編:《清華大學藏戰國竹簡(貳)》,第171頁。
② 《春秋左傳正義》卷22,《十三經注疏》,第4068頁。
③ (清)顧棟高:《春秋大事表》卷33,第2071~2072頁。
④ (清)何焯:《義門讀書記》卷9,北京:中華書局,1987年,第165頁。
⑤ 羅運環:《楚國八百年》,第215頁。
⑥ 清華大學出土文獻研究與保護中心編,李學勤主編:《清華大學藏戰國竹簡(貳)》,第171頁。

公少妃姚子之女夏姬也。"①

子南即夏徵舒,韋昭注:"子南,夏徵舒之字。御叔早死,陳靈公與孔寧、儀行父淫夏姬,徵舒弒靈公。楚莊王以諸侯討之而滅陳。"②陳宣公生公子夏,公子夏生御叔。鄭穆公的少妃姚子生夏姬。御叔和夏姬生子南,即夏徵舒。

夏姬,韋昭注:"鄭穆公少妃姚子之女夏姬也。"③《左傳》昭公二十八年載晉大夫叔向之母說夏姬"是鄭穆少妃姚子之子,子貉之妹也"。杜注:"子貉,鄭靈公夷。"④韋注蓋本於此。《詩·陳風·株林序》鄭箋:"夏姬,陳大夫妻,夏徵舒之母,鄭女也。徵舒字子南,夫字御叔。"孔疏:

> 昭二十八年《左傳》叔向之母論夏姬云:"是鄭穆公少妃姚子之子,子貉之妹也。子貉早死,而天鍾美於是。"《楚語》云:"昔陳父子夏爲御叔娶於鄭穆公女,生子南,子南之母亂陳而亡之。"是言夏姬所出及夫、子名字。⑤

據此可知鄭箋乃本於《左傳》與《國語》。清李超孫《詩氏族考》引李樗曰:"夏姬,鄭穆公之女,靈公之妹,嫁於陳大夫公子夏御叔也,本姬姓,故以姬爲氏,爲夏氏之婦,故曰夏姬。"⑥綜合以上說法可知,夏姬是鄭穆公少妃姚子之女,鄭靈公(子貉)之妹。鄭本姬姓,由於嫁給陳大夫公子夏之子夏御叔(御叔是字),爲夏氏之婦,故名"夏姬"。夏徵舒(字子南)是其子。

夏徵舒之祖子夏名少西,故夏徵舒也稱少西氏。《繫年》簡文稱夏姬爲"少孔",或與此有關。

簡文稱夏姬爲夏徵舒所娶,與傳世文獻不同。《穀梁傳》宣公九年:"陳靈公通于夏徵舒之家,公孫寧、儀行父亦通其家。"⑦關於"夏徵舒之家",學者認爲"家"可指妻室。《左傳》僖公十五年記載晉懷公在秦國當質子,"六年其逋,逃歸其國,而棄其家",楊伯峻注:"桓十八年《傳》云:'女有家,男有室。'然室家亦通言,此其棄其家猶言棄其妻,指棄懷嬴。"⑧有學者

---

① 徐元誥:《國語集解(修訂本)》卷17,第492頁。
② 徐元誥:《國語集解(修訂本)》卷17,第492頁。
③ 徐元誥:《國語集解(修訂本)》卷17,第492頁。
④ 《春秋左傳正義》卷52,《十三經注疏》,第4599頁。
⑤ 《毛詩正義》卷7,《十三經注疏》,第805頁。
⑥ (清)李超孫:《詩氏族考》卷3,叢書集成初編本,北京:中華書局,1985年,第66頁。
⑦ (清)鍾文烝:《春秋穀梁經傳補注》卷15,第442頁。
⑧ 楊伯峻:《春秋左傳注(修訂本)》,第364~365頁。

據此認爲"夏徵舒之家"或可理解爲夏徵舒之妻子,指夏姬。①《穀梁傳》説與《繫年》合。

[3]臧(莊)王立十又五年,【七四】陳公子詵(徵)余(舒)殺亓(其)君需(靈)公。

【謹按】楚莊王十五年(前599)當魯宣公十年,周定王八年,陳靈公十五年。

《春秋》宣公十年:"癸巳,陳夏徵舒弒其君平國。"《左傳》宣公十年:"陳靈公與孔寧、儀行父飲酒於夏氏。公謂行父曰:'徵舒似女。'對曰:'亦似君。'徵舒病之。公出,自其廄射而殺之。二子奔楚。"②《左傳》此段話可對應《國語·楚語上》:"昔陳公子夏爲御叔娶於鄭穆公,生子南。子南之母亂陳而亡之,使子南戮於諸侯。"如果《繫年》所言爲真,則夏姬爲徵舒之妻,而非《國語》所謂爲徵舒之母,且《左傳》中陳靈公等人的對話也無所繫。

《國語·周語中》:"[周定王]八年,陳侯殺於夏氏。"③

[4]臧(莊)王衒(率)自(師)回(圍)陳,

【謹按】此爲楚莊王十六年(前598)事,當魯宣公十一年,周定王九年。

《春秋》宣公十一年:"冬十月,楚人殺陳夏徵舒。丁亥,楚子入陳。"《左傳》宣公十一年:"冬,楚子爲陳夏氏亂故,伐陳。謂陳人'無動!將討於少西氏'。遂入陳,殺夏徵舒。"④《國語·周語中》:"[周定王]九年,楚子入陳。"⑤

[5]王命繡(申)公屈喬(巫)逅(遹)秦求自(師),旻(得)自(師)以【七五】夅(來)。

【整理者】申公屈臣,即《左傳》宣公十二年之"申公巫臣",屈氏別族,《左傳》成公二年稱"屈巫",襄公二十六年云"字子靈"。楚莊王命屈巫求師於秦,經傳不載,但《左傳》宣公十一年莊王云:"夏徵舒爲不道,弒其君,寡人以諸侯討而戮之。"說明伐陳者不僅楚軍,孔疏云"經無諸侯而云'以

---

① 吴雯雯説《穀梁傳》"夏徵舒之家"或可言夏徵舒之妻,此可爲《繫年》之説增添一證。李隆獻也説《穀梁傳》以"夏徵舒之家"代指夏姬,乃後世文獻少數以夏姬爲徵舒之妻的載録。蘇建洲等:《清華二〈繫年〉集解》,第537頁;李隆獻:《先秦漢初文獻中的"夏姬叙事"與國際局勢》,《中國典籍與文化論叢》第19輯,南京:鳳凰出版社,2018年,第12頁。
② 楊伯峻:《春秋左傳注(修訂本)》,第704、707~708頁。
③ 徐元誥:《國語集解(修訂本)》卷2,第69頁。
④ 楊伯峻:《春秋左傳注(修訂本)》,第710、713~714頁。
⑤ 徐元誥:《國語集解(修訂本)》卷2,第69頁。

諸侯討之'者,時有楚之屬國從行也",衹是猜測。①

【謹按】申公巫臣到秦求師,經傳雖未明載,但也有一些蛛絲馬跡可尋。據《左傳》成公二年、《左傳》宣公十一年、《史記·陳世家》等所載,楚莊王伐陳夏徵舒實際上是興諸侯之師共同伐之,唯此諸侯爲哪國則不可知。孔穎達、楊伯峻懷疑是楚的屬國,此也僅僅爲猜測。現據清華簡《繫年》,秦爲此諸侯之一則可明矣;但是否僅秦一國助楚,恐亦難斷言。詳見本章史事考證部分。

[6] 王内(入)陳,殺皇(徵)余(舒),

【謹按】《春秋》宣公十一年:"夏,楚子、陳侯、鄭伯盟於辰陵。……冬十月,楚人殺陳夏徵舒。丁亥,楚子入陳。納公孫寧、儀行父於陳。"杜注:"楚子先殺徵舒,而欲縣陳,後得申叔時諫,乃復封陳,不有其地,故書'入'在'殺徵舒'之後。"②

《左傳》宣公十一年:"冬,楚子爲陳夏氏亂故,伐陳。謂陳人'無動!將討於少西氏'。遂入陳,殺夏徵舒,轘諸栗門。因縣陳。陳侯在晉。……乃復封陳。鄉取一人焉以歸,謂之夏州。故書曰'楚子入陳。納公孫寧、儀行父於陳',書有禮也。"③

上引《經》《傳》相異。《經》言先殺夏徵舒後入陳,而《傳》則相反,《繫年》同後者。

[7] 取亓(其)室以夋(予)繡(申)公,

【整理者】《左傳》成公二年追述楚莊王討陳夏氏,莊王與大臣子反先後欲佔有夏姬,經申公巫臣諫勸而止,莊王於是將夏姬賜予連尹襄老,與簡文有異。《楚語上》則云"莊王既以夏氏之室賜申公巫臣,則又畀之子反,卒與襄老",接近簡文。敓,《說文》:"彊取也。"一般通用"奪"字。之,在此訓爲"彼"。④

【程薇】楚莊王殺死夏徵舒之後,曾把夏姬賜給申公巫臣。實際上這一點在《國語·楚語上》也有反映:"莊王既以夏氏之室賜申公巫臣……"但是由於《左傳》與此記載全然不同,學者們對《國語》的說法多採取懷疑態度。從《繫年》我們知道,楚莊王本來就已經將夏姬賜給了申公巫臣(楚莊王的這一舉動很可能是對申公巫臣成功地讓秦國出兵而進行的犒賞),

---

① 清華大學出土文獻研究與保護中心編,李學勤主編:《清華大學藏戰國竹簡(貳)》,第171頁。
② 《春秋左傳正義》卷22,《十三經注疏》,第4071頁。
③ 《春秋左傳正義》卷22,《十三經注疏》,第4072~4073頁。
④ 清華大學出土文獻研究與保護中心編,李學勤主編:《清華大學藏戰國竹簡(貳)》,第171頁。

袛是連尹襄老横刀奪愛,才使申公巫臣當時未能如願。①

【謹按】《左傳》成公二年:"楚之討陳夏氏也,莊王欲納夏姬。申公巫臣曰:'不可。君召諸侯,以討罪也。今納夏姬,貪其色也。貪色爲淫,淫爲大罰。……'王乃止。"②《國語·楚語上》:"莊王既以夏氏之室賜申公巫臣。"③

[8]連尹襄老與之争,敓之少孔。

【謹按】《左傳》成公二年:"王以予連尹襄老。"④《國語·楚語上》:"莊王既以夏氏之室賜申公巫臣。則又畀之子反,卒與襄老。"⑤《左傳》《國語》謂楚莊王予襄老;而《繫年》謂莊王本予巫臣,襄老奪夏姬於巫臣。

"連尹",楚官名,蓋爲楚中央職官,具體職掌不詳。⑥

[9]連尹戠(止)於河【七六】灉(灉),亓(其)子黑(黑)要也或(又)室少孔。

【整理者】戠,上博簡《鬼神之明》作"㫃",从"止"聲,讀爲"止",《左傳》僖公十五年注:"獲也。""灉"字从"雝",即"雍"字。河灉,《左傳》宣公十二年稱"衡雍",《韓非子·喻老》作"河雍",在今河南原陽西,與"鄔"同地。《國語·晉語七》"獲公子穀臣與連尹襄老",説襄老被獲,與簡文同。但《左傳》宣公十二年載晉知季"射連尹襄老,獲之,遂載其尸;射公子穀臣,囚之。以二者還",成公二年也説"子反乃止。王以予連尹襄老。襄老死於邲,不獲其尸",是襄老被獲而後,其尸被晉人載去。黑要,見《左傳》成公二年。室,《左傳》昭公十九年注:"妻也。"⑦

【謹按】黑要也,對應於傳世文獻的"黑要"。此"也"或爲人名後綴的虛詞。類似情況見《繫年》第九章簡 51 的"雍也",互詳彼注。

簡文所載事當發生在楚莊王十七年。《國語·晉語七》:"邲之役,吕錡佐知莊子於下軍,獲公子穀臣與連尹襄老,以免子羽。"⑧按,邲之戰在魯宣公十二年(前 597),當楚莊王十七年。《國語·楚語上》:"襄老死於邲,

---

① 程薇:《清華簡〈繫年〉與夏姬身份之謎》,《文史知識》2012 年第 7 期,第 112 頁。
② 楊伯峻:《春秋左傳注(修訂本)》,第 803 頁。
③ 徐元誥:《國語集解(修訂本)》卷 17,第 492 頁。
④ 楊伯峻:《春秋左傳注(修訂本)》,第 804 頁。
⑤ 徐元誥:《國語集解(修訂本)》卷 17,第 492 頁。
⑥ 關於連尹的執掌,學者討論甚多。可參李世佳:《釋"連尹"》,《中國史研究》2016 年第 3 期,第 195~199 頁;孔德超:《"連尹"補論》,《阿壩師範學院學報》2018 年第 1 期,第 89~92 頁;程燕:《戰國典制研究》,北京:北京師範大學出版社,2018 年,第 568~569 頁。
⑦ 清華大學出土文獻研究與保護中心編,李學勤主編:《清華大學藏戰國竹簡(貳)》,第 172 頁。
⑧ 徐元誥:《國語集解(修訂本)》卷 13,第 405 頁。

二子争之,未有成。"徐元誥注:"宋庠本'死'作'獲'。"韋昭注:"晉、楚戰於邲,在魯宣十二年。晉智莊子射襄老,獲之,以其尸歸。二子,子反、巫臣也。争,争夏姬。成,猶定也。"①《左傳》成公二年:"襄老死於邲,不獲其尸。其子黑要烝焉。"②簡文所謂"其子黑要也又室少孔"對應於《左傳》"其子黑要烝焉"。楚莊王十七年,襄老死於此次戰爭,於是子反、巫臣争夏姬,但均未成功,襄老之子黑要烝夏姬。

[10]臧(莊)王即殜(世),龏(共)王即立(位)。墨(黑)要也死,司馬子反與繡(申)【七七】公争少孔,繡(申)公曰:"氏(是)余受妻也。"取(娶)以爲妻。司馬不訓(順)繡(申)公。

【整理者】簡上文説莊王曾以少孔予申公,故此處云"受妻"。順,《禮記·月令》注:"猶服也。"子反怨申公,見《左傳》成公七年。③

【謹按】楚莊王卒於楚莊王二十三年(前591),當魯宣公十八年。《春秋》宣公十八年:"甲戌,楚子旅卒。"同年《左傳》:"楚莊王卒。"④《史記·楚世家》:"[楚莊王]二十三年,莊王卒,子共王審立。"⑤簡文所載事在楚共王二年(前589),當魯成公二年。

黑要乃子重、子反所殺,《左傳》成公七年:"及共王即位,子重、子反殺……襄老之子黑要,而分其室。……子反取黑要……之室。"⑥黑要死於楚共王二年,詳下文。

簡文所謂黑要死後,司馬子反與巫臣又争夏姬,結果巫臣娶夏姬爲妻,導致司馬子反怨恨巫臣事,《左傳》有載。《左傳》成公二年載"巫臣使道焉,曰:'歸,吾聘女'",楊伯峻注:"道通導。'使道焉',使人示意夏姬,令其回鄭國母家,然後巫臣聘之爲妻。"⑦《左傳》又載:"巫臣聘諸鄭,鄭伯許之。及共王即位,將爲陽橋之役,使屈巫聘于齊,且告師期。巫臣盡室以行,申叔跪從其父,將適郢,遇之,曰:'異哉! 夫子有三軍之懼,而又有桑中之喜,宜將竊妻以逃者也。'及鄭,使介反幣,而以夏姬行。"又,《左傳》成公七年:"子反欲取夏姬,巫臣止之,遂取以行,子反亦怨之。及共王即位,子重、子反殺巫臣之族子閻、子蕩及清尹弗忌及襄老之子黑要,而分其室。子

---

① 徐元誥:《國語集解(修訂本)》卷17,第492頁。
② 《春秋左傳正義》卷25,《十三經注疏》,第4117頁。
③ 清華大學出土文獻研究與保護中心編,李學勤主編:《清華大學藏戰國竹簡(貳)》,第172頁。
④ 楊伯峻:《春秋左傳注(修訂本)》,第776、778頁。
⑤ 《史記》卷40,第2054頁。
⑥ 楊伯峻:《春秋左傳注(修訂本)》,第834頁。
⑦ 楊伯峻:《春秋左傳注(修訂本)》,第804頁。

重取子閻之室,使沈尹與王子罷分子蕩之室,子反取黑要與清尹之室。"所謂"遂取以行",楊伯峻注:"取同娶,巫臣取夏姬而逃晉,事見二年《傳》","此事當發生於楚共王即位二年以後,《傳》'及共王即位'意即當共王即位以後"。① 竹添光鴻箋曰:"此事在共王即位二年後,而其下曰'及共王即位',以文勢前後之,古文不拘。"②

據上引《左傳》,子反由於怨恨巫臣,於是"殺巫臣之族子閻、子蕩及清尹弗忌"而"分其室",且"取黑要與清尹之室"。這件事最終導致巫臣叛楚。《左傳》成公七年載巫臣當時在晉國:"巫臣自晉遺二子書,曰:'爾以讒慝貪惏事君,而多殺不辜,余必使爾罷於奔命以死。'"③簡文於此事略而不載。

[11]王命繻(申)公娉(聘)於齊,繻(申)【七八】公畞(竊)載少孬(姬)以行,自齊述(遂)逃迈(踵)晉。

【謹按】簡文所載事在楚共王二年,當魯成公二年。

《國語·楚語上》:"恭王使巫臣聘於齊,以夏姬行,遂奔晉。"④

《左傳》成公二年:"及共王即位,將爲陽橋之役,使屈巫聘于齊,且告師期。巫臣盡室以行,申叔跪從其父,將適郢,遇之,曰:'異哉！夫子有三軍之懼,而又有桑中之喜,宜將竊妻以逃者也。'及鄭,使介反幣,而以夏姬行。將奔齊,齊師新敗,曰:'吾不處不勝之國。'遂奔晉。"⑤巫臣聘齊是因爲陽橋之役,此在魯成公二年冬,《左傳》成公二年:"楚侵及陽橋。"故可知此事當在魯成公二年。巫臣由於齊國失敗於是奔晉,可知此事亦在魯成公二年。

[12]自晉迈(踵)吴,女(焉)訇(始)週(通)吴、晉之迳(路),教吴人反(叛)楚。【七九】

【整理者】《左傳》成公七年:"巫臣請使於吴,晉侯許之。吴子壽夢説之。乃通吴於晉,以兩之一卒適吴,舍偏兩之一焉。與其射御,教吴乘車,教之戰陳,教之叛楚。"⑥

---

① 楊伯峻:《春秋左傳注(修訂本)》,第834頁。
② 〔日〕竹添光鴻注:《左氏會箋》,第1016頁。
③ 楊伯峻:《春秋左傳注(修訂本)》,第834頁。
④ 徐元誥:《國語集解(修訂本)》卷17,第492頁。
⑤ 《春秋左傳正義》卷25,《十三經注疏》,第4117頁。
⑥ 清華大學出土文獻研究與保護中心編,李學勤主編:《清華大學藏戰國竹簡(貳)》,第172頁。

【謹按】此事在魯成公六年(前585),楚共王六年,晉景公十五年,吳王壽夢元年。《繫年》第二十章:"晉景公立十又五年,申公屈巫自晉蹠吳,焉始通吳晉之路,二邦爲好。"互詳彼注。

《國語·楚語上》:"晉人用之,寔通吳、晉。使其子狐庸爲行人於吳,而教之射御,導之伐楚,至於今爲患,則申公巫臣之爲也。"①

《左傳》成公七年:"巫臣請使於吳,晉侯許之。吳子壽夢説之。乃通吳於晉,以兩之一卒適吳,舍偏兩之一焉。與其射御,教吳乘車,教之戰陳,教之叛楚。寘其子狐庸焉,使爲行人於吳。吳始伐楚、伐巢、伐徐,子重奔命。馬陵之會,吳入州來,子重自鄭奔命。子重、子反於是乎一歲七奔命。蠻夷屬於楚者,吳盡取之,是以始大,通吳於上國。"②

[13]以至䢴𝐖王𝐖(靈王,靈王)伐吳,爲南溁(懷)之行,執吳王子鱖(蹶)䛊(由),吳人夊(焉)或(又)服於楚。

【整理者】楚靈王四年以諸侯及東夷伐吳,詳見《春秋》昭公五年經傳。南溁,《左傳》作"南懷"。王子鱖䛊,《左傳》作"蹶由",《韓非子·説林下》作"蹶融",《漢書·古今人表》作"厥由"。"鱖"應即"鱖","歲""厥"均在月部,可相通假。蹶由爲壽夢之子,夷末之弟,《左傳》云:"吳子使其弟蹶由犒師,楚人執之。"《左傳》昭公五年:"是行也,吳早設備,楚無功而還,以蹶由歸。"且云:"楚子懼吳",與簡文有異。③

【謹按】楚靈王四年(前537)當魯昭公五年,吳王夷末七年。

《春秋》昭公五年:"冬,楚子、蔡侯、陳侯、許男、頓子、沈子、徐人、越人伐吳。"

《左傳》昭公五年:"冬十月,楚子以諸侯及東夷伐吳,以報棘、櫟、麻之役。……楚子以馹至於羅汭。吳子使其弟蹶由犒師,楚人執之,……楚師濟於羅汭,沈尹赤會楚子,次於萊山。薳射帥繁揚之師先入南懷,楚師從之,及汝清。吳不可入。楚子遂觀兵於坻箕之山。是行也,吳早設備,楚無功而還,以蹶由歸。楚子懼吳,使沈尹射待命于巢,薳啓彊待命于雩婁,禮也。"④

簡文謂載楚靈王四年伐吳,薳射率領繁揚之師先入南懷,然後楚靈王

---

① 徐元誥:《國語集解(修訂本)》卷17,第492頁。
② 《春秋左傳正義》卷26,《十三經注疏》,第4133頁。
③ 清華大學出土文獻研究與保護中心編,李學勤主編:《清華大學藏戰國竹簡(貳)》,第172頁。
④ 楊伯峻:《春秋左傳注(修訂本)》,第1261、1270~1272頁。

軍隊隨從進入汝清。關於南懷、汝清二地,杜注:"南懷、汝清皆楚界。"①竹添光鴻據"先入南懷"認爲:"擊而入之,則南懷吳地也。"並謂:"師伐吳及汝清,而不能進也。杜拘是句(指'吳不可入'——引者按),以南懷、汝清爲楚界;然吳師出敗楚於鵲岸,豈遠入楚地邪?"②石泉也謂:

> 據原文語氣,皆當爲吳地。云"及汝清"者,或爲深入吳境最遠之地也。"吳不可入",此"吳"字,或指吳都而非泛指吳境,此於《左傳》爲通例,於此當亦不例外也。坻箕之山,杜氏亦無注。就原文觀之,地宜近汝清或吳都。顧氏《大事表》《一統志》並云爲今巢縣附近之跙躕山,於地望沿革難通也。蓋楚及諸侯之師皆由西北方進兵,會師之地並在北方;鵲岸之敗,亦近淮域;南懷、汝清等地雖不可考,而以上下文相參照,其地當亦不出淮域。今安得以吳之不可入,而遂南行數百里而觀兵於今巢湖之濱?坻箕之山之不能在此也明矣!楚師既歸,留二師待命於巢及雩婁,是乃由淮域吳境內還師後留兵楚邊境以備吳也。然則,坻箕之山當亦在近淮南岸之地也。③

據此,則南懷爲吳地。楚靈王此次伐吳,實際上已經進入吳國境內,但由於吳國有所防備,所以祗能"無功而還,以蹶由歸"。竹添光鴻曰:"還,歸也,歸至國也。與十九年平王歸蹶由應。蹶由在楚十五年。"④據此,則楚靈王此行實際上抓獲了蹶由回歸楚國。此即簡文所謂的"以至靈王,靈王伐吳,爲南懷之行,執吳王子蹶由"。

簡文又謂南懷之行後,"吳人焉又服於楚"。《左傳》昭公五年謂:"楚子懼吳,使沈尹射待命于巢,薳啓彊待命于雩婁,禮也。"杜注:"善有備。"⑤竹添光鴻箋:

> 結楚子仍跟備字意,所謂經一失長一智也。吳自襄十四年,至是四受楚兵,其間惟吳遇伐楚,而卒於道,實未有以報楚也。而楚兵無歲不行於吳境,吳非怯也,養鋒戢銳以坐敝楚師。州來之滅,長岸雞父之兵,漸奮起焉,至柏舉之役遂一戰及郢,僚與闔閭之謀深矣。⑥

---

① 《春秋左傳注疏》卷43,《十三經注疏》,第4437頁。
② 〔日〕竹添光鴻注:《左氏會箋》,第1728頁。
③ 石泉:《從春秋吳楚邊境戰爭看吳楚之間疆界所在》,《古代荆楚地理新探(續集)》,武漢:武漢大學出版社,2013年,第319頁。
④ 〔日〕竹添光鴻注:《左氏會箋》,第1728頁。
⑤ 《春秋左傳正義》卷43,《十三經注疏》,第4437頁。
⑥ 〔日〕竹添光鴻注:《左氏會箋》,第1728頁。

據此可見,表面上楚國一直進攻吳,吳未予以還擊,實際上吳是在養精蓄銳。對此種形勢,楚靈王不會不有所察覺,因此此處《左傳》謂"楚子懼吳"而設備,這是實質;而簡文"吳人焉又服於楚"祇是表面現象,或者說是回護之辭。

[14]需(靈)王即殜(世),【八〇】競(景)坪(平)王即立(位),少帀(師)亡(無)諆(極)譖(讒)連尹額(奢)而殺之,示(其)子五(伍)員與五(伍)之雞逃歸(歸)吳。

【整理者】《左傳》昭公十九年載,楚平王生太子建,"及即位,使伍奢爲之師,費無極爲少師"。無極,《楚世家》作"無忌"。費無極讒太子建及伍奢及其子尚之事,詳見《左傳》昭公二十年及《吳越春秋》等書。伍奢二子,伍之雞應屬伍氏另一支。①

【謹按】楚靈王死於魯昭公十三年(前529),在位十二年。《春秋》昭公十三年:"夏四月,楚公子比自晉歸于楚,弒其君虔于乾谿。"同年《左傳》:"夏五月癸亥,王縊于芋尹申亥氏。"前者言四月,後者言五月,杜預認爲前者誤,阮芝生認爲前者從赴告。②《國語·楚語上》:"靈王城陳、蔡、不羹。……三年,陳、蔡及不羹人納棄疾而弒靈王。"韋昭注:"城後三年也,在魯昭十三年。棄疾,恭王之子,靈王之弟平王也。靈王無道,棄疾入國爲亂,三軍叛之於乾谿,王自殺。言弒者,王之死由三國也。"③《左傳》昭公十三年載,此年六月"丙辰,棄疾即位,名曰熊居"。熊居即楚平王。"景平王"亦見秦王鐘(《集成》37),即平王,即楚平王之雙諡。④

費無極讒太子建與伍奢,以及伍員逃吳事在楚平王七年(前522),當魯昭公二十年。《左傳》昭公十九年:

> 楚子之在蔡也,郹陽封人之女奔之,生大子建。及即位,使伍奢爲之師。費無極爲少師,無寵焉,欲譖諸王,曰:"建可室矣。"王爲之聘於秦,無極與逆,勸王取之。正月,楚夫人嬴氏至自秦。……楚子爲舟師以伐濮。費無極言於楚子曰:"晉之伯也,邇於諸夏,而楚辟陋,故弗能與爭。若大城城父,而寘大子焉,以通北方,王收南方,是得天下

---

① 清華大學出土文獻研究與保護中心編,李學勤主編:《清華大學藏戰國竹簡(貳)》,第172~173頁。
② 楊伯峻:《春秋左傳注(修訂本)》,第1347頁。
③ 徐元誥:《國語集解(修訂本)》卷17,第500頁。
④ 參李零:《楚景平王與古多字諡——重讀"秦王卑命"鐘銘文》,《傳統文化與現代化》1996年6期,第23頁;《"三閭大夫"考——兼論楚國公族的興衰》,《文史》第54輯,北京:中華書局,2001年。

也。"王說,從之。故太子建居於城父。令尹子瑕聘於秦,拜夫人也。①
《左傳》昭公二十年:

> 費無極言於楚子曰:"建與伍奢將以方城之外叛,自以爲猶宋、鄭也,齊、晉又交輔之,將以害楚,其事集矣。"王信之,問伍奢。伍奢對曰:"君一過多矣,何信於讒?"王執伍奢,使城父司馬奮揚殺大子。未至,而使遣之。知大子冤,故遣令去。三月,大子建奔宋。王召奮揚,奮揚使城父人執己以至。王曰:"言出於余口,入於爾耳,誰告建也?"對曰:"臣告之。君王命臣曰:'事建如事余。'臣不佞,不能苟貳。奉初以還,不忍後命,故遣之。既而悔之,亦無及已。"王曰:"而敢來,何也?"對曰:"使而失命,召而不來,是再奸也。逃無所入。"王曰:"歸,從政如他日。"無極曰:"奢之子材,若在吳,必憂楚國,盍以免其父召之。彼仁,必來。不然,將爲患。"王使召之,曰:"來,吾免而父。"……伍尚歸。奢聞員不來,曰:"楚君、大夫其旰食乎!"楚人皆殺之。員如吳,言伐楚之利於州于。②

關於稱伍奢爲"連尹奢",《左傳》昭公二十七年載沈尹戌言於子常曰:"夫無極,楚之讒人也,……喪大子建,殺連尹奢,屏王之耳目,使不聰明。"③《吕氏春秋·慎行》:"亡夫太子建,殺連尹奢,屏王之耳目。"④

關於"伍之雞",不見於傳世文獻,《繫年》簡文中出現了兩次:一是同伍員一起逃歸吳,二是在此後的雞父之戰中率領吳國軍隊圍州來。清華簡柒《越公其事》第二章載吳王夫差説:"昔吾先王闔廬所以克入郢邦,唯彼雞父之遠荆,天賜中于吳,右我先王。荆師走,吾先王逐之走,遠夫勇殘,吾先王用克入于郢。"⑤這裏的"雞父"亦指伍雞,據此可見伍雞在吳入郢之役中的重要貢獻。《繫年》簡文曰"[伍奢]子伍員與伍之雞逃歸吳",則伍雞很可能就是伍奢之子,但此種猜測與傳世文獻相矛盾。因爲按照《左傳》等的記載,伍奢實際上有兩子。長子伍尚,爲棠君(棠地長官);次子伍員,字子胥。伍奢和伍尚均被楚王所殺,唯伍員逃到吳國。據此伍雞既不可能是伍尚,也不可能是伍奢之子。整理者注:"伍奢二子,伍之雞應屬伍氏另

---

① 《春秋左傳注疏》卷48,《十三經注疏》,第4532頁。
② 《春秋左傳注疏》卷49,《十三經注疏》,第4540~4541頁。
③ 楊伯峻:《春秋左傳注(修訂本)》,第1488頁。
④ 許維遹:《吕氏春秋集釋》卷22,第602頁。
⑤ 清華大學出土文獻研究與保護中心編,李學勤主編:《清華大學藏戰國竹簡(柒)》,第119頁。

一支。"①蘇建洲懷疑伍之雞是椒鳴。② 按,"椒鳴"又作"湫鳴",是伍舉之子、伍奢之弟,《左傳》襄公二十六年載伍舉滯留鄭國時,楚康王"益其祿爵而復之",并使其子"椒鳴逆之"归楚。《國語》亦載此事,《國語·楚語上》作"湫鳴召其父而復之"③。可見此人未與伍員同逃歸吴,故與伍雞非同一人。

實際上,文獻所載與伍員同逃歸吴者是太子建之子勝,《史記·伍子胥列傳》載"[太子]建有子名勝。伍胥懼,乃與勝俱奔吴"④,《吴越春秋》亦載"[太子]建有子,名勝。伍胥懼,伍員與勝奔吴"⑤。但伍雞恐亦非勝,一則勝此時年齡尚幼⑥,二則勝稱伍雞缺乏證據。總之,關於伍之雞的身份,整理者的説法應該是目前看到的比較合理的推斷。

[15]五(伍)雞遥(將)【八一】吴人以回(圍)州枀(來),爲長瀲(壑)而湮(洍)之,以敗楚白(師),是雞父之湮(洍)。

【整理者】州來,今安徽鳳臺。吴伐州來經過,詳見《左傳》昭公二十三年,但傳文和其他文獻均未提到伍雞其人及其所爲。洍,與"汜"字通。《爾雅·釋丘》訓爲"窮瀆",注:"水無所通者。"此處是挖長溝蓄水,以阻堵楚軍。雞父,今河南省固始東南。吴敗頓、胡、沈、蔡、陳、許之師於雞父,使楚師敗奔,見《春秋》昭公二十三年經傳。《穀梁傳》作"雞甫"。⑦

【謹按】州來,國名,今安徽鳳臺。⑧ 雞父,杜注:"楚地,安豐縣南有雞備亭。"⑨楊伯峻注:"西晉之安豐縣在今河南固始縣東,則雞父又在其南。"⑩魏棟認爲雞父地望位於鳳臺縣西北古雞水、雞陂一帶。⑪ 洍,整理者通作"汜",訓爲"窮瀆"。魏棟同意通作"汜",但不同意訓爲"窮瀆"。《爾雅·釋水》:"[水]決復入爲汜。"郭璞注:"水出去復還。"邢昺疏:"凡水決之歧流復還本水者名汜。《詩·召南》云'江有汜'是也。"魏先生據此認爲簡文的"湮(汜)"當訓爲"水別復入水",即從主流分出後又流回主流。

---

① 清華大學出土文獻研究與保護中心編,李學勤主編:《清華大學藏戰國竹簡(貳)》,第173頁。
② 蘇建洲等:《清華二〈繫年〉集解》,第602頁。
③ 徐元誥:《國語集解(修訂本)》卷17,第493頁。
④ 《史記》卷66,第2643頁。
⑤ 周生春:《吴越春秋輯校彙考》卷3,北京:中華書局,2019年,第17頁。
⑥ 此時勝恐是周歲左右的嬰兒。可參宋公文:《楚史新探》,第250頁。
⑦ 清華大學出土文獻研究與保護中心編,李學勤主編:《清華大學藏戰國竹簡(貳)》,第173頁。
⑧ 楊伯峻:《春秋左傳注(修訂本)》,第832頁。
⑨ 《春秋左傳注疏》卷50,《十三經注疏》,第4563頁。
⑩ 楊伯峻:《春秋左傳注(修訂本)》,第1440頁。
⑪ 魏棟:《清華簡〈繫年〉雞父之戰戰地探賾》,《文史》2021年第1輯,第276~277頁。

"雞父之洰"是伍雞開挖的長溝,這條長溝從某天然河流分出,後又流入該天然河流。①

簡文所述事即傳世文獻所謂的雞父之戰,在楚平王十年(前519),當魯昭公二十三年,吳王僚八年。

《春秋》昭公二十三年:"戊辰,吳敗頓、胡、沈、蔡、陳、許之師于雞父。胡子髡、沈子逞滅,獲陳夏齧。"

《左傳》昭公二十三年:

> 吴人伐州來,楚薳越帥師及諸侯之師奔命救州來,吴人禦諸鍾離。子瑕卒,楚師熸。(杜注:子瑕即令尹,不起所疾也。吴、楚之間謂火滅爲熸。軍之重主喪亡,故其軍人無復氣勢。)吴公子光曰:"諸侯從於楚者衆,而皆小國也,畏楚而不獲已,是以來。吾聞之曰:'作事威克其愛,雖小,必濟。'……"吴子從之。戊辰晦,戰于雞父。吴子以罪人三千先犯胡、沈與陳,三國爭之。吴爲三軍以繫於後,中軍從王,光帥右,掩餘帥左。吴之罪人或奔或止,三國亂,吴師擊之,三國敗,獲胡、沈之君及陳大夫。舍胡、沈之囚,使奔許與蔡、頓,曰:"吾君死矣!"師譟而從之,三國奔,楚師大奔。②

簡文所謂"爲長壍而洰之",整理者解釋爲挖長溝蓄水,以阻堵楚軍。顧棟高曰:"余嘗究觀《左氏》,而知吴地水行,其性不能以陸,故其會晉也,于蒲則不能至于鍾離,而後至于雞澤,則不能至于戚,而後至晉侯徵平丘之會,吴以水道不可辭。哀九年徵師伐齊,則先溝通江淮矣。十三年會晉黄池,則闕爲深溝于商、魯之間矣。是知吴不能一日而廢舟楫之用也。"③又曰:"夫吴之争州來也,凡七十年,三用大衆,而後奄有其地。蓋亦欲去江路而阻淮爲固,扼楚咽喉,爲進戰退守之資。"④據此,筆者懷疑伍雞是溝通了雞父至州來的水道,才滅了州來的。這條水道是伍雞所建,故又稱"雞父之洰",雞父地名也由此而來。

簡文所謂的"伍雞將吴人以圍州來"當對應於《左傳》之"吴人伐州來"。此次戰果如何,《左傳》未詳,簡文謂伍雞率領吴人最終打敗了楚軍,攻下州來。而與此同時,"楚薳越帥師及諸侯之師奔命救州來,吴人禦諸鍾離"。州來在今安徽鳳臺,鍾離在其東,即在今安徽鳳陽縣稍北而東、淮水

---

① 魏棟:《清華簡〈繫年〉雞父之戰戰地探賾》,《文史》2021年第1輯,第275~276頁。
② 《春秋左傳注疏》卷50,《十三經注疏》,第4566頁。
③ (清)顧棟高:《春秋大事表》卷33,第2069頁。
④ (清)顧棟高:《春秋大事表》卷33,第2070頁。

南岸,二者相距較遠。因此,筆者以爲所謂"吴人禦諸鍾離"者不是楚師,而應是其他諸侯之師。換言之,吴人攻下州來後,楚和諸侯之師分兩路來救:一路是楚師,抵達州來,吴人採用挖長溝蓄水的手段打敗了楚軍;另一路是諸侯之師,與吴師在鍾離相遇,"吴人禦諸鍾離"。

[16] 競(景)坪(平)王卽殜(世),卲(昭)王卽【八二】立(位),五(伍)員爲吴大宧(宰),是教吴人,反楚邦之者(諸)侯,以敗(敗)楚自(師)于白(柏)嬰(舉),述(遂)內(入)郢。

【整理者】《左傳》定公四年:"伍員爲吴行人以謀楚。……伯州犁之孫嚭爲吴大宰以謀楚。"與簡文異。白嬰,《左傳》作"柏舉",《公羊傳》作"柏莒",《穀梁傳》作"伯舉",今湖北麻城東北。柏舉之戰及吴人入郢事詳見《左傳》定公四年。①

【謹按】楚平王去世在魯昭公二十六年(前516),同年昭王卽位。《春秋》昭公二十六年:"九月庚申,楚子居卒。""居"卽楚平王名。同年《左傳》曰:"九月,楚平王卒。……乃立昭王。"②

"伍員爲吴太宰,是教吴人"者,事在楚昭王十年(前506,魯定公四年)。《左傳》定公四年:"秋,楚爲沈故,圍蔡。伍員爲吴行人以謀楚。楚之殺郤宛也,伯氏之族出,伯州犁之孫嚭爲吴太宰以謀楚。"竹添光鴻箋曰:"當時足以害楚者,惟有吴耳,故仇楚者皆事吴。"③據此可知伍員實爲"行人",伯嚭爲太宰,"謀楚"者,謀爲吴伐楚也。行人,官名,《左傳》中的行人有專官和兼官之別。關於其職掌,"《周禮·秋官》有大行人,掌大賓之禮及大客之儀;小行人掌使適四方,協九儀賓客之事。諸侯之行人似通掌之"④。伍員爲行人當是專官。又,關於太宰,楊伯峻曰:"太宰之名見於諸經傳記者,以侯國言之,其義有二:一爲一般官職名;一爲冢宰、卿相之義,……爲執政之通稱。"⑤簡文載伍員爲太宰,亦有可能是爲吴執政之義,《吴越春秋·闔閭內傳》:"(闔閭)乃舉伍子胥爲行人,以客禮事之,而與謀國政。"⑥"闔閭"卽闔廬。簡文所謂"是教吴人"者,教吴人伐楚也。

---

① 清華大學出土文獻研究與保護中心編,李學勤主編:《清華大學藏戰國竹簡(貳)》,第173頁。
② 楊伯峻:《春秋左傳注(修訂本)》,第1469、1474~1475頁。
③ 〔日〕竹添光鴻注:《左氏會箋》,第2060頁。
④ 楊伯峻:《春秋左傳注(修訂本)》,第734、125頁。
⑤ 楊伯峻:《春秋左傳注(修訂本)》,第79頁。
⑥ 周生春:《吴越春秋輯校彙考》卷4,第31頁。

"反楚邦之諸侯,以敗楚師于柏舉,遂入郢"者,見於《春秋》定公四年:"冬十有一月庚午,蔡侯以吳子及楚人戰于柏舉,楚師敗績。楚囊瓦出奔鄭。庚辰,吳入郢。"同年《左傳》曰:"冬,蔡侯、吳子、唐侯伐楚",十一月庚午,吳、楚二師"陳于柏舉","五戰,及郢","庚辰,吳入郢,以班處宮"①。《國語·吳語》:"期年,乃有柏舉之戰。"②

柏舉,楚地,在今湖北省麻城縣東北。《公羊傳》作"伯莒";《穀梁傳》作"伯舉";《淮南子·詮言》作"柏莒",而《兵略》作"柏舉"。"柏""伯"從"白"聲,與簡文"白"皆通,"舉""莒"亦音近可通。簡文所謂的"反楚邦之諸侯"即指蔡侯、吳王、唐侯等。

[17] 卲(昭)王歸【八三】鬱(隨),與吳人戰(戰)于析。吳王子昏(晨)牀(將)迉(起)禞(禍)於吳=(吳,吳)王盍(闔)旁(廬)乃歸(歸),卲(昭)王女(焉)逯(復)邦。【八四】

【整理者】隨,姬姓國,今湖北隨州南。析,今河南西峽,在隨以北,楚與吳大戰於此,似與當時形勢不合。《左傳》定公五年載,楚申包胥自秦乞師,"秦子蒲、子虎帥車五百乘以救楚。……使楚人先與吳人戰,而自稷會之,大敗夫㮘王於沂。"簡文"析"應爲"沂",在今河南正陽。《左傳》定公四年:"闔廬之弟夫㮘王晨請於闔廬。"據簡文"王子晨",知"晨"爲夫㮘王名。夫㮘王敗於沂,歸而自立,與吳王戰,敗而奔楚,見定公五年《傳》。③

【李守奎】所謂的"昭王復邦",並不是過去所理解的昭王回到了原來所居的郢,而是指收復邦土。楚昭王逃亡前所居的郢,據清華簡《楚居》可知是"爲郢",闔廬入郢之後,曾居秦溪之上和媺郢,終其位没有再回到"爲郢"。④

【謹按】《左傳》定公四年載魯定公四年十一月,吳人入郢,己卯(十一月二十七日),楚昭王及其隨從棄都而逃,庚辰(二十八日),吳師入郢。楚昭王棄都後,"涉睢,濟江,入於雲中","奔鄖"。關於"雲中",杜預注:"入雲夢澤中,所謂江南之夢。"⑤張正明認爲,"雲中"即鄖中,屬鄖縣。⑥ 然後,楚昭王由鄖公鬭辛"與其弟巢以王奔隨"。與此同時,吳軍"從之",也

---

① 楊伯峻:《春秋左傳注(修訂本)》,第1534、1542、1544~1545頁。
② 徐元誥:《國語集解(修訂本)》卷18,第523頁。
③ 清華大學出土文獻研究與保護中心編,李學勤主編:《清華大學藏戰國竹簡(貳)》,第173頁。
④ 李守奎:《清華簡〈繫年〉與吳人入郢新探》,《中國社會科學報》2011年11月24日,第7版。
⑤ 《春秋左傳注疏》卷54,《十三經注疏》,第4640頁。
⑥ 張正明:《楚史》,武漢:湖北教育出版社,2016年,第202頁。

到了隨國。吳人懷疑昭王在隨，逼隨人交出昭王，當時的情形是"楚子在公宮之北，吳人在其南"。最終，隨未聽從於吳。吳師無奈撤離隨國，然後，昭王重新回到隨都，與隨人結盟。所謂"昭王歸隨"應該指昭王在吳師撤離後重新回到隨都。因此，所謂"與吳人戰于析"應該是此以後之事。

"與吳人戰于析"者，析在今河南西峽。此戰傳世文獻缺載，發生在楚昭王在吳師撤離後重新回歸隨都之後，而在《左傳》定公五年所載的六月秦楚聯軍敗吳夫槩王的沂之戰之前。詳見本章考證之"二、《繫年》'吳人戰于析'考"。

吳王子晨，吳王諸樊之子、闔廬之弟，名晨，因自稱王，故曰"夫槩王"或"夫槩王晨"。關於其史事，見於《左傳》。《左傳》定公四年：

> 十一月庚午，二師陳于柏舉。闔廬之弟夫槩王晨請於闔廬曰："楚瓦不仁，其臣莫有死志。先伐之，其卒必奔，而後大師繼之，必克。"弗許。夫槩王曰："所謂'臣義而行，不待命'者，其此之謂也。今日我死，楚可入也。"以其屬五千先擊子常之卒，子常之卒奔，楚師亂，吳師大敗之。……吳從楚師，及清發，將擊之。夫槩王曰："困獸猶鬬，況人乎？若知不免而致死，必敗我。若使先濟者知免，後者慕之，蔑有鬬心矣。半濟而後可擊也。"從之，又敗之。……庚辰，吳入郢，以班處宮。子山處令尹之宮（杜注：子山，吳王子），夫槩王欲攻之，懼而去之，夫槩王入之。①

《左傳》定公五年載：

> 申包胥以秦師至。秦子蒲、子虎帥車五百乘以救楚。子蒲曰："吾未知吳道。"使楚人先與吳人戰，而自稷會之，大敗夫槩王于沂。……九月，夫槩王歸，自立也，以與王戰，而敗，奔楚，為堂谿氏。②

又，金文中有"王子臣"，見於春秋晚期的王子臣銅俎（銘作：王子臣作肆彝，用終）③、王子臣戈（銘作：王子臣用戈）④。《史記·齊世家》："子哀公不辰立。""不辰"，司馬貞索隱引《世本》作"不臣"。董珊據此認為"辰""臣"音近可通，銘文中的"王子臣"即簡文中的"吳王子晨"。⑤ 也有學者

---

① 楊伯峻：《春秋左傳注（修訂本）》，第1544～1545頁。
② 楊伯峻：《春秋左傳注（修訂本）》，第1551頁。
③ 呂章申主編：《中國國家博物館百年收藏集粹》，合肥：安徽美術出版社，2014年，第158頁。
④ 韓自強：《楚國有銘兵器的重要發現》，中國古文字研究會等編：《紀念中國古文字研究會成立三十周年國際學術研討會論文集》，長春：吉林大學古籍所，2008年，第92～98頁。
⑤ 董珊：《讀清華簡〈繫年〉》，《簡帛文獻考釋論叢》，第106頁。

以二器屬楚而不同意董說。① 筆者以爲,據上引《左傳》夫槩王後奔楚,用楚器亦無不可,故兩器之"王子臣"不能排除是簡文"王子晨"的可能。

簡文謂"吳王子晨將起禍於吳,吳王闔廬乃歸"者,是指夫槩王自立爲王,吳王闔廬班師回國,此事在魯定公五年(前505,楚昭王十一年,吳王闔廬十年)。《國語·吳語》載夫差使王孫苟告勞於周曰:"昔者楚人爲不道,不承共王事,以遠我一二兄弟之國。吾先君闔廬不貰不忍,被甲帶劍,挺鈹搢鐸,以與楚昭王毒逐於中原柏舉。天舍其衷,楚師敗績,王去其國,遂至於郢。王總其百執事,以奉其社稷之祭。其父子昆弟不相能,夫槩王作亂,是以復歸於吳。"②這段話可與簡文互證。吳王闔廬之所以未能定楚而歸,就是因爲王子晨自立爲王,亦即簡文所謂的"吳王子晨將起禍於吳"。"將",王引之《經傳釋詞》:"《論衡·知實篇》曰:'將者,且也。'常語也。"③

關於"昭王焉復邦",《左傳》定公五年:

> 九月,夫槩王歸,自立也,以與王戰,而敗,奔楚,爲堂谿氏。吳師敗楚師于雍澨。秦師又敗吳師。吳師居麇,子期將焚之,子西曰:"父兄親暴骨焉,不能收,又焚之,不可。"子期曰:"國亡矣,死者若有知也,可以歆舊祀,豈憚焚之?"焚之,而又戰,吳師敗。又戰于公壻之谿,(杜注:楚地名。)吳師大敗,吳子乃歸。囚闔輿罷。闔輿罷請先,遂逃歸。……楚子入於郢。④

[譯文]

楚莊王即位後,吳人臣服於楚國。陳國的公子徵舒娶了鄭穆公的女兒,這就是少𡣈(即夏姬,下文徑稱夏姬)。楚莊王即位第十五年,陳公子徵舒殺了陳國國君靈公。莊王率領軍隊包圍陳國,[此前]王曾命申公屈巫到秦國請求秦國派遣軍隊,結果成功求得軍隊前來參戰。王攻入陳國,殺死徵舒,將其家室賜予申公,連尹襄老和巫臣爭,奪走了夏姬。連尹在河

---

① 魏慈德說:"器爲楚器,銘爲鳥篆,時代屬春秋中期偏早。臣、辰不同,董說不確。"田率也認爲王子臣銅俎是楚器,"王子某"屢見於楚器,故王子臣不是王子晨。魏慈德:《〈清華簡·繫年〉與〈左傳〉中的楚史異同》,《東華漢學》第17期(2013年6月),第26頁;田率說見呂章申主編:《中國國家博物館百年收藏集粹》,合肥:安徽美術出版社,2014年,第158頁。
② 徐元誥:《國語集解(修訂本)》卷19,第553頁。
③ (清)王引之:《經傳釋詞》卷8,第171頁。
④ 《春秋左傳正義》卷55,《十三經注疏》,第4646~4647頁。

灘之戰中被俘虜,他的兒子黑要又烝於夏姬。莊王去世,共王即位。黑要死後,司馬子反和申公爭夏姬,申公説:"夏姬是莊王賜予我的。"娶夏姬爲妻。司馬不服申公。王命令申公聘問齊國,申公私下帶走了夏姬,從齊國逃到晉國。從晉國又到了吳國,從而溝通了吳國、晉國往來的道路,並且教吳人背叛楚國。到了靈王時,靈王攻伐吳國,這就是南懷之行,俘獲了吳國王子蹶由,吳國人又臣服於楚國。靈王去世,景平王即位,少師無極向景平王進讒言迫害死了連尹伍奢,伍奢的兒子伍員和伍之雞逃到了吳國。伍雞率領吳國人圍攻州來,挖了長溝溝通了水道,於是打敗了楚國軍隊,這就是雞父之汜。景平王去世後,昭王即位。伍員擔任吳國的太宰,於是教吳國人反叛楚國。反叛楚國的各路諸侯,在柏舉打敗楚國軍隊,於是乘勝攻入楚國首都——郢。昭王回到隨國,和吳國人在析地打了一仗。吳國王子晨即將在吳國自立爲王、發動叛亂,吳王闔廬聽聞,於是撤軍回歸吳國,昭王又回到楚國。

[解題]

本章主要圍繞吳、楚關繫而展開,高潮則爲吳人入郢。

簡文所述的吳、楚關繫之變化主要有以下幾個階段:

第一,吳人服於楚。楚莊王即位後,在其十三年(前601,魯宣公八年),楚國與吳國結盟,吳始服於楚。

第二,吳人叛楚。魯成公六年(前585,楚共王六年,吳王壽夢元年),晉派巫臣使吳,溝通晉、吳相通之路,教吳叛楚。這部分叙述夏姬與巫臣事甚詳,誠如劉宗堯曰:"吳之始大,乃春秋一大變局,而啓之者實由巫臣。巫臣之啓之也,實由夏姬,故叙夏姬事特詳。"①

第三,吳人又服於楚。魯昭公七年(前537,楚靈王四年,吳王夷末七年),楚靈王伐吳,並俘獲了吳國王子蹶由。

第四,吳、楚柏舉之戰。魯定公四年(前506,楚昭王十年,吳王闔廬九年),吳、楚在柏舉大戰,楚方大敗。

---

① 吳闓生:《左傳微》卷5,合肥:黄山書社,2014年,第256頁。

[問題]

　　第一,關於夏姬史事的考證。筆者將《繫年》與《左傳》《國語》《史記》等傳世文獻相比較,對其中的相異點進行分析,並就這種相異點產生的原因進行了説明。

　　第二,《繫年》"吴人戰于析"考。對於此句簡文,整理者(本章的整理者是李均民)和李守奎的看法不同。筆者結合傳世文獻,對兩種説法進行了分析,並在此基礎上提出了看法。

[考證]

一、夏姬史事考證

《繫年》第十五章載:

　　　　陳公子徵舒娶妻于鄭穆公,是少孔。莊王立十又五年,陳公子徵舒殺其君靈公。莊王率師圍陳,王命申公屈巫蹠秦求師,得師以來。王入陳,殺徵舒,取其室以予申公,連尹襄老與之爭,敚之少孔。連尹止於河灉,其子黑要也又室少孔。莊王卽世,共王卽位。黑要也死,司馬子反與申公爭少孔,申公曰:"是余受妻也。"娶以爲妻。司馬不順申公。王命申公聘於齊,申公竊載少孔以行,自齊遂逃蹠晉。

以上史事,也見於傳世文獻,爲便於比較,我們特列表六:

表六　諸家所載夏姬史事對照

時間	《繫年》第十五章	《春秋》《左傳》	《國語》	《史記》	備注
	陳公子徵舒娶妻于鄭穆公,是少盂。		《楚語上》:昔陳公子夏爲御叔娶於鄭穆公,生子南。		夏徵舒娶夏姬(《繫年》),還是夏徵舒之父御叔娶夏姬(《國語》)?兩者相異。
前599年,周定王八年,魯宣公十年,楚莊王十五年	莊王立十又五年,陳公子徵舒殺其君靈公。	《春秋》宣公十一年:癸巳(五月八日),陳夏徵舒弑其君平國。《左傳》宣公十一年:陳靈公與孔寧、儀行父飲酒於夏氏。公謂行父曰:"徵舒似女。"對曰:"亦似君。"徵舒病之。公出,自其廄射而殺之。二子奔楚。	《周語中》:周定王八年,陳侯殺於夏氏。		
前598年,周定王九年,魯宣公十一年,楚莊王十六年	莊王率師圍陳。王命申公屈巫蹠秦求師,得師以來。				王命巫臣赴秦求師,巫臣圓滿完成任務,而此事也成爲莊王賜夏姬於巫臣之緣由,此點傳世文獻未載。

(續表)

時間	《繫年》第十五章	《春秋》《左傳》	《國語》	《史記》	備注
	王入陳,殺徵舒。	《春秋》宣公十年:冬十月,楚人殺陳夏徵舒。丁亥(十一日),楚子入陳。《左傳》宣公十年:冬,楚子爲陳夏氏亂故,伐陳。謂陳人"無動！將討於少西氏"。遂入陳,殺夏徵舒。	《周語中》:九年,楚子入陳。	《陳杞世家》:成公元年冬,楚莊王爲夏徵舒殺靈公,率諸侯伐陳。	
	取其室以予申公。連尹襄老與之争,敚之少孟。	《左傳》成公二年:楚之討陳夏氏也,莊王欲納夏姬。申公巫臣曰:"不可。君召諸侯,以討罪也。今納夏姬,貪其色也。貪色爲淫,淫爲大罰。……"王乃止。……王以予連尹襄老。	《楚語上》:莊王既以夏氏之室賜申公巫臣。		《國語》和《繫年》謂楚莊王最先將夏姬賜予巫臣。至於巫臣爲何没娶夏姬,《國語》未言,《繫年》謂被連尹襄老奪去。《左傳》謂首先莊王想自己納夏姬,經巫臣勸止。那麼,夏姬被楚莊王帶入楚國後,首先爲誰所納?《左傳》《繫年》《國語》均謂是連尹襄老,此點同。

(續表)

時間	《繫年》第十五章	《春秋》《左傳》	《國語》	《史記》	備注
	連尹止於河灘，其子黑要也又室少孔。	《左傳》成公二年：襄老死於邲，不獲其尸。其子黑要烝焉。			襄老死後，《左傳》《繫年》謂夏姬爲其子黑要所納，《國語》未載。
	黑要也死，司馬子反與申公爭少孔，申公曰："是余受妻也。"娶以爲妻。	《左傳》成公七年：子反欲取夏姬，巫臣止之，遂取以行，子反亦怨之。及共王卽位，子重、子反殺巫臣之族子閻、子蕩及清尹弗忌及襄老之子黑要，而分其室。子重取子閻之室，使沈尹與王子罷分子蕩之室，子反取黑要與清尹之室。	《楚語上》：襄老死於邲，二子爭之，未有成。韋昭注："二子，子反、巫臣也。爭，爭夏姬。"		《繫年》《左傳》均謂黑要之後，司馬子反與巫臣爭夏姬，巫臣取勝，此點相同。

(續表)

時間	《繫年》第十五章	《春秋》《左傳》	《國語》	《史記》	備注
前589年，魯成公二年，楚共王二年	王命申公聘於齊，申公竊載少孔以行，自齊遂逃蹠晉。	《左傳》成公二年：及共王即位，將爲陽橋之役，使屈巫聘於齊，且告師期，巫臣盡室以行。……及鄭，使介反幣，而以夏姬行。將奔齊，齊師新敗，曰："吾不處不勝之國。"遂奔晉，而因郤至，以臣於晉。	《楚語上》：恭王使巫臣聘於齊，以夏姬行，遂奔晉。		

資料來源：楊伯峻：《春秋左傳注（修訂本）》，第704、707～708、710、713～714、803～804頁；徐元誥：《國語集解（修訂本）》卷17、2，第492、69頁；《史記》卷36，第1910頁。

通過表六可見，《繫年》與《國語》《左傳》等相較，主要有以下不同：

(一) 夏姬是徵舒之母還是其妻

對此，傳世文獻與出土文獻有兩種記載：

一是夏姬是夏徵舒（子南）之母，以《國語》《左傳》等爲代表。《國語·楚語上》："昔陳公子夏爲御叔娶於鄭穆公，生子南。子南之母亂陳而亡之，使子南戮於諸侯。"韋昭注："公子夏，陳宣公之子、御叔之父也，爲御叔娶鄭穆公少妃姚子之女夏姬也。子南，夏徵舒之字。御叔早死，陳靈公與孔寧、儀行父淫夏姬，徵舒弑靈公。楚莊王以諸侯討之而滅陳。"①《左傳》宣公十年："陳靈公與孔寧、儀行父飲酒於夏氏。公謂行父曰：'徵舒似

---

① 徐元誥：《國語集解（修訂本）》卷17，第492頁。

女。'對曰:'亦似君。'徵舒病之。公出,自其廄射而殺之。二子奔楚。"又,《左傳》昭公二十八年載晉大夫叔向之母曰:"子靈之妻殺三夫、一君、一子,而亡一國、兩卿矣,可無懲乎?"子靈即巫臣,其妻即夏姬,這裏的"一子"即指夏徵舒。①

二是夏姬是夏徵舒之妻,此以《繫年》與《穀梁傳》爲代表。《繫年》第十五章:"陳公子徵舒取妻於鄭穆公,是少孔。"《穀梁傳》宣公九年:"陳靈公通于夏徵舒之家,公孫寧、儀行父亦通其家。"②此處"夏徵舒之家"即指夏徵舒之妻子,指夏姬。

那麼以上兩種説法哪種正確呢?夏姬如果是徵舒之妻,則説明其比較年輕,如此比較符合歷史史實。③按,從情理上説,如果將夏姬作爲徵舒之母,確實有很多難以解釋處,最主要的是夏姬的年齡問題。這點學者早已注意到了,如竹添光鴻詳數夏姬年歲迥異常人,他評論道:

> 徵舒弒君行逆,計姬當四十餘歲。歷宣公、成公,申公巫臣竊以逃晉,又相去十餘年矣。後又生女嫁叔向,計當六十餘,真是人妖。④

顧頡剛也注意到夏姬年齡之問題,他説:

> 夏姬爲《左傳》豔稱之美色,然以時間考之,亦多不近理。宣九年:"陳靈公與孔寧、儀行父通於夏姬,……泄冶諫曰:'公卿宣淫,民無效焉,……二子請殺之,……遂殺泄冶。"又宣十年:"陳靈公與孔寧、儀行父飲酒於夏氏,……徵舒病之。公出,自其廄射而殺之。二子奔楚。"此時夏姬之子已能殺君並能逐走二權臣,必已屆壯年,則夏姬亦必已中年,尚能引君臣淫亂。及宣十一年:"楚子爲陳夏氏亂故,伐陳……殺夏徵舒。"再至十餘年後之成二年載:"楚之討陳夏氏也,莊王欲納夏姬。申公巫臣曰'不可……',子反欲取之,巫臣曰:'是不祥人也。是天子蠻,殺御叔,弒靈侯,戮夏南,出孔、儀,喪陳國……'王以予連尹襄老,襄老死於邲,其子黑要烝焉。……巫臣……以夏姬行,……遂奔晉。"成七年:"子重、子反殺巫臣之族……巫臣請使於吳,晉侯許之。……教吴乘車……戰陳,教之叛楚。……吴始伐楚。"以一過中年後之婦女,能使楚王君臣爭欲得之而伐其國,及予一大臣

---

① 楊伯峻:《春秋左傳注(修訂本)》,第1492頁。
② (清)鍾文烝:《春秋穀梁經傳補注》卷15,第442頁。
③ 程薇:《清華簡〈繫年〉與夏姬身份之謎》,《文史知識》2012年第7期,第112頁;侯文學、李明麗:《清華簡〈繫年〉與〈左傳〉叙事比較研究》,上海:中西書局,2015年,第177頁。
④ 〔日〕竹添光鴻注:《左氏會箋》,第865頁。

後,又足引其子烝之,另一陰謀者費勁心機以求之,至十餘年後,夏姬宜垂垂老矣,及復攜之叛逃晉,至爲此婦人引鄰國以禍其本國,是此婦人何殊異如此!則其事之傳奇性强,誠難徵實者也。①

顧頡剛認爲上舉夏姬事爲"宫帷之記載(傳奇性)",屬於《左傳》不可信的三種資料之一。可見,夏姬年齡問題導致學者對《左傳》相關記載的懷疑,而這一問題根源就在於《左傳》謂夏姬是徵舒之母,且有《國語》爲證。《左傳》之説正是本於《國語》一類的資料,不能據此斷定《左傳》載夏姬事屬於虚構。《繫年》則明確記載夏姬實乃徵舒之妻,如此則跟巫臣逃奔晉時,至多三十餘歲,這就在情理上可通了。兩種不同記載,説明文本流傳中會出現譌誤——以第一種文本流傳爲代表,而夏姬事這一事件本身是存在的。

(二) 申公巫臣是否曾使秦求師

楚莊王伐陳時,申公巫臣曾去聯繫秦國共同出兵,巫臣圓滿完成任務,並成爲此後莊王將夏姬賜予巫臣之緣由,對此傳世文獻未載。

首先,關於申公巫臣到秦求師,經傳雖未明載,但也有一些蛛絲馬跡可尋。《左傳》成公二年:"楚之討陳夏氏也,莊王欲納夏姬。申公巫臣曰:'不可!君召諸侯,以討罪也。今納夏姬,貪其色也。貪色爲淫,淫爲大罰。……若興諸侯,以取大罰,非慎之也。君其圖之!'王乃止。"②據申公巫臣之言可知,楚莊王討陳夏徵舒實際上是興諸侯之師共同討伐。

《左傳》宣公十一年載楚莊王説:"夏徵舒爲不道,弑其君,寡人以諸侯討而戮之。"孔疏:"《經》無'諸侯',而云'以諸侯討之'者,……時有楚之屬國從行也。十二年邲之戰,《經》不書'唐',而《傳》云'唐侯爲左拒'。昭十七年長岸之戰,《經》不書'隨',而《傳》言'使隨人守舟'。明此時亦有諸侯,但爲楚私屬,不以告耳。"③

《左傳》宣公十一年載楚大夫申叔時對楚莊王説:"諸侯之從也,曰討有罪也。今縣陳,貪其富也。以討召諸侯,而以貪歸之,無乃不可乎?"④可知楚曾召諸侯共同討伐夏徵舒。

《史記·陳杞世家》:"成公元年冬,楚莊王爲夏徵舒殺靈公,率諸侯

---

① 顧頡剛:《春秋三傳及國語之綜合研究》,《顧頡剛古史論文集》卷11,第567~568頁。
② 楊伯峻:《春秋左傳注(修訂本)》,第803頁。
③ 《春秋左傳注疏》卷25,《十三經注疏》,第4073頁。
④ 楊伯峻:《春秋左傳注(修訂本)》,第715頁。

伐陳。"①

據上所載，則楚莊王伐陳夏徵舒實際上是興諸侯之師共同伐之，唯此諸侯爲哪國，則不可知。據《繫年》，秦爲此諸侯之一可明矣，但是否僅秦一國助楚，恐亦難斷言。

其次，王命巫臣赴秦求師，巫臣圓滿完成任務，而此事也成爲莊王賜夏姬於巫臣之緣由，對此傳世文獻未載。巫臣爲何一再堅持要娶夏姬？由《左傳》《國語》相關内容推斷，巫臣應該是覬覦夏姬之美色。

《左傳》成公二年："楚之討陳夏氏也，莊王欲納夏姬。申公巫臣曰：'不可。君召諸侯，以討罪也。今納夏姬，貪其色也。貪色爲淫，淫爲大罰。……'王乃止。……王以予連尹襄老。"②楚莊王欲納夏姬，巫臣説莊王是貪戀她之美色，但是最後他自己却處心積慮納夏姬爲妻。這裏巫臣言行不一，頗有偽君子的色彩。後來"子反欲取夏姬，巫臣止之，遂取以行，子反亦怨之"③，所以子反殺巫臣之族人，而此事最終導致巫臣叛楚。

但是《繫年》所記巫臣的形象完全不同。楚莊王派巫臣赴秦求師，巫臣圓滿完成了任務，因此莊王將夏姬賜予巫臣。祇是此時連尹襄老與巫臣相争，夏姬才被襄老奪去。從情理上講，理屈者顯然不是巫臣，而是襄老。《繫年》亦未載莊王欲納夏姬事，莊王的形象也很正面。後來襄老死，其子黑要亦死，此時司馬子反要娶夏姬，巫臣據理力争道："夏姬是莊王賜予我的。"巫臣最終娶了夏姬，而此事又導致子反不服。此後子反殺巫臣之族人，巫臣叛楚。這裏絲毫看不出巫臣有過錯，錯在子反、襄老。

總之，從叙事上講，《繫年》更符合情理與邏輯，而《左傳》所述則有醜化巫臣及楚莊王的色彩。

(三) 夏姬被楚莊王俘虜後，爲何人所納

《繫年》與傳世文獻對此記載有歧異。據《繫年》，首先楚莊王將其賞賜巫臣，但被連尹襄老奪走；襄老死後，其子黑要又霸佔了夏姬；黑要之後，司馬子反又欲納夏姬而未得，最後爲巫臣所娶。據《左傳》，首先是楚莊王想自己將其納爲妻室，被巫臣勸止，司馬子反也想納，亦爲巫臣勸止；後連尹襄老納之；襄老死後，其子黑要烝夏姬；黑要之後，司馬子反欲納而未果；

---

① 《史記》卷36，第1910頁。
② 楊伯峻：《春秋左傳注(修訂本)》，第803~804頁。
③ 楊伯峻：《春秋左傳注(修訂本)》，第834頁。

最後巫臣娶之。《國語·楚語上》:"莊王既以夏氏之室賜申公巫臣,則又畀之子反,卒於襄老。襄老死於邲,二子爭之,未有成。恭王使巫臣聘於齊,以夏姬行,遂奔晉。"韋昭注:

> 畀,與也。巫臣,楚申公屈巫子靈也。子反,司馬公子側也。襄老,楚連尹也。初,莊王欲納夏姬,巫臣諫曰:"不可。君召諸侯,以討罪也。今納夏姬,貪其色也。貪色爲淫,淫爲大罰。"王乃止,將以賜巫臣,則又與子反。子反欲取,巫臣又難之,卒與襄老。……二子,子反、巫臣也。爭,爭夏姬。成,猶定也。①

楚莊王先以夏姬賜巫臣,後又賜子反,終後與襄老。襄老死,子反與巫臣爭,後來巫臣娶夏姬。

比較以上三者,雖然不太一致,但有幾處是相同的,即真正曾納夏姬者爲連尹襄老—黑要(烝)—巫臣,這一條綫索基本一致。至於相異點,是傳說之異、文本流傳之異造成的。

二、《繫年》"吳人戰于析"考

《繫年》第十五章曰:

> 景平王即世,昭王即位。伍員爲吳大宰,是教吳人,反楚邦之諸侯,以敗楚師于柏舉,遂入郢,昭王歸隨,與吳人戰于析。吳王子晨將起禍於吳,吳王闔廬乃歸,昭王焉復邦。

整理者曰:

> 析,今河南西峽,在隨以北,楚與吳大戰於此,似於當時形勢不合。《左傳》定公五年載,楚申包胥自秦乞師,"秦子蒲、子虎帥車五百乘以救楚。……使楚人先與吳人戰,而自稷會之,大敗夫槩王於沂。"簡文"析"應爲"沂",在今河南正陽。②

李守奎認爲:

> 《左傳》説的秦兵救至,"大敗夫槩王於沂","沂"地自來不明,多異説,皆有不安。據簡文可知是"析"。析本是楚人安置許的地方,許遷至容後,析就成了楚地。晉、吳破方城,吳入楚,析當被吳軍佔領。秦從西路出兵救楚,析是其所經過之地,在此處大敗吳軍,然後乘勢南

---

① 徐元誥:《國語集解(修訂本)》卷17,第492頁。
② 清華大學出土文獻研究與保護中心編,李學勤主編:《清華大學藏戰國竹簡(貳)》,第173頁。

下,繼而滅唐,合情合理。①

整理者認爲《繫年》中的"析"應爲《左傳》定公五年"大敗夫槩王于沂"之"沂";而李守奎則認爲《左傳》定公五年的"大敗夫槩王于沂"之"沂"應是"析"。兩種意見截然相反。但二者在《左傳》中的"析之戰"與《繫年》中的"析之戰"是同一事上,看法却是一致的。那麼,兩種意見孰是孰非呢?

(一)關於《左傳》定公五年之"沂"地

《左傳》定公五年載:

> 申包胥以秦師至。秦子蒲、子虎帥車五百乘以救楚。子蒲曰:"吾未知吴道。"使楚人先與吴人戰,而自稷會之,大敗夫槩王于沂。吴人獲薳射於柏舉,其子帥奔徒以從子西,敗吴師於軍祥。
>
> 秋七月,子期、子蒲滅唐。
>
> 九月,……吴師敗楚師于雍澨。秦師又敗吴師。吴師居麇,子期將焚之,……焚之,而又戰,吴師敗,又戰于公壻之谿。吴師大敗,吴子乃歸。②

關於"沂",杜注:"稷、沂皆楚地。"③"沂"又見於《左傳》宣公十一年"令尹蔿艾獵城沂。"④學者們大多認爲其指同一地。那麼,"沂"到底在何處? 有以下幾種說法:

第一,今河南正陽縣境。《匯纂》首倡此說,楊伯峻等學者均贊成。⑤

第二,是三國時期的流沂,今湖北省鄂州市鄂城區東二十里。清人沈欽韓引《方輿紀要》曰:"在武昌縣東百三十里近山有流沂城。"⑥

第三,石泉認爲是唐河縣西南沁陽河與唐河匯流後的之沂河,《戰國策》及《淮南子》所記之濁水。⑦《戰國策·楚策一》莫敖子華追憶吴師入郢之役,謂秦人"遂出革車千乘、卒萬人,屬之子滿與子虎,下塞以東,與吴人戰於

---

① 李守奎:《清華簡〈繫年〉與吴人入郢新探》,《中國社會科學報》2011 年 11 月 24 日,第 7 版;李守奎:《清華簡〈繫年〉所記楚昭王時期吴晉聯合伐楚解析》,《古文字與古史考:清華簡整理研究》,第 127 頁。
② 楊伯峻:《春秋左傳注(修訂本)》,第 1551~1552 頁。
③ 《春秋左傳注疏》卷 55,《十三經注疏》,第 4646 頁。
④ 楊伯峻:《春秋左傳注(修訂本)》,第 711 頁。
⑤ 楊伯峻:《春秋左傳注(修訂本)》,第 712 頁。
⑥ (清)沈欽韓:《春秋左傳地名補注》卷 11,《清經解;清經解續編》第 10 册,第 99 頁。
⑦ 石泉:《從春秋吴師入郢之役看古代荆楚地理》,《石泉文集》,武漢:武漢大學出版社,2006 年,第 236 頁。

濁水而大敗之,亦聞於遂浦"。《淮南子·修務訓》:"秦王乃發車千乘,步卒七萬,屬之子虎,逾塞而東,擊吳濁水之上,果大破之,以存楚國。"石泉提出三點認識:一是雖然史載濁水有好幾條,但皆不出南陽盆地;二是濁水與沂同爲水名,在清代時,沁陽河與唐河匯流後的下游支流猶有"沂河"之名;三是沂離唐近,越過唐河即是,而秦楚之師於沂、稷戰役後滅唐。①

關於"濁水",歧義甚多。范祥雍認爲,《戰國策》及《淮南子》所記之濁水,實際上不是六月大敗吳師之地,而是滅唐以後九月秦楚聯軍大敗吳師之"公壻之谿"。② 楊伯峻也持相同看法。③ 如此,石泉以《戰國策》及《淮南子》爲依據恐怕還有商討的餘地。那麽,兩種說法哪種比較可靠呢? 楊伯峻比較二說,認爲前說較妥。④ 筆者同意楊說。可見,關於"沂"地,雖然我們不能肯定其所指,但大多數學者的看法還是認爲其在今河南正陽縣境。這種說法,我們還沒有足夠的理由予以推翻。

(二)《繫年》"昭王歸隨,與吳人戰于析"之"析"與《左傳》定公五年"大敗夫槩王於沂"之"沂"的關繫

《繫年》曰:"景平王即世,昭王即位。伍員爲吳大宰,是教吳人。反楚邦之諸侯,以敗楚師于柏舉,遂入郢,昭王歸隨,與吳人戰于析。吳王子晨將起禍於吳,吳王闔廬乃歸,昭王焉復邦。""吳王子辰將起禍於吳"之"將",訓"且"。⑤ 這裏的"與吳人戰于析"發生在昭王歸隨後、"吳王子晨將起禍於吳"之前。那麼,"歸隨"何指?

據《春秋》《左傳》,魯定公四年十一月庚午(十八日),吳、蔡與楚戰於柏舉;己卯(十一月二十七日),楚昭王及其隨從棄都而逃;第二天庚辰(十一月二十八日),吳師入郢。楚昭王棄都後,"涉雎,濟江,入於雲中","奔鄖"。然後,鄖公鬬辛"與其弟巢以王奔隨"。與此同時,吳軍"從之",也到了隨國。吳人懷疑昭王在隨,逼隨人交出昭王。當時的情形是"楚子在公宮之北,吳人在其南"最終,隨未聽從於吳,吳師無奈撤離隨國。然後,昭王重新回到隨都,與隨人結盟。那麼,所謂"昭王歸隨",到底是指由鄖入隨,還是在吳人離開隨後又返回隨呢? 筆者以爲當爲後者,原因如下:

---

① 石泉:《從春秋吳師入郢之役看古代荊楚地理》,《石泉文集》,第234~236頁。
② 范祥雍:《戰國策箋證》,第816頁。
③ 楊伯峻:《春秋左傳注(修訂本)》,第1552頁。
④ 楊伯峻:《春秋左傳注(修訂本)》,第712頁。
⑤ 裴學海:《古書虛詞集釋》,第609頁。

其一,"歸",《廣雅·釋言》訓爲"返"①,這裏應該指昭王在吳師撤離後重新回到隨都。

其二,《左傳》定公四年敘楚昭王由鄖入隨時用了"奔"字,"奔"者奔命也,其與《繫年》之"歸隨"顯然不合。

其三,《左傳》定公四年"及昭王在隨,申包胥入秦乞師",此"在隨"指楚昭王重新返回隨後,而沂之戰發生在申包胥入秦乞師後。因此,所謂"昭王歸隨",是指楚昭王在吳人離開隨後,又返回隨。所以,《繫年》"與吳人戰于析"應該是楚昭王歸隨以後之事。

由前文可知,按照《左傳》的記載,楚昭王在魯定公五年秦軍援助楚軍的過程中,與吳軍進行了多次戰鬥。在昭王歸隨後,秦、楚與吳的戰役主要有:

魯定公五年六月的秦楚聯軍敗吳夫槩王的沂之戰。《左傳》定公五年:"秦子蒲、子虎帥車五百乘以救楚。子蒲曰:'吾未知吳道。'使楚人先與吳人戰,而自稷會之,大敗夫槩王于沂。"竹添光鴻箋曰:"吳楚數交兵,秦則未嘗與吳戰,故不知其戰法,必使楚先試,以觀其可攻,而自稷會之,大敗吳之強將。"②《吳越春秋》作:"六月,申包胥以秦師至,秦使公子子蒲、子虎率車五百乘救楚擊吳。二子曰:'吾爲知吳道。'使楚師前,與吳戰,而卽會之,大敗夫槩。"③可見,秦軍剛開始實際上未參戰,在"稷會之,大敗夫槩王於沂"之前楚曾與吳進行過戰爭,筆者以爲,此戰很可能卽是《繫年》所謂的"吳人戰于析"。析在今河南西峽,在稷與沂之東,合乎情理。

是年六月蘧射之子從子西率楚散卒敗吳師的軍祥之戰。《左傳》定公五年:"吳人獲蘧射於柏舉,其子帥奔徒以從子西,敗吳師於軍祥。"④

七月,秦軍滅唐之役。子期、子蒲滅唐。《吳越春秋》:"七月,楚司馬子成、秦公子子蒲與吳王相守,私以間兵伐唐,滅之。"⑤

九月,公壻之谿之役,吳師徹底失敗。吳王闔廬的弟弟夫槩王於軍祥之役敗後返歸吳國自立爲王。與此同時,"吳師敗楚師於雍澨,秦師又敗吳師。吳師居麋,子期將焚之,……焚之而又戰,吳師敗。又戰於公壻之谿,吳師大敗,吳子乃歸"吳子闔廬歸吳後卽打敗夫槩王。

---

① (清)阮元等:《經籍籑詁》,北京:中華書局,1982年,第177頁。
② 〔日〕竹添光鴻注:《左氏會箋》,第2176頁。
③ 周春生:《吳越春秋輯校彙考》,第46頁。
④ 楊伯峻:《春秋左傳注(修訂本)》,第1551頁。
⑤ 周春生:《吳越春秋輯校彙考》,第46頁。

由上，《繫年》中"昭王歸隨，與吳人戰于析"的析之戰應該在吳師撤離、昭王重新回到隨都之後，六月的秦楚聯軍敗吳夫槩王的沂之戰之前。

整理者和李守奎均認爲，《左傳》中的"沂之戰"與《繫年》中的"析之戰"是同一事，但前者以《左傳》爲是，後者以《繫年》爲是。那麼，爲何有如此分歧呢？

首先，如按李守奎的看法，《左傳》定公五年的"大敗夫槩王於沂"之"沂"應是"析"。其理由是：第一，"沂"地所指歷來不明，多異説，皆有不安。第二，從秦軍出兵救楚的路綫考慮，析是其必經之地。第三，他認爲析本楚人安置許之地；許遷容後，析屬楚；吳入楚，析被吳佔領；秦救楚，在析大敗吳，然後南下，繼而滅唐。

下面對李守奎的理由作一分析。第一，上文已述，關於"沂"地，雖然我們不能確定其所指，但依大多數學者的看法，還是認爲其在今河南正陽縣境。第二，就秦軍救楚的路綫考慮，析確實是其必經之地。據石泉的看法，秦軍的進軍路綫是順丹江南下，出武關，至南陽盆地，會合楚北部重鎮申縣之師。① 《左傳》定公五年："使楚人先與吳人戰，而自稷會之，大敗夫槩王於沂。"也就是説，秦由稷會楚，而在沂敗夫槩王。而析就在丹江附近，稷在析的東南。② 如此，卽是秦先跑到析東南面的稷，然後返回再在析與吳戰鬥。這顯然是不合理的。又，整理者已指出，析在隨以北，楚與吳大戰於此，似與於當時形勢不合。③ 另外，根據《繫年》可知，在析交戰的雙方是楚與吳。如果"沂"是"析"之誤，那麼，《左傳》中在"沂"交戰的雙方則是秦與楚，這顯然是矛盾的。因此，李守奎所認爲的析之戰乃《左傳》沂之戰的説法亦非。

其次，如按整理者的看法，《繫年》"吳人戰于析"之"析"應是"沂"，這種看法恐怕也待商榷。前文已述，《繫年》謂在析交戰的雙方是楚與吳，而《左傳》定公五年"大敗夫槩王於沂"的是秦與楚，兩者本來就不是一件事情。實際上，《繫年》"吳人戰于析"並不見於《左傳》記載，而是一條新信息。《繫年》的史料來源極其複雜，其中有一些與《春秋》經傳等無法對應，這是不奇怪的。因此，如果非將兩者比附，勢必難通。

---

① 石泉：《從春秋吳師入郢之役看古代荆楚地理》，《石泉文集》，第239頁。
② 楊伯峻認爲在今河南桐柏縣境。楊伯峻：《春秋左傳注（修訂本）》，第1551頁。石泉認爲是唐河縣西南，沁陽河與唐河匯流後之沂河，並認爲"稷"乃"稷丘"之脱，稷丘臨近沂。參石泉：《從春秋吳師入郢之役看古代荆楚地理》，《石泉文集》，第236頁。
③ 清華大學出土文獻研究與保護中心編，李學勤主編：《清華大學藏戰國竹簡（貳）》，第173頁。

(三)小結

筆者認爲,《繫年》中"析之戰"和《左傳》中的"沂之戰"均存在。《左傳》定公五年載,秦子蒲等率秦師救楚時,在參戰前由於"未知吳道","使楚人先與吳人戰";而《繫年》"昭王歸隨,與吳人戰于析",與吳人戰的就是楚,據此,吳楚此戰之地就是析。析在今河南西峽縣。這一支楚軍由南陽盆地北部的楚國重鎮申縣(今河南省南陽市北)一帶的駐軍組成。①

楚、吳先在析交戰,析在丹江的東面。秦軍由丹江南下,看到東面的吳、楚交戰,先未參戰,而是直接出武關②,至南陽盆地,會合楚北部重鎮申縣之師。然後秦軍與吳軍在稷(今河南桐柏縣境)相遇,最後在沂(今河南正陽縣境)大敗吳軍。這一支吳軍是夫槩王的軍隊。然後,夫槩王歸國,自立爲王。《左傳》定公五年:"九月,夫槩王歸,自立也。"③

---

① 石泉:《從春秋吳師入郢之役看古代荆楚地理》,《石泉文集》,第237頁。
② 胡渭曰:"在今陝西商州東南百八十里。"參繆文遠訂補:《七國考訂補》,上海古籍出版社,1987年,第126頁。
③ 楊伯峻:《春秋左傳注(修訂本)》,第1551頁。

清華簡《繫年》綜合研究

下 册

王紅亮 著

天津出版傳媒集團

天津古籍出版社

【第十六章】

[説明]

(一)"󰈈"【八六】的釋讀

【整理者】隷爲"敓",釋爲"説"。①

【郭理遠】《左傳》此處作"晉侯觀于軍府,見鍾儀……使稅之",杜預注"稅,解也",楊伯峻注"'稅'同'脱',解除其繫縛拘禁"。《左傳》文意與此簡大致相同,"敓"還是讀爲"脱"比較好。②

【謹按】整理者謂"敓"爲"説",蓋本於《説文》。《説文・言部》:"説,釋也。从言、兑。一曰談説。"對於《説文》所給出的兩種説法,學者有分歧:一是認爲"説"的本義是"説釋",即"悦懌",段注:"説釋即悦懌。説、悦,釋、懌,皆古今字。許書無悦、懌二字也。説釋者,開解之意,故爲喜悦。《釆部》曰:'釋,解也。'"③二是認爲其本義是"談説",楊樹達認爲:"談説乃造文之始義,許以説釋爲正義,殆非也","談説者,説之始義也。由談説引申爲説釋之説,又引申爲悦懌之悦"。④ 如按前説,"説""悦","釋""懌"皆古今字。

《左傳》莊公九年:"管仲請囚,鮑叔受之。及堂阜而稅之。"《釋文》:"稅,本又作説。"阮元《校堪記》:"《文選・解嘲》注引作脱,《釋文》亦作稅,云本又作説。"⑤竹添光鴻箋:"脱,本字;稅,借字;説,古通字。"⑥清人劉文淇疏證:"《釋詁》:稅、赦,舍也。"⑦按,《左傳》上述話《史記・齊太公世家》引作"鮑叔牙迎受管仲,及堂阜而脱桎梏",是司馬遷將"稅"解釋爲"脱桎梏"。《爾雅・釋詁》:"稅、赦,舍也。"清人郝懿行注:

---

① 清華大學出土文獻研究與保護中心編,李學勤主編:《清華大學藏戰國竹簡(貳)》,第 174 頁。
② 李松儒:《清華簡〈繫年〉集釋》,第 234 頁。
③ (清)段玉裁注,許惟賢整理:《説文解字注》卷 3 上,第 167 頁。
④ 楊樹達:《積微居小學金石論叢》,長沙:湖南教育出版社,2008 年,第 58、59 頁。
⑤ 《春秋左傳正義》卷 8,《十三經注疏》,第 3834、3840 頁。
⑥ 〔日〕竹添光鴻注:《左氏會箋》,第 261 頁。
⑦ (清)劉文淇:《春秋左傳舊注疏證》,第 153 頁。

舍有二義,亦有二音。詩夜切者,《釋名》云:"舍,於中舍息也。"息即止息。……其音書冶切者,舍即捨之假借。《說文》云:"捨,釋也。""釋,解也。"經典捨俱作舍。……舍、釋雙聲,古字通用。……《爾雅》之舍亦兼二音二義,《釋文》唯主一音,於義疏矣。……稅者,車之舍也。《方言》以舍車爲稅,郭注"稅猶脫也",是以解脫爲義。脫乃挩之假音。《說文》:"挩,解挩也。"經典挩俱作脫,而又通借作稅。《禮·文王世子》云"不稅冠帶"、《少儀》云"車則稅綏",又《少儀》注"降稅屨"、《投壺》注"既稅屨",《釋文》並云:"稅,本作脫。"《文選》陸機《招隱》詩注"脫與稅古字通"是也。又通作說。……是稅、說通。……赦即舍,說即稅,稅亦舍矣。①

據此,則《左傳》"稅"即"脫(挩)"之本字,"說"爲通假字,訓爲"舍(捨)",即解也、釋也。

　　簡文所載事見於《左傳》,簡文"敓"字對應《左傳》之"稅"。《左傳》成公九年:"晉侯觀于軍府,見鍾儀,問之曰:'南冠而縶者,誰也?'有司對曰:'鄭人所獻楚囚也。'使稅之。"杜注:"稅,解也。"②竹添光鴻箋曰:"稅駕之稅。"③楊伯峻注:"'稅'同'脫',解除其繫縛拘禁。"④

　　總之,簡文"敓"與《左傳》之"稅"均爲"脫(挩)"之通假字,據《爾雅·釋詁》訓爲"舍(捨)",即解也、釋也。

[釋文]

　　楚龏(共)王立七年,命(令)尹子禣(重)伐奠(鄭),爲洮(氾)之自(師)。[1]晉競(景)公會者(諸)侯以救(救)鄭=(鄭,鄭)人戠(止)芸(鄖)公義(儀),獻【八五】者(諸)競=公=(景公,景公)以歸(歸)。[2]一年,競(景)公欲與楚人爲好,乃敓(脫)芸(鄖)公,囟(使)歸(歸)求成。龏(共)王吏(使)芸(鄖)公嬰(聘)於【八六】晉,旻(且)許成。[3]競(景)公吏(使)翟(糴)之茷(茷)嬰(聘)於楚,虔(且)攸(修)成,未還,競(景)公卒(卒),柬(厲)公即立(位)。龏(共)王吏(使)王【八七】子唇(辰)嬰(聘)於晉,

---

① (清)郝懿行:《爾雅義疏》卷1,第222~224頁。
② 《春秋左傳正義》卷26,《十三經注疏》,第4137頁。
③ 〔日〕竹添光鴻注:《左氏會箋》,第1076頁。所謂"稅駕",猶解駕,停車。謂休息或歸宿。
④ 楊伯峻:《春秋左傳注(修訂本)》,第844頁。

或(又)攸(修)成,王或(又)叓(使)宋右币(師)芋(華)孫兀(元)行晉、楚之成。[4] 眀(明)哉(歲),楚王子逤(罷)會晉文【八八】子燮(變)及者(諸)侯之夫=(大夫)明(盟)於宋,曰:"爾(彌)天下之虢(甲)兵。"[5] 眀(明)哉(歲),柬(厲)公先起兵,衍(率)自(師)會者(諸)侯以伐【八九】秦,羊=(至于)涇。[6] 龏(共)王亦衍(率)自(師)回(圍)奠(鄭)。[7] 柬(厲)公救奠(鄭),敓(敗)楚自(師)於陻(鄢)。[8] 柬(厲)公亦見禍(禍)以死,亡(無)逡(後)。【九〇】[9]

仐=四【八五背】　仐=五【八六背】　仐=六【八七背】

仐=七【八八背】　仐=九【八九背】　杢=【九〇背】

[疏證]

[1] 楚龏(共)王立七年,命(令)尹子禮(重)伐奠(鄭),爲洂(氾)之自(師)。

【謹按】楚共王立七年,梁玉繩曰:"楚共王,嚴王子。楚共王始見成七,莊王子始見《史·楚世家》。共又作恭(《魯語》下、《晉語》六、《楚語》上),又作龔(《呂覽·權勳》)。名審(《春秋》襄十三,《史·十二侯表》《世家》),又作葴(《楚語》,宋庠《補音》疑葴非是),亦曰荊龔王(《呂覽》)生十一年立(成二、襄十三及注),立三十一年(《侯表》《世家》)。"① 據此,簡文所謂"龍"讀爲"龏",第十五章簡70作"龏",本章簡87作"覿",簡90作"龏",當爲"龏"之異體。習慣起見,我們徑作"共",其本音通。楚共王立七年當魯成公七年(前584)。

洂,從"水"、"禾"聲,對照《左傳》成公七年當爲"氾"。"氾",並母談部,喉音;"禾",匣母歌部,唇音。一説"氾"音"祀",劉文淇曰:"如淳曰:'氾音祀。'……今彼鄉人呼之音祀。"② "祀",古音邪母之部,齒音。

《春秋》成公七年:"秋,楚公子嬰齊帥師伐鄭。"《左傳》成公七年:"鄭子良相成公以如晉,見,且拜師。(杜注:謝前年晉救鄭之師,爲楚伐鄭張本。)……秋,楚子重伐鄭,師于氾。"③ 據此,楚重此年伐鄭實際是因爲鄭從晉。而此時楚、晉爭奪鄭國的鬥爭實際上很激烈。簡文所謂的"令尹子

---

① (清)梁玉繩:《人表考》卷5,《史記漢書諸表訂補十種》,第712頁。
② (清)劉文淇:《春秋左傳舊注疏證》,第385頁。
③ 《春秋左傳正義》卷26,《十三經注疏》,第4132頁。

重伐鄭,爲氾之師"的背景卽此。

氾,杜預注:"鄭地。在襄城縣南。"①楊伯峻説:"氾有二,僖二十四年傳與此傳之氾是南氾,在河南襄城縣。僖三十年傳之氾是東氾,在河南中牟縣。南氾離楚較近。"②《左傳》僖公二十四年:"[周]王出適鄭,處于氾。"楊伯峻注:"氾音凡,在今河南襄城縣南,以周襄王嘗出居于此,故名襄城。"③

令尹子重,楚莊王之弟,字子重,傳世文獻作"公子嬰齊""左尹子重""令尹子重""將軍子重"。④ 錢大昕説:"'重'與'因'義相近,或楚子重亦名因齊乎?"⑤金文作"公子嬰次",見於 1923 年出土於河南鄭州新鄭李家樓大墓的王子嬰齊爐(《集成》10386),故宫博物院藏王子嬰次鐘(《集成》52)。王國維曰:"余謂嬰次卽嬰齊,乃楚令尹子重之遺器也。……齊、次古同聲音,……子重之器何出於新鄭? 蓋鄢陵之役,楚師宵遁,故遺是器。"⑥于豪亮説:"楚公子嬰齊字子重,齊讀爲次,則與重字相應。"⑦李學勤認爲李家樓大墓的鄭君最可能是卒於前 571 年的鄭成公或卒於前 566 年的鄭僖公。⑧

[2]晉竸(景)公會者(諸)侯以㦰(救)鄭▄(鄭,鄭)人戬(止)芸(鄖)公義(儀),獻【八五】者(諸)竸▄公▄(景公,景公)以歸(歸)。

【謹按】晉竸公,《左傳》及《史記·晉世家》作"晉景公",名獳,又名據,晉成公子,在位十九年(前 599~前 581,魯宣公十年至魯成公十年)。⑨

芸公義,《左傳》作"鄖公鍾儀"。"鄖"與"芸"古音相同(匣母文部,中古合口三等)。關於鄖,宋代程公説《春秋分記》曰:"鄖有四:桓十一年'鄖人軍於蒲騷',鄖國也;昭十四年'楚使鬬辛居鄖',楚地也;哀十一年'大叔殯於鄖',衛地也;十二年'會於鄖',吴地也。"⑩此鄖乃古鄖子國,被楚滅後

---

① 《春秋左傳正義》卷 26,《十三經注疏》,第 4132 頁。
② 楊伯峻:《春秋左傳注(修訂本)》,第 833 頁。
③ 楊伯峻:《春秋左傳注(修訂本)》,第 426 頁。另可參(清)劉文淇:《春秋左傳舊注疏證》,第 385 頁;〔日〕竹添光鴻注:《左氏會箋》,第 555~556 頁。
④ 楊伯峻:《春秋左傳注(修訂本)》,第 711 頁。
⑤ (清)錢大昕:《潛研堂集》卷 7,上海:上海古籍出版社,2009 年,第 87 頁。
⑥ 王國維:《王子之嬰次爐跋》,《觀堂集林》卷 18,第 899~900 頁。
⑦ 于豪亮:《〈春秋名字解詁〉補釋》,《于豪亮學術論集》,上海:上海古籍出版社,2015 年,第 356 頁。
⑧ 李學勤:《東周與秦代文明》,上海:上海人民出版社,2016 年,第 65 頁。
⑨ 王利器、王貞珉:《漢書古今人表疏證》,濟南:齊魯書社,1988 年,第 632 頁。
⑩ 轉引自(清)梁履繩:《左通補釋》卷 2,《清經解;清經解續編》第 9 册,第 12 頁。

成爲楚縣，清代梁履繩曰："鄖子別有四：其一鄖國，子爵，高陽氏後，古鄖子國；其一楚滅鄖，封其臣鬬辛爲鄖公，是爲鄖國；其一嬴姓，祝融之後，封於羅，號妘子；其一爲邧，《通典》云周時諸國。"① 鄖公鍾儀卽鄖縣縣公（楚之縣長稱"公"）。另外，《左傳》中另有"邧與鄖並載，則邧自爲一國"②，則"芸"當與"邧"異。

《春秋》成公七年："秋，楚公子嬰齊帥師伐鄭。公會晉侯、齊侯、宋公、衛侯、曹伯、莒子、邾子、杞伯救鄭。八月戊辰，同盟于馬陵。"《左傳》成公七年："秋，楚子重伐鄭，師于氾。諸侯救鄭。鄭共仲、侯羽軍楚師，囚鄖公鍾儀，獻諸晉。八月，同盟于馬陵，尋蟲牢之盟，且莒服故也。晉人以鍾儀歸，囚諸軍府。"③

［3］一年，竟（景）公欲與楚人爲好，乃敓（脱）芸（鄖）公，囟（使）歸（歸）求成。龍（共）王叓（使）芸（鄖）公鳴（聘）於【八六】晉，旻（且）許成。

【整理者】《左傳》成公九年："晉侯觀于軍府，見鍾儀……重爲之禮，使歸求成。……十二月，楚子使公子辰如晉，報鍾儀之使，請脩好、結成。"簡文稱楚共王復使芸公義還晉，晉景公卒，厲公卽位，乃使公子辰聘晉，與《左傳》當年卽使公子辰不同。④

【謹按】"敓"，讀爲"脱"，詳見《繫年》第七章簡42之"伐衛以敓齊之戍"注。

"一年"有兩種解釋：一是相當於"一年後"，卽楚共王九年（前582），當魯成公九年，晉景公十八年其依據是《左傳》成公九年載此事。陳炎、沈培、李松儒、馬楠等持此説。⑤　二是楚共王八年（前583），當魯成公八年，晉景公十七年。因爲傳世文獻所載晉景公放歸鄖公鍾儀歸楚求成事，僅見於《左傳》，而《左傳》並未對此事明確紀年，故這兩種可能均不能排除。

"一年，景公欲與楚人爲好，乃脱鄖公，使歸求成"事見於《左傳》成公九年："晉侯觀于軍府，見鍾儀，問之曰：'南冠而縶者，誰也？'有司對曰：'鄭人所獻楚囚也。'使税之。……公語范文子。文子曰：'楚囚，君子也。……君盍歸之，使合晉、楚之成？'公從之，重爲之禮，使歸求成。"杜注："爲下十二

----

① （清）梁履繩：《左通補釋》卷2，《清經解·清經解續編》第9册，第11頁。
② （清）梁履繩：《左通補釋》卷2，《清經解·清經解續編》第9册，第12頁。
③ 《春秋左傳正義》卷26，《十三經注疏》，第4132頁。
④ 清華大學出土文獻研究與保護中心編，李學勤主編：《清華大學藏戰國竹簡（貳）》，第175頁。
⑤ 李松儒：《清華簡〈繫年〉集釋》，第235頁；馬楠：《清華簡〈繫年〉輯證》，第262頁。

月晉、楚結成張本。"①按,晉景公放歸鄖公求成於楚事,《左傳》雖然載於魯成公九年,但並未明確繫年,實際上不能排除此事在前一年的可能。

共王使鄖公聘於晉,且許成。《左傳》成公九年:"十二月,楚子使公子辰如晉,報鍾儀之使,請修好、結成。"公子辰即簡文後之"王子辰",詳彼注。《左傳》言楚共王派遣的是公子辰,而《繫年》説所派乃鄖公儀,二者不同。《史記·十二諸侯年表》:"楚共王九年冬,與晉成。"②

[4]競(景)公叏(使)翟(糴)之伐(茷)聘(聘)於楚,叀(且)攸(修)成,未還,競(景)公卒(卒),柬(厲)公卽立(位)。龏(共)王叏(使)王【八七】子脣(辰)聘(聘)於晉,或(又)攸(修)成,王或(又)叏(使)宋右帀(師)芋(華)孫兀(元)行晉、楚之成。

【整理者】此次王子辰出使晉國,《左傳》未載。③

【謹按】翟之伐,《左傳》成公十年作"糴茷",晉大夫。

王子脣,《左傳》成公九年作"公子辰";成公十年作"大宰子商",杜注:"楚公子辰。"④據此,則"公子辰"字子商,官太宰。⑤

"景公使糴之茷聘於楚,且修成,未還,景公卒,厲公即位",《左傳》有明確記載。《左傳》成公十年:"十年春,晉侯使糴茷如楚,報大宰子商之使也","晉侯有疾。五月,晉立大子州蒲以爲君。……六月丙午,晉侯……如厠,陷而卒","秋,[魯成]公如晉。晉人止公,使送葬。於是糴茷未反"。杜注:"是春晉使糴茷至楚結成。晉謂魯貳於楚,故留公。須糴茷還,驗其虚實。"⑥據此,景公卒之時,晉大夫糴茷出使楚國結成未返。

《左傳》成公十一年:"宋華元善於令尹子重,又善於欒武子,聞楚人既許晉糴茷成,而使歸復命矣。冬,華元如楚,遂如晉,合晉、楚之成。"⑦

[5]盟(明)歲(歲),楚王子波(罷)會晉文【八八】子燮(燮)及者(諸)侯之夫=(大夫)明(盟)於宋,曰:"爾(彌)天下之虢(甲)兵。"

【整理者】王子波,《左傳》作"公子罷"。文子燮,《左傳》作"士燮"。《左傳》成公十二年:"宋華元克合晉、楚之成,夏五月,晉士燮會楚公

---

① 《春秋左傳正義》卷 26,《十三經注疏》,第 4137 頁。
② 《史記》卷 14,第 763 頁。
③ 清華大學出土文獻研究與保護中心編,李學勤主編:《清華大學藏戰國竹簡(貳)》,第 175 頁。
④ 《春秋左傳正義》卷 26,《十三經注疏》,第 4138 頁。
⑤ 楊伯峻:《春秋左傳注(修訂本)》,第 846 頁。
⑥ 《春秋左傳正義》卷 26,《十三經注疏》,第 4139 頁。
⑦ 楊伯峻:《春秋左傳注(修訂本)》,第 854 頁。

子罷、許偃。癸亥,盟于宋西門之外,曰:'凡晉、楚無相加戎,好惡同之,同恤菑危,備救凶患。若有害楚,則晉伐之;在晉,楚亦如之。交贄往來,道路無壅;謀其不協,而討不庭。有渝此盟,明神殛之,俾隊其師,無克胙國。'"弭,《國語·周語上》韋注:"止也。"①

【謹按】明歲,具體是指楚共王十二年(前579),魯成公十二年,晉厲公二年。

楚王子罷,《左傳》作"公子罷",杜注:"楚大夫。"②

晉文子燮,《左傳》作"士燮",又稱"范文子"(《左傳》成公二年),故可稱文子燮。

爾,整理者釋爲"弭",並引《國語·周語上》韋注:"止也。"③"爾"當讀爲"彌",傳世文獻作"弭",取安息禦止之義。《左傳》襄公二十七載宋向戌"欲弭諸侯之兵以爲名",杜注:"欲獲息民之名。"④惠棟曰:"弭亦作彌,《周禮·小祝》'彌裁兵',杜子春讀弭如彌兵之彌。康成云:'彌讀曰敉。'敉,安也。"⑤洪亮吉說同,並謂"弭""彌"古字通。⑥"弭"與"彌"古音均爲明母脂部,中古開口三等。簡文"爾",蓋爲古字。⑦

《左傳》成公十二年:"宋華元克合晉、楚之成,夏五月,晉士燮會楚公子罷、許偃。癸亥,盟于宋西門之外,曰:'凡晉、楚無相加戎,好惡同之,同恤菑危,備救凶患。若有害楚,則晉伐之;在晉,楚亦如之。交贄往來,道路

---

① 清華大學出土文獻研究與保護中心編,李學勤主編:《清華大學藏戰國竹簡(貳)》,第175頁。
② 《春秋左傳正義》卷27,《十三經注疏》,第4147頁。
③ 清華大學出土文獻研究與保護中心編,李學勤主編:《清華大學藏戰國竹簡(貳)》,第175頁。
④ 《春秋左傳正義》卷38,《十三經注疏》,第4332頁。
⑤ (清)惠棟:《左傳補注》卷4,叢書集成初編本,北京:中華書局,1991年,第76頁。
⑥ (清)洪亮吉:《春秋左傳詁》,第592頁。
⑦ 《周禮·春官·小祝》"彌災兵"鄭玄注:"彌讀曰敉。敉,安也。"孫詒讓曰:"云'彌讀曰敉'者,段玉裁云:'敉彌聲類同部。云'敉,安也'者,《男巫》注同。《說文·支部》云:'敉,撫也。讀若弭。重文侎,敉或从人。'《廣雅·釋詁》云:'侎,安也。'案:《大祝》先鄭注云:'化祝,弭災兵也。'《郊特牲》云:'祭有祈焉,有報焉,有由辟焉。'注云:'辟讀爲弭,謂弭災兵,遠罪疾也。'字並作弭,則與《男巫》'招弭'字同。以《說文》考之,彌當爲《長部》𢑛字之變體。《弓部》云:'弭,弓無緣,可以解轡紛者。'字與𢑛別,而聲讀相近。又有弜字,云'弛弓也',《玉篇·弓部》謂與彌同。案:弛弓與解義亦相近。《說文·心部》又有怋字,云'懣也,一曰止也'。弭與怋義亦略同。以《大祝》及《郊特牲》注校之,竊疑漢時通用弭爲彌。此經例用古字作彌,注例用今字當作弭,故《甸師》注'弭後狈',字亦作弭。今本《大祝》《小祝》《男巫》經注,並彌弭錯出,非其舊也。至此經凡云彌者,並取安息禦止之義。杜子春《男巫》注讀弭如彌,而鄭於此彌及《男巫》之弭,皆破爲敉,義並通也。"(清)孫詒讓:《周禮正義》,第2022~2023頁。今按:孫詒讓推斷漢代用"弭"爲"彌",清華簡《繫年》正作"爾"("彌"之所从),可證孫氏所言不虛。竊疑"弭兵"之"弭"古字即爲"彌","弭"者蓋爲漢代人所改。

無雍;謀其不協,而討不庭。有渝此盟,明神殛之,俾隊其師,無克胙國。'鄭伯如晉聽成,會于瑣澤,成故也。"杜注:"晉既與楚成,合諸侯以申成好。"①

[6]㫘(明)𡕥(歲),柬(屬)公先起兵,衒(率)𠂤(師)會者(諸)侯以伐【八九】秦,爭〓(至于)涇。

【謹按】明歲,當魯成公十三年(前578),楚共王十三年,秦桓公二十七年,晉厲公三年。此戰即《左傳》所謂的麻隧之戰。

涇,楊伯峻注:"涇水流經涇陽縣南後入渭。據《魯語下》,當時諸侯軍隊俱不肯渡涇水,晉叔向見魯叔孫豹,魯軍始先渡河,各國軍隊乃隨之渡河。"②

《春秋》成公十三年:"十有三年春,晉侯使郤錡來乞師。……夏五月,公自京師,遂會晉侯、齊侯、宋公、衛侯、鄭伯、曹伯、邾人、滕人伐秦。"③

《左傳》成公十三年:"秦桓公既與晉厲公爲令狐之盟,而又召狄與楚,欲道以伐晉,諸侯是以睦於晉。晉欒書將中軍,荀庚佐之;士燮將上軍,郤錡佐之;韓厥將下軍,荀罃佐之;趙旃將新軍,郤至佐之。郤毅御戎,欒鍼爲右。……五月丁亥,晉師以諸侯之師及秦師戰于麻隧。秦師敗績,獲秦成差及不更女父。曹宣公卒于師。師遂濟涇,及侯麗而還。迓晉侯于新楚。"杜注:"迓,迎也。既戰,晉侯止新楚。故師還過迎之。麻隧、侯麗、新楚,皆秦地。"④

《國語·魯語下》:"諸侯伐秦,及涇莫濟。……是行也,魯人以莒人先濟,諸侯從之。"⑤《史記·十二諸侯年表》:晉厲公三年"伐秦至涇,敗之,獲其將成差";秦桓公二十六年"晉率諸侯伐我"。⑥《秦本紀》:"[秦桓公]二十六年,晉率諸侯伐秦,秦軍敗走,追至涇而還。"⑦按,《史記》將此戰繫於秦桓公二十六年,較《春秋》相差一年,後者可信。

[7]龏(共)王亦衒(率)𠂤(師)回(圍)奠(鄭)。

【謹按】此事在魯成公十五年(前576),楚共王十五年,鄭成公九年,晉厲公五年。

---

① 《春秋左傳正義》卷27,《十三經注疏》,第4148~4149頁。
② 楊伯峻:《春秋左傳注(修訂本)》,第878頁。
③ 《春秋左傳正義》卷27,《十三經注疏》,第4148~4149頁。
④ 《春秋左傳正義》卷27,《十三經注疏》,第4152頁。
⑤ 徐元誥:《國語集解(修訂本)》卷5,第182~183頁。
⑥ 《史記》卷14,第764~765頁。
⑦ 《史記》卷5,第249頁。

《春秋》成公十五年："楚子伐鄭。"《左傳》成公十五年："楚將北師，子囊曰：'新與晉盟而背之，無乃不可乎？'子反曰：'敵利則進，何盟之有？'……楚子侵鄭，及暴隧。遂侵衛，及首止。鄭子罕侵楚，取新石。欒武子欲報楚。韓獻子曰：'無庸，使重其罪，民將叛之。無民，孰戰？'"杜注："爲明年晉敗楚於鄢陵傳。"①

[8] 東(厲)公栽(救)奠(鄭)，敗(敗)楚臼(師)於陻(鄢)。

【謹按】此事在魯成公十六年（前575），楚共王十六年，鄭成公十年，晉厲公六年。

鄢，《春秋》《左傳》稱"鄢陵"，楊伯峻注："鄢陵即隱元年《傳》之鄢。鄭滅鄢以後，初用原名，後改爲鄢陵，今河南鄢陵縣北。"②

《春秋》成公十六年："晉侯使欒黶來乞師。甲午晦，晉侯及楚子、鄭伯戰于鄢陵。楚子、鄭師敗績。"《左傳》成公十六年："晉侯將伐鄭，……乃興師。欒書將中軍，士燮佐之；郤錡將上軍，荀偃佐之；韓厥將下軍；郤至佐新軍。荀罃居守。郤犨如衛，遂如齊，皆乞師焉。欒黶來乞師。孟獻子曰：'有勝矣。'戊寅，晉師起。鄭人聞有晉師，使告于楚，姚句耳與往。楚子救鄭。司馬將中軍，令尹將左，右尹子辛將右。……五月，晉師濟河。聞楚師將至。……六月，晉、楚遇於鄢陵。……甲午晦，楚晨壓晉軍而陳，軍吏患之。……及戰，射共王中目。……[楚師]乃宵遁。"③

[9] 東(厲)公亦見禍(禍)以死，亡(無)遂(後)。【九○】

【謹按】此事在魯成公十八年（前573），楚共王十八年，鄭成公十二年，晉厲公八年（晉悼公元年）。④

見禍，東晉范甯《春秋穀梁傳序》："幽王以暴虐見禍。"⑤《國語·吳語》載吳王夫差打敗句踐後，句踐向吳求和曰："昔者越國見禍，得罪於天王……"⑥

厲公見禍以死，《春秋》成公十八年："庚申，晉弑其君州蒲。"《左傳》成公十八年："十八年春王正月庚申，晉欒書、中行偃使程滑弑厲公，葬之于翼

---

① 《春秋左傳正義》卷27，《十三經注疏》，第4155頁；楊伯峻：《春秋左傳注（修訂本）》，第873頁。
② 楊伯峻：《春秋左傳注（修訂本）》，第866頁。
③ 楊伯峻：《春秋左傳注（修訂本）》，第878～890頁。
④ 楊伯峻：《春秋左傳注（修訂本）》，第904頁。
⑤ 《春秋穀梁傳序》，《十三經注疏》，第5124頁。
⑥ 徐元誥：《國語集解（修訂本）》卷19，第538頁。

東門之外,以車一乘。"①

無後,晉厲公被弒,晉悼公即位。《史記·晉世家》載:"悼公周者,其大父捷,晉襄公少子也,不得立,號爲桓叔,……桓叔生惠伯談,談生悼公周。"②是周爲襄公曾孫,桓叔之後。晉厲公之父是景公,景公之父是成公,成公是晉文公之少子、晉襄公之弟。清代馬驌評價晉厲公曰:"晉厲公在位八年,……[最終]内難忽作,身死無後。"③

[譯文]

楚共王即位第七年,令尹子重攻伐鄭國,這就是氾之戰。晉景公會合諸侯援救鄭國,鄭國人俘獲了隕公儀,把他獻給了景公,景公將他帶回晉國。一年,景公想和楚國合好,於是就釋放了隕公,派遣他回國促成兩國之好。共王派遣隕公聘問晉國,即將答應合好。景公派糴之茷聘問楚國,即將再次促成兩國之好,尚未回晉,景公去世,厲公即位。共王派遣王子辰聘問晉國,再次促成兩國之好,王又派宋國右師華元促成晉國、楚國合好。第二年,楚國大夫公子罷與晉國大夫文子燮以及各諸侯國大夫在宋國會盟,盟約説:"消除天下的戰爭。"第二年,厲公率先挑起戰爭,率領軍隊會合諸侯國來攻伐秦國,到達涇河。共王也率領軍隊包圍鄭國。厲公援救鄭國,在鄢陵打敗了楚國軍隊。厲公也因禍死於非命,没有後代。

[解題]

本章叙事主要圍繞晉、楚第一次宋之盟而展開。

簡文所述的宋之盟涉及以下幾個階段:

第一,楚鄖縣公鍾儀求成。楚共王七年(前584,魯成公七年,晉景公十六年)夏,由於鄭國從晉,故楚國的令尹子重伐鄭,這就是氾之役。晉景公會合諸侯國救鄭,鄭國的軍隊俘獲了鄖縣公鍾儀,獻給了晉景公,晉人帶其回晉國。楚共王九年(前582,魯成公九年),晉景公爲了結好楚國,放歸隕公鍾儀,讓其回楚國求成。楚共王答應了晉國的求成,於是派隕公鍾儀

① 楊伯峻:《春秋左傳注(修訂本)》,第905~906頁。
② 《史記》卷39,第2027頁。
③ (清)馬驌:《繹史》,第1401頁。

再次聘問晉。

第二，晉、楚行成。楚共王十年（前581，魯成公十年，晉景公十九年），晉景公派糴茷聘於楚，在修成達成之前，晉景公卒，晉厲公即位。楚共王又派楚太宰王子辰聘於晉修成。楚王又派宋國右師華元行兩國之成。

第三，宋之盟正式達成。楚共王十二年（前579，魯成公十二年，晉厲公二年），楚大夫王子罷會合晉國范文子士燮以及諸侯之大夫會盟於宋國，盟誓曰："弭天下之兵。"

第四，宋之盟被破壞。主要有三次戰役：

一是楚共王十三年（前578，魯成公十三年，晉厲公三年）的秦、晉麻隧之戰。晉厲公先起兵，率軍隊伐秦，一直追至涇水。

二是楚共王十五年（前576，魯成公十五年，晉厲公五年）楚侵鄭之戰。

三是楚共王十六年（前575，魯成公十六年，晉厲公六年）晉厲公救鄭的鄢陵之戰。

上述後兩次戰役都是晉、楚雙方爲了爭奪鄭而展開的，而且挑起事端的是楚共王。《繫年》作者站在楚人的立場上，認爲是晉厲公先起兵，最後晉厲公"見禍而死，無後"。

[問題]

第一，《繫年》與《左傳》所載晉、楚結成事對比研究。將《繫年》與《左傳》相較，兩者在記載楚共王派王子辰使晉事上，所記年代有差異：前者謂楚共王十年，後者謂楚共王九年。筆者經過考證認爲，後者所記較前者爲優。

第二，《繫年》與第一次宋之盟考辨。第一次宋之盟見於《左傳》等，但《春秋》未載，所以古今學者對其是否存在進行了諸多論辯。在考察學者種種論辯的基礎上，結合《繫年》對這一問題作了考察，認爲第一次宋之盟確實存在，《左傳》所載絕非子虛。

第三，晉、楚鄢陵之戰及第一次宋之盟之破壞考——兼論《左傳》和《繫年》叙事的立場。我們通過對《左傳》與《繫年》關於第一次宋之盟後的魯成公十三年（前578）晉秦麻隧之戰、魯成公十五年（前576）晉楚鄢陵之戰等的考察，認爲《左傳》等的記載顯然是在維護晉的利益，而《繫年》則是明顯的楚人立場。《繫年》的相關記述還表現了作者對首先發動戰争者終受懲罰的價值觀念，這也反映了作者反對戰争的歷史觀念。

[考證]

一、《繫年》與《左傳》所載晉、楚結成事對比研究

(一) 問題的提出

《繫年》第十六章載：

> 楚共王立七年，令尹子重伐鄭，爲氾之師。晉景公會諸侯以救鄭，鄭人止鄖公儀，獻諸景公，景公以歸。一年，景公欲與楚人爲好，乃脫鄖公，使歸求成。共王使鄖公聘於晉，且許成。景公使糴之茷聘於楚，且修成，未還，景公卒，厲公即位。共王使王子辰聘於晉，又修成，王又使宋右師華孫元行晉、楚之成。

簡文中的"鄖公儀"，《左傳》作"鄖公鍾儀"。此段簡文主要記載了楚共王時期楚、晉結好之事，而在此當中，鄖公鍾儀起了很大作用。對於此事，《左傳》有記載，但兩者有一些差異，爲便於比較，特列表七：

表七 《左傳》與《繫年》所載晉、楚結成事比較

時間		《左傳》	《繫年》	備注
前584年，魯成公七年，楚共王七年	七月	秋，楚子重伐鄭，師于氾。	楚共王立七年，令尹子重伐鄭，爲氾之師。	同
		諸侯救鄭。鄭共仲、侯羽軍楚師，囚鄖公鍾儀，獻諸晉。	晉景公會諸侯以救鄭，鄭人止鄖公儀，獻諸景公，景公以歸。	同
	八月	八月，同盟于馬陵，尋蟲牢之盟，且莒服故也。晉人以鍾儀歸，囚諸軍府。		
前582年，魯成公九年，楚共王九年	秋	晉侯觀于軍府，見鍾儀，……使稅之。……公語范文子。文子曰："楚囚，君子也。……君盍歸之，使合晉、楚之成？"公從之，重爲之禮，使歸求成。	一年，景公欲與楚人爲好，乃脫鄖公，使歸求成。	同
	十二月	十二月，楚子使公子辰如晉，報鍾儀之使，請脩好、結成。	共王使鄖公聘於晉，且許成。	異

(續表)

時間		《左傳》	《繫年》	備注
前581年，魯成公十年，楚共王十年	春	十年春，晉侯使糴茷如楚，報大宰子商之使也。	景公使糴之茷聘於楚，且修成。	同
	夏	晉侯有疾。五月，晉立大子州蒲以爲君。……六月丙午，晉侯……如廁，陷而卒。	景公卒，厲公即位。	同
	秋	秋，……於是糴茷未反。	未還。	同
前580年，魯成公十一年，楚共王十一年			共王使王子辰聘於晉，又修成。	異
	冬	宋華元善於令尹子重，又善於欒武子，聞楚人既許晉糴茷成，而使歸復命矣。冬，華元如楚，遂如晉，合晉、楚之成。	王又使宋右師華孫元行晉、楚之成。	同

資料來源：楊伯峻：《春秋左傳注（修訂本）》，第833、844～846、848、850～851、854頁。

由表七可見，《左傳》和《繫年》所載之差異主要表現在以下兩點：

第一，魯成公九年，楚共王爲了答謝晉派隕公鍾儀求成之聘，派何人去晉答謝其聘，並答應求成？對此，《左傳》謂是公子辰，而《繫年》説是隕公鍾儀。

第二，魯成公十年，《繫年》載楚共王使王子辰聘晉修成，《左傳》未載。那麼，是否有此事？

整理者認爲，"簡文稱楚共王復使芸公義還晉，晉景公卒，厲公即位，乃使公子辰聘晉，與《左傳》當年即使公子辰不同"，並認爲《繫年》所載的這次王子辰出使晉國，《左傳》未載。① 可見，整理者注意到了《繫年》與《左傳》記載王子辰使晉的差異，但又認爲《繫年》所載的王子辰出使晉於《左傳》未載。如此，則整理者實際上認爲有兩次王子辰使晉。可見，整理者試圖糅合《左傳》和《繫年》的相關記載。這種看法是否正確呢？下面，我們結合相關文獻，對以上問題作一解答。

（二）王子辰使晉及其相關史事考

據《左傳》所載，魯成公九年，晉景公使鄖公鍾儀回楚求成。《繫年》

---

① 清華大學出土文獻研究與保護中心編，李學勤主編：《清華大學藏戰國竹簡（貳）》，第175頁。

載:"一年,景公欲與楚人爲好,乃脱隕公,使歸求成。"兩者所載實際爲一事。隨後,楚共王派人使晉以回報晉景公求成的請求。至於楚共王所派者何人,《繫年》謂是鐘儀,"共王使隕公聘於晉,且許成";《左傳》説是公子辰,成公九年:"十二月,楚子使公子辰如晉,報鐘儀之使,請脩好、結成。"兩者不同。此次楚共王派人求成的目的,據《左傳》成公九年載是"報鐘儀之使"。如按《繫年》,是讓隕公鐘儀"報鐘儀之使";而依《左傳》,則是讓王子辰"報鐘儀之使"。兩者相較,筆者認爲後者的説法較優。

魯成公十年春,晉景公使糴茷如楚。糴茷使楚的目的有二:其一,回報去年公子辰的使晉,《左傳》成公十年:"十年春,晉侯使糴茷如楚,報大宰子商之使也。"其二,與晉正式結成,《左傳》成公十一年:"宋華元……聞楚人既許晉糴茷成,而使歸復命矣。"據此推斷,糴茷此次使楚,也肩負着結成晉、楚之成的任務。就在此年五月,晉景公突然生病,晉人急忙立太子州蒲(即後來的晉厲公)爲君,六月六日,晉景公卒。此時楚見晉發生君主變更,於是答應糴茷修成的請求,並使其回國復命。《左傳》成公十一年:"宋華元……聞楚人既許晉糴茷成,而使歸復命矣。"

《繫年》説晉景公使糴茷如楚的目的是"且修成",且在此期間,晉景公卒、厲公即位。這和《左傳》是一致的。《繫年》又説,晉厲公即位後,楚共王又派王子辰聘於晉,其目的是"且修成"。這裏我們可能産生疑問:糴茷如楚的目的是"修成",楚共王又爲何要派王子辰使晉"修成"呢?或認爲,這是由於晉國出現了君主變更,糴茷未完成使命而歸,所以王子辰又聘於晉,以結楚、晉之成。如此,王子辰應該可以完成楚、晉兩國結成的使命。但這種解釋與後面簡文不協調:因爲《繫年》後面曰:"王又使宋右師華孫元行晉、楚之成。"也就是説,楚、晉的正式結成實際上是華元促成的。那麼,王子辰爲何未完成使命呢?《繫年》的記載顯然不合情理。

《左傳》成公十一年:"秋……宋華元善於令尹子重,又善於欒武子,聞楚人既許晉糴茷成,而使歸復命矣。冬,華元如楚,遂如晉,合晉、楚之成。"據此,楚人已答應糴茷修成的請求,並使其回國復命。那麼,糴茷何時回晉國呢?糴茷於魯成公十年春如楚,大致於十一年春三月至秋歸晉。① 但糴

---

① 《左傳》成公十年載,此年冬,魯成公如晉,"於是糴茷未反",晉人扣留魯成公,因爲"此時糴茷出使楚國尚未返晉,晉國於魯國從晉從楚有所懷疑,故止之不令返魯"。[楊伯峻:《春秋左傳注(修訂本)》,第851頁]《左傳》成公十一年:"十一年春王三月,公至自晉。晉人以公爲貳於楚,故止公。公請受盟,而後使歸。"據此,則糴茷於此年三月仍未歸晉。同年《左傳》又載:"秋……宋華元……聞楚人既許晉糴茷成,而使歸復命矣。"據此,則糴茷於此年秋(或以前)歸晉。

茷實際上並未完成使命,於是才有此年冬宋華元如楚、如晉合二國之成之行。

按照《繫年》,由於晉國君主變更,故晉使欒茷返晉,楚共王又派王子辰聘於晉以修成。但簡文又説楚共王又派宋華元如晉修成,顯然使讀者摸不着頭腦。綜上可見,此處記載《左傳》顯然較《繫年》合理。

(三)小結

通過對比《左傳》和《繫年》的相關記載,筆者認爲前者顯然較後者爲優。楚共王九年,《繫年》謂"共王使隕公聘於晉"之"隕公",應當從《左傳》説爲"王子辰"。此處《繫年》所載蓋混淆了兩者。此處之混淆,導致後面的楚共王派王子辰使晉事無處安排。《繫年》作者將其與楚共王十年派宋右師華元使楚事放在一起,這易使讀者誤認爲王子辰在楚共王九年使晉後,楚共王十年又有一次使晉。筆者認爲,祇有一次王子辰使晉,其就在楚共王九年。至於《繫年》之所以出現此種記述,是因爲其乃抄撮而成,詳參本書"綜合研究"部分。

二、《繫年》與第一次宋之盟考辨

魯成公十二年,晉、楚結盟于宋西門之外,此即晉、楚西門之盟,史家亦稱第一次宋之盟。關於此次盟會,《左傳》對其有記述,但不見於《春秋》經,所以古今學者多有懷疑。《繫年》明確記載此事,但與《左傳》亦不太相同。這對我們重新考辨這一歷史事件,檢討前人的相關説法,以及對相關學術史問題進行再思考提供了可能。

(一)問題的提出

《春秋》成公十二年:"夏,公會晉侯、衛侯于瑣澤。"《左傳》成公十二年:"宋華元克合晉、楚之成,夏五月,晉士燮會楚公子罷、許偃。癸亥,盟于宋西門之外,曰:'凡晉、楚無相加戎,好惡同之,同恤菑危,備救凶患。若有害楚,則晉伐之;在晉,楚亦如之。交贄往來,道路無壅;謀其不協,而討不庭。有渝此盟,明神殛之,俾隊其師,無克胙國。'會于瑣澤,成故也。……冬,楚公子罷如晉聘,且蒞盟。十二月,晉侯及楚公子罷盟于赤棘。"①

據《春秋》,魯成公於十二年與晉侯、衛侯會於瑣澤。瑣澤,《彙纂》據

---

① 《春秋左傳正義》卷27,《十三經注疏》,第4146~4148頁。

《晉地道記》謂在河北大名縣境;王夫之《春秋稗疏》以爲在河北涉縣治;楊伯峻認爲據《左傳》其當在晉地。王說可從。① 瑣澤在今河北大名縣境,屬於晉國。而據《左傳》,此年五月四日晉士燮與楚公子罷、許偃盟於宋國的西門之外,兩國發表盟誓。事後,鄭伯到晉"聽成",杜注:"聽,猶受也。晉、楚既成,鄭往受命。"②此年冬,楚公子罷到晉國聘問,並且於十二月盟於晉地赤棘。對比經傳的記載,有以下差異:

第一,在瑣澤結會的國家。《春秋》說有魯(魯成公)、晉(晉侯)、衛(衛侯),而據《左傳》,除了晉之外,還有鄭。

第二,《春秋》僅載會於晉地瑣澤。《左傳》謂先是此年五月四日晉士燮會楚公子罷、許偃,並在宋西門之外結盟;又會於晉地瑣澤;然後於此年十二月兩國正式在晉地赤棘結盟。

對於以上差異,古人早已注意到了,如北宋趙鵬飛就說:"《左氏》載宋合晉楚之成、鄭人聽成,考之於經,既不書楚且不及宋、晉,所會者魯、衛爾,無一毫合者。"③既然經傳不合,那麼如何理解上述差異呢?

《春秋》載瑣澤之會的參會國家是魯、晉、衛三國。至於此次盟會的目的,《公羊》《穀梁》二傳未予說明,《左傳》認爲其是"成故也"。也就是說,瑣澤之會的目的是晉告知魯、衛等已與楚結成之事。對於《左傳》的說法,從唐代開始,就有學者提出了質疑。

唐代趙匡認爲《左傳》所記載的西門之盟非爲實事,"此若實事,則無不告諸侯之理,經不應不書也"。至於《左傳》所說瑣澤之會是結成之故,趙匡也提出質疑:"按此會楚不與焉,何以證其成乎?"所以,他認爲《左傳》對兩件事情的記載"並謬也"。④ 按照趙匡的說法,經傳是互相矛盾的。我們姑且不論經傳的這種差異是否表明兩者相矛盾;但就這種差異來說,其確實存在,趙氏不過是將其中最主要的方面揭露了出來。

趙匡所揭露的經傳差異主要有兩點:如真有西門之盟,《春秋》爲何不載?如瑣澤之會果爲晉楚結成,參會國爲何無楚?通過這兩點,趙氏徹底否定了《左傳》的說法。不管《左傳》可信不可信,但趙氏揭露的這兩點差異,後世學者卻是直面的。事實上,後世學者對此問題的探討的確主要是圍繞趙氏所提出的這兩點來展開的。

---

① 參楊伯峻:《春秋左傳注(修訂本)》,第855頁。
② 《春秋左傳正義》卷27,《十三經注疏》,第4147頁。
③ (宋)趙鵬飛:《春秋經筌》卷10,(清)納蘭性德輯:《通志堂經解》第9冊,第109頁。
④ (唐)陸淳:《春秋集傳辯疑》卷8,第94頁。

古代學者對此問題的考辨,主要有兩種看法:其一,把經傳的差異歸結爲春秋筆法與微言大義;其二,認爲根本就没有晉楚西門之盟,《左傳》所載有誤。相比而言,持後一種説法者佔大多數,近現代學者也多有持此説者。下面,我們對這兩種説法作一些分析。

(二)否定第一次宋之盟諸説平議

1."春秋筆法"説平議

我們曾説過,古代經學家在解經遇到經傳矛盾時,常常以其具春秋筆法或微言大義來求彌合。① 此處也不例外。經學家在看到這種矛盾時,也認爲這是因爲《春秋》經的説法是春秋筆法,其具有微言大義,比如宋代家鉉翁就説:"《左傳》前年晉人釋鍾儀求成于楚,楚公子辰如晉聘晉,復遣籴茷以往。宋華元以其善於楚令尹子重,又善於欒書,從而合晉、楚之成。而《春秋》惟書晉、魯、衛會于瑣澤,諸侯無預者。晉、楚爲成,關繫不細,《春秋》略而不書,豈無意乎?……瑣澤之會,春秋書法如此。"②上文已述,《春秋》經傳在記述瑣澤之會時,其主要差異在於參會國家以及瑣澤之會的目的。就瑣澤之會的參會國家而言,最明顯的差異在於《春秋》未載楚,那麼其爲何不載呢?古代經學家認爲其具有以下幾種微言大義:

第一,瑣澤之會《春秋》之所以不書楚,是爲了譴責晉與楚結盟的投降行爲。家鉉翁説:"蓋《春秋》所以待夷狄者乃帝王禦遠之道,來則禦之,憑陵上國,倔強無王則伐之,未有舉中國之大而求與裔夷之求爲盟好者也。齊桓之於楚討而服之,晉文之於楚敗而却之,而霸者之職事舉矣!晉自靈、成,君昏闇而臣惰偷,以避楚爲得計,至是因俘縶以通,意遂交聘而爲之成,晉固苟求安佚,而楚實怙其强大略無息肩之意,後三年渝盟伐鄭,無所恤也。又其後宋向戌復持弭兵之説,爲盟而長楚,遂使中國諸侯北面於夷楚之庭,申之會冠履倒置,而兵未嘗一日弭也,其禍端亂本實兆於此。故瑣澤之會春秋書法如此,不與晉以爲此會也。"③

第二,瑣澤之會不書楚,是由於楚"不誠也"。明代郝敬説:"宋華元善于晉、楚之執政者,欲成晉、楚,會於瑣澤,成也。鄭伯在,不書,聽也。書三國,少之。不書成,成未可也。晉、楚大夫盟于宋,晉侯與楚大夫會于赤棘,

---

① 參王紅亮:《經學與史學的互涉:經史關繫之反思——以〈春秋〉經傳"召陵之會"的考辨爲例》,《廊坊師範學院學報(社會科學版)》2013年第2期,第55頁。
② (宋)家鉉翁:《春秋集傳詳説》卷18,(清)納蘭性德輯:《通志堂經解》第10册,第296頁。
③ (宋)家鉉翁:《春秋集傳詳説》卷18,(清)納蘭性德輯:《通志堂經解》第10册,第296頁。

皆不書楚,不誠也。"爲何説"楚不誠"呢？郝氏説:"楚憾于吳,詭求息肩于晉,晉人信之,以誇於鄭曰:'楚與我矣！'夫鄭,楚所必争也,楚欲得鄭,晉不欲失鄭,雖盟何益？故曰成未可。"據此可知,楚求盟於晉,祇是爲了得鄭。由於兩國在争奪鄭國上互不相讓,所以結盟祇是一紙空文。按郝氏之言,《春秋》不書楚實際上是在譴責楚,所以這是"《春秋》之意"。他還對那些對此事進行考證的"章句之士"頗表輕蔑,説"卒未可與章句之士譚(談)此耳"①。

　　第三,瑣澤之會不書楚,是由於《春秋》以這種行爲爲善。明代湛若水認爲:"書'公會晉侯、衛侯于瑣澤',善之也。《左氏》以爲會於瑣澤,成故也。成也者,平也。信斯言也,則三國平而諸侯睦矣,怨釋而和睦以息人民,《春秋》之所善也。"②

　　總之,以上三種説法均認爲瑣澤之會《春秋》不書楚,是因爲要表達微言大義。但究竟是何種微言大義？所釋則各不相同:或認爲是譴責晉,或認爲是譴責楚,還有認爲是稱善晉、楚之會盟的。姑且不論其所説之是非,但就同一事竟然可以作三種截然不同的解釋,這着實不能不讓人懷疑。事實上,對於"春秋筆法"説,古人早就表示懷疑,明代高攀龍就説:"《左氏》謂華元合晉、楚之成而會,然楚不至,宋亦不與,晉、楚爲成,關繫不小,不應書法如此！"③除以上列舉的三種具有代表性"書法"説外,還有其他一些説法:或認爲《春秋》於"宋西門外之盟不書,存中國也";或認爲"以見厲公之德不能謹始,諸侯多解體矣"④;等等。總之,以上説法恐怕祇有思想史的意義,而對具體的歷史考辨來説價值甚微。

2."無西門之盟"説平議

　　上述論者實際上是把經傳的差異簡單地歸結爲春秋筆法而强加彌合。前文已述,從唐代經學家趙匡開始,就把這種差異歸結爲經傳之矛盾,而且多是認爲《左傳》有誤(這一大前提實際上是有問題的,詳參後文)。最先提出《左傳》有誤、根本就没有西門之盟的學者就是趙匡。趙匡實際上提出了兩個關鍵問題:第一,《春秋》的説法爲何與《左傳》不能對應？第二,瑣澤之會的目的到底何在？後世學者的説法也是圍繞這兩點來展開的。

―――――――――

　　①　(明)郝敬:《春秋直解》卷9,武漢:崇文書局,2022年,第220頁。
　　②　(明)湛若水:《春秋正傳》卷24,清文淵閣四庫全書本。
　　③　(明)高攀龍:《春秋孔義》卷8,清文淵閣四庫全書本。
　　④　二説分别爲明代學者胡廣所引"梅溪林氏""高氏"所説。見(明)胡廣:《春秋大全》卷24,清文淵閣四庫全書本。

關於《春秋》與《左傳》不能對應，宋代劉敞說："本以合楚、鄭也。今楚、鄭不止，魯、衛是盟，何邪？合晉、楚者宋也，宋亦不與，又何邪？凡晉、楚爲平，則應大合諸侯以申成好，今三國會而已，又何邪？然則《傳》之未足信也。"①

宋代趙鵬飛説："《左氏》載宋合晉、楚之成，鄭人聽成，考之於《經》，既不書楚，且不及宋、晉（疑應爲鄭——引者按），所會者魯、衛爾，無一毫合者。"②也就是説，《左傳》説瑣澤之會是宋合晉、楚之成，但《春秋》不見宋、楚等當事國；《左傳》説鄭來聽成，但《春秋》亦未載鄭：兩者"無一毫合者"。趙鵬飛的這種看法得到了很多學者的同意，如清代郝懿行也説："《傳》曰'宋華元克合晉、楚之成'，非也，《經》無楚也。又曰'鄭伯如晉聽成，會於瑣澤，成故也'，非也，《經》又無鄭也。"③

既然《經》《傳》不能對應，那麼要麼是《經》非《傳》，要麼反之。但從趙匡開始，學者多是信《春秋》而認爲《左傳》所記有誤，如宋代黃震就説《左傳》不可從："愚謂止憑《經》文足矣！"④那麼，其爲何不信《左傳》而信《春秋》呢？

我們知道，《春秋》學從唐代中期發生了重大變化，其特點是"《春秋》三傳束高閣，獨抱遺經究終始"（韓愈《寄盧全》），即所謂"舍傳求經"。⑤趙匡實乃開此風氣者。實際上，除受這種風氣之影響外，學者對《左傳》的懷疑還基於以下幾點：

第一，《左傳》的説法與當時的歷史不合。清代牛運震説："瑣澤之會楚、鄭不至，宋亦不與，安見其合晉、楚也？且不數年而有鄢陵之師，晉、楚之成安在？《左氏》之言未足信也。"⑥可見，牛氏不僅注意到了經傳所載國家的不對應，還從當時的歷史出發，認爲如果如《左傳》所述晉、楚結成，何以在四年後（前575，魯成公十六年）即有晉、楚鄢陵之戰？

第二，《左傳》載晉、楚西門之盟的誓詞有問題。明代王樵説："《左傳》

---

① （宋）劉敞：《春秋權衡》卷5，（清）納蘭性德輯：《通志堂經解》第8冊，第404頁。
② （宋）趙鵬飛：《春秋經筌》卷10，（清）納蘭性德輯：《通志堂經解》第9冊，第109頁。
③ （清）郝懿行：《春秋説略》卷8，安作璋主編：《郝懿行集》第3冊，濟南：齊魯書社，2010年，第1856頁。
④ （宋）黃震：《讀春秋》，《黃氏日鈔》卷11，《黃震全集》第2冊，杭州：浙江大學出版社，2013年，第372頁。
⑤ 對此的論述可參沈玉成、劉寧：《春秋左傳學史稿》，第191~198頁；趙伯雄：《春秋學史》，濟南：山東教育出版社，2004年，第384~397頁。
⑥ （清）牛運震：《春秋傳》卷8，清嘉慶刻空山堂全集本。

宋華元克合晉、楚之成,夏五月晉士燮會楚公子罷、許偃二子,楚大夫癸亥盟于宋西門之外,曰:'凡晉、楚無相加戎,好惡同之,同恤菑危,備救凶患。若有害楚,則晉伐之;在晉,楚亦如之。'此語甚鄙俚,恐後人雜撰者。"①

第三,《左傳》載晉、楚成不必由宋華元撮合,晉、楚結盟實際上在赤棘。宋代學者葉夢得認爲:

> 瑣澤之會,杜預謂"晉既與楚成,合諸侯以申成好",然《經》書"公會晉侯、衛侯于瑣澤",見衛侯而不見鄭伯,豈《傳》誤以衛侯爲鄭伯與?然其載宋西門之盟亦非是。始,九年《傳》言晉歸鍾儀使求成於楚。十一年言華元善於令尹子重又善於欒武子,聞楚既許糴茷成使歸復命,故華元如楚,遂如晉,合晉、楚之成。明年遂爲此盟。吾謂晉誠欲與楚成,既鍾儀謀之於前,糴茷請之於後,何與於宋而必待華元合之乎?審有是盟,豈瑣澤之會猶告諸侯得書,西門之盟反不告諸侯而不書乎?然則瑣澤自魯、衛以他事與晉爲好,無與於楚,西門之盟未必有。《傳》但見鄭伯嘗以貳楚執於銅鞮故,謂晉、楚合而聽成,遂誤以衛侯爲鄭伯爾。此相繼言晉郤至如楚聘,且涖盟。冬書楚公子罷如晉聘且涖盟。十二月晉侯及楚公子罷盟於赤棘,晉、楚之成實在此。晉愧其求成於楚,故不以告,是在《傳》之中,而不悟也。②

按,葉夢得的論點有三:其一,《左傳》載晉、楚結成,前面雙方已經有此意,不必待宋華元來撮合;其二,西門之盟不告諸侯,本身就説明根本無此事;其三,晉、楚的結成在赤棘。

平心而論,上面對《左傳》懷疑的理由實際上都是很牽強的。如上引牛運震認爲,如《左傳》所述,晉、楚已結成,何以在四年後(魯成公十六年)卽有晉、楚鄢陵之戰?實際上,春秋時期各國爲了各自利益,時而講和,時而戰爭,是常有的事,這不能成爲懷疑《左傳》的理由。明代學者王樵所説的盟誓語"甚鄙俚,恐後人雜撰者",用一"恐"字,本身卽表明其爲無根據之推測之辭。

至於葉夢得的説法,實際上西門之盟與赤棘之盟兩者本無矛盾。誠如有學者所説:"在夏五月宋西門外之盟,祇是雙方同意息爭言和,擬訂誓書,並未換約。晉爲見信於同好之故,召魯、衛會於瑣澤,告知與楚簽盟之事,這是霸主應有的禮貌。鄭伯素貳於楚,聞晉、楚已成,前來聽成,以非晉召,

---

① (明)王樵:《春秋輯傳》卷8,清文淵閣四庫全書本。
② (宋)葉夢得:《春秋讞》卷5,清文淵閣四庫全書本。

未能與會,故未序列。楚爲當事國,宋爲中介,無待告知,故晉不召,由於成公出席此會,故魯史書策,由於魯不與盟,晉、楚亦未以盟赴告,故《經》不書盟,這些都是極自然合理的現象,有何可疑?"①此説足以釋葉氏之疑。

綜上可見,古人之所以不願相信《左傳》之説,實際上主要是因爲其與《春秋》有差異。古人出於"尊經"的要求,才非《傳》是《經》。但現代還有一些學者亦不信《左傳》所載的第一次宋之盟,他們當然不是出於對《春秋》經的迷信,而是認爲《左傳》成公十二年宋之盟乃襄公二十七年第二次宋之盟之誤析。這種看法首先由崔適提出,並得到顧頡剛等學者的進一步發揮,影響較大,有必要詳辨之。

3. 崔適等人之説平議

近代經今文學家崔適説:"晉、楚之盟,《春秋》止有一次,《左氏》誤析爲二次。襄二十七年曰:'宋向戌善於趙文子,又善於令尹子木,欲弭諸侯之兵以爲名,如晉,晉人許之;如楚,楚亦許之。七月辛巳盟于宋西門之外。'此事應《經》,先於成十一年曰:'宋華元善於令尹子重,又善於欒武子。冬,華元如楚,遂如晉,合晉、楚之成。十二年夏五月,晉士燮會楚公子罷、許。癸亥,盟于宋西門之外。'此事《春秋》所無,主盟皆宋臣,會盟皆宋地,此一事誤析爲二事也。"②其明確提出,《左傳》成公十二年宋之盟乃襄公二十七年宋之盟之誤析。

顧頡剛認同崔適説,其曰:

> 《左傳》成十一年説:"宋華元善於令尹子重,又善於欒武子,……冬,華元如楚,遂如晉,合晉、楚之成。"成十二年又記道:"夏五月,晉士燮會楚公子罷、許偃。癸亥,盟于宋西門之外,曰:'凡晉、楚無相加戎,好惡同之!'"這一事件的時間、地點、人物,叙述得這樣明白,該是毫没有疑問的事實了。可見到襄二十七年又説:"宋向戌善於趙文子,又善於令尹子木,欲弭諸侯之兵以爲名。如晉,……晉人許之。如楚,楚亦許之。……秋七月……辛巳,將盟于宋西門之外。"是不是宋國的執政華元和向戌先後發動了兩次"晉、楚之成"呢,是不是弭兵之盟兩次都在"宋西門之外"呢,這裏就大有問題。我們如果把《春秋》經作個標尺來對照一下,則襄二十七年確記有"夏,叔孫豹會晉趙武、楚屈建、蔡公孫歸生、衛石惡、陳孔奐、鄭良霄、許人、曹人于宋。……秋七

---

① 傅隸樸:《春秋三傳比義》,第674頁。
② (清)崔適:《春秋復始》卷38,民國七年(1918年)北京大學排印本。

月辛巳,豹及諸侯之大夫盟于宋",而成十二年却不曾有一個字的記載。(這一複沓的記載爲崔適所發見,見於他的《春秋復始》三八"外篇·誤析一事爲二事"中。)晉、楚兩大國結盟,彼此停止軍事行動,是春秋時代緩和緊張局勢的極重大的轉化,魯國又是一個重要的二等國,爲什麼成十二年的一回,他們竟不徵召魯人來會盟?爲什麼魯史官又會熟視無睹,竟不在魯《春秋》上記載這一筆?其實,我們祇須把<u>傳說變化的規律認識清楚,便可以知道一件事很容易擴大成幾件事,一個人也會分化成幾個人,祇是這件故事的主題是不會輕易變化的</u>。《左傳》這書,本是集合各國史官記載和當時的口頭傳說而成,真假參差,我們必須考而後信。當戰國時從事編纂春秋史的時候,向戌發動弭兵的史實,在人們的口頭已經轉化而爲傳說。<u>在這個傳說裏,宋人合晉、楚之成的主題是不變的,宋西門之外的結盟地點也是不變的,可是弭兵運動的發起人則向戌已分化而爲華元,晉執政的趙武也分化而爲士燮,楚令尹子木也分化而爲子重了。真實的歷史事實是宋向戌合晉、楚之成,口頭的傳說則是宋華元合晉、楚之成。《左傳》的原作者不加別擇,文字資料和口頭資料一齊收羅,那就弄得真贗雜糅,淆亂了實際的歷史</u>。①

按,據崔適、顧頡剛説,第一次宋之盟於《春秋》經未載,這是他們懷疑此事真實性的主要原因。但是,既然第一次宋之盟本身即子虛烏有,爲何《左傳》却明確記載呢?這一問題的提出,是對這一問題思考之逐漸深入。前文已述,以往的經學家看到《左傳》未載,往往輕率地溯之於所謂的"春秋筆法"或是《左傳》記載有誤。那麼,《左傳》爲何有誤?這是崔適、顧頡剛所提出的新問題。對此,崔適首先認爲這是一事誤析爲二事之例;而顧頡剛的論證更爲深入,其認爲第一次宋之盟是編撰《左傳》的戰國時期之"口頭的傳說",而第二次宋之盟才是"實際的歷史"。這兩種説法找到了《左傳》之所以有誤之"緣由",所以也得到了一些現代學者的首肯。

那麼,崔適、顧頡剛等人的説法是否成立呢?對此,王樹民針鋒相對,

---

① 顧頡剛:《周公東征史事考證——三監人物及其疆地》,《顧頡剛古史論文集》卷10下,第625~626頁。按,據顧頡剛的弟子王煦華説,此文完成於1966年以前。顧頡剛在1942年講課中曾指出:《左傳》成公十一年、十二年所載宋華元合晉、楚之成事,與襄公二十七年宋向戌合晉、楚之成事,"係一事譌傳爲二。此其誤者必爲前者,向戌之事則最真。蓋晉、楚之成,兩國之屬國皆當與盟,魯爲晉屬未與盟,此當不成盟也"。顧頡剛:《春秋三傳及國語之綜合研究》,《顧頡剛古史論文集》卷11,第569頁。

對崔、顧之説進行逐條駁論，主要有以下三個方面：

第一，崔適著《春秋復始》的目的。崔適爲著名的經今文學家，關於《春秋》，他尊崇《公羊傳》而貶抑《左傳》，以往今文學者多受其影響，其實他的説法有很明顯的偏見。如其所著《春秋復始》在最後部分説："《左氏》之言，於《春秋》無所繫屬，而與先秦古書相刺謬或自相矛盾者，條舉之爲外篇。"可見，崔適本來對《左傳》就有先入爲主的偏見，因此其結論也不可避免有偏頗。

第二，從文獻層面上説，兩次會盟于宋西門之外，在形式上確實有相似之處，《春秋》經祇記載一次也是事實，不過這都不足以説明這是一件史實的分化。這主要有以下兩點原因：其一，《國語·周語》中載鄢陵之戰以後，郤至告慶於周，稱楚有五敗，第一條就是"背宋之盟"，這自然是指魯成公十二年的第一次宋之盟。其二，兩次宋之盟雖然有相似之處，但也有不同：第一次宋之盟的參加者祇有晉、楚和宋，而訂立盟約的祇有晉和楚，盟約内容限於互相承認對方的利益和勢力範圍，而無"晉楚之從，交相見也"的規定；第一次宋之盟和第二次宋之盟相比，後者保持的時間很長，所起的作用大。

第三，從歷史層面上説，第一次宋之盟有其存在的歷史依據。這主要表現在以下兩點：其一，從晉、楚雙方（尤其是晉國）都有弭兵的要求。王樹民説：

> 晉、楚相爭，從城濮之戰以來到魯成公十二年（前632～前579年）已經過了五十多年。當時的形勢是吳國興起於南方，楚國受其威脅，晉國内部卿大夫權重而政見不合，互相鬥爭很激烈，兩國都有暫謀緩和的要求。尤其晉國，不僅對楚，對秦也積極求和。所以魯成公九年，晉釋楚囚鍾儀，"重爲之禮，使歸求成"。十一年，晉謀與秦會於令狐，"秦伯不肯涉河，次於王城，使史顆盟晉侯於河東，晉郤犨盟秦伯於河西。……秦伯歸而背晉成。"可見急於求成的是晉而不是秦。

其二，宋國也有撮合晉、楚之成的需求。王樹民説：

> 宋國處於晉、楚之間，在晉、楚爭霸的形勢下，宋與鄭都是受害最大的，華元看到有化干戈爲玉帛的機會，自然努力促其實現。到了成公十二年，晉、楚會盟的條件已經成熟，在宋國召開這樣一次大會是水到渠成之勢，所以這個記載絶不是無中生有憑空捏造的。

綜合以上三方面原因,王樹民認爲第一次宋之盟是存在的。①

如果説崔適、顧頡剛等主要從理論上論證了第一次宋之盟爲子虛,那麽,今人徐連城則在實踐上從文獻與歷史兩個層面論證了第一次宋之盟之所以不能存在之緣由。徐連城的論證主要有以下論據:第一,文獻方面,主要證據是《春秋》未載第一次宋之盟(這一點以往學者早已提出)。第二,歷史方面,主要有兩點:其一,從晉國方面來説,晉國没必要和楚國講和——如此時講和,無疑把霸主地位拱手讓與楚國;其二,從楚國方面來説,楚國也没有弭兵的要求——當時吴國尚未壯大,還構不成對楚的威脅。徐連城通過以上兩方面證據認爲:春秋時期祇有一次宋之盟即魯襄公二十七年弭兵之盟,至於魯成公十二年之宋之盟,是"《左傳》的誤記,爲《史記》所誤采"。② 對此,楊升南專門著文予以反駁。③ 上面提到的王樹民説實際上也可以回答徐連城對第一次宋之盟所提出的種種質疑。

綜上可見,雖然有學者對第一次宋之盟的存在提出質疑,但又有另外一些學者又根據文獻對這些質疑作出了回答。大家各執己見,但依據的材料基本上都是一致的,論辯雙方均未能提出新的證據。《繫年》記載了兩次宋之盟,這種新材料或許可使我們在學者論辯的基礎上提出一些其他看法。下面,我們再結合《繫年》對第一次宋之盟作一考證。

(三)《繫年》中亦見第一次宋之盟與第一次宋之盟的確實存在

《繫年》第十六章所載"明歲,楚王子罷會晉文子爕及諸侯之大夫盟於宋,曰:彌天下之甲兵",正是指魯成公十二年晉、楚雙方會盟於宋的第一次宋之盟。而且,我們通過本章史實考證第一部分可見,《繫年》與《左傳》對第一次宋之盟的記載雖有差異,但基本上可以對應,這説明《左傳》所記絶非子虛烏有、"口頭傳説"。這與前面多數學者所論證的第一次宋之盟確實存在的結論是一致的,而且《繫年》無疑爲這些論證提供了新的證據。也許有學者會認爲,《繫年》記載第一次宋之盟是根據《左傳》,這種可能性當然不能完全排除。但正如我們前面所分析的,《繫年》所載與《左傳》也有相異部分,這説明前者絶非照搬後者。並且,《左傳》《繫年》均載有第一

---

① 參王樹民:《魯成公十二年晉楚盟于宋西門之外考實》,《曙庵文史雜著》,北京:中華書局,1997年,第34~37頁。
② 徐連城:《春秋時代"弭兵之盟"考》,《山東大學學報(歷史版)》1962年第2期,第75頁。
③ 楊升南:《春秋時期的第一次"弭兵盟會"考——兼論對"弭兵"盟會的評價》,《史學月刊》1981年第6期,第1~9頁。

次宋之盟,説明關於此事絶非《左傳》的一家之言,不是孤證,可見這次盟會之存在決不能輕易否定。

三、晉、楚鄢陵之戰及第一次宋之盟之破壞考
——兼論《左傳》和《繫年》叙事的立場

魯成公十六年(前575),晉、楚發生了鄢陵之戰。對於此次戰争,《左傳》等傳世文獻中有記載,《繫年》中亦有記載,但二者有所歧異。通過對這些歧異之考察,我們可以略窺見《左傳》和《繫年》叙事的特點及其立場的不同。

(一)問題的提出

《繫年》第十六章:

> 明歲,楚王子罷會晉文子燮及諸侯之大夫盟於宋,曰:"彌天下之甲兵。"明歲,屬公先起兵,率師會諸侯以伐秦,至于涇。共王亦率師圍鄭。屬公救鄭,敗楚師於鄢。屬公亦見禍以死,無後。

簡文謂:魯成公十二年,楚國的王子罷與晉國的範文子燮在宋國會盟,盟誓曰:"弭天下之兵。"魯成公十三年,晉屬公先發動戰争,率師會合諸侯伐秦,一直追到涇水。魯成公十五年,楚共王也率師圍鄭。魯成公十六年,晉屬公救鄭,在鄢陵戰敗楚國。魯成公十八年,晉屬公也因禍而死,無後。

以上簡文記述了五件史事:

第一,魯成公十二年(前579),第一次宋之盟。
第二,魯成公十三年(前578),晉、秦麻隧之戰。
第三,魯成公十五年(前576),晉、楚鄢陵之戰。
第四,魯成公十六年(前575),楚共王圍鄭。
第五,魯成公十八年(前573),晉屬公之死。

值得注意的是,對於晉屬公之死,簡文載在宋之盟後,晉屬公首先發動戰争,此舉無疑破壞了弭兵之盟;後又謂晉屬公遭遇禍患而死,並且死後無後。那麽,《繫年》的這種記述是否符合當時的歷史事實呢?下面,我們將《左傳》等的記載,與《繫年》的相關記載進行對比,並在此基礎上,對兩者的叙事傾向作一分析。

(二) 相關史實考

1. 從麻隧之戰來看《左傳》敘事中對晉國的袒護

《春秋》成公十三年:"十有三年春,晉侯使郤錡來乞師。……夏五月,[魯成]公自京師,遂會晉侯、齊侯、宋公、衛侯、鄭伯、曹伯、邾人、滕人伐秦。"杜注:"將伐秦也。侯伯當召兵,而乞師,謙辭。"①

《左傳》成公十三年:"秦桓公既與晉厲公爲令狐之盟,而又召狄與楚,欲道以伐晉,諸侯是以睦於晉。晉欒書將中軍,荀庚佐之;士燮將上軍,郤錡佐之;韓厥將下軍,荀罃佐之;趙旃將新軍,郤至佐之。郤毅御戎,欒鍼爲右。……五月丁亥,晉師以諸侯之師及秦師戰于麻隧。秦師敗績,獲秦成差及不更女父。曹宣公卒于師。師遂濟涇,及侯麗而還。迓晉侯于新楚。"杜注:"迓,迎也。既戰,晉侯止新楚。故師還過迎之。麻隧、侯麗、新楚,皆秦地。"②

據此,發生於魯成公十三年的麻隧之戰,晉國一方是魯、齊、宋、衛、鄭、曹、邾、滕等九國之多,而秦一方則就其一國。關於這次大戰的理由,傳世文獻有兩種記載:

一爲《左傳》之記述。《左傳》成公十三年的吕相絕秦書從晉獻公與秦穆公時開始追溯,說明兩國結怨已久,至於這次大戰的直接原因,其曰:

> 景公即世,我寡君是以有令狐之會。君又不祥,背棄盟誓。白狄及君同州,君之仇讐,而我昏姻也。君來賜命曰:"吾與女伐狄。"寡君不敢顧昏姻,畏君之威,而受命于吏。君有二心於狄,曰:"晉將伐女。"狄應且憎,是用告我。楚人惡君之二三其德也,亦來告我曰:"秦背令狐之盟,而來求盟于我:'昭告昊天上帝、秦三公、楚三王曰:"余雖與晉出入,余惟利是視。"'不穀惡其無成德,是用宣之,以懲不壹。"諸侯備聞此言,斯是用痛心疾首,暱就寡人。寡人帥以聽命,惟好是求。君若惠顧諸侯,矜哀寡人,而賜之盟,則寡人之願也,其承寧諸侯以退,豈敢徼亂?君若不施大惠,寡人不佞,其不能以諸侯退矣。敢盡布之執事,俾執事實圖利之。③

《左傳》據此指出:"秦桓公既與晉厲公爲令狐之盟,而又召狄與楚,欲

---

① 《春秋左傳正義》卷27,《十三經注疏》,第4148~4149頁。
② 《春秋左傳正義》卷27,《十三經注疏》,第4152頁。
③ 楊伯峻:《春秋左傳注(修訂本)》,第864~865頁。

道以伐晉,諸侯是以睦於晉。"杜注:"晉辭多誣秦,故《傳》據此三事以正秦罪。"①按:秦桓公二十四年卽公元前581年、魯成公十年,而《左傳》所謂秦晉令狐之盟在秦桓公二十五年卽公元前580年、魯成公十一年。據此可知,麻隧之戰的遠因,其來甚久;至於其近因,一爲二十五年秦背令狐之盟,二爲"召狄與楚,欲道以伐晉"。《史記·秦本紀》曰:"[秦桓公]二十四年,晉厲公初立,與秦桓公夾河而盟。歸而秦倍盟,與翟合謀擊晉。"②《晉世家》亦曰:"厲公元年,初立,欲和諸侯,與秦桓公夾河而盟。歸而秦倍盟,與翟謀伐晉。"③結盟後就背盟伐晉,如此,挑起戰爭者肯定是秦,誠如顧棟高所說:"九年,秦人與白狄伐晉,晉不之報,而更與秦爲成。晉侯先至,則前侵崇之怨又已結局了。至此秦伯不肯涉河,歸而背晉成,又起一重公案。是釁開自秦,不在晉也。"④

二爲《國語》的說法。《國語·魯語下》:"諸侯伐秦,及涇莫濟。晉叔向見叔孫穆子曰:'諸侯謂秦不恭而討之,及涇而止,於秦何益?'"⑤據此諸侯討伐秦國是因爲"不恭",此又一說。據此,麻隧之戰之爆發,秦不見得負有主要責任。

而《繫年》與上述兩種文獻所載均不同。《繫年》第十六章載此事曰:"明歲,厲公先起兵,率師會諸侯以伐秦,至於涇。"《繫年》略過了晉出兵之理由,而把挑起戰爭的主要原因歸結於晉,這也反映出《繫年》作者的一種立場。如果說《左傳》是袒護晉,或者說,《左傳》實際上是站在晉的立場上,那麼《繫年》則明顯不同於《左傳》。

2. 從對鄢陵之戰及晉厲公之無後的記述來看《繫年》對楚國的袒護

《春秋》成公十五年:"楚子伐鄭。"《左傳》成公十五年:"楚將北師,子囊曰:'新與晉盟而背之,無乃不可乎?'子反曰:'敵利則進,何盟之有?'……楚子侵鄭,及暴隧。遂侵衛,及首止。鄭子罕侵楚,取新石。欒武子欲報楚。韓獻子曰:'無庸,使重其罪,民將叛之。無民,孰戰?'"杜注:"爲明年晉敗楚於鄢陵傳。"⑥據此,則第一次宋之盟後首先破壞盟約的是楚共王。但《繫年》的記載實際上把責任推到了晉厲公一方。按《春秋》《左傳》所載,

---

① 《春秋左傳正義》卷27,《十三經注疏》,第4152頁。
② 《史記》卷5,第249頁。
③ 《史記》卷39,第2025頁。
④ (清)顧棟高:《春秋大事表》卷31,第2050頁。
⑤ 徐元誥:《國語集解(修訂本)》卷5,第324頁。
⑥ 《春秋左傳正義》卷27,《十三經注疏》,第4155頁。

明明是楚首先伐晉,但《繫年》却說是"晉厲公先起兵,率師會諸侯以伐秦,至於涇",即晉首先發動戰爭,破壞天下弭兵的盟約。後文"楚共王亦率師圍鄭",似暗示楚共王是在晉破壞盟約後才發動戰爭的,這與《春秋》《左傳》的記載是不符的。《繫年》的記載顯然是回護楚人的。

《春秋》成公十六年:"[六月]甲午晦,晉侯及楚子、鄭伯戰于鄢陵。楚子、鄭師敗績。"《左傳》成公十六年:"十六年春,楚子自武城使公子成以汝陰之田求成于鄭。鄭叛晉,子駟從楚子盟于武城。……衛侯伐鄭,至于鳴雁,爲晉故也。晉侯將伐鄭。……戊寅,晉師起。鄭人聞有晉師,使告于楚,姚句耳與往。楚子救鄭。……六月,晉、楚遇於鄢陵。"①據《左傳》所載,鄢陵之戰的起因實際上主要是爲了爭奪鄭。

魯成公十二年,晉、楚兩國結成了西門之盟,但這祇是兩國關繫的一面。雙方在爭奪中間地帶,特別是爭奪鄭國的問題上,一直是劍拔弩張的,以至於訴諸武力。鄢陵之戰就是雙方爲了爭奪鄭國而進行的一場戰爭。②

《繫年》說晉、楚戰於鄢陵,主要是爲爭奪鄭國,這與傳世文獻是一致的。但就誰首先侵鄭以挑起戰爭,《繫年》和《左傳》等的記載有很大不同。

據《春秋》經傳,是楚共王首先挑起戰爭的。《春秋》成公十五年:"楚子伐鄭。"《左傳》成公十五年:"楚將北師,子囊曰:'新與晉盟而背之,無乃不可乎?'子反曰:'敵利則進,何盟之有?'"子囊即楚共王的弟弟公子員③,他看到晉、楚剛成西門之盟,楚如北進侵鄭,就是背盟,如此不妥。而楚令尹子反却說:"敵情如有利於我就應該進攻,還講什麽盟約?"當時由於年老歸養申邑的申叔時聽到了這件事,說:"子反必不免。信以守禮,禮以庇身。信、禮之亡,欲免,得乎?"即是講子反的此種行爲是違背盟約、不守信諾,並且預言子反必將不免於死。果然,子反在鄢陵之戰後戰敗自殺。實際上,子反的背盟與不守信義就是楚國的背盟與不守信義。《左傳》的記述明顯是突出在西門之盟的破壞中,楚是罪魁禍首。

《繫年》的記載則把破壞西門之盟的罪魁推向了晉一方。《繫年》載西門之盟後說:"明歲,厲公先起兵率師會諸侯以伐秦,至於涇。共王亦率師圍鄭,厲公救鄭,敗楚師於鄢。厲公亦見禍以死,無後。"《繫年》用一個"先"字來突出了晉厲公首先破壞盟約。因爲西門之盟的盟約是"弭天下

---

① 楊伯峻:《春秋左傳注(修訂本)》,第878~882頁。
② 金景芳:《中國奴隸社會史》,第232頁。
③ 楊伯峻:《春秋左傳注(修訂本)》,第873頁。

之兵",也就是雙方不能挑起戰爭;晉厲公先起兵,顯然成了戰爭的始作俑者。晉厲公伐秦後,楚共王"亦"圍鄭,顯然也是受到晉先起兵的影響。《繫年》載晉厲公雖然在鄢陵之戰中戰敗了楚,但其也沒得什麽好下場,"見禍而死",而且"無後"。在《繫年》作者看來,這好像是上天對晉首先破壞盟約的一種懲罰。

3. 關於晉厲公之見禍與無後之原因

關於《繫年》所謂的"厲公見禍以死",《春秋》成公十八年:"庚申,晉弑其君州蒲。"《左傳》成公十八年:"十八年春王正月庚申,晉欒書、中行偃使程滑弑厲公,葬之於翼東門之外,以車一乘。"①

關於晉厲公無後,史書載晉厲公被弑,晉悼公即位。《史記·晉世家》載:"悼公周者,其大父捷,晉襄公少子也,不得立,號爲桓叔,……桓叔生惠伯談,談生悼公周。"②由此,悼公爲襄公曾孫、桓叔之後。晉厲公之父是景公,景公之父是成公,成公是晉文公之少子、晉襄公之弟。

實際上,晉厲公之死及其無後與麻隧之戰根本未有任何關繫,《繫年》作者將這兩件不相干的事情聯繫在一起,應該是爲了表達某種史學觀念,即對首先發動戰爭者終受懲罰的價值觀念,這也反映了作者反對戰爭的歷史觀念。

(三) 小結

綜上可見,《左傳》等的記載顯然是在維護晉的利益,而《繫年》的記載則是明顯站在楚人立場上。《繫年》的相關記述還表現了作者對首先發動戰爭者不得善終的價值觀念,這也反映了作者反對戰爭的歷史觀念。

---

① 楊伯峻:《春秋左傳注(修訂本)》,第 905~906 頁。
② 《史記》卷 39,第 2027 頁。

【第十七章】

[説明]

（一）"𤴐"【九二】的隸定與釋讀

【整理者】隸爲"畕",釋爲"畂"。①

【陳偉】文獻中似不見"東畂"爲地名,疑當讀爲"東海"。《左傳》襄公十八年記此役説:"東侵及濰,南及沂。"杜預注:"濰水在東莞東北,至北海都昌縣入海。"或許濰水所入的渤海也屬于先秦人所説的"東海"。②

【孫飛燕】同意陳偉説,並舉《穀梁傳》成公二年在鞌之戰時説的"壹戰綿地五百里,焚雍門之荻,侵車東至海",認爲"侵車東至海"相當於簡文的"驅車至於東海"。③

【李松儒】釋爲"海"。《繫年》用字很不一致,無足奇怪。④

【風儀誠】簡文該字可能是从"日"。从"日"的話,……可以讀爲"海"。⑤

【《文字編》（修訂本）】釋作"海"。⑥

【謹按】該字從圖版看,可能是从"田",因此應隸定爲"畕"。那麼,該字究竟應讀爲"畂"還是"海"呢?

在清華簡裏,"畂"字一般作"畕",如《繫年》簡 2 與簡 4 的"畕",其即爲文獻中"千畂"之"畂"可證。在戰國其他簡帛文獻裏,"畂"字有兩種寫

---

① 清華大學出土文獻研究與保護中心編,李學勤主編:《清華大學藏戰國竹簡（貳）》,第 177 頁。
② 陳偉:《讀清華簡〈繫年〉札記》,《江漢考古》2012 年第 3 期,第 119～120 頁。
③ 孫飛燕:《清華簡〈繫年〉初探》,第 30 頁。
④ 李松儒:《清華簡〈繫年〉集釋》,第 244 頁。
⑤ 〔法〕風儀誠（Olivier Venture）:《讀清華簡〈殷高宗問於三壽〉、〈湯處於湯丘〉、〈湯在啻門〉與三篇札記》,李學勤、艾蘭、吕德凱主編,清華大學出土文獻研究與保護中心、古代中國研究會編:《清華簡研究（第三輯）——〈清華大學藏戰國竹簡（伍）〉國際學術研討會論文集》,上海:中西書局,2019 年,第 70 頁。
⑥ 李學勤主編,沈建華、賈連翔編:《清華大學藏戰國竹簡（壹—叁）文字編（修訂本）》,第 426 頁。

法:一爲"䜋",二爲"謑"。① "畮"的古字又作"痗"。② "每"是"母"的分化字,戰國文字裏秦系从"每"得聲的形聲字,在非秦系文字中"每"旁常由"母"字來承擔③,所以"畕"即"痗"字。

海,《說文·水部》:"天池也。以納百川者。从水,每聲。""海"在《繫年》裏寫作"洢"(如《繫年》簡112),在清華簡其他資料中作"潪"(清華柒《越公》簡49)、"瞽"(如清華三《說命上》簡6),在其他簡帛文獻中也寫作"洢""痗"。④

綜上可見,簡帛文字裏"畮"跟"海"的最大區別是前者多从"田",後者多从"日",蓋會意也。簡文該字从"田",因此,確實應是"畮"字。

陳偉認爲文獻中似不見"東畮"爲地名,疑當讀爲"東海"。《左傳》襄公十八年記此役說:"東侵及濰,南及沂。"杜預注:"濰水在東莞東北,至北海都昌縣入海。"⑤《穀梁傳》成公二年在鞌之戰時說:"壹戰綿地五百里,焚雍門之茨,侵車東至海。"⑥據文獻對讀,上引陳偉說是正確的,此處的"畕(畮)"當讀爲"海"。"日"與"田"形近,"畕"可能是譌字。傳世文獻裏也見"海""畮"形近相譌的例子,如《韓詩外傳》卷10:"齊桓公逐白鹿,至麥丘","麥丘"元本作"畮丘",《初學記》卷29及《藝文類聚》卷18引皆也作"畮邱",《御覽》卷736、906引作"海丘"。"畮"古作"痗","痗""海"形近。⑦

總之,如果單從文字而言,當爲"畮"字;但從上下文文義以及傳世文獻對勘而言,釋作"海"字更優。該字應隸定爲"畕(畮)",是"海"的譌字。

[釋文]

晉臧(莊)坪(平)公卽立(位)兀(元)年,[1]公會者(諸)侯於䢵(溴)梁,[2]述(遂)以遷(遷)晉(許)於鄭(葉)而不果,[3]自(師)造於方城,[4]齊

---

① 字例可參白於藍:《戰國秦漢簡帛古書通假字彙纂》,第9~10頁。
② 《漢書·古今人表》"尾生畮",師古曰:"卽微生畮也。痗,古畮字。"其他例證可參高亨:《古字通假會典》,第443頁。
③ 參魏宜輝:《論戰國楚文字中省體之"緐"字及相關問題》,《古文字研究》第28輯,北京:中華書局,2010年,第536頁。
④ 字例可參白於藍:《戰國秦漢簡帛古書通假字彙纂》,第7、9頁。
⑤ 《春秋左傳正義》卷33,《十三經注疏》,第4266頁。
⑥ (清)鍾文烝:《春秋穀梁經傳補注》卷17,第472~473頁。
⑦ (漢)韓嬰撰,許維遹校釋:《韓詩外傳集釋》卷10,第334頁。

高厚【九一】自自(師)逃歸(歸)。[5]坪(平)公衍(率)自(師)會者(諸)侯,爲坪(平)佘(陰)之自(師)以回(圍)齊,焚亓(其)四鄣(郭),殿(驅)車耳(至于)東䤥(畝〈海〉)。[6]坪(平)公【九二】立五年,晉亂(亂),鄉(欒)經(盈)出奔齊=(齊。[7]齊)臧(莊)公光衍(率)自(師)以逐鄉=經=(欒盈,欒盈)富(襲)鄩(巷、絳)而不果,奔内(入)於凸(曲)夭(沃)。[8]齊【九三】臧(莊)公涉河富(襲)朝訶(歌),以返(復)坪(平)佘(陰)之自(師)。[9]晉人既殺鄉(欒)經(盈)于凸(曲)夭(沃),坪(平)公衍(率)自(師)會者(諸)侯,伐齊,【九四】以返(復)朝訶(歌)之自(師)。[10]齊襄(崔)芓(杼)殺亓(其)君臧(莊)公以爲成於晉。【九五】[11]

牛=一【九二背】　牛=二【九二背】　牛=三【九三背】
牛=四【九四背】　牛=五【九五背】

[疏證]

[1]晉臧(莊)坪(平)公卽立(位)兀(元)年,

【謹按】《春秋》襄公十五年:"冬十有一月癸亥,晉侯周卒。""周"是晉悼公名。《春秋》襄公十六年:"十有六年春王正月,葬晉悼公。"《左傳》襄公十六年:"十六年春,葬晉悼公。平公卽位。"①魯襄公十六年(前557)爲晉平公元年。晉平公是晉悼公之子,名彪。

[2]公會者(諸)侯於䍐(湨)梁,

【謹按】此卽傳世文獻所謂的湨梁之會。《春秋》襄公十六年:"三月,公會晉侯、宋公、衛侯、鄭伯、曹伯、莒子、邾子、薛伯、杞伯、小邾子于湨梁。戊寅,大夫盟。晉人執莒子、邾子以歸。"《左傳》襄公十六年:"會於湨梁,……晉侯與諸侯宴于温。"②"湨梁"之"湨",《經典釋文·公羊傳》作"臭"。③

按照《春秋》的記載,諸侯會於湨梁;而按照《左傳》的記載,諸侯會於湨梁,宴於温。《繫年》與《春秋》同。

湨梁,杜預注:"湨水出河内軹縣,東南至温入河。"④鍾文烝曰:湨梁,晉地也。⑤ 楊伯峻説湨梁卽湨水之隄梁,湨水源出河南濟源西,東流經河

---

① 楊伯峻:《春秋左傳注(修訂本)》,第1021、1025~1026頁。
② 楊伯峻:《春秋左傳注(修訂本)》,第1025~1026頁。
③ (唐)陸德明:《經典釋文》卷21,上海:上海古籍出版社,2013年,第1249頁。
④ 《春秋左傳正義》卷33,《十三經注疏》,第4260頁。
⑤ (清)鍾文烝:《春秋穀梁經傳補注》卷19,第556頁。

南孟縣(今孟州市)北,又東南入黃河,湨梁當在今河南濟源西。①

[3]述(遂)以畺(遷)鄦(許)於鄴(葉)而不果,

【整理者】《春秋》成公十五年:"許遷于葉。"《左傳》:"許靈公畏逼於鄭,請遷於楚。辛丑,楚公子申遷許于葉。"此時許欲叛楚,而求遷於晉,簡文所謂"遷許於葉",謂遷許出葉而使之近晉。②

【謹按】許本都今河南許昌市東三十六里之地,魯成公十五年(前576),"許靈公畏偪于鄭,請遷于楚。辛丑,楚公子申遷許于葉"。顧棟高曰:"許故地今爲河南許州府,葉爲今南陽府裕州葉縣(舊葉城在今河南葉縣西南——引者按),係楚方城外地。許既遷,而許之全境盡屬于鄭,鄭人謂之舊許是也。自遷葉以後,而晉之盟會侵伐無許,楚之盟會侵伐無不有許矣。"③許所遷之葉,在楚方城以外,戰略位置十分重要,《左傳》昭公十八年載楚左尹王子勝即言:"葉在楚國,方城外之蔽也。"杜注:"[葉]爲方城外之蔽障。"④方城外即方城以北。

《左傳》襄公十六年載此年三月湨梁之會中,"許男請遷于晉,諸侯遂遷許。許大夫不可。晉人歸諸侯。(杜注:唯以其師討許之不肯遷。)鄭子蟜聞將伐許,遂相鄭伯以從諸侯之師。(杜注:鄭與許有宿怨,故其君親行。)","夏六月,次于棫林。庚寅,伐許,次于函氏"。⑤ 棫林,許地,今河南葉縣東北;函氏,亦許地,在今葉縣北。⑥ 據此,則此年許男是請遷晉,杜預謂許欲叛楚,楊伯峻注:"此次許君請晉遷許,其意欲遠離楚而服從晉。"⑦顧棟高曰:"許男請遷于晉,蓋實有慕中國之心。許大夫不可,蓋料晉之不能庇許,而懼受鄭之魚肉也。許既違晉意,鄭遂借晉力以洩私憤,身自請行,恣其蹂踐,宜許之銜恨切骨而欲以死報也。"⑧筆者以爲顧棟高説得其實。

簡文謂"遷許於葉而未果",誠如整理者所謂,是遷許出葉而使之近晉。但此次遷許由於許大夫的反對而未能成功,即簡文所謂的"未果",於是又引發了晉伐許與侵楚。

---

① 楊伯峻:《春秋左傳注(修訂本)》,第1025頁。
② 清華大學出土文獻研究與保護中心編,李學勤主編:《清華大學藏戰國竹簡(貳)》,第178頁。
③ (清)顧棟高:《春秋大事表》卷44,第2489~2490頁。
④ 《春秋左傳正義》卷48,《十三經注疏》,第4531頁。
⑤ 《春秋左傳正義》卷33,《十三經注疏》,第4261頁。
⑥ 楊伯峻:《春秋左傳注(修訂本)》,第1027頁。
⑦ 楊伯峻:《春秋左傳注(修訂本)》,第1027頁。
⑧ (清)顧棟高:《春秋大事表》卷44,第2491頁。

[4] 𠂤(師)造於方城,

【整理者】造,《說文》:"就也。"《左傳》襄公十六年載晉、楚湛阪之戰,楚師敗績,晉師遂侵方城之外。①

【謹按】造,《說文·辵部》:"造,就也。从辵,告聲。""就"引申爲"成"或"卽"。② 一說簡文中當訓爲"成",謂晉師成功地入侵楚方城,《左傳》成公十三年:"文公恐懼,綏靜諸侯,秦師克還無害,則是我有大造于西也。"杜注:"造,成也。言晉有成功於秦。"③另一說當訓爲"卽",至也,謂晉師至於楚方城,《左傳》昭公十三年:"甲戌,同盟于平丘,齊服也。令諸侯日中造于除。"《左傳》哀公二十年載吳被越圍,晉卿家臣楚隆要到吳國去,"先造于越軍"。楊伯峻注:"吳已被越包圍,入吳城必須經過越軍,故隆先至越軍。"④"造於"相當於"至於"。無論如何,簡文乃謂晉師至於楚方城下。

傳世文獻謂晉師至於方城之外。《春秋》襄公十六年:"叔老會鄭伯、晉荀偃、衛甯殖、宋人伐許。"《左傳》襄公十六年:"夏六月,次于棫林。庚寅,伐許,次于函氏。晉荀偃、欒黶帥師伐楚,以報宋楊梁之役。楚公子格帥師,及晉師戰于湛阪。楚師敗績。晉師遂侵方城之外,復伐許而還。"杜注:"不書,不告。許未遷故。"⑤此"許未遷"可跟簡文"遷許於葉而未果"互證⑥。關於湛阪,楊伯峻說在今河南平頂山市北⑥;而張維華說:"杜注謂:'襄城昆陽縣北有湛水,東入汝',是湛阪乃因臨湛而得名也。昆陽縣故治在今河南葉縣治北二十五里,爲楚北境之地。晉師既敗楚師於湛阪,再進而及方城之外,則所謂方城者,必北去湛阪未遠。"⑦筆者以爲,當以後說爲是,綜合簡文來看,湛阪應距楚方城不遠。簡文謂晉師至於楚方城下,頗有誇大色彩。

[5]齊高厚【九一】自𠂤(師)逃歸(歸)。

【整理者】高厚,齊國大臣高固之子。溴梁之會,齊靈公使高厚與會,高厚逃歸。此言高厚自師逃歸,與《左傳》異。⑧

---

① 清華大學出土文獻研究與保護中心編,李學勤主編:《清華大學藏戰國竹簡(貳)》,第178頁。
② 《說文·京部》:"就,高也。从京从尤。"段注:"《廣韻》曰'就,成也。……卽也',皆其引伸之義也。"(清)段玉裁注,許惟賢整理:《說文解字注》卷5下,第404頁。
③ 《春秋左傳正義》卷27,《十三經注疏》,第4150頁。
④ 楊伯峻:《春秋左傳注(修訂本)》,第1716頁。
⑤ 《春秋左傳正義》卷33,《十三經注疏》,第4261頁。
⑥ 楊伯峻:《春秋左傳注(修訂本)》,第1028頁。
⑦ 張維華:《中國長城建置考(上編)》,第31頁。
⑧ 清華大學出土文獻研究與保護中心編,李學勤主編:《清華大學藏戰國竹簡(貳)》,第178頁。

【謹按】自師,指從伐許之師。《左傳》成公二年載魯成公從魯國來與晉師相會,魯大夫禽鄭時在晉師,於是"自師逆公";與簡文可合觀。

《春秋》襄公十六年:"三月,公會晉侯、宋公、衛侯、鄭伯、曹伯、莒子、邾子、薛伯、杞伯、小邾子于溴梁。戊寅,大夫盟。"杜注:"不書,高厚逃歸故也。諸大夫本欲盟高厚,高厚逃歸,故遂自共盟。"孔疏:"《傳》於會溴梁之下,晉侯與諸侯宴,乃言'高厚逃歸',則高厚會訖乃逃也。於會不書齊者,以高厚逃歸,晉人怒之,諸侯即有伐齊之志,不與高厚得為來會。公歸告廟,歷告所會,不告高厚,故不書也。"①

《左傳》襄公十六年:"晉侯與諸侯宴于溫,使諸大夫舞,曰:'歌詩必類。'齊高厚之詩不類。荀偃怒,且曰:'諸侯有異志矣。'使諸大夫盟高厚,高厚逃歸。於是叔孫豹、晉荀偃、宋向戌、衛甯殖、鄭公孫蠆、小邾之大夫盟,曰:'同討不庭。'"②

據上引《春秋》《左傳》及孔疏,則高厚參加了溴梁之會,並參加了溫之宴,事後才逃歸,此均在三月。而晉及諸侯之師伐許在此年夏六月九日,《左傳》襄公十六年:"夏六月……庚寅,伐許。"③也就是說高厚並未參加伐許,而簡文謂高厚"自師逃歸",顯然兩者不同。詳見本章考證部分。

[6]坪(平)公衛(率)自(師)會者(諸)侯,為坪(平)侌(陰)之自(師)以回(圍)齊,楚亓(其)四䣛(郭),毆(驅)車㐺(至于)東䆴(畞〈海〉)。

【謹按】東海,指黃海。《國語·吳語》載越大夫文仲說吳之民"必移就蒲蠃於東海之濱"④,此顯然指黃海。又《繫年》第二十章簡 12 稱渤海曰"北海",詳彼。

簡文所載即傳世文獻中的平陰之役,在魯襄公十八年(前555),晉平公三年,齊靈公二十七年。

簡文所謂晉、齊平陰之役時,晉"焚其四郭,驅車至於東海",《左傳》襄公十八年:"冬十月,會于魯濟,尋溴梁之言,同伐齊。齊侯禦諸平陰,塹防門而守之,廣里。……十一月丁卯朔,入平陰,遂從齊師。……十二月戊戌,及秦周,伐雍門之萩。……己亥,焚雍門及西郭、南郭。……壬寅,焚東郭、北郭。……甲辰,東侵及濰,南及沂。"⑤將《繫年》與《左傳》所記相較,

---

① 《春秋左傳正義》卷33,《十三經注疏》,第4260頁。
② 楊伯峻:《春秋左傳注(修訂本)》,第1026~1027頁。
③ 楊伯峻:《春秋左傳注(修訂本)》,第1027頁。
④ 徐元誥:《國語集解(修訂本)》卷19,第555頁。
⑤ 楊伯峻:《春秋左傳注(修訂本)》,第1037頁。

有同亦有異。

《繫年》簡文與傳世文獻的對應關繫詳見本章考證部分。

[7]坪(平)公【九二】立五年,晉裔(亂),鄭(欒)經(盈)出奔齊。

【整理者】《左傳》《史記·晉世家》載欒盈之亂在晉平公六年(前552),魯襄公二十一年。欒盈,又稱欒懷子,《晉世家》等作"欒逞"。欒盈與范鞅同為公族大夫而不相睦,范宣子遂逐之,欒盈奔楚,後又奔齊。《左傳》襄公二十一年及二十二年、《國語·晉語八》與《晉世家》等俱載此事。簡文稱其出奔齊,係概況言之①。

【謹按】晉平公五年當魯襄公二十年(前553),齊莊公光元年。據《左傳》載,欒盈出奔齊在晉平公六年,當魯襄公二十一年,齊莊公二年。

鄭經,《春秋》襄公二十三年及同年《左傳》《公羊傳》《穀梁傳》和《國語·晉語八》《史記·齊世家》均作"欒盈"。《史記·十二諸侯年表》《晉世家》《田完世家》及《說苑·善說》並作"欒逞"。② 他是晉國大夫,欒書之孫,欒屬之子,謚懷,《國語·晉語八》、《左傳》襄公十九年、《說苑·君道》又稱"欒懷子"。關於"盈"爲何作"逞",梁玉繩曰:"至懷子之名,《年表》及《晉》與《田完世家》並作逞,避惠帝諱改。……然古字實通借,……則逞仍讀若盈。"③由《繫年》可知梁氏所謂"避惠帝諱改"實誤,"盈"(喻母耕部,開口四等)與"逞"(定母耕部,開口三等)古音相近。④ 簡文"經"字,即《說文》"䌈"(透母耕部,開口四等)字,《說文·糸部》:"䌈,緩也。從糸盈聲。讀與聽同。經,䌈或從呈。"

《春秋》襄公二十一年:"秋,晉欒盈出奔楚。"《左傳》襄公二十一年:"秋,欒盈出奔楚。"《左傳》襄公二十二年:"秋,欒盈自楚適齊。"

簡文謂:"平公立五年,晉亂,欒盈出奔齊。"關於"晉亂",整理者認爲:"《左傳》《史記·晉世家》載欒盈之亂,在晉平公六年,魯襄公二十一年。"實際上,簡文所說"晉亂"是否就是欒盈之亂,史書記載是有異辭的。《國語·晉語八》載:"平公六年,箕遺及黃淵、嘉父作亂,不克而死。公遂逐群賊,……公許諾,盡逐群賊,而使祁午及陽畢適曲沃逐欒盈,欒盈出奔楚。"⑤晉平公逐欒盈是因爲其勢力很大,而欒盈之黨"箕遺及黃淵、嘉父作

---

① 清華大學出土文獻研究與保護中心編,李學勤主編:《清華大學藏戰國竹簡(貳)》,第178頁。
② 欒逞,舊譌"欒達"。(漢)劉向撰,向宗魯校證:《說苑校證》卷11,第283頁。
③ (清)梁玉繩:《史記志疑》卷21,第998~999頁。
④ 曾運乾謂"喻四歸定"。參曾運乾:《音韻學講義》,北京:中華書局,2011年,第164頁。
⑤ 徐元誥:《國語集解(修訂本)》卷14,第419~421頁。

亂",使晉平公看到了欒盈的勢力已經威脅到自己的統治,於是才逐欒盈。也就是说,欒盈本身還未來得及作亂,已經就被晉平公消滅於萌芽當中。正由於消滅了欒盈的勢力,才使晉國"没平公之身無内亂也"(《國語·晉語八》)①。

[8]齊戒(莊)公光衘(率)𠂤(師)以逐鄉𠧩絰𠧩(欒盈。欒盈)𡨦(襲)鄴(巷、絳)而不果,奔内(入)於凸(曲)夭(沃)。

【整理者】齊莊公,名光,齊靈公之子。逐,跟從。《史記·晉世家》:"齊莊公微遣欒逞於曲沃,以兵隨之。"《左傳》襄公二十三年載齊莊公借媵妾於晉之機,納欒盈於曲沃。欒盈得魏獻子(魏舒)之助,率曲沃之師襲晉國都城絳(今山西侯馬),被范宣子擊退。欒盈遂奔曲沃,晉人圍之。逐,一説隸作"逯"。巷,匣母東部;絳,見母東部,旁紐韻近可通。②

【謹按】齊莊公,名光,齊靈公之子。《左傳》襄公十九年:"齊侯娶于魯,曰顏懿姬,無子。其姪鬷聲姬,生光,以爲大子。……齊侯疾,崔杼微逆光,疾病而立之。……夏五月壬辰晦,齊靈公卒。莊公即位。"③

逐,跟隨。《廣雅·釋詁三》:"隨,逐也。"

鄴,即"巷"字。關於該字考釋歷史可參單育辰説④。正如整理者説,該字此處通"絳",晉國都城,今山西侯馬。

曲沃,杜注:"欒盈邑也。"⑤楊伯峻注:"曲沃本武公起家之地,故莊二十八年《傳》云'曲沃,君之宗也',武宮在焉,不應封于他人爲私邑。欒氏固爲靖侯之孫欒賓之後(参桓二年《傳》),亦不應私據曲沃。或者如《晉世家》所云'曲沃大於翼',封于欒盈者祇是其中的一部分土地,亦名曲沃;或者如張琦《戰國策釋地》所云,桃林之塞一名曲沃。武官之曲沃在今山西聞喜縣東;桃林塞之曲沃則在河南陕縣西南四十里,今之曲沃鎮。"⑥謝堯亭根據考古資料認爲,所謂曲沃在今曲沃縣境内或確指在今曲沃與侯馬交界的鳳城古城一帶的説法得不到考古資料的佐證,因爲迄今發現的鳳城古城一帶的遺物時代在戰國早期,這座古城是戰國早期才開始使用的,古曲

---

① 徐元誥:《國語集解(修訂本)》卷14,第421頁。
② 清華大學出土文獻研究與保護中心編,李學勤主編:《清華大學藏戰國竹簡(貳)》,第178頁。
③ 楊伯峻:《春秋左傳注(修訂本)》,第1048~1049頁。
④ 單育辰:《楚地戰國簡帛與傳世文獻對讀之研究》,北京:中華書局,2014年,第67~68頁。
⑤ 《春秋左傳正義》卷35,《十三經注疏》,第4290頁。
⑥ 楊伯峻:《春秋左傳注(修訂本)》,第1073頁。

沃應在今山西聞喜縣一帶。①

簡文所載事在魯襄公二十三年(前550),晉平公八年,齊莊公四年。

關於齊莊公光率師以逐欒盈,《史記·晉世家》:"[晉平公]八年,齊莊公微遣欒逞於曲沃,以兵隨之。"②同於簡文。《左傳》與《繫年》所載相異,詳見本章考證部分。

關於欒盈襲絳而不果,奔入於曲沃,《史記·晉世家》:"齊兵上太行,欒逞從曲沃中反,襲入絳。絳不戒,平公欲自殺,范獻子止公,以其徒擊逞,逞敗走曲沃。"③《左傳》襄公二十三年:"四月,欒盈帥曲沃之甲,因魏獻子以晝入絳,"結果被范宣子擊敗,"欒盈奔曲沃,晉人圍之"。《春秋》襄公二十三年:"晉欒盈復入于晉,入于曲沃。"④《國語·晉語八》:"欒盈晝入,爲賊於絳。范宣子以公入于襄公之宮,欒盈不克,出奔曲沃。"⑤

[9]齊【九三】戕(莊)公涉河竇(襲)朝訶(歌),以遝(復)坪(平)佥(陰)之自(師)。

【謹按】復,《周禮·天官·宰夫》"諸臣之復",鄭玄注:"復之言報也。"⑥

簡文所謂的"涉河"是指齊莊公從衛伐晉時所涉之河。朝歌,在今河南淇縣,本屬衛,後衛渡河南遷,才屬晉。竹添光鴻說:"衛南渡河,而河內殷虛屬晉,晉人亦謂之舊衛。"⑦《左傳》襄公二十三年載齊"自衛將遂伐晉","齊侯遂伐晉,取朝歌"。自衛伐晉取朝歌自須渡河。

《史記·晉世家》:"齊莊公聞逞敗,乃還,取晉之朝歌去,以報臨菑之役也。"⑧此"臨菑之役"即簡文與《左傳》等所謂的"平陰之師"。《齊世家》:"欒盈敗,齊兵還,取朝歌。"⑨《史記》所言的齊莊公聞欒盈敗後"乃還"顯然是對《繫年》類材料所載的"齊莊公涉河"的理解,詳見本章考證部分。

《左傳》襄公二十三年:"齊侯遂伐晉,取朝歌。爲二隊,入孟門,登大

---

① 謝堯亭:《晉國興衰六百年》,太原:三晉出版社,2019年,第119、124頁。
② 《史記》卷39,第2029頁。
③ 《史記》卷39,第2029頁。
④ 楊伯峻:《春秋左傳注(修訂本)》,第1074、1076、1072頁。
⑤ 徐元誥:《國語集解(修訂本)》卷14,第421頁。
⑥ 《周禮注疏》卷3,《十三經注疏》,第1410頁。
⑦ 〔日〕竹添光鴻注:《左氏會箋》,第1389頁。
⑧ 《史記》卷39,第2029頁。
⑨ 《史記》卷32,第1815頁。

行。……以報平陰之役,乃還。"①謂取朝歌在"乃還"之前,與《史記》《繫年》不同,詳參本章考證部分。

[10]晉人既殺鑃(欒)經(盈)于凸(曲)天(沃),坪(平)公銜(率)㠯(師)會者(諸)侯,伐齊,【九四】以返(復)朝訶(歌)之㠯(師)。

【謹按】晉人既殺欒盈于曲沃,《左傳》襄公二十三年:"晉人克欒盈于曲沃,盡殺欒氏之族黨。"②《國語·晉語八》:"欒盈不克,出奔曲沃。遂刺欒盈,滅欒氏。是以没平公之身無内亂也。"③《史記·晉世家》:"曲沃攻逞,逞死,遂滅欒氏宗。"④

平公率師會諸侯,伐齊,以復朝歌之師。晉平公率諸侯伐齊有兩次,第一次在晉平公九年(前549,魯襄公二十四年),但由於發生水災而作罷。《春秋》襄公二十四年:"公會晉侯、宋公、衛侯、鄭伯、曹伯、莒子、邾子、滕子、薛伯、杞伯、小邾子于夷儀。"同年《左傳》載:"會于夷儀,將以伐齊,水,不克。"杜注:"晉合諸侯以報前年見伐。"⑤此次伐齊是爲了報齊伐晉的朝歌之役。第二次在晉平公十年(前548,魯襄公二十五年),此次伐齊也是爲了報齊伐晉的朝歌之役。《春秋》襄公二十五年:"夏五月,……公會晉侯、宋公、衛侯、鄭伯、曹伯、莒子、邾子、滕子、薛伯、杞伯、小邾子于夷儀。"同年《左傳》載:"晉侯濟自泮,會于夷儀,伐齊,以報朝歌之役。"⑥簡文所載即第二次伐齊事。

此次晉率諸侯之師伐齊是否真正加兵於齊,古有二説。其一,晉及諸侯之師會伐齊之際,齊執政大臣崔杼殺齊莊公而與晉講和,故《春秋》於此不曰"伐齊",杜預注:"不書伐齊,齊人逆服,兵不加。"⑦其二,晉加兵於齊。《史記·晉世家》:"[晉平公]十年,齊崔杼弑其君莊公。晉因齊亂,伐敗齊於高唐去,報太行之役也。"《史記·十二諸侯年表》亦載晉平公十年"伐齊至高唐,報太行之役"。⑧ 太行之役即簡文與《左傳》所謂的朝歌之役。對於以上兩種説法,清人梁玉繩曰:"案《年表》亦云伐齊至高唐,考襄二十五年《傳》,晉伐齊,而齊弑莊公,説晉請成,晉受賂還。則晉未嘗與齊戰,不

---

① 楊伯峻:《春秋左傳注(修訂本)》,第1077～1078頁。
② 楊伯峻:《春秋左傳注(修訂本)》,第1084頁。
③ 徐元誥:《國語集解(修訂本)》卷14,第421頁。
④ 《史記》卷39,第2029頁。
⑤ 《春秋左傳正義》卷35,《十三經注疏》,第4298頁。
⑥ 楊伯峻:《春秋左傳注(修訂本)》,第1094、2101頁。
⑦ 《春秋左傳正義》卷36,《十三經注疏》,第4308頁。
⑧ 《史記》卷39、14,第2029、780頁。

得言敗齊,且未嘗至高唐也,《年表》《世家》同誤。"①王叔岷認爲:"案《考證》(指《史記匯注考證——引者按》)因襲梁説。然《年表》《世家》所述既同,則不得輕以爲誤,蓋史公取材,多存異説,不爲經傳所囿也。"②

[11]齊襄(崔)芧(杼)殺亓(其)君戕(莊)公以爲成於晉。【九五】

【謹按】《春秋》襄公二十五年:"夏五月乙亥,齊崔杼弑其君光。"《左傳》襄公二十五年載齊莊公通於崔杼之妻姜氏,夏五月乙亥(十七日),齊莊公如崔杼家從姜氏,終遭崔杼伏兵,被弑。"齊人以莊公説,使隰鉏請成。慶封如師。男女以班。賂晉以宗器、樂器。自六正、五吏、三十帥、三軍之大夫、百官之正長、師旅及處守者皆有賂。晉侯許之。"③"齊人以莊公説",杜注:以弑莊公説晉也。楊伯峻注:以殺莊公向晉解釋。

[譯文]

晉莊平公卽位元年,公在溴梁會合諸侯,於是就打算遷許到葉地,[由於許國大夫反對]而未能成功。[晉國]軍隊到了楚方城下,齊國大夫高厚從伐許的軍隊中逃回齊國。平公率領軍隊會合諸侯,並發動了平陰之戰,包圍了齊都(臨淄),焚燒了四邊的外城,驅馬乘車一直到了東海(卽今黃海)。平公卽位第五年,晉國發生了內亂,欒盈出逃到了齊國,齊莊公光率領軍隊跟隨着欒盈。欒盈偷襲晉都絳但沒有成功,於是逃奔進入曲沃。齊莊公渡過黃河襲擊朝歌,報復平陰之戰的失敗。晉國人在曲沃殺死欒盈後,平公率領軍隊會合諸侯,攻伐齊國,報復朝歌之戰。崔大夫崔杼殺死君主齊莊公,來向晉國求和。

[解題]

本章主要圍繞晉、齊關繫而展開叙事。涉及的歷史事件主要有許的遷都、晉齊平陰之戰、欒盈之亂與朝歌之役等。

魯襄公十六年(前557,晉平公元年),晉平公在溴梁(今河南濟源西)會見諸侯。在此次盟會上,許靈公請求遷到晉國、服從晉國。但由於許國

---

① (清)梁玉繩:《史記志疑》卷21,第999頁。
② 王叔岷:《史記斠證》,第1492頁。
③ 《春秋左傳正義》卷36,《十三經注疏》,第4308頁;楊伯峻:《春秋左傳注(修訂本)》,第1101頁。

大夫的反對，此次遷許未能成功。於是晉國軍隊侵至楚方城之外。在此次戰役中，齊國的大夫高厚從軍隊中逃歸齊國，這也成爲晉伐齊平陰之役的導火索。

魯襄公十八年（前555，晉平公三年），晉平公會合諸侯，發動了平陰之戰。此即晉、齊平陰之戰。

魯襄公二十年（前553，晉平公五年，《左傳》謂在晉平公六年），晉國發生了欒盈之亂。

魯襄公二十三年（前550，晉平公八年）齊莊公乘欒盈之亂之時機，發動了朝歌之役，以報復平陰之役。同年，晉國人攻克了曲沃，殺死了欒盈，平定了內亂，從而集中精力對付齊國。

魯襄公二十五年（前548，晉平公十年），晉平公會合諸侯伐齊，以報復朝歌之役。但齊國大夫崔杼殺了齊莊公，於是與晉國講和。

[問題]

第一，齊高厚逃歸事件辨證，主要討論兩個問題。其一，《春秋》襄公十六年載溴梁之會中無齊人；而據《左傳》溴梁之會後，晉侯與諸侯在溫地舉行宴會，當時有齊大夫高厚參加。那麼，齊君與高厚是否也參加了溴梁之會？如果參加，爲何未記於《春秋》呢？其二，關於高厚何時逃歸的問題。《左傳》說溫之會後會盟時高厚逃歸；而據《繫年》是晉師等侵楚方城時，高厚才逃歸的。那麼，這兩種記載孰是孰非呢？

第二，許的遷都。

第三，平陰之戰。傳統上把《穀梁傳》成公二年所言"焚雍門之茨，侵車東至海"誤認爲是指此年的鞌之戰，而晚清學者廖平認爲《穀梁》此言實際上是指魯襄公十八年（前555）平陰之戰，但其說却苦無力證，而《繫年》則證明廖氏此言完全正確。關於魯襄公十八年晉、齊平陰之戰，《春秋》一說"圍齊"，又說"伐齊"。《公羊傳》《穀梁傳》俱認爲此役並未"圍齊"，《春秋》之所以如是說是爲了"抑齊"或"罪齊"。我們根據《史記》等認爲，此役確實曾"圍齊"，其即指圍齊都臨淄。而《史記》之說可跟《繫年》互證，前者所據很可能是與後者相類似的材料。

第四，欒盈之亂與朝歌之役。魯襄公二十一年（前552，晉平公六年，《繫年》謂在晉平公五年），晉國發生了欒盈之亂。齊莊公於是在魯襄公二十三年乘機發動了朝歌之役，以報復平陰之役。對欒盈之亂與朝歌之役的記載,《史記》所本的史料來源主要有兩種:一爲《左傳》,另一種是《繫年》類材料。故《史記》所載與二者有同亦有異,異者摻雜着司馬遷個人的推斷。我們經過考證認爲,司馬遷的推斷實際上是有問題的,《左傳》與《繫年》所載基本上是吻合的。

[考證]

一、齊高厚逃歸事件辨證

關於高厚逃歸事件,見諸以下文獻所載:

(1)《春秋》襄公十六年:"三月,公會晉侯、宋公、衛侯、鄭伯、曹伯、莒子、邾子、薛伯、杞伯、小邾子于<u>溴梁</u>。戊寅,大夫盟。"①

(2)《左傳》襄公十六年:"十六年春,葬晉悼公。平公即位,……<u>會于溴梁</u>。命歸侵田。以我故,執邾宣公、莒犁比公,且曰:'通齊、楚之使。'晉侯與諸侯宴于溫,使諸大夫舞,曰:'歌詩必類。'齊高厚之詩不類。荀偃怒,且曰:'諸侯有異志矣。'使諸大夫盟高厚,<u>高厚逃歸</u>。於是叔孫豹、晉荀偃、宋向戌、衛甯殖、鄭公孫蠆、小邾之大夫盟,曰:'同討不庭。'"②

(3)《繫年》第十七章:"晉莊平公即位元年,公會諸侯於溴梁,遂以遷許於葉而不果。師造於方城,齊高厚自師<u>逃歸</u>。平公率師會諸侯,爲平陰之師以圍齊。"

(4)《公羊傳》襄公十六年:"諸侯皆在是,其言大夫盟何?信在大夫也。何言乎信在大夫?遍刺天下之大夫也。曷爲遍刺天下之大夫?君若贅旒然。"③

(5)《穀梁傳》襄公十六年:"溴梁之會,諸侯失正矣。諸侯會而曰大夫盟,正在大夫也。諸侯在而不曰諸侯之大夫,大夫不臣也。"④

比較以上文獻所載,主要有兩個問題需要探討:

第一個問題是高厚與齊君是否參加溴梁之會?據上引《春秋》,溴梁之會中無齊國的國君或大夫;而據《左傳》,溴梁之會後,晉侯與諸侯在溫

---

① 楊伯峻:《春秋左傳注(修訂本)》,第1025頁。
② 楊伯峻:《春秋左傳注(修訂本)》,第1026~1027頁。
③ (清)陳立:《公羊義疏》卷58,第2194~2195頁。
④ (清)鍾文烝:《春秋穀梁經傳補注》卷19,第556~557頁。

地舉行宴會,當時有齊大夫高厚參加。那麼,齊君到底是否參加溴梁之會？高厚到底是否也參加了溴梁之會？ 如果參加,爲何未記於《春秋》呢？

第二個問題是高厚何時逃歸的？《左傳》說是溫之會後會盟時——《春秋》所謂"戊寅,大夫盟"日——高厚逃歸的；而據《繫年》,是晉師等侵楚方城時,高厚才逃歸的。那麼,這兩種記載孰是孰非呢？

下面,我們對以上兩個問題分別作探討。

1. 高厚、齊君是否參加溴梁之會

關於溴梁之會齊國是否有參加者的問題,學者的意見有以下兩種：

一是齊君未參加,齊大夫高厚參加。如晉代杜預注、唐代孔穎達疏等均持此説。杜預注："不書,高厚逃歸故也。諸大夫本欲盟高厚,高厚逃歸,故遂自共盟。"孔穎達疏："《傳》於會溴梁之下,晉侯與諸侯宴,乃言'高厚逃歸',則高厚會訖乃逃也。於會不書齊者,以高厚逃歸,晉人怒之,諸侯即有伐齊之志,不與高厚得爲來會。公歸告廟,歷告所會,不告高厚,故不書也。"①按照此種説法,齊國大夫高厚實際上參與此會,根據正如孔穎達所説是《左傳》記載在溴梁之會後的溫之宴上高厚逃歸。因此,祇要不對《左傳》之記載提出質疑,杜預與孔穎達的解釋實際上是可以通的。

二是未參加,唐人趙匡等即持此説。唐人陸淳引趙匡説曰：

《左氏》曰晉平公即位云云,與諸侯宴于溫,使諸侯大夫舞,曰："歌詩必類。"趙子（趙匡——引者按）曰："按平公父卒此會纔五月,豈有便行宴樂歌舞之理乎？"（《左氏》——引者按）又云："使大夫盟高厚,高厚逃歸。"（趙匡——引者按）按：若已在會乃渝盟而逃歸,經文不合不書。僖五年會首戴鄭伯逃歸不盟,襄七年會于鄬陳侯逃歸,並書以明其罪；何得獨此不書？則《左氏》此傳都不足憑也。或曰："鄭伯、陳侯爲是諸侯,逃故書；高厚大夫耳,不應同例。"答曰："《春秋》未命之大夫奔逃執放並書,況正卿而逃得不書乎？"②

趙匡認爲《左傳》記載是有問題的：一是平公的父親卒才五月,此時怎麼能舉行宴樂歌詩呢？二是假設高厚參加溴梁之會而逃歸不盟,於《春秋》經例不可不書。他舉例魯僖公五年首戴之會鄭伯逃歸不盟、魯襄公七年鄬之會陳侯逃歸均載於《春秋》。也許有人會反駁說這兩個例子是諸侯,此傳高厚是齊正卿,二者不同。對此,趙匡的解釋是《春秋》連大夫奔逃執放都

---

① 《春秋左傳正義》卷33,《十三經注疏》,第4260頁。
② （唐）陸淳:《春秋集傳辯疑》卷9,第103頁。

要記載,何況此時高厚是正卿,爲何不書呢?

按,趙匡實際上是要徹底《左傳》所載,其説甚辯,以至今人不乏信從者,如童書業卽言:

> 觀悼公旣卒,平公卽位,"警守而下,會於溴梁,命歸侵田"。或悼公退不善終,晉人諱之,以免諸侯之貳。觀晉侯與諸侯宴於溫,使諸大夫舞,曰:"歌詩必類。"齊高厚之詩不類,荀偃怒曰:"諸侯有異志矣。"使諸大夫盟高厚,高厚逃歸。是等記載,蛛絲馬跡,甚可疑也。①

童書業認爲《左傳》的記載甚可疑,但並未陳述理由,筆者以爲其應該受到上引趙匡説之影響。

那麽,趙匡對《左傳》質疑的理由是否成立呢? 關於第一個理由,確實不好回答,抑或當時習俗乎? 至於第二個理由,實際上很不充分,竹添光鴻解釋道:

> 溴梁之會皆邦君也,高厚不可得與焉。且高厚之逃在溴梁之後,杜失之。夫邦君之會而一二臣與焉者,僖廿八年之溫也,文七年之扈也,文十四年之新城也,成十五年襄五年之戚也。他則七年之鄬公會七君,溴梁公會十君,澶淵公會十二君,商任公會七君,沙隨公會十一君,夷儀公會十一君,重丘公會十一君,平丘公會十三君,鄢陵公會四君,邦君之會無復大夫矣。溫有秦人者,秦自不與諸夏同也;戚有齊國佐者,爾時齊不貳,有故使大夫耳,又戚有吴人鄫人,此會會吴故也;扈與新城,晉大夫故也;他如成十八年虛打,晉侯始立合諸侯,故大夫與焉:蓋皆有所以。今齊侯貳晉伐我,則宜與邾、莒同討也,而諸侯之會十一國,唯齊使大夫來,高厚不得與焉宜矣。②

楊伯峻也説:"齊侯不親來,僅派高厚來,高厚又逃盟,故無齊。"③但是,竹添光鴻與楊伯峻説均是外證。

問題在於,關於溫之宴上齊高厚歌詩事以及此後高厚逃歸,僅見於《左傳》,而《穀梁傳》《公羊傳》的解釋又與《左傳》截然不同。

據前引(4)(5),二傳根本未記載溫之宴上齊高厚歌詩以及此後高厚逃歸事,這就更加深了學者對《左傳》所載之質疑,以至連一向深信《左傳》等的學者,也因趙匡之言轉而相信《公羊傳》《穀梁傳》所載,譬如朱熹説:

---

① 童書業著,童教英校訂:《春秋左傳研究(校訂本)》,第68頁。
② 〔日〕竹添光鴻注:《左氏會箋》,第1309頁。
③ 楊伯峻:《春秋左傳注(修訂本)》,第1025頁。

"及後來五伯既衰,溴梁之盟,大夫亦出與諸侯之會,這個自是差異,不好。"①清代學者顧棟高在引用趙匡、朱熹等說後即言:

《左傳》及杜注、孔疏皆曲爲晉解釋,云非大夫之專,與《公》《穀》異。《彙纂》(陸淳《春秋啖趙集傳纂例》——引者按)亦兩存其説,云揆之情事亦合。然聖經于敘列諸侯下特著大夫盟三字,不是無意。自後平公失伯,列國之大夫擅權,皆自此啓,則《公》《穀》之説精矣。合之趙子之論,則《左氏》尤不必泥也。②

筆者認爲,從春秋政權發展的走勢來看,《穀梁》《公羊》的解釋確實有很大的合理性。但實際上,趙匡對《左傳》的質疑,類於"默證法"(argument of silence)。因此,祗要提供不出新的内證,都無法反駁趙氏這種質疑。值得慶倖的是,新公佈的《繫年》簡文確實記載了高厚參與此會,這就一舉破除了趙匡對《左傳》之質疑,也就證明《左傳》記事淵源有自,不是向壁虛造,亦證實了《左傳》的可靠性。因爲從唐代學者啖、趙開始,一直到清代的康有爲,就對《左傳》提出質疑。當然,我們發現了很多金文資料,而這些資料很多與《左傳》符合,這很大程度上證實了《左傳》。但是,金文資料畢竟有限,而且,《左傳》裏的很多細節問題,金文由於記述體例之限制,根本無法反映。而《繫年》是紀事本末體史書,與《左傳》有很多重合點,這對《左傳》真僞的鑒別至關重要。而《繫年》正可回擊使用默證法對《左傳》之質疑,其意義不容低估。

總之,齊君由於要叛晉,故未參加溴梁之會,而派正卿高厚參加。《春秋》之所以未載齊,一是因爲齊侯未參加而高厚是正卿,二是高厚未參加會盟而逃歸,故不書。而第二點尤其重要,因爲據此可證明高厚確切逃歸的時間,對此下文將詳述,此不贅言。

2. 高厚何時逃歸

據上引《春秋》《左傳》及孔疏,高厚參加了溴梁之會,並參加了溫之宴,事後高厚才逃歸,此均在三月。晉及諸侯之師伐許在此年夏六月九日,《左傳》襄公十六年:"夏六月……庚寅,伐許。"也就是説高厚並未參加伐許,而簡文謂高厚從伐許之軍中逃歸,顯然兩者不同。那麽到底哪一種説法可信呢?筆者認爲《左傳》所載可信。《春秋》之所以未書齊人參加溴梁之會,其中原因之一就是高厚逃歸,故《左傳》所載正可與《春秋》相合。

---

① (宋)黄士毅編,徐時儀、楊豔彙校:《朱子語類彙校》卷83,第5册,第2172頁。
② (清)顧棟高:《春秋大事表》卷42,第2395頁。

《春秋》襄公十六年載溴梁之會在此年三月,戊寅(二十六日),大夫盟。同年《左傳》載先會於溴梁,然後晉侯與諸侯宴於温,並使諸侯之大夫盟高厚——此應即《春秋》所載三月二十六日之温之盟,此時高厚逃歸,合乎情理。《春秋》又載:"叔老會鄭伯、晉荀偃、衛甯殖、宋人伐許。"《左傳》載:"夏六月,次于棫林。庚寅,伐許,次于函氏。晉荀偃、欒黶帥師伐楚,以報宋楊梁之役。楚公子格帥師,及晉師戰于湛阪。楚師敗績。晉師遂侵方城之外,復伐許而還。"棫林,許地,今河南葉縣東北;函氏,亦許地,在今葉縣北。① 據《春秋》《左傳》可知,伐許以及湛阪之戰以及侵楚方城之役中齊國高厚均不在,故《繫年》所謂的"師造於方城,齊高厚自師逃歸"是不可信的。

那麼,《繫年》爲何如此記載呢？筆者認爲這跟《繫年》叙事有關,因爲其將平陰之役的導火綫歸結爲此次高厚逃歸,而《左傳》的解釋與此不同。

二、許的遷都

許本在河南許昌市東三十六里之地。

魯成公十五年(前576,晉厲公五年,楚共王十五年,許靈公十六年),許爲了逃避鄰國鄭國的威脅,請求楚將其遷於葉。《春秋》成公十五年:"許遷于葉。"同年《左傳》載:"許靈公畏逼于鄭,請遷于楚。辛丑,楚公子申遷許于葉。"②

魯襄公十六年(前557,晉平公元年,楚康王三年,許靈公三十五年),許又爲了遠離楚國而請求遷於晉、並服從於晉,但由於許大夫的反對而未能成功。《春秋》襄公十六年:"叔老會鄭伯、晉荀偃、衛甯殖、宋人伐許。"《左傳》襄公十六年:"許男請遷于晉,諸侯遂遷許。許大夫不可。晉人歸諸侯。"楊伯峻注:"使諸侯各自返國,唯以晉師伐許大夫。"③於是有了方城之役。

《繫年》第十七章載:"晉莊平公即位元年,公會諸侯於溴梁,遂以遷許於葉而不果,師造於方城,齊高厚自師逃歸。"《左傳》襄公十六年:"晉荀偃、欒黶帥師伐楚,以報宋楊梁之役。楚公子格帥師,及晉師戰于湛阪。楚師敗績。晉師遂侵方城之外,復伐許而還。"杜注:"許未遷故。"④晉讓諸侯

---

① 楊伯峻:《春秋左傳注(修訂本)》,第1027頁。
② 楊伯峻:《春秋左傳注(修訂本)》,第872、876頁。
③ 楊伯峻:《春秋左傳注(修訂本)》,第1025、1027頁。
④ 《春秋左傳正義》卷33,《十三經注疏》,第4261頁。

之師各自返國,晉師獨進,攻伐楚國。但此次戰役的起因實際上有兩個:其一,報宋楊梁之役(此事發生於魯襄公十二年,前561);其二,報許未遷國。

三、晉、齊平陰之戰

魯襄公十八年(前555),晉、齊發生了平陰之戰。對此,《春秋》經傳與《繫年》俱載此事,但兩者有同亦有異。這裏主要討論三個問題:關於《春秋》襄公十八年的"圍"字與《繫年》的"圍齊",《繫年》"驅車至於東畝〈海〉"與《穀梁傳》成公二年"侵車東至海"之關繫,以及平陰之戰的起因。

(一)《春秋》襄公十八年的"圍"與《繫年》的"圍齊"

1. 平陰之戰是"圍齊"還是"伐齊"

《春秋》襄公十八年:"冬十月,公會晉侯、宋公、衛侯、鄭伯、曹伯、莒子、邾子、滕子、薛伯、杞伯、小邾子同圍齊。"其謂"同圍"。《春秋》襄公十九年載此戰後,"[魯襄]公至自伐齊"①,此又謂"伐"。那麼,此到底是"圍"齊還是"伐"齊?《春秋》書"同圍"是否包含了微言大義或"筆法"於其中呢?

《穀梁傳》襄公十八年載:"非圍而曰圍齊,有大焉,亦有病焉。非大而足同與?諸侯同罪之也,亦病矣。"②王引之曰:

"非圍而曰圍齊"句絶,"有大焉、亦有病焉"者,猶言大齊也,亦病齊也。病齊謂罪齊也。"非大而足同與"者,承上"有大焉"而言,言齊若非大國,何須諸侯同圍之也?諸侯同罪之也。"亦病矣"者,承上"亦有病焉"而言,言諸侯既同罪之,則齊亦有罪矣。僖六年《傳》:"伐國不言圍邑,此其言圍何也?病鄭也,著鄭伯之罪也。"文義略與此同。③

據此,則《穀梁傳》認爲此次平陰之役實際上並未"圍"齊,《春秋》之所以書"圍",其包含微言大義於其中,即主要爲了"罪齊"。

《公羊傳》也認爲此役非爲"圍齊"。《公羊傳》襄公十九年解釋此年

---

① 楊伯峻:《春秋左傳注(修訂本)》,第1034、1044頁。
② 范甯斷句爲:"非圍而曰圍,齊有大焉,亦有病焉。非大而足同與?諸侯同罪之也,亦病矣。"(《春秋穀梁傳注疏》卷16,《十三經注疏》,第5276頁)王引之指出其誤:"范讀'非圍而曰圍'爲句,'齊有大焉'爲句,又以'亦病矣'爲病諸侯,與上文不合,皆失之。"(王引之《經義述聞》卷25,第609頁)此從王氏斷句。
③ (清)王引之:《經義述聞》卷25,第609頁。

《春秋》經所言"[魯襄]公至自伐齊"時說:"此同圍齊也,何以致伐?未圍齊也。未圍齊則其言圍齊何?抑齊也。曷爲抑齊?爲其亟伐也;或曰爲其驕蹇,使其世子處乎諸侯之上也。"按照《春秋》書寫慣例,書"圍"當致"圍",何休注謂"據諸侯圍許致圍",徐彥疏:"卽僖二十八年冬'諸侯遂圍許',二十九年'公至自圍許'是也。"①按,《春秋》僖公二十八年:"諸侯遂圍許。"《春秋》僖公二十九年:"公至自圍許。"②兩者均作"圍"。據此,則《春秋》襄公十八年書"圍"而在十九年書"伐"當有微言大義,《公羊傳》認爲這是爲了"抑齊",而事實上此次並未"圍齊"。

綜上,《穀梁傳》和《公羊傳》均認爲此次平陰之役並未"圍",而是"伐",《春秋》之所以書"圍"是包含微言大義於其中,卽"罪齊"或"抑齊"。實際上,《左傳》襄公十八年載此事亦曰"冬十月,會於魯濟,尋溴梁之言,同伐齊",也用"伐"而不書"圍"。那麼,此次平陰之役到底是"伐"還是"圍",是否如《公》《穀》二傳所言《春秋》書"圍"是爲了"罪齊""抑齊"呢?

由上文可見,《公》《穀》二傳之所以認爲《春秋》有"筆法",主要基於兩個證據:其一,"圍齊"應該是"致圍"③,有僖二十八年與二十九年《春秋》書"圍許"可證,此處"圍齊"而"致伐",其必有特殊蘊涵;其二,《公》《穀》二傳俱謂此年"非圍齊",卽認爲事實上並未"圍齊",此處書"圍"必有深意。那麼,此二理由是否成立呢?孔穎達認爲不能成立,其曰:

> 往年圍齊,今以伐致,《傳》旣不說,杜亦不解。《公羊傳》曰:"此同圍齊也,何以致伐?未圍齊也。未圍齊,則其言圍齊何?抑齊也。曷爲抑齊?爲其亟伐。"其意言往年同圍齊者,實非圍齊,故以伐致。案:《傳》"攻平陰,齊侯塹防門而守之",則是兵實圍齊,不得如《公羊》說也。賈逵云:"圍齊而致伐,以策伐勳也。"伐者,加兵之名,圍則伐內之別。圍、伐終是一事,不得各有其勳,何言策伐勳也?但圍是伐內之別,此言"至自伐齊"。僖二十九年言"至自圍許",史異辭,無義例。④

可見,孔穎達對以上理由均提出了反駁。針對第一點,孔氏認爲"伐""圍"

---

① 《春秋公羊傳注疏》卷20,《十三經注疏》,第5012頁。
② 楊伯峻:《春秋左傳注(修訂本)》,第451、475頁。
③ 卽記錄"至自圍"。致,告至,書至。春秋時期諸侯出必告廟,返必告至。"告至,喜其脫危平安而歸。諸侯、卿士出境與會、與盟或出征等,回國後均要向宗廟報告,行告至禮。"參劉尚慈:《春秋公羊傳譯注》,北京:中華書局,2010年,第119頁。
④ 《春秋左傳正義》卷34,《十三經注疏》,第4272頁。

本無甚大區別,至於《春秋》所書"圍許"事,這是史家記述的"異辭",本無義例。其二,針對《公》《穀》所謂的事實上並未"圍齊"的説法,孔舉《左傳》載"攻平陰,齊侯塹防門而守之"認爲此役諸侯之兵實圍齊。那麼,孔穎達所舉的理由是否成立?如果此役確實是"圍齊",那麼應該找出"圍齊"之證據。因此,問題的關鍵集中於文獻中是否有圍齊之證據。

2. 文獻中之"圍齊"何指

持"圍齊"説者找到了文獻中的證據,但各有分歧,主要有以下兩種觀點:

第一,"圍齊"是指在平陰圍齊,此觀點由杜預所持,爲孔穎達等學者進一步論證。

上文所引孔穎達所舉的圍齊事("攻平陰,齊侯塹防門而守之")乃本於杜預注。《左傳》襄公十八年記平陰之役諸侯之師伐齊,"齊侯禦諸平陰,塹防門而守之,廣里。"杜注:"平陰城在濟北盧縣東北。其城南有防,防有門。於門外作塹橫行,廣一里,故經書'圍'。"①"塹"音"欠",挖壕溝。平陰在今山東平陰縣東北三十五里,防門在舊平陰城南(今平陰縣東北三十二里)。②《水經注·濟水》引京相璠曰:"平陰城南有長城,東至海,西至濟,河道所由,名防門。"③據此,則在諸侯之師伐齊之際,齊靈公試圖在平陰依靠齊長城之險來禦諸侯之師。杜預認爲《春秋》所言"圍齊"實際上就是指在平陰圍齊。

第二,"圍齊"是指在諸侯之師入平陰後在齊都臨淄外圍齊。唐代學者劉炫云:"案下《傳》范鞅門于雍門,又門于揚門,州綽門于東閭。既門其三門,即是圍事。杜何知不以門于三門爲圍,必以禦諸平陰爲圍乎?"④

首先説第一種説法。如此説成立,按照《春秋》體例,則當書"圍齊平陰",《春秋》襄公元年"圍宋彭城"可證。而此年《經》言"同圍齊",其當就圍齊都城而言。⑤ 這就是這種説法面臨的困難。

其次説第二種説法。孔穎達"疏不破注",堅持杜預説,其對劉炫説反

---

① 《春秋左傳正義》卷33,《十三經注疏》,第4265頁。
② 參楊伯峻:《春秋左傳注(修訂本)》,第1037頁。
③ (南北朝·後魏)酈道元注,(清)楊守敬、熊會貞疏:《水經注疏》卷8,南京:江蘇古籍出版社,1989年,第735頁。
④ 劉炫説爲孔疏所引。見《春秋左傳正義》卷33,《十三經注疏》。
⑤ 《潛研堂集》卷4:"問:襄十八年'同圍齊',此當指齊都城而言。杜預據《傳》'禦諸平陰,塹防門而守之',遂謂所圍者平陰城耳。則經當書'圍齊平陰',如'圍宋彭城'之例矣,何以書'圍齊'?"(清)錢大昕:《潛研堂集》,第90頁。

駁曰:"知不然者,案上九年諸侯伐鄭,《傳》稱門其三門而《經》不稱圍,則攻門非圍也。此傳云'塹防門而守之',則是被圍之道。劉以門其三門爲圍而規杜氏,非也。"①

可見,以上二説均有證據,也都有反例,所以兩者孰是孰非,實難以論定。因此,衹從《左傳》本身而言,難以作出判斷,還需另尋旁證。

3. "圍齊"當指圍齊都臨淄

我們根據其他旁證,認爲第二説較可信。如《史記》就認爲"圍齊"指圍齊都臨淄。

《史記·齊世家》載平陰之役曰:"[齊靈公]二十七年,晉使中行獻子伐齊。齊師敗,靈公走入臨菑。……晉兵遂圍臨菑,臨菑城守不敢出,晉焚郭中而去。"《十二諸侯年表》載齊靈公二十七年"晉圍臨淄";晉平公三年"率魯、宋、鄭、衛圍齊,大破之";魯襄公十八年"與晉伐齊"。② 按,齊靈公二十七年(前555)即晉平公三年。《晉世家》載:"平公元年,伐齊,齊靈公與戰靡下,齊師敗走。……晉追,遂圍臨菑,盡燒屠其郭中。東至膠,南至沂,齊皆城守,晉乃引兵歸。"③據此,則所謂"圍齊"即指"圍臨淄",其與"伐齊"無異。

《繫年》爲《史記》的這種説法提供了證據。《繫年》第十七章載:"晉莊平公即位元年,公會諸侯於湨梁,遂以遷許於葉而不果,師造於方城,齊高厚自師逃歸。平公率師會諸侯,爲平陰之師以圍齊,焚其四郭,驅車至於東畝〈海〉。"我們知道,平陰之役發生在晉平公三年,而《晉世家》却繫之於元年,而《繫年》也謂在元年。這恐不僅僅是巧合,司馬遷此處根據的可能是與《繫年》相類似材料的記載。④ 而且,《繫年》載"圍齊"後曰"焚其四郭",可知所圍即臨淄。

可見,《春秋》所謂的"圍齊"具體當指圍齊都臨淄。至於杜預所説,清代學者錢大昕反駁説:"若平陰,不過齊之一城,即使塹門固守,猶不足書,況又不能守而遁乎?"所以《春秋》書"圍"是史實。那麽,其又爲何説"伐

---

① 《春秋左傳正義》卷33,《十三經注疏》,第4265頁。
② 《史記》卷32、14,第1814、776頁。
③ 《史記》卷39,第2028~2029頁。
④ 《史記》裏的一些記載不見於其他先秦文獻,但却與清華簡《繫年》的相關記載吻合,此點筆者在清華簡《繫年》十二章裏已經討論過了。但不可否認的是還有一種可能,即如《繫年》所謂,平陰之戰應在平公元年之後、平公五年之前。這種記述方式在簡文中不乏例證。但綜合《春秋》《左傳》等考慮,平陰之戰應在晉平公三年,學者對此均認同,譬如梁玉繩、王叔岷均是。(清)梁玉繩:《史記志疑》卷21,第998頁;王叔岷:《史記斠證》卷39,第1491頁。

齊"呢？錢大昕說："《經》先書圍而後書伐，以其不成圍也。諸侯之師已門其三門，故先書圍，圍未合而卽略地，故後書伐。"①筆者認爲錢氏所說足可釋疑。

綜上，《春秋》與《繫年》所書的"圍齊"當指圍齊都臨淄。

（二）《繫年》"驅車至於東畝〈海〉"與《穀梁傳》成公二年"侵車東至海"之關繫

《春秋》襄公十八年："冬十月，公會晉侯、宋公、衛侯、鄭伯、曹伯、莒子、邾子、滕子、薛伯、杞伯、小邾子同圍齊。"《左傳》襄公十八年："冬十月，會于魯濟，尋溴梁之言，同伐齊。齊侯禦諸平陰，塹防門而守之，廣里。……十一月丁卯朔，入平陰，遂從齊師。……十二月戊戌，及秦周，伐雍門之萩。……己亥，焚雍門及西郭、南郭。……壬寅，焚東郭、北郭。……甲辰，東侵及濰，南及沂。"杜注："濰水在東莞東北，至北海都昌縣入海。沂水出東莞蓋縣，至下邳入泗。"②

《繫年》第十七章載此事曰："平公率師會諸侯，爲平陰之師以圍齊，焚其四郭，驅車至於東畝〈海〉。"孫飛燕認爲，《穀梁傳》成公二年在講鞌之戰時說："壹戰綿地五百里，焚雍門之茨，侵車東至海。""侵車東至海"相當於簡文的"驅車至於東海"。③ 筆者認爲這些都是正確的，但這裏需要補充的是，《穀梁傳》成公二年"侵車東至海"的並非是鞌之戰，而是魯襄公十八年的晉、齊平陰之戰。《繫年》正可與《穀梁傳》的說法互證。

《春秋》成公二年："六月癸酉，季孫行父、臧孫許、叔孫僑如、公孫嬰齊帥師會晉郤克、衛孫良夫、曹公子首及齊侯戰于鞌，齊師敗績。秋七月，齊侯使國佐如師。己酉，及國佐盟于袁婁。"

《左傳》成公二年載齊師伐魯國，戰勝衛國而歸，晉師追擊齊師至於從衛到齊的要道莘地。"六月壬申，[晉]師至于靡笄之下。齊侯使請戰，……癸酉，師陳于鞌。……齊師敗績。""秋七月，晉師及齊國佐盟於爰婁。使齊人歸我汶陽之田。公會晉師於上鄍。"上鄍，高士奇《春秋地名考略》以爲齊、衛兩國交界地，在今山東陽穀縣境。④

《穀梁傳》成公二年："秋七月，齊侯使國佐如師。己酉，及國佐盟于爰

---

① （清）錢大昕：《潛研堂集》卷4，第90頁。
② 《春秋左傳正義》卷33，《十三經注疏》，第4266頁。
③ 孫飛燕：《清華簡〈繫年〉初探》，第30頁。
④ 楊伯峻：《春秋左傳注（修訂本）》，第800頁。

婁。鞌,去國五百里;爰婁,去國五十里。壹戰綿地五百里。焚雍門之荻,侵車東至海。"①

關於鞌之戰,《春秋》及三傳俱謂晉、齊交戰的地點是鞌,所盟的地點在爰婁(《春秋》"爰"作"袁",音近通用)。楊伯峻認爲鞌在今山東濟南市偏西,《穀梁傳》謂其距齊都臨淄五百里。②《穀梁傳》謂爰婁距臨淄五十里,其在今山東臨淄鎮西。③但《左傳》《穀梁》二傳在具體記述鞌之戰時,則有所不同。爲便於比較,特列表八:

表八 《左傳》《穀梁傳》所載鞌之戰比較

魯成公二年		《左傳》	《穀梁傳》	備注
六月	壬申（十六日）	[晉]師至于靡笄之下,齊侯使請戰。		
	癸酉（十七日）	[晉]師陳於鞌。……齊師敗績。	鞌,去國五百里;爰婁,去國五十里。壹戰綿地五百里。焚雍門之荻,侵車東至海。	鞌之戰
七月	己酉（二十三日）	晉師及齊國佐盟於爰婁。使齊人歸我汶陽之田。公會晉師於上鄍。	齊侯使國佐如師。己酉,及國佐盟於爰婁。	

資料來源:楊伯峻:《春秋左傳注(修訂本)》,第790~800頁;(清)鍾文烝:《春秋穀梁經傳補注》卷17,第472~473頁。

據上表,《穀梁傳》謂晉、齊交戰地點在距齊都臨淄五百里的鞌,結盟在距臨淄五十里的爰婁。所謂"壹戰綿地五百里",廖平曰:"從鞌至爰婁。"④這些都見於《春秋》《左傳》等。但《穀梁傳》所謂晉師至爰婁,並"焚雍門之荻,侵車東至海",則爲《春秋》經及其他二傳所未載。這究竟是何緣故?

清代學者鍾文烝認爲,"壹戰綿地五百里,焚雍門之荻,侵車東至海"這"三句言自鞌進師之事"。⑤ 筆者認爲鍾氏此言尚待商榷。據上引《左傳》可知,晉軍在鞌之戰敗齊軍後,兩者在爰婁講和結盟,而並未進入齊都臨淄,更不用說焚齊城門雍門之"荻"(草蓋)、"侵車東至海"(范甯注:"侵

---

① (清)鍾文烝:《春秋穀梁經傳補注》卷17,第472~473頁。
② 楊伯峻:《春秋左傳注(修訂本)》,第791頁。
③ 楊伯峻:《春秋左傳注(修訂本)》,第799頁。
④ (清)廖平:《穀梁古義疏》卷7,北京:中華書局,2012年,第431頁。
⑤ (清)鍾文烝:《春秋穀梁經傳補注》卷17,第473頁。

車,侵伐之車,言時侵齊過乃至海。"①)了。所以晚清今文學家廖平敏銳地覺察到《穀梁傳》所言"焚雍門之茨,侵車東至海"並非指魯成公二年之鞌之戰,而是指襄公十八年之平陰之戰。廖平認爲,《穀梁傳》成公二年所載的"鞌,去國五百里;爰婁,去國五十里。壹戰綿地五百里"是"說本事",卽此年的鞌之戰;而"焚雍門之茨,侵車東至海"則是"兼說襄十八年同圍齊事",卽晉、齊平陰之役。② 其主要基於兩點理由:

其一,《穀梁》謂"焚雍門之茨",《左傳》襄公十八年載"伐雍門之萩",而《左傳》成公二年在記述鞌之戰不詳載此事。

其二,《穀梁》謂"侵車東至海",《左傳》襄公十八年載"東侵及濰,南及沂",而《左傳》成公二年在記述鞌之戰時未言曾至於海。

廖平此說之理由是否成立呢? 首先說第一點。雍門,齊都臨淄之西城門。③《穀梁》謂"焚雍門之茨",茨,范甯注:"茨,蓋也。"④鍾文烝補注:"《釋名》曰'屋以草蓋曰茨',卽《考工記》所謂葺屋。"⑤卽茅草屋蓋。⑥ 而《左傳》謂"伐雍門之萩","萩"卽楸,亦作"檟"。《晏子春秋·外篇七》:"景公登箐室而望,見人有斷雍門之檟者。"⑦楊伯峻認爲卽指此。⑧ 故"伐雍門之萩"卽言砍伐雍門外邊的楸木。可見,《穀梁》的說法實際上與《左傳》不同。《穀梁》"焚雍門之茨"蓋對應此年《左傳》的"焚雍門"。

其次說第二點。《左傳》襄公十八年載"東侵及濰,南及沂",杜注:"濰水在東莞東北,至北海都昌縣入海。沂水出東莞蓋縣,至下邳入泗。"⑨楊伯峻注:"濰水源出山東莒縣西北濰山,伏流至箕屋山復見,東流至諸城縣東北,折而北流,經昌邑入海。及濰者,軍抵濰水西岸及北岸也。"⑩《穀梁》

---

① 《春秋穀梁傳注疏》卷13,《十三經注疏》,第5249頁。
② (清)廖平:《穀梁古義疏》卷7、8,第431~432、525頁。
③ 《戰國策·齊策一》及《淮南子·覽冥訓》注並謂雍門是齊西門名。參楊伯峻:《春秋左傳注(修訂本)》,第1039頁。
④ 《春秋穀梁傳注疏》卷13,《十三經注疏》,第5249頁。
⑤ (清)鍾文烝:《春秋穀梁經傳補注》卷17,第473頁。
⑥ 茨,《說文·艸部》:"茨,以茅葦蓋屋。从艸次聲。"段注:"俗本作'以茅葦蓋屋',見《甫田》鄭箋。《釋名》曰:'屋以艸蓋曰茨。'茨,次也,次艸爲之也。从艸,次聲。此形聲包意。"(漢)許慎撰,(宋)徐鉉校定:《說文解字》,第24頁;(清)段玉裁注,許惟賢整理:《說文解字注》卷1下,第73頁。
⑦ 吳則虞編著,吳受琚、俞震校補:《晏子春秋集釋》,第351頁。
⑧ 楊伯峻:《春秋左傳注(修訂本)》,第1039頁。
⑨ 《春秋左傳正義》卷33,《十三經注疏》,第4266頁。
⑩ 楊伯峻:《春秋左傳注(修訂本)》,第1040頁。

謂"侵車東至海",范甯注:"侵車,侵伐之車,言時侵齊過乃至海。"①兩者確實相似,但是否爲同一事,難以辨别。

因此,廖平以上所舉的兩個理由是否成立難以確定,故從其説者甚微。但《繫年》却爲廖氏之説提供了力證。《繫年》第十七章記述了魯襄公十八年的平陰之戰,其曰:

　　　　平公率師會諸侯,爲平陰之師以圍齊,焚其四郭,驅車至於東畝〈海〉。

《繫年》所謂的"驅車至於東畝〈海〉"正同於《穀梁傳》所謂的"侵車東至海"。這推翻了傳統上把《穀梁傳》所言"焚雍門之荻,侵車東至海"認爲是指魯成公二年(前589)之事的錯誤認識。廖平慧眼獨具,已經覺察到《穀梁》此言實際上是指魯襄公十八年平陰之戰,廖氏此言實乃發兩千年來未發之覆,但其説却苦無力證,如今《繫年》則證明廖氏完全正確。

綜上可見,清華簡《繫年》的"東畝"確指"東海","驅車至於東海"正對應於《穀梁傳》成公二年的"侵車東至海",而此又與《左傳》相異,可見《穀梁》此説實乃採自《繫年》類似的記載。這也説明了《繫年》並非如有些學者所謂的是如《鐸氏微》一樣的《左傳》節略本,其材料來源實際上是多源的。

爲便於瞭解《左傳》與《繫年》《穀梁》所記平陰之戰的異同,特列表九:

表九　《左傳》《繫年》《穀梁傳》所記平陰之戰比較

		《左傳》襄公十八年	《繫年》第十七章	《穀梁傳》成公二年
冬十月		會于魯濟,尋溴梁之言,同伐齊。齊侯禦諸平陰,塹防門而守之,廣里。	平公率師會諸侯,爲平陰之師以圍齊。	
十一月丁卯朔		入平陰,遂從齊師。		
十二月	戊戌(二日)	及秦周,伐雍門之萩。		
	己亥(三日)	焚雍門。		焚雍門之荻。
		及西郭、南郭。	焚其四郭。	
	壬寅(六日)	焚東郭、北郭。		
	甲辰(八日)	東侵及濰,南及沂。	驅車至於東海。	侵車東至海。

資料來源:楊伯峻:《春秋左傳注(修訂本)》,第1037~1040頁。

---

① 《春秋穀梁傳注疏》卷13,《十三經注疏》,第5249頁。

(三)平陰之役的起因

《春秋》襄公十八年:"秋,齊師伐我北鄙。冬十月,公會晉侯、宋公、衛侯、鄭伯、曹伯、莒子、邾子、滕子、薛伯、杞伯、小邾子同圍齊。"《左傳》襄公十八年:"冬十月,會于魯濟,尋溴梁之言,同伐齊。"①按,《春秋》載"同圍齊",《左傳》亦曰"同伐齊",均曰"同"者何意?杜注:"齊數行不義,諸侯同心俱圍之。"②唐代啖助也説:"凡以兵圍其國都曰圍,諸侯同心圍齊,故特曰同圍。"陸淳解釋説:"時齊背盟主,數伐小國,故諸侯同心圍之。"③明代王樵説:

> 按鞌之戰,晉爲魯、衛伐齊,《春秋》不與也。今年之役,爲魯伐齊,而與之者何?鞌之役名爲魯、衛出師,其實大夫逞其私憾,況頃公以不謹於禮、婦人笑辱之小故而致兵,非若齊環恃其桀暴虐隣殘民,四年之中至於六伐鄙而四圍邑,不道之甚,爲諸侯所共疾也。晉討得其罪,與衆同欲,而非爲其私也,故書同圍以與之。④

清人馬驌也説:

> [齊靈公]俄而構釁魯國,不恤同盟,四年之中,而六伐其鄙,四圍其邑,蓋是時晉悼卒矣,中國無霸,齊環倍棄同好,怙險以自逞也。於是諸侯莫不痛心疾首,微會致討,十有二國之君,合志同心,沈璧誓河,不啻鳴鐘鼓而揭軿鐸,故特書曰同圍,明乎天下之公惡,春秋之義戰也。⑤

楊伯峻亦注:"溴梁之盟在十六年。言指盟辭'同討不庭'。齊本與晉爲同盟,而近四年之間,六伐魯鄙,四圍魯邑,此即背叛盟言。"⑥

上述學者均認爲此處《春秋》晉聯合諸侯對齊發動平陰之戰是義戰,原因有二:一是同盟國魯國屢遭齊的進攻,二是齊違背溴梁之盟的誓言。這也不難理解,因爲《春秋》本是魯國史書,持魯國立場也是理所當然。但這裏《左傳》實際上受到《春秋》的影響,也是站在魯國的立場上,這一點以往學者未注意到,今有《繫年》可明確之。《繫年》第十七章載:"晉莊平公

---

① 楊伯峻:《春秋左傳注(修訂本)》,第1035、1037頁。
② 《春秋左傳正義》卷53,《十三經注疏》,第4264頁。
③ (唐)陸淳:《春秋啖趙集傳纂例》卷5,第111頁。
④ (明)王樵:《春秋輯傳》卷9,清文淵閣四庫全書本。
⑤ (清)馬驌:《繹史》卷70,第1506頁。
⑥ 楊伯峻:《春秋左傳注(修訂本)》,第1037頁。

即位元年,公會諸侯於澶梁,遂以遷許於葉而不果,師造於方城,齊高厚自師逃歸。平公率師會諸侯,爲平陰之師以圍齊。"據此,則平陰之役的起因是齊大夫高厚逃歸。這反映出一個重要問題:即《左傳》深受《春秋》的影響,而《繫年》則屬於另一系統,這也是《繫年》的顯著特徵。

四、欒盈之亂與朝歌之役

魯襄公二十一年(前552,晉平公六年,《繫年》謂在晉平公五年),晉國發生了欒盈之亂。齊莊公於是在魯襄公二十三年(前550)乘機發動了朝歌之役,以報復平陰之役。對欒盈之亂與朝歌之役的記載,《左傳》與《史記》不同,而《繫年》則同於後者。下面我們將據《繫年》對涉及的相關問題進行探討。

(一)《左傳》與《史記》記載欒盈之亂與朝歌之役之差異

魯襄公二十一年,晉正卿范宣子驅逐欒盈,秋,欒盈被迫出奔楚。《左傳》襄公二十一年:"宣子使城著而遂逐之。秋,欒盈出奔楚。"次年秋,可能楚派欒盈聯結齊國抗晉①,於是欒盈又從楚入齊。《左傳》襄公二十二年:"秋,欒盈自楚適齊。"次年,晉侯與吳聯姻,嫁女給吳國。齊侯乘機暗用藩車載着欒盈和他的部下,將其送入欒氏的私邑——曲沃,以圖擾亂晉國。《左傳》襄公二十三年:"晉將嫁女于吳,齊侯使析歸父媵之,以藩載欒盈及其士,納諸曲沃。"得到了曲沃之人的支持後,"四月,欒盈帥曲沃之甲,因魏獻子以晝入絳"。欒盈與魏獻子有私交,故因魏氏。結果,欒盈襲絳失敗,"奔曲沃。晉人圍之"。

晉國發生大亂,於是齊莊公乘機伐晉以圖報復平陰之役之敗。由於伐晉需經過衛,於是此年秋,齊侯伐衛,"自衛將遂伐晉"。楊伯峻注:"伐衛爲次,以行軍必過衛。伐晉爲主。"②《左傳》襄公二十三年:"齊侯遂伐晉,取朝歌。爲二隊,入孟門,登大行。以報平陰之役,乃還。"

《史記》的記載與上述《左傳》所載有異。

《史記·晉世家》:"[晉平公]六年,魯襄公朝晉。晉欒逞有罪,奔齊。八年,齊莊公微遣欒逞於曲沃,以兵隨之。齊兵上太行,欒逞從曲沃中反,

---

① 此點於古書無證據。童書業懷疑欒盈由楚奔齊可能是由於楚國派他聯結齊國抗擊晉國,其作用與晉派巫臣聯吳相同。參童書業著,童教英校訂:《春秋史(校訂本)》,第228頁。
② 楊伯峻:《春秋左傳注(修訂本)》,第1076頁。

襲入絳。絳不戒,平公欲自殺,范獻子止公,以其徒擊逞,逞敗走曲沃。曲沃攻逞,逞死,遂滅欒氏宗。逞者,欒書孫也。其入絳,與魏氏謀。齊莊公聞逞敗,乃還,取晉之朝歌去,以報臨菑之役也。"①

《史記·齊世家》:"四年,齊莊公使欒盈閒入晉曲沃爲內應,以兵隨之,上太行,入孟門。欒盈敗,齊兵還,取朝歌。"②

將上引《左傳》與《史記》的說法相較,主要存在以下差異:

第一,欒盈入曲沃時,《左傳》謂齊莊公祇是將欒氏及其士送入曲沃;而《史記》則謂欒盈入曲沃時,齊莊公派兵跟隨。

第二,《左傳》載欒盈入曲沃及其襲入晉都絳與齊莊公伐晉爲二事,而《史記》則合而爲一。

那麼,上述兩種說法究竟孰是孰非呢?對此,學者已經進行了一些探索,但仍未探出究竟。值得注意的是,《繫年》也記載了相關內容,這爲我們重新探討這一問題提供了新的綫索。

(二)《史記》記載欒盈之亂與朝歌之役的史源探求

《繫年》第十七章載:"平公立五年,晉亂,欒盈出奔齊。齊莊公光率師以逐欒盈。欒盈襲絳而不果,奔入於曲沃。齊莊公涉河,襲朝歌,以復平陰之師。晉人既殺欒盈於曲沃,平公率師會諸侯,伐齊,以復朝歌之師。齊崔杼殺其君莊公,以爲成於晉。"

對此,《左傳》《史記》《繫年》的記述有同有異,爲便於比較,特列表十、十一:

表十　諸書記載欒盈之亂與朝歌之役之差異

時間	《春秋》襄公二十三年	《左傳》襄公二十三年	《史記》		《繫年》	事件
			《晉世家》	《齊世家》		
春		晉將嫁女于吴,齊侯使析歸父媵之,以藩載欒盈及其士,納諸曲沃。	齊莊公微遣欒逞於曲沃。	齊莊公使欒盈閒入晉曲沃爲內應。	齊莊公光率師以逐欒盈。	A
			以兵隨之。	以兵隨之。		B

---

① 《史記》卷39,第2029頁。
② 《史記》卷32,第1814~1815頁。

(續表)

時間		《春秋》襄公二十三年	《左傳》襄公二十三年	《史記》		《繫年》	事件
				《晉世家》	《齊世家》		
夏				齊兵上太行。	上太行，入孟門。		C
	四月	晉欒盈復入于晉，入于曲沃。	欒盈帥曲沃之甲，因魏獻子，以晝入絳。	欒逞從曲沃中反，襲入絳。	欒盈敗。	欒盈襲絳而不果。	D
			欒盈奔曲沃。	絳不戒，平公欲自殺，范獻子止公，以其徒擊逞，逞敗走曲沃。		奔入於曲沃。	E
			晉人圍之。	曲沃攻逞。			F
				逞死，遂滅欒氏宗。其入絳，與魏氏謀。			G
秋		齊侯伐衛，遂伐晉。	齊侯伐衛。				H
			自衛將遂伐晉。			齊莊公涉河。	I
			齊侯遂伐晉，取朝歌。	齊莊公聞逞敗，乃還，取晉之朝歌去。	齊兵還，取朝歌。	襲朝歌。	J
			爲二隊，入孟門，登大行。				K
			以報平陰之役，乃還。	以報臨菑之役也。	（"齊兵還"在J處。）	以復平陰之師。	L
			趙勝帥東陽之師以追之，獲晏氂。				M

（續表）

時間		《春秋》襄公二十三年	《左傳》襄公二十三年	《史記》		《繫年》	事件
				《晉世家》	《齊世家》		
秋	八月	叔孫豹帥師救晉，次于雍榆。	叔孫豹帥師救晉，次于雍榆，禮也。				N
冬		晉人殺欒盈。	晉人克欒盈于曲沃，盡殺欒氏之族黨。欒魴出奔宋。書曰："晉人殺欒盈。"			晉人既殺欒盈於曲沃。	O
		齊侯襲莒。	齊侯還自晉，不入（杜注：不入國）。遂襲莒。				P

資料來源：楊伯峻：《春秋左傳注（修訂本）》，第 1072～1074、1076～1078、1084 頁；《史記》卷 39，第 2029 頁；《史記》卷 32，第 1814～1815 頁。

表十一　諸書記載欒盈之亂與朝歌之役差異之比較

事件	內容	《左傳》	《繫年》	《史記》		比較
				《晉世家》	《齊世家》	
A	齊莊公送欒盈入曲沃。	√	√	√	√	同
B	欒盈入曲沃時，齊莊公派兵隨之。		√	√	√	同 《左》無，《史》《繫》同
C	齊國軍隊進入晉。 齊兵上太行，入孟門。	√		√	√	異 《史》與《左》有，但時間異 《史》C＝《左》K 《繫》無
D	欒盈從曲沃襲晉都絳，結果失敗。	√	√	√	√	同
E	欒盈撤回曲沃。	√	√	√		同

事件	内容	《左傳》	《繫年》	《史記》《晉世家》	《史記》《齊世家》	比較
F	晉人圍曲沃。	√		√		同 《左》《史》同；《繫》無
G	欒盈死			√		異 時間異 《史》G=《左》O=《繫》O
H	齊莊公伐衛。	√				
I	齊莊公由伐衛遂伐晉。	√	√			《左》《繫》同，《史》無
J	齊莊公伐晉，奪取朝歌。	√	√	√		同
K	齊國軍隊入孟門，登太行。	√				異 《史》與《左》有，但時間異 《史》C=《左》K
L	齊國軍隊歸還。	√		√	√	同
M	晉國將領趙勝追齊師。	√				
N	魯大夫率師救晉。	√				
O	晉人殺欒盈。	√	√			異 時間異 《史》G=《左》O=《繫》O
P	齊侯自晉撤還，襲莒。	√				

上文已言，《左傳》與《史記》第一點不同是欒盈入曲沃時，《左傳》謂齊莊公衹是將欒氏及其士送入曲沃；而《史記》則謂欒盈入曲沃時，齊莊公以兵隨之。《繫年》曰："齊莊公光率師以逐欒盈。"逐，《廣雅·釋詁三》："隨，逐也。"可見，《史記》與《繫年》的説法同，而前者所據的可能是類似於後者的材料。

《左傳》與《史記》的第二點不同是，《左傳》載欒盈入曲沃及其襲入晉都絳與齊莊公伐晉爲二事，而《史記》則合而爲一。清人梁玉繩以《左傳》爲是，認爲《史記》之説不可從，其曰："襄公二十三年遣欒逞與伐晉登太行，判然兩事，此誤並爲一也。下文言莊公聞逞敗乃還，亦非。"①王叔岷則

---

① （清）梁玉繩：《史記志疑》卷21，第998、999頁。

審慎地認爲:"案《齊世家》:'齊莊公使欒盈閒入晉曲沃爲内應,以兵隨之,上太行,入孟門。欒盈敗,齊兵還,取朝歌。'與此及下文所述合,恐亦有所本也。"①值得注意的是,《繫年》所載與《史記》相似,看來司馬遷確實是"有所本","所本"正是與《繫年》相類似材料的記載。

我們注意到,在表十一中,《史記》的記載既有與《左傳》相同者,也有相異者;與《繫年》亦同。這説明,司馬遷在記載此事時不僅依據《左傳》,也看到了與《繫年》相類似材料的記載;而其在叙述時實際上兼采二者,但又不爲二者所束縛,而是有自己的判斷。也就是説,《史記》此處的記載的史料來源是《左傳》和與《繫年》相類似的資料,所以《史記》有和《左傳》《繫年》都不同的部分。下面,我們循着司馬遷的思路對《史記》此處的記述進行一下分析。

由表十一可見,司馬遷在記述 B 事件時未從《左傳》説而是據《繫年》類的材料。據《繫年》,則齊莊公在送欒盈入曲沃之際,齊師尾隨而入晉;司馬遷據此推斷出事件 C,而《史記》之 C 實際上同於《左傳》之事件 K。

表十中 F 事件的推理過程是:《左傳》載"晉人圍之",《史記·晉世家》據此推斷出"曲沃攻逞"。梁玉繩説:"《傳》盈襲絳不克,奔曲沃。晉人圍曲沃,克之,殺盈。非曲沃攻之而死也。"②王叔岷説:"案'曲沃攻逞',疑本作'晉人攻逞',涉上曲沃字而誤也。"③事實上,當欒盈失敗逃歸曲沃後,晉人圍曲沃,《史記》所謂的"曲沃"蓋就曲沃的晉人而言。《史記》所言事件 G,並非時間錯譌,而是司馬遷倒叙於此;因爲《春秋》《左傳》及《繫年》俱載其在此年冬。也就是説,《史記》所言的事件 G 本該在事件 O 的位置。

事件 I 中,《繫年》所謂的"齊莊公涉河"正對應於"自衛將遂伐晉"。簡文所謂的"涉河"是指齊莊公從衛伐晉時涉河。朝歌在今河南淇縣,其本屬衛,後衛渡河南遷,其才屬晉。竹添光鴻説:"衛南渡河,而河内殷虚屬晉,晉人亦謂之舊衛。"④《左傳》襄公二十三年載"自衛將遂伐晉","齊侯遂伐晉,取朝歌"。自衛伐晉取朝歌自須渡河。這反映出一個非常重要的信息:《左傳》與《繫年》關於事件 I 的記述是相同的。聯繫後面事件 J,即齊莊公取朝歌是自衛伐晉時之事,如此,則事件 K 自然就當繫於《左傳》所載的位置。這都説明,《左傳》所載 J、K、L 事件與《繫年》是一致的。

---

① 王叔岷:《史記斠證》卷 39,第 1492 頁。
② (清)梁玉繩:《史記志疑》卷 21,第 999 頁。
③ 王叔岷:《史記斠證》卷 39,第 1492 頁。
④ 〔日〕竹添光鴻注:《左氏會箋》,第 1389 頁。

我們注意到關於事件J、K、L,《史記》載"齊莊公聞逞敗,乃還,取晉之朝歌去,以報臨菑之役也",僅含J、L;《繫年》同:前者實際上是據與後者相類似的材料。《左傳》與《史記》《繫年》相較,前者多出了事件K;而《史記》則把事件K移到了事件C的位置。《史記》的這種移動實際上是錯誤的。前文已述,《左傳》所載J、K、L與《繫年》是一致的,故《史記》的這種移動實際上悖於《左傳》和《繫年》。那麼,司馬遷爲何會做出如此錯誤的移動呢?筆者認爲,主要有兩點原因:

第一,對《繫年》中"齊莊公光率師以逐欒盈"的理解問題。前文已述,《史記》載齊莊公送欒盈入曲沃並"以兵隨之"實際上根據的是與《繫年》相類似材料的記載。但齊師入晉後發生的朝歌之役,由於司馬遷看到的《繫年》類材料所載簡略,故又拿《左傳》的材料來補充,從而造成了第一個時間混亂。

第二,對《繫年》中"齊莊公涉河"的理解問題。《繫年》載:"齊莊公涉河,襲朝歌,以復平陰之師。"《史記·晉世家》:"齊莊公聞逞敗,乃還,取晉之朝歌去,以報臨菑之役也。"《齊世家》:"齊兵還,取朝歌。"不難發現,《史記》與《繫年》的記載極其相似,故司馬遷應是看到了與《繫年》類似的材料。又,《史記》所謂的"齊莊公……乃還""齊兵還"正對應於《繫年》的"齊莊公涉河",也就是說,司馬遷把"涉河"理解爲齊師率師還的"乃還"①;而"乃還"二字,司馬遷又是據於《左傳》襄公二十三年之"齊侯遂伐晉,取朝歌。爲二隊,入孟門,登太行。以報平陰之役,乃還"。

那麼,司馬遷的以上理解是否正確呢? 正如前文所論,《左傳》和《繫年》實際上是符合的;而《史記》所述與《左傳》相悖,亦就與《繫年》相悖。司馬遷據此二者推斷出與其相悖的結論,這說明司馬遷的推斷是有問題的。那麼,問題出在何處呢? 筆者認爲正是出於對以上兩個問題的錯誤理解。

首先,《史記》所謂的齊莊公送欒盈入曲沃時"以兵隨之"是據《繫年》類材料的"齊莊公光率師以逐欒盈"。這個理解實際上沒問題,但是否就能據此推斷出齊師入晉即爲"遂伐晉,取朝歌"的朝歌之役呢? 這是推斷不出來的,而且從後文來看這種推斷也是不成立的。

其次,《史記》所謂的"齊莊公……乃還""齊兵還"是對《繫年》類材料

---

① 當然還有一種可能,即司馬遷看到的材料不載"涉河"二字,而作"齊莊公襲朝歌,以復平陰之師",但《史記》此處有"而還"(乃本《左傳》襄公二十三年),可知其所看到的本子有此二字。

所記的"齊莊公涉河"之誤解。《史記·晉世家》："齊莊公聞逞敗,乃還,取晉之朝歌去,以報臨菑之役也。"《齊世家》："齊兵還,取朝歌。"據此,則取朝歌在"乃還"之前。而據《左傳》所載齊莊公伐晉後未返齊,而是去襲莒國。① 如《史記》的上述推斷成立,則齊莊公由晉去襲莒後又返回"涉河"來朝歌,這不僅與《左傳》不合,也與常理相悖。前文已述,此處的"齊莊公涉河"本該對應《左傳》之"自衛遂伐晉"。

綜上可見,《史記》記載欒盈之亂與朝歌之役的史源實際上主要是兩種材料:一是《左傳》,另一種卽是與《繫年》類似的材料。司馬遷在敘述此事時糅合了這兩種材料,但在糅合時又有自己的判斷,而正是由於推斷的錯誤才導致《史記》與《左傳》的不合。《繫年》不僅爲我們重演司馬遷建構歷史的過程提供了可能,而且也爲我們重新認識這段歷史提供了寶貴的材料。

---

① 《左傳》襄公二十三年載"齊侯遂伐晉,取朝歌。爲二隊,入孟門,登太行。以報平陰之役,乃還。"而同年《左傳》又載:"齊侯還自晉,不入。遂襲莒。"也就是説,齊莊公伐晉後未返齊,而是去襲擊了莒國。

【第十八章】

[説明]

(一)"㲋"【九七】、"㲋"【九八】的隸定與釋讀

【整理】隸爲"乳=",釋爲"孺子"。①
【謹按】此字出現在如下戰國文字裏：

A. 上博三《周易》簡2：㲋。今本作"需",帛本作"襦"。
B. 清華簡壹《楚居》簡10："至共王、康王、㲋王皆居爲郢。"
C. 《繫年》簡97："康王即世,㲋王即立。"
D. 《繫年》簡98："㲋王即世,靈王即立。"
E. 清華簡陸《鄭武夫人規孺子》簡1、5、7、8、10、11、12 均出現該字②,清華簡拾《四告》簡6、7、10 均出現該字③。
F. 《曾侯乙鐘》："㲋"(《集成》289.4～9)、"㲋"(《集成》322.4～9)、"㲋"(從"甘",《集成》326.6～7)、"㲋"(從"肉",《集成》330.6～6)、"㲋"(從"口",《集成》346.3)等形,常作"嬴～"。裘錫圭、李家浩認爲即《國語·周語下》的"嬴亂",並將鐘銘此字隸定爲"孠",即《說文》"嗣"字古文,而《國語》之"亂"是"嗣"的譌字。"嬴""嬴"都從"鼏"得聲,"孠""嗣"皆从"司"聲,也可通用。④

關於此字的釋讀,學界主要有以下幾種看法：
第一,認爲該字从"子","司"聲,隸爲"孠",釋爲"嗣"。持此觀點者

---

① 清華大學出土文獻研究與保護中心編,李學勤主編：《清華大學藏戰國竹簡(貳)》,第180頁。
② 李學勤主編,賈連翔、沈建華編：《清華大學藏戰國竹簡(肆—陸)文字編》,上海：中西書局,2017年,第312頁。
③ 清華大學出土文獻研究與保護中心編,黃德寬主編：《清華大學藏戰國竹簡(拾)》,第110頁。
④ 裘錫圭、李家浩：《曾侯乙墓鐘、磬銘文釋文與考釋》,湖北省博物館編：《曾侯乙墓》上册,第557～558頁。

之根據是《説文·册部》的"嗣"字古文作"●"形。①

第二,認爲該字從"子""夗"聲,隸爲"妴"。持此觀點的學者多認爲"●"是"夗"字。徐在國認爲,上博三《周易》簡2裏的此字從"子"從"夗"。"夗""奧"上古音均爲元部;"奧""需"二字古通,因此該字當讀爲"需"。② 上博一《孔子詩論》中《宛丘》之"宛"作"●"(簡21)、"●"(簡22)形。字又見於九店楚簡及包山楚簡,其上從"艸"頭,作"●"(《九店楚簡》簡56~22)、"●"(《包山楚簡》簡151)。徐在國分析其字形爲從"艸"從"田","夗"聲。③ 馮勝君在此基礎上對"夗"形在不同時期演變的序列進行了研究。④

第三,認爲該字是"乳"字。陳爻首先將上博三《周易》簡2"●"釋爲"乳"。⑤ 趙平安也據甲骨文的字形進一步論證了該字當釋爲"乳"。他認爲甲骨文"乳"字作"●"(《合集》22246),並引李孝定分析字形結構爲"契文象懷子哺乳之形,從子與篆文同,從母,篆譌爲從爪從乙耳"。秦漢文字作"●"形;趙平安據此認爲"●"是由甲骨文"乳"字中的"母"形變來的(僅剩下"母"所從手爪形和側面身形)。戰國文字裏,"●"表示爪形和側面身形還没有分離,而最上部的"●"是裝飾性筆畫。⑥

第四,李家浩綜合考察了從甲骨文到戰國文字的相關字形,認爲"●"可釋爲"勹","●"可釋爲"句"。將A中字釋爲"匀",讀爲"奧"。將E中字釋爲"匀""●""脬",讀爲"偄"。將B、C、D中字釋爲"●=",讀爲"子●"。"●"是"匀"之繁體,因此,該字可釋爲"子●",就是"子麇""子卷",或"子員",即楚康王之子郟敖。在傳世文獻中,郟敖的名字又稱"員"(匣母文部)、"麇"(見母文部)、"卷"(見母元部);而"匀"從"勹"(影母元部)得聲。匣、見、影三母都是喉音,文、元二部相近,故可通⑦。

---

① 裘錫圭、李家浩:《曾侯乙墓鐘、磬銘文釋文與考釋》,湖北省博物館編:《曾侯乙墓》上册,第557~558頁。
② 徐在國:《上博竹書(三)〈周易〉釋文補正》,簡帛研究網,2004年4月20日。
③ 徐在國:《讀〈楚系簡帛文字編〉札記》,黄德寬、何琳儀、徐在國:《新出楚簡文字考》,合肥:安徽大學出版社,2007年,第335頁。
④ 馮勝君:《釋戰國文字中的"怨"》,《古文字研究》第25輯,北京:中華書局,2004年;《郭店楚簡與上博簡對比研究》,北京:綫裝書局,2007年,第101~106頁。
⑤ 陳爻:《竹書〈周易〉需卦卦名之字試解》,簡帛研究網,2004年4月29日。
⑥ 趙平安:《釋戰國文字中的"乳"字》,《金文釋讀與文明探索》,上海:上海古籍出版社,2011年,第112~117頁。
⑦ 李家浩:《甲骨文北方神名"勹"與戰國文字從"勹"之字——談古文字"勹"有讀如"宛"的音》,《文史》2012年第3輯,北京:中華書局,2012年,第29~73頁。

以上四種説法中,我們認爲第三種説法可從。尤其是清華簡拾《四告》簡6"陟茲武王,乳=(孺子)肇嗣",簡6～7"余旦明弼保茲辟王乳=(孺子)",簡10"箴告乳=(孺子)王",這些"乳=(孺子)"均指成王,與《尚書·金縢》《大誥》《立政》等傳世文獻中稱成王爲"孺子"相合。因此,整理者釋爲"孺子"是可信的。

(二)"𨶶"【九九】的隸定與釋讀

【整理者】隸爲"𨳿",釋爲"縣"。①

【袁金平】簡文中的"𨳿",是戰國文字尤其是楚文字中"閒"的常見寫法,整理者皆將其讀爲"縣"。楚文字"閒"除了寫作"𨳿",中从"夕""刀",又作"閒",从"外",或省"門"形。《説文》所録"閒"之古文,中間从"人""卜",爲譌變之形,段玉裁改爲从"外",甚是。閒,見紐元部;縣,匣紐元部。二字聲近韻同,可相通假。聲紐見、匣古同爲喉音,關繫極爲密切,楚簡中即有大量相諧例證。有學者撰文指出楚文字資料中多處"閒"皆應讀作"縣"。因此《繫年》整理者的釋讀非常可信。"閒(縣)陳、蔡"即"以陳、蔡爲縣"。②

【謹按】"𨳿"即"閒"字。《説文·門部》:"閒,隙也。从門从月。閒,古文閒。"徐鍇曰:"夫門夜閉,閉而見月光,是有閒隙也。"③古文"閒"从"門""人""卜",段玉裁將其改爲"閒",並曰:"此篆各本體誤,《汗簡》等書皆誤,今考正。與古文恒同,中从古文月也。"④"閒"在金文作"𨳿""閒""閔"等形⑤,楚文字裏作"𨳿""閒""閔""刎"等形⑥,其確實从"夕",證明段氏所改是正確的。從簡文及傳世文獻考慮,筆者以爲還是應讀如本字(詳見後面疏證部分)。

(三)"𢦏"【一〇一】的隸定與釋讀

【整理者】隸爲"閔"。"閔"字疑从"戈","門"聲,爲動詞"門"專字,訓

---

① 清華大學出土文獻研究與保護中心編,李學勤主編:《清華大學藏戰國竹簡(貳)》,第180頁。
② 袁金平:《利用清華簡〈繫年〉校正〈國語〉韋注一例》,《社會科學戰綫》2011年第12期,第31～32頁。
③ (漢)許慎撰,(宋)徐鉉校定:《説文解字》,第248頁。
④ (清)段玉裁注,許惟賢整理:《説文解字注》卷12上,第1024頁。
⑤ 容庚編著,張振林、馬國權摹補:《金文編》卷12,北京:中華書局,1985年,第769頁。
⑥ 李守奎:《楚文字編》,上海:華東師範大學出版社,2003年,第669頁;滕壬生:《楚系簡帛文字編》,武漢:湖北教育出版社,1995年,第993～994頁;李守奎等:《上海博物館藏戰國楚竹書(一——五)文字編》,第537頁;何琳儀:《戰國古文字典:戰國文字聲系》,第912頁。

爲攻破。《左傳》文公三年:"門于方城。"包山簡233"閚於大門一白犬","閚"讀爲"釁"。①

【謹按】"閚"字從"門"從"戈"會意,爲動詞"門"之專字,義爲以戈攻門。該字又見於包山楚簡233、上博簡九《陳公治兵》簡16等。楊伯峻說《左傳》中"門作動詞,有二義。一爲攻門,……一爲守門"②。張猛通過研究《左傳》以及先秦其他典籍中的作爲謂動的"門"字後認爲,《春秋》三傳中的謂動的"門"字,是名詞活用爲動詞。"門"充當謂語時,強調行爲發生的場所;表示攻、防行爲時,祇用於攻守中的一方,具體視語境來判斷。另外,春秋時期的門是戰略要地,乃攻守雙方必爭之地。"門"指進攻者攻到了門內,或是防守者在門內抵抗,因此此時的門都是開着的,如果關着門,即使進攻者攻到了門前,也不用謂動的"門"③。簡文謂晉與吳聯合伐楚"門方城",指已經攻破方城之門,進入門內。《左傳》文公三年:"冬,晉以江故告於周。王叔桓公、晉陽處父伐楚以救江,門於方城,遇息公子朱而還。"④可與簡文合觀。

(四)"𣲽"【一〇二】的隸定與釋讀

【整理者】隸爲"尹",讀爲"伊"。⑤

【陳劍】釋爲"洍",讀爲"伊"。同樣的"伊洛"之"伊"作"洍",《容成氏》簡37已兩見。⑥

【謹按】陳劍提到的上博二《容成氏》簡37的'洍尹"之"洍",原簡作"𣲽",整理者李零認爲:"洍尹即伊尹,洍是心母質部字,上文伊作㳄,字從死。死,是心母脂部字,與洍讀音相近,都是伊字的通假字。"⑦陳說可從。⑧禤健聰說楚簡以"洍"記伊尹之"伊"和伊洛之"伊"。⑨

---

① 清華大學出土文獻研究與保護中心編,李學勤主編:《清華大學藏戰國竹簡(貳)》,第182頁。
② 楊伯峻:《春秋左傳注(修訂本)》,第612頁。
③ 張猛:《〈左傳〉謂語動詞研究》,北京:語文出版社,2003年,第153、152頁。
④ 楊伯峻:《春秋左傳注(修訂本)》,第531頁。
⑤ 清華大學出土文獻研究與保護中心編,李學勤主編:《清華大學藏戰國竹簡(貳)》,第180頁。
⑥ 參李松儒:《清華簡〈繫年〉集釋》,第264頁。
⑦ 馬承源主編:《上海博物館藏戰國楚竹書(二)》,第279頁。
⑧ 參李松儒:《清華簡〈繫年〉集釋》,第264~265頁。
⑨ 禤健聰:《戰國楚系簡帛用字習慣研究》,第377頁。

[釋文]

晉臧(莊)坪(平)公立十又二年,楚康王立十又四年,命(令)尹子木會郘(趙)文子武及者(諸)侯之夫㆓(大夫),明(盟)【九六】于宋,曰:"爾(彌)天下之虢(甲)兵。"[1]康王卽殜(世),乳㆓(孺子)王卽立(位),需(靈)王爲命㆓尹㆓(令尹,令尹)會郘(趙)文子及者(諸)侯之夫㆓(大夫),明(盟)于【九七】鄎(虢)。[2]乳㆓(孺子)王卽殜(世),需(靈)王卽立(位),[3]需(靈)王先起兵,會者(諸)侯于繡(申),敦(執)郤(徐)公,述(遂)以伐郤(徐);[4]克瀵(賴)、郏(朱)邡(方),伐吳,【九八】爲南深(懷)之行;[5]閒(聞)陳、郯(蔡),殺郯(蔡)需(靈)侯;[6]需(靈)王見禍(禍),競(景)坪(平)王卽立(位)。[7]晉臧(莊)坪(平)公卽殜(世),邵(昭)公、同(頃)公𣅧(皆)【九九】曇(早)殜(世),柬(簡)公卽立(位);[8]競(景)坪(平)王卽殜(世),邵(昭)王卽立(位);[9]晉(許)人甹(亂),晉(許)公㐌出奔晉㆓(晉,晉)人羅城汝昜(陽),居【一〇〇】晉(許)公㐌於頌(容)城。[10]晉與吳會爲一,以伐楚,閔(門)方城;[11]述(遂)明(盟)者(諸)侯於聖(召)陵,伐中山;[12]晉自(師)大疫,【一〇一】戛(且)飢,飤(食)人;[13]楚卲(昭)王戓(侵)泗(伊)洛以返(復)方城之自(師)。[14]晉人旻(且)又(有)𩣛(范)氏与(與)中行氏之禍(禍),七戢(歲)不解虢(甲)。[15]【一〇二】者(諸)侯同眾(盟)于𪉬(鹹)泉以反晉。至今齊人以不服于晉㆓(晉,晉)公以昺(弱)。【一〇三】[16]

㐀㆓六【九六背】 㐀㆓七【九七背】 㐀㆓八【九八背】

㐀㆓九【九九背】 百一【一〇一背】 百二【一〇二背】

百三【一〇三背】

[疏證]

[1]晉臧(莊)坪(平)公立十又二年,楚康王立十又四年,命(令)尹子木會郘(趙)文子武及者(諸)侯之夫㆓(大夫),明(盟)【九六】于宋,曰:"爾(彌)天下之虢(甲)兵。"

【整理者】楚康王,名昭,楚共王子。楚康王十四年(前546),卽晉平公十二年、魯襄公二十七年。《春秋》襄公二十七年:"夏,叔孫豹會晉趙武、楚屈建、蔡公孫歸生、衛石惡、陳孔奂、鄭良霄、許人、曹人于宋。……秋七月辛巳,豹及諸侯之大夫盟于宋。"同年《左傳》:"宋向戌善於趙文子,又善於令尹子木,欲弭諸侯之兵以爲名。"①

【謹按】爾,當爲"彌",傳世文獻作"弭",古音同。前者蓋爲古字,取"安息禦止"之義。詳參第十六章"爾"字注。

晉莊平公立十又二年,楚康王立十又四年,當魯襄公二十七年。

令尹子木會趙文子武及諸侯之大夫盟于宋。令尹子木,卽屈建,字子木。趙文子武,卽趙武,文子是謚號。《春秋》襄公二十七年:"夏,叔孫豹會晉趙武、楚屈建、蔡公孫歸生、衛石惡、陳孔奂、鄭良霄、許人、曹人于宋。……秋七月辛巳,豹及諸侯之大夫盟于宋。"同年《左傳》:七月"辛巳,將盟於宋西門之外。……乙酉,宋公及諸侯之大夫盟于蒙門之外。"杜注:"前盟諸大夫不敢敵公,禮也。今宋公以近在其國,故謙而重盟。重盟,故不書。蒙門,宋城門。"②簡文所言盟於宋當爲此年七月九日之盟。

"彌天下之甲兵",《左傳》襄公二十七年:"宋向戌善於趙文子,又善於令尹子木,欲弭諸侯之兵以爲名。"③

[2]康王卽殜(世),乳☰(孺子)王卽立(位),需(靈)王爲命☰尹☰(令尹,令尹)會郕(趙)文子及者(諸)侯之夫☰(大夫),明(盟)于【九七】鄉(虢)。

【謹按】虢,《公羊傳》作"漷",《穀梁傳》作"郭"。清人臧壽恭曰:"《國策‧齊策》'郭君',高誘注云'古文言虢也',是'虢'爲古文,'郭'爲今文,漷卽郭之假借。故《公羊》釋文云漷,音郭,又音虢。"④實際上,"虢"與"郭"到底孰爲古文,孰爲今文,古有二說。一是"虢"爲古文,"郭"爲今文。《說文‧虎部》:"虢,虎所攫畫明文也。从虎寽聲。"《說文‧邑部》:"郭,齊之郭氏虛。善善不能進,惡惡不能退,是以亡國也。从𩫖邑聲。"何秋濤據此認爲:"則國名之虢正當作'郭','虢'乃假借字耳。"⑤《新序》:"晉文公田於虢。"石光瑛注:"虢,當作郭,二字古通用,""今依《說文》爲主,定郭

---

① 清華大學出土文獻研究與保護中心編,李學勤主編:《清華大學藏戰國竹簡(貳)》,第181頁。
② 《春秋左傳正義》卷38,《十三經注疏》,第4335頁。
③ 楊伯峻:《春秋左傳注(修訂本)》,第1029頁。
④ (清)臧壽恭:《春秋左氏古義》卷5,《清經解‧清經解續編》第10册,第17頁。
⑤ 何秋濤:《王會篇箋釋》,轉引自黄懷信等:《逸周書彙校集注(修訂本)》卷7,第807頁。

正虢借"。① 二是"郭"爲古文,"虢"爲今文。《戰國策·秦策》:"夫晉獻公欲伐郭。"高誘注:"郭,古文,古文'虢'字也。"②據金文③、楚簡等,"虢"字確係古文,《繫年》正作"虢",又添一力證。這説明《左傳》所載實爲古字,而《公》《穀》二傳確係今文。簡文所謂的"虢"指東虢,周文王弟虢叔所封,後爲鄭所滅,平王卽以其地與鄭,故城在今河南鄭州市北古榮鎮。④

孺子王,卽楚康王之子郟敖,名麇。《國語·魯語下》、《左傳》襄公二十九年稱爲"郟敖",《史記·吳世家》作"夾敖",《左傳》昭公元年載他被弒,"葬王于郟,謂之郟敖"。可見郟爲葬地名。關於郟敖之名,《春秋》昭公元年作"麇",《公羊傳》《穀梁傳》作"卷";《史記·楚世家》作"員",司馬貞《史記索隱》曰:"《左傳》作'麇'。"⑤清華簡壹《楚居》簡11作"孺子王"。

康王卽世,孺子王卽位,靈王爲令尹。魯襄公二十八年(前545),楚康王在位十五年後卒。《春秋》襄公二十八年:"乙未,楚子昭卒。"同年《左傳》載:"楚康王卒。"隨後,楚令尹"屈建卒"。次年(前544),楚郟敖卽位。《左傳》襄公二十九年:"夏四月,葬楚康王。……楚郟敖卽位。王子圍爲令尹。"此"王子圍"卽後來的楚靈王。簡文所載與《左傳》相似。

令尹會趙文子及諸侯之大夫,盟于虢,事在楚郟敖四年(前541,魯昭公元年)。《春秋》昭公元年:"叔孫豹會晉趙武、楚公子圍、齊國弱、宋向戌、衛齊惡、陳公子招、蔡公孫歸生、鄭罕虎、許人、曹人于虢。"《左傳》昭公元年載,此年春,楚令尹圍聘于鄭,又娶妻於鄭大夫公孫段。"正月乙未,入,逆而出。遂會於虢,尋宋之盟也。"楊伯峻注:"入,入城入廟。逆,迎婦。"⑥宋人高閌説:"此會乃楚公子圍帥諸侯之大夫,尋宋之盟也。宋之盟,齊人不預也,今齊又從楚矣,晉伯之衰可知也。"⑦

[3]乳=(孺子)王卽殜(世),需(靈)王卽立(位),

【謹按】此在楚郟敖四年(前541),魯昭公元年。

《春秋》昭公元年:"冬十又一月己酉,楚子麇卒。"《左傳》昭公元年:

---

① (漢)劉向編著,石光瑛校釋,陳新整理:《新序校釋》,第594頁。
② 此注據《文選·郭有道碑》注引。參范祥雍:《戰國策箋證》,第218頁。
③ 容庚編著,張振林、馬國權摹補:《金文編》卷5,第335~336頁。
④ 參楊伯峻:《春秋左傳注(修訂本)》,第1198頁。
⑤ 《史記》卷40,第2055頁。
⑥ 楊伯峻:《春秋左傳注(修訂本)》,第1201頁。
⑦ (宋)高閌:《春秋集注》卷31,轉引自吴静安:《春秋左氏傳舊注疏證續》,第728頁。按:高閌此言所依據者蓋爲此次虢之會上楚又先晉歃血爲盟。"會""盟"本有差別(詳參本章考證部分),高氏蓋將二者混淆了。

"冬,楚公子圍將聘于鄭,伍舉爲介。未出竟,聞王有疾而還。伍舉遂聘。十一月己酉,公子圍至,入問王疾,縊而弑之,遂殺其二子幕及平夏。……葬王於郟,謂之郟敖。"①同年,楚靈王卽位。《韓非子·姦劫弑臣》:"故《春秋》記之曰:'楚王子圍將聘於鄭,未出境,聞王病而反,因入問病,以其冠纓絞王而殺之,遂自立也。'"②劉師培認爲《韓非子》所説採自《左傳》:"韓非稱爲《春秋》所説,則《左傳》爲説《春秋》之書,彰彰明矣。"③《左傳》昭公四年載齊慶封對楚靈王曰:"無或如楚共王之庶子圍弑其君——兄之子麇——而代之。"④

[4] 霝(靈)王先起兵,會者(諸)侯于繡(申),敔(執)郐(徐)公,述(遂)以伐郐(徐);

【謹按】此事在楚靈王三年(前538,魯昭公四年)。

靈王先起兵,會諸侯于申。《春秋》昭公四年:"夏,楚子、蔡侯、陳侯、鄭伯、許男、徐子、滕子、頓子、胡子、沈子、小邾子、宋世子佐、淮夷會于申。"杜注:"楚靈王始會諸侯。"⑤《左傳》昭公四年:"六月丙午,楚子合諸侯于申。"楊伯峻注:"申,今河南南陽市北二十里。"⑥

"執徐公"見於《春秋》經傳,《春秋》昭公四年:"楚人執徐子。"同年《左傳》:"徐子,吳出也,以爲貳焉,故執諸申。"杜注:"言楚子以疑罪執諸侯。"⑦竹添光鴻曰:"是楚子之暴也,稱人以執,史之常例也。楚昔之所仇者在晉,今晉既遜之爲盟主,則所仇者吳耳,故一出而執徐子,以徐子爲吳之出也,""吳通上國,道必由徐。今執徐子,以其不能閉吳通上國之道爲貳己也"。⑧

"伐徐"事不見於傳世文獻的記載。吳王壽夢之子劍:"攻吳王姑義雖,壽夢之子,且句餘之義弟,初命。伐郲(麻)[又(有)]獲。荆伐郐(徐),余斨(親)逆攻之,敗三軍,隻(獲)[車]馬,支(撲)七邦君。"(《銘圖》18077,吳王餘眛)"雖"字,爲董珊所釋。⑨"義雖"爲"餘眛"或"夷末"

---

① 楊伯峻:《春秋左傳注(修訂本)》,第1199、1223頁。
② (清)王先慎撰,鍾哲點校:《韓非子集解》卷4,第107頁。
③ 劉師培:《讀左劄記》,《劉申叔遺書》,第296頁。
④ 楊伯峻:《春秋左傳注(修訂本)》,第1253頁。
⑤ 《春秋左傳正義》卷42,《十三經注疏》,第4414頁。
⑥ 楊伯峻:《春秋左傳注(修訂本)》,第1244頁。
⑦ 《春秋左傳正義》卷42,《十三經注疏》,第4419頁。
⑧ 〔日〕竹添光鴻注:《左氏會箋》,第1679、1692頁。
⑨ 董珊:《新見吳王餘眛劍銘考證》,《故宫博物院院刊》2015年第5期,第31頁。

的對音①,劍銘所載"荆伐徐"即簡文所載"遂以伐徐"事。

[5] 克****(賴)、郏(朱)邡(方),伐吴,【九八】爲南溓(懷)之行;

【謹按】**,《左傳》作"賴",《公羊傳》《穀梁傳》作"厲"。《説文·貝部》:"賴,贏也。从貝剌聲。""厲"在古文字裏或作"剌"(《近出殷周金文集録二編》939),二者古音均爲來母月部,故可相通。簡文"**"字从"水"、"萬"聲,爲明母元部字,中古合口三等,在楚文字裏可與"賴"通,如上博五《競建内之》簡6:"吾不**(賴)。"②關於"賴(厲)"的地理位置,晉代杜預認爲在隨縣厲鄉,今湖北隨縣北境③;晉代司馬彪認爲在褒信厲城④,約今河南息縣東⑤;清人王夫之認爲在《史記·老子列傳》所言的老子出生地苦縣厲鄉,約在今河南鹿邑境内⑥。關於此年所克之"賴(厲)",楊伯峻認爲在今湖北隨縣東北之厲山店⑦,陳偉⑧、徐少華⑨等認爲在今河南鹿邑東。

朱方,杜注:"朱方,吴邑,齊慶封所封也。"⑩楊伯峻説在今江蘇鎮江市丹徒東。⑪ 南懷爲吴地,簡文亦可證明,詳第十五章疏證部分。

克賴、朱方,事在楚靈王三年(前538,魯昭公四年)。《春秋》昭公四年:"秋七月,楚子、蔡侯、陳侯、許男、頓子、胡子、沈子、淮夷伐吴,執齊慶封,殺之。遂滅賴。"同年《左傳》:"秋七月,楚子以諸侯伐吴,……使屈申圍朱方,八月甲申,克之,執齊慶封而盡滅其族。……王使速殺之。遂以諸

---

① 李家浩:《攻敔王者彶虡虘劍與者減鐘》,《安徽大學漢語言文字研究叢書·李家浩卷》,第64~65頁。
② 關於楚簡裏的从"萬"的字與"賴""厲"相通的例子,可參朱力偉:《兩周古文字通假用字習慣時代性初探》,博士學位論文,長春:吉林大學,2013年,第483~484頁。
③ 《春秋》僖公十五年:"秋七月,齊師、曹師伐厲。"杜注:"厲,楚與國。義陽隨縣北有厲鄉。"《春秋左傳正義》卷14,《十三經注疏》,第3918頁。《漢書·地理志》:"厲鄉,故厲國也。"蓋爲杜預所本。
④ 《後漢書·郡國志二》:"褒信侯國。有賴亭,故國。"
⑤ 參陳偉:《楚"東國"地理研究》,武漢:武漢大學出版社,1992年,第27、39頁;徐少華:《周代南土歷史地理與文化》,第197、227頁。
⑥ (清)王夫之:《春秋稗疏》,《船山全書》之五,第48頁。
⑦ 楊伯峻:《春秋左傳注(修訂本)》,第1245、1253頁。
⑧ 陳偉:《楚"東國"地理研究》,第29頁;《讀清華簡〈繫年〉札記(二)》,《江漢考古》2012年第3期,第120頁。
⑨ 徐少華:《古厲國歷史地理考異》,《荆楚歷史地理與考古探研》,北京:商務印書館,2010年,第25頁。按:徐少華先是認爲魯昭公四年楚靈王所滅之賴國在"今河南息縣東北的包信鎮一帶,位於淮河以北,與楚東取朱方,在息地稍事休整後即東北取鄶的軍行路綫相一致"(徐少華:《周代南土歷史地理與文化》,第197頁),與此相異,蓋後改其説。
⑩ 《春秋左傳正義》卷42,《十三經注疏》,第4419頁。
⑪ 楊伯峻:《春秋左傳注(修訂本)》,第1253頁。

侯滅賴。"杜注:"朱方,吳邑,齊慶封所封也。"①楊伯峻注:"克朱方與克賴蓋以兩支軍同時進行。以地理言之,會於申,申在今南陽市北。賴在隨縣稍東而北;若朱方,則在鎮江市南。斷無先克朱方,又回師滅賴,軍旅來往數千里之理。依地理推測,楚師返郢,今湖北江陵縣北紀南城,可以經賴而滅之,然後隨清發水至今武漢市,循江東下至朱方,則師旅不至過於疲勞。《傳》先叙克朱方,由屈申爲師,而滅賴,則楚子自帥,故知分爲二支軍。"②

伐吳,爲南懷之行,事在楚靈王四年(前537,魯昭公五年)。《春秋》昭公五年:"冬,楚子、蔡侯、陳侯、許男、頓子、沈子、徐人、越人伐吳。"《左傳》昭公五年:"冬十月,楚子以諸侯及東夷伐吳,以報棘、櫟、麻之役。薳射以繁揚之師會於夏汭。越大夫常壽過帥師會楚子于瑣。聞吳師出,薳啓彊帥師從之,遽不設備,吳人敗諸鵲岸。楚子以駟至於羅汭。吳子使其弟蹶由犒師,楚人執之,將以釁鼓。……乃弗殺。楚師濟於羅汭,沈尹赤會楚子,次於萊山,薳射帥繁揚之師先入南懷,楚師從之,及汝清。吳不可入。楚子遂觀兵於坻箕之山。是行也,吳早設備,楚無功而還,以蹶由歸。楚子懼吳,使沈尹射待命于巢,薳啓彊待命于雩婁,禮也。"③《左傳》所謂"是行也"正指南懷之行。

[6] 闕(間)陳、郞(蔡),殺郞(蔡)霝(靈)侯;

【整理者】"闕"釋爲"縣"。④

【袁金平】間,見紐元部;縣,匣紐元部。二字聲近韻同,可相通假。聲紐見、匣古同爲喉音,關繫極爲密切,楚簡中即有大量相諧例證。近有學者撰文指出楚文字資料中多處"間"皆應讀作"縣"。因此《繫年》整理者的釋讀非常可信。"間(縣)陳、蔡"即"以陳、蔡爲縣"。⑤

【陳偉】"間陳、蔡"的"間",整理者逕讀爲"縣",可從。《國語·吳語》記申胥諫吳王夫差,説到楚靈王不君時指出:"罷弊楚國,以間陳、蔡。不修方城之内,逾諸夏而圖東國,三歲於沮、汾以服吳、越。"韋昭注云:"間,候也,候其隙而取之。魯昭八年,楚滅陳。十一年滅蔡。"今知其説不確。⑥

【謹按】闕,即"間"字。"間陳、蔡",《國語·吳語》載申胥(即伍子胥)

---

① 《春秋左傳正義》卷42,《十三經注疏》,第4419頁。
② 楊伯峻:《春秋左傳注(修訂本)》,第1253頁。
③ 楊伯峻:《春秋左傳注(修訂本)》,第1261、1270~1272頁。
④ 清華大學出土文獻研究與保護中心編,李學勤主編:《清華大學藏戰國竹簡(貳)》,第180頁。
⑤ 袁金平:《利用清華簡〈繫年〉校正〈國語〉韋注一例》,《社會科學戰線》2011年第12期,第31~32頁。
⑥ 陳偉:《讀清華簡〈繫年〉札記》,《江漢考古》2012年第3期,第120頁。

在向吴王夫差進諫時曾説到"楚靈王不君"之事①,其中一條即爲"以閒陳、蔡",韋昭注:"閒,候也,候其隙而取之。魯昭八年,楚滅陳;十一年滅蔡。"②簡文所指與《國語》説同。

閒陳,此在楚靈王七年(前534,魯昭公八年)。《春秋》昭公八年:"冬十月壬午,楚師滅陳。執陳公子招,放之于越。殺陳孔奐。葬陳哀公。"《左傳》昭公八年:"冬十一月壬午③,滅陳。……使穿封戌爲陳公。"杜注:"戌,楚大夫。滅陳爲縣,使戌爲縣公。"④《左傳》昭公十一年載晉大夫叔向述此事曰:"楚王奉孫吳以討於陳,曰:'將定而國。'陳人聽命,而遂縣之。"杜注:"事在八年。"⑤

閒蔡,殺蔡靈侯,事在楚靈王十年(前531,魯昭公十一年)。《春秋》昭公十一年:"夏四月丁巳,楚子虔誘蔡侯般殺之于申。楚公子棄疾帥師圍蔡。……冬十有一月丁酉,楚師滅蔡,執蔡世子有以歸,用之。"《左傳》昭公十一年:"楚子在申,召蔡靈侯。靈侯將往。……三月丙申,楚子伏甲而饗蔡侯於申,醉而執之。夏四月丁巳,殺之,刑其士七十人。公子棄疾帥師圍蔡。……冬十一月,楚子滅蔡,用隱大子於岡山。……十二月,……楚子城陳、蔡、不羮。使棄疾爲蔡公。"⑥

[7]需(靈)王見禍(禍),競(景)坪(平)王卽立(位)。

【謹按】此在楚靈王十二年(前529),魯昭公十三年。

《春秋》昭公十三年:"夏四月,楚公子比自晉歸于楚,弒其君虔于乾谿。楚公子棄疾殺公子比。"《左傳》昭公十三年:"夏五月癸亥,王縊于芋尹申亥氏。"楚共王有寵子五人,依次爲康王、靈王、公子比(子干)、公子黑肱(子晳)、公子棄疾。在靈王死前,靈王之弟公子比已經發動政變自立爲王,使公子黑肱爲令尹,公子棄疾爲司馬。後棄疾設計迫使公子比與公子黑肱自殺。"乙卯夜,……二子皆自殺","丙辰,棄疾卽位,名曰熊居",棄疾卽楚平王。

---

① 《國語·吳語》載:"昔楚靈王不君,其臣箴諫不入。乃築臺於章華之上,闕爲石郭,陂漢,以象帝舜。罷弊楚國,以閒陳、蔡。不修方城之内,踰諸夏而圖東國,三歲於沮、汾以服吳、越。其民不忍饑勞之殃,三軍叛王於乾谿。"徐元誥:《國語集解(修訂本)》卷19,第541~542頁。
② 徐元誥:《國語集解(修訂本)》卷19,第541頁。
③ 《傳》言"十一月",誤。杜注:"壬午,十月十八日。《傳》言十一月,誤。"孔疏:"杜以《長曆》校之,十月乙丑朔,十八日得壬午也。十一月無壬午。《經》書'十月',曆與《經》合,知《傳》言'十一月'者誤也。"《春秋左傳正義》卷44,《十三經注疏》,第4458頁。
④ 《春秋左傳正義》卷44,《十三經注疏》,第4458頁。
⑤ 《春秋左傳正義》卷45,《十三經注疏》,第4473頁。
⑥ 楊伯峻:《春秋左傳注(修訂本)》,第1321~1327頁。

[8] 晉戕(莊)坪(平)公卽殜(世),卲(昭)公、同(頃)公虔(皆)【九九】暴(早)殜(世),柬(簡)公卽立(位);

【謹按】晉平公彪卒於二十六年(前532,魯昭公十年)。《春秋》昭公十年:"戊子,晉侯彪卒。九月,叔孫婼如晉,葬晉平公。"梁玉繩曰:"晉平公始見《檀弓》下、《左》襄十六、《春秋》昭十、《晉語》八,名彪始見襄十八、昭十,悼公子始見《史‧晉世家》。母悼夫人,杞女。(《左》襄廿九及注。)亦曰晉平。(《抱朴子‧逸民》。)立二十六年。(《侯表》《世家》。)"①

晉昭公夷於魯昭公十一年(前531)卽位,卒於魯昭公十六年(前526,晉昭公六年)。《春秋》昭公十六年:"秋八月己亥,晉侯夷卒。……冬十月,葬晉昭公。"梁玉繩曰:"晉昭公夷,平公子。晉昭公夷始見《春秋》昭十六,平公始見《史‧晉世家》。立六年。(《侯表》《世家》。)"②

同公卽晉頃公,"同"(匣母耕部)與"頃"(溪母耕部)音近可通,簡帛古書及傳世文獻中从"同"聲與从"頃"聲字多可相通。③ 晉頃公去疾於魯昭公十七年(前525)卽位,卒於魯昭公三十年(前512,晉頃公十四年)。《春秋》昭公三十年:"夏六月庚辰,晉侯去疾卒。……秋八月,葬晉頃公。"梁玉繩曰:"晉頃公始見於《春秋》昭卅經傳、《晉語》九,昭公子始見《史‧晉世家》。名去疾。(《春秋》《史表》作棄疾。)立十四年。(《史記》。)"④

簡公卽晉定公午,《左傳》哀公十三年、《國語‧楚語下》、《史記‧晉世家》等均作"定公"。晉定公午於魯昭公三十一年(前511)卽位。梁玉繩曰:"晉定公,頃公子。晉定公始見《左》哀十三,頃公子始見《史‧晉世家》。名午,(《侯表》《世家》。)故曰晉午。(哀二。)立三十七年。(《史記》。)"⑤

簡文謂晉"昭公、頃公皆早世",前者在位六年,後者在位十四年。

[9] 竸(景)坪(平)王卽殜(世),卲(昭)王卽立(位);

【謹按】楚平王熊居在位十三年卒,事在魯昭公二十六年(前516),《春秋》昭公二十六年:"九月庚申,楚子居卒。"同年《左傳》載:"九月,楚平王卒,……乃立昭王。"昭王名壬,卽位後改名爲軫,《史記‧十二諸侯年表》作"珍",《伍子胥傳》作"軫"。⑥

---

① (清)梁玉繩:《人表考》卷7,《史記漢書諸表訂補十種》,第841頁。
② (清)梁玉繩:《人表考》卷8,《史記漢書諸表訂補十種》,第889頁。
③ 白於藍:《戰國秦漢簡帛古書通假字彙纂》,第760頁;高亨:《古字通假會典》,第52頁。
④ (清)梁玉繩:《人表考》卷8,《史記漢書諸表訂補十種》,第890頁。
⑤ (清)梁玉繩:《人表考》卷7,《史記漢書諸表訂補十種》,第841頁。
⑥ 參楊伯峻:《春秋左傳注(修訂本)》,第1474頁。

[10] 魯(許)人甬(亂),魯(許)公乇出奔晉=(晉,晉)人羅城汝昜(陽),居【一○○】魯(許)公乇於頌(容)城。

【整理者】此句疑在"羅"下斷讀。羅,即"罹"字,《爾雅·釋詁》:"憂也。"汝陽,疑即《漢書·地理志》汝陽縣地,在今河南商水西北。《春秋》定公四年:"三月,公會劉子、晉侯、宋公、蔡侯、衛侯、陳子、鄭伯、許男、曹伯、莒子、邾子、頓子、胡子、滕子、薛伯、杞伯、小邾子、齊國夏于召陵,侵楚。……六月……許遷于容城。"容城,今河南魯山東南。①

【謹按】許公乇,《春秋》作"許男斯"②。《穀梁傳》謂其名齔。③ 2006年河南省南陽市出土許子敦,其銘文曰:"鄦(許)子它(佗)之盞盂。"④許子佗即簡文許公乇。⑤ 筆者以爲,《穀梁傳》所謂的"齔"或爲"乇"之譌字(也可能是兩者通假)。"乇(齔)"是即位前之名,而"斯"是即位後之名。詳見本章後文考證部分。

許人亂,許公乇出奔晉,事在魯昭公十九年(前523),晉頃公三年,楚平王六年,許悼公二十四年。《春秋》昭公十九年:"夏五月戊辰,許世子止弒其君買,……冬,葬許悼公。"《左傳》昭公十九年:"夏,許悼公瘧。五月戊辰,飲大子止之藥卒。大子奔晉。書曰'弒其君',君子曰:'盡心力以事君,舍藥物可也。'"⑥簡文之"許人亂"蓋因許世子止涉嫌弒其父悼公之事。《左傳》謂世子止奔晉,而簡文則言其弟許公乇出奔晉,二者不同。

晉人羅城汝陽,此事在晉頃公十三年(前513),魯昭公二十九年,楚昭王六年,許男斯十年。"羅城"者,城外的大城。簡文中"羅城"作動詞,指

---

① 清華大學出土文獻研究與保護中心編,李學勤主編:《清華大學藏戰國竹簡(貳)》,第182頁。
② 《春秋》定公六年:"六年春王正月癸亥,鄭游速帥師滅許,以許男斯歸。"
③ 《穀梁傳》昭公十九年:"夏五月戊辰,許世子止弒其君買。……止曰:'我與夫弒者,不立乎其位。以與其齔。'"范甯注:"止自責曰:'我與弒君之人同罪,於是致君位於弟。'"鍾文烝曰:"何休以爲許男斯代立,此云齔,未聞。"按,《公羊傳》昭公十九年:"赦止者,免止之罪辭也。"何休注:"明止但得免罪,不得繼父後,許男斯代立無惡文是也。"鍾文烝說蓋本於此。《春秋穀梁傳注疏》卷18,《十三經注疏》,第5297頁;(清)鍾文烝:《春秋穀梁經傳補注》卷22,第639頁;《春秋公羊傳注疏》卷23,《十三經注疏》,第5049頁。
④ 林麗霞、王鳳劍:《南陽市近年出土的四件春秋有銘銅器》,《中原文物》2006年第5期,第9頁。銘文中第二字、第五字嚴重腐蝕,黃錦前曾推測其爲"佗",後觀摩原器證實其確是"乇",即"佗"。黃錦前:《"許子佗"與"許公佗"——兼談清華簡〈繫年〉的可靠性》,武漢大學簡帛網,2012年11月21日,轉引自李松儒:《清華簡〈繫年〉集釋》,第260頁。後文如不特別說明,均自李松儒書轉引。南陽出土青銅器作"鄦(許)子它之盞盂"。劉新、劉小磊主編:《吉金墨影:南陽出土青銅器全形拓(壹)》,鄭州:河南美術出版社,2016年,第182~183頁。
⑤ 黃錦前:《"許子佗"與"許公佗"——兼談清華簡〈繫年〉的可靠性》,武漢大學簡帛網,2012年11月21日。
⑥ 楊伯峻:《春秋左傳注(修訂本)》,第1400、1402頁。

修外面的大城。"晉人羅城汝陽"者,是晉人修汝陽外面的大城之義。《資治通鑑·唐懿宗咸通九年》:"不移時,克羅城。彥曾退保子城。"胡三省注:"羅城,外大城也。子城,内小城也。"①以"羅城"指外大城的説法起源很早。《史記·吴世家》正義引《吴俗傳》:"子胥亡後,越從松江北開渠至横山東北,築城伐吴。子胥乃與越軍夢,令從東南入破吴。越王卽移向三江口岸立壇,殺白馬祭子胥,杯動酒盡,越乃開渠。子胥作濤,盪羅城東,開入滅吴。"②《國語·吴語》:"越王句踐乃率中軍泝江,以襲吴,入其郊。"③韋昭注:郊,郭也。"羅城"卽"入其郭"之"郭",指外城。④《左傳》昭公十九年的"若大城城父"與簡文的"羅城汝陽"語法相似。

汝陽,整理者疑卽《漢書·地理志》之汝陽縣地,在今河南商水西北。⑤簡文"晉人羅城汝陽",《左傳》昭公二十九年:"冬,晉趙鞅、荀寅帥師城汝濱。"杜注:"趙鞅,趙武孫也。荀寅,中行荀吴之子。汝濱,晉所取陸渾地。"⑥楊伯峻注:"汝水出河南嵩縣東南天息山,東北流經汝陽、臨汝,又東南經郟縣、襄城與沙河(古瀙水)合。"⑦簡文蓋指此。簡文之"汝陽"相當於《左傳》之"汝濱"。

居許公厇於頌(容)城。"容"與"頌"均屬餘母東部,中古音合口三等⑧,古通。此事在魯定公四年(前506),晉定公六年,楚昭王十年,許男斯十七年。《春秋》定公四年:"許遷于容城。"楊伯峻注:"容城在今河南魯山縣南稍東約三十里。"⑨

[11]晉與吴會爲一,以伐楚,閔(閒)方城;

【謹按】事在魯定公三年(前507),晉定公五年,楚昭王九年,吴王闔廬八年。

簡文所載的吴、楚聯合伐方城事卽《繫年》第二十章"晉簡(定)公立五

---

① (宋)司馬光:《資治通鑑》,北京:中華書局,1956年,第8127頁。
② 《史記》卷31,第1778頁。
③ 徐元誥:《國語集解(修訂本)》卷19,第546頁。
④ 林華東:《蘇州吴國都城探研》,《南方文物》1992年第2期,第74頁。吴國的郭城呈"亞"字形。《吴地記》:"羅城作亞字形,周敬王六年丁亥造,……其城南北長十二里,東西九里。"(唐)陸廣微:《吴地記》,南京:江蘇古籍出版社,1986年,第110~111頁。
⑤ 清華大學出土文獻研究與保護中心編,李學勤主編:《清華大學藏戰國竹簡(貳)》,第182頁。
⑥ 《春秋左傳正義》卷53,《十三經注疏》,第4614頁。
⑦ 楊伯峻:《春秋左傳注(修訂本)》,第1504頁。
⑧ 郭錫良:《漢字古音手册》,第450頁。另據第454頁,"頌"也爲邪母東部,合口三等。前者"容""頌"在一起。
⑨ 楊伯峻:《春秋左傳注(修訂本)》,第1533頁。

年,與吳王闔廬伐楚",亦即第十九章所載"昭[王]卽位,陳、蔡、胡反楚,與吳人伐楚"。此在晉定公五年(前507,魯定公三年),故可知此次伐楚還有陳、蔡、胡等。方城之戰後,吳、晉關繫破裂,故召陵之盟時陳、蔡、胡等也參加了召陵之盟。

[12]述(遂)明(盟)者(諸)侯於䣙(召)陵,伐中山;

【謹按】召陵,《土地名》:"召陵,楚地也。"① 在今河南郾城縣東。② 諸侯在楚地盟會,可見已經侵入楚;《繫年》謂在盟於召陵前伐楚、門方城。兩者可互證。

事在魯定公四年。《左傳》定公三年:"蔡侯如晉,以其子元與其大夫之子爲質焉,而請伐楚。"《左傳》定公四年:"四年春三月,劉文公合諸侯于召陵,謀伐楚也。"

《春秋》定公四年:"三月,公會劉子、晉侯、宋公、蔡侯、衛侯、陳子、鄭伯、許男、曹伯、莒子、邾子、頓子、胡子、滕子、薛伯、杞伯、小邾子、齊國夏于召陵,侵楚。"《左傳》定公四年:"晉荀寅求貨於蔡侯,弗得,言於范獻子曰:'國家方危,諸侯方貳,將以襲敵,不亦難乎！水潦方降,疾瘧方起,中山不服,棄盟取怨,無損於楚,而失中山,不如辭蔡侯。吾自方城以來,楚未可以得志,祇取勤焉。'乃辭蔡侯。"③ 據此,晉國之所以不伐楚而伐中山,是由於晉荀寅求貨於蔡侯不得便從中作梗。

《春秋》定公四年載此年秋,"晉士鞅、衛孔圉帥師伐鮮虞"。杜注:"無《傳》。孔圉,孔羈孫。士鞅卽范鞅。"④

[13]晉𠂤(師)大疫,【一〇一】憂(且)飢,飤(食)人;

【謹按】《左傳》定公四年載晉荀寅向范獻子解釋不能伐楚而應伐中山的理由時說當時晉國"水潦方降,疾瘧方起"。宋人林堯叟注:"春雨正時,故多水潦;寒燠不常,故多疾疫。"⑤ 清人梁履繩引汪瑜曰:"《內經》岐伯曰:夏傷於大暑,其汗大出腠理;開發因遇夏氣淒滄之水,寒藏於腠理皮膚之中,秋傷於風則病成矣。"⑥ 簡文之"晉師大疫"與《左傳》之"疾瘧方起"相符合。簡文所謂"且飢,食人"蓋發生水災而致,對應於《左傳》之"水潦方降"。

---

① 見《春秋左傳正義》定公四年孔疏引。《春秋左傳正義》卷54,《十三經注疏》,第4632頁。
② 參楊伯峻:《春秋左傳注(修訂本)》,第1533頁。
③ 《春秋左傳正義》卷54,《十三經注疏》,第4633頁。
④ 《春秋左傳正義》卷54,《十三經注疏》,第4633頁。
⑤ (晉)杜預、(宋)林堯叟合注:《左傳杜林合注》卷44,清文淵閣四庫全書本。
⑥ (清)梁履繩:《左通補釋》卷29,《清經解;清經解續編》第9册,第172頁。

[14]楚卲(昭)王戠(侵)泗(伊)洛以逯(復)方城之自(師)。

【整理者】吳人入郢事,《左傳》不載晉閉方城爲吳援;昭王復國,敗吳師,復入郢之役,《左傳》亦不載侵晉復方城之役。①

【謹按】前面簡文載吳、晉聯合伐楚閉方城的方城之役,此處"楚昭王侵伊洛"正是爲了報復方城之役。

《左傳》哀公四年:

> 夏,楚人既克夷虎,乃謀北方。左司馬眅、申公壽餘、葉公諸梁致蔡於負函,致方城之外于繒關,曰:"吳將泝江入郢,將奔命焉。"爲一昔之期,襲梁及霍。單浮餘圍蠻氏,蠻氏潰。蠻子赤奔晉陰地。司馬起豐、析與狄戎,以臨上雒。左師軍于菟和,右師軍于倉野,使謂陰地之命大夫士蔑曰:"晉、楚有盟,好惡同之。若將不廢,寡君之願也。不然,將通於少習以聽命。"士蔑請諸趙孟。趙孟曰:"晉國未寧,安能惡於楚?必速與之!"士蔑乃致九州之戎,將裂田以與蠻子而城之,且將爲之卜。蠻子聽卜,遂執之與其五大夫,以畀楚師於三户。司馬致邑立宗焉,以誘其遺民,而盡俘以歸。②

據此,在魯哀公四年(前491,楚昭王二十五年,晉定公二十一年),楚人在平定叛楚的蠻夷夷虎後,開始謀北方(指與晉争衡)。其中楚大夫單浮餘圍蠻氏③,蠻氏潰逃,奔晉國陰地。楚司馬徵召豐、析與狄戎之民爲兵,追擊蠻氏到晉國上雒,並威脅晉大夫要其交出蠻氏。晉人設計將蠻氏及其五大夫抓獲,交予楚師所在的三户(在今河南淅川縣西南丹江之南④)。楚司馬又設計爲蠻氏作邑,從而把蠻氏的居民聚於邑内全部俘獲。

此事又見於金文記載。1957年出土於河南信陽長台關一號墓的䶒篙鐘(《集成》1·38):"隹(唯)䶒篙屈栾晉人救戎於楚競(境)。"1973年湖北當陽季家湖楚城遺址出土的秦王鐘(《集成》37):"秦王卑(俾)命競(景)坪(平)王之定救秦戎。"2006年10月下旬出現了一批流散的楚國青銅器,

---

① 清華大學出土文獻研究與保護中心編,李學勤主編:《清華大學藏戰國竹簡(貳)》,第182頁。
② 《春秋左傳正義》卷57,《十三經注疏》,第4687~4688頁。
③ 蠻氏,戎族。《左傳》成公六年:"三月,晉伯宗、夏陽説、衛孫良夫、甯相、鄭人、伊雒之戎、陸渾、蠻氏侵宋。"杜注:"蠻氏,戎别種也。河南新城縣東南有蠻城。"《春秋》昭公十六年:"楚子誘戎蠻子而殺之。"孔疏:"四夷之名在西曰戎,春秋之時錯居中國。杜言'河南新城縣東南有蠻城'則是内地之戎,在楚北也。戎是種號,蠻是國名,子爵者也。"楊伯峻注:"即昭十六年之戎蠻,當在今河南臨汝縣西南,汝陽縣東南,哀四年楚滅之。"《春秋左傳正義》卷26、47,《十三經注疏》,第4130、4513頁;楊伯峻:《春秋左傳注(修訂本)》,第827頁。
④ 參楊伯峻:《春秋左傳注(修訂本)》,第1628頁。

其中有盤銘作"楚王酓(熊)悆乍(作)寺(持)盥盤",鬲銘作"隹(唯)哉 =(哉日),王命競(景)之定救秦戎,大有抌(功)于洛之戎,用作障(尊)彝"。① 上引秦王鐘及鬲銘所載之事,李學勤認爲即《左傳》哀公四年之事。"秦戎"及"伊洛之戎"即《左傳》之"戎蠻",這些伊洛之戎本自關中秦地遷來,故又稱"秦戎"。② 詳見後文考證部分之"四、晉吳與楚方城之戰及相關史事考"。

綜上可見,《繫年》所載"楚昭王侵伊洛以復方城之師","伊洛"當指"伊洛之戎"。

[15]晉人旻(且)又(有)靴(范)氏与(與)中行氏之滑(禍),七歲(歲)不解號(甲)。【一○二】

【整理者】荀氏、韓氏、魏氏與范氏、中行氏爲仇,乃移兵伐范氏、中行氏,事見《左傳》定公十三年至哀公五年。所謂"七歲不解甲",蓋指定公十三年至哀公五年。③

【謹按】"晉人且有范氏與中行氏之禍,七歲不解甲"指魯定公十三年(前497)到魯哀公五年(前490)晉國的范氏與中行氏之亂。簡文"且"承接前文之"楚昭王侵伊洛以復方城之師"。《左傳》哀公四年載楚國追擊逃到晉國的蠻戎,並威脅晉要其交出蠻戎,晉不敢應戰,趙孟(即趙鞅)陳述其理由曰:"晉國未寧,安能惡於楚?"杜注:"未寧,時有范、中行氏之難。"④ 可與簡文相對照。"不解甲"謂有兵事。

魯定公十三年,晉國范氏(士吉射)與中行氏(荀寅)發動叛亂。據《春秋》《左傳》載,晉卿趙鞅殺了晉邯鄲之大夫趙午,趙午的兒子趙稷就據邯鄲叛亂。趙午是荀寅的外甥,荀寅又是范吉射的親家,所以范氏與中行氏於此年七月發動叛亂,進攻趙氏,趙鞅奔晉陽。范氏和中行氏掌權後,唆使國人圍攻晉陽。《春秋》定公十三年:"秋,晉趙鞅入于晉陽以叛。冬,晉荀寅、士吉射入于朝歌以叛。晉趙鞅歸于晉。"《左傳》定公十三年:"秋七月,范氏、中行氏伐趙氏之宮,趙鞅奔晉陽,晉人圍之。"楊伯峻注:"范氏,士吉射也;中行氏,荀寅也。"⑤不料范氏內部發生分化,范氏族人范皋夷勾結知、韓、魏三家劫了晉侯,起兵攻伐范吉射和荀寅。《左傳》載:"冬十一月,

---

① 張光裕:《新見楚式青銅器器銘試釋》,《文物》2008年第1期,第74頁。
② 李學勤:《論"景之定"及有關史事》,《文物》2008年第2期,第57頁。
③ 清華大學出土文獻研究與保護中心編,李學勤主編:《清華大學藏戰國竹簡(貳)》,第182頁。
④ 《春秋左傳正義》卷57,《十三經注疏》,第4688頁。
⑤ 楊伯峻:《春秋左傳注(修訂本)》,第1590頁。

荀躒、韓不信、魏曼多奉公以伐范氏、中行氏,弗克。"范氏和中行氏反攻晉侯,國人幫助公室和三家,范、中行氏戰敗,逃奔朝歌。《左傳》載:"丁未荀寅、士吉射奔朝歌。"韓、魏兩家借助君命召回趙鞅,結盟於公宮。《左傳》載:"十二月辛未,趙鞅入于絳,盟于公宮。"

魯定公十四年(前496),趙鞅殺了知氏所忌惡的趙氏家臣董安于以討好知氏,於是趙、知、韓、魏四家聯合,趙氏始安。《左傳》定公十四年載:"知伯從趙孟盟,而後趙氏定。"①知伯,即荀躒。

此時,齊景公爲圖稱霸,聯合魯、衛等國想乘晉國之内亂削弱晉國,於是在牽地(衛地②,今河南浚縣北十餘里之地)結會援救范、中行氏。此年秋,宋景公也加入了齊國所帶領的反晉聯盟。范、中行氏之黨也引來狄兵襲擊晉國,但未取得勝利。《春秋》定公十四年:"公會齊侯、衛侯于牽。公至自會。秋,齊侯、宋公會于洮。"《左傳》定公十四年載:"晉人圍朝歌,[魯定]公會齊侯、衛侯于牽、上梁之間,謀救范、中行氏。(杜注:齊、魯叛晉,故助范、中行也。)析成鮒、小王桃甲率狄師以襲晉,(杜注:二子,晉大夫,范、中行氏之黨。)戰于絳中,不克而還。士鮒奔周,小王桃甲入于朝歌。秋,齊侯、宋公會于洮,范氏故也。"③

由於齊國帶領的魯、衛、宋所組成的反晉聯盟幫助范、中行氏,晉國此時非常危險,於是迅速行動,先起兵打敗了范、中行氏的軍隊。《左傳》定公四年載:"冬十二月,晉人敗范、中行氏之師於潞,獲籍秦、高彊。(杜注:二子,黨范氏者。)又敗鄭師及范氏之師于百泉。(杜注:鄭助范氏,故並敗。)"④

魯定公十五年(前495),以齊爲首的反晉聯盟由於内部分化,暫時放鬆了對晉的進攻。原來,齊、魯、衛、宋首先結成反晉聯盟,後鄭國也加入反晉行列,而鄭、宋乃世仇。《左傳》定公十五年載:"鄭罕達敗宋師于老丘。齊侯、衛侯次于蘧挐,謀救宋也。"⑤可見,齊侯之黨還是傾向於宋。反晉聯盟的這種互相攻伐,客觀上減輕了對晉的壓迫。

---

① 《春秋左傳正義》卷56,《十三經注疏》,第4671頁。
② 牽,《公羊傳》作"堅",又作"掔",均音義同。可參(清)陳立:《公羊義疏》卷72,第2758頁。鍾文烝、江永等認爲屬衛地,廖平則認爲屬齊地。筆者以爲由地理位置而言,當從前説。(清)鍾文烝:《春秋穀梁經傳補注》卷23,第706頁;(清)廖平:《穀梁古義疏》卷10,第671頁;江永説見吴静安:《春秋左氏傳舊注疏證續》,第1795頁。
③ 《春秋左傳正義》卷56,《十三經注疏》,第4672頁。
④ 《春秋左傳正義》卷56,《十三經注疏》,第4672頁。
⑤ 《春秋左傳正義》卷56,《十三經注疏》,第4673頁。

魯哀公元年（前494），以齊爲首的反晉聯盟又開始幫助范、中行氏之黨。《左傳》哀公元年："夏四月，齊侯、衛侯救邯鄲，圍五鹿。"杜注："趙稷以邯鄲叛，范、中行氏之黨也。五鹿，晉邑。"①齊、衛圍晉邑五鹿的目的就是解救據邯鄲而叛的范、中行氏之黨趙稷。趙稷既得救，齊、衛又開始救范氏，奪取晉邑棘蒲。《左傳》載："齊侯、衛侯會于乾侯，救范氏也。［魯］師及齊師、衛孔圉、鮮虞人伐晉，取棘蒲。"此年冬，趙鞅開始反攻，《左傳》載："冬，十一月，晉趙鞅伐朝歌。"杜注："討范、中行氏。"②

魯哀公二年（前493），晉趙鞅繼續對反晉聯盟進行打擊，主要採取了兩個措施：第一，扶持衛國逃亡的太子使衛國亂。衛靈公的太子蒯聵由於得罪了父親靈公和後母南子，逃到晉國。哀公二年夏，衛靈公卒，於是立蒯聵之子、衛靈公之嫡孫輒爲衛出公。六月乙酉（十七日），晉趙鞅納蒯聵於衛的戚邑，用來威脅衛國。第二，截劫齊國給范、中行氏之糧食。《左傳》載："秋八月，齊人輸范氏粟，鄭子姚、子般送之。士吉射逆之，趙鞅禦之，遇於戚。"趙鞅在鐵地（今河南濮陽附近）大敗鄭師，趙鞅大獲全勝，獲齊粟千車，中行氏失去援助而糧食斷絕，必將滅亡，以至於趙鞅滿意地說"可矣"。顧炎武云："以范、中行氏失援糧竭，必將亡。"③這是對范、中行氏的致命一擊。

魯哀公三年（前492），齊、衛聯軍圍困衛太子蒯聵所居的戚，並試圖聯合中山。《左傳》哀公三年："三年春，齊、衛圍戚，求援于中山。"趙鞅繼續打擊范、中行氏的勢力：第一，迫使周人殺了范氏的姻親劉氏之屬大夫萇弘，以破壞范氏與周的曖昧關繫。《左傳》載："劉氏、范氏世爲昏姻，萇弘事劉文公，故周與范氏。趙鞅以爲討。六月癸卯，周人殺萇弘。"④第二，加緊圍攻在朝歌的荀寅。《左傳》載："冬十月，晉趙鞅圍朝歌，師于其南。荀寅伐其郛（郭），使其徒自北門入，已犯師而出。癸丑，奔邯鄲。十一月，趙鞅殺士皋夷，惡范氏也。"⑤楊伯峻注：趙稷仍堅守邯鄲，雖然荀寅逃到了邯鄲，但其敗局已定，趙鞅爲了防止後患，殺了首亂的范氏之族士皋夷。

魯哀公四年（前491），齊、衛等力圖通過救范氏以挽回敗局，重圍五

---

① 《春秋左傳正義》卷57，《十三經注疏》，第4680頁。
② 《春秋左傳正義》卷57，《十三經注疏》，第4681頁。
③ （清）顧炎武：《左傳杜解補正》卷下，第112頁。
④ 《春秋左傳正義》卷57，《十三經注疏》，第4686頁。
⑤ 《春秋左傳正義》卷57，《十三經注疏》，第4687頁；楊伯峻：《春秋左傳注（修訂本）》，第1624頁。

鹿。《左傳》哀公四年:"秋七月,齊陳乞、弦施、衛甯跪救范氏。庚午,圍五鹿。"而趙鞅也加緊圍攻朝歌。《左傳》載:"九月,趙鞅圍邯鄲。冬十一月,邯鄲降。荀寅奔鮮虞,趙稷奔臨。十二月,弦施逆之,遂墮臨。國夏伐晉,取邢、任、欒、鄗、逆畤、陰人、盂、壺口。會鮮虞,納荀寅于柏人。"①柏人爲范氏的私邑②,在今河北隆堯縣西南之堯城鎮③。

魯哀公五年(前490),晉兵轉圍柏人,荀寅、范吉射逃奔齊國,至此晉國的范、中行氏之亂才宣告結束。《左傳》哀公五年載:"五年春,晉圍柏人,荀寅、士吉射奔齊。"④

[16]者(諸)侯同䚢(盟)于獻(鹹)泉以反晉。至今齊人以不服于晉=(晉,晉)公以㝱(弱)。【一〇三】

【謹按】㝱,整理者隸定爲"仢"。黃傑認爲應隸定爲从"尸""勺"。⑤可從。

《春秋》定公七年:"秋,齊侯、鄭伯盟于鹹。……齊侯、衛侯盟于沙。"杜注謂鹹是衛地。⑥ 楊伯峻注:"鹹在今河南濮陽縣東南六十里。"沙,楊伯峻注:"《傳》作'瑣',古音同也。"⑦《左傳》定公七年:"秋,齊侯、鄭伯盟于鹹,徵會于衛。衛侯欲叛晉,諸大夫不可。使北宮結如齊,而私於齊侯曰:'執結以侵我。'齊侯從之,乃盟于瑣。"⑧魯定公七年(前503)即齊景公四十五年,簡文所謂諸侯盟於鹹泉以反晉即指此事。

簡文前叙"晉人且有范氏與中行氏之禍,七歲不解甲",范氏與中行氏之禍於魯定公十三年爆發。魯定公十四年,齊景公聯合魯、衛等結會於牽地,此年秋宋國也加入進來。因此,此處"諸侯同盟於鹹泉以反晉"容易使人想到牽之會。然而《繫年》作者却追述到了魯定公七年的鹹泉之盟,這是何緣故呢?

實際上齊景公聯合諸侯反晉正是始於魯定公七年的牽之會。宋人家鉉翁曰:"于鹹、于沙,齊景公圖霸之始事也。"元人李廉也説:"此爲齊景圖

---

① 《春秋左傳正義》卷57,《十三經注疏》,第4688頁。
② 《左傳》哀公五年追述曰:"初,范氏之臣王生惡張柳朔,言諸昭子,使爲柏人。"杜注:"爲柏人宰也。昭子,范吉射也。"《春秋左傳正義》卷57,《十三經注疏》,第4688頁。
③ 參楊伯峻:《春秋左傳注(修訂本)》,第1628頁。
④ 楊伯峻:《春秋左傳注(修訂本)》,第1629頁。
⑤ 參李松儒:《清華簡〈繫年〉集釋》,第265~266頁。
⑥ 《春秋左傳正義》卷55,《十三經注疏》,第4650頁。
⑦ 楊伯峻:《春秋左傳注(修訂本)》,第1559,1560頁。
⑧ 《春秋左傳正義》卷55,《十三經注疏》,第4650頁。

伯之始,而鄭實左右之。自是以後有盟沙,盟曲濮,會安甫,盟黄,會牽,會洮,皆齊、鄭糾合之事。"①誠如童書業所言:"齊景公早圖與晉'代興'而復霸,至召陵會後,晉失諸侯,齊景遂甚活躍。魯定七年,齊、鄭盟於牽,齊、衛盟於沙,始叛晉。同時齊景又用恩(歸還侵地)威(侵)並施之策,脅魯服從(定七、九、十年)。又脅宋服從(定十四年)。甚至屢伐晉(定九、十三年),結晉叛臣范、中行氏侵擾晉國(定十四年,哀元、四年)。當吴人北上之前,齊景幾爲霸主,齊黨有鄭、衛、魯、宋等國。"②據此可知當時之形勢。

至今齊人以不服于晉,晉公以弱。周安王二十六年(前 376),韓、趙、魏三家正式分晉。《史記·晉世家》:"[晉]静公二年,魏武侯、韓哀侯、趙敬侯滅晉後而三分其地。静公遷爲家人,晉絶不祀。"③晉静公二年即周安王二十六年、楚肅王五年。簡文所載的"晉公以弱",蓋在此之前。《繫年》蓋成書於楚肅王時期,簡文的"至今"即指楚肅王時期,互詳關於"至今晉、越以爲好",詳見本書下編之"抄寫年代"中相關内容。

[譯文]

晉莊平即位第十二年,楚康王即位第十四年,令尹子木會合趙文子武以及諸侯國的大夫,在宋國結盟,盟辭是:"消除天下的戰争。"康王去世,孺子王即位,[後來的]靈王當時擔任令尹。令尹會合趙文子以及諸侯國的大夫,在虢地結盟。孺子王即世,靈王即位,靈王先挑起戰争,在申地會合諸侯,抓住了徐國國君,順勢去攻伐徐國,攻克賴、朱方;攻伐吴國,這就是南懷的行動;滅了陳國、蔡國,殺死了蔡靈侯;靈王不得善終,景平王即位。晉莊平公去世,昭公、頃公都死得很早,簡公即位。景平王去世,昭王即位,許國人發生内亂,許國國君佗逃出許國到了晉國,晉國人修汝陽外面的大城,將許公佗安置在容城。晉國和吴國聯合到一起,來攻伐楚國,攻入方城之門;於是又與諸侯在召陵結盟,攻伐中山;當時晉國軍隊發生大瘟疫,而且發生了饑荒,出現了人吃人的局面;楚昭王乘機入侵伊洛地區,來報復方城之戰的失敗。晉國國内當時還有范氏家族和中行氏家族的禍亂,連續七年兵鬥不休。各諸侯國在鹹泉結盟來反對晉國。至今齊國人仍然

---

① 家鉉翁與李廉説均見(清)顧棟高:《春秋大事表》卷 30,第 2036~2037 頁。
② 童書業著,童教英校訂:《春秋左傳研究(校訂本)》,第 93 頁。
③ 《史記》卷 39,第 2033 頁。

不順服於晉國,晉國公室也被削弱。

[解題]

　　本章主要圍繞晉第二次宋之盟而展開敘事。
　　魯襄公二十七年(前546),晉、楚兩國在宋大夫向戌的斡旋下在宋國結盟,此即史家所謂的"第二次宋之盟";四年後,魯昭公元年(前541),晉、楚又會於虢,尋宋之盟。這兩次會盟奠定了晉、楚二國爭霸的"兩伯"格局。
　　楚靈王即位後,楚國的國勢逐漸上升。《繫年》載靈王在申會諸侯(這是楚靈王即位後第一次會盟),而後連年攻伐,諸如伐徐、伐吳,並且滅了陳、蔡。可以說,靈王最先挑起戰爭,是破壞弭兵之盟的罪魁。
　　楚勢力的逐漸擴張,勢必引起晉的警惕。恰好此時許國發生內亂,許公佗出奔到晉,於是晉國爲其修築汝陽外城,後遷許於容城,扶持其來抵抗楚的擴張。同時,晉也積極聯合吳來牽制楚。魯定公四年(前506,楚昭王十年)晉與吳會盟,聯合伐楚,攻楚方城城門,此即《繫年》所謂的"方城之師"。此事未見於《春秋》經傳之記載。由於晉國有內憂(大疫、中行氏與范氏之亂),楚乘機侵伊洛,以報復方城之敗。
　　宋之盟後,晉、楚爭霸中,楚國一直佔據上風,其重要原因即如簡文所歸納的:一爲晉國公室勢力的逐漸削弱,二是以齊國爲首的諸侯國不順服晉國。關於前者,晉國的卿大夫爭權奪利,再加上長達七年之久的中行氏、范氏之亂,削弱了晉公室勢力(互詳本書下編"《繫年》思想形態"之"強化公室傾向"部分)。關於後者,簡文此處指出了一個標誌性事件,即魯定公七年(前503,晉定公九年,楚昭王十三年)的鹹泉之會,此會中以齊爲首的諸侯開始結盟反對晉。

[問題]

　　第一,關於第二次宋之盟及宋之盟、虢之會與諸侯爭霸之"兩伯"格局的奠定。魯襄公二十七年(前546年,晉平公十二年,楚康王十四年),晉、楚在宋向戌的撮合下結盟,史稱"第二次宋之盟"。魯昭公元年(前541年,晉平公十七年,楚郟敖四年),爲了尋宋之盟,晉、楚與諸侯又會於虢。宋之盟與虢之會一定程度上奠定了春秋時代晉、楚稱霸的格局。關於這兩次盟會,《春秋》《左傳》在記述會盟國家的次序上有一些差異,古今學者已經進行了較多探索,筆者據《繫年》對這一問題進行重新探討,並對一些問題提出一些看法。

第二,《繫年》的"閒陳、蔡"與《國語》的"以閒陳、蔡"之"閒"的釋讀。

第三,《繫年》之"許公佗"的身份及相關史事考。《穀梁傳》載許悼公太子止因涉嫌謀弑其父而被廢,次子虺即位。而據《春秋》載,許悼公卒後,其子許男斯即位。"虺"與《春秋》之"許男斯"到底是何種關繫?《左傳》載許太子止出奔晉,《穀梁傳》載止未逾年而卒、並讓君位於其弟虺,而《繫年》載太子止之弟許公佗出奔晉,如何看待這些相異點?《春秋》定公四年載"許遷於容城",未言誰遷。學者或認爲是楚,或認爲是自遷。《繫年》明確載是"晉人所遷",這種説法有無道理?《繫年》的許公佗即許子敦中的許子佗、傳世文獻中的虺及許男斯,乃許悼公之次子,佗、虺爲其即位前之名,而斯是即位後所改名。《繫年》所謂的"許人亂"即指因許世子止涉嫌弑其父悼公之事。"許公佗出奔晉"與《穀梁傳》密合,此可證《左傳》之説不可從。簡文謂晉遷許於容城,是因爲當時晉、楚爭霸,此舉主要是爲了避楚。從這些考證可知,《繫年》所載與許子敦、傳世文獻可以互相印證,證明了《繫年》的可靠性,亦可推定許子敦的製作年代蓋在公元前522年前後。

第四,關於晉、楚方城之戰及相關史事。魯定公三年(前507)晉與吳會盟,聯合伐楚,攻楚方城城門,此即《繫年》所謂的"方城之師"。魯哀公四年(前491),楚昭王乘晉國内亂侵伊洛之戎,從而挽回了在"方城之師"中的失敗。《繫年》所載楚昭王此次伊洛之役,與金文資料密合,這爲後者的斷代提供了重要依據。我們綜合《左傳》《繫年》及金文資料對這些史事進行了一些探討。

[考證]

一、第二次宋之盟考

魯襄公二十七年(前546,晉平公十二年,楚康王十四年),晉、楚在宋向戌的撮合下結盟,史稱"第二次宋之盟"。

(一)問題的提出

《春秋》襄公二十七年:"夏,叔孫豹會晉趙武、楚屈建、蔡公孫歸生、衛石惡、陳孔奐、鄭良霄、許人、曹人於宋。……秋七月辛巳,豹及諸侯之大夫盟於宋。"

同年《左傳》載:"辛巳,將盟於宋西門之外。……晉、楚爭先。乃先楚人。書先晉,晉有信也。"杜注:"爭先歃血。"①

對比經傳,會發現兩者所記有差異。

按照《左傳》,此次盟會實際上是楚先歃血、佔了上風,如此則應先書楚;而《春秋》則將晉卿趙武書於楚令尹屈建之前,明顯是晉主導此次盟會。那麼,如何看待這種差異?從邏輯上講,這種差異產生之原因無非有三種可能:其一,經傳皆真;其二,經或傳其中一真;其三,兩者皆假。從學者研究的成果來看,基本上未見持第三種看法者,當排除。因此,實際上祇存在前兩種可能:其一,經傳其中一真,如此則二者無矛盾;其二,經傳皆真,如此則二者有矛盾。問題集中到經傳二者到底有無矛盾上,這是我們下文需要解答的第一個問題。

事實上,《左傳》所謂"書先晉,晉有信也",正是解釋這種差異的。也就是說,《左傳》本身即暴露出二者有矛盾——否則,這種解釋豈不無着落?如此,則問題集中到經傳孰真孰假上,這就是下文要回答的第二個問題。

對於以上兩個問題,古今學者已經做出了很多探索,但由於材料的缺乏,仍莫衷一是。下面,我們結合《繫年》的相關記載,對上述問題進行一些探討,並嘗試着提出一些看法。

(二)經傳到底有無矛盾

《春秋》襄公二十七年:"夏,叔孫豹會晉趙武、楚屈建、蔡公孫歸生、衛石惡、陳孔奐、鄭良霄、許人、曹人於宋。……秋七月辛巳,豹及諸侯之大夫盟於宋。"杜注:"楚先晉歃,而書先晉,貴信也。"孔疏:"案《傳》,楚先晉歃,則當先書楚。《傳》言'書先晉,晉有信也',是仲尼貴晉有信,故先書趙武也。"②

同年《左傳》載:"辛巳,將盟於宋西門之外。……晉、楚爭先。"杜注:"爭先歃血。""乃先楚人。書先晉,晉有信也。"杜注:"蓋孔子追正之。"③"壬午,宋公兼享晉、楚之大夫,趙孟爲客。"楊伯峻注:"客爲上賓,如後代

---

① 《春秋左傳正義》卷38,《十三經注疏》,第4335頁。
② 《春秋左傳正義》卷38,《十三經注疏》,第4330頁。
③ 《春秋左傳正義》卷38,《十三經注疏》,第4335頁。

讓客坐首席者。"①

可見,經傳二者實際上是有差異的。《左傳》解經曰"書先晉,晉有信也",認爲《春秋》之所以如是書,是蘊涵春秋筆法於其中,即其正是爲表彰晉的"信"而"委曲事實"將晉書於楚之前的。杜預據此進一步推斷説,這是孔子"追正"的結果,意即《魯春秋》本也是先書"楚",而孔子"筆削正之",認爲這是孔子改動《魯春秋》的結果。那麽,上述看法是否正確呢?學者多持反對意見,其主要理由是《左傳》的解經把歃血爲盟與《春秋》所言之"會"混淆了。

元代學者趙汸説:"周制會以班爵爲序,歃血則先同姓(説見定四年),是盟與會序次本異。今屈建所争者,歃血之先後耳;其大夫之會楚,固未嘗先晉也。宋公兼享晉、楚之大夫,趙孟爲客,則當時人情可見。況宋盟諸侯,雖曰兩屬,終未嘗以事晉者事楚;楚雖駕晉先歃,魯史豈遽以楚先晉?韓宣子所謂周禮在魯,正指此類。《傳》云'書先晉,晉有信也',考之已不詳。杜氏云'孔子追正之',亦非《傳》意也。"②

趙汸此言實際上有三層意思:第一,按照周制,會與盟的次序本異。第二,此年宋之盟中,屈建所争者僅爲歃血的先後,故《左傳》所謂"楚爲先",實際上是指楚先歃血結盟;而在會上,則晉爲先,故《春秋》將晉書於楚前。第三,在此次盟會上,楚僅在歃血上佔了優勢,其他方面未必爲先,如歃血爲盟後宋平公享時,讓趙孟當上賓。另外,此次會盟上諸侯或從楚,或從晉,也説明楚未必佔有絶對優勢。因此,《春秋》也不會僅因楚在歃血上佔上風就書楚於晉前。

筆者認爲,趙氏此言是有根據的。"會"和"盟"是有區别的:前者以班爵爲序;後者以同姓、異姓爲别。這是正確的。《左傳》隱公六年曰:"周之宗盟,異姓爲後。"③是"盟"分同、異姓也。《左傳》莊公二十三年曹劌説:"故會以訓上下之則,制材用之節;朝以正班爵之義,帥長幼之序。"④是朝會以班爵爲序也。在禮上如此,在實際操作上,二者確實也是有區别的。比如晉在城濮之戰後舉行會盟,《春秋》僖公二十八年載:"五月癸丑,公會晉侯、齊侯、宋公、蔡侯、鄭伯、衛子、莒子,盟於踐土。"這是講"會",其重視班爵。《左傳》定公四年講此次歃血爲盟的載書的次序爲晉重(晉文公重

---

① 楊伯峻:《春秋左傳注(修訂本)》,第1133頁。
② (元)趙汸:《春秋左氏傳補注》卷7,(清)納蘭性德輯:《通志堂經解》第11册,第230頁。
③ 楊伯峻:《春秋左傳注(修訂本)》,第72頁。
④ 楊伯峻:《春秋左傳注(修訂本)》,第226頁。

耳)、魯申(魯僖公申)、衛武(衛叔武)、蔡甲武(蔡莊侯)、鄭捷(鄭文公)、齊潘(齊昭公潘)、宋王臣(宋成公)、莒期(莒茲丕公)。這是講"盟",其重視同姓。

趙汸的這種說法也受到清代學者郝懿行、沈欽韓等的重視。① 清代學者俞正燮也在此基礎上進一步論證曰:

> 襄公二十七年,宋之盟,楚子木尸盟,《春秋》記"夏,叔孫豹會晉趙武、楚屈建、蔡、衛、陳、鄭、許、曹於宋","秋七月辛巳,豹及諸侯之大夫盟於宋",《左傳》云"書先晉,晉有信也",注云"孔子追正之"。<u>按此《左傳》所記事是,其解義非也</u>。昭元年"叔孫豹會晉趙武、楚公子圍",不書盟,《左傳》云"用牲,讀舊書,加於牲上",亦楚尸盟,注云"先書趙武,貴武之信,故尚之",乃推襄二十七年《傳》義。檢定公四年召陵之會,據《傳》盟"長衛於蔡",而《春秋》云"三月,公會劉子、晉侯、宋公、蔡侯、衛侯",是所序者會也,亦先蔡;下云"五月及諸侯盟於皋鼬",則先衛,而《春秋》未及載也。又祝鮀引"踐土之盟,載書云:'晉重、魯申、衛武、蔡甲午、鄭捷、齊潘、宋王臣、莒期。'藏在周府,可覆視也",而《春秋》僖二十八年云"公會晉侯、齊侯、宋公、蔡侯、鄭伯、衛子、莒子盟於踐土"。<u>是《春秋》前後所書列國之次,皆以會言之,其載書列名告神之次,魯史本所不記</u>,且"周之宗盟,異姓爲後",祝鮀所引與周府所藏合,若孔子可以追正,則晉主盟者,《春秋》何所取義,盡改蔡、衛、鄭於齊宋之後? 是知所書爲會。會、盟各異次。《春秋》盟於某者,皆別爲句,宋先晉,踐土先齊、宋,皋鼬先宋、蔡,皆非孔子所改,蓋所列者會次也。文七年"公會諸侯、晉大夫盟於扈",不序諸侯位次者,《左傳》云"公後至,故不書所會",而書"盟於扈",益知位次屬會,非載書名次。哀十三年黃池之會,先晉,《國語》則云"吳先歃",亦會先晉,盟先吳,故景伯言"吳以伯召諸侯,若以魯見晉,是以侯終",《左傳》亦是吳爲伯也。鄭玄、傅玄不悟會、盟異次,乃疑《國語》不實,傅玄謂《國語》非丘明所作,故亟標此義焉。②

經過趙汸及俞正燮等的上述論證,不難看出,《春秋》《左傳》實際上並

---

① 郝懿行、沈欽韓等俱認同此說。(清)郝懿行:《春秋說略》卷9,安作璋主編:《郝懿行集》第3冊,第1895頁;(清)沈欽韓:《春秋左氏傳補注》卷8,(清)焦循、(清)沈欽韓:《春秋左傳補疏;春秋左氏傳補注》,第279頁。

② (清)俞正燮:《癸巳類稿》卷2,于石、馬君驊、諸偉奇校點:《俞正燮全集》第1冊,合肥:黃山書社,2005年,第78~79頁。

無矛盾,二者都在敍述事實。如此,則所謂的《春秋》此處是"筆削"或存在"筆法"的説法實際上也就不攻自破。正由於此,俞正燮認爲"《左傳》所記事是",這是正確的;而其又曰"其解義非也",《左傳》之解義爲何爲"非"?

(三)《左傳》解經義語所本考

前文已述,學者多以爲《左傳》此處的記事是可信的,但童書業對此持懷疑態度,其認爲《左傳》所載的先楚人説"似非信史",論據主要有兩點:第一,會盟後宋平公享晉、楚之大夫,以晉爲尊,故其推斷"是盟以金趙孟爲主審矣";第二,從當時的兩國國勢而言,"晉勢較强,是時楚國深受吴患,國勢益衰,未必能先晉也"。① 筆者認爲,童先生所疑恐不能成立:首先從《左傳》所載來看,其敍事詳贍可取②;其次,《國語·晉語》載"宋之盟,楚人固請先歃。……乃先楚人",可與《左傳》互證。

前文又述,學者多以爲《左傳》的解義語爲非。通過上文的論述,我們知道《春秋》與《左傳》在記述宋之盟"晉先"還是"楚先"一事上實際上是不矛盾的,其關鍵在於前者就"會"而言,後者就"盟"而論。也就是説,在會上是晉爲先,如《春秋》所載;楚僅在盟上佔先,如《左傳》所載。但這裏還有一個問題:既然會與盟有區别,《左傳》的作者爲何不甚瞭瞭? 對此,上引趙汸推測説是因爲《左傳》作者在此處"考之不詳",即其考證粗略所致。筆者認爲,問題恐未如此簡單。在《左傳》裏,會與盟不管在理論(禮)上,還是在實踐中,都有明顯區分。這恰好説明《左傳》作者對此瞭然於心,那麽,其爲何在此處有這樣的錯誤呢?

《左傳》曰"書先晉,晉有信也",這顯然是就《春秋》記載會之次序而言。如《左傳》不對會與盟之區别置若罔聞,則衹能説明《左傳》認爲此次會也是楚佔先。這種推斷有無根據? 有的。

《繫年》第十八章:"晉莊平公立十又二年,楚康王立十又四年,令尹子木會趙文子武及諸侯之大夫,盟於宋,曰:'彌天下之甲兵。'"據此,在宋之盟上,不管是會還是盟,佔主導地位的都是楚國的令尹子木。筆者認爲,《左傳》作者在撰述時,實際根據的是與《繫年》類似的記載,故其才説了上述解義之語。

既然此次會盟楚佔主導地位,那麽《春秋》爲何要將晉放在楚國前面?

---

① 參童書業著,童教英校訂:《春秋左傳研究(校訂本)》,第 75~76 頁。
② 傅隸樸認爲:"《左氏》此傳敍事詳贍可取。"傅隸樸:《春秋三傳比義》,第 842 頁。

這祇能歸結爲春秋筆法。《左傳》之所以說"書先晉，晉有信也"，正是因爲《左傳》作者對於此次盟會楚佔先是知曉的。這説明，《左傳》作者對於春秋史事是熟知的，但其解釋《春秋》的傾向、偏袒晉人的傾向也是非常明顯的。那麽，《繫年》與《左傳》又是何種關繫呢？我們認爲《繫年》是抄撮《左傳》而成的，但是這種抄撮，絕非原原本本地照抄直録，有些被認爲是不符合事實、不符合作者思想傾向的，《繫年》作者或是會秉筆直書，或是採用其他資料。

（四）小結

通過上文所述，我們知道宋之會盟時，盟上由於楚先晉歃，故楚爲先；而在會上到底是楚先還是晉先，實際上有兩種記載，一如《春秋》所書以晉爲先，一如《左傳》《繫年》所載以楚爲先。《左傳》爲了彌合《春秋》①，所以才有此解經。以往學者認爲《左傳》之解經語爲非，通過清華簡《繫年》可知，《左傳》是有所本的。

事實上，對於盟會的次序，晉史所載則書晉於前，楚史所載則書楚在前。如《繫年》載宋之盟時曰："令尹子木會趙文子武及諸侯之大夫盟於宋。"而《左傳》昭公元年載晉大夫祁午對晉卿趙武説："宋之盟，楚人得志於晉。……子相晉國，以爲盟主，於今七年矣。再合諸侯，三合大夫……"杜注："襄二十七年會於宋……"②關於"三合大夫"，其中之一即魯襄公二十七年會於宋，以晉卿趙武爲主。到底是"楚會諸侯"還是"晉會諸侯"，難以確知。我們知道，《春秋》在載會盟時常書魯於前，謂"魯會……於……"，這應該是當時的史家書法如此。魯《春秋》之所以書"晉"於楚前，到底是根據晉的赴告③，還是其他原因，亦未可知。從中也可以體會到《左傳》此書是雜採各種諸侯國史而成，其解釋《春秋》的傾向、偏袒晉人的傾向均很明顯；而《繫年》却不同，它有獨立的事實判斷和價值判斷傾向。

---

① 《左傳》記述歷史時，常常執於《春秋》經。如關於魯哀公十三年的吳、晉黃池之會，《左傳》載盟時曰"吳、晉爭先……乃先晉人"，而《國語·吳語》載"吳王許諾，乃退就幕而會吳公先歃，晉侯亞之"。對此，《春秋》哀公十三年載："公會晉侯及吳子於黃池。"童書業經過考證認爲當以《國語》爲是，而"《左氏》云云蓋執於魯史之文"。參童書業著，童教英校訂：《春秋左傳研究（校訂本）》，第106頁。

② 《春秋左傳正義》卷41，《十三經注疏》，第4386頁。

③ 杜預《春秋左傳序》曰："《周禮》有史官，掌邦國四方之事，達四方之志。諸侯亦各有國史。"孔疏："'達四方之志'者，據已國有事赴告他國也。"《春秋左傳正義》卷1，《十三經注疏》，第3697頁。

二、宋之盟、虢之會與諸侯争霸之"兩伯"格局的奠定

《春秋》昭公元年:"叔孫豹會晉趙武、楚公子圍、齊國弱、宋向戌、衛齊惡、陳公子招、蔡公孫歸生、鄭罕虎、許人、曹人于虢。"杜注:"今讀舊書,則楚當先晉,而先書趙武者,亦取宋盟貴武之信,故尚之也。"①

《左傳》昭公元年載此年春,楚令尹子圍聘於鄭,又娶妻於鄭大夫公孫段,"正月乙未,入,逆而出。遂會於虢,尋宋之盟也"。楊伯峻注:"入,入城入廟;逆,迎婦。"②

宋人高閌説:"此會乃楚公子圍帥諸侯之大夫,尋宋之盟也。宋之盟,齊人不預也,今齊又從楚矣,晉伯之衰可知也。"③按,高閌此言所依據者蓋爲此次虢之會上楚又先晉歃血爲盟,會、盟本有差別,高氏蓋混淆了。

元人汪克寬曰:"宋、虢之盟,楚再先晉,而《春秋》不以楚先者,亦猶黄池之會吳子主會而《春秋》以晉居吳之上也。辰陵蜀之盟、申之會楚序諸侯之上,皆主盟會也;盂之會,楚子亞於宋公而序諸侯之上;宋、虢兩役,楚屈建公子圍亞於晉趙武而序於諸國大夫之上:皆兩伯之辭也。《春秋》抑外域而尊中國,有中國霸主,則必推而屬之中國;中國無霸,則實録而貶諸侯也。"④

清代學者顧棟高引上述汪克寬的説法⑤,可見其傾向於汪氏之説。筆者認爲,汪克寬説是正確的,至於《春秋》是否通過書晉於楚先的"書法"來表達這種歷史趨勢,恐難以確知。宋之盟與虢之會奠定了晉、楚争霸的"兩伯"格局,這是春秋歷史上諸侯争霸的一個非常重要的轉捩點。在此之前,晉、楚、齊、秦四大國全力向外擴張;在此以後,四國便轉向國内事務。⑥ 值得注意的是,《繫年》第十八章在敘述宋之盟時,紀年是"晉莊平公立十又二年,楚康王立十又四年",用晉、楚兩國紀年,在《繫年》的其他篇章的敘述中是没有的,這是否也暗示《繫年》作者也認識到此時已經開啓了"兩伯"争霸的格局呢?不能説没有這種可能。如此説成立,則説明《繫年》作者對春秋時期的歷史之大勢有清楚的認識。

---

① 《春秋左傳正義》卷38,《十三經注疏》,第4330頁。
② 楊伯峻:《春秋左傳注(修訂本)》,第1201頁。
③ (宋)高閌:《春秋集注》卷31,轉引自吳静安:《春秋左氏傳舊注疏證續》,第728頁。
④ (元)汪克寬:《春秋胡傳附録纂疏》卷24,清文淵閣四庫全書本。
⑤ (清)顧棟高:《春秋大事表》卷28,第2015頁。
⑥ 關於宋之盟對春秋歷史從四國争霸轉向晉、楚争霸影響的詳細論述,可參金景芳:《中國奴隸社會史》,第233~238頁。其中,尤其值得注意的是第237~238頁的論述。

三、《繫年》的"閒陳、蔡"與《國語》的"以閒陳、蔡"之"閒"的釋讀

《繫年》第十八章:"靈王先起兵會諸侯於申,執徐公,遂以伐徐,克賴、朱方。伐吳,爲南懷之行。関(閒)陳、蔡,殺蔡靈侯。"

整理者將"関"釋爲"縣"。① 袁金平認同此說,並認爲《國語》"以閒陳、蔡",之"閒"也應讀作"縣",卽以陳、蔡爲縣,韋昭所注有誤。② 陳偉等學者也持類似看法。③《繫年》所記述的"閒陳、蔡"與《國語》之"以閒陳、蔡"本指同一事,此點諸家均無異議。下面,我們首先看看《國語》之"閒"的釋讀。

(一)《國語》的"以閒陳、蔡"之"閒"的釋讀

《國語·吳語》載吳王夫差答應了越王句踐求成的請求後,準備伐齊。吳大夫申胥(伍子胥)進諫說:當初上天將越賜給吳,而大王您却不接受,現在越王句踐正在發展越國,積蓄力量,跟齊國比起來,越國才是心腹大患。他說:"夫越王之不忘敗吳,於其心也佗然,服士以伺吾閒。"韋昭注:"閒,隙也。"④意卽越王無時無刻不在尋找機會伺吳國之"隙"來敗吳。申胥還舉出了楚靈王不君的前車之鑒:"昔楚靈王不君,其臣箴諫以不入。乃築臺於章華之上,関爲石郭,陂漢,以象帝舜。罷弊楚國,以閒陳、蔡。不修方城之内,踰諸夏而圖東國,三歲於沮、汾以服吳、越。其民不忍饑勞之殃,三軍叛王於乾谿。"韋昭注:"閒,候也,候其隙而取之。魯昭八年,楚滅陳。十一年滅蔡。"⑤據此,則"閒"訓爲"候",韋昭將其解釋爲"候其隙而取之"之義。"取之"蓋就文義而發,"閒"本身並無"取"之義。韋昭所謂的"取之"具體是指"魯昭八年,楚滅陳。十一年滅蔡"。

"閒",《廣雅·釋詁三》:"候,閒,覘也。"王念孫注:"伺與覗同,亦通作司,……閒者,莊八年《左傳》'使閒公',杜預注云'伺公之閒隙'。《孟子·離婁篇》:'王使人瞯夫子。''瞯'與'閒'義相近。"⑥《左傳》莊公八

---

① 清華大學出土文獻研究與保護中心編,李學勤主編:《清華大學藏戰國竹簡(貳)》,第180頁。
② 袁金平:《利用清華簡〈繫年〉校正〈國語〉韋注一例》,《社會科學戰線》2011年第12期,第31~32頁。
③ 陳偉:《讀清華簡〈繫年〉札記》,《江漢考古》2012年第3期,第120頁。
④ 徐元誥:《國語集解(修訂本)》卷19,第541頁。
⑤ 徐元誥:《國語集解(修訂本)》卷19,第541頁。
⑥ (清)王念孫:《廣雅疏證》,北京:中華書局,2004年,第102~103頁。

年:"使閒公。"王肅云:"候公之閒隙。"(《史記·齊太公世家》集解引)① 杜預本此注:"伺公之閒隙。"② 據此,則韋昭將"閒"訓爲"候",並引申爲"候其隙",此於古訓有徵。古代文獻中常有"閒"而取之言,如《國語·魯語下》:"昔欒氏之亂,齊人閒晉之禍,伐取朝歌。"韋昭注:"閒,候也。"從文義來講,韋昭所注是可以講通的。

又,上引《吳語》所謂的"以伺吾閒",韋昭注:"閒,隙也。"上引《廣雅》謂"伺"與"閒"同義,故"以伺吾閒"亦可理解爲"候其閒隙",其與"閒陳、蔡"中的"閒"所表達的意思相同,衹是前者是名詞,後者是動詞,詞性不同而已。韋昭將"閒"解釋爲"候"也與前文相對應。假若此處讀爲"縣",則就不相對應了。因此,我們仍然認同韋昭的看法。

(二)《繫年》的"閒陳、蔡"的釋讀

上文已述,學者多認爲《繫年》所記述的"閒陳、蔡"與《國語》之"以閒陳、蔡"本指同一事,而後者的"閒"韋昭將其解釋爲"閒,候也,候其隙而取之。魯昭八年,楚滅陳。十一年滅蔡"。筆者認爲,《繫年》的"閒"也應該如韋昭所解,而不能簡單地認爲韋昭所解是錯誤的。

有些學者將《繫年》的"閒"破讀爲"縣",實際上主要基於《左傳》的記載。《左傳》言楚滅陳、蔡後,將其設置爲縣。

關於滅陳後將其設置爲縣,《春秋》昭公八年:"冬十月壬午,楚師滅陳。執陳公子招,放之於越。殺陳孔奐。葬陳哀公。"《左傳》昭公八年:"冬十一月壬午③,滅陳。……使穿封戌爲陳公。"杜注:"戌,楚大夫。滅陳爲縣,使戌爲縣公。"④《左傳》昭公十一年載晉大夫叔向述此事曰:"楚王奉孫吳以討於陳,曰:'將定而國。'陳人聽命,而遂縣之。"杜注:"事在八年。"⑤

關於滅蔡後將其設置爲縣,並殺蔡靈侯,《春秋》昭公十一年:"夏四月丁巳,楚子虔誘蔡侯般殺之于申。楚公子棄疾帥師圍蔡。……冬十有一月丁酉,楚師滅蔡,執蔡世子有以歸,用之。"《左傳》昭公十一年:"楚子在申,

---

① 《史記》卷32,第1797頁。
② 《春秋左傳正義》卷8,《十三經注疏》,第3832頁。
③ 《傳》言"十一月",誤。杜注:"壬午,十月十八日。《傳》言十一月,誤。"孔疏:"杜以《長曆》校之,十月乙丑朔,十八日得壬午也。十一月無壬午。《經》書'十月',曆與《經》合,知《傳》言'十一月'者誤也。"《春秋左傳正義》卷50,《十三經注疏》,第4458頁。
④ 《春秋左傳正義》卷50,《十三經注疏》,第4458頁。
⑤ 《春秋左傳正義》卷45,《十三經注疏》,第4473頁。

召蔡靈侯。靈侯將往。……三月丙申,楚子伏甲而饗蔡侯於申,醉而執之。夏四月丁巳,殺之,刑其士七十人。公子棄疾帥師圍蔡。……冬十一月,楚子滅蔡,用隱大子於岡山。……十二月,……楚子城陳、蔡、不羹。使棄疾爲蔡公。"①楚以縣尹爲"公"②,説明在滅蔡後也是將其設置爲縣。

由上述記載可見,《左傳》中確實記載了楚滅陳、蔡後將其設置爲縣,但我們還未有足夠理由認爲《國語》的"間陳、蔡"就指"縣陳、蔡",而韋昭所謂的指"楚伺間陳、蔡而取之"實際上也可與《左傳》相對應。當然,整理者將簡文之"間"讀爲"縣"也不失爲一種説法,但兩者比較,我們更傾向韋昭説。

四、《繫年》之"許公舵"的身份及相關史事考

(一)問題的提出

《繫年》第十八章有春秋時期楚昭王時"許人亂,許公舵出奔晉,晉人羅城汝陽,居許公舵於容城"的記載,整理者注謂簡文"居許公舵於容城"爲《春秋》定公四年"六月……許遷于容城"事。③ 但此許公舵爲何人？整理者無説。黄錦前認爲簡文之許公舵即 2005 年 6 月河南省南陽市中原機械工業學校春秋晚期六號墓出土的一件許子敦之"許子佗"。④ 他引清華簡整理者説繫此事於魯定公四年,並據相關文獻認爲此時期許國在位的君主是許男斯(前 522 年至前 504 年在位),故許公舵和許子佗即傳世文獻所謂的"許男斯"。⑤ 如此説屬實,不僅可以如學者所言證實清華簡《繫年》的可靠性,而且對簡文所載許公佗相關史事的考定,以及許子敦的斷代均有

---

① 楊伯峻:《春秋左傳注(修訂本)》,第 1321～1323、1327 頁。
② 《左傳》宣公十一年:"諸侯、縣公皆慶寡人。"杜注:"楚縣大夫皆僭稱公。"王引之曰:"縣公,猶言縣尹也。與公侯之公不同,如謂楚僭稱王,其臣僭稱公,則楚官之貴者,無如令尹、司馬,何以令尹、司馬不稱公,而稱公者反在縣大夫乎？襄二十五年《傳》'齊棠公之妻,東郭偃之姊也',杜注曰'棠公,齊棠邑大夫',齊之縣大夫亦稱公,則公爲縣大夫之通稱(《正義》謂:其家臣僕呼之曰公,《傳》即因而言之,非也。作《傳》者非其臣僕,何爲與臣僕同稱？),非僭擬於公侯也。若以爲僭,則公尊於侯,齊君但稱侯,豈有其臣反稱公者乎？《鄉飲酒禮》'諸公大夫'鄭注曰'大國有孤四命謂之公',則孤卿得稱公,亦非公侯之公也。"参《春秋左傳正義》卷 22,《十三經注疏》,第 4073 頁;(清)王引之:《經義述聞》卷 18,第 424 頁。
③ 清華大學出土文獻研究與保護中心編,李學勤主編:《清華大學藏戰國竹簡(貳)》,第 182 頁。
④ 關於該墓的情況,可參南陽市文物考古研究所:《南陽市中原機校春秋墓發掘簡報》,但此文未見刊出。另可參王鳳劍:《南陽地區出土蓋器及相關問題》,河南省文物考古學會:《河南文物考古論集(4)》,鄭州:大象出版社,2006 年,第 132～135 頁。
⑤ 黄錦前:《"許子佗"與"許公佗"——兼談清華簡〈繫年〉的可靠性》,武漢大學簡帛網,2012 年 11 月 21 日。轉引自李松儒:《清華簡〈繫年〉集釋》,第 260 頁。

重要學術意義。

對於許公佗與許子佗爲同一人的看法,學者一般認同。但此人是否是傳世文獻中的許男斯,學者是持有異議的。譬如魏棟詳細考察《繫年》發現,簡文所載與傳世文獻有很大差異:一是簡文之"居許公佗於容城"與《春秋》之"許遷于容城"不同,二者在時間上有先後之關繫;二是許男斯是否卽位於公元前522年亦成問題。總之他認爲對許公佗與許男斯是否是同一人,尚不能確解。①

實際上,關於許男斯究竟何時卽位及其身份問題,早有爭議。《穀梁傳》載許悼公太子止因涉嫌謀弒其父而被廢,次子虺卽位;而據《春秋》經傳載,許悼公卒後有許男斯卽位。虺與許男斯到底是何種關繫? 前人難以論定,更有甚者認爲《穀梁》之説乃道聽途説,不足爲據。

綜上可見,要確定許公佗的身份,不僅要考證《繫年》所載許公佗的相關史事,而且要弄清傳世文獻中的許男斯與公子虺等的關繫,並將二者相互對勘,才有可能得出可信的結論。下面,我們按照這一思路,對許公佗的身份及相關史事作考證。

(二)《繫年》之"許公佗"與《春秋》之"許男斯"及《穀梁傳》之"虺"的關繫

《春秋》昭公十九年:"夏五月戊辰,許世子止弒其君買,……冬,葬許悼公。"《左傳》昭公十九年:"夏,許悼公瘧。五月戊辰,飲大子止之藥卒。大子奔晉。書曰'弒其君',君子曰:'盡心力以事君,舍藥物可也。'"②

《穀梁傳》昭公十九年:"曰弒,正卒也。正卒,則止不弒也。不弒而曰弒,責止也。止曰:'我與夫弒者,不立乎其位。以與其弟虺。'哭泣,歠飦粥,嗌不容粒,未踰年而死。故君子卽止自責而責之也。"③

由上可知,許悼公買患瘧疾,太子止進藥與悼公,結果悼公飲藥而卒,太子止出奔晉國。這是否能夠推斷出太子弒殺其父悼公呢? 也就是説,太子止到底有無弒君之心? 這一問題頗爲複雜,在此姑且不論。但我們看到,《穀梁傳》言太子止讓君位於其弟公子虺,然後整日哭泣,粒米不進,所

---

① 魏棟:《清華簡〈繫年〉與許遷容城事發微》,《出土文獻》第8輯,上海:中西書局,2016年,第90~96頁。
② 楊伯峻:《春秋左傳注(修訂本)》,第1400、1402頁。
③ (清)鍾文烝:《春秋穀梁經傳補注》卷22,第639頁。

以"未踰年而死",大概是在許悼公下葬之前就死了①;而《左傳》則載太子止出奔晉國。兩相比較,有一點值得注意,即前者謂太子止自責而死,並傳位給其弟虺;而後者言太子止出奔晉,至於是否讓出君位則未言。那麼,繼承悼公君位者到底是太子止還是公子虺? 按照《春秋》的記載,繼許悼公位者是許男斯。② 此許男斯又跟太子止與公子虺是何種關繫?

清代學者鍾文烝說:"何休以爲許男斯代立,此云虺,未聞。"③按,《公羊傳》昭公十九年:"赦止者,免止之罪辭也。"何休注:"明止但得免罪,不得繼父後,許男斯代立無惡文是也。"④鍾文烝說蓋本於此。可見,連東漢學者何休都不知道此公子虺與許男斯是何種關繫。後代學者更是認爲《穀梁傳》之說是空穴來風、甚至是錯誤的。清代就有弟子詢問學者毛奇齡曰:"先生傳《春秋》以策文爲據,《公》《穀》二家皆道聽途說無足語者,此何以知非《穀梁》誤也? 且後此許君無名虺者,則其誤且顯然也。"⑤《穀梁傳》是否是道聽途說我們在此不論。毛奇齡弟子說許國國君裏未有名虺者,這是其有誤的最明顯證據。那麼,這種說法是否確實呢?

值得注意的是,西漢劉向所作《新序》裏記載了與上引《穀梁傳》類似的內容,其將"虺"作"緯"。《新序·節士》:"許悼公疾瘧,飲藥毒而死,太子止自責不嘗藥,不立其位,與其弟緯,專哭泣,啜飦粥,嗌不容粒,痛己之不嘗藥,未逾年而死,故《春秋》義之。"⑥清代學者陳立說:"《春秋》定六年有'鄭游速帥師滅許,以許男斯歸'之文,此後不見卒、葬,知繼立者,斯也。"⑦石光瑛進一步認爲:"緯,《穀梁》作虺,……緯、虺、斯古通。"⑧《新

---

① 鍾文烝說:"言未踰年,或死在葬前矣。劉敞說下葬以止之自討爲討之,亦得兼通。"(清)鍾文烝:《春秋穀梁經傳補注》卷22,第639頁。按,按照《春秋》之書法,書葬必先討賊,正所謂"賊未討,何以書葬"(《公羊傳》桓公十八年)? 而此年《春秋》經僅謂冬葬悼公,不見討太子止之罪。劉敞說這是太子止自己討伐自己。石光瑛說:"案古者嗣子卽位,踰年稱君,此言未踰年,明在期年中,悔恨哀毁,以至死也。"(漢)劉向編著,石光瑛校釋,陳新整理:《新序校釋》,第873頁。

② 《春秋》定公六年:"六年春王正月癸亥,鄭游速帥師滅許,以許男斯歸。"楊伯峻:《春秋左傳注(修訂本)》,第1555頁。

③ (清)鍾文烝:《春秋穀梁經傳補注》卷22,第639頁。

④ 《春秋公羊傳注疏》卷23,《十三經注疏》,第5049頁。

⑤ (清)毛奇齡:《經問》卷6,龐曉敏主編:《毛奇齡全集》第19册,北京:學苑出版社,2015年,第193頁。

⑥ (漢)劉向編著,石光瑛校釋,陳新整理:《新序校釋》,第870~873頁。

⑦ (清)陳立:《公羊義疏》卷64,第2457頁。"遬"卽"速"。

⑧ (漢)劉向編著,石光瑛校釋,陳新整理:《新序校釋》,第872頁。

序》此處既有與《左傳》類似者,又有與《穀梁傳》類似者,蓋雜采二者。①今按,此處"緯"(匣母微部,中古合口三等)對應於《穀梁傳》之"虺"(曉母微部,中古合口一等或合口三等),曉、匣均屬喉音,可知二字古音很近。"斯",古音心母支部,中古開口三等,支部與微部同屬陰聲韻,心母是齒頭音,故"斯"與"緯""虺"音實際上並不近。這正是以往學者不將公子虺(緯)與許男斯視爲一人之重要原因。因此,二者是否是同一人,很值得懷疑。那麽,究竟許男斯與公子虺是何種關繫呢? 是否真如清代學者所認爲的《穀梁》之説是錯誤的呢? 對這一問題,以往由於材料的缺乏,確實難以回答,清華簡《繫年》等一些出土文獻爲我們解決這些問題提供了可能。

上文已述,《春秋》之"許男斯"對應於清華簡《繫年》之"許公㐌"。2006年河南省南陽市出土許子敦,其銘文曰:"䣠(許)子它(佗)之盞盂。"許子佗即簡文許公㐌。②"㐌"从"力"、"它"聲,"它""佗"爲透母歌部字,中古音開口一等,透母是舌音,歌部也是陰聲韻。可見,其與"斯"聲韻相隔遠,恐難相通。③ 至於有學者猜測"㐌"和"斯"是一名一字④,也無確鑿證據。

筆者認爲,"許公㐌"與《穀梁傳》的"虺"是同一人。"㐌",透母歌部;"虺",曉母微部。歌、微二部古音非常密切⑤,曉母(喉音)、透母(舌頭)亦有相通的例子⑥。因此,"㐌"與"虺"的關繫是通假關繫。《繫年》之"許子㐌"與《穀梁傳》之"虺"是同一人這是可以肯定的。那麽,其與《春秋》之許男斯是何種關繫呢?

---

① 《新序》中,常有一部分採自這本書,另一部分採自另外一本書的現象。學者認爲這是劉向"棄取删定"的結果。(漢)劉向編著,石光瑛校釋,陳新整理:《新序校釋》,"整理説明"第3頁。
② 黃錦前:《楚系銅器銘文新研》,博士後出站報告,長春:吉林大學,2012年,第193頁。
③ 學者或舉文獻裏"虒"與"斯"可通,从"虒"聲的"褫"又與"拕"相通的例子(見高亨:《古字通假會典》,第467頁,"虒字聲系"),認爲"从它得聲的'㐌'字與'斯'似有相通的可能"(見黃錦前:《"許子佗"與"許公佗"——兼談清華簡〈繫年〉的可靠性》,武漢大學簡帛網,2012年11月21日)。按:"虒""褫"與"斯"古音近,同是心母支部,中古音開口三等,"拕",透母歌部,中古開口一等。
④ 黃錦前:《"許子佗"與"許公佗"——兼談清華簡〈繫年〉的可靠性》,武漢大學簡帛網,2012年11月21日。
⑤ 王力指出:"歌部與脂部關繫很深。我們把脂、微分爲兩部以後,歌部與微部關繫最深。"王力:《王力語言學論文集》,北京:商務印書館,2000年,第228頁。在傳世文獻及出土文獻裏也有較多例子可證明,可參上引王力文第228～229頁;劉波:《出土文獻語音通轉現象整理與研究》,博士學位論文,長春:吉林大學,2013年,第436頁。
⑥ 如上博一"孔子詩論""漢"(曉母)與"灘"(透母)相通。參申紅義:《近年出土楚簡和典籍中的通假異文與上古聲母研究》,《四川大學學報(哲學社會科學版)》2005年第5期,第113頁。

筆者認爲,其也是同一人。"旀(魤)"爲其卽位前之名,而"斯"是卽位後之名。我們知道,在先秦時期的楚國等一些國家,常有"卽位例改名"的習俗。① 如楚昭王卽位前名壬(《左傳》昭公二十六年"大子壬"),卽位後改名爲軫(《春秋》哀公六年作"楚子軫"),《史記·十二諸侯年表》作"珍",《伍子胥傳》作"軫"。又如楚平王卽位前名棄疾,卽位後改名熊居(《左傳》昭公十三年"棄疾卽位,名曰熊居")。許國與楚國關繫密切,蓋其亦有此風俗。②

《繫年》之"許公旀"與許子敦之"許子佗"的"佗"均爲許男斯卽位前之名,這也可以由出許子敦器的河南省南陽市中原機械工業學校春秋晚期六號墓的性質以及佗稱"子"進一步證明。據發掘者説,該墓爲長方形竪穴墓,墓口長一千零五十釐米,東西寬八百八十釐米,深二百一十釐米,一棺一槨;其中出土青銅禮器九件,除許子敦外,還有楚系的養子曰鼎③以及屬於蔡國的雌盤④等器,三國器物同出一墓,可能爲戰爭掠奪所得;此墓年代是春秋晚段,據墓葬形制和出土器物推斷應爲一座楚文化墓葬。據傳世文獻和《繫年》簡文可知,許子佗卽位後一直從晉(詳見下文),故許子敦器應爲他卽位前之器,從晉後爲楚人所劫掠。另外,據王世民研究,許國的爵稱是男爵,許子鐘(《集成》153)、許子妝簠(《集成》4614)中的"子"不能肯定爲爵稱。⑤ 徐少華也説,許子器中的"子",應該是《左傳》僖公九年所謂"凡在喪,……公侯曰子"之"子"。⑥ 筆者以爲許子佗當時正值父喪,此時稱"子",於文獻密合。至於《繫年》稱"許公旀",這是因爲《繫年》是戰國時期楚人所記,許稱"公"可能是因許爲楚的附庸,類似於"縣公"之稱,如許公買簠(《集成》4617)尊楚爲"王",而自稱"公"。

---

① 參楊伯峻:《春秋左傳注(修訂本)》,第1474頁。
② 在先秦時期,大多數人在一般情況下是名隨終身的。《禮記·曲禮下》:"君子已孤不更名。"鄭玄注:"亦重本。"孔穎達疏:"已孤不更名者,不復改易更作新名。所以然者,名是父之所作,父今已死,若其更名,似遺棄其父,故鄭注爲亦重本也。"《禮記正義》卷4,《十三經注疏》,第2722頁。但在特殊場合可以改名,可參閆麗:《〈左傳〉人物稱謂文化研究》,博士學位論文,長春:東北師範大學,2012年,第95~96頁。
③ 林麗霞、王鳳劍:《南陽市近年出土的四件春秋有銘銅器》,《中原文物》2006年第5期,第8頁。
④ 黃錦前:《雌盤考釋》,《考古與文物》2020年第1期,第111~114頁。
⑤ 王世民:《西周春秋金文中的諸侯爵稱》,《考古學史與商周青銅器研究》,北京:社會科學文獻出版社,2017年,第389頁。
⑥ 徐少華:《許國銅器及其歷史地理研究》,《江漢考古》1994年第3期,第60頁。

(三)《左傳》載許太子止出奔晉、《穀梁傳》載卒於許及《繫年》載太子止之弟許公佗出奔晉考異

《繫年》第十八章:"景平王卽世,昭王卽位。許人亂,許公佗出奔晉,晉人羅城汝陽,居許公佗於容城。"這段簡文講述的是許遷都於容城之史事。《春秋》定公四年:"許遷于容城。"魯定公四年(前506)卽楚昭王十年,許悼公買之子許男斯十七年。

簡文載"許人亂",《春秋》昭公十九年:"夏五月戊辰,許世子止弒其君買,……冬,葬許悼公。"《左傳》昭公十九年:"夏,許悼公瘧。五月戊辰,飲大子止之藥卒。大子奔晉。書曰'弒其君',君子曰:'盡心力以事君,舍藥物可也。'"簡文之"許人亂"蓋因許世子止涉嫌弒其父悼公之事。

簡文載"許公佗出奔晉",這與傳世文獻均不同。實際上,關於太子止涉嫌謀殺其父許悼公後的境況,傳世文獻記載卽有差異。《左傳》昭公十九年載"大子奔晉",顯然就太子止而言,而許公佗實乃止之弟。《穀梁傳》昭公十九年載太子止進藥而致許悼公卒後,"止曰:'我與夫弒者,不立乎其位。以與其弟虺。'哭泣,歠飦粥,嗌不容粒,未踰年而死"。其未載太子止奔晉,而載止讓君位於其弟。對於《左》《穀》二傳之不同,學者的意見基本上有三種:

第一,認爲《穀梁》之說不可信,當以《左傳》爲是。清代學者惠士奇說:"《公羊》謂書弒以聽止,書葬以赦止,蔡景公亦書葬,豈舍般哉?止出奔晉,此實事也。"①

第二,認同《穀梁》之說。清代學者陳立卽言:"《左氏》以爲奔晉,《穀梁》以爲自責而死,善善從長,《穀梁》近是。"②

第三,調和二者說法。石光瑛說:"《左傳》以爲奔晉,《穀梁》以爲自責而死,蓋奔晉以致國於弟,而又自瘁而死。二傳所記,可互足也。"③

以上三說,我們認爲第二種說法可信。《左傳》記事詳密,而《穀梁》解釋《春秋》經義,學者一般信前者而疑後者,但也不能一概而論。清代學者毛奇齡之弟子問毛奇齡曰:"先生傳《春秋》以策文(指《左傳》——引者按)爲據,《公》《穀》二家皆道聽途說無足語者,此何以知非《穀梁》誤也?且後此許君無名虺者,則其誤且顯然也?"毛氏答曰:"《穀梁》雖道聽不見

---

① (清)惠士奇:《春秋說》卷15,《清經解;清經解續編》第2冊,第203~204頁。
② (清)陳立:《公羊義疏》卷64,第2457頁。
③ (漢)劉向編著,石光瑛校釋,陳新整理:《新序校釋》,第873頁。

策書,然亦必有道路相傳十得一二者。如此讓虺雖是誤,然此《經》自許世子止弒其君買及葬許悼公後,至定六年鄭游速帥師滅許以許男斯歸,則繼許悼公而立者,許君斯也。並無許君名止者,則無論其所讓者是弟是虺,而總之已不立而讓之他人,此其情亦苦矣。許君見《春秋》者凡七公:穆公新臣、僖公業、昭公錫我、靈公甯、悼公買、許男斯、元公成,並無世子止一人。"①此説足以釋疑。正如前文所述,《穀梁傳》之"虺"正對應於《繫年》及金文裏的"許公佗(佗)",這更説明《穀梁》所言絶非"道聽途説"之語,而是有根據的。石光瑛試圖彌縫二説,但《繫年》説許公佗出奔晉,這又與傳世文獻難以調和。

《繫年》載許公佗出奔晉後,"晉人羅城汝陽,居許公佗於容城"。可見,許公佗出奔後受到了晉的重視,故不惜爲其"羅城汝陽"。"羅城"者,城外的大城;"晉人羅城汝陽"者,是晉人修汝陽外面的大城之義,詳參本章疏證部分。汝陽,整理者疑卽《漢書·地理志》之汝陽縣地,在今河南商水西北。②《左傳》昭公二十九年:"冬,晉趙鞅、荀寅帥師城汝濱。"杜注:"趙鞅,趙武孫也。荀寅,中行荀吴之子。汝濱,晉所取陸渾地。"③楊伯峻注:"汝水出河南嵩縣東南天息山,東北流經汝陽、臨汝,又東南經郟縣、襄城與沙河(古溵水)合。"④簡文蓋指此。簡文之"汝陽"相當於《左傳》之"汝濱"。晉人修建汝陽外邊的大城,説明晉人蓋先把許公佗安置於汝陽。汝陽大概在今河南商水縣西北,晉人把許安置於此處應是爲對抗楚。

如按《左傳》所言,晉是把太子止安排在汝陽來對抗楚,這於理難通。第一,據《穀梁傳》昭公十九年所載,許悼公死後,太子止整日"哭泣,歠飦粥,嗌不容粒,未踰年而死"⑤,這樣的人形同走尸,晉人豈能把抵抗楚的大任寄託於這樣的一個人身上?第二,《穀梁傳》也未説太子止奔晉。所以我們懷疑《左傳》作者蓋將"許公佗"的奔晉誤認爲太子止奔晉。因此,筆者認爲《繫年》載許公佗説法較可信。

(四)遷許於容城者是晉國還是楚國

《繫年》載許公佗出奔晉後,"晉人羅城汝陽,居許公佗於容城"。關於

---

① (清)毛奇齡:《經問》卷6,龐曉敏主編:《毛奇齡全集》第19册,第193~194頁。
② 清華大學出土文獻研究與保護中心編,李學勤主編:《清華大學藏戰國竹簡(貳)》,第182頁。
③ 《春秋左傳正義》卷53,《十三經注疏》,第4614頁。
④ 參楊伯峻:《春秋左傳注(修訂本)》,第1504頁。
⑤ (清)鍾文烝:《春秋穀梁經傳補注》卷22,第639頁。

"容城",東漢人應劭認爲即漢南郡華容縣。① 這種説法不確。《左傳》定公六年載"鄭滅許,因楚敗也",當時許在容城,若容城在南郡華容,地處楚郢都東南,鄭須逾方城、濟漢水而滅許,這是不可能的。所以,這種説法遭到了王夫之②、顧祖禹③、顧棟高④等學者的一致反對。王夫之推測在"宛雒之東、汝蔡之北"⑤,顧祖禹⑥、顧棟高⑦皆説"或曰在葉縣西",楊伯峻認爲:"容城在今河南魯山縣南稍東約三十里,距許昌市不足四百里,故鄭能滅之。"⑧

關於遷許於容城者是楚還是晉,過去學者有分歧。《春秋》定公四年:"許遷于容城。"未言誰遷許,而《左傳》《穀梁》《公羊》三傳等又未載此事,所以學者或主張是爲楚所遷⑨,或主張是許爲避楚而自遷⑩。《繫年》明確載遷許於容城者是"晉人",筆者認爲這是正確的。

許、鄭二國爲近鄰,鄭國一直想吞併許國,以致後來相互攻伐,終成世仇。由於許較鄭弱小,所以一直卵翼於楚、晉二大國之下以求庇護,但實際

---

① 《漢書·地理志》南郡"華容"縣顏師古注引應劭曰:"《春秋》'許遷於容城'是。"《漢書》卷28上,第1567頁。
② 《春秋稗疏》:"應劭、酈道元俱以南郡之華容爲容城。華容今監利縣,在漢南五百里,濱大江而與郢密邇,使許遷於此,鄭豈能深入楚地而滅之? 許自城父遷析,依楚北境以自固;而召陵之會改而從晉,故不敢復居於析,背楚而北遷容城,雖無所考,大要在宛雒之東、汝蔡之北。故皋鼬之會許男未歸而已遷,亟避楚也。鄭以夙怨就近而滅之,其非華容決矣。"(清)王夫之:《春秋稗疏》卷下,《船山全書》之五,第85頁。
③ 《讀史方輿紀要》卷78"華容城"條:"華容城,縣東五里。應劭以爲春秋時之容城,即楚遷許處,誤也。"(清)顧祖禹:《讀史方輿紀要》,北京:中華書局,2005年,第3670頁。
④ (清)顧棟高:《春秋大事表》卷5,第571頁。
⑤ (清)王夫之:《春秋稗疏》卷下,《船山全書》之五,第85頁。
⑥ (清)顧祖禹:《讀史方輿紀要》,第12頁。
⑦ (清)顧棟高:《春秋大事表》卷5,第571頁。
⑧ 楊伯峻:《春秋左傳注(修訂本)》,第1555頁。
⑨ 顧祖禹、馬驌、高士奇、鍾文烝等皆主此説。顧祖禹説:"自葉以下皆爲楚所遷也。《左傳》定四年:'許遷容城。''六年,鄭滅許。'"(清)顧祖禹:《讀史方輿紀要》,第12頁。可見顧氏認爲許遷容城是楚所爲。馬驌説:"許悼卽位,凡楚盟會,無役不從,許雖親楚,楚何嘗爲許報哉? 靈公遷於葉,悼公遷於夷,又遷於白羽,許男斯遷於容城,國凡四遷,皆出楚命。"(清)馬驌:《左傳事緯》,濟南:齊魯書社,1992年,第469頁。高士奇説:"[許]乃卽安於楚,始而葉,繼而白羽,繼而容城。"(清)高士奇:《左傳記事本末》,北京:中華書局,1979年,第615頁。鍾文烝説:"容城,楚地。"(清)鍾文烝:《春秋穀梁經傳補注》,第683頁。既然爲楚地,則必然爲楚所遷(晉不可能把許遷到楚地去)。
⑩ 如王夫之、廖平等。《春秋稗疏》:"[許]召陵之會改而從晉,故不敢復居於析,背楚而北遷容城,雖無所考,大要在宛雒之東、汝蔡之北。故皋鼬之會許男未歸而已遷,亟避楚也。鄭以夙怨就近而滅之,其非華容決矣。"(清)王夫之:《春秋稗疏》卷下,《船山全書》之五,85頁。廖平注"許遷於容城"時説:"諸侯遷之於中國。"(清)廖平:《穀梁古義疏》,第645頁。"中國"自然非楚地,其與鍾文烝所認爲容城是楚地的説法相異。

上反成爲被其利用的工具。魯襄公二十七年(前546),許悼公卽位。清人馬驌曰:"凡楚盟會,無役不從,許雖親楚,楚何嘗爲許報哉?"①事實確實如此。《左傳》載,魯昭公十八年(前524,許悼公二十三年),楚左尹王子勝就對楚平王説:

> 許於鄭,仇敵也,而居楚地,以不禮於鄭。晉、鄭方睦,鄭若伐許,而晉助之,楚喪地矣。君盍遷許。許不專於楚,鄭方有令政,許曰:"余舊國也。"鄭曰:"余俘邑也。葉在楚國,方城外之蔽也。土不可易,國不可小,許不可俘,讎不可啓,君其圖之!"楚子説。冬,楚子使王子勝遷許於析,實白羽。②

可見,楚既不想放棄許國,又不想與晉産生矛盾,索性想出一個一箭雙雕的計謀——把許遷到白羽(在今河南西峽縣西關外③),這樣離鄭國遠了一些,也使得許不易給楚找麻煩。楚的這種損人利己的做法自然不能不使得許國有所反應,而實際上,此舉致使許國脱離了楚的庇護。

《左傳》昭公十九年:"夏,許悼公瘧。五月戊辰,飲大子止之藥卒。大子奔晉。"許悼公一直從楚,而許太子止奔晉(實當從《繫年》,卽太子止之弟許公佗奔晉),可知其已經開始依靠晉國。許的這種做法正是晉所求之不得的,《繫年》載:"許公佗出奔晉,晉人羅城汝陽,居許公佗於容城。"晉國也開始扶持許來抵抗楚,此舉引起了楚的警惕。《左傳》昭公十九年載許太子奔晉後,楚大夫"費無極言於楚子曰:'晉之伯也,邇於諸夏。(疑此正指許投晉而言——引者按)而楚辟陋,故弗能與争。若大城城父,而實大子焉,以通北方,王收南方,是得天下也。'王説,從之。故大子建居於城父。"城父是楚邑,在今河南寶豐縣東四十里④。可見楚人此舉正是爲了防範晉。

魯定公四年(前506,許男斯十七年),晉率諸侯伐楚,許國也是積極的參與者。《春秋》定公四年載:三月,"公會劉子、晉侯、宋公、蔡侯、衛侯、陳子、鄭伯、許男、曹伯、莒子、邾子、頓子、胡子、滕子、薛伯、杞伯、小邾子、齊國夏于召陵,侵楚";"五月,公及諸侯盟於皋鼬";六月,"許遷于容城"。王夫之據此認爲:"[許自]召陵之會改而從晉,故不敢復居於析,背楚而北遷

---

① (清)馬驌:《左傳事緯》,第469頁。
② 楊伯峻:《春秋左傳注(修訂本)》,第1399~1400頁。
③ 參楊伯峻:《春秋左傳注(修訂本)》,第1474頁。
④ 參楊伯峻:《春秋左傳注(修訂本)》,第1402頁。

容城,……故皋鼬之會許男未歸而已遷,亟避楚也。"① 王氏由於未見《繫年》的材料,所以認爲許自召陵之會才改從晉;而據我們前文的分析,許公佗一即位就已從晉。又,王氏所認爲許遷於容城是"亟避楚也",這是很精闢的見解。不僅如此,《繫年》謂許遷容城實際上是晉所爲,也與王氏之判斷若合符契。

(五)小結

通過上文分析,我們可以得出以下新認識:

第一,《繫年》之"許公佗"即《穀梁傳》之"虺",爲許悼公買之次子。《春秋》稱"許男斯"者,乃其即位後所改之名。

第二,魯昭公十九年,許悼公太子止進藥給其父,結果其父飲藥而死,止因此自責而讓位於其弟虺,然止終究鬱鬱寡歡而死。止進藥導致其父之死,而又無法擺脫瓜李之嫌,引起了許國之亂,於是太子止又讓位於弟虺,此即《繫年》所謂的"許人亂"。許國國內動盪,虺出奔晉,於是晉國扶持虺來對付楚國。待國內安定,虺又在晉國的支持下回歸許國,即位爲許君,即《繫年》中的"許公佗"與《春秋》所稱的"許男斯",許自此之後一直從晉。

第三,魯定公四年,晉遷許於容城,當時晉、楚爭霸,此舉主要是爲了避楚。

總之,通過將傳世文獻與《繫年》相對讀,可知簡文所載的"居許公佗於容城"爲《春秋》定公四年"六月……許遷於容城"事。前引魏棟之所以將二者理解爲一前一後,一方面是因爲他未認識到許男斯即許公買之次子,而又誤信《左傳》所謂許太子止出奔晉說,另一方面則是因爲其未能認識到《繫年》敘事不是完全按照時間順序的,比如《繫年》第二章敘述周幽王、周平王事,以及第六章敘述晉文公重耳過諸國事,均不是完全按照年代先後敘事。對此筆者已有探討,詳見這些章考證部分。可見,《繫年》所載的許公佗事,不僅與傳世文獻相印證,且糾正了傳世文獻之譌誤,又進一步證實了《繫年》的可靠性,也幫助我們認清了金文中的"許子佗"的身份。

五、晉、吳與楚方城之戰及相關史事考

魯定公四年(前506),晉合十八國諸侯會盟楚地召陵,《春秋》定公四年載"侵楚",同年《左傳》謂"謀伐楚"也。召陵既然是楚地,說明在召陵之

---

① (清)王夫之:《春秋稗疏》,《船山全書》之五,第85頁。

會前諸侯已經侵入楚地,卽此前應有晉等與楚之戰爭。那麼,此次戰事如何？傳世文獻缺載,而《繫年》對於召陵之會前的晉等與楚的戰事有記載,這爲我們重新認識這段史事提供了新的材料。

1957年出土於河南信陽長臺關一號墓的㽙篱鐘銘文載"晉人救戎於楚境",20世紀70年代就有學者提出其對應於《左傳》哀公四年所記楚國(楚昭王時期)滅戎蠻子而引起的楚、晉糾紛事,但當時這種看法未得到學界認同。1973年湖北當陽季家湖楚城遺址出土的秦王鐘,其銘文作"秦王俾命景平王之定救秦戎"。2006年出現了一批流散的楚銅器,有銘作"王命景之定救秦戎,大有功於洛之戎"。對這些銅器的具體年代,學界衆說紛紜,莫衷一是。值得注意的是,在《繫年》裹,亦載"楚昭王侵伊洛"之事。據《繫年》,可明確推斷出此正對應於上引《左傳》哀公四年所記事;並且,《繫年》明確謂此次楚侵伊洛是爲了"復方城之師"。如此,則説明㽙篱鐘、秦王鐘及2006年出現的這批銅器銘文與《繫年》《左傳》正可互證。這爲我們重新考察此次楚侵伊洛的史事提供了新材料。

下文依據金文資料、清華簡《繫年》及《左傳》等傳世文獻對晉、吳與楚方城之戰及楚侵伊洛以報方城之戰等相關史事進行一些探討。

(一)召陵之會前的國際形勢

《春秋》定公四年:三月,"公會劉子、晉侯、宋公、蔡侯、衛侯、陳子、鄭伯、許男、曹伯、莒子、邾子、頓子、胡子、滕子、薛伯、杞伯、小邾子、齊國夏于召陵,侵楚";六月,"許遷于容城"。①

《左傳》定公三年:"蔡侯如晉,以其子元與其大夫之子爲質焉,而請伐楚。"《左傳》定公四年:"四年春三月,劉文公合諸侯于召陵,謀伐楚也。晉荀寅求貨於蔡侯,弗得,言於范獻子曰:'國家方危,諸侯方貳,將以襲敵,不亦難乎！水潦方降,疾瘧方起,中山不服,棄盟取怨,無損於楚,而失中山,不如辭蔡侯。吾自方城以來,楚未可以得志,祇取勤焉。'乃辭蔡侯。"杜注:"晉敗楚,侵方城,在襄十六年。"②

比較經傳,有兩點值得注意:

第一,《春秋》言"侵楚",《左傳》説"謀伐楚"。前者是已然,後者是未然,兩者顯然相異。何謂"侵"？杜預注:"於召陵先行會禮,入楚竟(境),

---

① 楊伯峻:《春秋左傳注(修訂本)》,第1533頁。
② 《春秋左傳正義》卷54,《十三經注疏》,第4633頁。

故書侵。"①關於"召陵",《土地名》:"召陵,楚地也。"②在今河南漯河郾城區東。③諸侯在楚地盟會,可見已經侵入楚;既入楚境,則已經構成侵楚之事實。這説明會於召陵之時,乃侵楚之時。《左傳》言"謀伐楚",是講會於召陵之時,是謀劃伐楚。這易使人認爲,召陵之會時尚未伐楚。如宋代學者葉夢得就説:"前年記蔡昭侯如楚,囊瓦求佩不得,止之三年。如晉以其子元與大夫之子爲質,而請伐楚,故今爲召陵之會,而以劉子臨之,則晉爲之請於王而行矣,所以《經》書'伐楚',豈'謀伐楚'哉?謀者,事未成也;事已成,則何謀之云?"④那麼,我們要問,召陵之會前晉是否已經伐楚?

第二,《春秋》載三月許會合諸侯伐楚,説明其屬於晉一方;而《春秋》又載六月許遷到容城,容城爲楚地,在今河南魯山縣南稍東約三十里⑤。那麼,我們要問,從晉一方的許爲何要遷入楚地?

對於以上兩個問題,由於材料缺乏,學者們有諸多論辯,但均難以論定。值得注意的是,《繫年》記載了相關內容,這爲我們解決這些問題提供了可能。

《繫年》第十八章載:"景平王卽世,昭王卽位;許人亂,許公舵出奔晉,晉人羅城汝陽,居許公舵於容城。晉與吳會爲一,以伐楚,閔方城。遂盟諸侯於召陵,伐中山。"此段簡文告訴我們,在召陵之會前,晉與吳已經聯合伐楚,並且,二國聯軍已經攻伐至楚方城。如此,則方城外的楚國大片土地已經掌握在晉的手中。正由於晉、吳聯軍已達方城之外,而容城卽在方城之外,故晉遷許在此,合情合理。如此,《繫年》的記載確實回答了我們上面所提出的問題,但又帶來了新的問題:第一,《繫年》説召陵之會前晉、吳已經聯合伐楚;而據《春秋》經傳,未見吳、晉聯合,而且在正式謀劃伐楚的召陵之會中也未見吳國。那麼,《繫年》的説法是否可信?第二,如《繫年》之説可信,那麼召陵之會爲何不見吳國?抑或吳國退出了伐楚?如是,其爲何要退出?第三,如吳在召陵之會時退出伐楚,那麼,爲何在此年冬又伐楚?下面我們對這三個問題進行一些探討。

---

① 《春秋左傳正義》卷54,《十三經注疏》,第4632頁。
② 《春秋左傳正義》定公四年孔疏引。見《春秋左傳正義》卷54,《十三經注疏》,第4632頁。
③ 參楊伯峻:《春秋左傳注(修訂本)》,第1533頁。
④ (宋)葉夢得:《春秋左傳讞》卷9,清文淵閣四庫全書本。
⑤ 楊伯峻:《春秋左傳注(修訂本)》,第1555頁。

1. 召陵之會前吳、晉有無可能聯合伐楚

關於吳、晉參與伐楚的時間,《春秋》三傳的記載有差異。

（1）三傳記載之差異

《左傳》定公三年載楚令尹囊瓦（子常）索要玉佩與裘於蔡昭侯而蔡侯不與,於是把蔡昭侯扣押在楚三年,後蔡侯不得已獻玉佩於子常才被放回國。蔡侯在歸國途中,"及漢,執玉而沉,曰:'余所有濟漢而南者,有若大川!'蔡侯如晉,以其子元與其大夫之子爲質焉,而請伐楚"①。

又,《左傳》定公四年載:"沈人不會于召陵,晉人使蔡伐之。夏,蔡滅沈。秋,楚爲沈故,圍蔡。伍員爲吳行人以謀楚。……楚自昭王即位,無歲不有吳師,蔡侯因之,以其子乾與其大夫之子爲質於吳。冬,蔡侯、吳子、唐侯伐楚。"②

《穀梁傳》定公四年載:"蔡昭公朝於楚,有美裘,正是日,囊瓦求之,昭公不與。爲是拘昭公於南郢。數年然後得歸,歸乃用事乎漢。曰:'苟諸侯有欲伐楚者,寡人請爲前列焉。'楚人聞之而怒,爲是興師而伐蔡,蔡請救于吳。子胥曰:'蔡非有罪,楚無道也,君若有憂中國之心,則若此時可矣。'爲是興師而伐楚。"③

《公羊傳》定公四年:"蔡昭公朝乎楚,有美裘焉,囊瓦求之,昭公不與。爲是拘昭公於南郢,數年然後歸之。於其歸焉,用事乎河,曰:'天下諸侯,苟有能伐楚者,寡人請爲之前列。'楚人聞之,怒。爲是興師,使囊瓦將而伐蔡。蔡請救于吳,伍子胥復曰:'蔡非有罪也,楚人爲無道,君如有憂中國之心,則若時可矣。'"④

爲了便於比較,特列表十二:

---

① 楊伯峻:《春秋左傳注（修訂本）》,第1532頁。
② 楊伯峻:《春秋左傳注（修訂本）》,第1542頁。
③ （清）鍾文烝:《春秋穀梁經傳補注》卷23,第685~686頁。
④ （清）陳立:《公羊義疏》卷69,第2674~2676頁。

表十二 《春秋》經傳與《繫年》記載蔡昭侯聯合晉、吳伐楚等相關史事之比較

時間	《春秋》	《左傳》	《公羊傳》	《穀梁傳》	《繫年》
魯定公三年		蔡昭侯爲兩佩與兩裘以如楚，獻一佩一裘於昭王。昭王服之，以享蔡侯。蔡侯亦服其一。子常欲之，弗與。三年止之。	蔡昭公朝乎楚，有美裘焉，囊瓦求之，昭公不與。爲是拘昭公於南郢。	蔡昭公朝於楚，有美裘，正是日，囊瓦求之，昭公不與。爲是拘昭公於南郢。	
		蔡侯歸，及漢，執玉而沉。	數年然後歸之。於其歸焉，用事乎河。	數年然後得歸，歸乃用事乎漢。	
		曰："余所有濟漢而南者，有若大川！"	曰："天下諸侯，苟有能伐楚者，寡人請爲之前列。"	曰："苟諸侯有欲伐楚者，寡人請爲前列焉。"	
			楚人聞之，怒。爲是興師，使囊瓦將而伐蔡。	楚人聞之而怒，爲是興師而伐蔡。	
	第十八章：景平王即世，昭王即位。……晉與吳會爲一，以伐楚，閔方城。 第二十章：晉簡（定）公立五年，與吳王闔廬伐楚。		蔡侯如晉，以其子元與其大夫之子爲質焉，而請伐楚。	蔡請救于吳。	蔡請救于吳。

(續表)

時間	《春秋》	《左傳》	《公羊傳》	《穀梁傳》	《繫年》
魯定公四年	三月,公會劉子、晉侯、宋公、蔡侯、衛侯、陳子、鄭伯、許男、曹伯、莒子、邾子、頓子、胡子、滕子、薛伯、杞伯、小邾子、齊國夏于召陵,侵楚。	四年春三月,劉文公合諸侯于召陵,謀伐楚也。			第十八章:遂盟諸侯於召陵。
	夏四月庚辰,蔡公孫姓帥師滅沈,以沈子嘉歸,殺之。		蔡請救于吳。	蔡請救于吳。	
	五月,公及諸侯盟于皋鼬。	及皋鼬,將長蔡於衛。……乃長衛侯於盟。			
	六月,許遷于容城。				
	秋……楚人圍蔡。	秋,楚爲沈故,圍蔡。			
		伍員爲吳行人以謀楚。	伍子胥復曰:"蔡非有罪也,楚人爲無道,君如有憂中國之心,則若時可矣。"	子胥曰:"蔡非有罪也,楚無道也,君若有憂中國之心,則若此時可矣。"	第十五章:伍員爲吳大宰,是教吳人。
		楚自昭王卽位,無歲不有吳師,蔡侯因之,以其子乾與其大夫之子爲質於吳。			

(續表)

時間	《春秋》	《左傳》	《公羊傳》	《穀梁傳》	《繫年》
	冬十有一月庚午,蔡侯以吳子及楚人戰于柏舉,楚師敗績。	冬,蔡侯、吳子、唐侯伐楚。	於是興師而救蔡。	爲是興師而伐楚。	第十九章:陳、蔡、胡反楚,與吳人伐楚。第十五章:反楚邦之諸侯,以敗吳師於柏舉。
	庚辰,吳入郢。	庚辰,吳入郢。			第十五章:遂入郢。

資料來源:楊伯峻:《春秋左傳注(修訂本)》,第 1531~1545 頁;(清)陳立:《公羊義疏》卷 69,第 2674~2676 頁;(清)鍾文烝:《春秋穀梁經傳補注》卷 23,第 685~686 頁。

由表十二可見,《春秋》三傳就蔡昭侯聯合晉、吳伐楚等相關史事記載存在以下差異:

第一,《公》《穀》二傳載楚昭王聽聞蔡昭侯伐楚之誓言後"興師而伐蔡",那麼此次伐蔡在何時?《春秋》《左傳》未載楚昭王聞蔡侯誓言而伐蔡事。

第二,蔡昭侯在被釋放歸國後,《公》《穀》俱謂即求救於吳;而《左傳》則謂求救於晉。

第三,關於楚何以伐蔡,《公》《穀》説是因爲楚昭王聽到蔡昭侯誓言伐楚,而《左傳》則謂是由於蔡伐楚之與國沈國。

那麼,如何看待以上差異呢?以往學者(如何休、廖平等)的基本思路是彌合三者差異。如上引《公羊傳》"楚人聞之,怒",何休注曰:"見侵後,聞蔡有此言而怒",徐彥疏:"正以上文'楚人圍蔡',在侵楚之後故也。而伐蔡者,即下'楚人圍蔡'是也。圍而言'伐'者,舉總名故也。"①崔適曰:"案:是年三月,公會劉子、晉侯、宋公、蔡侯、衛侯、陳子、鄭伯、許男、曹伯、莒子、邾婁子、頓子、胡子、滕子、薛伯、杞伯、小邾婁子、齊國夏于召陵,侵楚。據此傳,則是蔡侯所請也。"②據此,則何休之説的邏輯是:諸侯侵楚→

---

① 《春秋公羊傳注疏》卷 25,《十三經注疏》,第 5078 頁。
② (清)崔適:《春秋復始》卷 14,"比例類"。

楚昭王聽聞此事是蔡鼓動的(蔡曾發誓要爲伐楚諸侯之前列)→楚昭王派囊瓦伐蔡(何休認爲即"楚圍蔡")→蔡求救於吳。筆者認爲,何休此種解釋的關鍵在於將"楚昭王派囊瓦伐蔡"與《春秋》之"楚圍蔡"相等同,並將其原因歸結爲楚昭王聽聞諸侯侵楚是蔡所鼓動。如此,則《公羊》的説法就與《左傳》相合。但問題在於,《左傳》《史記》均謂"楚圍蔡"是因爲蔡滅沈國。《左傳》定公四年:"秋,楚爲沈故,圍蔡。"《史記·蔡世家》:"夏,爲晉滅沈,楚怒,攻蔡。"可見何休此種彌縫實難成立。①

廖平也試圖彌合三者之差異。上引《穀梁傳》"楚人聞之",廖平注:"中有召陵滅沈事。"《穀梁傳》"蔡求救於吳",廖平注:"先請救於晉,晉畏楚,乃轉求吳也。"②廖氏之説亦可商:前文已述,《穀梁》根本未載先求救於晉、再求吳説;廖氏認爲"楚人聞之"的"之"指代"召陵滅沈事",這也是無任何憑據的。故廖氏的彌縫也難成立。

綜上可見,《公》《穀》二傳與《左傳》之差異是客觀存在的,以往學者不顧事實,試圖將二傳比附於《左傳》,以抹平這種差異,結果也是徒勞的。《繫年》亦載此事,其不僅與《公》《穀》二傳相異,也與《左傳》不合。這提醒我們,不僅要對《公》《穀》二傳的説法進行進一步分析,對《左傳》之説也應該進行考證。

(2)《左傳》之問題

《春秋》《左傳》俱載魯定公四年(前506)諸侯會盟楚地召陵,顯然此前已經侵入楚;又,晉遷許人於楚方城之外的容城,顯然已經兵臨方城之下。這説明在召陵之會前晉率諸侯之師已經與楚有了較大規模的戰爭,而《春秋》《左傳》於此未載。根據《繫年》,此戰即爲魯定公三年(前507)的"方城之師"。《繫年》第二十章:"晉簡(定)公立五年,與吳王闔廬伐楚。"晉定公五年即魯定公三年。

《公》《穀》二傳俱載蔡昭侯在由楚返歸國後即求救於吳,而《左傳》謂求救於晉。據上引《繫年》,筆者認爲蔡昭侯實際上在魯定公三年既求救於晉,也求救於吳。這是否與《左傳》所載先求救於晉、再求救於吳的説法相矛盾呢?實際上並不矛盾。

《左傳》定公四年載:"楚自昭王即位,無歲不有吳師,蔡侯因之,以其

---

① 石光瑛據《左傳》《史記》認爲何休所解有誤。他説:"是楚因蔡滅其與國,故伐之,非爲受侵後也,何注誤。"(漢)劉向編著,石光瑛校釋,陳新整理:《新序校釋》卷9,第1150頁。

② (清)廖平:《穀梁古義疏》卷10,第648頁。

子乾與其大夫之子爲質於吳。"以往學者將其對應於《公》《穀》二傳之"蔡請救於吳"。筆者認爲,後者是蔡向吳請求相救,在魯定公三年;而前者是因爲晉不願助蔡伐楚,故蔡轉而質人於吳。① 這兩者本質上是不同的,不能混爲一談。

綜上可見,《公》《穀》二傳與《左傳》所記事有兩點不同。其一,前者載蔡昭侯歸國後即求救於吳;而後者謂求救於晉,由於晉不願伐楚,故質人以吳以伐楚。其二,前者謂楚昭王聽聞蔡侯之誓言後伐蔡,此事起因是蔡侯誓言要爲伐楚之前列;《春秋》《左傳》之"楚人圍蔡"起因是蔡侵沈。這兩者本來就相異,以往學者多以前者比附後者,結果治絲益棼。這說明,《公》《穀》二傳與《左傳》所依據的材料本就不同。

《公羊傳》定公四年載蔡昭侯在歸國途徑漢水時,發誓曰:"天下諸侯苟有能伐楚者,寡人請爲之前列。"《穀梁傳》亦同。《左傳》定公三年作:"余所有濟漢而南者,有若大川!"楊伯峻注:"誓不再朝楚。"他還猜測《公》《穀》之辭"蓋因四年蔡隨吳伐楚而以意爲此辭,非原辭也",意即《左傳》爲"原辭"。② 楊先生此說純屬猜測,未有任何憑據。事實上,以當時的情境推測,筆者認爲《公》《穀》二傳的說法更可信。不管如何,蔡昭侯之誓言必爲楚昭王所不能接受,也自然就成爲了楚伐蔡的口實。

總之,筆者認爲《繫年》所載召陵之會前吳、晉聯合伐楚是可信的。那麼,召陵之會爲何不見吳國? 抑或吳國退出了伐楚? 如是,其爲何要退出? 這就是我們要回答的第二個問題。

2. 召陵之會爲何不見吳國參加

《左傳》定公四年:

> 四年春三月,劉文公合諸侯于召陵,謀伐楚也。晉荀寅求貨於蔡侯,弗得,言於范獻子曰:"國家方危,諸侯方貳,將以襲敵,不亦難乎! 水潦方降,疾瘧方起,中山不服,棄盟取怨,無損於楚,而失中山,不如辭蔡侯。吾自方城以來,楚未可以得志,祇取勤焉。"乃辭蔡侯。③

召陵之會本來是"謀伐楚",後改而伐中山,荀寅舉出理由說"國家方危,諸侯方貳"。

---

① 廖平之說與此正相反,其曰:"先請救於晉,晉畏楚,乃轉求吳也。"這是以《左傳》來權衡《穀梁傳》。(清)廖平:《穀梁古義疏》卷10,第648頁。
② 楊伯峻:《春秋左傳注(修訂本)》,第1532頁。
③ 《春秋左傳正義》卷54,《十三經注疏》,第4633頁。

召陵之會，"從楚之國悉起從晉，晉合十八國之師，自桓、文以來所未嘗有"①，在此形勢之下，荀寅爲何説"諸侯方貳"，而且導致"國家方危"呢？或認爲是由於"沈人不會於召陵"使"諸侯方貳"。但沈乃小國，何有令晉"國家方危"之力量？沈不會召陵，"晉人使蔡伐之。夏，蔡滅沈"，可見，要滅像沈這樣的小國，實際上都不需要晉親自動手。那麼，這"諸侯方貳"指的又是哪個國家呢？筆者以爲正是吳國。晉、吳本來聯合伐楚，但後來兩國不知爲何，同盟關繫破裂，所以召陵之盟吳也未參加。

荀寅又説晉國國内"水潦方降，疾瘧方起，中山不服"，在這種情況下，"棄盟取怨，無損於楚"，此"棄盟"又何指？杜預認爲："晉、楚同盟，伐之爲取怨。"杜注不可從。首先，從文意上講不通。杜預謂"棄盟"所棄之盟是指晉、楚同盟，如此，則《左傳》文謂"如放棄晉、楚之聯盟，則對楚無損害"。爲何晉、楚聯盟破裂後，會對楚無損害呢？筆者以爲杜注的説法欠妥。其次，於史實不符。《春秋》定公四年："三月，公會劉子、晉侯、宋公、蔡侯、衛侯、陳子、鄭伯、許男、曹伯、莒子、邾子、頓子、胡子、滕子、薛伯、杞伯、小邾子、齊國夏於召陵，侵楚。"諸侯在楚地召陵盟會，可見已經侵入楚，《繋年》謂在盟於召陵前伐楚、閥方城，兩者可互證。既已侵楚，則説明晉、楚聯盟早已破壞，又何來"棄盟"？因此，筆者認爲杜注把《左傳》之"棄盟"解釋爲晉、楚同盟是欠妥的，此盟應該是指晉、吳同盟。《繋年》載："晉與吳會爲一，以伐楚。"説明晉、吳已經結盟。

另外，荀寅説："吾自方城以來，楚未可以得志。"杜注："晉敗楚，侵方城，在襄十六年。"《繋年》第十八章："晉與吳會爲一，以伐楚，閥方城。遂盟諸侯於召陵，伐中山。"可見在召陵之會之前，晉、吳已經攻伐楚之方城。荀寅所謂"吾自方城以來"蓋就此次會晉、吳聯合攻方城而言。

綜上可見，在召陵之會前由於晉、吳同盟關繫破裂，故吳未參加晉所主持的召陵盟會。

3. 吳在魯定公四年冬之伐楚

我們再回答前面提到的第三個問題，即如吳在召陵之會時退出伐楚，那麼爲何在此年冬又伐楚呢？

蔡昭侯在魯定公三年即已求救於吳（見於《公羊》《穀梁》），又求救於晉，甚至質人於晉（見於《左傳》），《繋年》第二十章載晉定公五年晉、吳聯合伐楚，爲方城之師。在魯定公四年召陵之會前，吳、晉由於未知原因而關

---

① （清）顧棟高：《春秋大事表》卷32，第2054頁。

繫破裂,故召陵之會不見吳。在此會後,由於晉由伐楚轉而伐中山,所以蔡不得不把希望寄託於吳,所以又質人於吳,聯合吳於此年冬伐楚。

(二)吳、晉方城之師與楚昭王侵伊、洛之役

《繫年》第二十章:"晉簡(定)公立五年,與吳王闔廬伐楚。"晉定公五年即公元前507年,魯定公三年。《繫年》第十八章:"景平王即世,昭王即位;……晉與吳會爲一,以伐楚,閔方城;遂盟諸侯於召陵,伐中山。"觀《春秋》定公三年之經傳,俱未載此年吳、晉伐楚事,而上文我們已經論證此事確實存在,故經傳實際上是漏載此事。

又,《繫年》第十八章:"楚昭王侵伊洛以復方城之師。"整理者注:"吳人入郢事,《左傳》不載晉方城爲吳援;昭王復國,敗吳師,復入郢之役,《左傳》亦不載侵晉復方城之役。"①整理者將楚昭王侵伊洛比附於楚昭王復國、復入郢之役,此説是有商榷之餘地的。

關於楚昭王侵伊洛事,見於《左傳》與金文的記載。

《左傳》哀公四年:

> 夏,楚人既克夷虎,乃謀北方。左司馬眅、申公壽餘、葉公諸梁致蔡於負函,致方城之外於繒關,曰:"吳將泝江入郢,將奔命焉。"爲一昔(夕)之期,襲梁及霍。單浮餘圍蠻氏(浮餘,楚大夫),蠻氏潰。蠻子赤奔晉陰地。司馬起豐、析與狄戎,以臨上雒。左師軍于菟和,右師軍于倉野,使謂陰地之命大夫士蔑曰:"晉、楚有盟,好惡同之。若將不廢,寡君之願也。不然,將通於少習以聽命。"士蔑請諸趙孟。趙孟曰:"晉國未寧,安能惡於楚?必速與之!"士蔑乃致九州之戎,將裂田以與蠻子而城之,且將爲之卜。蠻子聽卜,遂執之與其五大夫,以畀楚師于三戶。司馬致邑立宗焉,以誘其遺民,而盡俘以歸。②

據此,在魯哀公四年(前491,楚昭王二十五年),楚人在平定叛楚的蠻夷夷虎後,開始謀北方(指與晉争衡)。其中楚大夫單浮餘圍蠻氏,蠻氏潰逃,奔晉國陰地。楚司馬徵召豐、析與狄戎之民爲兵,追擊蠻氏到晉國上雒,並威脅晉大夫要其交出蠻氏。晉人設計將蠻氏及其五大夫抓獲,交予楚師所在的三戶(在今河南淅川縣西南丹江之南③)。楚司馬又設計爲蠻氏作邑,

---

① 清華大學出土文獻研究與保護中心編,李學勤主編:《清華大學藏戰國竹簡(貳)》,第182頁。
② 楊伯峻:《春秋左傳注(修訂本)》,第1626~1628頁。
③ 參楊伯峻:《春秋左傳注(修訂本)》,第827頁。

把蠻氏的居民聚於邑内,將之全部俘獲。此事又見於金文記載。

(三)楚昭王侵伊、洛之役與金文中的"救秦戎"

1. 荆厯鐘

1957年出土於河南信陽長台關一號墓的荆厯鐘(《集成》38):"隹(唯)䎽篙屈栾晉人救戎於楚竞(境)"。"䎽篙"當讀爲"荆厯",猶言"楚厯"。"屈栾"即《睡虎地秦墓竹簡》之"屈夕",爲楚二月的月名,相當於秦十一月①。"救"(見母幽部),趙誠讀爲"勼"(見母幽部),《集韻·尤韻》:"勼,《説文》'聚也',古作救,通作鳩。"銘文中爲聚集義。② "晉人救戎於楚境",顧鐵符認爲即指上引《左傳》哀公四年所記事。③ 因此,銘文謂"楚厯二月晉人聚集戎於楚境",對應於上引《左傳》載晉人設計將蠻氏及其五大夫抓獲交予楚師所在的三户事。

2. 景之定鬲與秦王鐘

1973年湖北當陽季家湖楚城遺址出土的秦王鐘(《集成》37):"秦王卑(俾)命竞(景)坪(平)王之定救秦戎。"此銘之"秦王"應指楚昭王,詳見後文。

2006年10月下旬出現了一批流散的楚國青銅器,其中有盤銘作"楚王酓(熊)悆乍(作)寺(持)盥盤",鬲銘作"隹(唯)哉 ▬ (式日),王命竞(景)之定救秦戎,大有礿(功)于洛之戎,用作障(尊)彝"。④

這批器物的年代,陳全方、陳馨認爲鼎介乎春秋晚期到戰國早期之間,其他銅器屬於春秋早期。⑤ 張光裕認爲介乎春秋晚期到戰國早期之間。⑥ 王輝在把器物形制、紋飾和其他同類型楚器進行全面比較分析後認爲,"崇源青銅器應是一個整體,並無早晚之分,其時代爲春秋晚期至戰國早期,而最大可能爲春秋晚期",最後斷在楚昭王時期。⑦ 李學勤認爲器物具有春秋中期後段到戰國早期的特徵,與之屬於同一時期的是安徽壽縣西門蔡侯

---

① 朱德熙:《䎽篙屈栾解》,《朱德熙古文字論集》,北京:中華書局,1995年,第113~114頁。
② 趙誠:《〈䎽篙鐘〉新解》,《江漢考古》1998年第2期,第67頁。
③ 顧鐵符:《信陽一號楚墓的地望與人物》,《故宫博物院院刊》1979年第2期,第79頁。
④ 張光裕:《新見楚式青銅器銘試釋》,《文物》2008年第1期,第74頁。
⑤ 陳全方、陳馨:《澳門驚現一批楚青銅器》,《收藏》2007年第11期,第94、97頁。
⑥ 張光裕:《新見楚式青銅器銘試釋》,《文物》2008年第1期,第84頁。
⑦ 王輝:《也説崇源新獲楚青銅器群的時代》,《收藏》2007年第11期,第98、99頁。

墓的器群①,而後者的墓主是蔡侯申,其死於魯哀公四年(前491年)②。總之,從器物類型學上説,學者多認爲這批青銅器年代是春秋晚期至戰國早期之間,春秋晚期的可能性較大。

(1)景之定鬲

"楚王酓(熊)忎",張光裕稱"於楚國歷代君主名號中,未見稱引,或可補文獻所未備"。③ 究竟是哪一位楚王呢？對此學者的意見有楚平王熊居(前528～前516在位)④、楚昭王熊軫(前515～前489在位)⑤、楚悼王熊疑(前401～前381在位)⑥等不同説法。

"哉〓",董珊認爲即《詩·經·豳風·七月》之"二之日",相當於夏正十二月。⑦"救"與䣄篙鐘之"救"同,讀爲"勼",聚集義。⑧"景之定"即

---

① 原注:安徽省文物管理委員會、安徽省博物館:《壽縣蔡侯墓出土遺物》,北京:科學出版社,1956年。
② 李學勤:《論"景之定"及有關史事》,《文物》2008年第2期,第57～58頁。
③ 張光裕:《新見楚式青銅器器銘試釋》,《文物》2008年第1期,第77頁。
④ 如吴鎮烽認爲"忎""居"是一名一字,其根據是"忎"讀爲"休",與"居"均有止息之義。吴鎮烽:《競之定銅器群考》,《江漢考古》2008年第1期,第88頁。
⑤ 如王輝,董珊等。王輝:《也説崇源新獲楚青銅器群的時代》,《收藏》2007年第11期,第99頁。董珊認爲"忎"與"壬"音近可通。《禮記·檀弓上》:"棺束,縮二衡三;衽,每束一。"鄭玄注:"衽,今小要,衽或作漆,或作髤。"《釋文》:"衽,而審反,又而鴆反,小要;髤,又作髮,許求反。"《説文》:"鬛,黍也。從黍,髟聲(許由切)。"董珊據此認爲:"漆"是"鬛"的誤字;"髤"是"鬛"的省體;"髮"是"鬛"字改造聲符的異體,從"髟""休"雙聲,是曉母幽部字,其與"衽"有通假之例,可作爲"壬"與"忎"相通之證。董珊:《救秦戎銅器群的解釋》,《江漢考古》2012年第3期,第91頁。
⑥ 如宋華强、鄒芙都等。宋華强認爲:上古音"疑"屬疑母之部,"疑""休"的聲母都屬牙喉音,可以相通。宋華强:《澳門崇源新見楚青銅器芻議》,武漢大學簡帛網,2008年1月1日。鄒芙都認爲"忎""休""疑"三字有相同義項。《廣韻·尤韻》:"休,戾也。"休,忎同,《廣雅·釋詁》:"休,戾也。"《爾雅·釋言》:"疑,休,戾也。"《爾雅》郭璞注云:"戾,止也。疑者亦止。"名"疑"者爲楚悼王熊疑。鄒芙都:《新見"楚王酓忎"考釋》,《考古與文物》2009年第2期,第71頁。
⑦ 董珊:《"弎日"解》,《文物》2007年第3期,第59頁。
⑧ 董珊也説:"'救'(見母幽部)的意思是聚集,考慮聲音,應讀爲'述'(群母幽部)或'勼'(見母幽部)、'收'(書母幽部)。《説文》:'勼,聚也。從勹,九聲。讀若鳩。'段注:'《釋詁》曰:鳩,聚也。《左傳》作鳩。古文《尚書》作述。辵部曰:述,斂聚也。《莊子》作九。'《爾雅·釋詁第一》:'收,鳩,聚也。'《左傳》成公二年:'收合餘燼,背城借一。'襄公四年:'收二國之燼。'哀公元年:'以收夏衆。'"董珊:《救秦戎銅器群的解釋》,《江漢考古》2012年第3期,第90頁。

秦王鐘之"景平王之定","景平王"即楚平王之雙謚①,即平王之子名定者②。秦王鐘"王命景平王之定救秦戎"及此鬲銘"王命景之定救秦戎,大有功于洛之戎"之事,李學勤認爲亦即上引《左傳》哀公四年之事。"秦戎"及"伊洛之戎"即上引《左傳》之"戎蠻",這些伊洛之戎本自關中秦地遷來,故又稱"秦戎"。③

綜上可見,《繫年》所載"楚昭王侵伊洛以復方城之師",正對應於上引鬲銘所謂的"大有功于洛之戎"。這爲此批銅器爲楚昭王時代說提供了力證。因此,上引盤銘的"楚王酓(熊)悠"應爲楚昭王無疑。"悠",從"心"、"休"聲,古音溪母幽部。《廣韻》作"恘","去秋切,音惆。戾也"。楚昭王又名"壬"(或"任",古音日母侵部)、"軫"(或"珍",古音端母文部)。④"壬"和"軫"分別爲即位前的名和即位後改的名。⑤ 古音溪母是喉音,日母是舌上音,幽、侵關繫密切⑥,"悠"或可通"壬"。但楚王名字複雜⑦,有可能"悠"是楚昭王另外一個名,也不能排除"悠"爲楚昭王之字的可能。

鬲銘作"王命競(景)之定救秦戎"之"王"應爲楚昭王,"景之定"即平王之子名定者。關於楚平王之子,《左傳》哀公六年載有公子申(子西)⑧、

---

① 參李零:《楚景平王與古多字謚——重讀"秦王卑命"鐘銘文》,《傳統文化與現代化》1996年第 6 期,第 23 頁;《"三閭大夫"考——兼論楚國公族的興衰》,《文史》2001 年第 1 輯(總第 54 輯),北京:中華書局,2001 年,第 19 頁。
② 參董珊:《出土文獻所見"以謚爲族"的楚王族——附說〈左傳〉"諸侯以字爲謚因以爲族"的讀法》,復旦大學出土文獻與古文字研究中心編:《出土文獻與古文字研究》,上海:復旦大學出版社,2008 年,第 110～130 頁。董珊指出"景平王之定"是個人名,"景平王"是"定"的氏族,這個人是楚平王的後代,見上引董珊文 115 頁。李學勤指出"景平王之定"或"景之定"即平王之子,名定。李學勤:《論"景之定"及有關史事》,《文物》2008 年第 2 期,第 56 頁。
③ 李學勤:《論"景之定"及有關史事》,《文物》2008 年第 2 期,第 57 頁。
④ (清)梁玉繩等:《史記漢書諸表訂補十種》,第 844 頁。
⑤ 參楊伯峻:《春秋左傳注(修訂本)》,第 1474 頁。
⑥ 關於幽侵對轉的解釋,可參裘錫圭:《從殷墟卜辭的"王占曰"說到上古漢語的宵談對轉》,《裘錫圭學術文集》第 1 卷,第 488～489 頁。
⑦ 參顧頡剛:《楚、吳、越王之名、號、謚》,《史林雜識初編》,第 212～214 頁。
⑧ 梁玉繩曰:"子西始見《左》昭廿六、《楚語》下。即公子申(《左》哀六),平王之子,昭王庶兄(韋注)。亦曰子椒(《淮南·人間》)。白公殺之于朝,以袂掩面而死(《左》哀十六)。"(清)梁玉繩等:《史記漢書諸表訂補十種》,第 662 頁。王先謙曰:"見《左傳》《楚世家》。"參王利器、王貞珉:《漢書古今人表疏證》,第 305 頁。

公子結(子期)①、公子啓(子閭)②,爲楚昭王之兄③或弟④。又鬲銘之"景之定救秦戎,大有功于洛之戎"之事,《左傳》哀公四年載楚軍之主帥是司馬眅。因此,學者的看法基本上依據此而來。如李學勤猜測其卽《左傳》的左司馬眅,其根據是:"眅",《說文》訓爲"多白眼也",而"定",《詩·周南·麟之趾》毛傳訓爲"題",意爲額頭,兩者可能是一名一字。⑤ 董珊從李學勤說,認爲景之定是楚昭王的兄弟,又是左司馬眅,並認爲卽《左傳》所見的昭王之兄公子啓(子閭)。那麼,司馬眅如何與公子啓、"景之定"聯繫呢?

第一,董珊認爲"右司馬稽"公王子啓。其根據是:《左傳》昭公三十一年:"左司馬戌、右司馬稽帥師救弦,及豫章。"《釋文》:"稽音啓,又古兮反。"

第二,將舊釋爲"定"字改釋爲與之同形的《說文》"灋(法)"字的古文"佱",認爲"佱"(幫母葉部)與"眅"(滂母元部)通,並認爲"啓"是"佱"之譌。⑥

下面我們對董珊的說法作以分析:

第一,鬲銘"景之定"之"定"作"㝎",在"秦王鐘"(《集成》37)作"㝎"。《說文·宀部》:"定,安也。从宀从正。"《說文·廌部》:"灋,刑也。平之如水,从水;廌,所以觸不直者。去之,从去。法,今文省。佱,古文。"

---

① 梁玉繩曰:"子期始見於《左》定四,《楚語》上、下。司馬子期始見《楚》上。卽公子結,(《春秋》定十四《左》哀六)亦曰子期氏。(定四)平王子,昭王兄,子西弟。爲大司馬。(韋、杜注)期又作綦,(《史·楚世家》《伍胥傳》,《莊子·讓王》,賈誼《新書·淮難》《說苑·正諫》)又作旗,(《呂覽·高義》注)又作其。(《越絕·平王內傳》)貌似昭王,(定四),多力,爲白公勝所殺,扶豫章以殺人而後死。(《左》哀十六)"(清)梁玉繩等:《史記漢書諸表訂補十種》,第792～793頁。翟云升曰:"見《左傳》定四年,非第五司馬期也。"參王利器、王貞珉:《漢書古今人表疏證》,第547頁。王引之認爲"綦"爲本字。(清)王引之:《經義述聞》卷22,第543頁。

② 梁玉繩曰:"子閭始見《左》哀六,公子閭始見《史·楚世家》。卽公子啓。(哀六)亦曰王子閭。(《淮南·繆稱》)昭王兄。(杜注)白公欲以爲王,不從,遂殺之。(哀十六)"(清)梁玉繩等:《史記漢書諸表訂補十種》,第662頁。另可參王利器、王貞珉:《漢書古今人表疏證》,第305～306頁。

③ 《左傳》哀公六年載楚昭王在城父之戰卜戰不吉,欲傳位於其弟,"命公子申爲王,不可;則命公子結,亦不可;則命公子啓"。杜注:"申,子西;結,子期;啓,子閭;皆昭王兄。"《春秋左傳正義》卷58,《十三經注疏》,第4695頁。

④ 《列女傳·節義傳》謂"王病甚,讓位於三弟,三弟不聽",又曰"王弟子閭與子西、子期謀",則劉向以申等三人爲昭王弟。參楊伯峻:《春秋左傳注(修訂本)》,第1635頁。

⑤ 李學勤:《論"景之定"及有關史事》,《文物》2008年第2期,第57頁。

⑥ 董珊:《救秦戎銅器群的解釋》,《江漢考古》2012年第3期,第89頁。

金,王筠《説文句讀》:"从入、正,會意。入者集也。"①謂集合正道。徐復認爲王説於義未切合,當作入、正會意。入即古"内(納)"字;正爲"正"字之古體。古文爲入正者,納之於正也。② 由於古文"金"與"定"形近,在戰國文字裏"金"與"定"確實易相混。③ 但古人習見名定者,如周王子定(《史記・六國年表》),《繫年》亦見此人,作"王子定"(簡129)、"定"(簡136);而很少見名"金"者。因此,我們仍然堅持上述禺銘"景之定"之隸定。

第二,董珊將王子啓(子間)與《左傳》之"右司馬稽"相聯繫,其依據僅爲《釋文》"稽音啓"。即便《釋文》之説可信,我們也没有足夠證據説這兩者爲同一人。

綜上可見,將"景之定"認爲是公子啓(子間)實不可從。至於"景之定"到底是公子申(子西)、公子結(子期)、公子啓(子間),還是楚平王的其他兒子(如果平王之子還有未見於傳世文獻者的話),以及與《左傳》之左司馬眅是何種關繫,根據現有材料,無法做出判斷,姑存疑。

(2)秦王鐘

讓我們回頭再看前面提到的秦王鐘(《集成》37),其銘曰:"秦王卑(俾)命競(景)坪(平)王之定救秦戎。"由前面討論不難知曉,此銘之"秦王"應指楚昭王。那麽,"秦王"如何解釋?對於此鐘,學者多認爲其前尚有銘文在另一鐘上,也就是説此銘實際上有殘缺,所以有學者斷句爲"……秦,王卑(俾)命競(景)坪(平)王之定救秦戎……"④

董珊根據王世民等研究認爲此銘不缺字,且清華簡《楚居》載楚昭王曾居"秦溪之上",故稱"秦王"。⑤ 按,清華簡《楚居》簡11~13載:

至靈王自爲郢徙居秦溪之上,以爲處於章[華之臺]。景平王即位,猶居秦溪之上。至昭王自秦溪之上徙㷇郢,㷇郢徙居鄂郢,鄂郢徙襲爲郢。闔廬入郢,焉復徙居秦溪之上,秦溪之上復徙襲㷇郢。⑥

據此,居"秦溪之上"者有楚靈王、楚平王、楚昭王,那麽爲何單單楚昭王稱

---

① (清)王筠:《説文解字句讀》卷19,北京:中華書局,1988年,第373頁。
② 徐復:《〈説文〉古文"金""頨"二字説》,《徐復語言文字學晚稿》,南京:江蘇教育出版社,2007年,第397頁。
③ 關於"定"與"金"相混,前引董珊《救秦戎銅器群的解釋》一文已有例證。另可參李春桃:《〈尚書・大誥〉"爾時罔敢易法"解詁——兼談〈莽誥〉的底本性質》,《史學集刊》2011年第3期,第119頁。
④ 李學勤:《論"景之定"及有關史事》,《文物》2008年第2期,第56頁。
⑤ 董珊:《救秦戎銅器群的解釋》,《江漢考古》2012年第3期,第89頁。
⑥ 清華大學出土文獻研究與保護中心編,李學勤主編:《清華大學藏戰國竹簡(壹)》,第181頁。

"秦王"?① 因此,此銘是否殘缺,以及"秦王"是否應斷讀,根據現有材料恐難回答,姑存疑。

(四)從《左傳》及金文中的"救秦戎"再看《繫年》載楚昭王侵伊洛之役以復方城之師

雖然對於金文中的一些問題現在尚未弄清楚,但可確定銘文中的"王命景之定救秦戎,大有功於洛之戎"即對應於《繫年》所載楚昭王侵伊洛之戎,亦即《左傳》哀公四年所載此年夏楚謀北方之事,以及《春秋》哀公四年載"夏……晉人執戎蠻子赤歸于楚"事。

《繫年》第十八章:"楚昭王侵伊洛以復方城之師。"説明楚昭王所侵地是伊洛之地。據《左傳》哀公四年文:在魯哀公四年(前491,楚昭王二十五年),楚人謀北方。"左司馬眅、申公壽餘、葉公諸梁致蔡於負函,致方城之外於繒關",杜注:"三子,楚大夫也。此蔡之故地人民,楚因以爲邑。致之者,會其衆也。"②負函,據《會纂》當在今河南信陽;繒關,據江永《春秋地理考實》謂在今河南方城縣。③ 楚此次的戰略意圖是北方,但爲了迷惑對方,擺出一副要進攻吳的架勢,放言"吳將泝江入郢,將奔命焉",結果"爲一昔之期,襲梁及霍",杜注:"僞辭當備吳,夜結期,明日便襲梁、霍,使不知之。梁,河南梁縣西南故城也。南梁有霍陽山,皆蠻子之邑也。"④楊伯峻注:"梁在今河南臨汝縣西,……霍在梁之西南,離臨汝縣稍遠。"⑤據此,則楚所謀之北方實際上就是蠻子。蠻子潰逃奔入晉陰,可見其本附屬於晉。陰地,杜注:"河南山北自上雒以東至陸渾。"⑥楊伯峻注:"在今河南盧氏縣東北。"⑦故司馬眅才徵召與其地近的楚國豐(今河南淅川縣廢治西南)、析(今河南淅川及内鄉縣北境)與狄戎之民爲兵來圍剿蠻子,"以臨上雒"。上雒爲晉邑,在今陝西商縣。⑧《繫年》所謂的"楚昭王侵伊洛"即對應於《左傳》的上述内容。景之定鬲銘"唯弋日,王命景之定救秦戎,大有功於洛之戎,用作尊彝",此"大有功於洛之戎"亦即上面所言《繫年》及《左傳》

---

① 清華簡《繫年》簡110稱吳王夫差爲"夫秦王",但恐與"秦王鐘"之"秦王"無涉。
② 《春秋左傳正義》卷57,《十三經注疏》,第4687頁。
③ 參楊伯峻:《春秋左傳注(修訂本)》,第1626頁。
④ 《春秋左傳正義》卷57,《十三經注疏》,第4687頁。
⑤ 楊伯峻:《春秋左傳注(修訂本)》,第1626頁。
⑥ 《春秋左傳正義》卷57,《十三經注疏》,第4687~4688頁。
⑦ 楊伯峻:《春秋左傳注(修訂本)》,第1627頁。
⑧ 參楊伯峻:《春秋左傳注(修訂本)》,第1627頁。

所載事。

另外,這些銘文又言及"救秦戎"事。荆曆鐘(《集成》38):"唯荆曆屈 欒晉人救戎於楚境。""屈欒"爲楚二月的月名,相當於秦十一月。秦王鐘 (《集成》37):"秦王卑命景平王之定救秦戎。"景之定鬲銘:"唯弌日,王命 景之定救秦戎,大有功於洛之戎,用作尊彝。"前文已述,"弌日"相當於夏 正十二月。《春秋》《左傳》俱載此事在此年夏。李學勤認爲:"楚國攻克夷 虎,有了向北擴充勢力的策劃,是在夏季,但其後的行動應該有一段相當長 的過程。"①這是可信的,《左傳》蓋籠統言之。

上文已述,"救秦戎"之"救"讀爲"勼",是聚集之義。據《左傳》哀公 四年所載,楚司馬徵召豐、析與狄戎之民爲兵,追擊蠻氏到晉國上雒。並威 脅晉大夫要其交出蠻氏。晉人設計將蠻氏及其五大夫抓獲,交予楚師所在 的三户。楚司馬又設計爲蠻氏作邑,把蠻氏的居民聚於邑内,從而將之全 部俘獲。《春秋》哀公四年載:"夏……晉人執戎蠻子赤歸于楚。"

由《左傳》内容看,金文中的"秦戎""伊洛之戎"即指戎蠻。戎蠻,是戎 的别種,即蠻氏之戎,又稱戎蠻子、蠻氏。蠻是國名,子是爵名。《後漢書·西羌傳》:"潁首以西有蠻氏之戎。"②《左傳》成公六年:"晉伯宗、夏陽説、衛孫良夫、甯相、鄭人、伊雒之戎、陸渾、蠻氏侵宋。"杜注:"蠻氏,戎别種也。河南新城縣東南有蠻城。"③《春秋》昭公十六年:"楚子誘戎蠻子殺之。"孔疏:"戎是種號,蠻是國名,子,爵也。"④蠻,《公羊》作"曼"。"蠻""曼"古音近。同年《左傳》載:"楚子聞蠻氏之亂也與蠻子之無質也,使然 丹誘戎蠻子嘉殺之,遂取蠻氏。既而復立其子焉。"杜注:"河南新城縣東 南有蠻城。"⑤可見杜預認爲此"戎蠻子"即成六年之蠻氏。

又,學者指出蠻氏之戎又即"茅戎"。⑥《春秋》成公元年:"王師敗績 於茅戎。"杜注:"茅戎,别種也。"⑦蒙文通謂:"戎蠻子國在臨汝(舊汝州) 西南,楚襲梁及霍國蠻氏,梁在臨汝西南四十五里,霍在臨汝東南二十里, 郟垂在伊陽,皆昔新城地,蠻子國於此。"⑧上引《左傳》哀公四年載士蔑乃

---

① 李學勤:《論"景之定"及有關史事》,《文物》2008 年第 2 期,第 57 頁。
② 《後漢書》卷 87,第 2872 頁。
③ 《春秋左傳正義》卷 25,《十三經注疏》,第 4130 頁。
④ 《春秋左傳正義》卷 47,《十三經注疏》,第 4513 頁。
⑤ 《春秋左傳正義》卷 47,《十三經注疏》,第 4513 頁。
⑥ 金景芳:《中國奴隸社會史》,第 263 頁。
⑦ 《春秋左傳正義》卷 25,《十三經注疏》,第 4108 頁。
⑧ 蒙文通:《古族甄微》,《蒙文通全集(四)》,第 36 頁。

致九州之戎（即陸渾之戎）以與蠻子，知蠻戎子是陸渾之戎也。

那麼，戎蠻爲何稱爲"秦戎"呢？李學勤認爲"秦戎"及"伊洛之戎"即上引《左傳》之"戎蠻"，伊洛之戎本自關中秦地遷來，故又稱"秦戎"。①

《左傳》昭公二十九年："冬，晉趙鞅、荀寅帥師城汝濱。"魯昭公二十九年（前513）當楚昭王三年，晉頃公十三年。蒙文通謂："趙鞅城汝濱，知陸渾已由伊川越熊耳外方而南，地及於汝"。②《後漢書·西羌傳》："及晉悼公，又使魏絳和諸戎，復修霸業。是時楚、晉強盛，威服諸戎，陸渾、伊、洛、陰戎事晉，而蠻氏從楚。"魏絳和諸戎事見於《左傳》襄公四年（前569，晉悼公五年，楚共王二十二年）。可見，晉、楚兩國爲了擴充勢力，晉不斷侵食諸戎，而楚則侵食戎蠻，而晉、楚遂以汝爲界。③《繫年》第十八章載楚昭王十三年（前506），"晉人羅城汝陽，居許公佗於容城"。晉人已經越過了汝河，其勢力範圍已經達到了楚方城之外。但當時楚正忙於應付吳國，到魯哀公四年（前491）時，楚昭王乘晉國范氏與中行氏內亂之際侵伊洛，鞏固了楚方城外的勢力範圍。可見，《繫年》的作者對此形勢看得很清楚。

（五）小結

《繫年》第十八章記載了楚昭王時期的晉、楚爭奪伊洛地區的戰事。魯昭公二十九年（前513，楚昭王三年），晉人在汝陽（《左傳》謂之"汝濱"）修外城，後在魯定公四年（前506，楚昭王十年）遷許於容城，其勢力範圍已經抵達楚方城之外。魯定公三年（前507，楚昭王九年），吳、晉聯合伐楚、闖方城，但由於晉大疫，所以改伐中山。魯哀公四年（前491，楚昭王二十五年），楚乘晉國內亂之際，追擊戎蠻子至伊洛，這才穩固了楚在方城之外的勢力範圍。

---

① 李學勤：《論"景之定"及有關史事》，《文物》2008年第2期，第57頁。
② 蒙文通：《古族甄微》，《蒙文通全集（四）》，第36頁。
③ 參蒙文通：《古族甄微》，《蒙文通全集（四）》，第35頁。

【第十九章】

[釋文]

　　楚雿(靈)王立,既閞(閒)陳、䣙(蔡)。[1]競(景)坪(平)王卽立(位),改邦(封)陳、䣙(蔡)之君,囟(使)各返(復)亓(其)邦。[2]競(景)坪(平)王卽殜(世),卲(昭)【一〇四】[王]卽立(位),[3]陳、䣙(蔡)、獸(胡)反楚,與吳人伐楚。[4]秦異公命子甫(蒲)、子虎衒(率)自(師)救(救)楚,與楚自(師)會伐陽(唐),閞(閒)之。【一〇五】[5]卲(昭)王既返(復)邦,女(焉)克獸(胡)、回(圍)䣙(蔡)。[6]卲(昭)王卽殜(世),獻惠王立,[7]十又一年,䣙(蔡)卲(昭)侯繻(申)懼,自歸(歸)於吳㊀(吳)。[8]吳)縵(洩)用(庸)【一〇六】以自(師)逆䣙(蔡)卲(昭)侯,居于州㙑(來),是下䣙(蔡)。[9]楚人女(焉)閞(閒)䣙(蔡)。【一〇七】[10]

　　百四【一〇四背】　百五【一〇五背】　百六【一〇六背】
　　百七【一〇七背】

　　本章抄寫有錯謂,調整後簡文順序爲:
　　楚靈王立,既閒陳、蔡。
　　景平王卽位,改封陳、蔡之君,使各復其邦。
　　景平王卽世,昭【一〇四】[王]卽位,陳、蔡、胡反楚,與吳人伐楚。秦異公命子蒲、子虎率師救楚,與楚師會伐唐,閒之。【一〇五】昭王既復邦,焉克胡、圍蔡。十又一年,蔡昭侯申懼,自歸於吳。吳洩庸以師逆蔡昭侯,居于州來,是下蔡。【一〇六、一〇七】
　　昭王卽世,獻惠王立。楚人焉閒蔡。【一〇六、一〇七】

[疏證]

[1]楚霝(靈)王立,既闕(閒)陳、鄦(蔡)。

【謹按】闕,卽"閒"字,詳第十八章"説明"。閒陳、蔡,《國語·吳語》載申胥(伍子胥)在向吳王夫差進諫時曾説到"楚靈王不君"之事①,其中一條卽爲"以閒陳、蔡",韋昭注:"閒,候也,候其隙而取之。魯昭八年,楚滅陳;十一年滅蔡。"②簡文所指與《國語》説同。

"閒陳"在楚靈王七年(前534,魯昭公八年);"閒蔡"在楚靈王十年(前531,魯昭公十一年)。互詳第十八章注。

[2]競(景)坪(平)王卽立(位),改邦(封)陳、鄦(蔡)之君,囟(使)各 復(復)亓(其)邦。

【整理者】《春秋》昭公十三年:"夏四月,楚公子比自晉歸于楚,弑其君虔(靈王)于乾溪,楚公子棄疾(平王)殺公子比。"同年《左傳》載,平王卽位,"封陳、蔡,復遷邑,致羣賂,施舍、寬民、宥罪、舉職。"又稱:"楚之滅蔡也,靈王遷許、胡、沈、道、房、申於荆焉。平王卽位,旣封陳、蔡,而皆復之,禮也。"③

【謹按】景平王卽楚平王之雙謚,互詳第十五章注。

"邦"(幫母東部,中古開口二等)讀爲"封"(幫母東部,中古合口三等),二者音近。錢大昕在《古無輕脣音》中説:"古讀封如邦。《論語》(引者按:見《季氏》篇):'且在邦域之中矣。'《釋文》:'邦或作封。''而謀動干戈於邦内。'《釋文》:'鄭本作封内。'《釋名》:'邦,封也。有功,於是故封之也。'"④王國維在《史籀篇疏證》中提出古"邦""封"是一字的説法。⑤

復其邦,卽傳世文獻的"復其國"。《國語·晉語四》載鄭國之卿叔詹對晉文公重耳説"若復其國"⑥。《左傳》桓公五年:"冬,淳于公如曹。度其國危,遂不復。"桓公六年:"六年春,自曹來朝。書曰'寔來',不復其國也。"這裏的"復"卽返回本國之義。簡文義同。《左傳》昭公十三年:"平王

---

① 《國語·吳語》載:"昔楚靈王不君,其臣箴諫以不入。乃築臺於章華之上,闕爲石郭,陂漢,以象帝舜。罷弊楚國,以閒陳、蔡。"徐元誥:《國語集解(修訂本)》卷19,第541頁。
② 徐元誥:《國語集解(修訂本)》卷19,第541頁。
③ 清華大學出土文獻研究與保護中心編,李學勤主編:《清華大學藏戰國竹簡(貳)》,第184頁。
④ (清)錢大昕:《十駕齋養新録》卷5,第95頁。
⑤ 王國維:《史籀篇疏證》,《王國維遺書》第7册,第34頁。
⑥ 徐元誥:《國語集解(修訂本)》卷10,第356頁。

即位,既封陳、蔡,而皆復之,禮也。"

簡文所載事在魯昭公十三年(前529,楚靈王十二年)。《春秋》昭公十三年:"蔡侯盧歸于蔡。陳侯吳歸于陳。"《左傳》昭公十三年載夏五月癸亥(二十五日),楚靈王"縊于芊尹申亥氏",丙辰(五月十八日),"弃疾即位,名曰熊居",熊居即楚平王,即位後,"封陳、蔡,復遷邑"。竹添光鴻箋:"此《傳》自爲文,據楚嘗滅二國故曰'封'。"①杜注:"復九年所遷邑。"孔疏:"成十五年'許遷于葉',九年《傳》云'遷城父人於陳,遷方城外人於許',今'復遷邑',則許還復葉方城外與城父人各復其本。"②

《左傳》昭公十三年又載:"楚之滅蔡也,靈王遷許、胡、沈、道、房、申於荆焉。平王即位,既封陳、蔡,而皆復之,禮也。隱大子之子盧歸于蔡,禮也。悼大子之子吳歸于陳,禮也。"③《史記·管蔡世家》:"楚滅蔡三歲,楚公子弃疾弒其君靈王代立,爲平王。平王乃求蔡景侯少子盧,立之,是爲平侯。是年,楚亦復立陳。楚平王初立,欲親諸侯,故復立陳、蔡後。"④楚平王時由於蔡、陳等助他取得王位,故重新讓這些小國遷回原地。

[3] 竸(景)坪(平)王即殜(世),卲(昭)【一〇四】[王]卽立(位),

【整理者】《春秋》昭公二十六年:"九月庚申,楚子居(平王)卒。"次年爲楚昭王元年。⑤

【謹按】魯昭公二十六年(前516),楚平王熊居卒,楚昭王軫即位;次年(前515)爲楚昭王元年。《春秋》昭公二十六年:"九月庚申,楚子居卒。"同年《左傳》:"九月,楚平王卒。……乃立昭王。"

[4] 陳、鄦(蔡)、狀(胡)反楚,與吳人伐楚。

【整理者】《左傳》定公四年,諸侯盟召陵,謀伐楚而不果。同年"冬,蔡侯、吳子、唐侯伐楚"。據簡文則伐楚者爲吳、陳、蔡、胡四國。⑥

【謹按】狀,整理者讀爲"胡"⑦,並謂:"胡,嬀姓國,在今安徽阜陽。"⑧

―――――
① 〔日〕竹添光鴻注:《左氏會箋》,第1847頁。
② 《春秋左傳正義》卷46,《十三經注疏》,第4495頁。
③ 楊伯峻:《春秋左傳注(修訂本)》,第1360~1361頁。
④ 《史記》卷35,第1896頁。
⑤ 清華大學出土文獻研究與保護中心編,李學勤主編:《清華大學藏戰國竹簡(貳)》,第184頁。
⑥ 清華大學出土文獻研究與保護中心編,李學勤主編:《清華大學藏戰國竹簡(貳)》,第184頁。
⑦ 20世紀30年代,柯昌濟在宗周鐘跋裏、唐蘭在《周王𢻬鐘考》裏先後把"狀"讀爲"胡"。柯跋見《韡華閣集古録跋尾》甲編(1935年),轉引自裘錫圭:《説𢻬篹的兩個地名——"棫林"和"胡"》,《裘錫圭學術文集》第3卷,上海:復旦大學出版社,2012年,第35頁。唐蘭:《周王𢻬鐘考》,《唐蘭論文集(二)》,第479~480頁。
⑧ 清華大學出土文獻研究與保護中心編,李學勤主編:《清華大學藏戰國竹簡(貳)》,第185頁。

徐少華從其説,但認爲此胡應爲"歸"姓。① 按,徐説可從。此"獸"即文獻中的"胡",爲"歸"(見母微部,中古合口三等)姓,金文作"媿"(見母微部,中古合口三等),古音同。《左傳》襄公三十一年:"立胡女敬歸之子子野。"杜注:"胡,歸姓之國。"②獸叔簋(《集成》4062～4067):"獸(胡)叔、獸(胡)姬乍(作)伯媿媵簋。"此是獸叔、獸(胡)姬爲其長女伯媿所作媵器,"伯"是排行,"媿"是族姓。

陳、蔡、胡反楚,與吳人伐楚,此戰非如整理者所言指魯定公四年(前506,當楚昭王十年)吳入楚,而是指魯定公三年的吳與晉等諸侯聯合伐楚的方城之戰。此戰我們在第十八章的考證部分已經詳細地考察過,據本章簡文可知除了吳、晉外,實際上還有陳、蔡、胡等參與。方城之戰後吳、晉關繫破裂,故在魯定公四年的召陵之盟時陳、蔡、胡等均參加。詳參第十八章以及本章考證部分。

[5]秦異公命子甫(蒲)、子虎衒(率)自(師)戡(救)楚,與楚自(師)會伐陽(唐),闋(間)之。【一〇五】

【整理者】《左傳》定公四年載楚昭王奔隨,"申包胥如秦乞師,……秦哀公爲之賦《無衣》。九頓首而坐。秦師乃出"。《史記·秦本紀》亦作"哀公",索隱云:"《始皇本紀》作'㻫'。"今本《始皇本紀》作"畢公"。簡文作"異公"。《左傳》定公五年:"申包胥以秦師至。秦子蒲、子虎帥車五百乘以救楚",大敗吳軍,"秋七月,子期、子蒲滅唐"。《世本》:"唐,姬姓之國。"《括地志》:"上唐鄉故在隨州棗陽縣東南百五十里,古之唐國也。"③

【謹按】秦異公,《左傳》定公四年、《史記·秦本紀》作"哀公",索隱:"《始皇本紀》作'㻫公'。"④按,今本《秦始皇本紀》作"畢公",史記集解徐廣曰:"《春秋作》'哀公'。"據《史記索隱》,此處所引乃"據《秦紀》爲

---

① 徐少華:《清華簡〈繫年〉第十九章補説——兼論楚縣唐、縣蔡的有關問題》,《簡帛文獻與早期儒家學説探論》,北京:商務印書館,2015年,第200頁。
② 《春秋左傳正義》卷40,《十三經注疏》,第4373頁。
③ 清華大學出土文獻研究與保護中心編,李學勤主編:《清華大學藏戰國竹簡(貳)》,第185頁。
④ 《史記》卷5,第250頁。

説"。①《吴越春秋·闔閭内傳》作"桓公"(一作"栢公")。② 梁玉繩曰："《謚法》無'畢',當依《春秋》作'哀公',《秦紀》不誤,此與《十二諸侯年表》稱'襄公'(今本《十二諸侯年表》亦作'哀公'——引者按③)、《吴越春秋·闔閭内傳》作'栢公'同誤。《索隱》于《秦紀》引此作'瑾',尤妄!"④ 王叔岷案："《伍子胥列傳》《漢書人表》亦並作'哀公'。"⑤ 清華簡《繫年》作"秦異公",又與傳世文獻相異。"異"(餘母職部,中古開口三等),"畢"(幫母質部,中古開口三等),幫母是唇音,餘母是舌頭音,兩者音隔較遠。

"秦異公命子蒲、子虎率師救楚,與楚師會伐唐,閒之",《左傳》定公四年："申包胥如秦乞師,……秦哀公爲之賦《無衣》。九頓首而坐。秦師乃出。"《左傳》定公五年："申包胥以秦師至。秦子蒲、子虎帥車五百乘以救楚,"大敗吴軍,"秋七月,子期、子蒲滅唐"。⑥

[6]卲(昭)王既遑(復)邦,女(焉)克馘(胡)、回(圍)鄯(蔡)。

【謹按】克胡,《春秋》經傳作"滅胡"。《春秋》定公十五年："二月辛丑,楚子滅胡,以胡子豹歸。"《左傳》定公十五："吴人入楚,胡子盡俘楚邑之近胡者。楚既定,胡子豹又不事楚,……二月,楚滅胡。"⑦魯定公十五年(前495)即楚昭王二十一年。

圍蔡,《春秋》哀公元年："楚子、陳侯、隨侯、許男圍蔡。"同年《左傳》："元年春,楚子圍蔡,報柏舉也。里而栽,廣丈,高倍。夫屯晝夜九日,如子西之素。蔡人男女以辨。使疆于江、汝之間而還。蔡於是乎請遷于吴。"⑧魯哀公元年(前494)即楚昭王二十二年。

---

① 《史記》卷6,第360、358頁。
② 《吴越春秋·闔閭内傳》："秦桓公素沉湎,不恤國事,申包胥哭已,歌曰:'吴爲無道,封豕長蛇,以食上國,欲有天下,政從楚起。寡君出在草澤,使來告急。'如此七日。桓公大驚:'楚有賢臣如是,吴猶欲滅之。寡人無臣若斯者,其亡無日矣。'爲賦《無衣》之詩,曰:'豈曰無衣?與子同袍。王於興師,與子同仇。'"徐天佑注："按,申包胥求救乃秦哀公時,此云桓公,誤","'桓'當作'哀'"。(元)徐天佑音注,苗籙點校:《吴越春秋》,南京:江蘇古籍出版社,1992年,第43頁。現存的《吴越春秋》刊本中,除作"桓公"者外,明萬曆十四年丙戌馮念祖的刊本作"栢公"。(元)徐天佑音注,苗籙點校:《吴越春秋》,"前言"第2頁,第50頁。上海圖書館藏古今逸史本也作"栢公"。周生春:《吴越春秋輯校彙考》,上海:上海古籍出版社,1997年,"緒論"第11頁,第68頁。新修訂參周生春:《吴越春秋輯校彙考》,北京:中華書局,2019年,第45頁。
③ 《史記》卷14,第787頁。
④ (清)梁玉繩:《史記志疑》卷5,第194頁。
⑤ 王叔岷:《史記斠證》卷6,第247頁。
⑥ 楊伯峻:《春秋左傳注(修訂本)》,第1548、1551頁。
⑦ 楊伯峻:《春秋左傳注(修訂本)》,第1599、1601頁。
⑧ 楊伯峻:《春秋左傳注(修訂本)》,第1603~1604頁。

[7] 卲(昭)王即殜(世),獻惠王立,

【謹按】獻惠王,即楚惠王。新蔡楚簡作"獻惠王"(甲一:5,甲一:21,乙一:21、23,乙一:29、30,等)、"蕙王"(甲三:213,乙四:12,等)。

《春秋》哀公六年:"秋七月庚寅,楚子軫卒。"同年《左傳》:"庚寅,昭王攻大冥,卒于城父。……逆越女之子章立之。"①魯哀公六年即公元前489年。此所立之"章"(《列女傳》作"熊章"②)是楚惠王,亦即簡文之"獻惠王"。關於"楚獻惠王",見於《墨子·貴義》:"子墨子南遊於楚,見楚獻惠王。獻惠王以老辭。"③

此句簡文錯謁,當在後面簡文"楚人焉閒蔡"前。詳參本章史事考證部分。

[8] 十又一年,郚(蔡)卲(昭)侯繡(申)懼,自歸(歸)於吳。

【整理者】楚惠王十一年爲魯哀公十七年,據《左傳》,該年七月,楚公孫朝率師滅陳。簡文此處所述疑有誤。蔡昭侯死於楚昭王二十五年(見《左傳》哀公四年),楚惠王十一年時,蔡國國君爲昭侯之子蔡成侯。此處簡文可能係將陳、蔡之事混淆而致誤。④

【賈連翔】《繫年》簡106有"獻惠王立十又一年",從文字佈局來看,原文"又一年"三字明顯緊於其他,書手應原漏抄了一個"年"字,發現脫文後,將"一"字刮削而補入了"一年"兩字。……不僅如此,此處簡文所記內容也有問題,……根據書手對錯謁內容的削改來看,此處在抄寫時很可能有錯簡的情況發生。⑤

【謹按】賈連翔說此處有錯簡證據不足,但此處抄寫確實有錯謁。此"十又一年"實指楚昭王十一年(前505,魯定公五年,蔡昭侯十四年)。此年蔡昭侯因恐懼楚人謀伐蔡,故不敢回蔡國,祇能同吳王一道歸於吳國。詳參本章史事考證部分。

[9] 吳縵(洩)用(庸)【一〇六】以自(師)逆郚(蔡)卲(昭)侯,居于州丩(來),是下郚(蔡)。

【整理者】蔡昭侯,名申,蔡悼公之弟。蔡昭侯墓於1955年在安徽壽縣

---

① 楊伯峻:《春秋左傳注(修訂本)》,第1632、1635頁。
② 參楊伯峻:《春秋左傳注(修訂本)》,第1635頁。
③ (清)孫詒讓:《墨子閒詁》卷12,第440頁。
④ 清華大學出土文獻研究與保護中心編,李學勤主編:《清華大學藏戰國竹簡(貳)》,第185頁。
⑤ 賈連翔:《談清華簡所見書手字迹和文字修改現象》,楊振紅、鄔文玲主編:《簡帛研究二〇一五(秋冬卷)》,桂林:廣西師範大學出版社,2015年,第50頁;《戰國竹書形制及相關問題:以清華大學藏戰國竹簡爲中心》,上海:中西書局,2015年,第180~181頁。

西門被發現。縵用,《左傳》作"洩庸"。洩,喻母月部;縵,明母原部:韻部對轉。《左傳》哀公元年(楚昭王二十二年):"楚子圍蔡,報柏舉也。……蔡於是乎請遷於吴。"《春秋》哀公二年:"十有一月,蔡遷于州來。"同年《左傳》:"吴洩庸如蔡納聘,而稍納師。師畢入,衆知之。蔡侯告大夫,殺公子駟以説。哭而遷墓。冬,蔡遷于州來。"蔡本都上蔡,今河南上蔡縣;後遷都新蔡,今河南新蔡縣;於此則入吴,因吴師遷州來。①

【謹按】"居于州來,是下蔡",蔡昭侯遷於州來後,卽改名爲下蔡。《漢書·地理志》沛郡"下蔡"縣條:"下蔡,故州來國,爲楚所滅,後吴取之,至夫差遷昭侯於此。"②《春秋》昭公七年:"吴入州來。"杜注:"州來,楚邑,淮南下蔡縣是也。"③據此,則下蔡爲蔡遷州來後所改。"下蔡"這一地名見於戰國時期的出土文獻。鄂君啓節·車節(《集成》12112)有"下蔡"④,《古璽匯編》97 有"下蔡宫夫人",包山楚簡有"下蔡人竸頜"(簡163)、"下蔡人畢會"(簡182)。整理者認爲即春秋晚期蔡昭侯所遷之州來、漢晉下蔡縣,今安徽鳳台縣。⑤

魯哀公元年,楚率諸侯師圍蔡,蔡請遷於吴。《春秋》哀公元年:"楚子、陳侯、隨侯、許男圍蔡。"同年《左傳》:"元年春,楚子圍蔡,報柏舉也。……蔡於是乎請遷于吴。"⑥

《春秋》哀公二年:"十有一月,蔡遷于州來。"同年《左傳》:"吴洩庸如蔡納聘,而稍納師。師畢入,衆知之。蔡侯告大夫,殺公子駟以説。哭而遷墓。冬,蔡遷于州來。"⑦

[10]楚人女(焉)闚(闖)鄗(蔡)。【一〇七】

【謹按】《史記·管蔡世家》:"[蔡]侯齊四年,楚惠王滅蔡,蔡侯齊亡,蔡遂絶祀。"《十二諸侯年表》:"楚惠王四十二年,楚滅蔡。"⑧蔡侯齊四年當楚惠王四十二年(前447)。

---

① 清華大學出土文獻研究與保護中心編,李學勤主編:《清華大學藏戰國竹簡(貳)》,第185頁。
② 《漢書》卷28上,第1572頁。
③ 《春秋左傳正義》卷26,《十三經注疏》,第4132頁。
④ 關於此"下蔡",郭沫若説:"下鄗卽下蔡,春秋時本名州來,《左傳》哀公二年:'蔡昭侯自新蔡遷於州來,謂之下蔡。'今之安徽鳳台縣。"郭沫若:《關於鄂君啓節的研究》,《文物參考資料》1958年第4期,第5頁。
⑤ 湖北省荆沙鐵路考古隊編著:《包山楚墓》,北京:文物出版社,1991年,第379頁,"考釋"第194頁。
⑥ 楊伯峻:《春秋左傳注(修訂本)》,第1603~1604頁。
⑦ 楊伯峻:《春秋左傳注(修訂本)》,第1611、1618頁。
⑧ 《史記》卷35、14,第1898、849頁。

[譯文]

楚靈王卽位後,乘機滅了陳國和蔡國。楚景平王(卽楚平王)卽位後,改封了陳、蔡,讓其回到原先居住之處。景平王去世,昭王卽位,陳、蔡、胡三國反楚國,聯合吳國伐楚。秦異公(卽秦哀公)命令子蒲、子虎率領軍隊救援楚國,並與楚國軍隊會合征伐唐國,乘機滅了唐國。楚昭王返回楚國之後,就滅掉了胡國、包圍了蔡國。昭王去世後,惠王卽位。[楚昭王]十一年,蔡昭公懼怕[楚國攻伐],獨自逃到吳國。吳國派軍隊迎接蔡昭侯,將其安置在州來,這就是下蔡。[楚惠王時]楚乘機滅了蔡國。

[解題]

本章主要圍繞春秋晚期陳、蔡與楚之間的關繫而展開,涉及四位楚王。

楚靈王七年(前534),楚靈王滅陳;十年(前531),滅蔡。"滅陳""滅蔡",《繫年》謂"閒陳""閒蔡"。

靈王卒後,楚平王卽位。由於卽位中得到了陳、蔡等小國的幫助,所以又改封了陳、蔡,讓其回到原先居住之處。

楚平王卒後,昭王卽位。昭王時期,由於楚令尹囊瓦向蔡昭侯索賄不成而將其扣押在楚三年,蔡昭侯歸國後卽聯合吳國伐楚,吳師攻進了楚郢都,楚在秦國的幫助下才得以復國。楚昭王復國後,圍蔡,所以蔡昭侯請遷於州來,並將其改名爲"下蔡"。

楚昭王卒後,楚惠王卽位。楚惠王四十二年(前447),楚才滅了蔡國。

[問題]

第一,本章"陳、蔡、胡反楚,與吳人伐楚"的年代與具體所指,學術界有很大爭議。筆者縷析了當時的國際形勢,確定簡文所述爲魯定公三年(前507)的吳與晉等諸侯聯合伐楚的方城之戰。

第二,本章"十又一年,蔡昭侯申懼,自歸於吳"一句,根據竹簡書寫形態、簡文內容及史實等可推斷抄寫有錯譌,此事當在楚昭王時期。

第三,春秋晚期的蔡與吳、楚的關繫,傳世文獻記載簡略,下文根據清華簡《繫年》及出土金文材料對相關問題進行了探討。

[考證]

一、"陳、蔡、胡反楚,與吴人伐楚"考

關於"陳、蔡、胡反楚,與吴人伐楚"之年代與具體所指,學術界有爭議。筆者認爲指魯定公三年的吴與晉等諸侯聯合伐楚的方城之戰。

魯昭公十三年(前529),楚平王即位。《左傳》昭公十三年:"楚之滅蔡也,靈王遷許、胡、沈、道、房、申於荆焉。平王即位,既封陳、蔡,而皆復之。"①由於蔡、陳等助楚平王取得王位,故楚讓這些小國遷回原地。

魯昭公二十三年(前519,楚平王十年),楚率領陳、蔡、胡等小國與吴師戰於雞父,楚一方敗,胡國國君髡被俘(見《春秋》《左傳》昭公二十三年)。終楚平王之世,陳、蔡、胡等國一直從楚。

魯昭公三十年(前512,楚昭王四年),楚昭王封逃亡的吴國公子掩餘、燭庸,並"取於城父與胡田與之"②,即把胡國的田分給吴國公子。可見,胡國已成爲楚之魚肉。

魯定公三年(前507,楚昭王九年),晉、吴聯合伐楚,兵鋒至於方城,此爲《繫年》所記,而《春秋》經傳缺載。《繫年》第二十章:"晉簡公立五年,與吴王闔廬伐楚。"晉簡公五年當魯定公三年,詳第二十章疏證部分。

魯定公四年(前506,楚昭王十年),晉會諸侯之師於召陵謀伐楚,其中就有蔡侯、陳侯、胡子。可見,三國從晉,開始反楚。此年冬,吴帥諸侯伐楚。《春秋》定公四年:"冬十一月庚午,蔡侯以吴子及楚人戰于柏舉,楚師敗績。"同年《左傳》載:"冬,蔡侯、吴子、唐侯伐楚。"③

那麽簡文所謂的"陳、蔡、胡反楚,與吴人伐楚"究竟是哪一年事呢?整理者認爲即魯定公四年冬十一月的吴、蔡、唐聯合伐楚事,但是這樣對應有一個最大的問題:簡文謂陳、蔡、胡與吴人伐楚,而《左傳》謂吴、蔡、唐聯合伐楚。那麽有無可能胡、陳二國本來參加此次伐楚,而《左傳》漏載了呢?

關於胡伐楚。《左傳》定公十五年追述:"吴之入楚也,胡子盡俘楚邑

---

① 楊伯峻:《春秋左傳注(修訂本)》,第1360~1361頁。
② 楊伯峻:《春秋左傳注(修訂本)》,第1507頁。
③ 楊伯峻:《春秋左傳注(修訂本)》,第1534、1542頁。

之近胡者。"杜注:"在四年。俘,取也。"①可見,胡在吳人伐楚之際,趁火打劫。

關於陳伐楚。《左傳》哀公元年追述魯定公四年"吳之入楚也,使召陳懷公",懷公讓大家決定到底應該從吳抑或從楚時,陳大夫逢滑進言曰:"今吳未有福,楚未有禍,楚未可棄,吳未可從。而晉,盟主也,若以晉辭吳,若何?"結果"陳侯從之"②。可見陳欲從晉,故不從吳。此事直接導致了魯哀公元年(前494)年的吳侵陳,《左傳》哀公元年:"及夫差克越,乃修先君之怨。秋八月,吳侵陳,修舊怨也。"楊伯峻注:"召陳者闔廬,陳不應召,故曰先君之怨。"③可見陳確實未參加魯定公四年的吳入楚。④

由上可見,如果說魯定公四年吳入楚時,胡國參與,勉强可以成立;但若說陳國也參與反楚、與吳人伐楚,這是絕不可能的。這點包括整理者在内的學者都已注意到了,但是很多學者還是堅持將簡文所載事比附於魯定公四年的吳入楚事,所以提出了種種解釋。譬如李守奎認爲《左傳》與《繫年》所載不同,"不一定此是彼非,很可能互有詳略"⑤。此説不可信,因爲前文已述,陳根本未參加。又如孫飛燕認爲簡文的"陳"當改爲"唐"⑥。此説亦屬猜測,無證據可言。徐少華認爲簡文所謂陳人"反楚"勉能成立,然謂"與吳人伐楚",並不確實⑦,即認爲簡文所載有誤。筆者認爲,簡文無誤。那麽問題的根源何在呢? 筆者認爲,簡文所載事根本不是魯定公四年的吳入楚,而是魯定公三年的吳與晉等諸侯聯合伐楚的方城之戰。此戰我們在第十八章的考證部分已經詳細地考察過,可知除了吳、晉外,實際上還

---

① 《春秋左傳正義》卷56,《十三經注疏》,第4673頁。
② 楊伯峻:《春秋左傳注(修訂本)》,第1607頁。
③ 楊伯峻:《春秋左傳注(修訂本)》,第1608頁。
④ 關於陳未參與吳入楚事,《史記》亦有記載,但與《左傳》不同。《史記·陳杞世家》:"懷公元年,吳破楚,在郢,召陳侯。陳侯欲往,大夫曰:'吳新得意,楚王雖亡,與陳有故,不可倍。'懷公乃以疾謝吳。"《史記》卷36,第1913頁。據此,則陳是以疾辭吳,與《左傳》因從晉辭吳不同,時間亦不同。對此,清代學者梁玉繩曰:"'懷公元年'四字衍。大夫數語,與逢滑之對不合。以疾謝吳與以晉辭亦不合。哀元年《傳》云'吳之入楚也,(杜注:在定四年。)召陳懷公,因逢滑之言,以晉辭吳',則安得有如吳被留而死之事? 且魯定四年爲陳惠公二十八年,又安得書于懷公四年乎? 《年表》謂'如吳留死',同誤。而此誤尤甚,蓋復召之説,鑿空無據。而惠公卒于定四年二月,吳人楚是十一月,召懷公在入楚後,當十二月,懷雖嗣位,尚未踰年改元,則以吳之初召爲懷元年,妄矣。吳止一召陳侯,陳侯未嘗往矣,兩言而決。"(清)梁玉繩:《史記志疑》卷19,第920頁。
⑤ 李守奎:《清華簡〈繫年〉所記楚昭王時期吳晉聯合伐楚解析》,《古文字與古史考:清華簡整理研究》,第130頁。
⑥ 孫飛燕:《清華簡〈繫年〉初探》,第124頁。
⑦ 徐少華:《清華簡〈繫年〉第十九章補説——兼論楚縣唐、縣蔡的有關問題》,《簡帛文獻與早期儒家學説探論》,第201頁。

有陳、蔡、胡等參與。方城之戰後吳、晉關繫破裂，故在魯定公四年的召陵之盟時陳、蔡、胡等均參加。詳參第十八章的考證部分。

實際上，學者之所以將簡文比附於魯定公四年的吳入楚，主要是因爲下面簡文提到秦救楚，而此事在魯定公四年。筆者以爲，《繫年》有明確的叙事主題，圍繞這一中心而展開叙事。本章的主題是"閒陳、蔡"，正因爲魯定公四年的吳入楚之戰陳未參加，故突出了魯定公三年的方城之戰。這提醒我們注意，《繫年》歷史叙事與編年記事的方式不同，具有跳躍性，所以不應該拘泥。

二、"十又一年，蔡昭侯申懼，自歸於吳"抄寫有錯譌説

《繫年》第十九章："昭王既復邦，焉克胡、圍蔡。昭王即世，獻惠王立。十又一年，蔡昭侯申懼，自歸於吳。吳洩庸以師逆蔡昭侯，居于州來，是下蔡。楚人焉閒蔡。"此"十又一年"何指？

從時間記述的順序來看，"十又一年"很容易被理解成楚惠王十一年（前478，魯哀公十七年），整理者即如是説。整理者注："楚惠王十一年爲魯哀公十七年，據《左傳》，該年七月，楚公孫朝率師滅陳。簡文此處所述疑有誤。蔡昭侯死於楚昭王二十五年（見《左傳》哀公四年），楚惠王十一年時，蔡國國君爲昭侯之子蔡成侯。此處簡文可能係將陳、蔡之事混淆而致誤。"①整理者認爲此"十又一年"對應楚惠王十一年。翻檢《左傳》哀公十七年，不見記蔡事，惟見載陳事："楚白公之亂，陳人恃其聚而侵楚。楚既寧，將取陳麥。楚子問帥於大師子穀與葉公諸梁，……王卜之，武城尹吉。使帥師取陳麥。陳人禦之，敗，遂圍陳。秋七月己卯，楚公孫朝帥師滅陳。"②整理者遂猜測《繫年》作者"可能係將陳、蔡之事混淆而致誤"。整理者的這種看法得到了不少學者的支持。③

實際上，《繫年》載"十又一年"，如按整理者所説是楚惠王十一年，這種解釋面臨着以下三方面困難：第一，《春秋》經傳與《史記》等傳世文獻於此年未見蔡昭侯懼的任何記載。第二，蔡昭侯卒於楚昭王二十五年（前491，魯哀公四年）。《春秋》哀公四年："冬十有二月，葬蔡昭侯。"④如按整

---

① 清華大學出土文獻研究與保護中心編，李學勤主編：《清華大學藏戰國竹簡（貳）》，第185頁。
② 楊伯峻：《春秋左傳注（修訂本）》，第1708~1709頁。
③ 如徐少華：《清華簡〈繫年〉第十九章補説——兼論楚縣唐、縣蔡的有關問題》，《簡帛文獻與早期儒家學説探論》，第203頁。
④ 楊伯峻：《春秋左傳注（修訂本）》，第1625頁。

理者説,則此時蔡昭侯已卒十三年,其何來"懼"呢？第三,整理者猜測《繫年》作者將陳、蔡事混淆,但僅爲猜測,無任何證據。那麼,問題究竟出在何處呢？

筆者認爲,此處簡文抄寫有錯譌,而此"十又一年"實指楚昭王十一年（前505,魯定公五年,蔡昭侯十四年）,"昭王卽世,獻惠王立"應在"吳洩庸以師逆蔡昭侯,居于州來,是下蔡"與"楚人焉閉蔡"之間。理由如下：

首先,從竹簡書寫形態看,此處書手卽有譌誤。賈連翔先生説："《繫年》簡106有'獻惠王立十又一年',從文字佈局來看,原文'又一年'三字明顯緊於其他,書手應原漏抄了一個'年'字,發現脱文後,將'一'字刮削而補入了'一年'兩字。……不僅如此,此處簡文所記内容也有問題,……根據書手對錯譌内容的削改來看,此處在抄寫時很可能有錯簡的情況發生。"①認定此處有錯簡可能證據不足,②但此處書手有譌誤則可確定。

其次,從簡文内容上看,此處的"十又一年"實指楚昭王十一年,因此不可能在"昭王卽世,獻惠王立"之前。簡文所謂"蔡昭侯申懼"亦見於《史記》,司馬遷所載正在楚昭王世。

《史記》記載"蔡昭侯懼"共有兩處,雖均在楚昭王時,但年代不一：

一是在楚昭王十三年（前503,蔡昭侯十六年）。《史記·管蔡世家》："[蔡昭侯]十六年,楚令尹爲其民泣以謀蔡,蔡昭侯懼。"③

二是楚昭王十四年（前502,蔡昭侯十七年）。《史記·十二諸侯年表》載楚昭王十四年"子西爲民泣,民亦泣,蔡昭侯恐"④。

上列《十二諸侯年表》與《管蔡世家》所載蔡昭侯恐懼事,梁玉繩謂"此事《左傳》不載"⑤,那麼,司馬遷所據何書？筆者認爲其應根據與《繫年》類似材料的記載。但是,司馬遷所載的年代與《繫年》有差異,《十二諸侯年表》謂在蔡昭侯十六年,當楚昭王十三年,而《管蔡世家》謂在楚昭王十四年,那麼孰是孰非？王叔岷説："案疑'六'本作'七',涉下文'二十六

---

① 賈連翔：《談清華簡所見書手字迹和文字修改現象》,楊振紅、鄔文玲主編：《簡帛研究二〇一五（秋冬卷）》,第50頁。
② "錯簡"的認定是嚴格的,必須要史實、文字和簡牘形制、每簡容字諸方面的證據。清代、民國學者所謂"錯簡"很多指的是文字有幾個字脱漏、甚至是文字有譌誤,這是不可取的。"十又一年"在簡106中間部分,不在簡首,不構成形制方面錯亂的證據。
③ 《史記》卷35,第1897頁。
④ 《史記》卷14,第805頁。
⑤ （清）梁玉繩：《史記志疑》卷5,第377頁。

年'而誤也。"①此也僅爲猜測之語。那麼,此到底是司馬遷所據材料之差異,還是司馬遷書寫的譌誤(當然也不能排除後來傳抄之譌誤)呢?我們不得而知。《史記》兩處均記之,想必太史公定有依據;但二處年代不一,又説明他看到的資料模棱兩可,而又無法決斷,姑兩存之。

筆者以爲,簡文所載事即上引《史記》所謂的楚令尹子西"謀蔡"而蔡昭侯恐懼事,且根據《繫年》,此事實在楚昭王十一年。《史記》未載蔡昭侯懼後有何行動,據《繫年》可知,蔡昭侯"自歸於吳"。

再次,從史實上看,簡文所載事定在楚昭王十一年也符合當時的歷史背景。楚昭王十一年當魯定公五年,《春秋》定公五年:"夏,歸粟于蔡。"杜注:"蔡爲楚所圍,饑乏,故魯歸之粟。"同年《左傳》曰:"夏,歸粟於蔡,以周亟,矜無資。"②竹添光鴻箋曰:

> 周、賙通用。資,資糧也。蔡侯三年(指魯定公三年——引者按)於楚,歸則如晉。去年春會于召陵侵楚,夏以晉命滅沈,秋爲楚所圍,冬從吳伐楚。吳子未還,則蔡亦當不先歸,其國之亟且無資可見也。歸粟必壤地相接,水道可通,魯歸蔡粟以淮也,告糴於齊以濟也,秦輸晉粟以河也。《春秋》凡有事不言主名,皆魯事也。③

楚昭王於魯定公四年秋圍蔡,此年冬蔡昭侯從吳伐楚。蔡國在此年的吳入楚之役中,實際上承擔着吳國軍隊的補給任務。④ 據上引《春秋》《左傳》所載,魯定公五年夏,蔡國資糧匱乏,故魯增援之。據杜預說,蔡此時被楚圍困,情勢危急。與此同時,秦國援楚的軍隊已至。七月楚人又滅唐,九月"吳師大敗,吳子乃歸",十月"楚子入于郢",杜注:"吳師已歸"。⑤因此,蔡昭公在此時不可能回蔡國,而祇能回吳國,而歸吳時間在魯定公五年九月,應與吳王同歸,此即簡文所謂的"自歸於吳"。

那麼,簡文所謂的"蔡昭侯申懼"何指?上引《史記》載楚令尹子西爲其民泣而謀蔡,才導致蔡侯懼,筆者懷疑此事實在魯定公五年。《左傳》定公五年載,九月,"吳師敗楚師于雍澨。秦師又敗吳師。吳師居麋"。麋地是吳、楚苦戰之地,子期想焚燒戰死楚人的屍骸。子西曰:"父兄親暴骨焉,

---

① 王叔岷:《史記斠證》,第1392頁。
② 《春秋左傳正義》卷55,《十三經注疏》,第4646頁。
③ 〔日〕竹添光鴻注:《左氏會箋》,第2174頁。
④ 吳要攻入楚國都城,路途遙遠,面臨的最大困難即是補給,而蔡國地處吳、楚之間,正可充當這一角色。可參張正明:《楚史》,第198~199頁。
⑤ 《春秋左傳正義》卷55,《十三經注疏》,第4647頁。

不能收,又焚之,不可。'"結果子期還是"焚之,而又戰,吳師敗,又戰于公壻之谿。吳師大敗,吳子乃歸"。① 楚人不得已焚燒戰死的楚人將士,故令尹子西泣之。而蔡昭侯無疑是引吳入楚的罪魁禍首,楚人必不能輕饒,故蔡昭侯懼,不敢回蔡國,亦在情理之中。

總之,簡文所謂的"十又一年,蔡昭侯申懼,自歸於吳"抄寫應有訛誤:

  原簡:昭王既復邦,焉克胡、圍蔡。昭王卽世,獻惠王立。十又一年,蔡昭侯申懼,自歸於吳。吳洩庸以師逆蔡昭侯,居于州來,是下蔡。楚人焉閉蔡。

  調整:昭王既復邦,焉克胡、圍蔡。十又一年,蔡昭侯申懼,自歸於吳。吳洩庸以師逆蔡昭侯居于州來,是下蔡。昭王卽世,獻惠王立。楚人焉閉蔡。

爲清晰起見,列表十三:

表十三　簡文所載楚昭王、惠王相關史事調整前後對照

楚王	昭王						惠王
年	十一	二十一	二十二		十一	二十三	四十二年
原簡	昭王復邦	克胡	圍蔡	昭王卽世,獻惠王立。	十又一年,蔡昭侯申懼,自歸於吳。	吳洩庸以師逆蔡昭侯,居于州來,是下蔡。	楚人焉閉蔡。
調整	昭王復邦	克胡	圍蔡		十又一年,蔡昭侯申懼,自歸於吳。	吳洩庸以師逆蔡昭侯,居于州來,是下蔡。	昭王卽世,獻惠王立。	楚人焉閉蔡。

上引簡文的諸事的年代爲:"昭王既復邦"在楚昭王十一年十月;"克胡"在楚昭王年;"圍蔡"在楚昭王二十二年;"十又一年,蔡昭侯申懼,自歸於吳"又是楚昭王十一年;"吳洩庸以師逆蔡昭侯居於州來"在楚昭王二十三年;"楚人焉閉蔡"在楚惠王四十二年。可見,調整後大部分年代能與傳世文獻所載對應,但還有兩個問題需予以說明:

---

① 楊伯峻:《春秋左傳注(修訂本)》,第1552頁。

第一,"十又一年,蔡昭侯申懼,自歸於吳"爲何穿插在楚昭王二十二年與二十三年之間記載呢?這是由《繫年》歷史叙事的特點決定的,類似情形見於《繫年》第二章:

(1)繒人乃降西戎以攻幽王,幽王及伯盤乃滅,周乃亡。

(2)邦君諸正乃立幽王之弟余臣于虢,是攜惠王,立二十又一年,晉文侯仇乃殺惠王于虢。

(3)周亡王九年,邦君諸侯焉始不朝于周,晉文侯乃逆平王于少鄂,立之于京師。三年,乃東徙,止于成周。晉人焉始啓于京師,鄭武公亦政東方之諸侯。

(1)載周幽王之滅、西周之亡的年代,據《國語》《史記》可知在周幽王十一年(前771)。(2)載攜惠王之立與被殺的年代。"立二十又一年"指攜惠王二十一年(前750,周平王二十一年)。"周亡王九年",李學勤先生認爲指幽王死後第九年(前762)①,筆者認爲乃周幽王九年(前773)。無論哪種說法,(3)的時間都接續(1),(2)爲插入語。

無獨有偶,晚於《繫年》的《竹書紀年》亦存在這種叙事方式。《左傳》昭公二十六年孔疏引《竹書紀年》云:

(4)平王奔西申,而立伯盤以爲大子,與幽王俱死于戲。

(5)先是,申侯、魯〈曾〉侯及許文公立平王於申,以本大子,故稱天王。

(6)幽王既死,而虢公翰又立王子余臣於攜,周二王並立。二十一年,攜王爲晉文公所殺。以本非適,故稱攜王。②

這段文字中,(5)爲插入語,(6)接續(4)。這都充分證明戰國時期的史書不乏這種叙事方式。

第二,前幾個事件均無年代,此處爲何要標出"十又一年"呢?因爲此處是插叙,不標明年代,讀者容易誤解。上引《繫年》第二章"九年"前要加"周亡王",也是作者擔心讀者誤解而作的處理。

---

① 李學勤:《由清華簡〈繫年〉論〈文侯之命〉》,《揚州大學學報(人文社會科學版)》2013年第2期,第50頁。
② 《春秋左傳正義》卷50,《十三經注疏》,第4591~4592頁。

三、春秋晚期蔡與吴、楚的關繫考

（一）蔡在春秋晚期在吴、楚關繫中所扮演的角色

對於蔡在春秋晚期在吴、楚關繫中所扮演的角色，清代學者顧棟高在《春秋時楚始終以蔡爲門户論》一文中，對此有精闢的論斷，其曰：

> 楚在春秋，北向以爭中夏，首滅吕、滅申、滅息，其未滅而服屬於楚者曰蔡。蔡爲今汝寧府上蔡縣。汝寧諸小國盡屬于楚，獨蔡存。故蔡自中葉以後，於楚無役不從，如虎之有倀。而中國欲攘楚，必先有事於蔡。僖四年齊桓爲召陵之師，《經》云齊侯以諸侯之師侵蔡，蔡潰，遂伐楚。蓋齊不伐蔡則不能長驅而至于陘也。定四年吴闔閭之入郢也，《經》云蔡侯以吴子及楚人戰于柏舉，楚師敗績。庚辰，吴入郢。蓋吴不得蔡爲嚮導則不能深入爲害，因以直造郢都也。蓋蔡居淮、汝之間，在楚之北，爲楚遮蔽，熟知楚里道，其俗自古稱强悍。故春秋服楚最早，從楚最堅，受楚之禍最深，而其爲楚之禍亦最烈。始以楚爲可恃，故甘心服從。逮不堪命而反噬，則楚亦幾亡。①

結合以上顧棟高的宏論，我們對蔡在春秋晚期的地位可歸納如下：

第一，由地理位置而言，蔡是楚與中原交通之門户。對楚而言，蔡居淮水、汝水之間，在楚之北，爲楚遮蔽；對中原諸國來説，其要攻伐楚國，必先攻破蔡這一屏障。

第二，正由於蔡之重要的地理地位，所以：一方面，楚與中原的爭霸中，蔡成爲雙方爭奪之對象，也就成爲雙方壓迫的對象；另一方面，蔡爲了在諸侯爭霸的夾縫中求生存，衹能依靠一方，對抗另一方，而不可能作爲中立派置身事外。但由於蔡爲小國，如依靠一方，必遭致所依恃方的壓迫，當這種壓迫達到蔡國不能承受之底綫時，就必將反噬其主。

第三，蔡對楚的戰略意義非常重要。其他諸侯國要對楚國進行攻伐，必先以蔡作爲突破口，這主要由以下幾方面因素決定的：其一，蔡爲楚的屏障，因此，要攻伐楚必先撕裂這一屏障；其二，蔡作爲楚的近鄰，對楚的交通地理非常熟悉。因此，其他國家要攻伐蔡，如果能得蔡作爲嚮導，必可直搗楚之郢都這一心臟地帶。

下面，我們再結合清華簡《繫年》的相關記載，對春秋晚期的蔡與吴、

---

① （清）顧棟高：《春秋大事表》卷28，第2024頁。

楚的關繫進行分析。

(二)由《繫年》來看春秋晚期的蔡與楚的關繫

1. 楚靈王閒陳、蔡

楚康王去世後,其子子麇繼位,又稱"郟敖""孺子王"。由於郟敖生性懦弱,所以王子圍(楚康王之弟,郟敖之叔父)廢郟敖而自立爲王,是爲楚靈王。楚靈王即位後,野心勃勃,試圖重振楚國霸業。簡文載"楚靈王立,既閒陳、蔡",據我們在《繫年》第十八章的相關討論可知,"閒陳"在楚靈王七年(前535,魯昭公八年),"閒蔡"在靈王十年(前531,蔡靈侯十二年,魯昭公十一年)。

2. 楚平王復封陳、蔡,陳、楚之間保持友好關繫

簡文載:"景平王即位,改邦(封)陳、蔡之君,使各復其邦。"楚靈王即位後,爲何要復封陳、蔡?這主要跟他的即位經歷有關。

據《左傳》昭公十二年載,楚靈王在位時,楚靈王弟弟公子棄疾(即後來的楚平王)爲蔡縣公。《左傳》昭公十一年載楚靈王滅蔡後,十二月,"城陳、蔡、不羹。使棄疾爲蔡公"。① 楚以縣尹爲"公"。可見,公子棄疾在楚滅蔡後始爲蔡縣公。

蔡國雖然被楚所滅,但公子棄疾爲縣公,讓一些蔡國人擔任某種官職。這些蔡國人仍有勢力,欲伺機恢復蔡國,蔡大夫聲子之子朝吳就是其中之一。

《左傳》昭公十三年楚人觀起曾被楚所殺,其子觀從作爲朝吳之手下,一直想報殺父之仇。他看到當時楚靈王的政局不穩、危機四伏,於是預料到這是恢復蔡國的最好時機,對朝吳説:"今不封蔡,蔡將不封。我請試之。"經過觀從的一番謀劃,楚靈王十二年夏,"楚公子比、公子黑肱、公子棄疾、蔓成然、蔡朝吳帥陳、蔡、不羹、許、葉之師,因四族之徒,以入楚"。② 後來,楚靈王自殺,是年六月丙辰(十八日),"棄疾即位,改名熊居,是爲平王"。③ 魯昭公十三年(前529)當楚靈王十二年,蔡平公元年。

綜上可見,楚平王的即位,起因於蔡人舊有勢力試圖復國,而其能夠順利取得王位,主要還是依靠了陳、蔡等的勢力。於是,楚平王一即位,爲了

---

① 楊伯峻:《春秋左傳注(修訂本)》,第1327頁。
② 楊伯峻:《春秋左傳注(修訂本)》,第1344~1345頁。
③ 楊伯峻:《春秋左傳注(修訂本)》,第1348頁。

籠絡人心，就復封陳、蔡。《左傳》昭公十三年載："平王封陳、蔡，復遷邑。"①簡文載："景平王卽位，改邦（封）陳、蔡之君，使各復其邦。"兩者所載相合。

楚平王時，蔡一直從楚，對楚俯首貼耳，唯命是從。楚對蔡國國君之廢立，掌最終之決斷權，楚平王時期廢蔡太子朱而立蔡悼公事爲顯例。

《左傳》昭公二十一年（前521，楚平王八年，蔡悼公元年）："三月，葬蔡平公。蔡大子朱失位，位在卑。"杜注："不在適子位，而以長幼齒。"楊伯峻注："《儀禮·士喪禮》及《旣夕禮》《禮記·喪服大記》俱載有父死，適子應在之位，而國君之葬，太子亦應有固定之位。而蔡平公葬，其太子朱不在其應在之位。"②可見，蔡平侯卒後，其太子朱卽位。1958年出土於湖北南漳縣武安鎮安樂堰（原誤爲宜城縣安樂沱）的蔡侯朱缶，銘曰："蔡侯朱之缶。"③此可證蔡侯朱當卽位。④ 蔡侯朱在葬禮上未站對位置，而朱之叔父東國也想奪取政權，這爲其此年冬出奔楚國埋下了伏筆。

《春秋》昭公二十一年："冬，蔡侯朱出奔楚。"同年《左傳》曰：

蔡侯朱出奔楚。費無極取貨於東國。（杜注：東國，隱大子之子，平侯廬之弟，朱叔父也。）而謂蔡人曰："朱不用命於楚，君王將立東國。若不先從王欲，楚必圍蔡。"蔡人懼，出朱而立東國。朱愬于楚，楚子將討蔡。無極曰："平侯與楚有盟，故封。（杜注：盟於鄧，依陳、蔡人以國。）其子有二心，故廢之。（杜注：子謂朱也。）靈王殺隱大子，其子與君同惡，德君必甚。又使立之，不亦可乎！且廢置在君，蔡無他矣。"（杜注：言權在楚，則蔡無他心。）⑤

蔡君的廢立雖有楚國佞臣費無極挑唆之因素，但真正的決斷權却掌握在楚王手裏。費無極說："且廢置在君，蔡無他矣。"蔡國對己國國君之廢立實際上受制於楚國。蔡侯朱最後死於楚國。

蔡侯朱死之後，平侯弟東國卽位，此應在魯昭公二十一年冬，東國就是蔡悼公。魯昭公二十三年（前519，楚平王十年）蔡悼公卒。《春秋》昭公二十三年載："夏六月，蔡侯東國卒于楚。"竹添光鴻箋曰："東國代朱君蔡，因

---

① 楊伯峻：《春秋左傳注（修訂本）》，第1348頁。
② 楊伯峻：《春秋左傳注（修訂本）》，第1424頁。
③ 蘇州博物館編：《大邦之夢：吳越楚青銅器》，上海：上海古籍出版社，2017年，第122~123頁。
④ 陳夢家：《蔡器三記·蔡侯朱之缶》，《陳夢家學術論文集》，北京：中華書局，2016年，第526頁；又參楊伯峻：《春秋左傳注（修訂本）》，第1423頁。
⑤ 《春秋左傳正義》卷50，《十三經注疏》，第4559頁。

朝楚而卒。故從蔡赴書,悼公東國卒,弟昭公申立。"①蔡昭侯剛即位,就從楚參與了吳與楚的雞父之戰。《春秋》昭公二十三年:"戊辰,吳敗頓、胡、沈、蔡、陳、許之師于雞父。"據同年《左傳》,此次戰爭以楚一方大敗而告終。而之所以失敗,楚一方内部矛盾重重是主要誘因。譬如蔡國之所以參戰,是因爲"畏楚而不獲已,是以來",而且實際上是"蔡疾楚政",故此戰是"同役不同心",可見蔡昭侯對楚人之暴政很痛恨,並不是真心服楚,衹是迫於壓力。這種情形得到了出土文獻之印證。

3. 由壽縣蔡昭侯墓出土銘文來看蔡昭侯初期的吳、楚、蔡關繫

1955年5月,安徽壽縣發現了蔡昭侯墓,墓中出土的有銘文銅器對於瞭解蔡昭侯時期的蔡、楚、吳三國關繫至關重要:

(1)蔡侯紐鐘:隹(唯)正五月初吉孟庚,蔡侯[申]曰:余唯(雖)末少(小)子,余非敢寧忘(荒),有虔不易,輴(左)右楚王,㿎 ■(㿎㿎)豫(舍)政,天命是將,定均庶邦,休有成慶。既㥛于心,延(誕)中厥德。均(同)好大夫,建我邦國。豫(舍)命祇祇,不愆(愆)不貣(忒)。自乍(作)訶(歌)鐘,元鳴無期,子孫鼓之。(《集成》210~218)

(2)大孟姬盤:元年正月初吉辛亥,蔡侯申虔共(恭)大命。上下陟祏(否),攸(攝)敬不惕,肇佐天子。用詐(作)大孟姬媵(媵)彝盤(盤),禋(享)是台(以),祇盟嘗商(章),祐受毋已。禰(齋)護整諆(肅),籟(類)文王母,穆穆鬶鬶(亹亹),息(聰)害(介)慎揚(揚)。威義(儀)遊遊,霝頌託商(章)。康諧穆好,敬配吳王。不諱考壽,子孫蕃昌。永保用之,千歲無疆。(《集成》10171)②

(3)吳王光鑑:隹(唯)王五月,既字白(霸)期,吉日初庚。吳王光擇其吉金,玄鋊(鑛)白鋊(鑛),台(以)乍(作)弔(叔)姬寺吁宗彝薦鑑。用喜(享)用孝,眉壽無疆。往巳弔(叔)姬,虔敬乃后,子孫勿忘。(《集成》10298、10299)

對(2)中的"元年",學者爭論很大。③唐蘭認爲此"元年"應爲周敬王元年(前519,魯昭公二十三年,吳王僚八年,楚平王十年)④,可從。蔡昭侯

---

① 〔日〕竹添光鴻注:《左氏會箋》,第1889頁。
② 大孟姬尊(《集成》6010)與上引大孟姬盤同銘。
③ 具體可參祝振雷:《安徽壽縣蔡昭侯墓出土青銅器銘文集釋》,碩士學位論文,長春:吉林大學,2006年,第28~29頁。
④ 唐蘭:《〈五省出土重要文物展覽圖録〉序言》,《唐蘭論文集(三)》,第988頁。

此年即位,並且在此年夏參與了吴、楚雞父之戰,結果楚一方失敗,再加上蔡參戰本身就是屈從,並且痛恨楚國暴政,故蔡侯將其長女大孟姬"敬配吴王"①,以結交吴國。

但是,蔡昭侯表面上還是服從於楚,即(1)中所謂的"左右楚王"。蔡侯後面的"申"被挖掉,類似情况見於同墓出土的蔡侯申方鑑(《集成》10290)、蔡侯申尊缶(《集成》10290)等八器。蔡國跟楚國正式决裂是在魯定公四年之後,詳後文。

魯昭公二十七年(前515,楚昭王元年,蔡昭侯四年)夏四月,吴公子光弑殺吴王僚,取而代之,是爲吴王闔廬,亦即(3)中的吴王光。魯定公十四年(前496,楚昭王二十年,蔡昭侯二十三年),吴王闔廬卒,其子夫差即位。(3)中吴王嫁女叔姬於蔡昭侯事應在魯昭公二十七年至定公十四年之間。

總之,結合傳世文獻與金文看,蔡昭侯即位初期實際上是首鼠兩端,表面上服從於楚,暗地裹却通吴。魯定公四年後,蔡、楚徹底决裂,蔡昭侯一心從吴。筆者懷疑,上述蔡侯紐鐘等八件銅器中的"申"字實乃蔡昭侯自己挖掉的,時間正是徹底反楚而從吴之後。總體而言,終楚平王之世,陳、蔡、胡等國一直從楚。

4. 楚昭王時期蔡徹底反叛楚及柏舉之戰

上文引顧棟高説蔡國"其俗自古稱强悍。……始以楚爲可恃,故甘心服從。逮不堪命而反噬,則楚亦幾亡"。如果説楚平王時期,蔡之所以唯楚王命是從,那是因爲楚國能够依恃;那麽,楚昭王時期,蔡對楚的反叛可以説是"不堪命而反噬"。蔡引吴來攻楚而引發柏舉之戰,而此戰也使"楚亦幾亡"。

《繫年》第十九章簡文載:"景平王即世,昭[王]即位,陳、蔡、胡反楚,與吴人伐楚。"魯昭公二十六年(前516),楚平王熊居卒,楚昭王軫即位,次年爲楚昭王元年。

魯定公四年,晉會諸侯之師於召陵謀伐楚,其中就有蔡侯、陳侯、胡子。可見,此時三國從晉,開始反楚。而蔡昭侯之所以反楚,就是因爲不堪楚命,具體來説就是不能忍受楚昭王時期的令尹子常(即囊瓦)之盤剥。

《左傳》定公三年:

> 蔡昭侯爲兩佩與兩裘以如楚,獻一佩一裘於昭王。昭王服之,以

---

① 大孟姬,于省吾認爲是蔡侯之長女。于省吾:《壽縣蔡侯墓銅器銘文考釋》,《古文字研究》第1輯,北京:中華書局,1979年,第43頁。

享蔡侯。蔡侯亦服其一。子常欲之,弗與。三年止之。……蔡人聞之,固請,而獻佩于子常。子常朝,見蔡侯之徒,命有司曰:"蔡君之久也,官不共也。明日禮不畢,將死。"蔡侯歸,及漢,執玉而沈,曰:"余所有濟漢而南者,有若大川!"蔡侯如晉,以其子元與其大夫之子爲質焉,而請伐楚。①

據童書業研究,楚昭王時期真正掌握楚國政權的是令尹囊瓦音繚绕。② 蔡昭侯得罪了囊瓦,所以被扣押三年才放歸。這種奇恥大辱當然爲蔡昭侯所不能忍受,所以他斷然改變從楚的國策,而開始反楚。

《春秋》定公四年載冬十一月庚午,"蔡侯以吳子及楚人戰於柏舉,楚師敗績。楚囊瓦出奔鄭。庚辰,吳入郢"。③ 這次戰爭對楚國造成了重創。

柏舉之戰後,楚國待元氣稍恢復,即開始報復蔡。《繫年》第十九章載:"昭王既復邦,焉克胡、圍蔡。"《春秋》哀公元年:"楚子、陳侯、隨侯、許男圍蔡。"同年《左傳》:"元年春,楚子圍蔡,報柏舉也。里而栽,廣丈,高倍。……使疆于江、汝之間而還。"④魯哀公元年(前494)當楚昭王二十二年。

5. 柏舉之戰後蔡由從楚改爲從吳與楚滅蔡

楚國緊緊相逼,迫使蔡昭侯進一步向吳國靠近,於是請求遷於吳國。《繫年》第十九章載:"十又一年,蔡昭侯申立,自歸於吳。"前文已述,簡文此段話實際上即《史記·管蔡世家》所載"十六年,楚令尹爲其民泣以謀蔡,蔡昭侯懼",亦即《十二諸侯年表》所謂的"楚昭王十七年,子西爲民泣,民亦泣,蔡昭侯恐"。⑤ 此"十又一年"爲楚昭王十一年。據此,楚昭王十一年,即柏舉之戰後的次年,蔡昭侯開始從吳。魯哀公元年,楚率諸侯師圍蔡,蔡請遷於吳。《春秋》哀公元年:"楚子、陳侯、隨侯、許男圍蔡。"同年《左傳》:"楚子圍蔡,報柏舉也。……蔡於是乎請遷于吳。"⑥

終於,魯哀公二年(前493,楚昭王二十三年,吳王夫差三年),蔡遷於州來。《春秋》哀公二年:"十有一月,蔡遷于州來。蔡殺其大夫公子駟。"楊伯峻注:"蔡本都上蔡,今河南上蔡縣;今則入吳,因吳師遷州來,今安徽

---

① 楊伯峻:《春秋左傳注(修訂本)》,第1531~1532頁。
② 參童書業著,童教英校訂:《春秋左傳研究(校訂本)》,第89頁。
③ 楊伯峻:《春秋左傳注(修訂本)》,第1534頁。
④ 楊伯峻:《春秋左傳注(修訂本)》,第1603~1604頁。
⑤ 《史記》卷35、14,第1897、805頁。
⑥ 楊伯峻:《春秋左傳注(修訂本)》,第1603~1604頁。

鳳台縣,亦曰下蔡。國家遷徙,大非易事,依吳依楚,俱是賴人。哀四年《傳》云諸大夫恐其又遷,則群臣蓋不欲遷徙。是年遷州來,公子駟是反對者之一。"同年《左傳》:"吳洩庸如蔡納聘,而稍納師。師畢入,眾知之。蔡侯告大夫,殺公子駟以說。哭而遷墓。冬,蔡遷於州來。"楊伯峻注:"蔡侯欲遷于吳,故與吳謀,因聘而納吳師。諸大夫不欲遷者,蔡侯殺公子駟以向吳解說,於是無人敢阻止矣。"①蔡遷州來引來蔡國卿大夫的反對,這說明當時蔡昭侯與卿大夫的主張不同。

　　正是由於在遷徙問題上,蔡昭侯與卿大夫有分歧,所以蔡昭侯被殺。魯哀公三年(前492),楚昭王二十四年,《春秋》:"蔡人放其大夫公孫獵于吳。"杜注:"公子駟之黨。"②魯哀公四年(前491),楚昭王二十五年,蔡昭侯被殺。《春秋》哀公四年:"四年春王二月庚戌,盜殺蔡侯申。蔡公孫辰出奔吳。"楊伯峻注:"據《傳》,乃殺蔡昭侯之黨。"《左傳》哀公四年:"四年春,蔡昭侯將如吳,諸大夫恐其又遷也,承公孫翩逐而射之,入於家人而卒。……故逐公孫辰而殺公孫姓、公孫盱。"③雖然蔡昭侯與卿大夫在遷徙這一問題上有分歧,但是在從吳這一對外政策上却是一致的。

　　蔡昭侯死後,蔡國國君依次是成侯朔、聲侯產、元侯、侯齊。蔡國遷到州來後,其舊有地盤被楚國佔領。魯哀公十六年(前479),當楚惠王十年,蔡成侯十二年,《左傳》:"葉公在蔡。"杜注:"蔡遷州來,楚併其地。"④吳國衰落後,蔡失去了庇護,楚人就把蔡滅了。《史記·管蔡世家》:"[蔡]侯齊四年,楚惠王滅蔡,蔡侯齊亡,蔡遂絕祀。"《十二諸侯年表》:"楚惠王四十二年,楚滅蔡。"⑤蔡侯齊四年(前447)即楚惠王四十二年。《繫年》第十九章"楚人焉閉蔡"亦指此。

(三)小結

　　蔡靈侯時期,楚靈王閉陳、蔡。楚平王即位,主要依靠了陳、蔡等的勢力。於是,楚平王一即位,爲了籠絡人心,復封陳、蔡。楚平王時,蔡從楚,對楚唯命是從,正如前引顧棟高所說:"故蔡自中葉以後,於楚無役不從,如虎之有倀。而中國欲攘楚,必先有事於蔡。僖四年齊桓爲召陵之師,《經》

---

① 楊伯峻:《春秋左傳注(修訂本)》,第1611、1618頁。
② 《春秋左傳正義》卷57,《十三經注疏》,第4685頁。
③ 楊伯峻:《春秋左傳注(修訂本)》,第1624~1626頁。
④ 《春秋左傳正義》卷57,《十三經注疏》,第4731頁。
⑤ 《史記》卷35、14,第1898、849頁。

云齊侯以諸侯之師侵蔡,蔡潰,遂伐楚。蓋齊不伐蔡則不能長驅而至于陘也。"但與此同時,蔡國也逐漸被楚控制,以致失去了自主權,典型表現就是蔡悼公的即位是楚國操縱的結果。

蔡悼公死後,昭侯即位,一方面繼續從楚,比如參加楚、吳的雞父之戰;但另一方面,對楚國的霸道、暴政也是非常反感。結合傳世文獻與金文看,蔡昭侯即位初期實際上是首鼠兩端,表面上服從於楚,暗地裏却通吳。這種狀況直到魯定公四年(前506,楚昭王十年)才被打破。

魯定公三年,蔡昭侯得罪了楚國權臣囊瓦而被扣押三年才放歸。此種奇恥大辱當然爲蔡昭侯所不能忍,這讓蔡昭侯認識到,一味從楚的最終結果是楚對蔡肆無忌憚地盤剝與踐踏。正如顧棟高所言,蔡"從楚最堅,受楚之禍最深",而這也最終導致了"其爲楚之禍亦最烈",這就是魯定公四年的柏舉之戰,使得楚國差點亡國。

柏舉之戰爆發後,蔡、楚關繫徹底決裂:一方面,蔡再也不能希冀通過從楚換取楚對自身的保護;另一方面,楚國已經下定決心要滅蔡了。在這種情形下,蔡國投靠了楚國的對手——吳國。魯哀公二年(前493,楚昭王二十三年),蔡在吳國的幫助下遷到州來,其故地即被楚國吞併。這一段時間,蔡國之所以未滅亡,主要得益於吳國的庇護。但隨着吳國的衰落,蔡國失去了保護傘,最終被楚國滅亡。

春秋時期,像蔡國這樣的小國,不是被大國吞併,就是受大國欺凌、盤剝。當這種欺凌、盤剝到了這些小國忍無可忍的地步時,小國會反抗,但最終結果還是被吞併、被滅亡。從蔡國等小國的歷史命運來看,它們是不倖的;但從歷史發展的趨勢來講,春秋戰國從分裂走向統一的歷史大趨勢又是無法阻擋的。大國吞併小國實際上符合當時歷史的發展趨勢,這恐怕正是歷史理性的詭譎吧!

【第二十章】

[說明]

（一）"㲋"【一〇九】的隸定與釋讀

【整理者】隸爲"鄉"，釋爲"虢"。①

【謹按】該字之釋讀，主要依據第十八章簡98。據彼，該字正對應"虢"，故簡文該字正如整理者所隸釋。詳見第十八章。

在《春秋》中，此字對應於"柤"，《水經注》引作"鄜"。《説文·邑部》："鄜，沛國縣。从邑虘聲。"段玉裁注：

> 《前志》"沛郡鄜"，《後志》"沛國鄜"。陳勝攻銍、鄜、苦、柘、譙，謂此鄜也。今河南歸德府永城縣縣西南有故鄜縣城。从邑，虘聲，……今鄜縣，謂本爲鄜縣，今爲鄜縣，古今字異也。班固《泗水亭長碑》曰："文昌四友：漢有蕭何，序功第一，受封於鄜。"正作鄜。《水經注》曰："渙水又東徑鄜縣城南。《春秋·襄公十年》：公會諸侯及齊世子光於鄜。今其地鄜聚是也。"按，今三經皆作"柤"，鄜所據作"鄜"，此皆古字作"鄜"之證。許云"今鄜縣"者，謂當時皆作"鄜"，故著之。如邠縣既爲周承休矣，而必存邠字以著其始也。②

據此，則今本《春秋》的"柤"，古字當作"鄜"。

（二）"盇""䣛"【一〇九】的隸定與釋讀

【整理者】隸爲"盇䣛"，釋爲"闔盧"。盇䣛，即吳王闔廬。闔廬伐楚，事詳見《左傳》定公四年。③

【謹按】清華簡《楚居》中"闔廬"作"盇䣛"（《楚居》簡12）。"䣛"字从

---

① 清華大學出土文獻研究與保護中心編，李學勤主編：《清華大學藏戰國竹簡（貳）》，第186頁。
② （清）段玉裁注，許惟賢整理：《説文解字注》卷6下，第517頁。
③ 清華大學出土文獻研究與保護中心編，李學勤主編：《清華大學藏戰國竹簡（貳）》，第187頁。

"力"、"虎"聲,是"虜"的異體。① 《説文·冊部》:"虜,獲也。從冊從力,虍聲。""虍"即"虎"字省寫。2008年無錫博物館入藏有春秋時代的攻敔王者彶叙虜劍,其銘作:"攻敔王者(諸)彶(闔)叙(且)旁(廬)自乍(作)元用鐱(劍)。"② 李家浩認爲"者(諸)""叙(且)"爲語辭③,"彶叙旁"即闔廬。④

(三)"𠂢"【一一一】的隸定與釋讀

【整理者】隸爲"炒",讀爲"趙"。炒,"少""勺"雙聲符。⑤
【謹按】整理者説可從。詳參第十三章疏證部分。

[釋文]

晉竸(景)公立十又五年,繡(申)公屈晉(巫)自晉迬(蹠)吴,女(焉)
㠯(始)迵(通)吴、晉之逴(路),二邦爲好。[1]以至晉悼═公═(悼公,悼
公)【一〇八】立十又一年,公會者(諸)侯,以與吴王鬲(壽)夢相見于鄔
(虢)。[2]晉柬(簡)公立五年,與吴王盍(闔)旁(廬)伐【一〇九】楚。[3]盍
(闔)旁(廬)即殜(世),夫秦(差)王卽立(位),[4]晉柬(簡)公會者(諸)
侯,以與夫秦(差)王相見于黄池。[5]

戉(越)公句戔(踐)克【一一〇】吴,戉(越)人因衰(襲)吴之與晉爲
好。[6]晉敬公立十又一年,[7]炒(趙)趌(桓)子會[諸]侯之夫═(大夫),以
與戉(越)命(令)尹宋繄(盟)于【一一一】郳,[8]述(遂)以伐齊═(齊。
齊)人女(焉)㠯(始)爲長城於濟,自南山逗(屬)之北海(海)。[9]晉幽公立
四年,[10]炒(趙)狗(狗)衍(率)自(師)與戉(越)【一一二】公朱(朱)句伐
齊,晉自(師)閲長城句俞之門,[11]戉(越)公、宋公敗(敗)齊自(師)于襄坪
(平)。至今晉、戉(越)以爲好。【一一三】[12]

---

① 葛陵楚簡甲一:4有一字(張新俊、張勝波:《新蔡葛陵楚簡文字編》,成都:巴蜀書社,2008年,第210頁),宋華强釋爲從"力"、"虎"聲,並認爲是"虜"字之異體。參宋華强:《釋新蔡簡中的一個祭牲名》,《古文字研究》第27輯,北京:中華書局,2008年,第501~506頁;《新蔡葛陵楚簡初探》,武漢:武漢大學出版社,2010年,第218~224頁。
② 吴鎮烽:《記新發現的兩把吴王劍》,《江漢考古》2009年3期,第81~84頁。
③ 吴越兩國國名、地名、人名中的單音節,在本國的語言中往往作雙音節。參李家浩:《攻敔王者彶叙虜劍與者減鐘》,《安徽大學漢語言文字研究叢書·李家浩卷》,第49頁。
④ 李家浩:《攻敔王者彶叙虜劍與者減鐘》,《安徽大學漢語言文字研究叢書·李家浩卷》,第47~67頁。
⑤ 清華大學出土文獻研究與保護中心編,李學勤主編:《清華大學藏戰國竹簡(貳)》,第187頁。

百八【一〇八背】　　百九【一〇九背】　　百十【一一〇背】

百十一【一一一背】　　百十二【一一二背】　　百十三【一一三背】

[疏證]

[1]晉競(景)公立十又五年，繻(申)公屈晤(巫)自晉赿(蹠)吳，女(焉)訋(始)週(通)吳、晉之逾(路)，二邦爲好。

【整理者】申公通吳、晉之路，是春秋史上的大事，……楊伯峻辨其當在成公六年，與簡文相合。①

【謹按】晉景公十五年(前585)當魯成公六年，吳王壽夢元年。簡文所載又見第十五章，互詳彼注。

"通吳、晉之路"，見於《左傳》等。《左傳》襄公三十一年："吳子使屈狐庸聘于晉，(杜注：狐庸，巫臣之子也，成十年適吳爲行人。)通路也。"②杜注：通吳、晉之路。

《史記·吳世家》："王壽夢二年，楚之亡大夫申公巫臣怨楚將子反而犇晉，自晉使吳，教吳用兵乘車，令其子爲吳行人，吳於是始通於中國。"③《左傳》成公七年："巫臣請使於吳，晉侯許之。吳子壽夢說之。乃通吳於晉，……蠻夷屬於楚者，吳盡取之，是以始大，通吳於上國。"楊伯峻注："《吳世家》謂巫臣自晉使吳在壽夢二年，即此年。當年使吳，當年教之車戰，吳當年伐楚、入州來，使楚七年奔命，未必見效如此之快。或巫臣使吳在去年，司馬遷僅據《傳》文叙其大略。"④簡文謂巫臣適吳正在去年，證實了楊氏之推測。"通吳、晉之路"的成功應在壽夢二年。

[2]以至晉悼=公=(悼公，悼公)【一〇八】立十又一年，公會者(諸)侯，以與吳王閶(壽)夢相見于鄉(虢)。

【謹按】晉悼公，名周，又作"糾""雕(離)"，晉襄公之孫，又稱"孫周""周子""晉周""子周""公子周"等⑤，魯成公十八年(前573)至魯襄公十五年(前558年)在位，共十六年。

---

① 清華大學出土文獻研究與保護中心編，李學勤主編：《清華大學藏戰國竹簡(貳)》，第186頁。
② 《春秋左傳正義》卷40，《十三經注疏》，第4376頁。
③ 《史記》卷31，第1751頁。
④ 楊伯峻：《春秋左傳注(修訂本)》，第834~835頁。
⑤ 參王利器、王貞珉：《漢書古今人表疏證》，第281~282頁。

吳王壽夢，名乘，又稱"壽夢"，《世本》又稱"孰姑"。① 關於"壽夢"與"乘"的關繫，古有三説。杜預認爲壽夢是吳子之號，《左傳》襄公十二年："秋，吳子壽夢卒。"杜注："壽夢，吳子之號。"② 服虔、顧炎武認爲"乘"是"壽夢"的合音，《左傳》襄公十年："十年春，會於柤，會吳子壽夢也。"孔疏引服虔曰："壽夢，發聲。吳，蠻夷，言多發聲，數語共成一言。壽夢一言也。《經》言乘，《傳》言壽夢，欲使學者知之也。"③ 顧炎武曰："夢，古音莫騰反。一言爲乘，二言爲壽夢，非號也。"④ 孔穎達認爲乘是名，壽夢是字，並反駁服虔説："然壽夢與乘，聲小相涉。服以經傳之異，卽欲使同之，然則餘祭、戴吳，豈復同聲也？當是名字之異，故未言之。"⑤ 楊伯峻從孔穎達説。⑥ 1997 年在浙江省紹興市區出土一柄吳王壽夢之子劍（《銘圖》18077，吳王餘眛），其銘有"壽夢"字樣。

會……相見于，《禮記·曲禮下》："諸侯未及期相見曰遇，相見於郤地曰會。"鄭玄注："郤，間也。"孔疏："'相見於郤地曰會'者，此謂及期之禮。郤，間也。旣及期，又至所期之地，則其禮閒暇。"⑦ 孫希旦引吕大臨曰："會禮詳而遇禮略。期而相見曰會，日有期，地有所也。郤地，竟（境）上之地也。時緩則禮宜詳也。不期而相見曰遇，日無期，地無所也。時遽則禮宜略也。"⑧《左傳》文公十三年："晉人患秦之用士會也，夏，六卿相見於諸浮。"⑨

晉悼公十一年（前563），當魯襄公十年，吳王壽夢二十三年。

《春秋》襄公十年："十年春，公會晉侯、宋公、衛侯、曹伯、莒子、邾子、滕子、薛伯、杞伯、小邾子、齊世子光會吳于柤。"同年《左傳》："十年春，會于柤，會吳子壽夢也。"⑩ "柤"古字作"鄌"。《繫年》之"虢"實乃"鄌"之譌，詳參本章"説明"部分。柤，楚地，今江蘇邳州北而稍西之泇口。⑪

簡文謂"[晉悼]公會諸侯，<u>以與吳王壽夢相見於虢〈鄌〉</u>"，《春秋》謂

---

① 參王利器、王貞珉：《漢書古今人表疏證》，第 523～524 頁。
② 《春秋左傳正義》卷 31，《十三經注疏》，第 4236 頁。
③ 《春秋左傳正義》卷 31，《十三經注疏》，第 4225 頁。
④ （清）顧炎武：《左傳杜解補正》卷中，第 66 頁。
⑤ 《春秋左傳正義》卷 31，《十三經注疏》，第 4225 頁。
⑥ 楊伯峻：《春秋左傳注（修訂本）》，第 943 頁。
⑦ 《禮記正義》卷 5，《十三經注疏》，第 2741 頁。
⑧ （清）孫希旦：《禮記集解》卷 6，第 141 頁。
⑨ 楊伯峻：《春秋左傳注（修訂本）》，第 594 頁。
⑩ 楊伯峻：《春秋左傳注（修訂本）》，第 973～974 頁。
⑪ 楊伯峻：《春秋左傳注（修訂本）》，第 973 頁。

"公會晉侯、宋公、衛侯、曹伯、莒子、邾子、滕子、薛伯、杞伯、小邾子、齊世子光會吳於柤。""相見",正如上文所引《禮記·曲禮下》所云:"諸侯未及期相見曰遇,相見於郤地曰會。"據此,則簡文所述與《春秋》類似。可見,《春秋》應爲"記注"體史料①,簡文顯然是《繫年》作者加工過的,後者顯然受到了前者之影響。參本書下編之"史料來源"部分。

[3]晉柬(簡)公立五年,與吳王盍(闔)虜(廬)伐【一〇九】楚。

【整理者】晉柬(簡)公,即晉定公,名午。《左傳》與《史記·十二諸侯年表》記闔廬入郢在晉定公六年。盍虜,即吳王闔廬。闔廬伐楚事,詳見《左傳》定公四年。②

【謹按】晉柬(簡)公,《左傳》與《史記·十二諸侯年表》記闔廬入郢時爲晉國君爲定公,故簡文之"晉簡公"相當於傳世文獻的"晉定公",《竹書紀年》亦作"晉定公"。③ 晉定公,名午,據《十二諸侯年表》《六國年表》,其於公元前 511～前 475 年在位,共三十七年。另可詳參梁玉繩《人名表》卷 6、卷 8。④

吳王盍虜,又見清華簡《楚居》簡 12,即吳王闔廬,名光,《左傳》《史記·吳太伯世家》等稱之爲"公子光"。一般認爲"公子"是加在名之前的。⑤ "廬"又作"閭"(見《淮南子·泰族》、《史記·十二諸侯年表》、《吳越春秋》二)。⑥ "闔廬"在銀雀山漢墓竹簡和張家山漢墓竹簡作"蓋廬"。⑦ 詳本章前面説明部分。

晉定公五年(前 507)當魯定公三年。此年之吳、晉聯合伐楚事,爲《春秋》《左傳》所漏載。詳第十八章史實考辨部分之"關於晉、吳與楚方城之戰及相關史事"。

---

① 關於記注體,可參本書"下編:綜合研究"之引論部分。
② 清華大學出土文獻研究與保護中心編,李學勤主編:《清華大學藏戰國竹簡(貳)》,第 187 頁。
③ 方詩銘、王修齡:《古本竹書紀年輯證(修訂本)》,第 84～86 頁。按:《古本竹書紀年》於晉定公十八年條下曰:"《紀年》曰:簡公後次孝公,無獻公。"此出於《史記·燕世家》索隱王劭按語,此"簡公"實指"燕簡公"。那麼,《繫年》是否如《古本竹書紀年》一樣,所據者也有類似材料,以致將"燕簡公"誤作"晉簡公"呢? 這種可能應也存在。
④ (清)梁玉繩等:《史記漢書諸表訂補十種》卷 6、8,第 799、898 頁。
⑤ 參李家浩:《攻敔王者彶叔虘虞劍與者減鐘》,《安徽大學漢語言文字研究叢書·李家浩卷》,第 63 頁。
⑥ 詳參王利器、王貞珉:《漢書古今人表疏證》,第 744 頁。
⑦ 銀雀山漢墓竹簡整理小組:《銀雀山漢墓竹簡(壹)》,北京:文物出版社,1985 年,圖版第 19～23 頁;摹本第 31～37 頁;釋文注釋第 34～36 頁。張家山二四七號漢墓竹簡整理小組:《張家山漢墓竹簡(二四七號墓)》,北京:文物出版社,2001 年,第 101～105、275～281 頁。

[4] 盇(闔)雱(廬)卽殜(世),夫秦(差)王卽立(位),

【整理者】夫秦王,吳王夫差。秦,從母真部;差,初母歌部:音近通假。①

【謹按】秦,從母真部,中古开口三等字;差,初母歌部,中古开口二等。從母(齒頭音)、初母(正齒音)同爲齒音。

《春秋》定公十四年:"吳子光卒。"同年《左傳》載吳伐越時闔廬受傷,"還,卒於陘",然後夫差卽位。《史記·吳世家》:"[闔廬]十九年夏,吳伐越,……傷吳王闔廬指,……吳王病傷而死。闔廬使立太子夫差。"

魯定公十四年(前496)卽吳王闔廬十九年,次年爲吳王夫差元年。

[5] 晉東(簡)公會者(諸)侯,以與夫秦(差)王相見于黃池。

【整理者】黃池,《春秋》哀公十三年:夏,"公會晉侯及吳子于黃池"。楊伯峻注:"黃池當在今河南封丘縣,濟水故道南岸。"春秋初爲衛地,後屬宋。戰國時屢易其主,趙孟疥壺(《集成》9678、9679):"禺(遇)邗王于黃池,爲趙孟疥(介)。邗王之惕(賜)金,台(以)爲祠器。"黃池之會詳見《左傳》魯哀公十三年。②

【謹按】黃池,詳見第二十一章疏證。

《春秋》《左傳》載晉、吳黃池之會在魯哀公十三年(前482),當晉定公三十年,吳王夫差十四年。

《春秋》哀公十三年:"公會晉侯及吳子于黃池。"楊伯峻注:"黃池當在今河南封丘縣,濟水故道南岸。"《左傳》哀公十三年:"夏,公會單平公、晉定公、吳夫差于黃池。"③《國語·吳語》:"吳王夫差既殺申胥,不稔於歲,乃起師北征。闕爲深溝,通於商、魯之間,北屬之沂,西屬之濟,以會晉公午於黃池。"④以上三種文獻俱謂晉定公與吳王夫差會於黃池,實際上根據出土文獻應爲"遇"。

趙孟疥壺(《集成》9678、9679,春秋末期):"禺(遇)邗王于黃池,爲趙孟疥(介)。邗王之悬(錫)金,台(以)爲祠器。""邗王"卽吳王,"爲趙孟疥(介)"卽擔任趙孟(趙鞅)的介(助手)。"趙孟介"卽該器器主,但不知爲何省略姓名。楊樹達曰:"爲趙孟疥,此制器者自明其職位,然不具名氏,古

---

① 清華大學出土文獻研究與保護中心編,李學勤主編:《清華大學藏戰國竹簡(貳)》,第187頁。
② 清華大學出土文獻研究與保護中心編,李學勤主編:《清華大學藏戰國竹簡(貳)》,第187頁。
③ 楊伯峻:《春秋左傳注(修訂本)》,第1674、1676頁。
④ 徐元誥:《國語集解(修訂本)》卷19,第545頁。

人醇樸不尚名如此。"①唐蘭謂:"'爲趙孟庎',作器者自述也,……作器者不見主名,於商或周初,時或見之,此春秋時器而不稱名,實變例也。"②此壺記載趙孟助手參與吳、晉黃池之會,以吳王所賜之銅鑄造了用以祠祭的寶器。③ 此器製作年代當在魯哀公十三年吳、晉黃池之會後。

簡文亦載"晉簡公會諸侯,以與夫差王相見於黃池",這裏的"相見於"相當於"遇"。《戰國策·秦策》:"吳王夫差棲越於會稽,勝齊於艾陵,爲黃池之遇。"唐蘭亦據趙孟庎壺、《戰國策·秦策》文認爲:"黃池之會,固當言遇也,……今'黃池之遇',史之舊文也。"④故簡文所述得其實。參本書下編之"史料來源"部分。

[6]戉(越)公句戔(踐)克【一一〇】吳,戉(越)人因衰(襲)吳之與晉爲好。

【整理者】越公,越銅器自名稱"越王",簡文皆稱"越公",與夫差稱"夫差王"不同。句踐克吳詳見《左傳》和《國語·越語》。《左傳》哀公二十二年:"冬十一月丁卯,越滅吳,請使吳王居甬東。辭曰:'孤老矣,焉能事君?'乃縊。越人以歸。"因衰,因襲。《史記·龜策列傳序》:"孝文、孝景因襲掌故,未遑講試。"⑤

【謹按】戉公句戔,卽越王句踐。《史記·越世家》:"越王句踐,其先禹之苗裔,而夏后帝少康之庶子也。封於會稽,以奉守禹之祀。文身斷髮,披草萊而邑焉。後二十餘世,至於允常。允常之時,與吳王闔廬戰而相怨伐。允常卒,子句踐立,是爲越王。"正義引《輿地志》云:"越侯傳國三十餘葉,歷殷至周敬王時,有越侯夫譚,子曰允常,拓土始大,稱王,《春秋》貶爲子,號爲於越。"杜注云:"於,語發聲也。"⑥

在出土文獻中,句踐多稱"越王",青銅器銘文中作"鳩(句)䜩(踐)"⑦

---

① 楊樹達:《積微居金文説》卷7,第171頁。
② 唐蘭:《趙孟庎壺跋》,《唐蘭論文集(二)》,第580頁。
③ 關於此器的各家説法,可參吳毅强:《晉銅器銘文研究》,第295~302頁。
④ 唐蘭:《再跋趙孟庎壺》,《唐蘭論文集(二)》,第549頁。
⑤ 清華大學出土文獻研究與保護中心編,李學勤主編:《清華大學藏戰國竹簡(貳)》,第187頁。
⑥ 《史記》卷41,第2099頁。
⑦ "鳩"(群母幽部)與"句"(群母侯部),聲母相同,韻部旁轉,可以通用。顧炎武《音學五書》把古韻分爲十部,侯、幽兩部分屬於第三部(魚部)和第五部(宵部)。江永《古韻標准》從顧氏的魚部分出了侯,從宵部分出了幽,使侯、幽組成新的韻部卽第十一部(幽部)。段玉裁《六書音均表》將侯部從幽部獨立了出來,這種分部得到了後世學者的贊同。參王力:《漢語音韻》,北京:中華書局,2003年,第140、144~145、149頁;陳秀然:《顧炎武、江永、段玉裁對幽、侯部處理之比較》,《殷都學刊》2013年第1期,第102~105頁。

(越王之子劍,《集成》11594),"欰(句)戔(踐)"(越王之子劍,《集成》11595),"邨(越)王欰(句)潛(踐)"(越王句踐劍,《集成》11621)。清華簡叁《良臣》簡7作"雩(越)王句賤(踐)"①。清華簡柒《越公其事》第一章簡5作"句㢖"②,第三章簡15下亦稱"越公"③,等等。

在傳世文獻中,或稱"越王句踐",《史記·越世家》作"越王句踐"。又稱"越子句踐",《左傳》定公四年:"吴伐越,越子句踐禦之。"《古本竹書紀年》作"於粵子句踐"④。

因衰,"衰"讀爲"襲",詳參第六章注。襲,因也,《禮記·曲禮上》云:"卜筮不相襲。"孔穎達疏引鄭玄云:"襲,因也。"⑤《史記·龜策列傳》:"孝文、孝景因襲掌故,未遑講試,雖父子疇官,世世相傳,其精微深妙,多所遺失。"⑥

越人因襲吴之與晉爲好,謂以往是吴與晉爲好,此後越人取代了吴的位置,與晉爲好。

簡文謂"越公句踐克吴",《左傳》哀公二十二年:"冬十一月丁卯,越滅吴。"⑦魯哀公二十二年(前473)即越王句踐二十四年,吴王夫差二十三年,晉出公二年。馬王堆帛書《繆和》80下:"越王句賤(踐)卽〈旣〉巳(已)克吴。"⑧

[7]晉敬公立十又一年,

【整理者】晉敬公,《竹書紀年》:"出公二十三年奔楚,乃立昭公之孫,是爲敬公。"(《晉世家》索隱)據《史記》,晉敬公名驕,又別謚哀公、懿公。簡文所記晉國世系始自獻公,終烈公,中間祇缺出公一世。據《竹書紀年》出公在位二十三年推算,晉敬公十一年當在周貞定王二十八年。⑨

【謹按】《古本竹書紀年》:"出公二十三年奔楚,乃立昭公之孫,是爲敬公。"據《六國年表》引《系本》(即《世本》),晉出公元年即周元王三年(前

---

① 清華大學出土文獻研究與保護中心編,李學勤主編:《清華大學藏戰國竹簡(叁)》,第157頁。
② 清華大學出土文獻研究與保護中心編,李學勤主編:《清華大學藏戰國竹簡(柒)》,第114頁。
③ 清華大學出土文獻研究與保護中心編,李學勤主編:《清華大學藏戰國竹簡(柒)》,第122頁。
④ 《史記·越世家》索隱引《紀年》云:"晉出二十年十一月,於粵子句踐卒。"《史記》卷41,第2108頁;方詩銘、王修齡:《古本竹書紀年輯證(修訂本)》,第87~88頁。
⑤ 《禮記正義》卷3,《十三經注疏》,第2710頁。
⑥ 《史記》卷128,第3918頁。
⑦ 楊伯峻:《春秋左傳注(修訂本)》,第1719頁。
⑧ 裘錫圭主編,湖南省博物館、復旦大學出土文獻與古文字研究中心編纂:《長沙馬王堆漢墓簡帛集成(叁)》,第143頁。
⑨ 清華大學出土文獻研究與保護中心編,李學勤主編:《清華大學藏戰國竹簡(貳)》,第187頁。

474),晉出公二十三年即周貞定王十七年(前452),則晉敬公元年當周貞定王十八年(前451),晉敬公十一年即周貞定王二十八年(前441),越王朱句八年。①

晉敬公,即《史記·晉世家》所謂的"晉哀公",《趙世家》所謂的"晉懿公",名驕,晉昭公曾孫。

《史記·晉世家》:"三十七年,定公卒,子出公鑿立。出公十七年,知伯與趙、韓、魏共分范、中行地以爲邑。出公怒,告齊、魯,欲以伐四卿。四卿恐,遂反攻出公。出公奔齊,道死。故知伯乃立昭公曾孫驕爲晉君,是爲哀公,……十八年,哀公卒,子幽公柳立。"②

《史記·趙世家》:"襄子立四年,知伯與趙、韓、魏盡分其范、中行故地。晉出公怒,告齊、魯,欲以伐四卿。四卿恐,遂共攻出公。出公奔齊,道死。知伯乃立昭公曾孫驕,是爲晉懿公。"索隱:"或作哀公。"③

[8]肖(趙)起(桓)子會[諸]侯之夫╴(大夫),以與戉(越)命(令)尹宋枼(盟)于【一一一】邢,

【整理者】肖起子,即趙桓子。肖,"少""勺"雙聲符。《六國年表》謂桓子自立在周威烈王二年,與簡文有十七年之差。簡文奪"者(諸)侯"之"者"字。戉命尹宋,即越國的令尹,名宋。令尹是楚官,越也有令尹。邢,地名,包山簡130有人名"邢勝"。又疑"述"屬上讀,"邢述"讀爲"邢遂"。《禮記·王制》鄭玄注:"遠郊之外曰遂。"④

【謹按】肖起子,即趙桓子,名嘉(《史記·六國年表》、《魏世家》索隱)。《史記·趙世家》:"襄子弟桓子,逐獻侯,自立於代,一年卒。國人曰桓子立非襄子意,乃共殺其子而復迎立獻侯。"索隱:"《系本》云襄子子桓子,與此不同。"⑤

據《六國年表》,趙桓子元年爲周威烈王二年(前424),並於此年卒。索隱:"桓子嘉,襄子弟也。元年卒,明年國人共立襄子子獻侯浣也。"⑥整理者説據《六國年表》,桓子自立在周威烈王二年,與簡文有十七年之差。簡文載此事在周貞定王二十八年(前441),按照《六國年表》,當趙襄子三

---

① 參錢穆:《先秦諸子繫年》,第611頁;晁福林:《春秋戰國的社會變遷》,第999頁。
② 《史記》卷39,第2031~2032頁。
③ 《史記》卷43,第2163頁。
④ 清華大學出土文獻研究與保護中心編,李學勤主編:《清華大學藏戰國竹簡(貳)》,第187頁。
⑤ 《史記》卷43,第2165~2166頁。
⑥ 《史記》卷15,第853頁。

十四年。

戊命尹宋,即越令尹宋,越國的令尹,名宋。

《國語·吳語》説:"越滅吳,上征上國,宋、鄭、魯、衛、陳、蔡執玉之君皆入朝。"韋昭注:"上國,中國也。"①

[9]述(遂)以伐齊▄(齊。齊)人女(焉)刁(始)爲長城於濟,自南山逗(屬)之北海(海)。

【整理者】據簡文可知,齊始爲長城的時間在戰國初期,齊宣公十五年前後,目的是防禦三晉的入侵。最初當是在濟水的防護堤壩基礎上加固改建而成,其走向是東起平陰東部的山陵,沿濟水東北行,經過濟南,東北入渤海。南山,疑指平陰一帶丘陵地帶。北海,今之渤海。《莊子·秋水》:"[河伯]順流而東行,至於北海,東面而視,不見水端。"濟水走向是自南山起,經歷下(今山東濟南)往東,到北海。②

【謹按】《説文·尾部》:"屬,連也。从尾蜀聲。"簡文是説長城從南山一直連接到了北海。"北海"應如整理者説指渤海。黄海在《繫年》第十七章裏稱作"東海",二者區别甚明。且南山到渤海的走向恰與濟水走向相合。

[10]晉幽公立四年,

【整理者】晉幽公,名柳,敬公之子。《晉世家》:"十八年,哀公卒,子幽公柳立。"據《竹書紀年》推算,晉幽公四年在周考王十一年。③

【謹按】據《史記·六國年表》,周考王四年(前437)爲晉幽公元年,則晉幽公四年爲周考王七年(前434,越王朱句十五年)。據《竹書紀年》推算,晉幽公四年即周考王十一年(前430),越王朱句十九年,宋昭公三十九年。④

[11]灼(趙)狗(狗)衒(率)卣(師)與戉(越)【一一二】公株(朱)句伐齊,晉卣(師)閈長城句俞之門,

【整理者】趙狗,晉趙氏人名。株句、朱句、州句等,越國國君。《史記·越世家》索隱引《紀年》云:"不壽立十年見殺,是爲盲姑,次朱句立。"又:"於粤子朱句三十四年滅滕,三十五年滅郯,三十七年朱句卒。"存世之

---

① 徐元誥:《國語集解(修訂本)》卷19,第562頁。
② 清華大學出土文獻研究與保護中心編,李學勤主編:《清華大學藏戰國竹簡(貳)》,第188頁。
③ 清華大學出土文獻研究與保護中心編,李學勤主編:《清華大學藏戰國竹簡(貳)》,第188頁。
④ 參錢穆:《先秦諸子繫年》,第612頁;晁福林:《春秋戰國的社會變遷》,第999頁。

越王州句劍多見,見《集成》11622～11632。株句、朱句、州句等,並爲同一人名的異寫。晉師,指趙狗所率軍隊,此時三晉尚未稱侯。長城,齊長城。句俞之門,疑讀爲"句瀆之門"。俞,喻母侯部;瀆,定母屋部:喻四歸定,侯屋對轉。"句俞之門"可能與"句瀆之丘"相關。①

【裘錫圭】"俞""賣"上古音相近,"俞"聲與"賣"聲相通的例子頗多。清華簡《繫年》第二十章"句俞之門"整理者讀爲"句瀆之門",可能與"句瀆之丘"相近,其説當信。②

【謹按】趙狗,晉趙氏人名,未見於傳世文獻記載。侯馬盟書中趙氏宗人有名"狗"者。《宗盟類二》二〇〇:四六:"狗,敢不半(判)其腹心以事其宔(主),而不盡從嘉之明(盟),定宮、平郚(時)之命,敢或變改助及奐卑不守二宮,敢又志復趙弧及其子孫於晉邦之地者,及群虖盟者,吾君其明亟𧉮之,麻夷非是。"③《宗盟類四》十六:三四:"狗,其半(判)心其宔(主),而敢不之盟定宮、平郚(時)之命,而敢或變改助及奐不者,敢又復趙……虎之孫〓(子孫)䉽德及其孫〓(子孫)……孫〓(子孫)䤡及孫〓(子孫)于晉邦之……者,及群虖盟者,吾君其明亟𧉮……非是。"④唐蘭認爲"助"和"奐"是守二宮的兩個人名,"趙弧"(唐誤釋爲"尼")是趙獻子,趙嘉(趙桓子)是主盟者,盟書性質是趙桓子逐趙獻子而自立時的遺物。⑤ 裘錫圭基本認同唐蘭對盟書時代的意見,並認爲:"奐"即趙浣(獻侯),"助"可能是趙襄子的嗣子,趙弧是那個打頭被驅逐的人;"定宮、平時之命",定宮是晉定公的宮,平時可能是祭祀晉平公的地方,這句話指趙桓子篡立之後,讓晉君來正式任命他以取得合法地位;"變改助及奐卑不守二宮"指變改趙奐與助所主、所守的祭祀趙襄子的宮與祭祀伯魯的宮。⑥ 筆者認爲裘説可從,趙弧、趙獻子(浣/奐)與助(趙襄子嗣子)是一派,而趙狗則是趙桓子(嘉)一派。

越公株(朱)句,《史記·越世家》作"翁":"句踐卒,子王鼫與立。王鼫與卒,子王不壽立。王不壽卒,子王翁立。"《吳越春秋·句踐伐吳外傳》

---

① 清華大學出土文獻研究與保護中心編,李學勤主編:《清華大學藏戰國竹簡(貳)》,第188頁。
② 裘錫圭:《説從"肯"聲的從"貝"與從"辵"之字》,《文史》2012年第3輯,第18頁。
③ 張頷等:《侯馬盟書》,第267頁。
④ 張頷等:《侯馬盟書》,第297頁。
⑤ 唐蘭:《侯馬出土晉國趙嘉之盟載書新釋》,高智主編:《侯馬盟書研究論文集》,太原:三晉出版社,2015年,第76、80、82頁。
⑥ 裘錫圭:《説侯馬盟書"變改助及奐卑不守二宮"》,李守奎主編:《清華簡〈繫年〉與古史新探》,第6～18頁。

亦作"翁"①,《越絕書》作"子翁"②,《竹書紀年》作"朱句"③,金文作"州句"。"株"從"朱"聲,"朱"爲章母侯部、中古合口三等,"州"爲章母幽部、中古開口三等,侯部和幽部旁轉。

長城句俞之門,"句俞"當讀爲"溝瀆",乃泛稱而非具體地名,故簡文在"句俞之門"前加限定語"長城"以明其具體位置,即長城上的溝瀆之門,而此正是齊國長城的起點——防門,亦即《戰國策》所謂的"長城鉅防",是齊國的重要關塞。詳參本章史事考證部分。

[12] 戉(越)公、宋公敗(敗)齊𠂤(師)于襄坅(平)。至今晉、戉(越)以爲好。【一一三】

【整理者】襄坅(平),地名,與燕國之襄平無涉。④

【謹按】越公爲越王朱句,宋公爲宋昭公。關於"至今晉、越以爲好",詳見本書"下編:綜合研究"中相關論證。

[譯文]

晉景公即位第十五年,申公屈巫從晉國到了吳國,於是開始溝通了吳國和晉國往來的道路,二國結好。一直到了晉悼公時期,悼公即位第十一年,晉公會見諸侯,是爲了和吳王壽夢在虢地相見。晉簡公即位第五年,聯合吳王闔廬攻伐楚國。闔廬去世,夫差王即位。晉簡公會見諸侯,是爲了和夫差王在黃池相見。

越王句踐戰勝了吳國,越國替代了吳國與晉國的友好關繫。晉敬公即位第十一年,趙桓子會見諸侯的大夫,目的是和越國的令尹宋在邢地結盟,於是就攻伐齊國。齊國人開始在濟水修築長城,從南山一直連接到了北海(今渤海)。晉幽公即位第四年,趙狗率領軍隊聯合越公朱句伐齊,晉國軍隊攻入了長城上的溝瀆之門。越公、宋公在襄平打敗齊國軍隊。至今晉、越兩國一直結好。

---

① 周生春:《吳越春秋輯校彙考》卷10,第170頁。
② 李步嘉:《越絕書校釋》卷8,北京:中華書局,2013年,第222頁。
③ 《竹書紀年》云:"不壽立十年見殺,是爲盲姑。次朱句立","于粵子朱句三十四年滅滕,三十五年滅郯,三十七年朱句卒"。(《史記·越世家》索隱引)另可參方詩銘、王修齡:《古本竹書紀年輯證(修訂本)》,第91~92頁。
④ 清華大學出土文獻研究與保護中心編,李學勤主編:《清華大學藏戰國竹簡(貳)》,第188頁。

[解題]

　　本章主要圍繞晉、越關繫而展開敘事。簡文通過勾勒歷史綫索，來揭示晉、越關繫友好之由來。

　　首先敘述晉、吳關繫建立的過程。簡文載晉景公十五年（前585，魯成公六年，吳王壽夢元年），晉國的申公巫臣由晉至吳，才開通了晉、吳相通之路，兩國建立了友好關繫，這種關繫一直持續到了晉悼公時期，後來一直延續到了越克吳前。簡文列舉了晉、吳關繫友好的表現：

　　第一，晉悼公十一年（前563，魯襄公十年，吳王壽夢二十三年），晉悼公與吳王闔閭會見於虢〈鄗〉地。

　　第二，晉定公五年（前507，魯定公三年，吳王闔廬十年），晉、吳兩國聯合伐楚。

　　第三，晉定公三十年（前482，魯哀公十三年，吳王夫差十四年），晉定公與吳王夫差黃池之會。

　　敘述晉、吳關繫看似與本章主題無關，而實際上，二者有密切關繫。正如簡文所述，越王句踐克吳後，越國繼承了與晉國的這種友好的外交關繫，這種關繫一直持續到簡文作者所處的戰國早期。越國與晉國的友好關繫表現在兩國聯合伐齊上：

　　第一，晉敬公十一年（前441，越王朱句八年），晉國的趙桓子與越國令尹宋在邢地（具體地點不詳）會盟，並聯合伐齊。齊國因此修建了長城。

　　第二，晉幽公四年（前434，越王朱句十五年），晉國將領率師與越王朱句聯合伐齊，攻入了齊國的要塞——句俞之門，後越、宋聯合在襄平戰勝齊國，此即襄平之戰。

[問題]

　　《繫年》與齊長城的相關問題考。關於齊長城的修建年代以及其首端、尾端，傳世文獻所載有歧義，對此，學者已經做了很多考辨。值得注意的是，《繫年》載在晉敬公十一年（前441），齊曾修築從"南山"（泰山）到"北海"（渤海）的長城。有學者據此認爲齊長城修建年代是公元前441年。也有學者經調查研究，認爲《繫年》所載齊長城與傳世文獻所載齊長城相異。我們在考察前人所論基礎上，對以上兩種說法進行了辨析。

[考證]

一、《繫年》與齊長城的相關問題考

關於齊長城,傳世文獻中多有記載,前輩學者據此已經有諸多討論,並且得出了很有意義的見解。但是,由於傳世文獻語焉不詳,學者們在齊長城的修築年代、首端和尾端的具體位置、修建的性質等問題上仍然莫衷一是。《繫年》對此亦有較詳細的記載,這爲我們重新考察相關問題帶來了新的契機。

(一)關於齊長城的修築年代

1. 以傳世文獻爲中心的探討

關於齊長城的修築年代,學者們的意見有分歧,主要有以下幾種說法:

第一,齊桓公(前685～前643年在位①)時說,依據是《管子》的記載。《管子·輕重丁》:"管子問於桓公:'敢問齊方于幾何里?'桓公曰:'方五百里。'管子曰:'陰雍長城之地,其於齊國三分之一,非穀之所生也。'……管子曰:'長城之陽,魯也;長城之陰,齊也。'"②

第二,齊威王(前356～前319年在位③)初年說,依據是《古本竹書紀年》的記載。《史記·蘇秦列傳》正義引《紀年》:"梁惠王二十年,齊閔王築防以爲長城。"④《水經·汶水注》引《紀年》:"梁惠成王二十年,齊築防以爲長城。"⑤方詩銘、王修齡注:"正義所引'齊閔王'距此甚遠,當誤。惠成王二十年當齊威王七年,'閔'疑爲'威'字之誤,或'閔王'二字衍。"⑥

第三,齊宣王(前318～前301年在位⑦)之時說,依據是《齊記》。《史記·楚世家》正義引《齊記》云:"齊宣王乘山嶺之上築長城,東至海,西至濟州千餘里,以備楚。"⑧

---

① 即魯莊公九年至魯僖公十六年。參楊伯峻:《春秋左傳注(修訂本)》,第177、368頁。
② 黎翔鳳:《管子校注》卷24,第1500頁。
③ 參陳夢家:《西周年代考·六國紀年》,第89～91頁。
④ 方詩銘、王修齡:《古本竹書紀年輯證(修訂本)》,第134頁。
⑤ (南北朝·後魏)酈道元注,(清末)楊守敬、熊會貞疏:《水經注疏》卷26,第2258頁。
⑥ 方詩銘、王修齡:《古本竹書紀年輯證(修訂本)》,第135頁。
⑦ 參陳夢家:《西周年代考·六國紀年》,第89～92頁。
⑧ 《史記》卷40,第2086頁。

下面對以上説法進行分析。

首先説第一種説法。對於上引《管子》之説，張維華認爲不能憑信，其舉出了三點理由：其一，《管子》一書所言是當時人所記還是後人所假託，尚難確定；而且，學者多認爲《輕重》篇爲僞作。其二，《國語·齊語》載齊境"地南至於䣛陰"，韋昭注："䣛陰，地名，齊南界也。"①張先生據此認爲："如此時已立長城以爲齊、魯之界，管子何不舉其顯且著者，以與濟河相對，而何必舉一區區之哉？"其三，張先生認爲齊桓公時齊、魯之疆域，亦不以長城爲界，並列舉了《春秋》《左傳》提到的六個齊地："嬴"（《春秋》桓三年）、"郕"（《春秋》莊八年）、"堂阜"（《左傳》莊九年）、"北杏"（《春秋》莊十三年）、"遂"（《春秋》莊十三年）、"陽"（《春秋》閔二年）均在長城之南。張先生據此認爲："春秋時，齊、魯之間壤地相錯，欲畫一確定之界綫，實不可能，而尤以西南界爲甚。如立長城以爲界，將必迴環曲折，交錯複雜，決不似上述長城行地之簡單。所謂長城之陽爲魯、長城之陰爲齊一語，實非當時之實際情形。"②並認爲："竊意齊桓之時，邊境之地，或已置防設險，然必無通貫全境長城之建置，當可推想。至於《管子》之言，必出後人之假託，取其時之地理形勢形諸言辭，遂致有時代上之差異耳。"③筆者認爲，張維華的説法是可信的，卽《管子》所謂的齊、魯以長城爲界不至於早到齊桓公時；但齊魯曾以長城爲界的説法恐非空穴來風，這一問題後文有詳述。

其次説第二種説法，卽齊威王初年説。據上引《古本竹書紀年》，在梁惠王二十年（前350）④卽齊威王七年築長城。這種説法面臨的困難是此前已經有齊長城的記載。

《史記·趙世家》："［趙成侯］七年，侵齊至長城。"⑤張維華説："按趙成侯之七年，據《六國年表》，於周爲顯王元年，於齊爲威王十一年。《史

---

① 上海師範大學古籍整理研究所校點：《國語》卷6，上海：上海古籍出版社，1998年，第241~242頁。徐元誥曰："明道本'岱'作'䣛'，注同。宋庠本、賈本并作'陶'。"王引之云："'䣛陰'當作'岱陰'，謂泰山之北也。齊在泰山之北，故曰'南至於岱陰'。桓十六年《公羊傳》'越在岱陰齊'，何注曰：'岱，岱宗，泰山也。山北曰陰。'是也。傳寫者脱去'岱'字耳，'陶'卽'陰'之誤而衍者。蓋隸'陶'……'陰'……二字形相似，故'陰'字一本誤作'陶'，校書者兩存作'陰'作'陶'之本，而傳寫者遂增'陶'字，又誤爲'䣛'矣。《管子·小匡篇》正作'地南至於岱陰'。"徐元誥按："王説是，今據改。岱陰者，泰山之北也。齊地南以泰山爲界。"（清）王引之：《經義述聞》卷20，第496頁；徐元誥：《國語集解（修訂本）》卷6，第232頁。
② 參張維華：《中國長城建置考（上編）》，第15~16頁。
③ 張維華：《中國長城建置考（上編）》，第16頁。
④ 參陳夢家：《西周年代考；六國紀年》，第89頁。
⑤ 《史記》卷43，第2168頁。

記·田敬仲完世家》又言'趙人歸我長城',《六國年表》載其事而與趙侵齊長城事繫之同年,知其所載與《趙世家》爲一事。然則,趙侵齊至長城事,必先於《竹書》所記齊築防之事十數載,知《竹書》所記爲不確。"①他因此認爲:"竊意齊築防以爲長城,其事固有之,《竹書》之說當不爲誤,惟視爲創築之始,則非確也。"②這種看法是可信的。

再次說第三種說法,齊長城建於齊宣王之時說。這種說法受到了學者的贊同,如顧炎武《山東考古錄·考楚境及齊長城》說:

> 《史記·楚世家》:惠王"四十四年,滅杞"。杞國在淳于,然則今之安邱屬楚矣。"簡王元年,北伐滅莒。"然則今之莒州屬楚矣。威王伐越,殺王無彊,取其地。而越之國都別在琅邪,然則今之諸城屬楚矣。惠王時,越滅吳,楚東侵,廣地泗上。項襄王十五年,"取齊淮北",而故宋之地盡入于楚。然則今之滕屬楚矣。"考烈王八年,取魯,魯君封于莒。十四年,滅魯,頃公遷下邑,爲家人。"然則今之曲阜、泗水屬楚矣。大約齊之邊境,青州以南,則守在大峴;濟南以南,則守在泰山。是以宣王築長城,緣河往泰山千餘里,至琅邪臺入海。而楚人之對項襄王亦曰:"朝射東莒,夕發浿丘,夜加即墨,顧據午道,則長城之東收,而泰山之北舉矣。"亦可以見當時形勢之大略也。③

又"考杞梁妻"條曰:

> 長城築於宣王之時,去莊公百有餘年。④

張維華說:"按宣王築長城以備楚,其說當不爲虛,惟乃爲後世之增築,非爲創始,觀上文所列諸證,可以知之。後世或有據此以言齊長城起於宣王之際者,蓋未深察也。"⑤

綜上可見,齊長城之築既不可能早到齊桓公時,也不可能晚到齊威王、齊宣王時。這種看法成了學者較普遍的看法。⑥

2. 以出土材料爲中心的探討

除了傳世文獻的記述,出土材料對齊長城也有記載。

駉羌鐘銘云:

---

① 張維華:《中國長城建置考(上編)》,第19頁。
② 張維華:《中國長城建置考(上編)》,第19頁。
③ 顧炎武:《山東考古錄》,《顧炎武全集(5)》,上海:上海古籍出版社,2011年,第136頁。
④ 顧炎武:《山東考古錄》,《顧炎武全集(5)》,第146頁。
⑤ 張維華:《中國長城建置考(上編)》,第20頁。
⑥ 如王國良等。參王國良編:《中國長城沿革考》,上海:商務印書館,1933年,第11頁。

隹(唯)廿又再祀,䣫羌乍(作)戎(介),羍(厥)辟䣱(韓)宗敳(虔)達(率)征秦迖(迮)齊,入張(長)城,先會于平陰(陰),武侄寺力,䆞(襲)敓(奪)楚京。賞于韓宗,令于晉公,昭于天子,用明則之于銘。武文咸剌(烈),永葉(世)母(毋)忘。(鐘五件,《集成》157～161)

䣫氏之鍾(鐘)。(鐘九件,《集成》162～170)①

"唯廿又再祀",即周威烈王二十二年(前404),齊康公元年。鐘銘所記事又見於《繫年》第二十二章:

楚聲桓王即位,元年。晉公止會諸侯於任,宋悼公將會晉公,卒於鼃。韓虔、趙籍、魏擊率師與越公翳伐齊,齊與越成,以建陽、郇陵之田,且男女服。越公與齊侯貸、魯侯衍盟于魯穆門之外。越公入饗於魯,魯侯御,齊侯參乘以入。晉魏文侯斯從晉師,晉師大敗齊師,齊師北,晉師逐之,入至汧水,齊人且有陳䵌子牛之禍,齊與晉成,齊侯盟於晉軍。晉三子之大夫入齊,盟陳和與陳淏於溋門之外,曰:"毋修長城,毋伐廩丘。"

《繫年》第二十三章載:

楚聲桓王立四年,宋公田、鄭伯駘皆朝于楚。王率宋公以城榆關,寘武陽。秦人敗晉師於洛陰,以爲楚援。

楚聲桓王即楚聲王,楚聲王立四年即周威烈王二十二年(前404),亦即䣫羌鐘的年代"唯廿又再祀"。

結合䣫羌鐘銘和《繫年》的記載,在周威烈王二十二年,齊已經有長城。如此,則長城之始建應在此之前。又,《繫年》第二十章載:

晉敬公立十又一年,趙桓子會[諸]侯之大夫,以與越令尹宋盟於邟,遂以伐齊,齊人焉始爲長城於濟,自南山屬之北海。

《古本竹書紀年》:"出公二十三年奔楚,乃立昭公之孫,是爲敬公。"晉敬公十一年即公元前441年(詳見本章簡文疏證部分)。有學者據此認爲,齊長城的始建年代是齊宣公十五年(前441)。②

有學者認爲,傳世文獻中所記的是齊山地長城,而《繫年》中所記的齊

---

① 釋文參考孫稚雛:《䣫羌鐘銘文彙釋》,《孫稚雛學術叢稿》,廣州:中山大學出版社,2018年,第108～109頁;董珊:《清華簡〈繫年〉與䣫羌鐘對讀》,《簡帛文獻考釋論叢》,第96～97頁。

② 羅恭:《從清華簡〈繫年〉看齊長城的修建》,《文史知識》2012年第7期,第107頁;陳民鎮:《齊長城新研——從清華簡〈繫年〉看齊長城的若干問題》,《中國史研究》2013年第3期,第9頁。

長城是一條在南部長城之外加築的"濟水岸防"。① 如果此説成立,那麼説明實際上有兩條齊長城:山地長城的建築年代仍如傳統所認爲的,既不可能早到齊桓公時,也不可能晚到齊威王、齊宣王時;而"濟水岸防"則是始建於齊宣公十五年(前441)。

綜上可見,《繫年》中雖然明確指出晉敬公十一年(前441)齊始建長城,但此長城是否與傳世文獻所謂的"齊長城"一樣,這仍有待商榷。因此,要探討齊長城的始建年代,必須先弄清《繫年》中的齊長城與傳世文獻中的齊長城之關繫,才有可能得出較可信的結論。下面,我們考察一下兩者的關繫。

(二)《繫年》中的齊長城與傳世文獻中的齊長城關繫考

要弄清《繫年》中的齊長城與傳世文獻中的齊長城的關繫,可以從兩者的首尾及其走向等方面加以判斷。下面,我們嘗試從這一角度進行一些分析。

1. 關於"齊長城"之首

齊長城西端首起之地,修建年代較早,也可稱齊長城源頭;東端修建年代較晚,瀕於海。

關於齊長城的首端,主要有以下幾種説法:

第一,《後漢書》謂起自濟北國盧縣。《後漢書·郡國志》"濟北國盧縣"下云:"有長城至東海。"②《史記·蘇秦列傳》集解引徐廣語謂:"濟北盧縣有防門,又有長城東至海。"正義云:"長城西頭在濟州平陰縣界。"③又《楚世家》索隱曰:"長城當在濟南。"④張維華認爲此均言其大體,未能實指其地。⑤

第二,《太山郡記》謂起自泰山西北。《史記·楚世家》正義引《太山郡記》云:"太山西北有長城,緣河徑太山千餘里,到琅邪臺入海。"⑥《水經·汶水》:"汶水出朱虛縣泰山。"酈道元《水經注》:"山上有長城,西接岱山,東連琅邪,巨海千有餘里,蓋田氏之所造也。《竹書紀年》:梁惠成王二十

---

① 王永波、王雲鵬:《齊長城的人字形佈局與建制年代》,《管子學刊》2013年第2期,第33頁。
② 《後漢書》卷21,第3454頁。
③ 《史記》卷69,第2753頁。
④ 《史記》卷40,第2086頁。
⑤ 張維華:《中國長城建置考(上編)》,第2頁。
⑥ 《史記》卷40,第2086頁。

年,齊築防以爲長城。《竹書》又云:晉烈公十二年,王命韓景子、趙烈侯及我師伐齊,入長城。《史記》所謂齊威王越趙侵我,伐長城者也。伏琛、晏謨並言:水出縣東南嵎山,山在小泰山東者也。"①張維華:"按朱虛縣故址,在今臨朐縣治東六十里;其縣境之泰山,卽今之沂水(王校《水經注》引趙一清語云:'沂山在青州府臨朐縣南百二十五里。《周禮·職方》:青州,其山鎮曰沂山。一名東泰山。……'),酈氏稱之爲東小泰山(見《巨洋水》注)。今臨朐縣南境界沂水縣處,有沂山,又有大峴山,一脈相承,則《酈注》所言長城,殆即《縣志》所言大峴山之長城歟?"②

第三,西起防門,並爲濟河所由經。《水經注·濟水》引京相璠:"平陰,齊地也,在濟北盧縣故城西南十里。平陰城南有長城,東至海,西至濟,河道所由,名防門,去平陰三里。"③熊會貞按:"《秦策》,蘇代曰:齊有長城巨防。《續漢志》:盧縣有長城至東海,有防門。《括地志》:長城西北起濟州平陰縣,緣河歷泰山北岡上,經濟川淄川,……東至密州琅玡臺入海。《元和志》:故長城首起平陰縣北二十九里。"④張維華:"細按京相氏所言,蓋以防門之地爲濟河之所由經、長城之所由起,二者交會之所也。"⑤

那麼,以上三說孰是孰非? 張維華:"按《後志》之盧縣,卽《括地志》之平陰,名稱雖先後有異,而所指則同爲齊城之所經起,其地適當太山之西北,故《郡縣》言'太山西北有長城'也。"⑥此說可由上引京相璠曰"平陰,齊地也,在濟北盧縣故城西南十里"證實。據此,則上述的第一、第二種說法可歸結爲一種,卽西首在平陰,今山東平陰。另一說之防門,位於今山東省濟南市長清區孝里鎮廣里村。⑦

那麼,齊長城的西端到底在平陰還是防門? 對此,學者見仁見智。

第一,認爲在防門。王獻唐認同此說:"齊國西從濟水在平地上修的一段高厚土城牆,和山上石築的東西銜接,統名長城。或單指土築的名防,也

---

① (南北朝·後魏)酈道元注,(清末)楊守敬、熊會貞疏:《水經注疏》卷8,第2257~2259頁。
② 張維華:《中國長城建置考(上編)》,第9頁。
③ (南北朝·後魏)酈道元注,(清末)楊守敬、熊會貞疏:《水經注疏》卷8,第735頁。王獻唐還認爲"平陰城南有長城"及以後是酈道元語,其前爲京相璠語。參王獻唐:《山東周代的齊國長城》,《社會科學戰綫》1979年第4期,第196頁。
④ (南北朝·後魏)酈道元注,(清末)楊守敬、熊會貞疏:《水經注疏》卷8,第735頁。
⑤ 張維華:《中國長城建置考(上編)》,第2頁。
⑥ 張維華:《中國長城建置考(上編)》,第1頁。
⑦ 參趙益超:《東周時期齊地關隘的考古學研究》,碩士學位論文,濟南:山東大學,2013年,第27頁。

稱'鉅防',爲一而二、二而一的防禦工事。"①

第二,認爲在平陰。如長城專家羅哲文認爲,齊長城西從今天山東平陰縣起,向東乘山嶺經泰安西北、萊蕪北、章丘南、淄川西南、臨朐南、安丘西南、諸城南、琅琊臺北至膠州南的大朱山東入海。②

張維華經過考證認爲防門之説可信:"近世學人,推原齊城之所首起,仍從西起平陰之舊説,不知此僅可言之於元以前,未可言之於元以後也。防門西去濟河未遠,《水經》濟水必經防門之西。以地勢言,當是濟水經防門之西而北注。長城起防門之地而東行,誠屬齊人西南邊防之要衝。張儀蘇代謂齊有清濟濁河、長城鉅防以爲險塞者,於此證之,其言益可信也。"③我們認同張先生此説。

綜上可見,齊長城的西端應在防門。那麼,防門在何處呢? 楊伯峻認爲,防門在舊平陰南,亦在今平陰縣東北約三十二里。④ 可從。

2. 關於齊長城之尾

齊長城之尾在東端,其地何在? 對此,傳世文獻有以下記載:

《後漢書・郡國志》"濟北國盧縣"下云:"有長城至東海。"⑤

《史記・蘇秦列傳》集解引徐廣語謂:"濟北盧縣有防門,又有長城東至海。"⑥

《史記・楚世家》正義引《太山郡記》云:"太山西北有長城,緣河徑太山千餘里,到琅邪臺入海。"《括地志》云:"長城西北起濟州平陰縣,緣河歷太山北岡上,經濟州淄川,卽西南兗州博城縣北,東至密州琅邪臺入海。《蕳代記》云齊有長城鉅防,足以爲塞也。"⑦

《水經・汶水》:"汶水出朱虛縣泰山。"《水經注・汶水》:"山上有長城,西接岱山,東連琅邪,巨海千有餘里,蓋田氏之所造也。《竹書紀年》:梁惠成王二十年,齊築防以爲長城。《竹書》又云:晉烈公十二年,王命韓景子、趙烈子及我師伐齊,入長城。《史記》所謂齊威王越趙侵我,伐長城者也。伏琛、晏謨並言:水出縣東南嶠山,山在小泰山

---

① 王獻唐:《山東周代的齊國長城》,《社會科學戰綫》1979年第4期,第198頁。
② 羅哲文:《長城》,北京:北京出版社,1982年,第14頁。
③ 張維華:《中國長城建置考(上編)》,第3頁。
④ 楊伯峻:《春秋左傳注(修訂本)》,第1037頁。
⑤ 《後漢書》志第21,第3454頁。
⑥ 《史記》卷69,第2753頁。
⑦ 《史記》卷40,第2086頁。

東者也。"①

據以上記載,齊長城尾端通過琅琊,入黃海。這是取地之著名者而言,關於其具體入海地點,有兩說:

一說認爲至大朱山入海。《通典》(卷180)、《太平寰宇記》(卷20)、《齊乘》等均認爲至膠州大朱山入海。②

另一說爲至小朱山入海。道光《膠州志》卷38云:

> 又《泰山郡記》《括地志》《水經注》皆云至琅琊臺入海,《山東通志》云至膠州大珠山入海。今考治内長城入海處,在小珠山東、徐山之北,西南去琅琊臺九十餘里,去大珠山亦三十里,諸書皆臆説也。③

對於以上兩種說法,學者如張維華④、王獻唐⑤、葉小燕⑥等多贊成第二説。

3. "長城句俞之門"的解釋

據以上記載,齊長城的西端在防門,東至小朱山入海,而《繫年》所載與此不同。

《繫年》第二十章載:

> 晉敬公立十又一年,趙桓子會[諸]侯之大夫以與越令尹宋盟于邢,遂以伐齊,齊人焉始爲長城於濟,自南山逗屬之北海。晉幽公立四年,趙狗率師與越公朱句伐齊,晉師閟長城句俞之門。

齊長城實際上正在"南山",沿濟水修築,而至"北海"。"南山"指平陰東部的山陵,"北海"指渤海。那麼,何謂"晉師長城句俞之門"呢?閟,爲動詞"門"之專字,義爲以戈攻門,詳見第十八章"説明"部分對於"閟"字的相關討論。簡文所謂"晉師閟長城句俞之門"指晉國軍隊攻打"長城句俞之門",且已經攻入門内。

關於"長城句俞之門",整理者將"俞"讀爲"瀆"。⑦《繫年》二十三章第126、128簡的"犢關"即讀爲見於《史記·楚世家》的"榆關"。⑧ 可證此

---

① (南北朝·後魏)酈道元注,(清末)楊守敬、熊會貞疏:《水經注疏》卷8,第2257~2259頁。
② 參張維華:《中國長城建置考(上編)》,第13頁;葉小燕:《中國早期長城的探索與存疑》,《文物》1987年第7期,第43頁。
③ 轉引自張維華:《中國長城建置考(上編)》,第14頁。
④ 張維華:《中國長城建置考(上編)》,第14頁。
⑤ 王獻唐:《山東周代的齊國長城》,《社會科學戰綫》1979年第4期,第202頁。
⑥ 葉小燕:《中國早期長城的探索與存疑》,《文物》1987年第7期,第43頁。
⑦ 清華大學出土文獻研究與保護中心編,李學勤主編:《清華大學藏戰國竹簡(貳)》,188頁。
⑧ 參小狐:《讀〈繫年〉臆札》,復旦大學出土文獻與古文字研究中心網站,2013年9月15日。

說完全正確,故裘錫圭等表示贊同。① 這是可信的。那麽,"句瀆之門"何解? 對此,主要有以下三種説法:

第一,整理者認爲"句俞之門"可能與《左傳》桓公十二年之"句瀆之丘"相關。整理者説:"句俞之門,疑讀爲'句瀆之門'。俞,喻母侯部;瀆,定母屋部:喻四歸定,侯屋對轉。《左傳》'句瀆之丘',杜注:'句瀆之丘,即穀丘也。或以爲宋地,或以爲曹地。''句俞之門'可能與'句瀆之丘'相關。"② 按,整理者引杜注疑有誤,杜注僅有"句瀆之丘,即穀丘也"之語,③並無"或以爲宋地,或以爲曹地"之語。小狐認爲後者是整理者根據楊伯峻説概括出來的,而誤置於引號内。④ 此説可信。

第二,小狐同意整理者所謂"句俞之門"可能與《左傳》桓公十二年之"句瀆之丘"相關的説法,並進一步認爲句瀆即穀地,且懷疑與防門有關。他説:"簡文'句俞之門'當讀爲'句瀆之門',也即'穀之門',當是齊長城上的一個關門之名,其地所在與春秋時期齊國境内的'穀'地有關,當在今山東省平陰縣西南之東阿鎮。"並懷疑此即《左傳》襄公十八年所謂的"防門":"簡文所謂的'長城句俞(瀆)之門'(也即'穀之門')似乎與齊侯此時所建的'防門'不無關繫。兩者很有可能屬於同物異名,'防門'因其作用而得名,'句俞(瀆)之門'因其所在地而得名"。⑤

第三,陳絜不同意整理者的看法,他説句瀆在宋或曹地根據是杜預注——實際上這點是錯的,前文已謂杜預無此説——故此説有誤。他並運用通假,將"句瀆"讀爲"句窳",後者見於《東觀漢記》(李賢注《後漢書》所引):"鳳皇見肥城句窳亭槐樹上。"⑥此地位於今山東肥城東南。

那麽,以上三種説法孰是孰非呢? 要弄清這個問題,首先得理清《左傳》中"句瀆之丘"的地理位置,看其是否與簡文所謂的"句俞之門"相符。"句瀆之丘"在《左傳》中出現了四次:

(1)《春秋》桓公十二年:"秋七月丁亥,公會宋公、燕人,盟于穀丘。"同年《左傳》:"秋,公及宋公盟于句瀆之丘。"⑦

---

① 裘錫圭:《説从"皆"聲的从"貝"與从"辵"之字》,《文史》2012年第3輯,第18頁。
② 清華大學出土文獻研究與保護中心編,李學勤主編:《清華大學藏戰國竹簡(貳)》,第188頁。
③ 《春秋左傳注疏》卷7,《十三經注疏》,3812頁。
④ 小狐:《讀〈繫年〉臆札》。
⑤ 小狐:《讀〈繫年〉臆札》。
⑥ 陳絜:《清華簡〈繫年〉第二十章地名補正》,李守奎主編:《清華簡〈繫年〉與古史新探》,第110頁。
⑦ 楊伯峻:《春秋左傳注(修訂本)》,第133~134頁。

(2)《左傳》襄公十九年:"夏五月壬辰晦,齊靈公卒。莊公卽位。執公子牙於句瀆之丘。以夙沙衛易己,衛奔高唐以叛。晉士匄侵齊,及穀,聞喪而還。"①

(3)《左傳》襄公二十一年:"齊侯使慶佐爲大夫,復討公子牙之黨,執公子買于句瀆之丘。"②

(4)《左傳》哀公六年載齊悼公"殺王甲,拘江說,囚王豹于句瀆之丘"。③

(1)乃宋地,《春秋》作"穀丘",《左傳》作"句瀆之丘",杜預注:"句瀆之丘,卽穀丘也","穀丘,宋地"。④ 楊伯峻注:"穀丘,宋邑,據《方輿紀要》,在今河南省商丘縣東南四十里。一說在今山東省菏澤縣東北三十里,但其地近曹國,恐非。……句瀆之丘卽穀丘。急讀之爲穀,緩讀之爲句瀆"。⑤ (2)(3)(4)爲齊地。且(2)中既有"句瀆之丘",又有"穀"地,這說明齊國的句瀆之丘與谷地不同。那麼,句瀆之丘具體地理位置何在呢? 竹添光鴻曰:"句瀆之丘,蓋齊國獄舍所在。二十一年復討公子牙之黨,執公子買于句瀆之丘;二十八年賈在句瀆之丘,召之反其邑;哀六年囚王豹于句竇(瀆)之丘,皆此也。崔杼立光殺戎子,此時牙當出走,要亦未能遠也。或云句瀆之丘在臨淄城內,則未必然。又宋有句瀆之丘,見桓十二年,卽穀丘,牙及諸人皆未出境,必非此也。"⑥據此,句瀆之丘可能是齊國獄舍,距離齊國都城臨淄不遠;但與宋的穀丘是同名異地。

可見,《左傳》所謂"句瀆之丘"有二:一在宋地,一在齊地。但均與簡文所謂的"句俞之門"不符,後者明顯在齊長城上,故整理者之說不可從。至於第二種小狐的說法,他將"句瀆之門"與"穀之門"聯繫到一起,實際上也是没道理的。前文已述,宋國的"句瀆之丘"之"句瀆"可稱爲"穀",而齊地之"句瀆"不能稱爲"穀"。⑦ 第三種說法實際上也是没根據的。這裏唯一值得注意的是小狐懷疑"句俞之門"是防門的提法,這是可信的。然而

---

① 楊伯峻:《春秋左傳注(修訂本)》,第1049頁。
② 楊伯峻:《春秋左傳注(修訂本)》,第1058頁。
③ 楊伯峻:《春秋左傳注(修訂本)》,第1368頁。
④ 《春秋左傳注疏》卷7,《十三經注疏》,第3812頁。
⑤ 楊伯峻:《春秋左傳注(修訂本)》,第133~134頁。
⑥ 〔日〕竹添光鴻注:《左氏會箋》,1342頁。
⑦ 陳民鎮先生說"小狐"將"句瀆之門"聯繫到"穀之門"雖然極有見地,但是"目前所見明確的齊長城遺跡並不經過東阿,……但尚難以落實其地"。(陳民鎮:《齊長城新研——從清華簡〈繫年〉看齊長城的若干問題》,《中國史研究》2013年第3期,第9頁)實際上根本問題是這二者並非一地,無法聯繫。

小狐僅僅是懷疑,未有依據,在此我們可以補充證據。

筆者認爲,"句俞之門"之"句俞",當讀爲"溝瀆",乃泛稱而非具體地名,故簡文在"句俞之門"前加限定語"長城"以明其具體位置,亦即長城上的溝瀆之門,而此正是齊國的長城的起點——防門,亦即《戰國策》所謂的"長城鉅防",是齊國的重要關塞。論證如下:

第一,"句瀆"可讀爲"溝瀆"。《左傳》莊公九年載齊桓公與公子糾爭奪君位成功後,"乃殺子糾于生竇,召忽死之",賈逵云:"生竇,魯地句竇。"洪亮吉注:"按:《論語》'自經於溝瀆',即指召忽。襄十九年齊莊公執公子牙于句瀆之丘。'句竇''溝瀆'音同。"① 王夫之亦曰:"句,古侯切,與溝通。"② 清華簡柒《越公其事》第五章簡三十、第九章簡五十六之"溝"正作"沟"③。據此,"句瀆"可讀爲"溝瀆"。簡文此處的"溝瀆"乃泛指水道。《爾雅·釋水》:"水注川曰谿,注谿曰谷,注谷曰溝,注溝曰澮,注澮曰瀆。"④ 溝、瀆析言則有分,混言則無別,故《說文·水部》云"溝,水瀆""瀆,溝也"。

第二,防門正符合溝瀆的性質,而此正是齊長城所在地。"防門"見於《左傳》襄公十八年,文載冬十月晉率諸侯之師伐齊,"齊侯禦諸平陰,塹防門而守之,廣里。夙沙衛曰:'不能戰,莫如守險。'弗聽。諸侯之士門焉,齊人多死","十一月丁卯朔,入平陰,遂從齊師"。此年晉伐齊,齊侯在平陰抵禦之,並"塹防門而守之",杜預注:"平陰城在濟北盧縣東北。其城南有防,防有門。於門外作塹橫行,廣一里。"杜預是魏晉時人,何以知之? 唐代孔穎達疏曰:"平陰城南有防者,形猶在,杜觀其迹而知之也。"⑤ 楊伯峻注:"塹音欠,挖壕溝。防門在舊平陰南,亦在今平陰縣東北約三十二里。廣里,杜注以爲挖壕溝,其寬一里。"平陰在今山東平陰東北。據此,齊侯所建之溝瀆晚至魏晉時仍可見。魏晉時人京相璠亦曰:"平陰,齊地也,在濟北盧縣故城西南十里。平陰城南有長城,東至海,西至濟。河道所由,名防門,去平陰三里。齊侯塹防門,即此也。其水引濟,故瀆尚存。今防門北有

---

① (清)洪亮吉:《春秋左傳詁》卷6,第240頁。
② (清)王夫之:《四書稗疏》,《船山全書》之六,第47頁。
③ 清華大學出土文獻研究與保護中心編,李學勤主編:《清華大學藏戰國竹簡(柒)》,第130、141頁。
④ (清)郝懿行:《爾雅義疏》,北京:中華書局,2017年,第666頁。
⑤ 《春秋左傳注疏》卷33,《十三經注疏》,4265頁。

光里,齊人言廣,音與光同,卽《春秋》所謂守之廣里者也。"① 前引杜預説與京相璠"故瀆尚存"説正合,可見魏晉時確實尚存齊靈公所建溝瀆之遺跡。京相璠所謂的"平陰城南有長城",此卽齊長城。而齊長城正是依託防門而建,清人顧棟高曰:塹防門"卽齊築長城之始。戰國時七國皆有長城,齊城卽托始于此"。②

第三,"句俞之門"卽《戰國策》中齊國要塞"長城鉅防"。《戰國策·秦策》載張儀説秦王曰:齊爲五戰五勝之國,其關鍵在於有"清濟濁河足以爲限,長城鉅防足以爲塞",③ 據此,則齊國的"長城鉅防"確實爲齊國的重要關塞。那麽,何謂"長城鉅防"? 鉅,大;坊,通"防"。④ 那麽爲何有此名? 楊寬説:"由於齊的長城是利用堤防接連擴建而成的,所以也稱爲'長城鉅防'","長城是陸續建成的","齊長城西端起於防門,防門早在春秋時已擴建爲防禦工程","防門原爲堤防之門,'塹防門'就是擴建堤防以爲防禦工程"。⑤ 據此,所謂的"長城鉅防"就是大的堤防,而齊長城是建立在上引《左傳》襄公十八年所謂的"防門"的基礎之上,故名。因此,所謂的"長城鉅防"卽"長城防門",也就是大堤防之門,這與簡文所謂的"句(溝)俞(瀆)之門"指的溝瀆之門正相對應。又,《戰國策·燕策》載燕王曰:"吾聞齊有清濟、濁河,可以爲固;有長城鉅防,足以爲塞。誠有之乎?",蘇代對曰:"天時不與,……雖有長城鉅防,何足以爲塞? 且異日也,濟西不役,所以備趙也。"⑥ 據此則"長城鉅防"在濟西流域,且主要是防禦三晉之一的趙國。前引《繫年》曰:"晉幽公立四年,趙狗率師與越公朱句伐齊,晉師閔長城句俞之門。"晉大夫趙狗此次伐齊,正是攻打"長城句俞之門"。簡文與《戰國策》二者亦可相互印證。

綜上可見,"句俞之門"卽"溝瀆之門",簡文所謂"長城句俞之門",義爲長城上的溝瀆之門。"長城句俞之門"卽《左傳》所載的"防門",亦卽

---

① 楊甦宏、楊世燦、楊未冬:《水經注疏補(上編)》卷8,北京:中華書局,2014年,第734頁。一説"平陰城南有長城"前之爲京相璠語,此句及其以後所引爲酈道元語,如此則溝瀆在北魏時尚見。這裏姑且將這段話認爲均是京相璠語。又,關於"廣里",杜預以爲所挖壕溝,其寬一里;而京相璠以爲是地名。楊伯峻認爲後者不可從,當從前者:"諸侯之師自魯濟向齊,則從南而北,而廣里在防門北,與諸侯之來向相反,且塹防門卽所以禦諸平陰,故下文言入平陰,不言廣里,足以説明廣里非地。"可從。楊伯峻:《春秋左傳注(修訂本)》,第1037頁。

② (清)顧棟高:《春秋大事表》卷7,第739頁。

③ 何建章:《戰國策注釋》,北京:中華書局,1990年,第89頁。

④ 何建章:《戰國策注釋》,第94頁。

⑤ 楊寬:《戰國史》,第346~347頁。

⑥ 何建章:《戰國策注釋》,第1099頁。

《戰國策》所謂的"長城鉅防",後二者意爲長城上的大堤防之門,"溝瀆"與"堤防"據上引杜預與京相璠說可證二者性質相同。"長城句俞之門""防門""長城鉅防"屬於異名同地,是齊國長城的的重要關塞,具體位置在今平陰東北。

4.《繫年》中的齊長城與傳世文獻中的齊長城之關繫

據前文考證可見,《繫年》所記的齊宣公十五年(前441)所開始修建的齊長城是沿着濟水走向,南至泰山,北至渤海,屬於南北走向;而傳世文獻中所記的長城屬於東西走向[1]。張維華詳細梳理了傳世文獻,認爲齊長城西起古平陰之北境古防門以西,入長清東南、泰安界,繞泰山西北麓之長城嶺東行,經萊蕪章丘交界、博山之東南,入沂水臨朐交界曲折東行,逾穆陵關東行入安丘西南界之太平山,東行經莒縣之東北部,入日照之東北、諸城之西南界,最後經小朱山入黃海。[2] 張先生所考也屬於東西走向。可見,《繫年》中南北走向的齊長城,與傳世文獻所載東西走向的齊長城是有差異的。因此,李學勤說:《繫年》所記"這條齊長城與現存的西起濟南長清,沿泰沂山脈綿延而東,終於黃海之濱的長城不同,是另外一條"[3]。

既然《繫年》所記南北走向的齊長城與傳世文獻中的東西走向的齊長城不是同一條長城,那麽二者究竟是何關繫呢?對此,有學者提出傳世文獻中所記的是齊山地長城,《繫年》中所記的齊長城是一條在南部長城之外加築的"濟水岸防",二者地理位置有別、始築時間有差、防禦對象不同,綫形走向迥異,並說:"姑且不論其'句俞之門'設於何地,該段長城'禦晉障濟'之防的性質,都可緣此而定。"[4]

但陳民鎮對此提出疑問:假若真正存在"濟水岸防",那麽如何解釋相關文獻與考古實物較少的問題呢?他還提出:"如果存在濟水長城,那麽長城與防護堤壩的關繫需要重新考量,……古人認爲河水、濟水是齊國的西面屏障,'足以爲限'(《戰國策·秦策一》),並與長城鉅防相對言,是否有必要再築一道沿濟水的齊長城是需要考慮的。"[5]

可見,要弄清楚這兩條齊長城的關繫,有兩個問題需要解答:一爲既然有東西走向的齊長城,爲何又要修建南北走向的齊長城呢?二爲如果《繫

---

[1] 《史記》卷40,第2086頁。
[2] 張維華:《齊長城考》,《中國長城建置考(上編)》,第2~14頁。
[3] 李學勤:《秦文化具有東方色彩》,《大衆日報》2014年1月17日,第17版。
[4] 王永波、王雲鵬:《齊長城的人字形佈局與建制年代》,《管子學刊》2013年第2期,第34頁。
[5] 陳民鎮:《驫羌鐘與清華簡〈繫年〉合證》,《考古與文物》2015年第6期,第87頁。

年》所載南北走向的齊長城確實存在,爲何文獻所載與考古實物較少呢?下面對這兩個問題作以討論。

關於第一個問題,筆者以爲,這與兩條齊長城修建年代不一、戰略地位相異有關。張維華説,齊長城的修建,"原爲備邊,……且千里鉅工,創置非易,亦非一時之力所可告成"。他認爲齊長城可分爲三段,即西南段(平陰之防門至泰山,防禦對象是晉以及其後所分的韓、趙、魏)、南段(泰山至穆陵東)、東南段(穆陵東以至入海,防禦對象是楚國)。西南段完成最早,春秋時期開始修建,"因濟水之防,其後則迭有增置。及至戰國初年,已確然成爲一條長城,西依濟水,東達泰山,而爲一方之鎖鑰重鎮矣"。"南界之長城,當建築於齊威王時,有《竹書》爲證。至於其東南境之建築,似在楚人滅莒之後,然究在此後若干年,是否與南界長城同建於威王之時,則尚未敢定"。① 張先生的結論建立在對傳世文獻全面搜集考證之上,大致可信。這裏我們可以根據《繫年》提供的新資料略作補充。據《繫年》所載,沿着濟水走向,南從泰山、北至渤海的齊長城應屬於齊國的西南段長城。這條長城正如張先生所言是因濟水而建,"濟水之防"即防門,亦即《繫年》所謂的"長城句俞之門"。《繫年》第二十章載:"晉敬公立十又一年,趙桓子會[諸]侯之大夫,以與越令尹宋盟於,遂以伐齊。齊人焉始爲長城於濟,自南山屬之北海。"可知在晉敬公十一年(前441年,周定王二十八年),由於三晉的進攻日益緊迫,齊國又把西南段長城繼續延長,從泰山北延至渤海,這條齊長城即是因濟水古河道上擴建而成的。② 這是傳世文獻未予記載而前人無從得知的。

關於第二個問題,筆者認爲與南北走向長城的溝瀆或者説是堤防的性質有關。前文已述,《繫年》所謂"長城句俞之門"亦即《戰國策》所謂的"長城鉅防",乃齊國的重要關塞;而"長城句俞之門"即長城溝瀆之門,亦即濟水岸防的長城。那麽,溝瀆或堤防與長城是何關繫呢? 楊寬認爲戰國時期兼併戰爭劇烈,於是統治者把原來作爲水利工程的堤防改造成爲防禦工程,齊長城就是由堤防擴建而成的。③ 羅勳章也認爲,古文獻所謂的"齊

---

① 張維華:《齊長城考》,《中國長城建置考(上編)》,第20、26、29頁。
② 濟水古河道的研究,可參史念海:《論濟水和鴻溝(上)》,《陝西師範大學學報(哲學社會科學版)》1982年第1期,第70~77頁;《論濟水和鴻溝(中)》,《陝西師範大學學報(哲學社會科學版)》1982年第2期,第87~94、82頁;《論濟水和鴻溝(下)》,《陝西師範大學學報(哲學社會科學版)》1982年第3期,第85~97、84頁。
③ 參楊寬:《戰國史》,第345~346頁。

築防以爲長城""還蓋長城以爲防"中的"以爲"就是"把它作爲"之義,"長城"卽"防","防"卽"長城",齊長城之所以稱"防"(本義指障水的堤堰),就是因爲它因於防。①這裏有必要澄清一下"長城"這一概念,張維華説:"'長城'二字給人的概念,必是接連不斷的一條城牆。其實古人設防,多是因地制宜,且因時而異,没有一定的方式。有的地方建築長城,也有的地方僅僅設置了烽燧、斥堠、堡壘等類的防禦工事。從當時防禦工事整體上看,這些都是互相聯繫的,簡稱之曰'長城',亦無不可。"②據此,筆者認爲《繫年》所記的濟水岸防的長城就是由堤防擴建而成,其堤防或者説是溝瀆的性質很明顯,這就與後世所謂連續不斷的城牆式的長城不同。另外,堤防由於河水改道、沖刷等原因,留下的考古遺存欠缺③,這或許就是《繫年》所載的長城文獻記載與考古實物較少的原因所在。

(三)齊長城的修建原因

齊長城之修建,與其面臨的國際形勢密切相關。

齊長城之西端在防門,也就是《繫年》所謂的"南山"。我們知道,齊國西南部防禦的重點在於三晉,而三晉伐齊多由平陰進入。因此,齊長城西起防門,正是這種防禦形式之需要。如驫羌鐘所反映的周威烈王二十二年(前404),三晉伐齊,"入長城,先會于平陰"。

《繫年》第二十章載:

> 晉敬公立十又一年,趙桓子會[諸]侯之大夫,以與越令尹宋盟於鞏,遂以伐齊。齊人焉始爲長城於濟,自南山屬之北海。

齊長城從"南山"(泰山)沿濟水一直修築到"北海"(渤海),這當然是爲了抵禦三晉;而齊的山地長城,從防門一直至黄海,當爲防禦越和楚國。張維華説:"楚、越兩國,於淮泗之間,勝負無常,然其北圖之志則一。越、楚北伐,常取道於莒,故齊東南境之形勢甚迫,而實有築防之必要。"④這種論斷是正確的。

---

① 參羅勳章:《齊長城考略》,山東省考古研究所編:《海岱考古》第4輯,北京:科學出版社,2011,第522頁。
② 張維華:《齊長城考》,《中國長城建置考(上編)》,"後記"第2頁。
③ 比如根據史念海的研究,從泰山西南繞泰山西北,繼續向北入渤海的古濟水河道,或是古城古跡早已湮没無跡可尋,或是大部分爲今黄河所佔用。參史念海:《論濟水和鴻溝(中)》,《陝西師範大學學報(哲學社會科學版)》1982年第2期,第87,90頁。
④ 張維華:《中國長城建置考(上編)》,第14頁。

(四)小結

綜上可見，《繫年》所載晉敬公十一年（前441）齊爲了抵禦三晉進攻而修築的長城，與傳世文獻所載的齊長城實際上並不相同：前者至渤海入海，後者至黃海入海。

【第二十一章】

[説明]

(一)"𰀀"【一一六】的隸定與釋讀

【整理者】隸定爲"墢",从"攴"、"坨"聲,讀爲"奪",侵奪、強取。①
【李學勤】隸定爲"墢",疑讀爲"攘"。②
【劉嬌】整理者讀爲"奪"之字原寫作从"地"从"攴",可能是"地"的動詞形式,……馬王堆帛書《天文氣象雜占》有"必得而地之""有赤云入日,月軍中,盡赤,大勝,地之"等語,已有人指出"地"是獲得土地的意思,跟簡文的"地宜陽"同例。③
【蕭旭】此字當即"拖"之異體。《淮南子·人間訓》:"秦牛缺徑於山中而遇盜,奪之車馬,解其橐笥,拖其衣被。"許注:"拖,奪。"字或作"扡",皆與"奪"聲相近。④
【梁立勇】此字讀爲"墮",从"土"从"攴","它"聲,可讀爲"墮"。它,透紐歌部;墮,定紐歌部。定、透都是舌頭音,韻部相同,故可以相假。⑤
【李松儒】從整理者説。第十一章有"貤(奪)其玉帛","墢""貤"均可讀爲"奪",用不同字表示同一個詞,這在《繫年》裏很常見。⑥
【謹按】該字隸爲"墢",學者均無異議;但關於此字的釋讀,學界意見有分歧。墢,从"攴"从"坨"。"坨"見於郭店楚簡、包山楚簡等,又見於璽印、古幣等。⑦ 郭店簡《語叢四》簡22:"山無陸則坨,城無蓑則坨。"坨,整

---

① 清華大學出土文獻研究與保護中心編,李學勤主編:《清華大學藏戰國竹簡(貳)》,第189～190頁。
② 李學勤:《清華簡〈繫年〉及有關古史問題》,《文物》2011年第3期,第73頁。
③ 李松儒:《清華簡〈繫年〉集釋》,第294頁。
④ 李松儒:《清華簡〈繫年〉集釋》,第294頁。
⑤ 梁立勇:《讀〈繫年〉札記》,《深圳大學學報(人文社會科學版)》2012年第3期,第59頁。
⑥ 李松儒:《清華簡〈繫年〉集釋》,第295頁。
⑦ 何琳儀:《戰國古文字典:戰國文字聲系》,第864頁。

理者讀爲"阤",《説文》:"小崩也。"①包山楚簡149"零坨一邑",整理者讀"坨"爲"地"。②

楚簡中的"地"字,常寫作"埅",從"阜""土","它"聲③,所以學者認爲"墥"字從"攵"從"地",可從。馬王堆帛書《天文氣象雜占》有"必得而地之","有赤云入日,月軍(暈)中,盡赤,大勝,地之"等語,劉樂賢認爲"地"大概是"獲得土地的意思"④。劉嬌認爲此"地"的動詞用法與簡文的"地宜陽"同例。

簡文該字,整理者讀爲"奪",正如上引李松儒提到第十一章"貤(奪)其玉帛"之例,"墥""貤"均可讀爲"奪"。筆者暫從整理者説。

(二)"𢚋"【一一八】的隸定與釋讀

【整理者】隸爲"肙",釋爲"怨"。⑤

【謹按】此字即"肙"(影母元部,中古合口四等),讀爲"怨"(影母元部,中古合口三等)。

此字又見於上博二《容成氏》簡36,整理者説:"肙,即'怨'。《郭店楚墓竹簡·緇衣》簡10'怨'字作'悁',這裏作'肙'。"⑥按,郭店楚簡《緇衣》簡10有字整理者隸爲"悁",裘錫圭按:"此字應從今本釋作'怨',字形待考。此字又見二二簡,今本亦作'怨'。"⑦

除郭店簡外,此字亦見於包山楚簡138⑧、上博一《孔子詩論》簡9、上博四《曹沫之陣》簡8等⑨。李守奎説:"'悁'字形相當於《説文》之'悁'。'悁''怨'音義皆近。當是一字異體。典籍之'怨',楚簡多作'悁'。"⑩

---

① 荆門市博物館編:《郭店楚墓竹簡》,第217~219頁;武漢大學簡帛研究中心、荆門市博物館編著:《楚地出土戰國簡册合集(一):郭店楚墓竹簡》,北京:文物出版社,2011年,第168、170頁。
② 湖北省荆沙鐵路考古隊編著:《包山楚墓》,第28頁。
③ 參何琳儀:《戰國古文字典:戰國文字聲系》,第865頁;徐在國編著:《楚帛書詁林》,合肥:安徽大學出版社,2010年,第786~789頁。
④ 劉樂賢:《馬王堆天文書考釋》,廣州:中山大學出版社,2004年,第140、146頁。
⑤ 清華大學出土文獻研究與保護中心編,李學勤主編:《清華大學藏戰國竹簡(貳)》,第189頁。
⑥ 馬承源主編:《上海博物館藏戰國楚竹書(二)》,第278頁。
⑦ 荆門市博物館編:《郭店楚墓竹簡》,第129、133頁。其他各家説法可參武漢大學簡帛研究中心、荆門市博物館編著:《楚地出土戰國簡册合集(一):郭店楚墓竹簡》,第21、32頁。
⑧ 湖北省荆沙鐵路考古隊:《包山楚簡》,北京:文物出版社,1991年,圖版六一。李守奎、賈連翔、馬楠編著:《包山楚墓文字全編》,第404頁。
⑨ 李守奎等:《上海博物館藏戰國楚竹書(一—五)文字編》,第490頁。
⑩ 李守奎等:《上海博物館藏戰國楚竹書(一—五)文字編》,第491頁。

[釋文]

楚柬(簡)大王立七年,[1]宋悼公朝于楚,告以宋司城皮之約(弱)公室。[2]王命莫囂(敖)昜(陽)爲衍(率)【一一四】自(師)以定公室,城黃池,城雝(雍)丘。[3]晉畢(魏)斯(斯)、[4]勺(趙)爫(浣)、[5]倝(韓)啓章衍(率)自(師)回(圍)黃池,[6]遠迵而歸之【一一五】於楚。[7]

二年,王命莫囂(敖)昜(陽)爲衍(率)自(師)戠(侵)晉,敓(奪)宜昜(陽),回(圍)赤漢(岸),以返(復)黃池之自(師)。[8]畢(魏)斯(斯)、勺(趙)爫(浣)、倝(韓)啓【一一六】章衍(率)自(師)救(救)赤漢(岸),楚人豫(舍)回(圍)而還,與晉自(師)戰(戰)於長城。[9]楚自(師)亡(無)工(功),多㪅(棄)幠(旃)莫(幕),肖(宵)遯(遯)。楚以【一一七】與晉固爲𢙽(怨)。【一一八】[10]

百十四【一一四背】 百十五【一一五背】 百十六【一一六背】

百十七【一一七背】 百十八【一一八背】

[疏證]

[1]楚柬(簡)大王立七年,

【整理者】楚柬大王,即楚簡王,已見於清華簡《楚居》。簡大王之前冠以"楚",似非楚人自記其事的口氣。簡大王立七年,據《史記・六國年表》在周威烈王元年(前425)。①

【謹按】楚柬大王,即楚簡王。"柬大王"亦見望山 1 號墓楚簡 10、106、107、108②,新蔡葛陵楚簡甲一:21③,上博四《柬大王泊旱》簡 1④。"柬""簡"古音同(見母元部),古通。如《書・文侯之命》"簡恤爾都",《魏三體石經》"簡"作"柬",等等。⑤ 楚簡王,惠王子,名仲(《史記・六國年表》),又作"中"(《史記・楚世家》),立二十四年(前431~前408)。⑥《史記・

---

① 清華大學出土文獻研究與保護中心編,李學勤主編:《清華大學藏戰國竹簡(貳)》,第189頁。
② 陳偉等:《楚地出土戰國簡冊[十四種]》,武漢:武漢大學出版社,2016年,第344、348頁。
③ 陳偉等:《楚地出土戰國簡冊[十四種]》,第516頁。
④ 馬承源主編:《上海博物館藏戰國楚竹書(四)》,第195頁。
⑤ 其他例子可參高亨:《古字通假會典》,第190頁。
⑥ 參王利器、王貞珉:《漢書古今人表疏證》,第562頁。

六國年表》載楚簡王七年當周威烈王元年(前425),此年亦當宋昭公末年,詳下文。

[2]宋悼公朝于楚,告以宋司城𤿎之約(弱)公室。

【整理者】宋悼公,《史記·宋世家》云名購由,在位八年。《史記索隱》:"按《紀年》爲十八年。"《六國年表》載宋悼公元年在楚簡王死後五年,肯定有誤,若依《紀年》前推十年,則宋悼公元年在楚簡王十九年,亦距楚簡王七年有十二年之差。宋司城𤿎,司城卽司空,《公羊傳》文公八年何休注:"宋變司空爲司城者,辟先君武公名也。"𤿎,人名。①

【謹按】宋悼公,昭公子,名購由。《史記·宋史家》謂在位八年,索隱引《竹書紀年》作"十八年",《皇王大紀》作"二十八年"②。當以十八年説爲可信。關於宋悼公元年,《史記·六國年表》列於周威烈王二十三年(前403);梁玉繩、錢穆早就根據《左傳》等推定《六國年表》所載有誤,他們考證認爲宋悼公元年當周威烈王五年(前421)③、楚簡王十一年。後者可信。故簡文所載楚簡王七年當周威烈王元年(前425)、宋昭公四十四年。④ 簡文所謂的"宋悼公"當爲"宋昭公"之譌,類似例子見於《繫年》。比如《繫年》第十二章的"楚莊王立十又四年,王會諸侯於厲,鄭成公自厲逃歸",此"鄭成公",據《左傳》和《史記·十二諸侯年表》,應爲"鄭襄公"。⑤

宋司城𤿎,司城卽司空,《左傳》桓公六年:"宋以武公廢司空。"杜注:"武公名司空,廢爲司城。"⑥《吕氏春秋·召類》載宋有"司城子罕",高誘注:"司城,司空,卿官。宋武公名司空,故改爲'司城'。"⑦《公羊傳·文公九年》:"宋司城來奔。司馬者何?司城者何?皆官舉也。皆以官名舉言之。"何休注:"宋變司空爲司城者,辟先君武公名也。"⑧《白虎通·封公

---

① 清華大學出土文獻研究與保護中心編,李學勤主編:《清華大學藏戰國竹簡(貳)》,第189~190頁。
② 參王利器、王貞珉:《漢書古今人表疏證》,第665頁。
③ 梁玉繩説:宋"悼公之元,當在齊宣公三十五年",齊宣公三十五年當周威烈王五年。錢穆考證認爲宋昭公在位四十七年,末年當周威烈王四年,則宋悼公元年當周威烈王五年。(清)梁玉繩:《史記志疑》卷9,第402頁;錢穆:《先秦諸子繫年》,第169、613頁。
④ 錢穆:《先秦諸子繫年》,第613頁。
⑤ 清華大學出土文獻研究與保護中心編,李學勤主編:《清華大學藏戰國竹簡(貳)》,第163頁;王紅亮:《清華簡〈繫年〉第十二章及相關史事考》,《文史》2013年第4輯,第218頁。
⑥ 《春秋左傳正義》卷7,《十三經注疏》,第3803頁。
⑦ 許維遹:《吕氏春秋集釋》卷20,第560頁;陳奇猷:《吕氏春秋新校釋》,第1375頁。
⑧ 《春秋公羊傳注疏》卷13,《十三經注疏》,第4927頁。

侯》："司空主土。不言土言空者,空尚主之,何况於實?以微見著。"①李貽德據此曰:"若然,司空所掌城郭爲重,故取相近之義名司空爲司城也。"②曾侯乙墓簡173有"宋司城"③,包山楚簡155有"少司城""大司城"④,可見楚國也有此官名,當爲地方級的屬官。包山楚簡188有"犮"⑤,或謂"犮"乃"坡"之異體字(古文字从"立"與从"土"通常無別)⑥,此處爲人名。"宋司城犮"即傳世文獻中的"皇喜",又稱"宋司城子罕","犮"蓋亦爲其名。《繫年》中人名,有些與文獻記載相異,如傳世文獻所載的"夏姬",《繫年》第十五章稱"少叴"。簡文所謂的"宋司城犮之弱公室"就是指揮奪取政權,弑殺了宋昭公,故宋悼公朝見楚國,其目的是請求楚王發兵助其復位,詳後文考證部分。

約,(影母藥部,中古開口三等),通"弱"(日母藥部,中古開口三等),影母是喉音,日母是舌上音。《淮南子·原道訓》:"淖溺流通。"《文子·道原》"溺"作"約"⑦。《左傳》成公十五年:"[宋]蕩澤弱公室。"杜注:"輕公室以爲弱。"⑧即削弱公室。

[3]王命莫嚻(敖)昜(陽)爲衜(率)【一一四】自(師)以定公室,城黄池,城甕(雍)丘。

【整理者】莫嚻昜爲,曾侯乙墓簡1有"大莫嚻旟喿",新蔡簡甲三:36作"大莫嚻旟爲"。甕丘,即雍丘,本鄭地,此時已屬韓,在今河南省杞縣。《史記·韓世家》:"景侯虔元年,伐鄭,取雍丘。二年,鄭敗我負黍。"《鄭世家》:"繻公十五年,韓景侯伐鄭,取雍丘。鄭城京。"《六國年表》同。黄池、雍丘在鄭、宋之間,是魏、韓欲擴張之地。楚以定宋爲名,擴張勢力,城黄池和雍丘,侵犯了三晉的利益,因此三晉當即發兵圍黄池。《韓世家》:"二年,宋取我黄池。"⑨

【謹按】莫嚻,楚官名,傳世文獻多作"莫敖",主軍事之官,與司馬並在

---

① (清)陳立:《白虎通疏證》卷4,第133頁。
② (清)李貽德:《春秋左氏傳賈服注輯述》卷3,《清經解;清經解續編》第10册,第960頁。
③ 陳偉等:《楚地出土戰國簡册[十四種]》,第460頁。
④ 陳偉等:《楚地出土戰國簡册[十四種]》,第72頁。
⑤ 陳偉等:《楚地出土戰國簡册[十四種]》,第102頁。
⑥ 曾憲通、陳偉武主編:《出土戰國文獻字詞集釋》卷10上、卷13,北京:中華書局,2018年,第5258、6681~6682頁。
⑦ 參高亨:《古字通假會典》,第814頁。
⑧ 《春秋左傳正義》卷27,《十三經注疏》,第4156頁。
⑨ 清華大學出土文獻研究與保護中心編,李學勤主編:《清華大學藏戰國竹簡(貳)》,第190頁。

令尹之下。《左傳》桓公十一年:"楚屈瑕將盟貳、軫,……莫敖患之。"杜注:"莫敖,楚官名,卽屈瑕。"①《漢書·五行志》:"莫囂必敗。"顏師古注:"莫囂,楚官名也。字或作敖,其音同。"②沈欽韓云:"《淮陰侯傳》:'爲楚連敖。'李奇云:'楚官。'張晏曰:'司馬也。'按,《楚策》:'斷脰決腹,以憂社稷者,莫敖大心是也。'考諸定四年《傳》,卽左司馬沈尹戌,則莫敖爲司馬之官明矣。"③《淮南子·修務訓》:"吳與楚戰,莫囂大心撫其御之手。"高誘注:"莫,大也,囂,衆也,主大衆之官。楚卿大夫大心,楚成得臣子玉之孫。"④劉文淇認同沈欽韓説,並引《淮南子》後云:"與《楚策》合,沈説是也。"⑤今人繆文遠反對沈欽韓説,他説:"然沈説實不盡是。左襄十五年《傳》云:'楚公子午爲令尹,公子罷戎爲右尹,蒍子馮爲大司馬,公子橐師爲右司馬,公子成爲左司馬,屈到爲莫敖。'又襄二十二年《傳》云:'復使薳子馮爲令尹,公子齮爲司馬,屈建爲莫敖。'司馬與莫敖顯爲二官。莫敖地位在司馬下。《左傳》桓公十二年、十三年載莫敖屈瑕伐絞、伐羅,則其主將兵。據《左傳》所載,莫敖多以屈氏子孫爲之。……秦漢之際,亦有莫敖之官,見《漢書·曹參傳》。"⑥筆者以爲,沈説恐非,繆文遠説是。顧棟高云:"十一年,莫敖屈瑕盟貳、軫,敗鄖師於蒲騷。時則莫敖爲尊官,亦未有令尹之號。至莊四年,武王伐隨,卒於樠木之下,令尹鬬祁、莫敖屈重除道梁溠,營軍臨隨。令尹與莫敖並稱,亦不知其尊卑何別也。嗣後莫敖之官,或設或不設,間與司馬並列令尹之下。"⑦包山楚簡裏有"安陵莫囂"(簡105)、"正陽莫囂"(簡111)、"州莫囂"(簡114)等⑧,楚璽印中也有"葙陵莫囂"⑨,這説明楚國地方也有"莫囂"官職。《史記·曹相國世家》載曹參功勞所獲有"大莫敖",集解:"《漢書音義》曰:'楚之卿號。'"⑩《漢書·曹參傳》作"大莫囂",顏師古注:"如淳曰:'囂音敖。'張晏曰:'莫敖,楚卿號

---

① 《春秋左傳正義》卷7,《十三經注疏》,第3811頁。
② 《漢書》卷27中之上,第1356頁。
③ (清)沈欽韓:《春秋左氏傳補注》卷1,(清)焦循、(清)沈欽韓:《春秋左傳補疏;春秋左氏傳補注》,第113頁。
④ 何寧:《淮南子集釋》卷19,第1350頁。
⑤ (清)劉文淇:《春秋左傳舊注疏證》,第112頁。
⑥ 繆文遠訂補:《七國考訂補》,第75頁。
⑦ (清)顧棟高:《春秋大事表》,第1811頁。
⑧ 陳偉等:《楚地出土戰國簡册[十四種]》,第60~61頁。
⑨ 曹錦炎:《古璽通論(修訂本)》,杭州:浙江大學出版社,2017年,第109~110頁。
⑩ 《史記》卷54,第2463~2464頁。

也。時近六國,故有令尹、莫敖之官。'"①戰國晚期楚璽印中有"大莫囂鈢",曹錦炎說"大莫囂"應是楚中央軍事機構的長官。②

莫囂易爲,即曾侯乙墓簡"大莫囂旛喙"、新蔡簡"大莫囂旛爲"。曾侯乙墓簡1:"大莫嬲(囂)旛喙適豻之春八月庚申。"③裘錫圭、李家浩考釋認爲:"'喙'字所從'象'原文省去下部,與簡文'爲'字所從'象'旁同。同墓出土的鐘銘中的'爲'字也有寫作'喙'的。"④新蔡簡甲三:36:"囗大莫囂旛(陽)爲[戰(戰)]於長城之[歲]囗。"⑤新蔡簡甲三:296:"囗莫囂易(陽)爲、晉巿(師)戳(戰)於長[城]囗。"⑥上博簡八《命》簡7:"子謂易(陽)爲賢於先大夫。"⑦關於"陽爲",李學勤說:"'陽爲'是人名。……楚有陽氏,出自穆王,《左傳》昭公十七年'陽匄爲令尹',杜預注:'陽匄,穆王曾孫令尹子瑕。'孔穎達疏:'依《世本》,穆王生王子揚,揚生尹,尹生令尹匄。'陽爲即出於這一家族。"⑧即認爲其出自楚穆王的後裔陽氏。

定公室,謂平定宋公室之亂。傳世文獻中有"定王室"之說。《國語·楚語下》載白公之亂,楚葉公"殺白公而定王室"。《左傳》定公八年:"單子伐簡城,劉子伐盂,以定王室。"

城黄池,清人鍾文烝說黄池是"鄭地,此地近濟水"⑨。楊伯峻說黄池當在今河南封丘縣南,濟水故道南岸。⑩《史記·六國年表》載周烈王元年(前375)韓哀侯滅鄭,此後鄭國爲韓國吞併,故其地黄池亦屬於韓。《史記·韓世家》:"[韓昭侯]二年,宋取我黄池。"《六國年表》載此事於周顯王十二年(前357)⑪。其地由於近宋,故亦爲宋所覬覦。簡文謂築城黄池,此時黄池即便屬於鄭,亦當屬於晉的勢力範圍,故楚人此舉導致下面簡文所說的三晉圍黄池。

城甕(雍)丘,此時雍丘亦屬宋,"城雍丘"即楚助宋城雍丘。雍丘,地

---

① 《漢書》卷39,第2017~2018頁。
② 曹錦炎:《古璽通論(修訂本)》,第110~111頁。
③ 陳偉等:《楚地出土戰國簡册[十四種]》,第430頁。
④ 湖北省博物館編:《曾侯乙墓》上册,第501頁。
⑤ 河南省文物考古研究所編著:《新蔡葛陵楚墓》,鄭州:大象出版社,2003年,第190頁。
⑥ 河南省文物考古研究所編著:《新蔡葛陵楚墓》,第198頁。
⑦ 馬承源:《上海博物館藏戰國楚竹書(八)》,上海:上海古籍出版社,2011年,第198頁。
⑧ 李學勤:《論葛陵楚簡的年代》,《文物》2004年第7期,第68頁。
⑨ (清)鍾文烝:《春秋穀梁經傳補注》卷24,第739頁。
⑩ 楊伯峻:《春秋左傳注(修訂本)》,第1674頁。
⑪ 《史記》卷45、15,第2263、871頁。

名,在今河南杞縣治。① 本屬宋國,《左傳》哀公九年載鄭"圍宋雍丘"。另可詳參錢穆《史記地名考》"雍丘"條。②

[4]晉畧(魏)畀(斯)、

【整理者】畧畀,卽魏斯。《說文·廾部》:"畀,舉也,从廾,由聲。……杜林以爲麒麟字。""畀"與"麒"都是群母之部字。《史記·魏世家》:"桓子之孫曰文侯都。"集解引徐廣曰:"《世本》曰斯也。"索隱:"《系本》云'桓子生文侯斯',其傳云'孺子𤷄是魏駒之子',與此系代亦不同也。"據《世本》可知,襄子生桓子駒,駒生孺子𤷄,孺子𤷄卽後來的魏文侯斯。楊樹達《弭仲簠跋》:"'弭仲畀壽'之'畀'讀爲'其'。"《說文》"斯"从其聲,當有所據。③

【謹按】畀,整理者隸定爲"畀"。陳劍隸爲"畀",蘇建洲、李松儒等均認同陳說,蓋讀爲"斯"。④

魏斯,卽魏文侯,《史記·魏世家》:"桓子之孫曰文侯都。"《史記集解》曰:"《世本》曰斯也。"《禮記·樂記》疏引《世本》曰"斯"。《史記·六國年表》亦作"斯"。《史記索隱》:"《系(世)本》云'桓子生文侯斯',其傳云'孺子𤷄是魏駒之子',與此系代亦不同也。"⑤又,《戰國策》吳師道注作"勘",是"斯"之譌字。如此,則魏文侯之名有三:斯、都、孺子𤷄。梁玉繩曰:"文侯之名,《史表》《世本》並作斯,《國策》吳注作勘,乃斯之譌也。《唐表》七十二中謂名都,殊非。蓋《世家》云桓子之孫曰文侯,都魏,讀者誤絕都字爲句,以魏字連下,文侯元年作一句。又各本擾徐廣注于都字下,遂錯認爲名耳。"⑥王先謙曰:"見《魏世家》。名都。"⑦錢穆說:"《史記》誤斯爲都,誤子爲孫。"他認爲魏文侯名斯,乃魏桓子之子。⑧

據《六國年表》,魏文侯斯於周威烈王二年(前424)至周定王十五年(前387)在位,共三十八年。《古本竹書紀年》曰:"[魏文侯]五十年卒。"(《史記·魏世家》索隱)方詩銘、王修齡謂:"案文侯初立在晉敬公六年,逾年改元,爲敬公七年。敬公在位十八年,幽公亦十八年,合共三十六年,減

---

① 參楊伯峻:《春秋左傳注(修訂本)》,第1651頁。
② 錢穆:《史記地名考》,北京:商務印書館,2001年,第256頁。
③ 清華大學出土文獻研究與保護中心編,李學勤主編:《清華大學藏戰國竹簡(貳)》,第190頁。
④ 李松儒:《清華簡〈繫年〉集釋》,第290~291頁。
⑤ 《史記》卷44,第2222頁。
⑥ (清)梁玉繩:《人表考》卷4,《史記漢書諸表訂補十種》,第672頁。
⑦ 轉引自王利器、王貞珉:《漢書古今人表疏證》,324頁。
⑧ 錢穆:《先秦諸子繫年》,第142頁。

六年則爲三十年,是烈公元年爲文侯之三十一年。由此下推十九年,文侯五十年卒時應在烈公二十年。"①據此則魏文侯元年在周定王二十五年(前444),卒於周安王七年(前395),在位五十年。錢穆認爲魏文侯元年在周定王二十三年(前446),卒於周安王十五年(前387),前後四十八年。② 此説與《竹書紀年》不合。總之,魏文侯在位年代當從方詩銘、王修齡説,簡文所載事在周威烈王四年(前422),當魏文侯二十三年。

[5] 灼(趙)夰(浣)、

【整理者】灼夰,即趙浣。"夰"見於《説文》廾部,與"浣"音近通假。《趙世家》:"[襄子]其後娶空同氏,生五子。襄子爲伯魯之不立也,不肯立子,且必欲傳位與伯魯子代成君。成君先死,乃取代成君子浣立爲太子。襄子立三十三年卒,浣立,是爲獻侯。"又:"獻侯少即位,治中牟。襄子弟桓子逐獻侯,自立於代,一年卒。國人曰桓子立非襄子意,乃共殺其子而復迎立獻侯。"(《史記索隱》《系本》云襄子子桓子,與此不同——引者按)趙襄子至趙獻侯之間的世系異説紛紜,難於確考。③

【裘錫圭】夰,即《説文》的"𠬞",讀若"卷",爲"拳""卷"的聲旁。以"夰"爲聲的字還有"㴱","㴱"與"浣"音很近。④

【謹按】趙浣即趙獻侯,名浣,又名起。梁玉繩曰:"[趙]襄子兄孫。趙獻侯始見《六國表》《趙世家》。名浣(《世家》),又名起(索隱引《世本》)。是爲趙獻子(《世家》《竹書》)。"⑤

據《六國年表》,趙獻侯於周威烈王三年(前423)至周威烈王十七年(前409)在位,共十五年。簡文所載事在周威烈王四年(前422),當趙獻侯二年。

[6] 倝(韓)啓章衒(率)𠂤(師)回(圍)黃池,

【整理者】倝啓章,韓武子啓章。《史記·韓世家》"康子卒,子武子代"索隱:"名啓章。"《魏世家》索隱引《世本》同。⑥

【謹按】韓啓章即韓武子。梁玉繩曰:"康子子。韓武子始見《六國

---

① 方詩銘、王修齡:《古本竹書紀年輯證(修訂本)》,第104頁。
② 錢穆:《先秦諸子繫年》,第142~143頁。
③ 清華大學出土文獻研究與保護中心編,李學勤主編:《清華大學藏戰國竹簡(貳)》,第190頁。
④ 裘錫圭:《説侯馬盟書"變改攺及兑不守二宫"》,李守奎主編:《清華簡〈繫年〉與古史新探》,第15頁。
⑤ 梁玉繩:《人表考》卷6,《史記漢書諸表訂補十種》,第800頁。另可參王利器、王貞珉:《漢書古今人表疏證》,第561~562頁。
⑥ 清華大學出土文獻研究與保護中心編,李學勤主編:《清華大學藏戰國竹簡(貳)》,第190頁。

表》,韓、魏《世家》,康子子始見《韓世家》。名啟章(《魏世家》索隱引《世本》。都宜陽(《吕覽·任數》注,而《竹書》作平陽,恐非)。十六年卒(《六國表》《韓世家》)。"①

據《六國年表》,韓武子於周威烈王二年(前424)至威烈王十七年(前409)在位,共十六年。簡文所載事在周威烈王四年(前422),當韓武子啟章三年。

[7]逘迵而歸之【一一五】於楚。

【整理者】逘,讀爲"衝",攻擊。《吕氏春秋·貴卒》:"衣鐵甲操鐵杖以戰,而所擊無不碎,所衝無不陷。"迵,楚文字中多讀爲"通"。"逘迵"義同攻陷。歸之於楚,意思是把楚國的勢力逼出中原,趕回楚地。②

【梁立勇】讀"逘"爲"沖"可從,整理者引《吕氏春秋·貴卒》"衣鐵甲操鐵杖以戰,而所擊無不碎,所沖無不陷","碎""陷"對文,均是破壞之義。"歸之於楚"意思應是歸還楚國。歸之於某是還給某某之義,如《左傳·成公八年》:"晉侯使韓穿來言汶陽之田,歸之於齊。"《國語·周語》:"溫之會,晉人執衛成公歸之於周。"簡文的意思是三晉毀壞黄池後,將其還給楚國。針對三晉對黄池的破毀,楚國第二年即破壞宜陽進行報復。③

【謹按】逘,即《説文》之"𨌪"字,又作"衝",指陷陣車。《説文·車部》:"𨌪,陷陳車也。从車童聲。"段注:"陳者,列也。見攴部。於此可見古戰陣字用此矣。用陳者,假借字也。作陣者,俗字也。《大雅》:'與爾臨衝。'傳曰:'臨,臨車也。衝,衝車也。'《釋文》曰:'《説文》作𨌪,陷陣車也。'定八年《左傳》:'主人焚衝。'《釋文》亦云爾。前、後《漢書》'衝輣',衝皆即𨌪字。李善曰:'衝,字略作𨌪。'"④

迵,讀爲"駉"。《説文·馬部》:"駉,馳馬洞去也。从馬同聲。"段注:"洞者,疾流也。以疊韻爲訓。"⑤也就是馬疾馳而去。

逘迵,即"𨌪駉",指軍車、馬飛馳而去。《吕氏春秋·召類》:"孔子聞之曰:'夫脩之於廟堂之上,而折衝乎千里之外者,其司城子罕之謂乎?'"高誘注:"衝車,所以衝突敵之車,能陷破之也。有道之國,不可攻伐,使欲

---

① 梁玉繩:《人表考》卷5,《史記漢書諸表訂補十種》,第739頁。另可參王利器、王貞珉:《漢書古今人表疏證》,第443頁。
② 清華大學出土文獻研究與保護中心編,李學勤主編:《清華大學藏戰國竹簡(貳)》,第190頁。
③ 梁立勇:《讀〈繫年〉札記》,《深圳大學學報(人文社會科學版)》2012年第3期,第59頁。
④ (清)段玉裁注,許惟賢整理:《説文解字注》卷14上,第1252頁。
⑤ (清)段玉裁注,許惟賢整理:《説文解字注》卷10上,第815頁。

攻己者,折還其衝車於千里之外,不敢來也。"①簡文所謂"遑迴而歸之於楚"卽迫使軍車、馬飛馳而歸楚之義。

[8]二年,王命莫囂(敖)昜(陽)爲衞(率)白(師)戜(侵)晉,墥(奪)宜昜(陽),回(圍)赤瀽(岸),以遝(復)黃池之白(師)。

【李學勤】"墥"疑讀爲"攘","二年"爲"過了兩年",把簡文此事繫之於楚簡王九年(前423)。②

【整理者】二年,第二年,楚簡王八年。《史記·楚世家》:"簡王……八年,魏文侯(斯)、韓武子(啓章)、趙桓子(嘉)始列爲諸侯。"《六國年表》同。墥,從"攵"、"坨"聲,讀爲"奪",侵奪,強取。宜陽,韓地,在今河南宜陽西。瀽,從"產"聲,當爲"岸"字異體。赤岸,地名。古代文學作品中有赤岸,如《楚辭·七諫·哀命》:"哀高丘之赤岸兮,遂没身而不反。"《文選·七發》:"淩赤岸,篲扶桑,橫奔以雷行。"當與此無關。③

【謹按】二年,當爲楚簡王八年、周威烈王五年(前421)。

墥,整理者説從"攵"、"坨"聲,讀爲"奪",侵奪,強取。劉嬌認爲該字從"攵"從"坨(地)",簡文"地宜陽"之"地"是動詞性質,是獲得土地的意思,亦通。互詳前面簡文隸定部分。

宜陽,韓地,在今河南宜陽西。詳錢穆《史記地名考》卷14之"宜陽"條。④

[9]嚻(魏)畀(斯)、灼(趙)夬(浣)、軚(韓)啓【一一六】章衞(率)白(師)救(救)赤瀽(岸),楚人豫(舍)回(圍)而還,與晉白(師)戜(戰)於長城。

【整理者】長城,楚長城,起自今河南葉縣西,至今河南泌陽北。《漢書·地理志》南郡葉縣:"有長城,號曰方城。"《水經·潕水注》引盛弘之云:"葉東界有故城,始犨縣,東至瀙水,達比陽界,南北聯絡數百里,號爲方城,一謂之長城。云酈縣有故城一面,未詳里數,號爲長城,卽此城之西隅。其間相去六百里,北面雖無基築,皆連山相接,而漢水流其南,故屈完答齊桓公云楚國方城以爲城,漢水以爲池。"新蔡簡甲三:36:"大莫囂膓爲戰於

---

① 許維遹:《吕氏春秋集釋》卷20,第560~561頁。
② 李學勤:《清華簡〈繫年〉及有關古史問題》,《文物》2011年第3期,第73頁。
③ 清華大學出土文獻研究與保護中心編,李學勤主編:《清華大學藏戰國竹簡(貳)》,第190~191頁。
④ 錢穆:《史記地名考》,第723~724頁。

長城之歲",卽楚簡王八年事。①

【謹按】長城,指起自今河南葉縣西、至今河南泌陽北的楚長城。《漢書·地理志》"南陽郡"條:"葉縣:楚葉公邑。有長城,號曰方城。"②《後漢書·郡國志》"南陽郡"條:"葉有長山,曰方城。"③《水經注》"潕水"條引盛弘之云:"葉東界有故城,始犨縣,東至瀙水,達比陽界,南北聯絡數百里,號爲方城,一謂之長城。云酈縣有故城一面,未詳里數,號爲長城,卽此城之西隅。其間相去六百里,北面雖無基築,皆連山相接,而漢水流其南,故屈完答齊桓公云楚國方城以爲城,漢水以爲池。"④譚其驤曰:"這是楚在其北境沿着伏牛山東北麓所築的一條長城。"⑤

新蔡簡甲三:36:"☐大莫嚻(敖)䣙(陽)爲[戰(戰)]於長城之[歲]☐。"⑥新蔡簡甲三:296:"☐莫嚻昜(陽)爲、晉帀(師)戩(戰)於長[城]☐。"⑦《呂氏春秋·下賢》載魏文侯"南勝荆於連隄"⑧均與簡文所述爲同一事。此戰實際在楚簡王八年,詳見本章史事考證部分。

[10]楚𠂤(師)亡(無)工(功),多亼(棄)幬(旃)莫(幕),肖(宵)叕(遁)。楚以【一一七】與晉固爲肎(怨)。【一一八】

【謹按】亼,整理者說是"棄"字,古文作"弃",亼是"弃"的省形。⑨

幬,从"巾","單"聲,整理者讀爲"旃"。旃幕,旗幟與帳幕,第二十三章"幬莫"同。⑩

肖叕,讀爲"宵遁"。叕,《集韻》:"遁本字。"《左傳》成公十六年載晉、楚鄢陵之戰,楚共王見楚敗局已定,"乃宵遁"。

---

① 清華大學出土文獻研究與保護中心編,李學勤主編:《清華大學藏戰國竹簡(貳)》,第190~191頁。
② 《漢書》卷28上,第1564頁。
③ 《後漢書》志第22,第3476頁。
④ (南北朝·後魏)酈道元注,(清末)楊守敬、熊會貞疏:《水經注疏》卷31,第2633~2634頁。
⑤ 譚其驤:《鄂君啓節銘文釋地》,《長水集(下)》,北京:人民出版社,1987年,第204頁。
⑥ 河南省文物考古研究所編著:《新蔡葛陵楚墓》,第190頁;武漢大學簡帛研究中心、河南省文物考古研究所編:《楚地出土戰國簡冊合集(二):葛陵楚墓竹簡、長台關楚墓竹簡》,北京:文物出版社,2013年,第3頁。
⑦ 河南省文物考古研究所編著:《新蔡葛陵楚墓》,第198頁;武漢大學簡帛研究中心、河南省文物考古研究所編著:《楚地出土戰國簡冊合集(二):葛陵楚墓竹簡、長台關楚墓竹簡》,第3頁。
⑧ 許維遹:《呂氏春秋集釋》卷15,第372頁。
⑨ 清華大學出土文獻研究與保護中心編,李學勤主編:《清華大學藏戰國竹簡(貳)》,第190~191頁。
⑩ 清華大學出土文獻研究與保護中心編,李學勤主編:《清華大學藏戰國竹簡(貳)》,第190~191頁。

固,副詞,久也。①

爲肙(怨),此種説法見於傳世文獻。《韓非子·內儲説下》:"犀首與張壽爲怨。"《戰國策·秦策二》:"左成謂甘茂曰:公內攻於樗里疾公孫衍,而外與韓侈爲怨。'"

關於"楚以與晉固爲怨",詳見本書下編之"抄寫年代"相關討論。

[譯文]

楚簡王卽位七年,宋悼公到楚國朝見,將宋司城波削弱公室之事相告。王命令莫敖陽爲率領軍隊安定宋國公室,在黃池築城,在雍丘築城。晉國的魏斯、趙浣、韓啓章率領軍隊包圍黃池,迫使軍車、馬飛馳而歸楚國。

第二年,王命令莫敖陽爲率領軍隊侵襲晉國,奪取宜陽,包圍赤岸,來報復黃池之戰。魏斯、趙浣、韓啓章率領軍隊援救赤岸,楚國人放棄包圍而歸還,和晉國軍隊在長城發生爭鬥,楚國軍隊沒有建功,拋棄了旗幟與帳幕,夜裏逃走了。楚國和晉國長期結怨。

[解題]

本章主要圍繞戰國初期的晉楚黃池之戰、長城之戰兩次戰役而展開叙事。

楚簡王七年,宋國的司城專權,宋昭公(簡文作"悼公",據我們考證當爲"昭公",詳後文)去朝見楚簡王以尋求幫助。楚簡王派莫敖陽爲率師平定宋公室後,試圖在宋國發展楚國的勢力,修築了宋的黃池、雍丘二邑。此舉觸犯了三晉的利益。所以三晉的魏斯、趙浣、韓啓章率師圍黃池,並迫使楚師退回國內。這就是戰國初期晉、楚的黃池之役。

第二年(楚簡王八年),楚簡王爲了報復黃池之戰的失敗,對晉國的宜陽、赤岸進行了圍攻。結果三晉的魏斯、趙浣、韓啓章又率師救赤岸之晉師,楚師不敵,舍圍而還,並在楚長城與晉師交戰。

通過以上兩次戰爭,晉、楚兩國結下了怨仇。

---

① 裴學海:《古書虛詞集釋》卷5,第324頁。

[問題]

宋司城皮弱公室及戴氏篡宋考。簡文中的"宋司城皮"即傳世文獻中所載的宋司城子罕，"宋悼公"當爲"宋昭公"之譌。楚簡王七年當宋昭公四十四年，此年因爲司城子罕逐昭公，故昭公出亡楚國，以請求楚發兵助其復位。楚簡王當時亦圖擴展勢力，故命莫敖陽爲定宋公室、城黃池與雍丘。不料此舉觸犯了晉的利益，楚簡王八年（當宋昭公四十五年），三晉帥軍隊圍黃池，將楚人勢力驅逐出了宋境。兩年後（宋昭公四十七年），昭公歸宋國，結果被子罕所弑殺。

[考證]

一、宋司城弱公室及戴氏篡宋考

《繫年》第二十一章："楚簡大王立七年，宋悼公朝于楚，告以宋司城皮之弱公室。王命莫敖陽爲率師以定公室，城黃池，城雍丘。晉魏斯、趙浣、韓啓章率師圍黃池，逵迵而歸之於楚。"

簡文載有三個歷史事件：一、宋國國内有司城皮對宋公室構成威脅，於是宋悼公朝楚力圖得到楚的支援；二、楚王命莫敖陽爲安定宋公室，並且爲宋修黃池、雍丘二邑；三、晉國的魏斯、趙浣、韓啓章攻黃池，楚師敗退歸於楚。

簡文載楚簡王七年（前425，周威烈王元年），宋悼公朝於楚。正如前面疏證部分所言，此當宋昭公之末年。簡文又載此年宋司城弱公室，檢核古書，傳世文獻中確有宋昭公時司城弱公室之事。據史書記載，在戰國初期的宋昭公時，宋司城子罕爲相，並且迫使宋昭公出亡，事後昭公又返回宋國。我們懷疑簡文所謂的弱宋公室之司城皮正是傳世文獻中所謂的宋司城子罕。司城子罕又稱子冉，名皇喜，"皮"很可能爲其另一個名字。《繫年》中的人名，有些與文獻記載相異，如傳世文獻所載的"夏姬"，《繫年》第十五章稱"少孔"。下面，我們再對司城子罕的相關史事進行進一步的考察。

（一）司城子罕史事與戴氏篡宋考

據先秦文獻所載，宋國有兩位子罕，一在春秋時，一在戰國初年。關於前者,《左傳》記述較詳,在後世文獻裏也有記載。關於後者,戰國以至秦漢文獻均有記載。實際上,子罕的相關文獻,除了《左傳》能明確其具體年代外,其他文獻均較難明瞭,以至於學者將不同時期的兩位子罕的相關事迹混爲一談,因此,有必要對記載子罕的相關文獻進行辨析,並理清每位子罕的時代以及史事。

1. 春秋時期司城子罕的具體時代以及相關史事

春秋時期的司城子罕的相關記載,最早見於《左傳》:

(1)《左傳》襄公六年:"宋華弱與樂轡少相狎,長相優,又相謗也。子蕩怒,以弓梏華弱于朝。平公見之,曰:'司武而梏於朝,難以勝矣。'遂逐之。夏,宋華弱來奔。司城子罕曰:'同罪異罰,非刑也。專戮於朝,罪孰大焉?'亦逐子蕩。子蕩射子罕之門,曰:'幾日而不我從!'子罕善之如初。"①

(2)《左傳》襄公九年:"九年春,宋災,樂喜爲司城以爲政。"②

(3)《左傳》襄公十五年:"鄭尉氏、司氏之亂,其餘盜在宋。鄭人以子西、伯有、子產之故,納賂于宋,以馬四十乘,與師茷、師慧。三月,公孫黑爲質焉。司城子罕以堵女父、尉翩、司齊與之,良司臣而逸之,託諸季武子,武子寘諸卞。鄭人醢之三人也。師慧過宋朝,將私焉。其相曰:'朝也。'慧曰:'無人焉。'相曰:'朝也,何故無人?'慧曰:'必無人焉。若猶有人,豈其以千乘之相易淫樂之矇?必無人焉故也。'子罕聞之,固請而歸之。"③

(4)《左傳》襄公二十七年:"宋左師請賞,曰:'請免死之邑。'公與之邑六十。以示子罕。……削而投之。左師辭邑。向氏欲攻司城。左師曰:'我將亡,夫子存我,德莫大焉。又可攻乎?'君子曰:'"彼己之子,邦之司直。"樂喜之謂乎!'"④

(5)《左傳》襄公二十九年:"鄭子展卒。子皮即位。於是鄭饑,而未及麥,民病。子皮以子展之命餼國人粟,户一鍾,是以得鄭國之民。故罕氏常掌國政,以爲上卿。宋司城子罕聞之,曰:'鄭於善,民之望也。'宋亦饑,請於平公,出公粟以貸,使大夫皆貸。司城氏貸而不書,爲大夫之無者貸。宋無飢人。叔向聞之,曰:'鄭之罕,宋之樂,其後亡

---

① 楊伯峻:《春秋左傳注(修訂本)》,第946~947頁。
② 楊伯峻:《春秋左傳注(修訂本)》,第961頁。
③ 楊伯峻:《春秋左傳注(修訂本)》,第1023頁。
④ 楊伯峻:《春秋左傳注(修訂本)》,第1135~1136頁。

者也。二者其皆得國乎！民之歸也。施而不德，樂氏加焉，其以宋升降乎！'"①

據上引《左傳》，魯襄公六年（前567，當宋平公九年）至魯襄公二十九年（前544，當宋平公三十二年），子罕均任司城之職。

其後蓋其孫樂祁任司城。《左傳》昭公二十二年載宋公使"樂祁爲司城"，杜注："祁，子罕孫樂祁犂。"②魯昭公二十二年（前520）當宋元公十二年。

後樂祁孫樂茷繼任司城。《左傳》哀公二十六年"樂茷爲司城"，杜注："茷，樂溷之子。"③樂溷即樂祁之子，《左傳》定公六年"見溷而行"，杜注："溷，樂祁子。"④魯哀公二十六年（前469）當宋景公四十八年。

綜上可見，司城之職爲子罕以及其孫樂祁、樂祁之孫樂茷所世掌，歷經宋平公、元公、景公三世。梁履繩《左通補釋》引《周氏附論》曰："襄九年樂喜爲司城，喜孫祁、祁孫茷世爲司城。"⑤

又，《呂氏春秋·召類》：

> 士尹池爲荆使於宋，司城子罕觴之。南家之牆，犨於前而不直；西家之潦，徑其宮而不止。士尹池問其故。司城子罕曰："南家，工人也，爲鞔者也。吾將徙之，其父曰：'吾恃爲鞔以食三世矣。今徙之，是宋國之求鞔者不知吾處也，吾將不食。願相國之憂吾不食也。'爲是故，吾弗徙也。西家高，吾宮庳，潦之經吾宮也利，故弗禁也。"士尹池歸荆，荆王適興兵而攻宋，士尹池諫於荆王曰："宋不可攻也，其主賢，其相仁，賢者能得民，仁者能用人。荆國攻之，其無功而爲天下笑乎！"故釋宋而攻鄭。孔子聞之曰："夫修之於廟堂之上，而折衝乎千里之外者，其司城子罕之謂乎？"宋在三大萬乘之間，子罕之時，無所相侵，邊境四益，相平公、元公、景公以終其身，其唯仁且節與？故仁節之爲功大矣。⑥

據《呂氏春秋》可知，宋司城子罕曾作爲宋平公、元公、景公之相。那麼此子罕究竟爲何時人？對此，主要有以下幾種觀點：

---

① 楊伯峻：《春秋左傳注（修訂本）》，第1157～1158頁。
② 《春秋左傳正義》卷50，《十三經注疏》，第4560頁。
③ 《春秋左傳正義》卷60，《十三經注疏》，第4740頁。
④ 《春秋左傳正義》卷55，《十三經注疏》，第4649頁。
⑤ （清）梁履繩：《左通補釋》卷27，《清經解；清經解續編》第9冊，第160頁。
⑥ 許維遹：《呂氏春秋集釋》卷20，第560～561頁。

第一，此子罕是春秋時期人，跟《左傳》所記子罕是同一人。譬如高誘注上引《吕氏春秋》曰："按《春秋》，子罕殺宋昭公，不但相三君以終身。"今人錢穆亦持此觀點。①

第二，此子罕是戰國初年的子罕。清代學者畢沅引梁伯子云："春秋時，子罕是樂喜，乃宋賢臣，奈何以爲殺君乎？戰國時，宋亦有昭公，其時亦有子罕，逐君擅政，如《韓非子》《韓詩外傳》《淮南》《説苑》諸書所説耳。"②

第三，《吕氏春秋》所謂司城子罕"相平公、元公、景公以終其身"這一説法是錯誤的。清人沈欽韓曰："考樂喜卒於元公之初，華氏之亂，樂祁爲司城，已是其孫。《吕子·召類》言'子罕相平公、元公、景公三君'者，既誤矣，而高誘注'子罕殺宋昭公，不但相三君以終身'，直誤以春秋後之子罕爲一人，賢奸合併，深可笑也。"③石光瑛認同沈氏説，其曰："況《召類篇》言子罕相宋平、元、景三公，孔子稱其仁節，則政是樂喜。案《吕氏》之言亦誤，沈欽韓所駁是也。"④

我們認同第三種説法，《吕氏春秋》所謂子罕"相平公、元公、景公以終其身"之説爲孤證，實不可信。且根據《左傳》，司城子罕在宋平公九年至三十二年任司城之職，宋元公十二年子罕孫樂祁繼任司城，上引沈欽韓説"樂喜卒於元公之初"蓋是。至於高誘説子罕殺宋昭公之説亦不可信，《左傳》文公十六年載宋昭公被"夫人王姬使帥甸攻而殺之"，《史記·宋世家》亦謂"昭公出獵，夫人王姬使衛伯攻殺昭公杵臼"。梁玉繩、章太炎均謂衛伯卽帥甸。⑤

我們知道，宋有兩昭公，其間順次爲：昭公（前619～前611在位）、文公（前610～前589在位）、共公（前588～前576在位）、平公（前575～前532在位）、元公（前531～前517在位）、景公（前516～前469在位）⑥、昭

---

① 錢穆：《先秦諸子繫年》，第168頁。
② 許維遹：《吕氏春秋集釋》卷20，第561頁。
③ （清）沈欽韓：《漢書疏證》卷8，沈欽韓等：《漢書疏證：外二種（一）》，上海：上海古籍出版社，2006年，第249頁。
④ （漢）劉向編著，石光瑛校釋，陳新整理：《新序校釋》卷3，第415頁。
⑤ 楊伯峻：《春秋左傳注（修訂本）》，第622頁。
⑥ 此處所列之在位年，皆據楊伯峻：《春秋左傳注（修訂本）》。

公(前468~前422在位)①。前一昭公,成公子,名杵臼,爲襄夫人所殺(事見《左傳》文公十六年、《史記·宋世家》)。後一昭公,元公曾孫,名特(見《史記·宋世家》)②,或作"得"(見《左傳》哀公二十六年)③,在位四十七年,後被子罕所逐並殺(詳後)。上述高誘注是用戰國時期的子罕逐殺昭公來解釋上引《呂氏春秋》語,這是錯誤的。

筆者懷疑,《呂氏春秋·召類》所謂的司城子罕"相平公、元公、景公以終其身"實際上應指司城子罕(樂喜)及其後代作爲宋平公、元公、景公時期之相,這實際上反映了春秋後期宋國戴族的樂氏獨強的歷史,詳後文。

2. 戰國初年的宋司城子罕及其相關史事

戰國時期宋國亦有一司城子罕,見諸以下文獻:

(1)《韓非子·二柄》:"子罕謂宋君曰:'夫慶賞賜予者,民之所喜也,君自行之;殺戮刑罰者,民之所惡也,臣請當之。'於是宋君失刑而子罕用之,故宋君見劫。……子罕徒用刑,而宋君劫。"④

(2)《韓非子·外儲說右下》:"司城子罕謂宋君曰:'慶賞賜與,民之所喜也,君自行之;殺戮誅罰,民之所惡也,臣請當之。'宋君曰:'諾。'於是出威令,誅大臣,君曰:'問子罕也。'於是大臣畏之,細民歸之。處期年,子罕殺宋君而奪政。故子罕爲出彘以奪其君國。"⑤

"一曰:王子於期爲宋君爲千里之逐。已駕,察手吻文,且發矣,驅而前之,輪中繩引而却之,馬掩迹。拊而發之,彘逸出於竇中。馬退而却,筴不能進前也;馬騾而走,轡不能止也。一曰:司城子罕謂宋君曰:'慶賞賜予者,民之所好也,君自行之;誅罰殺戮者,民之所惡也,臣請當之。'於是戮細民而誅大臣,君曰:'與子罕議之。'居期年,民知殺生之命制於子罕也,故一國歸焉。故子罕劫宋君而奪其政,法不能禁也。

---

① 按照楊伯峻《春秋左傳注(修訂本)》,宋昭公元年爲周貞定王元年[前468年,楊伯峻:《春秋左傳注(修訂本)》,第1732頁];而據《六國年表》,宋昭公元年爲周定王十九年(前450)。《宋世家》載宋昭公在位四十七年卒,後悼公卽位。據此,則昭公卒年依《左傳》當在周威烈王四年(前422),而《六國年表》謂在周威烈王二十二年(前404)。錢穆認爲宋昭公卒年當依前者。錢穆:《先秦諸子繫年》,第169~170頁。
② 《史記索隱》:"《左傳》作'德'。"校勘記:"耿本、黄本、彭本、柯本、凌本、殿本作'特一作得'。"《左傳》哀公二十六年引《宋世家》亦作"得"。《史記》卷38,第1969、1975頁;《春秋左傳正義》卷60,《十三經注疏》,第4740頁。
③ 《春秋左傳正義》卷60,《十三經注疏》,第4740頁。
④ (清)王先慎撰,鍾哲點校:《韓非子集解》卷2,第40頁。
⑤ (清)王先慎撰,鍾哲點校:《韓非子集解》卷14,第334頁。

故曰:'子罕爲出彘,而田成常爲囿池也。'"①

(3)《韓非子·內儲說下》:"田常、闞止、戴驩、皇喜敵而宋君、簡公殺。"②

"戴驩爲宋太宰,皇喜重於君,二人爭事而相害也。皇喜遂殺宋君而奪其政。"③

(4)《史記·李斯列傳》:"昔者司城子罕相宋,身行刑罰,以威行之,期年遂劫其君。"④

(5)《韓詩外傳》第十章:"昔者司城子罕相宋,謂宋君曰:'夫國家之安危,百姓之治亂,在君之行賞罰。夫爵賞賜與,舉人之所好也,君自行之;殺戮刑罰,民之所惡也,臣請當之。'君曰:'善。寡人當其美,子受其惡,寡人自知不爲諸侯笑矣。'國人知殺戮之刑專在子罕也,大臣親之,百姓畏之,居不期年,子罕遂去宋君而專其政。"⑤

(6)《說苑·君道》:"司城子罕相宋。謂宋君曰:'國家之危定,百姓之治亂。在君行之賞罰也。賞當則賢人勸,罰得則姦人止,賞罰不當,則賢人不勸,姦人不止,姦邪比周,欺上蔽主,以爭爵祿,不可不慎也。夫賞賜讓與者,人之所好也,君自行之;刑罰殺戮者,人之所惡也,臣請當之。'君曰:'善。子主其惡,寡人行其善,吾知不爲諸侯笑矣。'於是宋君行賞賜,而與子罕刑罰。國人知刑戮之威專在子罕也,大臣親之,百姓附之,居期年,子罕逐其君而專其政。"⑥

(7)《淮南子·道應訓》:"昔者,司城子罕相宋,謂宋君曰:'夫國家之安危,百姓之治亂,在君行賞罰。夫爵賞賜予,民之所好也,君自行之;殺戮刑罰,民之所怨也,臣請當之。'宋君曰:'善。寡人當其美,子受其怨,寡人自知不爲諸侯笑矣。'國人皆知殺戮之制專在子罕也,大臣親之,百姓畏之,居不至期年,子罕遂卻宋君而專其政。"⑦

綜合以上記述,我們可以總結如下:宋國司城子罕也擔任相國一職,他成功地讓宋國國君把殺戮之權交予己手,借此篡奪宋國大權。關於宋國國君的境遇,諸書記載有差異:

---

① (清)王先慎撰,鍾哲點校:《韓非子集解》卷14,第334~335頁。
② (清)王先慎撰,鍾哲點校:《韓非子集解》卷10,第243頁。
③ (清)王先慎撰,鍾哲點校:《韓非子集解》卷10,第256頁。
④ 《史記》卷87,第3104頁。
⑤ (漢)韓嬰撰,許維遹校釋:《韓詩外傳集釋》卷7,第251~252頁。
⑥ (漢)劉向撰,向宗魯校證:《說苑校證》卷1,第32~33頁。
⑦ 何寧:《淮南子集釋》卷12,第853~854頁。

第一,曰宋君被"劫",如(1)(4);曰被"去",如(5);曰"却",如(7)。王念孫《淮南子雜志》"子罕遂却宋君"條認爲"去""却"皆爲"劫"之誤,其曰:

> "却"當爲"劫"字之誤也。《韓詩外傳》作"去","去"亦"劫"之誤。《韓子·外儲説右篇》作"劫宋君而奪其政",是其證。《二柄篇》又云"宋君失刑而子罕用之,故宋君見劫",《史記·李斯傳》亦云"司城子罕劫其君"。又《説林篇》:"知己者,不可誘以物;明於死生者,不可却以危。""却"亦當爲"劫"。《繆稱篇》曰"有義者不可欺以利,有勇者不可劫以懼",是其證。①

筆者認爲王念孫的這種看法可從。據此,則(1)(4)(5)(7)均言宋君被劫。

第二,宋君被逐,如(6)。

第三,宋君被殺,如(2)(3)。

孫詒讓説:"李斯、韓嬰、淮南王書並云'劫君',劫亦卽謂逐也。"②如此,上述文獻載宋君或是被子罕所逐,或是被子罕所殺。錢穆認爲:"就其在位之久,或先被逐,而又得反國,而終見弒。"③蓋是。譬如(1)(2)(3)既言被逐(劫),又言被殺,兩存之,可見先秦文獻卽如是。

那麼,子罕先逐後殺宋君在何時呢?上述文獻謂子罕所殺者爲"宋君",而高誘則明確指出此"宋君"爲"宋昭公",高氏此推斷是否有道理呢?對此,學者持兩種意見,或贊成之,或反對之。

孫詒讓認爲高誘之説不可盡廢,其曰:

> 《史記·鄒陽傳》稱子罕囚墨子。以墨子年代校之,前不逮景公,後不逮辟公,所相直者惟昭公、悼公、休公三君。《呂氏春秋·召類篇》高注云:"《春秋》,子罕殺昭公。"考宋有兩昭公,一在魯文公時,與墨子相去遠甚;一在春秋後魯悼公時,與墨子時代正相當。子罕所殺宜爲後之昭公。惟高云春秋時,則誤並兩昭公爲一耳。《宋世家》雖不云昭公被弒,然秦漢古籍所紀匪一,高説不爲無徵。賈子《新書·先醒篇》、《韓詩外傳六》並云昭公出亡而復國。而《説苑》云子罕逐君專政,或昭公實爲子罕所逐而失國,因誤傳爲被殺(李斯、韓嬰、淮南王書

---

① (清)王念孫:《讀書雜志》卷9,第869頁。
② 孫詒讓:《墨子傳略》,(清)孫詒讓:《墨子閒詁》,"墨子後語上"第692頁。
③ 錢穆:《先秦諸子繫年》,第170頁。

並云劫君,劫亦卽謂弒也),亦未可知。①

　　秦漢諸子多言子罕逐君,高誘則云子罕殺昭公,又韓子説皇喜殺宋君,子罕與喜當卽一人。竊疑昭公實被放殺,而史失載。②

我們注意到,孫詒讓之所以認同高誘注,實際上基於兩點理由:

　　其一,《史記·鄒陽傳》載子罕與墨子同時,孫氏斷墨子年代大致相當於宋昭公時,而高誘所説正與此合。

　　其二,傳世文獻言宋君被弒,而高誘注又謂宋昭公被殺,故可推斷子罕所殺之宋君乃宋昭公。

　　那麼,孫詒讓的上述理由是否成立呢?石光瑛認爲,孫詒讓所舉的第一點理由"説稍近理";但對第二點理由,他不贊同:

　　但諸書渾言宋君,未嘗實指昭公,僅見高誘注。誘既誤以子罕爲春秋時人,則其説昭公,亦不可信。豈以《韓子》言宋君專慶賞爵祿之權、而以誅罰殺戮事屬之子罕,己當其美、臣當其惡與《賈子》、《外傳》、本書五卷所言無不曰吾君聖者之説合,遂傅之昭公邪?然究無確據,不可從。孫氏以墨子與昭相直,故以高注屬之昭公爲是,然安知被劫之宋君,非悼、休二公乎?③

　　按石光瑛反對孫詒讓的理由有二:其一,《韓非子》與《新書》《韓詩外傳》及《新序》所載事雖能對應,但不能肯定爲一事;其二,孫詒讓將被劫之宋君斷爲宋昭公無確據,此宋君還有悼公、休公的可能。

　　筆者認爲,石氏所駁甚是。石光瑛不同意孫詒讓將《韓非子》與《新書》《韓詩外傳》及《新序》對應,認爲所載非一事。我們對此進行一下辨析,爲便於討論,羅列相關記載如下。

　　(8)《韓詩外傳》第十一章:昔者宋昭公出亡,謂其御曰:"吾知其所以亡矣。"御者曰:"何哉?"昭公曰:"吾被服而立,侍御者數十人,無不曰吾君麗者也。吾發言動事,朝臣數百人,無不曰吾君聖者也。吾外内不見吾過失,是以亡也。"於是改操易行,安義行道,不出二年而美聞於宋。宋人迎而復之,謚爲昭。④

　　(9)《新書·先醒》曰:昔宋昭公出亡至於境,喟然嘆曰:"嗚呼!吾知所以存亡!吾被服而立,侍御者數百人,無不曰吾君麗者;吾發政

---

① (清)孫詒讓:《墨子傳略》,(清)孫詒讓:《墨子閒詁》,"墨子後語上"第691~692頁。
② (清)孫詒讓:《墨子年表》,(清)孫詒讓:《墨子閒詁》,"墨子後語上"第695頁。
③ (漢)劉向編著,石光瑛校釋:《新序校釋》卷3,第415頁。
④ (漢)韓嬰撰,許維遹校釋:《韓詩外傳集釋》卷6,第214頁。

舉事,朝臣千人,無不曰吾君聖者。外內不聞吾過,吾是以至此,吾困宜矣。"於是革心易行,衣苴布,食疄餕,晝學道而夕講之。二年,美聞於宋。宋人車徒迎而復位,卒爲賢君,謚爲昭公。①

(10)《新序·雜事》曰:宋昭公出亡,至於鄙,喟然歎曰:"吾知所以亡矣。吾朝臣千人,發政舉吏,無不曰吾君聖者;侍御數百人,被服以立,無不曰吾君麗者。內外不聞吾過,是以至此。"由宋君觀之,人主之所以離國家失社稷者,諂諛者衆也。故宋昭亡而能悟,卒得反國云。②

高誘注謂子罕殺宋昭公,實際上正是將(1)與(7)(8)(9)所載事相聯繫作出的推斷,而孫詒讓贊成這種推斷。又,石光瑛反駁孫詒讓的問題——爲何不能認爲子罕所劫者爲昭公之後的悼公、休公?筆者以爲,依據傳世文獻資料,石氏的這兩個問題確實難以回答。但是,既然上引(8)(9)(10)均言宋昭公出亡,而前引(1)(2)(4)(5)(6)(7)均言被子罕逐,(3)又謂子罕殺宋君,這之間恐怕有某種聯繫。在這種情況下,要解答這個問題,還得依據新資料。

(二)《繫年》司城彼弱公室考與戴氏篡宋

值得注意的是,清華簡《繫年》對此亦有記載。《繫年》第二十一章所載楚簡王七年(前425)當周威烈王元年、宋昭公四十四年。結合時代、史事、官職等各方面綜合考慮,我們認爲簡文之"司城彼"即宋昭公時的司城子罕(皇喜)。

戰國時期宋有司城子罕,且此人先逐後弒殺宋國國君。此人的時代,孫詒讓斷在宋昭公時,而石光瑛認爲不能排除昭公之後的悼公、休公時之可能。以往由於文獻缺乏我們無法辨別,現在將孫說與《繫年》對證,可知此人必生活在宋昭公末年。錢穆考證宋昭公末年在周威烈王四年,正當簡文所謂的楚簡王七年(詳見本章疏證部分),因此"宋司城彼"必爲傳世文獻中的戰國時期宋國相國司城子罕(皇喜)無疑。

簡文所謂的"宋司城彼之弱公室"事,筆者以爲正是戰國初期的戴篡宋事。關於戴篡宋,據童書業研究,有以下階段③:

---

① (漢)賈誼撰,閻振益、鍾夏校注:《新書校注》卷7,第262頁。
② (漢)劉向編著,石光瑛校釋:《新序校釋》卷5,第738~740頁。
③ 參童書業著,童教英校訂,陳新整理:《春秋左傳研究(校訂本)》,第239、301、304頁。

第一階段:戴族獨盛期。童書業説:"宋桓族之亂,戴族華元滅桓族之大部分,僅使桓族向戌爲左師(成十五年《傳》),自此戴族大盛。"按,魯成公十五年(前576)當宋共公十三年。《左傳》成公十五年載,是年"秋八月,葬宋共公"後,宋國政局由三大家族掌控:一爲戴族,以右師華元、司徒華喜爲代表;二爲桓族,以左師魚石、司馬蕩澤、大司寇向爲人、少司寇鱗朱、大宰向帶爲代表;三爲莊族,以司城公孫師爲代表。結果桓族的蕩澤"弱公室",殺死了宋共公的太子公子肥,引起動亂。後戴族華元進攻蕩澤,桓族的魚石、向爲人、鱗朱、向帶、魚府出奔,華元掌控宋國政權,戴族獨盛。

第二階段:戴族中的樂氏獨强階段。前文已述,春秋後期的司城之職爲子罕以及其孫樂祁、樂祁之孫樂茷所世掌,歷經宋平公、元公、景公三世。童書業認爲,樂喜時(當宋平、元公時)已漸强;其孫樂祁時(當宋元、景公時)益强。《左傳》哀公二十六載宋景公末年(四十六年),戴族的三皇氏得三卿(皇緩爲右師、皇非我爲大司馬、皇懷爲司徒),而樂氏僅得二卿(樂茷爲司城、樂朱鉏爲大司寇),還有靈族得一卿(靈不緩)。可見,戴族的皇氏已經漸興,但樂氏仍較有權勢。及景公卒,司城樂茷逐景公寵臣大尹,"司城爲上卿,盟曰:'三族共政,無相害也。'"童書業認爲:"蓋至是宋之政權始真正下移入卿族之手。"

第三階段:戴族的樂氏與皇氏火拼,最後皇氏驅逐宋君而控制政權。《韓非子·内儲説下》:"戴驩爲宋太宰,皇喜重於君,二人争事而相害也。皇喜遂殺宋君而奪其政。"①童書業懷疑戴驩屬於樂氏,而皇喜無疑是皇氏。樂氏也最終與宋公室同亡,宋國政權徹底落入皇氏之手。

筆者以爲,簡文"宋司城皮之弱公室"即宋司城皮(子罕、皇喜)與樂氏的戴驩争權,最後驅逐了宋昭公之事。上文已述,關於宋昭公之結局,傳世文獻有被逐與被殺兩種記載。錢穆懷疑或先被逐,而又得反國,而終見弑。《繫年》證實了這種猜測。據簡文可知,宋昭公被逐應在四十四年。

另外,據簡文可知宋昭公被逐後,曾去朝見楚簡王,其目的無疑是求助楚王發兵助其復位。結果楚王派莫敖陽爲率師平定宋公室,並城宋國的黄池、雍丘二邑。

楚人幫助宋昭公復位,其實際目的是乘機在宋擴張勢力,結果觸犯了晉的利益,所以在楚簡王八年(宋昭公四十五年)三晉大夫率師擊退了楚師。二年後(宋昭公四十七年),昭公歸國,但隨後被殺,這當然與楚人在

---

① (清)王先慎撰,鍾哲點校:《韓非子集解》卷10,第256頁。

與晉人長城之戰中的失利有關。《韓詩外傳》第十一章曰：宋昭公"不出二年而美聞於宋。宋人迎而復之，謚爲昭"。《新書·先醒》亦曰宋昭公出亡"二年，美聞於宋。宋人車徒迎而復位，卒爲賢君，謚爲昭公"。宋昭公蓋出亡二年，然後歸國被弒。按，《史記·宋世家》："昭公四十七年卒。"集解："《年表》云四十九年。"實際上，集解所言有誤，校勘記曰："本書卷一五《六國年表》宋昭公元年當齊宣公六年，卒於齊康公元年，在位四十七年，與《世家》同。"①錢穆亦說："昭公在位四十七年，《年表》《世家》同。"②簡文謂昭公四十四年出亡，在位二年後歸，在四十七年被子罕所殺，亦較恰切。

二、長城之戰與魏文始侯新證

三晉始侯是非常重要的歷史事件，過去一直被認爲是春秋戰國的分界點。譬如宋代司馬光的《資治通鑑》，將魏、趙、韓（即所謂的三晉）開始列爲諸侯，作爲戰國開始的年代。③ 現代學者范文瀾《中國通史》亦持此説。④ 然而，三晉始侯的具體年代究竟在何時，却是個困擾學術界長達兩千年之久的老問題。這一問題的產生可溯源至對此事記述較早且最詳細的《史記》。司馬遷在《史記》中，對三晉始侯的具體年代即有周威烈王二十三年（當楚聲王四年，前403）與楚簡王八年（當周威烈王二年，前424）兩種異説。那麼究竟孰是孰非呢？當然最簡單的辦法無疑爲是此非彼：由於前者見於《史記》多處，而後者僅見於《楚世家》，故古今學者多傾向於前者，而把後者直接歸結爲司馬遷之誤記。但這絕非真正解決問題之良方。爲解決以上疑難，現代學者錢穆在其名著《先秦諸子繫年》中經過系統考證後，提出一個非常重要的觀點，即三晉稱侯有先後之别，周威烈王二十三年是趙始封侯年，而楚簡王八年則是魏文始侯年。⑤ 可以説，這種説法在一定程度上解釋了《史記》之歧異，的確是發千年未發之覆。但是，由於此説主要是邏輯論證，未有堅實的文獻予以支撑，學者多不信其説。譬如繆文遠系統考察錢穆觀點後，就説："錢氏新説，難以成立，仍當從《六國表》

---

① 《史記》卷38，第1975頁。
② 錢穆：《先秦諸子繫年》，第169頁。
③ （宋）司馬光：《資治通鑑》，第2頁。
④ 范文瀾：《中國通史》第1册，北京：人民出版社，1978年，第149頁。
⑤ 錢穆：《先秦諸子繫年》，第163～167頁。後文所引錢穆説，如不特別註明，均據此。

(即周威烈王二十三年説——引者按)爲是。"①白國紅、馬衛東等學者亦持此看法。②

值得注意的是,《繫年》亦載有相關內容,簡文載楚簡王七年楚與晉爆發了黃池之戰,結果楚國戰敗。爲了挽回敗局,"二年"楚又發動了長城之戰。關於簡文之"二年",整理者李守奎認爲是楚簡王八年,並認爲此事跟三晉稱侯相關。③ 如果此説成立,不僅爲驗證錢穆之説提供了新資料,而且對考定三晉始侯這一重要歷史事件之年代也提供了新的契機。但是很多學者認爲"二年"不當爲楚簡王八年,長城之戰也不在此年,如此則又與三晉稱侯難以聯繫。總之,《繫年》的公佈,確實爲三晉稱侯這一持續二千多年的難題之解決提供了新契機,但該問題的解決,首先得考證清楚簡文所謂的"二年"究竟何指,以及長城之戰與三晉稱侯之關繫等問題,再結合新資料驗證錢穆新説,才有可能使問題得以解決。本文正是循此思路,力圖對長城之戰與三晉稱侯等相關問題進行探討。

(一)《繫年》載長城之戰繫年考

《繫年》第二十一章載記載了楚簡王時期與晉國的黃池與長城兩場戰爭,結果楚國均被晉國擊敗,簡文曰:

> 楚簡大王立七年,宋悼公朝于楚,告以宋司城疲之弱公室。王命莫敖陽爲率師以定公室,城黃池,城雍丘。晉魏斯、趙浣、韓啓章率師圍黃池,遠週而歸之於楚。二年,王命莫敖陽爲率師侵晉,奪宜陽,圍赤岸,以復黃池之師。魏斯、趙浣、韓啓章率師救赤岸,楚人舍圍而還,與晉師戰於長城。楚師無功,棄旃幕,宵遁。楚以與晉固爲怨。

據上述簡文,楚簡王七年(周威烈王元年,前425),楚簡王命軍事長官莫敖陽爲定宋公室、城黃池,然而觸犯了晉的利益,從而引爆了晉、楚黃池之戰,結果楚人失利。爲了報復晉國,"二年",楚簡王又命莫敖陽爲侵晉,力圖挽回黃池之戰的敗局,不料晉之三大夫魏斯、趙浣、韓啓章又出動,雙方在長城決戰,結果楚國軍隊又一次大敗而歸,落荒而逃。這兩次戰爭導致楚國與晉國長期結怨。在此我們着重要討論的是長城之戰發生於何年

---

① 繆文遠:《戰國史繫年輯證》,成都:巴蜀書社,1997年,第2頁。
② 白國紅:《三家始稱侯時間略説》,《春秋晉國趙氏研究》,北京:中華書局,2007年,第195~198頁;馬衛東:《清華簡〈繫年〉三晉伐齊考》,《晉陽學刊》2014年第1期,第21頁。
③ 清華大學出土文獻研究與保護中心編,李學勤主編:《清華大學藏戰國竹簡(貳)》,第190頁;李守奎:《清華簡〈繫年〉"莫囂易爲"考論》,《中原文化研究》2014年第2期,第50頁。

及其意義。

　　簡文謂長城之戰發生於"二年"。那麼此"二年"究竟如何理解，學術界有三種意見：一是楚簡王九年（前423，周威烈王三年）說，李學勤即持此說，他認爲"二年"爲"過了兩年"，因此簡文所載事在楚簡王九年。① 二是楚簡王八年說，《繫年》本章的整理者李守奎即持此說，他說："二年，第二年，楚簡王八年。《楚世家》：'簡王……八年，魏文侯（斯）、韓武子（啓章）、趙桓子（嘉）始列爲諸侯。'《六國年表》同。"② 按，《史記·六國年表》載楚簡王八年當周威烈王二年（前424）。三是楚簡王十二年說，蘇建洲認爲，簡文中的"楚簡大王立七年"，當據梁立勇說將"七年"改成"十年"，然後再過兩年即十二年。③

　　那麼以上三種說法孰是孰非呢？我們認爲首先當排除第三種說法。此說依據的是梁立勇的說法，那麼梁說到底能否成立呢？梁先生之所以要將"七年"改成"十年"，是因爲要牽合宋悼公朝見楚簡王的年代。按，《六國年表》載宋悼公元年在楚簡王死後五年（周威烈王二十三年）④；梁玉繩、錢穆早就根據《左傳》等推定，《六國年表》所載有誤，他們考證認爲宋悼公元年當周威烈王五年（前421）⑤，當楚簡王十一年；楚簡王七年當周威烈王元年（前425）、宋昭公四十四年⑥。換言之，簡文所載的楚簡王七年實際上是宋昭公在位而非宋悼公。而梁先生爲了讓牽合《繫年》，讓宋悼公能夠朝見楚簡王，故將"七年"改成"十年"。筆者認爲，這種改動實不可從：其一，此處所改無任何傳世文獻與出土文獻予以支撐；其二，退一步講，假如按照梁先生所改的年代推算，楚簡王十年宋悼公仍然未即位，所以他祇能說"宋昭公於是年卒，按照逾年改元慣例，其時宋悼公已即位而未改元"⑦，但這些說法的依據又何在呢？假如宋悼公真的即位未改元，簡文又何以稱作"宋悼公"呢？可見，梁先生所說本無堅實依據可以憑藉，而僅僅爲猜測。我們認爲，《繫年》作者實際上把"宋昭公"誤作"宋悼公"了，簡文所謂

---

① 李學勤：《清華簡〈繫年〉及有關古史問題》，《文物》2011年第3期，第73頁。
② 清華大學出土文獻研究與保護中心編，李學勤主編：《清華大學藏戰國竹簡（貳）》，第190頁。
③ 蘇建洲等：《清華二〈繫年〉集解》，第807～808頁；蘇建洲：《也說清華簡〈繫年〉"莫嚚易爲"》，《中原文化研究》2014年第5期，第115～117頁。
④ 《史記》卷15，第859頁。
⑤ 梁玉繩說：宋"悼公之元，當在齊宣公三十五年"，齊宣公三十五年當周威烈王五年。錢穆考證認爲宋昭公在位四十七年，末年當周威烈王四年，則宋悼公元年當周威烈王五年。（清）梁玉繩：《史記志疑》卷9，第402頁；錢穆：《先秦諸子繫年》，第169、613頁。
⑥ 錢穆：《先秦諸子繫年》，第613頁。
⑦ 梁立勇：《讀〈繫年〉札記》，《深圳大學學報（人文社會科學版）》2012年第3期，第59頁。

的"宋司城㲋之弱公室"正在宋昭公時,這在"一、宋司城弱公室及戴氏篡宋考"一部分中已經詳細討論過了,此不贅言。總之,我們認爲梁立勇改簡文以牽合其説,恐有失偏頗;而蘇建洲未仔細考察梁説,並以其説爲據,亦不可從。

在此,我們着重討論第一種與第二種説法。

首先説第一種説法。李學勤爲何將"一年"理解爲"過了兩年",定在楚簡王九年呢?他未明確説明緣由,但提到了長城之戰與莫敖陽爲的生活年代,一是擂鼓墩簡(即曾侯乙墓簡)標明的楚惠王五十六年(前433)陽爲已經爲大莫敖;而晉、楚長城之戰又見於新蔡楚簡,該墓竹簡最晚紀年是楚悼王四年(前398);因此此戰必然在這兩個年代範圍之内。① 可見,根據曾侯乙簡和新蔡楚簡衹能劃定大致範圍,但無法確定具體年代。實際上,李先生此説的最明顯證據很可能來自於《繫年》本身。《繫年》第十六章:"楚共王立七年,令尹子重伐鄭,爲沃之師。晉景公會諸侯以救鄭,鄭人止隕公儀獻諸景公,景公以歸。一年,景公欲與楚人爲好,乃脱隕公,使歸求成。"這裏的"一年"應相當於"一年後",根據《左傳》,簡文所述事正在楚共王九年。因此,以《繫年》第十六章的文例衡量,李先生的説法確實有很大説服力。因此,金滕等學者認同李説。② 那麽,可否依據此文例判定這種説法是正確的呢?筆者以爲恐不盡然。因爲《繫年》裏"某年"也可以指"第某年",比如《繫年》第一章"宣王是始棄帝籍弗田,立三十又九年,戎乃大敗周師于千畝",此"三十九年"即指宣王即位第三十九年;第二章"邦君諸正乃立幽王之弟余臣于虢,是攜惠王,立二十又一年,晉文侯仇乃殺惠王于虢",此"二十又一年"指攜惠王第二十一年;第六章"惠公既入,乃背秦公弗與。立六年,秦公率師與惠公戰于韓",此"六年"指晉惠公即位第六年;第十九章"昭王即世,獻惠王立,十又一年,蔡昭侯申懼,自歸於吳",此處"獻惠王立"爲錯簡,"十又一年"實指楚昭王即位第十一年。可見,這種説法衹能説是一種可能,但無法確證。

其次説第二種説法。值得注意的,如果説長城之戰在楚簡王八年説,則此年又與《史記·楚世家》三晉稱侯有關,因此,考證第二種説法是否正確,必須弄清楚兩方面問題:一方面是三晉稱侯究竟在哪一年?另一方面則是長城之戰與三晉稱侯到底是何種關繫?下面,我們對這兩方面問題進

---

① 李學勤:《清華簡〈繫年〉及有關古史問題》,第73頁。
② 參蘇建洲等:《清華二〈繫年〉集解》,第807頁。

行考證。

(二)三晉稱侯年代考

首先説第一個問題,即三晉稱侯的年代。關於三晉稱侯之年,古有二説:

第一,楚簡王八年説。《史記·楚世家》:"[楚簡王]八年,魏文侯、韓武子、趙桓子始立爲諸侯。"①據《六國年表》,楚簡王八年當周威烈王二年(前424)。《年表》此年載"魏文侯斯元年","韓武子元年","趙桓子元年"。

第二,楚聲王五年説。《史記·六國年表》:"[楚聲王五年,]魏、韓、趙始立爲諸侯。"《楚世家》未載此事。按《六國年表》,楚聲王五年當周威烈王二十三年。

那麽,以上二説哪種可信呢?關於三晉稱侯事,亦見於《史記》其他篇章:

(1)《晉世家》:"[晉]烈公十九年,周威烈王賜趙、韓、魏皆命爲諸侯。"

(2)《周本紀》:"[周]威烈王二十三年,……命韓、魏、趙爲諸侯。"

(3)《魏世家》:"[魏文侯]二十二年,魏、趙、韓列爲諸侯。"

(4)《趙世家》:"[趙烈侯]六年,魏、韓、趙皆相立爲諸侯,追尊獻子爲獻侯。"

(5)《韓世家》:"[韓景侯]六年,與趙、魏俱得列爲諸侯。"

(6)《燕召公世家》:"[燕]湣公三十一年,釐公立。是歲,三晉列爲諸侯。"②

(1)中的晉烈公十九年,《六國年表》曰晉烈公十七年;清代學者梁玉繩認爲前者乃後者之譌,他説"事在十七年,此誤"③;王叔岷也説:"案此事《周本紀》書於威烈王二十三年,即晉烈公十七年,亦可證此作'十九年'之誤"④。筆者認爲這是正確的。《竹書紀年》載晉烈公十二年伐齊;此事屬羌鐘載在周威烈王二十二年,據《六國年表》當晉烈公十六年;故晉烈公的

---

① 《史記》卷40,第2073頁。
② 《史記》卷39、4、44、43、45、34,第2033、199、2223、2166、2261、1880頁。
③ (清)梁玉繩:《史記志疑》,第1002頁。
④ 王叔岷:《史記斠證》,第1495頁。

實際紀年與《六國年表》差了四年。因此,(1)中本應作十七年,實際上當晉烈公十三年,亦當周威烈王二十三年。據《六國年表》,(3)(4)(5)(6)同(2)當周威烈王二十三年。可見,(1)(2)(3)(4)(5)(6)皆與第二種説法相合,而與《楚世家》的説法不合。因此,學者多贊成前者説法,而認爲後者説法有誤。

但是錢穆的意見與此不同,他認爲第一種説法——即楚簡王八年稱侯——實僅爲魏文侯稱侯之年;而第二種説法——周威烈王二十三年——則是趙被周王封爲侯之年。但三晉具體稱侯又不同,魏最先(前424,楚簡王八年,周威烈王二年),趙次之(前403,周威烈王二十三年),韓最後(據《六國年表》,當周安王十六年,前386)。他説:

> 然則三晉之侯,魏最先,趙次之,韓又次之。周威烈王二十三年,特趙人始侯年。其前二十二年,魏已稱侯。其後十六年,韓始稱侯。此三晉稱侯之始末也。《史記·楚世家》簡王八年,乃魏事;聲王五年,乃趙事;獨韓最微弱,故其稱侯不見於他國之載述焉。①

那麼,錢穆新説的理據何在?他説:

> 然余考魏文年代,《史表》皆誤移在後。楚簡王八年,正當魏文侯二十三年。今《史表》誤作魏文元年者,《魏世家》云:"魏文以二十二年爲侯(當楚簡王八年)。"則二十三年,乃稱侯後之元年。②

按,據《六國年表》楚簡王八年當周威烈王二年、魏文侯元年,此年《楚世家》謂魏文侯、韓武子、趙桓子始立爲諸侯。錢氏認爲此僅爲魏文稱侯,則有可能。但將《魏世家》所謂魏文二十二年爲侯解釋爲魏文已稱侯,並説逾年改元,次年爲魏文稱侯後之元年則是有問題的;前文已述,(3)據《六國年表》可知魏文侯二十二年正當周威烈王二十三年,故《魏世家》所謂魏文二十二年爲侯説與前引(1)(3)(4)(5)(6)一樣,均屬周威烈王二十三年稱侯説。又,錢氏所謂周威烈王二十三年僅爲趙始侯年,而韓遲至周安王十四年稱侯的説法,實際上也有商榷之餘地。上引(5)明謂此年韓景侯虔六年與趙、魏"俱得立爲諸侯",正當周威烈王二十三年,那麼錢氏

---

① 錢穆:《先秦諸子繫年》,第166頁。這裏有必要提及,清人崔述也懷疑三晉稱侯非一年之事。他説:"竊疑三晉之僭侯非一年之事,趙最強故僭最先,魏次強故次僭,韓最弱故僭最後耳。"[(清)崔述撰著,顧頡剛編訂:《崔東壁遺書》,第455頁]筆者以爲三晉之僭侯非一年的説法是正確的;但崔述認爲三家稱侯順序是錯誤的,應如錢穆所説魏最先強大,趙次之,韓最弱,故依次爲魏、趙、韓。

② 錢穆:《先秦諸子繫年》,第163頁。

爲何不承認韓虔稱侯呢？《史記·韓世家》："武子卒，子景侯立。"司馬貞《索隱》曰："《紀年》及《系（世）本》皆作'景子'。"① 錢氏據此認爲："此景子時，韓未稱侯之證。"② 我們認爲，不能簡單以韓虔未稱"景侯"而稱"景子"便否認他已稱侯。比如《繫年》第二十二章載三晉伐齊時，將魏斯稱作"魏文侯斯"，則魏文已稱侯（詳後文）；但後面簡文又將其與韓虔、趙籍共同稱爲"晉三子"，亦稱子。此與韓虔已爲景侯但亦可稱"景子"同例。總之，錢穆所謂楚簡王八年魏文始侯說，雖較大說服力的，且發前人之所未發，但他所提到楚簡七年魏文稱侯、八年改元說，與韓景侯未稱侯說這兩點，筆者認爲明顯不成立，此可謂錢氏論證的百密之二疏，而此二疏後來得到了楊寬的修正。

楊寬雖然總體上認同錢穆新說，但亦有所修正，他說：

> ［錢穆］此說甚是。《魏世家》云："魏文侯元年，秦靈公之元年也。"（據《六國年表》，秦靈公元年與魏文侯元年當周威烈王二年、楚簡王八年，前424年——引者按）太史公當依據《秦記》，此乃魏文侯自稱爲侯而改元之年，是年恰爲韓武子元年與趙桓子元年，於是《楚世家》誤以是年爲"魏文侯、韓武子、趙桓子始列爲諸侯"。但此與《六國表》《魏世家》同稱魏文爲侯，而稱韓武、趙桓爲子，亦可見是年惟魏文稱侯也。（據《六國年表》，周威烈王二年即前424年一欄內，爲"魏文侯元年""韓武子元年""趙桓子元年"，祇有魏文侯稱"侯"；《魏世家》："魏文侯元年，秦靈公之元年也。與韓武子、趙桓子、周威王同時。"——引者按）③

可見，楊寬對錢穆新說的修正——直接認爲楚簡年八年魏文稱侯並同年改元。另外，他還根據上引（4）所謂"魏、韓、趙皆相立爲諸侯"，認爲此年"蓋三晉先相互自立爲諸侯，繼由王命列爲諸侯也"。④ 由上文分析可知，楊氏此二點正可補錢氏的百密之二疏。我們認爲楊寬補正是正確的。

那麼，錢穆、楊寬所謂的楚簡王八年魏文始侯說是否成立呢？筆者認爲，上列《史記》的說法確實是彼此矛盾，當然通常的做法無非爲是此非

---

① 《史記》卷45，第2261頁。
② 錢穆：《先秦諸子繫年》，第166頁。按，崔述說："又按《六國年表》，周威烈王二十三年，在韓爲景侯虔，而《世本》《紀年》皆作景子，似尚未列諸侯者也。"［(清)崔述撰著，顧頡剛編訂：《崔東壁遺書》，第455頁］可見崔氏早有此說，蓋錢氏據之。
③ 楊寬：《戰國史料編年輯證》，上海：上海人民出版社，2016年，第150頁。
④ 楊寬：《戰國史料編年輯證》，第208頁。

彼,即認爲《史記》的第一種説法有誤;但其爲何有誤,却又難以解説。相對而言,錢穆的説法確實更進一步,他找出了《史記》所誤之緣由。而楊寬又爲錢穆説更添新證:一是認爲《史記》矛盾的根源是司馬遷所根據的材料彼此相異,楚簡王八年魏文侯稱侯實際上根據的是《秦紀》,而楚聲王五年説應該是依據其他材料;二是《六國年表》《魏世家》均於楚簡王八年僅稱魏文爲侯,韓、趙都未稱,故可推定僅魏文稱侯。

但是,對於錢穆之説,很多學者仍不信從。譬如繆文遠就提出反對意見:他針對錢説第一點,認爲楚簡王八年説不成立,他説:"《史記》中關於三晉稱侯的異説(指楚簡王八年三晉稱侯説——引者按),經雷、陳兩家的考定,誤説已經辯明,此後當不致再以譌傳譌。"又針對錢説第二點,他認爲三晉同時稱侯,且僅在周威烈王二十三年,他説:"考三晉稱侯,乃由上年周王命三晉伐齊有功而起,故本年周王命三晉爲侯,實具有酬庸性質。"因此,他認爲"錢氏新説,難以成立,仍當從《六國表》爲是"①。

按,繆先生所謂的雷、陳兩家的考定,即指雷學淇與陳夢家之説。雷學淇曰:"《史記》言此事互異,《六國表》謂在周威烈王二十三年,時爲晉烈公十七年、楚聲王五年,《晉》、《楚世家》又謂在烈公十九年、楚簡王八年,此《世家》之誤也。"②可見雷氏祇是提出了反對意見,未有"考定"。陳夢家説:"《史記》又有周威烈王二年三晉爲侯之異説。《楚世家》楚簡王八年'魏文侯、韓武子、趙桓子始立爲諸侯',于《六國表》爲周威烈王二年。……《史記》此説,實因周威烈王二年爲魏文、韓武、趙桓之元年,故誤以爲三晉稱侯之年。"③陳先生意爲,所謂楚簡王八年説是司馬遷的誤記,產生的原因是周威烈王二年魏文、韓武、趙桓之元年,而司馬遷誤將其認爲是稱侯之年。筆者以爲陳夢家此説實際上也是簡單的是此非彼,沒有提出力證。

相對而言,繆文遠對錢説的反駁較有力。實際上,錢穆新説固然爲解釋《史記》歧説提供了一條思路,但主要是邏輯論證,缺乏文獻依據。因爲《古本竹書紀年》、驫羌鐘均可證實,三晉之所以在周威烈王二十三年稱侯,"實爲上年三晉伐齊入長城,迫使齊侯會同三晉之君前往朝見周威烈王而所得之結果"④;而楚簡王八年到底因何事魏文稱侯,史料缺乏,僅有《楚世家》之孤證,難以證實。楊寬雖然從稱謂上推定魏文先稱侯,此僅爲旁

---

① 繆文遠:《戰國史繫年輯證》,第2頁。
② 雷學淇:《竹書紀年義證》卷34,第531頁。
③ 陳夢家:《西周年代考;六國紀年》,第109~110頁。
④ 楊寬:《戰國史料編年輯證》,第207頁。

證;另外楊寬所謂司馬遷根據的是《秦記》,但其書早已亡佚,亦難對證。而繆先生的反駁正抓住了錢穆說的薄弱環節,確實有力! 故繆先生的意見,也得到了學者的贊同。①

但是,討論至此,關於三晉始侯的具體年代,實際上仍然懸而未決。司馬遷提出的問題,仍然尚未解答。那麼究竟如何解決這一問題呢? 筆者認爲,錢穆的思路是對的,關鍵是如何運用文獻予以證明的問題。但是在傳世文獻不足徵的情況下,祇能期待新資料。上文提到,新公佈的《繫年》亦載此事,根據簡文,則楚簡王七年後之"二年",三晉與楚發生了長城之戰;而《史記》又載楚簡王八年魏文稱侯;如果"二年"確係整理者所認爲的楚簡王八年,則長城之戰與楚魏文侯稱侯必定有密切關繫,如此亦可反證簡文所述的長城之戰之"二年"當爲第二年;但這裏的問題是,如何界定長城之戰與魏文侯稱侯之關繫,是否有文獻證據呢? 考諸文獻,二者確實存在密切關繫,《呂氏春秋》對此提供了關鍵證據。

(三)魏文稱侯與長城之戰關繫考

《呂氏春秋·下賢》曰:"[魏]文侯可謂好禮士矣。好禮士,故南勝荆於連隄,東勝齊於長城,虜齊侯,獻諸天子,天子賞文侯以上聞。"②楊寬認爲"連隄"即指楚長城,他説"楚的長城叫方城","東半部從魯關(今河南魯山西南魯陽關)起,向東經轘縣(今魯山東南),到達溮水,折向東南,到達泚陽(今河南泌陽),形成矩形。這是利用山脈高地連結溮水和泚的堤防築成,所以方城也稱連堤(隄)"。③ 筆者認爲此説可信,故"南勝荆於連隄"④即指魏文侯南勝楚於長城之戰。又,文中説魏文侯時的晉、楚長城之戰的勝利,而被"天子賞文侯以上聞"的原因之一。那麼何謂"上聞"? 畢沅注:"張晏曰:'得徑上聞也。'晉灼曰:'名通於天子也。'"⑤清代學者沈

---

① 白國紅:《三家始稱侯時間略説》,《春秋晉國趙氏研究》,第195~198頁;馬衛東:《清華簡〈繫年〉三晉伐齊考》,第21頁。
② "上聞"又作"上卿"。畢沅曰:"梁伯子云:'《國策》《史記》皆不見文侯勝荆、齊之事。''上聞'舊本作'上卿',譌。案《史》《漢·樊噲傳》'上聞爵',如淳注引此語作'上聞'。張晏曰:'得徑上聞也。'晉灼曰:'名通於天子也。'今《史記》多譌爲'上聞',唯索隱本是'上聞'。又引此作'上閒',云'閒音中間',尤譌也。"(許維遹《呂氏春秋集釋》,第372~373頁)關於"上聞"與"上卿"孰是孰非,學者有很多爭論,可參陳奇猷《呂氏春秋新校釋》卷15,第899~900頁。
③ 楊寬:《戰國史》,第317、345~346頁。
④ 這點已有學者指出來了。參顧王樂:《〈呂氏春秋·下賢〉與清華簡〈繫年〉互證一則》,《中國史研究》2017年第1期,第146頁。
⑤ 許維遹:《呂氏春秋集釋》,第373頁。

欽韓說:"天子賞魏文侯以上聞者,蓋初命爲諸侯事也。"①錢穆亦曰:"賜以上聞,或即命爲諸侯矣。"②這是可信的。可見,魏文侯之所以能稱侯實際上來源於兩次重要戰爭:一是"南勝荆於連隄",二是"東勝齊於長城"。關於後者,即驫羌鐘銘所載周威烈王二十二年三晉伐齊事,亦即《古本竹書紀年》所謂"[晉]烈公十二年,王命韓景子、趙烈子、翟員伐齊,入長城",次年(周威烈王二十三年)周王命三晉爲侯。但是關於前者究竟爲何史事,學者一直難以解説。

清代學者于鬯推測説:

> 梁玉繩校云:"《國策》《史記》皆不見文侯勝荆齊之事。"鬯考:勝荆之事未見。惟《水經·丹水》酈注引《竹書紀年》:"晉烈公三年,楚人伐我南鄙,至於上洛。"此合魏文侯之世,(自注:《今本竹書》在周威烈王九年,然實應在十七年,朱右曾《汲冢紀年存真》可據。)是楚伐晉,非晉伐楚;但云南勝荆,固不必定我伐彼,卽楚來伐而我勝之,亦未始不可説。云南鄙,云上洛,不言連隄,豈連隄卽上洛與?究在可疑。③

按,《古本竹書紀年》:"晉烈公三年,楚人伐我南鄙,至于上洛。"④由驫羌鐘銘與《古本竹書紀年》可推定周威烈王二十二年當晉烈公十二年⑤;故晉烈公三年當周威烈王十三年(前413)、楚簡王十九年⑥;而《繫年》載此事在楚簡王八年或九年;故二者不合,于鬯之説不確。

另外,驫羌鐘銘曰:"唯廿又再祀,驫羌作介,厥辟韓宗敢(虔)率征秦迮齊,入長城,先會于平陰,武侄寺力,襲奪楚京。賞于韓宗,令于晉公,昭于天子,用明則之于銘。武文咸烈,永世毋忘。"(《集成》157~161)以往學界多將"先會于平陰"與"征秦迮齊,入長城"連讀。但新近有學者提出新説,將"先會于平陰"與"武侄寺力,襲奪楚京"連讀,"襲奪楚京"指晉、楚長城之戰,將此戰定在楚簡王七年(前419,周威烈王七年,晉幽公十五年),

---

① (清)沈欽韓:《漢書疏證》卷27,(清)沈欽韓等:《漢書疏證·外二種(一)》,第772頁。
② 錢穆:《先秦諸子繫年》,第167頁。
③ (清)于鬯:《香草續校書》,北京:中華書局,1963年,第379頁。
④ 方詩銘、王修齡:《古本竹書紀年輯證(修訂本)》,第96~97、197頁。
⑤ 詳參王紅亮:《清華簡〈繫年〉中的驫羌鐘相關史實發覆》,《古代文明》2013年第3期,第65頁。
⑥ 晁福林:《春秋戰國的社會變遷》,第1000頁。

並認爲"先"指在"唯廿又再祀"(即周威烈王二十二年)之前。① 筆者認爲,此說恐難成立,理由有三:其一,《呂氏春秋》"連隄"無疑即《繫年》之"長城",但驫羌鐘銘謂"楚京",二者如何聯繫?學者解釋說:"'楚京'之'京',可訓爲'高丘',這應當是對楚長城外崇山地貌的概括。"然而文獻中從未見把楚長城稱爲"楚京"者。其二,銘文謂"襲奪楚京","奪"字學界均解爲強取,罕有異議②,假如"楚京"指楚長城,抑或強取楚長城乎?又《繫年》載長城之戰時楚師"與晉師戰於長城。楚師無功,多棄旃幕,宵遯",僅言兩國軍隊在楚長城會戰,且戰爭的結果是楚國軍隊戰敗、落荒而逃,未見喪失"楚京"者。其三,驫羌鐘銘明謂此次"襲奪楚京"的統帥是韓宗虔(即韓景侯虔),而上引《繫年》明謂長城之戰的韓國統帥是韓景侯虔之父——韓武子啓章,二者齟齬,對此,學者解釋說"驫羌當是輔佐了兩代韓君",此說之證據又何在呢?即便如此,銘文爲何僅出現韓虔而未出現韓啓章呢?實際上,以往多數學者將"征秦迮齊,入長城,先會于平陰"連讀,這是正確的。平陰的防門是齊長城的要塞,鐘銘曰伐齊入長城"先會于平陰"者,正是三晉會合軍隊於平陰,攻破防門這一要塞,才能進入長城。③總之,鐘銘所謂"襲奪楚京"事絕不能與簡文所載楚簡王八年的長城之戰混爲一談。

筆者以爲,此戰的具體確定還得依據魏文侯稱侯年。前文已述,關於魏文侯的稱侯之年,錢穆、楊寬認爲即在楚簡王八年;而《繫年》又載楚簡王八年發生了長城之戰;《呂氏春秋·下賢》又稱長城之戰是魏文稱侯的關鍵戰爭之一;將此三者合證,不難得出這樣的結論:即楚簡王八年的晉、楚長城之戰,《繫年》說"楚師無功,多棄旃幕,宵遯",可謂是損失慘重,且簡文將魏斯排於趙浣、韓啓章之前,可見此戰魏文侯由於功勞很大,所以很可能即被周天子賜命爲侯,此點是前所未知的。

又,《繫年》第二十一章載楚簡王八年的長城之戰,三晉將領的稱謂是"魏斯、趙浣、韓啓章";而第二十二章載楚聲王四年的三晉伐齊事時,則稱"晉魏文侯斯從晉師";故整理者據後者稱"晉魏文侯斯"指出楚聲王四年

---

① 賈連翔:《三晉始侯相關史事新探——再讀清華簡〈繫年〉與驫羌鐘銘文》,《中國史研究》2020年第3期,第55~71頁。
② 楊蒙生:《驫羌編鐘銘文與清華簡〈繫年〉》,上海:上海古籍出版社,2020年,第60頁。
③ 防門是齊長城的重要關塞,《繫年》又稱之爲"句俞之門",均在平陰。《繫年》第二十章:"晉幽公立四年,趙狗率師與越公朱句伐齊,晉師閔長城句俞之門。"筆者考證,長城句俞之門即防門,"閔長城句俞之門"即晉國軍隊攻入了防門。可見要攻入齊長城,必先攻破陰的防門這一要塞,這就是三晉要會合軍隊於平陰之緣由。

（前404，周威烈王二十二年）"時已經稱魏文侯，三晉魏先稱侯之說可信"①，此說可從。因此，《繫年》亦可證明長城之戰是魏文稱侯之先導。

實際上，這種結論的得出，也使得《呂氏春秋》之疑問渙然冰釋。《呂氏春秋》將魏文侯"南勝荆於連隄"與"東勝齊於長城，虜齊侯，獻諸天子"二者並認爲是"天子賞文侯以上聞"的兩次關鍵戰爭。關於後者，學界一致認爲是周威烈王二十二年的三晉伐齊事，此戰也是次年三晉稱侯之先導。但問題在於，前者到底何時事，《呂氏春秋》爲何要將其列爲魏文侯稱侯的關鍵戰爭之一呢？從邏輯上推，魏文侯"南勝荆於連隄"與"東勝齊於長城"類同，必定爲魏文侯稱侯起了關鍵作用，以至於"天子賞文侯以上聞"，那麽爲何如此呢？現在根據《繫年》可知，前者即在楚簡王八年，晉、楚長城之戰乃魏文稱侯之先導；而後者爲楚聲王四年三晉伐齊，此戰是三晉稱侯之先聲；這兩次戰争中魏文侯均居功甚偉，故《呂氏春秋》將二者並列，以稱道魏文侯之功業，非常恰切。

（四）小結

總之，《史記》所載楚簡王八年確係錢穆、楊寬所説爲魏文稱侯之年；而將《繫年》與《呂氏春秋》相對證可知，此年魏文之所以能稱侯，實乃他率領三晉軍隊大敗楚於長城之結果；而後者是前所未知的。這一結論的得出，可確證《繫年》第二十一章的"二年"即指楚簡王八年，亦可知《呂氏春秋》所謂魏文侯"南勝荆於連隄"正是楚簡王八年晉、楚長城之戰。

---

① 清華大學出土文獻研究與保護中心編，李學勤主編：《清華大學藏戰國竹簡（貳）》，第193頁。

【第二十二章】

[説明]

(一)"☒"【一二四】的隸定與釋讀

【整理者】隸、釋爲"虔"。衛侯虔,據《史記·衛世家》和《六國年表》,此時爲衛慎公穨。《衛世家》記慎公之父是公子適,索隱云:"《系本》'適'作'虔'。"可見《世家》衛世系有混亂處。簡文"虔"字所從"文"旁兩側有裝飾性筆畫,類似寫法見姑虔昏同之子句鑃(《集成》424)。①

【蘇建州】簡文該字是"虔",該字"文"旁加了飾筆。句鑃該字實爲"虞"。②

【謹按】姑馮句鑃(《集成》424):"隹(惟)王正月初吉丁亥,姑馮昏同之子择厥吉金,自作商句鑃……"

"馮"字原銘作"☒",施謝捷摹作"☒"。③ 關於此字的釋讀,學者有不同意見:

第一,釋爲"馮"。清代吳式芬《攈古録金文》釋爲"馮"。④ 王國維謂"姑馮昏同"卽《越絶書》之"馮同"。⑤ 郭沫若認爲從奇文"鳳","父"聲,"馮"卽其譌變。⑥

第二,釋爲"鵬",讀爲"鵬"。楊樹達《姑鵬句鑃跋》釋此字爲"鵬"。⑦

第三,釋爲"虔"。唐蘭持此説。⑧

第四,存疑。施謝捷説:"'姑'下一字,金文僅見,殆從'父'聲,舊或釋

---

① 清華大學出土文獻研究與保護中心編,李學勤主編:《清華大學藏戰國竹簡(貳)》,第194頁。
② 蘇建州等:《清華二〈繫年〉集解》,第868頁。
③ 施謝捷編著:《吳越文字彙編》,南京:江蘇教育出版社,1998年,第426頁。
④ 轉引自楊樹達:《積微居金文説》卷5,第125頁。
⑤ 吳闓生《吉金文録》肆卷葉下引。轉引自楊樹達:《積微居金文説》卷5,第125頁。
⑥ 郭沫若:《兩周金文辭大系圖録考釋》,《郭沫若全集·考古編》第8卷,第338~340頁。
⑦ 楊樹達:《積微居金文説》卷5,第125頁。
⑧ 唐蘭:《古樂器小記》,《唐蘭論文集(一)》,第310頁。

此字爲'馮''鵬',均可議。"①

第五,存疑,但可能是"虞"。李家浩認爲,該字的左旁絕非"久",將該字釋爲"虎""鵬"等都不可信,至於是什麼字,待考,可能是"虞"的譌字。②按,《説文》:"虞,鐘鼓之柎也。(鐻)虞或从金豦聲。虡,篆文虞省。"此字又見於上博五《弟子問》簡20、上博六《景公瘧》,考釋另可見陳劍與徐在國之文。③

綜上可見,姑馮句鑃中該字還是未能完全釋讀。

簡文該字當釋爲"虔"。戰國文字的"虔"字从"虍"从"文",會虎身紋飾之意。④ 簡文中該字上部从"虍",下部應从"文",但該"文"旁,可能如整理者所言兩側有裝飾性筆畫,故可能是"虔"字。可參考《繫年》簡119、《厚父》簡8 的"虔"字⑤,祇是後者無裝飾性筆畫。

[釋文]

楚聖(聲)趄(桓)王卽立(位),兀(元)年。[1]晉公止會者(諸)侯於邱(任),[2]宋㚄(悼)公酒(將)會晉公,䘏(卒)于㪍。[3]銉(韓)虔、㚘(趙)蘆(籍)、鼎(魏)【一一九】縈(擊)衍(率)自(師)與戉(越)公殹(翳)伐齊═(齊,[4]齊)與戉(越)成,以建昜(陽)、邱陵之田,昷(且)男女服。[5]戉(越)公與齊侯貣(貸)、魯侯伋(衍)【一二〇】明(盟)于魯稷門之外。[6]戉(越)公內(入)言(饗)於魯═(魯,魯)侯馭(御),齊侯晶(參)耓(乘)以內(入)。[7]晉鼎(魏)文侯羿(斯)從晉═自═(晉師,[8]晉師)大賏(敗)【一二一】齊自(師),齊自(師)北,晉自(師)述(逐)之,內(入)至汧水,[9]齊人昷(且)又(有)陳鏖子牛之禍(禍),[10]齊與晉成,齊侯【一二二】明(盟)於晉軍。晉三子之夫═(大夫)內(入)齊,明(盟)陳和與陳淏於溋門之外,[11]曰:"母(毋)攸(修)長城,母(毋)伐㝡(廩)【一二三】丘。"[12]晉公

---

① 施謝捷編著:《吳越文字彙編》,第568 頁。
② 李家浩:《關於姑馮句鑃的作者是誰的問題》,《傳統中國研究集刊》第7 輯,上海:上海人民出版社,2010 年,第3 頁。
③ 陳劍:《談談〈上博(五)〉的竹簡分篇、拼合與編聯問題》,《戰國竹書論集》,上海:上海古籍出版社,2019 年,第178 頁;徐在國:《上博(六)文字考釋二則》,《安徽大學漢語言文字研究叢書·徐在國卷》,合肥:安徽大學出版社,2013 年,第256~258 頁。
④ 曾憲通、陳偉武主編:《出土戰國文獻字詞集釋》卷5,第2528 頁。
⑤ 李學勤主編,沈建華、賈連翔編:《清華大學藏戰國竹簡文字編(壹—叁)(修訂本)》,第137 頁;李學勤主編,賈連翔、沈建華編:《清華大學藏戰國竹簡文字編(肆—陸)》,第120 頁。

獻齊俘馘於周王，[13]述（遂）以齊侯貸（貸）、魯侯羴（顯）、宋公畋（田）、衛侯虔、奠（鄭）白（伯）鈃（駘）朝【一二四】周王于周。【一二五】[14]

百十九【一一九背】 百廿＝【一二〇背】 百廿＝一【一二一背】

百廿二【一二二背】 百廿三【一二三背】 百廿四【一二四背】

百廿五【一二五背】

[疏證]

[1]楚聖（聲）赶（桓）王卽立（位），兀（元）年。

【謹按】楚聖赶王，卽楚聲王。新蔡楚簡甲三:137 作"聖赶王"，望山楚簡 88、110、112 作"聖王"。"聲""聖"二字古通，如《左傳》文公十七年《經》"聲姜"，《公羊》作"聖姜"；《史記·衛世家》"聲公訓"，索隱引《世本》作"聖公馳"；《史記·管蔡世家》"蔡聲侯"，《戰國策·楚策四》作"蔡聖侯"。①《史記·楚世家》："二十四年，簡王卒，子聲王當立。"②據《六國年表》，楚聲王元年（前407）當周威烈王十九年。

本章所載三事時間明確，皆在楚聲王四年（前404），因此簡文"元年"二字不妨看作單獨紀年或是有譌誤，其並非繫聯後面三個歷史事件，詳見本章史事考證部分。

[2]晉公止會者（諸）侯於邔（任），

【整理者】晉公止，《史記·晉世家》："魏文侯以兵誅晉亂，立幽公子止，是爲烈公。"索隱引《世本》云："幽公生烈公止。"邔，卽"任"。《左傳》襄公三十年："羽頡出奔晉，爲任大夫。"任爲晉邑，在今河北任縣東。一説在今山東濟寧東南，古泗水邊上，地在宋、魯之間。此次盟會，當是爲了攻打齊國。③

【謹按】晉公止，卽晉烈公止。梁玉繩曰："晉烈公，幽公子，始見《史·晉世家》。（《六國表》作幽公弟，誤。）亦曰烈成公。（《世家》索隱引《世本》。）名止。立二十七年。（《史記》《竹書》。）"④《史記·晉世家》："[晉幽公]十五年，魏文侯初立。十八年，幽公淫婦人，夜竊出邑中，盜殺幽公。

---

① 參湖北省文物考古研究所、北京大學中文系編：《望山楚簡》，第 90~91 頁。
② 《史記》卷40，第 2073 頁。
③ 清華大學出土文獻研究與保護中心編，李學勤主編：《清華大學藏戰國竹簡（貳）》，第 193 頁。
④ （清）梁玉繩：《人表考》卷7，《史記漢書諸表訂補十種》，第 853 頁。

魏文侯以兵誅晉亂,立幽公子止,是爲烈公。"①我們推斷,晉烈公九年當周威烈王十九年。

邱,从"邑"、"壬"聲,地名,讀爲"任"。春秋戰國之"任"地有二:

一爲春秋時晉邑,在今河北邢臺任澤區東南。《左傳》襄公三十年載鄭國馬師"羽頡出奔晉,爲任大夫"。杜注:"任,晉縣,今屬廣平郡。"②《左傳》哀公四年載齊卿國夏伐晉,取晉任邑。高士奇説:"顔師古曰:任本晉邑。哀四年齊國夏伐晉取任,卽此也。後爲趙邑,漢因置任縣,屬鉅鹿郡。"③楊伯峻注:"任,晉邑,今河北任縣東南。"④

一在齊境,今山東濟寧。《左傳》僖公二十一年:"任、宿、須句、顓臾,風姓也。"杜注:"任,今任城縣也。"⑤顧祖禹説:"任城廢縣,今[濟寧]州治。春秋時任國。戰國時爲齊附庸,孟子居鄒,季任爲任處守是也。漢置縣,屬東平國。後漢元和初爲任城國治。"⑥楊伯峻注:"任國故城在今山東省濟寧市。"⑦

簡文的"邱(任)"是上述之晉邑還是齊邑,於簡文中皆通,實難斷之。

本次任之會的目的,正是晉聯合越等諸侯圖謀攻伐齊國。

[3]宋殸(悼)公牆(將)會晉公,卒(卒)于獎。

【整理者】宋悼公,卽第二十一章之宋悼公。宋悼公之卒年歷來紛紜莫辨,據簡文可知在楚聲王元年。宋悼公卒於前往任的路上,獎當在宋地至任之間。⑧

【謹按】關於宋悼公的在位年代,古有二説:《史記》謂在位八年,《竹書紀年》謂在位十八年。錢穆據後者考定宋悼公卒於周威烈王二十二年(前404)。⑨又,周威烈王二十二年當楚聲王四年。簡文所述事當在楚聲王四年。

---

① 《史記》卷39,第2032頁。
② 《春秋左傳正義》卷40,《十三經注疏》,第4371頁。
③ (清)高士奇:《春秋地名考略》卷5,賈貴榮、宋志英輯:《春秋戰國史研究文獻叢刊(3)》,第237頁。
④ 楊伯峻:《春秋左傳注(修訂本)》,第1178頁。
⑤ 《春秋左傳正義》卷14,《十三經注疏》,第3931頁。
⑥ (清)顧祖禹:《讀史方輿紀要》卷33,第1544頁。
⑦ 楊伯峻:《春秋左傳注(修訂本)》,第391頁。
⑧ 清華大學出土文獻研究與保護中心編,李學勤主編:《清華大學藏戰國竹簡(貳)》,第193頁。
⑨ 錢穆:《先秦諸子繫年》,第69章,第226頁。

[4] 虶（韓）虔、𤕦（趙）甝（籍）、𠭍（魏）【一一九】𣪊（擊）衒（率）𠂤（師）與戉（越）公殹（翳）伐齊，

【整理者】虶虔，卽韓虔，啓章子，後爲景侯，見《史記·韓世家》。《史記索隱》："《紀年》及《系本》皆作景子，名處。""處"係"虔"之譌。𤕦甝，卽趙籍，獻子之子，後爲烈侯。《趙世家》："十五年，獻侯卒，子烈侯籍立。"𠭍𣪊，文侯斯之子魏擊，後爲武侯。《魏世家》："[魏文侯]十三年使子擊圍繁、龐，出其民。"索隱："擊，武侯也。"戉公殹，卽越王翳。《越王句踐世家》："句踐卒，子王鼫與立。王鼫與卒，子王不壽立。王不壽卒，子王翁立。王翁卒，子王翳立。王翳卒，子王之侯立。"索隱引《紀年》云："翳三十三年遷于吳，三十六年七月太子諸咎弑其君翳。"①

【謹按】虶虔，卽韓虔。梁玉繩曰："韓景侯虔，武侯子。景侯虔始見《六國表》《韓世家》，武子子始見《世家》。虔又作處。（索隱引《紀年》《世本》《呂覽·任數篇》注。）亦曰景子。（《紀年》《世本》。）徙陽翟。（《呂覽》注，而索隱引《世本》作平陽，恐非。）九年卒。（《表》《世家》。）案武子稱武侯，誤。韓列爲侯在景侯六年。或曰武侯是追尊之，然未見。"②梁玉繩《史記志疑》卷9："韓景侯虔元年。案索隱引《紀年》及《世本》云名處，而《史》作虔，未知孰是。《呂子·任數》注亦作'處'。""處"（昌母餘部，中古開口三等）與"虔"（群母元部，中古開口三等）古音不近。整理者據《繫年》謂"處"係"虔"之譌③，蓋是。據《六國年表》，韓景侯於周威烈王十八年（前408）至周安王二年（前400）在位，凡九年。《史記·韓世家》：韓景侯"六年，與趙、魏俱得列諸侯"。《六國年表》同。簡文所載事卽在韓景侯五年。

𤕦甝，卽趙籍④，獻子之子，後爲烈侯。梁玉繩曰："趙烈侯，獻侯子，始見《六國表》《趙世家》。亦曰趙烈子。（《竹書》。）名籍。立九年。（《表》《世家》。）"⑤據《六國年表》，趙烈侯於周威烈王十八年（前408）至周安王二年（前400）在位，凡九年。《史記·趙世家》：趙烈侯"六年，魏、韓、趙皆相立爲諸侯"。《六國年表》同。簡文所載事卽在趙烈侯五年。

---

① 清華大學出土文獻研究與保護中心編，李學勤主編：《清華大學藏戰國竹簡（貳）》，第193頁。
② （清）梁玉繩：《人表考》卷5，《史記漢書諸表訂補十種》，第741頁。
③ 清華大學出土文獻研究與保護中心編，李學勤主編：《清華大學藏戰國竹簡（貳）》，第193頁。
④ "甝"（從母魚部，中古開口一等）與"籍"（從母鐸部，中古開口三等）聲紐同，而韻部是陰（魚）入（鐸）對轉，故可相通。
⑤ （清）梁玉繩：《人表考》卷6，《史記漢書諸表訂補十種》，第801頁。

罃繋,卽魏擊("繋""擊"均從"毄"得聲),文侯斯之子,後爲武侯。梁玉繩曰:"魏武侯始見《魏策》《荀子・堯問》《莊子・徐無鬼》,文侯子始見《史・魏世家》。名擊。(《世家》。)亦曰魏王。(《齊策・蘇子説齊閔章》。)十六年卒。(《史・六國表》《世家》,而索隱引《紀年》作廿六年,非。)"①據《六國年表》,魏武侯於周安王十六年(前386)至周烈王五年(前371)在位,凡十六年。筆者推算簡文所載事在當魏文侯四十二年,錢穆認爲武侯生於文侯二十五年②,則此年武侯十八歲。

戉公殴,卽越王翳,越王翁(朱句)之子。《史記・越王句踐世家》:"王翁卒,子王翳立。王翳卒,子王之侯立。"索隱引《紀年》云:"翳三十三年遷于吳,三十六年七月太子諸咎弑其君翳。"③據《紀年》,越王翳當在周威烈王十五年(前411)至周安王二十六年(前376)在位。④ 簡文所載事當在越王翳八年。

簡文所謂韓景侯虔、趙烈侯籍、魏武侯繋率師與越王翳伐齊事,見於驫羌鐘(《集成》157~169),鐘銘謂此年是周威烈王二十二年(前404)。

[5]齊與戉(越)成,以建昜(陽)、郚陵之田,戛(且)男女服。

【整理者】建昜,卽開陽,今山東省臨沂北。"开""建"並爲見母元部字。《水經・穀水注》:"穀水又東,經開陽門南。晉宮闕名曰故建陽門。"《皇門》:"維其開告于予嘉德之説。""開"字清華簡本作"覒",從开聲。清華簡《子儀》"開"字從"户","开"聲。小徐本《説文》:"開,張也。從門,开聲。"簡文開陽當在今山東臨沂北,詳見《水經・沂水注》。郚陵當與開陽相近。服,服事,指爲臣妾。⑤

【謹按】男女服,《國語・吳語》載越王句踐攻敗吳王夫差後,夫差對句踐説:"昔不穀先委制於越君,君告孤請成,男女服從。……今孤不道,……孤敢請成,男女服爲臣御。"⑥《吳越春秋》卷十載此事曰:"則吳願長爲臣妾。"⑦據此,疑"男女服"卽指男女奴隸。簡文中"男女服"與此義同。

---

① (清)梁玉繩:《人表考》卷5,《史記漢書諸表訂補十種》,第801頁。
② 錢穆:《先秦諸子繫年》,第171頁。
③ 《史記》卷41,第2108頁。
④ 楊寬據《紀年》推算,朱句卒、翳立當在周威烈王十五年(前411)。參楊寬:《戰國史料編年輯證》,第173頁;晁福林:《春秋戰國的社會變遷》,第1000~1001頁。
⑤ 清華大學出土文獻研究與保護中心編,李學勤主編:《清華大學藏戰國竹簡(貳)》,第193頁。
⑥ 徐元誥:《國語集解(修訂本)》卷19,第561頁。
⑦ 周生春:《吳越春秋輯校彙考》,第163頁。

[6]戉(越)公與齊侯貣(貸)、魯侯侃(衍)【一二〇】明(盟)于魯稷門之外。

【整理者】齊侯貣,即齊康公貸。《史記·齊世家》:"宣公五十一年卒,子康公貸立。"魯侯侃,《魯世家》:"元公二十一年卒,子顯立,是爲穆公。"索隱:《世本》"顯"作"不衍"。"侃""顯""衍"音近。魯稷門,《左傳》定公五年"己丑,盟桓子于稷門之内",杜注:"魯南城門。"①

【謹按】齊侯貣,即齊康公貸。《史記·齊世家》:"宣公五十一年卒,子康公貸立。"另可參梁玉繩《人表考》卷9第122條。② 據《六國年表》,齊康公於周威烈王二十二年(前404)至周安王二十三年(前379)在位,凡二十六年。簡文所述事當齊康公貸元年。

魯侯侃,即魯穆公顯。《魯世家》:"元公二十一年卒,子顯立,是爲穆公。"索隱:《世本》"顯"作"不衍"。梁玉繩《人表考》卷4第255條曰:"魯穆公始見《檀弓》上,元公子始見《史·魯世家》。穆又作繆。(《孟子》《檀弓》。)名顯。(《世家》。)又名衍。(《漢書·律曆志》。)又名不衍。(《檀弓》疏、《世家》索隱引《世本》。)在位三十三年。(《世家》及《律曆志》。)"③據學者研究,魯穆公於周威烈王十七年(前409)至周安王二十五年(前377)在位,凡三十三年。④ 本章第125號簡又作"羴"。"羴"(書母元部,中古開口三等)、"衍"(餘母元部,中古開口三等)、"侃"(溪母元部,中古開口一等)與"顯"(曉母元部,中古開口四等),韻部相同,曉母、溪母同屬喉音,餘母是舌頭音,書母是舌上音,喉、舌音近,故可相通。簡文所載事當魯穆公顯六年。

魯稷門,《左傳》莊公三十二年"稷門",杜預注:"魯南城門。"楊伯峻注:"稷門,魯城正南之門,僖公更高大之,改名高門。定十年,齊人陳女樂文馬於魯城高門外,卽此門。"⑤

[7]戉(越)公内(入)亯(饗)於魯=(魯,魯)侯馭(御),齊侯晶(參)羣(乘)以内(入)。

【整理者】魯侯馭,魯侯爲越公駕車。"馭"字簡文作"䮄",从"馭"、"午"聲。晶乘,參乘,"晶"是"三"字異體。《左傳》文公十八年"納閻職之

---

① 清華大學出土文獻研究與保護中心編,李學勤主編:《清華大學藏戰國竹簡(貳)》,第193頁。
② (清)梁玉繩等:《史記漢書諸表訂補十種》,第941~942頁。
③ (清)梁玉繩等:《史記漢書諸表訂補十種》,第673頁。
④ 晁福林:《春秋戰國的社會變遷》,第1000~1001頁。
⑤ 楊伯峻:《春秋左傳注(修訂本)》,第254頁。

妻,而使職駿乘",杜注:"駿乘,陪乘。"①

【謹按】亯,《說文·亯部》:"亯,獻也。从高省,曰象進孰物形。《孝經》曰:'祭則鬼亯之。'凡亯之屬皆从亯。"段注:"凡祭亯、饗燕字……《左傳》則皆作亯。"②

入亯(饗),《左傳》莊公十四年:"楚子如息,以食入享,遂滅息。"《吕氏春秋·長攻》載此事曰:"於是與蔡侯以饗禮入於息。"

簡文"越公入饗於魯"意謂越王以饗禮入於魯。

駿,从"馭"、"午"聲。《說文·彳部》:"御,使馬也。从彳从卸。馭,古文御,从又从馬。"

"晶"讀爲"曑(參)",或讀爲"三"。《說文·晶部》:"曑,商星也。从晶今聲。(徐鉉等曰:今非聲,未詳,所今切。)曑,參或省。""曑"乃"參"之異體字。又,楚簡中"三"可寫作"晶",如上博三《周易》簡1"六晶"即"六三"。③

晶乘,參乘,即駿乘,或曰陪乘。楊伯峻曰:"古乘車之法,導者居左,御者居中,又有一人處車之右,是以戎車則稱車右,其餘則稱駿乘。駿者,三也,蓋取三人爲名義也。"④簡文作"晶乘",可爲楊說之證。

魯侯御,齊侯駿乘,《左傳》文公十八年:"齊懿公之爲公子也,與邴歜之父爭田,弗勝。及即位,乃掘而刖之,而使歜僕。納閻職之妻,而使職駿乘。"杜注:"僕,御也。駿乘,陪乘。"⑤《戰國策·秦策四》"秦昭王謂左右"章:"智伯出行水,韓康子御,魏桓子駿乘。"高誘注:"三人共載曰'駿乘'。"⑥

[8]晉畧(魏)文侯界(斯)從晉𠂤(師),

【整理者】晉文侯斯,斯此時已經稱魏文侯,三晉魏先稱侯之說可信。從,率領。《史記·春申君列傳》"從而伐齊",索隱引劉氏云:"從,猶率也。"⑦

【謹按】魏文侯斯,《史記·六國年表》謂魏斯稱侯在周威烈王二十三年(前403),《魏世家》謂二十二年(前403)稱侯,二者同;而《史記·楚世

---

① 清華大學出土文獻研究與保護中心編,李學勤主編:《清華大學藏戰國竹簡(貳)》,第193頁。
② (清)段玉裁注,許惟賢整理:《說文解字注》卷5下,第404頁。
③ 馬承源主編:《上海博物館藏戰國楚竹書(二)》,第136頁。
④ 楊伯峻:《春秋左傳注(修訂本)》,第630頁。
⑤ 《春秋左傳正義》卷20,《十三經注疏》,第4040頁。
⑥ 范祥雍:《戰國策箋證》卷6,第386頁。
⑦ 清華大學出土文獻研究與保護中心編,李學勤主編:《清華大學藏戰國竹簡(貳)》,第193頁。

家》載楚簡王"八年,魏文侯、韓武子、趙桓子始列爲諸侯",楚簡王八年爲周威烈王二年(前424)。錢穆考證認爲前者爲三晉被周王封爲侯之年,而魏斯稱侯在周威烈王二年①,簡文證明錢穆説是正確的,參第二十一章史事考證部分。此應爲史家筆法,而非"如筆直書"。

從,領也,率也。《戰國策·趙策一》:"知伯從韓、魏兵以攻趙。"鮑彪云:"[從,]二國兵從之。"②金正煒云:"按《史記·春申君傳》'從而伐齊'索隱云:'從猶領也。'"③范祥雍曰:"從猶帥,下章云'知伯帥二國之君伐趙',與此句例同。"④簡文之"從"義同此。整理者注引《史記·春申君傳》"從而伐齊"索隱云:"從猶領也。"按,學者對此"從"訓爲"領"或"率"有異議。⑤《戰國策·秦策四》:"吳之信越也,從而伐齊。"高誘注:"從,合也。信越人之卑服,舍之,北師伐齊曰干隧也。"⑥高誘訓"從"爲"合",學者亦有異議。⑦

[9]晉𠂤(師)大貶(敗)【一二一】齊𠂤(師),齊𠂤(師)北,晉𠂤(師)述(逐)之,内(入)至洀水,

【整理者】洀水,開陽在今臨沂北,疑即沂水之陽。簡文洀水當是沂水支流。⑧

———————

① 錢穆:《先秦諸子繫年》,第164頁。
② (漢)劉向集録:《戰國策》卷18,上海:上海古籍出版社,1998年,第585頁。
③ 金正煒《戰國策補釋》卷2,轉引自諸祖耿編撰:《戰國策集注匯考(增補本)》卷18,南京:鳳凰出版社,2008年,第866頁。
④ 范祥雍:《戰國策箋證》卷18,第933頁。
⑤ 瀧川資言《史記會注考證》曰:"從猶率也。"王叔岷曰:"從猶因也。……《左》昭十三年傳:'惠、懷棄民;民從而與之。'吳氏《經傳衍釋補遺》謂'從與順同義'未審,從亦與因同義。《孟子·公孫丑篇》:'人皆以爲賤,故從而征之。''故從',複語,義並猶因。'故從而征之',猶言'因而征之'耳。"參〔日〕瀧川資言考證,〔日〕水澤利忠校:《史記會注考證附校補》卷78,第1464頁;王叔岷:《史記斠證》卷78,第2386頁。
⑥ (漢)劉向集録:《戰國策》卷6,第250頁。
⑦ 金正煒曰:"以注義求之,合也當是舍也之誤,則從字宜讀如縱。《禮記·曲禮》:樂不可從。《釋文》:從,縱也。《廣雅·釋詁》:縱,置也。正與舍之訓同。惟後文智氏信韓魏,從而伐趙,與《趙策》智伯從韓、魏兵以攻趙,文義並合。從而伐齊,又與從而伐趙爲列舉之詞,不得同文而異義。按《史記·仲尼弟子列傳》載:越王請以士卒三千人,從吳伐齊。子貢説夫差許其師而辭其君。則此文兩從字並當訓爲領也。(《史記·春申君傳》注:從,猶領也。)又《漢書·外戚傳》注:從,因也,從而猶因而,繼事之詞。"〔日〕横田惟孝曰:"從、縱通,謂縱舍不戒也。"即本高注而釋"從"爲"從舍"。范祥雍曰:"索隱引劉氏云:從猶領也。但此從而作因而解爲是。《左傳》襄公三十年:大人之名檢者,從而與之;秦侈者,因而斃之。從而與因而爲互文,義相同。"參(漢)劉向集録:《戰國策》卷6,第250頁;諸祖耿:《戰國策集注匯考(增補本)》卷6,第398頁;范祥雍:《戰國策箋證》卷6,第415~416頁。
⑧ 清華大學出土文獻研究與保護中心編,李學勤主編:《清華大學藏戰國竹簡(貳)》,第194頁。

【謹按】汧水,"汧"蓋即"靡卉(笄)"之"卉(笄)"①,"汧水"蓋濟水支流,在"靡卉(笄)"附近。"靡笄"在平陰之北。故驫羌鐘曰:"入長城,先會於平陰。"

《水經注·瓠子水》引《紀年》:"晉烈公十一年,田悼子卒。田布殺其大夫公孫孫,公孫會以廩丘叛於趙。田布圍廩丘,翟角、趙孔屑、韓師救廩丘,及田布戰於龍澤,田布敗逋。"②廩丘在今山東鄆城縣鄆城鎮西北。龍澤,《左傳》成公二年:"齊侯伐我北鄙,圍龍。"楊伯峻注:"龍,在今山東泰安縣東南。"③龍澤當與此有關。這說明,前405年諸侯國間主要的戰役是在廩丘、龍澤兩地進行。

《水經注·汶水》引《紀年》云:"烈公十二年,王命韓景子、趙烈子、翟員伐齊,入長城。"驫羌鐘:"征秦迮齊,入長城,先會於平陰。"也就是先在平陰會,然後入長城。而三晉要"迮齊",要通過進攻其首都臨淄來實現。龍澤在長城之南,因此,三晉又會兵於平陰。平陰是齊長城西邊的起點,這樣,就繞過了長城。

[10] 齊人旻(且)又(有)陳塵子牛之禍(禍),

【整理者】陳塵子牛之禍(禍),陳塵子牛即《墨子·魯問》之項子牛,孫詒讓《墨子閒詁》:"項子牛,蓋田和將。"《淮南子·人間》有牛子,當係一人。《人間》云:"三國伐齊,圍平陸。括子以報於牛子曰:'三國之地,不接於我,踰鄰國而圍平陸,利不足貪也,然則求名於我也。請以齊侯往。'牛子以爲善。括子出,無害子入,牛子以括子言告無害子,無害子曰:'異乎臣之所聞。'牛子曰:'國危而不安,患結而不解,何謂貴智?'無害子曰:'臣聞之,有裂壤土以安社稷者,聞殺身破家以存其國者,不聞出其君以爲封疆者。'牛子不聽無害子之言,而用括子之計,三國之兵罷,而平陸之地存。"此次伐齊,事又見驫羌鐘(《集成》157~169):"唯廿又再祀,驫羌乍(作)戎,厥辟韓宗敢達(率)征秦迮齊,入張(長)城,先會於平侌(陰),武侄寺力,襲敓楚京。賞于韓宗,令于晉公,昭于天子,用明則之于銘。武文咸剌(烈),永世母(毋)忘。"④

---

① 《左傳》成公二年:晉攻伐齊,晉"師至於靡笄之下"。杜注:"靡笄,山名。"楊伯峻注:"在今山東省濟南市千佛山。"靡笄,清華簡《繫年》第十四章簡71作"靡卉"。楊伯峻:《春秋左傳注(修訂本)》,第790頁。
② 方詩銘、王修齡:《古本竹書紀年輯證(修訂本)》,第100頁。
③ 楊伯峻:《春秋左傳注(修訂本)》,第786頁。
④ 清華大學出土文獻研究與保護中心編,李學勤主編:《清華大學藏戰國竹簡(貳)》,第194頁。

【劉波】麏,从"巠"爲聲,見母耕部;項,匣母東部。聲母爲牙喉音可通,韻部則爲東、耕之轉。①

【謹按】麏,从"鹿"、"巠"聲,應讀爲"牼"。《說文·牛部》:"牼,牛膝下骨也。从牛巠聲。《春秋傳》曰:'宋司馬牼字牛。'"《史記·仲尼弟子列傳》載宋司馬耕字子牛,魯冉耕字伯牛。王引之《春秋名字解詁》曰:

  古者耕以人耦,不用牛力,作耕非本義。耕當讀爲牼。……宋司馬牼字牛,卽司馬耕也。昭二十年《傳》有"莖牼",《孟子·告子篇》有"宋牼",是古人多以"牼"名。司馬牼亦是也。冉耕亦當爲"冉牼",古字假借耳。②

簡文該字正从"巠"聲,又爲王説添一力證。

陳麏子牛,《墨子·魯問》又稱"項子牛",疑兩者爲一人。《墨子·魯問》:"齊將伐魯,子墨子謂項子牛曰……"孫詒讓注:"項子牛,蓋田和將。"③"項"與从"巠"之字關繫密切。首先,"巠"(見母耕部,中古開口四等)、"牼"(溪母耕部,中古開口二等)、麏(見母陽部,開口三等)與"項"(匣母東部,中古開口二等),見母、溪母與匣母同爲喉音,耕、陽、東爲旁轉,音近可通。其次,"項"與从"巠"的"頸"關繫密切。《說文·頁部》:"項,頭後也。从頁工聲。"段注:"肉部曰:'脰,項也。'《公羊傳》:'搏閔公之脰。'何云:'脰,頸也。齊人語。'此當曰項,而曰頸者,渾言則不別。"又,《說文·肉部》:"脰,項也。从肉豆聲。"段注:"頁部曰:'項,頭後也。'按:頭後卽頸後也。《左傳》曰:'兩矢夾脰。'《公羊傳》曰:'宋萬搏閔公,絕其脰。'注:'脰,頸也。齊人語。'"④

陳麏子牛之禍,《戰國策·魏策四》:"繒恃齊以悍越,齊和子亂而越人亡繒。"⑤《水經注·瓠子水》引《紀年》:"晉烈公十一年,田悼子卒。田布殺其大夫公孫孫,公孫會以廩丘叛於趙。田布圍廩丘,翟角、趙孔屑、韓師救廩丘,及田布戰於龍澤,田布敗逋。"⑥蒙文通認爲:"悼子死,和子繼位,而田布、公孫會内訌,此卽所謂和子之亂。"⑦楊寬認爲:"所謂'和子亂',卽

---

① 劉波:《出土楚文獻語音通轉現象整理與研究》,博士學位論文,長春:吉林大學,2013年,第175頁。
② (清)王引之:《經義述聞》卷23,第567頁。
③ (清)孫詒讓:《墨子閒詁》卷13,第466頁。
④ (清)段玉裁注,許惟賢整理:《說文解字注》卷9上、4下,第731、298頁。
⑤ 范祥雍:《戰國策箋證》卷25,第1416頁。
⑥ 方詩銘、王修齡:《古本竹書紀年輯證(修訂本)》,第100頁。
⑦ 蒙文通:《越史叢考》,《蒙文通全集(四)》,第282頁。

指田悼子死後,和子初立時,田氏發生之内亂,因田布殺其大夫公孫孫而引起,越乃乘機滅亡繒國。"①簡文中"陳塵子牛之禍"或與《戰國策》之"齊和子亂"不同:前者指田悼子死後,田和初立時田氏集團發生的内亂;後者指田和即位後出現的項子牛擅權事。詳見本章史事考證部分。

[11] 齊與晉成,齊侯【一二二】明(盟)於晉軍。晉三子之夫〓(大夫)内(入)齊,明(盟)陳和與陳淏於溋門之外,

【整理者】齊侯盟於晉軍,指齊康公被陳(田)氏脅迫,即《淮南子·人間》所説"出其君以爲封疆"。晉三子,魏斯、韓虔、趙籍。簡文不載大夫之名。與陳和盟的是三子的大夫,説明陳和此時地位尚不能和魏文侯等晉三子並列。陳和,田和。《史記·田完世家》:"莊子卒,子太公和立。"齊田氏源自陳完,故又名陳氏。陳淏,齊國人名。溋門,疑即雍門。《戰國策·齊策一》:"軍重踵高宛,使輕車鋭騎衝雍門。"高誘注:"雍門,齊西門名。"②

【董珊】與晉人盟的"陳淏"還見于《繫年》第二十三章:"楚師將救武陽,王命平夜悼武君使人于齊陳淏求師。"陳淏,疑爲田侯剡。淏/昊,匣母幽部;剡,禪母談部;炎,匣母談部。幽、談兩部可以對轉,所以"淏"可以讀爲"剡"。田侯剡失載於《史記·田完世家》,僅見於索隱引《古本竹書紀年》:"[齊康公]二十二年,田侯剡立。"③

【謹按】齊侯指齊康公貸。

《淮南子·人間訓》:"三國伐齊,圍平陸。括子以報於牛子,曰:'三國之地,不接於我,踰鄰國而圍平陸,利不足貪也。然則求名於我也。請以齊侯往。'牛子以爲善。括子出,無害子入,牛子以括子言告無害子,無害子曰:'異乎臣之所聞。'牛子曰:'國危而不安,患結而不解,何謂貴智?'無害子曰:'臣聞之,有裂壞土以安社稷者,聞殺身破家以存其國者,不聞出其君以爲封疆者。'牛子不聽無害子之言,而用括子之計,三國之兵罷,而平陸之地存。自此之後,括子日以疏,無害子日以進。"④簡文所謂"齊與晉成,齊侯盟於晉軍",實際上是指牛子用田括子之計出齊康公而使三晉與齊講和。

簡文謂"晉三子之大夫入齊,盟陳和與陳淏於溋門之外",因而此時真正掌握齊國政權者是牛子、括子及無害子。楊寬懷疑無害子是田和子,

---

① 楊寬:《戰國史料編年輯證》,第192頁。
② 清華大學出土文獻研究與保護中心編,李學勤主編:《清華大學藏戰國竹簡(貳)》,第193~194頁。
③ 董珊:《清華簡〈繫年〉與驫羌鐘對讀》,《簡帛文獻考釋論叢》,第100頁。
④ 何寧:《淮南子集釋》卷18,第1261~1263頁。

"和"與"無害"音近通假。① 晉三大夫結盟者有陳（田）和，對楊說有利。如是，則簡文之陳淏亦當爲與牛子、括子一樣的掌權者。

[12]曰:"母（毋）攸（修）長城,母（毋）伐廪（廩）【一二三】丘。"

【整理者】毋修長城,齊國這個時期在北方修築長城,主要是爲了防禦三晉的入侵。戰國初年,三晉多次攻破齊的長城,不允許齊修長城,幾近於不允許齊防禦抵抗。《呂氏春秋·下賢》:"〔魏文侯〕故南勝荆于連堤,東勝齊于長城,虜齊侯,獻諸天子,天子賞文侯以上聞。"毋伐廩丘,前此一年,齊之公孫氏因內亂叛齊,以其領地廩丘入晉。齊反奪廩丘,三晉救廩丘,兩軍相戰,齊人敗北。此時雖然三晉控制了廩丘,但還擔心齊人反攻,因有此盟。《紀年》:"晉烈公十一年,田悼子卒。田布殺其大夫公孫孫。公孫會以廩丘叛于趙。田布圍廩丘,翟角、趙孔屑、韓師救廩丘,及田布戰於龍澤,田布敗逋。"（《水經注·瓠水》引）事又見《史記·田完世家》。②

【董珊】廩丘戰事,亦見于1987年湖南慈利石板村M36發現的戰國楚簡。慈利簡中有"廩丘""孔子殃"字樣。張春龍指出,《呂氏春秋·慎大覽·不廣》記載寧越子爲周威王師,在趙齊廩丘之戰後,寧越子讓趙孔青歸還齊陣亡者尸體。因此他懷疑M36可能是寧越之墓。趙、齊廩丘之戰即三家伐齊長城之事的前因,可資考證。③

【謹按】毋修長城,《繫年》第二十章載"齊人焉始爲長城於濟,自南山屬之北海。"此長城主要是爲了防禦三晉的進攻,故此次盟約要求齊不修長城。

廩丘,齊邑,後入趙。④

毋伐廩丘,前一年,齊悼公死後,田氏發生內訌,田會（公孫會）以廩丘叛趙,結果田布圍廩丘,趙、韓聯軍大敗田布軍隊。此盟約要求齊毋伐廩丘,實際上就是要求承認趙國佔有廩丘的既定事實。

[13]晉公獻齊俘馘于周王,

【整理者】晉公,晉烈公,此時當是晉烈公十六年。三晉以獻齊俘爲名,要求周王命其爲諸侯。⑤

---

① 楊寬:《戰國史料編年輯證》,第205頁。
② 清華大學出土文獻研究與保護中心編,李學勤主編:《清華大學藏戰國竹簡（貳）》,第194頁。
③ 董珊:《清華簡〈繫年〉與驫羌鐘對讀》,《簡帛文獻考釋論叢》,第99頁。
④ 按,齊有三廩丘。可參錢穆:《史記地名考》,第431～432頁。
⑤ 清華大學出土文獻研究與保護中心編,李學勤主編:《清華大學藏戰國竹簡（貳）》,第194頁。

【謹按】"獻………俘馘"又見第七章簡44,詳彼注。

《吕氏春秋·下賢》:"[魏文侯]南勝荆於連堤,東勝齊於長城,虜齊侯,獻諸天子,天子賞文侯以上聞。"①此謂獻齊侯於周天子,而簡文謂獻齊俘馘於周王,兩者不同。

[14]述(遂)以齊侯貢(貸)、魯侯羴(顯)、宋公畋(田)、衛侯虔、奠(鄭)白(伯)紿(駘)朝【一二四】周王于周。【一二五】

【整理者】魯侯羴,卽魯穆公顯,本章簡120作"侃",人名異寫楚簡多見。宋公畋,卽宋休公田,悼公之子,《史記·宋世家》:"悼公八年卒,子休公田立。"衛侯虔,據《衛世家》和《六國年表》,此時爲衛慎公穨。《衛世家》記慎公之父是公子適,索隱云:"《系本》'適'作'虔'。"可見《世家》衛世系有混亂處。簡文"虔"字所從"文"旁兩側有裝飾性筆畫,類似寫法見姑虔昏同之子句鑃(《集成》424)。奠白紿,卽鄭繻公駘,《鄭世家》:"幽公元年,韓武子伐鄭,殺幽公。鄭人立幽公弟駘,是爲繻公。"②

【謹按】齊侯貸卽齊康公,詳見簡120注。

魯侯羴(顯),卽魯穆公顯,詳見簡121注。

畋,《説文·支部》:"畋,平田也。从攴、田。《周書》曰:'畋尒田。'"段玉裁注:"《齊風》:'無田甫田。'上田卽畋字。田亦聲。"③

宋公畋(田),卽宋休公田。梁玉繩曰:"宋休公,始見《六國表》《世家》。名田。立二十三年。(同上。)"④據《六國年表》,宋休公於周安王八年(前393)至周烈王四年(前372)在位,顯然於簡文不合。錢穆認爲,宋休公於周威烈王二十三年(前403)至周安王二十一年(前381)在位⑤,較合理。簡文所述事當宋休公元年。

衛侯虔,據《六國年表》,此當爲衛慎公穨。簡文"衛侯虔"蓋誤,本應爲衛慎侯。詳參本章史事考證。

奠(鄭)白(伯)紿(駘),卽鄭繻公駘,《漢書·古今人表》作"鄭繚公駘。"顏師古注:"繚音聊。駘音台。"梁玉繩曰:"鄭繻公駘見《六國表》《鄭世家》。幽公子,立廿七年見弑。(同上。《世家》誤子作弟。)案《表》集解

---

① 許維遹:《吕氏春秋集釋》卷15,第372頁。
② 清華大學出土文獻研究與保護中心編,李學勤主編:《清華大學藏戰國竹簡(貳)》,第194頁。
③ (清)段玉裁注,許惟賢整理:《説文解字注》卷3下,第225頁。
④ (清)梁玉繩等:《史記漢書諸表訂補十種》卷7,第854頁。
⑤ 錢穆:《先秦諸子繫年》,第226頁。

云:繻或作繚。與此同。然皆謚法所無,疑是繆字之譌。"①據《六國年表》,鄭繻公於周威烈王四年(前422)至周安王六年(前396)在位。簡文所述事當鄭繻公駘十九年。

據上,諸侯朝周王之年爲周威烈王二十二年(前404),爲齊康公元年,魯穆公六年,鄭繻公十九年,宋休公元年,衛慎公十一年。

[譯文]

楚聲王卽位,元年。晉烈公止在任地會諸侯,而宋悼公在將赴會之際,卒於黈地。韓虔、趙籍、魏擊率師聯合越王翳攻伐齊國。齊國與越國講和,講和的條件是齊國以建陽、郚陵之田以及男女奴隸與越國。越王與齊侯與魯侯在魯國稷門之外結盟,越王讓魯侯爲其駕車,齊侯陪乘進入。晉文侯斯率領晉國軍隊大敗齊國軍隊,齊國軍隊失敗逃跑,晉國軍隊一直追到了洀水。由於當時齊國有陳塵子牛的內亂,齊就與晉講和,齊侯到晉軍營中結盟。三晉之大夫又與田氏集團田(陳)和、田(陳)淏結盟於齊國溋門之外,盟約是:"齊不准修建長城,不得伐廩丘。"晉公將所獲齊國生囚死獲獻給周王,於是,[三晉大夫]又脅迫齊侯、魯侯、宋公、衛侯、鄭伯朝見周王。

[解題]

本章主要敘述三晉聯合越伐齊,取得勝利後脅迫齊侯朝見周王,最終被周王封爲侯的史事。本章主要涉及以下歷史事件:

第一,任之會。簡文載楚聲王元年(實爲四年),晉烈公止在任地會諸侯,而宋悼公在將赴會之際,卒於黈地。關於此次盟會的性質爲何,傳世文獻缺載,我們雖然不可確知,但根據相關材料可以推測此次盟會可能是爲了聯合伐齊。

第二,越伐齊,越國與齊結盟。簡文載韓虔(卽後來的景侯)、趙籍(後爲烈侯)、魏擊(後爲武侯)率師聯合越王翳伐齊,結果齊大敗。齊國與越國講和,講和的條件是齊國以建陽、郚陵之田以及男女奴隸與越國。於是越王與齊侯與魯侯在魯國稷門之外結盟,越王讓魯侯爲其駕車。

第三,三晉伐齊與封侯。簡文在敘述完越伐齊並與齊結盟事後,又開

① (清)梁玉繩等:《史記漢書諸表訂補十種》卷8,第906頁。

始講述三晉伐齊事。魏文侯斯率晉師大敗齊師，一直追到了汧水。由於當時齊國有陳鼙子牛的內亂，所以齊與晉講和，齊侯至晉軍中結盟。齊國此時的實際掌權人物是田氏人，所以三晉之大夫又與田氏集團田（陳）和、田（陳）淏結盟於齊國溋門之外，約定不准齊修建防禦三晉的長城，不准齊討伐已被趙佔領的廩丘。於是，三晉大夫又脅迫齊侯、魯侯、宋公、衛侯、鄭伯朝見周王，其目的是讓周王封三晉爲侯。

[問題]

第一，本章所載史事繫年。《繫年》第二十二章主要涉及三件史事：卽任之會、三晉與越聯合伐齊、三晉朝見周王封侯事。而對此三事，本章開頭衹有一個紀年，卽"楚聲王卽位元年"，那麼，是楚聲王元年連續發生了這三件事，還是此三事不在一年？這是要討論的第一個問題。

第二，任之會及其相關史事考。簡文載楚聲王元年，晉烈公止在任地會諸侯，而宋悼公在將赴會之際，卒於獎地。此次盟會的目的爲何？傳世文獻缺載，我們根據相關材料可以推測此次盟會可能是聯合伐齊。

第三，越伐齊事考。韓虔、趙籍、魏擊率師聯合越王翳伐齊，結果齊大敗。齊國與越國講和。

第四，三晉伐齊與封侯。魏文侯斯率晉師大敗齊師。由於當時齊國有陳鼙子牛的內亂，所以齊與晉講和。齊國此時由田氏掌權，所以三晉之大夫又與田氏集團結盟於齊國溋門之外。三晉大夫又脅迫齊侯、魯侯、宋公、衛侯、鄭伯朝見周王，其目的是讓周王封三晉爲侯。

第五，衛侯虔的問題。簡文載周威烈王二十二年三晉脅齊侯朝見周王，其中有衛侯虔。而據《史記·六國年表》，此年當衛慎公在位。又，《衛康叔世家》載衛慎公之父爲公子適，"適"字《世本》作"虔"。故學者多認爲公子虔曾爲衛侯。筆者考證認爲，《繫年》此載有誤。

[考證]

一、本章所載史事繫年

《繫年》第二十二章所載事有三，分別爲任之會、三晉與越聯合伐齊、三晉朝見周王封侯事。而對此三事，本章開頭衹有一個紀年，卽"楚聲王卽

位元年"。爲便於敘述,我們按照事件列表十四:

表十四 《繫年》第二十三章史事年代

		簡文	擬繫年
紀年		楚聲桓王即位,元年。	前407年,周威烈王十九年,楚聲王元年,晉烈公九年。
事件一	任之會	晉公止會諸侯於任,宋悼公將會晉公,卒於鼓。	前404年,周威烈王二十二年,楚聲王四年,齊康公元年,晉烈公十二年。
事件二	越伐齊	韓虔、趙籍、魏擊率師與越公翳伐齊,齊與越成,以建陽、郯陵之田,且男女服。越公與齊侯貸、魯侯衍盟於魯稷門之外。越公入饗於魯,魯侯御,齊侯驂乘以入。	
事件三	三晉朝見周王封侯事	晉魏文侯斯從晉師,晉師大敗齊師,齊師北,晉師逐之,入至汧水,齊人且有陳子牛之禍,齊與晉成,齊侯盟於晉軍。晉三子之大夫入齊,盟陳和與陳淏於溋門之外,曰:"毋修長城,毋伐廩丘。"晉公獻齊俘馘於周王,遂以齊侯貸、魯侯顯、宋公田、衛侯虔、鄭伯駘朝周王於周。	

這三件事到底是楚聲王元年連續發生的,還是不在一年? 對此學者有爭論:

第一,認爲三者不在同一年。董珊認爲:

《繫年》第二十二章"楚聲桓王即位,元年"之下先叙述晉烈公會諸侯、齊與越成,再叙述晉三家伐齊。楚聲王元年爲公元前407年,相當於晉烈公之九年、周威烈王之十九年,距周威烈王之二十二年尚有三年之差。這是後面兩件事都没以年代繫之,而不是説楚聲王元年連續發生了這三件事。①

---

① 李松儒:《清華簡〈繫年〉集釋》,第300頁。

第二,李鋭認爲此三件史事是同一年發生的。他列舉證據如下:首先,"事件三"發生在周威烈王二十二年(前404),其有驫羌鐘銘與《竹書紀年》爲證,殆無可疑。又,"事件一"中,宋悼公卒年,按照錢穆的推算,當爲周威烈王二十二年。① 據此,則三者無疑爲同一年發生事。筆者認爲,這是正確的。但他爲了牽合《繫年》,將楚聲王元年定在周威烈王二十二年,且認爲楚聲王在位僅四年而非六年②,這些看法恐有失偏頗。《史記·六國年表》固然有很多錯誤,但從文獻學角度而言,古書恐不可輕易改動,尤其是在證據不足的情況下。

李鋭將"事件一"與"事件三"同繫之於周威烈王二十二年,他未討論"事件二"的繫年。實際上,"事件二"亦發生於此年也是可以論定的,這在我們後文將進行詳細論證,此不贅述。

總之,我們推定了本章所載的三個事件均發生在周威烈王二十二年,對照《六國年表》,此年當楚聲王四年;而簡文載"事件一"明謂"楚聲王元年"。這種齟齬如何解决?我們認爲,有以下幾種可能:

一是既然能推定三個事件均在楚聲王四年,則本章前面"元年"二字不妨看作單獨紀年,其並不繫聯後面三個歷史事件。這種情況也存在於《繫年》與傳世文獻中。比如《繫年》第十五章:"[楚]莊王立十又五年,陳公子徵舒殺其君靈公,莊王率師圍陳。"陳公子徵舒殺陳靈公在楚莊王十五年(前599),率師圍陳在楚莊王十六年,簡文將兩事均繫於楚莊王十五年。又如重耳出亡八國凡十九年,但《左傳》將其經歷各國事均列在魯僖公二十三年。③

二是"楚聲桓王卽位,元年"後有脱文,記録楚聲王元年的史事。

三是"元年"爲衍文,此處應爲"楚桓王卽位"。

四是作者對這三件史事的年代並不知曉,祇是籠統地説"楚聲桓王卽位,元年",説明在楚聲王世。可參本書綜合研究部分之"《繫年》的紀年與歷史敘事"。

總之,無論如何,簡文所謂"元年"是有誤的。

---

① 錢穆:《先秦諸子繫年》,北京:商務印書館,2005年,第226頁。
② 李鋭:《由清華簡〈繫年〉談戰國初楚史年代的問題》,《史學史研究》2013年第2期,第100~119頁。
③ 參本書上編第四章史事考證部分。

二、任之會及其相關史事考

通過我們上面的論證可知,本章所載的史事實際上均發生在周威烈王二十二年(公元前404)。據此,我們可以對本章開頭所謂的任之會的性質進行一些推測。

晉烈公止在任地會盟的目的到底何在?由於傳世文獻缺載,不能確知。但是此次會盟後,晉、越聯軍隨即攻伐齊國,據此可推斷任之會正是晉聯合諸侯攻伐齊國的盟會。既然如此,那麼三晉爲何要聯合諸侯伐齊呢?

從春秋後期到戰國初期,齊國的吕姜與田氏集團一直在爭鬥。到了春秋末期,田氏集團的田常(即田恒、田成子)於齊簡公四年(前481)殺死齊簡公而出任齊相,此後齊國政權一直掌握在田氏手中。①《史記·田完世家》:田常行德政,"行之五年,齊國之政皆歸田常"。②

田常殺死齊簡公後,立簡公弟爲平公。田常死後,其子田襄子繼位,擔任齊宣公之相。田襄子卒,田莊子繼位,繼續相齊宣公。田莊子卒,繼其位者爲何人,史書的記載有差異:

第一,《史記》認爲繼位者爲田和。《史記·田完世家》:"莊子卒,子太公和立。田太公相齊宣公。"③

第二,《竹書紀年》認爲繼位者先是田悼子,後爲田和。《史記·田完世家》索隱引《紀年》:"齊宣公十五年,田莊子卒。明年,立田悼子。悼子卒,乃次立田和。"④

那麼,以上兩種説法孰是孰非?

(一)田莊子卒年考

《史記索隱》以《紀年》爲是,其曰:"是莊子後有悼子。蓋立年無幾,所以作《系本》及記史者不得録也。"那麼其原因何在? 曰:

> 莊周及《鬼谷子》亦云"田成子殺齊君,十二代而有齊國。"今據《系本》《系家》,自成子至王建之滅,唯秖十代;若如《紀年》,則悼子及

---

① 對此可詳參王閣森、唐致卿主編:《齊國史》,濟南:山東人民出版社,1992年,第360~362頁;楊寬:《戰國史》,第179~180頁。
② 《史記》卷46,第2284~2285頁。
③ 《史記》卷46,第2286頁。
④ 《史記》卷46,第2286頁。

侯剡即有十二代,乃與《莊子》《鬼谷》説同,明《紀年》亦非妄。"①

　　方詩銘、王修齡按:"莊周之説見《莊子・胠篋》,今本《鬼谷子》無此語。"②

事實上,關於《莊子・胠篋》載田成子"十二世有齊國"的"十二世",除上引《史記索隱》的解釋外,古人還有以下兩種不同理解:其一,陸德明《釋文》曰:"自敬仲至莊子九世,知齊政自太公和至威王三世爲齊侯,故云'十二世也'。"③其二,郭慶藩引俞樾説認爲此"十二"是衍文。④ 實際上,這兩種説法均不可信,雷學淇、錢穆對此已有詳辨⑤,此不贅言。《竹書紀年》之説無疑是正確的。

但我們注意到,《史記索隱》所引《紀年》謂"齊宣公十五年,田莊子卒"。學者多認爲此"十五年"有脱譌,其理由是——《索隱》説"莊子後有悼子,蓋立年無幾,所以作《系本》及記史者不得録也",意即悼子的在位時間甚短;假若按《索隱》所引《紀年》,則田莊子卒於齊宣公十五年,而田和即位蓋在齊宣公五十一年:如此則前後矛盾。這點清人雷學淇已指出:

　　考《索隱》此段所引《紀》文,"宣公"下蓋落一"四"字。《紀年》之説本亦謂宣公四十五年莊子卒,明年悼子立,立六年,至晉烈公十一年卽卒,故《索隱》曰"立年無幾"。若莊子於宣公十五年卒,是悼公三十六年矣,豈得云"無幾"乎?⑥

那麽,《索隱》所引《紀年》到底原本爲何呢? 對此,學者有兩種意見:

第一,認爲"十五"爲"四十五"之脱譌。如雷學淇《考訂竹書紀年》卷5作"齊宣公四十五年,田莊子卒",繫之於晉烈公五年。楊守敬⑦、錢穆⑧、陳夢家⑨、楊寬⑩、方詩銘、王修齡⑪等均從此説。

---

① 《史記》卷46,第2286頁。
② 方詩銘、王修齡:《古本竹書紀年輯證(修訂本)》,第99頁。雷學淇謂《鬼谷子・胠篋》亡佚。參(清)雷學淇:《竹書紀年義證》卷34,第525頁。
③ (唐)陸德明撰,黄焯彙校,黄延祖重輯:《經典釋文彙校》卷27,北京:中華書局,2006年,第765頁。
④ (清)郭慶藩:《莊子集釋》卷4,第345頁。
⑤ 可參雷學淇:《竹書紀年義證》卷34,第525頁;錢穆:《先秦諸子繫年》,第188~189頁。
⑥ 雷學淇:《考訂竹書紀年》卷5,轉引自方詩銘、王修齡:《古本竹書紀年輯證(修訂本)》,第99頁。
⑦ 楊守敬:《水經注疏》卷24,轉引自方詩銘、王修齡:《古本竹書紀年輯證(修訂本)》,第99頁。
⑧ 錢穆:《先秦諸子繫年》,第187頁。
⑨ 陳夢家:《西周年代考;六國紀年》,第134頁。
⑩ 楊寬:《戰國史料編年輯證》,第55、173~174頁。
⑪ 方詩銘、王修齡:《古本竹書紀年輯證(修訂本)》,第98~99頁。

第二,認爲"十五"爲"五十"之倒。陳東認爲前人所謂"十五"爲"四十五"之脱譌説不可從,另創新説,認爲"十五"爲"五十"之倒。

下面我們對以上兩種説法作一辨析。陳東認爲前説不可從,其舉出了以下理由:

(1)《索隱》引《紀年》注《史記》全是注異不注同。

(2)定田悼子"在位一年"比"在位六年"更符合《索隱》"立年無幾"之説。

(3)定田莊子卒於宣公四十五年(前411)與魯國史實矛盾。《禮記·檀弓》載:"陳莊子死,赴於魯,魯人欲勿哭,繆公召縣子而問焉。"①"繆公"即魯穆公,據《六國年表》,魯穆公於前407年即位。

(4)與越國史實也不合。《吕氏春秋·順民》:"齊莊子請攻越,問於和子。和子曰:'先君有遺令曰:無攻越,越,猛虎也。'莊子曰:'雖猛虎也,而今已死矣。'"②林春溥《戰國紀年》云:"田莊子之時,越王死者惟朱句。而朱句滅滕滅郯,故有猛虎之喻。"依楊寬《戰國史》,越王朱句卒於公元前411年。由此足證田莊子於齊宣公四十五年(前411)尚健在,應是卒於齊宣公五十年(前406)。③

筆者認爲,上述理由前兩條甚牽强,真正能夠作爲證據的實際上是後兩條。這兩條證據,正是錢穆所舉用來論證第一種説法的,而陳東則用其來論證第二種説法。

下面我們對後兩條作一分析。

首先説第(3)條。《吕氏春秋·順民》:"齊莊子請攻越,問於和子。和子曰:'先君有遺令曰:無攻越,越,猛虎也。'莊子曰:'雖猛虎也,而今已死矣。'"④對於此事,無具體年代可考,至於此時之越王,更是無法確知爲何人。那麽,林春溥據何認爲此越王爲"朱句"呢? 其曰:"此事不知何年。考田莊子之時,越王死者惟一朱句。而朱句滅郯、滅滕,故有猛虎之喻歟? 姑附於此。"⑤假若林説可信,則朱句卒時田莊子仍在。按朱句之卒,《史記·越世家》索隱引《紀年》曰:"三十七年朱句卒。"雷學淇定在晉烈公五

---

① (清)孫希旦:《禮記集解》卷9,第218頁。
② 許維遹:《吕氏春秋集釋》卷9,第204頁。
③ 陳東:《戰國時期魯史繫年》,《齊魯學刊》1994年第2期,第93頁。
④ 許維遹:《吕氏春秋集釋》卷9,第204頁。
⑤ (清)林春溥:《戰國紀年》卷1,清道光十八年(1838年)竹柏山房刻本。

年(前411)①,范祥雍定爲晉烈公四年(前412)②,方詩銘、王修齡從後説③。

錢穆認爲,朱句之卒在齊宣公四十四年(前412),並以此作爲田莊子卒於宣公四十五年(前411)之證。④ 而陳東則認爲朱句卒當在齊宣公四十五年,此可證田莊子在宣公四十五年仍健在,卒當在宣公五十年(前405)。⑤ 筆者認爲,林春溥的推測是否可信實際上不可確知。卽便其説可信,朱句之卒年到底是晉烈公四年還是晉烈公五年亦未可知;卽便是後者,亦不能斷定田莊子之卒必不在齊宣公四十五年。所以,陳東的第(3)條證據恐難成立。

其次説第(4)條證據。《禮記·檀弓》載:"陳莊子死,赴於魯,魯人欲勿哭,繆公召縣子而問焉。"⑥錢穆據此認爲:"魯穆公元在齊宣公四十一年。(詳考辨第四十七,《年表》誤後八年。)田莊子死,爲穆公之五年。此田莊子死而魯繆已立之證二。"⑦按錢穆所説"考辨第四十七"謂第四十七章"魯繆公元爲周威烈王十一年非十九年亦非十七年辨",其認爲魯穆公元年在周威烈王十一年(前415),《六國年表》所謂魯穆公元年在周威烈十九年(前407)之説不可信。⑧ 而陳東據《六國年表》論證其説。⑨

綜上可見,關於田莊子卒於齊宣公四十五年(前411)的説法,還未有足夠的證據予以推翻,所以我們仍然堅持舊説。

(二)任之會前齊國的政治形勢

田莊子卒於齊宣公四十五年(前411);田悼子於齊宣公四十六年(前410)卽位,至齊宣公五十一年(前405)卒;田和子於齊宣公五十一年卽位(前404)。據此,任之會的前一年爲田悼子掌握齊政權之際。

1. 廩丘之役

在任之會的前一年,齊國的田氏集團發動內亂,並由此引發了三晉的

---

① 雷學淇:《考訂竹書紀年》卷5,轉引自方詩銘、王修齡:《古本竹書紀年輯證(修訂本)》,第97頁。
② 范祥雍訂補:《古本竹書紀年輯校訂補》,上海:上海古籍出版社,2011年,第58、112頁。
③ 方詩銘、王修齡:《古本竹書紀年輯證(修訂本)》,第97頁。
④ 錢穆:《先秦諸子繫年》,第187~188頁。
⑤ 陳東:《戰國時期魯史繫年》,《齊魯學刊》1994年第2期,第93頁。
⑥ (清)孫希旦:《禮記集解》卷9,第218頁。
⑦ 錢穆:《先秦諸子繫年》,第188頁。
⑧ 錢穆:《先秦諸子繫年》,第178~179頁。
⑨ 陳東:《戰國時期魯史繫年》,《齊魯學刊》1994年第2期,第93頁。

圍攻,此卽廩丘之役。

《史記·田完世家》索隱引《紀年》:"宣公十一年,公孫會以廩丘叛於趙。十二月,宣公薨。"①

《水經注·瓠子水》引《紀年》:"晉烈公十一年,田悼子卒。田布殺其大夫公孫孫,公孫會以廩丘叛於趙。田布圍廩丘,翟角、趙孔屑、韓師救廩丘,及田布戰於龍澤,田布敗逋。"②

在晉烈公十一年③、齊宣公五十一年(前405,周威烈王二十一年),田悼子卒。《史記》索隱引《紀年》:"齊宣公十五年,田莊子卒。明年,立田悼子。悼子卒,乃次立田和。"據此,田悼子實際上爲齊宣公時期齊國的掌權者。田悼子卒後,田布與田孫孫爭奪政權,結果後者失利,被前者殺死。田孫會屬於田孫孫一黨,於是以齊邑廩丘(很可能是其私邑)叛於趙。④

田孫會叛逃趙,於是田布率師圍攻廩丘。田布此舉觸犯了三晉(尤其是趙國)的利益,於是趙國派孔屑(實爲此次戰役的主將)與魏將翟角、韓師救廩丘,並在龍澤與田布進行了遭遇戰,田布敗逃。

在此次戰役中,齊田布勢力損失慘重。《呂氏春秋·不廣》:"齊攻廩丘,趙使孔青將死士而救之。與齊人戰,大敗之,齊將死。得車二千,得尸三萬,以爲二京。"⑤《孔叢子·論勢》:"齊攻趙,圍廩丘,趙使孔青帥五萬擊之,尅齊軍,獲尸三萬。"⑥孔屑與孔青是同一人。楊寬認爲《孔叢子》說乃本於《呂氏春秋》而僞托,他說:"《孔叢子·論勢篇》大體相同,惟以歸尸云云,作爲子順語。蘇時學云:'《孔叢子》本之《呂氏春秋》。今以《紀年》考之,此時在魏文侯時。寧越爲周威公師,正其時人也。若子順乃安釐王世,相去百年矣。'蓋《孔叢子》作僞者依據《呂氏春秋》,以寧越之言妄改作子順之語。《孔叢子》云'齊攻趙,圍廩丘,趙使孔青帥五萬擊之,尅齊軍,獲

---

① 《史記》卷46,第2287頁。
② 方詩銘、王修齡:《古本竹書紀年輯證(修訂本)》,第100頁。
③ 《史記·六國年表》載周威烈王二十一年爲晉烈公十五年,據《竹書紀年》及驫羌鐘的資料來看,《六國年表》有誤,周威烈王二十二年當爲晉烈公十二年。可參唐蘭:《智君子鑑考》,《唐蘭論文集(二)》,第588~589頁。
④ 關於此次齊國內亂的性質,學者有兩種觀點:一種認爲是齊國田氏集團的內訌(參王閣森、唐致卿主編:《齊國史》,第363頁;楊寬:《戰國史》,第292頁);另一說認爲是姜齊勢力和田氏的鬥爭(參晁福林:《春秋戰國的社會變遷》,第174~178頁;《公孫會之亂考》,《春秋戰國史叢考》,蘇州:蘇州大學出版社,2015年,第87~90頁)。
⑤ 許維遹:《呂氏春秋集釋》卷15,第383頁。
⑥ 傅亞庶:《孔叢子校釋》卷6,北京:中華書局,2011年,第357頁。

尸三萬。'所謂'孔青帥師五萬',不知何據,並不足信。"①

無論如何,在廩丘之戰中,以趙氏爲首的三晉軍隊大獲全勝。既然如此,爲何在次年三晉又要聯合越在任地會盟而準備再次伐齊呢?

2."齊和子亂"與"陳慶子牛之禍"

上文已述,在田悼子卒後,齊國的田氏集團發生内亂,一方以田布爲代表,另一方以田會(公孫會)爲代表。後田會以廩丘叛逃趙國,田布圍攻廩丘,結果被以趙國爲首的三晉勢力大敗,此即廩丘之役。在廩丘之役中田布勢力元氣大傷,田和就是在此種情形下即位的。

《戰國策·魏策四》:"繒恃齊以悍越,齊和子亂而越人亡繒。"②《水經注·瓠子水》引《紀年》:"晉烈公十一年,田悼子卒。田布殺其大夫公孫孫,公孫會以廩丘叛於趙。田布圍廩丘,翟角、趙孔屑、韓師救廩丘,及田布戰於龍澤,田布敗逋。"③蒙文通認爲:"悼子死,和子繼位,而田布、公孫會内訌,此即所謂和子之亂。"④楊寬認爲:"所謂'和子亂',即指田悼子死後,和子初立時,田氏發生之内亂,因田布殺其大夫公孫孫而引起,越乃乘機滅亡繒國。"⑤據此,則所謂"和子之亂"亦當發生在晉烈公之十一年(前405)。筆者認爲,所謂"和子之亂"很可能是田和爭位之亂。

筆者懷疑,田和的順利即位,可能是依靠其大將項子牛,而子牛在助田和即位後,實際上也控制了齊政權。《淮南子·人間訓》:"三國伐齊,圍平陸⑥。括子以報於牛子,曰:'三國之地,不接於我,踰鄰國而圍平陸,利不足貪也。然則求名於我也。請以齊侯往。'牛子以爲善。括子出,無害子入,牛子以括子言告無害子,無害子曰:'異乎臣之所聞。'牛子曰:'國危而不安,患結而不解,何謂貴智?'無害子曰:'臣聞之,有裂壤土以安社稷者,聞殺身破家以存其國者,不聞出其君以爲封疆者。'牛子不聽無害子之言,而用括子之計,三國之兵罷,而平陸之地存。自此之後,括子日以疏,無害子日以進。"⑦

觀上引《淮南子》,"牛子"權勢相當大,所以陳連慶懷疑此"牛子"爲"禾子"(田和)之誤,但後又否定了自己的看法,他説:

---

① 楊寬:《戰國史料編年輯證》,第191~192頁。
② 范祥雍:《戰國策箋證》卷25,第1416頁。
③ 方詩銘、王修齡:《古本竹書紀年輯證(修訂本)》,第100頁。
④ 蒙文通:《越史叢考》,《蒙文通全集(四)》,第282頁。
⑤ 楊寬:《戰國史料編年輯證》,第192頁。
⑥ 楊寬説:"蓋'陰'古作'陸',與'陸'形近而譌。"楊寬:《戰國史料編年輯證》,第205頁。
⑦ 何寧:《淮南子集釋》卷18,第1261~1263頁。

《人間篇》的牛子，廢置國君如欒棋，玩弄齊侯於指掌之上，由其權勢、地位觀之，自非田和莫屬。可見牛子之牛，應爲禾字之誤。禾是和字的假借。《墨子·魯問篇》云："項子牛三侵魯地。"我曾一度疑項子牛即《人間篇》的牛子，亦即田和。後來發現《魯問篇》中既有項子牛又有齊太王和，項子牛與牛子、田和等人，不會是同一人，可以肯定。①

楊寬則懷疑"無害子"是田和，他說：

和與無害音近通假。田悼子卒後，田氏爭權而發生內亂，和子在內亂中得勝而即位。此後，至齊康公十八年，田和子會見魏文侯，請魏文侯言於天子而立爲諸侯。蓋沿用三晉請齊侯言於天子而立爲諸侯之列。《淮南子》稱"無害子日以進"，或即指此而言。②

實際上，以上兩種懷疑均缺乏依據。但我們注意到二位學者之所以有上述推測，是因爲考慮到此時田和已經即位，而掌權者竟然是牛子而不見田和。筆者認爲這種考慮是必要的。正如上文我們所猜測的，牛子在幫助田和即位後隨即獨攬了大權，此或可回答二位學者之疑慮。因此，筆者認爲此時田和雖然即位，但大將牛子實際上是掌權者，此即《繫年》中所謂的"陳塵子牛之禍"。

《繫年》第二十二章載：平陰之戰"齊師北，晉師逐之，入至汧水，齊人且有陳塵子牛之禍，齊與晉成，齊侯盟於晉軍。晉三子之大夫入齊，盟陳和與陳淏於溋門之外"。正由於此時實權掌握在項子牛手中，即便田和想與三晉戰亦不可得，故結盟了事。而且，我們注意到，此時雖然項子牛掌權，但結盟者是田和，可知田和此時已即位，也是諸侯國所承認的齊國掌權者（至少是名義上的）。

綜上可見，田悼子卒後，發生了田布與田會的鬥爭，結果田會逃亡趙國，通過廩丘之役田布也大傷元氣。在這種情形下，田和在其大將項子牛的支持下順利即位，在此過程中，必有一番爭鬥，此即《戰國策》所謂的"齊和子亂"，而越國乘此機會也順利滅了繒國。田和即位後，大將項子牛掌握了實權，因此在三晉圍平陰之時牛子爲所欲爲，田和反而無所作爲。田和即位後出現的項子牛擅權事即《繫年》所謂的"陳塵子牛之禍"。因此，"齊

---

① 陳連慶：《〈鬳羌鐘〉銘"征秦迮齊"新釋》，《東北師大學報（哲學社會科學版）》1979 年第 3 期，第 80 頁。
② 楊寬：《戰國史料編年輯證》，第 205～206 頁。

和子亂"和"陳塵子牛之禍"實際上不可混同。①

三、越伐齊

《戰國策·魏策四》:"繒恃齊以悍越,齊和子亂而越人亡繒。"②繒或作鄫,姒姓,在今山東棗莊市東、蒼山蘭陵西北。蒙文通認爲,晉烈公十二年(前404)爲田和初立年,即越王翳之八年,"越人亡繒"當即此年。③ 蒙氏的這種繫年是正確的。

根據我們前文的分析,《繫年》"楚聲桓王元年"其實是四年,正是周威烈王二十二年(前404),與蒙文通的繫年完全一致。

據《戰國策》可知,齊國權位之爭爲越人亡繒提供了契機。據《繫年》,越亡繒後,又聯合晉進攻齊,並迫使齊侯臣服,可見戰國初期越國實力強大。

四、三晉伐齊與封侯

周威烈王二十二年(前404,晉烈公十二年,齊康公元年),三晉聯合伐齊,攻入齊長城,在齊要邑平陰會合,又長驅直入,直搗齊都臨淄。此即晉、齊平陰之役。前文已述,廩丘之役是齊國挑起來的,而此次平陰之戰正是對齊國的反擊。平陰之役後,三晉又脅迫齊侯共同朝見周王,並被周威烈王封爲諸侯,此即三晉封侯事。關於這兩件重要的史事,《史記》等傳世文獻語焉不詳,而驫羌鐘、《紀年》以及《繫年》等對此有比較詳細的記載,這使得這些重要史實得以發覆。

(一)史料考證

1. 驫羌鐘銘考

驫羌鐘於1928~1931年在河南洛陽金村太倉古墓出土,傳世共十四枚,除第五、十四枚藏加拿大皇家安大略博物館外,其他均藏日本泉屋博古館。從其長方形的紐、螺形的枚和細緻的板印花紋,有學者認爲其時代應

---

① 有學者將此二事合而爲一(馬衛東、王政冬:《清華簡〈繫年〉三晉伐齊考》,復旦大學出土文獻與古文字研究中心網,2012年10月18日;馬衛東:《清華簡〈繫年〉項子牛之禍考》,《華夏文化論壇》2013年第1期),據筆者上文的分析,應是不可信的。
② 范祥雍:《戰國策箋證》卷25,第1416頁。
③ 蒙文通:《越史叢考》,《蒙文通全集(四)》,第282頁。

屬於戰國時期。① 驫羌鐘銘文共六十一字,使用周王紀年,器主是三晉之一韓氏的家臣驫羌,銘曰:

　　隹(唯)廿又再祀,驫羌乍(作)戎(介),厥(厥)辟韓(韓)宗敦(虔)達(率)征秦迮(迮)齊,入張(長)城,先會于平隆(陰),武侄寺力,寡(襲)敓(奪)楚京。賞于韓宗,令于晉公,昭于天子,用明則之于銘。武文咸刺(烈),永枼(世)母(毋)忘。(鐘五件,《集成》157～161)

　　驫氏之鍾(鐘)。(鐘九件,《集成》162～170)

(1)銘文考釋②

隹(唯)廿又再祀:《水經注·汶水》引《古本竹書紀年》云:"烈公十二年,王命韓景子、趙烈子、翟員伐齊,入長城。"温廷敬據此認爲此二十二年乃周威烈王二十二年。根據《史記·六國年表》,周威烈王二十二年即前404年是晉烈公十六年。所以温廷敬認爲《紀年》的"烈公十二年"之"十二"爲"十六"之誤("六字失去下二點,後人遂誤爲二字耳")。唐蘭先是主張周靈王二十二年説③,後來改從温廷敬説,但不同意温氏將《紀年》的"烈公十二年"之"十二"改爲"十六"之説。他認爲,《史記·六國年表》與《古本竹書紀年》本就齟齬。《水經注·瓠子水》引《竹書》:"晉烈公十一年,田悼子卒。田布殺其大夫公孫孫,公孫會以廩丘叛於趙。田布圍廩丘,翟角、趙孔屑、韓師救廩丘,及田布戰於龍澤,田布敗逋。"《史記·田完世家》索隱引《古本竹書紀年》:"宣公五十一年,公孫會以廩丘叛於趙。"此二書所引本是一事,唯《水經注》依《古本竹書紀年》用晉烈公之年,而索隱則以《田敬仲完世家》之故,改用齊宣公之年耳。齊宣公五十一年,按照《史記·六國年表》爲周威烈王二十一年,即前405年;晉烈公十一年,按照《六國年表》爲周威烈王十七年,即前409年。也就是説,《古本竹書紀年》的晉烈公紀年實際上與《六國年表》差四年。因此,《古本竹書紀年》云"烈公十二年"也就是《六國年表》的晉烈公十六年、周威烈王二十二年,即前404年。④ 唐蘭的這種看法得到了學界的普遍認同。

---

① 孫稚雛:《驫羌鐘銘文彙釋》,《古文字研究》第19輯,北京:中華書局,1982年,第102～114頁;又收入《孫稚雛學術叢稿》,第103～116頁。本章後文所引孫説以及諸家説法如不特别註明,均出自此文。

② 另參董珊:《清華簡〈繫年〉與驫羌鐘對讀》,《簡帛文獻考釋論叢》,第96～101頁。

③ 唐蘭:《驫羌鐘考釋》,《唐蘭論文集(一)》,第265～270頁。

④ 唐蘭:《智君子鑑考》,《唐蘭論文集(二)》,第586～594頁。

驫羌:器主名,驫爲氏,羌爲名,是韓氏家臣。劉節曰:"驫卽驫之繁文。"《説文·馬部》:"驫,衆馬也。从三馬。""驫"氏字見西周驫姒簋(《集成》3567)、驫姒鼎(《集成》2193)。《水經注·沁水》:"沁水又南,歷陭氏關,又南與驫驫水合。水出東北巨駿山。"① 孫稚雛認爲此或驫氏所居之地。

乍(作)㦰(介):作爲副介。《戰國策·秦策二》:"王令向壽輔行。"高誘注:"輔,副介也。"②

㦰,原銘右从"戈",拓本左旁皆不清楚;孫稚雛摹本作"㦰",左旁作"㐅"。該字劉節釋爲"戎";唐蘭釋爲"伐";徐中舒釋爲"戜",卽匕首之"匕"。關於釋"戎",郭沫若認爲"戎"假借爲"鏞",並引《爾雅·釋樂》:"大鐘曰庸。"温廷敬説:"作,起也。戎,兵也。卽古稱興師,後世稱起兵之義。"後董珊提出孫稚雛的摹本有誤,其根據《泉屋博古——中國古青銅器編》的照片,認爲左側應从"丯",隸定爲"㦰";並從李家浩从"丯""介"聲字常通用説,將"㦰"讀爲"介",卽副介。古書記載使者出行,常正使和副使同行,副使稱"介"。"介"的詞義就是"副貳",與"率(帥)"相對。句意爲:驫羌作副介,他的主君韓宗爲主帥。可知驫羌是這次出征的副帥。後吴良寶在文章中説:"承崎山隆教授見告,根據清晰的鐘銘照片可知,釋㦰與原器字形不合,此釋有誤。"③ 對此,周波據清晰照片,認爲該"字左部應看作丯旁之省筆,此字從整體構形來看仍應釋爲㦰",讀爲"介"。④ 據此,該字仍當讀爲"介"。

氒(厥)辟䧊(韓)宗:辟,《爾雅·釋訓》:"辟,君也。天子諸侯通稱辟。"因爲驫羌爲韓氏家臣,所以尊韓爲宗主。

敲:釋爲"獻"。《説文》"徹"字古文作"㣚",《説文·攴部》:"徹,通也。从彳从攴从育。㣚,古文徹。"温廷敬據此認爲"敲"是"徹"之省。陳夢家認爲,該字从"鬲"从"攴"及"獻"字之省(金文假"獻"爲"甗","甗"者上爲甑下爲鬲,而鬲實爲主體),又古音"獻""虔"音近,故此字讀爲"虔","韓宗虔"卽韓景侯虔也。⑤ 按,十四年陳侯午敦(《集成》4646)銘文

---

① (南北朝·後魏)酈道元注,(清末)楊守敬、熊會貞疏:《水經注疏》卷9,第820頁。
② 范祥雍:《戰國策箋證》卷4,第252、254頁。
③ 吴良寶:《驫羌鐘銘"楚京"研究評議》,李守奎主編:《清華簡繫年與古史新探》,上海:中西書局,2016年,第120頁。
④ 周波:《戰國銘文分域研究》,上海:上海古籍出版社,2019年,第218~219頁。
⑤ 陳夢家:《西周年代考;六國紀年》,第125頁。

中"獻"字从"鼎"从"犬"。陳夢家説可從。

征秦趆(迮)齊:"趆"從"攸"聲,古文字中"攸""乍"通用,"趆"即"迮"的繁體。《説文·辵部》:"迮,迫也。""征"與"迮"常連用,如筥大史申鼎(《集成》2732):"用征以迮。"張亞初認爲,"征"與"迮"這兩個字"不是重文疊義,而是對文別義。它們字義相近而略有區分,征是征伐,迮是逼迫敵人使之降服。先言征後言迮,意思是遞進的。筥大史申鼎'用征以迮',就是講通過征伐使之臣服,這種字義上的差異和字句上的遞進關繫,過去注意得不夠,認爲迮也就是征,顯然是不恰當的"①。

武佺寺力:于省吾説:"武佺猶言武鷙,……武佺寺力,猶言恃其勇武之力也。"②

富(襲)敓(奪)楚京:富,李家浩從唐蘭説將其讀爲"襲"。③ 楚京,劉節引繆鉞説:"楚京卽楚丘,《爾雅·釋地》:'丘之高大者曰京。'"郭沫若認爲楚、京爲二地,楚指楚丘,京指景山。吳其昌、楊樹達認爲楚京指楚之京都。吳闓生認爲楚京指楚國高原之地。孫稚雛認爲楚京指齊國的一個地名。李家浩認爲銘文所記征伐之國均爲國名,"楚京"應不例外,其懷疑"楚京"應該讀爲"楚荊"。

用明則之於銘:則,孫稚雛説:"則字金文多作鼎,从刀从鼎,會意。謂刻銘於鼎也。"郭沫若説:"讀若載。"義近。

(2)意譯

在周威烈王二十二年,屬羌作爲副介,其君韓宗虔率師征伐秦,迫使齊國屈服,入長城,先在平陰會合軍隊,依恃勇武之力,突襲楚京。被韓主所賞賜,亦受命於晉公,明德爲周天子所昭見,刻銘於鼎。武文之功烈,世世代代永不忘。

2.《竹書紀年》

《水經注·汶水》引《竹書紀年》:"[晉]烈公十二年,王命韓景子、趙烈子、翟員伐齊,入長城。"④翟員,卽翟角,魏國統帥,此人在晉烈公十一年的廩丘之役中曾作爲魏國統帥伐齊。

---

① 張亞初:《古文字源流疏證釋例》,《古文字研究》第21輯,北京:中華書局,2001年,第378頁。
② 于省吾:《雙劍誃吉金文選》,北京:中華書局,1998年,第12頁。
③ 李家浩:《釋上博戰國竹簡〈緇衣〉中的合文》,《安徽大學漢語言文字研究叢書·李家浩卷》,第149頁。
④ 方詩銘、王修齡:《古本竹書紀年輯證(修訂本)》,第101頁。

3.《繫年》

《繫年》第二十二章載:"晉魏文侯斯從晉師,晉師大敗齊師,齊師北,晉師逐之,入至汧水,齊人且有陳瘝子牛之禍,齊與晉成,齊侯盟於晉軍。晉三子之大夫入齊,盟陳和與陳淏於溋門之外,曰:'毋修長城,毋伐廩丘。'晉公獻齊俘馘於周王,遂以齊侯貸、魯侯顯、宋公田、衛侯虔、鄭伯駘朝周王于周。"

(二)平陰之役考

周威烈王二十二年(前404,晉烈公十二年,齊康公元年),三晉的韓景子、趙烈子及魏國統帥翟角參加伐齊,而據《繫年》"晉魏文侯斯從晉師"可知,此次戰鬥的最高統帥是魏文侯。魏文侯爲何會成爲此次會戰的最高統帥呢?這跟戰國初年魏國的實力以及魏文侯的聲望有關。

1. 戰國初年魏國的國勢、魏文侯稱侯及其聯合趙、韓

《史記·晉世家》:"[晉]哀公四年,趙襄子、韓康子、魏桓子共殺知伯,盡並其地。"從而初步形成了"三家分晉"的基本格局。晉哀公於十八年卒,其子幽公柳即位,"幽公之時,晉畏,反朝韓、趙、魏君"①。晉公室由於衰弱,反而朝見三晉之大夫,成爲三大夫之附庸,可見此時"三家分晉"的格局已經完全確立。

韓、趙、魏三家分晉後,最先強大的是魏國,而魏文侯也是最先稱侯的三晉大夫,具體在楚簡王八年。

戰國初期,魏文侯首先任用法家的代表人物李悝實行變法,加強中央集權,優待子夏等儒學人士籠絡人才。通過這些措施,魏國最先成爲三晉中富強的國家。同時,魏文侯還加強同韓、趙的關繫,使得後者能夠團結在魏的周圍。

(1)《韓非子·説林下》:"韓、趙相與爲難。韓子索兵於魏,曰:'願借師以伐趙。'魏文侯曰:'寡人與趙兄弟,不可以從。'趙又索兵攻韓,文侯曰:'寡人與韓兄弟,不敢從。'二國不得兵,怒而反。已乃知文侯以搆於己,乃皆朝魏。"②

(2)《戰國策·魏策一》:"韓、趙相難,韓索兵於魏曰:'願得借師以伐趙。'魏文侯曰:'寡人與趙兄弟,不敢從。'趙又索兵以攻韓,文侯曰:'寡人與韓兄弟,不敢從。'二國不得兵,怒而反。已乃知文侯已講

---

① 《史記》卷39,第2032頁。
② (清)王先慎撰,鍾哲點校:《韓非子集解》卷8,第194頁。

於己也,皆朝魏。"①

(3)《資治通鑑·周紀一》威烈王二十三年:"韓借師於魏以伐趙,文侯曰:'寡人與趙,兄弟也,不敢聞命。'趙借師於魏以伐韓,文侯應之亦然。二國皆怒而去。已而知文侯以講於己也,皆朝於魏。魏由是始大於三晉,諸侯莫能與之爭。"②

上述三者所記爲同一事,而(3)所據者蓋是(1)(2)。關於此事的年代,(1)(2)僅謂在魏文侯時而不知具體年代,而(3)則繫之於周威烈王二十三年(前403)。這說明在平陰之戰(周威烈王二十二年,前404)前後,魏文侯聯合韓、趙,從而整合了三晉的勢力。這一方面使得三晉作爲一個整體出現在戰國初期的政治舞臺上,另一方面則加強了魏國的政治影響力,從而能爲其謀取最大的政治利益,誠如(3)中所說:"魏由是始大於三晉,諸侯莫能與之爭。"清代學者黄式三說:"魏文侯之世,魏與韓、趙不交兵。"③魏文侯正是通過這個策略來聯合韓、趙的。

2. 平陰之役的過程

據《繫年》可見,平陰之役的主帥實際上就是魏文侯,這與我們上面所分析的戰國初期的魏國國勢之強大,以及魏文侯聯合趙、韓以整合三晉的種種作爲是完全一致的。此次戰役除了主帥魏文侯外,參與者中,魏國方面有翟角,而趙國方面有趙烈子,韓國方面有韓景子及其副介騷羌。

三晉軍隊一路進攻。騷羌鐘說三晉軍隊"入長城,先會于平陰",因平陰是齊長城之西端。結果齊國軍隊敗北,《繫年》說三晉之師追至汧水。此時齊國國内田和雖然即位,但其大將項子牛却握有大權。項子牛在三晉軍隊逼近的情形下,試圖通過交出齊宣公作爲與晉講和的條件。結果,齊宣公被脅迫着進入三晉的軍營,與其結盟。

雖然此時項子牛掌握大權,但名義上田氏集團的田和才是當時所認可的掌權者。《繫年》說"晉三子之大夫入齊,盟陳和與陳淏於溋門之外,曰:'毋修長城,毋伐廩丘。'"正反映出這種情勢。

3. 三晉封侯

《繫年》第二十二章:"晉公獻齊俘馘於周王,遂以齊侯貸、魯侯顯、宋公田、衛侯虔、鄭伯駘朝周王於周。"

---

① 范祥雍:《戰國策箋證》卷22,第1244~1245頁。
② (宋)司馬光:《資治通鑑》卷1,第18頁。
③ (清)黄式三:《周季編略》卷4,南京:鳳凰出版社,2008年,第51頁。

三晉伐齊,本來不是爲了佔領齊的土地,而主要是爲了通過征伐使齊屈服,以達到迫使齊侯隨三晉朝見周天子、封其爲諸侯的目的。齊國大臣田括子對此看得很清楚,其説三晉"踰鄰國而圍平陰,利不足貪也。然則求名於我也。請以齊侯往"①,可謂一語中的! 平陰之戰後,周威烈王二十三年,周王正式封三晉之大夫爲侯。

五、衛侯虔的問題

《繫年》第二十二章載:"晉公獻齊俘馘於周王,遂以齊侯貸、魯侯顯、宋公田、衛侯虔、鄭伯駘朝周王於周。"此事當周威烈王二十二年,據《史記·六國年表》,此衛侯當爲衛慎公穨。

《史記·衛世家》載出公"立二十一年卒,出公季父黔攻出公子而自立,是爲悼公。悼公五年卒",索隱引《世本》曰"名虔"。② 據此則衛悼公名黔,《世本》作虔。《左傳》杜預注作"黚"③。楊伯峻認爲三字古音俱相近。④

《衛世家》又載悼公卒後,"子敬公弗立。敬公十九年卒,子昭公糾立。昭公六年,公子亹弒之代立,是爲懷公。懷公十一年,公子穨弒懷公而代立,是爲慎公。慎公父,公子適;適父,敬公也。"關於"公子適",索隱引《世本》曰:"'適'作'虔'。"⑤據此,則衛慎公穨之父爲公子適,《世本》又作"公子虔"。公子虔之父是衛敬公,公子虔之所以稱"公子",梁玉繩説是"適乃敬公庶子"⑥,可信。楊寬説:"按照當時貴族的習慣,國君的小兒子往往稱爲公子。"⑦據此,則衛慎公穨的父親、衛敬公的庶子——公子適也稱"公子虔"。

簡文中的衛侯虔到底是《衛世家》中的哪一代衛侯呢? 從文獻上看,有可能是衛悼公虔,也有可能是衛慎公之父公子虔。但前者與簡文所述時代相差較大,故學者多傾向於後者。李學勤即認爲衛侯虔即公子虔(適)。⑧ 但是據《衛世家》,公子虔未即位,蘇建洲據《繫年》認爲公子虔曾

---

① 何寧:《淮南子集釋》卷18,第1261頁。
② 《史記》卷37,第1939頁。
③ 《春秋左傳正義》卷60,《十三經注疏》,第4740頁。
④ 楊伯峻:《春秋左傳注(修訂本)》,第1728頁。
⑤ 《史記》卷37,第1938~1939頁。
⑥ (清)梁玉繩:《史記志疑》卷20,第945頁。
⑦ 楊寬:《商鞅變法》,上海:上海人民出版社,1973年,第13頁。
⑧ 李學勤:《清華簡〈繫年〉及有關古史問題》,《文物》2011年第3期,第71頁。

即位,簡文所述與《衛世家》不同。① 熊賢品、劉卓異亦均據《繫年》認爲公子虔曾即位。②

筆者認爲,根據時代推斷,簡文的衛侯虔祇能是衛慎公之父公子虔。簡文將其稱爲"衛侯虔",這是否意味着公子虔一定曾即位呢?上引三位學者均説公子虔曾即位,但他們均未舉出公子虔即位的堅實證據。譬如《衛世家》裏將即位之前的衛慎公稱爲"公子穨",上引劉卓異即認爲,既然他被稱爲"公子",則其父公子虔必然做過衛侯,否則祇能稱爲"公孫",並認爲這是司馬遷雜抄各國史料而遺留的舊稱。③ 今按,此説實非,理由有二:其一,"公子穨"之"公子"乃泛稱,不必表明其父必然做過衛侯,此於《衛世家》有證。譬如《衛世家》載:"莊公出犇,衛人立公子斑師爲衛君。"集解:"《左傳》曰:'斑師,襄公之孫。'"④可見斑師之祖父爲襄公,其父並未做過衛君。其二,退一步講,假若司馬遷真認爲公子虔做過衛君,那麼爲何在《衛世家》與《六國年表》裏對此隻字不提呢?這正可反證司馬遷即認爲公子虔並未做過衛侯。

既然司馬遷不認爲公子虔做過衛侯,簡文所載朝周事又在前404年,當時的衛侯實際上是衛慎侯,那麼《繫年》中"衛侯虔"可能就有誤,蓋應爲"衛慎侯"。

---

① 蘇建州等:《清華二〈繫年〉集解》,第869頁。
② 熊賢品:《戰國時期衛君世系考》,《中國史研究》2018年第4期,第187頁;劉卓異:《戰國衛國紀年三考》,《中國史研究》2018年第4期,第199~201頁。
③ 劉卓異:《戰國衛國紀年三考》,《中國史研究》2018年第4期,第200頁。
④ 《史記》卷37,第1938頁。

【第二十三章】

[説明]

(一)"㼌"【一二九】的隸定與釋讀

【整理者】隸爲"賵"。①

【海天(網名)】戰國文字的"重"幾乎都添加了"土"旁,所以隸定爲"賵"是有問題的。他認爲此字右旁實爲"甫",隸爲"賻"。②

【李松儒】右旁既非"重",又非"甫",此字暫隸定爲"賺"。③

【謹按】字形仍待考,暫隸定爲"賺"。

[釋文]

楚聖(聲)趄(桓)王立四年,宋公畋(田)、奠(鄭)白(伯)絽(駢)皆朝于楚,[1]王衍(率)宋公以城䣂(榆)闈(關),[2]是(寘)武㫃(陽)。[3]秦人【一二六】敗(敗)晉自(師)於茖(洛)仌(陰),以爲楚敫(援)。[4]

聖(聲)王卲(殂)殜(世),卯(悼)折(哲)王卲(即)立(位),[5]奠(鄭)人戬(侵)俥(榆)闈(關),㫃(陽)城洹(桓)悊(定)君衍(率)【一二七】牽(榆)闈(關)之自(師)與上或(國)之自(師)以迖(交)之,與之戬(戰)於珪(桂)陵,楚自(師)亡(無)工(功),競(景)之賈與醫(舒)子共戢(止)而死。[6]

皿(明)【一二八】戬(歲),晉賺余衍(率)晉自(師)與奠(鄭)自(師)以内(納)王子定。[7]遶(魯)易(陽)公衍(率)自(師)以迖(交)晉=人=(晉人,晉人)還,不果内(納)王子。[8]

皿(明)戬(歲),【一二九】郎臧(莊)坪(平)君衍(率)自(師)戬(侵)

---

① 清華大學出土文獻研究與保護中心編,李學勤主編:《清華大學藏戰國竹簡(貳)》,第196頁。
② 海天(蘇建洲):《〈繫年〉簡129的人名》,復旦大學出土文獻與古文字研究中心網,2012年1月5日;李松儒:《清華簡〈繫年〉集釋》,第323頁。
③ 李松儒:《清華簡〈繫年〉集釋》,第323頁。

奠(鄭),[9]奠(鄭)皇子=(子、子)馬、子池、子封子衍(率)自(師)以迖(交)楚=人=(楚人,[10]楚人)涉泝(氾),[11]牁(將)與之戰(戰),奠(鄭)自(師)逃【一三〇】内(入)於蔑。[12]楚自(師)回(圍)之於奠(鄭)蔑,夅(盡)逾奠(鄭)自(師)與亓(其)四迺(將)軍,以歸(歸)於郢。[13]奠(鄭)大(太)宰(宰)慚(欣)亦起(起)禍(禍)於【一三一】奠=(鄭,[14]鄭)子旕(陽)用滅,亡遺(後)於奠(鄭)。[15]

朙(明)哉(歲),楚人歸(歸)奠(鄭)之四迺(將)軍與亓(其)萬民於奠(鄭)。[16]晉人回(圍)津(津)、長陵,【一三二】克之。[17]王命坪(平)亦(夜)悼武君衍(率)自(師)戕(侵)晉,逾郙(郙),戠(止)鄭公,涉瀾(澗)以歸(歸),以遉(復)長陵之自(師)。[18]

㫃(厭)年,[19]倝(韓)【一三三】繈(取)、恩(魏)繃(擊)衍(率)自(師)回(圍)武旕(陽),以遉(復)郢(郙)之師。[20]遹(魯)昜(陽)公衍(率)自(師)救(救)武昜(陽),與晉自(師)戰(戰)於武昜(陽)之城【一三四】下,楚自(師)大敗,遹(魯)昜(陽)公、坪(平)亦(夜)悼(悼)武君、昜(陽)城洹(桓)惡(定)君——三執珪(圭)之君與右尹卲(昭)之规(誒)死女(焉),楚人夅(盡)弃(棄)亓(其)【一三五】幃(旃)、幕、車、兵,犬逯(逸)而還。[21]陳人女(焉)反(返),而内(入)王子定於陳。楚邦以多亡城。[22]楚自(師)牁(將)救(救)武昜(陽),【一三六】王命坪(平)亦(夜)悼武君李(使)人於齊陳淏求自(師)。陳疾目衍(率)車千黿(乘),以從楚自(師)於武昜(陽)。甲戌,晉、楚以【一三七】戰(戰)。丙(丙)子,齊自(師)至嵒,述(遂)還。【一三八】[23]

　　百廿六【一二六背】　百廿七【一二七背】　百廿八【一二八背】
　　百廿九【一二九背】　百卅【一三〇背】　百卅一【一三一背】
　　百卅二【一三二背】　百卅三【一三三背】　百卅四【一三四背】
　　百卅五【一三五背】　百卅六【一三六背】　百卅七【一三七背】

[疏證]

[1]楚聖(聲)起(桓)王立四年,宋公畋(田)、奠(鄭)白(伯)刣(駘)皆朝于楚,

【整理者】楚聲桓王立四年,爲周威烈王二十二年。此時三晉正忙於

與越聯兵攻打齊國,楚乘機發展其在中原的勢力。①

【李鋭】楚聲王四年爲公元前401年,當周安王元年。②

【謹按】據《六國年表》,楚聲王四年當周威烈王二十二年(前404)。整理者説據此,可從。

宋公田即宋休公田。據我們推定,楚聲王四年宋休公剛即位,但未改元。《史記·宋世家》:"悼公八年卒,子休公田立。"索隱:"按《紀年》爲十八年。"③《古本竹書紀年》謂十八年説是。錢穆推定宋悼公十八年當周威烈王二十二年,次年當宋休公元年。④

鄭伯駘即鄭繻公駘。《史記·鄭世家》:"鄭人立幽公弟駘,是爲繻公。"集解:"《年表》云鄭立幽公子駘繻。或作繚。"⑤又,《鄭世家》:"[鄭繻公]二十年,韓、趙、魏列爲諸侯。"⑥簡文所述當在鄭繻公十九年。

[2]王衍(率)宋公以城𡎰(榆)閞(關),

【整理者】𡎰閞,榆關。𡎰,定母屋部;榆,喻母侯部,古音相近。地在今河南中牟南。《史記·楚世家》:"[悼王]十一年,三晉伐楚,敗我大梁、榆關。"索隱:"此榆關當在大梁之西也。"一説地在今河南汝州東南。⑦

【裘錫圭】整理者認爲"𡎰閞"即古書之"榆關",可信。⑧

【謹按】整理者隸定作"𡎰",修訂本《文字編》隸作"𡎰"⑨,從後者。

榆關,整理者謂在今河南中牟南。其蓋本屬鄭,後歸楚。其地當在大梁之西,鄭之南。據《史記·六國年表》,周安王三年(前399,楚悼王三年),楚"歸榆關于鄭"。⑩《史記·楚世家》:楚悼王十一年(前391,周安王十一年)"三晉伐楚,敗我大梁、榆關"。索隱:"此榆關當在大梁之西也。"⑪《戰國策·魏四》:"鄭恃魏以輕韓,伐榆關,而韓氏亡鄭。"范祥雍説

---

① 清華大學出土文獻研究與保護中心編,李學勤主編:《清華大學藏戰國竹簡(貳)》,第197頁。
② 李鋭:《由清華簡〈繫年〉談戰國初楚史年代的問題》,《史學史研究》2013年第2期,第104頁。
③ 《史記》卷38,第1970頁。
④ 參錢穆:《先秦諸子繫年》,第226、664~665頁。
⑤ 《史記》卷42,第2141頁。
⑥ 《史記》卷42,第2142頁。
⑦ 清華大學出土文獻研究與保護中心編,李學勤主編:《清華大學藏戰國竹簡(貳)》,第197頁。
⑧ 裘錫圭:《説从"肖"聲的从"貝"與从"辵"之字》,《文史》2012年第3輯,第18頁。
⑨ 李學勤主編,沈建華、賈連翔編:《清華大學藏戰國竹簡(壹—叁)文字編(修訂本)》,第432頁。
⑩ 《史記》卷15,第860頁。
⑪ 《史記》卷40,第2073頁。

榆關時屬楚。①

關於榆關地望,古有二說。《史記·楚世家》:"敗我大梁、榆關。"司馬貞《史記索隱》以"大梁"爲其後魏所徙都之大梁,即今河南開封一帶,定榆關於大梁之西或鄭以南,此爲一說。清代顧祖禹認爲:"榆關,在[汝]州境,戰國時楚之邊境。《史記》:'楚悼王三年歸榆關於鄭。'鄭即韓也。又十一年三晉伐楚,'敗我大梁、榆關'。大梁或曰即梁縣。"②此另一說。徐少華認爲後說可從。③楊寬則認同前者,他說榆關在大梁之西南,介於今河南新鄭與開封之間,原爲鄭地,後爲楚所攻佔,楚悼王三年一度歸還於鄭,但不久仍爲楚所有。榆關是溝通南北的重要關塞,是三晉和楚的爭奪目標之一。④

簡文謂楚聲王四年楚王率宋休公城榆關,鄭國此時從楚,故楚王率宋幫助鄭在榆關築城,此時榆關當屬鄭國。

[3]是(寘)武旸(陽)。

【整理者】是,讀爲"寘",設置。是,禪母支部;寘,章母支部,二字古音較近。武旸,《水經注》中武陽同名異地者多處,簡文武陽尚難確指,從所述戰略形勢看,地在今山東陽穀西的可能性較大。《水經注·河水》之武陽:"河水又東,逕武陽縣東,范縣西而東北流也。又東北過東阿縣北。"還有一種可能是指《水經注》中提到的"武陽關",在今河南舞陽西。……然此時的主戰場在宋、衛等國境,舞陽關緊鄰方城,此時應屬於相對安全的後方,楚人出擊遠方時,在後方預先防禦,亦有可疑。⑤

【謹按】《説文·宀部》:"寘,置也。从宀、真聲。""寘武陽"者,是"寘之武陽"之省略,"之"代指鄭伯駘。在《春秋》《左傳》裏,將某人寘於某地的用法習見,如《左傳》隱公元年:"[鄭莊公]遂寘姜氏于城潁。"洪亮吉引虞翻《易注》:"寘,置也。"⑥《春秋》哀公十四年:"夏四月,齊陳恒執其君,寘于舒州。"⑦

楚聲王率領軍隊在鄭地榆關築城,且將鄭繻公駘安置在武陽。筆者認爲,這與鄭國子陽之亂有關。當時子陽在鄭國擅權,鄭繻公駘被迫出國朝

---

① 范祥雍:《戰國策箋證》卷25,第1416、1419頁。
② (清)顧祖禹:《讀史方輿紀要》卷51,第2438頁。
③ 徐少華:《周代南土歷史地理與文化》,第317頁。
④ 楊寬:《戰國史料編年輯證》,第237頁;《戰國史》,第317頁。
⑤ 清華大學出土文獻研究與保護中心編,李學勤主編:《清華大學藏戰國竹簡(貳)》,第197頁。
⑥ (清)洪亮吉:《春秋左傳詁》卷5,第187頁。
⑦ 楊伯峻:《春秋左傳注(修訂本)》,第1068頁。

見楚聲王,於是楚王將其安置在武陽。

前文已述,武陽既然是安置鄭繻公駘之地,此地應該是鄭地,後又歸楚。筆者認爲很可能即《史記》所稱之"陽翟","武陽"是被楚人佔據時的稱謂。論證如下:

陽翟本爲鄭地,又名"櫟"。《左傳》桓公十五年:"秋九月,鄭伯突入于櫟。"杜注:"櫟,鄭別都也,今河南陽翟縣。"① 楊伯峻注:"櫟爲鄭之大都,即今河南省禹縣,在鄭都西南九十里。"②

後入楚。《左傳》僖公二十四年:"狄伐鄭,取櫟。"《左傳》宣公十一年:"楚伐鄭及櫟。"又《左傳》昭公元年:"楚公子圍使公子黑肱、伯州犂城犫、櫟、郟。"顧祖禹據此認爲"蓋是時櫟已屬楚"③,可從。

後又入韓,韓改稱爲"陽翟"。那麼何時入韓?顧祖禹曰:

[櫟]後改爲陽翟,戰國初入于韓,韓景侯自平陽徙都此。《鄭世家》:"繻公二十三年圍韓之陽翟。"旣而韓滅鄭,都新鄭,後復自新鄭徙都焉。秦置陽翟縣,爲潁川郡治。④

顧氏認爲入韓在戰國初期,證據是《鄭世家》稱之爲"韓之陽翟"。按,《史記·韓世家》:"(韓景侯虔)九年,鄭圍我陽翟。"《六國年表》韓景侯九年:"鄭圍陽翟。"韓景侯九年(前400)當周安王二年,楚悼王二年。筆者認爲,《鄭世家》之所以稱"韓之陽翟",很可能即是牽合《韓世家》爲說,因爲陽翟最後爲韓所佔據,故《韓世家》書之爲"韓之陽翟",實乃史終言之的寫法。總之,顧氏將陽翟屬韓定在戰國初期,韓並改之爲"陽翟",均是可信的;但陽翟歸韓恐不在楚悼王二年,而應該是《繫年》所載楚悼王七年武陽之戰楚國失敗後之事。

簡文謂"王率宋公以城榆關,寘武陽",即表明"榆關"與"武陽"很近,前者蓋後者之屏障。⑤ 值得注意的是,後面簡文載楚悼王二年"鄭人侵榆關",而《史記·鄭世家》謂此年"鄭圍韓之陽翟",表明二者關繫密切。總之,從當時的戰爭形勢等綜合考慮,"武陽"蓋即楚人對陽翟的稱謂,後此地入韓,韓人改稱之爲"陽翟"。

---

① 《春秋左傳正義》卷7,《十三經注疏》,第3816頁。
② 楊伯峻:《春秋左傳注(修訂本)》,第142頁。
③ (清)顧祖禹:《讀史方輿紀要》卷47,第2193~2194頁。
④ (清)顧祖禹:《讀史方輿紀要》卷47,第2194頁。
⑤ 馬楠從《繫年》文例出發,認爲"武陽"就是"榆關"。馬楠:《清華二〈繫年〉輯證》,第479頁。按,馬楠所舉的文例一般是以後者解釋前者,而簡文與她所舉文例不類。

[4]秦人【一二六】敗(敗)晉自(師)於茖(洛)会(陰),以爲楚敹(援)。

【整理者】茖会,卽洛陰,在今陝西大荔西。洛陰是魏太子擊在四年前所築。①

【謹按】茖会,整理者讀爲"洛陰"。《史記·魏世家》:"[魏文侯]十七年,……西攻秦,至鄭而還,築雒陰、合陽。"《六國年表》:"伐秦至鄭,還築洛陰、合陽。"魏文侯十七年,據《六國年表》爲周威烈王十八年(前408)。②錢穆說:"雒陰故城在今大荔縣西。"③

以爲楚援,"以爲……援"句式,可參《戰國策·楚策一》:"故王不如少出兵以爲趙援。"④

[5]聖(聲)王卽殜(世),卯(悼)折(哲)王卽立(位),

【整理者】"卯"隸爲"刎"。"刎"字在楚簡中多是"間"異"関"字的省形,此處則疑讀爲"悼"字,字从"刀"聲。《六國年表》楚悼王元年在周安王元年(前401),是逾年改制。⑤

【謹按】卯,整理者隸作"刎"。董珊、蘇建洲認爲左旁"夕"應爲"刀"之譌,故隸定爲"叨"。⑥ 修訂本《文字編》隸作"卯"⑦,可從。

叨折王,卽楚悼王,名熊疑,又名類。⑧ 望山簡作"悤王"(簡88、109、110、111)⑨、"折王"(簡112)⑩。夕陽坡楚簡2作"悤哲王"。⑪"悤"字从"心""邵"聲,不見字書;"邵"本从"刀"得聲,古音與"悼"極近,"悤"爲

---

① 清華大學出土文獻研究與保護中心編,李學勤主編:《清華大學藏戰國竹簡(貳)》,第197頁。
② 《史記》卷44、15,第2223、458頁。
③ 錢穆:《史記地名考》,第384頁。
④ 范祥雍:《戰國策箋證》卷14,第758頁。
⑤ 清華大學出土文獻研究與保護中心編,李學勤主編:《清華大學藏戰國竹簡(貳)》,第197~198頁。
⑥ 參蘇建洲等:《清華二〈繫年〉集解》,第881~883頁。
⑦ 李學勤主編,沈建華、賈連翔編:《清華大學藏戰國竹簡(壹—叁)文字編(修訂本)》,第432頁。
⑧ 梁玉繩:《人表考》卷7,《史記漢書諸表訂補十種》,第854頁。
⑨ 湖北省文物考古研究所、北京大學中文系編:《望山楚簡》,圖版第34、38頁,釋文與考釋第75、77頁。
⑩ 湖北省文物考古研究所、北京大學中文系編:《望山楚簡》,北京:中華書局,1995年,圖版第39頁,釋文與考釋第77頁。第110頁曰:"楚簡中無'哲王'相當的王號。考釋[二四]指出楚王號多有用兩個字的。此王號原來可能作'□哲王'。'肅哲'爲楚常用語(楚器王孫誥鐘云'肅哲聖武'),疑簡文'哲'上缺之字卽'肅'字,'肅哲王'卽悼王之子肅王,不過這祇是一種猜測,能否成立,待考。"據《繫年》,其應爲楚悼王。
⑪ 陳偉等:《楚地出土戰國簡册[十四種]》,第597頁。

"悼"字異體。① 从"召"之字與从"卓"之字可通,如楚懷王有臣名召滑(《史記·甘茂列傳》),《戰國策·楚策四》作"卓滑",《趙策三》作"淖滑";殺齊閔王的"淖齒",《吕氏春秋·正名》作"卓齒",《史記·田單列傳》集解引徐廣曰:"多作悼齒也。"②簡文"刕"从"刀"得聲,可讀爲"悼"。

聲王卽世,悼哲王卽位,《史記·楚世家》曰:"聲王六年,盜殺聲王,子悼王熊疑立。"《六國年表》載楚聲王六年(前402,周威烈王二十四年),"盜殺聲王";次年爲"楚悼王類元年"。

[6]奠(鄭)人戠(侵)俥(榆)闗(關),旟(陽)城洰恧(定)君衔(率)【一二七】韋(榆)闗(關)之𠂤(師)與上或(國)之𠂤(師)以迲(交)之,與之戬(戰)於珪(桂)陵,楚𠂤(師)亡(無)工(功),競(景)之賈與䉷(舒)子共戠(止)而死。

【整理者】旟城洰恧君,旟城君又見於曾侯乙墓簡163、193。陽城是封君的封地。戰國時期有多個地名叫"陽城",疑此在今河南漯河東。《文選·登徒子好色賦》"嫣然一笑,惑陽城,迷下蔡",李善注:"陽城、下蔡,二縣名,蓋楚之貴公子所封。""洰恧"當是此封君的諡,讀爲"桓定"。包山楚簡中的陽城公則可能是陽城被佔領後,流落他處的陽城君後人。俥闗之師,駐守榆闗的軍隊,當是楚軍。上國,《左傳》昭公十四年"楚子使然丹簡上國之兵於宗丘",杜注:"上國在國都之西,西方居上流,故謂之上國。""上國"與"東國"對稱。一説上國是對北方列國的稱謂。《水經注·濟水》:"昔吴季札聘上國,至衛。""迲"亦即"交",《孫子·軍爭》杜牧注"交"云:"交,交兵也。"《史記·楚世家》:"[悼王]十一年,三晉伐楚,敗我大梁、榆闗。楚厚賂秦,與之平。"珪陵,桂陵,今河南長垣北。競之賈,楚公族,楚平王諡競(景)平,競之賈爲平王之後,亦卽楚之景氏。楚青銅器有"競(景)之定",見張光裕《新見楚式青銅器群器銘試釋》(《文物》2008年第1期)。䉷子共,舒子共,舒滅於楚,其後人以舒爲氏,見秦嘉謨《世本輯補》。③

【謹按】旟城洰恧君,整理者讀爲"陽城桓定君",認爲"陽城"爲封邑名,"桓定"爲諡號,可從。此人見於曾侯乙墓簡,作"旟城君"(簡163、166、

---

① 参湖北省文物考古研究所、北京大學中文系編:《望山楚簡》,第90~91頁。
② 参湖北省文物考古研究所、北京大學中文系編:《望山楚簡》,第87~88頁。
③ 清華大學出土文獻研究與保護中心編,李學勤主編:《清華大學藏戰國竹簡(貳)》,第198頁。

193等)。①《吕氏春秋·上德》亦載有陽城君,其蓋簡文此陽城君之後人。② 繆文遠謂此陽城在今河南登封縣。③

上國之師,指楚"西國之師"。《左傳》昭公十四年:"楚子使然丹簡上國之兵於宗丘,……使屈罷簡東國之兵於召陵。"可見,楚"上國之兵"和"東國之師"一樣,是駐紮在國都之西的一支軍隊。杜預注:"上國在國都之西。西方居上流,故謂之上國。"孔穎達疏:"西國、東國,皆是楚人在國之東西者。以水皆東流,西方居上流,故謂之上國。西爲上,則東爲下。下言東,則此是西,互相見也。"④"上國"另可指中國,即中原各國。⑤

迌,同"交",詳見第七章疏證。

珪陵,桂陵,今河南長垣北。地本屬衛⑥,後被晉佔,三家分晉後爲魏所有。

戩(止),俘獲之義。《左傳》隱公十一年:"[魯隱公]與鄭人戰于狐壤,止焉。"楊伯峻注:"止,俘獲也。"⑦楚國的景之賈與舒子共也被俘獲而後被殺死。

此年當楚悼王二年(前400),鄭人侵榆關,説明楚人又奪取了榆關,故鄭人侵之。此時鄭人已叛楚。桂陵之戰就是鄭國與楚國爭奪榆關的戰役,楚國戰敗,故次年楚歸榆關於鄭,《六國年表》載楚悼王三年,楚"歸榆關于鄭"。

[7]盟(明)【一二八】戠(歲),晉賸余衒(率)晉自(師)與奠(鄭)自(師)以内(納)王子定。

【整理者】明歲,楚悼王二年。賸余,人名。賸字右側偏旁上部不很清晰。入王子定,當是使王子定入周。《六國年表》王子定奔晉在楚悼王三

---

① 陳偉等:《楚地出土戰國簡册[十四種]》,第459、460頁。
② 《吕氏春秋·上德》:"墨子鉅子孟勝,善荆之陽城君。陽城君令守於國。……荆王薨,群臣攻吴起,兵於喪所,陽城君與焉,荆罪之。陽城君走,荆收其國。"陳奇猷注:"下文云'群臣攻吴起,兵於喪所',則此楚王者,楚悼王也。"陳奇猷:《吕氏春秋新校釋》卷23,第1266、1276頁。據此,陽城君是楚悼王時人,曾參與吴起變法,變法失敗後,因被牽連而出逃。楚國也因此没收其封邑。《繫年》之陽城君於武陽之戰中戰死,故兩者絶非同一人。
③ (明)董説原著,繆文遠訂補:《七國考訂補》卷1,上海:上海古籍出版社,1987年,第109頁。
④ 《春秋左傳正義》卷47,《十三經注疏》,第4508頁。
⑤ "上國",另可指中國,即中原各國。《吕氏春秋·知化》:"君王之令必行於上國。"高誘注:"上國,中國也。"《左傳》成公七年:"蠻夷屬於楚者,吴盡取之,是以始大,通吴於上國。"杜注:"上國,諸夏。"楊伯峻注:"上國即中原諸國。"參陳奇猷:《吕氏春秋新校釋》卷23,第1566頁;《春秋左傳正義》卷26,《十三經注疏》,第4133頁;楊伯峻:《春秋左傳注(修訂本)》,第835頁。
⑥ 參朱本軍:《戰國諸侯疆域形勢圖考繪》,北京:北京大學出版社,2019年,第447頁。
⑦ 楊伯峻:《春秋左傳注(修訂本)》,第79頁。

年。晉人王子定未果,王子定奔晉。據簡文,王子定在三四年後流落到齊人田氏的領地。①

【謹按】明歲,在楚悼王三年(前399)。此年晉、鄭聯合納王子定,說明鄭已從晉。楚在此年歸榆關,而鄭又從晉,故楚人怒,導致楚、鄭關繫的緊張,引發了後面簡文所述的一系列戰爭。

内,讀爲"納"。《穀梁傳》昭公十二年:"納者,內不受也。"所謂"納"指送某人進入都邑而立爲君,這一過程每每是強力的。② 此種用法見於《春秋》《左傳》等。《左傳》桓公二年:"惠之三十年,晉潘父弑昭侯而納桓侯,不克,晉人立孝侯。"《左傳》僖公九年:"九月,晉獻公卒,里克、丕鄭欲納文公。"《春秋》昭公十二年:"齊高偃帥師納北燕伯于陽。"③《史記·六國年表》載周安王三年(前399,楚悼王三年),王子定奔晉。④ 據此,簡文所載當楚悼王三年及其後事,而下面簡文言明歲郎莊平公率師侵鄭在楚悼王四年(詳下面簡文疏證),故此事當在楚悼王三年。

[8]遯(魯)昜(陽)公衔(率)𠂤(師)以迡(交)晉＝人＝(晉人,晉人)還,不果内(納)王子。

【整理者】遯(魯)昜(陽)公,曾侯乙墓簡195作"遯𣄰公",簡162作"魯𣄰公",又見於包山楚簡。魯陽在今河南魯山,楚肅王時被魏國佔領,《史記·六國年表》楚肅王十年:"魏取我魯陽。"又《魏世家》:"[魏武侯]十六年,伐楚,取魯陽。"⑤

【謹按】遯昜公,曾侯乙墓簡作"遯𣄰公"(簡195)、"魯𣄰公"(簡162)⑥,包山楚簡作"魯昜公"(簡2)、"遯昜公"(簡3)等。⑦

魯陽公,見於傳世文獻與出土文獻。第一代魯陽封君卽公孫寬,是平王之孫、司馬子期子。簡文"魯陽公"是第一代魯陽公的子輩,詳參本章史事考證部分之"五、魯陽公史事考"。

周安王三年王子定奔晉,晉人聯合鄭人納之入周,結果楚國魯陽公率師從中作梗,導致此次納王子定事未能成功。

---

① 清華大學出土文獻研究與保護中心編,李學勤主編:《清華大學藏戰國竹簡(貳)》,第198頁。
② 參李學勤:《論士山盤》,《文物中的古文明》,北京:商務印書館,2008年,第196頁。
③ 楊伯峻:《春秋左傳注(修訂本)》,第95、328、1329頁。
④ 《史記》卷15,第860頁。
⑤ 清華大學出土文獻研究與保護中心編,李學勤主編:《清華大學藏戰國竹簡(貳)》,第198頁。
⑥ 陳偉等:《楚地出土戰國簡册[十四種]》,第459、461頁。
⑦ 陳偉等:《楚地出土戰國簡册[十四種]》,第3頁。

[9]盟(明)散(歲),【一二九】郎臧(莊)坪(平)君衛(率)自(師)戡(侵)奠(鄭),

【整理者】郎臧(莊)坪(平)君,楚之封君,莊平是其謚,郎爲其封地。①
【謹按】明歲,當楚悼王四年(前398)。
楚封君的封地有没有名"郎"者,古書未載,待考。

[10]奠(鄭)皇子、子馬、子池、子封子衛(率)自(師)以这(交)楚人,

【整理者】鄭皇子,鄭有皇氏,如《左傳》僖公二十四年的皇武子、宣公十二年的皇戌、成公十八年的皇辰等。②
【謹按】據下文,此皇子、子馬、子池、子封子是鄭國的四位將軍,是子陽之黨羽。

[11]楚人涉沭(氾),

【整理者】沭,見第十六章簡85。此"沭"可能就是新鄭東北的氾水。③
【謹按】沭,據第十六章簡85當釋爲"氾",互詳彼注。此"氾"即"南氾",在今河南襄城南一里,離楚較近。《左傳》襄公二十六年載楚康王伐鄭勝利後,"涉于氾而歸"。楊伯峻注:"氾即南氾,今河南襄城縣南一里。氾城下卽汝水,從北向南涉水而歸。"④簡文之"氾"與此同。

[12]牺(將)與之戡(戰),奠(鄭)自(師)逃【一三〇】内(入)於蔑。

【謹按】整理者説"蔑"或作"鄭",當是鄭地。⑤ 此雖爲推測之語,但不失爲一種説法。具體位置待考。

[13]楚自(師)回(圍)之於蔑,尹(盡)逾奠(鄭)自(師)與亓(其)四㜮(將)軍,以歸(歸)於郢。

【整理者】尹,讀爲"盡",全部。逾,楚簡中多爲"下"義,有征服、戰勝之義,《逸周書·允文解》:"上下和協,靡敵不下。"四將軍,指皇子、子馬、子池、子封子。郢,此時的郢當是鄩郢。⑥
【思齊】"逾"讀爲"降"。"逾"是喻母侯部字,"降伏"之"降"是匣母東部字,二者聲音相近,可以通假。已有學者指出古文字中有的"逾"或"俞"應讀爲"下降"之"降"。"降伏"之"降"與"下降"之"降"爲同源詞,"逾"

---

① 清華大學出土文獻研究與保護中心編,李學勤主編:《清華大學藏戰國竹簡(貳)》,第199頁。
② 清華大學出土文獻研究與保護中心編,李學勤主編:《清華大學藏戰國竹簡(貳)》,第199頁。
③ 清華大學出土文獻研究與保護中心編,李學勤主編:《清華大學藏戰國竹簡(貳)》,第199頁。
④ 楊伯峻:《春秋左傳注(修訂本)》,第1124頁。
⑤ 清華大學出土文獻研究與保護中心編,李學勤主編:《清華大學藏戰國竹簡(貳)》,第199頁。
⑥ 清華大學出土文獻研究與保護中心編,李學勤主編:《清華大學藏戰國竹簡(貳)》,第199頁。

可以讀爲"下降"之"降",那麼也應該可以讀爲"降伏"之"降"。《史記‧絳侯周勃世家》:"[周勃]以將軍從高帝擊反韓王信於代,降下霍人。"其中的"降"字即爲降伏、征服之義。另外,馬王堆漢墓帛書《戰國縱橫家書‧蘇秦謂陳軫章》行238~239"煮棗將榆,齊兵又進,子來救[寡]人可也,不救寡人,寡人弗能支"中的"榆",和《淮南子‧道應訓》"子發攻蔡,踰之"中的"踰",似皆應讀爲"降伏"之"降",祇不過前者是被動用法。①

【謹按】逾,越,勝之也。《淮南子‧道應訓》:"子發攻蔡,踰之。"高誘注:"子發,楚宣王之將。踰,越,勝之也。"②"逾"與"踰"同,《説文‧足部》:"踰,越也。从足俞聲。"段注:"越,度也。踰與逾音義略同。"③葛陵楚簡甲一:12:"將逾取薔。"④

[14]奠(鄭)大(太)宲(宰)惁(欣)亦记(起)褙(禍)於【一三一】奠(鄭),

【整理者】奠(鄭)太宲惁,即太宰欣。⑤

【謹按】太宰欣見於傳世文獻。《韓非子‧説疑》:

> 若夫齊田恒、宋子罕、魯季孫意如、晉僑如、衛子南勁、鄭太宰欣、楚白公、周單荼、燕子之,此九人者之爲其臣也,皆朋黨比周以事其君,隱正道而行私曲,上逼君,下亂治,援外以撓内,親下以謀上,不難爲也。

> 以今時之所聞,田成子取齊,司城子罕取宋,太宰欣取鄭,單氏取周,易牙之取衛,韓、魏、趙三子分晉,此六人,臣之弑君者也。⑥

關於"鄭太宰欣",顧廣圻曰:"未詳。"⑦據此,則太宰欣最終篡奪了鄭國政權。

[15]奠(鄭)子瑒(陽)用滅,亡遂(後)於奠(鄭)。

【整理者】鄭子瑒用滅,《史記‧六國年表》:楚悼王"敗鄭師,圍鄭,鄭人殺子陽"。鄭子陽之滅,又見於《楚世家》《鄭世家》,《吕氏春秋‧首時》《適威》,《淮南子‧氾論》《繆稱》及《韓非子‧説疑》等。⑧

---

① 李松儒:《清華簡〈繫年〉集釋》,第326頁。
② 何寧:《淮南子集釋》卷12,第868頁。
③ (清)段玉裁注,許惟賢整理:《説文解字注》卷2下,第145頁。
④ 陳偉等:《楚地出土戰國簡冊[十四種]》,第504頁。
⑤ 清華大學出土文獻研究與保護中心編,李學勤主編:《清華大學藏戰國竹簡(貳)》,第199頁。
⑥ (清)王先慎撰,鍾哲點校:《韓非子集解》卷17,第403、407頁。
⑦ (清)王先慎撰,鍾哲點校:《韓非子集解》卷17,第403頁。張覺懷疑此鄭太宰欣是《左傳》襄公十年的鄭"子駟"(張覺:《韓非子校疏》,上海:上海古籍出版社,2010年,第1083~1084頁)按,時代相差較遠,張覺説不可從。
⑧ 清華大學出土文獻研究與保護中心編,李學勤主編:《清華大學藏戰國竹簡(貳)》,第199頁。

【謹按】此在楚悼王四年。

用滅,《國語·周語下》:"禍亂竝興,共工用滅。"① 用,介詞,由也,因也。② 子陽之敗,原因之一就是其黨羽四將軍被楚俘獲,失去了重要的支持者,導致他被以太宰欣爲首的反對派所殺。

《史記·六國年表》載周安王四年(前398,楚悼王四年,韓烈侯二年),"[楚]敗鄭師,圍鄭。鄭人殺子陽","鄭殺其相駟子陽"。《楚世家》:"[楚悼王]四年,楚伐周。鄭殺子陽。"梁玉繩引《大事記》曰:"以鄭爲周,字之誤也。"③瀧川資言《考證》曰:"《年表》周作鄭,此誤。"④王叔岷曰:"《通鑑·周紀一》安王四年(亦即楚悼王四年)書'楚圍鄭。'亦可證此周字之誤。"⑤按,《史記》所載正可與《繫年》對證。學者指出《楚世家》所謂楚悼王四年"楚伐周"當爲"楚伐鄭"之譌,簡文可進一步確證。

《鄭世家》:"[鄭繻公]二十三年,鄭圍韓之陽翟。二十五年,鄭君殺其相子陽。二十七年,子陽之黨共弑繻公駘而立幽公弟乙爲君,是爲鄭君。"集解引徐廣曰:"一本云'立幽公弟乙陽爲君,是爲康公'。《六國年表》云立幽公子駘,又以鄭君陽爲鄭康公乙。班固云'鄭康公乙爲韓所滅'。"⑥鄭繻公二十三年爲周安王二年(前400),二十五年爲周安王四年(前398),二十七年爲周安王六年(前396)。

《呂氏春秋·首時》:"鄭子陽之難,猘狗潰之,齊高國之難,失牛潰之;衆因之以殺子陽、高國。"⑦高誘注:子陽,鄭相,或曰鄭君。好行嚴猛,人家有猘狗者誅之,人畏誅,國人皆逐猘狗也。

《呂氏春秋·觀世》:"子列子窮,容貌有饑色。客有言之於鄭子陽者,曰:'列禦寇,蓋有道之士也,居君之國而窮,君無乃爲不好士乎?'鄭子陽令官遺之粟數十秉。……其卒民果作難,殺子陽。"⑧高注:子陽,鄭相,一曰鄭君。

《呂氏春秋·適威》:"子陽極也好嚴,有過而折弓者,恐必死,遂應猘

---

① 徐元誥:《國語集解(修訂本)》卷3,第94頁。
② 楊樹達:《詞詮》,第456頁。
③ (清)梁玉繩:《史記志疑》卷22,第1021頁。
④ 〔日〕瀧川資言考證,〔日〕水澤利忠校:《史記會注考證附校補》卷40,第1014頁左上欄。
⑤ 王叔岷:《史記斠證》卷40,第1528頁。
⑥ 《史記》卷42,第2142頁。
⑦ 陳奇猷:《呂氏春秋新校釋》卷14,第773頁。
⑧ 陳奇猷:《呂氏春秋新校釋》卷16,第969頁。

狗而弑子陽,極也。"①

《韓非子·説疑》:"鄭子陽身殺,國分爲三。"王先慎注:"其事未詳。"②

[16]朙(明)戏(歲),楚人歸(歸)奠(鄭)之四牆(將)軍與亓(其)萬民於奠(鄭)。

【整理者】明歲,楚悼王即位第四年。楚人歸鄭之四將軍與其萬民於鄭,可參《史記·六國年表》楚悼王三年"歸榆關於鄭"。③

【謹按】此在楚悼王五年(前397),周安王五年。上年子陽之滅後,楚人重新扶持鄭君。

《六國年表》稱"歸榆關於鄭"是楚悼王三年之事,勢必與簡文之"明歲"相矛盾。按照簡文,楚人歸鄭之四將軍與其萬民於鄭的年代,實際上是楚戰勝鄭後,具體爲楚悼王五年。

[17]晉人回(圍)聿(津)、長陵,【一三二】克之。

【整理者】津,《水經注·河水》:"河水於范縣東北流,爲倉亭津。《述征記》曰:'倉亭津在范縣界,去東阿六十里。'魏《土地記》曰:'津在武陽縣東北七十里,津,河濟名也。'"又《左傳》魯莊公十八年冬,巴人伐楚,"十九年春,楚子禦之,大敗於津"。簡文"津"可能與《傳》文"津"無關。長陵,疑是楚地。《水經注·淮水》:"淮水又東逕長陵戍南。"長陵戍在淮水上游,是楚東國南境。此時爭奪的是鄭、滕、魯等上國之地,三晉之兵不一定及此。④

【謹按】《左傳》莊公十八年:"冬,巴人伐楚。"《左傳》莊公十九年:"十九年春,楚子禦之,大敗於津。"杜注:"禦巴人,爲巴人所敗。津,楚地,或曰江陵縣有津鄉。"⑤楊伯峻注:"津,即今湖北省江陵縣江津戍(亦名奉城),詳沈欽韓《地名補注》。或云,即今枝江縣津鄉。"⑥

---

① 陳奇猷:《吕氏春秋新校釋》卷19,第1291頁。
② (清)王先慎撰,鍾哲點校:《韓非子集解》卷17,第405頁。
③ 清華大學出土文獻研究與保護中心編,李學勤主編:《清華大學藏戰國竹簡(貳)》,第199頁。
④ 清華大學出土文獻研究與保護中心編,李學勤主編:《清華大學藏戰國竹簡(貳)》,第199頁。
⑤ 《春秋左傳正義》卷9,《十三經注疏》,第3849頁。
⑥ 楊伯峻:《春秋左傳注(修訂本)》,第210頁。

[18]王命坪(平)亦(夜)悼武君衔(率)自(師)戬(侵)晉,逾郙(部),戬(止)郔公,涉澫(澗)以歸(歸),以遅(復)長陵之自(師)。

【整理者】坪亦悼武君,"坪亦"即"平夜"。平夜君見於曾侯乙墓簡、新蔡簡和包山簡。平夜,封君的封地,在今河南平興。悼武君可能是第三代平夜君,爲新蔡葛陵墓主平夜君成之子。逾郙,"郙"讀爲"部"。春秋時部地不一,此疑即今山東成武以東之部。山西浮山西面之部位置太北,楚侵襲至此的可能性很小。包山簡164有"郙邑",與簡文"郙"也應不是一地。郔公,疑即滕公。滕在部東,相距不遠。涉澫,滕公之名,"澫"字左旁不很清晰,又見於天星觀遣册簡。楚地有"郔",包山簡162有"郔少司馬龏西"。楚國也有郔公,現藏上海博物館的大市量開頭的紀年是"郔公卲之果迊秦之歲",卲之果是昭王的後代,封公世襲。楚國的郔公與簡文的郔公大概沒有關繫。①

【謹按】目前所見出土文獻中的平夜君主要有平夜文君子良、平夜君成、平夜悼武君,詳表十五:

表十五　出土文獻所見的平夜君

人物(生卒年)	稱謂	出處
平夜文君子良	坪(平)夜君	曾侯乙墓簡67、160、161、191
		包山楚簡181
	文坪(平)夜君、文坪(平)柰(夜)君	包山楚簡200、203、206、214
	文坪(平)夏(夜)君子良	包山楚簡240
	平夜文君	葛陵楚簡多見
	坪(平)㝅(夜)文君子良	葛陵楚簡甲三:242
	文君、㝅(文)君	葛陵楚簡零:301、150,乙一:6、21、33,甲三:300、307,甲三:201

---

① 清華大學出土文獻研究與保護中心編,李學勤主編:《清華大學藏戰國竹簡(貳)》,第199~200頁。

(續表)

人物(生卒年)	稱謂	出處
平夜君成(？～楚悼王四年)	坪(平)夜君	葛陵楚簡乙二：5，甲三：233、190，甲三：115
	[平]夜君城(成)	葛陵楚簡零：156
	平夜君成	平夜君成鼎(《銘圖》1762)，平夜君成戈(《銘圖》16891、16892、16893)，平夜君成戟(《銘圖》16894、16895、16896)
平夜悼武君(？～楚悼王六年)	平夜悼武君	《繫年》簡133、135、137

資料來源：陳偉等：《楚地出土戰國簡册[十四種]》，第101～524頁；李學勤：《有紀年楚簡年代的研究》，《文物中的古文明》，第437頁。

平夜文君子良，"平夜"即"平輿"，是其封地；"文"是其名，"子良"是其字。《左傳》哀公十七年："王與葉公枚卜子良以爲令尹。"杜注："子良，惠王弟。"① 何浩、吴鬱芳均認爲文平夜君子良即此楚惠王弟子良。② 何浩說平夜君爲曾侯乙助喪在惠王五十六年(前433)或稍後③，説明此人蓋死於次年之後。

平夜君成，"成"爲其名。平夜君成是新蔡葛陵1號楚墓(94XGM1001)的墓主，根據骨架判斷墓主是一名三十到四十歲、最多不超過四十五歲的男性。④ 該墓出土竹簡有"王徙於鄩郢之歲"，整理者謂此年墓主平夜君已經疾病纏身，且病情愈來愈重，應在此後不久死去，這一年也是竹簡所載年代最晚的一年。平夜君墓的年代在楚悼王末年。⑤ 宋華强將這一年斷在楚悼王四年(前398)。⑥ 按，關於"王徙于鄩郢之歲"，見於清華簡壹《楚居》簡16"至悼哲王獻居鄩郢。中謝起禍，焉徙肥遺。邦大瘠，焉徙居鄩郢"，這説明此年應在楚悼王世。據《史記·六國年表》，楚悼王在位二十

---

① 《春秋左傳正義》卷60，《十三經注疏》，第4733頁。
② 何浩：《文坪夜君的身份與昭氏的世系》，《江漢考古》1992年第3期，第69頁；吴鬱芳：《包山二號墓墓主昭佗家譜考》，《江漢論壇》1992年第11期，第63頁。
③ 何浩：《文坪夜君的身份與昭氏的世系》，《江漢考古》1992年第3期，第69頁。
④ 河南省文物考古所編著：《新蔡葛陵楚墓》，第38頁。
⑤ 河南省文物考古所編著：《新蔡葛陵楚墓》，第183～184頁。
⑥ 宋華强：《新蔡葛陵楚簡初探》，第134頁。

一年(前401～前381)。李學勤據《楚居》肯定了前引宋華强的説法,即"王徙於鄩郢之歲"在楚悼王四年。①

平夜悼武君,整理者認爲是平夜君成之子。陳潁飛認爲平夜悼武君很可能是新蔡楚墓墓主平夜君成。② 按,"悼武"應該是此人的謚號,但此人未見於新蔡楚簡,故不太可能是平夜君成之上一代,且平夜君死時此人蓋在世。如果平夜君成死於"王徙於鄩郢之歲"即楚悼王四年,此後悼武君繼承封地,於楚悼王五年率師侵晉,於楚悼王七年在武陽之戰中戰死,"悼武"很可能是因爲殉國而得的謚號。因此,平夜悼武君不可能是平夜君成,後者是因爲疾病而死,前者是戰死。整理者所謂平夜悼武君是平夜君成之子是有可能的,但從年齡考慮,恐怕亦不能排除兄弟或其他關繫的可能,唯一較確定的是此人爲平夜君成的繼承者。

另有平夜夫人戈,《銘續》誤釋爲"滕侯夫人妖之造"(《銘續》31199)。李春桃改釋爲"平夜夫人妖之造",可信;其謂平夜君成的夫人③,待考。

郯公,涉澗(潤),整理者謂"涉澗"是郯公之名,但修訂本《文字編》中斷句爲"郯公,涉澗以歸"④,意即"涉澗"非人名。今從後者。

[19]䏦(厭)年,

【整理者】䏦年,新蔡簡之"王孫䏦",異文作"王孫厭"。䏦年,亦見清華簡《子儀》。"䏦"應讀爲"厭",與"薦"音近可通。《爾雅·釋言》:"薦,再也。"薦年即再一年。⑤

【孟蓬生】䏦年爲下一年或第二年,應無疑義。但典籍似不見"薦年"或"再年"表示下一年的詞例,故整理者讀法容有可議。"䏦年"當讀爲"翊(翌、昱)年"。⑥

【沈培】"䏦年"當讀爲"一年",即"過了一年"之義。⑦

【謹按】從整理者説。此年爲楚悼王七年(前395),當周安王七年。

---

① 李學勤:《清華簡〈楚居〉與楚徙鄩郢》,《江漢考古》2011年第2期,第109頁。
② 陳潁飛:《楚悼王初期的大戰與楚封君——清華簡〈繫年〉劄記之一》,《楚官制與世族探研》,上海:中西書局,2016年,第325頁。
③ 李春桃:《新見楚國平夜夫人戈研究》,《古文字研究》第33輯,北京:中華書局,2020年,第314～320頁。
④ 李學勤主編,沈建華、賈連翔編:《清華大學藏戰國竹簡(壹—叁)文字編(修訂本)》,第432頁。
⑤ 清華大學出土文獻研究與保護中心編,李學勤主編:《清華大學藏戰國竹簡(貳)》,第200頁。
⑥ 李松儒:《清華簡〈繫年〉集釋》,第331頁。
⑦ 沈培:《再説兩個楚墓竹簡中讀爲"一"的用例》,何志華、馮勝利主編:《承繼與拓新:漢語語言文字學研究》上卷,香港:商務印書館(香港)有限公司,2014年,第338頁。

［20］𨙷(韓)【一三三】緅(取)、𢰦(魏)繐(擊)衒(率)自(師)回(圍)武𥝩(陽),以逡(復)郚(部)之師。

【整理者】𨙷緅,即韓烈侯取。《史記・韓世家》:"九年……景侯卒,子列侯取立。"𢰦繐,即魏武侯擊。魯陽公率師救武陽,與晉師戰於武陽之城下,楚師大敗,包山簡"魯陽公城鄭之歲"當與此有關。前一次城鄭在悼王即位第二年,此次城鄭是悼王五年以後。如此,武陽當距鄭地不遠。但悼王初年下距包山簡的下葬年代有八十多年,楚國公文是否能保存這麼長的時間尚待證明。①

【謹按】𨙷緅,即韓烈侯,名取,韓景侯之子。梁玉繩曰:"韓烈侯始見《戰國・韓策》。(《史》作列。)景侯子始見《史・韓世家》。名取。(《世家》。)亦曰武侯。(《史》索隱引《世本》。)立十三年。(《六國表》《世家》。)"②據《六國年表》,韓烈侯在周安王三年(前399)至周安王十五年(前387)在位。據《史記・六國年表》,此年當韓烈侯取四年。

𢰦繐,互詳《繫年》第二十二章疏證部分。據《史記・六國年表》,此年當魏文侯斯二十九年。

［21］遾(魯)昜(陽)公衒(率)自(師)栽(救)武昜(陽),與晉自(師)戳(戰)於武昜(陽)之城【一三四】下,楚自(師)大敗,遾(魯)昜(陽)公、坪(平)亦(夜)怾(悼)武君、昜(陽)城洹(桓)忎(定)君——三執珪(圭)之君與右尹卲(昭)之𠷎(竢)死女(焉),楚人𦘔(盡)𠫔(棄)亓(其)【一三五】㫃(旃)、幕、車、兵,犬逵(逸)而還。

【整理者】執圭,楚之爵位。《吕氏春秋・知分》:"荆王聞之,仕之執圭。"三執圭之君,即魯陽公、平夜君、陽城君。右尹,楚官。卲(昭)之𠷎,昭王之後。𠷎,即《説文》"竢"之古文。犬逵,讀爲"犬逸",像犬一樣地逃跑。③

【謹按】執圭,楚爵名。《淮南子・道應訓》:"子發攻蔡,踰之。宣王郊迎,列田百頃而封之執圭。"高誘注:"楚爵功臣,賜之圭,謂之執圭,比附庸之君。"④張正明認爲執圭爲楚國最高的爵位,疑是楚惠王始設的。⑤

---

① 清華大學出土文獻研究與保護中心編,李學勤主編:《清華大學藏戰國竹簡(貳)》,第200頁。

② (清)梁玉繩:《人表考》卷6,《史記漢書諸表訂補十種》,第802頁。

③ 清華大學出土文獻研究與保護中心編,李學勤主編:《清華大學藏戰國竹簡(貳)》,第200頁。

④ 何寧:《淮南子集釋》卷12,第868頁。另可詳參繆文遠訂補:《七國考訂補》,上海:上海古籍出版社,1987年,第79~80頁。

⑤ 張正明:《楚史》,第232頁。

右尹,楚官名,可詳參《七國考訂補》之"右尹"條。①

[22]陳人女(焉)反(返),而内(入)王子定於陳。楚邦以多亡城。

【整理者】陳人,齊人田氏。反而入,反方向使其進入,王子定入周與入齊是反方向。陳,田氏領地。②

【清華大學讀書會】此句當讀爲:"陳人(焉)反(叛),而内(入)王子定於陳。"此"陳"即陳蔡之陳,楚與晉戰於武陽,大敗,陳人因叛楚,而將王子定迎入陳。故簡文此後言"楚邦以多亡城"。讀書會上也有人提出,此時陳國早已亡國,恐非"陳蔡"之"陳",此説可商。③

【謹按】"陳"應如整理者説是田齊,從後面的補叙内容可證。

楚人狼狽逃跑,田齊軍隊也返回齊國。據下面簡文補叙内容可知,參與武陽之戰的應該是陳疾目率領的軍隊,這支軍隊在回國時順便帶走了王子定。王子定有可能是參與了武陽之戰而被齊人俘獲的,也有可能是在陳疾目軍隊返歸齊國時被俘獲。

楚邦以多亡城,楚人此戰中很可能丢失了武陽城,武陽入韓,被改稱陽翟。

[23]楚𠂤(師)𨟻(將)救(救)武昜(陽),【一三六】王命坪(平)亦(夜)悼武君李(使)人於齊陳渶求𠂤(師)。陳疾目衒(率)車千䩦(乘),以從楚𠂤(師)於武昜(陽)。甲戌,晉、楚以【一三七】戰(戰)。酉(丙)子,齊𠂤(師)至喦,述(遂)還。【一三八】

【整理者】將,即將。以下一段補叙武陽之戰前後向齊求師及齊發兵、還師的過程。李,即"李"字,讀爲"使"。陳疾目,齊國將帥。齊陶文有"疾目"人名,見《陶文圖録》二·四六三以下。從,義爲隨,在此意指隨至。喦,包山楚簡有"喦氏",簡166、185有"喦甬"。《説文》:"喦,多言也。從品相連。《春秋傳》曰'次於喦北',讀與'聶'同。"④

【謹按】李(李),讀爲"使"。《左傳》僖公三十年:"行李之往來。"朱駿聲曰:"李讀爲使,或讀爲吏。假借字,形聲俱近。"⑤李,來母之部;使,山母之部。來母是舌頭音,山母是正齒音,兩者音近可通。

喦,《説文》:"喦,多言也,从品相連。《春秋傳》曰'次于喦北',讀與

---

① 繆文遠訂補:《七國考訂補》,第86頁。
② 清華大學出土文獻研究與保護中心編,李學勤主編:《清華大學藏戰國竹簡(貳)》,第200頁。
③ 李松儒:《清華簡〈繫年〉集釋》,第336頁。
④ 清華大學出土文獻研究與保護中心編,李學勤主編:《清華大學藏戰國竹簡(貳)》,第200頁。
⑤ (清)朱駿聲:《春秋左傳識小録》卷上,清光緒八年(1882)臨嘯閣刻朱氏群書本。

'聶'同。"《左傳》僖公元年:"齊師、宋師、曹師次于聶北,救邢。"楊伯峻注:"《說文》'喦'字下引作'喦北',聶、喦古音同在泥部帖母。聶北當即今山東省博平廢治博平鎮。《一統志》謂聶城在今河北省清豐縣東北,《方輿紀要》謂在清豐縣北十里,於道路爲迂曲,恐不可信。山東省聊城縣亦有聶城,更相近。朱峻聲《說文通訓定聲》謂聶即昭二十年《傳》所謂'聊、攝以東'之攝,此言是也。"①《左傳》昭公二十年:"聊、攝以東。"杜注:"聊、攝,齊西界也。平原聊城縣東北有攝城。"②楊伯峻注:"聊在今山東聊城縣西北。'攝'亦作'聶',……當在今聊城縣境內。"③

此段簡文補敘武陽之戰的相關內容。之所以如此認爲,是因爲此處簡文出現了"平夜悼武君",而據前面簡文此人實際上在武陽之戰中已死。

如果喦爲齊國西部邊境,則說明齊國軍隊尚未出邊境。丙子日出發的齊國軍隊與上面簡文提及的齊國將帥陳疾目所率領的軍隊不是同一支,蓋後者是前鋒,前者才是大規模的援軍。陳疾目率領的軍隊參與了武陽之戰,後來,齊國又派出大規模的援軍,這些援軍還未出齊境,戰爭已經結束,於是班師回朝。

[譯文]

楚聲王即位第四年,宋休公田、鄭繻公駘都到楚國朝見,王率領宋公在榆關築城,將鄭伯駘安置在武陽。秦國人在洛陰打敗晉國軍隊,作爲楚國的外援。

楚聲王去世,悼哲王即位,鄭國人入侵榆關,陽城桓定君率榆關的軍隊聯合上國的軍隊與之交兵,在桂陵發生戰鬥,楚國軍隊沒有建功,景之賈和舒子共被俘而死。

第二年,晉國賕余率領晉國軍隊和鄭國軍隊護送王子定回國。魯陽公率領軍隊和晉國人交兵,晉國人退還,護送王子定歸國事未能成功。

次年,郎莊平君率領軍隊入侵鄭國,鄭國皇子、子馬、子池、子封子率領軍隊與楚人交戰,楚人渡過氾水,即將與鄭國軍隊作戰,鄭國軍隊逃奔進入蔑地。楚國軍隊包圍了蔑地,打敗了鄭國軍隊和四位將領,把他們帶回了

---

① 楊伯峻:《春秋左傳注(修訂本)》,第210頁。
② 《春秋左傳正義》卷49,《十三經注疏》,第4546頁。
③ 楊伯峻:《春秋左傳注(修訂本)》,第1417頁。

郢都。鄭國太宰欣也在鄭國發動叛亂,鄭國子陽因此被殺,在鄭國沒有留下後代。

次年,楚國人釋放鄭國的四將軍和鄭國百姓讓他們回鄭國。晉國人包圍津、長陵,並且攻克了這兩地。王命令平夜悼武君率領軍隊入侵晉國,攻下了郜,俘獲了郊公,渡過山澗回到楚國,報復了長陵之戰的失敗。

又一年,韓取、魏擊率領軍隊包圍武陽,來報復郜之戰的失敗。魯陽公率領軍隊援救武陽,和晉國軍隊在武陽城下發生戰爭,楚國軍隊大敗,魯陽公、平夜悼武君、陽城桓定君——三位執圭的封君和右尹昭之竢死於戰爭,楚國人將旗幟、帳幕、戰車、兵器全都拋棄,像狗一樣逃跑回楚國。齊國的陳氏於是返回,就把王子定帶回了齊國。楚國這次丟失了很多城池。[此前,]楚國軍隊卽將援救武陽,王命令平夜悼武君派人到齊國陳淏處尋求援軍。陳疾目率領千乘兵車,跟從楚國軍隊到了武陽。甲戌日,晉、楚兩國交戰。丙子日,齊國軍隊到達喦地,於是就回國了。

[解題]

本章主要圍繞晉、楚之戰武陽之戰而展開叙事。

楚聲王四年(前404,周威烈王二十二年),楚乘三晉與齊交戰之際,試圖進軍中原。此時鄭國發生了子陽擅權事件,鄭繻公駘被逼迫出奔。於是,此年宋休公田、鄭伯駘朝見楚聲王,楚聲王率宋公城榆關,將鄭伯駘安置在武陽。榆關本屬鄭,是溝通南北的重要通道。楚聲王此舉的戰略意圖是很明顯的。秦國爲了支援楚,在洛陰打敗了晉。這説明三晉被周威烈王封爲侯後,從晉者爲齊、魯、宋、鄭,而秦、楚等大國並未買晉的賬。

楚悼王二年(前400)楚、鄭桂陵之戰。楚聲王卒後,楚悼王卽位。悼王二年,鄭國侵榆關,實際上是子陽要對付鄭繻公駘。楚國的陽城桓定君率榆關之師(陽城君蓋是守衛榆關之將)與楚西國之師與之在桂陵交戰,結果楚並未取得戰功。楚國的景之賈與舒子共被抓獲而被殺死。鄭國此戰的勝利,主要是依恃晉國的力量。

楚悼王三年至七年納王子定事。此年晉豫余率晉師和鄭師納王子定入周。結果楚縣公魯陽公率師與晉交戰,破壞了晉、鄭納王子定的計劃,故周王子定奔晉。楚悼王七年,齊國將領陳疾目在武陽之戰後帶王子定入了齊國。

楚悼王四年楚、鄭蔑之戰。此年楚國郎莊平君率師侵鄭,鄭將軍皇子、子馬、子池、子封子率師與楚在蔑發生了戰鬥。楚國在這次戰鬥中取得了勝利，俘獲了鄭的四個將軍，將他們帶回了郢都。鄭國在此次戰鬥中失敗的主要原因是內亂。當時鄭國的太宰欣與子陽爭權奪利，結果後者被殺。

楚悼王五年晉、楚長陵之戰和郜之戰。蔑之戰楚戰勝鄭後，當時鄭掌權的太宰欣改從楚，所以楚國放還俘獲的鄭的四位將軍及一些平民。晉國見鄭與楚講和，於是又出師圍長陵，並且攻克了此地。楚悼王派平夜悼武君侵晉，奪取了晉之郜地，並且俘獲了郜公，報了長陵之戰的仇。

楚悼王七年晉、楚武陽之戰。如果説前面幾次戰爭是晉、楚雙方小規模的交鋒，那麼武陽之戰則是晉、楚一決雌雄的決戰。結果，楚國在武陽之戰中一敗塗地，也宣告了楚國在戰國初期挺進中原的計劃失敗。

[問題]

第一，戰國初年的國際形勢，主要探討戰國初期三晉被周威烈王封爲侯後，從晉者有哪些國家，從楚者有哪些國家。

第二，楚、鄭桂陵之戰，主要討論了此次戰事的年代。

第三，鄭、晉納王子定事，主要討論了此事的年代和性質。

第四，楚、鄭蔑之戰，討論了此戰之年代及相關問題。

第五，魯陽公史事考，據《繫年》對魯陽公的相關史事及其年代進行了考證。

第六，晉、楚之間的長陵之戰和郜之戰，討論了此兩次戰役的年代和背景。

第七，晉、楚武陽之戰，討論了此次戰役的年代及相關問題。

[考證]

一、戰國初年的國際形勢

《繫年》第二十三章："楚聲桓王立四年，宋公田、鄭伯駘皆朝於楚。王率宋公以城榆關，寘武陽。秦人敗晉師於洛陰，以爲楚援。"據《六國年表》楚聲王四年即周威烈王二十二年（前404）。可見此時宋、鄭從楚。

周威烈王二十三年（前403）三晉與宋休公田、鄭繻公駘共同朝周天子，可見此時宋、鄭從晉。蓋此前宋、鄭由從楚轉向從晉。

宋的背叛惹怒了楚聲王，《呂氏春秋·慎勢》曰："[楚]聲王圍宋十月，楚三圍宋矣而不能亡。"陳奇猷曰："此事亦不見載於史册。據《史·表》，楚聲王相當於宋昭公之末、悼公之初，則此宋昭、悼時事也。"① 此事《大事記》繫於周威烈王二十三年（前403），黄以周《周季編略》從之，繆文遠亦從之，均未説明理由。② 楊寬繫於周威烈王二十四年（前402），亦言："楚聲王圍攻宋都，不見其他記載，不知在何年，今附編於此。"③ 筆者認爲，無論如何，此事當在宋隨晉朝周王之後。又，《六國年表》載楚聲王卒於六年，當周威烈王二十四年，故此事當在周威烈王二十三年宋休公田隨晉朝周王後、周威烈王二十四年楚聲王卒之前。

宋、鄭在周威烈王二十三年由從楚改從晉後，楚聲王雖然"圍宋十月"，但並未使宋屈服。從《繫年》第二十三章的相關簡文來看，鄭自此以後多從晉，站在楚的對立面。

綜上可見，三晉被周威烈王封爲侯後，從晉者爲齊、魯、宋、鄭，而秦、楚等大國並未買晉的賬。

二、楚、鄭桂陵之戰

《繫年》第二十三章載："聲王卽世，悼哲王卽位，鄭人侵榆關，陽城桓定君率榆關之師與上國之師以交之，與之戰於桂陵，楚師無功，景之賈與舒子共止而死。"關於此次戰事的年代，筆者認爲應在楚悼王二年（前400），當周安王二年，互詳前文疏證部分。

《史記·六國年表》載楚悼王二年"鄭圍陽翟"，"三晉來伐我（指楚），至乘丘"。校勘記曰：

> "乘丘"原作"桑丘"。梁玉繩《志疑》卷九："桑丘乃燕地，楚肅王元年齊伐燕取桑丘可證，楚安得有桑丘之地乎？當依《世家》作乘丘。"按：本書卷四〇《楚世家》："悼王二年，三晉來伐楚，至乘丘而還。"正義："《年表》云：'三晉公子伐我，至乘丘'。"今據改。④

袁傳璋認爲："桑丘，戰國時期屬燕國南境；乘丘，春秋時期屬魯，戰國時期屬楚國北境。三晉伐楚祇能'至乘丘'，而不可能'至桑丘'。《六國年表》

---

① 陳奇猷：《呂氏春秋新校釋》卷17，第1131頁。
② （清）黄式三：《周季編略》卷3，第40頁。
③ 楊寬：《戰國史料編年輯證》，第215頁。
④ 《史記》卷15，第912頁。

作'桑丘'者,係傳寫中形近致譌。"①又,《楚世家》:"悼王二年,三晉來伐楚,至乘丘而還。"正義:

> 《年表》云:三晉公子伐我,至乘丘,誤也,已解在《年表》中。《括地志》云"乘丘故城在兗州瑕丘縣西北三十五里"是也。②

乘丘,錢穆説在今山東滋陽縣西北③,今改稱兗州市。《春秋》莊公十年:"公敗宋師于乘丘。"楊伯峻注:"乘丘在今山東省兗州縣境,應劭及《一統志》以今巨野縣西南之古乘丘縣當之,誤。"④這一時期屬於楚北境。以上均謂此年三晉所侵楚地爲乘丘。

另一説則認爲此年三晉所侵楚地爲桑丘。楊寬説:"公元前四〇〇年三晉聯軍南下伐楚,攻到桑丘而回(《六國年表》,《楚世家》作'乘丘')。"⑤又,《資治通鑑》引此事作周安王二年(當楚悼王二年)"魏、韓、趙伐楚,至桑丘",胡三省注:"《水經注》:澮水自葛陂東南逕新蔡縣故城東,而東南流注于汝水;又東南逕下桑里,左㳽爲横塘陂。"⑥楊寬據此也認爲此次戰爭應發生在桑丘。⑦ 據《水經注》可知,其地域當今河南新蔡一帶,應爲楚地。

以上兩説孰是孰非,還需進一步考證,但就各方舉證而言,第一種説法更勝一籌。

《繫年》簡文謂此年鄭人侵榆關,《史記》謂鄭人圍陽翟,筆者認爲陽翟即武陽,見前面疏證部分。《繫年》又載楚聲王四年楚王率領宋公在榆關築城,將鄭繻公駘安置在武陽。聯繫到當時鄭國權臣子陽擅權,鄭繻公駘被安置於武陽,故此時鄭人圍陽翟,目的即是對付鄭繻公駘。簡文載陽城桓定君率榆關的軍隊聯合上國的軍隊交戰於桂陵,楚國軍隊没有建功,景之賈和舒子共被俘而死。桂陵之戰中楚人損失較大。

至於《史記》所載此年三晉伐楚至乘丘,或是乘鄭、楚交戰之機以漁利,或是爲了配合鄭人侵榆關、圍陽翟的行動。

---

① 袁傳璋:《宋人著作五種徵引〈史記正義〉佚文考索》,北京:中華書局,2016年,第46頁。
② 《史記》卷40,第2073頁。
③ 錢穆:《史記地名考》,第434頁。
④ 楊伯峻:《春秋左傳注(修訂本)》,第181頁。
⑤ 楊寬:《戰國史》,第317頁。
⑥ (宋)司馬光:《資治通鑑》卷1,第23頁。
⑦ 楊寬:《戰國史料編年輯證》,第217頁。

三、納周王子定事考

《繫年》第二十三章載:"明歲,晉腄余率晉師與鄭師以納王子定。魯陽公率師以交晉人,晉人還,不果納王子。"

此"明歲"即楚悼王三年(前399)。《史記·六國年表》載周安王三年(前399,楚悼王三年),王子定奔晉。

此王子定蓋與後來的周安王同爲周威烈王之子。《史記·周本紀》:"[周威烈王]二十四年,崩,子安王驕立。"據《六國年表》,周威烈王二十四年(前402)當楚聲王六年。此年安王驕立,王子定蓋與其爭王位者,不得,故《六國年表》載周安王三年王子定奔晉。王子定奔晉後,得到了晉國的支持,此年晉國腄余率領晉、鄭兩國軍隊護送王子定回國,目的很可能即是扶正王子定以圖控制周王室,結果由於楚國魯陽公率領軍隊從中作梗,未能成功。

簡文又載武陽之戰,此戰在周安王七年(前395,楚悼王七年),戰前楚國曾派人到齊國請求援兵。齊國派將領陳疾目率領軍隊從楚師,但武陽之戰楚人大敗、狼狽而逃,陳疾目軍隊在戰爭或是在回國過程中順便帶走了王子定。王子定到了齊人手裏,實際上就進入了晉國的反對派,王子定的結局究竟是被齊人所殺還是其他情況,史書闕載。總之,王子定被齊的陳氏帶走,對周安王地位的穩定至關重要。

又,《史記·六國年表》載楚悼王三年:"[楚]歸榆關于鄭。"此年鄭與晉納王子定,說明鄭已經向晉靠近,故楚破壞晉、鄭聯合納王子定事後,爲了離間鄭、楚關繫,將榆關歸於鄭,但此舉未能奏效,並引發了次年楚侵鄭的蔑之戰。

四、楚、鄭蔑之戰與戰國初期鄭國政局之變遷

(一)楚、鄭蔑之戰的歷史背景

《繫年》第二十三章載:

> 明歲,郎莊平君率師侵鄭,鄭皇子、子馬、子池、子封子率師以交楚人,楚人涉氾,將與之戰,鄭師逃入於蔑。楚師圍之於蔑,盡逾鄭師與其四將軍,以歸於郢。鄭太宰欣亦起禍於鄭,鄭子陽用滅,亡後於鄭。

此"明歲"爲楚悼王四年(前398,周安王四年)。楚悼王二年鄭人侵榆關,並且在桂陵之戰中戰敗楚國。楚悼王三年鄭人又跟從晉人納王子定。

這兩件事導致楚人對鄭國人很不滿。而且,此時鄭繻公駘仍然被安置在楚國武陽。可見,當時有兩種矛盾,一是鄭繻公駘與鄭國的擅權者子陽之間的矛盾,二是楚國與鄭國的矛盾,而蔑之戰即是這兩種矛盾共同作用之結果。

《史記·六國年表》載周安王四年(前398,韓烈侯二年),"[楚]敗鄭師,圍鄭。鄭人殺子陽","韓烈侯二年,鄭殺其相駟子陽"。①《史記·楚世家》:"[楚悼王]四年,楚伐周。鄭殺子陽。"②前文疏證部分已言"楚伐周"當爲"楚伐鄭"之譌,簡文可進一步確證。

又,《史記·鄭世家》:"[鄭繻公]二十三年,鄭圍韓之陽翟。二十五年,鄭君殺其相子陽。二十七年,子陽之黨共弑繻公駘而立幽公弟乙爲君,是爲鄭君。"集解引徐廣曰:"一本云'立幽公弟乙陽爲君,是爲康公'。《六國年表》云立幽公子駘,又以鄭君陽爲鄭康公乙。班固云'鄭康公乙爲韓所滅'。"③鄭繻公二十三年爲周安王二年(前400,楚悼王二年),《鄭世家》所言即《繫年》所載楚悼王二年鄭侵榆關,最終導致鄭、楚的桂陵之戰。陽翟,筆者懷疑即安置鄭繻公的武陽,鄭人侵榆關就是爲了對付鄭繻公,因爲當時子陽擅權,流亡在楚的鄭繻公對他構成了威脅。二十五年爲周安王四年(前398,楚悼王四年),《史記》謂鄭君殺其相子陽,這裏的鄭君無疑應該是鄭繻公駘。但正如我們所分析的,此時鄭繻公駘流亡在楚地武陽,如何殺子陽?實際上,前引《六國年表》謂"鄭人殺子陽""鄭殺其相駟子陽",《楚世家》謂"鄭殺子陽",均不言鄭君殺子陽,故有學者指出《鄭世家》所謂鄭君殺子陽說有誤。陳直即言:

> 《淮南子·氾論訓》云:"鄭子陽剛毅而好罰,……舍人有折弓者,畏罪恐誅,則因獵狗之驚以殺子陽。"(《呂覽》《列子》所引略同。)直按:《鹽鐵論·詔聖篇》亦云:"窮鼠齧狸,匹夫奔萬乘,舍人折弓,陳勝吳廣是也。"亦以鄭子陽爲客所殺,不以爲鄭君所殺,《鹽鐵論》以吳廣殺兩尉比於舍人折弓。④

據此,則子陽實際上爲客所殺,而非爲鄭繻公駘所殺,這與我們所判斷的鄭繻公駘當時流亡在楚地武陽一致。

---

① 《史記》卷15,第861頁。
② 《史記》卷40,第2073頁。
③ 《史記》卷42,第2142頁。
④ 陳直:《史記新證》,第94頁。

(二)鄭子陽爲客所殺再探討

如果子陽爲客所殺爲真,那麼具體情形究竟如何呢?對此,傳世文獻有如下記載:

《吕氏春秋·首時》:"鄭子陽之難,猘狗潰之,齊高國之難,失牛潰之;衆因之以殺子陽、高國。"高誘注:子陽,鄭相,或曰鄭君。好行嚴猛,人家有猘狗者誅之,人畏誅,國人皆逐猘狗也。①

《吕氏春秋·觀世》:"子列子窮,容貌有饑色。客有言之於鄭子陽者,曰:'列禦寇,蓋有道之士也,居君之國而窮,君無乃爲不好士乎?'鄭子陽令官遺之粟數十秉。……其卒民果作難,殺子陽。"高注:子陽,鄭相,一曰鄭君。②

《吕氏春秋·適威》:"子陽極也好嚴,有過而折弓者,恐必死,遂應猘狗而弑子陽,極也。"③

《韓非子·説疑》:"鄭子陽身殺,國分爲三。"王先慎注:"其事未詳。"④

高誘注謂子陽是鄭相,又説其是鄭君,可見高誘也不能確定其具體身份。那麼,子陽究竟是鄭君還是鄭相呢?對此,學者有以下兩種看法:

第一,認爲子陽屬於附庸之君,又作爲鄭君之相。陳奇猷即持此説,其曰:

據《韓非子·説疑》"鄭子陽身殺,國分爲三",則子陽確係有國之君。余疑子陽所主爲附庸之國,亦相鄭君,如齊之田嬰、田文,既封於薛爲附庸亦相齊君之比。以其封於駟則稱駟子陽,以其爲鄭相則曰鄭子陽,如田文稱薛公亦稱齊田文亦其比。⑤

第二,認爲有兩子陽,一爲鄭君,一爲鄭相。石光瑛持此説,其曰:

竊疑子陽本有二人,一爲鄭君,一即鄭相駟氏,故《漢表》創例,聲明鄭相,以別於鄭君之子陽。《吕子·適威》……《首時》……《韓非子·説疑》……以上諸書所稱,俱是鄭君之子陽,俱無以駟字連文者。……《列子》所言之子陽,亦是鄭君,故《莊子·讓王》《列子·説

---

① 陳奇猷:《吕氏春秋新校釋》卷14,第773頁。
② 陳奇猷:《吕氏春秋新校釋》卷16,第969頁。
③ 陳奇猷:《吕氏春秋新校釋》卷19,第1291頁。
④ (清)王先慎撰,鍾哲點校:《韓非子集解》卷17,第405頁。
⑤ 陳奇猷:《吕氏春秋新校釋》卷14,第783頁。

符》《吕子·觀世》暨本書述列子之言,皆稱之曰君,若謂爲相,不應有此稱謂。至《史記·鄭世家》,明言其相子陽,《六國表》亦稱駟子陽,《漢表》又標明官職與氏,以別於鄭君之子陽,此皆爲相之子陽也。春秋時,晉知伯伐鄭,駟桓子求救於齊,此子陽當是桓子之後。……特高誘見《史記》稱子陽爲相,與諸書不合,遂兩存其説,不敢斷定,不寤子陽與駟子陽之有異耳,故爲折衷而詳辯之。至鄭君之子陽,未詳其謚。考《鄭世家》,繻公死,立幽公弟乙爲君,後爲韓滅。是時除幽公外,被殺者爲繻公,疑子陽即繻公矣。又徐廣注:"一本云立幽公弟乙陽爲君,是爲康公。"或乙陽即爲子陽,謚康公與? 書闕有間,無有明證,姑存其説以備考。①

以上兩種説法均屬猜測,不可從。第一種説法,陳氏據《韓非子·説疑》"鄭子陽身殺,國分爲三"推斷出子陽有封國,實際上不難看出這裏的"國"即指鄭國,故其推斷不可信。第二種説法,石氏認爲鄭君子陽是鄭繻公,或繼繻公位的鄭國最後一位國君鄭康公乙,現在據《繫年》可知,子陽與鄭繻公絶非一人,且兩人同時代,故第二種觀點也不能成立。

筆者認爲,子陽是鄭繻公駘的相,但由於勢力太大,威脅到了鄭君,最後導致鄭繻公駘出奔楚國,此即《繫年》第二十三章所載"楚聲桓王立四年,宋公田、鄭伯駘皆朝于楚,王率宋公以城榆關,實武陽"。如此看來,至晚在楚聲王四年,子陽已經控制了鄭國政權。正是由於子陽實際上掌控鄭國政權,故有"鄭君"之説。

關於鄭子陽之滅,陳奇猷也曾依據上述材料進行過推測,其曰:

> 疑此事之原委係:子陽嚴猛,舍人有折弓者,恐誅,逃之繻公,繻公因國人獵狗之亂而使折弓之舍人殺子陽,子陽死,子陽之黨分爲三派,分其地而有之,即《韓非》所謂國分爲三也。至二十七年,三派合力弑繻公,故《史記》云"共弑繻公"。②

上文已言,子陽實際上爲客所殺,陳氏認爲舍人爲鄭繻公所使,今由《繫年》可知不能成立。

《韓非子·説疑》曰:

> 若夫周滑之,鄭王孫申,陳公孫寧、儀行父,荆芊尹申亥,隨少師、越種干,吴王孫頦,晉陽成泄,齊豎刁、易牙,此十二人者之爲其臣也,

---

① (漢)劉向編著,石光瑛校釋,陳新整理:《新序校釋》卷7,第931~933頁。
② 陳奇猷:《吕氏春秋新校釋》卷14,第783~784頁。

皆思小利而忘法義，進則揜蔽賢良以陰闇其主，退則撓亂百官而爲禍難，皆輔其君，共其欲，苟得一說於主，雖破國殺眾不難爲也。有臣如此，雖當聖王，尚恐奪之，而況昏亂之君，其能無失乎？有臣如此者，皆身死國亡，爲天下笑。故周威公身殺，國分爲二；鄭子陽身殺，國分爲三。①

又，《淮南子·氾論訓》曰："鄭子陽剛毅而好罰，其於罰也，執而無赦。舍人有折弓者，畏罪而恐誅，則因獮狗之驚以殺子陽。"高誘注："舍人，家臣也。國人逐獮狗以亂擾，舍人因之以殺子陽，畏其嚴也。"②石光瑛認爲："《韓子》上文有鄭王孫申，當即《淮南》所云之舍人也。"③即殺子陽者爲王孫申。《繫年》第二十三章曰："鄭太宰欣亦起禍於鄭，鄭子陽用滅，亡後於鄭。"據此可知，《淮南子》所謂殺子陽的舍人即是太宰欣。那麼，王孫申是否是太宰欣呢？楊蒙生懷疑二者爲同一人。④ 今按，此說不確，因爲《韓非子·說疑》裏既提到"鄭王孫申"，又提到"鄭太宰欣"：

若夫齊田恒、宋子罕、魯季孫意如、晉僑如、衛子南勁、鄭太宰欣、楚白公、周單荼、燕子之，此九人者之爲其臣也，皆朋黨比周以事其君，隱正道而行私曲，上逼君，下亂治，援外以撓內，親下以謀上，不難爲也。⑤

以今時之所聞，田成子取齊，司城子罕取宋，太宰欣取鄭，單氏取周，易牙之取衛，韓、魏、趙三子分晉，此六人，臣之弑君者也。⑥

這就表明二者絕非同一人。《韓非子·說疑》"鄭子陽身殺，國分爲三"，這裏的"三"即三股勢力瓜分了鄭國：一是鄭王孫申；二是鄭太宰欣；三爲子陽殘餘勢力，即《史記·鄭世家》所謂的"子陽之黨"。此事在楚悼王四年。

楚悼王六年（前396，周安王六年，鄭繻公二十七年），子陽之黨又卷土重來。《史記·鄭世家》："［鄭繻公］二十七年，子陽之黨共弑繻公駘而立幽公弟乙爲君，是爲鄭君。"集解引徐廣云："一本云'立幽公弟乙陽爲君，是爲康公'。《六國年表》云立幽公子駘，又以鄭君陽爲鄭康公乙。班固云'鄭康公乙爲韓所滅'。"⑦梁玉繩曰：

---

① （清）王先慎撰，鍾哲點校：《韓非子集解》卷17，第404~405頁。
② 何寧：《淮南子集釋》卷13，第936頁。
③ （漢）劉向編著，石光瑛校釋，陳新整理：《新序校釋》卷7，第932頁。
④ 楊蒙生：《驫羌編鐘銘文與清華簡〈繫年〉》，第98頁。
⑤ （清）王先慎撰，鍾哲點校：《韓非子集解》卷17，第403頁。
⑥ （清）王先慎撰，鍾哲點校：《韓非子集解》卷17，第407頁。
⑦ 《史記》卷42，第2142頁。

《年表》《人表》稱鄭康公,則乙雖國滅,未嘗無諡也。徐廣曰:"一本云'立幽公弟乙陽爲君,是爲康公'。""陽"字衍。①

據此,則子陽之黨弑殺繻公駘後,所立卽幽公之弟康公乙。這説明楚悼王六年的時候,鄭繻公駘已經回歸鄭國。那麼,他何時回國的呢?筆者認爲很可能在楚悼王五年。《繫年》第二十三章載:"明歲,楚人歸鄭之四將軍與其萬民於鄭。"此"明歲"卽楚悼王五年,"鄭之四將軍"卽鄭國皇子、子馬、子池、子封子四人,皆爲子陽之黨。鄭繻公駘亦於此時回國,但回國後被四將軍聯合起來殺了,鄭幽公弟康公乙被立爲君。

五、魯陽公史事考

魯陽公見於傳世文獻與出土文獻:

(1)《國語·楚語下》載"楚惠王以梁與魯陽文子",文子推辭不受,於是惠王"與之魯陽"。韋昭注:"文子,平王之孫,司馬子期子魯陽公也。"吳曾祺曰:"魯陽,在今河南魯山縣西北。"②

按,"魯陽文子"封魯陽在楚惠王世,爲第一代魯陽君。

(2)司馬子期之子是公孫寬。《左傳》哀公十六年:"使寬爲司馬。"杜注:"子期之子也。"③

高士奇《左傳姓名同異考》云:"公孫寬亦曰魯陽文子(見《楚語下》),亦曰魯陽公(見《楚語下注》《淮南子·覽冥訓》及注)。"④按,魯哀公十六年(前479)當楚惠王十年。

(3)《淮南子·覽冥訓》:"魯陽公與韓構難,戰酣日暮,援戈而撝之,日爲之反三舍。"高誘注:"魯陽,楚之縣公也,楚平王之孫,司馬子期之子,《國語》所謂魯陽文子。楚僭號稱王,其守縣大夫皆稱公,故曰魯陽公,今南陽魯陽是也。"⑤

(4)《墨子·耕柱》:"子墨子謂魯陽文君曰:'大國之攻小國,譬猶童子之爲馬也。童子之爲馬,足用而勞。今大國之攻小國也,攻者農夫不得耕,婦人不得織,以守爲事;攻人者亦農夫不得耕,婦人不得織,以攻爲事。故大國之攻小國也,譬猶童子之爲馬也。'"

---

① (清)梁玉繩:《史記志疑》卷23,第1047頁。
② 徐元誥:《國語集解(修訂本)》卷18,第527~528頁。
③ 《春秋左傳正義》卷60,《十三經注疏》,第4732頁。
④ 轉引自楊伯峻:《春秋左傳注(修訂本)》,第1704頁。
⑤ 何寧:《淮南子集釋》卷6,第447頁。

《墨子·魯問》:"魯陽文君將攻鄭,子墨子聞而止之,謂陽文君曰:'今使魯四境之內,大都攻其小都,大家伐其小家,殺其人民,取其牛馬狗豕布帛米粟貨財,則何若?'魯陽文君曰:'魯四境之內,皆寡人之臣也。今大都攻其小都,大家伐其小家,奪之貨財,則寡人必將厚罰之。'子墨子曰:'夫天之兼有天下也,亦猶君之有四境之內也。今舉兵將以攻鄭,天誅其不至乎?'魯陽文君曰:'先生何止我攻鄭也?我攻鄭,順於天之志。鄭人三世殺其父,天加誅焉,使三年不全,我將助天誅也。'"①

(5)包山楚簡:"魯陽公以楚師後城鄭之歲冬柰之月。"(簡1)"魯陽以楚師後城鄭之歲屈柰之月,丁巳之日。"(簡4~5)②

(6)《繫年》第二十三章:"明歲,晉賸余率晉師與鄭師以納王子定。魯陽公率師以迻晉人,晉人還,不果納王子。"

(7)《繫年》第二十三章:"厥年,韓取、魏擊率師圍武陽,以復郫之師。魯陽公率師救武陽,與晉師戰於武陽之城下,楚師大敗,魯陽公、平夜悼武君、陽城桓定君——三執圭之君與右尹昭之竢死焉,楚人盡棄其旃、幕、車、兵,犬逸而還。"

如按(7)所載,魯陽公實際上在楚悼王七年(前395)就死了。如從(2)所述楚惠王十年(前479)公孫寬當司馬算起,至楚悼王七年,已相距八十四年。假若二者爲同一人,則此人已經百歲,很難想象這樣一位年邁的老人會率兵作戰。筆者認爲,(1)(2)所述爲一人,是第一代魯陽的封君,此人即公孫寬,是平王之孫、司馬子期子魯陽公。(3)(4)(5)(6)(7)所述爲其子輩。梁啓超即說:"然文子未必即寬,安知其不爲寬之子?"③梁氏所說可從。這裏需要討論的是(3)(4)(5)(6)(7)所載事的關繫以及前三者的年代。

(3)所謂魯陽公與韓構難事,當與(6)所載爲一事,在楚悼王三年。

(4)中提到"魯陽文君將攻鄭,子墨子聞而止之",魯陽公說他攻鄭的理由是"鄭人三世殺其父,天加誅焉,使三年不全,我將助天誅也"。所謂"鄭人三世殺其父",蘇時學《墨子刊誤》云:

"父"當作"君"。據《史記·鄭世家》云:"哀公八年,鄭人弑哀

---

① 吳毓江撰,孫啓治校:《墨子校注》卷11、13,第643~644、718頁。
② 陳偉等:《楚地出土戰國簡冊[十四種]》,第3頁。
③ 梁啓超:《墨子學案》,上海:上海書店出版社,1992年,第170頁。

公,而立聲公弟丑,是爲共公。三十年,共公卒,子幽公已立。幽公元年,韓武子伐鄭,殺幽公。鄭人立幽公弟駘,是爲繻公。二十七年,子陽之黨共弑繻公。"是三世弑君之事也。①

黃式三亦同蘇説,曰:"鄭三弑君,哀、幽、繻是也。"他又説此云"三年不全"卽"弑繻後之三年也"②。以魯陽文君攻鄭在安王八年,卽鄭繻公被弑後三年也。孫詒讓認爲,蘇時學與黃式三"二説並可疑":

> 考文君卽公孫寬,爲楚司馬子期子。據《左傳》,子期死白公之難,在魯哀公十六年,次年寬卽嗣父爲司馬,則白公作亂時,寬至少亦必已弱冠。鄭繻公之弑,在魯穆公十四年,上距哀公十六年已八十四年,文子若在,約計殆逾百歲,豈尚能謀攻鄭乎?竊疑此"三世"並當作"二世",蓋卽在韓殺幽公之後。幽公之死當魯元公八年,時文子約計當七十餘歲,於情事儻有合耳。③

吳毓江曰:

> 孫疑魯陽文君之年不能與鄭繻公被弑相及,是也。唯改"三"爲"二"則可不必。此文三世、三年皆非實數,言"三"者,非一之詞,猶言數世、數年也。古書中"三"字若必一一徵實計之,多見其膠滯難通也。④

錢穆認爲,此事當在"周安王九年,適當鄭弑繻公後三年",並注曰"黃氏謂周安王八年,誤",理由是:

> 然韓、魯陽構難,其事當起楚悼之世,則無可疑者。其時去公孫寬爲司馬已八十六年,而高注顧以爲司馬子期之子,其失實可知。則梁氏疑文子未必卽寬,固非虛矣。且幽公見殺於韓,非鄭人自殺其君。若依孫説改二世弑君,謂當韓殺幽公後,則語氣情理益不合。⑤

繆文遠認同錢穆説。⑥

今按,所謂"鄭人三世殺其父",蘇時學等所言可信,卽被殺者是鄭哀、幽、繻公。又,據(7)可知魯陽公戰死於楚悼王七年,故此年當爲魯陽攻鄭年代的下限,故上引黃式三據"三年不全"將此事推定在鄭繻公被弑後三

---

① 轉引自(清)孫詒讓:《墨子閒詁》卷13,第468頁。
② (清)黃式三:《周季編略》卷4,第50頁。
③ 轉引自(清)孫詒讓:《墨子閒詁》卷13,第468頁。
④ 吳毓江撰,孫啓治校:《墨子校注》卷13,第729頁。
⑤ 錢穆:《先秦諸子繫年》,第208頁。
⑥ 繆文遠:《戰國史繫年輯證》,第18~19頁。

年,即周安王八年(當楚悼王八年),錢穆定在周安王九年(當楚悼王九年),顯然均不能成立。實際上,關於"三年不全",楊寬解釋説:

> 是時鄭君被殺者,有哀公、繻公,至幽公則爲韓所殺,非鄭人所弑。魯陽文君言鄭人三世殺其君者,並子陽數之也。子陽於是年見殺,其後三年繻公又見弑,其分裂内亂首尾正三年,此魯陽文君所以謂之"三年不全"歟?①

據此,則所謂"三年不全"指楚悼王四年(前398)至楚悼王六年(前396),故此戰應在楚悼王六年。筆者認爲這是可信的,(4)在楚悼王六年。

整理者説(5)"魯陽公以楚師後城鄭之歲"是在公元前320年②,當周慎靚王元年、楚懷王六年。李學勤認爲此條紀年爲追記,年代在公元前394年,屈欒是周正正月、夏正十一月,丁巳是二十一日③,當周安王八年、楚悼王八年。今按,(5)説"後城鄭之歲",據此可知此前有城鄭事,此爲後一次。《繫年》第二十三章"楚聲桓王立四年,宋公田、鄭伯駘皆朝于楚,王率宋公以城榆關,寘武陽",楚聲王四年(前404)當周威烈王二十二年,榆關、武陽爲鄭地,故此次爲兩次城鄭之一。又,據(7)魯陽公戰死於楚悼王七年,故兩次城鄭事當在此之前。另外,此年出現了屈欒之月丁巳之日的干支,檢核這一段年代,發現僅楚聲王四年至悼王二年合曆日,楚悼王三年至悼王七年均不合,故後者當排除。從楚聲王四年至悼王二年,能確定的是楚師城鄭事在楚聲王四年,筆者認爲(5)"魯陽公以楚師後城鄭之歲"即楚聲王四年事,此年屈欒癸丑朔,丁巳當五日。(5)"魯陽公以楚師後城鄭之歲"與《繫年》第二十三章"楚聲桓王立四年,宋公田、鄭伯駘皆朝于楚,王率宋公以城榆關,寘武陽"爲一事,後者雖然未出現魯陽公,但此次城鄭實際上是魯陽公負責,故後來以"魯陽以楚師後城鄭之歲"紀年。如此看來,則此前還有一次楚師城鄭之事。

六、晉、楚之間的長陵之戰和郜之戰

《繫年》第二十三章載:

> 明歲,楚人歸鄭之四將軍與其萬民於鄭。晉人圍津、長陵,克之。王命平夜悼武君率師侵晉,逾郜,止鄡公,涉澗以歸,以復長陵之師。

---

① 楊寬:《戰國史料編年輯證》,第222頁。
② 湖北省荆沙鐵路考古隊編著:《包山楚墓》,第277頁。
③ 李學勤:《論包山楚簡魯陽公城鄭》,《清華大學學報(哲學社會科學版)》2004年第3期,第32頁。

此"明歲"爲楚悼王五年(前397,周安王五年)。

上文已言,楚悼王三年楚歸榆關於鄭,其目的就是離間鄭、晉關繫,因爲當時楚、晉矛盾已經非常尖銳。五年楚歸鄭四將軍與平民,還是爲了緩和楚、鄭關繫,以集中精力對付晉國。

關於晉人圍津與長陵,史書缺載。核諸當時形勢,悼王二年三晉伐楚至桑丘而還,未達到目的,故有三晉克津與長陵之戰役。楚王命平夜悼武君率師侵晉的郜之役亦未見於史書記載,此戰顯然是對晉人克津與長陵的報復。

七、晉、楚武陽之戰

《繫年》第二十三章載:

> 厭年,韓取、魏擊率師圍武陽,以復郜之師。魯陽公率師救武陽,與晉師戰於武陽之城下,楚師大敗,魯陽公、平夜悼武君、陽城桓定君——三執圭之君與右尹昭之竢死焉,楚人盡棄其旂、幕、車、兵,犬逸而還。陳人焉返,而入王子定於陳。楚邦以多亡城。楚師將救武陽,王命平夜悼武君使人於齊陳淏求師。陳疾目率車千乘,以從楚師於武陽。甲戌,晉、楚以戰。丙子,齊師至喦,遂還。

簡文所謂的"厭年"對應於楚悼王七年(前395,周安王七年),此年晉、楚武陽之戰,也是雙方的決戰。

關於此次戰役的時間,簡文補敘爲"甲戌"。此次戰役,楚國大敗,損失了魯陽公、平夜悼武君、陽城桓定君與右尹昭之竢,落荒而逃。

據後面簡文補敘,武陽之戰前楚曾求援於田齊。齊派陳疾目率車千乘隨楚師至武陽,甲戌日武陽之戰爆發,楚軍戰敗,陳疾目見狀率領齊軍返回,順便將周王子定帶回齊國。就在武陽之戰爆發後,齊國派大規模援軍出發,丙子日到達喦地,得知楚軍敗局已定,於是這支援軍也就返回齊國。

武陽之戰的失敗,也宣告了戰國初期楚向中原開拓之努力的失敗。

下編 綜合研究

本編旨在於上編簡文疏證(點)與史事考證(綫)的基礎之上,將《繫年》作爲一個整體,全方位地綜合研究。如果說前二者是"點"和"綫",後者則可稱爲"面"。具體而言,綜合研究將從六個方面展開:

一是引論。史體即史書體裁,是指史書的外部表現形式;史例即史書體例,是指史書的内部組織結構和表達上的要求。① 本書所謂的"編年記事"與"歷史叙事"乃就史例而言,"記注體"與"紀事本末體"乃就史體而言。先秦史學史的發展歷程,理論上有一條綫索,即史例上經歷了從編年記事到歷史叙事的過程,史體上經歷了一個"記注體"到紀事本末體的過程,而這一轉變實乃歷史意識與史學意識共同推動之結果。以這一綫索爲基點,對《繫年》作爲第一部紀事本末體史書的史學史背景進行論證,並對先秦有無所謂"史學"的問題進行了回應。

二是物質形態。考察書寫到竹簡上的《繫年》所呈現出的一些特點,具體討論竹簡的形制、排序、文字和分章。

三是文本形態。基於《繫年》作爲一種書面語言資料(text)所呈現的外部和内部特點,主要從文本分章、作者、體例與性質、紀年與歷史叙事、抄寫年代五個方面作以探討。

四是思想形態。文本是作者與讀者交流的媒介,而交流的途徑即是思想,衹有在思想中讀者與作者才能進行無限的交流與對話。通過分析《繫年》文本,對其所反映的編撰者的思想進行探析。

五是從國史到私家撰述:《繫年》與《春秋》《左傳》《國語》《竹書紀年》對比研究。比較研究是認識事物的一種重要方法。先秦史書中,《春秋》是國史,《左傳》《國語》《竹書紀年》屬於私家撰述,這些史書與《繫年》關繫密切、且十分具有代表性。通過將《繫年》與這些國史與私家撰述相比較,進一步加深對《繫年》的認識。

六是《繫年》在中國史學史上的地位。將《繫年》放在中國史學史產生、發展的歷史大背景下,認識其史學價值。

---

① 參白壽彝:《先秦時期:中國史學的產生》,《中國史學史》第 1 卷,第 17 頁;白雲:《中國史學思想通論·歷史編纂學思想卷》,福州:福建人民出版社,2011 年,第 67、70 頁。

第一章　引論

　　梁啓超曾提出先秦無所謂史學的命題，他說："舊史官紀事實無目的，孔子作《春秋》，時或爲目的而犧牲事實。其懷抱深遠之目的而又忠勤於事實者，惟遷爲兼之"，因此，"司馬遷之前，無所謂史學也"。① 對此也有學者提出不同看法，如劉節就不認同梁說，他的看法是："先秦的史學與世界上其他各國相比，還算是特別發達的。"② 實際上，二位學者之所以有如此大的分歧，是因爲他們所謂的"史學"内涵相異。梁啓超所謂的"史學"指既有事實又有目的的撰述，故無論捨棄事實還是目的都不能稱之爲"史學"；而劉節所謂的"史學"則指記事的史書。

　　事實上，討論先秦有無史學的問題，不僅涉及先秦史學史本身，更是關乎中國史學的起源、性質等重大問題的探討。對這一問題的探討，以往學界有兩點未能予以深入剖析與重視。一爲何謂史學？單純記事的史書是否可稱爲史學？單純記事的史書與既有事實又有目的的撰述是何關繫？二爲過去主要依據傳世文獻，未能對出土文獻予以充分利用。現在大量出土文獻，尤其是像清華簡《繫年》這樣具有史書性質的簡帛古書的刊佈，對我們認識先秦有無所謂"史學"以及中國史學的起源、性質等問題具有重要意義。下面，我們在中國史學史産生、發展的歷史大背景下，對這些問題作以討論。

一、從編年記事到歷史叙事

　　客觀的歷史，是指發生了或完成了的人類活動。這些已經成爲"過去"的人類活動，其中的某些事件，當人們覺得有必要予以記録時，會對這些事件加以回憶、記憶與反思，並用文字的形式把這些事件記録下來，將其納入一定的時間、空間的框架，就成了"書寫的歷史"。③ "書寫的歷史"有兩個核心因素：一爲事件，所以東漢學者許慎認爲"史"的造字本義是"記

---

① 梁啓超：《中國歷史研究法》，北京：中華書局，2016 年，第 17～18 頁。
② 劉節：《中國史學史稿》，北京：商務印書館，2020 年，第 43 頁。
③ 這裏所謂的"客觀的歷史"和"書寫的歷史"的區分，可參白壽彝：《先秦時期：中國史學的産生》，《中國史學史》第 1 卷，第 3～4 頁；劉家和主編：《中西古代歷史、史學與理論比較研究》，北京：北京師範大學出版社，2013 年，第 185～186 頁。

事者也"①;二爲時空框架,"書寫的歷史"必須要有一定的時空框架,否則被記錄的事件不但無法確定其可信性(譬如神話傳說,雖然也有事件,但由於無確定的時間、空間框架,所以無可信性),而且也失去了記錄的意義。因此,"書寫的歷史"很重要的一個特點是要將事件納入一定的時間、空間框架,尤其是時間框架爲其所必須。換言之,"書寫的歷史"最核心的特徵是時間與事件的組合,而這正是編年記事最核心的特徵。

(一)編年記事的産生

所謂"編年記事",是指將事件與時間相結合來記述史事的一種記史方式。它起源甚早,在中國可以上溯到商周時期。甲骨文中有一類記事刻辭②,就有以"事件+時間"方式書寫歷史的編年記事的特徵,請看下列兩條刻辭:

(1)辛酉,王田于雞麓,獲大䨲虎。在十月,惟王三祀協日。(《合集》37848,黄組③,商代帝乙、帝辛時期)

"䨲",劉釗釋作"霸",訓爲强悍,又可以借爲"白"。又引裘錫圭説可讀爲"膊","大霸虎"就是"大膊虎",與該辭刻在虎膊骨上相合。④ 這條刻辭涵義是:辛酉日商王在雞麓山田獵,結果擒獲了一隻大老虎,時間在王三年十月協祭日。在這條刻辭中,已經把事件與年代相結合來記事。

(2)壬午,王田于麥麓,獲商欼兕,王賜宰丰,寢小皉兄(祝)。在五月,惟王六祀肜日。(《合補》11299,黄組,商代帝乙、帝辛時期)

這條刻辭載:壬午日,王在麥山麓田獵時,獵獲了猛兕,賞賜宰丰,寢小皉把這件事告訴了史官,史官就把這件事刻在牛肋骨上,時間在王六年五月肜祭日。⑤

在商代金文中也出現了這種編年記事的記事方式,如商代晚期的銘

---

① (漢)許慎撰,(宋)徐鉉校訂:《説文解字》,第65頁。對於"史"的本義,學者有很多探討,可參[美]汪榮祖:《史傳通說:中西史學之比較》,北京:中華書局,2003年,第1~2頁。

② 甲骨文中絶大部分爲占卜刻辭,這些刻辭的主要目的是占卜,與歷史記事關繫不大。但還有一類記事刻辭,是商人有意識記述事件的,這裏主要指這一部分刻辭。關於記事刻辭,可參宋鎮豪:《商代社會生活與禮俗》,北京:中國社會科學出版社,2010年,第621~630頁;方稚松:《殷墟甲骨文五種記事刻辭研究》,北京:綫裝書局,2009年,第6~7頁。

③ 本書組類的劃分參黃天樹:《殷墟王卜辭的分類與斷代》,北京:科學出版社,2007年,第9頁。

④ 劉釗:《安陽殷墟大墓出土骨片文字考釋》,李宗焜主編:《古文字與古代史》第2輯,第132頁。

⑤ 釋文和解釋參孫亞冰:《骨柶刻辭新釋》,王興尚主編:《周秦倫理文化與現代道德價值國際學術研討會論文集》,西安:陝西人民出版社,2008年,第334~336頁。

文曰:

　　(3)丙辰王令㝬其兄(貺)鼇于羍田□,賓貝五朋。在正月,遘于妣丙肜日,大乙奭,隹王二祀。旣㲋于上帝。(二祀㝬其卣,商代帝辛時期,《集成》5412)

這篇銘文記述了商代晚期帝辛時期,王命令㝬其賞賜羍國甸爵名□的諸侯祭祀所用之肉,對方回贈㝬其五朋貝。事在正月丙辰日,時值大乙的配偶妣丙肜祭日,王二年,在對上帝行祼祭之後。

通過(1)(2)(3)可見,在商代,這種事件加時間(通常包括年、月、日等時間要素)的書寫方式已經產生。但相對而言,這種記事方式尚較罕見。就甲骨文而言,記事刻辭所佔的比重甚少;而商代金文本身字數就較少,這類記事方式也很少見。①

在西周時期,這種記事方式變得普遍:

　　(4)何尊:唯王初遷宅于成周,……在四月丙戌……唯王五祀。(《集成》6014,西周早期,成王)

　　(5)吳方彞蓋:唯二月初吉丁亥,王在周成大室……唯王二祀。(《集成》9898,西周中期,懿王)

　　(6)克鎛:唯十又六年九月初吉庚寅,王在周康剌宮。(《集成》209,西周晚期)

由上舉(4)(5)(6)可見,從西周早期一直延續到西周晚期,這種記事方式很普遍。

　　總之,在商代晚期已經出現了編年記事,這確實標誌着古人歷史意識的巨大進步。美籍華裔學者汪榮祖即指出,"古人能以事繫年月,已爲紀事之一大發明,洵屬難得",而正是將事件納入時間的縱軸,"自此以往,史實有所區分,事情有所承續,古今相沿,史學生焉"。②

　　編年記事雖在商代即已出現,但是這種記事方式是孤立的、不成系統的,因此祇能反映過去,而對現在和將來價值不大。而隨着人們歷史意識的進步,古人需要將這些孤立的事件,納入一個有意義的、互相關聯的系統

---

　　① 周代初年的周公曾說:"惟殷先人,有冊有典。"(《尚書·多士》)但這種"典""冊"未能保存下來,其書寫方式如何,亦未可知。有學者認爲現存《尚書》中的《盤庚》《高宗肜日》等文獻,就是殷商史官的記錄。(倉修良:《中國古代史學史》,北京:人民出版社,2009年,第16~17頁)筆者以爲這些文獻究竟成書於何時,現在難以知曉。根據可靠的商代文獻來看,這種編年記事的方式還很罕見,出現時代也多在商代晚期。

　　② 〔美〕汪榮祖:《史傳通說:中西史學之比較》,第26、23頁。

中。正是這種歷史意識之推動,歷史叙事産生了。

從編年記事到歷史叙事,確實是史學的進步,而此實乃歷史意識萌芽之反映。所謂"歷史意識",德國歷史哲學家吕森説:"歷史意識是將時間經驗通過回憶轉化爲生活實踐導向的精神(包括情感和認知的、審美的、道德的、無意識的和有意識的)活動的總和。"這裏的"時間經驗",指的是一些過去的經驗。吕森又據卡爾·恩斯特·耶思曼的説法——歷史意識是"詮釋過去、理解現在和展望未來的内在的聯繫"——認爲:"歷史作爲歷史意識的内容是現在和未來的一種聯繫,這種聯繫通過被回憶的過去並與之一起呈現出來。"①實際上,人們對歷史的認識確實是基於現在的需求而出發的,即克羅齊所謂的"一切歷史都是當代史"②;而對歷史價值的體現又寄希望於將來。因此,歷史意識確實是溝通過去、現在和將來的一種内在聯繫,而這種價值又體現於現在和將來。

(二)從編年記事到歷史叙事

"叙事"這個詞是中國傳統學術的固有術語。張素卿根據《文心雕龍·史傳》以及杜預、孔穎達等人的説法,考察出"叙事"一詞"指陳這種文體乃是以'原始要終'爲形式特徵,依此形式將人物活動編構爲脈絡聯貫的事件整體,這樣,前事、後事不僅具有時間序列的先後關繫,同時具備一種事理本末的因果關聯;不僅再現人物活動的起始、變化和終局,並且展示一個完整行事的原因、發展和結果"③。我們所謂的"歷史叙事",是指將多件事件,按照時間序列、邏輯關繫排列,以揭示史事起始、發展、結果之過程的一種歷史記述方式。

歷史叙事跟編年記事相比,有兩個差别:一是後者僅記述個别史事,而前者則可涉及多件史事;二是後者僅需要具備時間和事件兩個基本要素,而前者則需要將多個事件按照時間、邏輯關繫排列,因此需要具備時間、事件和邏輯關繫三個基本要素。又由於歷史叙事特别注重過程的叙述,所以這三個要素中可省略時間,但必須具備事件和邏輯關繫兩個要素。那麽,

---

① 〔德〕約恩·吕森:《歷史思考的新途徑》,綦甲福、來炯譯,上海:上海人民出版社,2005年,第63~64頁。陳新説:"歷史意識是人們對待過去的一種感知、一種態度、一種自覺。"陳新:《論歷史意識——關於吕森〈何謂歷史意識〉的札記》,《學術研究》2018年第10期,第109頁。

② 〔意〕貝奈戴托·克羅齊:《歷史學的理論和實際》,傅任敢譯,北京:商務印書館,1982年,第2頁。

③ 張素卿:《〈左傳〉研究:叙事與紀事本末》,《臺灣科學委員會專題研究計畫成果報告》,1998年8月,第2頁。

歷史敘事形式的歷史書寫始於何時呢？筆者以爲西周時期已經出現。在商代，我們確實看到了歷史敘事的萌芽，但祇是無意識的。請看下列卜辭：

(1) 癸酉卜，殻貞：旬無憂。王二曰："匄。"王占曰："俞！有咎有痛。"五日丁丑王賓仲丁升，陟在庭阜。十月。

(2) 癸未卜，殻貞：旬無憂。王占曰："逸！乃兹有咎。"六日戊子子發葬。一月。

(3) 癸巳卜，殻貞：旬無憂。王占曰："乃兹亦有咎，若稱。"甲午王往逐兕，小臣甾車，馬俄，玫王車，子央亦蹎。（以上三條均出自《合集》10405 正，典賓組，武丁時期）

這條卜辭分爲三段，其大意是：(1) 癸酉日占卜，殻貞問：這十天沒有憂患吧？王說了兩次："求保佑。"王看了卜兆後說："哎呀，兆象不好！有憂患。"結果五日丁丑王升祭仲丁，在迎接他的神靈之時，在下臺階時絆了一跤。(2) 癸未日占卜，殻貞問：這十天沒有憂患吧？王看了卜兆後說："哎呀！有憂患。"果然六日戊子日有災禍。(3) 癸子（巳）占卜，這十天沒有憂患吧？王看了卜兆後說："如今要有憂患。"就像占辭所說的那樣，甲午日王去打獵時追逐兕，小臣甾所乘車的車軸斷了，馬傾斜了，衝撞了王車，結果子央的車也翻車了。這條卜辭確實有敘事的意味，但這種敘事的語境是占卜，當時人還未有意識地將其記錄，更談不上歷史意識。

到了西周時期，隨着歷史意識的成熟，有意識的歷史敘事也逐漸産生。從傳世文獻看，可信的成書於西周時期的《尚書》《逸周書》《詩經》中的一些篇章即具有歷史敘事的性質，如《詩經》中的"《崧高》《韓奕》《江漢》等篇專詠一事，這跟《尚書》中的《金縢》《顧命》及《逸周書·世俘解》，都有紀事本末的創意"①。這裏提到的"紀事本末"史事記載方式，即我們所謂的"歷史敘事"。白壽彝認爲，春秋時期存在三種諸侯國史書，其中一種"寫出史事的過程"，亦即歷史敘事。他舉出了兩個例子：一是《韓非子·奸劫弑臣》引崔杼事，詳記崔杼殺齊莊公的原因和當時的情況；二是《左傳》記王子朝之亂，從昭公二十二年到二十六年，詳細地按照年月日順序去記，這不一定是《左傳》創造出來的，而更可能是根據周王朝的國史記錄的。② 據此，春秋時期的歷史敘事的類型有兩種：一種是祇有事件和邏輯關繫兩個要素，以第一例爲代表；另一種是具備時間、事件、邏輯關繫三種

---

① 白壽彝：《先秦時期：中國史學的産生》，《中國史學史》第 1 卷，第 135 頁。
② 白壽彝：《先秦時期：中國史學的産生》，《中國史學史》第 1 卷，第 138 頁。

要素,以第二例爲代表。

綜上可見,歷史叙事在西周時期已經出現,至春秋時期已經比較普遍。編年記事與歷史叙事都是記述歷史的方式,這屬於"史例"的範疇;而用這些手法記録的史書即爲記注體史書與紀事本末體史書,記注體與紀事本末體屬於"史體"的範疇。那麽,這兩種史書是何時産生的呢?

二、從記注體到紀事本末體

晉代學者杜預《春秋左氏傳序》①曰:

《春秋》者,魯史記之名也。記事者,以事繫日,以日繫月,以月繫時,以時繫年,所以紀遠近、別同異也。故史之所記,必表年以首事,年有四時,故錯舉以爲所記之名也。《周禮》有史官掌邦國四方之事,達四方之志,諸侯亦各有國史。大事書之於策,小事簡牘而已。孟子曰:"楚謂之《檮杌》,晉謂之《乘》,而魯謂之《春秋》,其實一也。"韓宣子適魯,見《易》《象》與《魯春秋》曰:"周禮盡在魯矣! 吾乃今知周公之德與周之所以王。"韓子所見,蓋周之舊典禮經也。周德既衰,官失其守,上之人不能使《春秋》昭明,赴告策書,諸所記注,多違舊章。仲尼因魯史策書成文,考其真偽而志其典禮,上以遵周公之遺制,下以明將來之法。②

據杜預之説,春秋時期,各諸侯國各有國史,比如魯國之《春秋》、晉國之《乘》與楚之《檮杌》。這些史書也叫"記注",它們的編纂方式是:"記事者,以事繫日,以日繫月,以月繫時,以時繫年。"即時間(年、時、月、日)與事件結合的記事方式。這種史書,學者多稱之爲"編年體"。但實際上,《春秋》這類編年體和後世《前漢紀》《後漢紀》《資治通鑑》等的編年體相差懸殊。白壽彝指出:"編年體的史書《春秋》和《竹書紀年》,祇是簡單的事目。《左傳》《前漢紀》《後漢紀》,就有了很大發展。《資治通鑑》就有更大的發展。《資治通鑑》這部書有極豐富的内容,它按年月記述了歷史事件的發生、發展和結束,記述了歷史人物,記述了典章制度,還記述了各種議論。……《資治通鑑》和《春秋》《竹書紀年》,都是編年體,但彼此之間相差

---

① 原作"春秋序","左氏傳"三字原無。按,阮元校:"唐石經及宋本並作'春秋左氏傳序'。……案孔氏正義云:晉宋古本及今定本並云'春秋左氏傳序',今依用之。是正義本有'左氏傳'三字,此作'春秋序',承陸氏釋文所題也。"據補。後文均作"《春秋左氏傳序》"。《春秋左傳正義》卷1,《十三經注疏》,第3712頁。

② 《春秋左傳正義》卷1,《十三經注疏》,第3695~3699頁。

很懸殊。"①

我們姑且將以編年記事方式編纂的史書稱爲記注體史書。② 這種記注體史書,梁啓超也稱之爲"簿錄"或"帳簿式之舊編年體"。梁啓超説:"古代史官作史,蓋爲文句極簡之編年體",代表即是戰國時期的《竹書紀年》,以及孔子所修之前的魯《春秋》。但前者已經亡佚,"孔子所修《春秋》,體裁似悉依魯史官之舊。吾儕得藉此以窺見古代所謂正史者",他歸納出其特點:一爲"文句簡短,達到極點,每條最長者不過四十餘字";二爲"一條記一事,不相聯屬",如今流水賬簿,"又絶無組織,任意斷自某年,皆成起訖";三爲"所記僅各國宮廷事,或宮廷間相互之關繫,而於社會情形一無所及";四爲"天災地變等現象,非本歷史事項者,反一一注意詳記"。③他還説:

> 可見當時之史,祗能謂之簿錄,不能謂之著述。……此類之史,當春秋戰國間,各國皆有。故孟子稱"晉之《乘》,楚之《檮杌》,魯之《春秋》";墨子稱"周之《春秋》,燕之《春秋》,宋之《春秋》",又稱"百國《春秋》",則其時史書之多,略可概見。
>
> ....
>
> 帳簿式之舊編年體,起原最古。④

梁先生所説的"簿錄"或"帳簿式之舊編年體"與我們所説的"記注體"史書類似,但也有區別:前者與檔案無區別,而後者建立在對檔案整理的基礎上。

(一)記注體釋名

清人章學誠將歷史記載(載籍)分爲兩大類:一曰記注,二曰撰述。那麽,二者如何區別呢? 對此,章氏説:

> 三代以上之爲史,與三代以下之爲史,其同異之故可知也。三代以上,記注有成法,而撰述無定名;三代以下,撰述有定名,而記注無成

---

① 白壽彝:《先秦時期:中國史學的産生》,《中國史學史》第 1 卷,第 289 頁。
② 需要説明的是,中國的編年史與西方的編年史是不同的。西方史學中的編年史,一般用英文的"annals"表示,而這個詞的詞根來自拉丁文的"年"。西方史學中的編年史也是個概括的説法,包括年代記、大事年表等,後來一概歸之爲編年史。西方觀念中,歷史是當代史,編年史是過去史。參劉家和:《"編年史"在中西史學傳統中涵義的異同》,《史學月刊》2022 年第 3 期,第 123~125 頁。本書討論所涉及的"編年史"概念僅就中國史學中的編年史而言,不包括西方的編年史。
③ 參梁啓超:《中國歷史研究法》,第 13~14 頁。
④ 梁啓超:《中國歷史研究法》,第 14、21 頁。

法。夫記注無成法,則取材也難;撰述有定名,則成書也易。①

　　閒嘗竊取其義,以概古今之載籍:撰述欲其圓而神,記注欲其方以智也。夫智以藏往,神以知來,記注欲往事之不忘,撰述欲來者之興起,故記注藏往似智,而撰述知來擬神也。藏往欲其賅備無遺,故體有一定,而其德爲方;知來欲其決擇去取,故例不拘常,而其德爲圓。②

　　上述説法實際上不太明確,譬如楊鴻烈即指出章學誠的"這種分類又太過簡單,太過抽象玄虚了"③,導致後世學者對記注與撰述的含義也有很多探討。在這衆多説法中,筆者以爲金毓黻所論最切章説意旨。根據金先生所説,記注與撰述有以下三個特點:第一,記注即史料,撰述即史書,金毓黻説:"所謂記注,即舊日所稱之掌故,亦今日所稱之史料。所謂撰述,即舊日所稱紀傳、編年二體之史,亦今日所稱之史書。"④第二,記注是檔案整理的結果,但二者有區別,他説:"蓋記注與檔案,皆得當史料之名,而不無精粗之分。就官府檔案加以整理,棄其糟粕,而取其精華,始得謂之記注。"⑤第三,對"記注""長編""著述(即撰述)"的關繫,他説:"整理檔案,而爲記注,不惟應有比類比次之法,且應兼具獨斷考索之功。長編不得尸著述之名,然而長編更進一步,即爲專門名家之著述","汗牛充棟之檔案,加以比次之功,即謂之記注。就棼如亂絲之史料,緯以編年之法,即謂之長編。記注所次,悉爲近事,較易成功。長編所載,多屬舊聞,故難爲力"。⑥

　　金先生對記注與撰述的論述甚精,但這裏有一個問題需要補充,即撰述與記注的根本區別應該是"史意"之存在與否。章學誠曰:"孔子作《春秋》,蓋曰其事則齊桓、晉文,其文則史,其義則孔子自謂有取乎爾。夫事即後世考據家之所尚也,文即後世詞章家之所重也,然夫子所取,不在彼而在此。則史家著述(指撰述——引者按)之道,豈可不求義意(即史意——引者按)所歸乎?"⑦可見史意是撰述的靈魂所在。

　　記注體史書是先秦史書很重要的一個門類。金毓黻謂"古代"即周代及以前"史官有記注而無撰述,如虞夏書、商書、周書、魯之《春秋》,未經孔

---

① (清)章學誠著,葉瑛校注:《文史通義校注》卷1,北京:中華書局,1985年,第30頁。
② (清)章學誠著,葉瑛校注:《文史通義校注》卷1,第49頁。
③ 楊鴻烈:《史學通論》,長沙:岳麓書社,2012年,第140頁。
④ 金毓黻:《釋記注》,杜維運、黃進興編:《中國史學史論文選集(一)》,臺北:華世出版社,1976年,第110頁;金毓黻:《中國史學史》,北京:商務印書館,2007年,第62頁。
⑤ 金毓黻:《釋記注》,杜維運、黃進興編:《中國史學史論文選集(一)》,第111頁。
⑥ 金毓黻:《釋記注》,杜維運、黃進興編:《中國史學史論文選集(一)》,第112頁。
⑦ (清)章學誠著,葉瑛校注:《文史通義校注》卷5,第464頁。

子删定者,皆記注也"①。那麽,記注體史書是何時産生的呢?

(二)"《詩》亡然後《春秋》作":記注體史書的産生

西周晚期的史牆盤(《集成》10175,西周晚期,共王)記述了從周文王、武王、成王、康王、昭王、穆王一直到時王——共王的史事,但未有明確年代。同樣,逨盤(《陝金》②668,西周晚期,宣王)記述了文王、武王、成王、康王、昭王、穆王、恭王、懿王、孝王、夷王、厲王以及時王——宣王時期的史事,但亦未有明確年代。故此時尚未出現記注體史書。我們認爲記注體史書的出現應該在周厲王出奔彘、共和行政以至周宣王時期,主要證據如下:

第一,"《詩》亡然後《春秋》作"正是在共和行政以至周宣王時期。戰國時期的孟子曰:"王者之迹熄而《詩》亡,《詩》亡然後《春秋》作。晉之《乘》,楚之《檮杌》,魯之《春秋》,一也:其事則齊桓、晉文,其文則史。"(《孟子·離婁下》)《春秋》是典型的記注體史書,孟子將其産生定在《詩》亡之後。那麽《詩》和《春秋》是何關繫?"王者之迹熄而《詩》亡"在何時?又爲何二者有相承關繫呢? 關於《詩》和《春秋》,《慎子》曰:"《詩》,往志也;……《春秋》,往事也。"③章太炎説:"志者,古文識字。其字詁曰:史,記事者也;事,職也;職,記微也,識常也。微爲徽號。常爲旗志。故志者,史官所記當世徽號,謂書契圖象之屬矣。事亦從史,而義爲記徽。"④錢穆説《詩經》"是一部歷史記載","《春秋》是正式的歷史記載"。⑤ 可見,《詩》與《春秋》的歷史記述性質是相同的。"王者之迹熄而《詩》亡"在"共和行政"之際⑥,此時王權開始衰落,周王派人到各諸侯國采詩的事情也就逐漸

---

① 金毓黻:《釋記注》,杜維運、黃進興編:《中國史學史論文選集(一)》,第110頁。
② 張天恩主編:《陝西金文集成》,西安:三秦出版社,2016年。
③ 許富宏:《慎子集校集注》,第87頁。
④ 章太炎:《檢論·春秋故言》,上海人民出版社編,朱維錚點校:《章太炎全集:〈訄書〉初刻本、〈訄書〉重訂本、檢論》,上海:上海人民出版社,2014年,第414頁。
⑤ 錢穆:《中國史學名著》,北京:生活·讀書·新知三聯書店,2018年,第22頁。
⑥ 周厲王被放逐,標誌着周王王權開始衰落,而共和行政則標誌着外諸侯勢力開始上升,平王東遷標誌着外諸侯勢力已經超越了王權,因此"共和行政"即王權衰落、諸侯權力上升之際。

消亡了,但周王派到各諸侯國的史官却大有作爲①,自此以後各國記注體史書——晉之《乘》、楚之《檮杌》、魯之《春秋》開始盛行。

第二,先秦文獻亦可證明記注體史書產生在宣王或此前不久時期。《墨子·明鬼下》叙述西周晚期之前史事,引《尚書》與《詩經》②;而叙西周晚期以後之事,則引周、齊、宋、燕之《春秋》,其中最早者爲周宣王殺杜伯事。③《國語》載西周史事以周穆王征犬戎一事爲最早,而記事同時記年却始於宣王,《國語·周語上》載:"[周宣王]三十二年春,宣王伐魯,立孝公。"④白壽彝據此認爲,編年體國史(即記注體)的產生在周宣王或其前不久的時期。⑤

第三,從《史記》所保存的史料看,始有編年的年代也在"共和行政"前後。首先,《周本紀》中,周王朝在武王時雖然有紀年,"當周公、穆王之世,史官徒記大事,書其誓命,蓋未有編年也"⑥。厲王奔彘後,各王紀年才都有了。可見,記注體史書肇始於周厲王時。其次,《史記》諸《世家》中,《魯周公世家》紀年最早,早到魯考公時期,但也是僅知曉在位年數;直到周厲王出奔,才明確紀年,曰"真公十四年,周厲王無道,出奔彘,共和行政。二十九年,周宣王即位"。其他如《齊世家》《陳杞世家》《衛世家》《宋世家》

---

① 錢穆説:"大概在宣王時期,或許周王室便早正式分派史官到各國去,其時周之王政一時中興,尚未到崩潰階段,此後王者之迹熄而《詩》亡,而以前那些分派出外的史官却大見功效,卽是所謂的'《詩》亡而後《春秋》作'了。"(錢穆:《中國史學名著》,第23頁)劉家和認爲:"其實,各國出現《春秋》時《詩》也並未消亡,而祇不過是《春秋》作爲史書,開始從多重內容的《詩》裏分離出來而已。"(劉家和:《史學、經學與思想:在世界史背景下對於中國古代歷史文化的思考》,北京:北京師範大學出版社,2005年,第75頁)筆者以爲,"共和"以後以至宣王時期,采詩制度逐漸衰落,但正如劉先生所説"詩"並未消亡,二者不存在矛盾。

② 《墨子·明鬼下》:"子墨子曰:《周書》《大雅》有之。《大雅》曰:'文王在上,於昭于天。……文王陟降,在帝左右。穆穆文王,令問不已。'若鬼神無有,則文王旣死,彼豈能在帝之左右哉?此吾所以知周書之鬼也","且《周書》獨鬼,而《商書》不鬼,則未足以爲法也。然則姑嘗上觀乎《商書》,曰:'嗚呼!古者有夏……'察山川鬼神之所以莫敢不寧者,以佐謀禹也。此吾所以知《商書》之鬼也","且《商書》獨鬼,而《夏書》不鬼,則未足以爲法也。然則姑嘗上觀乎《夏書》,《禹誓》曰:'大戰于甘……'……此吾所以知《夏書》之鬼也。故尚書《夏書》,其次商周之《書》,語數鬼神之有也,重有重之"。吳毓江撰,孫啓治校:《墨子校注》卷8,第335頁。

③ 《墨子·明鬼下》:"周宣王殺其臣杜伯而不辜,……著在周之《春秋》","昔者燕簡公殺其臣莊子儀而不辜,……著在燕之《春秋》","昔者宋文君鮑之時,有臣曰觀辜固嘗從事於厲,……著在宋之《春秋》","昔者齊莊君之臣,有所謂王里國、中里徼者。此二子者,訟三年而獄不斷。齊君由謙殺之,……著在齊之《春秋》"。吳毓江撰,孫啓治校:《墨子校注》卷8,第331~333頁。

④ 徐元誥:《國語集解(修訂本)》卷1,第22頁。

⑤ 白壽彝:《先秦時期:中國史學的產生》,《中國史學史》第1卷,第137頁。

⑥ 章太炎:《檢論·春秋故言》,上海人民出版社編,朱維錚點校:《章太炎全集:〈訄書〉初刻本、〈訄書〉重訂本、檢論》,第416頁。

《晉世家》《楚世家》均明確周厲王出奔彘的紀年，這應該是一個定點，前後紀年均依此推導。至於《燕世家》《管蔡世家》，則對周厲王出奔年記載不詳，但對周宣王即位之年記載明確。這說明一個問題：司馬遷看到的各國的記注體性質的史書，最早應該到周厲王出奔年。再次，從《十二諸侯年表》來看，司馬遷"譜十二諸侯，自共和訖孔子"，也是始自共和元年（前841）。分析以上資料，有兩個問題需要探討。第一個問題是司馬遷看到的最早的逐年記事的資料到底是始於周厲王奔彘年還是共和元年？我們認爲應該是周厲王奔彘年。周厲王奔彘應在共和元年前一年（前842），《史記·齊世家》曰：武公九年（前842），"周厲王出奔，居彘"，十年（前841），"王室亂，大臣行政，號曰共和"。至於《十二諸侯年表》之所以始於共和元年，是因爲司馬遷認爲此事件標誌着一個新時代的到來。第二個問題是司馬遷所採用的逐年編年記事的資料，到底是編年體史書性質，還是其他類型？我們認爲應該是編年體史書性質。司馬遷在《十二諸侯年表序》中說："儒者斷其義，馳說者騁其辭，不務綜其終始；曆人取其年月，數家隆於神運，譜諜獨記世謚，其辭略，欲一觀諸要難。於是譜十二諸侯，自共和訖孔子。"①這說明這些資料既不是儒者與馳說者之言辭，因爲他們或"斷其義"或"騁其辭"，又非譜諜類資料，因爲"譜諜獨記世謚，其辭略，欲一觀諸要難"；因此，應該是"綜其終始"類的逐年編年史書。②

綜上可見，各國的記注體史書紀年最早應該在周厲王奔彘時（前842）即已出現，中歷經"共和行政"十四年（前841～前828），至周宣王時（前827～前782）逐年編年的國史已經很普遍。章太炎謂"《墨子》引諸國《春秋》，亦上逮宣王而止。始作《春秋》凡例者，必宣王時大史官也"③，認爲編年體史書成熟的代表作即是《春秋》，至魯《春秋》作，"年事相繫，故爲百世史官宗主"④。可見，記注體史書肇始於周厲王出奔以至宣王時，至春秋時

---

① 《史記》卷14，第649～650頁。
② 白壽彝認爲："紀年可能先以曆牒譜之類的形式表達出來，不一定是跟編年體史書同時出現的。"白先生的根據是，《秦本紀》載"秦自秦侯時已有紀年，這也是當厲王時期，然此後一百餘年，到文公十三年'初有史以紀事'"，"有魏史之稱的《竹書紀年》，以晉爲魏所從出，'特記晉國'，而記事也祇'起自殤叔'，去晉之紀年也已七十四年了"。（白壽彝：《先秦時期：中國史學的產生》，《中國史學史》第1卷，第137頁）我們認爲，其舉出的《秦本紀》與《竹書紀年》的紀年，祇能反映出各個諸侯國紀年的開始年代不同，恐不能據此來推遲編年體史書產生的年代。
③ 章太炎：《檢論·春秋故言》，上海人民出版社編，朱維錚點校：《章太炎全集·〈訄書〉初刻本、〈訄書〉重訂本、檢論》，第416頁。
④ 章太炎：《檢論·春秋故言》，上海人民出版社編，朱維錚點校：《章太炎全集·〈訄書〉初刻本、〈訄書〉重訂本、檢論》，第418頁。

期,像孟子説的魯之《春秋》、晉之《乘》和楚之《檮杌》很盛行,説明記注體史書已經蔚爲大觀。

(三)從記注體到紀事本末體史書

紀事本末體是史書的體裁之一。章學誠説:"按本末之爲體也,因事命篇。"①四庫館臣曰:"每事爲篇,各排比其次第,而詳叙其始終,命曰紀事本末。"②梁啓超説:"把史迹看作集團研究,就是紀事本末體。"③總地看來,紀事本末體有兩個最主要特徵:一是"因事命篇",二是"紀事本末"。前文已述,歷史叙事就是將多件事件,按照時間序列、邏輯關繫排列,以揭示史事起始、發展、結果的一種記録史事的方式,此亦"紀事本末""因事命篇",可見紀事本末體史書就是採用歷史叙事的方式記録史事的史書。

從歷史叙事到紀事本末體史書,是史學發展的必然趨勢。梁啓超説:

> 歷史的事實,若泛泛看去,覺得很散漫,一件件的擺着,没有甚麽關繫,但眼光鋭敏的歷史家,把歷史過去的事實看成爲史迹的集團,彼此便互相聯絡了。……無論何種事物,必把破碎的當作集團,才有着眼的地方。研究歷史,必把破碎的當作集團,才有下手的地方。把史迹看作集團研究,就是紀事本末體。……紀事本末體是歷史的正宗方法。……所以研究歷史的人,應當挑出一極大之事,作爲集團,把旁的事實,都歸納到裏面,再看他們的關繫影響。研究一個集團,就專心把這個集團弄明白了。……把所有事的集團弄清楚,那末全部歷史的主要脈絡就可一目瞭然了。④

史書的主題爲記事,而歷史叙事本身就涉及多件史事,即"史迹的集團"。當史書採用這種記録史事的方式編撰時,就自然而然成爲紀事本末體史書。這種史書,能更好地闡述史事的始末緣由,展示各個史事之間的邏輯關繫,便於讀者理清歷史發展的綫索,更好地汲取經驗教訓,從而爲現實服務,更好地發揮史學古爲今用的作用。可以説,無論從史學發展的内在邏輯還是現實目的來講,歷史叙事與紀事本末體史書的産生是史學發展的前進方向。

總之,西周時期,隨着歷史意識的成熟,有意識的歷史叙事也逐漸産

---

① (清)章學誠著,葉瑛校注:《文史通義校注》卷1,第51頁。
② (清)永瑢等:《欽定四庫全書總目》,第437頁。
③ 梁啓超:《中國歷史研究法補編》,北京:中華書局,2010年,第38頁。
④ 梁啓超:《中國歷史研究法補編》,第38~40頁。

生。到了春秋時期,歷史敘事類史書已經蔚爲大觀,這爲以後紀事本末體史書的產生奠定了堅實基礎。於是,到了戰國時期,成型的紀事本末體史書便應運而生了。

三、戰國時期紀事本末體的產生

紀事本末體史書究竟產生於何時？我們認爲,在戰國時期,紀事本末體這種史書體裁已經產生並逐漸趨於成熟。

(一) 從記注到撰述

前面我們考察了記注與撰述的涵義,關於二者的關繫,主要有以下四點:

一是記注先於撰述。金毓黻說:"記注爲修史之始功,撰述爲修史之終事,二者相爲因果,而有其先後之序。"將檔案"剪裁比次,以爲有組織之史料,是之謂記注","記注進一步之整理,且有獨斷考索之功",則爲長編,而進一步整理爲定本,則爲撰述。"記注爲當時之筆,故皆得親見親聞",而長編和撰述則屬"後來之筆",後二者必依據前者而成功。①

二是記注重過往,撰述重將來。章學誠說:"記注欲往事之不忘,撰述欲來者之興起。"②記注衹注重過往,反映出歷史意識的萌芽;而撰述是借助過去溝通現在和將來,反映出歷史意識的成熟。

三是撰述與記注的根本區別是撰述有"史意"而記注無。這一點前文已述,此不贅言。

四是記注是史官世守之業,而撰述開私家撰史之風。金毓黻說:"古代(指周代及以前——引者按)史官有記注而無撰述,如虞夏書、商書、周書、魯之《春秋》,未經孔子刪定者,皆記注也。"③自孔子修《春秋》,開"撰述"之先河,撰述體遂應運而生,而紀事本末體史書即是此背景下的產物。

那麽,記注體史書與紀事本末體史書有何關繫呢？筆者以爲此二者類似於記注與撰述的關繫,因爲紀事本末體史書實際上即屬於撰述。章學誠說:"撰述欲其圓而神,記注欲其方以智也。"④可見記注特點是"方以智",

---

① 此採金毓黻說並參以管見。參金毓黻:《釋記注》,杜維運、黃進興編:《中國史學史論文選集(一)》,第113~114頁。
② (清)章學誠著,葉瑛校注:《文史通義校注》卷1,第49頁。
③ 金毓黻:《釋記注》,杜維運、黃進興編:《中國史學史論文選集(一)》,第110頁。
④ (清)章學誠著,葉瑛校注:《文史通義校注》卷1,第49頁。

撰述則是"圓而神"。而"體圓用神"正是紀事本末體史書之特色,章氏評價《通鑑紀事本末》一書時即説:"《紀事本末》本無深意,而因事命題,不爲成法,則引而伸之,擴而充之,遂覺體圓用神。"①

又,金毓黻認爲記注先於撰述,長編和撰述必依據記注才能成功。實際上,記注體史書就是紀事本末體史書所依據的資料,後者之完成必依靠前者。法國學者保羅·利科(Paul Ricoeur)認爲"編年體不是一種叙事"②,"歷史叙事是將編年體中的一系列事件予以情節編排,使得故事具有可辨別的開頭、中間和結尾"③,這樣,歷史事件就呈現出一定的歷史意義,"作爲有意義的過程的開始、過渡和終止而起作用"④。按:這是海登·懷特(Hayden White)對利科著作《虛構叙事中時間的塑形》⑤之理解,實際上也摻加了懷特自己之見解。但這段話對我們理解以歷史叙事的形式撰寫的紀事本末體史書是依據編年體史書這一事實頗有裨益;而且據此不難看出,這一轉變之實現,實因人們要發揮歷史記述的更大意義,即歷史意識進步推動之結果。所以我們看到一個現象,即後世的紀事本末體史書都有抄撮的性質,當然抄撮的對象有可能是記注體史書,也有可能是其他長編、撰述等,比如後文即將討論的《鐸氏微》抄撮的是《左傳》,《虞氏春秋》抄撮《左傳》和當時的一些記注體史書,《通鑑紀事本末》抄撮《資治通鑑》,而《左傳》《資治通鑑》都屬於撰述。總之,如果説記注體史書爲紀事本末體史書提供了基礎史料,那麼私人撰述則開了紀事本末體之先河。

(二)私人撰述開紀事本末之先河

西周一直到春秋時期,史官專門執掌史書的編撰,所編撰的史書都是記注體史書。記注體史書有嚴格的規定,即章學誠所謂的"三代以上(主要指周代——引者按),記注有成法,而撰述無定名",他說:

---

① 章學誠:《與邵二雲論修〈宋史〉書》,(清)章學誠撰,倉修良編注:《文史通義新編新注》,北京:商務印書館,2017年,第672頁。
② 〔美〕懷特:《叙事性的形而上學:利科歷史哲學中的時間與象徵》,〔美〕懷特:《形式的内容:叙事話語與歷史再現》,董立河譯,北京:文津出版社,2005年,第236頁。
③ 李隆獻:《先秦兩漢歷史叙事隅論》,臺北:臺大出版中心,2017年,第27頁。按,李先生此言是綜合懷特説並參以自身見解而來。〔美〕懷特:《叙事性的形而上學:利科歷史哲學中的時間與象徵》,〔美〕懷特:《形式的内容:叙事話語與歷史再現》,董立河譯,第231、233頁。
④ 〔美〕懷特:《叙事性的形而上學:利科歷史哲學中的時間與象徵》,〔美〕懷特:《形式的内容:叙事話語與歷史再現》,董立河譯,第238頁。另可參李隆獻:《先秦兩漢歷史叙事隅論》,第27頁。
⑤ 中文譯本爲〔法〕保羅·利科:《虛構叙事中時間的塑形二:時間與叙事卷》,王文融譯,北京:商務印書館,2018年。

《周官》三百六十，具天下之纖析矣，然法具於官，而官守其書。觀於六卿聯事之義，而知古人之於典籍，不憚繁複周悉，以爲記注之備也。即如六典之文，繁委如是，太宰掌之，小宰副之，司會、司書、太史又爲各掌其貳，則六典之文，蓋五倍其副貳，而存之於掌故焉。其他篇籍，亦當稱是。是則一官失其守，一典出於水火之不虞，他司皆得藉徵於副策。斯非記注之成法，詳於後世歟？①

金毓黻解釋説："有周盛時，設史官以司記言記事，掌故史料之書亦爲史官典掌，故曰'記注有成法'。然於是時，蓋尠有如孔子修《春秋》、司馬遷之作《史記》，整齊千百年以垂爲一世大典者，故曰'撰述無定名'。"②周代規定衹能史官修史，且官方壟斷史料之書，故民間無從染指。

西周末年，王权逐漸衰微，史官失職，典守之籍，逐漸散亡。到了春秋晚年，孔子開私家撰述之先河，此後撰述史書之風日漸盛行。對此，《史記·十二諸侯年表序》説：

　　　孔子明王道，干七十餘君，莫能用，故西觀周室，論史記舊聞，興於魯而次《春秋》，上記隱，下至哀之獲麟，約其辭文，去其煩重，以制義法，王道備，人事浹。七十子之徒口受其傳指，爲有所刺譏襃諱挹損之文辭不可以書見也。魯君子左丘明懼弟子人人異端，各安其意，失其真，故因孔子史記具論其語，成《左氏春秋》。鐸椒爲楚威王傅，爲王不能盡觀《春秋》，采取成敗，卒四十章，爲《鐸氏微》。趙孝成王時，其相虞卿上采《春秋》，下觀近勢，亦著八篇，爲《虞氏春秋》。吕不韋者，秦莊襄王相，亦上觀尚古，刪拾《春秋》，集六國時事，以爲八覽、六論、十二紀，爲《吕氏春秋》。及如荀卿、孟子、公孫固、韓非之徒，各往往捃摭春秋之文以著書，不可勝紀。③

孔子所"論"之"史記舊聞"應該是周王室的史書以及各諸侯國的史書，而所次之"《春秋》"實乃魯舊史《春秋》，這些都屬於記注體史書的範疇。事實上，孔子並未修《春秋》。但是，事實與觀念是可以分離的：孔子是否修《春秋》是一回事，人們的觀念裏認爲孔子是否修《春秋》是另外一回事。正如學者所指出的："這裏還存在另一層面的史實，即在整個中國古代，孔子修《春秋》乃是久被認定的。這個無可爭議的史實對於史學史研

---

① （清）章學誠著，葉瑛校注：《文史通義校注》卷1，第30頁。
② 金毓黻：《釋記注》，杜維運、黄進興編：《中國史學史論文選集（一）》，第110頁。
③ 《史記》卷14，第647~648頁。

究來說,重要性並不亞於孔子是否真的修過《春秋》。孔子與《春秋》連結一起所造成的影響,在中國古代史學發展上具有極其重大的意義。"①孔子修《春秋》是否已久被認定恐還有待商榷,但孔子修《春秋》這一觀念在中國先秦時期有很大影響、並且影響到先秦史學的發展確實是毋庸置疑的。事實上,先秦文獻裏有大量反映孔子修《春秋》的記述,如《左傳》成公十四年載君子曰:"《春秋》之稱,微而顯,志而晦,婉而成章,盡而不汙,懲惡而勸善,非聖人,誰能修之?"②杜預據此在《春秋左氏傳序》中明確指出:"蓋周公之志,仲尼從而明之,""周公之垂法,史書之舊章,仲尼從而修之。"孔穎達亦曰:"聖人指謂孔子,美孔子所修。"③孟子更是明確提出孔子"作《春秋》"的主張,《孟子·滕文公下》:"世衰道微,邪説暴行有作,臣弑其君者有之,子弑其父者有之。孔子懼,作《春秋》。《春秋》,天子之事也。是故孔子曰:'知我者其惟《春秋》乎!罪我者其惟《春秋》乎!'"④因此可以説,先秦時期孔子修《春秋》這一觀念的產生和發展,標誌了私人撰述的出現。

實際上,魯舊史經過孔子的編次——"約其辭文,去其煩重,以制義法"後,《春秋》已經屬於撰述了。章學誠説:"夫子因魯史而作《春秋》,孟子曰'其事齊桓、晉文,其文則史',孔子自謂竊取其義焉耳。載筆之士,有志《春秋》之業,固將惟義之求,其事與文所以藉爲存義之資也。"⑤如果把《春秋》視作史,孔子所取之"義"就是史意。⑥

如果説周代是"記注有成法",那麽周代以下就是"記注無成法,撰述有定名"。章學誠説:"至官禮廢,而記注不足備其全;《春秋》比事以屬辭,而左氏不能不取百司之掌故,與夫百國之寶書,以備其事之始末,其勢有然也。"⑦《左傳》雖然是編年體史書,但它不是記注體。《左傳》作者所做的工作,白壽彝認爲已經屬於"撰述"範疇。⑧ 那麽,《左傳》作者做了哪些撰述工作呢? 司馬遷説:"因孔子史記具論其語,成《左氏春秋》。"這裏的"孔子史記",是孔子作《春秋》所依據的史記⑨,是記注體史書,這是他編年的

---

① 喬治忠:《中國官方史學與私家史學》,北京:北京圖書館出版社,2008年,第345頁。
② 楊伯峻:《春秋左傳注(修訂本)》,第870頁。
③ 《春秋左傳正義》卷1,《十三經注疏》,第3699~3700、3702頁。
④ 楊伯峻譯注:《孟子譯注》,第155頁。
⑤ (清)章學誠著,葉瑛校注:《文史通義校注》卷2,第171頁。
⑥ 金毓黻:《中國史學史》,第47頁。
⑦ (清)章學誠著,葉瑛校注:《文史通義校注》卷1,第21頁。
⑧ 參白壽彝:《先秦時期:中國史學的產生》,《中國史學史》第1卷,第296頁。
⑨ 此"史記"即《史記·孔子世家》所謂孔子"乃因史記作《春秋》,上至隱公,下訖哀公十四年,十二公"之史記,是孔子作《春秋》所依據的資料,不是孔子所作之《春秋》。

主要依據。但記注體史書是時間與事件的簡單結合，而要"具論其語"，必得各種原始檔案——"百國之寶書"具備，然後將這些資料排比，編成紀事本末體的資料長編，最後配合《春秋》，將其改編成編年體。① 可以説，正是因爲有紀事本末體的資料長編，《左傳》才能"以備其事之始末"。何謂"備其事之始末"？《公羊傳》唐代徐彦疏引閔因叙云："昔孔子受端門之命，制《春秋》之義，使子夏等十四人求周史記，得百二十國寶書。"②杜預《春秋左氏傳序》云："左丘明受經於仲尼，……身爲國史，躬覽載籍。必廣記而備言之，……將令學者原始要終，尋其枝葉，究其所窮。……涣然冰釋，怡然理順，然後爲得也。"③此之謂也。

《左傳》"備其事之始末"，實乃我們所説的歷史叙事，故劉知幾《史通·模擬》曰"左氏之書，叙事之最"④。關於《左傳》叙事之重要性，汪榮祖從中西史學比較的角度有深刻闡述。他説："《春秋》記'事'（what happened），語焉未詳；而《左傳》述之，始明'事由'（why it happened）"，"《左傳》善叙事，爲記載之冠冕，學者盛道久矣"，"若《春秋》爲編年之祖，《左傳》乃叙事之宗。'編年'（chronicle）與'叙事'（narrative）原有異同。西士有云：'叙事之史家異於編年之史家者，由其能連繫史實，知其所因耳。'編年僅列事實，……而叙事必述'背景以及於發生之事'，以知成事之'由'（reason）、發生之'因'（cause）。"⑤這裏的"備其事之始末""始明'事由'"即歷史叙事記史方法，而其正是紀事本末體史書之特點。因此，《左傳》應該是一部編年體史書，屬於撰述的範疇，但其中"包含有傳記體和紀事本末體"成分，而後者正來自於其作者整理長編之所得。⑥

---

① 學界有認爲《左傳》是分階段成書的：最開始是紀事本末體，後編成編年體。根據《繫年》來看，此説恐難成立，詳見本編第五章中"二、《繫年》與《左傳》《國語》的對比"之"（一）《左傳》《國語》的成書年代"。
② 《春秋公羊傳注疏》卷1，《十三經注疏》，第4763頁。
③ 《春秋左傳正義》卷1，《十三經注疏》，第3700頁。
④ （唐）劉知幾著，（清）浦起龍通釋：《史通通釋》卷8，上海：上海古籍出版社，2009年，第206頁。
⑤ 〔美〕汪榮祖：《史傳通説：中西史學之比較》，第37～40頁。
⑥ 白壽彝説：《左傳》的成書，"也可初步定爲在戰國早期，但這並不排除後人之有所增益。書中也有一些解經的話，但跟經文多不連聯屬，當係後來經師們加上去的。書的原來形式也不一定完全是編年體，其中也包含有傳記體和紀事本末體"。又謂："有人説：《左傳》本來就是紀事本末體，這個意見可以考慮，但還不能作爲定論。"（白壽彝：《先秦時期：中國史學的產生》，《中國史學史》第1卷，第151、153頁）筆者以爲這種説法很謹慎，但也受到分階段成書説的影響。楊伯峻、張素卿等學者已經對此作過反駁，《左傳》是紀事本末體的觀點是不成立的。

(三)紀事本末體史書的産生

那麽,何時産生了紀事本末體史書呢? 我們認爲在戰國時期就已經出現,上引司馬遷在《史記·十二諸侯年表序》中提到的《鐸氏微》可爲其證。《鐸氏微》和《虞氏春秋》的體裁,學者或認爲是紀事本末體,或認爲是史事類編。如金德建認爲二者均屬紀事本末體①;而白壽彝認爲前者可能是紀事本末體或史事類編,而後者可能是史事類編②。我們認爲,《鐸氏微》確係紀事本末體史書,論證如下:

司馬遷説《左傳》之後,戰國中葉楚威王太傅鐸椒"爲王不能盡觀《春秋》,采取成敗,卒四十章,爲《鐸氏微》"。此處的"《春秋》"實指《左傳》。③《漢書·藝文志》:"《鐸氏微》,三篇。楚太傅鐸椒也。"④劉向《别録》:"左丘明授曾申,申授衛人吴起,起授其子期,期授楚人鐸椒。鐸椒作《鈔撮》八卷,授趙人虞卿。"⑤《鐸氏微》之篇幅,或曰"四十章",或曰"三篇",或曰"八卷",篇目爲何有如此大的差異呢? 對此,張舜徽説:

> 微亦古代注述之一體。唯治《春秋》者有是例,蓋以經文隱約,將欲循其微辭以通其義旨耳。……諸家治《春秋》,鈔撮是一事,解説大義又是一事。……史公所稱"卒四十章"者,即劉向《别録》所云"作《鈔撮》八卷"也。下云"爲鐸氏《微》"者,即《漢志》所載三篇之書也。鐸椒爲左邱明四傳弟子,則其所習《春秋》爲《左氏傳》。《左傳》文繁事富,楚王不能盡觀,故鐸椒先爲節删之本,後又爲釋其微旨以授之,此本兩事也。鈔撮者必取之原書,不能多割棄;解説者但申明己意,取辭達而止。故鐸氏《鈔撮》八卷,《微》止三篇;……知其各自爲書矣。⑥

據張先生所言,"微"是一種注述文體,通常有兩部分組成:一爲"抄撮"(即"鈔撮"。"鈔"作抄寫、謄寫義,後來一般寫作"抄",後文除引用外,徑作"抄撮")部分,即抄録史事;二爲"解説大義"部分,用以闡發微旨。上引《史記》所謂"四十章"即劉向《别録》説的"《鈔撮》八卷",屬於"抄撮"

---

① 參金德建:《論〈鐸氏微〉〈虞氏春秋〉爲紀事本末體裁》,《司馬遷所見書考》,上海:上海人民出版社,1963年,第127~129頁。
② 白壽彝:《中國史學史論集》,北京:中華書局,1999年,第34頁。
③ 參金德建:《司馬遷所稱〈春秋〉係指〈左傳〉考》,《司馬遷所見書考》,第105~111頁。
④ 《漢書》卷30,第1713頁。
⑤ (漢)劉向、劉歆撰,(清)姚振宗輯録,鄧駿捷校補:《七略别録佚文;七略佚文》,上海:上海古籍出版社,2008年,第16頁。
⑥ 張舜徽:《漢書藝文志通釋》,《廣校讎略;漢書藝文志通釋》,第225頁。

部分;而《漢書》所謂"《鐸氏微》三篇"則屬於"解説大義"部分。張先生此説頗具啓發意義,我們認同此説。

爲了説明《鐸氏微》的紀事本末體性質,我們不妨將其與袁樞《通鑑紀事本末》相比較,可發現二者有以下三個共同點:

首先,二者均係抄撮而成,且所抄對象均爲編年體史書。這種編年體史書,内容不僅繁富浩博,而且具有歷史叙事、紀事本末之特點。《鐸氏微》所抄之《左傳》,即具此特點。《通鑑紀事本末》是抄自《資治通鑑》,而後者内容廣博,記録史事是按年月記述歷史事件的發生、發展和結束,事具本末,歷史叙事的特色很明顯。

其次,二者在體裁上詳其始終,事具本末,這也是紀事本末體的最核心特點之一。《鐸氏微》"採取成敗",即將史事的始末成敗記述。《通鑑紀事本末》的特點即"每事爲篇,各排比其次第,而詳叙其始終,命曰'紀事本末'"①。

再次,其編纂目的主要不是保存史料,而是有一定的現實功用。《鐸氏微》抄撮《左傳》,"必取之原書,不能多割棄",而其現實功用是爲了便於楚威王學習,故注重"成敗",服務現實政治的意識很明顯。《通鑑紀事本末》成書後,宋"孝宗讀而嘉歎,以賜東宫及分賜江上諸帥,且令熟讀,曰'治道盡在是矣'"②,可見其目的也是服務政治。通常這種史書的現實功用明顯,而保存史料的價值不大,誠如學者所評:"紀事本末體在歷史編纂學上的地位,祇是增添了一種便於記憶和檢索、對初學歷史的人更爲合適的體例,而不能取代原有的利於廣泛保存史料的各種體例。"③

由上述三點可見,《鐸氏微》與紀事本末體的代表作《通鑑紀事本末》極其相似,這恐怕不能僅僅歸於一種偶然。質言之,《鐸氏微》雖然已亡佚,但根據親見其書的司馬遷所述,其紀事本末體性質很明顯,所以我們認爲《鐸氏微》是戰國時期紀事本末體史書的代表。

另外,司馬遷還提到《虞氏春秋》:"趙孝成王時,其相虞卿上采《春秋》,下觀近勢,亦著八篇,爲《虞氏春秋》。"④《史記·平原君虞卿列傳》:"[虞卿]上采春秋,下觀近世,曰《節義》《稱號》《揣摩》《政謀》,凡八篇,以

---

① (清)永瑢等:《欽定四庫全書總目》卷49,第437頁。
② (元)脱脱等:《宋史》卷389,北京:中華書局,1977年,第11934頁。
③ 張舜徽主編:《中國史學名著題解》,北京:中國青年出版社,1984年,第179頁。
④ 《史記》卷14,第648頁。

刺譏國家得失,世傳之曰《虞氏春秋》。"①又,《漢書·藝文志》:"《虞氏微傳》二篇。趙相虞卿。"②劉向《別錄》曰:"虞卿作《鈔撮》九卷,授荀卿,卿授張蒼。"③張舜徽説:"虞氏《鈔撮》九卷,《微》止二篇。觀其卷帙多寡之不同,而知其各自爲書矣。《漢志》'《虞氏微》二篇','微'下多一'傳'字,蓋沿下文《公羊外傳》《穀梁外傳》而誤衍。"④我們認爲,《鈔撮》應該也是紀事本末體。白壽彝根據上引《虞卿列傳》有"《節義》《稱號》《揣摩》《政謀》"之篇目,遂認爲"《虞氏春秋》可能是用史事類編的形式寫的,每一篇名似即表示某一類的史事。《鐸氏微》可能是紀事本末的形式寫的,也可能是用史事類編的形式"⑤。上文已述,《鐸氏微》中抄撮史事的部分即爲紀事本末體。與此類似,《虞氏春秋》中抄撮史事的部分亦應爲紀事本末體,至於"《節義》《稱號》《揣摩》《政謀》"之篇目,應該屬於"微"的部分,以闡發微旨,"以刺譏國家得失"。

《虞氏春秋》與《鐸氏微》的抄撮有一個不同點:後者僅抄撮《左傳》,而前者不僅抄撮《左傳》,還"下觀近世",即又加入了作者所處之近世、當世的内容,這一部分應該屬於記注體史書的性質。這點與我們下面將討論的《繫年》很相似,《繫年》本質上也是抄撮的,不僅抄撮了《左傳》《國語》等相類似的資料,還採取了當世的記注體史書的資料。

四、《繫年》——紀事本末體史書成型於戰國時期的直接證據

《鐸氏微》《虞氏春秋》已經亡佚,我們看不到其具體内容了,而《繫年》的公佈,讓我們得以目睹戰國時紀事本末體史書的真容。筆者認爲,《繫年》的性質與《鐸氏微》《虞氏春秋》中的抄撮類似,其體裁是紀事本末體。吕思勉説:"同一時代之人,所著之書,體例必大略相似。知史事之可貴,如實叙述,以詒後人,殆先秦之人所未知;其時著書,引用史事,大抵雜以己見耳。"⑥誠哉是言。

關於《繫年》的體裁,學者的争議很大,其中討論最集中的是《繫年》是

---

① 《史記》卷76,第2886頁。
② 《漢書》卷30,第1713頁。
③ (漢)劉向、劉歆撰,(清)姚振宗輯録,鄧駿捷校補:《七略別録佚文;七略佚文》,第16頁。
④ 張舜徽:《漢書藝文志通釋》,《廣校讎略;漢書藝文志通釋》,第225頁。
⑤ 白壽彝:《中國史學史論集》,第34頁。
⑥ 吕思勉:《吕思勉讀史札記》,第528頁。

否爲紀事本末體史書。筆者認爲,《繫年》是成型的紀事本末體史書,理由主要有兩點:一是《繫年》完全具備紀事本末體史書的最核心特徵;二是《繫年》是抄撮而成的史學作品,這也符合早期紀事本末體史書的典型特徵。下面我們對此進行論證。

(一)《繫年》完全具備紀事本末體史書的最核心特徵

要確定《繫年》的紀事本末體性質,一個理論前提必須予以澄清,即確定紀事本末體的標準爲何。我們認爲,考察紀事本末體的衡量標準,須注意兩個問題:一是要抓住紀事本末體最核心的特徵,二是要避免以今律古。① 前文已述,紀事本末體的最核心特點有二:一是"因事命篇",二是"事具本末"。下面就以此二標準核諸《繫年》,看其是否符合。

首先討論《繫年》的"因事命篇"問題。所謂"因事命篇",有兩大標準:一是從外部形式上看,要突出"事"的中心地位,將所有相關事彙集於一篇,而不因"人""年"所隔斷,即章學誠所説:"夫史爲記事之書,事萬變而不齊,史文屈曲而適如其事,則必因事命篇,不爲常例所拘,而後能起訖自如,無一言之或遺或溢也。"② 二是從内部結構看,每篇的事件都有統一的時間、邏輯等關繫,並以此關繫排列,即楊萬里所説:"大抵搴事之成以後於其萌,提事之微以先於其明。"③瞿林東解釋説"即對於時間之由微而顯、由

---

① 許兆昌依據四庫館臣的觀點,認爲紀事本末體的史學作品必須做到"每事爲篇",另外還有四點具體要求:一是各篇敘事必須完整,"詳敘其始終"或"每事各詳起訖";二是每篇中的時間因素須統一,"每篇各編年月,自爲首尾";三是各篇"自爲標題";四是體裁統一,否則"隸諸雜史傳記"。他以此標準衡量,發現《繫年》"完全符合紀事本末體的要求"。(許兆昌:《〈繫年〉、〈春秋〉、〈竹書紀年〉的歷史敘事》,上海:中西書局,2015年,第6~7、33頁)實際上,這裏所舉的"每事爲篇"與具體標準第一條,是四庫館臣給"紀事本末體"所定的標準,而具體標準的第二、三條則是《通鑑紀事本末》的特徵,二者不可混同。楊博一方面認爲《繫年》敘事集中,每篇有獨立主題(雖然没標題),確已具備紀事本末的基本特徵,另一方面又指出《繫年》與紀事本末體有區别。首先,《繫年》並未"自爲標題";其次,《繫年》敘事雖然每章"各編年月,自爲首尾",但在具體敘事上並未"詳敘其始終",除第五、九、十四章等少數篇章外,大都是概括敘事;再次,《繫年》目前並未確定有專門的"抄撮"對象。所以他認爲,一方面《繫年》雖已具備"紀事本末"的基本特徵,但仍與紀事本末史著有一定差距;另一方面《繫年》採取了"紀事本末"的基本歷史敘事方法。(楊博:《裁繁禦簡:〈繫年〉所見戰國史書的編纂》,《歷史研究》2017年第3期,第6~7頁;《戰國楚竹書史學價值探研》,上海:上海古籍出版社,2019年,第68~70頁)筆者以爲,此説是以《通鑑紀事本末》來衡量先秦古書,恐有以今律古之嫌。白壽彝在談史書的編撰時即指出,紀事本末體等體裁"是不斷發展的,並不是一成不變的",同一種體裁,不同時期"彼此之間相差很懸殊"。(白壽彝:《先秦時期:中國史學的産生》,《中國史學史》第1卷,第289頁)

② (清)章學誠著,葉瑛校注:《文史通義校注》卷1,第52頁。

③ (宋)楊萬里:《通鑑紀事本末叙》,(宋)袁樞:《通鑑紀事本末》,北京:中華書局,2015年,第1頁。

起因而結果的發展過程做到合乎邏輯的把握"①,可見紀事本末體史書須注重事件的邏輯、發展過程。我們認爲《繫年》已經達到這兩大標準。

一方面,《繫年》確實是以"事"爲中心的。正如學者們所指出的,《繫年》每篇都能概括出一個主題(如表十六所示),這就突出了"事"的中心地位。

表十六　《繫年》各章擬題

章	擬題	章	擬題	章	擬題	章	擬題
一	西周盛衰	七	城濮之戰	十三	邲之戰	十九	楚縣陳蔡
二	平王東遷	八	秦楚始好	十四	麋笄之戰	二十	晉越爲好
三	秦以始大	九	晉靈之立	十五	吳人入郢	二十一	楚晉爲怨
四	衛國屢遷	十	秦晉交惡	十六	宋之盟	二十二	三晉封侯
五	楚亦始大	十一	楚莊伐宋	十七	齊晉爲成	二十三	晉楚武陽之戰
六	秦晉始好	十二	厲之役	十八	齊不服晉		

又,在處理"事"與"人""年"等的關繫上,《繫年》的歷史叙事均服從於"事"。《繫年》的紀年,除過第三、九章(均没有具體紀年)與十三章(簡殘斷導致無法知曉詳情)外,其他二十二章可分爲兩類:一是在開頭即明確年代,此類佔最大比重,分别爲第七、八、十一、十二、十四、十六、十七、十八、二十、二一、二十二、二十三章;二是開頭無明確紀年,但在叙述重要、標誌性事件時有明確紀年,分别爲第一、二、六、十、十九章:

第一章:共伯和立,十又四年,……共伯和歸于宋〈宗〉。

第二章:周亡王九年(即周幽王九年),邦君諸侯始不朝于周,晉文侯乃逆平王于少鄂,立之于京師。

第六章:[晉惠公]立六年,秦公率師與惠公戰于韓,止惠公以歸。

第十章:[晉]靈公高立六年,秦公……率師爲河曲之戰。

第十九章:[楚昭王]十又一年,蔡昭侯申懼,自歸於吳。

第一類篇首即明確時間,當然是爲了便於後文歷史叙事的展開;而第二類突出重大事件的紀年,更加顯示出"事"的中心地位。

另一方面,《繫年》每章各個事件的排列均有明確的時間、因果等關繫。以第一章爲例,從因果關繫上看,本章主要叙述周王朝的興衰之原因,

---

① 瞿林東:《中華史學志》,《瞿林東文集》第 5 卷,北京:北京師範大學出版社,2017 年,第 132 頁。

有兩個綫索:一是"籍田"的興廢;二是厲王的暴虐與共和行政。表面上看,第一個綫索是講周武王之所以克商,宣王之所以敗於千畝,都跟"籍田"祭祀上帝天神有關。而實際上,"籍田"是關乎農業生產、民本的大事,對"籍田"禮的重視實際上是治民的重要原則之一。而第二條綫索講周厲王暴虐,也是違背了治民的根本原則。所以本章講周王朝的興衰,貫穿始終的是治民,這是本章的主旨。① 從時間關繫上看,從武王克商、厲王暴政、共伯和十四年宣王即位、宣王三十九年千畝之敗,是按照時代先後順序進行敘述的。

其次我們討論《繫年》的"事具本末"問題。所謂"本末"有兩層含義:一是要分清楚輕重、主次,二是要詳其始末、源流。這對史學家提出了三點要求:一是要全面地掌握資料;二是要對資料有所取捨,分清輕重、主次;三是要有明確的問題意識,明確主題,這是取捨的依據。實際上,《繫年》完全具備了這三點要求。其一,《繫年》的主題明確,問題意識突出,此即李學勤所揭示的《繫年》的作者有"以史爲鑒"的目的。② 其二,從《繫年》掌握的資料來看,其可與《國語》《左傳》《竹書紀年》《史記》等相印證,但也有一些差異,這說明《繫年》參考的除了與這些傳世文獻相類似的資料外,還有其他一些資料。尤其值得注意的是,《繫年》有一些不見於傳世文獻的新資料,比如周平王東遷被立於少鄂、然後又立於京師的記述。第五到十九章涉及的春秋史事,多和《左傳》相合,但也有不合、不見於《左傳》處,比如第五章的"取頓恐陳"事即不見於傳世文獻。第二十至二十三章涉及的戰國前期史事,多不見於傳世文獻。這反映出,《繫年》真正做到了取材廣泛。其三,《繫年》對資料的取捨技巧很高超。比如第十四章講述鞌之戰(靡笄之戰),以郤克的受辱、復仇爲綫索,從晉景公八年郤克聘齊受辱、隨後斷道之會執齊三大夫以怒齊、再後郤克率晉師敗齊於靡笄、次年齊頃公朝晉郤克乘機羞辱頃公以復仇,敘事如魚貫雁行,邏輯非常嚴密。從內容上看,跟《左傳》用大量篇幅文字相比較,《繫年》言簡意賅,真正做到了"文省於紀傳,事豁於編年"(《文史通義·書教下》)的效果。可見,《繫年》完全具備紀事本末體史書最核心的特徵。

---

① 參李學勤:《試論〈繫年〉第一章的思想內涵》,《夏商周文明研究》,第 258~260 頁。
② 李學勤:《清華簡〈繫年〉及有關古史問題》,《文物》2011 年第 3 期,第 70 頁。

(二)《繫年》是抄撮而成的史學作品,這也符合早期紀事本末體史書的典型特徵

抄撮本是古人做學問的一種方法,《通鑑紀事本末》正是通過抄撮編年體的《資治通鑑》而形成的一種新體裁的史書,這不能不説是另外一種創作。章學誠在《與邵二雲論修〈宋史〉書》一文中謂:"僕嘗以爲此(指《通鑑紀事本末》——引者按)不足爲史學,而止可爲史纂史鈔者也。然神奇可化臭腐,臭腐亦復化爲神奇。《紀事本末》本無深意,而因事命題,不爲成法,則引而伸之,擴而充之,遂覺體圓用神。"①梁啓超也説:"善鈔書者可以成創作,……見之於宋袁樞之《通鑑紀事本末》。"②《鐸氏微》《虞氏春秋》與《通鑑紀事本末》都是抄撮編年體史書而成,這不能不説是記事本末體史書的重要特點之一。而事實上,《繫年》亦具有抄撮而成的特點。

《繫年》是抄撮而成的史學作品,這可以通過對比簡文與傳世文獻明顯地看出來。《繫年》共二十三章,根據所記載的史事,可分爲三部分:第一部分是前四章,這部分涉及西周史事,主要講西周何以衰落、諸侯何以興起,其内容可與《國語》《竹書紀年》《孟子》等相印證。這部分抄撮的來源,應該是與此有關的資料;但也有不見於這些文獻的,這説明它可能採取了更原始的資料——春秋時期的記注體史書。第二部分是第五章至第十九章,大致屬於春秋史,很多内容可與《春秋》、尤其是《左傳》《國語》相印證,但也有差異。《繫年》與《左傳》《國語》等可相印證,這是《繫年》具有抄撮性質的最明顯證據。這裏的問題是,究竟是前者抄撮後者還是後者抄撮前者呢?我們認爲《繫年》是抄撮《左傳》《國語》而成的(詳見本編"《繫年》與春秋戰國時期國史以及私家撰述對比研究"部分)。第三部分是第二十章到第二十三章,這部分大致爲作者所處現當代史的内容,有"下觀近世"的特點。這部分應該是採自當時的記注體史書,上引《虞氏春秋》説"下觀近世",可與此合觀。

綜上可見,《繫年》是戰國前期的成型的紀事本末體史書,是戰國時期紀事本末體史書的典型代表。互詳本編《繫年》文本形態部分。

五、由《繫年》等可知先秦有所謂"史學"

梁啓超認爲"史學"指既有事實又有目的撰述。這一定義很恰切,它

---

① (清)章學誠撰,倉修良編注:《文史通義新編新注》,第672頁。
② 梁啓超:《中國歷史研究法》,第22頁。

準確地釐清了單純的編年記事與歷史叙事、記注體史書與撰述的區别。真正的"史學"實際上是通過歷史叙事形成記録史事的撰述,此即梁啓超所謂的"史學";而編年記事、記注體史書本質上不是"史學"。但是,梁氏所謂先秦無所謂"史學"的命題顯然也不能成立。根據上文所論,以《繫年》《鐸氏微》《虞氏春秋》爲代表的文獻,是紀事本末體性質的,屬於既有事實又有目的撰述,這就證明至晚在戰國時期,中國已經有了完整意義上的史學作品。

第二章　《繫年》物質形態

　　清華簡是 2008 年 7 月 15 日由清華大學購於香港文物市場並收藏。實際上在此之前，學者已經聞見之：胡平生在 2007 年 4 月就聽説過這批簡①；張光裕追憶在 2006 年冬就見過八枚楚簡，可能與清華簡有關②。清華簡整理者劉國忠據此認爲，如果上述説法屬實，則説明清華簡已經在境外流傳了相當長的一段時間③；李學勤認爲但也不會太久，否則不可能保存到今天了④。據此或可推定竹簡被盜掘可能就在 2006 年冬以前不太久。

　　清華簡入藏時，其包裝方式有兩種：一部分將多枚竹簡捆成一束，用保鮮膜包裹成一包一包的；另有一部分是用現代新鮮竹片做墊板，把竹簡拖到上面，然後用保鮮膜一枚一枚地纏繞包裹，其兩頭用塑料膠條固定。⑤與此不同的是，上博簡入藏時是整體在一個泥團。⑥ 學者認爲這種不同反映出清華簡的"盜墓者和古董商對竹簡進行了一些處理"，"爲防止竹簡迅速脱水"而採取了"簡陋的保護措施"。⑦ 這似乎反映出上博簡從盜掘到被收藏時間較短，而清華簡則較長，至少有兩年以上時間。

　　清華簡入藏後，文物保護專家將其除霉（入藏時竹簡上已經有霉點）清洗，放到用盤子盛裝的無菌清水中進行滅菌保存，然後對竹簡進行拍照、整理等工作。2011 年 12 月，清華簡《繫年》出版。

　　《繫年》書寫的載體是竹簡。《繫年》的物質形態即書寫有《繫年》的竹簡所呈現出的一些特點。研究《繫年》簡所呈現出的物質形態，不僅可以瞭解當時的簡册制度，而且也有利於理解《繫年》的文本内容。

---

① 胡平生：《論簡帛辨僞與流失簡牘搶救》，中華文化遺産研究院編：《出土文獻研究》第 9 輯，北京：中華書局，2010 年，第 102、104 頁。
② 張光裕：《又見荆楚遺珍》，《清華大學學報（哲學社會科學版）》2009 年第 5 期，封二。
③ 劉國忠：《走近清華簡（增補版）》，北京：清華大學出版社，2020 年，第 47 頁。
④ 李學勤："國學熱"中談清華簡》，《初識清華簡》，第 42 頁。
⑤ 參趙桂芳《戰國竹簡的搶救性保護》，《出土文獻》第 1 輯，上海：中西書局，2010 年，第 238 頁。
⑥ 馬承源：《馬承源先生談上博簡》，上海大學古代文明研究中心、清華大學思想文化研究所編：《上博藏戰國楚竹書研究》，上海：上海書店出版社，2002 年，第 3 頁。
⑦ 賈連翔：《戰國竹書形制及其相關問題研究——以清華大學藏戰國竹簡爲中心》，第 241~242 頁。

一、形制

清華簡的載體是竹簡,竹質爲剛竹,這類竹材分佈廣泛,取用也很方便。① 我國目前出土的簡牘材料有竹、木、玉、葦等,以竹、木爲主。② 現已公佈的戰國以至三國的簡牘中,上海博物館藏楚簡用毛竹③;里耶秦簡用水松、油杉、杉木等④;北京大學藏秦簡、西漢竹書,長沙五一廣場東漢簡牘用剛竹⑤;長沙走馬樓 J22 出土竹簡爲毛竹、木簡爲杉木⑥;尹灣 M6 出土竹簡是苦穗竹(筆竹)⑦。具體可參程鵬萬的研究。⑧

《繫年》簡共 138 支,簡長 44.6~45 釐米。賈連翔將現已公佈的戰國楚竹書 111 篇、2224 支簡進行分類,按長度分爲 55 釐米、48 釐米、45 釐米、39 釐米、33 釐米、27 釐米、16 釐米七類,對各類數量進行統計,最多的是第三類,佔了 41.5%。他認爲這類簡的內容涵蓋《詩》《書》《禮》《易》《春秋》諸子等多方面,這是竹書的"常制"。⑨

《繫年》簡上下端皆平齊,契口位於竹簡右側。肖芸曉認爲簡的編聯應爲先寫後編,如 7 號簡"攻"字所從"工"旁正好位於第一契口處,部分筆畫已經被編繩破壞;50 號簡"晉"字最上端橫筆,已被編繩破壞。⑩ 編繩有上、中、下三道。

二、排序

《繫年》的排序依據主要有兩點:一爲簡背排序編號,二爲簡背斜

---

① 參賈連翔:《戰國竹書形制及其相關問題研究——以清華大學藏戰國竹簡爲中心》,第 55~56 頁。
② 參程鵬萬:《簡牘帛書格式研究》,上海:上海古籍出版社,2017 年,第 18 頁。
③ 馬承源:《馬承源先生談上博簡》,上海大學古代文明研究中心、清華大學思想文化研究所編:《上博藏戰國楚竹書研究》,第 3 頁。
④ 湖南省考古研究所編著:《里耶秦簡(壹)》,北京:文物出版社,2012 年,"前言"第 1 頁。
⑤ 北京大學出土文獻研究所:《北京大學藏秦簡牘室內發掘清理簡報》,《文物》2012 年第 6 期,第 90 頁;胡東波、王愷、張瓊:《北大西漢竹簡的科技分析》,《文物》2011 年第 6 期,第 90 頁。
⑥ 走馬樓簡牘整理組:《長沙走馬樓二十二號井發掘簡報》,《長沙走馬樓三國吳簡(嘉禾吏民田家莂)》上冊,北京:文物出版社,1999 年,第 30 頁。
⑦ 石雪萬:《尹灣竹木簡概述》,連雲港市博物館、中國文物研究所編:《尹灣漢墓簡牘綜論》,北京:科學出版社,1999 年,第 170 頁。
⑧ 程鵬萬:《簡牘帛書格式研究》,第 18~20 頁。
⑨ 參賈連翔:《戰國竹書形制及其相關問題研究——以清華大學藏戰國竹簡爲中心》,第 117~120 頁。
⑩ 參肖芸曉:《〈清華大學藏戰國竹簡(貳)·繫年〉之西周部分校釋及相關史事討論》,學士學位論文,武漢:武漢大學,2012 年,第 4 頁。

劃綫。

（一）簡背排序編號

不是所有竹書都有排序編號，篇章比較長、簡數比較多、内容比較典重者常常會有排序編號，以避免書手或者讀者將次序弄亂。後來紙代替竹簡成爲書寫的主要載體，竹簡的排序編號也就被頁碼所取代，因此可以説竹簡的排序編號是後世紙質書籍頁碼之濫觴。

《繫年》簡簡背原有排序編號，編號以漢字數字形式記録。《繫年》簡 1～52 均按序排列，簡背編號無誤。但簡 53 背重書"五十二"，後面依次錯編。直至 88、89 背面，又分别記爲"八十七""八十九"，漏編"八十八"。從 89 至 137 又是按序排列，簡背編號無誤。最末一支簡（即簡 138）無編號。①

關於簡背的編號與正文是否出自同一書手，賈連翔通過對比二者字迹風格，認爲是同一書手。② 關於簡背編號書寫與正文内容孰爲先後的問題，賈連翔説："從《繫年》簡背次序編號的錯誤中也可以證明，書寫編號時，正文内容已經寫成。"③正如上文"一、形制"中所説，《繫年》應該是先寫後編的。那麽，簡背編號是編連後再書寫還是編連前書寫的呢？蓋以後者爲是，即次序是：先書寫正文，後寫編號，再編連。否則，難以解釋簡背編號寫錯的情況。

（二）簡背斜劃綫

簡背劃綫指簡册編連之前，爲了標示次序，以及便於編連成册，在簡册背面所劃的綫。簡册背劃綫分爲兩大類：一種是刻綫，一種是墨綫。④《繫年》是刻綫。

《繫年》簡背有斜劃綫，均位於簡背上部。關於斜劃綫的數目，學者統計有差異。

李均民、趙桂芳説《繫年》簡共有七條斜劃綫，如表十七所示：

---

① 清華大學出土文獻研究與保護中心編，李學勤主編：《清華大學藏戰國竹簡（貳）》，第 110～132 頁；賈連翔：《戰國竹書形制及其相關問題研究——以清華大學藏戰國竹簡爲中心》，第 184 頁。
② 賈連翔：《戰國竹書形制及其相關問題研究——以清華大學藏戰國竹簡爲中心》，第 193 頁。
③ 賈連翔：《戰國竹書形制及其相關問題研究——以清華大學藏戰國竹簡爲中心》，第 196 頁。
④ 孫沛陽：《簡册背劃綫初探》，劉釗主編：《出土文獻與古文字研究》第 4 輯，上海：上海古籍出版社，2011 年，第 455 頁。

表十七　《繫年》簡背斜劃綫

斜劃綫	涵蓋簡	涵蓋章
第一條	1～22	第一至第四章
第二條	23～44	第五至第七章
第三條	45～70	第八至第十四章一部分
第四條	71～95	第十四章一部分至第十七章
第五條	96～120	第十八章大部分至第二十二章前兩簡
第六條	121～134	第二十二章大部分至第二十三章
第七條	135～138	第二十三章後四簡

資料來源：李均民、趙桂芳：《清華簡文本復原——以〈清華大學藏戰國竹簡〉第一、二輯爲例》，李學勤主編：《出土文獻》第3輯，中西書局，2012年，第67頁。

賈連翔將《繫年》簡背斜劃綫分爲七組共十二條，如表十八所示：

表十八　《繫年》簡背斜劃綫

組	涵蓋簡	斜劃綫	涵蓋簡	涵蓋章	備注
一	1～25	第一條	1～25	第一至第五章一部分	若簡1左側補入模擬簡，則第一條劃痕尾端與第二條首端相銜接
		第二條	1	第一章開頭第一簡	
二	26～44	第三條	26～37、38～43、44	第五章一部分至第七章	
三	45～69	第四條	45～69	第八至第十四章大部分	劃痕貫連完整。第四條劃痕尾端與第五條首端相銜接
		第五條	45	第一章開頭第一簡	
四	70～95	第六條	70～95	第十四章一部分至第十七章	劃痕貫連完整。第六條劃痕尾端與第七條首端相銜接
		第七條	70～71	第十四章後半部分	

(續表)

組	涵蓋簡	斜劃綫	涵蓋簡	涵蓋章	備注
五	96~120	第八條	96~120	第十八章大部分至第二十二章前兩簡	劃痕貫連完整。第八條劃痕尾端與第七、九條首端相銜接
		第九條	96~97	第十八章開頭第一、二兩簡	
六	121~134	第十條	121~134	第二十二章大部分至第二十三章	
七	135~138	第十一條	135、136~138	第二十三章後四簡	賈連翔提出簡135的編排存在兩種可能：一是若上端殘缺部分原來有劃痕，則可排在簡136左側；二是若殘缺部分原來沒有劃痕，則可排在簡138右側，補入若干支模擬簡後，可與第十一條劃痕貫連
		第十二條	135	第二十三章倒數第四簡	

説明：模擬簡是通過數字建模手段製作的簡。針對劃痕形態存在聯繫但却没有直接連貫的某組竹簡，通過將模擬簡逐支補入到劃痕無法直接貫通的竹簡之間，再補加劃痕，使得該組竹簡劃痕能貫通一致。示意圖請參看下引賈連翔書。

資料來源：賈連翔：《戰國竹書形制及其相關問題研究——以清華大學藏戰國竹簡爲中心》，第88~89、92~95頁。

　　將李均民、趙桂芳與賈連翔對簡背斜劃綫的統計結果進行對比可知，後者的統計可能更爲完善。尤其值得注意的是，賈連翔已經注意到有些組（表十八中第一、三、四、五、七組）存在兩條斜劃綫。那麽，爲何會出現這種情況呢？賈先生通過分析第三、四、五這三組劃痕貫連的完整竹簡，將不完整者如第一、七兩組加入模擬簡，結果發現"簡背的斜綫劃痕具有明顯的空間螺旋結構"。賈先生又發現這一結構的筒狀模型的直徑（約4.7~5.7釐米），與清華簡所採用的剛竹直徑（4~10釐米）相符，進而認爲這些"竹簡所圍合的筒狀模型應爲竹簡被切割前的'竹筒模型'，而簡背的劃痕現象在'竹筒形態'時已然存在",並得出了這些"斜劃綫應是在竹筒形態加工工藝環節中的重要步驟"的結論。①

賈連翔的分析確實很具有啓發性。如果按照賈先生的意見,上述有兩條斜劃綫者,在竹筒形態時期每組的斜劃綫實際上衹有一條。筆者同意賈先生所謂"簡背的斜綫劃痕具有明顯的空間螺旋結構"這一説法,但是對於這些斜劃綫在竹筒形態就存在的説法,恐仍有討論之餘地。首先,通過上引模型直徑的具體數字可知,筒狀模型的直徑與剛竹直徑實際上並非完全相符。其次,竹簡從竹筒形態到編連成册,期間要經過剖破、片解、刮削使之平整、殺青,再刮削打磨使之易於書寫等一系列修治步驟。② 假若竹筒形態時即存在斜劃綫,難免不能確保這些斜劃綫在修治過程中不被磨平以至消失,如此也就無法實現和達成斜劃綫主要方便竹簡排序的初衷與目的。

這裏我們提出另外一種可能,即上述有兩條斜劃綫者,並非如賈先生所説是首尾相連的一條,而是兩條不同的劃綫。程序可能是這樣的:這些竹簡經書寫編連後,就刻上了斜劃綫,這就是每組第一條斜劃綫(即表十八中第一、三、四、六、八、十、十一條斜劃綫),刻此條斜劃綫的目的是便於竹簡排序,防止日後因編繩斷裂而簡序錯亂;然後,又刻了另一條斜劃綫(即表十八中第二、五、七、九、十二條斜劃綫),刻這條斜劃綫的目的是標出每組簡的開首,以便於分卷。

至於賈先生所謂"簡背的斜綫劃痕具有明顯的空間螺旋結構",這可能跟《繫年》簡册的收卷有關。陳夢家根據武威漢簡指出:

> 寫成的編册,平日存放是成卷的。編册既由編簾式所編綴,其收卷一如卷簾式或卷畫式,以最後一簡爲中軸,有字一面在内,背在外,卷完後首簡在最後一層的頭上。③

與此相似,《繫年》竹簡繕寫完畢並加以編連後,刻劃了第一條刻劃綫。然後將竹簡卷起來,即所謂的"收卷",以尾端最後一支簡爲中軸卷起,有正式簡文者在内,背在外,卷完後首簡在最後一層的頭上。最後在最後一層的頭一簡(如即表十八中第1、45、135簡)或頭二簡(即表十八中第70~71、96~97簡)刻另一條斜劃綫。另一條刻劃綫的刻劃,通常會出現與第

---

① 參賈連翔:《戰國竹書形制及其相關問題研究——以清華大學藏戰國竹簡爲中心》,第99~100頁。
② 參程鵬萬:《簡牘帛書格式研究》,第29~34頁。
③ 陳夢家:《由實物所見漢代簡册制度》,中國科學院考古研究所、甘肅省博物館編:《武威漢簡》,北京:文物出版社,1964年,第67頁。

一條尾端相銜接的情形。如此説不誤,則《繫年》原簡實際上是按組成卷,共七卷。過去學者以爲"以篇計的是竹木,以卷計的是縑帛",陳夢家認爲這種説法是值得商榷的:

> 編册成卷,而"卷"之起不始于帛書、紙本。……卷與篇的分別,在于篇是一個篇題或一個内容起訖完整者,如《詩》三百篇之每一篇;卷是册,則指編册成卷,可以包含若干篇,可以包含長篇的半篇,可以相當一篇。居延所出永元器物爲一册一卷,其中實包含簡文中所自稱的五個"一編",一編即《漢書·張良傳》"出一編書"之一編,《史記·留侯世家》同,集解云:"徐廣曰:編一作篇。"《漢書·藝文志》一律作篇。劉向稱《既夕》爲《士喪》下篇,則《士喪》《既夕》是一篇兩卷或兩册。《漢書·藝文志》大小夏侯的《經》與《章句》都是二十九卷而《解故》二十九篇,則《經》與《章句》均是一卷一篇。①

可見,篇和卷是不同的,《繫年》是一篇七卷。這對認識當時的書籍收藏制度大有裨益。

三、文字

《繫年》的簡文是用毛筆蘸着黑墨書寫的。正文書寫於篾黄一面,背面有簡的編號。唐代孔穎達疏杜預《春秋左氏傳序》説:"簡之所容,一行字耳。"②程鵬萬説:"從出土的簡看,寬1釐米左右的簡,一般書寫一行,曆譜簡、一些標題簡和簿籍簡除外。"③《繫年》簡即每簡一行,正文滿簡容字平均爲30字,最多爲36字(簡135)。

東漢許慎《説文解字·叙》提到戰國時期各國"文字異形"的特徵:"[戰國時代]分爲七國,田疇異畝,車涂異軌,律令異法,衣冠異制,言語異聲,文字異形。"④1916年,王國維在《史籀篇疏證序》中説:"則《史籀篇》文字,秦之文字,即周秦間西土之文字也。至許書所出古文,即孔子壁中書。其體與籀文篆文頗不相近,六國遺器亦然。壁中古文者,周秦間東土之文字也。"⑤此説最早把戰國文字分爲東土六國文字和西土秦國文字兩大部

---

① 陳夢家:《由實物所見漢代簡册制度》,中國科學院考古研究所、甘肅省博物館編:《武威漢簡》,第67頁。
② 《春秋左傳正義》卷1,《十三經注疏》,第3698頁。
③ 程鵬萬:《簡牘帛書格式研究》,第147頁。
④ (漢)許慎撰,(宋)徐鉉校訂:《説文解字》卷15上,第315頁。
⑤ 王國維:《觀堂集林》卷5,第254~255頁。

分,從而奠定了戰國文字分區域研究的格局。1957 年,李學勤在《戰國時代的秦國銅器》一文中首倡戰國文字五系分法,他說:"戰國時代的漢字可分爲秦、三晉(周衛附)、齊、燕、楚五式,其風格結構各有其特異之處。"①後來他又在《戰國題銘概述》一文中把戰國題銘分爲齊國題銘、燕國題銘、三晉題銘、兩周題銘、楚國題銘、秦國題銘六部分分區域研究,並指出"從字體上看,東周題銘和三晉是相仿的,但就格式來看,東周題銘自有其特色"。②戰國文字的五系分法現今已得到了多數學者的認同。

《繫年》簡通篇用楚文字書寫,有一些自身特點:一是有與商或西周文字相合的存古現象,二是有三晉文字的羼入。③ 關於楚系統簡文中爲何出現三晉文字,李守奎歸結了三種可能:一是作者是三晉僑楚,楚文字運用還不純熟;二是文本來自三晉,楚人抄寫受底本影響;三是史料來自三晉,依據三晉史書留存資料中的寫法。他推測《繫年》作者可能是來自鄭國而僑居楚國的人。④ 淺野裕一認爲《繫年》在晉國創作,然後進入楚國,進入楚國之後也花費了一定時間繼續編輯。⑤ 黃儒宣依據《繫年》個別文字具有三晉特徵等,認爲其文本形成確實與三晉地區有關,並推測成書於吳起之子吳期之手。⑥

與上述學者認爲簡文有三晉文字的書寫風格不同,郭永秉認爲:

《繫年》的特徵性字形寫法和書寫風格,往往和葛陵簡的情況極近或完全相合,而與一般的楚簡有較大的距離,有時還能看到《繫年》寫法較葛陵簡更正統、古老的現象……《繫年》中有些表面上看似與他系文字風格接近、一致的特徵,實際上也不應該看成受其他系文字的影響,而是楚文字本身固有的寫法,祇是在稍晚時期的楚文字中不常見或者不見而已。⑦

---

① 李學勤:《戰國時代的秦國銅器》,《文物參考資料》1957 年第 8 期,第 38 頁。
② 《戰國題銘概述》一文上、中、下分別刊於《文物》1959 年第 7 期、1959 年第 8 期、1959 年第 9 期。引文見《戰國題銘概述(中)》,第 63 頁。
③ 李守奎、肖攀:《清華簡〈繫年〉文字考釋與構形研究》,第 285~299 頁。
④ 李守奎、肖攀:《清華簡〈繫年〉文字考釋與構形研究》,第 299 頁。
⑤ 〔日〕淺野裕一:《清華簡〈繫年〉作爲史書的性質》,《從出土文獻看古史與儒家經典》(《史書としての清華簡〈繫年〉の性格》,《出土文獻から見た古史と儒家經典》),東京:汲古書院,2012 年,第 99 頁。
⑥ 黃儒宣:《清華簡〈繫年〉成書背景及相關問題考察》,《史學月刊》2016 年第 8 期,第 25、28 頁。
⑦ 郭永秉:《清華簡〈繫年〉抄寫時代之估測》,李守奎主編:《清華簡〈繫年〉與古史新探》,第 319 頁。

筆者認同郭説，《繫年》的文字應該是楚文字系統的，個別字體可能與其他系字體相似，但不能排除這是楚文字固有寫法的可能；而且，戰國時代雖然"文字異形"，但不能排除各國文字間有影響、有交流的可能。總之，從文字上來看，《繫年》的字體屬於楚文字，文本屬於楚系統（後文會提到作者實際上也是楚人）。《繫年》是抄撮而成的歷史作品，其抄撮的主要對象是經吳起及其子吳期傳至楚國的《左傳》，除此之外還採用楚國的記注體史書，甚至其他國家、尤其是晉國的史書，導致簡文中有些字有三晉的特點，這一點是學界的共識。但是從總體上看，《繫年》文本應該屬於楚人系統，觀念上有楚人立場，作者是楚人，大致可以確認。認爲《繫年》作者非楚人者，或認爲是鄭國僑居楚國者，或認爲是吳起之子吳期，均爲推測，尚未有可靠證據予以證實。

四、分章

《繫年》共一百三十八支簡，其中有分章符號"▶"（簡4，用"└"表示，稱爲"鉤"）或"▬"（簡107，用"━"表示，稱爲"小橫"）二十三個，故整理者將其分爲二十三章（表十九）。每章的最後一簡，簡文叙述完後即便還有書寫空間，仍會留白。

表十九　關於《繫年》的分章

章	首	尾	章簡數	分章符號"└"/"━"位置	備注
第一章	1	4	4	4	
第二章	5	12	8	12	
第三章	13	16	4	16	
第四章	17	22	6	22	
第五章	23	30	8	26、30	"26"錯
第六章	31	40	10	39、40	"39"錯
第七章	41	44	4	44	
第八章	45	49	5	49	
第九章	50	53	4	53	
第十章	54	55	2	55	
第十一章	56	60	5	60	
第十二章	61	62	2	62	
第十三章	63	65	3		斷簡

(續表)

章	首	尾	章簡數	分章符號"┘"/"━"位置	備注
第十四章	66	73	8	73	
第十五章	74	84	11		無
第十六章	85	90	6	90	
第十七章	91	95	5	95	
第十八章	96	103	8	103	
第十九章	104	107	4	107/"━"	
第二十章	108	113	6	113	
第二十一章	114	118	5	118	
第二十二章	119	125	7	121/"━"	"121"錯,但"125"却無
第二十三章	126	138	13	138	

説明:分章符號一般用"┘"表示,故多數不標此符號,表中僅寫此符號出現的簡號。祇有兩處"━"分章,即"107/'━'"與"121/'━'",分別表示簡107、簡121使用分章符號"━"。

《繫年》分章符號鈎(┘)與小橫(━)有何區別？裘錫圭注意到郭店楚簡《老子》使用了三種形式的標點符號——鈎、小橫和墨塊,其中鈎表示一個大段落甚至一篇的終結。從它們所佔的位置來看,墨塊大都是抄寫時所加的,小橫大都是閱讀時所加的。裘錫圭説:

> 在郭店《老子》簡中,有一些章是從簡首開始抄寫的,其中有一章就自成一個段落,即此章抄完並加墨塊後,在同簡上不接抄他章(有時墨塊下已無抄寫餘地,可能原來是與從簡首抄起的某一章前後相接的,但多數在墨塊下尚有餘地)。……在包含兩個以上章的段落之中,抄完一章後往往加上墨塊,然後再接抄他章。有時還在墨塊下空出兩或三字的空位,然後再抄寫他章,見甲18、35兩簡。但不加符號就抄寫他章的情况也並不罕見,例見甲5、10、13、乙15等簡。用來分章的小橫,大都應爲閱讀者所加。所以在這些地方,抄寫時大都也應是不加符號就接抄他章的。①

《繫年》的分章符號多爲鈎,小橫是否爲閱讀者所加呢？待考。

---

① 裘錫圭:《郭店〈老子〉初探》,《老子今研》,上海:中西書局,2021年,第18~19頁。

第三章 《繫年》文本形態

文本(text)指作者書寫出來的包含一定思想和情感的書面語言。所謂"文本形態",是指《繫年》作爲一個文本所呈現出來的一些外部與内部特點。

一、分章①

《漢書·藝文志》所列古書,"都是西漢政府圖書館的藏書,而且那些藏書的書本都是經劉向新校定的"②。在這些古書中,亦有稱"章"者,如《漢書·藝文志》云:"《孝經古孔氏》一篇。二十二章。《孝經》一篇。十八章。"③又曰:"《蒼頡》七章者,秦丞相李斯所作也;《爰歷》六章者,車府令趙高所作也;《博學》七章者,太史令胡母敬所作也。……漢興,閭里書師合《蒼頡》《爰歷》《博學》三篇,斷六十字以爲一章,凡五十五章,并爲《蒼頡》篇。"④但總體而言,《藝文志》中言"章"者少,而言"篇"者多,對此清代章學誠《校讎通義》云:

> 積句成章,積章成篇;擬之於樂,則篇爲大成,而章爲一闋也。《漢志》計書,多以篇名,間有計及章數者,小學叙例之稱《倉頡》諸書也。至於叙次目録,而以章計者,惟儒家《公孫固》一篇,注"十八章",《羊子》四篇,注"百章"而已。其如何詳略,恐劉、班當日,亦未有深意也。⑤

王重民解釋説:

> 篇是大於章的(用樂來比方,"篇爲大成,而章爲一闋"),所以《漢志》計書,在篇數下有的還加以章數。以劉向校書都一一校訂篇目推之,篇數(或卷數)是必要的,章數則依原書原有的形式,有則記之而已,"恐劉、班當日亦未有深意也",是完全正確的。⑥

---

① 上文"物質形態"的分章主要從竹簡的物質形態角度而言,此處的分章是基於文本形態。
② 王重民通解:《校讎通義通解》,上海:上海古籍出版社,1987年,第110~111頁。
③ 《漢書》卷30,第1718頁。
④ 《漢書》卷30,第1721頁。
⑤ (清)章學誠:《校讎通義》卷3,(清)章學誠著,葉瑛校注:《文史通義校注》,第1047頁。
⑥ 王重民通解:《校讎通義通解》,第111頁。

可見，先秦秦漢的古書，其中"篇"是最重要的。故余嘉錫《目錄學發微》中說"篇目，所以考一書之源流"，又說"積章成篇"。① "章"是從屬於"篇"的。

在現今發現並公佈的先秦兩漢出土文獻中，除了上文提到的郭店楚簡《老子》外，還有以"章"作爲單位的。如馬王堆漢墓帛書《春秋事語》，共十六章，每章均提行另起，行首有大圓點作爲開始的標識；每章各記一事，彼此不相連貫，既不分國，也不論年代先後。② 該墓另出《戰國縱橫家書》，分二十七章，章與章之間用小圓點隔開，不提行。③

何謂"句""章""篇"，三者關繫又如何呢？東漢王充《論衡·正說》："文字有意以立句，句有數以連章，章有體以成篇，篇則章句之大者也。"④ 南朝梁劉勰《文心雕龍·章句》："故章者，明也；句者，局也。局言者，聯字以分疆；明情者，總義以包體：區畛相異，而衢路交通矣。夫人之立言，因字而生句，積句而成章，積章而成篇。""句司數字，待相接以爲用；章總一義，須意窮而成體。"⑤ 據此可知，如把一個文本以篇作爲整體，其最小的單位是文字，文字組合成句子，句子組合成章，章又組合成篇。句表示一句話的結束。"章總一義"者，表明章尾是一重涵義、內容的結束。"篇爲大成"者，則表明篇末是整個文本內容的結束。從這重意義上說，《繫年》共二十三章，每章都有個獨立的主題，這就是"義"。這二十三章合成一篇完整的史書。

清代學者俞樾認爲"古書有篇名無章名"⑥，這個意見很重要。《春秋事語》本無章名，現有章名是整理者爲便於閱讀撮取每章若干字所擬。⑦《繫年》與此類似，亦無章名，但每章都有一個叙事的核心綫索。

章與章之間的關繫如何？上引章學誠比喻說"篇爲大成，而章爲一闋"，這就表明，章雖然囊括一重涵義、內容，但本質上是篇的一部分，本身並不具有獨立性，是爲篇的主題（"大成"）服務的。《史記·十二諸侯年表

---

① 余嘉錫：《目錄學發微；古書通例》，北京：中華書局，2007年，第34頁。
② 參張政烺：《〈春秋事語〉解題》，《文物》1977年第1期，第36頁。
③ 湖南省博物館、復旦大學出土文獻與古文字研究中心編纂，裘錫圭主編：《長沙馬王堆漢墓簡帛集成（叁）》，北京：中華書局，2014年，第201頁。
④ 黄暉：《論衡校釋》卷28，北京：中華書局，2017年，第1311頁。
⑤ 范文瀾：《文心雕龙注》卷7，北京：人民出版社，1958年，第570頁。
⑥ （清）俞樾：《九九銷夏錄》，北京：中華書局，1995年，第41頁。
⑦ 湖南省博物館、復旦大學出土文獻與古文字研究中心編纂，裘錫圭主編：《長沙馬王堆漢墓簡帛集成（叁）》，第169頁。

序》:"魯君子左丘明……成《左氏春秋》。鐸椒爲楚威王傅,爲王不能盡觀《春秋》,采取成敗,卒四十章,爲《鐸氏微》。"①這四十章之間的關繫如何,由於此書亡佚故無從得知;但該書的主題是要"采取成敗",因此這四十章的主題是一致的。《繫年》與此類似,它的主題也是古今興衰成敗,並力圖揭示其中的前因後果。

二、抄寫年代

成書年代和抄寫年代不同:前者指一篇完整的、成型的文獻形成書面語言的時間;後者則指這篇文獻形成書面語言後,寫作到某個載體上的時間。因此,成書年代通常早於或等於抄寫年代。籠統地講,成書年代和抄寫年代的關繫類似於雕版印刷時期的版次和印次,但又不完全一樣,因爲雕版印刷的書籍刻版時已經是定型的"凝固體",依版印刷的書籍衹是複製而已。但是寫本時代的文獻,某一文獻完成後,抄寫時是否完全照搬、没有改動呢?這是不容易確定的。總之,成書年代的確定通常是不容易的,而抄寫年代衹要有抄寫的實物存在,它就是一個"凝固體",其年代容易確定。因此,這裏討論《繫年》,我們採用"抄寫年代"這個概念。

我們現在看到的《繫年》,其書寫的載體是竹簡。《繫年》的抄寫年代就是這篇文獻抄寫到今天看到的竹簡上的年代,而《繫年》的成書年代則與此同時或較早。誠如學者所說,確定了《繫年》的抄寫年代,也就搞清楚了它的著成年代的下限。②

對於《繫年》抄寫年代的討論,我們主要從四個方面進行考察:第一,竹簡的絕對年代;第二,簡文所載最晚出現的諸侯國君的生活年代;第三,簡文所載史事的年代;第四,除《繫年》外其他清華簡資料的旁證。下面分別叙述之。

(一)竹簡的絕對年代

清華楚簡的年代,經碳十四年代測定、樹輪校正的數據爲公元前305±30年。③ 這一數據是我們討論的基點。

---

① 《史記》卷14,第648頁。
② 郭永秉:《清華簡〈繫年〉抄寫時代之估測——兼從文字形體角度看戰國楚文字區域性特徵形成的複雜過程》,《文史》2016年第3期,第10頁。
③ 清華大學出土文獻研究與保護中心編,李學勤主編:《清華大學藏戰國竹簡(壹)》,"前言"第3頁。

(二)簡文所載最晚諸侯國君的名號及大致年代

《繫年》簡出現最晚的諸侯國君的名號,如表二十所示:

表二十 《繫年》所載最晚諸侯國君的名號及大致年代

出處(章:簡)	國別	簡文名號	傳世文獻名號	在位年(公元前)
二十三:127	楚	悼哲王	楚悼王	401~381
二十二:119	晉	晉公止	晉烈公	415~389
二十三:133~134		韓取	韓烈侯取	399~387
二十二:119		趙籍	趙烈侯籍	408~387
二十二:119~120;二十三:134		魏擊	魏武侯擊	395~370
二十二:120	越	越公殹	越王翳	411~376
二十二:120/124	齊	齊侯貸	齊康公貸	404~379
二十二:124;二十三:126	宋	宋公畋	宋休公田	403~381
二十二:124	衛	衛侯虔	衛慎公	414~373
二十二:124;二十三:126	鄭	鄭伯駘	鄭繻公	422~396
二十二:120	魯	魯侯侃	魯穆公顯	415~383
二十二:124		魯侯羴		

資料來源:楚悼王紀年據《史記·六國年表》,第860~865頁;晉烈公紀年據晁福林《春秋戰國的社會變遷》,第1000~1001頁;韓烈侯取紀年據錢穆《先秦諸子繫年》,第617~621頁;趙烈侯籍紀年據錢穆《先秦諸子繫年》,第615~619頁;魏武侯擊紀年據《春秋戰國的社會變遷》,第1000~1001頁;越王翳紀年據《先秦諸子繫年》,第615~621頁;齊康公貸據《史記·六國年表》,第859~865頁;宋休公田紀年據《先秦諸子繫年》,第616~620頁;衛慎公紀年據《春秋戰國的社會變遷》,第1000~1001頁;鄭繻公紀年據《先秦諸子繫年》,第613~620頁;魯穆公顯紀年據《先秦諸子繫年》,第614~620頁。

據上表,可得出以下三點認識:第一,《繫年》所載最晚諸侯國君生活年代大致在公元前370年左右;第二,韓取、趙籍、魏擊未有謚號;第三,晉公止、齊侯貸、宋公畋、衛侯虔、鄭伯駘、魯侯侃/羴均沒有謚號。

第一點,公元前370年左右的年代,據《史記·六國年表》當楚肅王時期(前380～前370)。① 但我們注意到簡文中出現了楚悼王的謚號,而未出現楚肅王的謚號,這說明楚肅王可能尚在世。

關於第二、三點,即韓取、趙籍、魏擊、晉公止、齊侯貣、宋公畋、衛侯虔、鄭伯駘、魯侯侃/羴均未稱謚號,這是否意味着這些人仍健在呢? 陳偉說:"除越君外,其他國君在傳世文獻中都載有謚號。這可能是因爲《繫年》寫作時間與這些國君去世定謚的時間相近,作者尚未知悉而缺載。如然,《繫年》寫作於肅王之世的可能性也比宣王之世要大,……二十二、二十三章楚國以外的國君多無謚稱,可能是因爲《繫年》寫作時間與這些國君去世定謚時間相近,作者尚未知悉而缺載。……作者熟悉近時楚王、封君謚號而對別國之事不甚瞭瞭,最可能的原因,便是其本係楚人。"② 可見陳先生之所以認爲這些人未稱謚號,並非是他們尚未死去,而是《繫年》作者對此不熟悉的緣故。對此,郭永秉提出異議,他根據李學勤之《繫年》作者具有全局眼光的觀點,認爲其"不會連已故外國國君的謚號都不清楚"。他認爲,這跟《繫年》的編撰體例有關:

> 這幾章(指《繫年》第二十一、二十二、二十三最後三章——引者按)所依據的文本原型,應該就是從楚國原始的編年檔案記載改編的,在這些記載中,因爲是事件親歷者以觀察者的身份、以事情發生時的口氣來記事,所以國君基本都不稱謚號,推測包括楚國國君在内,本來皆當如此。③

《繫年》最後三章未出現韓取、趙籍、魏擊、晉公止、齊侯貣、宋公畋、衛侯虔、奠白駘、魯侯侃/羴的謚號,理論上有三種可能:一是這些國君或大夫已死、且均有謚號,而《繫年》作者因不知曉而未予記載,如陳偉說;二是這些國君仍健在,並沒有謚號故《繫年》未予記載;三是這些國君已死,《繫年》作者也知曉,祇是未予記載,如郭永秉說。

誠然,我們不能根據《繫年》作者未記載某些國君的謚號來推斷《繫年》抄寫時這些國君是否已經死去,但可以根據《繫年》記載了有謚號的國君來推定《繫年》抄寫時這些國君已經死去。《繫年》中出現最晚的有謚號的國君是楚悼王,卒年爲公元前381年,故可據此推定《繫年》抄寫時楚悼王已死,而《繫年》抄寫時間必在楚悼王死之後。再結合第一點推測楚肅

---

① 《史記》卷15,第865～868頁。
② 陳偉:《清華大學藏竹書〈繫年〉的文獻學考察》,《史林》2013年第1期,第44頁。
③ 郭永秉:《清華簡〈繫年〉抄寫時代之估測——兼從文字形體角度看戰國楚文字區域性特徵形成的複雜過程》,《文史》2016年第3期,第8～9頁。

王尚在世,我們可推斷《繫年》抄寫時代在楚肅王時期。

(三)簡文所載史事的最晚年代

簡文所載史事結合了當時的歷史形勢,以下三條簡文直接涉及《繫年》作者所生活時代的諸侯國關繫:

  (1)《繫年》第十八章:"至今齊人以不服于晉,晉公以弱。"
  (2)《繫年》第二十章:"至今晉、越以爲好。"
  (3)《繫年》第二十一章:"楚以與晉固爲怨。"

根據以上三點,我們可以瞭解當時的歷史形勢有如下特點:

第一,齊人不服於晉,晉公以弱,即(1)所示。我們知道,周安王二十六年(前376),韓、趙、魏三家正式分晉,《史記·六國年表》魏表載"魏、韓、趙、滅晉,絶無後",韓表、趙表均載"分晉國"①,此當楚肅王五年。《史記·晉世家》:"[晉]靜公二年,魏武侯、韓哀侯、趙敬侯滅晉後而三分其地。靜公遷爲家人,晉絶不祀。"②晉靜公二年當周安王二十六年、楚肅王五年。③簡文所載的"晉公以弱",蓋在此之前。

第二,晉、越"至今"保持友好關繫,如(2)所説。按,《史記·越王句踐世家》:"當楚威王之時,越北伐齊,齊威王使人説越王。……於是越遂釋齊而伐楚。楚威王興兵而伐之,大敗越,殺王無彊,盡取故吳地至浙江,北破齊於徐州。而越以此散,諸族子争立,或爲王,或爲君,濱於江南海上,服朝於楚。"④此雖言楚敗越、越"服朝於楚"在楚威王時,但不載年月,唯以"北破齊於徐州"推之,當在楚威王七年(前333),《楚世家》:"[楚威王]七年,齊孟嘗君父田嬰欺楚,楚威王伐齊,敗之於徐州。"⑤《六國年表》同。⑥但也有學者對《越世家》楚威王敗越後越"服朝於楚"的説法提出質疑,譬如蒙文通即謂:

  知自楚威王七年敗越,至秦始皇統一六國,百餘年間,越人活動之迹猶史不絶書。越、楚戰争亦時有發生。越且常與齊、楚諸國平列並舉。至楚頃襄王時,越有北有琅邪,西有吳地。至始皇之時,猶能與

---

 ① 《史記》卷15,第866頁。
 ② 《史記》卷39,第2033頁。
 ③ 參楊寬:《戰國史料編年輯證》,第267頁。
 ④ 《史記》卷41,第2108~2112頁。
 ⑤ 《史記》卷40,第2074頁。
 ⑥ 《史記》卷15,第878頁。

楚、燕諸國合而謀秦。則是《越世家》所載"楚威王殺無彊,盡取故吳地至浙江","越以此散……朝服於楚"云云,實皆未嘗深考之辭,亦與《史記》他篇不合,非信史也。①

清人黃以周和今人楊寬均謂此處"楚威王"是"楚懷王"之譌。② 學者對《史記》所載有所懷疑,主要是因爲越並未因此滅亡,這是可信的;但我們恐不能否認楚威王時伐越並使得其臣服於楚。

第三,楚與越"至今"結怨,如(3)所說。上文已述,楚威王時伐越曾一度使得越"服朝於楚"。將這條資料與其他資料合而觀之,可知這裏的"至今"恐在楚威王之前。

第四,當時的國際關繫主要以齊、晉、越、楚四大國爲中心。《墨子·非攻下》載墨子言:"今天下好戰之國,齊、晉、楚、越。"又載非墨子者曰:"唐叔與呂尚邦齊、晉,此皆地方數百里,今以并國之故,四分天下而有之。"③《節葬下》言:"諸侯力征,南有楚越之王,而北有齊晉之君,此皆砥礪其卒伍,以攻伐併兼爲政於天下。"④《魯問》:"子墨子游公尚過於越,公尚過說越王,越王大說,謂公尚過曰:'先生苟能使子墨子至於越而教寡人,請裂故吳之地方五百里以封子墨子。'"⑤清人汪中據這幾條資料說:"墨子蓋當時及見其事。……明在句踐稱伯之後。秦獻公未得志之前,全晉之時,三家未分,齊未爲陳氏也。"⑥關於墨子的生卒年,學者分歧很大,方授楚詳考諸說認爲,墨子生於周敬王三十年(前490,楚昭王二十六年),卒於周威烈王二十三年(前403,楚聲王五年)。⑦ 又,上引《墨子》的幾條資料,方授楚考證《非攻下》《節葬下》是墨子弟子所作,《魯問》是墨子後學所作。綜合而看,這種國際關繫主要持續在墨子及其弟子以至後學時期。

綜合以上四個特點,我們大致可推定《繫年》作者生活在戰國前期。

(四)除《繫年》外其他清華簡資料的旁證

除《繫年》外,清華簡其他部分可以提供旁證,因爲《繫年》應與其他清華簡出自同一墓葬,其中最主要的是清華簡壹《楚居》。《楚居》內容主要

---

① 蒙文通:《越史叢考》,《蒙文通全集(四)》,第219頁。
② 參楊寬:《戰國史料編年輯證》,第666～668頁。
③ 吳毓江撰,孫啓治校:《墨子校注》卷5,第216、218頁。
④ 吳毓江撰,孫啓治校:《墨子校注》卷6,第260頁。
⑤ 吳毓江撰,孫啓治校:《墨子校注》卷13,第721頁。
⑥ 李金松校箋:《述學校箋》,北京:中華書局,2014年,第215～216頁。
⑦ 方授楚:《墨學源流》,北京:商務印書館,2015年,第18頁。

叙述自季連以至楚悼王共二十三位楚公、楚王的居處與遷徙。值得注意的是，《楚居》記述的最晚的史事是在楚悼王時期："至悼哲王猶居鄩郢。中謝起禍，焉徙襲肥遺。邦大瘠，焉徙居鄢郢。"①簡文出現了悼王的謐號，說明他已卒。但未出現楚肅王的謐號，因此簡文作者蓋生活於肅王時期。

綜合以上四方面證據可知，《繫年》抄寫年代大致在楚肅王時期（前380～前370），而《繫年》的成書大致與此同時或在此之前。

三、作者

關於《繫年》的作者，主要整理者李學勤在其到底是否是楚人這一問題上，前後觀點有一個變化的過程。最初，李學勤提出《繫年》簡用楚文字編成，"但不能由此直接推論這是楚國人的著作"，"作者在這裏是站在哪方立場，需要研究。應該說，作者卽使確是楚人，他的眼光則是全國的，沒有受到狹隘的局限"。②後來，李學勤認爲《繫年》的作者"估計是楚國人"③，"爲楚國人"④，"可能是楚國人，成書的年代估計爲楚肅王時（前380～前370），也就是説比西晉時發現的魏國史書《竹書紀年》還更早一些"⑤。

朱曉海："此書既非任何一國紀年之史，也無一處合乎列國史記的體例，純屬戰國中、末葉之際某不知姓名者根據既有史料重撰，以春秋時期史事爲主體的節錄本。"⑥

陳偉認爲，《繫年》的作者是楚人，其舉出了三個證據：第一，作者熟悉近時楚王、封君諡號而對別國之事不甚瞭瞭；第二，《繫年》對多位楚王去世稱"卽世"，而對晉國國君之死多稱"卒"，應是作者楚人立場自覺或不自覺的表露（陳先生舉出還有例外⑦）；第三，《繫年》諸篇通常是講述某國之

---

① 清華大學出土文獻研究與保護中心編，李學勤主編：《清華大學藏戰國竹簡（壹）》，第182頁。
② 李學勤：《清華簡〈繫年〉及有關古史問題》，《文物》2011年第3期，第70頁。
③ 李學勤：《解讀清華簡：從〈繫年〉看〈紀年〉》，《光明日報》2012年2月27日，第15版。
④ 李學勤：《由清華簡〈繫年〉論〈紀年〉的體例》，《深圳大學學報（人文社會科學版）》2012年第2期，第42頁。
⑤ 李學勤：《清華簡〈繫年〉解答封衛疑謎》，《文史知識》2012年第3期，第13頁。
⑥ 朱曉海：《論清華簡所謂〈繫年〉的書籍性質》，《中正漢學研究》2012年第2期，第40頁。
⑦ 《繫年》還記有其他一些諸侯之死。第二章說鄭"武公卽世，莊公卽位。莊公卽世，昭公卽位"。第四章說衛"戴公卒，齊桓公會諸侯以城楚丘，邦公子啓方焉，是文公。文公卽世，成公卽位"。第二十二章說"宋悼公將會晉公，卒於鼬"，吳"闔廬卽世，夫秦（差）王卽位"。這裏，就某個國家而言，記載祇有一兩條。其中或作"卽世"，或作"卒"，似可理解爲體例未純（晉國也有這種情形）。陳偉：《清華大學藏竹書〈繫年〉的文獻學考察》，《史林》2013年第1期，第46頁。

事,便採用某國紀年。第二十二章是一個例外,開頭說:"楚聲桓王卽位,元年,晉公止會諸侯於任,宋悼公將會晉公,卒於鼬。"接着詳記晉、越聯手伐齊之事,完全與楚人無涉。用楚國紀年標記他國之事,體現出作者以楚國爲本位的叙事角度。①

關於《繫年》的作者,李學勤逐漸認識到其是楚人。但正如他所提到的,旣然是楚人,爲何沒有明顯的楚人立場? 這是需要考慮的問題。陳偉所舉出的三個例證具有啓發意義,但是,這裏有兩個問題需要考慮:第一,這三個例證均有例外,陳先生認爲這是體例不純所致;第二,這三個例證都是個別例子。但是其提出從書法、謚號等來推測《繫年》作者,不失爲一個可行的方法。

李守奎説:"我猜想清華簡墓主有可能是一位在楚國任職的師或大師,很有可能來自鄭國","《繫年》有可能是墓主的收藏,更有可能是墓主人的編纂"。② 他猜想《繫年》可能是來自鄭國的、在楚國任職的師或太師。認爲《繫年》作者身份是師或太師一類有一定道理;但《繫年》作者與墓主人是否爲同一人未可斷言,《繫年》作者爲鄭國人恐不可信,其作者應爲楚人。理由有以下三點:

第一,《繫年》簡文是用楚文字書寫的。

第二,《繫年》作者明顯有回護楚人的立場。論者認爲《繫年》在有些地方之記載"不爲楚人掩醜,有時措辭頗爲嚴厲",如第二十三章載戰國早期的晉、楚武陽之戰時説"楚師大敗……楚人尽棄其旃、幕、車、兵,犬逸而還。"③這可能爲"秉筆直書",並未特意掩醜。如《竹書紀年》記載晉國史事,亦不掩醜,《史通·惑經》云:"且案汲冢竹書《晉春秋》及《紀年》之載事也,如重耳出奔,惠公見獲,書其本國,皆無所隱。"④這點既反映出《繫年》作者的求真精神,又與《繫年》編纂是"用於教育太子或教導楚王,有意強調後果之嚴重"⑤有關。但有的地方,《繫年》明顯有回護楚人之處。我們曾對比《左傳》與《繫年》對第一次宋之盟的記載,發現前者把第一次宋之盟後破壞盟約的責任方指向楚共王;而後者第十六章卻説"晉厲公先起

---

① 陳偉:《清華大學藏竹書〈繫年〉的文獻學考察》,《史林》2013年第1期,第44~46頁。
② 李守奎:《楚文獻中的教育與清華簡〈繫年〉的性質》,《古文字與古史考:清華簡整理研究》,第111、114頁。
③ 李學勤:《清華簡〈繫年〉及有關古史問題》,《文物》2011年第3期,第70頁。
④ (唐)劉知幾著,(清)浦起龍通釋,王煦華整理:《史通通釋》卷4,第377頁。
⑤ 參李守奎:《楚文獻中的教育與清華簡〈繫年〉的性質》,《古文字與古史考:清華簡整理研究》,第114頁。

兵,率師會諸侯以伐秦,至于涇",即是晉首先發動戰爭,破壞天下弭兵的盟約,又說"楚共王亦率師圍鄭",似反映出楚共王是在晉破壞盟約後才發動戰爭的:二者是不符的。《繫年》的記載顯然是回護楚人的。詳見本書"上編:疏證與考證"之第十六章考證部分。

第三,從紀年之體例而言,《繫年》基本上采用晉、楚兩國的紀年,這說明其所載史事以晉、楚兩國爲主體。但由於《繫年》是用楚文字所書,故可排除是晉人所爲。

綜上,我們認爲《繫年》的作者應是楚人,具體身份可能是師傅。又,簡文抄寫時楚悼王已卒,作者可能生活在楚肅王時期,因此《繫年》的作者很可能即楚肅王或者其王子的師傅。

四、體例與性質

關於《繫年》的體例,主要有兩種看法:一是認爲其是編年體史書,李學勤起初如此認爲①;二是認爲其是紀事本末體史書,廖名春認爲《繫年》"各章記事大體是按照史事始末爲序"②,許兆昌、齊丹丹指出《繫年》"應是一部具有紀事本末體性質的早期史著"③,李學勤後來亦持此說④。

關於其性質,學者的觀點可以歸納爲三種:

第一,獨立的史書。宋鎮豪認爲:"《繫年》以歷史大事的起因、經過和因果關繫爲題旨,不涉細碎,應是一部以當時成文史書爲底本,根據不同的主題進行内容甄別、選擇、分類,納入晉、楚紀年的粗框而再行編纂的記述性史册。"⑤美國學者夏含夷認爲,中國上古時期主要有兩種紀年形式的史書:一種是單國的歷史編年;一種是多個國家綜合、比較的編年體,《繫年》屬於此類。⑥ 沈建華認爲《繫年》"屬於戰國民間流傳紀年類系的本子"⑦。

第二,相關史料的摘抄。這種觀點涉及其摘抄之來源、何人摘抄以及摘抄的目的何在等問題。對此,學者主要有以下看法:

---

① 李學勤:《清華簡〈繫年〉及有關古史問題》,《文物》2011年第3期,第70頁。
② 廖名春:《清華簡〈繫年〉管窺》,《深圳大學學報(人文社會科學版)》2012年第3期,第51頁。
③ 許兆昌、齊丹丹:《試論清華簡〈繫年〉的編纂特點》,《古代文明》2012年第2期,第66頁。
④ 李學勤:《清華簡:學術史研究新貢獻》,《中國社會科學報》2012年1月9日,第4版。
⑤ 宋鎮豪:《談談清華簡〈繫年〉的古史編纂體裁》,李守奎主編:《清華簡〈繫年〉與古史新探》,第230頁。
⑥ 張春海:《清華簡〈繫年〉或有助填補周代研究空白》,《中國社會科學報》2011年12月22日,第2版。
⑦ 沈建華:《試說清華〈繫年〉楚簡與〈春秋左傳〉成書》,陳致主編:《簡帛・經典・古史》,第171頁。

其一，摘抄來源是周王室的史官記錄，摘抄者是楚國的史官。胡平生認爲《繫年》是楚國從周王室史官或從其他有紀年記錄的史官記錄中將有關楚國或者楚、晉關繫的材料整理、編纂而成的，並非獨立成篇的古書。①

其二，摘抄來源是《左傳》。陳偉②、馮時③認爲其跟《鐸氏微》有關或類似。程浩通過對比《繫年》首章與《左傳》昭公二十六年所載"王子朝告諸侯書"，發現二者有許多相似之處。周王子朝在爭奪王位失敗後，曾攜帶大批周之典籍入楚，程浩據此認爲《繫年》之作者有可能參考了這批典籍，他認同陳、馮二人説法。④ 按，《史記·十二諸侯年表》："魯君子左丘明懼弟子人人異端，各安其意，失其真，故因孔子史記具論其語，成《左氏春秋》。鐸椒爲楚威王傅，爲王不能盡觀《春秋》，采取成敗，卒四十章，爲《鐸氏微》。"按照此觀點，則《繫年》摘抄自《左傳》。

第三，故志類史書。陳民鎮認爲《繫年》很可能正是志類文獻，至少是類似於志的文獻，可能還具有教材的品格。《繫年》的體例與志最爲接近，將其歸入故志的大範疇是適宜的。《楚居》可視作一部"邦國之志"，而記載列國史事的《繫年》則有"四方之志"的性質。《繫年》雖非《春秋》類的編年體史書，但其寫作的時代背景，與"《詩》亡然後《春秋》作"有關。⑤

以上三種觀點中，其中第三種無堅實的證據，信從者甚少，我們主要討論前兩種觀點。持第二種觀點的學者，多認爲其主要來源是《左傳》。但問題是：《左傳》和《繫年》年代相當，兩者雖然記載有相同處，但也有不同處。據此可知，《繫年》爲《左傳》摘抄本的看法難以自圓其説。因此，我們傾向於其是獨立成書。具體而言，《繫年》是紀事本末體性質的史書，它雖然是摘抄相關史料而成，但正如梁啓超所説："善鈔書者可以成創作，……見之於宋袁樞之《通鑑紀事本末》。"⑥由於作者對這些史料進行了再加工與再創作，它已經成爲一篇完整的歷史著作了。

紀事本末體是中國傳統史書編纂的主要體裁之一。學術界一般認爲

---

① 張春海：《清華簡〈繫年〉或有助填補周代研究空白》，《中國社會科學報》2011 年 12 月 22 日。
② 陳偉：《清華大學藏竹書〈繫年〉的文獻學考察》，《史林》2013 年第 1 期，第 48 頁。
③ 馮時：《〈鄭子家喪〉與〈鐸氏微〉》，《考古》2012 年第 2 期，第 83 頁。
④ 程浩：《清華簡零識二則》，教育部人文社會科學重點研究基地、清華大學出土文獻與中國古代文明研究中心、清華大學出土文獻研究保護中心編：《出土文獻與中國古代文明：李學勤先生八十壽誕紀念論文集》，第 372~373 頁。
⑤ 陳民鎮：《〈繫年〉"故志"説——清華簡〈繫年〉性質及撰作背景芻議》，《邯鄲學院學報》2012 年第 2 期，第 49~57 頁。
⑥ 梁啓超：《中國歷史研究法》，第 22 頁。

此種體裁史書創始於南宋袁樞的《通鑑紀事本末》，而紀事本末這種記事方式又可溯源至先秦時期。實際上，這種觀點並非沒有異議①，尤其是後一種觀點，學者分歧更甚。譬如有説這種史書體裁源自《尚書》者，有説源自《左傳》《國語》者，還有説源自《戰國策》②、《世本》③者，等等。近年來隨着出土文獻的陸續公佈，學者發現紀事本末體不僅源自先秦時期，實際上這一時期已經出現了成型的紀事本末體史書。譬如 2011 年公佈的戰國竹簡——清華簡《繫年》，有學者認爲即是"我國第一部紀事本末體的成型的史學作品"，於是"我國紀事本末體的形成當可上溯至戰國中晚期，提前一千餘年之久"④。如果此説確實，這不僅可以考察紀事本末體源頭，甚至於對先秦史學的發展水準不得不重新作以評估，以至於整個中國史學史的重寫，學術意義可謂重大。

實際上，要證明清華簡《繫年》是我國第一部成型的紀事本末體史書，不僅僅要立足於《繫年》本身⑤，而且更要從中國史學史發展的角度，追根溯源，在理論、史實兩個層面予以明確論證。而考察先秦史學史的發展歷程，理論上有一條綫索是不容忽視，即史例上經歷了從編年記事到歷史叙事的過程，史體上經歷了一個"記注"體（章學誠語）到紀事本末體的過程，而這一轉變實乃歷史意識與史學意識共同推動之結果。而核諸史實，新出土文獻又爲這一紀事本末體在先秦時期就已經成熟的觀點提供了佐證。

正如上文所言，《繫年》的作者楚肅王時或者王或太子、王子等的師傅，其性質即爲具有教育性質的教材。

---

① 譬如葛焕禮認爲："在史學著作的範疇内，可視袁樞《通鑑紀事本末》爲史書紀事本末體的創始之作。但是紀事本末，作爲一種以紀事類編爲内容的編纂體例，絶非創始自袁樞《通鑑紀事本末》，……它在之前的《左傳》紀事類編著作中形態已趨成熟。……實際情況是袁樞借鑒已有長久傳統的《左傳》紀事類編學的方法體例，排纂《資治通鑑》而撰成《通鑑紀事本末》，遂開創了紀事本末體史書的編纂傳統。"葛焕禮：《〈左傳〉學與紀事本末體之源起》，《文史哲》2017 年第 4 期，第 101 頁。

② 先秦紀事本末體史書的起源，宋代朱熹歸爲《尚書》《國語》，清代章學誠歸爲《尚書》，清代韓菼則歸爲《左傳》《國語》，現代學者鄭鶴聲歸於《世本》，方壯猷認爲當歸於《尚書》《國語》《戰國策》。可參方壯猷：《中國史學概要》，武漢：武漢大學出版社，2011 年，第 135～137 頁。

③ 鄭鶴聲：《中國史部目錄學》，北京：商務印書館，1956 年，第 21～22 頁。

④ 許兆昌、齊丹丹：《試論清華簡〈繫年〉的編纂特點》，《古代文明》2012 年第 4 期，第 63 頁。

⑤ 有學者指出，"早在戰國時期，紀事本末體就已經登上歷史舞臺，並且取得了令人矚目的學術成就"，"但令人遺憾的是，紀事本末體就此僅是驚鴻一現，作爲傳統史學的三大體裁之一，它一直到南宋時期才最終得以確立。"（許兆昌：《〈繫年〉、〈春秋〉、〈竹書紀年〉的歷史叙事》，第 34 頁）筆者以爲，既然《繫年》作爲"第一部紀事本末體史書"，而且已經取得"令人矚目的學術成就"，從理論上說，在此之前不可能不有一個準備期；而它在戰國時期"驚鴻一現"，"直到南宋時期最終確立"，如此大的空檔，這在理論上也是難以服人的。

五、紀年與歷史叙事:年、世相經,諸事魚貫

《繫年》體裁雖然屬於紀事本末體,但是記事仍然需要將事件的先後年代用時間來區分開,那麼以何種時間單位區別呢?《繫年》作者採用的辦法是根據年、世相結合的時間單位來區分先後。這種叙事方式,可概括爲"年、世相經,諸事魚貫"八個字。

年、世相經,諸事魚貫的叙事方式,具體而言,即指在叙述史事時,以年、世兩個單位來區分先後次序,年、世單位的選擇根據具體叙事需要而抉擇。李零説古人作史,有兩大框架:一是世系或譜牒,是按氏姓、國族或家族的親緣樹譜來講歷史,常見套話是"某生某""某又生某";二是年代。又説:以事繫世,叫"世譜";以事繫年,叫"年譜"。① 《繫年》的事件正是以世、年兩大單位繫聯的。

《繫年》以世繫事者,大致分三種類型:

第一,無法確定具體年代者。例如第一章"昔周武王監觀商王之不恭上帝,禋祀不寅,乃作帝籍,以登祀上帝天神,名之曰千畝,以克反商邑,敷政天下"即是由於未有紀年,作者無法明確其年代。"至于厲王,厲王大虐于周,卿士、諸正、萬民弗忍于厥心,乃歸厲王于彘",亦屬於此類。

第二,無需確定具體年代者。如第三章"周室既卑,平王東遷,止于成周",這一事件在第二章中亦有明確記載:"三年,乃東徙,止于成周。"可見作者知曉年代,第三章不記是因爲簡文此處主要記述"秦仲焉東居周地,以守周之墳墓,秦以始大"事,無需明確周東遷年代。

第三,跨越王世者,具體爲要叙述丙王事,會用"甲王即世,乙王即位;乙王即世,丙王即位;丙王世發生了何事"的格式。例如第二章:"鄭武公亦正東方之諸侯。武公即世,莊公即位。莊公即世,昭公即位,其大夫高之渠彌殺昭公而立其弟子眉壽。"這段簡文主要叙述鄭昭公時大夫高渠彌殺昭公而立其弟子眉壽事,而簡文之前叙述鄭武公正東方諸侯事,所述史事時間從武公經歷莊公到昭公,故用"武公即世,莊公即位。莊公即世,昭公即位,……"的寫法。

《繫年》以年繫事者,通常是重要的或是具有標誌性的事件。杜預《春秋左氏傳序》説"史之所記,必表年以首事",孔穎達正義曰:"事繫日下,年

---

① 李零:《簡帛古書與學術源流(修訂本)》,北京:生活·讀書·新知三聯書店,2008年,第282~285頁。

是事端,故史之所記必先顯其年以爲事之初始也。"①也就是説,記事之始,最先顯示其事發生之年。可見,史書記事與紀年的關繫非常之密切。

《繫年》每章均由一個或多個事件組合而成,這些事件就是以年或世相繫的"事"。有多個事件的章,會有叙事之重點,或是具有標誌性特點的事,這種事件一般要繫具體年代。《繫年》每章均有主題,卽便有多個事件也會圍繞主題展開,這些主題一般要繫具體年代。《繫年》全篇二十三章的安排實際上有作者的目的,卽突出各大國關繫之演變軌迹。《繫年》叙事的一個很明顯的標誌是在本章的開頭會出現叙事主體,而紀年通常是采用叙事主體的紀年。

依據紀年與歷史叙事的主題,可將《繫年》的二十三章分爲以下六個單元:

其一,第一單元(第一至四章)。

主要採用周王的紀年,這是一個集團,主要叙述西周衰落與諸侯國的崛起,而後者之所以崛起是源自前者的衰落,因此叙事重點是西周衰落。表現在紀年上,分别從周武王(第一章)、周幽王(第二章)、周武王(第三章)、周成王(第四章)開始展開叙事。這四章出現的最早紀年是共和十四年(前828),這是因爲當時能參考的記注體史書的年代卽開始於此年,而在此之前的事件均未繫具體的年代。值得注意的是第四章:"周惠王立十又七年,赤翟王峊起師伐衛,大敗衛師於睘,幽侯滅焉。翟遂居衛,衛人乃東涉河,遷于曹,[焉]立戴公申。"這本來是衛國史事,但作者却不用衛君紀年而用周王紀年,説明這條資料可能採自於周王朝的史書。

其二,第二單元(第五章)。

本章主要圍繞楚文王伐息而挺進中原展開,主題是"楚之始大"(《史記·楚世家》)。本章没有明確的紀年,雖然我們能够根據《春秋》《左傳》等資料將本章史事予以繫年,想必《繫年》作者也知曉具體年代,但是這些年代無關本章叙事之宏旨,所以未予明確紀年。

其三,第三單元(第六至十章)。

主要採用晉紀年,主要圍繞楚、晉、秦三國的關繫而展開叙事,表明楚國的盛衰很大程度上受制於當時的國際關繫,這充分體現了春秋時代諸侯爭霸的特點。

第六章主要圍繞晉文公的卽位和秦、晉關繫開始合好而展開叙事,出

---

① 《春秋左傳正義》卷1,《十三經注疏》,第3696頁。

現的紀年有"[晉惠公]立六年""[晉]文公十又二年"。

第七章主要圍繞晉、楚城濮之戰而展開敘事,具體涉及兩件史事:一是晉文公四年的楚成王圍宋伐齊事,二是晉文公五年的城濮之戰。這兩件史事,簡文僅將第一事繫年,即"晉文公立四年",但此事實際上跟晉没關繫。這種現象揭示出兩方面内容:一方面《繫年》歷史敘事不注重事件的具體年代,另一方面《繫年》的紀年主要是提供一個大致的前後順序,以避免讀者混淆前後事之關繫,僅此而已。

第八章主要圍繞晉、秦、楚三國的關繫變化而展開,即簡文所謂的"秦焉始與晉執怨,與楚爲好";而這一轉變的關鍵點即是秦、晉殽(崤)之戰。簡文所載主要有三件史事:一是"晉文公立七年"秦、晉聯合圍鄭而鄭人降秦不降晉事,此爲殽之戰的起因;二是晉襄公元年殽之戰;三是晉襄公元年至二年的秦穆公放歸楚俘申公儀求成於楚事,此亦爲殽之戰的後果。這三件史事,簡文僅將第一事繫年,即"晉文公立七年"。

第九章、第十章關繫非常密切,筆者懷疑本屬一章,總的主題就是晉、秦關繫的徹底破裂。第九章主要圍繞晉靈公之立爲中心而展開敘事,第十章主要圍繞晉、秦堇陰之戰(即《春秋》《左傳》所謂的令狐之戰)與河曲之戰而展開敘事。靈公之立導致堇陰之戰,堇陰之戰又導致了河曲之戰。從紀年上看,第九章所記事就在晉靈公之立年(前521,當魯文公六年),未出現明確紀年。第十章接續第九章,紀年當晉靈公元年(前520,當魯文公七年),河曲之戰採用晉紀年,即晉靈公六年(前515,當魯文公十二年)。

其四,第四單元(第十一至十三章)。

主要圍繞楚莊王稱霸而展開敘事,這也是楚國在春秋時期的最輝煌時期,主要採用楚紀年。楚莊王是春秋五霸之一,那麽他爲何能稱霸?《繫年》作者追溯到他的父親楚穆王時期,典型的事件就是第十一章所載楚穆王八年(據《左傳》等實爲楚穆王九年,前617,魯文公十年,宋昭公二年)的厥貉之會。此會中申公叔侯(《左傳》稱文之無畏,時任楚左司馬)鞭笞宋公的御僕,這件事影響甚大:一方面顯示出楚穆王時期國力强盛,誠如近人吴闓生所言:"楚之盛强於斯極矣!"[①]另一方面,此事也爲楚莊王十九年宋國人殺楚國使者申公叔侯之誘因,申公叔侯之被殺又導致了楚莊王圍宋。楚莊王時期,已經形成了楚、晉二强南北對立的局面。在這種形勢下,由於二强均爲一等一的大國,一方面它們的總決戰勢在必發,另一方面需要爭

---

① 吴闓生:《左傳微》卷4,第170頁。

取中間勢力——諸如宋、鄭等國的降服。第十一章主題可以説是楚迫使宋降服,而第十二章主題則是楚莊王通過伐鄭的厲之役迫使鄭降服,紀年爲"楚莊王立十又四年",也是屬於楚莊王争霸之叙事範疇。但是厲之役後鄭國首鼠兩端,服楚後又參加晉國的會盟,楚莊王爲了徹底迫鄭服從,決定對鄭實行一次更大規模的打擊,此即楚莊王十七年的楚伐鄭事,圍攻鄭達三月之久,鄭求救於晉,於是引發了晉、楚邲之戰,楚莊王在"河"(簡文殘缺,據文義當補"上"或"雍之間")大敗晉師,而此戰成就了楚莊王的霸業。清人顧棟高説:"城濮勝而天下諸侯翕然從晉,邲勝而天下諸侯翕然從楚。"①楚國的霸業達到了春秋時期的鼎盛。

其五,第五單元(第十四至二十章)。

主要圍繞楚、晉關繫而展開叙事。從紀年上看,第十四、十七、十八、二十章以晉公紀年開篇,第十五、十六、十九章均以楚王紀年開篇,這就表明這一單元叙事的重點是楚、晉關繫。

第十四章主題是鞌之戰(前589,楚共王二年,晉景公十一年),晉國通過此戰打敗齊國,迫使齊臣服於晉,從而解除了東方的威脅。此後,晉國面臨的對手主要是南方的楚國和西方的秦國,尤其是楚國。邲之戰楚國取得勝利,成爲晉國所面臨的最主要競爭對手。但是,晉、楚兩國的争霸,"其用兵嘗以争陳、鄭與國,未嘗攻城入邑",爲何如此? 一則,"晉、楚勢處遼遠,地非犬牙相錯",因此"領土"(與現代意義的"領土"不同)無糾葛;二則兩國均爲超級大國,"其興師必連大衆,乞師于諸侯,動必數月而後集事。故其戰嘗不數,戰則動關天下之向背"②。正因爲有如此大的影響力,故二國也謹慎用武。因此,二國很少直接開戰,不能也不想傾全力同對方決一雌雄,祇是在争奪和控制中間地帶的小國——尤其是像鄭國這樣的國家上互争雄長。

第十五章的主題是吴入郢,這是春秋時期楚國歷史上遭受到的最大的創傷,誠如清人高士奇所言:"楚自熊通以來,奄王坐大,薦食諸姬。齊桓、晉文僅能攘斥,未嘗即其國都而大創之也。闔閭徇蔡侯之請,踰越江、淮,五戰遂至於郢,焚高府之粟,破九龍之鐘,昭王出走,幾定其國。"③童書業也説:"此役楚受重創,幾於亡國,爲吴强楚弱之極峰。"④但吴何以入郢?

---

① (清)顧棟高:《春秋大事表》卷32,第2053頁。
② (清)顧棟高:《春秋大事表》卷32,第2053頁。
③ (清)高士奇:《左傳紀事本末》卷50,第762頁。
④ 童書業著,童教英校訂:《春秋左傳研究(校訂本)》,第101頁。

第十五章主要從楚、吳關繫着眼：楚莊王時期吳服楚；楚共王六年晉國派巫臣使吳，溝通晉、吳相通之路，教吳叛楚；楚靈王四年楚伐吳，並俘獲了吳國王子蹶由，吳人又服於楚；最後吳、楚在柏舉大戰，楚方大敗，吳人入郢。可以說，在吳人入郢過程中，晉派使者巫臣入吳，教吳反楚是其中的關鍵點，因此本章雖然說主要叙述楚、吳關繫，但其中晉國無疑也是舉足輕重，這也是楚、晉關繫之一部分。

第十六章的主題是第一次宋之盟，用楚王紀年，表明雖然叙述楚、晉關繫，但仍然以楚爲主。此時兩國爲什麼要達成弭兵的宋之盟呢？因爲當時雙方均面臨着内憂外患：就晉國一方而言，"自晉景時滅赤狄，服齊，至是晉厲乃欲和楚、秦，以集中全力對付内部卿族"；而楚國一方，"因吳人新興，奔命已疲"。① 正是在這種歷史形勢下，才有楚、晉的宋之盟。本章叙事始於楚共王七年（前584）的氾之役，這次戰爭正是雙方争奪鄭國的戰争，但叙此戰是爲了引出開啓兩國合好的重要人物——鄖縣公鍾儀，可見本章叙事主題很明確。在氾之役中，鄭人俘獲了楚國的鄖縣公鍾儀，將其獻給了晉國，而此人也成爲日後溝通晉、楚二國之聯絡人。一年後（前582，楚共王九年），晉景公放歸鄖公鍾儀，從而拉開了促成兩國之好的序幕。但兩國之好的促成很不容易，晉景公放歸鄖公鍾儀求成，楚共王見鍾儀後又讓他聘於晉許成。楚共王十年（前581），晉景公又派糴之茷修成，但很快晉景公去世、厲公即位，楚共王先派王子辰聘晉再次重申兩國合好的期望，又派宋國右師華元促成二國之好。終於，在楚共王十二年（前579）達成了兩國弭兵的宋之盟。但是，這次弭兵之盟却被晉國破壞：首先是楚共王十三年（前578）晉厲公先起兵伐秦，其次是楚共王十五年（前576）楚共王率師圍鄭，最後是楚共王十六年（前575）楚、鄭争奪鄭國的鄢陵之戰。

第十七章以晉、齊關繫展開叙事，紀年上採用晉紀年。晉平公元年的澶梁之會盟伐楚，軍隊到達楚國方城之外，齊國高厚自師逃歸，此事件成爲晉、齊之間戰争的導火索。起先晉平公率軍隊發動了平陰之役，齊國慘敗。平公五年，晉國發生了内亂，晉國大夫欒盈逃奔齊國，齊莊公於是扶持欒盈來對付晉國，並發動了朝歌之役來報復平陰之役。後晉國人殺死欒盈並平定内亂，晉平公率軍隊伐齊，報復朝歌之役。齊人抵抗不住，於是齊大夫崔杼殺死莊公向晉求和。

第十八章的紀年很特别，採用的是晉、楚兩國雙重紀年，但仍然以晉爲

---

① 童書業著，童教英校訂：《春秋左傳研究（校訂本）》，第65頁。

主,以楚爲輔。本章敘事主題是第二次宋之盟,邏輯綫索是:①晉莊平公立十又二年,楚康王立十又四年:第二次宋之盟。②康王卽世,孺子王卽位:虢之會,進一步鞏固了宋之盟。③孺子王卽世,靈王卽位:靈王率先挑起戰端,通過一系列攻伐戰爭,破壞了第二次宋之盟。④楚靈王見禍,景平王卽位;晉莊平公卽世,昭公、頃公皆早世,簡公卽位楚景平王卽世,昭王卽位;進一步過渡到晉簡公、楚昭王世。這裏年是不重要的,所以主要突出世。⑤晉人居許公㡯於容城。⑥晉、楚方城之戰。⑦楚昭王侵伊洛以復方城之師。後三者的綫索是晉、楚關繫,但顯然後來晉國不占上風,主要原因一是齊不服晉,二是晉國由於内亂公室逐漸削弱。

第十九章圍遶春秋晚期陳、蔡與楚之間的關繫而展開敘事,分爲四部分:一是楚靈王時滅陳、蔡;二是平王時期封陳、蔡;三是昭王時期陳、蔡與楚的緊張關繫;四是惠王時期滅蔡。本章敘事採用粗綫條勾勒,因爲没有特别重要的事件,故時間上主要以世爲單位。唯一出現的紀年"十又一年"實際上是昭王紀年,僅是爲了插敘。

第二十章敘事以晉爲中心,採用晉紀年敘述了從晉、吴爲好到晉、越爲好的轉變過程。《繫年》作者對晉吴結好、晉越結好的年代如此清楚,對晉吴、晉越會盟以及聯合作戰的年代也是瞭如指掌。筆者認爲簡文這部分根據的是晉國史書。

其六,第六單元(第二十一章至二十三章)。

這是楚國"現當代史"部分,敘事以楚國爲中心,紀年全部採用楚紀年。筆者認爲,作者在這一部分完全採用了楚國的記注體史書。

第二十一章記述了楚簡王七年黄池之戰以及八年長城之戰的史事,敘事上很完整,涉及戰爭的起因、經過、結果,以及戰爭的影響——"楚以與晉固爲怨"。可以説,楚、晉關繫的不可調和成爲當時國際關繫的主題。

第二十二章圍遶三晉伐齊而展開敘事,紀年上採用楚王紀年,僅出現了一個年代——"楚聲桓王卽位,元年"。但考察後文所述事,實際上在楚聲王四年。之所以出現年代與史事年代不符的情況,筆者認爲是因爲這部分根據的是未繫年的楚國記注體史書,所以作者祇能籠統地説是楚聲王卽位元年,而並未明確具體年代。

第二十三章主要圍繞晉、楚武陽之戰而展開敘事,紀年採用楚紀年。歷述了楚聲王、悼王時期的史事,尤其是悼王時期,更是逐年記事,最後一年竟然出現了"甲戌""丙子"兩個干支日期,但未出現"月"。作者對史事的年代以至於日期如此瞭如指掌,這是此處利用楚國記注體史書資料的明證。

　　總之,《繫年》在年、世的選擇上,祇有標誌性事件採用年,比如第十八章的晉、楚第二次宋之盟,其他事件祇是粗綫條的描述,重點是突出歷史大勢,以免因具體年代的羅列而影響敘事。因此,可以如此概括《繫年》的敘事特點:一是粗綫條,二是多重綫索交織(如第十八章),三是中心明確。《繫年》敘事中事與時間的關繫是:事與事之間是一種橫向聯繫,但祇有將這種橫向聯繫納入時間之維度即縱向聯繫之中,歷史敘事的選輯關繫才有意義。從這重意義上説,事與時是緊密聯繫、不可分割的。

六、史料來源

(一)《繫年》是抄撮而成的史學作品

　　《繫年》是抄撮而成的史學作品,本書上編在每章"疏證"部分,詳細對照了簡文與傳世文獻,從中可以得出此結論。《繫年》共二十三章,根據所記載的史事,其史料來源可分爲三類:

　　第一部分是前四章,這部分涉及西周史事,主要講西周何以衰落,諸侯何以興起,其内容可與《國語》《竹書紀年》《孟子》等相印證。這部分抄撮的内容,應該是與此相關的資料。但也有不同於這些文獻者,這説明除採取了與上述資料相類似的資料外,還有更原始的資料——春秋時期的記注體史書。譬如第一章涉及的"籍田"興廢、厲王暴虐與共和行政等内容,多見於《國語》之《周語》,但也有差異。尤其值得注意的是,該章出現的最早的明確紀年是共和十四年(前828),厲王死於彘,宣王即位。前文我們認爲記注體史書的最早紀年可追溯到周厲王奔彘時(前843)至周宣王即位(前828)之間(詳參本編引論部分),《繫年》記載符合這一論斷,這或許也暗示《繫年》採自這些記注體史書。第二章涉及西周滅亡與平王東遷的内容,與《國語》之《周語》《鄭語》,《竹書紀年》,《史記》之《周本紀》等可相印證;但也有記載存在差異或不見於傳世文獻者。第三章主要講述秦人始大,與西周初大保簋(《集成》4140)、《史記·秦本紀》可相印證。第四章主要圍繞衛的分封和遷都而展開敘事,但主旨却是爲了引出春秋首霸——齊桓公。該章可與《尚書序》《尚書大傳》《春秋》《左傳》相印證,但也有很多不同。

　　第二部分是第五章至第二十章,大致屬於春秋史的部分,這部分主要抄撮的是《左傳》,同時還參考了晉之《乘》、楚之《檮杌》、魯之《春秋》等記注體史書。《孟子·離婁下》:"晉之《乘》、楚之《檮杌》、魯之《春秋》,一也;其事則齊桓、晉文,其文則史。"①孟子生活在前385至前304前後②,當楚悼王十七年至楚懷王二十五年。《繫年》成書於楚肅王時期(前380~前370),《繫年》作者能夠看到晉之《乘》、楚之《檮杌》、魯之《春秋》等各國記注體史書,這部分資料也是重要的參考資料。

比如《繫年》第二十章:"以至晉悼公,悼公立十又一年,公會諸侯,以與吴王壽夢相見于虢。"《春秋》襄公十年:"十年春,公會晉侯、宋公、衛侯、曹伯、莒子、邾子、滕子、薛伯、杞伯、小邾子、齊世子光會吴于柤。""柤"古字作"鄌",《繫年》之"虢"實乃"鄌"之譌,簡文所據乃《春秋》類的記注體史書資料,但顯然有所加工,詳第二十章疏證。

《繫年》第二十章:"晉簡公會諸侯,以與夫差王相見于黄池。"趙孟疥壺:"遇邗王于黄池,爲趙孟介。邗王之賜金,以爲祠器。"(《集成》9678、9679,春秋末期)"相見於"相當於"遇",《戰國策·秦策》:"吴王夫差棲越於會稽,勝齊於艾陵,爲黄池之遇。"唐蘭亦據趙孟疥壺、《戰國策·秦策》文認爲"黄池之會,固當言遇也","今'黄池之遇',史之舊文也"。③ 唐蘭所説的"史之舊文",應該指晉、吴、楚等國的記注體史書,互詳第二十章疏證。

第三部分是第二十一章到第二十三章,這部分大致爲"現當代史"的内容,有"下觀近世"的意味。這部分的敘事特點是記事年代明確且有連續性(如表二十一所示),尤其是最後一章出現了連續紀年,且明確交戰的具體日期。這應該是採自當時的記注體史書或者檔案,上引《虞氏春秋》説"下觀近世",可與此合觀。

表二十一 《繫年》後三章記事年代

章	簡文年代	公元前	事件
二十一	楚簡王七年	425	晉、楚黄池之役
	二年(楚簡王八年)	424	楚、晉長城之役
二十二	楚聲王元年(四年)	407(404)	晉烈公止在任地會諸侯

---

① 楊伯峻譯注:《孟子譯注》,第192頁。
② 楊伯峻譯注:《孟子譯注》,"導言"第1頁。
③ 唐蘭:《再跋趙孟疥壺》,《唐蘭論文集(二)》,第549頁。

(續表)

章	簡文年代	公元前	事件
二十三	楚聲王四年	404	宋休公田、鄭伯駘朝見楚聲王
	明歲(楚悼王三年)	399	晉賸余率晉師和鄭師納王子定入周
	明歲(楚悼王四年)	398	楚、鄭蔑之戰
	明歲(楚悼王五年)	397	晉、楚長陵之戰和郜之戰
	厭年(楚悼王七年)	395	晉、楚武陽之戰。"甲戌,晉、楚以戰。丙子,齊師至喦,遂還。"

説明:1.簡文年代詳參本書"上編:疏證與考證"之每章疏證部分。

2.第二十二章"晉烈公止在任地會諸侯"事本在楚聲王四年,簡文所謂楚聲王元年是單獨紀年或有譌誤。詳參此章疏證及考證部分。

(二)《繫年》也利用了當時的譜牒類史料

《繫年》裏有一些記録世系的内容,例如:

第二章:[鄭]武公即世,莊公即位。莊公即世,昭公即位,其大夫高之渠彌殺昭公而立其弟子眉壽。

第四章:[衛]文公即世,成公即位,翟人或涉河伐衛于楚丘。

第六章:晉惠公卒,懷公即位,秦人起師以納文公于晉。

第十一章:穆王即世,莊王即位,使申伯無畏聘于齊,假路於宋,宋人是故殺申伯無畏,奪其玉帛。

第十五章:莊王即世,共王即位,黑要也死,司馬子反與申公争少盉,申公曰:"是余受妻也。"娶以爲妻,司馬不順申公。

第十五章:靈王即世,景平王即位,少師無極讒連尹奢而殺之,其子伍員與伍之雞逃歸吴。景平王即世,邵王即立(位),伍員爲吴大宰,是教吴人。

第十六章:景公使糴之茷聘於楚,且修成,未還,景公卒,厲公即位。

第十八章:康王即世,孺子王即位,靈王爲令尹,令尹會趙文子及諸侯之大夫,盟于虢。孺子王即世,靈王即位,靈王先起兵,會諸侯于申,執徐公,遂以伐徐;克賴、朱方,伐吴,爲南懷之行;闖陳、蔡,殺蔡靈侯;靈王見禍,景平王即位。晉莊平公即世,昭公、頃公皆早世,簡公即位;景平王即世,昭王即位;許人亂,許公佗出奔晉,晉人羅城汝陽,居許公㐌於容城。

這些資料,可能是採用了當時的譜牒類文獻。

司馬遷在《史記·十二諸侯年表序》中曾提到他讀過《春秋曆譜諜》,又説:"譜諜獨記世諡,其辭略,欲一觀諸要難。"①《太史公自序》中説:"幽厲之後,周室衰微,諸侯專政,《春秋》有所不紀;而譜牒經略,五霸更盛衰,欲睹周世相先後之意,作《十二諸侯年表》第二。"②實際上,《繫年》所載的上述内容,類似形式也見於《左傳》成公十三年所載之吕相絶秦書:

  昔逮我獻公及穆公相好,……無禄,<u>獻公即世</u>。穆公不忘舊德,俾我惠公用能奉祀于晉。……文公躬擐甲胄……無禄,<u>文公即世</u>。穆爲不弔,蔑我死君,寡我襄公,迭我殽地,奸絶我好,伐我保城,殄滅我費滑,散離我兄弟,撓亂我同盟,傾覆我國家。……<u>穆、襄即世,康、靈即位</u>。③

楊伯峻説:"《左傳》採取很多原始資料,如成公十三年《傳》載《晉侯使吕相絶秦書》,這是一篇强辭奪理的文字,可是藝術性很高。秦國後來竟模倣這篇受辱的文章,寫了一篇《詛楚文》。由《詛楚文》足以知道《吕相絶秦》一定是原始記録,或者原始文獻。"④這可能即是春秋時期的譜牒類資料,《繫年》利用了很多這樣的資料。

---

 ① 《史記》卷14,第649頁。
 ② 《史記》卷130,第4009~4010頁。
 ③ 楊伯峻:《春秋左傳注(修訂本)》,第861~863頁。
 ④ 楊伯峻:《春秋左傳注(修訂本)》,"前言"第33頁。

第四章 《繫年》思想形態

《繫年》雖然是抄撮而成的史學作品,但是在史料選取、體例整齊以及敘事過程中,體現出一定的撰寫目的,而這種目的又可反映《繫年》作者的思想傾向、歷史觀念,以及作者所生活時代的一些特點。這裏的思想形態,卽是通過分析《繫年》文本,對《繫年》所反映的思想傾向、歷史觀念以及時代特點進行探討。

一、人本主義與民本主義

白壽彝曾對先秦時期的歷史觀點作過鳥瞰式的概括,他說先秦時期的歷史觀點,經歷了"由神權的看法發展到人爲的看法"的過程。他總結說:

> 從遠古傳說時代到孔墨的歷史觀點,從總的方面來說,一直屬於唯心史觀的性質,而有階級性的發展。從遠古到殷商末年,可說是神、天史觀佔統治地位。宗周以下,是神意史觀。孔墨的先王史觀可謂是神意史觀的發展,有繼承後者的一面,同時也有否定後者的一面。①

可以說從神、天史觀到神意史觀,再到先王史觀,總體發展趨勢是人的因素越來越受到重視,這就是人本主義的典型特徵。

《繫年》的作者生活在戰國早期,理論上早已走出了神、天史觀與神意史觀所支配的時代,那麼是否還有這些史觀的殘留呢?筆者的回答是否定的。例如《繫年》中唯一提到"上帝天神"的是第一章:

> 昔周武王監觀商王之不恭上帝,禋祀不寅,乃作帝籍,以登祀上帝天神,名之曰千畝,以克反商邑,敷政天下。至于厲王,厲王大虐于周,卿士、諸正、萬民弗忍于厥心,乃歸厲王于彘。共伯和立,十又四年。厲王生宣王,宣王卽位,共伯和歸于宋〈宗〉。宣王是始棄帝籍弗田,立三十又九年,戎乃大敗周師于千畝。

商紂王不恭敬上帝,而周武王作"帝籍"、祭祀上帝天神,最終武王滅商、取得天下。粗看之下,可能會認爲周之所以取代商的原因就在於周人得到了上帝天神之助。又,宣王廢棄"帝籍"最終被戎大敗於千畝,冥冥之中好像又是上帝在主宰。那麼,這是否反映出《繫年》作者具有神、天史觀與神意

---

① 白壽彝:《先秦時期:中國史學的產生》,《中國史學史》第 1 卷,第 33、201 頁。

史觀呢？對此,李學勤不認同。他注意到《繫年》此處除了記載上述兩件事外,還記載了厲王流放一事,而記載後者的目的是表達周厲王暴虐,違背了治民的根本原則,所以遭到流放這一主題。"籍田"禮是關乎農業生產、民本的大事,由此反觀本章所載"帝籍"事,可知作者敘述周王朝的興衰,實際上貫穿始終的是治民,這是本章的主旨。① 筆者認爲,這是很重要的看法。《繫年》此處敘事表面上是反映"上帝天神"左右周王朝的興衰,而實際上要表達的是：一個王朝的興衰,最根本的要看最高統治者是否愛民,是否關心農業這一民本。即便要看"上帝天神"之意志,也還是要聽人民的,正符合《左傳》莊公三十二年載周内史過"國將興,聽於民；將亡,聽於神。神,聰明正直而壹者也,依人而行"的説法②,反映出春秋戰國時期人的一種普遍思想傾向。可見,《繫年》作者確實已經脱離了神、天史觀與神意史觀的支配,而具有人本主義、民本主義的思想傾向。

《繫年》是否有先王史觀的傾向呢？筆者的回答也是否定的。《繫年》雖然出現過周武王、成王、周公、宣王等明君,但是作者對他們的敘述未有明顯的褒譽色彩,對楚國國君以及各諸侯國的國君也未有讚譽的語辭,這反映出作者未有先王崇拜、英雄崇拜的思想傾向。

二、人文理性精神

中國先秦史學作品中多有天災異象的記述,反觀《繫年》却未有相關記載,這反映出《繫年》作者具有理性思想傾向。

記述天災異象是中國史學一個很重要的傳統。西晉陳壽就説："國不置史,注記無官,是以行事多遺,災異靡書。"③先秦史書多有天災異象的記載,譬如《春秋》記載了日食、月食、星異、地震、雷電、山崩、隕石、火災,以及風、霜、雨、雪、蟲災等。《春秋》雖然記載了這些天災異象,也僅僅是據實直録,不作任何神秘化的渲染,這點古人已有論述。如司馬遷認爲《春秋》是孔子所修,但是"孔子論六經,紀異而説不書。至天道命,不傳；傳其人,不待告；告非其人,雖言不著"④。孔子在論六經時,對於天異現象祇是記載,而不論及應驗的狀況。至於天道性命的理論,也不輕易外傳；即便是傳授,也不必詳細解説,祇能自己去領悟；如果傳授的並非是合適的人,即

---

① 参李學勤:《試論〈繫年〉第一章的思想内涵》,《夏商周文明研究》,第 258～260 頁。
② 楊伯峻:《春秋左傳注(修訂本)》,第 252～253 頁。
③ 《三國志》卷 33,北京：中華書局,1982 年,第 902 頁。
④ 《史記》卷 27,第 1600 頁。

便詳細解釋了,也不能理解。歐陽修也說:

> 夫所謂災者,被於物而可知者也,水旱、螟蝗之類是已。異者,不可知其所以然者也,日食、星孛、五石、六鷁之類是已。孔子於《春秋》,記災異而不著其事應,蓋慎之也。以謂天道遠,非諄諄以諭人,而君子見其變,則知天之所以譴告,恐懼修省而已。若推其事應,則有合有不合,有同有不同。至於不合不同,則將使君子怠焉,以爲偶然而不懼。此其深意也。蓋聖人慎而不言如此。①

這裏的"紀異而說不書""記災異而不著其事應"就是一種對待災異的理性態度。

《左傳》中不僅記載災異,而且多言天命鬼神之事,以至於晉代學者范甯批評《左傳》"其失也巫",唐代楊士勛疏:"其失也巫者,謂多叙鬼神之事,預言禍福之期。申生之託狐突,荀偃死不受含,伯有之厲,彭生之妖,是也。"②清代汪中概括說:"曰天道、曰鬼神、曰災祥、曰卜筮、曰夢,其失也誣,斯之謂與?"③但是,《左傳》雖然涉及鬼神、災祥、卜筮、夢等神異之事,仍然是以人事爲主。對此汪中有精闢的辨析,他說:

> 吾就其書求之。楚子庚侵鄭,董叔言天道多在西北,南師不時,必無功,叔向以爲在其君之德。有星孛於大辰,西及漢,裨竈曰:"宋、衛、陳、鄭,將同日火。若我用瓘斝玉瓚,鄭必不火。"子產不與。明年,鄭火,裨竈曰:"不用吾言。"鄭又將火,子產以爲天道遠,人道邇,竈焉知天道?是亦多言矣!豈不或信?遂不與,亦不復火。由是言之,《左氏》之言天道,未嘗廢人事也。隨侯以牲牷肥腯、粢盛豐備,謂可信於神。季良以爲:民,神之主也。聖王先成民,而後致力於神,民和而神降之福。齊侯疾,梁丘據請誅於祝固、史嚚,晏子以爲祝不勝詛。由是言之,《左氏》之言鬼神,未嘗廢人事也。鄭內蛇與外蛇鬥,內蛇死。申繻以爲妖由人興,人無釁焉,妖不自作。隕石於宋五,六鷁退飛過宋都,內史叔興以爲是陰陽之事,非吉凶所生,吉凶由人。由是言之,《左氏》之言災祥,未嘗廢人事也。晉獻公筮嫁伯姬於秦,史蘇占之,不吉。及惠公爲秦所執,曰:"先君若從史蘇之言,吾不及此。"韓簡以爲先君多敗德,史蘇是占,勿從何益。南蒯將叛,筮之,得《坤》之《比》。子服

---

① 《新唐書》卷34,北京:中華書局,1975年,第873頁。
② 《春秋穀梁傳序》,《春秋穀梁傳注疏》,《十三經注疏》,第5127頁。
③ 李金松校箋:《述學校箋》,第120頁。

惠伯以爲忠信之事則可,不然,必敗,《易》不可以占險。由是言之,《左氏》之言卜筮,未嘗廢人事也。衛成公遷於帝丘,夢康叔曰:"相奪予享,公命祀相。"甯武子以爲相之不享,於此久矣,非衛之罪,不可以間成王、周公之命祀。晉趙嬰通於莊姬,嬰夢天使謂己:"祭余,余福女!"士貞伯以爲神福仁而禍淫,淫而無罰,福也。祭,其得亡乎? 祭之之明日,而放於齊。由是言之,《左氏》之言夢,未嘗廢人事也。此十者,後世儒者之所執以疑《左氏春秋》者也。而當時深識遠見之君子,類能爲之,矢德音,蔽群疑,而《左氏》則已廣記而備言之,後人其何疑焉?①

汪氏所言極是。

《竹書紀年》里也記載有大量災異内容,如:

(1)周宣王時,馬化爲狐。(《太平御覽》卷887 妖異部)②

(2)三苗將亡,天雨血,夏有冰,地坼及泉,青龍生於廟,日夜出,晝日不出。(《通鑑外紀》卷1 注)③

(3)夏桀末年,社坼裂,其年爲湯所放。(《太平御覽》卷880 咎徵部)④

(4)周昭王十九年,天大曀,雉兔皆震,喪六師於漢。(《初學記》卷7 地部下)⑤

許兆昌將《竹書紀年》裏的災異現象與《春秋》所記對比,發現有兩個特點:一是所述災異具有突出的神秘化傾向,在現實世界中很難想象,不像《春秋》所記都是實際發生的自然現象;二是將所有災異與人事現象相附會。⑥這是正確的,前者如上引(1)(2),後者如(3)(4)。如此看來,《竹書紀年》跟《春秋》《左傳》相較,實際上是倒退了。那麽,如何看待這種現象呢? 筆者認爲這可能是《竹書紀年》作者的個人傾向,而非當時國史的主流。許兆昌認爲:"《竹書紀年》在行文中有綜合天人的傾向,並試圖以天的神秘因素來解釋人類社會的歷史進程,這一點是非常明顯的。"⑦白壽彝認爲,《竹書紀年》"作者可能是魏史官,但這書並不一定是國史,很可能是史官

---

① 李金松校箋:《述學校箋》,第121~122 頁。
② 方詩銘、王修齡:《古本竹書紀年輯證(修訂本)》,第60 頁。
③ 方詩銘、王修齡:《古本竹書紀年輯證(修訂本)》,第68~69 頁。
④ 方詩銘、王修齡:《古本竹書紀年輯證(修訂本)》,第19 頁。
⑤ 方詩銘、王修齡:《古本竹書紀年輯證(修訂本)》,第46 頁。
⑥ 許兆昌:《〈繫年〉、〈春秋〉、〈竹書紀年〉的歷史叙事》,第378~379 頁。
⑦ 許兆昌:《〈繫年〉、〈春秋〉、〈竹書紀年〉的歷史叙事》,第379 頁。

的私人撰述"①。據此看來,《竹書紀年》對災異的記述現象,不符合當時國史的普遍撰寫規範,很可能即是作者的一家之言。

從總體上看,中國先秦史學的主流仍然是沿着理性主義的道路繼續前進的,這一點在《繫年》裏有充分體現。

《繫年》的記載中,根本摒棄了對災異等的記述,完全地以人事爲主。對此,許兆昌概括《繫年》的人文理性精神主要有三點:一是材料甄別盡棄神話,二爲歷史叙述皆取人事,三是歷史評述以人事爲主。② 筆者認爲這種概括是恰切的。

三、反戰傾向

春秋末葉的弭兵思潮,雖然倡導於宋國的華元與向戌,但這種息戰、尋求和平的呼聲,實際上反映了當時大多數人的願望。這種思想在春秋、戰國時期的思想家言論中有明確表達。道家反對戰爭,《老子》第三十一章:"兵者不祥之器,非君子之器,不得已而用之。"③儒家學派的孟子也反對非正義的戰爭,《孟子·盡心下》:"春秋無義戰。"《孟子·離婁上》:"爭地以戰,殺人盈野;爭城以戰,殺人盈城。此所謂率土地而食人肉,罪不容於死。故善戰者服上刑,連諸侯者次之,辟草萊、任土地者次之。"④墨家也反對戰爭,《墨子·兼愛下》:

> 子墨子曰:……當今之時,天下之害孰爲大?曰:若大國之攻小國也,大家之亂小家也,强之劫弱,衆之暴寡,詐之謀愚,貴之敖賤,此天下之害也。又與爲人君者之不惠也,臣者之不忠也,父者之不慈也,子者之不孝也,此又天下之害也。又與今人之賤人,執其兵刃毒藥水火,以交相虧賊,此又天下之害也。⑤

方授楚說:"墨子之時,親見荆、吳、齊、晉、楚、越相争,戰事激烈,此於霸國或有利有害,但自平民之觀點言之,無論勝負如何,有百害而無一利者也。故墨子於侵略之攻勢戰争,極爲反對。"⑥墨家極力反對侵略戰争,不是止於空談、宣傳,更是身體力行,誠如梁啓超所云:"墨家非從空談而已,常務

---

① 白壽彝:《先秦時期:中國史學的産生》,《中國史學史》第1卷,第160頁。
② 許兆昌:《〈繫年〉、〈春秋〉、〈竹書紀年〉的歷史叙事》,第379~397頁。
③ 陳鼓應:《老子注譯及評介(修訂增補本)》,北京:中華書局,2009年,第185頁。
④ 楊伯峻譯注:《孟子譯注》,第324、175頁。
⑤ 吴毓江撰,孫啓治校:《墨子校注》卷16,第172頁。
⑥ 方授楚:《墨學源流》,第86頁。

實行。見有鬥者,匍匐往救之,且以善守爲'非攻'主義之後盾,故其宣傳乃實力的宣傳也。"①

《繫年》作者生活的時代大致與墨子相當,他對當時大國相爭所導致的生靈塗炭是有切身體會的。簡文明顯透露出作者有反對戰爭、愛好和平的思想傾向,這可以從以下兩處記載看出:一是《繫年》第十六章載第一次宋之盟後,"明歲,厲公先起兵,率師會諸侯以伐秦,至于涇。共王亦率師圍鄭。厲公救鄭,敗楚師於鄢。厲公亦見禍以死,無後",晉厲公首先破壞盟約、挑起戰爭,最終下場是"見禍以死,無後";二是第十八章載第二次宋之盟後,"靈王先起兵,會諸侯于申,執徐公,遂以伐徐,克賴、朱方;伐吳,爲南懷之行;閒陳、蔡,殺蔡靈侯;靈王見禍",楚靈王也是率先破壞盟約、挑起戰爭,下場同樣爲"見禍",不得善終。與此形成鮮明對照的是,《繫年》第十五章載楚靈王死曰"靈王卽世",用詞未有感情色彩。這兩處記載表達了《繫年》作者的思想傾向:反對戰爭,且無關乎立場。作者雖然身爲楚國人,但認爲不論是誰破壞和平、挑起戰爭,最後都下場不好、不得善終。

總之,《繫年》所反映的反對戰爭的思想,實際上是當時一種很重要的思潮。對此,梁啓超《先秦政治思想史》中專辟一章"寢兵運動"以專門論述②,讀者自可參看,此不贅言。至於《繫年》作者究竟是哪家哪派,是反對一切戰爭,還是僅僅反對非正義戰爭,以及主張用何種手段避免戰爭,簡文未反映出來,故難以確知。但可以肯定的是,《繫年》作者對於那些破壞和平、率先挑起戰爭者深惡痛絕,抱有樸素的反戰思想。

四、強化公室傾向

春秋中後期,中原各國的政權逐漸下移,正如春秋末期孔子所描述的:"天下有道,則禮樂征伐自天子出;天下無道,則禮樂征伐自諸侯出。自諸侯出,蓋十世希不失矣;自大夫出,五世希不失矣;陪臣執國命,三世希不失矣。"③政治權力從天子下移到諸侯,又從諸侯下移到大夫以至陪臣(家臣)之手,這是當時一個較普遍的現象。但是,與此形成鮮明對比的是,地處邊陲的楚、秦、吳、越等國,却不聞卿大夫專擅侵陵公室之事,這說明這些國家的中央集權程度較高,公室勢力仍很強大。④

---

① 參梁啓超:《先秦政治思想史》,北京:中華書局,2016 年,第 230 頁。
② 梁啓超:《先秦政治思想史》,第 229~232 頁。
③ 楊伯峻譯注:《論語譯注》,北京:中華書局,1980 年,第 174 頁。
④ 參童書業著,童教英校訂:《春秋左傳研究(校訂本)》,第 302~303 頁。

由於楚國中央集權的程度高,公室勢力一直佔據主導地位,使得政權相對穩定。與此同時,與楚對抗的晉國,卿大夫勢力強大,嚴重削弱了公室的力量,導致晉國在與楚的對峙中,時常處於下風。對此,《繫年》作者瞭然於胸。如《繫年》第十八章載第二次宋之盟後,晉國在於楚國對峙的過程中處於下風,其中原因之一就是晉國公室較弱。何以如此?"晉人且有范氏與中行氏之禍,七歲不解甲",晉國卿大夫的內亂削弱了晉國國力,也削弱了晉國公室的力量。童書業曾對比晉、楚兩國的內變(即內亂)之區別:"晉國的內變發生自下,楚國的內變發生自上。內變發生自下,證明了政權已經下移;內變發生自上,證明了政權仍在君主。在楚國,中央集權政策向來是很穩固的;在晉國,則這種政策老是失敗。這政權在下和在上,就是晉、楚強弱的關鍵。"①這段話實際上也可以詮釋《繫年》作者在第十八章所要表達的強化公室的思想傾向,互詳本書上編第十八章之"解題"。

到了《繫年》作者所生活的戰國前期,晉國的韓、趙、魏三家,齊國的田氏,勢力迅速崛起,甚至逐漸形成取公室而代之的形勢。楚國的私家勢力雖然尚未達到取代公室的程度,但是封君勢力的強大,也對中央集權構成了威脅。對此,楚悼王任用吳起進行變法,力圖改變這種狀況。《韓非子·和氏》云:

> 昔者吳起教楚悼王以楚國之俗曰:"大臣太重,封君太眾,若此則上逼主而下虐民,此貧國弱兵之道也。不如使封君之子孫三世而收爵祿,……"悼王行之期年而薨矣,吳起枝解於楚。……楚不用吳起而削亂。②

楚悼王雖然任用吳起變法,力圖改變"封君太眾"的現狀,但是支持變法的悼王一死,吳起就被殺害。韓非子評價楚國之所以衰落,就是因爲不能貫徹吳起之變法。實際上,《繫年》作者對楚國的封君問題也是深爲擔憂的。

以《繫年》第二十三章所載楚悼王七年的晉、楚兩國的武陽之戰爲例,此爲《繫年》所載的最晚史事。此戰中,晉國出現的是韓、趙、魏三卿勢力,未出現晉君;楚國的主力則是魯陽公、平夜悼武君、陽城桓定君,所謂的"三執圭之君"。"執圭"是戰國時期楚國最高的爵位,可見當時封君在楚國政局中的顯赫地位。此戰的結果是"三執圭之君與右尹昭之竢死焉,楚人盡棄其旆、幕、車、兵,犬逸而還",用辭相當嚴厲。如果聯繫到韓非子"封君

---

① 童書業著,童教英校訂:《春秋史(校訂本)》,第230頁。
② (清)王先慎撰,鍾哲點校:《韓非子集解》卷4,第96~97頁。

太衆"是"貧國弱兵之道也"的說法,我們有理由認爲此處正是《繫年》作者對"封君太衆"現象的諷喻,以勸告當朝統治者注意封君問題。

總之,《繫年》作者通過記載歷史,認識到晉國的削弱是由於私家勢力過於強大,公室相對弱小,從而有强化公室的思想傾向。同時,作者生活的時代,晉、齊的私家勢力迅速崛起,而楚國的封君勢力,雖然在吳起變法中有所削弱,但變法並未徹底實行,封君問題仍然十分突出。《繫年》作者的這些記述,無疑是提醒當朝統治者强化公室的必要性。

五、小結

以上討論的《繫年》所反映思想傾向有四方面:一是具有人本主義與民本主義傾向,二是人文理性精神的彰顯,三是反戰傾向,四是强化公室的傾向。這四方面思想傾向的出現,與當時的時代特點及《繫年》作者的身份是密不可分的。

前文已述,《繫年》所反映的國際關繫,與《墨子》一書有很多相合處,這是因爲《繫年》作者所生活的時代,同《墨子》一書的作者——墨子及其弟子、後學大致相當,都是戰國前期。關於墨子生活的時代,侯外廬等稱之爲"顯族時代":

> 春秋到戰國之際,中國歷史是一個變革的黎明期,這黎明期的階段正當孔墨二位大師的人格活動的全過程,孔墨在社會理想方面,人類道德方面,各以其師學代替了官學,迎接他們所憧憬的新社會,這個黎明期便是所謂的顯族時代。[1]

> 這個交替時代,正是中國古代社會轉入不完全典型的顯族時代,人類性的問題、社會的國民之富的問題以及天上宗教的問題,都發生了變革。因此,哲人思想便應於國民階級的出現,適應於由氏族單位到地域單位(即由曾孫貴族到顯族的漸進運動)的社會發展,以私學登上歷史的舞臺。[2]

這裏所謂的"顯族時代",是指血緣組織(氏族單位)開始解體並被地緣(地域單位)取代、商周以來的血緣貴族(曾孫貴族)開始被新興的貴族(顯族)取代的時代,所以也稱爲"交替時代"。這種時代的交替,也伴隨着學術思想的變革,即從神本開始轉向人本(人類性的問題),民本精神凸顯(社會

---

[1] 侯外廬:《中國古代思想學説史》,上海:文風書局,1946年,第158頁。
[2] 侯外廬、趙紀彬、杜國庠:《中國思想通史》第1卷,北京:人民出版社,1957年,第193頁。

的國民之富的問題),以及對於天人關繫的再定位(天上宗教的問題)。這裏面,又以官學逐漸被以孔墨爲代表的私學所取代最爲顯著。

戰國時期,孔丘、墨翟開創的儒、墨二家,地位顯赫,世謂之"顯學",對當時的學術(包括史學)思想影響甚巨。《韓非子·顯學》云:

> 世之顯學,儒、墨也。儒之所至,孔丘也。墨之所至,墨翟也。自孔子之死也,有子張之儒,有子思之儒,有顏氏之儒,有孟氏之儒,有漆雕氏之儒,有仲良氏之儒,有孫氏之儒,有樂正氏之儒。自墨子之死也,有相里氏之墨,有相夫氏之墨,有鄧陵氏之墨。故孔、墨之後,儒分爲八,墨離爲三,取舍相反不同,而皆自謂真孔、墨。①

《吕氏春秋·當染》云:

> 此二士者(指孔丘、墨翟——引者按)無爵位以顯人,無賞禄以利人,舉天下之顯榮者必稱此二士也。皆死久矣,從屬彌衆,弟子彌豐,充滿天下,王公大人從而顯之,有愛子弟者隨而學焉,無時乏絶。子貢、子夏、曾子學於孔子,田子方學於子貢,段干木學於子夏,吴起學於曾子。禽滑釐學於墨子,許犯學於禽滑釐,田繫學於許犯。孔、墨之後學顯榮於天下者衆矣,不可勝數。②

新時代孕育了新思想,新思想也影響到新時代。一方面,孔、墨兩家思想是新時代的產物,他們討論的問題也是集中於新時代所產生的新問題;另一方面,孔丘、墨翟死後,弟子衆多,上引《吕氏春秋·當染》所謂"從屬彌衆,弟子彌豐,充滿天下,王公大人從而顯之,有愛子弟者隨而學焉,無時乏絶",可見在他們死後,其學說影響更大。《繫年》抄寫於戰國前期的楚肅王時期,其作者受到當時儒、墨兩家學術思想的影響,亦在情理之中。

總之,《繫年》所反映的思想,實際上是戰國初期的時代產物,也受到當時儒、墨兩大顯學的影響,尤其是受墨家思想影響甚大。那麼,如何認識墨家思想對於《繫年》的影響呢?一方面,《繫年》所反映的思想,與《墨子》一書有很多相合處,這可能受到墨家思想的影響。但另一方面,《繫年》也有與《墨子》大量的不合處,因此我們無法得出《繫年》作者有墨家傾向,甚

---

① (清)王先慎撰,鍾哲點校:《韓非子集解》卷19,第456~457頁。
② 許維遹:《吕氏春秋集釋》卷2,第53頁。

至是墨家學者等的結論。① 實際上,《繫年》作者祇是在記述歷史事件時不經意地表露了自己的思想傾向,但作者究竟屬於哪派哪家仍然難以辨別。因此,科學的態度或許就是不要簡單地把作者歸門別派。

---

① 如劉全志認爲:"[《繫年》]文本在開端與行文之中強調上帝天神的信仰觀念,暗含着書寫的主體對春秋巫史合一傳統的認可,而戰國時期墨家'明鬼神''順天志'的學派理念與之契合。《繫年》叙事以晉楚武陽之戰爲終點,並有意突出魯陽公、陽城君等人的勇氣與犧牲,其中藴含的歷史信息和情感態度展現出書寫主體對墨家'捨生取義'精神的高揚。長臺關楚簡、傳世文獻對墨家活動的記載,呈現出清華簡《繫年》成書於墨家學者之手。"(《清華簡〈繫年〉的成書與墨家學派性質》,《浙江學刊》2021 年第 2 期,第 200 頁)實際上,《繫年》表面上強調上帝天神信仰,但内核還是關注农本、民本。《繫年》對魯陽公、陽城君的記載,也是秉筆直書,並未特意拔高。

第五章 《繫年》與春秋戰國時期國史以及私家撰述對比研究

一、《春秋》與《繫年》：國史與私家撰述的對比

（一）《春秋》的性質

先秦儒家經典中的《春秋》，原本是魯國的國史。晉代杜預在《春秋左氏傳序》中説：

> 《春秋》者，魯史記之名也。記事者，以事繫日，以日繫月，以月繫時，以時繫年，所以紀遠近、別同異也。故史之所記，必表年以首事；年有四時，故錯舉以爲所記之名也。①

杜預此説揭示了以下三點重要信息：第一，《春秋》是魯國國史的名稱。第二，史官記事之法是將事與具體的日相聯繫，再將日繫於月，月繫於時（春、夏、秋、冬四季），時繫於年，這樣就將事納入了時間的範疇，有了縱向聯繫，從而區別事件的遠近與同異。第三，這類史書何以名"春秋"。年是記事的基本時間單位，孔穎達解釋説："事繫日下，年是事端，故史之所記必先顯其年以爲事之初始也。"一年有春、夏、秋、冬四時，爲何獨取春、秋呢？孔穎達曰："年有四時，不可遍舉四字以爲書號，故交錯互舉取春、秋二字以爲所記之名也。"②

這部《春秋》與孔子究竟是何種關繫呢？從戰國以來就有孔子修《春秋》或作《春秋》的説法：前者認爲今本《春秋》是孔子修删魯舊史《春秋》而成，後者徑直認爲《春秋》是孔子所作。如按後説，那麼《春秋》就不是一部史書，而是經書。清代今文學派代表人物皮錫瑞説："作是做成一書，不是鈔錄一過。又須知孔子所作者，是爲萬世作經，不是爲一代作史。經、史體例所以異者，史是據事直書，不立褒貶，是非自見；經是必借褒貶是非，以定制立法，爲百王不易之常經。《春秋》是經。"③但是，現代學者楊伯峻經過

---

① 《春秋左傳正義》卷1，《十三經注疏》，第3695～3696頁。
② 《春秋左傳正義》卷1，《十三經注疏》，第3696頁。
③ （清）皮錫瑞：《經學通論》卷4，北京：中華書局，2003年，第2頁。

研究認爲:"孔子實未修《春秋》,更不曾作《春秋》","總而言之,《春秋》和孔丘有關,僅僅因爲孔丘用過魯《春秋》教授過弟子"。① 這種看法代表了現代學者的較普遍看法。② 筆者認同此説,即《春秋》本質上還是一部史書。

《春秋》裏有很多史例,其中透露出史官的思想觀念,即孟子所謂的史義。《孟子·離婁下》載孟子曰:"王者之迹熄而《詩》亡,《詩》亡然後《春秋》作。晉之《乘》,楚之《檮杌》,魯之《春秋》,一也:其事則齊桓、晉文,其文則史。孔子曰:其義則丘竊取之矣。"這裏的"義"即指微言大義。那麽,其是否爲魯史《春秋》所舊有? 如按照今文學家的觀點,當然是没有,而是孔子的新創,如皮錫瑞就説:"《周禮》雖有史官,未言史有凡例","孟子言魯之《春秋》止有其事、其文而無其義,其義是孔子創立,非魯《春秋》所有。"③皮錫瑞是今文學家,其觀點建立在孔子作《春秋》的基礎之上。但正如上文所述,既然今本《春秋》是魯國史《春秋》的原文,其中的一些舊例當然可以看作當時魯國史的舊例。趙伯雄説:"《春秋》到底有没有義? 答案應該是肯定的。即使在孔子以前,《春秋》作爲單純的史册,它也是有義的。這種義就表現爲史官記事的方法、原則及隱藏在文字背後的深層價值觀念。"④這種説法是可信的。

(二)《繫年》與《春秋》的史例與史義的比較

《春秋》記事簡略,但包含一定的記事原則於其中(這些原則即所謂的"史例"),並表達了一定的思想觀念(即"史義")。晁岳佩對《春秋》的史例有較詳細的歸納與總結。⑤ 下面結合晁文,對《春秋》與《繫年》的史例與史義進行比較。

第一,記事的時間單位。《春秋》以魯君斷代,逐年記事,是編年大事記。每年的記事,以春、夏、秋、冬四時(季節)爲序,時内有月,月内又有日。實際上,《春秋》將事發生的具體時間繫於日,然後將日繫於月,月繫於時,時又繫於年,即杜預《春秋左氏傳序》所謂的"以事繫日,以日繫月,以月繫時,以時繫年"⑥。如《春秋》隱公四年:

---

① 楊伯峻:《春秋左傳注(修訂本)》,"前言"第 15~16 頁。
② 趙伯雄、王和等學者認同此説。趙伯雄:《春秋學史》,第 5~8 頁;王和:《左傳探源》,北京:社會科學文獻出版社,2019 年,第 43~51 頁。
③ (清)皮錫瑞:《經學通論》卷 4,第 3 頁。
④ 趙伯雄:《春秋學史》,第 8~9 頁。
⑤ 晁岳佩:《〈春秋〉説例》,《古籍整理研究學刊》2000 年第 1 期,第 8~13 頁。
⑥ 《春秋左傳正義》卷 1,《十三經注疏》,第 3695 頁。

> 五年春,公矢魚于棠。
>
> 夏四月,葬衛桓公。
>
> 秋,衛師入郕。
>
> 九月,考仲子之宫,初獻六羽。
>
> 邾人、鄭人伐宋。
>
> 螟。
>
> 冬十有二月辛巳,公子彄卒。
>
> 宋人伐鄭,圍長葛。①

本年最小的時間單位是日。

《繫年》雖以楚王紀年爲主,但有些篇章以周王或晉君紀年。記事的最大單位是世,基本單位是年,即筆者所概括的"年、世相經,諸事魚貫"。《繫年》也出現了"春",如第十四章載駒之克召高之固曰:"今春其會諸侯,子其與臨之。"但這是對話的內容,不是記事的時間單位。《繫年》中的月表示時間的長度,如第十一章"莊王率師圍宋九月",第十三章"……[莊]王圍鄭三月",也不是記事的時間單位。《繫年》中雖然有日作爲最小的記事時間單位,但僅僅出現於第二十三章——"甲戌,晉、楚戰。丙子,齊師至嵒,遂還",此處僅有干支記日,沒有具體月份。有干支記日的這些資料,可能採自楚國的記注體史書。

第二,國別特徵。《春秋》作爲魯國史書,處處體現了魯史特徵,如上述以魯君斷代逐年記事,另外還如記魯事常稱"我",如莊公九年"我師敗績"②;《繫年》中即便記載楚事也不稱"我",這應該是由敘事的體裁所限,因爲它不但不是以楚王斷代逐年記事,而且又涉及多國史事,如果稱"我",會造成誤讀。《春秋》外曰"來",內曰"如",如僖公二十八年"秋,杞伯姬來。公子遂如齊"③;《繫年》有一個"來"字用例,與外曰"來"相似,即第十五章"莊王率師圍陳,王命申公屈巫躓秦求師,得師以來",但未見內曰"如"字用例。《春秋》凡有魯人參加的會盟征伐,一律書作魯人會某某,以突出魯國的主體地位,如莊公四年"冬,公會齊人、宋人、陳人、蔡人伐衛"④;《繫年》無此用例。

第三,避諱。劉知幾《史通·疑古》曰:"魯史之有《春秋》也,外爲賢

---

① 楊伯峻:《春秋左傳注(修訂本)》,第39~41頁。
② 參晁岳佩:《〈春秋〉說例》,《古籍整理研究學刊》2000年第1期,第10頁。
③ 參晁岳佩:《〈春秋〉說例》,《古籍整理研究學刊》2000年第1期,第10頁。
④ 參晁岳佩:《〈春秋〉說例》,《古籍整理研究學刊》2000年第1期,第10頁。

者,內爲本國,事靡洪纖,動皆隱諱,斯乃周公之格言。然何必《春秋》,在於六經,亦皆如此。"①《春秋》諱國君非正常死亡,記外諸侯被殺,都使用殺君的專用字"弑",書作"某弑其君某",而記魯君被害者,仍書"薨",與記正常死亡者同辭,兩公子因爲君不滿一年均書"卒"。《繫年》記楚王去世多稱"卽世",記晉國國君去世多用"卒",有學者認爲這是作者楚人立場自覺或不自覺的表露。② 實際上,"卽世"這種寫法既不能表明作者是楚人,也並非爲尊者諱。《左傳》襄公二十九年說鄭國大夫"子西卽世",昭公十九年載鄭子產說"若寡君之二三臣,其卽世者",昭公二十六年載王子朝說"穆后及大子壽早夭卽世",可見"卽世"就是去世,並無特別的涵義。事實上,這種寫法揭示了這些資料的來源。

《繫年》在書寫被害楚君之死時,與記正常死亡者同辭,這點表明了其楚人立場,如第十八章:

> 康王卽世,孺子王卽位,靈王爲令尹,令尹會趙文子及諸侯之大夫,盟于虢。孺子王卽世,靈王卽位,……

孺子王,卽楚康王之子郟敖,名麇。此人爲他的叔叔——後來的楚靈王所殺,但簡文曰"卽世",如同康王等正常死亡的國君一樣書寫,顯然是爲避諱。值得注意的是,《春秋》昭公元年:"冬十又一月己酉,楚子麇卒。"可見楚國的赴告文書也是有避諱的。《左傳》昭公元年:"冬,楚公子圍將聘于鄭,伍舉爲介。未出竟,聞王有疾而還。伍舉遂聘。十一月己酉,公子圍至,入問王疾,縊而弑之,遂殺其二子幕及平夏。……葬王於郟,謂之郟敖,"同年"楚靈王卽位"。《左傳》昭公四年又載齊慶封對楚靈王曰:"無或如楚共王之庶子圍弑其君——兄之子麇——而代之。"《左傳》將史事原委秉筆直書,這是《左傳》非持楚人立場的例證之一。又《韓非子·姦劫弑臣》:"故《春秋》記之曰:'楚王子圍將聘於鄭,未出境,聞王病而反,因入問病,以其冠纓絞王而殺之,遂自立也。'"劉師培認爲《韓非子》所引之"《春秋》"實爲《左傳》:"《韓非子》一書多引《左氏》,……韓非稱爲《春秋》所說,則《左傳》爲說《春秋》之書,彰彰明矣。"③此說可備一說。卽便此《春秋》不爲《左傳》,但也絕非楚國史書,亦可知當時其他諸侯國史書是將事實原委寫出的。

---

① (唐)劉知幾著,(清)浦起龍通釋:《史通通釋》卷13,第354頁。
② 陳偉:《清華大學藏竹書〈繫年〉的文獻學考察》,《史林》2013年第1期,第46頁。
③ 劉師培:《讀左劄記》,《劉申叔遺書》,第296頁。

但《繫年》書寫其他國君之非正常死亡則不避諱,如:

第二章寫周幽王弟攜惠王余臣之被殺:邦君諸正乃立幽王之弟余臣于虢,是攜惠王,立二十又一年,晉文侯仇乃殺惠王于虢。

第二章寫鄭昭公和眉壽之被殺:莊公即世,昭公即位,其大夫高之渠彌殺昭公而立其弟子眉壽。齊襄公會諸侯于首止,殺子眉壽,車轢高之渠彌,改立厲公,鄭以始正。

第五章寫息侯之被殺:明歲,起師伐息,克之,殺息侯,娶息嬀以歸,是生堵敖及成王。

第六章寫奚齊和悼子之被殺:獻公卒,乃立奚齊,其大夫里之克乃殺奚齊,而立其弟悼子。里之克又殺悼子。

第六章寫晉懷公之被殺:晉人殺懷公而立文公。

第十五章寫陳靈公之被殺:陳公子徵舒殺其君靈公。

第十七章寫齊莊公之被殺:齊崔杼殺其君莊公以爲成於晉。

第十八章寫蔡靈侯之被殺:聞陳、蔡,殺蔡靈侯。

上述例子,涉及周幽王弟以及鄭、息、晉、陳、齊、蔡等國的國君或王子之被殺,均秉筆直書、毫無隱諱,與楚王避諱形成鮮明對比。

二、《繫年》與《左傳》《國語》的對比

(一)《左傳》《國語》的成書年代

《史記·十二諸侯年表序》敘述先秦時期《左傳》流傳情況曰:

是以孔子明王道,干七十餘君,莫能用,故西觀周室,論史記舊聞,興於魯而次《春秋》,上記隱,下至哀之獲麟,約其辭文,去其煩重,以制義法,王道備,人事浹。七十子之徒口受其傳指,爲有所刺譏褒諱挹損之文辭不可以書見也。魯君子左丘明懼弟子人人異端,各安其意,失其真,故因孔子史記具論其語,成《左氏春秋》。鐸椒爲楚威王傅,爲王不能盡觀《春秋》,采取成敗,卒四十章,爲《鐸氏微》。趙孝成王時,其相虞卿上采《春秋》,下觀近勢,亦著八篇,爲《虞氏春秋》。呂不韋者,秦莊襄王相,亦上觀尚古,刪拾《春秋》,集六國時事,以爲八覽、六論、十二紀,爲《呂氏春秋》。及如荀卿、孟子、公孫固、韓非之徒,各往往捃摭《春秋》之文以著書,不可勝紀。……太史公曰:儒者斷其

義,馳説者騁其辭,不務綜其終始。①

據司馬遷説,自從孔子"次《春秋》"後,《春秋》已經成爲一門很重要的學問,以後有魯君子左丘明根據孔子史記具論其語成《左氏春秋》,這就是《左傳》。《史記·十二諸侯年表序》説《左傳》爲"魯君子左丘明"所作,這是關於《左傳》作者的最早記載。唐代以後,學者對《左傳》的作者,產生了很多懷疑。因爲左丘明這個人在《論語》也出現過,《論語·公冶長》載孔子説:"巧言、令色、足恭丘明恥之,丘亦恥之。匿怨而友其人,左丘明恥之,丘亦恥之。"唐代人就指出,從孔子語氣來看,這位左丘明像是孔子的前輩,不像是孔子的後輩,而《史記·十二諸侯年表序》所説的左丘明顯然是孔子的後輩,因此《左傳》作者是否是左丘明,自不免令人生疑。從唐代至今,不斷有學者就這一問題進行研究,提出了子夏説、吳起説等諸多假説,但均難以得到學界的普遍認可。

由於對《左傳》的作者產生了疑問,連帶此書的成書年代也成爲問題。漢代學者一般認爲《左傳》成書於春秋末年。但實際上,《左傳》一書裏有個別內容,有發生於春秋末年後的跡象。於是從宋代以後至今,學者對這一問題不斷進行研究,提出了《左傳》屬於春秋末之後作品的假説,其中以戰國時代作品説影響最大,以致今天幾乎成爲定論。此説主要論據有四點:

一、《左傳》裏面寫了三家分晉等一些史實;二、《左傳》裏一些預言,它的應驗發生在戰國時代;三、《左傳》寫了歲星記事,但所記各年歲星所在之次不是當時實際觀象所得,而是戰國時人根據當時元始甲寅之年逆推的;四、《左傳》所用的助詞不同於"魯語",作者非魯人,而是戰國時期某一國人。②

據此,學者推測《左傳》成書於戰國時代,但由於各家對於以上證據的理解不同,得出的具體年代也相異,歸納起來主要有以下幾種看法,如表二十二所示:

---

① 《史記》卷14,第647~648頁。
② 胡念貽:《〈左傳〉的真僞和寫作時代問題考辨》,《文史》第11輯,北京:中華書局,1981年,第17頁。

表二十二　關於《左傳》具體成書年代的諸家説法

代表人物	上限(年)	下限(年)
衛聚賢	前 425	前 403
楊伯峻	前 403	前 389
徐中舒	前 375	前 352
朱東潤	前 400	前 360
趙光賢	前 375	前 352
王和	前 375	前 360
童書業	前 330 年左右	

資料來源：沈玉成、劉寧：《春秋左傳學史稿》，第 386~388 頁；楊伯峻：《春秋左傳注(修訂本)》，"前言"第 41 頁；王和：《左傳探源》，第 98 頁。

在戰國説以鑿鑿之論似乎成爲定説的局面下，有學者仍然堅持春秋末年説，其中以胡念貽爲代表。胡念貽著文對戰國説提出了質疑，沈玉成、劉寧對胡文進行了很好的歸納，認爲其出發點有二：

第一，《左傳》內容多，時間久，涉及的問題也很多。有些事物似乎是戰國時才有，可它見於《左傳》，就成了懷疑《左傳》的理由。但像《六經奧論》所舉的那些事物，並不能斷定春秋時代就一定沒有。他據前人所論，秦孝公以前就有庶長、不更之職，而臘祭則爲春秋時的古祭，從而否定了戰國説在制度方面的一些論據。至於春秋時沒有騎兵，也已被近年來的考古發現及對文獻的深入研究證明並非事實。

第二，《左傳》中不可避免地要有後人竄入的文字，不能因爲這些增竄文字時代較晚，就把成書年代推後。他認爲有關戰國史事的預言皆屬增益，書中所有涉及歲星紀事的材料也是戰國星象家的精心安排，並非成書時所有。①

由此，胡文對上列戰國説的四條證據作了分析與辯駁，揭露了其中的種種缺陷，另外還找出了《左傳》作於春秋末年説的證據。至於根據《論語·公冶長》所載認爲左丘明是孔子前輩的説法，也是不可取的。他舉出孔子和弟子巫馬期、子路對話的兩個例子：

巫馬期以告。子曰："丘也幸，苟有過，人必知之。"(《論語·述而》)

子疾病，子路請禱。子路對曰："有之。誄曰：'禱爾于上下神

---

① 沈玉成、劉寧：《春秋左傳學史稿》，第 393 頁。

祇。'"子曰:"丘之禱久矣。"(《論語·述而》)

此可證孔子與弟子講話也可自稱名。胡文最終結論是:《左傳》成書於春秋末年,後人雖有竄入,但它還是基本保存了原來面目;傳說它的作者是左丘明,否定者均找不出確鑿的證據,還是無法把舊說真正推翻。① 我們認同此說,即《左傳》成書於春秋末年,後人對之有陸續修補。至於《左傳》最終的定型,很難確定比較確切的年份,"文獻祇能證明最晚在戰國後期,《左傳》已經寫定並流佈"②。

《左傳》成書後,影響巨大。先是戰國中葉楚威王太傅鐸椒因爲王不能盡觀《春秋》(此《春秋》實指《左傳》③),將其節取而編成《鐸氏微》。可見,《左傳》在戰國中葉楚威王時已經被抄撮。從《左傳》成書到被鐸椒抄撮,這部書又是如何流傳的呢?

西漢劉向《別錄》云:

> 左丘明授曾申,申授吳起,起授其子期,期授楚人鐸椒。鐸椒作《抄撮》八卷,授趙人虞卿。虞卿作《抄撮》九卷,授同郡荀卿,荀卿授武威張倉。④

唐代陸德明《經典釋文序》云:

> 左丘明作《傳》以授曾申。申傳衛人吳起。起傳其子期。期傳楚人鐸椒。椒傳趙人虞卿。卿傳同郡荀卿名況。況傳武威張蒼。⑤

可見,《左傳》成書後,曾被傳授於曾申。曾申是曾參之子,陸德明《經典釋文序錄》云:"字子西,魯人,曾參之子。"⑥《孟子·公孫丑上》:"或問乎曾西曰:'吾子與子路孰賢?'曾西蹵然曰:'吾先子之所畏也。'"趙岐注:"曾西,曾子之孫。"⑦趙說恐不可信。⑧ 曾申應爲曾參之子。

曾申授《左傳》於吳起。《史記·吳起列傳》云"吳起者,衛人也,好用兵。嘗學於曾子,事魯君",又云吳起"遂事曾子。居頃之,其母死,起終不

---

① 胡念貽:《〈左傳〉的真僞和寫作時代問題考辨》,《文史》第11輯,第1~33頁。
② 沈玉成、劉寧:《春秋左傳學史稿》,第396頁。
③ 金德建:《司馬遷所稱〈春秋〉係指〈左傳〉考》,《司馬遷所見書考》,第105~111頁。
④ (漢)劉向、劉歆撰,(清)姚振宗輯録,鄧駿捷校補:《七略別録佚文;七略佚文》,第16頁。
⑤ (唐)陸德明撰,吳承仕疏證:《經典釋文序錄疏證》,北京:中華書局,2008年,第108頁。
⑥ (唐)陸德明撰,吳承仕疏證:《經典釋文序錄疏證》,第79頁。
⑦ 《孟子正義》卷3上,《十三經注疏》,第5837頁。
⑧ 可參焦循所引諸家解說以及今人楊伯峻說。參(清)焦循:《孟子正義》卷6,第174頁;楊伯峻譯注:《孟子譯注》,第59頁。

歸。曾子薄之,而與起絕"。① 這裏的"曾子",楊寬認爲卽是曾申。② 吴起曾師事曾申,故得傳《左傳》。

吴起授於其子吴期,吴期又授於楚太傅鐸椒,這説明《左傳》之學的中心已經轉入了楚國。我們知道,吴起在楚悼王時被任命主持變法,觸犯了舊貴族的利益,所以悼王死後遭到了他們的圍困。《吕氏春秋·上德》: "荆王薨,羣臣攻吴起,兵於喪所。"③《史記·吴起列傳》云: "故楚之貴戚盡欲害吴起。及悼王死,宗室大臣作亂而攻吴起,吴起走之王尸而伏之。擊起之徒因射刺吴起,并中悼王。悼王既葬,太子立,乃使令尹盡誅射吴起而并中王者。坐射起而夷宗死者七十餘家。"④吴起死於楚悼王卒之年,據《史記·六國年表》當周安王二十一年(前381)。吴起死後,其子吴期仍在楚國。吴期傳《左傳》於楚威王太傅鐸椒。據《六國年表》,楚悼王死後,楚肅王即位(前380,周安王二十二年),十一年卒(前370,周烈王六年);宣王即位(前369,周烈王七年),三十年卒(前340,周顯王二十九年);楚威王即位(前339,周顯王三十年),十一年卒(前329,周顯王四十年)。這一段時間是《左傳》在楚國流傳時期。

《繫年》的成書年代大致在楚肅王時期(前380~前370),此時段正是《左傳》在楚國流傳時期,因此其必然成爲《繫年》作者所參考的重要資料。但此時的《左傳》並不像今本《左傳》有後世繕補的内容,因此《繫年》參考的是吴起傳至楚國的本子,也就是吴起授於其子吴期的本子。

實際上,當前學界將《左傳》成書定在戰國時期的説法,根據《繫年》等新資料來看,是站不住腳的。首先,從理論上講,《繫年》的體裁是紀事本末體,而這種體裁的史書通常是通過編年體史書抄撮而成,就像紀事本末體史書《通鑑紀事本末》是通過抄撮編年體史書《資治通鑑》而成一樣,而《繫年》抄撮的編年體史書,非《左傳》不能擔當,詳本編引論部分。其次,從事實上講,正如《史記·十二諸侯年表序》所講到的,《左傳》成書以後,《鐸氏微》《虞氏春秋》這樣的紀事本末體史書正是抄撮《左傳》而成,《繫年》應存在類似情形。再次,從《繫年》與《左傳》二者内容對比而言,無可否認的是二者存在大量相同或者相似内容,這是《繫年》抄撮《左傳》的顯證。誠然,二者也存在相異的内容,這部分内容或是《繫年》抄撮《左傳》以

---

① 《史記》卷65,第2635~2636頁。
② 楊寬:《戰國史料編年輯證》,第163頁。
③ 許維遹:《吕氏春秋集釋》卷19,第521頁。
④ 《史記》卷65,第2639頁。

外史書而來,或是當時《左傳》與今本《左傳》之差異所致。總之,《繫年》抄撮的《左傳》即是吳期所傳的《左傳》。這部《左傳》繼續流傳,陸續加進去了一些預言以至戰國時期的史事,成爲今本《左傳》。這一點類似於《史記》。

《史記》成書於漢武帝晚年,但記事却有武帝以後事,這是因爲其中有繕補的部分,繕補者中最著名的是漢元帝、成帝時期的博士褚少孫,還有很多不知名的人。但《史記》這部書的主體是司馬遷所撰,其成書於漢武帝晚年確是學界共識。筆者認爲,《左傳》成書後,也有一些人在繕補,繕補的内容就有預言、戰國及其以後事,但我們不能因此將《左傳》成書定在戰國,就像不能因爲《史記》有褚少孫所補的内容就將其成書定在漢元帝、成帝及其以後一樣。

另外,還有學者認爲《左傳》是分階段成書的,據《繫年》來看,此説亦恐難成立。如有學者説《左傳》原本是記事的書,取材於各國的"語"(記言之書)、"志"(記事之書),這些資料分散在各國,最初的編者經過搜集、排比,編成了春秋時期的紀事本末體的史記;後來有人根據這部史記的材料解釋《春秋》,同時爲了配合《春秋》,將其改編成編年體。① 後有學者對此説進一步論證,有所發展。② 法國學者馬伯樂也認爲《左傳》是分階段成書的。③

對於分階段成書的説法,張素卿反駁説:"據高本漢的文法一致説,及《韓非子》等已徵引其書這兩點而言,合史與傳兩部分的今本《左傳》在先秦時期已成書。"她認爲分階段成書説的根基、前提本身不能成立,還舉出三個反問予以反駁。④ 張素卿的反駁很有道理。楊伯峻經過詳密考證,也主張《左傳》"未始不可以一人成書",並認爲《左傳》作者改編史料,和司馬光寫《資治通鑑》一樣。⑤ 筆者以爲,《左傳》作者可能先編寫了類似紀事本末體的資料長編,然後編定成今本《左傳》。另外,趙伯雄等學者也主張《左傳》一次成書説,對分階段成書説作了很有力的反駁。⑥

實際上,分階段説面臨的一個最大問題是:既然説《左傳》的原本是紀事本末體史書,那麽這部史書何在呢? 從時間上看,《左傳》成書後,曾經曾申、吳起、吳期、鐸椒流傳。吳期所傳《左傳》已經是《繫年》所抄撮的對

---

① 趙光賢:《〈左傳〉編撰考(下)》,《古史考辨》,北京:北京師範大學出版社,1987年,第181頁。
② 王和:《左傳探源》,第98頁。
③ 參張素卿:《叙事與解釋——〈左傳〉經解研究》,臺北:花木蘭文化出版社,2008年,第15~16頁。
④ 張素卿:《叙事與解釋——〈左傳〉經解研究》,第15~16頁。
⑤ 楊伯峻:《春秋左傳注(修訂本)》,"前言"第34頁。
⑥ 趙伯雄:《春秋學史》,濟南:山東教育出版社,2004年,第22~25頁。

象,而且根據《繫年》可知其時《左傳》已經有書法和解經語(這兩點將在下文詳細叙述),難道曾申、吳起所傳《左傳》是紀事本末體史書嗎? 如果真如此,又是誰把這部紀事本末體史書編寫成編年體史書的呢? 所有這些疑問,都是分階段成書説面臨的問題。

總之,我們認爲《左傳》是一次成書,其中涉及後世的預言或春秋末以後史事是後世繕補的結果,正如《史記》一樣。

關於《國語》的成書年代,以及《左傳》與《國語》的關繫,前人論述甚詳。王樹民説:

> 《國語》與《左氏春秋》既同記同一個時期之事,內容自多相同或相關者,稍加比較,即可知《國語》多保存原文,故各部分之間頗不一致,而《左氏春秋》則爲已經作者潤飾修整者,全書渾然一體。因此二書的某些材料來源可能出於一途,然不可謂二書出於一手。①

沈玉成總結説:

> 現在,對《左》《國》關繫比較公認的解釋是:它們各自獨立成書,《左傳》晚於《國語》,參考了其中的史料,甚至某些傳文可以看作是對《國語》記載的直接改編,但《國語》(按割裂説者的提法應當是"原本《國語》")衹是《左傳》成書時參考的衆多史料中的一種,沒有過分特殊的地位,更不是《左傳》所據以改編的原始雛形。②

這些説法是得其實的。《國語》早於《左傳》,且二者非一人所作,記載同一史事者,蓋爲同源異流關繫。

(二)《繫年》與《左傳》《國語》的關繫

《繫年》很多內容可與《春秋》,尤其是《左傳》《國語》相印證,但也有差異。《繫年》與《左傳》《國語》等的相印證,是《繫年》具有抄撮性質的最明顯證據。問題是:到底是前者抄撮後者還是後者抄撮前者呢? 對此,邏輯上當然有三種可能:一爲《繫年》抄《左傳》《國語》,二爲《左傳》抄《繫年》《國語》,三爲三者同抄自其他資料。正如上文從理論、事實以及三者關繫三個層面所證實的,《繫年》是抄撮《左傳》《國語》而成的。

《繫年》具有明顯的抄撮《左傳》《國語》等的痕跡,此在文本中即有顯證。例如《繫年》第八章:"秦師乃復,伐滑,取之。"《春秋》僖公三十三年:

---

① 王樹民:《〈國語〉的作者和編者》,《曙庵文史續録》,第124頁。
② 沈玉成、劉寧:《春秋左傳學史稿》,第376頁。

"三十有三年春王二月,秦人入滑。"杜注:"滅而書'入',不能有其地。"①《左傳》僖公三十三年:"滅滑而還。"《經》言"入"而《傳》言"滅",可見兩者不同。《左傳》襄公十三年:"凡書取,言易也;用大師焉曰滅;弗地曰入。"杜注所謂"滅而書'入',不能有其地",即是講秦雖然滅(滅即包含了取其地)了滑,但後來失去其地,故《春秋》認爲未取其地,書"入"。也就是說,《春秋》《左傳》的説法實際上都是正確的。事實上,滑被秦滅後即入於晉,《左傳》襄公二十九年:"虞、虢、焦、滑、霍、揚、韓、魏,皆姬姓也,晉是以大。若非侵小,將何所取?"《左傳》成公十三年呂相絶秦之語曰"伐我保城,滅我費滑",秦拔而取之可知②,"蓋秦人去而滑不守,晉取之也"③。總之,實際上這次戰役秦確實是取了滑。《繫年》第八章"伐滑"後又加"取之",明顯是解釋《左傳》書"滅"之書法。這不僅證明《繫年》是抄撮《左傳》的,而且説明所抄撮的吳期所傳《左傳》也有這些書法,因此所謂《左傳》分階段成書説不可信,互詳前文。

另外,我們對比《左傳》和《繫年》發現,除過二者有很多重合部分外,二者但也有一些歧異點,主要有四點:

一是《繫年》寫戰爭很多,但名稱却和《左傳》有所不同。比如《繫年》第十章之晉、秦菫陰之戰,《春秋》《左傳》稱令狐之戰;第十四章之麋笄之戰(《國語》《韓非子》同),《春秋》《左傳》稱鞌之戰。

二是所載史事不同。如第六章載驪姬之亂後,"文公奔翟(狄),惠公奔于梁"。《國語·晉語二》:"重耳逃於狄……,夷吾逃於梁。"而《左傳》僖公四年曰:"重耳奔蒲,夷吾奔屈。"《繫年》所述與《國語》同。又如第十四章齊頃公求成晉景公時,《繫年》載齊頃公爲成"以鶡骼玉爵與臺于之田"。《左傳》成公二年載:"齊侯使賓媚人(即國佐)賂以紀甗、玉磬與地。"杜預《春秋經傳集解後序》引《竹書紀年》云:"齊國佐來獻玉磬、紀公之甗。"後二者略同。

三是爲傳世文獻所未見。如第五章的取頓恐陳事即不見於傳世文獻。第八章秦穆公派申公儀求成於楚事,《左傳》記述亦不詳。《左傳》文公十四年追述鬭克爲何叛亂時載:"初,鬭克囚於秦,秦有殽之敗,而使歸求成。"劉文淇疏證:"求成於楚也。殽役之後,秦與楚成,經傳不具。"④

---

① 《春秋左傳正義》卷17,《十三經注疏》,第3977頁。
② 〔日〕竹添光鴻注:《左氏會箋》,第646頁。
③ 〔日〕竹添光鴻注:《左氏會箋》,第646頁。
④ (清)劉文淇:《春秋左傳舊注疏證》,第565頁。

四爲立場不同。我們曾考察《左傳》與《繫年》對麻隧之戰的記載,發現《左傳》明顯有晉人立場,而《繫年》則有明顯回護楚人的意味。同樣,對鄢陵之戰的記載,《左傳》說楚是挑起戰爭的罪魁,而《繫年》則認爲晉國才是破壞和平的始作俑者。詳見本書上編第十六章考證部分。再有,《左傳》對於巫臣和楚莊王的記載,與《繫年》第十五章相比,有明顯醜化巫臣和楚莊王的色彩(詳見本書上編第十五章考證部分),這也反映出二者敘事立場的相異。

上述特點説明了三個問題。一是證明《左傳》明顯有依附《春秋》經的意味,説明《左傳》在取捨史料以及寫作時一依《春秋》。二是《繫年》雖然抄撮自《左傳》,但並不局限於此,而是參考了其他資料。譬如《左傳》僖公三十二年:"杞子自鄭使告於秦,曰:鄭人使我掌其北門之管,若潛師以來,國可得也。"《繫年》第八章:"秦人舍戍於鄭,鄭人屬北門之管於秦之戍人,秦之戍人使人歸告曰:'我既得鄭之門管矣,來襲之。'"《繫年》"秦之戍人使人歸告"正對應《左傳》"杞子自鄭使告";《繫年》的"來襲"對應《左傳》之"潛師以來"。"潛師"意即"襲",《國語·周語》曰:"秦師將襲鄭。"這裏《繫年》明顯是既參考了《左傳》,又參考了《國語》。三是《繫年》的楚人立場明顯,這與我們《繫年》作者應係楚人的論斷是一致的;而《左傳》的晉人立場,也是需要我們關注的一個重要方面。

總之,我們對比《繫年》與《左傳》《國語》,發現關於春秋史事的記載,三者雖然有較多相似,但也有一些歧異點。這些相同點是《繫年》抄撮自《左傳》的最明顯證據,而《國語》僅爲《繫年》作者的參考資料之一。至於相異點的出現,當有兩種情況:一是《繫年》不僅抄撮《左傳》,還參考了楚國的記注體史書等,這些相異點是參考《左傳》外文獻所致;二是後人修補《左傳》所致。《繫年》參考的《左傳》是吳起傳至楚國的,而今本《左傳》不乏後人陸續修補,相異點是後人修補導致的。正如前文所述,《國語》亦是《左傳》的重要參考資料之一。是否意味着吳期所傳的這個《左傳》的本子與《國語》相似,而這些相異點正是《左傳》在流傳過程中產生的呢?這種可能性是不能排除的。

(三)《繫年》對《左傳》研究之意義

關於《左傳》,李學勤曾在《關於〈左傳〉的幾點認識》一文中提出了兩點重要認識:一是《左傳》是中國古代歷史文化的起點和基礎。上古歷史文化的起點是從春秋時代開始的,而從春秋往前推,它的起點和基礎就是

《左傳》。二是在中國學術史上，關於《左傳》的最大問題就是真僞問題。①這兩點認識對我們評估《左傳》的價值和學術史意義非常重要。可以說，《左傳》真僞的考辨，不僅涉及《左傳》本身，而且影響整個上古文化基石之穩固與否，意義非常重大。

實際上，關於《左傳》的真僞，問題的真正提出始於清代的今文學家。從劉逢禄、廖平、康有爲一直到日本學者津田左右吉都對《左傳》的真實性表示過懷疑，有些人甚至認爲《左傳》不僅是漢代劉歆或其他人所僞造，而且裏邊的所有東西都不足憑據。對此，晚清劉師培、章太炎等古文學家和現代學者錢穆等進行了有力的回擊。但是，從方法論上說，這種回擊主要立足於學術史，未跳出從古書到古書的圈子。近年來隨着出土文獻的日益增多，學者開始運用二重證據法來研究《左傳》，比如劉源《〈春秋〉與殷墟甲骨文》通過甲骨刻辭來印證《左傳》②，王澤文博士學位論文《春秋時期的紀年銅器銘文與〈左傳〉的對照研究》利用金文來印證《左傳》③。但是由於甲骨文與金文畢竟不是完整的歷史文獻，資料零散，所以這種印證祇能是點或綫式的，真正要在面上印證《左傳》，需要有一部與之類似的、完整的歷史類的出土文獻，而《繫年》正是此類文獻。

《繫年》對《左傳》研究至關重要，綜而言之，其意義有以下幾點：

第一，印證《左傳》，直接證實《左傳》不僞。《左傳》建立了整個春秋史時空框架，但這個框架是否是秉筆直書、是否可靠，這在以前都無法證實。現在我們根據《繫年》，可以證實《左傳》所構建的時空框架是正確的。《繫年》共二十三章，其中第五到第十九章主要記述春秋史事，在時間上涵蓋了整個春秋歷史，而這些記載很多與《左傳》相合。這不僅證實了《左傳》淵源有自，其史料價值不容低估，還證實了《左傳》這部書實際上在先秦時期廣爲流傳，從而徹底擊潰了晚清今文學家《左傳》爲僞造的臆說。

第二，糾正《左傳》流傳過程中所産生的傳抄譌誤。《左傳》成書於春秋末年，後陸續有繕補，定型可能在戰國末年。《左傳》在流傳過程中，不可避免有很多傳抄之譌誤，導致文義的矛盾。對此，前賢時修或有所揭發，但無法確證，而《繫年》正可補證之。比如《左傳》文公十年載楚穆王打獵，

---

① 李學勤：《關於〈左傳〉的幾點認識》，孫綠怡主編：《春秋左傳研究》，北京：中央廣播電視大學出版社，2009年，第1～3頁。
② 劉源：《〈春秋〉與殷墟甲骨文》，《光明日報》2013年8月12日，第15版。
③ 王澤文：《春秋時期的紀年銅器銘文與〈左傳〉的對照研究》，博士學位論文，北京：中國社會科學院，2002年。

讓宋、鄭二國國君爲其助手，今本《左傳》曰"宋公爲右盂，鄭伯爲左盂"，於文義矛盾。清代學者俞樾就認爲《左傳》此處記載有誤，但苦無證據。實際上，《北堂書鈔》提供了一條非常重要的異文，其載《春秋左傳》云"楚子田孟諸，宋公爲左盂"。但這又是孤證——孤證不立。值得慶倖的是，《繫年》第十二章恰好記載了此事，其曰"宋公爲左盂，鄭伯爲右盂"，與《北堂書鈔》之載正合，且能圓滿地化解文義矛盾。這説明，今本《左傳》有傳抄之譌誤，而《繫年》正可糾正之。詳上編第十一章史事考證部分。

第三，糾正《左傳》記述史事之譌誤。春秋史事見於各國史書，這些史書流傳至戰國，難免會出現錯譌，而成書於春秋末年的《左傳》，採取資料廣博，其中不可避免採取了個別錯譌的資料。如何看待這些錯譌資料？以往認爲《左傳》是僞書的學者均據此認爲《左傳》作者是虛構的，進而全盤抹殺《左傳》記事的真實性。對此，我們不敢苟同。實際上《左傳》記述中的一些錯譌，是它所依據的其他資料導致的，而非《左傳》作者的向壁虛造。

比如，《左傳》中記載陳國的夏徵舒母親夏姬美豔無雙，以至於"殺三夫（指陳御叔、楚襄老、及巫臣）、一君（陳靈公）、一子（夏徵舒），而亡一國（陳國）、兩卿（孔寧、儀行父）"（《左傳》昭公二十八年載晉大夫叔向之母言）。但前人考察這些事件頗不合常理，如日本學者竹添光鴻就説："徵舒弑君行逆，計姬當四十餘歲。歷宣公、成公，申公巫臣竊以逃晉，又相去十餘年矣。後又生女嫁叔向，計當六十餘，真是人妖。"①顧頡剛《春秋三傳及國語之綜合研究》一文中也説《左傳》記載夏姬"其事之傳奇性强，誠難徵實者也"，並認爲這是《左傳》不可信的三種資料之一。誠如劉起釪所説，顧氏此文是襲用劉逢祿之説。認爲《左傳》是劉歆僞造而成的②，而顧氏認爲《左傳》所載這條資料是證明此觀點的核心依據之一。平心而論，《左傳》所載夏姬事確實不合情理，而夏姬年齡問題的核心是她是徵舒之母。夏姬是徵舒之母的説法絶非《左傳》虛構，而是根據《國語》類的資料。如《國語·楚語上》："昔陳公子夏爲御叔娶於鄭穆公，生子南。子南之母亂陳而亡之，使子南戮於諸侯。"韋昭注："公子夏，陳宣公之子、御叔之父也，爲御叔娶鄭穆公少妃姚子之女夏姬也。子南，夏徵舒之字。御叔早死，陳

---

① 〔日〕竹添光鴻注：《左氏會箋》，第865頁。
② 顧頡剛：《春秋三傳及國語之綜合研究》，劉起釪：《劉起釪後記——兼述春秋、左傳學之流變遞嬗》，《顧頡剛古史論文集》卷11，第567~568、617頁。

靈公與孔寧、儀行父淫夏姬，徵舒弒靈公。楚莊王以諸侯討之而滅陳。"①這就明確說明夏姬是徵舒之母。因此，如果說《左傳》記述有誤，我們不能把責任全歸咎於它，而是它依據了一些錯誤的記載。又，根據《穀梁傳》《繫年》，夏姬實際上是徵舒之妻。《穀梁傳》宣公九年："陳靈公通於夏徵舒之家，公孫寧、儀行父亦通其家。"此處"夏徵舒之家"即指夏徵舒之妻子夏姬。《繫年》第十五章亦明確記載夏姬實乃徵舒之妻。如此，則夏姬跟巫臣逃奔晉時，至多三十餘歲，情理可通。這就證實了《左傳》記載夏姬事的結構是真實的，祇是個別記載有誤。對此問題的探討，互詳上編第十五章史事考證部分。

第四，補充《左傳》記載之闕如。《左傳》記事詳贍，但亦有闕如。譬如《左傳》記載重耳由於遭罹驪姬之禍而出逃，先後經過狄、齊、衛、曹、宋、鄭、楚、秦八國，前後共十九年。但對於何年過何國，經歷此國時又發生了何事等史家所關注處，《左傳》記載不詳且未明年代。而清華簡《繫年》《子犯子餘》以及子犯編鐘等資料正可補證其闕。又如《繫年》第五章所載楚文王取頓恐陳事，不見於《左傳》等傳世文獻記載，爲新史料，更可補傳世文獻之闕。互詳上編第六章史事考證部分。

總之，《左傳》是整個中國上古史研究之基石，但以往對其研究祇能通過將其與《國語》《史記》等傳世文獻對照，至於出土文獻則零散且缺乏系統性。可以說，清華簡《繫年》是目前所見唯一一部能與《左傳》系統對照的出土文獻。實際上，《繫年》與《左傳》的對比研究，不僅對《左傳》研究意義重大，對整個中國上古史之研究亦具有非常重要的學術意義。

三、《繫年》與《鐸氏微》、《虞氏春秋》、馬王堆帛書《春秋事語》的關繫

《史記·十二諸侯年表序》叙述先秦時期的《春秋》學曰：

是以孔子明王道，干七十餘君，莫能用，故西觀周室，論史記舊聞，興於魯而次《春秋》，上記隱，下至哀之獲麟，約其辭文，去其煩重，以制義法，王道備，人事浹。七十子之徒口受其傳指，爲有所刺譏褒諱挹損之文辭不可以書見也。魯君子左丘明懼弟子人人異端，各安其意，失其真，故因孔子史記具論其語，成《左氏春秋》。鐸椒爲楚威王傅，爲王不能盡觀《春秋》，采取成敗，卒四十章，爲《鐸氏微》。趙孝成王

---
① 徐元誥：《國語集解（修訂本）》卷17，第492頁。

時,其相虞卿上采《春秋》,下觀近勢,亦著八篇,爲《虞氏春秋》。呂不韋者,秦莊襄王相,亦上觀尚古,删拾《春秋》,集六國時事,以爲八覽、六論、十二紀,爲《呂氏春秋》。及如荀卿、孟子、公孫固、韓非之徒,各往往捃摭《春秋》之文以著書,不可勝紀。……太史公曰:儒者斷其義,馳説者騁其辭,不務綜其終始。①

據司馬遷説,孔子"次《春秋》",然後有《左傳》,楚威王時有《鐸氏微》,趙孝成王時有《虞氏春秋》,秦莊襄王時有呂不韋的《吕氏春秋》,荀卿、孟子、公孫固、韓非等思想家也争相引用此書。司馬遷説這些人"往往捃摭《春秋》之文以著書"。《漢書·藝文志》"捃摭遺逸"顏師古注云:"捃摭,謂拾取也。"此所拾取或者説節取的《春秋》實指《左傳》②。又,《左傳》本身是一部歷史著作,叙事詳盡,後面的捃摭之書節取的應是《左傳》史事部分。另外,司馬遷説這些書的特點是"儒者斷其義,馳説者騁其辭,不務綜其終始","辭"謂文辭,"義"爲微言大義,可見這些人或是藉以闡發微言大義、表達思想,或是藉《左傳》史事作説辭。《左傳》是一部編年體的史書,注重年與事的緊密結合,但是節取《左傳》的這些書,則是"不務綜其終始",羅倬漢謂指"無紀年之義"③。從這些論斷可見,《鐸氏微》《虞氏春秋》等書有兩個特點:一爲節取《左傳》而來,而且主要取其中的史事;二爲這些書或是藉《左傳》以發揮其微言大義,或是藉事以説辭,其缺陷就是不注重紀年。另外,關於《鐸氏微》《虞氏春秋》,還見於其他書引述。下面,我們結合這些文獻對《鐸氏微》《虞氏春秋》作進一步探討。

(一)《鐸氏微》與《虞氏春秋》的性質

1. 名稱與卷、篇、章數

西漢劉向《別録》云:

左丘明授曾申,申授吴起,起授其子期,期授楚人鐸椒。鐸椒作《抄撮》八卷,授趙人虞卿。虞卿作《抄撮》九卷,授同郡荀卿。荀卿授武威張倉。④

唐代陸德明《經典釋文序》曰:

左丘明作《傳》以授曾申。申傳衛人吴起。起傳其子期。期傳楚

---

① 《史記》卷14,第647~648頁。
② 金德建:《司馬遷所稱〈春秋〉係指〈左傳〉考》,《司馬遷所見書考》,第105~111頁。
③ 羅倬漢:《史記十二諸侯年表考證》,重慶:商務印書館,1943年,第14頁。
④ (漢)劉向、劉歆撰,(清)姚振宗輯録,鄧駿捷校補:《七略別録佚文;七略佚文》,第16頁。

人鐸椒。椒傳趙人虞卿。卿傳同郡荀卿名況。況傳武威張蒼。①

可見,《左傳》成書後,曾被傳授於曾參之子曾申,曾申授於吳起,吳起授於其子吳期,吳期又授於楚太傅《鐸椒》,此時《左傳》學的中心已經轉入了楚國。

首先,司馬遷説《左傳》之後,戰國中葉楚威王太傅鐸椒"爲王不能盡觀《春秋》,采取成敗,卒四十章,爲《鐸氏微》",此處的《春秋》即指《左傳》。劉向《别録》則云"鐸椒作《抄撮》八卷"。又《漢書·藝文志》云:"《鐸氏微》三篇。楚太傅鐸椒也。"那麽,《鐸氏微》四十章、《抄撮》八卷、《鐸氏微》三篇是什麽關繫? 此爲需要討論的問題之一。

其次,《史記·十二諸侯年表》云:"趙孝成王時,其相虞卿上采《春秋》,下觀近勢,亦著八篇,爲《虞氏春秋》。"此言虞卿爲相時著成《虞氏春秋》八篇。

《史記·平原君虞卿列傳》云:

> 虞卿者,游説之士也。躡蹻檐簦説趙孝成王。一見,賜黃金百鎰,白璧一雙;再見,爲趙上卿,故號爲虞卿。……虞卿既以魏齊之故,不重萬户侯卿相之印,與魏齊間行,卒去趙,困於梁。魏齊已死,不得意,乃著書,上採《春秋》,下觀近世,曰《節義》《稱號》《揣摩》《政謀》,凡八篇,以刺譏國家得失,世傳之曰《虞氏春秋》。太史公曰:……虞卿料事揣情,爲趙畫策,何其工也! 及不忍魏齊,卒困於大梁。庸夫且知其不可,況賢人乎? 然虞卿非窮愁,亦不能著書以自見於後世云。②

虞卿本一介游説之士,後受到趙孝成王重用而爲上卿,又因好友魏齊放棄卿相之印。後魏齊死,虞卿"不得意,乃著書","上採《春秋》,下觀近世,曰《節義》《稱號》《揣摩》《政謀》,凡八篇。以刺譏國家得失,世傳之曰《虞氏春秋》"。對於這些記述,其中關於《虞氏春秋》的著作年代,可能有待商榷者,如楊寬説:

> 《范雎列傳》稱秦昭王欲爲范雎報仇,聞魏齊在平原君所,因召平原君入秦,虞卿以魏齊之故,偕魏齊逃之大梁,魏齊在梁自剄,趙以其頭予秦。秦乃出平原君歸趙。事在秦昭王四十二年。但《虞卿列傳》記虞卿爲趙謀劃之事皆在秦破趙長平之後,又謂虞卿因魏齊之故困於梁,"魏齊既死,不得意"而著《虞氏春秋》。《資治通鑑》因之將秦昭王

---

① (唐)陸德明撰,吴承仕疏證:《經典釋文序録疏證》,北京:中華書局,2008年,第108頁。
② 《史記》卷76,第2881~2886頁。

召平原君、虞卿與魏齊偕亡、魏齊自殺而秦乃歸平原君等事,列於周赧王五十六年,卽秦昭王四十八年。《資治通鑑》之説未可信據。《古史》云:"意者魏齊死,卿自梁還相趙,而太史公失不言耳。"全祖望《經史問答》亦云:"虞卿嘗再相趙,何嘗窮愁以老?"梁玉繩《史記志疑》亦謂:"虞卿嘗再相趙,則其著書非窮愁之故。"黄式三《周季編略》更云:"司馬《資治通鑑》,朱、趙《綱目》書秦誘趙公子勝於下五十六年,由讀《虞卿列傳》不明而誤也。《虞卿列傳》末追叙前事,言虞卿自魏齊死後,志在著書,而後猶仕趙,非其志也。誤以《傳》爲循時事先後而叙之,則書執勝於五十六年虞卿如齊之後,不思秦自趙取韓上黨,與趙仇怨甚深,豈於此時佯爲好書以召平原君?平原君創取上黨之策者,豈此時敢入秦乎?"①

可見,《虞氏春秋》究竟是否著於虞卿困於梁、不得意時,學界還是有很多爭議。

值得注意的是,《漢書·藝文志》又云:"《虞氏微傳》二篇。趙相虞卿","《虞氏春秋》十五篇。虞卿也。"②據此,《虞氏微傳》二篇與《虞氏春秋》十五篇非同一書可知。劉向《别録》云:"虞卿作《抄撮》九卷。"那麽,《虞氏春秋》八篇、《抄撮》九卷、《虞氏微傳》二篇、《虞氏春秋》十五篇又是什麽關繫?此爲需要討論的問題之二。

再次,除過上引《鐸氏微》《虞氏春秋》外,《漢書·藝文志》還提到"《左氏微》二篇。《張氏微》十篇"。可見,《春秋》學中名"微"者甚多。又,《漢書·藝文志》顔師古注曰:"微謂釋其微指。"③沈欽韓則曰:"微者,《春秋》之支别,顔籀解非。"④那麽何謂"微"呢?此爲需要探討的問題之三。

對以上三個問題,張舜徽説:

> 微亦古代注述之一體。唯治《春秋》者有是例,蓋以經文隱約,將欲循其微辭以通其義旨耳。顔注於《左氏微》二篇下明其義曰"微謂釋其微指",是已。而沈欽韓駁之,謂微者,《春秋》之支别,非傳注之流,非也。……劉向《别録》云:"鐸椒作《抄撮》八卷,授虞卿;虞卿作《抄撮》九卷,授荀卿,荀卿授張倉。"論者遂謂諸家之書,皆抄撮成篇,非説經之作。不悟諸家治《春秋》,鈔撮是一事,解説大義又是一

---

① 楊寬:《戰國史料編年輯證》,第1028~1029頁。
② 《漢書》卷30,第1713、1726頁。
③ 《漢書》卷30,第1715頁。
④ 顧實:《漢書藝文志講疏》,上海:上海古籍出版社,2009年,第61頁。

事。……史公所稱"卒四十章"者,卽劉向《別錄》所云"作《抄撮》八卷"也。下云"爲《鐸氏微》"者,卽《漢志》所載三篇之書也。鐸椒爲左邱明四傳弟子,則其所習《春秋》爲《左氏傳》。《左傳》文繁事富,楚王不能盡觀,故鐸椒先爲節删之本,後又爲釋其微旨以授之,此本兩事也。鈔撮者必取之原書,不能多割;解説者但申明己意,取辭達而止。故鐸氏《鈔撮》八卷,《微》止三篇;虞氏《抄撮》九卷,《微》止二篇。觀其卷帙多寡之不同,而知其各自爲書矣。《漢志》"《虞氏微》二篇","微"下多一"傳"字,蓋沿下文"《公羊外傳》""《穀梁外傳》"而誤衍。①

張先生此説頗爲通達明瞭。金德建認爲《史記》所謂的"采取"和《別錄》所謂的"抄撮"是相同的:

> [《鐸氏微》]就是所謂運用抄書的方法進行的歷史創作;它的材料完全取之於《春秋》,僅僅祇把分書於各年的或者各國的歷史事件分類摘錄出來,另立題目(據《繫年》看不一定有題目——引者按),加以概括罷了。所以《史記》的《年表序》裏稱鐸椒著書的經過爲"采";劉向《別錄》稱《鐸氏微》的創作叫"抄撮"。②

據此,《鐸氏微》實際上由兩部分組成:一爲抄撮,凡八卷、四十章,卽上文提及的《鐸氏微》四十章、《抄撮》八卷;二爲微,凡三篇,卽《鐸氏微》三篇。

《虞氏春秋》,張舜徽認爲也由兩部分組成:一爲抄撮,凡九卷,卽上文提及的《抄撮》九卷;二爲微,凡二篇,卽《漢書·藝文志》所列之《虞氏微傳》二篇。那麽司馬遷所謂《虞氏春秋》八篇、《漢書·藝文志》之《虞氏春秋》十五篇又該如何解釋呢? 對此,張氏未言。筆者認爲,《史記·平原君虞卿列傳》提及的《虞氏春秋》中"《節義》《稱號》《揣摩》《政謀》等凡八篇"寫於虞卿"不得意""窮愁"之時,正因如此,他要"著書以自見於後世",用"以刺譏國家得失",頗有批判現實的意味,此卽《漢書·藝文志》所列之《虞氏微傳》二篇,屬於微的部分。至於爲何從"八篇"變成"二篇",可能司馬遷看到時尚存八篇,後來班固看到時僅存二篇。而《漢書·藝文志》所列之《虞氏春秋》十五篇,卽《史記》所謂"上採《春秋》,下觀近世"的内容,這部分應該是虞卿爲趙相時所作,目的很可能也是便於趙王觀覽《春

---

① 張舜徽:《漢書藝文志通釋》,《廣校讎略;漢書藝文志通釋》,武漢:華中師範大學出版社,2004年,第225~226頁。
② 金德建:《司馬遷所見書考》,第128頁。

秋》以及瞭解"現當代史"。

總之,抄撮主要由《左傳》删節而成,而微主要是解説大義。《漢書·藝文志》提及的《左氏微》二篇、《張氏微》十篇,均屬於解説大義者,它們性質相同,故班固將之歸爲一類。爲便於叙述,我們將《鐸氏微》《虞氏春秋》《左氏微》《張氏微》等文獻統稱爲"微類文獻"。此類文獻可分爲三類:一是包括抄撮與微兩部分者,如《鐸氏微》《虞氏春秋》等;二是僅有抄撮者,如《繫年》;三是僅有微者,如《左氏微》《張氏微》以及後文提到的馬王堆帛書《春秋事語》。

2. 體裁、主題思想與功能

關於《鐸氏微》,《史記·十二諸侯年表序》云:"鐸椒爲楚威王傅,爲王不能盡觀《春秋》,采取成敗,卒四十章,爲《鐸氏微》。"上文已述,這四十章即《抄撮》,是對《左傳》的節取。爲何要節取,且以"采取成敗"爲主題呢?金德建説:

> 因爲原始《春秋》裏的記載,有的是編年體,有的是國别體(至今見於《左傳》裏的是用於編年體,見於《國語》裏的是國别體),關於史事的記載,是每逢有事情發生時,由史官們一節一節地叙載下來而成爲史文。因此每件完整的事,往往見於前後各處。假使史迹的牽連不止一年或者不止一國,讀史的人便一時不大容易把事情的始末,觀覽得清清楚楚。《年表序》所説"爲王不能盡觀《春秋》"的意思,恐怕不僅指《春秋》的卷帙浩繁,應該還指《春秋》記載零碎的缺點而説。
>
> 《十二年諸侯表序》所説"成敗",這就不是簡單的叙述,而應當有原有本的了,意思就是指每項史迹的先後過程或者每項史迹的開始和結果而説。……鐸椒對《春秋》所從事的一番"采取成敗"的工夫,應該就是指采取《春秋》史料裏前前後後互有聯繫的片段紀事,編纂成爲有系統本末的紀載。這樣,恢復了歷史事實的完整性,也使人容易觀覽清楚了。
>
> 試想,這樣作成功的書,豈不就是紀事本末的體裁嗎?①

可見,鐸椒正是把《左傳》(當然可能也包含《國語》)中的史事,按照紀事本末的體裁加以節取,形成了四十章,這就是《史記·十二諸侯年表》所謂的《鐸氏微》四十章、劉向《别録》所謂的鐸椒《抄撮》八卷。這樣每章就有了一個獨立的主題。《鐸氏微》的另一部分即《微》三篇,這部分是闡發

---

① 金德建:《司馬遷所見書考》,第127~128頁。

微旨,卽鐸椒加以發揮的部分。總之,鐸椒的身份是楚威王的師傅,他寫《鐸氏微》的目的就是爲王所閲覽。《鐸氏微》的總主題就是觀盛衰成敗之由,爲統治者的治國提供歷史鑒戒。

《虞氏春秋》有兩部分組成:一爲抄撮,凡九卷;二爲微,卽《史記》所謂《節義》《稱號》《揣摩》《政謀》凡八篇,至班固時僅存《虞氏微傳》二篇。

《史記·十二諸侯年表》云:"虞卿上采《春秋》,下觀近勢。"《史記·平原君虞卿列傳》云:"[虞卿]上采春秋,下觀近世。"《虞氏春秋》與《鐸氏微》的抄撮有一個不同點:後者僅抄撮《左傳》;而前者不僅抄撮《左傳》,而且"下觀近勢(世)",卽又加入了"現當代史"的内容,而這一部分應該屬於記注體史書的性質。這點與《繫年》很相似。《繫年》本質上也是抄撮而成的,它不僅抄撮了《左傳》《國語》等相類似的資料,還採取了當世的記注體史書的資料。

《虞氏春秋》十五篇的主題就是所謂"上採《春秋》,下觀近世",創作目的主要是幫助當時的統治者瞭解歷史與現實;而《史記·平原君虞卿列傳》提及的其中的《節義》《稱號》《揣摩》《政謀》八篇主要是"刺譏國家得失",頗有批判現實的色彩。

(二)馬王堆帛書《春秋事語》的性質

帛書《春秋事語》於 1973 年出土於馬王堆 3 號墓,原無標題,其所記皆春秋時代史事而重在評論。學者認爲這是一部雖以記言爲主、但仍不撇開記事的"語"(又稱"事語")類文獻,故取名《春秋事語》。① 帛書抄寫在廣約 23 釐米、長約 74 釐米的帛上,橫幅直界朱絲欄,墨書,存 97 行。卷首殘破,不知缺少多少行。後部的帛比較完整,没有尾題,剩有空白,似未寫完。原來卷在一塊約 3 釐米寬的木片上,約十二三周,出土時帛質腐朽,已分裂成大小不等的二百來片碎片。②

《春秋事語》的字體由篆變隸。裘錫圭據該帛書祇用"也"而不用"殹"的現象,認爲其抄寫年代的上限也許在秦亡之後。李學勤據其不避漢高祖劉邦諱的現象,將其抄寫年代定在楚、漢交爭時期;裘錫圭從之。因此,帛

---

① 參張政烺:《〈春秋事語〉解題》,《文物》1977 年第 1 期,第 36 頁;裘錫圭:《帛書〈春秋事語〉校讀》,《裘錫圭學術文集》第 2 卷,第 401 頁。
② 參張政烺:《〈春秋事語〉解題》,《文物》1977 年第 1 期,第 36 頁;湖南省博物館、復旦大學出土文獻與古文字研究中心編纂,裘錫圭主編:《長沙馬王堆漢墓簡帛集成(叁)》,第 167 頁。

書的寫作年代蓋在楚、漢交争時期。① 帛書的成書年代,張政烺經考證認爲在戰國時期。②

《春秋事語》存十六章,每章都提行另起,有大圓點作爲分章符號,没有篇題。整理者取每章首句或首句中的詞語作爲章名。現今較完備的釋文見裘錫圭主編《長沙馬王堆漢墓簡帛集成(叁)》之《春秋事語》③,本書主要據此。

關於《春秋事語》的性質,張政烺認爲可能是教科書:

> [它的性質]和《鐸氏微》是一致的,所不同者在編者文化水平的高低。鐸椒的書有條理,企圖體現"微言大義",《春秋事語》則顯得分量輕,文章簡短,在編輯體例上也亂七八糟。由此推測,它的編者大約是個頭腦冬烘的教書先生。這樣的書當是兒童讀本,講些歷史故事,學點語言,爲將來進一步學習《春秋》《世》《語》等等作準備。④

在1974年8月《文物》編輯部召開的關於馬王堆帛書的座談會上,裘錫圭認爲這部帛書可能是《鐸氏微》之類書中的一種,唐蘭則認爲是《漢書·藝文志》中的《公孫固》。⑤ 裘錫圭之後在《帛書〈春秋事語〉校讀》中補充説:

> 《漢書·藝文志》六藝略春秋家中,除《鐸氏微》外,還著録了《左氏微》《張氏微》《虞氏微傳》等同類著作。《春秋事語》顯然也是這一類著作或其摘抄本。《鐸氏微》應是此類著作中出現較早者。《春秋事語》的著作時代似當晚於《鐸氏微》,但不會晚於戰國。⑥

張政烺、裘錫圭説《春秋事語》是《鐸氏微》一類的著作,這是可信的。據此,《春秋事語》實際上是微類文獻。

《春秋事語》文本大致由記事和評論兩部分組成,下面對二者進行具體介紹並作討論。爲便於説明,特列表二十三:

---

① 參裘錫圭:《帛書〈春秋事語〉校讀》,《裘錫圭學術文集》第2卷,第401~402頁;李學勤:《帛書〈春秋事語〉與〈左傳〉的傳流》,《古籍整理研究學刊》1989年第4期,第1~2頁。
② 參張政烺:《〈春秋事語〉解題》,《文物》1977年第1期,第38頁。
③ 湖南省博物館、復旦大學出土文獻與古文字研究中心編纂,裘錫圭主編:《長沙馬王堆漢墓簡帛集成(叁)》,第167~200頁。
④ 張政烺:《〈春秋事語〉解題》,《文物》1977年第1期,第37頁。
⑤ 《座談長沙馬王堆漢墓帛書》,《文物》1974年第9期,第51頁。
⑥ 裘錫圭:《帛書〈春秋事語〉校讀》,《裘錫圭學術文集》第2卷,第402頁。

表二十三　關於《春秋事語》的文本分析

章序名	《春秋事語》文本			討論	
	記事一	評論	記事二	記事	評論
一、殺里克章	□□□繆公□殺里克，	□□曰："君□1□□□晉將无(無)至□□□者□□也。今殺里克，□入(內)外□2□□□无(無)解舍，□□幾(豈)其後首之乎？是塞□□福憂☑3□□□者死，忠者□□□疾之，幾(豈)或□☑4□於□□路(賂)弗予，☑5慶鄭，慶鄭□□□[梁由]靡、韓閒(簡)午秦公，而今君將先□。"6		晉惠公殺里克背內、外之賂事。見於《春秋》三傳僖公九、十年，《國語》之《晉語二》《晉語三》有相似內容。	評論者爲時人□□。蓋評論晉惠公背內、外之賂事。評論語爲各書所無。
二、燕大夫章	燕大夫子□率師以禦晉人，勝之。歸而飲至，而樂。	其弟子車曰："□則樂矣，非先王□7勝之樂也。昔者文[王]宗(崇)，能取而弗威(滅)，以申其德也。武王勝殷，登□☑8□□□□　☑9□□□非薑夫何以貳□。以小勝大而□☑□武☑10□□□生，樂則芒(荒)，芒(荒)則失，□□憂□□□爲起民之暨也。燕以使人迵(通)言□□□11□□敗而怒其反惡□□□寇屬怨之勝憂，□在后(後)□□□而☑12□□□君之憂。"	処(處)十一月，晉人□燕南，大敗燕[人]。13	南燕抵禦晉事。燕子大夫子車成功抵禦晉國後，有些驕傲自滿，奏不合禮儀之樂，故其弟子車加以評論。後子車的評論應驗了，晉人後果大敗燕。傳世文獻未載。	評論者爲時人燕子大夫子車弟子車。主旨是勝利後要申德，不能奏不符合禮儀的樂。評論語爲各書所無。

(續表)

章序名	《春秋事語》文本			討論	
	記事一	評論	記事二	記事	評論
三、韓魏章	[知]伯□韓、魏以□趙襄[子於]晉陽,深□□□14	智赫曰:"初君□□□□而用之,猶尚莫敢不服,□肖(趙)氏□□□□□15亡,二家之憂也。今韓波而報,君弗見,是辱二主。□子恐兵之環之16而侸(恥)爲人臣,臣恐□□□會□也。今在□□□ 鄉 □ 曰 □□□□□17□□□弗隨□18處(處)一於此,難冒(謂)不敢。"	韓□,三家爲一,以反知□。19	知(智)伯率韓、魏圍趙晉陽,趙與韓、魏合謀,三家反滅智伯事。《左傳》《國語》均載,而以《戰國策》之《趙策一》《秦策四》以及《史記·趙世家》爲較詳。帛書記事以此章爲最晚。	評論者爲時人智赫(蓋爲知氏族人)。評論語爲其他書所無。
四、魯文公卒章	魯文公卒,叔中(仲)惠伯□□□佐之。東門襄中(仲)殺適(嫡)而羊(佯)以[君]令(命)召惠[伯],□□□□,20其宰公襄目人曰:"入必死。"[惠伯]曰:"入死,死者君令(命也)。"	其宰公襄貿人曰:"□□□21□□□□劫於禍而□□□□能无(無)患,其次□□22□□也□何聽。"□□□□23□□□□□也,非君令(命)也,有子之所以去也。初□□□□□以召人,今禍滿矣,24不與君者,顧寬君令(命)以召子,其事惡矣,而□无(無)勇,初失備以25君,今失謀□□盈□□□。26	入,東門襄中(仲)殺而貍(埋)□路□□中。27	魯文公卒,叔孫惠伯立其嫡子爲君,東門襄仲殺嫡立庶(即宣公),詐以君命召惠伯而殺之之事。見於《左傳》文公十八年和《史記·魯世家》。帛書所記較簡短。	評論者爲時人叔孫惠伯之宰公襄貿人。帛書所記惠伯之宰勸說惠伯之言,見於《左傳》文公二年、《史記·魯世家》,但帛書所載較詳細。主旨是在禍亂中保存自身才是明智的。

(續表)

章序名	《春秋事語》文本			討論	
	記事一	評論	記事二	記事	評論
五、晉獻公欲得隨會章	晉獻公欲得隨會也，魏州餘請召之。乃令君羊(佯)囚己，斬桎榆(踰)□□□。28 曉朝曰："魏州餘來也，台(殆)□□隨會也。"君弗□也。魏州餘果與隋會出，曉朝贈之以□，29□□□"吾贈子，子毋以秦□□人，吾謀實不用□。"□□□與吏，	□□聞之[曰]："□□30□□□□□贈亡人以□□魏州餘□31□□□□矣果不□□是以二[子]弗知□□畏難而□□□□晉邦□□32□□謀而曉朝得之，椰其心也。二子畏其後事，必謀危之。"	□□會果使諜讒之曰:33"是知餘事，將因我于晉。"秦大夫信之，君殺曉朝。34	晉獻公(爲晉靈公之誤)要讓隨會回國，於是就派魏州餘假裝以魏地叛晉降秦，以誘騙士會回國。結果秦大夫曉朝識破了魏州餘的計謀，勸説秦康公不要聽信魏州餘。秦康公不聽。後來魏州餘果然和隨會歸晉。臨行前，曉朝告訴隨會，"你不要以爲秦國没有人識破晉國的意圖，祇是我的意見没有被採用罷了。"士會回晉後，覺得曉朝的才智對自己的威脅很大，於是就派間諜到秦國讒毁曉朝，曉朝最終被殺。見於《左傳》文公十三年及《韓非子·説難》相同，與前者有所不同，與後者略同。	評論者爲後人，"□□聞之曰"之"□□"爲評論者之名。評論旨在告誡人們謹言，懂得明哲保身，以避免禍患。

(續表)

章序名	《春秋事語》文本			討論	
	記事一	評論	記事二	記事	評論
六、伯有章	鄭伯有☐35是殺我也。遂弗聽。伯有亦弗芒，自歸☐☐。伯有閉室，縣（懸）鐘而長飲酒。	閔子[辛聞之]36曰："[伯]有必及矣。吾聞之，☐☐事君无（無）罪，禮下无（無）怨，誰（推）賢讓能，同立（位）之人弗與☐，☐37德守也。其次明備以侯適（敵），☐☐☐有怨而使公子往，是以同立（位）之人鮮〈解〉邦惡也。☐䁐☐38☐☐☐也。令有不行而☐咎君☐☐☐☐☐閉室縣（懸）鐘而長39飲酒，是怒其心而糖（藉）之閒（間），非☐也。三者皆失而弗知畏，☐。"		鄭國執政伯有在楚、鄭交惡的情況下使大夫公孫黑如楚，公孫黑不聽，伯有歸家飲酒作樂，毫無顧忌，終招來殺身之禍。見於《左傳》襄公二十九年及三十年。帛書所載較《左傳》簡約。	評論者爲後人閔子辛。評論內容不見於傳世文獻記載。
七、齊桓公與蔡夫人乘舟章	齊亘（桓）公與蔡夫人乘舟，夫人蕩舟，禁之，不可，怒而歸之，未之絕也，蔡人嫁之。	士説曰："蔡其亡乎。42夫女制不逆夫，天之道也。事大不報怒，小之利也。説之☐☐邦失大邦之☐☐亡將☐43☐是故養之以☐好，申之以子☐，重以名勢，三☐☐44禮。今蔡之女齊也，爲☐以爲此，今聽女辭而嫁之，以絕齊，是☐怨以☐也。☐☐☐☐45☐惡角矣而力執☐☐☐能乎。"	桓公率師以侵蔡，蔡人遂潰。46	齊桓公與蔡夫人乘舟時，蔡夫人搖蕩舟，致齊桓公怒而歸蔡夫人。蔡夫人歸蔡國後，蔡又把她另嫁它國，導致齊桓公侵蔡。見《左傳》僖公三年及四年。	評論者爲時人士説。評論主要針對蔡夫人另嫁它國展開。《左傳》等傳世文獻未載。

（續表）

章序名	《春秋事語》文本			討論	
	記事一	評論	記事二	記事	評論
八、晉獻公欲襲虢章	晉獻公欲襲虢。	均(荀)叔[曰]:"君胡不[以]屈産之乘與垂革(棘)璧假道於虞?"公曰:"是吾寶[也],47且宮之柯在焉,何益。"對曰:""☐宮之何(柯)爲☐48且少長於君前,其勢又卑。夫位下而心懼☐☐☐☐也。不敢盡而☐49☐☐☐☐☐☐☐其達不見薦言,是不見亡之在一邦之後而卷(眷)在耳目之前,夫立☐50果以假道焉。宮之柯☐曰:"不可。夫晉之使者幣重而辭卑,☐☐51☐☐☐☐有兼☐☐☐。"	[弗]聽,遂受其☐而假之道。獻公之師襲虢還,遂☐[虞]。52	晉向虞假道伐虢,虢滅後虞亦爲晉所滅事。見《左傳》《公羊傳》和《穀梁傳》的僖公二年。帛書所載與《穀梁傳》最接近。	評論者爲時人均(荀)叔。評論語與《穀梁傳》僖公二年荀息語非常相近。
九、衛獻公出亡章	衛獻公出亡,公子浮☐☐[寧]召(悼)子在位。獻公使公子段謂寧召(悼)子,曰:"后(苟)入我☐正(政)必[寧]53氏之門出,祭則我也。"	右☐☐曰:"不可。夫子失德以亡☐亡而不改,其德惡矣。☐惡德者54難以責。吾試☐☐,且☐☐以義也。聞賂而起之,雖人不爲德。是權近敛以幾55遠福,福有不必,難而不義,☐爲勉者,復將惡之。且☐所鄉☐☐☐將☐☐☐☐56其心逆矣。知者弗親,仁者弗貞,負賂以塞后(後)憂☐之☐☐☐☐☐57功大矣而不賞,卒必畏之。亡者欲傅〈專〉弄(寵),將以疑君;居者疾其功,必傷以傅〈專〉君。☐58入而勒(革)正(政),能反邦者弗與治,是以勞箸惡也,必有後患。	寧召(悼)子弗聽,遂代☐59☐☐君浮,而入☐☐☐餘伐寧召(悼)子而尸之朝。公曰:太叔儀☐60☐☐☐☐不貳,以爲[卿]。61	衛獻公出亡國外,想讓寧悼子助己歸國,後寧悼子幫助衛獻公回國,但寧悼子最終也被殺死。見於《左傳》襄公二十六、二十七年。	評論者爲時人右☐☐。評論語亦見於《左傳》,但帛書較詳。

(續表)

章序名	《春秋事語》文本			討論	
	記事一	評論	記事二	記事	評論
十、吳人會諸侯章	［吳］人會諸侯，衛君［後］，吳人止之。子贛見大（太）寧〈宰〉喜，語及衛故。太宰喜曰："其來後，62是以止之。"	子贛曰："衛君［之來］，必謀其大夫，或欲，或不欲，是以後。欲其來者子之黨也，不63欲其來者子之壽（讎）也。今止［衛］君，是隨（墮）黨而崇壽（讎）也。且會諸［侯］而止衛君，誰敢64不懼，隨（墮）黨崇壽（讎），以懼諸侯，難以霸矣。"	吳人乃□之。65	吳人會諸侯，衛國國君遲到，吳人就扣押了他。後來子贛勸説吳人放歸了衛君。見於《左傳》哀公十二年。李學勤認爲此章是根據《左傳》簡化而來。	評論者爲時人子贛。評論語見於《左傳》。
十一、魯桓公少章	魯亙（桓）公少，隱公立以奉孤。公子翬謂隱公曰："胡不代之？"隱公弗聽，亦弗罪。	閔66子辛聞之，曰："□□隱公。夫奉孤以君令者，百圖之召也。長將畏其威，次職其官。67其□小夫奉孤者□素以暴忠□伐以□□，猶懼□68□□□有姦心而□□□□正也害君耳。聞之曰：心不怒□志也。事□□□挾□69旌而素不匡，非備也。□□□之，其能久作人命，卒必詐之。"	亙（桓）公長，公［子翬］果以其70言詐之。公使人攻隱公□□畚之。71	魯隱公輔佐年少桓公，公子翬勸他取而代之，隱公未聽從，最後公子翬設計殺死隱公。見於《左傳》隱公初及隱公十四年，也見於《公羊傳》隱公四年。	評論者爲時人閔子辛。評論語爲他書所無。

（續表）

章序名	《春秋事語》文本			討論	
	記事一	評論	記事二	記事	評論
十二、長萬章	長萬，宋之弟士也。君使爲□。及魯宋戰，長萬生止焉。君使人請之，來而戲之："治（始）72吾敬子，今子魯之囚也，吾不敬子矣。"長萬病之，因田代（弒）君。	使爲□沂讀□□曰："□□□73□夫君者臣之所爲容也。朝夕自屠，日以有幾也。是故君人者，刑之所不及，弗措於心；[伐之]74所未加，弗見於色；故刑伐已加而亂心不生。今罪而弗誅，恥而近（靳）之，是絕其幾而陷之惡75□□□何須？丘之聞之也，□之有□□於君，君鮮不害矣。"		宋國長萬在與魯國的戰爭被俘，被釋放回宋國後，遭到宋國國君恥笑，長萬懷恨在心，殺死宋君。見於《左傳》莊公十一、十二年，也見於《公羊傳》莊公十一、十二年。	評論者爲時人。評論語爲他書所無，但《韓非子·亡徵》有類似説法。
十三、宋荆戰泓水之上章	宋荆戰泓水之上，宋人□□陳（陣）矣，荆人未濟。宋司馬請曰："宋人寡而荆人衆，及未濟，78擊之，可破也。"宋君曰："吾聞[之]，君子不擊不成之列，不重傷，不擒二毛。"	士匡爲魯君79犒師，曰："宋必敗。吾聞之，兵□三用，不當名則不克。邦治敵亂，兵之所速（迹）也。小邦□80大邦邪以攘之，兵之所□也。諸侯失禮，天子誅之，兵□□□也。故□☒81於百姓，上下无（無）却，然后（後）可以濟之。伐，深入多殺者爲上，所以除害也。今宋用兵二不□82，見開而弗從，非德伐回（圍）陳（陣）何爲？且宋君不恥不全宋人之腹頸，而恥不全荆陳（陣）83之義，逆矣。以逆使民，其何以濟之。"	戰而宋人果大敗。84	宋、楚之間的泓之戰。見於《左傳》僖公二十二年，也見於《公羊傳》《穀梁傳》僖公二十二年。	評論者爲時人士匡。評論語爲他書所無。

(續表)

章序名	《春秋事語》文本			討論	
	記事一	評論	記事二	記事	評論
十四、吳伐越章	吳伐越,復(俘)其民,以歸,弗復而刑之,使守布周(舟)。	紀譜曰:"刑不衷使守布周(舟),游(留)其85禍也。刑人恥刑而哀不辜,□怨以司(伺)間(間),千萬必有幸矣。"	吳子余蔡觀舟,閽人殺之。86	吳王余蔡伐越時俘獲一個俘虜,並對其施加刑罰後讓他看守舟船,結果吳王余蔡被殺。見於《左傳》襄公二十九年。	評論者爲時人紀譜。評論語《左傳》未載,但類似說法見於《韓非子·亡徵》。
十五、魯莊公有疾章	魯莊公有疾,訊公子牙曰:"吾將誰以爲子?"對曰:"慶父財(材)。"訊公子侑(友),對曰:"臣以死奉煩(般)也。"五月,87公薨,子煩(般)卽位,公子慶父殺子煩(般)而立公子啓方。君召,公子侑(友)俱入。	閔子辛聞之,曰:"君以88逆德入,怠(殆)有後患。夫共中(仲)[□]圉人騣旅(舉)其族以犯尚(黨)民〈氏〉之衆,殺子煩(般)而立君,除君怨也。今[召]89而公子侑(友)俱人〈入〉,不怨也。若不怨怨則德无(無)事矣。爲其親則德爲奈矣。二子之襲失,暴於90君,愧於諸[□]侮德詐怨,何瑕之不圖。"	處二年,共中(仲)使卜奇賊閔公於武諱。91	魯公子慶父殺閔公。見於《左傳》莊公三十二年至閔公二年。	評論者爲時人閔子辛。評論語爲他書所無。

（續表）

章序名	《春秋事語》文本			討論	
	記事一	評論	記事二	記事	評論
十六、魯桓公與文姜會齊侯於樂章	魯亘(桓)公與文羌(姜)會齊侯于樂。文文羌(姜)通于齊侯，亘(桓)公以此訾文姜，文姜以告齊侯。齊侯使公子彭92生載，公薨于車。	醫寧曰："吾聞之，賢者死忠以辱〈振〉尤而百姓愚(寓)焉，知(智)者瘴〈循〉李(理)長[慮]93而身得比(庇)焉。今彭生近君，□無盡言，容行阿君，使吾失親戚之，又(有)勒(力)成吾君之過，以94□二邦之惡，彭生其不免[乎]，禍李(理)屬焉。君以怒遂禍，不畏惡也。親閒(間)容昏生95无(無)慝也。幾(豈)[及]彭生而能貞之乎？魯若有誅，彭生必爲説。"	魯人請曰："寡君來勒〈勤〉[舊]96好，禮成而不返，惡諸侯，無所歸怨。"齊侯果殺彭生以悦魯。97	齊侯派公子彭生將魯桓公殺死，後魯人迫使齊侯殺死彭生。見於《左傳》桓公十八年、《管子·大匡》。	評論者爲時人均醫寧。《左傳》僅有記事而未有評論。評論部分近於《管子·大匡》，後者將"醫寧"寫作"豎曼"。

説明：表中阿拉伯數字表示帛書的行數次序。

資料來源：湖南省博物館、復旦大學出土文獻與古文字研究中心編纂，裘錫圭主編：《長沙馬王堆漢墓簡帛集成（叁）》，第167～200頁；裘錫圭：《帛書〈春秋事語〉校讀》，《裘錫圭學術文集》第2卷，第402頁；李學勤：《帛書〈春秋事語〉與〈左傳〉的流傳》，《古籍整理研究學刊》1989年第4期，第1～6頁；孫飛燕：《論馬王堆帛書〈春秋事語〉的創作意圖、主旨及思想》，鄔文玲主編：《簡帛研究二〇一七（春夏卷）》，桂林：廣西師範大學出版社，2017年，第31～43頁。

根據上表，我們對《春秋事語》有以下認識：

第一，關於記事部分。《春秋事語》記事內容有兩種情形：一爲大部分見於《春秋》經傳尤其是《左傳》等，祇是帛書文字較簡短而已，除第二章皆是；二爲完全不見於傳世文獻者，爲第二章。《春秋事語》記事結構分兩部分：前半部分（記事一）簡要交代事件起因；後半部分（記事二）交代事件結果，且此結果通常與評論者的説法完全一致。張政烺説："《春秋事語》所記事,基本上和《春秋》三傳、《國語》等書相同,沒有很多新東西。"①這是符合實際的。

第二,關於評論部分。張政烺認爲,發評論的人多不可考,但大體可分爲兩種身份:"一種是當事人,其言論是在事情進行過程中發的……這約佔一半,即第一、二、三、四、八、九、十、十三等章。另一種是喜歡評論事情的人,大約就是所謂'聖人''賢人''君子'之類。這些人又可以分爲兩類:一類是同時人,如第五、七、十四、十六等章,另一類是後代人,如第六、十一、十二、十五等章。"②

總之,《春秋事語》最重要的特點是記事很短、評論很長,很明顯記事是爲評論服務的,可見旨在强調對史事的議論。上文已述,《鐸氏微》一類的著作,一般由抄撮與微兩部分組成,前者摘抄史事,後者闡發微言大義。《春秋事語》也是《鐸氏微》一類的著作,其根據的史事即採自《左傳》等書,但是沒有抄撮史事的部分(或是有但是沒有留存),僅有微的部分。這提醒我們,《鐸氏微》一類的文獻不一定是將抄撮和微抄寫在一起流傳的,很可能是兩部分分别流傳的。比如《鐸氏微》,劉向《别錄》云"鐸椒作《抄撮》八卷",《漢書·藝文志》云"《鐸氏微》三篇",而司馬遷謂《鐸氏微》四十章即指《抄撮》八卷。又如《虞氏春秋》,《漢書·藝文志》將《虞氏春秋》十五篇(即抄撮部分)歸於"諸子略·儒家",又將《虞氏微傳》二篇(即微部分)歸於"六藝略·春秋",司馬遷所載《虞氏春秋》八篇也屬於微的部分。這些均可證明司馬遷、劉向、班固等所看到的這類微類文獻都是拆成兩部分各自流傳的。

(三)《繫年》與《鐸氏微》《虞氏春秋》《春秋事語》等微類文獻的關繫

首先說内容方面。《鐸氏微》《虞氏春秋》由抄撮和微兩部分組成,但這兩部分有時却是單獨流傳的。《春秋事語》即微類文獻僅有微之一類,主要闡發微言大義。《鐸氏微》《虞氏春秋》抄撮的主要對象是《左傳》,當然也可能包含《國語》。《春秋事語》抄撮的主要對象也主要是《左傳》等書,另有一些不見於傳世文獻的資料。這說明即便是像《鐸氏微》《虞氏春秋》主要抄撮《左傳》《國語》等書的微類文獻,也可能涉及其他史書。《繫

---

① 張政烺:《〈春秋事語〉解題》,《文物》1977年第1期,第37頁。
② 張政烺:《〈春秋事語〉解題》,《文物》1977年第1期,第37頁。

年》屬於微類文獻的抄撮類,亦具備此特點。

《繫年》春秋史部分與《左傳》《國語》所載大部分是相同的,這說明後者是前者抄撮的主要資料。至於二者相異部分,或是由於當時《左傳》尚未定型,導致抄撮的內容與今本不一,或是參考了《左傳》《國語》外的其他資料。

其次說功能與主題思想方面。《鐸氏微》的抄撮部分主要是爲了便於楚威王觀覽《春秋》,主題是"采取成敗",總結歷史經驗。《虞氏春秋》的抄撮部分也是爲便於趙孝成王觀覽古代與"現當代"歷史,即所謂"上采《春秋》,下觀近勢(世)",這也是力圖從歷史中總結經驗,爲現實政治服務。《繫年》採用紀事本末體,便於統治者瞭解古代與"現當代"歷史,其功能也是總結歷史經驗,服務現實政治。

再次具體說《繫年》與《鐸氏微》的關繫。《左傳》成書後,經吳起傳至楚國,吳起又授於其子吳期。吳期主要的生活年代大致在楚悼王、肅王、宣王、威王時期,而《繫年》成書於肅王時期。因此,《繫年》抄撮的《左傳》即是吳期所傳的《左傳》。後吳期又傳於楚威王師傅鐸椒,鐸椒又抄撮《左傳》而成《鐸氏微》,毋庸置疑鐸椒所抄撮的《左傳》亦即吳期所傳之《左傳》。如此看來,一方面,《繫年》不是《鐸氏微》,因爲前者成書於楚肅王時期,後者成書於楚威王時期;另一方面,《繫年》與《鐸氏微》關繫確實非常密切,最根本的是二者均爲抄撮吳期所傳《左傳》而來,且二者年代相近,前者是三十八章,後者的抄撮部分有四十章。種種迹象表明,《繫年》很可能即是《鐸氏微》的雛形,也就是說《鐸氏微》所謂的四十章可能就是在《繫年》三十八章的基礎上擴展而成的。

四、《繫年》與《竹書紀年》的關繫

(一)《竹書紀年》的出土、作者、體例與性質

《竹書紀年》是戰國時期魏國寫在竹簡上的史書,西晉初年於汲郡(治所在今河南汲縣西南)一座古墓裏出土,此即爲"墓本"。《竹書紀年》墓本原簡早已散佚,晉代學者荀勖、和嶠、束皙等人所作的釋文也已失傳。現存的由後人重編的本子爲"今本",最早出現於南宋[1],已經不是《竹書紀年》的本來面目。後人從南北朝至北宋的古書中輯佚的本子稱爲"古本"。

---

[1] 方詩銘、王修齡:《古本竹書紀年輯證(修訂本)》,"前言"第2~3頁。

《今本竹書紀年》其中很多條是從古注、類書中所引的古本輯錄出來的,但是輯錄得很不忠實,增加了一些顯然不屬於古本的佚文。另外,今本在重編過程中,將春秋、戰國部分全部用東周紀年,與古本用晉國和魏國紀年完全不同。王國維說:"——求其所出,始知今本所載殆無一不襲他書。其不見他書者,不過百分之一,又率空洞無事實,所增加者年月而已。且其所出,本非一源,古今雜陳,矛盾斯起。"①於是今本是偽書的觀點逐漸成爲學界主流。但近年來,學術界也有不少學者對於今本偽書說提出了不同看法,認爲祇是輯佚的不同而已。持這種看法的國内學者有曹書杰、陳力、黄懷信等,國外學者有倪德衛、夏含夷等。② 方詩銘說:"北宋期間,《紀年》《竹書》的殘本具在,重編者首先以此爲據,再從古注、類書中搜輯佚文,重新加以編輯。因此,祇能認爲這是《竹書紀年》的重編本,而不能認爲偽作,斷然加以否定。"③這種說法是中肯的。

由於現存《今本竹書紀年》學界有很大爭議,我們所引的《竹書紀年》,如非特別注明,均據古本。④ 但即便是古本,也是輯佚本,因此需要對一些問題進行討論。

關於《竹書紀年》的出土過程以及内容等,史書作如下記載:

(1)《晉書·武帝紀》:"[咸寧五年冬十月,]汲郡人不準掘魏襄王冢,得竹簡小篆古書十餘萬言,藏于秘府。"⑤

(2)《晉書·束皙傳》:"初,太康二年,汲郡人不準盜發魏襄王墓,或言安釐王冢,得竹書數十車。其《紀年》十三篇,記夏以來至周幽王爲犬戎所滅,以事接之,三家分,仍述魏事至安釐王之二十年。蓋魏國之史書,大略與《春秋》皆多相應。其中經傳大異,則云夏年多殷;益干啓位,啓殺之;太甲殺伊尹;文丁殺季歷;自周受命,至穆王百年,非穆王壽百歲也;幽王既亡,有共伯和者攝行天子事,非二相共和也。"⑥

(3)《春秋經傳集解後序》:"大康元年三月,吴寇始平,余自江陵

---

① 王國維:《今本竹書紀年疏證·序》,收入方詩銘、王修齡:《古本竹書紀年輯證(修訂本)》,第202頁。
② 最近的研究可參夏含夷:《由清華簡〈繫年〉論〈竹書紀年〉墓本和今本的體例》,《簡帛》第22輯,第62頁。
③ 方詩銘:《關於王國維的〈竹書紀年〉兩書》,《方詩銘文集》第2卷,上海:上海社會科學院出版社,2010年,第187頁。
④ 本書所引《竹書紀年》,古本均據方詩銘、王修齡校注的《古本竹書紀年輯證(修訂本)》,今本據王國維《今本竹書紀年疏證》。
⑤ 《晉書》卷3,北京:中華書局,1974年,第70頁。
⑥ 《晉書》卷51,第1432頁。

還襄陽,解甲休兵,乃申抒舊意,脩成《春秋釋例》及《經傳集解》。始訖,會汲郡汲縣有發其界內舊冢者,大得古書,皆簡編科斗文字。發冢者不以爲意,往往散亂。科斗書久廢,推尋不能盡通。始者藏在秘府,余晚得見之。所記大凡七十五卷,多雜碎怪妄,不可訓知。《周易》及《紀年》最爲分了。……其《紀年》篇起自夏、殷、周,皆三代王事,無諸國別也。唯特記晉國,起自殤叔,次文侯、昭侯,以至曲沃莊伯。莊伯之十一年十一月,魯隱公之元年正月也,皆用夏正建寅之月爲歲首。編年相次,晉國滅,獨記魏事,下至魏哀之二十年,蓋魏國之史記也。推校哀王二十年,大歲在壬戌,是周赧王之十六年,秦昭王之八年,韓襄王之十三年,趙武靈王之二十七年,楚懷王之三十年,燕昭王之十三年,齊湣王之二十五年也。上去孔丘卒百八十一歲,下去今大康三年五百八十一歲。哀王,於《史記》襄王之子、惠王之孫也。惠王三十六年卒,而襄王立,立十六年卒,而哀王立。《古書紀年》篇惠王三十六年改元,從一年始至十六年,而稱'惠成王卒',即惠王也。疑《史記》誤分惠成之世以爲後王年也。哀王二十三年乃卒,故特不稱謚,謂之'今王'。其著書文意,大似《春秋》經,推此足見古者國史策書之常也。"①

據上述資料,可討論以下幾個問題:

第一,出土年代與地點。對於出土的具體年代,有三種說法,分別爲咸寧五年(279)、太康二年(281)、太康元年(280)。朱希祖考察三說認爲:

　　蓋出土於咸寧五年十月,當時地方官吏即表聞於朝,汲至洛京雖隔黃河,相去不過二三日程,及帝命藏於秘府,至遲必在太康元年正月。否則露積於汲冢,則有散佚之虞,保管於郡府,亦有疏失之慮,何能待至吳平而後獻邪?當收藏秘府之時,正大舉伐吳之際,軍事孔亟,未遑文事。及三月吳平,論功行賞,吳土戰亂,尚未全定,故至太康二年年春始命官校理也。②

這種說法是正確的。關於出土地點,據記載可知在河南省汲縣之西南,在晉代屬於汲郡汲縣,戰國時屬魏國。

第二,整理。《竹書紀年》的整理在西晉有兩次。第一次在太康二年(281)至太康九年(288),主持人是荀勖(?~289)、和嶠(?~291)。竹簡

---

① 《春秋左傳正義》卷60,《十三經注疏》,第4751頁。
② 朱希祖:《汲冢書考》,北京:中華書局,1960年,第1~2頁。

於咸寧五年在汲縣出土後,次年(太康元年被從汲縣送到京師洛陽,收藏於秘書監。太康二年,晉武帝下詔命中書監荀勖和中書令和嶠負責整理工作,其中荀勖是主要負責人。因爲竹簡因盜掘已經散亂,當時的整理分兩步:第一步是將竹簡根據内容排列編次,加以復原;第二步即以隸書寫在二尺長的黃紙上,書首再寫一篇簡要的序。這是第一次整理。第二次從元康六年(296)至永康元年(300),負責人是束皙。束皙在晉惠帝元康六、七年(296、297)至永康元年任佐著作郎、著作郎,他對《竹書紀年》作了進一步的整理與考證。《晉書·束皙傳》:"皙在著作,得觀竹書,隨疑分釋,皆有義證。"①這兩種整理本是有區別的。學者研究認爲,當時和以後所流傳的竹書本子,還是以荀、和本爲主。②

第三,記事範圍。關於記事的上限,(2)(3)均謂起自夏朝,但《史記·魏世家》集解引荀勖曰:"和嶠云:'《紀年》起自黃帝。'"③《竹書紀年》記事究竟始自夏朝還是黃帝?從古本來看,確實有黃帝至夏以前的史事。④那麽問題究竟出在何處呢?對此有三種說法:第一種說法認爲荀勖、和嶠初次整理本始於黃帝,而束皙的再次整理本始於夏,朱希祖即持此說。⑤此說面臨的最大問題就是上引(3)明謂始於夏,而杜預卒於晉武帝太康五年(284),所見本祇能是荀、和本,決不是束皙本。因此,朱希祖推測《春秋經傳集解後序》非杜預撰⑥,但這顯然是没有說服力的⑦。第二種說法認爲《竹書紀年》原本即始於夏,至於黃帝至夏以前史事是敍事過程中提到的,持這種看法者是清人崔述、今人白壽彝等。崔述說:"然使果起黃帝,杜氏親見其書,何得謂之起自夏乎!杜氏之序與《春秋經傳》並傳,不容有誤。和嶠之言特出於荀勖之口,荀勖之言又僅見於《魏世家》注所引,遞相傳述,安知其不失真?不得據此而疑杜序也。且又安知其非夏之事而追述黃帝以來,若《左傳》之於魯惠公、晉穆侯然者,而遂以爲起於黃帝乎?"⑧白壽彝也說:"今所見《紀年》佚文,也有關於黃帝的記事。但杜預是親見竹

---

① 《晉書》卷51,第1433頁。
② 參朱希祖:《汲冢書考》,第43頁;方詩銘:《西晉初年〈竹書紀年〉整理考》,《方詩銘文集》第2卷,第167~178頁。
③ 《史記》卷44,第2235頁。
④ 方詩銘、王修齡:《古本竹書紀年輯證(修訂本)》,第65~69頁。
⑤ 參朱希祖:《汲冢書考》,第22頁。
⑥ 參朱希祖:《汲冢書考》,第22頁。
⑦ 參方詩銘:《西晉初年〈竹書紀年〉整理考》,《方詩銘文集》第2卷,第170頁。
⑧ 崔述:《考古續說》卷2,(清)崔述撰著,顧頡剛編訂:《崔東壁遺書》,第461頁。

簡原本的人,不會把這一點弄錯。關於黃帝的記事,也可能是後人在談論中說到,因而見於《紀年》的。"①第三種說法是荀、和本記事起於夏商,黃帝至夏以前史事祗是《紀年》的附錄,持此說者有清人朱右曾、今人方詩銘等。朱右曾曰:"豈編年紀事始于夏禹,而五帝之事別爲一編乎?"②方詩銘認爲,這種意見雖然沒有直接證據,但這一推測是合理的:儘管《紀年》較爲完整,但是還有一些記述五帝史事的殘簡,內容接近《紀年》,和嶠的意見是"《紀年》起自黃帝",將這些殘簡看成《紀年》的一部分,荀勖的意見與此相反,於是出現了分歧。③ 筆者傾向於第三種說法。

關於記事的下限,(2)謂在魏安釐王之二十年(前257),(3)謂至魏哀之二十年(前299)。杜預又曰:"哀王,於《史記》襄王之子、惠王之孫也。惠王三十六年卒,而襄王立,十六年卒,而哀王立。惠王三十六年改元,從一年始至十六年,而稱'惠成王卒',即惠王也。疑《史記》誤分惠成之世以爲後王年也。哀王二十三年乃卒,故特不稱謚,謂之今王。"白壽彝說:"杜預根據《紀年》,指出《史記》把'惠王'和'惠成王'誤分作二人,因而把一王的紀年誤作二王的紀年。這一點很重要。《史記》所謂哀王應即襄王。"④又《史記·魏世家》集解引荀勖曰:"和嶠云:'《紀年》……終於魏之今王。'今王者,魏惠成王子。"⑤朱希祖曰:"《史記·魏世家》之'哀王'爲'襄王'之誤","案《史記·魏世家》,哀王在位二十三年而卒,又係善終,不可謂短折,何以謚'哀'? 其必爲'襄'字之誤無疑。"⑥可信。魏襄王爲惠王之子,《史記·魏世家》:"惠王卒,子襄王立。"《古本竹書紀年》稱之爲"今王",如此則《古本竹書紀年》下限當在魏襄王二十年(前298)⑦。

第四,體例。(3)中杜預說:"莊伯之十一年十一月,魯隱公之元年正月也,皆用夏正建寅之月爲歲首編年相次。晉國滅,獨記魏事,下至魏哀之二十年。"白壽彝據此以及其他資料認爲,本書的編年是從莊伯十一年(前722,魯隱公元年)開始的,此後才"編年相次",一直到魏哀王二十年;莊伯

---

① 白壽彝:《先秦時期:中國史學的產生》,《中國史學史》第1卷,第158頁。
② 朱右曾:《汲冢紀年存真》,轉引自方詩銘:《西晉初年〈竹書紀年〉整理考》,《方詩銘文集》第2卷,第170頁。
③ 參方詩銘:《西晉初年〈竹書紀年〉整理考》,《方詩銘文集》第2卷,第170頁。
④ 白壽彝:《先秦時期:中國史學的產生》,《中國史學史》第1卷,第158頁。
⑤ 《史記》卷44,第2235頁。
⑥ 朱希祖:《汲冢書考》,第5、6頁。
⑦ 參晁福林:《春秋戰國的社會變遷》,第1004頁。

十一年以前也有紀年,但不是"編年相次"。① 另外,(3)中杜預説:"其著書文意,大似《春秋》經。"這一方面是可信的,但是另一方面,《竹書紀年》有不同於《春秋》經的寫法,白壽彝據此認爲:"《竹書紀年》在體例上顯然比《春秋》經靈活,它在大體上做到以年代的先後相次,不一定是完全按照年月日的順序編排史事的。"②李學勤根據《繫年》也認爲,《古本竹書紀年》"不是像晚出的今本那樣標準的編年史,恐怕是肯定的"③。夏含夷則不同意李學勤説,他認爲《竹書紀年》墓本確實像傳統説法那樣是編年史。④ 筆者同意白壽彝、李學勤説,理由詳見後文。

第五,性質。(3)中杜預説該書是"魏國之史記也","其著書文意,大似《春秋》經,推此足見古者國史策",可見杜預認爲此書是魏國的國史。對此,有學者持異議,如《新唐書·劉眴傳》記載劉眴"嘗以《竹書紀年》序諸侯列會皆舉諡,後人追修,非當時正史"⑤,朱希祖也説《紀年》"是魏國私人所撰編年通史,非魏國官修之國史,且非編年之斷代史也"⑥,白壽彝也認爲"作者可能是魏史官,但這書不一定是國史,很可能是史官的私人撰述"⑦。筆者認同後説,即《竹書紀年》非官修國史,而是私家撰述。

(二)《繫年》與《竹書紀年》比較研究

由於《竹書紀年》在南宋時已經亡佚,上文雖然大略進行了一些考證,但《竹書紀年》的原始形態仍難以言表。下面根據方詩銘、王修齡所輯《古本竹書紀年》,將《竹書紀年》與《繫年》進行比較,以求對兩種文獻有進一步的瞭解。

1. 記事

關於記事的斷限。《古本竹書紀年》記事分夏、殷、周、晉、魏五紀。夏紀從禹都陽城開始,終於夏桀。殷紀始於湯,終於帝辛。周紀始於武王克商,終於幽王。晉紀始於文侯,終於景侯。魏紀始文侯,終於哀王〈襄王〉。《繫年》記事可分爲西周、春秋、戰國三部分。西周部分始於周武王克商,

---

① 白壽彝:《先秦時期:中國史學的産生》,《中國史學史》第1卷,第158~159頁。
② 白壽彝:《先秦時期:中國史學的産生》,《中國史學史》第1卷,第159頁。
③ 李學勤:《由清華簡〈繫年〉看〈紀年〉體例》,《深圳大學學報(人文社會科學版)》2012年第2期,第43頁。
④ 夏含夷:《由清華簡〈繫年〉論〈竹書紀年〉墓本和今本的體例》,《簡帛》第22輯,第45頁。
⑤ 《新唐書》卷132,北京:中華書局,1975年,第4522~4523頁。
⑥ 朱希祖:《汲冢書考》,第5、6頁。
⑦ 白壽彝:《先秦時期:中國史學的産生》,《中國史學史》第1卷,第160頁。

終於幽王之死。春秋戰國部分始自平王東遷,終於楚悼王時期。

關於記事的内容。《古本竹書紀年》所載内容主要爲:第一,政治、軍事大事。如《水經·清水注》引《紀年》曰:"周武王率西夷諸侯伐殷,敗之于坶野。"第二,災異。如《太平御覽》卷874咎微部引《紀年》曰:"周昭王末年,夜有五色光貫紫微。其年,王南巡不返。"①第三,都城。《續漢書·郡國志》注引《汲冢書》:"禹都陽城。"②《史記·魏世家》集解引《汲冢紀年》曰:"梁惠王九年四月甲寅,徙都大梁也。"③與《古本竹書紀年》相比較,《繫年》所載主要是政治、軍事大事,没有涉及災異和都城。另外,清華簡《楚居》的内容與《古本竹書紀年》所載的第三類很近,蓋屬於《世本》所謂的"居"類史書,祇是《世本》記載夏至於戰國的各朝與諸國都城,而《楚居》僅局限於楚國。

另外,《古本竹書紀年》是輯自他書所引,而諸書引《紀年》時,僅引與其相異者,還有大量雷同内容並未被引用。比如杜預《春秋經傳集解後序》:

> [《竹書紀年》]又稱衛懿公及赤翟戰于洞澤,疑"洞"當爲"泂",即《左傳》所謂熒澤也。齊國佐來獻玉磐紀公之甗,即《左傳》所謂賓媚人也。諸所記多與《左傳》符同。……又别有一卷,純集疏《左氏傳》卜筮事,上下次第及其文義,皆與《左傳》同。④

劉知幾《史通·申左》亦云:

> 至晉太康年中,汲冢獲書,全同《左氏》。(原注:《汲冢》所得書,尋亦亡逸,今惟《紀年》《瑣語》《師春》在焉。案《紀年》《瑣語》載春秋時事,多與《左氏》同。《師春》多載《春秋》時筮者繇辭,將《左氏》相校,遂無一字差舛。)故束晳云:"若使此書出於漢世,劉歆不作五原太守矣。"⑤

按,《竹書紀年》的春秋史部分與《左傳》有大量雷同處,這可能跟《左傳》當時已經編纂成書並廣爲流傳有關,《竹書紀年》應該是參考了《左傳》。但是即便如此,《左傳》與《竹書紀年》還是有相異處,可分爲以下兩類:

第一類,所載史事完全相異者。例如《春秋啖趙集傳纂例》卷一引《竹書紀年》:"鄭莊公殺公子圣。"原注:"《春秋》作'段'。是'公子圣'即《左

---

① 方詩銘、王修齡:《古本竹書紀年輯證(修訂本)》,第46頁。
② 方詩銘、王修齡:《古本竹書紀年輯證(修訂本)》,第1頁。
③ 方詩銘、王修齡:《古本竹書紀年輯證(修訂本)》,第118頁。
④ 《春秋左傳正義》卷60,《十三經注疏》,第4751頁。
⑤ (唐)劉知幾著,(清)浦起龍通釋:《史通通釋》卷14,第395頁。

傳》之'共叔段'。"①《左傳》隱公元年："大叔出奔共。"《左傳》謂共叔段實未死,僅爲出奔。② 又如《春秋啖趙集傳纂例》卷一引《竹書》："鄭殺其君某。"原釋曰："是子亹。"《左傳》桓公十八年："七月戊戌,齊人殺子亹而轘高渠彌。"此云鄭子亹爲齊人所殺,與《竹書》異。③《繫年》第二章載此事曰"齊襄公會諸侯于首止,殺子眉壽(即子亹——引者按)",同《左傳》。

第二類,可互相補充者。例如《左傳》閔公二年："冬,十二月,狄人伐衛。……及狄人戰于滎澤。"此"狄人"爲哪一支狄人?《左傳》未言。《春秋經傳集解後序》引《紀年》："衛懿公及赤翟戰于洞澤(即滎澤——引者按)。"④明確此狄乃"赤翟"。《繫年》第四章載此事曰"周惠王立十又七年,赤翟王峊告起師伐衛,大敗衛師於睘(即滎澤——引者按),幽侯滅焉",進一步明確了赤狄的首領是赤翟王峊告。

2. 年代

《竹書紀年》有一些大事紀年類,這部分與《繫年》相同,但二者還是有一些相異點,主要表現在:

其一,夏、殷、周的朝代積年。《太平御覽》卷82 皇王部引《紀年》曰："……自禹至桀十七世,有王與無王,用歲四百七十一年。"⑤《史記・殷本紀》集解引《汲冢紀年》曰："湯滅夏以至于受,二十九王,用歲四百九十六年。"⑥《史記・周本紀》集解引《汲冢紀年》："自武王滅殷以至幽王,以至〔于〕幽王,凡二百五十七年。"⑦這些內容,《繫年》未載。

其二,《繫年》出現的最早紀年是共和十四年(前841),同於《史記・十二諸侯年表》。而《竹書紀年》雖然未出現共和十四年,但是所記此前史事很多有紀年,比如謂十一年周始伐商、康王六年齊太公望卒、周昭王十九年喪六師於漢等⑧,但是並不連續。正如前文所引白壽彝說,《竹書紀年》的真正逐年編排史事始自於晉莊伯十一年(前722,魯隱公元年)而《繫年》第一章雖亦載武王克商事,但無年代。表面上看,《竹書紀年》作者好像對夏、商、周的年代極其熟悉,而《繫年》作者僅知曉共和十四年以後的年代,

---

① 方詩銘、王修齡:《古本竹書紀年輯證(修訂本)》,第72~73頁。
② 參楊伯峻:《春秋左傳注(修訂本)》,第14頁。
③ 方詩銘、王修齡:《古本竹書紀年輯證(修訂本)》,第75頁。
④ 方詩銘、王修齡:《古本竹書紀年輯證(修訂本)》,第77頁。
⑤ 方詩銘、王修齡:《古本竹書紀年輯證(修訂本)》,第20頁。
⑥ 方詩銘、王修齡:《古本竹書紀年輯證(修訂本)》,第40頁。
⑦ 方詩銘、王修齡:《古本竹書紀年輯證(修訂本)》,第64頁。
⑧ 方詩銘、王修齡:《古本竹書紀年輯證(修訂本)》,第42、44、46頁。

對此前年代並不熟悉。而實際上，這是因爲《繫年》當時所能參考的記注體史書紀年卽始自共和十四年。

3. 書法

唐代劉知幾《史通·惑經》云：

> 案古者國有史官，具列時事，觀汲塚出記，皆與魯史符同。至如周之東遷，其說稍備；隱、桓巳上，難得而詳。此其煩省，皆與《春秋》不別。又"獲君曰止""誅臣曰刺""殺其大夫曰殺""執我行人""鄭弃其師""隕石于宋五"（原注：其事並出《竹書紀年》，唯"鄭弃師"出《瑣語·晉春秋》也），諸如此句，多是古史全文，則知夫子之所修者，但因其成事，就加雕飾，仍舊而已，有何力哉？加以史策有闕文，時月有失次，皆存而不正，無所用心，斯又不可能而殫說也。而太史公云：夫子"爲《春秋》，筆則筆，削則削，子夏之徒不能贊一辭"。其虛美一也。①

劉知幾時《竹書紀年》尚存，他所見的本子與《春秋》相近，並且據此認爲《春秋》中的一些書法與《竹書紀年》相同，因此他斷定這是當時史官的寫法。實際上，對比來看，《繫年》中一些書法頗與此類似，但也有差別。

第一，關於"獲君曰止"。《左傳》隱公十一年："與鄭人戰于狐壤，止焉。"杜注："內諱獲，故言止。"②楊伯峻注："止，俘獲也。"③《左傳》僖公十七年："齊人以爲討，而止公。"以上兩條分別言魯隱公、魯僖公被俘獲事，均諱曰"止"。

《繫年》中也有將俘獲國君稱"止"者，如第六章："[晉惠公]立六年，秦公率師與惠公戰于韓，止惠公以歸。"此條雖然是記國君被俘，但《繫年》係楚人作，說"內諱獲，故言止"恐不通。或疑此條採自晉史。但晉人所撰《古本竹書紀年》云："惠公見獲。"（《史通·惑經》引）④《春秋》僖公十五年："十有一月壬戌，晉侯及秦伯戰于韓。獲晉侯。"均言"獲"。值得注意的是，《國語·晉語三》："梁由靡御韓簡，輅秦公，將止之，慶鄭曰：'釋來救君！'亦不克救，遂止於秦。"韋昭注："止，獲也。爲秦所獲。"⑤此謂晉惠公被"止"。

《繫年》中的"止"不僅用於俘獲國君，俘獲卿大夫等亦用之，如第六章

---

① （唐）劉知幾著，（清）浦起龍通釋：《史通通釋》卷14，第382~383頁。
② 《春秋左傳正義》卷4，《十三經注疏》，第3772頁。
③ 楊伯峻：《春秋左傳注（修訂本）》，第79頁。
④ 方詩銘、王修齡：《古本竹書紀年輯證（修訂本）》，第80~81頁。
⑤ 徐元誥：《國語集解（修訂本）》卷9，第311頁。

"止申公子儀以歸",第十五章"連尹止於河灘",第十六章"鄭人止隕公儀",第二十三章"景之賈與舒子共止而死"。

第二,關於"誅臣曰刺""殺其大夫曰殺"。《春秋》僖公二十八年:"公子買戍衛,不卒戍,刺之。"杜注:"公子買,魯大夫子叢也。内殺大夫皆書刺,言用《周禮》三刺之法,示不枉濫也。"①《公羊傳》僖公二十八年:"刺之者何?殺之也。殺之,則曷爲謂之刺之?内諱殺大夫,謂之刺之也。"②外殺曰"殺"者,多不勝舉。《繫年》中無用"刺"例,多用"殺",如第二章"晉文侯仇乃殺惠王于虢""其大夫高之渠彌殺昭公而立其弟子眉壽"等,這裏殺國君以及王子均曰"殺"。

第三,關於"執我行人"。《春秋》昭公二十三年:"晉人執我行人叔孫婼。"杜注:"稱'行人',譏晉執使人。"③《繫年》中也有曰"執某人"者,如第十四章"駒之克乃執南郭子、蔡子、晏子以歸",第十五章"靈王伐吳,爲南懷之行,執吳王子蹶由",第十八章"靈王先起兵,會諸侯于申,執徐公",用例與《春秋》《竹書紀年》相異。

第四,關於"鄭弃其師"。《春秋》閔公二年:"十有二月,狄入衛。鄭弃其師。"《左傳》載此事原委曰:"鄭人惡高克,使帥師次于河上,久而弗召,師潰而歸,高克奔陳。"④《公羊傳》:"鄭弃其師者何?惡其將也。鄭伯惡高克,使之將,逐而不納,弃師之道也。"⑤《榖梁傳》:"惡其長也,兼不反其衆,則是弃其師也。"⑥傅隸樸曰:

> 《經》書鄭,《左氏》稱鄭人,《公羊》稱鄭伯。高克是鄭卿,鄭伯惡其人,但無法去之。於是使之于外,久而不召,則至師潰,高克畏罪奔陳。鄭伯去高克的願望雖達到了,但却因此失去了人心。《經》不書高克出奔,而書鄭弃其師,足見所責在鄭伯,三傳義同。⑦

很顯然,《公羊》《榖梁》二傳認爲《春秋》是有書法的。《左傳》乃叙述事實,恐不見得有所謂微言大義。那麼,《春秋》此處到底有無微言大義?杜預注《左傳》:"高克見惡久,不得還。師潰,而克奔陳。故克狀其事,以告

---

① 《春秋左傳正義》卷16,《十三經注疏》,第3957頁。
② (清)陳立:《公羊義疏》卷35,第1309頁。
③ 《春秋左傳正義》卷50,《十三經注疏》,第4563頁。
④ 楊伯峻:《春秋左傳注(修訂本)》,第261、268頁。
⑤ (清)陳立:《公羊義疏》卷27,第1031~1032頁。
⑥ (清)鍾文烝:《春秋穀梁經傳補注》卷8,第243頁。
⑦ 傅隸樸:《春秋三傳比義》,第275頁。

魯也。"①此説可信。《春秋》如此記載是高克所告,史官卽如實記載。

值得注意的是,上述《春秋》所載俱見於《竹書紀年》。杜預《春秋經傳集解後序》引《竹書紀年》:"衛懿公及赤翟戰于洞澤。"杜預云:"疑'洞'當爲'泂',卽《左傳》所謂熒澤也。"②《新唐書·劉眖傳》引《竹書紀年》曰:"鄭棄其師。"③劉知幾卽據此認爲無所謂孔子的微言大義,卽便有"書法",也是史官的書法。

那麽,《竹書紀年》爲何記載"鄭弃其師"呢？童書業認爲《春秋》"狄入衛,鄭棄其師"實際上反映出"狄族之強","西周亡於犬戎等戎狄,東周既建,戎狄又逐漸南侵。……齊桓伐山戎以救燕,禦狄以救邢衛,並伐北戎,然邢、衛卒遷,以鄭之强亦棄河上駐守之師,如非諸侯聯合抗狄,中原之危殆亦甚難言矣"。④ 如按此説,《春秋》根本不是在責鄭伯,而是記述當時戎狄迫近、日益肆虐的形勢。

無獨有偶,《繫年》第四章載:"周惠王立十又七年,赤翟王峁咎起師伐衛,大敗衛師於睘,幽侯滅焉。翟遂居衛,衛人乃東涉河,遷于曹,[焉]立戴公申,公子啓方奔齊。戴公卒,齊桓公會諸侯以城楚丘,邦公子啓方焉,是文公。文公卽世,成公卽位,翟人又涉河伐衛于楚丘。衛人自楚丘遷于帝丘。"《繫年》記載此事,也是要反映出戎狄之強。

另外,《韓昌黎集·黃陵廟碑》曰:"《竹書紀年》帝王之没皆曰陟。"⑤《繫年》亦有此用法,如第三章:"[周]武王陟,商邑興反,殺三監而立彔子耿。"但並非所有君王之死皆曰"陟",如第二章:"繒人乃降西戎以攻幽王,幽王及伯盤乃滅。"幽王之死用"滅"字。

杜預《春秋經傳集解後序》:

[《竹書紀年》]文稱魯隱公及邾莊公盟于姑蔑,卽《春秋》所書"邾儀父未王命,故不書爵。曰儀父,貴之也"。又稱晉獻公會虞師伐虢,滅下陽,卽《春秋》所書"虞師晉師滅下陽。先書,虞賄故也。"又稱周襄王會諸侯于河陽,卽《春秋》所書"天王狩于河陽。以臣召君,不可以訓也"。諸若此輩甚多,略舉數條,以明國史皆承告據實而書時

---

① 《春秋左傳正義》卷11,《十三經注疏》,第3878頁。
② 《春秋左傳正義》卷60,《十三經注疏》,第4751頁。
③ 《新唐書》卷132,第4523頁。
④ 童書業著,童教英校訂:《春秋左傳研究(校訂本)》,第47~48頁。
⑤ 方詩銘、王修齡:《古本竹書紀年輯證(修訂本)》,第166頁。

事,仲尼脩《春秋》,以義而制異文也。①

杜預列的這幾條,均爲《竹書紀年》與《春秋》相異者,而前者是秉筆直書,後者有書法在其中。我們認爲,這些所謂的書法,即魯史的所謂書法,非孔子所修《春秋》的證據。

朱希祖説:"觀其所書魏文侯卒(《史記》卷四十四《魏世家》索隱引《紀年》),與同時秦敬公卒(《史記》卷五《秦本紀》索隱引《紀年》),齊宣公薨(《史記》卷四十六《田敬仲世家》索隱引《紀年》),宋悼公卒(《史記》卷三十八《宋世家》索隱引《紀年》),書法無異,蓋明明平視各國,非若《春秋》以魯紀年,某公薨但書公薨,而不言魯某公薨也。"②

學者也注意到,《竹書紀年》中的史官書法實際上並不一致,陳夢家即言:"《史通·惑經》篇謂《竹書紀年》'獲君曰止,誅臣曰刺,殺其大夫曰殺'。然檢諸書所引《紀年》,賊或曰殺或曰弑,敗逋或曰敗或曰敗績,諸侯王之崩或曰薨或曰卒,多不一致。"③實際上,《繫年》也有類似情形,如周武王之死曰"陟",幽王之死曰"滅"。楚王之死多言"即世",而晉君之死曰"卒",但鄭君(第二章)、衛君(第四章)之死亦曰"即世",這也是不一致處。那麽,如何理解這種現象呢? 筆者認爲,國史一般是守史官書法,但《竹書紀年》《繫年》均屬於私家撰述。因此,若屬原封不動摘抄國史者,就體現出與國史相同的書法;若是根據其他資料而創作者,就不太嚴謹:這反映了私家撰述的特點。

4. 體例

《竹書紀年》的體例究竟是否屬於編年體? 白壽彝指出《竹書紀年》不是嚴格的編年體,他舉出了以下例證④:

(1)后桀伐岷山,岷山女于桀二人,曰琬、曰琰。桀受二女,無子,刻其名于苕華之玉,苕是琬,華是琰。而棄其元妃于洛,曰末喜氏。末喜氏以與伊尹交,遂以閒夏。(《太平御覽》卷135皇親部引)⑤

(2)自禹至桀十七世,有王與無王,用歲四百七十一年。(《太平御覽》卷82皇王部引)⑥

---

① 《春秋左傳正義》卷60,《十三經注疏》,第4751頁。
② 朱希祖:《汲冢書考》,第24頁。
③ 陳夢家:《西周年代考;六國紀年》,第66頁。
④ 白壽彝:《先秦時期:中國史學的産生》,《中國史學史》第1卷,第159頁。
⑤ 方詩銘、王修齡:《古本竹書紀年輯證(修訂本)》,第17頁。
⑥ 方詩銘、王修齡:《古本竹書紀年輯證(修訂本)》,第20頁。

(3)後十年,齊田午弒其君及孺子喜而爲公。(《史記·田完世家》索隱引)①

按,上述例證中,(1)無具體繫年,且有歷史敘事的特點。(2)是總括性的紀年。關於(3),《史記·田敬仲完世家》索隱本爲:"《紀年》:二十二年,田侯剡立。後十年,齊田午弒其君及孺子喜而爲公。"②據此可知"後十年"當爲田侯剡立後第十年,這種紀年方式也不是嚴格的編年體。

李學勤也例舉了上引(1),並説:"這段話記述夏桀娶二女無子,棄其元妃末喜的經過,不可能是固定的一年中事。今本《紀年》則繫之於桀的十四年,並且把末喜與伊尹交等語棄去。"按,《今本竹書紀年》載:

[桀]十四年,扁帥師伐岷山。(原注:一作山民。《藝文類聚》83、《御覽》135引《紀年》:桀伐岷山。《太平御覽》卷82皇王部引作山民。)

癸命扁伐山民,山民女于桀二人,曰琬,曰琰。后愛二人,女無子焉,斲其名於苕華之玉。苕是琬,華是琰,而棄其元妃於洛,曰妹喜,於傾宫飾瑶臺居之。(《太平御覽》卷82皇王部引《紀年》)③

據此可見,《古本竹書紀年》與《今本竹書紀年》有很大不同,後者將此事繫於桀十四年,顯係後人所爲,由此推想墓本《竹書紀年》應更接近於《古本竹書紀年》。

另外,李學勤還對比了《古本竹書紀年》與《今本竹書紀年》,揭示了以下三點差異:

第一,《古本竹書紀年》有時會將前後相繼的幾件史事合起來敘述,而《今本竹書紀年》爲了迎合編年體史書逐年記事的體例需要,會將之分割到各個具體的年代。例如:

(4)《紀年》又稱……仲壬崩,伊尹放大甲于桐,乃自立也。伊尹卽位,放大甲七年,大甲潛出自桐,殺伊尹,乃立其子伊陟、伊奮,命復其父之田宅而中分之。(杜預《春秋經傳集解後序》引、《尚書·咸有一德》正義引略同)④

《今本竹書紀年》載此事曰:

元年辛巳,王卽位,居亳,命卿士伊尹。

伊尹放太甲于桐,乃自立。

---

① 方詩銘、王修齡:《古本竹書紀年輯證(修訂本)》,第110頁。
② 《史記》卷46,第2288頁。
③ 王國維:《今本竹書紀年疏證》,方詩銘、王修齡:《古本竹書紀年輯證(修訂本)》,第222頁。
④ 方詩銘、王修齡:《古本竹書紀年輯證(修訂本)》,第23頁。

七年，王潛出自桐，殺伊尹，天大霧三日，乃立其子伊陟、伊奮，命復其父之田宅而中分之。①

古本將伊尹放太甲於桐、太甲出桐殺伊尹兩件史事合起來敘述，紀年上僅謂放太甲在伊尹即位七年。今本將這兩件事分別繫於太甲元年與七年。

　　(5)《紀年》曰：河亶甲整即位，自囂遷于相。征藍夷，再征班方。(《太平御覽》卷83皇王部引)②

《今本竹書紀年》曰：

　　元年庚申，王即位，自囂遷于相。

　　四年，征藍夷。

　　五年，姺人入於班方。彭伯、韋伯伐班方，姺人來賓。③

此處遷於相、征藍夷、再征班方恐非一年事，古本綜合起來敘述，而今本分別繫之於元年、四年、五年。

第二，《古本竹書紀年》有些內容屬於綜述，而《今本竹書紀年》強爲之繫年。例如：

　　(6)《紀年》曰：穆王東征天下二億二千五百里，西征億有九萬里，南征億有七百三里，北征二億七里。(《開元占經》卷4引)④

《今本竹書紀年》將此事繫於穆王十七年：

　　王北征，行流沙千里，積羽千里。征犬戎、取其五王以東。西征，至于青鳥所解。西征還履天下，億有九萬里。⑤

李學勤說，古本所載"顯爲綜述之語，今本無法處理，衹說'西征還履天下，億有九萬里'，掛在穆王十七年"⑥。此點可證《古本竹書紀年》明顯早於《今本竹書紀年》，而前者更接近墓本原貌，後者顯然是後人爲比附編年體的需要而強爲編年。

值得注意的是，《繫年》中亦有這種綜述性內容，例如第二章"三年，乃東徙，止于成周"，第三章"周室既卑，平王東遷，止于成周。秦仲焉東居周地，以守周之墳墓，秦以始大"。平王東遷成周在平王三年，秦人佔據周地與秦人始大兩件事在此之後，《繫年》將此三件史事綜合敘述，且未將這兩

---

① 王國維：《今本竹書紀年疏證》，方詩銘、王修齡：《古本竹書紀年輯證(修訂本)》，第227頁。
② 方詩銘、王修齡：《古本竹書紀年輯證(修訂本)》，第27頁。
③ 王國維：《今本竹書紀年疏證》，方詩銘、王修齡：《古本竹書紀年輯證(修訂本)》，第229頁。
④ 方詩銘、王修齡：《古本竹書紀年輯證(修訂本)》，第55頁。
⑤ 王國維：《今本竹書紀年疏證》，方詩銘、王修齡：《古本竹書紀年輯證(修訂本)》，第251頁。
⑥ 李學勤：《由清華簡〈繫年〉論〈紀年〉的體例》，《深圳大學學報(人文社會科學版)》2012年第2期，第43頁。

件史事強繫於平王三年。

第三,《古本竹書紀年》有追叙的内容,而《今本竹書紀年》完全按照年代先後進行繫年。例如:

> (7)《汲冢竹書紀年》云:平王奔西申,而立伯盤以爲大子,與幽王俱死于戲。先是,申侯、魯〈繒〉侯及許文公立平王於申,以本大子,故稱天王。幽王既死,而虢公翰又立王子余臣於攜,周二王並立。二十一年,攜王爲晉文公所殺。以本非適,故稱攜王。(《左傳》昭公二十六年孔穎達疏引)①

《今本竹書紀年》分别將此事繫於幽王五年、八年、十一年,以及平王二十一年:

> [幽王]五年,王世子宜臼出奔申。
> 八年……王立褒姒之子曰伯服,以爲太子。
> 十一年……申人、鄫人及犬戎入宗周,弑王及鄭桓公。犬戎攻幽王,遂殺幽王驪山下。犬戎殺王子伯服。執褒姒以歸。申侯、魯〈繒〉侯、許男、鄭子立宜臼于申,虢公翰立王子余臣于攜。
> [平王]二十一年,晉文侯殺王子余臣于攜。②

李學勤認爲:"這段話和《繫年》在不少地方相似,絶不是孔穎達綜括出來的,它很明顯是成段的叙述。今本將之分割繫於幽王五年、八年、十一年及平王二十一年,甚至把'伯盤'誤從《國語》《史記》改作'伯服'。古本《紀年》這一段中有'先是',是追叙的口吻,特别值得注意。"③

夏含夷不同意李説,理由有二。一是認爲"關於古本《竹書紀年》,很多學者已經指出《春秋左傳正義》這一段文字裏的'先是''以本大子,故稱天王''周二王並立''以本非適,故稱攜王'等語句皆不像《竹書紀年》的體例(無論是'古本'《竹書紀年》還是'今本'《竹書紀年》),而更像是孔穎達等注疏家加上的説明。"④這裏所謂的"很多學者",據夏文所引可知爲以下學者:

> 朱右曾把它分爲兩條引文,即"申侯、魯侯及許文公立平王于申,

---

① 《春秋左傳正義》卷52,《十三經注疏》,4591~4592頁。
② 王國維:《今本竹書紀年疏證》,方詩銘、王修齡:《古本竹書紀年輯證(修訂本)》,第261~262、265頁。
③ 李學勤:《由清華簡〈繫年〉論〈紀年〉的體例》,《深圳大學學報(人文社會科學版)》2012年第2期,第43頁。
④ 〔美〕夏含夷:《由清華簡〈繫年〉論〈竹書紀年〉篆本和今本的體例》,《簡帛》第22輯,第47頁。

以本太子,故稱天王"和"伯盤與幽王既死于戲,虢公翰立王子余臣于攜,周二王並立"。方詩銘和王修齡《古本竹書紀年輯證》更將"二十一年,攜王爲晉文公〈侯〉所殺①,以本非適,故稱攜王"分開列爲單獨的一條。范祥雍《古本竹書紀年輯校訂補》不但指出"以本大子,故稱天王"八字是"孔疏引劉炫之按語",並且也推測"以本非適,故稱攜王"同樣也是注疏家的按語。②

二是認爲"攜王爲晉文公〈侯〉所殺"這一段文字"並不是直接引用《竹書紀年》的,而是正義編者改寫的",他説:

我們可以不管"晉文公"的錯誤,更重要的是這個句子的語法:《竹書紀年》在他處記載某人之"殺"都用主動動詞,即"某某人殺某某人",絕不用這一類的被動動詞語法,即"某某人爲某某人所殺"。其實,根據王力《漢語史稿》可知,"爲某某所動詞"的構造到漢代才出現③,這段文字顯然是由不同記載拼合起來引用的。④

筆者認爲,夏文所舉以上兩個理由恐難以成立。

首先説第一個理由。夏文根據"很多學者"的看法認爲這種體例不像《竹書紀年》,這個論證顯然很無力。事實上,李學勤已指出,孔穎達所引上述文字可以跟《繫年》互證。《繫年》第二章:

王與伯盤逐平王,平王走西申。幽王起師,圍平王于西申,申人弗畀。繒人乃降西戎以攻幽王,幽王及伯盤乃滅,周乃亡。邦君諸正乃立幽王之弟余臣于虢,是攜惠王,立二十又一年,晉文侯仇乃殺惠王于虢。

李學勤據此認爲:"就史事輪廓來説,與《紀年》所述基本是一樣的,甚至有些語句都很相似。這不但證明了古本《紀年》不像有些人講的出於曹魏遺臣或束晳等人的僞造,而且能够看出《紀年》《繫年》兩者應該共有所本。"⑤此説可從。並且,孔穎達所載的上述內容所載史事,不見於其他傳

---

① 李文引語裏將原文的"晉文公"修改爲"晉文公〈侯〉"。
② 〔美〕夏含夷:《由清華簡〈繫年〉論〈竹書紀年〉墓本和今本的體例》,《簡帛》第22輯,第47頁。
③ 原注:"見王力:《漢語史稿》,中華書局2004年,第345、490~491頁。友人石安瑞(Ondřej Škrabal)指出,《史記·越世家》索隱和今本《竹書紀年》貞定王二十年都謂'於越子不壽見殺,是爲盲姑,次朱句立','見殺'是被動詞用法。這完全没有錯,但是先秦文獻上'見某動詞'語法構造雖然相當常見,可是'爲某所動詞'的用法幾乎不見。"
④ 〔美〕夏含夷:《由清華簡〈繫年〉論〈竹書紀年〉墓本和今本的體例》,《簡帛》第22輯,第47頁。
⑤ 李學勤:《解讀清華簡:從〈繫年〉看〈紀年〉》,《光明日報》2012年2月27日,第15版。

世文獻,却可與《繫年》互證,此點我們在上編第二章史事考證部分已有詳細論述,此不贅言。再有,孔穎達所引《紀年》有表追述的提示語"先是",這種叙述方式也可與《繫年》互證。①

其次說第二個理由,夏文根據王力說"爲X所X"句式在漢代才出現,實際上學者早已指出這種說法有待商榷。譬如唐鈺明就說"爲X所X"句式一般認爲漢代才出現②,但其實在戰國末期已經萌芽了,他舉出了以下四條例證:

申徒狄諫而不聽,負石自投於河,爲魚鱉所食。(《莊子·盜跖》)
楚遂削弱,爲秦所輕。(《戰國策·秦策四》)
今愚惑,與罪人同心,而王明誅之,是王過舉顯於天下,而爲諸侯所議也。(《戰國策·秦策三》)
夫直議者不爲人所容。(《韓非子·外儲說左下》)

他認爲:"這些典籍裏出現'爲X所X'式,不能歸結爲秦漢人的篡改③,而應該是'爲'字式發展的自然結果","《莊子》《韓非子》《戰國策》三書'爲'字式共49例,……而'所'字三書中用作助詞已成常例,因此,'爲X所X'式最早見於此三書,實在是瓜熟蒂落的事",因此他認爲"'爲X所X'式萌芽於戰國末期。"④

根據以上兩個理由,筆者認爲夏文對李文的反駁恐難成立。孔穎達所引上述《古本竹書紀年》內容與《繫年》無論從體例還是內容上均可互證,這證明這段文字絕非孔穎達所能綜括,而應該是《古本竹書紀年》原文。

李學勤根據以上三個差異,認爲"古本《紀年》(至少是一部分)恐怕不是像《春秋》那樣分年排列,其體例很可能更與《繫年》有接近之處","關於古《紀年》的體例,還有大家進一步探討的餘地。它不是像晚出的今本那樣標準的編年史,恐怕是肯定的"。⑤ 筆者認同《古本竹書紀年》非《春秋》那種嚴格分年記事的編年體史書;至於體例是否和《繫年》很接近,將《古本竹書紀年》的輯佚部分與《繫年》對照可知,二者實際上還是有很大

---

① 詳參本書上編第十九章史事考證部分。
② 原注:"如《漢語史稿》第424頁,郭錫良等編《古代漢語》亦沿其說。"
③ 原注:"洪誠《論古漢語的被動式》(《南京大學學報》1958年第1期)引用過例(25)和(26)(指本書所舉前兩例——引者按),但歸諸秦漢。"
④ 唐鈺明:《論先秦漢語被動式的發展》,《著名中年語言學家自選集·唐鈺明卷》,合肥:安徽教育出版社,2002年,第263~264頁。
⑤ 李學勤:《由清華簡〈繫年〉論〈紀年〉的體例》,《深圳大學學報(人文社會科學版)》2012年第2期,第43頁。

差異的,因爲本質上前者是非標準的編年體史書,而後者是紀事本末體史書。

總之,通過《繫年》與《古本竹書紀年》比較,可以看出二者同屬戰國時期的私家撰述。《繫年》的成書年代早於《竹書紀年》,二者雖然均爲通史,但後者在記事時間範圍上較前者大爲擴展。體例上,前者是紀事本末體,後者是非標準的編年體。書法上,二者不像《春秋》那樣的國史謹嚴,這是當時國史與私家撰述的重要區別。

五、從國史到私家撰述

(一)春秋戰國時期的國史

《孟子·離婁下》:"晉之《乘》,楚之《檮杌》,魯之《春秋》,一也。"《春秋》是魯國國史,晉國之《乘》,楚國之《檮杌》,也是這類史書。但在先秦文獻中,"春秋"一詞非爲魯國國史的專名,而是當時一類史書的通名,如戰國初年的墨子曰"吾見百國《春秋》"①,又載西周晚年之事,引到"周之《春秋》""燕之《春秋》""宋之《春秋》""齊之《春秋》"②。這類名曰"春秋"的史書,與上引魯之《春秋》、晉之《乘》、楚之《檮杌》相異。劉咸炘即指出:

> 吾謂《春秋》之名本紀年月,自是年曆之體。年曆之體,固可或詳或略,而上古年曆之書,體例必不整,其去取亦必不嚴。如《墨子》所引,皆言神怪事,蓋古者傳說、故事與史尚相混也。其或詳或略,亦必無一定。而魯之《春秋》則已有一定之例,如《左傳》所謂策書凡例之類,故孔修之本本已簡嚴如此,非止題目,不然,則《汲冢紀年》其體已如今《春秋》,豈亦題目單行邪?《孟子》不舉百國《春秋》,而止言晉之《乘》、楚之《檮杌》、魯之《春秋》。而《墨子》所引則不及此三國,而引周、燕、齊、宋,蓋此三國之書獨嚴整有體。③

劉氏指出《春秋》與晉之《乘》、楚之《檮杌》是一類,體例比較嚴整;而《墨子》所引的周、燕、宋、齊史書爲另一類,比較詳細。劉氏指出二者不同,確屬卓識。但二者的區別到底何在?他未予明確。

筆者認爲,《春秋》與晉之《乘》、楚之《檮杌》是記注體史書。這類史書

---

① 此爲《墨子》佚文。(清)孫詒讓:《墨子閒詁》之《墨子附錄》,第658頁。
② (清)孫詒讓:《墨子閒詁》卷8,第224、228、230、231、658頁。
③ 劉咸炘著,黃曙輝編校:《劉咸炘學術論集·史學編》,桂林:廣西師範大學出版社,2007年,第424頁。

中,晉之《乘》、楚之《檮杌》早已亡佚,單從僅存的《春秋》來看,完全具備記注體史書的特點。對此,梁啓超有很好地概括:

  第一,其文句簡短,達於極點,每條最長者不過四十餘字(如定四年云"三月,公會劉子、晉侯、宋公、蔡侯、衛侯、陳子、鄭伯、許男、曹伯、莒子、邾子、頓子、胡子、滕子、薛伯、杞伯、小邾子、齊國夏于召陵,侵楚"),最短者乃僅一字(如隱八年云"螟")。第二,一條紀一事,不相聯屬,絶類村店所用之流水帳簿。每年多則十數條,少則三四條(《竹書紀年》記夏殷事,有數十年乃得一條者);又絶無組織,任意斷自某年,皆成起訖。第三,所記僅各國宮廷事,或宮廷間相互之關繫,而於社會情形一無所及。第四,天災地變等現象,本非歷史事項者,反一一注意詳記。

梁氏據此認爲:"可見當時之史,祇能謂之簿録,不能謂之著述。"①他又説:"古代史官所作史,蓋爲文句極簡之編年體,……惟孔子所修《春秋》,體裁似悉依史官之舊。"此爲"形式之官書,……未足以言著述"。② 梁氏認爲,古代史官所作的國史,實際上就是記注體史書,而這不屬於著述之範疇。著述類似於撰述,而《繫年》即屬於撰述,因此二者的關繫即記注與撰述的關繫,詳見本編引論部分。

《墨子》所引的周、燕、宋、齊史書則爲另一類國史。這類史書,劉咸炘説記事不規整,"其或詳或略,亦必無一定"。劉師培曰:"惟《墨子·明鬼》篇所述,有周、燕、齊、宋各《春秋》,於杜伯、莊子儀諸事,爰始要終,本末悉昭,則記事以詳爲尚矣。"③這類史書,已經有撰述的性質。

《史通·史官建置》:"夫爲史之道,其流有二。何者?書事記言,出自當時之簡;勒成删定,歸於後來之筆。然則當時草創者,資乎博聞實録,若董狐、南史是也。後來經始者,貴乎儁識通才,若班固、陳壽是也。必論其事業,先後不同,然相須而成,其歸一揆。"④此所謂"當時之簡",屬於記注之史料;而《墨子》所引的周、燕、宋、齊史書,其中所載"爰始要終,本末悉昭,則記事以詳"的内容顯然屬於"後來之筆"。

實際上,除過以上所舉的兩類國史外,還有其他類型的國史。白壽彝認爲春秋時期的國史的形式,至少有三種:一種是祇記某時發生某事,如

---

① 梁啓超:《中國歷史研究法》,第13~14頁。
② 梁啓超:《中國歷史研究法》,第13、15頁。
③ 劉師培:《古春秋記事成法考》,《劉師培史學論著選集》,第521頁。
④ (唐)劉知幾著,(清)浦起龍通釋:《史通通釋》卷11,第301頁。

《左傳》襄公二十五年記齊太史書"崔杼殺其君",後來的《春秋》經繼承了這一形式;第二種是寫出史事的過程;第三種形式是記言,或以記言爲主,或記事又記言,這種形式在《左傳》和《國語》中大量存在。① 這裏所說第一種即記注體史書,即我們所說的第一類史書;第二種屬於第二類史書;第三種也是很重要的一類國史。以上就是先秦時期國史的主要類型。

(二)戰國時期的私家撰述

《繫年》不是國史,它是私家撰述。先秦時期的私家撰述的情況如何呢?白壽彝認爲,春秋晚年孔子開私人講學與私人撰述之風,他所修的《春秋》,"標誌了私人撰述的出現,這是中國史學史上的一件大事,有利於此後私人撰述的發展"。② 正如前文所考察的,孔子並未修春秋,但是,事實與觀念是可以分離的:孔子是否修《春秋》是一回事,人們的觀念裏認爲孔子是否修《春秋》是另外一回事。孔子修《春秋》這一觀念在中國先秦時期有很大影響,以至影響到先秦史學的發展。可以說,先秦時期孔子修《春秋》這一觀念的產生和發展,標誌了私人撰述的出現。那麼,這一觀念具體產生於何時呢?

孔子是春秋末期人。據學者研究,對《春秋》大力推崇並將之與孔子聯繫起來,是在戰國時期。③《左傳》成公十八年:"故君子曰:《春秋》之稱,微而顯,志而晦,婉而成章,盡而不汙,懲惡而勸善。非聖人,誰能修之?"《孟子·滕文公下》:"世衰道微,邪說暴行有作,臣弑其君者有之,子弑其父者有之,孔子懼,作《春秋》。《春秋》,天子之事也。是故孔子曰:'知我者其惟春秋乎,罪我者其惟春秋乎?'""孔子成《春秋》而亂臣賊子懼。"可見,戰國時期認爲孔子修或作《春秋》的觀念已經很普遍,尤其是在深受孔子影響的儒家學派的著作中更是如此。

正是由於戰國時期盛行聖人孔子修或作《春秋》這一觀念,促成了私人撰述之風氣盛行。《史通·史官建置》曰:

> 蓋史之建官,其來尚矣。……至於三代,其數漸繁。案《周官》《禮記》,有大史、小史、內史、外史、左史、右史之名。大史掌國之六典,小史掌邦國之志,內史掌書王命,外史掌書使乎四方,左史記言,右

---

① 白壽彝:《先秦時期:中國史學的產生》,《中國史學史》第 1 卷,第 138 頁。
② 白壽彝:《先秦時期:中國史學的產生》,《中國史學史》第 1 卷,第 140~142 頁。
③ 參喬治忠:《中國官方史學與私家史學》,第 345 頁。

史記事。……斯則史官之，……備於周室，名目既多，職務咸異。至於諸侯列國，亦各有史官，求其位號，一同王者。①

可見西周時無論周王朝還是各諸侯國，都設有史官，職修國史。西周滅亡後，平王東遷，王室衰微，諸侯力政，"彊乘弱，興師不請天子。然挾王室之義，以討伐爲會盟主，政由五伯，諸侯恣行，淫侈不軌，賊臣篡子滋起矣"②。政局的變化影響到了史書的編撰。西周時期諸侯國史書的編撰同於王室，但王室衰微後，各國史書的編撰出現了新的發展特點：一則政局動盪，史籍殘缺，史書編纂需要多方搜集資料並予以整理；二則各自爲政，標準不一；三則諸侯爭霸促進了各國的交往，因此歷史書寫不能局限於本國，要放眼天下；四則時勢變化劇烈，因此需要總結歷史變化之緣由，更加注重古今之變。《國語》《左傳》《竹書紀年》《繫年》四部私家撰述，正是在這種情勢下應運而生的。由於現存《古本竹書紀年》是輯佚本，《今本竹書紀年》是後人所編，皆非它的本來面貌，這裏僅就《古本竹書紀年》輯佚本、《國語》、《左傳》、《繫年》四部私家撰述，談談其主要貢獻。

第一，倡導普遍精神。國史一般以記載本國史爲主。到了春秋戰國時期，隨着諸侯國交往日趨頻繁，也會兼及其他諸侯國史事。但是，國史記載它國史事亦有自身弊端，比如《史通·惑經》說《春秋》記載它國史事即有以下情形：

《春秋》記它國之事，必憑來者之辭；而來者所言，多非其實。或兵敗而不以敗告，君弒而不以弒稱，或宜以名而不以名，或應以氏而不以氏，或春崩而以夏聞，或秋葬而以冬赴。皆承其所說而書，遂使真僞莫分，是非相亂。③

而私家撰述則避免了上述弊端。比如《左傳》，梁啓超即曰："[它]不以一國爲中心點，而將當時數個主要的文化國，平均叙述。蓋自春秋以降，我族已漸爲地方的發展，非從各方面綜合研究，不能得其全相。當時史官之作大抵皆偏重王室，或偏重於其本國（例如《春秋》以魯爲中心；《竹書紀年》自周東遷後，以晉爲中心，三家分晉後，以魏爲中心）。《左氏》反是，能平均注意於全部。其《國語》將周、魯、齊、晉、鄭、楚、吳、越諸國分篇叙述，無所偏畸。……其溥遍的精神，固可見也。"④朱希祖也稱讚《國語》的成就

---

① （唐）劉知幾著，（清）浦起龍通釋：《史通通釋》卷11，第281頁。
② 《史記》卷14，第647頁。
③ （唐）劉知幾著，（清）浦起龍通釋：《史通通釋》卷14，第381頁。
④ 梁啓超：《中國歷史研究法》，第15~16頁。

說:"蓋春秋之時,雖有百國《春秋》,然國自爲史,未聞聚國別之史而薈萃爲一書也。"①《國語》確是這樣的書。再如《繫年》,它雖然主要記載晉、楚兩國史事,但也兼及周王室、魯、齊、秦、宋、衛、蔡、鄭、吳、越、許、徐、息、狄等國的人和事,詳參本書附錄。

第二,注重系統性。以《春秋》爲代表的國史,按年、時、月、日等時間單位排列史事,但它的排列是機械的,事與事之間缺乏一種有機聯繫,讀者更是無法從中獲取時間之間的因果聯繫等信息。而私家撰述則不一樣,梁啓超說:"《左氏》之書,其斷片的敘事,雖亦不少;然對於重大問題,時復溯原竟委,前後照應,能使讀者相悦以解。"②又如《國語》,白壽彝說:"書中取材或有不免失於瑣碎的地方,但跟重要歷史有聯繫的記載是佔了最多篇幅的。"③又如《繫年》,其本身就是記事本體史書,更是講究事與事之間的因果聯繫。

第三,力圖揭示古今之變。正如上文所言,以《春秋》爲代表的國史,史事之間缺乏因果聯繫,也看不出古今之變,而私家撰述則表現出一種總結歷史經驗、力圖把握古今之變的撰史目的。如《國語》記事有一個重要特點,即是在一條記載之後,往往指出這一事件發展的結果或歷史趨勢來,指出某些事件的歷史影響。④ 比如《國語·鄭語》:"及平王末,而秦、晉、齊、楚代興。秦景、襄於是乎取周土。晉文侯於是乎定天子。齊莊、僖於是乎小伯。楚蚡冒於是乎始啓濮。"指出平王末年各諸侯國迅速發展壯大的歷史事實及其影響。《周語上》載晉文公之霸,列舉完一系列事件後說:"於是乎始霸。"《晉語七》記晉悼公霸業,說:"於是乎始復霸。"前者曰"始",表明晉國霸業始於文公;後者曰"復",說明悼公霸業是繼文公而來:這就體現出一種歷史聯繫,表現出作者對於歷史古今之變的關注。又如《左傳》中有很多預言,這也是藉着預言的形式,表達作者對事件影響未來的關注。《左傳》文公六年載秦穆公死後用活人殉葬,"君子是以知秦之不復東征也",就是將穆公殉葬與秦之不復東征相聯繫。再如《繫年》第十八章:"晉人且有范氏與中行氏之禍,七歲不解甲,諸侯同盟于鹹泉以反晉,至

---

① 朱希祖:《中國史學通論》(與《史館論議》合刊),北京:中華書局,2012年,第30頁。
② 梁啓超:《中國歷史研究法》,第16頁。
③ 白壽彝:《先秦時期:中國史學的產生》,《中國史學史》第1卷,第149頁;白壽彝:《國語散論》,《白壽彝文集》第6卷,開封:河南大學出版社,2008年,第429頁。
④ 白壽彝:《先秦時期:中國史學的產生》,《中國史學史》第1卷,第149~150頁;白壽彝:《國語散論》,《白壽彝文集》第6卷,第429頁。

今齊人以不服于晉,晉公以弱。"第二十章:"晉幽公立四年,趙狗率師與越公朱句伐齊,晉師閱長城句俞之門,越公、宋公敗齊師于襄平。至今晉越以爲好。""至今"就表明一種溝通古今的精神。

以上三點,就是戰國時期私家撰述對中國史學史的主要貢獻。這些貢獻,可以説是引發了中國史學史之革命,對以後史學發展產生了廣泛而深遠地影響。

第六章 《繫年》在中國史學史上的地位

一、迄今發現的第一部紀事本末體的史學作品

戰國時期已經出現了紀事本末體史書,典型者如《鐸氏微》《虞氏春秋》等,而清華簡《繫年》早於前二者。因此,《繫年》無疑是現存的中國史學史上第一部紀事本末體史書,從而證明至晚在戰國早期成型的紀事本末體史書已經產生,使得成型的紀事本末體史書在中國產生的時間提早了一千多年,從而改寫了中國史學史。

過去已有學者注意到先秦時期已經有紀事本末體史書的雛形,但其實際上僅是使用了紀事本末的記史方式,卽我們所謂的歷史叙事。至於成型的紀事本末體史書,以往學者注意到的戰國中葉的《鐸氏微》以及戰國晚期的《虞氏春秋》有可能是紀事本末體史書,但也有學者認爲應該是史事類編性質的。戰國早期的清華簡《繫年》的公佈,使我們第一次看到成型的紀事本末體史書。通過將《繫年》與《鐸氏微》《虞氏春秋》對比,可證明後二者都是紀事本末體史書,這説明戰國時期已經有多部紀事本末體史書。

從編年記事到歷史叙事,從記注體到紀事本末體,都是當時歷史意識與史學意識進步共同推動的結果。歷史意識表現在人們看到了學習歷史的必要性,想從歷史的興衰成敗中汲取教訓,爲當時的現實生活服務。史學意識表現在不僅史學家注重保存史料,還表現在史家主體意識的覺醒。

以《繫年》《鐸氏微》《虞氏春秋》爲代表的戰國時期紀事本末體史書的產生,意味着戰國時人的歷史意識與史學意識的巨大進步。從歷史意識上看,戰國時期是一個歷史大變動時期,這使得人們從歷史中汲取經驗的需要更加迫切與强烈,而《繫年》中所反映的以史爲鑒的意識,及"《鐸氏微》《虞氏春秋》,明確地把'採取成敗,或刺譏國家得失'作爲著作的宗旨,比以往利用歷史梳理道德信條的做法前進了一大步,標誌着我國古代史學開始出現了方向性的改變"①。從史學意識上來説,相對於編年記事與記注體史書,歷史叙事與紀事本末體史書更要求史家具有强烈的問題意識、現

---

① 尹達主編:《中國史學發展史》,鄭州:中州古籍出版社,1985年,第65頁。

實關懷,以及對史料加工、剪裁等編撰方法的靈活運用,而這更加凸顯了史家發揮主觀能動性的重要性,也反映了史家主體意識的自覺。

二、迄今發現的第一部貫通空間與時間的通史作品

歷史的主題是人,而人是生活在具體的時間和空間之中的具體的人;史學的根本是記事,而事也衹有在具體的時間、空間當中才有意義。恩格斯説:"一切存在的基本形式是空間和時間,時間以外的存在像空間以外的存在一樣,是非常荒誕的事情。"① 可以説,如果史學所記的事件不納入具體的時間、空間當中,發生了錯亂,也是"非常荒誕的事情"。

中國古代史學很重視所記史事的時間和空間問題。本編"引論"部分提到商代甲骨文中的記事刻辭和西周金文中的記事銘文中即有年、月、日等時間,也有地點、事件,雖然這些僅僅爲編年記事,還不算真正的史學著作,但已經説明商周時期記事很注重將事件納入一定的時間、空間之中,以免當人們再閲讀這些文字時發生錯亂。這種現象説明當時已經有了初步的歷史意識萌芽,但總體而言,誠如朱希祖所説:"西周之時,記載事實,時間之觀念未明,故無編年之史。"② 這裏所謂"時間觀念未明"即指時間的斷裂而言。商代和西周時期的編年記事,在時間是斷裂的,而非連續的;空間上也是孤立的,而非統一的。可以説,這時期人們思想中没有時間和空間上貫通的觀念,人們的歷史意識尚處於初始階段,還稱不上真正意義的歷史意識,更談不上史學意識。

西周晚期,記注體史書産生並逐漸興起,這種史書的編年通常是連續的,可以説從此時開始,史學的時間觀念始明。西周滅亡以後,平王東遷,但周王朝之權威已大爲衰落,直至失去了對各諸侯國的控制。伴隨着諸侯國的强大,各個諸侯國的國史修纂逐漸興盛。春秋時代的諸侯國國史,也多爲逐年編年記事,比如《春秋》記載史事,以魯國國君爲單位,逐年記事。這表明時間觀念已經成爲史學著作的核心要素之一。

西周晚期産生的記注體史書雖然注意到了時間的連續,但並未注意到空間上的聯繫。春秋時代諸侯國各自爲政,相互間的交往較少,因此各國國史通常以本國作爲主導,而對它國涉及很少,即便記載它國史事也多不

---

① 〔德〕恩格斯:《反杜林論》,中共中央馬克思恩格斯列寧斯大林著作編譯局編譯,北京:人民出版社,2018年,第53~54頁。
② 朱希祖:《中國史學通論》(與《史館論議》合刊),第27頁。

嚴謹。對此,《史通·惑經》概括説:

> 《春秋》記它國之事,必憑來者之辭;而來者所言,多非其實。或兵敗而不以敗告,君弑而不以弑稱,或宜以名而不以名,或應以氏而不以氏,或春崩而以夏聞,或秋葬而以冬赴。皆承其所説而書,遂使真僞莫分,是非相亂。①

春秋末期,私家撰述逐漸興起。私家撰述在一定程度上避免了上述弊端。比如對於《左傳》,梁啓超即曰:"[它]不以一國爲中心點,而將當時數個主要的文化國,平均叙述。蓋自春秋以降,我族已漸爲地方的發展,非從各方面綜合研究,不能得其全相。當時史官之作大抵皆偏重王室,或偏重於其本國(例如《春秋》以魯爲中心;《竹書紀年》自周東遷後,以晉爲中心,三家分晉後,以魏爲中心)。《左氏》反是,能平均注意於全部。其《國語》將周、魯、齊、晉、鄭、楚、吴、越諸國分篇叙述,無所偏畸。……其溥遍的精神,固可見也。"②

不可否認,《左傳》確實注意記載它國史事,但仍然是以魯公紀年爲主,因此並未做到貫通空間。《國語》將各個國家分别叙述,本質上仍屬於國別史。這是因爲春秋歷史的主題是諸侯争霸,此時期的總趨勢是由統一走向分裂,所以不可能出現一部打破國别界限的史書,朱希祖説:"蓋春秋之時,雖有百國《春秋》,然國自爲史,未聞聚國别之史而薈萃爲一書也。"③誠哉是言!

戰國時代的主題是兼併,歷史總趨勢是由分裂走向統一。正是這種形式的需要,才産生了打破國别界限的史書,這是一方面。另一方面,兼併戰争的慘烈,使各國爲贏得戰争,争相變法改革——改革即要改變現狀(可稱爲"今"),而現狀脱離不了過去(可稱爲"古"),這就需要瞭解古今之變。正是這種需求,才産生了打破古今的史學作品。在時間上打破古今、在空間上打破國别,實際上就是要尋求在空間裏的共時性的横向之通、在時間上古今歷時性縱向之通。做到這一點的史書,實際上就是通史④,而《繫年》就是中國史學史上現存的第一部貫通空間與時間的通史作品。

《繫年》的通史體例與通史精神表現在兩方面:

一方面,《繫年》打破國别界限,體現了空間上的共時性的横向之通。

---

① (唐)劉知幾著,(清)浦起龍通釋:《史通通釋》卷14,第381頁。
② 梁啓超:《中國歷史研究法》,第15~16頁。
③ 朱希祖:《中國史學通論》(與《史館論議》合刊),第30頁。
④ 劉家和:《論通史》,《史學史研究》2002年第4期,第9~10頁。

從記述內容上講，《繫年》雖然主要記載晉、楚兩國史事，但也兼及周王室、魯、齊、秦、宋、衛、蔡、鄭、吳、越、許、徐、息、狄等國的人和事，詳參本書附錄。從記事體例上講，《繫年》作爲一部楚人書寫的史書，不僅使用楚王紀年，還使用周王以及晉公等紀年，詳參本編《繫年》文本形態部分。

劉家和認爲："一部史書所述時間長且經歷不止一朝一代，嚴格地說，這祇是作爲通史的必要條件。怎樣才能算是真正的通史呢？那就還要涉及問題的另一個層面，即必須具備通史精神。"①《繫年》即具備通史精神，其突出表現在這雖然是一部楚人所作的史書，但作者並不爲楚人遮醜。例如：

第七章：文公率秦、齊、宋及群戎之師以敗楚師於城濮，遂朝周襄王于衡雍，獻楚俘馘，盟諸侯於踐土。

第二十二章：二年，王命莫敖陽爲率師侵晉，奪宜陽，圍赤岸，以復黃池之師。魏斯、趙浣、韓啓章率師救赤岸，楚人舍圍而還，與晉師戰於長城。楚師無功，多棄旆幕，宵遁。楚以與晉固爲怨。

第二十三章：厭年，韓取、魏擊率師圍武陽，以復鄍之師。魯陽公率師救武陽，與晉師戰於武陽之城下，楚師大敗，魯陽公、平夜悼武君、陽城桓定君——三執圭之君與右尹昭之竢死焉，楚人盡棄其旆、幕、車、兵，犬逸而還。陳人焉返，而入王子定於陳。楚邦以多亡城。

這説明作者没有被狹隘的國別觀念所限，而是具有一種"天下"觀。

另一方面，《繫年》打破了古今界限，體現了時間上古今歷時性縱向之通。《繫年》敘事，没有局限於某一個時代，而是從武王克商開始，一直記到戰國早期，涉及西周、春秋、戰國三個時期。有人認爲《繫年》是"一部周代的斷代史"②，顯然這種說法建立在將西周、春秋、戰國納入周代的基礎上。但將春秋、戰國均納入周代實際上是後人的説法，非先秦時期所固有，所以這一基礎並不可靠。比如《論語·衛靈公》載孔子曰"三代之所以直道而行也"，《孟子·滕文公上》載孟子曰"三代共之"，這裏的"三代"即指夏、商、周，未包括春秋、戰國。另外，最明顯的例子是《竹書紀年》。《古本竹書紀年》記事，即分夏、殷、周、晉、魏五紀，杜預説："[《竹書紀年》記事]起自夏、殷、周，皆三代王事，無諸國別也。唯特記晉國，起自殤叔，次文侯、昭侯，以至曲沃莊伯。……編年相次，晉國滅，獨記魏事，下至魏哀王之二

---

① 劉家和：《論通史》，《史學史研究》2002年第4期，第9~10頁。
② 李學勤：《〈繫年〉出版的重要意義》，《邯鄲學院學報》2011年第4期，第5頁。

十年。"①這裏夏、殷、周單獨記事,晉國屬於春秋部分,魏國屬於戰國部分,均爲單獨記事,故《汲冢紀年》:"自武王滅殷,以至[于]幽王,凡二百五十七年。"②可見,先秦時期人的觀念中周的斷限確實是從武王以至周幽王。相反,後人所編的《今本竹書紀年》中,從五帝時期(黃帝、少昊、顓頊、帝嚳、堯、舜),到夏、殷、周,即便是春秋時期的晉國史事與戰國時期的魏國史事,也納入周王紀年,這顯然是將晉、魏史事看作周代史的一部分,這種看法絕非先秦時期人之觀念。從這重意義上講,《繫年》記事實際上就是分西周、春秋、戰國三個階段,其叙事没有局限於某一個時代,因此從時間的縱向維度上看,《繫年》也具備打通縱向歷時性之通的通史特徵。

至於通史精神,《繫年》也已經具備。《繫年》前四章主要叙述西周衰落,但簡文一直上溯至商王的不恭上帝以及武王克商。第五至二十章主要叙述春秋史事,但其中也指出了某些事件對作者所生活的戰國時代的歷史影響。例如第十八章:"晉人且有范氏與中行氏之禍,七歲不解甲,諸侯同盟于鹹泉以反晉,至今齊人以不服于晉,晉公以弱。"二十章:"晉幽公立四年,趙狗率師與越公朱句伐齊,晉師閲長城句俞之門,越公、宋公敗齊師于襄平。至今晉、越以爲好。""至今"就表明一種溝通古今的觀念。

由上面分析可知,《繫年》確實完全具備了通史體例與通史精神,因此無疑是一部通史作品。中國的第一部通史,傳統認爲是《竹書紀年》,白壽彝即説:"從中國史學史的角度來看,《竹書紀年》是我們所知最古老的具有通史性質的編年史書。"③而《繫年》早於《竹書紀年》,現在《繫年》可稱爲中國史學史上迄今我們所知的第一部通史作品。

---

① 《春秋左傳正義》卷60,《十三經注疏》,第4751頁。
② 方詩銘、王修齡:《古本竹書紀年輯證(修訂本)》,第64頁。
③ 白壽彝:《先秦時期:中國史學的産生》,《中國史學史》第1卷,第160頁。

結　語

一、《繫年》的性質——戰國早期微類史書的抄撮類

《繫年》是戰國早期楚國的一部具有抄撮性質的史書,本身屬於當時較爲流行的微類史書的抄撮類,是楚威王師傅鐸椒所撰《鐸氏微》的雛形。春秋末年,《春秋》學已經很盛行,而《左傳》具有明顯地依附《春秋》的性質,故西漢司馬遷《史記·十二諸侯年表序》以及東漢班固《漢書·藝文志》均將《左傳》作爲《春秋》學的典型代表。《左傳》的成書年代,《史記·十二諸侯年表序》等説在春秋末年,唐代以後有學者根據《左傳》記事有戰國及以後的痕迹,遂將《左傳》成書年代推後,以至當今學界主流觀點將其成書年代定在戰國時期。根據《繫年》等新資料來看,這種看法是不可信的,傳統上認爲《左傳》成書於春秋末期的説法不可輕易否定。

《左傳》成書後,經曾申授於吳起,楚悼王時期吳起又傳於其子吳期,吳期傳於楚威王師傅鐸椒。吳期生活的年代大致在楚悼王、肅王、宣王、威王時期,而《繫年》與《鐸氏微》所抄撮的《左傳》正乃吳期所傳之《左傳》。《繫年》與《鐸氏微》年代相近,體例相似,因此前者很可能即是後者的雛形。

二、《繫年》的史學價值

第一,從史料學角度而言,《繫年》雖然是抄撮《左傳》而成,但是它所抄撮的《左傳》是吳期所傳,屬於早期流傳的《左傳》版本,這個本子是未經後世繕補的本子,因此具有很重要的史料價值。最典型的例子就是《左傳》文公十年所載"宋公爲右盂,鄭伯爲左盂"有誤,而據《繫年》可以補正。另外,《繫年》與今本《左傳》不同者,排除參考《左傳》以外史書者,其中有一部分很可能就是来自吳期所傳《左傳》的內容,這部分內容對考證先秦史事也具有重要的學術價值。《繫年》除過抄撮《左傳》,還參考了其他書籍。這部分資料,有很多爲傳世文獻所未載,而跟青銅器銘文等出土文獻

可印證。這一方面證明了《繫年》所據史料的可信性,另一方面也爲準確解讀出土文獻,以及考證相關文獻與史事提供了重要資料。還有,《繫年》不僅抄撮以《左傳》爲主的史書,在最後三章還加進了離作者較近的"現當代史"內容。這部分內容爲其他文獻所未載,是研究當時歷史的非常珍貴的文獻,具有重要的史料價值。

第二,從史學史角度而言,《繫年》是中國史學史上迄今爲止我們所知道的第一部紀事本末體的史學作品,是中國史學史上現存的第一部貫通空間與時間的通史作品,這兩個"第一"就是其史學史價值的集中體現。傳統上認爲中國史學史上第一部紀事本末體史書是南宋時期的《通鑑紀事本末》,現在據《繫年》可證,至晚在戰國早期成型的紀事本末體史書已經產生,使得成型的紀事本末體史書在中國的產生時間提早了一千多年,從而改寫了中國史學史。中國的第一部通史,傳統認爲是《竹書紀年》,而《繫年》早於《竹書紀年》,因此《繫年》無疑成爲中國史學史上現存的第一部具有通史性質的紀事本末體史書。

三、回顧

清華簡在 2006 年冬就已經在香港文物市場出現,到 2008 年 8 月被收藏。2010 年 12 月起,這批重要的歷史文獻陸續整理出版,其中,以李學勤爲代表的清華大學出土文獻與保護中心研究團隊做了大量工作。他們的工作效率和質量非常高,出版的《繫年》圖版非常清晰,釋文準確,對簡文的解釋簡明扼要,這都爲學界進一步研究打下了堅實基礎。《繫年》自 2011 年 12 月出版至今,已經有十多年時間。它不僅吸引了國內學者的目光,而且還受到包括美國、日本等國在內海外學者的廣泛關注,已經取得了很多重要的成果。筆者自《繫年》公佈,一直追蹤相關研究成果,並及時予以吸收。可以説,本書的寫作,建立在較廣泛地參考海內外學界相關研究成果的基礎之上。

本書的寫作,如果説與學界對《繫年》的研究略有區別的話,主要有以下兩點:

第一,綜合性。本書從簡文疏證、史事考證、綜合研究三個方面,對《繫年》這篇重要的歷史文獻,從點、綫、面三個層面,進行了較全面、系統地研究,注重微、中、宏觀之結合與相互促進。

第二,突破主要在史事考證與綜合研究方面。釋文層面,整理者已經提供了較準確的釋文,學界在此基礎上雖有個別地方的補正,但總體而言差別不大，本書在這方面主要是以整理者提供的釋文爲基礎，及時吸收學界的可靠成果，間有筆者意見，如在斷句方面與整理者意見有一些區別。簡文疏證方面，本書主要將簡文與《左傳》《國語》等傳世文獻以及金文、簡帛等出土文獻相對證。由於《繫年》是根據編年體史書抄撮而成，所以筆者對每條簡文盡可能予以繫年，可詳參本書附錄部分。

史事考證方面，本書重點討論了以下五個方面的問題：

第一，通過《繫年》文字的疏證，對其中所涉及的問題作以討論。例如《繫年》第二章的"周亡王九年"，筆者認爲應指"周幽王九年"，進而以此爲據，對周平王東遷的相關年代以及過程進行了探討；《繫年》第三章的"康丘"，應在"邶"地，進而以此爲據，對邶、鄘、衛的地望以及衛的分封等問題進行了討論。

第二，通過《繫年》與甲骨文、金文的對照，對先秦重要史事進行探討。例如《繫年》第一章載周克商的理由之一是"商王之不恭上帝天神"，根據甲骨文、金文對商人觀念中的上帝、商人是否祭祀上帝等問題進行考察，發現商人實際上不祭祀上帝，周人之所以如此說，完全是爲克商作輿論準備，而簡文所載實際上就是根據周人的說法。

第三，通過《繫年》與傳世文獻的對照，校證傳世文獻之譌誤。例如，《繫年》第十一章中所載"宋公爲左盂，鄭伯爲右盂"，今本《左傳》爲"宋公爲右盂，鄭伯爲左盂"，經過考證發現今本《左傳》有誤，當從《繫年》正之。

第四，通過《繫年》與傳世文獻的對照，可補傳世文獻所載史事之闕佚。例如，《繫年》第五章所載楚文王取頓恐陳事不見於傳世文獻記載，爲新史料，可補傳世文獻之闕。

第五，通過《繫年》與傳世文獻的對照，可見兩書作者對某些史事的認識有所不同。例如，《繫年》第十六章與《左傳》均有鄢陵之戰之記載，前者明顯持楚人立場，而後者則維護晉國利益。

本書取得了一些成果，其中有一些發表在《史語所集刊》《文史》《史學史研究》《史學月刊》等雜誌上，收入本書時作了一些新修訂。綜合研究方面，學界雖然有說《繫年》體例屬於紀事本末體，但在理論上論證尚未深入。本書從理論與史實兩個層面對《繫年》體例屬於紀事本末體的說法予以系統論證，並提出了《繫年》是抄撮《左傳》而成、並爲《鐸氏微》的雛形這一新觀點。另外，學界或認爲《繫年》是一部周代斷代史，本書從通史體例與通史精神兩個層面論證了它實際上是現存的中國第一部通史作品。因此，《繫年》可稱爲迄今我們所知的中國史學史上第一部紀事本末體的通史作品。

四、展望

自《繫年》公佈至今,已有十多年時間,學界雖然取得了一些成果,但是對它的研究遠未結束,如《繫年》中還有一些疑難字詞尚未完全釋讀出來,一些簡文也未作出圓通的解釋。近些年來,清華簡的整理出版還在陸續進行,另外像安徽大學藏戰國竹簡里也有一些楚史的內容,相信這些新資料的陸續公佈,對《繫年》的研究將產生積極的影響。

附　錄

說明：

1. 附録共有三表，分別爲：一、大事年表，主要是將《繫年》簡文進行繫年；二、人名表，列了簡文中出現的各國人名；三、地名表，列了簡文中所出現的各國地名。

2. 諸表年代。周王與諸侯國君紀年，公元前841年之前者，由於年代尚未明確，不列公元紀年。公元前841年至前723年採用《史記·十二諸侯年表》紀年。公元前722年至前468年採用楊伯峻《春秋左傳注（修訂本）》所列紀年。前468以後紀年採用晁福林《春秋戰國的社會變遷》（第998~1001頁）所列紀年。宋悼公、鄭繻公、越王等的紀年參錢穆《先秦諸子繫年》（第663~667頁），公元紀年參《史記·六國年表》。與上述所列紀年不同者，是筆者的推斷，具體可參每章簡文疏證與史事考證部分。由於篇幅所限，表格中君王年代紀年亦用阿拉伯數字，如"成王1"，表示成王元年。

3. 國別順序。一般按照西周（附商）、楚、晉、齊、其他的順序排列。"其他"中諸侯國的排列一般按照《史記·十二諸侯年表》順序排列，後者未載者按照越、許、徐、息、狄的順序排列。

4. 章序與簡序。章序用"一、二、三……"表示，簡號用"1、2……"表示。如"（三：14）"即表示第三章第14號簡，"（二十三：127~128）"表示第二十三章中第127至128號簡。

5. 關於人名表。表中括號外者是簡文中名號，括號內"卽某某"者是對應於傳世文獻的名號。例如商王（卽紂王，一：1），"商王"指簡文中的稱號，"卽紂王"指傳世文獻中習稱紂王。人名間用逗號","表示二者是同一人之異稱，用分號"；"表示前後二者非同一人。例如"攜惠王（二：7），余臣（二：7）"表示"攜惠王"與"余臣"是同一人，"連尹襄老（十五：76）；黑要也（十五：77）"表示"連尹襄老"與"黑要也"非同一人。

一、《繫年》大事年表

公元前	周	魯	楚	晉	大　事	簡　文
	武王				周武王克商	第一章：昔周武王監觀商王之不恭上帝，禋祀不寅，乃作帝籍，以登祀上帝天神，名之曰【一】"千畝"，以克反商邑，敷政天下。（一：1～2）
					周武王設三監	第三章：周武王既克殷，乃設三監于殷。（三：13）
	成王 1				武庚叛亂	第三章：武王陟，商邑興反，殺三監而立彔子耿。（三：13）
	2				成王平叛	第三章：成【一三】王屎伐商邑，殺彔子耿，飛廉東逃于商蓋氏。（三：13～14）
					衛康叔分封	第四章：乃先建衛叔封于康丘，以侯殷之餘民。（四：18）
	2～3				成王遷殷民至於洛邑	第四章：周成王、周公既遷殷民于洛邑。（四：17）
	3				成王殺飛廉	第三章：成王伐商蓋，殺飛廉。（三：14）
	4				分封諸侯	第四章：乃追念夏商之亡由，旁設出宗子，以作周厚【一七】屏。（四：17～18）
					衛從康丘遷到淇衛	第四章：衛人自康丘遷于淇衛。（四：18）
	？				遷商奄之民到朱圉	第三章：西遷商【一四】蓋之民于朱圉，以御奴虖之戎，是秦之先，世作周㕦。（三：14～15）
841	共和 1	真公 15	熊勇 7	穆侯 18	國人暴動與厲王奔彘	第一章：至于厲王，厲王大虐于周，卿士、諸正、萬民弗忍于厥心，【二】乃歸厲王于彘。（一：2～3）

(續表)

公元前	周	魯	楚	晉	大事	簡文
828	14	28	10	13	宣王即位	第一章：共伯和立，十又四年。厲王生宣王，宣王即位，共伯和歸于宋〈宗〉。（一:3）
789	宣王39	孝公18	熊若2	23	千畝之戰	第一章：宣王【三】是始棄帝籍弗田，立三十又九年，戎乃大敗周師于千畝。【四】（一:3~4）
773	幽王9	34	18	文侯8	外諸侯不朝周，晉文侯立平王於京師	第二章：周亡王九年，邦君諸侯焉始不朝于周，【八】晉文侯乃逆平王于少鄂，立之于京師。（二:8~9）
771	11	36	20	10	西周滅亡	第二章：周幽王取妻于西申，生平王。王或取褒人之女，是褒姒，生伯盤。褒姒嬖于王，王【五】與伯盤逐平王，平王走西申。幽王起師，圍平王于西申，申人弗畀，繒人乃降西戎以【六】攻幽王。幽王及伯盤乃滅，周乃亡。（二:5~7）
770	平王1	37	21	11	周平王遷居成周	第二章：三年，乃東徙之于成周，晉人焉始啓【九】于京師，鄭武公亦正東方之諸侯。（二:9~10） 第三章：周室既卑，平王東遷，止于成【一五】周。秦仲焉東居周地，以守周之墳墓，秦以始大。【一六】（三:15~16）
695	莊王2	桓公17	武王46	緡侯10	鄭昭公大夫高渠彌立子眉壽	第二章：武公即世，莊公即位。莊公即世，昭公即位，【一○】其大夫高之渠彌殺昭公而立其弟子眉壽。（二:10~11）
694	3	18	47	11	首止之會	第二章：齊襄公會諸侯于首止，殺子【一一】眉壽，車轢高之渠彌，改立厲公，鄭以始正。楚文〈焚〉王以啓於漢陽。（二:11~12）

(續表)

公元前	周	魯	楚	晉	大事	簡文
684	13	莊公10	文王6	21	楚文王獲蔡哀侯以歸	第五章：蔡哀侯娶妻於陳，息侯亦娶妻於陳，是息媯。息媯將歸于息，過蔡，蔡哀侯命止之，【二三】曰："以同生之故，必入。"息媯乃入于蔡，蔡哀侯妻之。息侯弗順，乃使人于楚文王【二四】曰："君來伐我，我將求救於蔡，君焉敗之。"文王起師伐息，息侯求救於蔡，蔡哀侯率師【二五】以救息，文王敗之於莘，獲哀侯以歸。（五:23~26）
					楚文王作客於息	第五章：文王爲客於息，蔡侯與從。息侯以文【二六】王歆酒，蔡侯知息侯之誘己也，亦告文王曰："息侯之妻甚娙，君必命見之。"文【二七】王命見之，息侯辭，王固命見之。既見之，還。（五:26~28）
683	14	11	7	22	楚文王滅息	第五章：明歲，起師伐息，克之，殺息侯，娶【二八】息媯以歸。（五:28~29）
660	惠王17	閔公2	成王12	獻公17	衛戴公立	第四章：周惠王立十【一八】又七年，赤翟王峱啓起師伐衛，大敗衛師於睘，幽侯滅焉。翟遂居衛，衛人乃東涉【一九】河，遷于曹，[焉]立戴公申。（四:18~20）
659	18	僖公1	13	18	衛文公立	第四章：公子啓方奔齊，戴公卒。齊桓公會諸侯以城楚丘，邦【二〇】公子啓方焉，是文公。（四:20~21）
656	21	4	16	21	申生（共君）被殺與惠公、文公逃奔	第六章：晉獻公之嬖妾曰驪姬，欲其子奚齊之爲君也，乃讒大子共君而殺之，或讒【三一】惠公及文公。文公奔狄，惠公奔于梁。（六:31~32）按：此繫年據《左傳》，《春秋》在下一年。

(續表)

公元前	周	魯	楚	晉	大事	簡文
651	襄王 2	9	21	26	奚齊之立與被殺	第六章:獻公卒,乃立奚齊。其大夫里之克乃殺奚齊,【三二】而立其弟悼子。(六:32~33)
					里克殺悼子	第六章:里之克或殺悼子。(六:33)按,繫年此處據《左傳》,《春秋》在下一年。
					秦納晉惠公入晉	第六章:秦穆公乃納惠公于晉,惠公賂秦公曰:"我【三三】苟果入,使君涉河,至于梁城。"惠公既入,乃背秦公弗與。(六:33~34)
650	3	10	22	惠公 1	晉惠公背秦約	第六章:惠公既入,乃背秦公弗與。(六:34)
645	8	15	27	6	韓之戰	第六章:立六年,秦公率師與【三四】惠公戰于韓,止惠公以歸。(六:34~35)
644	9	16	28	7	晉文公重耳離狄至齊	第六章:文公十又二年居狄,狄甚善之,而弗能納;乃蹠齊,齊人善之。(六:36)
643	10	17	29	8	晉懷公爲質	第六章:惠公焉以其子懷公爲質于秦,秦穆公以其子妻之。【三五】(六:35)
640	13	20	32	11	重耳至宋	第六章:[晉文公]蹠宋,宋人善之,亦莫【三六】之能納。(六:36~37)。按,或在明年。
					重耳至衛	第六章:[晉文公]乃蹠衛,衛人弗善。(六:37)
639	14	21	33	12	重耳至鄭	第六章:[晉文公]蹠鄭,鄭人弗善。(六:37)
638	15	22	34	13	重耳至楚	第六章:[晉文公]乃蹠楚。(六:37)
					重耳入秦	第六章:懷公自秦逃歸,秦穆公乃召【三七】文公於楚,使襲懷公之室。(六:37~38)

(續表)

公元前	周	魯	楚	晉	大事	簡文
636	17	24	36	文公1	晉文公即位	第六章:晉惠公卒,懷公即位,秦人起師以納文公于晉,晉人殺【三八】懷公,而立文公。(六:38~39)
635	18	25	39	2	楚成王圍宋伐齊	第七章:晉文公立四年,楚成王率諸侯以圍宋伐齊,戍穀居緡。(七:41)
632	21	28	40	5	城濮之戰	第七章:晉文公思齊及宋之【四一】德,乃及秦師圍曹及五鹿,伐衛以說齊之戍及宋之圍。楚王舍圍,歸,居方城。【四二】令尹子玉遂率鄭、衛、陳、蔡及群蠻夷之師以交文公。文公率秦、齊、宋及群戎【四三】之師以敗楚師於城濮,遂朝周襄王於衡雍,獻楚俘馘,盟諸侯於踐土。【四四】(七:41~44)
630	23	30	42	7	秦晉圍鄭	第八章:晉文公立七年,秦、晉圍鄭,鄭降秦不降晉,晉人以不憖。秦人舍戍於鄭。(八:45)
629	24	31	43	8	衛遷帝丘	第四章:翟人或涉河伐衛于楚丘,衛人自楚丘【二一】遷于帝丘。(四:21~22)
628	25	32	44	9	秦戍人告秦軍來襲鄭	第八章:鄭人屬北門之管於秦之【四五】戍人,秦之戍人使人歸告曰:"我既得鄭之門管,來襲之。"秦師將東襲鄭。(八:45~46)
627	26	33	45	10	秦滅滑	第八章:鄭之賈人弦高將西【四六】市,遇之,乃以鄭君之命勞秦三帥,秦師乃復,伐滑,取之。(八:46~47)
627	26	33	45	10	崤(殽)之戰	第八章:晉文公卒,未葬,襄公親【四七】帥師禦秦師于崤,大敗之。(八:47~48)

(續表)

公元前	周	魯	楚	晉	大事	簡文
627~628	26~27	33~文公1	45~46	襄公1~2	秦穆公放歸楚俘申公儀求成	第八章：秦穆公欲與楚人爲好，焉説申公儀使歸求成。秦焉【四八】始與晉執怨，與楚爲好。【四九】（八：48~49）
621	32	6	穆王5	7	晉靈公之立	第九章：晉襄公卒，靈公高幼。大夫聚謀曰："君幼，未可奉承也，毋乃不能邦，猷求强君"，乃命【五〇】左行蔑與隨會召襄公之弟雍也于秦。襄〈夫〉人聞之，乃抱靈公以呼于廷曰："死人何罪？【五一】生人何辜？舍其君之子弗立，而召人于外，而焉將寘此子也。"大夫悔，乃皆背之，曰："我莫命召【五二】之。"乃立靈公，焉葬襄公。【五三】（九：50~53）
620	33	7	6	靈公1	堇陰之戰（令狐之戰）	第十章：秦康公率師以送雍子，晉人起師敗之于堇陰。左行蔑、隨會不敢歸，遂【五四】奔秦。（十：54~55）
618	頃王1	9	8	3	楚穆王伐宋	第十一章：楚穆王立八年，王會諸侯于厥貉，將以伐宋。宋右師華孫元欲勞楚師，乃行。【五六】穆王使驅孟諸之麋，徙之徒菑。宋公爲左盂，鄭伯爲右盂。申公叔侯知之，宋【五七】公之車暮駕，用抶宋公之御。（十一：56）今按：據《春秋》《左傳》，此事在楚穆王九年（當魯文公十年，前617），簡文所載誤，詳參第十一章"疏證"部分。
615	4	12	11	6	河曲之戰	第十章：靈公高立六年，秦公以戰于堇陰之故率師爲河曲之戰。【五五】（十：55）。
601	定王6	宣公8	莊王13	成公6	吳人服楚	第十五章：楚莊王立，吳人服于楚。（十五：74）

(續表)

公元前	周	魯	楚	晉	大　事	簡　文
600	7	9	14	7	厲之役	第十二章:楚莊王立十又四年,王會諸侯于厲,鄭成公自厲逃歸,莊王遂加鄭亂。晉成【六一】公會諸侯以救鄭,楚師未還,晉成公卒于扈。(十二:61~62)
599	8	10	15	景公1	陳公子徵舒殺君	第十五章:陳公子徵舒娶妻于鄭穆公,是少孔,莊王立十又五年,【七四】陳公子徵舒殺其君靈公。(十五:74~75)
598	9	11	16	2	楚圍陳	第十五章:莊王率師圍陳。(十五:75)
					申公屈巫適秦求師	第十五章:王命申公屈巫蹠秦求師,得師以【七五】來。(十五:75~76)
					楚莊王殺徵舒	第十五章:王入陳,殺徵舒,取其室以予申公,連尹襄老與之爭,敓之少孔。(十五:76)
597	10	12	17	3	河瀧之戰(邲之戰)	第十三章:……[莊]王圍鄭三月,鄭人爲成。晉中行林父率師救鄭,莊王遂北【六三】……[楚]人盟。趙旃不欲成,弗召,狀于楚軍之門,楚人【六四】被駕以追之,遂敗晉師于河……【六五】(十三:63~65)
					連尹襄老於河瀧之戰中被俘	第十五章:連尹止於河【七六】瀧,其子黑要也又室少孔。(十五:76~77)
595	12	14	19	5	宋殺楚使申伯無畏	第十一章:穆王即世,莊王即位,使申伯無畏聘于齊,假路【五八】於宋,宋人是故殺申伯無畏,奪其玉帛。(十一:58~59)
594	13	15	20	6	宋華元爲質	第十一章:莊王率師圍宋九月,宋人焉爲成,以女子【五九】與兵車百乘,以華孫元爲質。【六〇】(十一:59~60)

(續表)

公元前	周	魯	楚	晉	大　事	簡　文
592	15	17	22	8	斷道之會	第十四章：晉景公立八年，隨會率師，會諸侯于斷道。公命駒之克先聘于齊，且召高之固曰：【六六】"今春其會諸侯，子其與臨之。"齊頃公使其女子自房中觀駒之克，駒之克將受齊侯【六七】幣，女子笑于房中，駒之克降堂而誓曰："所不復仇於齊，毋能涉白水。"乃先【六八】歸，須諸侯于斷道。高之固至莆池，乃逃歸。齊三嬖大夫南郭子、蔡子、晏子率師以【六九】會于斷道。（十四：66～70）
589	18	成公2	共王2	11	齊頃公圍魯	第十四章：齊頃公圍魯，魯臧孫許蹠【七〇】晉求援。（十四：70～71）
					靡笄之戰（鞌之戰）	第十四章：駒之克率師救魯，敗齊師于靡笄。齊人爲成，以鞍骼玉爵與臺于之【七一】田。（十四：71～72）
					巫臣娶夏姬適晉	第十五章：莊王卽世，共王卽位。黑要也死，司馬子反與申【七七】公爭少䲦，申公曰："是余受妻也。"娶以爲妻，司馬不順申公。王命申公聘於齊，申【七八】公竊載少䲦以行，自齊遂逃適晉。（十五：77～79）
588	19	3	3	12	齊頃公朝於晉景公	第十四章：明歲，齊頃公朝于晉景公，駒之克走，援齊侯之帶，獻之景公，曰："齊侯之來也，【七二】老夫之力也。"【七三】（十四：72～73）

(續表)

公元前	周	魯	楚	晉	大 事	簡 文
585	簡王1	6	6	15	通吳晉之路	第十五章：自晉蹠吳，焉始通吳、晉之路，教吳人叛楚。【七九】（十五：79）
						第二十章：晉景公立十又五年，申公屈巫自晉蹠吳，焉始通吳、晉之路，二邦爲好，以至晉悼公。（二十：108）
584	2	9	9	18	晉景公放歸隕公儀求成	第十六章：一年，景公欲與楚人爲好，乃脫隕公，使歸求成。共王使隕公聘於【八六】晉，且許成。（十六：86~87）
581	5	10	10	19	晉景公使糴之茷聘楚修成	第十六章：景公使糴之茷聘於楚，且修成，未還，景公卒，厲公即位。（十六：87）
580	6	11	11	厲公1	楚共王派王子辰聘晉修成	第十六章：共王使王【八七】子辰聘於晉，又修成。（十六：87~88）
					楚共王派宋右師華孫元行晉楚之成	第十六章：王又使宋右師華孫元行晉、楚之成。（十六：88）
579	7	12	12	2	宋之盟	第十六章：明歲，楚王子罷會晉文【八八】子燮及諸侯之大夫盟於宋，曰："弭天下之甲兵。"（十六：88~89）
579	8	13	13	3	麻隧之戰	第十六章：明歲，厲公先起兵，率師會諸侯以伐【八九】秦，至于涇。（十六：89~90）
576	10	15	15	5	楚共王圍鄭	第十六章：共王亦率師圍鄭。（十六：90）
575	11	16	16	6	鄢陵之戰	第十六章：厲公救鄭，敗楚師於鄢。（十六：90）
573	13	18	18	8 悼公1	晉厲公死	第十六章：厲公亦見禍以死，無後。【九〇】（十六：90）

(續表)

公元前	周	魯	楚	晉	大事	簡文
563	靈王9	襄公10	28	11	虢之會	第二十章:以至晉悼公,悼公【一〇八】立十又一年,公會諸侯,以與吳王壽夢相見于虢。(二十:108~109)
557	15	16	康王3	平公1	湨梁之會	第十七章:晉莊平公即位元年,公會諸侯於湨梁,遂以遷許於葉而不果,師造於方城,齊高厚【九一】自師逃歸。(十七:91~92)
555	17	18	5	3	平陰之役	第十七章:平公率師會諸侯,爲平陰之師以圍齊,焚其四郭,驅車至于東海。(十七:92)
553	19	20	7	5	欒盈出奔齊	第十七章:平公【九二】立五年,晉亂,欒盈出奔齊。(十七:92~93)
550	22	23	10	8	欒盈入曲沃	第十七章:齊莊公光率師以逐欒盈,欒盈襲絳而不果,奔入於曲沃。(十七:93)
					朝歌之役	第十七章:齊【九三】莊公涉河襲朝歌,以復平陰之師。(十七:93~94)
548	24	25	12	10	晉平公伐齊	第十七章:晉人既殺欒盈於曲沃,平公率師會諸侯,伐齊,【九四】以復朝歌之師。(十七:94~95)
					齊崔杼求成於晉	第十七章:齊崔杼殺其君莊公以爲成於晉。(十七:95)
546	26	27	14	12	晉楚第二次弭兵會盟	第十八章:晉莊平公立十又二年,楚康王立十又四年,令尹子木會趙文子武及諸侯之大夫盟【九六】于宋,曰:彌天下之甲兵。(十八:96~97)

(續表)

公元前	周	魯	楚	晉	大事	簡文
541	景王4	昭公1	郟敖4	17	虢之會	第十八章：康王卽世，孺子王卽位，靈王爲令尹，令尹會趙文子及諸侯之大夫盟于【九七】虢。（十八：97～98）
538	7	4	靈王3	20	楚靈王伐徐	第十八章：孺子王卽世，靈王卽位，靈王先起兵，會諸侯于申，執徐公，遂以伐徐；（十八：98）
					楚靈王克賴、朱方	第十八章：克賴、朱方。（十八：98）
537	8	5	4	21	楚靈王伐吳之南懷之行	第十五章：以至靈王，靈王伐吳，爲南懷之行，執吳王子蹶由，吳人焉又服於楚。（十五：80）
						第十八章：伐吳，【九八】爲南懷之行。（十八：98～99）
534	11	8	7	24	楚滅陳	第十八章：間陳。（十八：99）
						第十九章：楚靈王立，旣間陳……（十九：104）
531	14	11	10	昭公1	楚滅蔡	第十八章：間……蔡，殺蔡靈侯。（十八：99）
						第十九章：楚靈王立，旣間……蔡。（十九：104）
529	16	13	12	3	楚平王改封陳、蔡	第十九章：景平王卽位，改封陳、蔡之君，使各復其邦。（十九：104）
523	22	19	平王6	頃公3	晉人居許公佗於容城	第十八章：晉莊平公卽世，昭公、頃公皆【九九】早世，簡公卽位；景平王卽世，昭王卽位；許人亂，許公佗出奔晉，晉人羅城汝陽，居【一〇〇】許公佗於容城。（十八：99～101）
522	23	20	7	4	伍員與伍之雞逃歸吳	第十五章：少師無極讒連尹奢而殺之，其子伍員與伍之雞逃歸吳。（十五：81）

(續表)

公元前	周	魯	楚	晉	大　事	簡　文
519	敬王 1	23	10	7	雞父之湨	第十五章:伍雞將【八一】吳人以圍州來,爲長壑而湨之,以敗楚師,是雞父之湨。(十五:81~82)
507	13	定公 3	昭王 9	定公 5	陳、蔡、胡聯合吳伐楚	第十九章:景平王世,昭【一○四】[王]即位,陳、蔡、胡反楚,與吳人伐楚。(十九:104~105)
507	13	定公 3	昭王 9	定公 5	晉、吳兩國聯合伐楚	第十八章:晉與吳會爲一,以伐楚,門方城。(十八:101)
507	13	定公 3	昭王 9	定公 5	晉、吳兩國聯合伐楚	第二十章:晉簡公立五年,與吳王闔閭伐【一○九】楚。(二十:109~110)
506	14	4	10	6	召陵之盟	第十八章:遂盟諸侯於召陵,伐中山。(十八:101)
506	14	4	10	6	晉師大疫	第十八章:晉師大疫,【一○一】且飢,食人。(十八:101~102)
506	14	4	10	6	柏舉之戰	第十五章:景平王即世,邵王即【八二】位,伍員爲吳大宰,是教吳人,反楚邦之諸侯,以敗楚師于柏舉,遂入郢。(十五:82~83)
506~505	14~15	4~5	10~11	6~7	析之戰	十五章:昭王歸【八三】隨,與吳人戰于析。(十五:83~84)
505	15	5	11	7	秦救楚,秦、楚聯合滅唐	第十九章:秦異公命子蒲、子虎率師救楚,與楚師會伐唐,閒之。【一○五】(十九:105)
505	15	5	11	7	楚昭王復邦	第十五章:吳王子晨將起禍於吳,吳王闔廬乃歸,昭王焉復邦。【八四】(十五:84)
503	17	7	13	9	鹹泉之會	第十八章:晉人且有范氏與中行氏之禍,七歲不解甲,【一○二】諸侯同盟于鹹泉以反晉,至今齊人以不服于晉,晉公以弱。(十八:102~103)

(續表)

公元前	周	魯	楚	晉	大事	簡文
491	29	哀公4	25	21	楚昭王侵伊洛	第十八章:楚昭王侵伊洛以復方城之師。(十八:102)
482	38	13	惠王7	30	黃池之會	第二十章:闔廬即世,夫差王即位,晉簡公會諸侯,以與夫差王相見于黃池。(二十:110)
473	元王3	22	16	出公2	越克吳	第二十章:越公句踐克【一一〇】吳,越人因襲吳之與晉爲好。(二十:110~111)
441	定王28	悼公27	48	敬公11	晉越結盟	第二十章:晉敬公立十又一年,趙桓子會[諸]侯之大夫以與越令尹宋盟于【一一一】邢,遂以伐齊。(二十:111~112)
					齊修長城	第二十章:齊人焉始爲長城於濟,自南山屬之北海。(二十:112)
430	考王11	元公1	簡王2	幽公4	晉越伐齊	第二十章:晉幽公立四年,趙狗率師與越【一一二】公朱句伐齊,晉師門長城句俞之門,越公、宋公敗齊師于襄平,至今晉、越以爲好。【一一三】(二十:112~113)
425	威王1	6	7	9	黃池之役	第二十一章:楚簡大王立七年,宋悼公朝于楚,告以宋司城之弱公室。王命莫敖陽爲率【一一四】師以定公室,城黃池,城雍丘。晉魏斯、趙浣、韓啓章率師圍黃池,週而歸之【一一五】於楚。(二十一:114~116)
424	2	7	8	10	長城之役	第二十一章:二年,王命莫敖陽爲率師侵晉,奪宜陽,圍赤岸,以復黃池之師。魏斯、趙浣、韓啓【一一六】章率師救赤岸,楚人舍圍而還,與晉師戰於長城。楚師無功,多棄旂幕,宵遁。楚以【一一七】與晉固爲怨。【一一八】(二十一:116~118)

(續表)

公元前	周	魯	楚	晉	大　事	簡　文
404	22	穆公6	聲王4	烈公12	任之會	第二十二章:晉公止會諸侯於任,宋悼公將會晉公,卒于鼗。(二十二:119)
					越伐齊	第二十二章:韓虔、趙籍、魏【一一九】擊率師與越公翳伐齊,[4]齊與越成,以建陽、郚陵之田,且男女服。越公與齊侯貸、魯侯衍【一二〇】盟于魯稷門之外。越公入饗於魯,魯侯御,齊侯參乘以入。(二十二:119~121)
					三晉伐齊	第二十二章:晉魏文侯斯從晉師,晉師大敗【一二二】齊師,齊師北,晉師逐之,入至汧水,齊人且有陳慶子牛之禍,齊與晉成,齊侯【一二二】盟於晉軍。晉三子之大夫大夫入齊,盟陳和與陳淏於溋門之外,曰:"毋修長城,毋伐廩【一二三】丘。"晉公獻齊俘馘於周王,遂以齊侯貸、魯侯顯、宋公田、衛侯虔、鄭伯駘朝【一二四】周王于周。【一二五】(二十二:122~125)
					秦人援楚	第二十三章:楚聲桓王立四年,宋公田、鄭伯駘皆朝于楚。王率宋公以城榆關,寘武陽。秦人【一二六】敗晉師於洛陰,以爲楚援。(二十三:126~127)
400	安王2	10	悼王2	16	桂陵之戰	第二十三章:聲王卽世,悼哲王卽位。鄭人侵榆關,陽城桓定君率【一二七】榆關之師與上國之師以交之,與之戰於桂陵,楚師無功,景之賈與舒子共止而死。(二十三:127~128)

(續表)

公元前	周	魯	楚	晉	大事	簡文
399	3	11	3	17	晉納王子定	第二十三章:明【一二八】歲,晉𧊒余率晉師與鄭師以納王子定。魯陽公率師以交晉人,晉人還,不果納王子。(二十三:128~129)
398	4	12	4	18	蔑之戰	第二十三章:明歲,【一二九】郎莊平君率師侵鄭,鄭皇子、子馬、子池、子封子率師以交楚人,楚人涉氾,將與之戰,鄭師逃【一三〇】入於蔑。楚師圍之於蔑,盡逾鄭師與其四將軍,以歸於郢。鄭太宰欣亦起禍於【一三一】鄭,鄭子陽用滅,亡後於鄭。(二十三:129~132)
397	5	13	5	19	長陵之戰、郜之戰	第二十三章:明歲,楚人歸鄭之四將軍與其萬民於鄭。晉人圍津、長陵,【一三二】克之。王命平夜悼武君率師侵晉,逾郜,止公,涉瀤以歸,以復長陵之師。(二十三:132~133)
395	7	15	7	21	武陽之戰	第二十三章:厭年,韓【一三三】取、魏擊率師圍武陽,以復郜之師。魯陽公率師救武陽,與晉師戰於武陽之城【一三四】下,楚師大敗,魯陽公、平夜悼武君、陽城桓定君——三執圭之君與右尹昭之竢死焉,楚人盡棄其【一三五】旃、幕、車、兵,犬逸而還。陳人焉返,而入王子定於陳。楚邦以多亡城。楚師將救武陽,【一三六】王命平夜悼武君使人於齊陳淏求師。陳疾目率車千乘,以從楚師於武陽。甲戌,晉、楚以【一三七】戰。丙子,齊師至喦,遂還。【一三八】(二十三:133~138)

二、《繫年》人名表

(一) 西周(附商)

朝代	王	王子	諸侯	女性
商	商王(一:1)	彔子耿(三:13/14)	商蓋氏(三:14);飛廉(三:14)	
周	周武王(一:1,三:13),武王(三:13)			
	周成王(四:17),成王(三:13/14)	周公(一:2/3)(四:17)		
	厲王(一:2/3)		共伯和(一:3)	
	宣王(一:3)			
	周幽王(二:5),幽王(二:6/7)	攜惠王(二:7),余臣(二:7),惠王(二:8)		褒姒(二:5)
	平王(二:5/6/9,三:15)	伯盤(二:5/6/7)		
	周惠王(四:17)			
	周襄王(七:44)			
	周王(即周威烈王,二十二:124)			
		王子定(二十三:129/136)		

（二）楚

傳世文獻名號 （在位年，公元前）	王	卿大夫、封君或其他
蚡冒 (757～741)	楚文〈焚〉王（二：12）	
文王 (689～675)	楚文王（五：24），文王（五：25/26/29）	
成王 (671～626)	楚成王（七：41），楚王（七：42）	令尹子玉（七：43），申公儀（八：48）
穆王 (625～614)	楚穆王（十一：56），穆王（十一：57/58）	申公叔侯（十一：57），申伯無畏（十一：58/59）
莊王 (613～591)	楚莊王（十二：61，十五：74），莊王（十一：58，十二：61，十三：63，十五：74/75/77）	連尹襄老（十五：76）；黑要也（十五：77）；連尹奢（十五：81）；伍員（十五：81/83）；伍之雞（十五：81），伍雞（十五：81）；司馬子反（十五：77）；申公屈巫（十五：75，二十：108），申公（十五：76/78/79）
共王 (590～560)	楚共王（十六：85），共王（十五：77，十六：86/87/90）	令尹子重（十六：85）；隕公儀（十六：85），隕公（十六：86）
康王 (559～545)	楚康王（十八：96），康王（十八：97）	令尹子木（十八：96）
郟敖 (544～541)	孺子王（十八：97/98）	
靈王 (540～529)	靈王（十五：78，十八：97/98/99），楚靈王（十九：104）	
平王 (528～516)	景平王（十五：81/82，十八：99/100，十九：104）	
昭王 (515～489)	昭王（十五：82/83/84，十八：99，十九：104/106）楚昭王（十八：102）	
惠王 (488～432)	獻惠王（十九：106）	

(續表)

傳世文獻名號 (在位年,公元前)	王	卿大夫、封君或其他
簡王 (431~408)	楚簡大王(二十一:114)	莫敖陽爲(二十一:114/116)
聲王 (407~402)	楚聲桓王(二十二:119,二十三:126),聲王(二十三:127)	
悼王 (401~381)	悼哲王(二十三:127)	景之賈(二十三:128);舒子共(二十三:128);郊公(二十三:133);右尹昭之竢(二十三:135);郎莊平君(二十三:130);魯陽公(二十三:129/134/135);平夜悼武君(二十三:133/135/137);陽城桓定君(二十三:127/135)

(三) 晉

傳世文獻	國君	卿大夫、封君或其他
文侯 (780~746)	晉文侯仇(二:8),晉文侯(二:9)	
獻公 (676~651)	晉獻公(六:31),獻公(六:32)	共君(六:31);驪姬(六:31);奚齊(六:31/32);悼子(六:33)
惠公 (650~637)	惠公(六:32/33/34/35),晉惠公(六:38)	
懷公 (637~637)	懷公(六:35/37/38/39)	
文公 (636~628)	文公(六:32/36/38,七:43),晉文公(七:41,八:45/47)	

(續表)

傳世文獻	國　君	卿大夫、封君或其他
襄公 (627~621)	襄公(八:48,九:53),晉襄公(九:50)	左行蔑(九:51,十:54);雍也(即晉襄公之弟,九:51);襄而〈夫〉人(即晉襄公夫人穆嬴,九:51)
靈公 (620~607)	靈公高(九:50,十:55),靈公(九:51/53)	隨會(九:51,十:54,十四:66)
成公 (606~600)	晉成公(十二:61/62)	中行林父(十三:63);趙旃(十三:64)
景公 (599~581)	晉景公(十四:66/72,十六:85,二十:108),景公(十四:72,十六:86/87)	駒之克(十四:66/67/68/70/71/72)
厲公 (580~574)	厲公(十六:87/89/90)	糴之茷(十六:87);王子辰(十六:87~88);晉文子燮(十六:88~89);欒盈(十七:93/94)
悼公 (573~558)	晉悼公(二十:108),悼公(二十:108)	
平公 (557~532)	平公(十七:92/94),晉莊平公(十七:91,十八:96/99)	趙文子武(十八:96),趙文子(十八:97)
昭公 (531~526)	昭公(十八:99)	
頃公 (525~512)	頃公(十八:99)	
定公 (511~475)	簡公(十八:100),晉簡公(二十:109/110)	
敬公 (451~434)	晉敬公(二十:111)	趙桓子(二十:111)
幽公 (433~416)	晉幽公(二十:112)	趙狗(二十:112)

(續表)

傳世文獻	國君	卿大夫、封君或其他
烈公 (415~389)	晉公止(二十二:119),晉公(二十二:124)	魏斯(二十一:115/116);趙浣(二十一:115/116);韓啟章(二十一:115,116/117);韓虔(二十二:119);趙籍(二十二:119);魏擊(二十二:119/120,二十三:133/134);韓取(二十三:133~134);賹余(二十三:129)

(四)齊

傳世文獻	國君	卿大夫、封君或其他
襄公 (697~686)	齊襄公(二:11)	
桓公 (685~643)	齊桓公(四:20)	
頃公 (598~582)	齊頃公(十四:67/70/72)	高之固(十四:66/69);南郭子(十四:69/70);蔡子(十四:69/70);晏子(十四:69/70)
莊公 (553~548)	齊莊公光(十七:93),齊莊公(十七:93/94),莊公(十七:94/95)	高厚(十七:91);崔杼(十七:95)
康公 (404~379)	齊侯貸(二十二:120/124)	陳塵子牛(二十二:122);陳和(二十二:123);陳淏(二十二:123,二十三:137);陳疾目(二十三:137)

(五)其他

國名	傳世文獻 (在位年,公元前)	國　君	卿大夫、封君或其他
魯	穆公 (409~377)	魯侯侃(卽魯穆公顯,二十二:120),魯侯羴(二十二:124)	臧孫許(十四:70)
秦	襄公 (777~766)	秦仲(三:16)	
	穆公 (659~621)	秦穆公(八:48)	
	康公 (620~609)	秦康公(十:54)	
	哀公 (536~501)	秦異公(卽秦哀公,十九:105)	子蒲(十九:105);子虎(十九:105)
宋	昭公 (619~611)	宋公(十一:57/58)	宋右師華孫元(十一:56/60,十六:88)
	悼公 (403~396)	宋悼公(二十一:114,二十二:119)	宋司城㱿(二十一:114,卽司城子罕、皇喜,見第二十一章考證之"一、宋司城㱿公室及戴氏簒宋考")
	休公 (395~373)	宋公田(卽宋休公田,二十二:124,二十三:126)	
衛	康叔	衛叔封(四:17)	
	懿公 (668~660)	幽侯(四:19)	
	戴公 (660~659)	戴公申(四:20),戴公(四:20)	
	文公 (659~635)	公子啓方(四:20/21),文公(四:21)	
	慎公 (414~373)	衛侯虔(二十二:124)	

(續表)

國名	傳世文獻 (在位年,公元前)	國　君	卿大夫、封君或其他
陳	宣公 (692~648)	陳侯(五:30)	
	靈公 (613~599)	靈公(十五:75)	陳公子徵舒(十五:74/75),徵舒(十五:76);少孟(十五:74/76/77/78/79)
蔡	哀侯 (694~675)	蔡哀侯(五:23/24),哀侯(五:26)	
	靈侯 (542~531)	蔡靈侯(十八:99)	
	昭侯 (518~491)	蔡昭侯申(十九:106/107)	
鄭	武公 (770~744)	鄭武公(二:10),武公(二:10)	
	莊公 (743~701)	莊公(二:10)	
	厲公 (700~673)	厲公(二:12)	
	昭公 (696~695)	昭公(二:10)	高之渠彌(二:11/12);子眉壽(二:11/12)
	穆公 (627~606)	鄭穆公(十五:74)	弦高(八:46)
	成公 (584~571)	鄭成公(十二:61)	
	繻公 (422~396)	鄭伯駘(二十三:126)	鄭太宰欣(二十三:131);鄭子陽(二十三:132)
吳	壽夢 (585~561)	吳王壽夢(二十:109)	
	闔廬 (514~496)	吳王闔廬(十五:84,二十:109),闔廬(二十:110)	吳王子蹶由(十五:80);吳王子晨(十五:84)
	夫差 (495~477)	夫差王(二十:110)	吳洩庸(十九:106)

(續表)

國名	傳世文獻 (在位年,公元前)	國　君	卿大夫、封君或其他
越	句踐 (496~465)	越公句踐(二十:110)	
	朱句 (448~412)	越公朱句(二十:112/113)	越令尹宋(二十:111)
	翳 (411~376)	越公翳(二十二:120)	
許	許男斯 (522~504)	許公𧊒(十八:100/101)	
徐		徐公(十八:98)	
息		息侯(五:23/24/26/27/28)	息媯(五:23/24/29)
狄		赤翟王峁唐(四:19)	

三、《繫年》地名表

國名	地　名
商	商邑(一:2,三:13/14);商蓋(三:14)
西周	洛邑(四:17);成周(二:9,三:15/16),京師(二:10);千畝(一:2);周(一:2);郼(一:3)
楚	郢(二十三:131);漢陽(二:12);方城(五:29,七:42,十八:101),方城(十七:91),長城(二十一:117);雞父(十五:82);析(十五:84);葉(十七:91);召陵(十八:101);虢(二十:109);津(二十三:132);長陵(二十三:132);郚(二十三:138)
晉	少鄂(二:9);京師(二:9);崤(八:48);堇陰(十:54/55);河曲(十:55);斷道(十四:66);溴梁(十七:91);絳(十七:93);曲沃(十七:93/94);朝歌(十七:94/95);汝陽(十八:100);宜陽(二十一:116);赤岸(二十一:116/117);洛陰(二十三:127);桂陵(二十三:128);郜(二十三:132/134)
魯	臺于(十四:71);魯稷門(二二:121)
齊	穀(七:41);靡筓(十四:71);鹹泉(十八:103);濟(二十:112);南山(二十:112);北海(二十:112);句俞之門(二十:113);句俞之門(二十:113);襄平(二十:113);建陽(二二:120);郲陵(二二:120);盈門(二二:123);長城(二十:112/113,二二:123);汧水(二二:123);廩丘(二二:123~124)
秦	朱圍(三:15)
宋	緡(七:41);厥貉(十一:56);孟諸(十一:57);徒蒿(十一:57);雍丘(二十一:115)
衛	康丘(四:18);淇衛(四:18);罡(四:19);曹(四:20);楚丘(四:20/21);帝丘(四:22);五鹿(七:42);城濮(七:44)
蔡	莘(五:26),州來(十五:82,十九:107),下蔡(十九:107)
鄭	衡雍(七:44);踐土(七:44);河雝(十五:76/77);氾(十六:85);鄢(十六:90);扈(十二:62);虢(二:7/8,十八:98,二十:109);申(十八:98);黃池(二十:110,二十一:115/116);榆關(二十三:126);武陽(二十三:126/134/136);氾(二十三:130);蒐(二十三:131);鄭(二十三:131)
吳	賴(十八:98);朱方(十八:98);南懷(十五:80,十八:99)
許	容城(十八:101)
待考	莆池(或疑即《左傳》之"斂盂",衛地,十四:69);邢(二十:112);襄平(二十:113);汝陽(十八:100);甗(二十二:119)

參考文獻

一、傳世文獻類

[1]《國語》,上海:上海古籍出版社,1998年。

[2]《史記》,北京:中華書局,2014年。

[3]《漢書》,北京:中華書局,1962年。

[4]《後漢書》,北京:中華書局,1965年。

[5]《晉書》,北京:中華書局,1974年。

[6]《清經解;清經解續編》,上海:上海書店,2014年。

[7]《十三經注疏》,北京:中華書局,2009年。

[8]（漢）伏勝撰,（漢）鄭玄注,（清）陳壽祺輯校:《尚書大傳》,北京:中華書局,1985年。

[9]（漢）韓嬰撰,許維遹校釋:《韓詩外傳集釋》,北京:中華書局,1980年。

[10]（漢）許慎撰,（宋）徐鉉校定:《說文解字》,北京:中華書局,1963年。

[11]（漢）賈誼撰,閻振益、鍾夏校注:《新書校注》,北京:中華書局,2000年。

[12]（漢）劉向撰,向宗魯校證:《說苑校證》,北京:中華書局,1987年。

[13]（漢）劉向集錄:《戰國策》,上海:上海古籍出版社,1998年。

[14]（漢）劉向、劉歆撰,（清）姚振宗輯錄,鄧駿捷校補:《七略別錄佚文;七略佚文》,上海:上海古籍出版社,2008年。

[15]（漢）劉向編著,石光瑛校釋,陳新整理:《新序校釋》,北京:中華書局,2009年。

[16]（晉）杜預:《春秋釋例》,叢書集成初編本,上海:商務印書館,1936年。

［17］（南北朝·後魏）酈道元注，（清末）楊守敬、熊會貞疏：《水經注疏》，南京：江蘇古籍出版社，1989 年。

［18］（唐）劉知幾著，（清）浦起龍通釋：《史通通釋》，上海：上海古籍出版社，2009 年。

［19］（唐）陸德明撰，吳承仕疏證：《經典釋文序錄疏證》，北京：中華書局，2008 年。

［20］（宋）司馬光：《資治通鑑》，北京：中華書局，1953 年。

［21］（宋）王應麟著，（清）翁元圻輯注：《困學紀聞注》，北京：中華書局，2016 年。

［22］（宋）朱熹：《詩集傳》，上海：上海古籍出版社，1980 年。

［23］（清）王夫之：《船山全書》之五，長沙：岳麓書社，2010 年。

［24］（清）陳立：《公羊義疏》，北京：中華書局，2017 年。

［25］（清）崔述撰著，顧頡剛編訂：《崔東壁遺書》，上海：上海古籍出版社，2013 年。

［26］（清）董增齡：《國語正義》，成都：巴蜀書社，1985 年。

［27］（清）段玉裁注，許惟賢整理：《說文解字注》，南京，鳳凰出版社，2007 年。

［28］（清）高士奇：《左傳紀事本末》，北京：中華書局，2015 年。

［29］（清）顧棟高：《春秋大事表》，北京：中華書局，1993 年。

［30］（清）顧炎武著，（清）黃汝成集釋：《日知錄集釋》，上海：上海古籍出版社，2006 年。

［31］（清）顧炎武：《左傳杜解補正；五經同異；九經誤字》，上海：上海古籍出版社，2012 年。

［32］（清）納蘭性德輯：《通志堂經解》，揚州：江蘇廣陵古籍刻印社，1996 年。

［33］（清）郭慶藩：《莊子集釋》，北京：中華書局，2004 年。

［34］（清）郝懿行：《爾雅義疏》，北京：中華書局，2017 年。

［35］（清）洪亮吉：《春秋左傳詁》，北京：中華書局，1987 年。

［36］（清）胡承珙：《毛詩後箋》，合肥：黃山書社，2014 年。

［37］（清）胡培翬：《儀禮正義》，南京：江蘇古籍出版社，1993 年。

［38］（清）黃式三：《周季編略》，南京：鳳凰出版社，2008 年。

［39］（清）惠棟：《左傳補注》，北京：中華書局，1991 年。

［40］（清）梁玉繩：《史記志疑》，北京：中華書局，1981 年。

[41](清)梁玉繩等:《史記漢書諸表訂補十種》,北京:中華書局,1982年。

[42](清)廖平:《穀梁古義疏》,北京:中華書局,2012年。

[43](清)劉寶楠:《論語正義》,北京:中華書局,1990年。

[44](清)劉文淇:《春秋左傳舊注疏證》,北京:科學出版社,1959年。

[45](清)馬驌:《左傳事緯》,濟南:齊魯書社,1992年。

[46](清)馬驌:《繹史》,北京:中華書局,2002年。

[47](清)皮錫瑞:《經學通論》,北京:中華書局,1954年。

[48](清)皮錫瑞:《經學歷史》,北京:中華書局,1959年。

[49](清)皮錫瑞:《今文尚書考證》,北京:中華書局,1989年。

[50](清)孫希旦:《禮記集解》,北京:中華書局,1989年。

[51](清)孫星衍:《尚書今古文注疏》,北京:中華書局,1986年。

[52](清)孫詒讓:《周禮正義》,北京:中華書局,1987年。

[53](清)孫詒讓:《墨子閒詁》,北京:中華書局,2001年。

[54](清)王念孫:《讀書雜志》,南京:江蘇古籍出版社,2000年。

[55](清)王先謙:《荀子集解》,北京:中華書局,1988年。

[56](清)王先慎撰,鍾哲點校:《韓非子集解》,北京:中華書局,1998年。

[57](清)王引之:《經傳釋詞》,上海:上海古籍出版社,2014年。

[58](清)于鬯:《香草校書》,北京:中華書局,2000年。

[59](清)于鬯:《香草續校書》,北京:中華書局,1963年。

[60](清)章學誠撰,葉瑛校注:《文史通義校注》,北京:中華書局,1994年。

[61](清)章學誠撰,倉修良編注:《文史通義新編新注》,北京:商務印書館,2017年。

[62](清)鍾文烝:《春秋穀梁經傳補注》,北京:中華書局,1996年。

[63]陳奇猷:《呂氏春秋新校釋》,上海:上海古籍出版社,2002年。

[64]程俊英、蔣見元:《詩經注析》,北京:中華書局,2018年。

[65]范祥雍:《戰國策箋證》,上海:上海古籍出版社,2006年。

[66]方詩銘、王修齡:《古本竹書紀年輯證(修訂本)》,上海:上海古籍出版社,2005年。

[67]何寧:《淮南子集釋》,北京:中華書局,1998年。

[68]黃懷信、張懋鎔、田旭東:《逸周書彙校集注(修訂本)》,上海:上

海古籍出版社,2007年。

[69]吳靜安:《春秋左氏傳舊注疏證續》,長春:東北師範大學出版社,2004年。

[70]吳毓江撰,孫啓治校:《墨子校注》,北京:中華書局,2006年。

[71]吳則虞:《晏子春秋集釋》,北京:國家圖書館出版社,2011年。

[72]許維遹:《呂氏春秋集釋》,北京:中華書局,2009年。

[73]徐元誥:《國語集解(修訂本)》,北京:中華書局,2002年。

[74]楊伯峻:《春秋左傳注(修訂本)》,北京:中華書局,1990年。

[75]袁珂校注:《山海經校注》,成都:巴蜀書社,1992年。

[76]鍾肇鵬:《鶡子校理》,北京:中華書局,2010年。

[77]周生春:《吳越春秋輯校彙考》,北京:中華書局,2019年。

[78]諸祖耿:《戰國策集注匯考(增補本)》,南京:鳳凰出版社,2008年。

[79]〔日〕瀧川資言考證,〔日〕水澤利忠校:《史記會注考證附校補》,上海:上海古籍出版社,1986年。

[80]〔日〕竹添光鴻注:《左氏會箋》,成都:巴蜀書社,2008年。

二、出土文獻類

[1]郭沫若主編,胡厚宣總編輯:《甲骨文合集》,北京:中華書局,1979～1982年。

[2]彭邦炯、謝濟、馬季凡:《甲骨文合集補編》,北京:語文出版社,1999年。

[3]李宗焜編著:《甲骨文文字編》,北京:中華書局,2012年。

[4]中國社會科學院考古研究所編:《殷周金文集成》,北京:中華書局,1984～1994年。

[5]中國社會科學院考古研究所編:《殷周金文集成釋文》,香港:香港中文大學中國文化研究所,2001年。

[6]鍾柏生、陳昭容、黃銘崇、袁國華編:《新收殷周青銅器銘文暨器形彙編》,臺北:藝文印書館,2006年。

[7]吳鎮烽編著:《商周青銅器銘文暨圖像集成》,上海:上海古籍出版社,2012年。

[8]吳鎮烽編著:《商周青銅器銘文暨圖像集成續編》,上海:上海古籍出版社,2016年。

[9]吴鎮烽編著:《商周青銅器銘文暨圖像集成三編》,上海:上海古籍出版社,2020年。

[10]馬承源主編:《商周青銅器銘文選(三)》,北京:文物出版社,1988年。

[11]馬承源主編:《商周青銅器銘文選(四)》,北京:文物出版社,1990年。

[12]湖北省荆沙鐵路考古隊編著:《包山楚簡》,北京:文物出版社,1991年。

[13]清華大學出土文獻研究與保護中心編,李學勤主編:《清華大學藏戰國竹簡(壹)》,上海:中西書局,2010年。

[14]清華大學出土文獻研究與保護中心編,李學勤主編:《清華大學藏戰國竹簡(貳)》,上海:中西書局,2011年。

[15]清華大學出土文獻研究與保護中心編,李學勤主編:《清華大學藏戰國竹簡(叁)》,上海:中西書局,2012年。

[16]清華大學出土文獻研究與保護中心編,李學勤主編:《清華大學藏戰國竹簡(伍)》,上海:中西書局,2015年。

[17]清華大學出土文獻研究與保護中心編,李學勤主編:《清華大學藏戰國竹簡(陸)》,上海:中西書局,2016年。

[18]清華大學出土文獻研究與保護中心編,李學勤主編:《清華大學藏戰國竹簡(柒)》,上海,中西書局,2017年。

[19]武漢大學簡帛研究中心、荆門市博物館編著:《楚地出土戰國簡册合集(一):郭店楚墓竹簡》,北京:文物出版社,2011年。

[20]武漢大學簡帛研究中心、河南省文物考古研究所編著:《楚地出土戰國簡册合集(二):葛陵楚墓竹簡、長臺關楚墓竹簡》,北京:文物出版社,2013年。

[21]馬承源主編:《上海博物館藏戰國楚竹書(一)》,上海:上海古籍出版社,2001年。

[22]馬承源主編:《上海博物館藏戰國楚竹書(二)》,上海:上海古籍出版社,2002年。

[23]馬承源主編:《上海博物館藏戰國楚竹書(三)》,上海:上海古籍出版社,2003年。

[24]馬承源主編:《上海博物館藏戰國楚竹書(七)》,上海:上海古籍出版社,2008年。

[25]馬承源主編:《上海博物館藏戰國楚竹書(九)》,上海:上海古籍出版社,2012年。

[26]湖北省文物考古研究所、北京大學中文系編:《望山楚簡》,北京:中華書局,1995年。

[27]湖北省文物考古研究所、北京大學中文系編:《九店楚簡》,北京:中華書局,2000年。

[28]陳偉等:《楚地出土戰國簡册[十四種]》,武漢:武漢大學出版社,2016年。

[29]荆門市博物館編:《郭店楚墓竹簡》,北京:文物出版社,1998年。

[30]李學勤主編,沈建華、賈連翔編:《清華大學藏戰國竹簡(壹—叁)文字編(修訂本)》,上海:中西書局,2020年。

[31]張頷、陶正剛、張守中:《侯馬盟書》,太原:三晉出版社,2016年。

三、考古資料類

[1]湖北省博物館編:《曾侯乙墓》,北京:文物出版社,1989年。

[2]河南省文物考古所編著:《新蔡葛陵楚墓》,鄭州:大象出版社,2003年。

[3]楊錫璋、高煒主編,中國社會科學院考古研究所編著:《中國考古學·夏商卷》,北京:中國社會科學出版社,2003年。

[4]中國社會科學院考古研究所編著:《殷墟的發現與研究》,北京:科學出版社,1994年。

四、今人論著類

[1]白壽彝:《先秦時期:中國史學的產生》,《中國史學史》第1卷,上海:上海人民出版社,2006年。

[2]白於藍:《戰國秦漢簡帛古書通假字彙纂》,福州:福建人民出版社,2012年。

[3]晁福林:《春秋戰國的社會變遷》,北京:商務印書館,2011年。

[4]陳夢家:《西周銅器斷代》,北京:中華書局,2004年。

[5]陳夢家:《西周年代考;六國紀年》,北京:中華書局,2004年。

[6]陳夢家:《陳夢家學術論文集》,北京:中華書局,2016年。

[7]董珊:《簡帛文獻考釋論叢》,上海:上海古籍出版社,2014年。

[8]傅隸樸:《春秋三傳比義》,臺北:臺灣商務印書館,1983年。

［9］高亨：《古字通假會典》，濟南：齊魯書社，1989年。

［10］高智主編：《侯馬盟書研究論文集》，太原：三晉出版社，2015年。

［11］顧德融、朱順龍：《春秋史》，上海：上海人民出版社，2001年。

［12］顧頡剛：《史林雜識初編》，北京：中華書局，1963年。

［13］顧頡剛：《顧頡剛古史論文集》，北京：中華書局，2011年。

［14］郭沫若：《郭沫若全集·歷史編》，北京：人民出版社，1982年。

［15］郭沫若：《郭沫若全集·考古編》，北京：科學出版社，2016年。

［16］何琳儀：《戰國古文字典：戰國文字聲系》，北京：中華書局，1998年。

［17］金景芳：《中國奴隸社會史》，上海：上海人民出版社，1983年。

［18］金毓黻：《中國史學史》，北京：商務印書館，2007年。

［19］李零：《簡帛古書與學術源流（修訂本）》，北京：生活·讀書·新知三聯書店，2008年。

［20］李學勤：《簡帛佚籍與學術史》，南昌：江西教育出版社，2001年。

［21］李學勤：《初識清華簡》，上海：中西書局，2013年。

［22］梁啓超：《墨子學案》，上海：上海書店出版社，1992年。

［23］梁啓超：《中國歷史研究法》，北京：中華書局，2016年。

［24］林劍鳴：《秦史稿》，上海：上海人民出版社，1981年。

［25］劉家和：《史學、經學與思想》，北京：北京師範大學出版社，2005年。

［26］劉家和主編：《中西古代歷史、史學與理論比較研究》，北京：北京師範大學出版社，2013年。

［27］劉節：《中國史學史稿》，北京：商務印書館，2020年

［28］劉師培：《劉申叔遺書》，南京，鳳凰出版社，1997年。

［29］劉師培：《劉師培史學論著選集》，上海：上海古籍出版社，2006年。

［30］劉咸炘：《劉咸炘學術論集：史學編》，桂林：廣西師範大學出版社，2007年。

［31］吕思勉：《先秦史》，上海，上海古籍出版社，2020年。

［32］蒙文通：《古史甄微》，《蒙文通全集（三）》，成都：巴蜀書社，2015年。

［33］蒙文通：《古族甄微》，《蒙文通全集（四）》，成都：巴蜀書社，2015年。

[34] 繆文遠:《戰國史繫年輯證》,成都:巴蜀書社,1997年。

[35] 錢穆:《先秦諸子繫年》,北京:商務印書館,2005年。

[36] 錢穆:《史記地名考》,北京:商務印書館,2001年。

[37] 裘錫圭:《裘錫圭學術文集》,上海:復旦大學出版社,2012年。

[38] 沈玉成、劉寧:《春秋左傳學史稿》,南京:江蘇古籍出版社,1992年。

[39] 蘇建洲、吳雯雯、賴怡璇合著:《清華二〈繫年〉集解》,臺北:萬卷樓圖書出版股份有限公司,2013年。

[40] 唐蘭:《唐蘭論文集》,上海:上海古籍出版社,2018年。

[41] 童書業著,童教英校訂:《春秋左傳研究(校訂本)》,北京:中華書局,2006年。

[42] 童書業著,童教英校訂:《春秋史(校訂本)》,北京:中華書局,2006年。

[43] 王國維:《觀堂集林》,北京:中華書局,1959年。

[44] 王國維:《王國維遺書》,上海:上海書店出版社,1983年。

[45] 王和:《左傳探源》,北京:社會科學文獻出版社,2019年。

[46] 王暉:《商周文化比較研究》,北京:人民出版社,2000年。

[47] 王利器、王貞珉:《漢書古今人表疏證》,濟南:齊魯書社,1988年。

[48] 王玉哲:《古史集林》,北京:中華書局,2002年。

[49] 吳闓生:《左傳微》,合肥:黃山書社,2014年。

[50] 徐中舒:《先秦史論稿》,成都:巴蜀書社,1992年。

[51] 楊樹達:《積微居金文說》,北京:中華書局,1997年。

[52] 于省吾:《澤螺居詩經新證;澤螺居楚辭新證》,北京:中華書局,2009年。

[53] 于省吾:《雙劍誃易經新證;雙劍誃尚書新證;雙劍誃詩經新證》,北京:中華書局,2009年。

[54] 楊寬:《西周史》,上海:上海人民出版社,2003年。

[55] 楊寬:《戰國史料編年輯證》,上海:上海人民出版社,2016年。

[56] 楊寬:《戰國史》,上海:上海人民出版社,2016年。

[57] 張培瑜:《中國先秦史曆表》,濟南:齊魯書社,1987年。

[58] 張舜徽:《廣校讎略;漢書藝文志通釋》,武漢:華中師範大學出版社,2004年。

[59] 張維華:《中國長城建置考(上編)》,北京:中華書局,1979年。

［60］張正明：《楚史》，武漢：湖北教育出版社，2016 年。

［61］朱希祖：《中國史學通論；史館論議》，北京：中華書局，2012 年。

［62］朱希祖：《汲冢書考》，北京：中華書局，1960 年。

［63］〔美〕艾蘭：《龜之謎》，劉學順譯，北京：商務印書館，2009 年。

［64］〔美〕李峰：《西周的滅亡》（增訂本），徐峰譯，湯惠生校，上海：上海古籍出版社，2016 年。

［65］李守奎、肖攀：《清華簡〈繫年〉文字考釋與構型研究》，上海：中西書局，2015 年。

［66］馬楠：《清華簡〈繫年〉輯證》，上海：中西書局，2015 年。

［67］李松儒：《清華簡〈繫年〉集釋》，上海：中西書局，2015 年。

［68］孫飛燕：《清華簡〈繫年〉初探》，上海：中西書局，2015 年。

［69］劉光勝：《清華簡〈繫年〉與〈竹書紀年〉比較研究》，上海：中西書局，2015 年。

［70］許兆昌：《〈繫年〉、〈春秋〉、〈竹書紀年〉的歷史敘事》，上海：中西書局，2015 年。

［71］侯文學、李明麗：《清華簡〈繫年〉與〈左傳〉敘事比較研究》，上海：中西書局，2015 年。

［72］邢文：《楚簡書法探論——清華簡〈繫年〉與書法手稿》，上海：中西書局，2015 年。

［73］賈連翔：《戰國竹書形制及相關問題研究：以清華簡大學藏戰國竹簡爲中心》，上海：中西書局，2015 年。

［74］李守奎：《古文字與古史考：清華簡整理研究》，上海：中西書局，2015 年。

［75］陳穎飛：《楚官制與世族探研》，上海：中西書局，2016 年。

［76］李守奎主編：《清華簡〈繫年〉與古史新探》，上海：中西書局，2016 年。

五、今人論文類

［1］晁福林：《論平王東遷》，《歷史研究》1991 年第 6 期。

［2］晁福林：《試論"共和行政"及其相關問題》，《中國史研究》1992 年第 1 期。

［3］晁福林：《清華簡〈繫年〉與兩周之際史事的重構》，《歷史研究》2013 年第 6 期。

[4]晁福林:《談清華簡〈鄭武夫人規孺子〉的史料價值》,《清華大學學報(哲學社會科學版)》2017 年第 3 期。

[5]陳偉:《清華大學藏竹書〈繫年〉的文獻學考察》,《史林》2013 年第 1 期。

[6]胡念貽:《〈左傳〉的真偽和寫作年代問題考辨》,《文史》第 11 輯,1982 年。

[7]李銳:《由清華簡〈繫年〉談戰國初楚史年代的問題》,《史學史研究》2013 年第 2 期。

[8]李學勤:《清華簡〈繫年〉及有關古史問題》,《文物》2011 年第 3 期。

[9]李學勤:《〈繫年〉出版的重要意義》,《邯鄲學院學報》2011 年第 4 期。

[10]李學勤:《解讀清華簡:從〈繫年〉看〈紀年〉》,《光明日報》2012 年 2 月 27 日,第 15 版。

[11]李學勤:《由清華簡〈繫年〉論〈紀年〉的體例》,《深圳大學學報(人文社會科學版)》2012 年第 2 期。

[12]李學勤:《由〈繫年〉第二章論鄭國初年史事》,《湖南大學學報(社會科學版)》2014 年第 4 期。

[13]李學勤:《試論〈繫年〉第一章的思想內涵》,《夏商周文明研究》,北京:商務印書館,2015 年。

[14]劉國忠:《從清華簡〈繫年〉看周平王東遷的相關史實》,陳致主編:《簡帛·經典·古史》,上海:上海古籍出版社,2013 年。

[15]路懿菡:《從清華簡〈繫年〉看康叔的始封》,《西北大學學報(哲學社會科學版)》2013 年第 4 期。

[16]羅新慧:《馬王堆漢墓帛書〈春秋事語〉與〈左傳〉——兼論戰國時期的史學觀念》,《史學史研究》2009 年第 4 期。

[17]羅新慧:《周代天命觀念的發展與嬗變》,《歷史研究》2012 年第 5 期。

[18]沈建華:《秦族西遷"朱圉"原因及有關地理》,《古文字研究》第 29 輯,北京:中華書局,2012 年。

[19]沈建華:《試說清華〈繫年〉楚簡與〈春秋左傳〉成書》,陳致主編:《簡帛·經典·古史》,上海:上海古籍出版社,2013 年。

[20]王暉:《春秋早期周王室王位世系變局考異——兼說清華簡〈繫

年〉"周無王九年"》,《人文雜志》2013 年第 5 期。

[21] 徐少華:《清華簡〈繫年〉第十九章補説——兼論楚縣唐、縣蔡的有關問題》,《簡帛文獻與早期儒家學説探論》,北京:商務印書館,2015 年。

[22] 許兆昌、齊丹丹:《試論清華簡〈繫年〉的編纂特點》,《古代文明》2012 年第 2 期。

[23] 許兆昌:《試論清華簡〈繫年〉的人文史觀》,《吉林師範大學學報(人文社會科學版)》2014 年第 6 期。

[24] 徐昭峰:《成周與王城考略》,《考古》2007 年第 11 期。

[25] 朱鳳瀚:《清華簡〈繫年〉所記西周史事考》,李宗焜主編:《出土材料與新視野》,臺北:"中研院",2013 年。

[26] 朱曉海:《論清華簡所謂〈繫年〉的書籍性質》,《中正漢學研究》2012 年第 2 期。

[27] 〔日〕小沢賢二:《中國古代編年資料的繫譜》,《出土文獻から見た古史と儒家経典》,東京:汲古書院,2012 年。

[28] 〔日〕吉本道雅:《清華簡繫年考》,《京都大學文學部研究紀要》(2013)52,2013 年 3 月 31 日。

[29] 〔美〕夏含夷:《由清華簡〈繫年〉論〈竹書紀年〉墓本和今本的體例》,《簡帛》第 22 輯,上海:上海古籍出版社,2021 年。

[30] Olivia Milburn, "The Xinian: An Ancient Historical Text from The Qinghua University Collection of Bamboo Books", *Early China* (2016) vol 39.

[31] Yuri Pines, "Zhou History and Historiography: Introducing the Bamboo manuscript Xinian", *T'oung Pao* 100-4-5 (2014).

後　記

從 2011 年李學勤先生關於《繫年》介紹的第一篇論文《清華簡〈繫年〉及有關古史問題》開始，筆者卽進行跟蹤研究，並於 2012 年 1 月 12 日發表第一篇讀《繫年》札記，到今年也就是 2024 年本書最終定稿，已有十多年年時間了。這些年中，《繫年》的研究佔據了我學術工作的絕大部分。同時，本書的完成，也離不開恩師和各位專家學者的指導與撥冗賜正。

本書的主體是 2014 年博士學位論文。博士學位論文的完成，首先要感謝博士導師易寧老師的悉心指導。老師精於先秦文獻，又長於理論思辨。老師說做學問要"頂天立地"：旣要掌握好傳統"小學"，穩固根基，越深越好；又要掌握好理論，進行思辨，使知識體系系統化。本書的順利完成，離不開老師的這些教導。老師已辭世，謹以期本書的出版報恩師在天之靈。

碩士期間我跟隨晁福林老師、羅新慧老師學習先秦史，感謝二位老師循循善誘，使我逐步進入先秦史的研究領域。二位老師教導我做先秦史研究要將傳世文獻、出土資料、考古學等多種資料結合起來，融會貫通。這些教導，在本書的寫作中多有體現。

博士論文開題與預答辯時晁福林老師、羅新慧老師、李鋭老師、黃國輝師兄蒞臨指導，幫我拓寬思路。匿名外審時三位外審專家旣有鼓勵又有指正，使我受益良多。最終答辯時劉家和先生、王和老師、鄭殿華老師、晁福林老師、羅新慧老師對論文進行全方位地、細緻地審核指導，提出了很多建設性意見，使得論文進一步優化完善。時至今日，仍然清晰地記得答辯會上劉先生深情地追憶當年師從錢穆先生問學的情景，使人動容。工作以後，跟劉先生通電話，先生對我有很多鼓勵，使我不敢在學術上絲毫有所懈怠。感謝李鋭老師，在博士論文寫作過程中，一直幫助我尋找《繫年》的相關研究資料，讓我及時瞭解學界最新研究動態。

2014 年博士畢業後，我來到陝西師範大學歷史文化學院工作。在教學之餘，一直對博士論文不斷進行修改。2017 年獲得國家社會科學後期資助項目基金的資助，在博士論文基礎上，增加了簡文疏證與綜合研究兩大部分。感謝立項時五位匿名外審提出了很多建設性的指導意見,我又根據這些意見對本書進行了完善。

本書的一些篇章是筆者 2022 年完成的博士後出站報告。報告的完成,要感謝王暉老師的悉心教導與督促。感謝博士後出站答辯時趙世超老師、曹瑋老師、史黨社老師、李忠林老師提出很多建設性指導意見,受益匪淺,這些意見已經吸納到本書中。

2017 年 8 月至 2018 年 9 月,我獲得國家留學基金委的資助,赴美國達特茅斯學院(Dartmouth College)作訪問學者,合作導師是艾蘭(Sarah Allan)老師,她每周在辦公室都要舉行 Seminar,本書的個別篇目也提交討論會,艾老師提出了很多寶貴的指導建議,促使我不僅僅局限於國內學術界的瞭解,而且要關注國際學術進展。訪問學者韓鼎兄、王挺斌兄以及來自韓國的徐寶餘兄等在 Seminar 上唇槍舌劍,這些辯難對本書有些問題的探討頗多裨益。感謝白素貞(Susan Blade)老師在美期間對我的教導與幫助。

本書的出版,還得到了陝西師範大學歷史文化學院領導和同事的鼓勵、幫助和支持,李秉忠院長、馮立君副院長多次詢問本書出版、解決遇到的困難,令我十分感動。

感謝晁福林老師在百忙之中賜序。感謝謝乃和老師、李凱師兄、呂亞虎老師的幫助。感謝責任編輯精心而細緻的編校。

本書一些章節在已經在期刊雜誌上發表過,按發表時間先後列舉如下:

(1)《清華簡〈繫年〉中周平王東遷的相關年代考》,《史學史研究》2012 年第 4 期。

(2)《清華簡〈繫年〉中的騷羌鐘相關史實發覆》,《古代文明》2013 年第 3 期。

(3)《清華簡〈繫年〉第十二章及相關史事考》,《文史》2013 年第 4 輯。

(4)《由清華簡〈繫年〉論兩周之際的歷史變遷》,《史學月刊》2015 年第 2 期。

(5)《清華簡〈繫年〉與〈左傳〉互證二則》,《文史》2015 年第 4 輯。

(6)《由清華簡〈繫年〉論"共和行政"的相關問題》,《史學史研究》2016 年第 3 期。

(7)《清華簡與晉文公重耳出亡繫年及史事新探》,《史學月刊》2019 年第 11 期。

（8）《邶、康丘與殷墟——清華簡〈繫年〉與周初史事重構》,（臺北）《"中研院"歷史語言研究所集刊》第91本第4分（2020年12月）。

（9）《清華簡〈繫年〉與〈春秋〉三〈傳〉載先蔑史事新證》,《殷都學刊》2021年第1期。

（10）《殽之戰後秦楚結盟與春秋爭霸格局變遷新探》,《軍事歷史研究》2021年第2期。

（11）《清華簡〈繫年〉所載"彔子耿"及其相關史事考》,《殷都學刊》2022年第3期。

（12）《魏文始侯年代辨證》,《文史》2023年第2輯。

（13）《清華簡〈繫年〉新釋二則》,《簡帛研究二〇二四（春夏卷）》2024年6月。

感謝發表上述文章的相關雜誌責任編輯以及外審專家提出了很多寶貴的指導意見。其中一些文章受到了學界的關注與引用,對我也是莫大鼓勵,督促我對相關問題進一步深入地思考。上述已經發表的論文已經收入本書,與原刊論文稍異者,是由於自己思考不斷深入而作的改動。

最後要感謝家人的理解和支持,使我抽出更多時間完善書稿,同時因整天忙忙碌碌未能陪伴而致以深深地歉意。尤其要感謝的是我的父親母親,幾十年如一日地支持我問學研究,毫無怨言。工作後不久,父親不幸離世,子欲孝而親不在,每憶及此,心中頗爲感傷。僅以此書獻給我敬愛的父親。

書終於完成了,頗有種如釋重負之感,但更多的則是惶恐與不安。回想專注於《繫年》研究的這些年,頓覺時光飛逝,白駒過隙,感慨良多。經過十多年的研究,自覺對清華簡《繫年》有了一些粗淺的認識,發表了一些論文,但是仍然感到力不從心。本書一定有很多不完善、遺漏以至錯誤之處,這些都希望海內外專家學者以及各位讀者撥冗批評賜正。《荀子·勸學》云:"真積力久則入,學至乎没而後止也。"雖然對《繫年》的研究暫時告一段落,但是學無止境,希望以後有機會根據專家讀者的意見進一步修訂完善。

2024年4月15日作者記於古都長安陝西師範大學
長安校區歷史文化學院5樓工作間